2018

JIANGXI NIANJIAN

江西年鉴

江西省地方志编纂委员会 编

主　编　易炼红

副主编　毛伟明

孙菊生

张小平

梅　宏

国家图书馆出版社

图书在版编目（CIP）数据

江西年鉴.2018/江西省地方志编纂委员会编.--北京:国家图书馆出版社,2018.9

ISBN 978-7-5013-6598-2

Ⅰ.①江… Ⅱ.①江… Ⅲ.①江西 2018—年鉴 Ⅳ.①Z525.6

中国版本图书馆CIP数据核字(2018)第228030号

国家图书馆出版社官方微信

书　　名　江西年鉴（2018）
著　　者　江西省地方志编纂委员会　编
责任编辑　于春媚
特邀编审　夏红兵

出　　版　国家图书馆出版社（100034　北京市西城区文津街7号）
（原书目文献出版社　北京图书馆出版社）
发　　行　010-66114536　66126153　66151313　66175620
66121706（传真）　66126156（门市部）
E-mail　nlcpress@nlc.cn（邮购）
Website　www.nlcpress.com →投稿中心
经　　销　新华书店
印　　装　江西龙莹印务有限公司
版　　次　2018年9月第1版　2018年9月第1次印刷

开　　本　889×1194（毫米）　1/16
印　　张　41
字　　数　1547.5千字

书　　号　ISBN 978-7-5013-6598-2
定　　价　400.00元

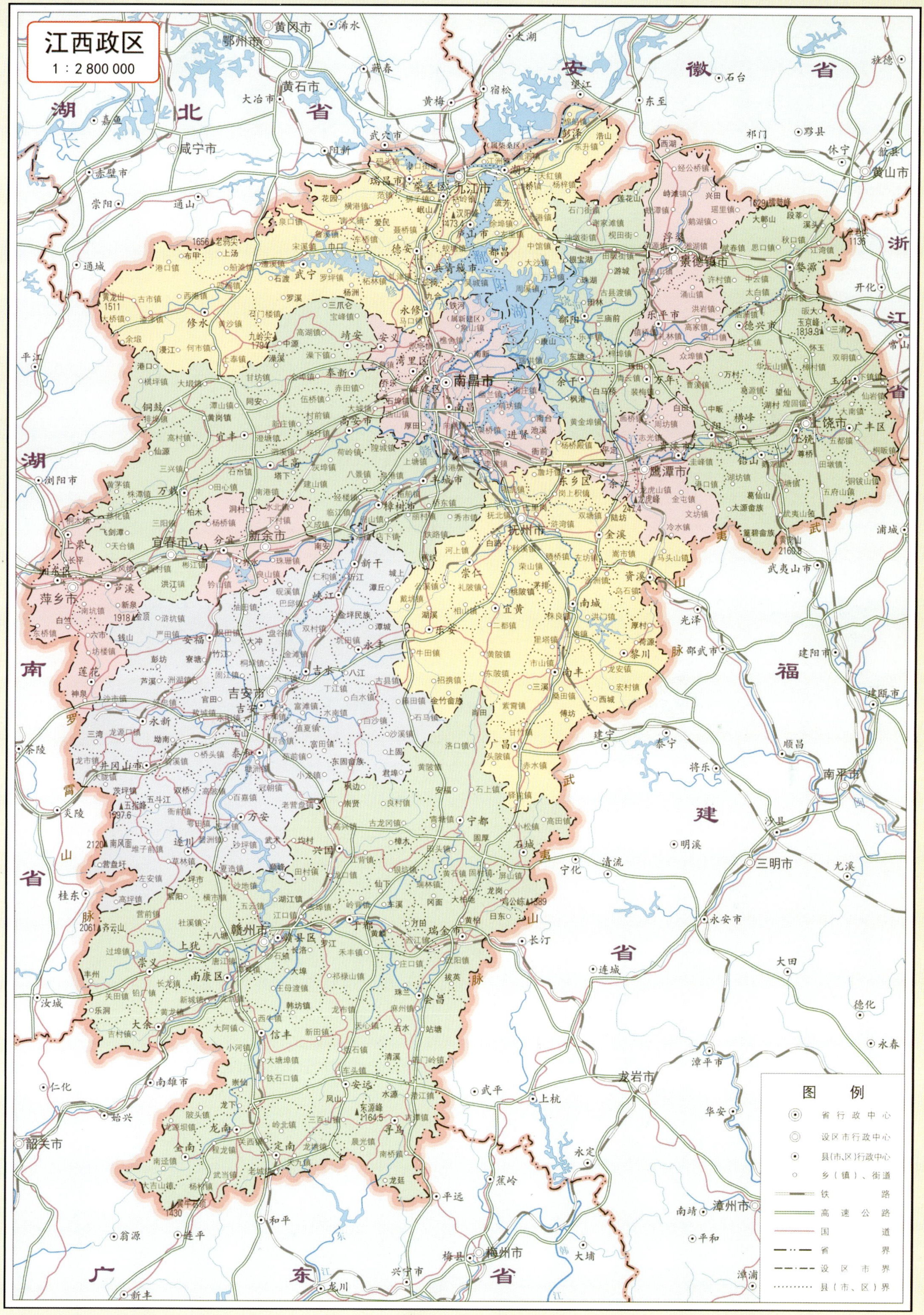

审图号：赣S（2018）050号

江西省测绘地理信息局编制

江西交通

1：2 800 000

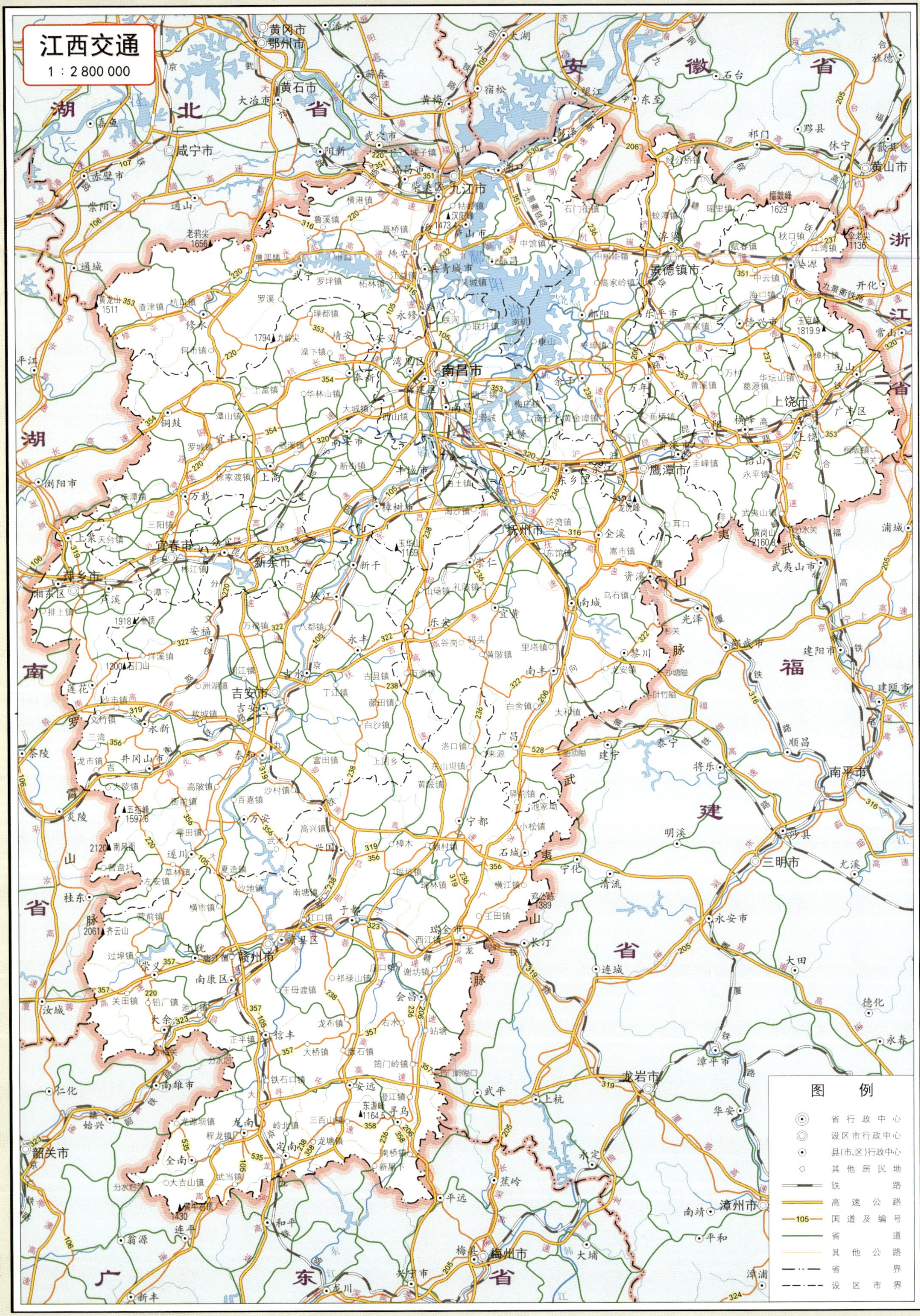

审图号：赣S（2018）050号

江西省测绘地理信息局编制

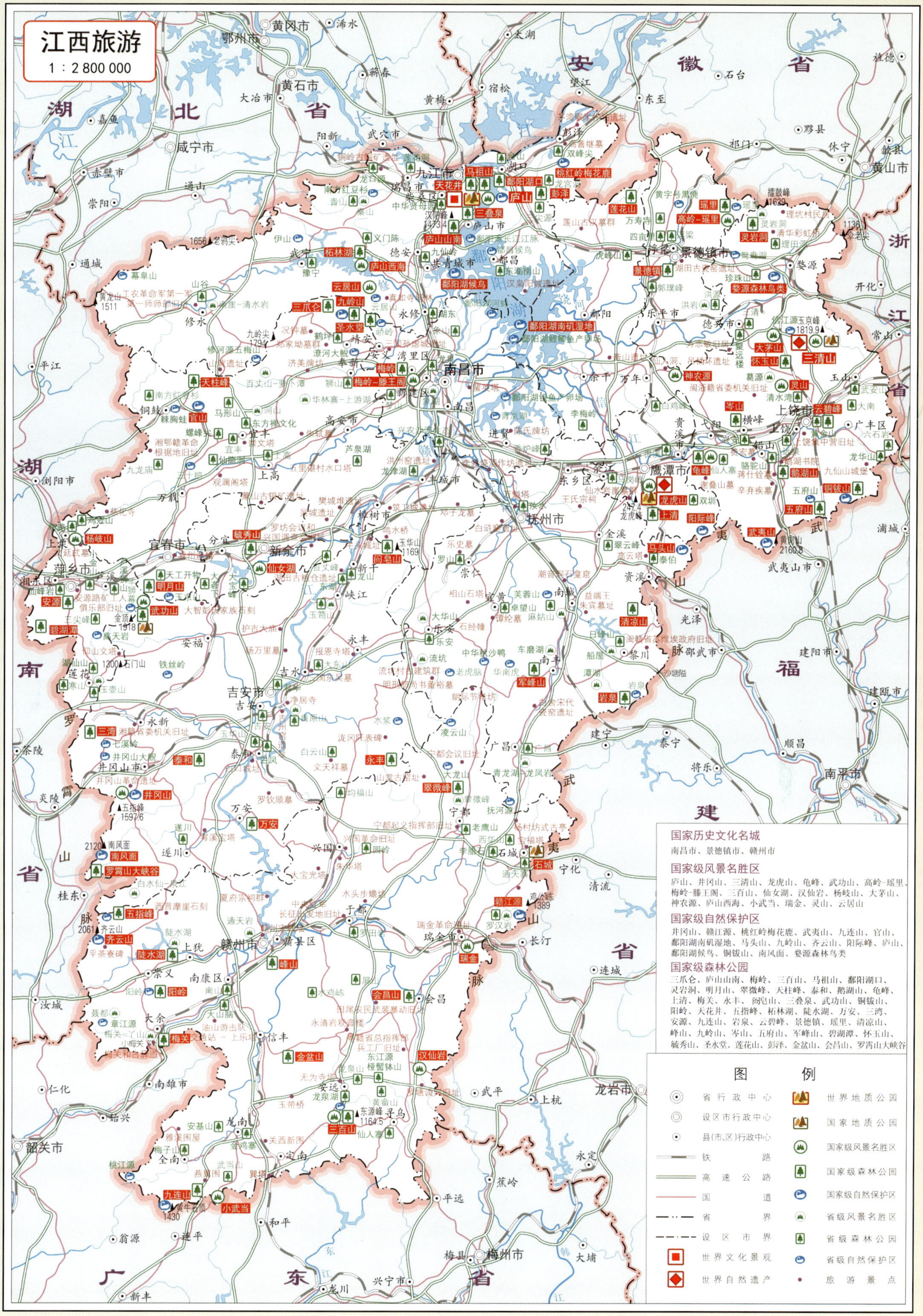

审图号：赣S（2018）050号

江西省测绘地理信息局编制

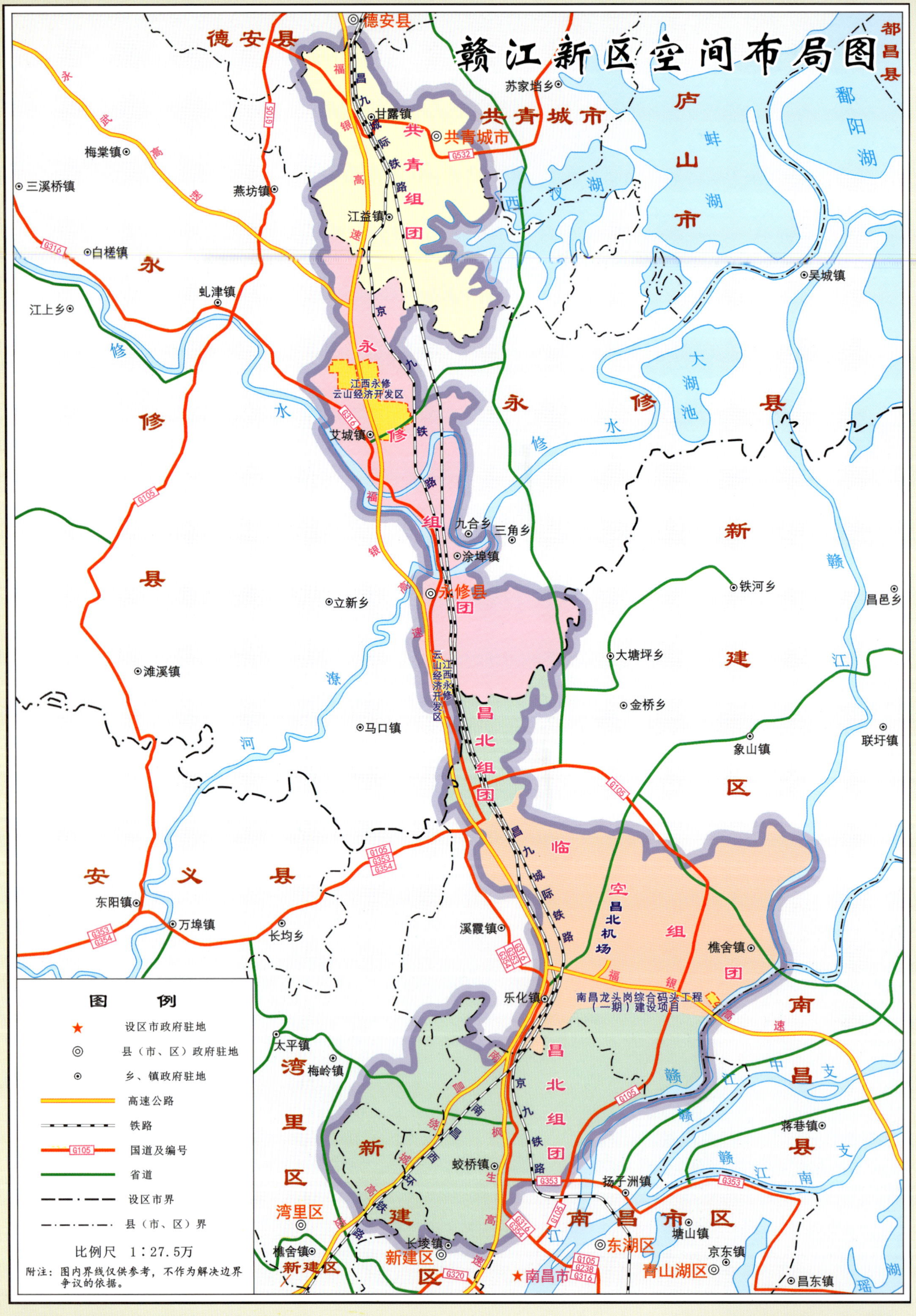

审图号：赣S（2018）050号

江西省测绘地理信息局编制

中共江西省委十四届五次全体会议

12月25日—27日，中共江西省委十四届五次全体会议在南昌召开。会议表决通过《中共江西省委关于深入学习贯彻党的十九大精神　奋力谱写新时代中国特色社会主义江西篇章的决定》《中共江西省第十四届委员会全体会议工作规则》，审议成立省委军民融合发展委员会办公室方案。全会按照党章规定，决定递补省委候补委员付秀秀、向东为省委委员。

▲ 12月25日，代表们分组讨论

▲ 12月25日，中共江西省委十四届五次全体会议在南昌举行

（本版图片均为林君　摄）

省十二届人大七次会议

1月16日—20日，省十二届人大七次会议在南昌召开。会议表决通过关于政府工作报告的决议、关于江西省2016年国民经济和社会发展计划执行情况与2017年国民经济和社会发展计划的决议、关于江西省2016年预算执行情况和2017年预算的决议、关于江西省人大常委会工作报告的决议、关于江西省高级人民法院工作报告的决议、关于江西省人民检察院工作报告的决议、关于江西省生态文明建设和生态环境状况报告的决议及其他人事任免事项。

▲1月16日，省十二届人大七次会议召开新闻发布会

▲1月17日，吉安市基层代表踊跃发言

▲1月16日，省十二届人大七次会议开幕

（本版图片均为梁振堂 摄）

省政协十一届五次会议

1月15日—18日，省政协十一届五次会议在南昌召开。会议通过省政协十一届五次会议决议，省政协十一届五次会议关于提案初步审查情况的报告；增补蔡晓明、陈俊卿为十一届省政协副主席，王萍、左和平、朱来友、刘定明、肖礼庆、汪忆新、傅卓成为十一届省政协常务委员。

▲ 1月15日，政协委员认真聆听报告

▲ 1月18日，政协委员投入神圣一票

▲ 1月15日，省政协十一届五次会议在南昌开幕

（本版图片均为海波 摄）

纪念“三个90周年”系列活动

2017年是中国人民解放军建军暨“八一”南昌起义、井冈山革命根据地创建和秋收起义90周年。江西省组织开展“喜迎党的十九大 红土地上看变化暨纪念‘三个90周年’主题采访活动”等系列纪念活动。

①7月29日，纪念“三个90周年”活动启动仪式在南昌举行 （省委宣传部 供）

②9月3日，修水县2017年度预定新兵、人武部长、红色文化研究会成员分段徒步重走秋收起义路 （修水县史志办 供）

③7月5日，纪念中国人民解放军建军90周年中央电视台“心连心”艺术团慰问演出在南昌红谷滩秋水广场录制（朱文标 摄）

④7月28日，南昌八一起义纪念馆“一馆五址”统一对外开放。图为人们在八一起义纪念馆参观（洪子波 摄）

⑤8月4日，由南昌市委、市政府主办的“南昌市军歌唱响英雄城主题文艺晚会” 在南昌群星剧场开演（洪子波 摄）

江西区域经济

2017年，江西主要经济指标增幅继续位居全国前列，保持全国“第一方阵”。全年实现地区生产总值20006.3亿元，增长8.8%；财政总收入3447.4亿元，增长9.7%；规模以上工业增加值增长9.1%，比上年提高0.1个百分点，高出全国平均水平2.5个百分点，增速列全国第五、中部第一。全省产业结构调整步伐加快，区域经济发展出现诸多新亮点、新成就。

◀ 2017年，鹰潭市成为国内首个建成NB-IoT、eMTC两张移动物联网网络全域覆盖的城市。图为1月5日，鹰潭市政府、中国移动集团、华为公司在南昌举行窄带物联网（NB-IoT）试点城市合作框架协议签约仪式

（鹰潭市史志办 供）

▲ 6月1日，江西省首趟中欧双向班列在赣州港开通 （郭芷汇 摄）

▲ 3月15日，全国首单区块链票链业务在赣州银行上线　（郭芷汇　摄）

▼ 7月4日，江西省首个在线工业设计平台——洛客创意产业园在南昌经开区开园　（南昌经开区　供）

智能制造

2017年，全省战略性新兴产业、高新技术产业增加值分别增长11.6%和11.1%。全省累计推广应用智能装备6625台（套），建设481个“数字化车间”，认定40个省级智能制造试点示范项目，2个省级智能制造基地，带动107个智能化改造项目实施。三川智慧、晶科能源、孚能科技、合力泰4家企业项目列入工信部智能制造试点示范，江特电机、洪都航空、欧菲光、江中药业、孚能科技、中材电瓷6家企业项目列入国家智能制造专项，实现江西在国家智能制造专项上零的突破。

▲ 6月17日，孚能科技（赣州）有限公司生产车间　（赣州经开区 供）

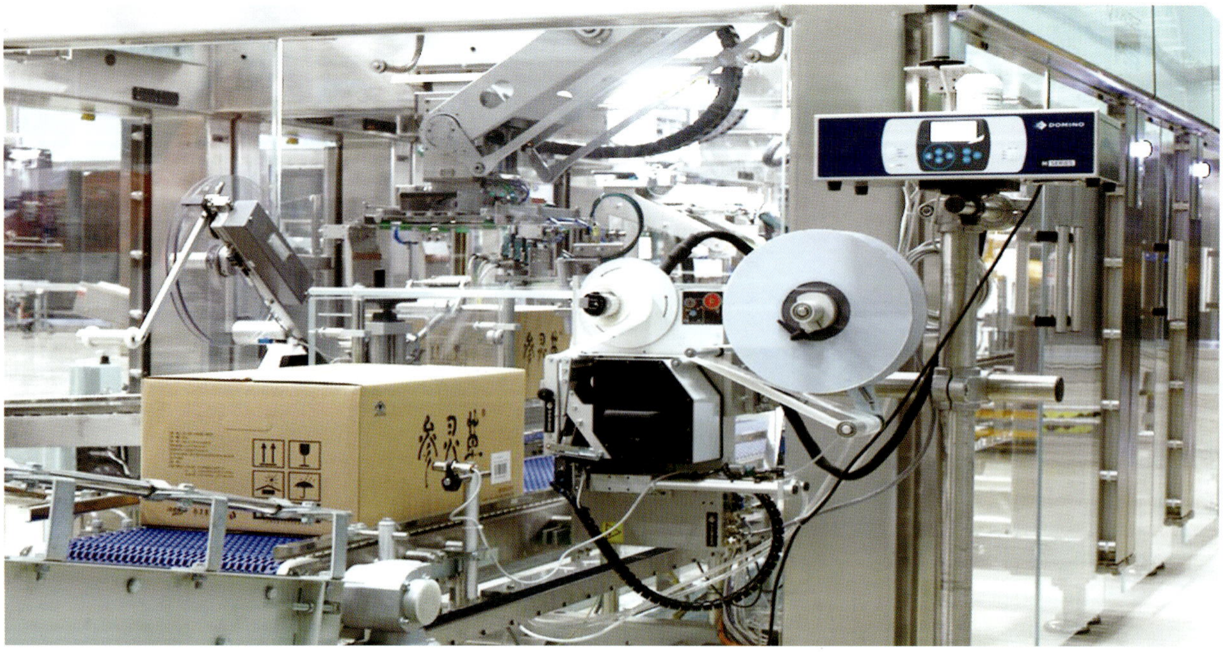

▲ 6月6日，江中药业中药液体制剂（参灵草）自动贴标签　（省工信委 供）

▲ 2月18日，中材电瓷车间，机械手臂制作标准化电瓷泥胚　　（芦溪县史志办　供）

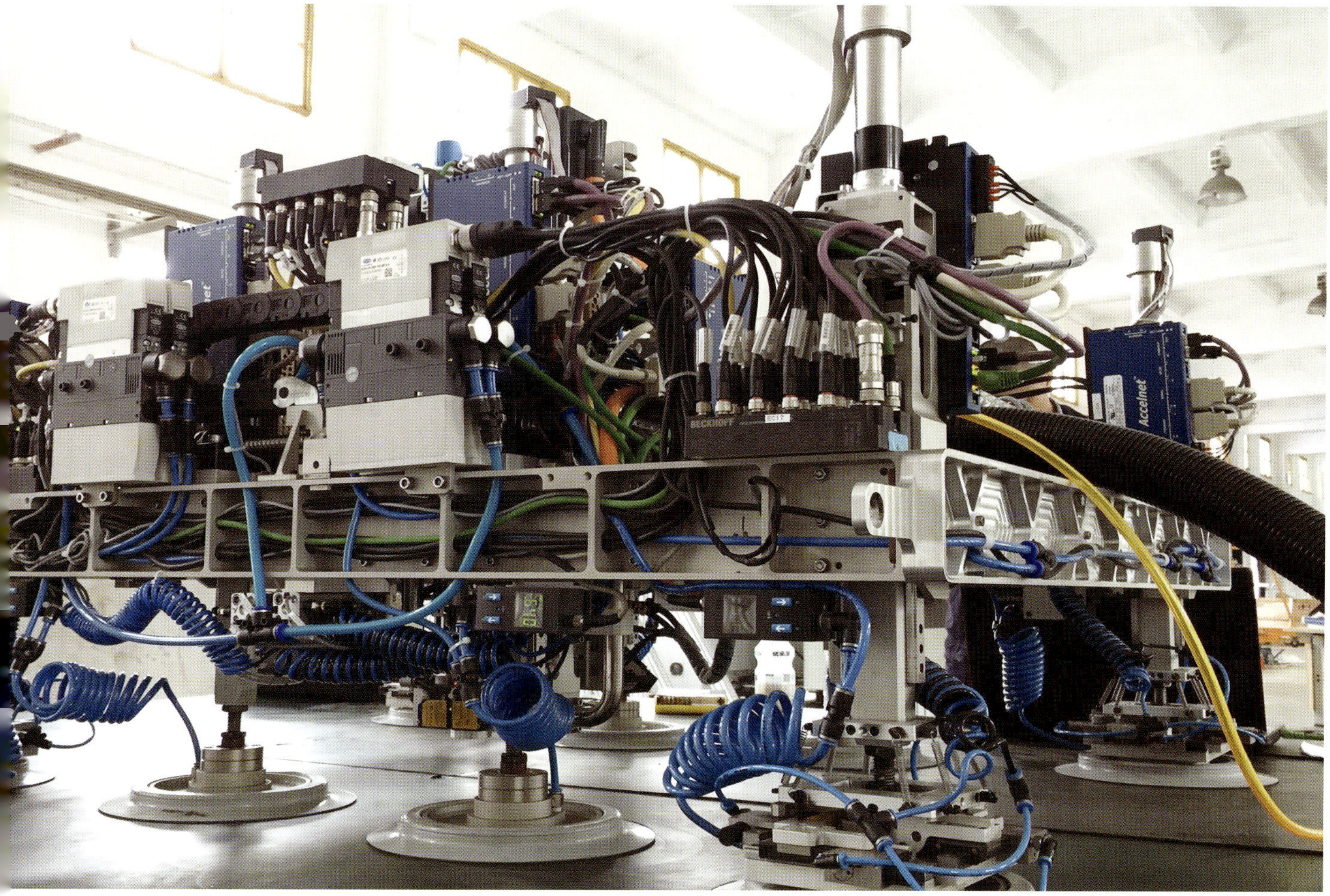

▲ 7月16日，自主研制的柔性制孔机器人进行装配作业　　（洪都集团　供）

首届世界赣商大会暨第三届华赣会

11月26日—29日，省政府主办的，以“情系江西、共谋发展”为主题的首届世界赣商大会暨第三届华赣会及江西发展论坛在南昌举行。共有1500多人参会，其中90%是江西籍人士。大会签约项目226个，签约金额3085.55亿元。

▲ 11月28日，首届世界赣商大会暨第三届华赣会在南昌举行　（海波 摄）

▲ 11月28日，赣商代表在重大项目签约仪式上集中签字　（林君 摄）

▲ 11月28日，媒体聚焦赣商大会　（洪子波 摄）

▲ 11月28日，首届世界赣商大会投资与产业发展论坛在南昌举行 （省商务厅 供）

▲ 11月28日，首届世界赣商大会赣鄱文化论坛在省会议中心举行 （省文化厅 供）

交通运输“江西速度”

2017年，江西打通29个高速出省通道，全省高速公路通车里程基本达6000千米。赣州港“一带一路”多式联运示范工程成为江西省首个国家级示范项目。年内，全省高速公路非现金扫码支付试点成功，24条高速公路440多条MTC车道开通移动支付。全省港航基础建设投资36.23亿元，综合交通物流枢纽南昌龙头岗综合码头运营，国内首批18000吨内河4E级散货船开建。武九客运专线和九景衢铁路开通运营，九江开通高铁专线。南昌昌北机场成为全国第31家千万级枢纽机场。江西“大交通、大枢纽、大物流、大服务”的综合交通运输格局初步形成。

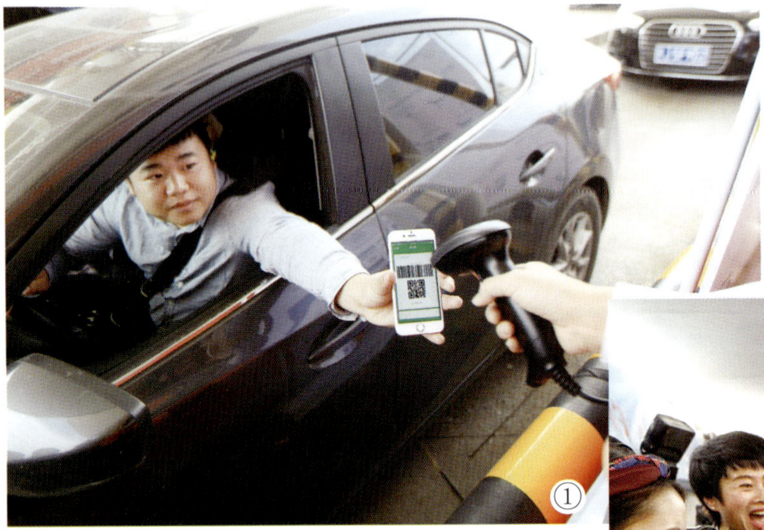
①

②

③

① 4月18日，江西高速公路非现金扫码支付通行费业务试点成功。图为一名车主在微信扫码支付通行费（洪子波 摄）

② 12月28日，九景衢铁路开通运营，旅客分享“生日”蛋糕（徐铮 摄）

③ 2017年，九江长江公路大桥获土木工程詹天佑奖，是江西省工程建设领域唯一获鲁班奖和詹天佑奖的项目。图为夕阳下的九江长江公路大桥（省交通运输厅 供）

④ 7月，南昌龙头岗综合码头正式投入运营，这是江西省内河建设规模最大、靠泊能力最强的现代化综合码头（省港投集团 供）

⑤ 12月29日，鸟瞰昌宁高速公路南昌连接线冈上枢纽（省交通运输厅 供）

文化产业与文化遗产

2017年，全省15个文化产业项目获得中央2140万元资金扶持，1301家规模以上文化及相关产业企业实现营业收入1761.50亿元，增长8.0%。景德镇陶溪川文创街区成功创建第一批国家级文化产业示范园区（全国仅10个），江西文化演艺发展集团成立，省文创产品研发中心成立，4家文化文物单位纳入国家文创产品开发试点。3处大遗址列入第三批国家考古遗址公园名单，数量居全国前列。有国家级传统村落175个、省级传统村落248个，金溪县列入国家“拯救老屋行动”整县推进项目。赣南等原中央苏区革命遗址保护利用成为全国革命文物保护利用样板工程，全省普查登记红色标语6300余条，制订长征文化线路文物保护推进计划，申请国家保护资金近2亿元。铅山境内武夷山列入世界文化与自然遗产地，景德镇御窑厂遗址列入世界文化遗产预备名单。

②

① 9月21日，江西文化演艺发展集团有限责任公司在南昌挂牌成立（省文演集团 供）

② 7月11日，经第41届联合国教科文组织世界遗产委员会会议审议通过，铅山武夷山列入世界文化与自然双遗产地名录，成为全国第五、江西首个世界文化与自然双遗产地。图为武夷山主峰黄冈山（朱文标 摄）

③ 6月11日，南昌海昏侯国遗址公园规划总体俯瞰图（南昌汉代海昏侯国遗址管理局 供）

④ 9月12日，景德镇陶溪川文创街区成功创建第一批国家级文化产业示范园区（景德镇文广新局 供）

③

④

公共文化服务

▲ 赣图大讲堂 （省图书馆 供）

2017年，全省建成基层综合性文化服务中心7000余个，占全省任务的三分之一，一批图书馆、文化馆、博物馆、美术馆、艺术中心等市、县公共文化设施投入使用。“书香赣鄱”全民阅读、“赣图大讲堂及展览”、全民艺术普及等公共服务项目深入人心，推出海昏侯国考古成果、“八一军旗红”“东方戏圣汤显祖”等一批精品陈展。“百姓大舞台”等群众文化品牌活动形成全省联动的普惠格局。

▲ 4月23日，“书香赣鄱”全民阅读活动 （省图书馆 供）

▲2017年，江西实施戏曲进校园工程。图为11月30日晚，省优秀青年戏曲演员在江西艺术职业学院实验剧场大合唱京剧《中国梦》

（省文化厅 供）

▲12月20日，赣州市章贡区举办第三届农民文化艺术节·民乐大赛

（省文化厅 供）

江西全球推介活动

9月8日，以“开放的中国：美丽江西秀天下”为主题的外交部江西全球推介活动在外交部“蓝厅”举行，共有130多个国家和国际组织的外交官，中外媒体记者、企业代表和江西省、外交部等单位代表在内的500多人出席。

① 9月8日，国内外媒体聚焦推介活动
② 9月8日，现场陶艺制作吸引国际友人
③ 9月8日，“开放的中国：美丽江西秀天下”全球推介会
④ 9月8日，英国驻华大使吴百纳（中）体验瓷乐的独特魅力
⑤ 9月8日，来自德国的客商品尝江西茶

（本版图片均为梁振堂 摄）

民生工程

2017年，江西共筹集财政性资金约1400亿元，围绕就业和创业、社会保险、抚恤和社会救助、医疗保障、社会事业、住房保障、扶贫开发、群众生产生活8个方面，完成涉及群众切身利益的50件实事。年内，城镇新增就业55.8万人、新增转移农村劳动力60万人，分别完成年度计划的123.9%和119.9%，城镇登记失业率3.34%。脱贫攻坚扎实推进，50万人摆脱贫困。城镇居民人均可支配收入31198元，增长8.8%；农村居民人均可支配收入13242元，增长9.1%。

①

②

① 12月10日，南大一附院牵头在全国率先成立省级重症医学专科医联体，全省100多家省、市、县医院（包括部队、民营医院）的急诊科加入（詹以安 摄）

② 为帮助肢体残疾者改善功能，新余市残联免费为60名贫困残疾人安装假肢，提供专业的康复服务。图为9月7日，在新余市残疾人辅助器具适配中心，技师帮助肢体残缺者安装假肢（徐铮 摄）

③ 9月16日，全省首家由团中央授牌的中国青年创业社区落户南昌（团省委 供）

④ 8月8日，2017全国“全民健身日”重点示范暨江西农耕健身系列活动在宜春启动。图为启动仪式上，群众体育活动展演（杨继红 摄）

扶贫脱贫

2017年，全省深入推进贫困地区产业扶贫攻坚战。省财政安排9.3亿元，通过整合扶贫专项、发行地方债和易地搬迁扶贫基建投资等方式，对贫困村和贫困户实施精准产业扶持。全省重点推进“产业扶贫全覆盖、健康扶贫再提升、搬迁扶贫再精准、教育扶贫再对接、贫困村庄整治再推进”5大工程，促进贫困群众加快脱贫致富步伐。截至年底，全省50万人摆脱贫困。

① 7月1日，省卫计委、省扶贫和移民办、省政府驻沪办、上海振兴江西促进会主办的“心连心 故乡情——在沪赣籍医疗专家健康扶贫走进江西”大型公益志愿活动在湾里区启动。19名在沪赣籍医疗专家为老百姓上门义诊和服务（海波 摄）

② 2017年，广昌县羡地村贫困户发展蔬菜种植脱贫致富。图为一位村民正从蔬菜棚满载而归（省扶贫和移民办 供）

③ 修水县第一个推进整体移民搬迁扶贫、加快城乡发展一体化安置小区——良瑞佳园小区。图为7月28日傍晚的小区全景（省扶贫和移民办 供）

④ 12月20日，余干县三塘乡中心小学召开教育扶贫会议（省扶贫和移民办 供）

⑤ 改造后的吉安县天河镇横林村（省扶贫和移民办 供）

④

⑤

国家生态文明试验区（江西）实施方案全面实施

2017年，全省环境质量保持良好，国家考核断面水质优良率92%，空气质量优良率83.9%。绿色生态优势持续巩固，完成植树造林9.47万公顷、森林抚育37.33万公顷，全省森林覆盖率稳定在63.1%。万元GDP能耗下降4.9%左右，节能减排成效明显。

▲ 6月21日，在余干县康山垦殖场发现超过500只的水雉群。水雉，俗称“水中凤凰”，属濒危鸟种，生活在开放性湿地中。图为一只水雉在垦殖场万亩芡实基地飞翔

▼ 年内，南昌市野生动植物保护协会牵头，国内外众多野生动物摄影师众筹发起“留下白鹤”行动，并在南昌高新区五星垦殖场建成全国首个民间白鹤保护小区。图为11月底，千鹤觅食、万鸟翱翔

（本版图片均为朱文标 摄）

◀ 9月15日，井冈山市人民法院生态旅游法庭举行揭牌仪式。这是江西省成立的首个生态旅游法庭

（井冈山市地方志办 供）

▶ 3月22日，江西省水政监察总队联合南昌市青山湖区水政监察大队在罗家镇开展水法规和节水知识宣传活动

（朱文标 摄）

▲ 12月29日，南昌市和新余市通过全国水生态文明建设试点验收，成为全国首批水生态文明城市

（南昌市史志办 供）

▲2017年，江西省被农业部列为全国唯一绿色有机农产品示范基地试点省。图为寻乌县全国绿色食品原料（柑橘）标准化生产基地

（省农业厅 供）

▼鄱阳县长山岛鄱阳湖湿地绿草茵茵 （杨继红 摄）

编 辑 说 明

一、《江西年鉴》是江西省本级地方综合年鉴，由江西省人民政府主办、江西省地方志编纂委员会编，稿件由省直各单位，各市、县（区），中央驻赣单位及有关单位提供。

二、《江西年鉴》是一套系统记述江西省自然、政治、经济、文化、社会等方面情况的年度资料性文献。其编纂坚持以马列主义、毛泽东思想、邓小平理论、“三个代表”重要思想、科学发展观、习近平新时代中国特色社会主义思想为指导，逐年全面、真实地记录江西经济建设和社会发展的基本情况，为存史、资政、育人服务。

三、《江西年鉴》每年出版一卷，2002 年首卷出版，至今已经编纂出版 17 卷。

四、本卷年鉴着重记载 2017 年江西省发生的重大事情。内容分为综合情况、动态信息和辅助资料三大部分。综合情况设特载、大事记、专记、江西概览 4 个栏目。动态信息设中国共产党江西省委员会，江西省人民代表大会，江西省人民政府，中国人民政治协商会议江西省委员会，中国共产党江西省纪律检查委员会，民主党派和工商联，人民团体，军事，法治，港澳台事务，外事侨务，人力资源，国家区域发展战略，农业，工业，非公有制经济，信息化建设，园区经济，旅游业，商贸服务业，对外贸易与经济合作，交通运输，金融，财政税收，经济管理与监督，城乡建设，水利，自然观测，环境保护，教育，科学技术，社会科学，文化艺术，档案与地方志，新闻出版广播电影电视，卫生，体育，居民生活，社会保障，社会救济，基层政权和社区建设，社会事务管理，优抚安置，妇女儿童，老龄事业，残疾人事业，民族宗教事务，精神文明建设，市、县（区），人物，共 50 个栏目。辅助资料设附录、统计资料 2 个栏目。江西政区图、江西交通图、江西旅游图均为 2018 年版地图。

五、本年鉴内容层次设置是为了方便分类编纂和读者阅读，并不反映严格的科学分类体系，机关、企事业单位等排序和层次并不表示其地位和规模。部分条目因内容需要对比，时间有所上溯。市、县（区）主要领导人放在所属市、县（区）之后，便于查阅。特载栏目中数据为快报数，因个别供稿单位统计口径不同等原因，有的数据在不同条目中不尽一致，使用时请注意出处；企业的计量单位，除工商行政管理部门办理注册登记的企业用“户”外，其他一律用“家”。

六、市制土地面积计量单位“亩”，在农民日常生产生活中仍作为土地面积的计量单位，所以，该年鉴记述农业事项土地面积时仍使用“亩”作为计量单位，1 亩 = 666.67 平方米，随文不再括注同比例平方米数。

江西省地方志编纂委员会

主　　任	易炼红
副 主 任	毛伟明　孙菊生　张小平　梅　宏
委　　员	夏课勤　张国轩　王　俊　吴永明　张和平　杨贵平 叶仁荪　谢光华　张　强　刘金接　朱　斌　刘三秋 张圣泽　卢天锡　王爱和　罗小云　胡汉平　池　红 丁晓群　陈德勤　胡立文　万庆胜　吴治云　方维华 梁　勇　周　慧　杨志华　刘建洋　谢一平　梅　亦 李江河　犹　瑆　于秀明　曾文明　王水平　谢来发 王少玄　张鸿星
主　　编	易炼红
副 主 编	毛伟明　孙菊生　张小平　梅　宏

《江西年鉴》编辑人员

总 编 辑	梅　宏
副总编辑	周　慧　杨志华
编辑部主任	詹跃华
编辑部副主任	邓玉兰
编　　辑	詹跃华　邓玉兰　张志勇　刘清林　游桃琴

目　录

CONTENTS

特　载

大事记

专　记

江西概览

中国共产党江西省委员会

江西省人民代表大会

江西省人民政府

中国人民政治协商会议江西省委员会

中国共产党江西省纪律检查委员会

民主党派和工商联

人民团体

军　　事

法　治

港澳台事务

外事侨务

人力资源

国家区域发展战略

农　业

工　业

非公有制经济

信息化建设

园区经济

旅游业

商贸服务业

对外贸易与经济合作

交通运输

金 融

财政税收

经济管理与监督

城乡建设

水　　利

自然观测

环境保护

教 育

科学技术

社会科学

文化艺术

档案与地方志

新闻出版　广播电影电视

卫 生

体　　育

居民生活

社会保障

社会救济

基层政权和社区建设

社会事务管理

优抚安置

妇女儿童

老龄事业

残疾人事业

民族宗教事务

精神文明建设

市、县(区)

人 物

附 录

统计资料

索 引

特　　载

在省委十四届三次全体（扩大）会议上的讲话

省委书记　鹿心社

（2017 年 7 月 20 日）

同志们：

这次会议开得很好。会议听取了省委常委会工作报告。大家一致认为，省第十四次党代会以来，省委团结带领全省上下深入贯彻习近平总书记系列重要讲话精神和治国理政新理念新思想新战略，特别是对江西工作的重要要求，紧紧围绕“深入贯彻新发展理念，大力弘扬井冈山精神，决胜全面建成小康社会，建设富裕美丽幸福江西”奋斗目标，提出并实施“创新引领、绿色崛起、担当实干、兴赣富民”工作方针，解放思想、开拓创新，求真务实、攻坚克难，推动经济平稳健康发展，生态文明建设扎实推进，社会保持和谐稳定，党的建设取得新成效，开创了各项事业发展的新局面。大家一致表示，省委工作方针全面贯彻了习近平总书记治国理政新理念新思想新战略，继承和拓展了历届省委的好思路好做法，完全符合江西省情发展实际，得到了广大干部群众的高度认同，有力指导和推动了全省各项事业发展，必须一以贯之坚持好、落实好。

会议认真讨论了《中共江西省委 江西省人民政府关于深入落实〈国家生态文明试验区（江西）实施方案〉的意见》，审议通过了《中共江西省委全会工作规则》。大家一致认为，《意见》明确了国家生态文明试验区建设的目标任务、重大举措和工作保障，贯彻中央精神，符合省情实际，体现了省委工作方针，顺应了人民群众期待，指导性、针对性、操作性强，对深入推进国家生态文明试验区建设、打造美丽中国“江西样板”具有重要的指导作用。大家一致表示，《中共江西省委全会工作规则》全面贯彻了民主集中制的组织原则，是我省加强党的制度建设的重要举措，对加强和规范党内政治生活、提高省委科学民主决策水平，具有重要意义。

刚才，刘奇同志代表省委常委会报告了上半年的经济工作，分析了当前的经济形势，对下半年的经济社会发展工作进行了系统全面部署，各地各部门要认真抓好贯彻落实。这里，我重点对深入推进国家生态文明试验区建设和做好迎接党的十九大各项工作讲点意见。

第一个问题，关于深入推进国家生态文明试验区建设

去年 6 月 27 日，中央深改组第二十五次会议审议通过《关于设立统一规范的国家生态文明试验区的意见》，江西与福建、贵州一起被列为国家生态文明试验区。今年 6 月 26 日，中央深改组第三十六次会议审议通过《国家生态文明试验区（江西）实施方案》，明确了国家生态文明试验区建设的战略定位、主要目标和重点任务。建设国家生态文明试验区，是以习近平同志为核心的党中央全面深化改革的重大决策，是党中央、国务院赋予江西的重大使命，也是江西创新发展、绿色崛起的重大机遇。全省上下要认真学习贯彻习近平总书记生态文明建设战略思想，牢固树立生态文明、绿色发展“国家大考”意识，按照中央部署要求，深入推进国家生态文明试验区建设，奋力打造美丽中国“江西样板”。

一、深入学习贯彻习近平总书记生态文明建设战略思想，坚定不移推进国家生态文明试验区建设

党的十八大以来，习近平总书记从中华民族伟大复兴和永续发展的高度，将生态文明建设纳入中国特色社会主义事业“五位一体”总体布局，将“绿色发展”列为“五大发展理念”之一，对生态文明建设作出一系列顶层设计、制度安排和决策部署，形成了生态文明建设战略思想，为我们走向社会主义生态文明新时代，建设美丽中国提供了理论指导和行动指南。

（一）*充分认识生态文明建设的战略意义*。习近平总书记指出，生态兴则文明兴，生态衰则文明衰。生态文明建设事关实现“两个一百年”奋斗目标，事关中华民族永续发

展，是建设美丽中国的必然要求，对于满足人民群众对良好生态环境新期待、形成人与自然和谐发展现代化建设新格局，具有十分重要的意义。总书记强调，必须把生态文明理念和原则深刻融入经济建设、政治建设、文化建设、社会建设各方面和全过程，努力开创社会主义生态文明新时代。这些重要论述，深刻阐释了生态文明建设的战略意义，表明了党中央加强生态文明建设的坚定意志和坚强决心。我们要充分认识加强生态文明建设的重要性，以对人民群众、对子孙后代高度负责的态度，采取有力措施保护生态环境，厚植生态优势，不断提高生态文明建设水平。

（二）深刻领会生态文明建设的核心要义。习近平总书记对生态文明建设的核心要义进行了系统阐释，提出了明确要求。总书记强调，我们既要绿水青山，也要金山银山。宁要绿水青山，不要金山银山，而且绿水青山就是金山银山。要坚持节约优先、保护优先、自然恢复为主的方针，加大自然生态系统和环境保护力度。要加快推动生产方式绿色化，加快发展绿色产业，形成经济社会发展新的增长点。要为人民群众提供更多生态公共产品，使生态文明建设成果更好惠及全体人民。要把制度建设作为重中之重，深化生态文明体制改革，建立系统完整的制度体系，把生态文明建设纳入法治化、制度化轨道。这些重要论述，深刻回答了生态文明建设的重大理论和实践问题。我们要深刻领会、认真贯彻，牢固树立绿色发展理念，大力推进生态环境保护，完善生态文明建设制度体系，努力实现生态环境保护和经济社会发展协同共进。

（三）牢牢把握生态文明建设的责任要求。习近平总书记指出，生态环境保护能否落到实处，关键在领导干部。要强化环境保护“党政同责”和“一岗双责”的要求，对那些不顾生态环境盲目决策、造成严重后果的人，必须追究其责任，而且应该终身追究。总书记强调，一定要彻底转变观念，再不以GDP增长率论英雄。要完善经济社会发展考核评价体系，把资源消耗、环境损害、生态效益等体现生态文明建设状况的指标纳入经济社会发展评价体系，使之成为推进生态文明建设的重要导向和约束。这些重要论述，抓住了生态文明建设的关键要害，明确了各级领导干部的政治责任和历史责任。我们要认真落实环境保护“党政同责”和“一岗双责”，完善生态文明考核机制，强化环境损害责任追究，以责任落实推动生态文明建设不断取得新成效。

（四）深入贯彻对江西生态文明建设的重要要求。习近平总书记对我省生态文明建设十分关心，提出了殷切希望。2015年全国“两会”期间，总书记在参加江西代表团审议时强调，环境就是民生，青山就是美丽，蓝天也是幸福。要着力推动生态环境保护，把江西的生态环境保护好。总书记去年视察江西时强调，绿色生态是江西最大财富、最大优势、最大品牌，一定要保护好，做好治山理水、显山露水的文章，走出一条经济发展和生态文明水平提高相辅相成、相得益彰的路子，打造美丽中国的“江西样板”。总书记在中央深改组第三十六次会议上强调，要注意总结借鉴有关经验做法，做实做细实施方案，聚焦重点难点问题，在体制机制创新上下功夫，为完善生态文明制度体系探索路径、积累经验。这些重要要求，为我们深入推进国家生态文明试验区建设提供了重要遵循。我们要把生态文明建设摆在更加突出位置，把国家生态文明试验区建设作为重大发展机遇来抓，积极探索我省生态文明建设新模式，努力为全国生态文明建设创造一批可复制可推广经验。

习近平总书记生态文明建设战略思想，是对实现中华民族伟大复兴和永续发展的深远谋划，是对马克思主义生态文明思想的丰富和发展，标志着我们党对人类社会发展规律、社会主义建设规律、共产党执政规律的认识达到了一个新高度。我们要深刻学习领会、认真贯彻落实，以高度的责任感和使命感，加大环境保护力度，深入推进改革创新，加快推动绿色发展，切实抓好国家生态文明试验区建设，努力开辟全省生态文明建设新境界。

二、突出制度创新、模式探索，统筹抓好国家生态文明试验区建设各项工作

全省上下要以习近平总书记生态文明建设战略思想为统领，按照《国家生态文明试验区（江西）实施方案》和我省贯彻意见要求，坚持保护为先、发展为要、民生为本，聚焦制度创新，厚植生态优势，加快绿色崛起，深入推进国家生态文明试验区建设，着力打造山水林田湖综合治理样板区、中部地区绿色崛起先行区、生态环境保护管理制度创新区、生态扶贫共享发展示范区，加快构建生态文明领域治理体系和治理能力现代化新格局，奋力打造美丽中国“江西样板”，努力交出一份合格的江西“绿色答卷”。

（一）以提升生态质量为重点，积极探索生态环境保护建设新模式。良好生态环境是建设国家生态文明试验区的基础。我们要把保护生态环境的责任扛在肩上，坚持保护、建设、治理并举，严守环境底线，严格源头预防，加快治理突出问题，持续提升生态环境质量，切实保护好青山绿水，打造我国南方地区重要的生态屏障。

一要加强山水林田湖系统治理。突出山水林田湖生命共同体的完整性和系统性，综合运用经济、技术和行政等多种手段，对山上山下、陆地水面以及流域上下游进行整体保护、系统修复、综合治理，提升生命共同体的整体生态功能。加强鄱阳湖流域生态系统统一保护与修复，切实抓好山水林田湖生态保护修复试点，统筹推进流域水环境保护与整治、矿山环境修复、水土流失治理、土地整治与土壤改良等行动，积极探索大湖流域和东江、赣江源头等重点区域保护与开发新模式。坚持系统治理、水岸同治，统筹河湖功能管理、资源保护和生态环境治理，全面提升河湖水域的保护管理水平，打造“河长制”升级版。

二要抓好重大生态工程建设。实施森林质量提升工程，将所有天然林纳入保护范围，抓好低产低效林改造，提高公益林补助标准，着力构建健康优质的森林生态系统。实施湿地保护与恢复工程，以鄱阳湖湿地为重点，实行湿地资源总量管理，建设全面的湿地保护体系。实施生物多样性保护工程，完善自然保护区管理制度和分级分类管理体系，在鄱阳湖湿地探索国家公园管理模式，提高生物多样性保护和监管水平。

三要完善环境突出问题治理模式。坚持综合整治和专项治理并重、常态治理和集中整治结合、辖区治污和区域共治联动，深入实施“净空、净水、净土”和城乡环境综合整治行动，切实解决好环境保护突出问题。深入推进火电行业排污许可、省际大气污染联防联控、淘汰黄标车、建筑工地扬尘治理，加强大气污染防治监测预警体系建设，推动空气质量稳步提升。全力推进水污染防治，开展城市黑臭水体治理，坚决消灭劣Ⅴ类水，切实保障水环境安全。全面落实"土十条"，持续推进重金属污染防治、危险废物处置能力建设，抓好农业面源污染综合治理，实施农药化肥"负增长"计划，持续改善土壤环境。四要完善环保基础设施体系。加强全省城市和工业园区污水处理设施及配套管网建设，推广分布式处理和生物化处理的农村生活污水处理模式。健全城乡生活垃圾收运体系，深入开展生活垃圾分类试点，优化全省生活垃圾焚烧发电站布局，提高垃圾无害化处理水平。整合全省生态环保信息平台，加快建立全省"生态云"，完善重点企业污染排放在线监测系统，为生态环境保护建设提供信息化支撑。

（二）以产业转型升级为导向，加快提升绿色发展新优势。发展绿色经济，促进产业转型升级，是加快绿色崛起的重要举措。要坚持向特色优势要竞争力，构建有利于产业转型升级的体制机制，推动形成绿色发展方式，把生态优势转化为经济优势，把"绿水青山"转化为"金山银山"。

一要着力构建绿色产业体系。将"生态＋"理念融入产业发展全过程，大力推进绿色农业、绿色工业、绿色服务业发展。充分利用丰富的生态资源，大力发展生态农业、中药产业、林业经济和林下经济，积极发展健康养老、休闲度假等生活性服务业，努力把生态资源优势转化为经济优势。加强旅游资源整合，抓好旅游品牌推广，丰富旅游生态和人文内涵，加快实现从"景点旅游"向"全域旅游"转变。依托产业优势，大力发展电子信息、绿色照明、航空制造、新能源、新材料等绿色制造，切实抓好大数据及云计算、电子商务、工业设计、分享经济等新经济新业态，加快培育新的经济增长点。大力发展节能环保产业，加强清洁生产、污染治理、生态修复等领域的技术创新和推广，培育和引进一批节能环保装备研发、制造企业。抓好赣江新区绿色金融改革创新试验区建设，积极发展绿色信贷、绿色债券，研究设立绿色产业发展基金，加快构建绿色金融支撑体系。

二要加快推动产业转型升级。健全产业转型升级促进机制，加大科技创新力度，推动产业发展模式向绿色化、智能化、信息化转变。加快绿色技术推广应用，促进传统优势产业提质增效，提升企业工艺、装备、能效水平。大力发展智能制造技术、产品和服务，积极推进工业设备智能化、制造方式智能化、产品智能化、管理和服务智能化，以智能制造加快推动产业升级。大力发展智慧经济，深入实施"互联网＋"行动计划，用信息技术和互联网思维优化生产要素配置、创新商业模式、提升产品附加值，促进互联网与产业升级的深度融合。推动建设国家承接产业转移示范区和绿色产业园区，完善绿色贸易、绿色技术、绿色产业培育和引进机制，努力形成产业转型升级的集群效应。

三要提高资源集约节约利用水平。推动资源利用方式根本转变，加强全过程节约管理，降低土地、能源、水消耗强度。深入实施万家企业节能低碳行动，开展能效对标、创建能效"领跑者"制度，坚决淘汰落后产能，提高利用效率和效益。大力推广清洁生产技术，减少主要污染物排放总量，切实减轻环境压力和负荷。大力发展循环经济，按照"减量化、再利用、循环化"原则，深入实施资源综合利用、再生资源回收等示范工程，积极推行企业循环式生产、产业循环式组合、园区循环式改造，提高绿色低碳循环发展水平。

（三）以增进生态福祉为目标，努力开辟生态共建共享新路径。良好的生态环境是最公平的公共产品，是最普惠的民生福祉。要牢固树立生态民生观，积极创建生态扶贫共享发展示范区，增加优质生态产品供给，提高生态服务能力，弘扬生态文化，推进生态文明共建共享，不断增进人民群众的生态福祉。

一要完善生态扶贫模式。积极推行"生态保护＋产业发展"模式，把生态资源保护利用和脱贫攻坚相结合，建立绿色创业扶贫基金，大力发展绿色农业、生态旅游、扶贫电商等生态产业，增强贫困地区和贫困群众自我发展能力。用好退耕还林、生态修复、森林碳汇交易等政策，建立生态补偿资金与扶持贫困群众脱贫挂钩机制，让贫困群众从生态建设中得到更多实惠。切实抓好生态扶贫试验区建设，积极探索贫困地区生态脱贫新路子。

二要推进生态资源共享。探索建立适应人民群众健康需求的生态环境指标统计和发布机制，健全优质生态环境资源共享机制，推进有条件的城市近郊风景名胜区等逐步免费向市民开放，让人民群众更大范围共享生态红利。开展"增绿、创绿、爱绿、护绿"等活动，实施城市拆围透绿行动计划，强化城市规划建设绿地配比要求，增加绿色公共产品供给。

三要提升城乡人居环境。大力推进绿色城镇化，严格控制城市开发边界，积极开展城市设计，实施智慧城市建设、园林城市创建、地下综合管廊建设工程、绿色交通建设等工程，在全省推广海绵城市建设，切实抓好城市文明创建，提高城市宜居水平。因地制宜推进特色小镇发展，打造一批各具特色、富有活力的现代制造、商贸物流、传统文化、

东江源

省发改委供

休闲旅游等特色小镇。深入推进"整洁美丽、和谐宜居"新农村建设,加强村庄环境整治,促进乡风和谐文明,全面改善农村生产生活条件。四要积极弘扬生态文化。坚持把生态文明宣传教育纳入社会主义核心价值观建设,积极倡导资源节约、环境友好的消费文化,鼓励绿色低碳环保生活方式。大力保护、挖掘、发展具有江西特色的生态文化,加强山水资源和传统文化资源的保护利用。深入开展生态文明创建活动,推进生态文明示范区建设,广泛开展绿色企业、绿色校园、绿色社区、绿色家庭等争创活动,推动生态文明建设成为全社会自觉行动。

*(四)以体制机制创新为核心,着力构建生态文明制度新体系。*体制机制创新是国家生态文明试验区建设的核心任务。要以机制创新、制度供给、模式探索为重点,加快构建具有江西特色、系统完整的生态文明制度体系,探索生态文明治理体系和治理能力现代化建设新经验,为深入推进生态文明建设提供制度支撑。

一要建立健全自然资源开发保护制度体系。抓紧出台省域空间规划,积极推进市县"多规合一",严格落实国土空间管制。全面划定生态环境保护红线,落实最严格的耕地、水资源管理红线,健全资源总量管理和全面节约制度,充分利用红线管控重要生态空间和生态资源。加快建立统一的确权登记系统,健全自然资源资产产权制度,推进自然资源资产管理体制改革,编制自然资源资产负债表,做到归属清晰、权责明确、监管有效。建立工业园区环境容量评估制度,制定承接产业转移环境管控规划,在重点生态功能区实行产业准入"负面清单管理",从源头上防止损害生态环境的行为。

二要积极培育市场化制度体系。完善环境治理和生态保护市场化机制,健全市场交易制度,探索建立自然资源资产有偿使用、排污权交易、碳排放权交易、水权交易、用能权交易等制度,充分发挥市场配置资源的决定性作用。引入市场机制,推行政府购买服务、环境污染第三方治理、合同能源管理、合同节水管理等新模式,积极培育生态保护和治理市场体系。完善企业环境信用评价制度,在行政许可、金融支持、资质等级评定、公共采购等方面区别对待,共同构建环境保护"守信激励"和"失信惩戒"机制。

三要健全生态保护补偿制度体系。坚持"谁受益、谁补偿"原则,逐步扩大补偿范围,合理提高补偿标准,确保森林、湿地、水流、耕地四个重点领域的生态保护补偿到2020年实现全覆盖。建立多元化生态保护补偿机制,积极探索流域上下游地区的资金补助、产业转移、园区共建等多种生态补偿模式。加强与广东沟通协作,切实抓好东江流域生态补偿试点,进一步完善补偿机制的相关措施,完善联防联控、协力治污机制,促进东江流域水环境治理和保护。四要完善环保监管制度体系。强化气、水、土环境质量监管,建立健全以改善环境质量为核心的环境保护管理制度。扎实推进环保机构垂直管理体制改革,建立权威统一的环境行政执法体制,推动市县开展环境保护统一监管、综合执法试点。加快生态环境综合执法体制改革,探索建立"环保警察",健全公安、环保执法联动机制,严厉打击生态环境违法犯罪行为。开展生态文明司法改革试点,完善生态环境资源保护的司法保障机制。健全省级环境保护督察制度,推动环保督察由"督企"为主,向"督企""督政"并重转变。建立自然资源资产离任审计制度和生态环境损害责任追究制度,引导各级领导干部自觉树立正确政绩观、推动绿色发展。

三、强化保障措施,确保全面完成国家生态文明试验区目标任务

建设国家生态文明试验区,是中央的重托,是全省的大事。各地各部门要把国家生态文明试验区建设作为事关全局的重要工作来抓,进一步强化责任担当,加强组织领导,凝聚各方力量,积极探索创新,切实抓好各项改革任务落实。

一要加强统筹协调。建设国家生态文明试验区是一项系统工程,要搞好统筹、协调联动。省生态文明建设领导小组要抓好统筹协调、整体推进和督促落实,进一步完善党委统一领导、政府组织实施、人大政协监督、部门分工协作、社会共同参与的工作格局。扎实做好地方立法工作,着力解决好国家生态文明试验区建设中涉及的法律衔接、职能调整等问题。发挥法院、检察院职能作用,加强环境资源审判工作,提升生态检察服务水平。省直部门要各司其职、各负其责,按照分工方案,主动履责、协作配合,增强工作合力。各地要牢固树立"全省一盘棋"思想,强化协调配合,共同把任务落实好。要加强与国家部委的对接汇报,认真对照改革任务,梳理需要国家层面支持事项,全力争取国家部委的指导和支持。

二要大胆先行先试。开展重大改革举措的创新试验,探索可复制、可推广的制度成果和有效模式,是中央赋予的重要任务。要坚持先行先试、大胆探索,认真学习借鉴省外先进经验做法,深入研究各地的区域特色,准确把握生态文明建设的科学规律,加大改革创新力度。要把创新试验、探索模式作为重要方法,着力解决好国家生态文明试验区建设同全省发展全局相结合的问题、利益调整中的阻力问题、推动实施方案落实的责任担当问题,把改革任务落实落细落地。要做好各项改革试点的相互衔接,协同推进,增强制度建设的系统性、整体性、协调性。

三要狠抓推进落实。《实施方案》和贯彻意见印发后,各责任单位要对《实施方案》进行细化分解,各地要抓紧出台本地贯彻落实方案,明确时间表、路线图、责任人,全力推进国家生态文明试验区建设。认真组织实施生态文明建设重大工程项目,确保按时落地落实。要加强考核评估,结合生态文明绩效考核和责任追究制度体系,开展阶段性目标考核和年度性工作考核,将考核结果纳入绩效考核范围,作为综合评价各级领导班子和领导干部的重要依据。建立督查巡察和评估机制,及时跟踪《实施方案》的推进落实情况,及时反馈发现的问题,及时调整改革举措,不断提高国家生态文明试验区建设水平。

四要营造浓厚氛围。持续加大宣传力度,发挥新闻媒体宣传主渠道作用,做到广播电视有专题、各类报刊有专栏、政府网站有专页,在全省营造建设国家生态文明试验区的浓厚氛围。对国家生态文明试验区及《实施方案》进行系统解读,增强全社会推进国家生态文明试验区建设的凝聚力。健全公众参与、环境举报、听证等制度,加大舆论监督力度,曝光生态环境违法行为、环保失职渎职行为,营造人人有责、人人参与、人人共享的良好社会风尚。

建设国家生态文明试验区是中央赋予江西的艰巨使命。我们要牢固树立绿色发展理念，深入推进国家生态文明试验区建设，全力抓好《实施方案》的贯彻落实，积极探索更多有效做法和经验，努力走出一条具有江西特色生态文明建设新路，奋力打造美丽中国"江西样板"，向中央交出一份生态文明"国家大考"的江西亮丽绿色答卷。

第二个问题，关于迎接党的十九大胜利召开

下半年，我们党将召开十九大，这是在我国全面建成小康社会决胜阶段召开的一次十分重要的大会，是党和国家政治生活中的一件大事。全省上下要把迎接党的十九大胜利召开作为重大政治任务，深入学习贯彻习近平总书记系列重要讲话精神和治国理政新理念新思想新战略，大力实施"创新引领、绿色崛起、担当实干、兴赣富民"工作方针，扎实做好各项工作，以优异成绩迎接党的十九大胜利召开。

一、旗帜鲜明讲政治，坚决维护以习近平同志为核心的党中央权威

迎接党的十九大，摆在首位的就是旗帜鲜明讲政治，坚决维护以习近平同志为核心的党中央权威。全省各级党员干部要切实增强"四个意识"，以高度的政治自觉和行动自觉，坚定不移地维护以习近平同志为核心的党中央权威和党中央集中统一领导。

一要坚决维护习近平总书记的核心地位。这是最大的政治、最高的政治要求。要把维护核心作为方向性、原则性的重大问题，自觉向党中央看齐、向习近平总书记看齐，做到在思想上高度认同、在政治上坚决维护、在行动上始终紧跟，确保同以习近平同志为核心的党中央保持高度一致，真正把"四个意识"内化于心、外化于行。深入学习贯彻习近平总书记系列重要讲话精神和治国理政新理念新思想新战略，联系实际学深悟透，把握精髓要义，更加自觉地用以武装头脑、指导实践、推动工作。自觉对标中央精神，坚决贯彻中央决策部署，坚决维护中央权威，确保令行禁止、政令畅通。

二要始终做到对党绝对忠诚。对党忠诚不是抽象的而是具体的，不是有条件的而是无条件的，不能停留在口头上。要对党的信仰忠诚，不忘初心、不忘根本，把对马克思主义的信仰、对社会主义和共产主义的信念作为毕生追求，坚定"四个自信"，矢志不渝为中国特色社会主义不懈奋斗。要对党组织忠诚，强化党的意识，时刻牢记自己的第一身份是党员、第一职责是为党工作，做到在党爱党、在党言党、在党忧党、在党为党，永葆共产党人的政治本色。要对党的宗旨忠诚，站稳群众立场，树立群众观点，提高为民办实事的本领，密切与人民群众的感情，以全心全意为人民服务的实际行动诠释对党的忠诚。

三要严守政治纪律和政治规矩。这是维护党的团结和集中统一的重要保证。要把政治纪律和政治规矩挺在前面，始终心存敬畏、严格遵守，做到党中央提倡的坚决响应、党中央决定的坚决执行、党中央禁止的坚决不做。要严格落实重大问题请示报告制度，研究涉及全局的重大事项或作出重大决定，要及时请示报告，执行重大决定的情况要专题报告。要站稳政治立场，提高政治鉴别力，在大是大非问题面前头脑清醒、旗帜鲜明，不摇摆、不犹豫，敢于斗争、敢于亮剑，始终做政治上的明白人。

二、坚持发展第一要务，促进经济社会持续健康发展

迎接党的十九大，必须扎扎实实做好经济社会发展工作，保持良好发展态势。刚才，刘奇同志部署了下半年经济工作。这里，我再强调几个重点问题。

一要狠抓重大项目建设。重大项目是稳定经济增长的重要抓手。要健全重大项目推进机制，加强督查考核，层层压实责任，已经审批的抓紧开工，已经开工的抓紧建设，做到落地项目快开工、开工项目快投产、投产项目快见效。突出招大引强选优，加大招商引资力度，积极扩大有效投资，切实提高战略性新兴产业、生态环保、公共服务等项目投资比重，为促进经济发展、产业转型提供有力支撑。强化项目服务保障，帮助企业解决好项目审批、融资配套、要素保障等实际问题，确保项目建设顺利推进。

二要加大实体经济帮扶力度。实体经济是经济发展的根基所在。要持续深入推进"降成本、优环境"专项行动，聚焦影响企业成本的主要因素，研究出台更多有针对性的政策措施，加大对企业的精准帮扶力度，引导实体企业稳定预期、健康发展。用好省发展升级引导基金，大力实施龙头企业培育工程，支持电子信息、生物医药、新能源、航空、食品等重点优势产业发展壮大。进一步挖掘和弘扬江右商帮精神，构建"亲""清"政商关系，支持赣商企业做大做强，推动赣商回归、赣才回归。加强质量品牌建设，坚持质量兴省、品牌兴业、标准引领，积极开展"增品种、提品质、创品牌"专项行动，引导企业加强管理、降本增效，扩大高质量产品和服务供给，提升江西制造质量水平和品牌形象。

三要大力推进改革创新。深入实施创新驱动发展战略，推进创新驱动"5511"工程，完善产学研用创新体系建设，大力发展新经济培育新动能，加快培育壮大新型光电、生物医药、航空制造、新能源等战略性新兴产业，用新技术新业态全面改造提升传统产业，依靠创新加快推动产业转型升级。大力推进人才强省建设，完善人才体制机制，深入实施重大人才工程，加快引进培养高层次创新创业团队和领军人才，为经济发展提供强有力人才支撑。深入推进供给侧结构性改革，全面落实"三去一降一补"五大重点任务，统筹推进"放管服"、国资国企、农业农村等重点领域改革，持续释放改革新红利。努力全面扩大对内对外开放，深度融入"一带一路"和长江经济带建设，充分发挥开发区、保税区等平台的集聚作用，认真办好首届赣商大会、绿发会等重大经贸活动，着力打造内陆双向开放新高地。扎实推进赣江新区建设，在深化改革创新、产业转型升级、城乡融合发展、扩大开放合作等方面先行先试，加快打造成全省新的经济增长极。

四要切实保障改善民生。深入贯彻习近平总书记在深度贫困地区脱贫攻坚座谈会上的重要讲话精神，采取更加集中的支持、更加有效的举措、更加有力的工作，加快实施重大脱贫工程，加大进村入户帮扶力度，加强内生动力培育，扎实推进精准扶贫精准脱贫。深入实施民生工程，积极促进就业创业，扎实推进保障性安居工程、城镇棚户区改造，加快城乡义务教育均衡化发展，持续深化医药卫生体制

改革，织密织牢民生保障网，不断增强人民群众获得感和幸福感。

三、加强和创新社会治理，确保社会大局和谐稳定

迎接党的十九大，维护社会大局和谐稳定是全省各级各部门的重要政治责任。当前，各类矛盾风险交织叠加，不安全不稳定不和谐因素增多。随着党的十九大临近，维护社会大局稳定任务更加繁重。我们要始终做到亲力亲为，始终做到紧盯不放，切实履行好保一方平安的政治责任，时刻绷紧安全稳定这根弦，扎实做好安全稳定各项工作，为迎接党的十九大胜利召开营造良好社会环境。

一要强化社会矛盾防范化解管控。建立健全社会舆情汇集和研判机制，对各种社会矛盾和不稳定因素，系统排查梳理，及时准确掌握，压实工作责任，做到发现在早、防范在先、处置在小。认真做好特定利益群体工作，积极解决好涉军退役人员的历史遗留问题，稳妥有序对涉众型经济犯罪、重大非法集资进行依法处置，组织开展涉环境保护、征地拆迁、社会保障等重点领域的排查专项行动，严格落实属地维稳责任。深化领导干部接访下访，统筹好政法、综治、维稳、信访等部门力量，拓宽第三方参与矛盾化解渠道，构建调解、仲裁、行政裁决、行政复议、诉讼等有机衔接的多元化纠纷解决体系，增强社会矛盾化解实效。

二要加强社会治安防控体系建设。深入贯彻全国社会治安综合治理创新工作会议精神，大力推进立体化、信息化社会治安防控体系建设，加强综治中心建设，深入推进网格化管理，积极运用信息化手段、大数据技术进行精准防控，织密织牢公共安全网。抓住影响公共安全的核心治安要素，建立全覆盖、可倒查的社会治安综合治理责任体系，加强重点危险人群、重点危险物品、重点场所部位的风险防控和应急处置，严防发生重大公共安全事件。深入研究当前违法犯罪的新趋势新特点，针对涉黑涉恶、盗抢骗、网络诈骗等违法犯罪行为，科学指挥、合成作战，提高防范和打击新型犯罪能力，进一步增强人民群众安全感。

三要切实抓好安全生产工作。牢牢守住安全生产这条红线，严格落实安全生产责任制，坚决防范遏制重特大事故发生。全面排查安全隐患，抓好煤矿、非煤矿山、建筑施工、危险化学品、民爆、交通运输等高危行业和重点领域安全生产专项整治，注重抓早抓小，及时发现小问题、小隐患，高度重视那些习以为常、见怪不怪的普遍性问题，做到防患于未然。前移安全生产监管关口，强化执法检查，细化监管责任，强化监管措施，及时查处和纠正违法行为，提高安全生产水平，保障人民群众生命财产安全。

四、切实做好意识形态工作，营造良好思想舆论环境

历史经验表明，每逢临近党的全国代表大会召开，各种思潮就会更加活跃，杂音噪音明显增多，保持思想统一、人心稳定的任务艰巨。全省各地各部门要认真履行意识形态工作责任制，切实提高宣传思想工作能力和水平，不断巩固和发展主流意识形态，为党的十九大胜利召开营造良好的思想舆论环境。

一要加大正面宣传力度。正面宣传是迎接党的十九大宣传的重头戏，要精心谋划、做出亮点。持续深化习近平总书记系列重要讲话精神和治国理政新理念新思想新战略主题宣传，深入开展“砥砺奋进的五年”“喜迎十九大·身边看变化”“决胜全面建成小康”等大型主题宣传，全方位展示统筹推进“五位一体”总体布局和协调推进“四个全面”战略布局的生动实践，宣传我们党治国理政的卓越能力和非凡成就，宣传全省干部群众喜迎十九大的精神风貌，弘扬主旋律、凝聚正能量。着眼促进改革发展稳定，做好选题策划，加强正面引导，积极回应人民群众关切，多做答疑释惑、增进共识的工作，激发全社会团结奋进的信心和力量。

二要切实加强阵地管理。掌握意识形态工作主动权，关键要管好阵地。严格落实主管主办和属地管理原则，加强对重点部位和薄弱环节的管理，管好新闻出版、广播影视、报刊杂志、文化市场，加强对高校、党校、社科研究单位的课堂、讲座、论坛、报告会、研讨会等的管理，绝不给错误思想言论提供传播渠道。加强互联网阵地管理，贯彻实施好网络安全法，强化互联网企业网上信息管理的主体责任，综合运用法律、行政、技术等手段管好网治好网。大力开展净化舆论环境专项整治，加强线上线下各类传播平台、传播渠道管理，明确管理红线，推动形成风清气正的舆论生态。

三要主动做好舆情应对。做好意识形态工作，既要敢于担当，又要讲究策略。要加强对社情民意和舆情动态的跟踪分析，及时掌握相关舆情动向，及时发现和处置苗头性倾向性问题。对那些错误思想观点，要坚持原则、敢于亮剑，帮助人们明辨是非、理性认知。加强经济民生热点引导，针对收入分配、就学就业就医、生态环境等问题，准确全面解读相关政策举措，客观分析现实困难，引导人们形成合理预期。切实做好重大突发事件和复杂敏感问题引导，建立健全应急协调指挥机制，把握好时度效，系统分析研判，第一时间妥善处理，防止负面炒作、制造事端。各级领导干部要增强同媒体打交道的能力，善于运用媒体宣讲政策主张、了解社情民意、发现矛盾问题、引导社会情绪，为做好各项工作营造良好舆论环境。

五、纵深推进全面从严治党，不断把风清气正的政治生态建设引向深入

迎接党的十九大，抓好党的建设至关重要。要始终把抓好党建作为最大政绩，深化落实全面从严治党“两个责任”，全面推进党的思想、组织、作风、反腐倡廉和制度建设，加强和规范党内政治生活，提高党内监督水平，推动全面从严治党向纵深发展，为建设富裕美丽幸福江西提供坚强保证。

一要严肃党内政治生活。严格落实党的组织生活制度，从领导干部做起，从坚持“三会一课”制度抓起，从清清爽爽的同志关系抓起，从严肃认真开展批评与自我批评抓起，确保党的组织生活经常、认真、严肃。加强政治文化建设，大力倡导和弘扬忠诚老实、光明坦荡、公道正派、实事求是、艰苦奋斗、清正廉洁等价值观，构建良好政治文化。认真贯彻执行民主集中制，充分发挥党内民主，严格按程序决策、按规矩办事。这次全会修改制定《中共江西省委全会工作规则（试行）》，就是要带头贯彻民主集中制、提高省委议事决策水平。我们要认真贯彻落实，不断提高党内政治生活制度化水平。

二要增强基层党组织活力。深入推进“两学一做”学习教育常态化制度化，开展“迎接十九大，做合格党员”活动，引导广大党员增强“四个意识”，践行“四讲四有”。切实做好村(社区)换届,注重从致富能手、退伍军人、返乡创业能人选拔人才,选优配强基层党组织领导班子特别是带头人,深化软弱涣散党组织整顿,提高基层党组织凝聚力战斗力。研究制定发展壮大村集体经济的政策措施,支持村集体消除“空壳村”。积极开展“乡村夜话”、民情家访等活动,创新农村基层党建工作形式。探索建立社区党员报到制度,增强党员意识,多尽党员义务,通过党员示范带头提升社区治理水平。认真落实基层党建工作责任制,扎实做好机关、企事业单位、非公经济和社会组织等基层党建工作。加强服务型党组织建设,搭建微信、QQ 等党建活动平台,完善便民服务中心建设,不断提高为民服务水平。

三要弘扬担当实干作风。大力倡导“担当为要、实干为本、发展为重、奋斗为荣”的为政理念,坚持激励与约束并重,纠错与容错并举,引导各级干部撸起袖子加油干。树立正确用人导向,完善领导干部选拔任用机制,坚持好干部标准,让忠诚干净、担当实干的好干部受重用,让不思进取、安于现状的干部挪位子,形成能者上、庸者下的用人风气。健全干部考核评价机制,对担当实干者政治上激励、工作上支持、条件上保障、心理上关怀,真正让吃苦的人吃香,让实干的人实惠,让有为的人有位。建立健全容错纠错机制,准确把握原则,严格区分界限,让敢担当、勇创新的干部打消顾虑、轻装上阵,着力营造干部干事创业的良好环境。加大懒政怠政问题整治力度,严肃查处批不担当、不作为、乱作为的干部,以强有力的问责倒逼各级干部履职尽责、担当作为。各级干部要始终保持担当实干的激情,锤炼担当实干的作风,提升担当实干的能力,攻坚克难、奋发有为,推动各项工作落到实处。

四要深化党风廉政建设和反腐败工作。认真落实省委《关于深入贯彻中央八项规定精神进一步改进作风的若干意见》,保持常抓的韧劲和长抓的耐心,不断巩固和深化作风建设成果。加强和改进党内监督,完善党内监督体系,使积极开展监督、主动接受监督成为各级党员干部的自觉行动。进一步深化巡视巡察、派驻监督工作,强化成果运用,发挥“利剑”和“探头”作用。始终保持严惩腐败高压态势,有效运用监督执纪“四种形态”,注重标本兼治,把执纪审查重点放在不收敛不收手,问题线索反映集中、群众反映强烈,现在重要岗位且可能还要提拔使用的领导干部身上,同时加大对发生在群众身边的不正之风和腐败问题的查处力度,构建不敢腐、不能腐、不想腐的长效机制。各级领导干部要严于律己,注重家庭、家教、家风,教育管理好亲属和身边工作人员,带头推进风清气正的政治生态建设。

同志们,深入推进国家生态文明试验区建设,做好迎接党的十九大胜利召开工作,是全省上下的重大任务。我们要更加紧密地团结在以习近平同志为核心的党中央周围,攻坚克难,真抓实干,全力以赴做好全省经济社会发展和党的建设各项工作,奋力迈出决胜全面建成小康社会、建设富裕美丽幸福江西的新步伐,以优异成绩迎接党的十九大胜利召开。

在省委十四届五次全体会议上的讲话

省委书记　鹿心社

(2017 年 12 月 25 日)

同志们:

这次省委全会与全省经济工作会议合开,主要任务是深入学习贯彻党的十九大精神和中央经济工作会议精神,听取和审议省委常委会工作报告,研究部署深入学习贯彻党的十九大精神和明年全省经济工作。

我先代表省委常委会报告 2017 年省委常委会工作,并就深入学习贯彻党的十九大精神、做好明年全省经济工作讲几点意见。

一、关于今年省委常委会工作

今年以来,在以习近平同志为核心的党中央坚强领导下,省委常委会坚持把喜迎党的十九大、学习宣传贯彻党的十九大精神作为全年工作主线,认真贯彻习近平新时代中国特色社会主义思想,全面落实习近平总书记对江西工作的重要要求,深入贯彻落实省第十四次党代会精神,提出并实施“创新引领、绿色崛起、担当实干、兴赣富民”工作方针,大力弘扬井冈山精神和苏区精神,充分激发干部群众干事创业热情,推动全省经济社会发展和党的建设各项事业取得了新成绩。

省委常委会主要做了以下工作。

(一)全力做好迎接和学习宣传贯彻党的十九大工作。省委认为,今年是党的十九大召开之年,做好迎接和学习宣传贯彻十九大工作是全省上下的首要政治任务。十九大召开前,省委对迎接十九大各项工作进行部署,对学习宣传贯彻十九大精神作出预安排,组织开展“砥砺奋进的五年”“喜迎十九大·身边看变化”等活动。十九大召开期间,省委下发通知组织全省党员干部收听收看,开展学习讨论。十九大闭幕后,省委印发《关于认真学习宣传贯彻党的十九大精神的通知》,在全省上下迅速掀起学习宣传贯彻十九大精神的热潮。一是及时传达学习。省委第一时间召开省市县乡四级领导干部视频会议、省委常委扩大会议进行传达学习,部署我省学习宣传贯彻工作。省级领导同志带头深入基层一线,以专题调研、宣讲座谈等方式,面对面向群众宣讲。省委组成宣讲团分赴全省各地宣讲,采取培训班、报告会、讲坛讲座等多种方式,推动十九大精神进机关、进社区、进农村、进企业、进学校、进网站,营造了学习宣传十九大精神的浓厚氛围。二是深入开展研讨。举办全省市厅级主要领导干部专题研讨班,紧紧围绕学习领会、贯彻落实习近平新时代中国特色社会主义思想,进一步增强了贯彻落实十九大精神的自觉性坚定性。省委常委会坚持学在前面、走在前列,省委中心组集中开展十九大精神专题学习研讨。省委先后召开生态文明建设、文化建设、全面加强党的建设、保障改善民生与加强创新社会治理、设区市市委书记、经济形势等座谈会,研究贯彻落实十九大精神的具体举措,不断把学习贯彻十九大精神引向深入。三是推进贯彻落实。省委自觉对标中央精神,紧密联系江西实际,研究制定《关于深入学习贯彻党的十九大精神奋力谱写新时代中国特色社会主义江西篇章的决定》,提出贯彻落实十九大精神、做好全省工作的总体要求、目标任务和重大举措,推动十九大重大战略部署落地落实。通过认真学习宣传贯彻,全省上下进一步加深了对十九大精神的理解把握,更加坚定了维护核心拥戴核心的政治自觉,切实增强了用习近平新时代中国特色社会主义思想武装头脑的思想自觉,极大激发了工作干劲,有力促进了各项事业发展。

(二)推动经济持续健康发展。省委认为,做好全省经济工作,必须坚持稳中求进工作总基调,全面贯彻落实新发展理念,主动适应经济发展新常态,以深化供给侧结构性改革为主线,强化创新驱动,狠抓改革攻坚,深化开放合作,推动经济稳定增长、提质增效。一是加强统筹谋划和协调指导。省委深入贯彻中央经济工作会议精神,结合江西实际,确立了全省经济工作的主要目标、总体要求和重点任务,提出了以稳为基础、以进为导向、以新为动力、以好为目标的要求,为全省经济发展提供了重要指导。切实加强经济运行调度,每季度召开一次经济形势分析会,及时研究解决经济运行突出问题,加强对重点工作督查督办,推动各项任务落实。二是着力稳定经济增长。省委强调要重点抓好帮扶实体经济、重大项目建设、发展新经济培育新动能三大任务,促进经济稳定增长。持续推进降成本优环境专项行动,出台企业减负"新30条",帮助企业降本增效。深入实施重大项目带动战略,召开省、市、县三级重大项目推进动员大会,加快推进一批重大项目。制定出台《关于加快发展新经济培育新动能的意见》,着力抓好新制造经济、新服务经济、绿色经济、智慧经济、分享经济。预计全年生产总值增长9%左右,财政总收入增长9%左右,规模以上工业增加值增长9%左右,固定资产投资增长12.3%左右,社会消费品零售总额增长12.4%左右,主要经济指标增幅继续位居全国"第一方阵",发展的质量和效益稳步提升。三是促进区域经济协调发展。省委深入实施区域发展战略,出台《支持赣江新区加快发展的若干意见》,南昌大都市区建设和昌九、昌抚一体化步伐进一步加快。召开深入推进赣南等原中央苏区振兴发展工作会议,一批重大事项得到中央国家部委的支持,赣南苏区呈现经济快速发展、民生持续改善、后劲显著增强的态势。赣东北开放合作成效明显,新能源汽车、大数据、物联网重大项目加速集聚。赣西转型升级步伐加快,锂电新能源、新型电子等新兴产业加快成长。出台《支持鄱余万都滨湖四县小康攻坚的指导意见》,基础设施和民生项目扎实推进。四是切实增强发展动力活力。省委反复强调,创新、改革、开放是江西加快发展、转型升级的关键所在。深入实施创新驱动发展战略,出台《江西省创新驱动发展纲要》,着力抓好创新驱动"5511"工程、重点创新产业化升级工程,大力开展全社会研发投入攻坚行动,加快产学研结合和科技成果转化。持续推进全面深化改革,省委深改组召开9次领导小组会议,研究投融资体制改革、开发区改革等52个改革方案。打好供给侧结构性改革攻坚战,"放管服"、国资国企、农业农村等重点领域改革取得新突破。积极扩大对外开放,成功举办"开放的中国:美丽江西秀天下"全球推介活动,深入实施"一带一路"布局行动计划,积极参与长三角、泛珠三角区域发展,推动央企入赣、民企入赣和赣商回归工程,预计全年实际利用外资增长9.8%左右,外贸出口增长15%左右,开放型经济保持平稳发展。通过狠抓创新、深化改革、扩大开放,加快完善体制机制,发展的动力活力进一步增强。

(三)切实加强生态文明建设。省委认为,深入推进国家生态文明试验区建设,要以生态保护为本,让江西放眼望去尽是绿水青山;以绿色发展为要,找准路子让绿水青山变成金山银山;以制度建设为基,健全完善生态文明制度,奋力打造美丽中国"江西样板",加快江西绿色崛起。一是加强生态文明建设顶层设计。省委召开十四届三次全会研究部署国家生态文明试验区建设,出台《关于深入落实〈国家生态文明试验区(江西)实施方案〉的意见》,明确了目标任务、重大举措和工作保障,为深入推进国家生态文明试验区建设提供了有力指导。二是着力解决环境突出问题。大力

安远县全国绿色食品原料(脐橙)标准化生产基地

省农业厅供

开展城乡环境综合整治，深入实施大气、水、土壤污染防治行动计划，抓好工业园污染治理、施工及扬尘整治、农业秸秆禁烧等污染防控工作，积极推进农业面源污染治理、生活垃圾分类处理、“清河行动”提升等专项行动，有效整治鄱阳湖水质下降、工业园区污染等突出环境问题，全省生态环境质量保持优良。三是大力发展绿色经济。深入实施“绿色生态农业十大行动”、绿色生态农产品品牌创建工程，“生态鄱阳湖、绿色农产品”影响力不断扩大。大力发展战略性新兴产业和现代服务业，全省高新技术产业增加值占规模以上工业比重达32%，服务业增加值占GDP比重达42.5%，绿色发展水平不断提高。四是加快完善生态文明制度。深入开展生态文明体制改革综合试验，推动环保机构监测监察执法垂直管理改革。完善环境资源审判、生态检察工作机制，为生态文明建设提供了有力司法保障。制定《关于以推进流域生态综合治理为抓手打造河长制升级版的指导意见》，修订《江西省流域生态补偿办法》，出台《江西省生态文明建设目标评价考核办法》《江西省党政领导干部生态环境损害责任追究实施细则》等制度，生态文明制度进一步健全。

（四）凝聚团结奋进的强大合力。省委认为，办好江西的事情，必须紧紧依靠人民群众，强化思想引领，健全民主法治，最广泛调动各方面的积极性、主动性、创造性，形成团结奋进的生动局面。一是切实加强宣传思想文化工作。省委持续开展中国特色社会主义和中国梦宣传教育，强化理想信念教育。举行纪念“八一”南昌起义暨建军、秋收起义、井冈山革命根据地创建“三个90周年”系列活动，重温我党我军的辉煌革命历史，集中展示了全省广大干部群众积极进取、奋发有为的精神风貌。落实意识形态工作责任制，强化意识形态阵地建设和管理，完善省、市、县三级网络巡查机制，做好重大突发事件和涉赣舆情的舆论引导和应急管理。积极培育和践行社会主义核心价值观，实施公民道德建设工程，深入推进家庭家教家风建设，广泛开展农村精神文明建设，打造“好人文化”品牌和“法媒银·失信被执行人曝光台”，赣州市、吉安市、南昌县荣获第五届全国文明城市。大力实施文艺精品创作工程，推出一批精品力作，在中宣部“五个一工程”评选中，《建军大业》《老阿姨》等5部作品获奖。二是推进社会主义民主政治建设。省委研究出台《关于健全人大讨论决定重大事项报告制度、各级政府重大决策出台前向本级人大报告的若干意见》，充分发挥人大立法主导作用，加强人大对“一府两院”的监督，推动解决社会普遍关注的热点难点问题。召开全省县乡人大工作和建设经验交流会，提高县乡人大依法履职水平。研究出台《关于加强和改进人民政协民主监督工作的实施意见》，综合运用专题协商会、协商座谈会等形式协商议政，为更好地发挥政协职能作用提供保障。创新推进政党协商实践和民主党派脱贫攻坚民主监督。以政治交接为主线，圆满完成六个民主党派和工商联省级组织换届。举办2017中国（江西）非公有制经济发展论坛，制定《关于构建新型政商关系的指导意见》，进一步推动政商关系良性互动。三是广泛凝聚社会各界力量。省委出台共青团、工会、妇联、科协、侨联等改革方案，加强和改进文联、残联、红十字会等群团工作。认真贯彻中央《关于依法治理民族宗教事务促进民族团结的意见》，做好全省民族宗教工作。深入贯彻中央对港澳台大政方针，切实加强经贸、人文、基层交流合作。认真落实党管武装责任，组建省委军民融合发展委员会，加强国防动员和后备力量建设，支持驻赣部队和武警部队建设，党管武装和双拥工作水平进一步提升。

（五）加大力度保障和改善民生。省委认为，建设富裕美丽幸福江西，根本目的是让人民生活更幸福更美好。必须深入贯彻共享发展理念，加快民生社会事业发展。一是坚决打好脱贫攻坚战。省委坚持把脱贫攻坚作为头等大事和第一民生工程，召开全省脱贫攻坚现场推进会，研究制定深入推进脱贫攻坚工作的意见、脱贫攻坚责任制实施细则等，建立健全脱贫攻坚责任体系、考核体系、保障体系。以国务院扶贫开发领导小组约谈为契机，压实脱贫攻坚责任，加大督查巡察力度，切实抓好问题整改。研究出台《大力支持深度贫困村脱贫攻坚实施方案》，建立了健康扶贫“四道保障线”，形成了产业扶贫“五个一”机制，深入实施脱贫攻坚“十大工程”，井冈山市、吉安县率先脱贫摘帽，预计全年减贫50万人、1000个贫困村退出，脱贫成效和质量稳步提升。二是扎实推进民生工程。坚持新增财力向民生倾斜，着力解决群众生产生活突出问题。大力实施就业促进、创业引领计划，就业形势保持稳定。加强社会保障，完善职工基本养老保险省级统筹制度，深化基本医疗保险支付方式改革。统筹城乡义务教育均衡发展，推进高等教育内涵式发展，职业教育质量实现新提升。深入推进健康江西建设，制定“健康江西2030”规划纲要，公立医院改革实现全覆盖。大力促进城乡居民增收，预计全省城镇和农村居民人均可支配收入分别增长8.5%、9%，居民收入稳步提高。三是加强和创新社会治理。组织开展影响社会稳定矛盾问题集中摸排调研与滚动化解专项行动，加强社会风险预测预警预防，依法严厉打击各类违法犯罪，圆满完成党的十九大安保任务。深入推进法治江西建设，出台《关于进一步加强全省社会主义法治文化建设的意见》，积极稳妥推进司法体制改革，加强执法司法规范化建设。完善信访工作责任体系，依法分类处理各类信访诉求。推进安全生产领域改革发展，严格落实安全生产责任制，人民群众安全感满意度进一步提升，全省社会大局保持和谐稳定。

（六）深入推进全面从严治党。省委认为，做好江西工作，关键在党，关键在人。必须始终坚持全面从严治党，保持党的先进性和纯洁性，努力建设风清气正的政治生态。一是加强思想政治建设。把习近平新时代中国特色社会主义思想作为各级党校、行政学院、干部学院主课，纳入培训计划和教学内容，分级分类开展干部培训。扎实推进“两学一做”学习教育常态化制度化，坚持全覆盖、常态化、重创新、求实效，把传承红色基因贯穿全过程，着力抓好关键少数和基层支部的学习教育，广大党员干部受到深刻的思想洗礼和党性教育。制定《江西省贯彻〈县以上党和国家机关党员领导干部民主生活会若干规定〉的实施细则》，指导各级党组织严格标准、细化要求，推动开展积极健康的思想斗争。二是加强干部队伍建设。认真落实好干部标准，坚持正确选人用人导向，坚决贯彻党管干部原则，严格选拔任用程序，改进推荐考察办法，选人用人公信度进一步提高。严格干部经常性管理监督，加大提醒函询诫勉力度，强化选人用人监督问责和专项整治，完善了党政领导干部考核评价体系。出台《关于深化人才发展体制机制改革的实施意见》，进一步加强了党管人才工作。旗帜鲜明地为改革者鼓劲、为实干者撑腰、为担当者担当、为负责者负责，提振了担当实干的精气神，激发了干事创业的积极性。三是加强基层组织建设。强化"党建+"理念，深入推进"连心、强基、模范"三大工程。召开全省高校思想政治工作会议、国有企业党的建设工作会议、城市基层党建工作会议，巩固非公有制经济组织和社会组织"两个覆盖"成果，提升农村基层党组织整体功能，进一步强化了各领域基层党建工作，党组织战斗堡垒作用和党员先锋模范作用得到更好发挥。加强流动党员教育服务管理，2.07万名失联党员纳入规范管理和组织处置。四是加强党风廉政建设。严明党的政治纪律和政治规矩，认真贯彻《关于新形势下党内政治生活的若干准则》《中国共产党党内监督条例》，切实规范党内政治生活，强化党内监督。出台《江西省贯彻〈中国共产党问责条例〉实施办法》，强化党委（党组）管党治党主体责任和纪委（纪检组）监督责任。持续深化作风建设，坚决查处顶风违纪行为，推进领导干部违规收送"红包"、违规插手干预工程项目等问题治理常态化。成立深化监察体制改革试点工作小组，研究制定《江西省深化监察体制改革试点实施方案》。强化政治巡视工作，发挥巡视利剑作用。深入开展基层"微腐败"整治，严肃查处群众身边的不正之风和腐败问题，出台《关于加强扶贫领域监督执纪问责工作的实施意见》，加大对损害群众利益问题的查处力度，风清气正的政治生态建设取得新成效。

以上报告的是一年来省委常委会的主要工作。这些成绩的取得，是以习近平同志为核心的党中央坚强领导的结果，是全省上下同心同德、团结奋斗的结果，是各级党组织和广大党员干部敬业履职、勇于担当的结果。省委全委会的同志们和各市县、各部门、各单位负责同志在各自岗位上心系大局、勤奋工作、锐意进取，对省委常委会的工作给予了大力支持。我代表十四届省委常委会，向同志们表示衷心的感谢！

省委常委会分析了面临的挑战和存在的不足。受宏观经济环境影响，经济运行仍存在不少矛盾和挑战，实体经济发展困难不少；创新能力不足，全面深化改革的任务还很重；社会事业发展还存在不少短板，脱贫攻坚任务依然艰巨；少数干部担当意识不强，工作作风不实；一些地方落实"两个责任"不到位，全面从严治党任重道远等。省委常委会将团结带领全省干部群众，深入贯彻落实习近平新时代中国特色社会主义思想，坚持问题导向，努力把各项工作做得更好，不断开创江西发展新局面。

二、关于深入学习贯彻党的十九大精神

深入学习贯彻党的十九大精神，是一项长期的重大政治任务。当前，全省学习贯彻工作已经从面上的传达部署、学习研讨，转向深入贯彻、落地落实的阶段。我们要深入学习贯彻党的十九大精神，以习近平新时代中国特色社会主义思想为指导，紧扣江西发展实际，着力在学懂弄通做实上狠下功夫，切实把党的十九大精神转化为决胜全面建成小康社会、建设富裕美丽幸福江西的具体实践，奋力谱写新时代中国特色社会主义江西篇章。

（一）坚持以习近平新时代中国特色社会主义思想为指导，确保江西各项事业沿着正确方向前进。习近平新时代中国特色社会主义思想是党的十九大的灵魂，是马克思主义中国化的最新成果，是我们党必须长期坚持的指导思想。我们要把习近平新时代中国特色社会主义思想作为思想旗帜、理论指引、根本遵循，进一步学思践悟、学深悟透，引领全省各项事业发展。

坚定政治信仰这个根本。政治信仰坚定是习近平新时代中国特色社会主义思想的鲜明理论特征。要深入学习领会习近平新时代中国特色社会主义思想，把信仰信念建立在对科学理论的理性认同上，建立在对历史规律的正确认识上，建立在对国情党情的准确把握上，始终坚定"四个自信"，忠诚党的信仰，坚决以党的旗帜为旗帜、以党的方向为方向、以党的意志为意志。要牢固树立"四个意识"，坚决维护党中央权威，坚决服从党中央集中统一领导，坚决捍卫习近平总书记党的领袖和核心地位，始终在思想上政治上行动上与以习近平同志为核心的党中央保持高度一致，不断增强政治信仰坚定的思想自觉和行动自觉。

把握理论体系这个重点。习近平新时代中国特色社会主义思想是一个内涵丰富、思想深邃、逻辑严密的科学理论体系，涵盖了改革发展稳定、内政外交国防、治党治国治军等各方面，必须全面系统把握这一理论体系的内在逻辑和思想精髓。要深入领会掌握贯穿其中的马克思主义立场观点方法，学习领悟蕴含其中的坚定信仰信念、鲜明人民立场、强烈使命担当、求真务实作风、勇于创新精神，不断提高政治素养和理论水平，自觉用习近平新时代中国特色社会主义思想武装头脑、指导实践、推动工作。

抓住转化运用这个关键。学习贯彻习近平新时代中国特色社会主义思想，关键要知行合一。要大力弘扬理论联系实际的学风，坚持学而信、学而思、学而用、学而行，把学习贯彻习近平新时代中国特色社会主义思想与贯彻落实习近平总书记对江西工作的重要要求结合起来，与贯彻落实省第十四次党代会精神结合起来，完善提升发展战略思路，细化实化工作举措。要聚焦新时代新课题，围绕改革发展稳定的重大问题、人民群众反映强烈的突出问题、党的建设面临的紧迫问题，学习好、运用好习近平新时代中国特色社会主义思想，把学习成果转化为建设富裕美丽幸福江西的行动举措。

（二）深入领会中国特色社会主义进入新时代的重大政治论断，准确把握江西发展阶段性特征。党的十九大作出了中国特色社会主义进入新时代、我国社会主要矛盾已经转化为人民日益增长的美好生活需要和不平衡不充分的发展之间的矛盾的重大政治论断，明确了党和国家事业所处的历史方位。我们要深入领会这一重大政治论断，准确把握我省发展阶段性特征，用新发展理念引领发展行动，不断开创各项工作新局面。

省第十四次党代会作出了"三个仍然"的省情判断，即发展不足仍然是江西的主要矛盾，欠发达仍然是江西的基本省情，相对落后仍然是江西的最大现实，这是对江西发展阶段性特征的科学判断，是我们谋划和推动发展的逻辑基

点。在我国社会主要矛盾发生深刻变化的大背景下，江西既有城乡发展、区域发展、产业发展不平衡等问题，又有经济总量不大、创新支撑不足、产业竞争力不强等不充分问题。我们面临加快发展和转型升级的双重任务，既要保持较快的经济发展速度，努力缩小与发达地区的差距，又要加大力度推进转型升级，努力实现高质量发展；面临经济发展与生态保护的双重压力，既要坚定不移加快发展，推动经济平稳增长，又要切实保护生态环境，巩固提升生态优势，促进经济与生态协调发展；面临推进改革发展和维护社会稳定的双重挑战，既要坚定不移全面深化改革，又要处理好改革发展中的不同利益诉求，有效防范化解社会风险，维护社会和谐稳定。这些双重矛盾和挑战，需要我们统筹兼顾、积极应对，采取有效措施切实解决好。

进入新时代，我省发展面临许多新机遇，处于可以大有作为的重要战略机遇期。一是创新发展、动能转换的窗口期。今年全省 GDP 将超过 2 万亿元，人均 GDP 将超过 6000 美元，新经济新动能加快成长，全省发展已经进入由要素推动到创新驱动转变、由量的积累到量质双升转变的新阶段。二是生态强省、绿色崛起的加速期。随着人民群众对良好生态的需求越来越迫切，江西生态优势必将越来越凸显。国家生态文明试验区建设纵深推进，我省生态优势正在加速转化为发展优势，绿色崛起势能已经形成。三是全面小康、兴赣富民的关键期。全省城镇居民人均可支配收入突破 3 万元，社会保障体系日益健全，人民群众幸福指数不断提高，全面小康进程稳步推进，迈出了兴赣富民的关键性步伐。我们要立足新时代，抢抓新机遇，迎接新挑战，扎实做好经济社会发展和党的建设工作，以奋发有为的精神状态，把江西各项事业不断推向前进。

（三）紧紧围绕我国社会主义现代化建设的战略安排，努力建设富裕美丽幸福现代化江西。党的十九大提出，在全面建成小康社会的基础上，分两步走在本世纪中叶建成富强民主文明和谐美丽的社会主义现代化强国，这是我们党对社会主义现代化建设的战略安排，科学擘画了中华民族伟大复兴的宏伟蓝图。省第十四次党代会提出“决胜全面建成小康社会，建设富裕美丽幸福江西”的奋斗目标，完全符合党的十九大精神。我们要紧紧围绕中央战略安排，进一步完善省第十四次党代会确定的蓝图目标，确保到 2020 年与全国同步全面建成小康社会，在此基础上，建设富裕美丽幸福现代化江西。

当前，我省正处于全面建成小康社会的决胜期。全面小康，关键在“全面”，是惠及全体人民的小康，是经济社会发展全面进步的小康。我们要采取有效措施，着力抓重点、补短板、强弱项，奋力夺取全面建成小康社会的伟大胜利。要夯实全面小康经济基础。紧紧扭住发展第一要务不放松，坚持以新型工业化为核心，大力发展现代服务业，协调推进农业农村现代化，推动经济持续健康发展，为全面建成小康社会奠定坚实基础。要加快补齐发展短板。聚焦贫困这个“最大短板”，突出重点区域、重点人群，集中力量坚决打赢农村脱贫攻坚战，扎实做好城市贫困人口帮扶工作，确保全面小康一个都不少，共同富裕路上一个都不掉队。要更好满足人民美好生活需要。统筹推进全省经济建设、政治建设、文化建设、社会建设、生态文明建设，不断满足人民日益增长的美好生活需要。各地各部门要强化责任担当，扎实做好各项工作，确保与全国同步全面建成小康社会。

在全面建成小康社会的基础上，我们要在党的十九大确立的宏伟目标指引下，团结奋进、开拓进取，建设富裕美丽幸福现代化江西。富裕就是千方百计把经济搞上去，实现富民强省；美丽就是奋力打造美丽中国“江西样板”，实现生态文明建设的全面领跑；幸福就是矢志不渝为民造福，把江西建设成人民安居乐业、社会安定和谐的幸福家园；现代化就是大幅提升我省物质文明、精神文明、社会文明、生态文明水平，推动实现人的全面发展、社会全面进步。

（四）全面贯彻党的十九大的重大部署要求，奋力谱写新时代中国特色社会主义江西篇章。党的十九大围绕“五位一体”总体布局和“四个全面”战略布局作出重大部署，为我们做好各项工作指明了方向。我们要深入贯彻十九大提出的重大战略部署，紧密联系江西实际，奋力谱写新时代中国特色社会主义江西篇章。

必须坚定不移抓发展。发展是解决一切问题的基础和关键。要深入贯彻新发展理念，坚定不移加快发展、做大总量，坚定不移加快转型、提升质量，着力建设现代化经济体系，推动经济高质量发展。积极融入“一带一路”、长江经济带、中部地区崛起等国家战略，推动全省区域协调发展，不断提升江西在全国发展格局中的地位。

必须改革创新增动力。改革创新是推动发展的动力源泉。要进一步解放思想、与时俱进，把改革创新贯穿发展各领域，坚决冲破思想观念的障碍，突破体制机制的藩篱，以思想持续解放推动江西不断发展。深入实施创新驱动发展战略，纵深推进重点领域改革攻坚，全面扩大对内对外开放，加快推进发展动能转换，不断增强发展的动力活力。

必须发挥特色创优势。发挥特色、扬优成势，是加快发展的重要路径。要坚持向特色优势要竞争力，充分发挥我省区位条件优越、生态环境优美、文化底蕴深厚等优势，加快提升江西发展的综合竞争力。特别要发挥绿色生态最大优势，使绿水青山产生巨大生态效益、经济效益、社会效益，走出一条经济发展与生态文明水平提高相辅相成、相得益彰的路子。

必须为民造福促和谐。带领人民创造美好生活，是我们一切工作的根本目的。要始终把全心全意为人民服务作为最根本的价值追求，把民之所望作为政之所向，加大力度保障和改善民生，坚决打赢脱贫攻坚战，加强和创新社会治理，让改革发展成果更多更公平地惠及人民群众，不断把为民造福事业推向前进。

必须从严治党强保障。全面从严治党永远在路上。要全面落实管党治党“两个责任”，严肃党内政治生活，加强党内监督，推动全面从严治党向纵深发展。把党的政治建设摆在首位，统筹推进党的思想建设、组织建设、作风建设、纪律建设，把制度建设贯穿其中，深入推进反腐败斗争，建设风清气正的良好政治生态。

三、关于明年经济工作目标任务

党的十八大以来，面对世界经济复苏乏力、国内经济下行压力不断加大的复杂形势，以习近平同志为核心的党中央观大势、谋全局，坚持加强党对经济工作的集中统一领导，坚持以人民为中心的发展思想，坚持适应把握引领经济发展新常态，坚持使市场在资源配置中起决定性作用、更好发挥政府作用，坚持适应我国经济发展主要矛盾变化完善宏观调控，坚持问题导向部署经济发展新战略，坚持正确工作策略和方法，形成了以新发展理念为主要内容的习近平新时代中国特色社会主义经济思想，引导我国经济发展取得历史性成就、发生历史性变革。习近平新时代中国特色社会主义经济思想，科学回答了中国特色社会主义经济发展怎么看、怎么干的重大时代课题，是当代中国的马克思主义政治经济学，是党和国家十分宝贵的精神财富，是指导我国经济发展的思想武器和行动指南，必将推动我国经济发展产生更深刻、更广泛的历史性变革。我们要深入学习领会，全面贯彻落实，推动经济高质量发展。

2018年是贯彻党的十九大精神的开局之年，是改革开放40周年，是决胜全面建成小康社会、实施"十三五"规划承上启下的关键一年，做好明年的经济工作意义重大。明年全省经济工作的总体要求是：全面贯彻党的十九大和中央经济工作会议精神，以习近平新时代中国特色社会主义思想为指导，按照高质量发展的要求，坚持稳中求进工作总基调，坚持新发展理念，坚持以供给侧结构性改革为主线，着力构建现代化经济体系，着力深化改革开放，着力推进国家生态文明试验区建设，着力打好脱贫攻坚战，着力保障和改善民生，促进经济社会持续健康发展，奋力迈出建设富裕美丽幸福江西、谱写新时代中国特色社会主义江西篇章的坚实步伐。

省委考虑，明年全省经济增长预期目标为8.5%左右，经济发展的质量和效益持续提升，国家生态文明试验区建设取得阶段性成果，城乡居民收入增长与经济增长基本同步。实现明年经济发展预期目标，要把握好以下几点：

一要巩固稳增长的基础。坚持发展第一要务，大力振兴实体经济，着力稳投资、稳消费、稳出口，保持主要经济指标增幅位居全国前列，推动经济平稳健康发展。

二要加快调结构的步伐。坚持加快推进转型升级，强化创新驱动，深化改革开放，在培育壮大新动能、优化经济结构方面取得新进展，切实增强经济创新力和竞争力。

三要推动高质量的发展。坚持质量第一、效益优先，推动质量变革、效率变革、动力变革，努力实现崇尚创新、注重协调、倡导绿色、厚植开放、推进共享的高质量发展。

关于明年的经济工作，刘奇同志将具体部署。我主要讲六个方面的重点工作：

（一）加快建设现代化经济体系，提升经济创新力和竞争力。建设现代化经济体系，是推动高质量发展的必然要求。要深入贯彻新发展理念，以提高质量效益为中心，加快构建具有江西特色的现代化经济体系。

构建协同发展的现代化产业体系。紧紧围绕高质量发展的要求，加快建设实体经济、科技创新、现代金融、人力资源协同发展的产业体系。大力振兴实体经济，深入开展"降成本、优环境"专项行动，着力降低制度性交易成本、税费成本和要素成本，落实国家新一轮减税降费政策，切实帮助企业降本增效。加快推进产业升级，夯实实体经济根基。深入实施工业强省战略，推进战略性新兴产业倍增工程，加快发展电子信息、航空制造、生物医药、新材料等新兴产业，实施"企业上云"行动计划和智能制造"万千百十"工程，推动我省制造业迈向中高端；推进传统产业优化升级工程，打好企业技术改造、企业管理提升、工业园区功能完善提升"三大战役"，推动传统产业智能化、绿色化、集群化发展。推进现代服务业提升工程，加快发展现代物流、电子商务、工业设计、全域旅游、健康养老等现代服务业，培育大数据、云计算、共享经济等新业态和新商业模式，促进服务业壮大规模、提升水平。强化金融保障，运作好发展升级产业引导基金、PPP引导基金、财园信贷通等政策工具，扶持成长型企业发展，推动特色优势产业做大做强。大力发展现代金融，深化金融改革创新，加快推动金融资源集聚，提升金融服务实体经济的效率和水平。实施优秀企业家成长计划，传承企业家精神和工匠精神，实行更加开放、更加有效的人才政策，吸引各类人才来赣创新创业，为建设现代化产业体系提供人才支撑。

构建融合发展的现代化创新体系。大力实施创新驱动发展战略，加快建设创新江西，提高科技创新对经济发展的贡献度。启动推进创新驱动"5511"工程倍增计划，大力实施国家重大科技专项，完善产学研用协同创新体系，加强企业与高校、科研院所合作，开展联合技术攻关，在电子信息、生物医药、新能源、新材料等领域突破一批关键共性技术，促进产学研用深度融合。加强创新平台建设，积极创建鄱阳湖国家自主创新示范区，加快赣江新区技术协同创新园建设，推动江西—中科院科技成果转移中心建设，打造具有影响力的区域创新中心。加快推进军民融合深度发展，健全"军转民""民参军"体制机制，积极创建国家军民融合创新示范省。完善科技创新和成果转化激励机制，健全支持企业创新的普惠性政策体系，落实高新技术企业税收优惠、固定资产加速折旧等政策，探索建立科技保险补贴补偿政策，加大科技型中小微企业的支持力度。深入推进大众创业万众创新，打造一批低成本、便利化、开放式的众创空间，充分释放创新创业活力。

构建竞相发展的现代化区域体系。深入实施区域发展战略，优化完善"龙头昂起、两翼齐飞、苏区振兴、绿色崛起"区域发展格局。全面提升区域经济板块。以赣江新区建设为战略支撑，深入推进昌九、昌抚一体化，加快建设南昌大都市区，增强南昌核心增长极的引领作用；支持赣州建设省域副中心城市、"一带一路"重要节点城市，纵深推进赣南等原中央苏区振兴发展；推动赣东北扩大开放、赣西转型升级，加大力度支持鄱余万都滨湖四县小康攻坚；加快农业转移人口市民化，做大做强县域经济，打造一批中心城镇、特色小镇，提高城镇化质量，推动形成各具优势、竞相发展的区域发展格局。大力培育发展新增长带。深入推进九江沿江开放开发，打造江海直达区域性航运中心，建设万亿临港经济带。编制实施沿沪昆、京九等高铁经济带发展规划，加快建设高铁经济试验区、高铁新城，把高铁沿线建设成为充满活力的经济增长带。完善区域合作互动机制，建立区域合作服务体系，加快建设赣湘开放合作试验区、赣鄂皖长江两岸合作发展试验区，推动赣鄂、赣皖、赣湘共建产业园，实现区域联动发展。

（二）纵深推进改革开放，增强经济社会发展的动力活

力。改革开放是推动实现高质量发展的必由之路。要以迎接改革开放40周年为契机,全面总结我省改革开放成就经验,系统谋划推进新一轮改革开放重大举措,坚定不移把改革开放引向深入,为经济社会发展注入强大动力活力。

开启新时代全面深化改革新征程。始终坚持目标导向、问题导向、效果导向,以强烈的改革意识、坚定的改革担当、务实的改革举措,扎实做好新时代全面深化改革工作。要在改革谋划上再深入。围绕十九大的部署要求,结合我省实际,运用系统思维和集成方法,精心谋划新一轮改革任务。进一步安排好改革项目,细化工作措施,推动实现梯次接续、前后衔接、协同配合,以改革消除制约发展的体制机制弊端。要在改革重点上再攻坚。深化供给侧结构性改革,抓好"三去一降一补",严格执行质量、环保、能耗、安全等标准,用市场化法治化手段坚决淘汰钢铁、煤炭过剩产能,依法推进企业债转股,千方百计补齐民生事业、公共服务等方面短板,更好发挥市场在资源配置中的决定性作用。深入推进"放管服"改革,全面推开"证照分离""一次不跑"改革,大力推行"互联网+政务服务",打造"放管服"改革"升级版"。深化国资国企改革,加快国有经济布局优化和结构调整,大力推进国有企业混合所有制改革,加大资产证券化力度,做大做优做强国有资本。全面实施市场准入负面清单制度,加快完善公平竞争的市场环境,大力支持民营企业发展,激发各类市场主体活力。深化财政制度改革,加快形成科学合理、职责明确的省以下财政事权和支出责任体系。深化金融体制改革,完善"财园信贷通"等政企银合作新模式,加快赣江新区绿色金融改革创新试验区建设。赋予市县更多自主权,深入推进省直管县改革试点和经济发达镇管理体制改革。要在改革实效上再提升。近年来,各地各部门出台了许多改革政策和举措。要全面总结改革任务完成情况,压实责任,挂账销号,推动各项改革真正落地见效。对正在推进的改革要加快进度、尽快完成,对已落实的改革举措要巩固成果、总结经验,努力形成制度性成果,形成可复制、可推广的改革模式,进一步释放改革红利。

着力构建全面开放新格局。坚持引进来和走出去并重,大力发展开放型经济。实施内陆双向开放升级行动。深化与"一带一路"沿线国家和地区合作,推动江西农业、制造业和工程建设领域等"江西制造""江西品牌"走出去。深度融入长江经济带建设,加大对接长珠闽经济板块力度,不断提升开放合作水平。实施招商引资升级行动。坚持引资和引技引智并举,紧盯我省重点发展产业,对接世界500强、跨国公司和行业龙头企业,推进外企、央企、民企入赣,大力实施"赣商回归"工程,引进一批补链、强链、扩链型好项目,切实提升招商引资质量。实施对外贸易升级行动。优化走出去结构,大力培育生产型出口企业和外贸新业态,提高生产企业自营出口比重,提高机电和高新技术产品出口比重,提高服务贸易比重。实施开放平台升级行动。加强保税区、通关口岸等功能性平台建设,抓好世界绿色发展博览会、世界赣商大会等具有江西特色的国际化综合性经贸活动平台,打造好赣江新区重大综合性开放平台,加快推进开发区改革和创新发展。积极复制推广自贸区改革试点经验,深入推进开放型经济新体制综合试点试验,提高贸易和投资自由化便利化水平,促进开放型经济升级发展。

(三)大力实施乡村振兴战略,加快农业农村现代化进程。实施乡村振兴战略,是新时代"三农"工作的总抓手。要按照"产业兴旺、生态宜居、乡风文明、治理有效、生活富裕"的总要求,大力实施乡村振兴战略,加快建设现代农业强省,促进农业农村现代化。

提升现代农业发展水平。坚持质量兴农、绿色兴农,优化农业产业体系、生产体系、经营体系,努力形成"产地生态、产品绿色、产业融合、产出高效"的现代农业发展新格局。大力实施"藏粮于地、藏粮于技"战略,抓好高标准农田建设,稳定粮食生产。采取有效措施,扎实做好粮食去库存工作。大力推进优质稻、蔬菜、果业、茶业、水产、草食畜、中药材、油茶、休闲农业和乡村旅游"九大工程",打造全国知名的绿色有机农产品供应基地。健全农业社会化服务体系,大力发展农村电子商务,实现小农户和现代农业发展有机衔接,促进一二三产业融合发展,带动农民增收致富。

加快推进农村现代化。坚持城乡融合发展,扎实推进"整洁美丽、和谐宜居"新农村建设,深入开展农村人居环境治理、违法建设专项治理等行动,推进城乡基础设施和公共服务向农村延伸覆盖,把农村建设成生态宜居的美丽家园。健全完善自治、法治、德治相结合的乡村治理机制,建立健全村务监督委员会,充分发挥村民理事会、村"五老"等各类主体在改善乡村治理中的积极作用,引导农民共同办好自己的事情。

大力培育新型农民。把培养造就农村人才摆在突出位置,积极培育爱农业、懂技术、善经营的新型职业农民。加大农民文化教育和技能培训工作力度,推动农民工、中高等院校毕业生、退役士兵、科技人员等加入到新型职业农民队伍,鼓励支持农村外出人员返乡创业做大"归雁经济",加快农村经济发展。加强农村基层干部队伍建设,以村"两委"换届为契机,吸引更多新型农民进入村级班子,培养造就一支懂农业、爱农村、爱农民的"三农"工作队伍。

深化农业农村改革。实现乡村振兴,根本还要靠深化改革。要巩固农村土地承包经营权确权登记颁证工作成果,推动农村承包地"三权分置",促进土地经营权有序流转,推动农业适度规模经营。深入推进农村集体产权制度改革,借鉴余江县农村宅基地制度改革试点经验,盘活集聚要素资源,保障农民财产权益,培育壮大村级集体经济。健全城乡融合发展体制机制,吸引资本、技术、人才等要素更多向乡村流动,为乡村振兴注入新动能。

(四)深入推进国家生态文明试验区建设,打造美丽中国"江西样板"。明年国家生态文明试验区建设要完成第一个阶段改革任务,在部分重点领域形成一批可复制可推广的改革成果。要加大生态环境保护建设力度,加快完善生态文明体制机制,确保完成试验区建设阶段性任务。

加大生态环境治理力度。坚持全民共治、源头防治,坚决打好大气污染防治、水污染防治、土壤污染防治、城乡环境综合整治等攻坚战,着力解决突出环境问题,持续提升生态环境质量。切实抓好工业园区污染治理、施工扬尘整治、秸秆禁烧等污染防控,打好劣Ⅴ类水歼灭战,大力推进城乡"厕所革命",加大农村污水、垃圾处理力度,加快土壤治理修复,不断改善城乡人居环境。建立健全空间管控体系,全面推行"多规合一",严格生态保护红线、永久基本农田、城镇开发边界管控。坚持保护、治理并举，推进重大生态系统保护和修复工程，大力实施山水林田湖草综合治理工程，推动形成生态廊道和生物多样性保护网络，开展“五河”及鄱阳湖非法围垦占用湿地、乱采乱挖、违法捕捞等专项整治行动，不断提高生态系统质量和稳定性。

加快推进绿色发展。着力构建绿色产业体系，推动形成绿色发展方式。抓好绿色化改造，大力实施传统制造业和加工业提质增效行动，加快传统产业清洁化生产、循环化改造、资源综合利用，从源头上减少资源消耗、污染排放。加快产业结构调整，建设大数据、电子信息等新兴产业项目，大力发展生态农业、中药产业、林业经济和林下经济，积极发展生态旅游、健康养老、休闲度假等服务业，培育壮大生态环保产业，提升绿色产业发展水平。推进市场导向的绿色技术创新体系建设，构建绿色技术转化平台，为绿色发展提供技术支撑。加快健全绿色金融服务体系，建立全省企业环境信用评价系统，引导实体经济加快绿色转型发展。

完善生态文明制度。明年我省要完成出台自然资源统一确权登记办法、水功能区监督管理实施细则等12项重点改革任务。要抓紧研究成立省级自然资源资产管理机构，完善自然资源管理制度，加快推进环保机构监测监察执法垂管改革、赣江流域环境监管和行政执法机构改革，开展赣江新区城乡环境保护统一监管和行政执法试点，积极探索环保执法新机制新模式。提升“河长制”，建立“湖长制”，构建责任明确、保护有力的河湖管理保护机制。开展生态环境损害赔偿制度改革，启动省级“生态云”建设，建立网格化环境监管体系，健全自然资源资产产权、领导干部生态审计和追责等制度机制，加快形成一批可复制可推广的改革成果。

（五）打好防范化解重大风险攻坚战，确保经济安全稳健运行。推动高质量发展，必须高度重视防范化解各类风险。我们要按照中央要求，结合江西实际，采取有力措施，坚决打好防范化解重大风险攻坚战，促进全省经济安全稳健运行。

切实防控地方政府债务风险。当前，我省政府债务风险总体可控，但也存在一些隐患和风险，主要是部分市县列入风险预警和提示名单，全省隐性债务规模较大。要加强政府债务管理，摸清本级政府债务特别是隐性债务底数，研究制定化解债务的办法，逐步消化债务存量，努力把政府债务规模降到警戒线以内。规范地方政府举债行为，坚持堵偏门、开正门，通过政府债券方式规范举债，合理安排发债规模，坚决制止违规举债行为，防止变相举债形成新的隐性债务。强化监管问责，完善政府债务考核，强化融资平台公司监管，严格落实市县属地责任，不提不切实际的目标，不搞寅吃卯粮的工程，严格控制债务增量，切实防范和化解政府过度负债风险。

有效防控金融风险。把防范和化解区域性金融风险放在突出位置，强化风险监测预警，提高风险防范和应急处置能力，做到早识别、早预警、早发现、早处置。严厉打击非法集资等违法违规金融活动，大力整治各类金融乱象和乱办金融现象，深入开展全省互联网金融风险专项整治，有效防范处置银行不良贷款，维护金融市场稳定。加强金融制度建设，强化企业资产负债率和资本金约束，建立健全现代企业制度，加强社会信用体系建设。完善监管体系，加强对影子银行、金融控股集团和互联网金融等薄弱环节的监管，实现所有金融活动监管全覆盖，坚决守住不发生区域性金融风险的底线。

注重防控房地产领域风险。坚持房子是用来住的、不是用来炒的定位，落实地方主体责任，完善调控机制，合理引导市场预期和购房行为，防止房价出现大的起落。要分类施策去库存，提高宜居中小城市公共服务能力，化解部分县城房地产库存，切实抓好非住宅商品房去库存，引导和释放住房需求。严格限制信贷资金用于投资投机性购房，防止信贷资金过度向房地产领域集中，坚决打击房地产领域非法集资活动。完善土地、税收、金融等措施，建立健全房地产发展长效机制，加大棚户区和危旧房改造力度，大力发展住房租赁市场，加快建立多主体供应、多渠道保障、租购并举的住房制度，促进房地产市场平稳健康发展。

（六）提高保障和改善民生水平，不断把为民造福事业推向前进。始终坚持以人民为中心的发展思想，坚持尽力而为、量力而行，深入实施民生工程，加快完善公共服务体系，着力打造共建共治共享的社会治理格局，提高人民群众的获得感幸福感安全感。

坚决打好脱贫攻坚战。按照“聚焦再聚焦、精准再精准”的要求，扎实推进精准扶贫精准脱贫。聚焦脱贫标准，严格执行中央确定的“两不愁、三保障”标准，精准识别、动态调整，既不降低标准、也不吊高胃口，确保现行标准下贫困人口和贫困地区如期脱贫。聚焦重点区域，围绕全省确定的269个深度贫困村，统筹各方力量，给予集中支持，推动脱贫新增资金、项目、举措优先向深度贫困村倾斜。聚焦重点人群，强化对老年人、残疾人、重病患者等特殊贫困人口的精准帮扶。聚焦脱贫实效，加快推进产业扶贫全覆盖、健康扶贫再提升、易地扶贫搬迁再精准、教育扶贫再对接、贫困村庄整治再推进五大工程，激发贫困群众内生动力，切实提高脱贫攻坚实效。认真落实脱贫攻坚工作责任制，无论是贫困县还是非贫困县，都要把脱贫攻坚作为第一民生工程来抓。加强脱贫攻坚督查，改进督查方式，推动政策举措落实。采取有针对性的帮扶措施，抓好城市贫困人口帮扶，确保全面小康路上城市和农村群众一个都不能少。

深入推进就业创业。实施更加积极的就业政策，着力解决结构性就业矛盾，努力实现更高质量和更充分就业。突出重点群体，通过精准施策和精细服务，帮助高校毕业生、化解产能过剩企业职工、城镇困难职工就业创业，着力解决结构性就业矛盾。强化就业创业服务，加强职业技能培训，健全公共就业创业服务体系，扩大政府购买就业创业服务范围，完善小额担保贷款工作的长效机制，为就业创业提供保障。鼓励创业带动就业，进一步降低市场准入门槛和制度性交易成本，搭建创业孵化平台，促进各类人员创新创业。深入开展和谐劳动关系创建活动，保障劳动者合法权益。引导广大青年树立正确就业创业观念，鼓励通过合法守法经营、勤劳实干实现致富梦想。

完善社会保障体系。按照兜底线、织密网、建机制的要求，持续推进社保制度改革，深入实施全民参保，完善养老保险制度、医疗保险制度，搭建统一的社保公共服务平台建设，建成覆盖全民、城乡统筹、权责清晰、保障适度、可持续的多层次社会保障体系。实施教育强省战略，深化教育综合改革，着力打好学前教育普惠、义务教育均衡、高中教育普及、职业教育优化和高校“双一流”建设攻坚战，努力办好人民满意的教育。推进健康江西建设，深化医药卫生体制改革，加快分级诊疗、现代医院管理、全民基本医保、药品供应保障和综合监管五项基本制度建设，大力实施中医药强省建设，广泛开展全民健身和爱国卫生运动，不断提升人民健康水平。

加强和创新社会治理。完善党委领导、政府负责、社会协同、公众参与、法治保障的社会治理体制，不断提升社会治理系统化、科学化、智能化、法治化水平。加强社会治理体系建设，健全以群众自治组织为主体、社会各方广泛参与的城乡社区治理体系，完善民事民议、民事民办、民事民管的基层治理机制，推动基层治理向社区网格延伸，不断夯实社会治理的基础。加快社会治安防控体系建设，深入推进“雪亮工程”，提升精准打防管控的实效。完善安全生产责任制，建立行业公共安全评估、化解和管控制度，健全安全风险防控和隐患排查治理体系，坚决遏制重特大安全事故发生。加强预防和化解社会矛盾机制建设，有效处置特定利益诉求群体、重大敏感案事件，促进社会和谐稳定。

四、关于全面加强党的建设

认真贯彻新时代党的建设总要求，进一步压紧压实管党治党政治责任，推动全面从严治党向纵深发展，不断提高党的建设质量，为决胜全面建成小康社会、建设富裕美丽幸福江西提供坚强保证。

（一）坚持把党的政治建设摆在首位。旗帜鲜明讲政治，是推进管党治党的根本要求。要把政治建设作为党的根本性建设，贯穿于党的建设全过程，牢固树立“四个意识”，站稳政治立场，把握政治方向，坚持政治原则，提升政治素养，切实增强讲政治的思想自觉和行动自觉。一要坚决维护党中央集中统一领导。严格执行中央《关于加强和维护党中央集中统一领导的若干规定》，严守党的政治纪律和政治规矩，更加坚定自觉地向党中央看齐、向习近平总书记看齐、向党的路线方针政策看齐，始终在思想上政治上行动上与以习近平同志为核心的党中央保持高度一致。把对党绝对忠诚作为信念之基、立身之本，强化党的意识和组织纪律观念，善于从政治上观察思考问题、部署推动工作，不折不扣贯彻落实好中央的大政方针，确保中央各项决策部署在江西落地生根。二要全面加强和规范党内政治生活。坚持以党章为根本遵循，严格执行新形势下党内政治生活的若干准则，切实增强党内政治生活的政治性、时代性、原则性、战斗性。坚持民主集中制，全面落实“三会一课”、党员领导干部双重组织生活、谈心谈话、民主评议党员等制度，积极开展批评和自我批评，不断培厚良好政治生态的土壤。加强对严肃党内政治生活措施落实情况的监督检查，推动各级党组织遵守党章党规，坚决贯彻落实党的基本理论、基本路线、基本方略。三要不断提高政治觉悟和政治能力。充分运用我省丰富的红色资源，突出理论武装和实践特色，扎实开展“不忘初心、牢记使命”主题教育，深入推进“两学一做”学习教育常态化制度化，引导党员干部传承红色基因、坚定“四个自信”。发展积极健康的党内政治文化，大力弘扬忠诚老实、公道正派、实事求是、清正廉洁等价值观。突出党员领导干部这个“关键少数”，把对党忠诚、为党分忧、为党尽职、为民造福作为根本政治担当，加强政治历练，提高政治能力，履行好党和人民赋予的责任。

（二）扎实做好宣传思想文化工作。坚持把思想建设作为党的基础性建设，着力抓好宣传思想文化工作，为建设富裕美丽幸福江西凝聚强大精神力量。一要打好意识形态工作主动仗。认真落实意识形态工作责任制，把握正确舆论导向，加强意识形态阵地建设与管理。大力推进马克思主义中国化时代化大众化，注重实效办好“学习讲堂”，推动习近平新时代中国特色社会主义思想深入人心。加大正面宣传力度，讲好江西故事，回应群众关切，壮大主流思想舆论。创新传播手段，建好用好“赣鄱云”融媒体智慧平台，深入推动传统媒体和新型媒体融合发展。加强网络平台建设，健全网络综合治理体系，营造健康清朗的网络空间。建立意识形态安全预警监测体系，加强舆情研判处置，及时发现和处置苗头性问题，牢牢掌握意识形态工作领导权。二要大力培育和践行社会主义核心价值观。着眼新时代新要求，深入开展社会主义核心价值观宣传教育和主题实践活动，大力实施公民道德建设工程。完善市民公约、乡规民约、学生守则等行为准则，推动社会主义核心价值观转化为人民群众的情感认同和行为习惯。深入挖掘革命传统和历史人文资源，编写江西红色文化读本，推动传承红色基因、弘扬传统文化与社会主义核心价值观相融合。健全守信联合激励和失信联合惩戒等机制，维护社会公共价值，促进社会公平正义。深入开展精神文明创建，大力宣传“时代楷模”“最美人物”“身边好人”，培育崇德向善的社会风尚。三要加快推动赣鄱文化繁荣兴盛。坚持以人民为中心的创作导向，打造推出一批紧跟时代、独具特色的文化精品。深入实施文化名家等系列文艺人才工程，努力铸就一支有影响有地位的“文艺赣军”。完善公共文化服务体系，实施“互联网＋公共文化服务”建设，构建全省统一的公共文化产品和服务社会化运作网络平台，促进公共文化设施高效利用。加快赣文化“走出去”步伐，支持文化企业和文艺院团参与国际合作，深化对外文化交流。做大做强骨干文化集团，做精做专小微文化企业，打造文博、非遗、传统技艺等特色文化产业集群，培育新型文化业态，提升市场竞争力和影响力。

（三）着力建设高素质专业化干部队伍。新时代肩负新使命，新使命需要好干部。要着眼建设高素质专业化干部队伍，落实好干部标准，注重培养人、选对人、用好人，努力打造忠诚干净、勇于担当、思想解放、本领高强的干部队伍。一要坚持正确用人导向。公道对待干部、公平评价干部、公正使用干部，既重政绩，更重政德，让忠诚干净担当、为民务实清廉、奋发有为创新、工作实绩突出的干部得到褒奖和重用。提高选人用人的科学性和精准度，突出把好政治关、廉洁关，坚持以事择人、依事选人，推动干部谈心调研常态化，坚决防止庸人得利、“带病”提拔。坚持严管与厚爱相结合、激励与约束并重，完善差异化考核评价机制和干部管理监督体系，深入推进干部能上能下，建立健全容错纠错机制，旗帜鲜明为敢于担当、踏实做事、不谋私利的干部撑腰鼓劲，激励广大干部用心谋事、放心干事。二要提升干部素质本领。围绕增强“八种本领”，大兴学习之风，大兴调查研究之风，大兴担当实干之风。加强和改进干部教育培训工作，按照专业对应、层次对应、岗位对应的原则，科学设置培训内容和形式，提高各级干部履职尽责能力。尤其要善于在实践中发现和培养干部，把优秀年轻干部放到基层一线、艰苦地区和急难险重任务中去锻炼，让他们在实践中经受考验、增长本领。三要加强人才队伍建设。加强和改进党管人才工作，深化人才发展体制机制改革，以省“双千计划”为龙头，完善引才聚才育才的政策体系。大力推进重大人才工程，加强对接高层次人才联络站、院士工作站、博士后工作站和海智基地等人才平台建设，加快推进“博士服务团”“百人远航工程”等人才项目。建立健全各级领导直接联系优秀人才制度，发挥人才发展创新创业引导基金作用，充分激发各类人才创新创业活力，为建设富裕美丽幸福江西提供强大智力支撑。

（四）切实加强党的基层组织建设。党的基层组织是党全部工作和战斗力的基础。要坚持以提升组织力为重点，加强分类指导，坚持不懈抓基层打基础、补短板促提升，全面提高党的基层组织凝聚力战斗力。一要健全组织体系。制定实施《江西省基层党建工作规划纲要（2018—2022）》，大力推进机关、国企、高校、“两新”组织等领域基层党建工作，推动党的组织有效覆盖各类社会基层组织。突出强化政治功能，创新党的基层组织设置和活动方式，积极探索不同领域党组织有效发挥作用的途径，切实加强农村、城市基层党建工作，深化“党建+”“智慧党建”等创新实践，让党的基层充满生机活力。二要建强战斗堡垒。牢固树立党的一切工作到支部的鲜明导向，把思想政治工作落到支部，把从严教育管理党员落到支部，把群众工作落到支部，真正使党支部成为教育党员的学校、团结群众的核心、攻坚克难的堡垒。大力推行党务公开，扩大党内基层民主，加强基层党组织带头人队伍建设，发挥党员先锋模范作用，不断激发基层组织活力。切实抓好村（社区）“两委”换届，选优配强党支部班子，持续整顿软弱涣散党组织，着力解决一些地方组织虚化、功能弱化、工作边缘化的问题。三要强化机制保障。完善基层党建工作考核体系，健全基层党建常态化督查巡查制度机制，推动基层党建工作责任制全面落实。加强和改进党员教育管理工作，实施党员素质提升工程，提高党员发展质量，稳妥有序做好不合格党员处置工作，增强党员教育管理针对性和有效性。加大基层基础保障力度，确保基层党组织有人管事、有钱办事、有场所议事、有制度理事。关心关爱基层干部，激励他们扎根基层、建功立业。

（五）持续建设风清气正的政治生态。作风建设永远在路上，反腐败斗争更是一场攻坚战、持久战。要始终牢记民心是最大的政治，坚持问题导向，深化标本兼治，不松劲、不停步、再出发，驰而不息地推进党的作风纪律建设，不断巩固反腐败斗争压倒性态势。一要深入贯彻中央八项规定精神。坚决贯彻落实习近平总书记关于进一步纠正“四风”、加强作风建设的重要批示，严格遵守中央八项规定和实施细则精神，严格执行省委修订即将出台的若干意见，坚持抓常抓细抓长，持续加强作风建设。深刻把握“四风”问题的顽固性反复性，细化配套制度，拿出过硬措施，切实改进调查研究，持续整治懒政怠政行为，着力解决检查督查过多、文山会海反弹等问题。各级领导干部要带头示范，以身作则，以上率下，形成“头雁效应”，坚决防止不良风气反弹回潮，不断巩固和拓展落实中央八项规定精神的成果。二要切实加强党内监督。加强纪律教育和警示教育，强化从严执纪，关口前移、防微杜渐，让党员干部知敬畏、存戒惧、守底线。坚持党内监督与外部监督相结合，运用监督执纪“四种形态”，不断强化对权力运行的制约和监督。扎实推进监察体制改革试点工作，完成省、市、县三级监察委员会组建，实现对所有行使公权力的公职人员监察全覆盖。健全巡视巡察联动机制，坚持省委巡视和市县党委巡察同步推进，让“回头看”成为常态，强化不敢腐的震慑，扎牢不能腐的笼子，增强不想腐的自觉。三要始终保持惩治腐败高压态势。坚持无禁区、全覆盖、零容忍，坚持重遏制、强高压、长震慑，坚持受贿行贿一起查，做到有案必查、有腐必反、有贪必肃。重点查处不收敛不收手，问题线索反映集中、群众反映强烈，现在重要岗位而且可能还要提拔使用的领导干部。加大整治群众身边的腐败问题力度，开展扶贫领域腐败和作风问题专项治理，严肃查处基层干部索拿卡要、优亲厚友等问题，对失职失查的党委和纪委进行“双问责”，持续推进风清气正政治生态建设。

同志们，深入贯彻落实党的十九大精神，扎实做好明年全省工作，意义重大、任务艰巨。我们要更加紧密地团结在以习近平同志为核心的党中央周围，以习近平新时代中国特色社会主义思想为指导，不忘初心、牢记使命，担当实干、奋发有为，努力开创决胜全面建成小康社会、建设富裕美丽幸福江西的新局面，奋力谱写新时代中国特色社会主义江西篇章。

政府工作报告

——2018年1月23日江西省第十三届人民代表大会第一次会议

省 长 刘 奇

（2017年1月16日）

各位代表：

现在，我代表省人民政府向大会报告工作，请予审议，并请各位省政协委员和列席会议的同志提出意见。

一、2017年及本届政府工作回顾

2017年是党的十九大胜利召开的喜庆之年，是全面落实省第十四次党代会决策部署的开局之年，也是本届政府履职的收官之年。一年来，在党中央、国务院和省委坚强领导下，全省上下以喜迎党的十九大、学习宣传贯彻党的十九大精神为主线，以习近平新时代中国特色社会主义思想为指导，统筹做好稳增长、促改革、调结构、优生态、惠民生、防风险各项工作，经济发展稳中有进、稳中向好，社会事业全面进步，较好完成了省第十二届人大七次会议确定的目标任务。

——经济增速保持全国“第一方阵”。全省实现生产总值20818.5亿元，增长8.9%；财政总收入3447.4亿元，增长9.7%；规模以上工业增加值增长9.1%，预计实现利润2476.5亿元、增长18%；固定资产投资21770.4亿元，增长12.3%；社会消费品零售总额7448.1亿元，增长12.3%；外贸出口2222.6亿元，增长13.3%；实际利用外资114.6亿美元，增长9.8%。主要经济指标增幅继续位居全国前列。

——产业结构调整优化成效明显。转型升级加快，新动能、新产业、新业态加速成长。高新技术产业增加值占规模以上工业增加值比重达30.9%，同比提高0.8个百分点，战略性新兴产业、装备制造业和服务型制造快速发展。粮食生产实现“十四连丰”，农产品加工转化率达61%。现代服务业发展势头良好，金融机构本外币存、贷款余额分别达3.25万亿元、2.59万亿元，分别新增3430亿元、4053亿元；旅游接待5.7亿人次，旅游总收入6435亿元，分别增长21.6%、28.9%，服务业增加值占GDP比重同比提高0.7个百分点。

——生态文明建设取得重要进展。国家生态文明试验区（江西）实施方案全面实施，生态文明重大工程和制度体系建设扎实推进。环境质量保持良好，全省国家考核断面水质优良率92%，空气质量优良率83.9%。绿色生态优势持续巩固，完成植树造林142.1万亩、森林抚育560万亩，全省森林覆盖率稳定在63.1%。万元GDP能耗下降4.9%左右，节能减排成效明显。

——人民群众获得感进一步增强。年初确定的50件民生实事圆满完成。城镇新增就业55.8万人、新增转移农村劳动力60万人，分别完成年度计划的123.9%和119.9%，城镇登记失业率3.34%。脱贫攻坚扎实推进，50万人摆脱贫困。城镇居民人均可支配收入31198元，增长8.8%；农村居民人均可支配收入13242元，增长9.1%。

2017年目标任务的完成，标志着省第十二届人大一次会议确定的本届政府5年奋斗目标顺利实现。这5年，是我省发展进程中有着特殊意义的5年。习近平新时代中国特色社会主义思想指导下的中国特色社会主义伟大实践，在江西红土地上生动展开；省第十四次党代会确定的奋斗目标，激励全省上下奋勇前行。我们尤为难忘的是，习近平总书记多次作出重要指示批示，并亲临视察，对江西工作提出重要要求，为江西发展定向指航，给我们巨大鼓舞和鞭策。在党中央、国务院和省委坚强领导下，我们坚持稳中求进工作总基调，克服了错综复杂形势带来的严峻挑战，战胜了各种困难，改革开放扎实推进，经济社会发生深刻变革，江西发展站在了新的历史方位。

5年来，我们主动适应经济发展新常态，以新理念引领发展行动，综合经济实力实现历史性跃升。面对持续的经济下行压力，先后5次出台政策措施，打好稳增长组合拳。实施项目滚动投资计划、六大领域消费工程、扩大消费十大行动、外贸出口提升工程，促进“三驾马车”共同发力，固定资产投资、社会消费品零售总额、外贸出口年均分别增长17%、12.6%和7%。推动“众创业、个升企、企入规、规转股、股上市、育龙头、聚集群”，促进实体经济健康成长，五年净增规模以上工业企业4981户、新增国家高新技术企业1775家。经过五年努力，全省主要经济指标实现“2个翻番”“4个突破”“8个前移”：固定资产投资、金融机构本外币贷款余额比2012年翻一番；地区生产总值突破2万亿元，人均GDP突破6000美元，金融机构本外币存款余额突破3万亿元，城镇居民人均可支配收入突破3万元；科技进步综合水平、地区生产总值、一般公共预算收入、规模以上工业增加值、固定资产投资、外贸出口、城镇和农村居民人均可支配收入在全国位次前移。

5年来，我们坚持向改革开放要动力，向创新创业要活力，优化结构培育新动能取得突破性进展。蹄疾步稳推出各类改革举措827项，承担国家级改革试点124项，省本级

行政审批事项精简72%、行政权力事项精简82.4%。着力推进以“三去一降一补”为重点任务的供给侧结构性改革,提前完成“十三五”钢铁去产能任务,煤炭去产能任务已完成“十三五”的71.6%,商品住宅库存平均去化时间下降到5.8个月,先后出台降成本优环境“130条”,两年累计为企业减负1500亿元,金融风险有效防范,七大领域补短板工作全面推进。积极参与“一带一路”、长江经济带和长江中游城市群建设,成功举办首届世界赣商大会、中国企业500强高峰论坛、央企入赣投资合作洽谈会、华赣会、赣台会、瓷博会、外交部全球推介等重大活动,“走出去”和“引进来”取得重大突破。全面实施创新驱动“5511”工程,战略性新兴产业倍增计划、传统产业转型升级工程、服务业发展提速三年行动计划、企业技改“三千计划”、农业“百县百园”工程、百千万人才工程等成效明显;军民融合取得重大成果。硅衬底LED技术获国家技术发明一等奖,南昌欧菲光获中国专利金奖。出台实施大众创业、万众创新“28条”政策措施,新增市场主体180多万户。经过五年发展,全省产业结构出现标志性变化:第一产业增加值占GDP比重降至10%以下,服务业增加值占GDP比重超过工业,三次产业结构由2012年的11.7∶53.8∶34.5调整为9.4∶47.9∶42.7;航空、新能源新材料、电子信息、中医药、现代金融等产业加速壮大,组建江西银行、江西联合股权交易中心,金融资产总量比2012年翻一番;千亿产业达11个,百亿企业达17家,江铜集团成为江西首个世界500强本土企业。

5年来,我们统筹推进区域协调发展,大力加强基础设施建设,城乡面貌发生根本性变化。告别了没有高铁、没有地铁的历史,铁路营运里程突破4000公里,其中高铁里程913公里,高速公路通车里程达6000公里,打通28个省际高速公路通道,实现县县通高速、村村通动力电;昌北机场旅客年吞吐量突破1000万人次,组建了江西航空公司,填补了江西没有本土航空公司的空白。新改建农村公路6.8万公里,71个县(市)25户以上自然村实现通水泥(油)路。大力实施“龙头昂起、两翼齐飞、苏区振兴、绿色崛起”区域发展战略,赣江新区成为中部第2个国家级新区,南昌核心增长极、九江沿江开放开发注入了新动力,龙头牵引作用进一步增强,昌九地区生产总值占全省的比重提高到34%;赣南等原中央苏区振兴发展国家战略取得重大阶段性成效,习近平总书记和李克强总理等中央领导同志作出重要指示批示给予肯定和鼓励;赣东北扩大开放合作、赣西经济转型发展、吉泰走廊发展、抚州开放开发、“鄱余万都”小康攻坚等战略全面推进,全省区域发展协调性不断提升。新型城镇化步伐加快,城市人口历史性超过农村人口,城镇化率由2012年的47.5%提高到54.6%。精神文明建设取得新成效,吉安市、赣州市、南昌县获评全国文明城市。大力开展城乡环境综合整治,“整洁美丽、和谐宜居”新农村建设成效明显,城乡面貌发生显著变化。

5年来,我们坚持向特色优势要竞争力,切实加强生态保护和环境治理,绿色崛起迈出坚实步伐。全力推进国家生态文明试验区建设,生态文明“六大制度体系”建设扎实推进,五级“河长制”有效落实,在全国率先实施全流域生态补偿,绿水青山就是金山银山的理念更加深入人心。以“净空、净土、净水”行动为抓手,全面开展大气、水、土壤污染防治和农村生活垃圾无害化处理、消灭劣V类水攻坚战等行动,一批突出环境问题得到解决。以“绿色生态农业十大行动”、重点用能单位“百千万”行动等为抓手,加快建立绿色产业体系,推动形成绿色生产方式,单位GDP能耗累计下降18.6%左右,“江西风景独好”等品牌影响不断扩大。

5年来,我们积极顺应人民对美好生活的向往,切实保障和改善民生,人民生活质量和水平全方位提升。坚持从群众关心的事情做起,5年筹集财政性资金5100亿元,每年办成50多件民生实事。把脱贫攻坚作为第一民生工程和头等大事,全力推进十大精准扶贫工程,贫困发生率由12.6%下降至2.37%,井冈山市、吉安县实现脱贫,尤其是井冈山市在全国率先脱贫摘帽,意义重大。牢牢把握就业这个民生之本,累计新增城镇就业275.4万人、新增转移农村劳动力294.7万人。大力实施保障性安居工程,解决了近千万困难群众的安居问题。坚持教育优先发展,各级各类教育全面进步,92个县(市、区)通过义务教育基本均衡国家认定,全省普通高校由2012年的88所增加到100所,在校生由87.6万人增加到106.9万人,共青科教城5所大学顺利建成,南昌大学入选国家世界一流学科建设高校。大力推进健康江西建设,基层医疗卫生机构达标率提高到90%以上,贫困人口就医自付比例降至10%以下。以取消药品加成为标志的公立医院综合改革实现全覆盖,彻底终结了“以药补医”的历史,让人民群众得到更多实惠。食品药品安全监管扎实有效。实施全民参保登记计划,养老保险、基本医疗保险、大病保险实现全覆盖,企业退休人员基本养老金实现“十三连调”。文化体育事业繁荣发

欧菲光生产车间

南昌经开区供

展,成功举办纪念汤显祖逝世400周年活动,南昌汉代海昏侯国遗址考古发掘惊艳世界,11部作品获“五个一工程”奖,环鄱阳湖国际自行车大赛等一批品牌赛事影响力不断扩大。深入推进平安江西、法治江西建设,信访工作扎实有效,社会保持和谐稳定,公众安全感指数保持在95%以上,连续13年被评为全国社会治安综合治理工作优秀省。持续加强国防教育和拥军优属工作,强化国防后备力量建设,军政军民团结展现新气象。民族宗教、外事侨务、妇女儿童、老龄、参事文史、档案、地方志、人民防空、援疆等工作取得新成效。政府职能转变持续推进,“放管服”改革成效明显。5年中,省政府共向省人大常委会提请审议地方性法规35件,发布省政府规章22件,省政府系统共办理人大代表建议和政协提案5303件,法治政府、责任政府、服务政府、廉洁政府建设不断推进。

9月23日,汤显祖戏剧节暨国际戏剧交流月开幕式

陈源茂摄

各位代表!经过5年不懈努力,全省经济发展、城乡面貌、社会治理、人民生活和政府效能都发生了明显变化。这是以习近平同志为核心的党中央坚强领导、厚泽老区的结果,是习近平新时代中国特色社会主义思想科学指引、光耀赣鄱的结果,是全省人民在省委坚强领导下感恩奋进、共同努力的结果。我代表省人民政府,向全省人民,向各民主党派、人民团体和社会各界人士,向驻赣人民解放军、武警部队官兵,向中央驻赣单位,致以崇高的敬意!向关心和支持江西发展的港澳同胞、台湾同胞、海外侨胞和国内外友好人士,表示衷心的感谢!

在肯定成绩的同时,我们也清醒看到,工作中还存在不少困难和问题。主要是:发展不平衡不充分的一些突出问题尚未解决,面临加快发展与补短板、强弱项的双重任务;创新能力仍然偏弱,产业层次偏低、结构不优,实体经济面临不少困难,发展质量和效益有待提高;制约发展的体制机制障碍仍然存在;生态环境保护任务依然繁重;民生领域存在不少短板,群众在就业、教育、医疗、居住、养老等方面还有不少难题;政府在加强干部队伍建设中仍有不足,行政效能有待进一步提高。对于这些困难和问题,我们一定认真对待,着力解决。

二、今后5年工作的总体考虑

党的十九大作出中国特色社会主义进入新时代的重大判断,提出了具有全局性、战略性、前瞻性的行动纲领,这是我们审视谋划和推进政府工作的时代坐标和根本指针。今后5年,是“两个一百年”奋斗目标的历史交汇期,按照中央的战略安排和省委的决策部署,我们要努力实现两个重要阶段性目标:

一是从现在到2020年,夺取与全国同步全面建成小康社会的全面胜利,全面完成“十三五”规划目标。力争到2020年,全省生产总值达到2.6万亿元左右,经济实力显著增强;高新技术产业增加值占规模以上工业增加值比重达到35%以上,服务业增加值占GDP比重达到45%,经济结构进一步优化;科技进步贡献率达到60%,进入创新型省份行列;初步形成具有江西特色、系统完整的生态文明制度体系,打造美丽中国“江西样板”取得重大进展;城乡居民收入增长与经济增长保持同步,社会保障和公共服务水平提升。特别是实现贫困县全部摘帽,现行标准下农村贫困人口全部脱贫,做到一个都不少!

二是在实现同步全面小康的基础上,按照党的十九大提出的到2035年基本实现社会主义现代化目标要求,从2021年开始,全面实施“十四五”规划,向基本实现社会主义现代化的宏伟目标迈进。力争到2022年,地区生产总值超过3万亿元,主要经济指标在全国的位次进一步前移;高新技术产业增加值占规模以上工业增加值比重达到40%以上,创新型经济更加活跃,发展质量和效益进一步提高;生态环境质量领先全国,形成一批可复制可推广的生态文明制度成果,成为生态文明建设领跑者;基本公共服务均等化水平进一步提升,社会保障体系更加完善,社会文明程度明显提高,人民生活更加富裕。担当新时代新使命,政府工作必须以习近平新时代中国特色社会主义思想为指导,全面贯彻落实党的十九大精神,落实好省第十四次党代会作出的各项部署,突出问题导向,切实增强忧患意识,做到“五个聚焦”:聚焦发展不平衡不充分的问题,坚持把发展作为解决一切问题的基础和关键,抓重点、补短板、强弱项,推动经济社会全面发展;聚焦发展质量不高的问题,坚持质量第一、效益优先,推动经济发展质量变革、效率变革、动力变革,加快构建现代化经济体系,努力实现更高质量、更有效率、更加公平、更可持续的发展;聚焦发展动力不足的问题,持续深化改革开放创新,加快构建系统完备、科学规范、运行有效的制度体系和区域创新体系,激发全社会创造力和发展活力;聚焦特色优势发挥不明显的问题,加快建设生态文明试验区,促进生态优势向经济优势、发展优势转化,让赣鄱绿色大地结出“金色硕果”;聚焦民生保障中存在的问题,积极顺应人民对美好生活的新期待,努力在发展中保障和改善民生,确保人民群众在共建共享中有更多的获得感、幸福感、安全感。在工作中,努力实现“六个重大进展”:

一是在加快建设实体经济、科技创新、现代金融、人力资源协同发展的产业体系上取得重大进展。这是党的十九大提出的明确要求,也是未来5年支撑我省发展的关键所在。坚定不移深化供给侧结构性改革,全面振兴实体经济。深入实施创新驱动发展战略,大力发展新兴产业,改造提升传统产业,加快发展现代服务业,促进产业迈向中高端。力争到2022年全省百亿企业达30家、千亿企业达4家、高新技术企业突破4000家。大力发展现代金融,增强金融服务实体经济能力。全面加强各类人才队伍建设,建设知识型、技能型、创新型劳动者大军,提高全要素生产率,增强经济创新力和竞争力。

二是在加快构建市场机制有效、微观主体有活力、宏观调控有度的经济体制上取得重大进展。这是我省建设现代化经济体系的制度基础。要使市场在资源配置中起决定性作用,更好发挥政府作用,努力完善产权制度,深化国企国资、农业农村、要素价格、商事制度等领域改革,实现产权有效激励、要素自由流动、价格反应灵活、竞争公平有序、企业优胜劣汰。建立健全市场准入负面清单制度,完善促进投资消费的体制机制,增强投融资活力。强化战略导向的统筹规划,健全经济政策协调机制,保障经济在预期轨道上运行。

三是在加快打造各显优势、充满活力、良性互动、竞相发展的区域体系上取得重大进展。这是我省推进区域协调发展的内在要求。深入实施区域协调发展战略,优化完善"龙头昂起、两翼齐飞、苏区振兴、绿色崛起"区域发展格局。高起点、高标准建设好赣江新区,加快我省沪昆高铁、京九高铁经济带规划和建设,引导和支持各大板块发挥优势加快发展,加大力度支持贫困地区振兴发展、资源型地区转型发展。加快推进新型城镇化,推进城市安全发展,增强中心城市吸引力、带动力。大力实施乡村振兴战略,加快农业农村现代化。积极融入国家开放战略,深度开展区域合作,推动形成全面开放新格局。

四是在加快建立经济发展、生态良好、人与自然和谐共生的生态文明制度上取得重大进展。这是建设美丽江西的根本保障。以国家生态文明试验区建设为统领,大力实施大气、水、土壤污染防治行动,深入开展城乡环境综合整治,着力解决突出环境问题。深入实施主体功能区战略,统筹山水林田湖草系统治理,提升生态系统质量和稳定性。加强资源全面节约和循环利用,推进绿色制造,发展清洁生产,建立绿色产业体系。实行最严格的生态保护制度,完善生态补偿机制。倡导简约适度、绿色低碳的生活方式,使保护生态环境成为全民更加自觉的行动。

五是在加快形成党委领导、政府负责、社会协同、公众参与、法治保障的社会治理体制上取得重大进展。这是实现和谐稳定的重要保证。按照社会化、法治化、智能化、专业化方向,健全公共安全体系,严格落实安全生产责任制,加强防灾减灾救灾能力建设,增强重点领域公共风险防控实效,坚决遏制重特大安全事故发生。健全社会治安防控体系,依法打击和惩治黄赌毒黑拐骗等违法犯罪活动,保护人民人身权、财产权、人格权。健全社会心理服务体系,加强服务队伍、服务平台建设,加强重点人员心理疏导、人文关怀和跟踪帮扶,防止引发个人极端案事件。健全基层治理体系,坚持自治、法治、德治相结合,推动社会治理重心下移,加强综治中心实体化建设,推进社区网格化管理落实,为群众提供精准有效的服务和管理。健全群众利益诉求表达、社会矛盾排查预警、矛盾纠纷化解、社会稳定风险评估等机制,着力打造共建共治共享的社会治理新格局,不断提升社会治理现代化水平。

六是在加快完善幼有所育、学有所教、劳有所得、病有所医、老有所养、住有所居、弱有所扶的民生保障体系上取得重大进展。这是践行以人民为中心发展思想的具体行动。尽力而为、量力而行,千方百计让老区人民过上更加美好的生活。坚持大扶贫格局,坚决打赢脱贫攻坚战。大力实施教育强省战略,推进教育现代化,建设学习型社会。实施积极就业政策,鼓励创业带动就业,实现更高质量和更充分就业。完善收入分配制度,实现居民收入增长与经济增长、劳动生产率提高同步。加快健康江西建设,为人民群众提供全方位全周期健康服务。加快建立多主体供给、多渠道保障、租购并举的住房制度。全面实施全民参保计划,完善社会救助和关爱服务体系,构建多层次社会保障体系。

各位代表!美好蓝图的实现,关键在于担当实干。我们谨记"中华民族伟大复兴,绝不是轻轻松松、敲锣打鼓就能实现的",扑下身子,脚踏实地,干好每一天,办好每件事,让蓝图兑现,让愿景成真!

本栏编辑　游桃琴

大 事 记

1 月

1 日 《江西省河道采砂管理条例》实施。该条例解决了 2006 年实施的《江西省河道采砂管理办法》面临的立法权限不足、执行力有限等问题，紧扣规范采砂行为，以保护生态环境为主旨，设置总则、采砂规划、采砂许可、监督管理、法律责任、附则 6 章，共 49 条。

3 日 省委书记、省委全面深化改革领导小组组长鹿心社主持召开省委全面深化改革领导小组第十次全体会议。会议传达学习中央全面深化改革领导小组第三十、三十一次会议精神；审议《关于省委全面深化改革领导小组成员领衔推进落实重大改革项目的总结报告》《关于深化投融资体制改革的实施意见》《关于开展行政诉讼管辖制度改革的总体方案》《关于深化律师制度改革的实施意见》《关于深化人才发展体制机制改革的实施意见》，江西省群团改革总体方案及省总工会、团省委、省妇联、省科协、省侨联改革方案；听取关于改革督察情况的汇报。

4 日 高速公路东乡至昌傅、上饶至万年、修水至平江等 12 个项目完成建设任务，全省高速公路总里程基本建成 6000 千米。

△ 省长刘奇主持召开第 73 次省政府常务会议。会议审议《关于深入推进农业供给侧结构性改革加快培育农业农村发展新动能的实施意见》《江西省省直机关绩效管理办法》，原则通过《关于统筹推进县域内城乡义务教育一体化改革发展的实施意见》《江西省生态文明建设和生态环境状况的报告(送审稿)》。

5 日 鹰潭市政府与中国移动、华为公司在南昌签署窄带物联网(NB-IoT)试点城市全面合作框架协议，在全国率先建设全域窄带物联网。

7 日 江西省赣浙能源有限公司在南昌揭牌。这是江西、浙江 2 省能源领域合作的载体，标志 2 省 2 家省属国有能源集团公司战略合作落地。

9 日 国家科学技术奖励大会在北京举行，江西省共有 12 个项目获奖。其中，东华理工大学主持完成的“面向铀矿与环境的核辐射探测关键技术、设备及其应用”、江西理工大学主持完成的“高等级中厚钢板连续辊式淬火关键技术、装备及应用”、江西农业大学主持完成的“江西双季超级稻新品种选育与示范推广”、南昌大学主持完成的“果蔬益生菌发酵关键技术与产业化应用”4 个项目获国家科学技术进步奖二等奖，完全自主知识产权项目获奖数实现新突破。

△ 由省考古学会主办的 2016 年江西考古成果汇报会，首次面向社会评选江西的“考古新发现”。经过评选，南昌西汉海昏侯墓、九江荞麦岭遗址、景德镇御窑厂遗址、龙虎山大上清宫遗址、景德镇湖田古瓷窑址、赣州七里镇窑址成为江西首批 6 大“考古新发现”。

△ 中共中央办公厅、国务院办公厅印发《省级空间规划试点方案》，将江西纳入省级空间规划试点范围。江西省已着手《江西省空间规划》编制，破解省级“多规合一”中的重大问题，总结可复制、可推广的经验模式。

9—10 日 全省农村工作会议暨新农村建设现场推进会在吉安召开。会议强调，加快培育农业农村发展新动能，促进农业提质增效和农民持续增收，让农业强起来、农村美起来、农民富起来。

10 日 国家生态文明试验区调研组在南昌召开座谈会，听取江西省生态文明建设工作情况汇报。

11 日 国家发改委副主任林念修率领钢铁煤炭行业淘汰落后产能专项督查组到赣督查，并召开座谈会。省委常委、常务副省长毛伟明出席会议并讲话。2016 年，江西省主动退出粗钢产能 433 万吨、生铁产能 50 万吨，关闭煤矿 232 处、产能 1547 万吨，超额完成全年化解过剩产能、淘汰落后产能双重任务。

15—18 日 省政协十一届五次会议在南昌召开。会议通过省政协十一届五次会议决议，省政协十一届五次会议关于提案初步审查情况的报告；增补蔡晓明、陈俊卿为十一届省政协副主席，王萍、左和平、朱来友、刘定明、肖礼庆、汪忆新、傅卓成为十一届省政协常务委员。

16—20 日 省十二届人大七次会议在南昌召开。会议表决通过关于政府工作报告的决议、关于江西省 2016 年国民经济和社会发展计划执行情况与 2017 年国民经济和社会发展计划的决议、关于江西省 2016 年预算执行情况和 2017 年预算的决议、关于江西省人大常委会工作报告的决议、关于江西省高级人民法院工作报告的决议、关于江西省人民检察院工作报告的决议、关于江西省生态文明建设和生态环境状况报告的决议；补选鹿心社为省人大常委会主任，朱虹、周萌、龚建华为省人大常委会副主任，方建华、朱希、李保民、李舰海、陈松远、韩军、傅克刚、舒仁庆为省人大常委会委员；表决通过省人大有关专门委员会主任委员、副主任委员人选。

24日　省政府办公厅印发《江西省城镇居民独生子女父母奖励办法》。该办法规定，从2016年1月1日起，符合奖励条件的城镇居民独生子女父母，以个人为单位，按照每人每月100元发给奖励金。

2　月

3—14日　应中国驻芝加哥总领事馆邀请，由省文化厅、省外事侨办主办，省歌舞剧院有限责任公司和省杂技团有限责任公司组成的省艺术团赴美国巡演。这是江西艺术团首次赴美国巡演。艺术团分别在美国密苏里州圣路易斯市、明尼苏达州明尼阿波利斯市和科罗拉多州丹佛市进行"欢乐春节 美丽江西""祖国陪你过年"慰问演出。

4日　省委召开全面深化改革领导小组第十一次全体会议。会议审议《省委全面深化改革领导小组2016年工作总结报告》《关于统筹推进县域内城乡义务教育一体化改革发展的实施意见》《省委全面深化改革领导小组2017年工作要点》和7个专项小组《2017年工作计划》，听取《2016年省委重要改革事项台账销号情况》和《各设区市和省直单位2016年度全面深化改革工作考核结果》情况汇报。

6日　省赣南等原中央苏区振兴发展工作领导小组召开第六次会议。会议听取省苏区办2016年赣南等原中央苏区振兴发展有关情况汇报、赣州市2016年赣南苏区振兴发展有关情况汇报，审议省赣南等原中央苏区振兴发展2017年工作要点并研究协调相关事项。

△　省长刘奇主持召开第74次省政府常务会议。会议审议《关于加快发展新经济培育新动能的意见》《江西省耕地占补平衡指标交易管理暂行办法》《江西省征兵工作条例修正案(草案)》，讨论通过《关于深化改革创新加快现代农业发展的若干意见》，原则通过《江西省"十三五"大健康产业发展规划》《江西省"十三五"综合交通运输体系发展规划》。

8日　感动中国2016年度人物颁奖盛典在中央电视台综合频道播出，宜春市奉新县扎根乡村36年的最美教师支月英当选感动中国2016年度人物。

9日　经省民政厅审核，江西省慈善总会被认定为慈善组织，成为全省首个社团类型的慈善组织。

10日　省委常委会召开会议，传达贯彻2017年对台工作会议精神，研究部署加快发展新经济培育新动能工作。会议审议并原则通过《关于加快发展新经济培育新动能的意见》《2017年宣传思想文化工作要点》和《江西省省直机关绩效管理办法》。

13日　中央淘汰落后产能专项督查组到赣督查，听取江西省关于水泥玻璃行业淘汰落后产能情况汇报。副省长郑为文出席汇报会。2011—2015年，江西省开展水泥玻璃行业落后产能淘汰工作，共对385家企业的落后生产线进行拆除，其中淘汰水泥产能1834万吨、平板玻璃产能284万重量箱，全面完成"十二五"期间国家下达的水泥玻璃等重点行业淘汰落后产能任务。

14日　江西省出台公务用车标识化管理实施方案，对全省公务用车实行统一标识化管理。

22日　江西出口变电设备质量安全示范区在崇仁县挂牌成立，这是江西省首个机电产品类出口质量安全示范区，也是江西省第二个出口工业产品质量安全示范区。

23—24日　全国农村经营管理工作会议在南昌举行。会议强调，推进农业经营体制机制创新，为农业供给侧结构性改革增添新动能。中央政策研究室、中央编办、国家发改委、财政部、国务院法制办等部门，各省(区、市)和计划单列市、新疆生产建设兵团农业厅(委、办、局)的有关负责人参会。会上，江西、北京、江苏等省(自治区、直辖市)的农业部门负责人作典型交流。

24日　央企入赣投资合作洽谈会在九江举行。洽谈会期间，江西省与国家电网、中国大唐、中节能、中交建、中国医药和中国邮政储蓄银行6家央企签订战略合作协议，与央企签约投资项目113个，总投资额2340.49亿元。

25日　国家旅游局宣布，经全国旅游资源规划开发质量评定委员会评定，上饶市龟峰景区、抚州市大觉山景区等20家景区新晋为国家5A级旅游景区。

△　位于南昌市红谷中大道348号的白金汇海航酒店二楼发生火灾事故，死亡10人。

27日　省长刘奇主持召开第75次省政府常务会议。会议审议《关于支持鄱余万都滨湖四县小康攻坚的指导意见》，原则通过关于龙南县撤县设市的请示，确定12名省政府参事拟聘人选，部署做好安全生产和社会稳定工作。

△　邹德凤获全国三八红旗手标兵，曲歌、曹玲玲、丁虹、许莉萍、廖秀英、莫子涵、文小凤、彭芹获评全国三八红旗手。

27—28日　全省市厅级主要领导干部学习贯彻中共十八届六中全会暨省第十四次党代会精神专题研讨班在南昌举行，各设区市和省委各部门、省直各单位等党政主要负责人参加。省委书记鹿心社提出要求，省长刘奇作辅导报告，省委副书记姚增科作结业讲话。

28日　省政府与中国农业发展银行在南昌签署战略合作协议和共创省级政策性金融扶贫试验示范区合作协议。

3　月

1日　上午，赣京经济合作交流会暨重大项目签约仪式在北京举行。晚上，赣京经济合作交流座谈会在北京举行。中共中央政治局委员、北京市委书记郭金龙主持并讲话，江西省委书记鹿心社出席并讲话。北京市市长蔡奇、江西省省长刘奇分别介绍两地经济社会发展情况。

△　《江西省大气污染防治条例》施行。

△　十四届省委第一轮巡视工作动员部署会在南昌召开。会议传达学习十八届中央第十二轮巡视工作动员部署会议精神，对巡视工作进行动员部署。10日，江西省委8个巡视组根据安排对省农业厅、省教育厅、省住建厅、省工商局4个省直单位和南昌大学、江西财经大学、南昌航空大学、江西科技师范大学4所省属高校的党组织开展巡视。

6日　东乡举行撤县设区授印揭牌仪式,成为抚州市建制区。

9日　全国人大代表、江西省委书记鹿心社接受人民网专访。他表示,江西把弘扬井冈山精神作为精神动力,举全省之力打赢脱贫攻坚战,确保老区人民与全国人民一道全面建成小康社会。

△　江西保险业率先推出脱贫后返贫责任保险,运用保险机制巩固脱贫成果。

11日　江西"法媒银"平台助力执行案入选"2016年全国法院十大执行案件"。

△　江西省承担的国家社科基金重大项目——"海昏侯墓考古发掘与历史文化资料整理研究"开题报告暨"海昏简"专题学术研讨会在南昌召开。来自北京大学、西北大学、江西师范大学等高校和科研机构共40名专家教授参会。会议审议通过学术委员会名单和项目规划、管理办法。

12日　第十二届全国人大五次会议江西代表团在人民大会堂举行全体会议,中共中央政治局常委、国务院副总理张高丽参加江西代表团审议。他强调,要按照中共中央总书记习近平重要要求,开创江西经济社会发展新局面。

△　省食品药品监督管理局公布2016年江西省食品药品十大典型案例。分别是:抚州李某娇等涉嫌销售假药案,景德镇黎某涉嫌销售假冒"脉动维生素饮料"案,万载陈某萍等涉嫌生产销售有毒有害食品案,修水瞿某民等涉嫌生产不符合法定要求的产品案,吉安叶某涉嫌销售假药"周郎中TM肤毒净"案,江西瀚海生物制品有限公司违法经营疫苗案,莲花"9.1"网络销售假药案,樟树邓某兴、廖某珍生产销售有毒有害食品案,宜春邹某等涉嫌制售假药案,上饶许某恒、刘某涉嫌非法经营药品案。

14日　南昌市东湖区上凤凰坡社区"慈善书屋"启动,这是省慈善总会在南昌市开展"慈善书屋"进社区的第一站。

15日　全国首单区块链票链业务在赣州银行上线。

16日　中共江西省委召开全省领导干部会议。会议传达全国"两会"精神和国务院副总理张高丽参加江西代表团审议时讲话精神。会议强调,贯彻落实全国"两会"精神,关键要按照中央的部署要求,结合实际把江西的事情做好。省委、省人大常委会、省政府、省政协领导班子成员,省法院、省检察院主要负责人出席会议。

△　南昌市老福山立交桥发生3车相撞事故,许诺、应维雨、杨国华见义勇为,及时从燃烧的汽车中救出3名伤者。

17日　省委常委会召开会议,传达学习中共中央总书记习近平在中央财经领导小组第十五次会议上的重要讲话精神,研究江西省贯彻意见。

△　省长刘奇主持召开第76次省政府常务会议,传达学习贯彻全国"两会"精神,研究部署开展相对集中行政许可权改革试点等工作。

△　江西省推进法治政府建设工作领导小组召开全体会议。会议听取并原则同意《关于我省贯彻落实国家和省法治政府建设实施纲要工作情况的汇报》,会议审议并原则同意《省推进法治政府建设工作领导小组工作规则(审议稿)》《省推进法治政府建设工作领导小组办公室工作细则(审议稿)》《省推进法治政府建设工作领导小组成员单位职责分工(审议稿)》《江西省2017年法治政府建设工作要点(审议稿)》《江西省法治政府建设考核评价办法(审议稿)》《江西省2014—2016年度依法行政先进单位和先进个人表彰名单(审议稿)》等文件。

19日　江西省首张全国系统版本港澳通行证制作成功。

20日　省十二届人大常委会第三十二次会议在南昌举行。会议提请审议《江西省第十二届人民代表大会常务委员会代表资格审查委员会主任委员、委员补充名单(草案)》的议案、省人民代表大会常务委员会关于接受尹建业、殷美根辞去江西省人民政府副省长职务的请求的决定(草案)和人事任免议案。

△　省长刘奇到江西师范大学调研高校思想政治工作。他强调,要紧紧扭住立德树人这个高校立身之本,为建设富裕美丽幸福江西培养更多栋梁之才。

21日　全省首个县级交通安全体验馆——南昌县交通安全体验馆建成。体验馆包括事故案例警示厅、儿童区和感悟厅等8大区域。

△　省军区党委十届七次全体(扩大)会议召开。省委书记、省军区党委第一书记鹿心社出席并讲话。他强调,要坚定维护核心,狠抓军队改革,努力开创国防动员和省军区部队建设新局面。

23日　省委书记鹿心社主持召开驻赣部队全面停止有偿服务工作军地协调领导小组第一次工作会议。他强调,要确保驻赣部队停止有偿服务工作如期完成。

△　省委书记鹿心社主持召开法治江西建设领导小组第三次会议。会议审议并原则通过《法治江西建设2017年工作要点》《关于落实〈党政主要负责人履行推进法治建设第一责任人职责规定〉的实施意见》《关于进一步加强全省社会主义法治文化建设的意见》。

△　中共江西省委办公厅、江西省人民政府办公厅印发《江西省党政领导干部生态环境损害责任追究实施细则(试行)》。

24日　会昌米粉获国家生态原产地保护产品。

△　省委书记、总河长鹿心社主持召开2017年省级总河长会议。会议审议并原则通过《江西省全面推行河长制工作方案(修订)》《关于以推进流域生态综合治理为抓手打造河长制升级版的指导意见》和《2017年河长制工作要点及考核方案》。

△　省委书记鹿心社主持召开省生态文明建设领导小组全体会议。他强调,要全面推进国家生态文明试验区建设,奋力打造美丽中国"江西样板"。会议审议并原则通过《江西省2017年生态文明建设工作要点》《江西省生态文明建设目标评价考核办法(试行)》。

25日　"盐田国际内陆港—赣州"揭牌仪式在赣州市南康区举行,赣州港成为盐田国际内陆港。

28日　南昌市教育服务中心揭牌并投入运行,这是全省首个教育服务中心。为市民提供教育政策咨询、教育机构服务、中小学生学籍办理等10大类42项服务。

29日　江西省创新社保兜底扶贫机制,为40万建档立卡贫困户参加城乡居民基本养老保险实行政府代缴兜底,实现全省25个贫困县贫困户100%参保。

30日　省政府召开全省防汛工作电视电话会议。会议强调,要全面落实防汛工作责任制,切实抓好防汛巡查,强化军民联防联动,齐心协力做好防汛各项工作,确保全省安全度汛。

31日　省委常委会召开会议,传达学习全国追逃追赃工作培训班、全国新的社会阶层人士统战工作会议精神,研究部署深入贯彻中央八项规定精神,进一步改进作风的若干意见。

△　省卫计委制定《江西省先天性结构畸形救助项目试点工作方案》,明确6类先天性畸形患儿可领取救助金,最高补助3万元。

4　月

3日　宜春市芦洲小学学生张凯浩、彭浩明智救被卡防盗窗女孩。

6日　省委副书记、省长、省编委主任刘奇主持召开2017年省编委第一次会议。他强调,要深化重点领域体制机制改革,全面完成控编减编各项任务。

△　全省首个淋巴水肿治疗护理门诊在省肿瘤医院开诊。

7日　省长刘奇主持召开第77次省政府常务会议,会议讨论通过《"健康江西2030"规划纲要》,审议通过《江西省特色高水平大学和一流学科专业建设实施方案》,审议《关于全面提升养老院服务质量的意见》,听取钢铁、煤炭行业去产能工作情况的汇报。

△　省儿童医院远程会诊开通。

△　全省降成本优环境专项行动领导小组会议在南昌召开。会议强调,要总结好的经验做法,细化完善政策举措,狠抓政策落地生效,确保降成本优环境工作开创新局面,让广大企业和群众有更多获得感。

10日　全省高校思想政治工作领导小组会议召开。会议围绕召开全省高校思想政治工作会议筹备和出台全省关于加强和改进新形势下高校思想政治工作的实施意见进行审议。

11日　农工党中央、农工党江西省委会在修水县举行农工党江西革命活动史料陈列馆暨中国农工民主党党史教育基地开馆仪式。

△　省委书记鹿心社主持召开专题会议,研究全省脱贫攻坚工作。他强调,要坚持问题导向,层层压实责任,细之又细实之又实做好脱贫攻坚工作。

△　国务院安委会第七巡查组巡查江西省安全生产工作动员会在南昌召开。按照国务院安委会统一部署,国务院安委会安全生产第七巡查组对江西省开展为期不少于1个月的安全生产巡查。

△　以"秀美江西·花园南昌"为主题的江西省第四届花卉园艺博览交易会在南昌市梅湖景区开幕。

13日　省委书记鹿心社主持召开省委全面深化改革领导小组第十二次全体会议,深入学习中央全面深化改革领导小组第三十二次、三十三次会议精神,特别是中共中央总书记习近平重要讲话精神。

△　省长刘奇主持召开第78次省政府常务会议,听取全省脱贫攻坚工作情况汇报,部署下一阶段经济工作和脱贫攻坚工作。

14日　省委常委会召开会议,传达学习中共中央总书记习近平在中共中央政治局常委会会议审议关于2016年省级党委和政府扶贫开发工作成效考核情况汇报时的重要讲话精神,研究江西省贯彻落实意见。

△　省禁毒委员会全体会议暨全省禁毒工作电视电话会召开。会议要求,要加强涉毒源头的预防管控,坚持对毒品违法犯罪活动"零容忍",积极探索科学有效的戒毒康复模式,进一步突出保障优先、强化投入建设,为禁毒工作打下坚实基础。

△　九江长江公路大桥获土木工程詹天佑奖。

16日　由昌河飞机工业(集团)有限责任公司自主研制生产的AC311A直升机飞进兰州。飞行期间,AV500爬升至海拔5006米的高度,创造国产无人直升机的升限新纪录。

17日　省委常委会召开扩大会议。传达学习推进"两学一做"学习教育常态化制度化工作座谈会精神,研究部署江西省贯彻落实意见。

△　全省高校思想政治工作会议召开。省委书记鹿心社出席并讲话,他强调,要加强和改进新形势下高校思想政治工作,不断开创高等教育事业发展新局面。

19日　经省委、省政府批准,南昌县行政审批局成立。这是江西省成立的首个行政审批局。

20日　全省脱贫攻坚整改工作电视电话会议召开。省长刘奇强调,要把整改工作作为当前推进脱贫攻坚头等大事抓紧抓实。

20—27日　中共中央委员、江西省委书记鹿心社率中共代表团访问巴基斯坦和黎巴嫩。访巴期间,鹿心社会见了巴基斯坦国民议会议长萨迪克、参议院副主席海德里、旁遮普省首席部长夏巴兹等巴基斯坦领导人。访黎期间,黎巴嫩政府总理、未来阵线主席哈里里会见了代表团。

21日　南昌航空大学罗胜联和南昌大学谢明勇成为中国工程院院士增选候选人。

23日　江西首趟中欧(俄罗斯至赣州)班列抵达赣州港。

△　由省文化厅主办的"书香赣鄱"全民阅读活动暨江西省第七届"读好书"活动在全省各图书馆同时启动。

24日　省委副书记姚增科主持召开十四届省委党建工作领导小组第一次全体会议。会议强调,要深刻领会总书记习近平"把抓好党建作为最大的政绩"的重要论断,探索有江西特色的党建工作路径与方法。

27日　全省统筹整合资金推进高标准农田建设工作电视电话会议召开。会议通报了全省统筹整合资金推进高标准农田建设实施方案。

△　第四次全省妇女儿童会议召开。省长刘奇出席并讲话。他强调,要在更高水平上促进妇女儿童事业与经济社会事业协调发展。

△　南昌市西湖区信访局局长高国兰获"全国最美信访干部"称号。

△　思创数码科技股份有限公司、江西铜业股份有限公司德兴铜矿获全国五一劳动奖状,刘伟平、周鹏等15人获全国五一劳动奖章,江西飞尚科技有限公司技术研发组、南昌市政公用集团客户服务中心城北抄表服务处吴苏斌班组等18个集体获全国工人先锋号。

28日　省长刘奇主持召开第79次省政府常务会议,学习贯彻中共中央总书记习近平关于安全生产重要论述，研究部署降低企业杠杆率、深化医药卫生体制综合改革等工作。

29 日　余江县邓家埠水稻原种场与江西联通公司合作建设的物联网信息化项目完成调试上线，成为全国首个应用窄带物联网(NB-IoT)智慧农业的项目。

5　月

2 日　省贯彻新理念培育新动能领导小组(扩大)会议在南昌召开。大会审议了《江西省贯彻新理念培育新动能 2017 年工作要点》。

3 日　江西省委召开国家安全工作领导小组会议，传达学习中共中央总书记习近平在国家安全工作座谈会上的重要讲话精神，分析当前安全形势，研究提出江西省贯彻落实意见，审议通过《关于加强新形势下我省国家安全工作的意见》。

△　省委书记鹿心社主持召开省扶贫开发领导小组会议。会议传达学习中共中央总书记习近平在中央政治局第 39 次集体学习时的重要讲话精神，以及在中央政治局常委会听取关于 2016 年省级党委和政府扶贫开发工作成效考核情况的汇报时的重要讲话精神，审议并原则通过《江西省脱贫攻坚责任制实施细则》《江西省设区市党委和政府脱贫攻坚工作成效考核办法》《关于进一步加强脱贫攻坚基层基础工作的指导意见》《江西省脱贫攻坚工作督导方案》等文件。

4 日　省政府在南昌召开 2017 年第一批省环境保护督察动员部署会议，部署对新余、九江、萍乡 3 个设区市开展环保督察工作。督察内容为贯彻落实中央和省委、省政府生态文明建设和环境保护决策部署情况；解决突出环境问题情况；环境保护责任制落实情况；中央环保督察问题整改落实情况等。

5 日　省委常委会召开会议，传达学习全国宣传部长座谈会精神，研究江西贯彻落实意见；审议并原则通过《江西省推进"两学一做"学习教育常态化制度化的实施意见》《中共江西省委理论学习中心组贯彻〈中国共产党党委(党组)理论学习中心组学习规则〉实施意见》。会议决定，5 月 9 日在南昌召开中共江西省委十四届二次全体会议。

△　江西省全民健康生活方式行动第二阶段(2017—2025)启动仪式暨全国第二届"万步有约"职业人群健走激励大奖赛江西赛区启动仪式在南昌举行。

6 日　纪念"八一"南昌起义 90 周年暨第五届"八一"精神理论研讨会在南昌举行。

△　赣州市政府、省科技厅、中国科学院南京分院、江西理工大学共同主办的赣州·中国稀金谷科技成果对接会在赣州市赣县区举行。中科院海西研究院、中科院长春应用化学研究所、中科院宁波材料技术与工程研究所、中科院金属研究所以及中山大学 5 家单位分别与赣州有关单位或企业签订科技项目合作协议。

7 日　省委理论学习中心组就推进脱贫攻坚工作举行专题学习会，大会邀请国务院扶贫办党组书记、主任刘永富作辅导报告。

△　中华思源工程扶贫基金会、江西省卫计委、民建江西省委会主办的 2017 国际地中海贫血研讨会暨第四届中国地中海贫血联盟大会在南昌召开。

8 日　全省职业教育活动周在省医药学校启动。

△　第一届江西省文化产业"金杜鹃奖"颁奖仪式在南昌举行。江西影响力文化企业十强、成长性文化创意企业十强、特色文化企业十强、具有投资价值文化项目十佳、文化产业示范基地十佳 50 名"金杜鹃奖"揭晓。

8—9 日　交通运输部部长李小鹏到赣就罗霄山片区交通扶贫和交通运输部对口支援安远县等工作开展调研和座谈。李小鹏调研了南昌西综合客运枢纽，南昌国际集装箱码头整体运营，瑞金市、安远县实地交通运输发展情况，国道改造项目以及"四好农村路"、产业路、旅游路建设情况，走访慰问贫困户，并主持召开片区交通扶贫和对口支援工作座谈会。

9 日　中国共产党江西省第十四届委员会第二次全体会议在南昌举行。大会圈选确定江西省出席中共十九大代表候选人预备人选；审议通过《关于召开中国共产党江西省代表会议的决议》，决定 6 月召开中国共产党江西省代表会议。

10 日　省委、省政府在井冈山召开全省脱贫攻坚现场推进会。会议传达学习中共中央总书记习近平关于脱贫攻坚工作重要讲话精神，与会人员现场观摩井冈山市罗浮移民社区、拿山乡草莓基地、茅坪乡坝上村、神山村脱贫攻坚工作，井冈山市、瑞金市、黎川县、赣州市主要负责人作交流发言。

△　2017 年环保赣江行活动启动。上午，2017 环保赣江行活动动员部署暨新闻发布会在南昌召开。

△　江西省土木建筑学会、江西经济管理干部学院等单位发起的江西省土木建筑学会装配式建筑专业委员会成立，这是全国首个集高等院校、设计单位、施工单位、装配式建筑制造商于一体的装配式建筑研发平台。

10—11 日　中央军委委员、国务委员兼国防部部长常万全在江西省调研全民国防教育工作。

10—12 日　国家质检总局、国家工商总局等部门人员组成的国务院督查组，对新余市开展为期 3 天的"放管服"改革专项督查。

11 日　第十三届中国(深圳)国际文化产业博览交易会在深圳会展中心开幕。由江西省委宣传部牵头组团参加该届文博会的江西主展区，有 100 多家文化企业和单位、300 多个文化项目、1000 多位展商、2300 多件文化展品参展，内容涵盖全省文化改革发展各领域、各行业。

△　中央电视台、国家旅游局主办的《魅力中国城》首批 32 座城市公布，鹰潭市和上饶市入选。

△　省委统战部召开江西智库建设与统一战线工作座谈会，传达学习省委书记鹿心社在加强江西新型智库建设座谈会上的讲话精神，部署统一战线智库研究重点工作。

11—14 日　中共中央政治局委员、中央党的建设工作领导小组副组长、中央新疆工作协调小组副组长张春贤到南昌、吉安、赣州等地，就农村基层党建工作进行调研。

11—15 日　省新闻出版广电局和南昌市政府共同主办的江西国家数字出版基地推介暨招商引资签约仪式在第十三届中国(深圳)国际文化产业博览交易会上举行，项目总投资约 130.27 亿元。江西展团获"优秀组织奖”和多项“优秀展示奖”。

12日　省长刘奇主持召开第80次省政府常务会议，审议并通过《江西省“十三五”推进基本公共服务均等化规划》，会议原则通过《江西省统筹整合资金推进高标准农田建设实施方案》，确定2016年度江西省科学技术奖授奖名单。

13日　鹰潭高新区百亿工业项目集中签约仪式举行，共签约工业项目22个，签约投资总额132.4亿元。

15日　省委召开全省推进“两学一做”学习教育常态化制度化工作部署会。会议传达学习中共中央总书记习近平对推进“两学一做”学习教育常态化制度化重要指示精神。

16日　全国人大常委会预算工委在南昌召开落实中央有关重点改革任务座谈会。

△　江西省供销合作社在南昌举行中国“供销e家”江西启动大会，对接全国供销合作总社“供销e家”平台。

△　中国－葡萄牙中医药中心学员培训班在南昌开班。开班仪式上，江西中医药大学与葡萄牙仁和堂有限公司合作共建的中国－葡萄牙中医药中心揭牌。

17日　省文联、江西美术院主办的第九届江西省山水画展在省文联展厅举行。画展共展出作品近200件。

△　农业部、国务院扶贫办共同举办的全国产业扶贫现场观摩会在瑞金市召开。

19日　省委常委会召开会议，传达贯彻中共中央政治局委员、中央党的建设工作领导小组副组长、中央新疆工作协调小组副组长张春贤在江西调研时的讲话精神，审议并原则通过《江西省贯彻〈县以上党和国家机关党员领导干部民主生活会若干规定〉实施细则》《中共江西省委关于加强和改进人民政协民主监督工作的实施意见》。

△　全省大学生职业发展教育精品示范课程进校园启动仪式暨首场活动在江西财大举行。

19—24日　全国人大民族委员会副主任委员吴仕民率调研组到赣，就民族乡经济社会发展专题调研。

20日　江西公安系统16个集体和36名民警受到全国公安系统英雄模范立功集体表彰。兴国县公安局、泰和县公安局、上高县公安局3个公安局获“全国优秀公安局”称号，南昌市公安局交通管理局高新大队、九江市公安局浔阳区分局刑事侦查大队等13个基层所队被评为全国优秀公安基层单位，肖军峰、胡仁平、戴传高、李建军、项鸿炜、黄水标被评为全国特级优秀人民警察，曹纬等30名民警被评为全国优秀人民警察。

21日　首届全国中医药教育国际化暨产学研协同创新研讨会在南昌召开。

22日　宜春市政府举行锂电新能源和中医药产业发展引导基金签约仪式，首批规模为60亿元的2大产业发展引导基金面世。

23—25日　省十二届人大常委会第三十三次会议在南昌举行。会议表决通过《江西省工会劳动法律监督条例》，江西省人民代表大会常务委员会关于批准《萍乡市立法条例》的决定、关于批准《鹰潭市立法条例》的决定、关于批准《上饶市立法条例》的决定、关于江西省第十三届人民代表大会代表名额分配和选举问题的决定，江西省人民代表大会常务委员会关于批准2017年省级一般公共预算和政府性基金预算调整方案以及2017年地方政府债务限额的决议、关于推动人民法院解决执行难的决议、关于接受冷新生辞去第十二届全国人民代表大会代表职务的决议、代表资格的审查报告、人事任免名单和《江西省人民代表大会常务委员会关于接受李水弟等辞去江西省人民代表大会常务委员会委员职务的请求的决定》。

25日　省高级人民法院举行首批员额法官宣誓仪式。126名员额法官面向国徽宣誓。

26日　程永林全国公安系统一级英模命名表彰大会在南昌举行。

△　长江经济带·九江新工业新动能投资洽谈会在九江开幕。共有国家有关部委、部分驻华使节、长江经济带节点城市代表、工商界人士及专家学者等800余人参加，签约项目109个，签约资金1371亿元。

27日　省人民检察院举行员额制检察官集体宣誓仪式。104名员额制检察官面向国旗宣誓。

28日　上饶市举行上饶三清山机场首次通航仪式。

31日　省委书记、省委全面深化改革领导小组组长鹿心社主持召开省委全面深化改革领导小组第十三次全体会议。会议审议并原则通过《关于深入学习贯彻习近平总书记重要讲话精神，进一步推进我省改革落实见效的意见》《江西省全面深化改革工作分类考核评价办法》《关于推进防灾减灾救灾体制机制改革的实施意见》《关于深化全省公证机构体制改革的意见》，听取《全省各地各部门主要负责人抓改革落实督察情况的汇报》。

31日至6月3日　全国政协副主席兼秘书长张庆黎率全国政协视察团在赣视察国家生态文明试验区建设情况。

6　月

1日　全省就业创业工作会议在南昌举行，贯彻落实国务院就业工作部际联席会议2017年全体会议、农民工工作领导小组第五次全体会议，以及全国就业创业工作暨2017年高校毕业生就业创业工作电视电话会议精神，部署2017年重点工作任务。

△　江西省对接“一带一路”首趟中欧双向班列启动。

△　江西省第一次地理国情普查领导小组全体会议在南昌召开，会议审议《江西省第一次地理国情普查公报》，研究部署地理国情普查成果应用等工作。

2日　省委常委会召开会议，审议并原则通过《江西省贯彻〈中国共产党问责条例〉实施办法》，听取关于十三届省委第十八轮巡视整改及十四届省委第一轮巡视工作情况汇报。

△　2017年江西（吉安）现代农业产业合作暨第七届赣台基层农会交流恳谈会举行，会上促成项目签约14个，合同总金额9.1亿元，签约项目涉及特色种植养殖、食品、深加工、休闲农业、生物肥料生产等多个领域。

2—6日　国务院消防工作第六考核组在赣对江西省2016年度消防工作进行检查考核。

3日　“畅行中国·红色基因引领中国梦——全国交通广播记者江西行”主题采访活动在南昌启动。

△　江西走出去企业战略合作

联盟2017年大会在南昌召开。会议表彰2016年度全省走出去“十大领军企业”“十大优秀项目”和“十佳项目经理”。

4日　省环保厅、团省委、江西日报社、江西广播电视台、南昌市政府联合在南昌秋水广场开展“绿水青山就是金山银山——环境保护志愿者活动”，纪念第46个“6·5”世界环境日。

△　第十五届“挑战杯”全国大学生课外学术科技作品竞赛江西赛区终审决赛在华东交通大学闭幕。

5日　中国共产党江西省代表会议在南昌举行。会议传达《中共中央关于党的十九大代表选举工作的通知》精神，听取关于江西省出席党的十九大代表选举工作的报告。会议选举产生43名江西省出席中国共产党第十九次全国代表大会代表。中央提名的刘奇葆当选中共十九大代表。

△　赣州综合保税区与青岛前湾保税港区签订共同建立“一带一路自贸驿站”合作协议。

△　省政府与网易集团在南昌签署战略合作框架协议，共同推动绿色发展、助力精准扶贫。副省长吴晓军代表江西与网易集团签约。

7—9日　全国妇联副主席、书记处书记邓丽率全国妇联改革调研督导组，就江西省妇联部署的重点改革任务在基层妇联组织落实情况进行调研督导。

8日　第十三届全国运动会江西省体育代表团成立大会暨全运会决赛动员大会在南昌召开。副省长谢茹为江西省体育代表团团长。

12日　中国民主建国会江西省第九次代表大会在南昌召开。

△　省生态保护红线划定工作领导小组成立暨第一次扩大会议在南昌举行，研究部署江西省生态保护红线校核、调整和完善工作。

△　由宜春市政府和中国工程院医药卫生学部联合主办的，2017院士国医名师宜春行活动启动仪式在宜春市举行。

12—13日　省委、省政府在九江市召开全省旅游产业发展大会。省委书记鹿心社出席大会并为2018年旅发大会承办地抚州市授旗。与会代表考察九江市重点旅游项目，现场感受九江市旅游产业发展态势。会议还表彰2016年度全省旅游工作先进单位。

14日　省政协十一届第五十四次主席会议在南昌召开，会议学习贯彻《关于加强和改进人民政协民主监督工作的意见》和《中共江西省委关于加强和改进人民政协民主监督工作的实施意见》。

16日　省委常委会召开会议，传达学习推动长江经济带发展工作会议精神，研究江西省贯彻落实意见。会议审议并原则通过《中共江西省委关于加强党内法规制度建设的实施意见》。会议传达国务院常务会议决定在江西省建设绿色金融改革创新试验区有关精神。会议决定，7月中旬在南昌召开省委十四届三次全体会议。

17日　豫章师范学院成立大会暨揭牌仪式在校内举行，省委常委、南昌市委书记殷美根出席仪式并揭牌。

19日　全省开放型经济发展大会在南昌召开。会议表彰2016年度全省开放型经济先进单位，赣州市、瑞昌市、南昌经开区主要负责人作典型发言。

△　第三届中国青年企业家发展峰会在共青城市举行。

20日　省长刘奇到挂点的丰城高新技术产业园区走访调研联系企业，并主持召开降成本优环境座谈会。

21日　省政协在南昌召开对口协商座谈会，围绕加强江西省对外开放主要平台建设建言献策。

22日　省文化体制改革专项小组第六次会议在南昌召开。会议审议并原则通过《江西文化演艺发展集团有限责任公司组建方案》，听取省编办《关于成立江西省国有文化资产监督管理机构有关情况的汇报》。

△　江西陶瓷工艺美术职业技术学院与北汽集团昌河汽车有限公司校企共建的汽车学院在江西陶瓷工艺美术职业技术学院揭牌成立。

23日　2017全国夏季游泳锦标赛暨全运会预选赛在赣州市章贡区章江游泳馆开幕。来自全国各地的38支代表队791名运动员参赛，设置54个游泳项目。江西浩沙代表队的36名运动员代表江西省参赛。

△　经国务院同意，中国人民银行等七部委批复《江西省赣江新区建设绿色金融改革创新试验区总体方案》，标志着赣江新区绿色金融改革创新试验区建设启动。

24—27日　国家防总派出防汛工作督导组到江西检查指导防汛工作。督导组先后组织召开5次座谈会，听取全省及有关市县汛情和防汛工作情况汇报，并到铜鼓县、修水县、景德镇市、浮梁县、婺源县现场检查。

25日　国家卫计委主办、省卫计委承办的2017年“健康中国行 律动赣鄱地”——合理膳食宣传教育周活动在南昌启动。

26日　中央全面深化改革领导小组第三十六次会议审议通过《国家生态文明试验区（江西）实施方案》。

△　省工商联（总商会）第十一次代表大会在南昌召开。会议听取省工商联（总商会）第十届执行委员会工作报告和有关人事事项的说明。

27日　国土资源部在赣州举行赣南脱贫攻坚暨定点扶贫30周年座谈会，总结赣南定点扶贫成效与经验，促进赣南革命老区振兴发展。

27—28日　全省立法工作座谈暨培训会在井冈山召开。省人大法制委、常委会法工委有关负责人就如何把握地方立法权限、编制好立法规划和立法计划以及行政处罚法、行政许可法、行政强制法在地方立法中的适用等进行专题辅导。

28日　省委、省政府在赣州召开深入推进赣南等原中央苏区振兴发展工作会议。会议通报5年来赣南等原中央苏区振兴发展工作情况，介绍5年来赣州市振兴发展情况，中央挂职干部代表作发言。

△　省民政厅、省财政厅联合印发《关于做好2017年绿色殡葬奖补激励工作的通知》，明确要逐步建立全民遗体免费火化制度，免费项目至少包含遗体接运、存放（3天）、火化、普通骨灰盒、骨灰寄存5项。

△　由国务院侨办和中国海外交流协会主办的2017年海外华裔青少年“中国寻根之旅”夏令营在南昌集结开营。共有美国、加拿大等国的500多名华裔青少年，开启“寻根在江西，从‘瓷’爱上你”主题活动。

△　江西省首个万亩猕猴桃国际标准园在进贤县梅庄开工。项目依托省猕猴桃产业技术体系和中铁中基供应链集团公司，联合建设江西省猕猴

桃工程技术中心、江西省猕猴桃交易中心和江西省猕猴桃小镇，总投资3.5亿元。

29日　省委书记、省人大常委会主任鹿心社主持召开省委理论学习中心组学习会，就“学习党史、加强党的政治建设”主题进行集体学习。省委副书记、省长刘奇讲话，省领导姚增科、李炳军、孙新阳作中心发言。国防大学教授、少将徐焰作题为“传承红色基因，不忘革命初心”的辅导报告。

30日　省委常委会召开会议，传达学习中共中央总书记习近平在深度贫困地区脱贫攻坚座谈会和中央军民融合发展委员会第一次全体会议上的重要讲话精神，研究贯彻落实意见。

△　省委全面深化改革领导小组召开第十四次全体会议，传达学习中央全面深化改革领导小组第三十六次会议精神特别是中共中央总书记习近平重要讲话精神，讨论通过全省贯彻落实意见。

△　省长刘奇主持召开第82次省政府常务会议，传达学习中共中央总书记习近平关于四川阿坝州茂县发生山体滑坡事件的重要批示和视察山西时的重要讲话精神，部署做好全省防汛、脱贫攻坚、军民融合和生态环保等工作；审议江西文化演艺发展集团有限责任公司组建方案；研究7月份的重点工作。

7　月

1日　《江西省女职工劳动保护特别规定》施行。

△　全省所有一、二级汽车客运站内经营的省际、市际班线（不含毗邻县间班线）实施实名制管理，旅客需使用身份证等证件实名购票。

3日　南昌综合保税区正式封关运行。

3—4日　省政协第十一届二十五次常委会议召开。会议传达学习全国政协第十二届第二十一次常委会议精神；围绕“加强地方金融体系建设，推动实体经济发展”进行专题协商；部署加强人民政协民主监督工作；审议通过相关人事事项。

4日　省委纪检体制改革专项小组第四次全体会议在南昌召开。会议传达学习2017年以来中央纪检体制改革专项小组和省委深改组会议精神，听取中共十八届三中全会以来全省纪检体制改革总体情况和落实2017年改革工作计划进展情况汇报。

△　南康区申报的无人机临时飞行空域申请得到相关主管部门的批复。获批的空域将用于无人机快递下乡等业务运营飞行试点。试点工作获得中国民航局对口支援，试点区域包括大坪乡、麻双乡、坪市乡、隆木乡和横市镇，范围480平方千米，都为交通不便的山区，覆盖常住人口约20万人，通过运用无人机，传统配送方式，原本需2小时从城区转运到乡镇配送店的快件只需40分钟就能送达，有效降低物流成本。

△　江西省首个在线工业设计平台——洛客创意产业园在南昌经开区开园。洛客隶属于全国最大的工业设计公司——洛可可创新设计集团。该平台是江西省为发展新服务经济，在工业设计领域引进的重要项目。

△　省食品安全委员会办公室、省食品药品监督管理局首次在南昌市、新余市开展放心肉菜示范超市创建活动，结束全省没有放心肉菜示范超市的历史。

△　鹰潭开通至新疆喀什K1661次旅客列车。该趟列车全程运行5166千米，历时71小时56分，途径江西、湖北、河南、陕西、甘肃、新疆6省区，沿途停靠57个车站，是赣东北地区唯一一趟开往新疆的列车，也是截至2017年国内运行里程、运行时间最长的旅客列车。

5日　省长刘奇主持召开第83次省政府常务会议，研究讨论贯彻落实国家生态文明区（江西）实施方案，推动全省生态文明建设迈上新台阶；确定全省创新驱动发展目标、任务和保障措施，加快创新型省份建设；研究完善农村土地所有权承包权经营权分置办法，激发农村发展活力；部署稳步推进农村集体产权制度改革，发展壮大农村集体经济；讨论通过全省生活垃圾分类制度具体实施方案；审议《瑞金市城市总体规划（2015—2030）》。

△　在最高人民法院和中央电视台共同举办的“我最喜爱的法官”评选活动中，鄱阳县人民法院芦田法庭庭长邹来水获得该项荣誉。

6日　省妇幼保健院获评全国首批“中西医结合培训基地”，全国仅8家机构获批。

△　南昌市洪都中医院运动医学团队运用3D打印数字化导切板（PSI）新技术，完成1例双平面高位胫骨截骨术（HTO）手术。以数字定制化的PSI导引器搭配胫骨高位截骨术的最新技术应用属江西省首例，填补全省在精准保膝领域的空白。

7日　江西省第一座跨江公路隧道——红谷滩隧道开通。隧道开通后，赣江两岸实现开车“3分钟”互通，极大方便两岸市民通行。

7月7日，红谷隧道正式通车

南昌市史志办供

△ 江西省对接“丝绸之路经济带”中欧班列(赣州港—乌兹别克斯坦)开通。该趟班列从赣州市南康区赣州港出发,途经霍尔果斯,12 天左右到达乌兹别克斯坦塔什干。班列共载有 82 个 20 英尺(6 米)柜和 3 个 40 米尺(12 米)柜的钢卷、服装、百货等产品,货值约 180 万美元。

9 日 江西省首单绿色企业债券获国家发改委核准批复发行。

△ 首届中国曹洞宗禅学国际研讨会在宜黄举行。研讨会由省佛教协会主办,共有日本、韩国、斯里兰卡和国内的高僧大德、专家学者近 200 人参会。

10 日 《江西省贯彻〈中国共产党问责条例〉实施办法》印发。

11 日 经第 41 届联合国教科文组织世界遗产委员会会议审议通过,铅山武夷山列入世界文化与自然双遗产地名录,成为全国第五、江西首个世界文化与自然双遗产地。

12 日 江西南丰蜜橘栽培系统、广昌莲作文化系统入选第四批中国重要农业文化遗产名单。

△ 江西整体接入国家基本医疗保险异地就医结算系统。

△ 南昌大学一附院入选由香港艾力彼主办的“2016 年中国医院竞争力顶级医院排名 100 强”榜单。

△ 江西省首次在阳际峰国家级自然保护区核心区内的贵溪邹家岭山场发现一处国家Ⅱ级保护树种长序榆种群,共有长序榆 9 棵。

13—16 日 由教育部和保监会组成的国务院扶贫开发领导小组第 14 巡查组到赣巡查脱贫攻坚工作。巡查的重点是,对 2016 年江西省委、省政府扶贫开发工作成效考核、脱贫攻坚民主监督和巡视发现问题整改情况进行巡查,了解脱贫攻坚政策举措落实情况,发现先进典型和工作经验,查找问题和薄弱环节,并听取基层干部群众意见建议。

14 日 苏宁集团旗下的苏宁置业以总成交价 24.35 亿元摘得南昌市八一广场商圈 AA018 号 5 幅出让地块,建设东湖区八一广场商业综合体项目,开启苏宁在赣投资布局大型商业综合体项目——苏宁广场的序幕。

△ 美籍华人博士葛郁芝等 7 名外籍人士获江西省首批新版“中国绿卡”。

15 日 江西首家羽毛球甲级俱乐部——江西瑞昌羽毛球俱乐部成立。原八一女队主教练陈伟华受聘担任球队总教练,著名羽毛球教练邹仕文担任主教练,印尼羽毛球全国冠军达努担任教练,球员 23 名(男 12 人、女 11 人)。

17 日 省委常委会召开会议,传达学习全国金融工作会议精神,研究全省贯彻措施;总结 2017 年上半年经济工作,分析当前经济形势,部署 2017 年下半年工作任务。省委书记、省人大常委会主任鹿心社主持会议。

△ 全省停止对社会监测机构环境监测业务能力进行认定,已向社会环境监测机构印发的能力认定函件、对社会环境监测机构内监测技术人员核发的《环境监测人员技术考核上岗合格证》一并全部废止。

17—23 日 江西省选派的 5 名选手在第三十四届全国青少年信息学奥林匹克竞赛中获 2 枚银牌和 3 枚铜牌。

18 日 经国内 4 大权威评估机构之一——上海新世纪资信评估投资服务有限公司评定,江西省金融控股集团获 AAA 主题信用评级,在第一个完整经营年度就被评为国内最高信用评级,在江西省属企业中属首次。

△ 国家旅游局、国家体育总局对“国家体育旅游示范基地”创建单位和“国家体育旅游精品赛事”名单进行公示,庐山西海风景名胜区入选“国家体育旅游示范基地”创建单位名单,环鄱阳湖国际自行车大赛入选“国家体育旅游精品赛事”名单。

△ 全省唯一一家由省发改委向国家发改委申报的省属混合所有制改革试点企业——江西省咨询投资集团有限公司揭牌仪式在南昌举行。

19 日 为纪念建军 90 周年,“建国三部曲”系列的第三部——《建军大业》在南昌首映。

19—20 日 中国共产党江西省委第十四届委员会第三次全体(扩大)会议在南昌召开。会议讨论省委常委会工作报告、《中共江西省委江西省人民政府关于深入落实〈国家生态文明试验区(江西)实施方案〉的意见》,审议通过《中共江西省委全会工作规则》。

20 日 省知识产权局与中国平安财产保险股份有限公司江西分公司签订“知识产权保险战略合作协议”。江西成为全国首个在全省范围开展专利申请费用补偿保险工作的省份。

21 日 江西首家“全国工会电子职工书屋”落户南昌经开区国税局。

23 日 省委常委会召开(扩大)会议,传达学习中共中央总书记习近平、国务院总理李克强关于赣南等原中央苏区振兴发展工作重要批示精神,研究全省贯彻落实意见。

△ 在中国文联、中国舞蹈家协会共同主办的第九届“小荷风采”全国少儿舞蹈展演总决赛中,江西 5 个节目在比赛中获奖,位居全国前列。

24 日 《“健康江西 2030”规划纲要》印发。

△ 省十二届人大常委会第三十四次会议在南昌举行,会议传达学习全国人大常委会关于推进县乡人大工作和建设经验交流会以及省委十四届三次全体(扩大)会议精神,听取《江西省安全生产条例(修订草案)》修改情况汇报,《江西省道路运输条例(修订草案)》的说明,提请审议《江西武夷山国家级自然保护区条例》立法质量评价结果报告和人事任免议案。

26 日 中国扶贫开发协会产业扶贫委员会“联慈医疗扶贫工程示范县”授牌仪式暨江西省部分县市精准医疗扶贫工作座谈会在莲花县召开。“联慈医疗扶贫工程示范县”项目是中国扶贫开发协会产业委员会联合深圳市恩普电子技术有限公司启动的医疗扶贫项目。

27 日 赣州市入选住房城乡建设部公布的 37 个第二批城市设计试点城市名单,实现全省零的突破。

△ 省人民医院完成全省首例新农合跨省就医直接联网结报。来自安徽的病人获得新农合补偿费用 2475.92 元。

△ 省赣剧院熊中彬、抚州临川区抚州采茶戏传习所万安安、赣南艺术创作研究所黄善志、婺源县徽剧传习所江裕民 4 人及赣南艺术创作研究所赣南采茶戏资料抢救保护项目入选文化部“名家传戏工程”。

28 日 省委常委会召开会议,学习贯彻省部级主要领导干部“学习中共中央总书记习近平主要讲话精神,迎接党的十九大”专题研讨班精神。

△ 省委常委会召开会议，传达学习全国司法体制改革推进会、第八次全国信访工作会议、第六次全国对口支援新疆工作会议、全国城市基层党建工作经验交流座谈会精神，研究江西贯彻落实意见。学习中共中央总书记习近平关于加强国防和军队建设的重要论述，研究进一步加强党管武装工作。

△ 赣州发现窃蛋龙类恐龙化石，该化石被命名为杰氏窃蛋龙。

△ 江西理工大学、江西财经大学成功入选2017年度全国创新创业典型经验高校50强。

△ 江西女将门欢在2017年世界青年皮划艇锦标赛500米双人划艇项目中夺得金牌。

7—9月 省地方志办联合省政府法制办对全省11个设区市19个县（市、区）地方志工作开展联合督查。

8 月

1日 中国人民解放军陆军步兵学院在南昌挂牌成立。

△ 江中药业、孚能科技、中材电磁、洪都航空、欧菲光、江特电机6家企业的项目列入工信部智能制造专项项目，实现江西省申报国家智能制造专项零的突破。

△ 赣州市全南县南迳镇、吉安市吉安县永和镇、抚州市广昌县驿前镇、景德镇市浮梁县瑶里镇、赣州市宁都县小布镇、九江市庐山市海会镇、南昌市湾里区太平镇、宜春市樟树市阁山镇入选住建部第二批全国特色小镇名单。

△ 省地方税务局直属局国地税联合办税服务厅投入使用，该服务厅集智能化办税、网上办税、移动办税为一体，实现地税业务全省通办、国税业务全市通办。

2日 省委办公厅、省政府办公厅印发《关于深化全省公证机构体制改革的意见》。

△ 新余市、鹰潭市、南昌市、九江市、吉安市、上饶市入选海关总署“2016中国外贸百强城市”名单。

△ 华东交通大学、景德镇陶瓷大学、江西中医药大学入选教育部全国第二批101所深化创新创业教育改革示范高校名单。

△ 高安六小在武汉开赛的世界机器人大赛青少年挑战赛中获得风暴WER普及赛小学组冠军。

△ 江西省纪念“八一”南昌起义90周年大会在南昌举行。老战士、烈士家属、老干部，军队离退休干部，老民兵和军队英雄模范，全省双拥模范，全省模范军队转业干部代表；在昌省委各部门、省直各单位党组（党委）和南昌市主要负责人，各民主党派省委会、省工商联主要负责人、无党派人士和社会各界群众代表出席会议。省委书记、省人大常委会主任鹿心社出席并讲话。

△ 省纪委出台《江西省纪检机关“一案双查”责任追究办法（试行）》，明确“一案双查”责任追究的概念、工作流程及各相关部门的职责。

3日 全省首批环境资源司法实践基地——铜鼓县人民法院环境资源司法实践基地设立。

△ 中华见义勇为基金会和省综治委分别授予“3·16”南昌老福山立交桥交通事故中火场救人的许诺、杨国华、应维雨3人“中华见义勇为楷模群体”称号和“省见义勇为先进群体”称号。

△ 省委深改组第十五次全体会议召开。会议传达学习中央深改组第三十七次会议精神特别是中共中央总书记习近平重要讲话精神，研究全省贯彻落实意见；交流电视专题片《将改革进行到底》学习体会；听取上半年全省全面深化改革工作情况汇报及下半年工作建议；审议并原则通过《江西省“十三五”时期文化发展改革规划纲要》等改革文件。

4日 省长刘奇主持召开第84次省政府常务会议，学习贯彻中共中央总书记习近平7月26日在省部级主要领导干部专题研讨班上的重要讲话精神；研究部署纵深推进赣南等原中央苏区振兴发展政策举措；研究8月份重点工作。

△ 国家文物局公布“纪念建军90周年、抗战全面爆发80周年”十大重点推介主题展览名单，南昌八一起义纪念馆申报的“八一军旗红——纪念中国人民解放军建军90周年”入选，成为“十大重点推介展览”之一。

△ 省高级人民法院分别向乐平冤案4被告方春平、程发根、程立和、黄志强送达该院作出的国家赔偿决定书，分别支付侵犯人身自由赔偿金、精神损害抚慰金共227.574146万元到227.884814万元不等。

7日 丰城循环经济园区获“2017年全国再生资源优秀园区”称号，为全省唯一获此称号的园区。

8日 江西省作家彭学军的小说《浮桥边的汤木》获第十届全国优秀儿童文学奖。

△ 《江西省安全生产条例》印发，自10月1日起施行。

△ 鹰潭籍摔跤选手徐斌在“泰山杯”全国少年古典式摔跤锦标赛中夺得63公斤级冠军。

9日 大余县丫山风景区入选全国第三批“中国乡村旅游创客示范基地”名单，是全省唯一入选单位。

△ 经全国中小企业股份转让系统核准，江西智动科技股份有限公司“新三板”挂牌，成为全省智慧教育第一股。

10日 阿斯塔纳世博会江西活动日举行。有30个世博会相关国家馆负责人，以及来自中哈商协会组织、企业代表150余人参加江西活动日。

△ 省司改领导小组召开第7次会议，传达学习全国司改推进会精神，听取司改情况汇报，研究解决相关问题，并审议通过《江西省法官、检察官惩戒委员会章程（试行）》及委员会组成人选。

△ 省委常委、常务副省长毛伟明在南昌会见喀麦隆驻华大使马丁·姆巴纳和刚果（金）驻华大使奥克托一行。

10—19日 全国青少年射击锦标赛在南昌湾里射击中心举行。比赛由国家体育总局射击射箭运动管理中心主办，南昌市体育局承办，省射击运动管理中心、南昌湾里射击中心协办。全国共有25个省（市）代表队近700名教练员及运动员参加。

11日 上饶市入选交通运输部公布的“十三五”期全国推进公交都市建设第一批创建城市名单。

12日 东华理工大学入选教育部和国家外国专家局公布的2017年度“高等学校学科创新引智计划”（即“111计划”）立项名单。

△ 省体育代表团运动员邓羚在

第十三届全运会群众轮滑(自由式轮滑女子速度过桩项目)决赛中获银牌。13日,运动员胡彩玲获女子拳击57公斤级比赛银牌,刘帅获现代五项混合团体接力赛银牌。18日,运动员彭建华获男子田径跑游2项全能冠军。21日,田径队女子跳高队运动员颜云搭档江苏省田径队男子跳高运动员王振获田径青少年组男女混合跳高项目冠军。22日,运动员胡子杰/岳琪获男子双人三米跳板项目铜牌。9月4日,运动员谭雪琴获跆拳道49公斤级项目冠军。9月5日,运动员周鹏搭档北京队皮划艇运动员王磊获男子双人皮划艇200米项目冠军。9月7日,运动员徐诗晓/许哲怡获女子双人皮划艇500米项目冠军,随后徐诗晓又获女子皮划艇200米项目冠军。同日,有江西运动员吴宇昂在内的“津沪赣粤”队获男子4×400米接力赛项目冠军。

14日　江西省确定安义县逸夫小学等20所学校为首批“全省中小学知识产权教育试点学校”。

△　婺源县珍珠山乡运动休闲特色小镇、九江市庐山西海射击温泉康养运动休闲小镇、大余县丫山运动休闲特色小镇入选国家体育总局全国首批96个运动休闲特色小镇试点项目名单。

15日　省长刘奇主持召开第85次省政府常务会议,听取关于取消114项行政许可事项证明材料情况、全省全面推进“多证合一”改革工作汇报,部署持续深化“放管服”改革工作;研究江西省贯彻全国国有企业改革经验交流会议精神的意见,推动国有企业“强起来”;确定推进脱贫攻坚工作再深入的举措,坚决打赢脱贫攻坚战;听取2017年全省防汛抗洪工作阶段性总结汇报,要求全力做好下一步防汛抗旱工作。

△　团省委成立全国首家省级青创团工委——江西青创团工委。该组织主要负责全省青创团建指导和创业政策宣讲、创业赛事、创业培训、平台搭建、金融支持、创业典型选树等青创工作的组织实施。

△　赣州国际港站开工建设,工程项目总投资约5.7亿元,系全国首个以港口命名的火车站。

16日　经中央批复,江西省设立全国首个省级“河长制”表彰项目。此次表彰项目主办单位是省政府,周期3年,表彰名额为先进集体15个、优秀河长60名。

17日　南大一附院急诊科主任黄亮获首届中国医师协会“中国急诊事业引领者”特殊贡献奖。

△　省长刘奇率团赴捷克开展为期3天的访问。访问期间与捷克各界友好人士和知名企业家代表会面,全面介绍江西经济社会发展情况,推动捷克企业到赣投资兴业。

22日　井冈山经济技术开发区园区能源互联网示范项目入选国家能源局首批“互联网+”智慧能源(能源互联网)示范项目名单。

△　江西天涯种业广寒寨良种展示示范基地入选农业部第一批全国农垦农作物良种展示示范基地名单,是江西省唯一入选的示范基地。

△　第七届中越禁毒合作双边会议暨第四届中越边境联合扫毒行动启动仪式在九江举行。

23日　由江西日报传媒集团联合凤凰网、凤凰新闻客户端举办的“大美中国 生态赣鄱——全国重点新闻网站生态文明主题宣传活动”在赣州启动。

△　江西出入境检验检疫局退运一台全自动冰冻染色机,这是江西省首次退运无证进口医疗设备。

24日　国家自然基金2017年评选结果公布,南昌大学二附院获批2017年国家自然科学基金52项,获批经费2127.6万元,打破全省医院单年获批最高纪录。

△　江西省寄研所副所长、二级研究员林丹丹主持申报的“我国湖区血吸虫病消除途径的研究——以鄱阳湖区为例”获得2017年度国家自然基金地区科学基金项目。

△　江西省精神病院研究团队申报的“抗衰老蛋白Klotho在精神分裂症发病中的作用及机制研究”和“星形胶质细胞-神经元乳酸穿梭在口面炎症性和神经性疼痛中的作用”2项课题获国家自然科学基金立项。

25日　修水县等10个县入选商务部、财政部、国务院扶贫办公布的2017年电子商务进农村综合示范县名单。

28日　省儿童医院输血科在一患儿及其家庭成员中发现一种ABO血型系统的新B变异基因型,即新的B亚型血,并通过美国国立生物技术信息中心专家审核。该血型亚型的发现不仅更新全球血型数据库,而且提高血型亚型鉴定的准确性。

△　中国航空发动机集团与南昌航空大学签署战略合作协议,全国首个航空发动机学院落户江西。

△　省委常委会召开会议,学习《中国共产党巡视工作条例》《关于市县党委建立巡察制度的意见》《被巡视党组织配合中央巡视工作规定》3个规范性文件主要精神,研究全省贯彻意见;审议并原则通过《关于纵深推进赣南等原中央苏区振兴发展实现与全国同步全面小康的意见》《江西省创新驱动发展纲要》《关于推进脱贫攻坚工作再深入的意见》3个文件。

29日　龙南县思源实验学校学生陈钊昶、叶帆在“WRC2017世界机器人大赛——RoboCom国际公开赛”WER普及赛(初中组)中获冠军。

△　2017“明月山杯”女子围棋争霸赛在宜春举行,韩国棋手崔精夺冠,中国棋手於之莹获亚军,中国台北棋手黑嘉嘉、日本棋手藤沢里菜分获季军。

△　南丰县2家乌龟养殖企业获江西出入境检验检疫局颁发的《出境水生动物养殖场/中转场检验检疫注册登记证》,这是江西省企业首获观赏水生动物出口资格。

30日　第十五届赣台(九江)经贸文化合作交流大会在九江开幕。

△　国务院食品安全委员会到赣督查食品安全工作。

△　国家自然科学基金委员会公布2017年度资助项目,南昌大学一附院立项50项,项目直接经费1719万元,立项创历史新高。

△　赣州港至土库曼斯坦中欧班列开通。班列从赣州港出发,经阿拉山口口岸出境,全程约7000千米。

31日　省委办公厅、省政府办公厅印发《关于进一步引导和鼓励高校毕业生到基层工作的实施意见》。

9　月

1日　省长刘奇主持召开第86次省政府常务会议,研究部署中央、省级预算执行和全省财政惠农“一卡通”资金审计查出问题整改,以及安全生产领域改革发展等工作;研究9月份重点工作。

△ 科技部公布《中国区域创新能力监测报告(2016—2017)》和《中国区域科技创新评价报告(2016—2017)》。江西综合科技进步水平指数突破50%的瓶颈线,首次迈进全国“第二类地区”行列;区域综合科技水平排名20位,跃升2位,提高5.13个百分点,增速全国第一。

△ 江西省首家“微法院”在抚州市中级人民法院开通运行,面向当事人、律师提供案件查询、网上立案、网上交费、电子送达等多项诉讼服务。

3日 江西省与金砖国家开发银行在厦门签署《江西工业低碳转型绿色发展示范项目协议》。

4日 省委书记、省人大常委会主任鹿心社在南昌会见黎巴嫩法兰萨银行董事长阿德南·卡萨。

4—16日 由教育部、国家体育总局和共青团中央主办,浙江省政府承办的第十三届全国学生运动会在浙江杭州举行。江西代表团获10金8银5铜的历史最好成绩。

5日 中国稀金(赣州)新材料研究院在赣州成立。

△ 安福县明月山林场等5个国有林场入选中国林业文学艺术工作者联合会和中国林场协会“2017中国最美林场”名单。

△ 江西首个生态检察展示基地在鹰潭建成。

7日 江西省东鄱阳湖湿地景区入选国家旅游局首批10家国家湿地旅游示范基地名单。

△ 由共青团中央、人力资源和社会保障部联合举办的第九届“中国青年创业奖”评选揭晓,江西宝盛半导体能源科技有限公司(控股)总经理舒军、江西津晶城实业有限公司董事长曹明志、江西美尔丝瓜络有限公司董事长黄文蒋、江西伦比新材料科技有限公司董事长夏新华4人获创业新星奖。

8日 以“开放的中国:美丽江西秀天下”为主题的外交部江西全球推介活动在外交部“蓝厅”举行。

△ 江西省首个大型网球学院——庐山西海国际网球中心项目在武宁开工。

8—9日 国家旅游局授予南昌大学、井冈山大学“全国红色旅游创新发展研究基地”称号,并授牌。

9—10日 全省公立医院综合改革实现全覆盖,历经半个多世纪的“以药补医”旧机制在江西省退出历史舞台。

9—10日 2017年中国500强企业高峰论坛在南昌前湖迎宾馆召开。相关部委领导、中国500强企业领导人、世界500强企业中国区高层领导人、著名专家学者、主流传媒代表等1000多人出席会议。其间,共举行12场平行论坛和3个专场活动,并发布一年一度中国500强企业排行榜、对赣江新区进行推介、举行重大项目签约仪式。

10日 新疆阿克陶县首次入赣开展招商引资工作,签订4个重点大项目,投资金额达20.9亿元。

11日 宁红集团代表赣茶选送的宁红金毫、宁红龙须、宁红柑红茶品系列获首届“紫禁城杯”中华老字号文化创意大赛金奖。

11—12日 省长刘奇在南昌会见到赣访问的格鲁吉亚国家伙伴基金主席大卫·萨加涅利泽一行。

12日 省委、省政府召开全省科学技术奖励大会,表彰获2016年度江西省科学技术奖、第三届江西省专利奖的单位和个人,部署全省科学创新工作,加快推进创新型省份建设。

△ 第八届“邮储银行杯”环鄱阳湖国际自行车大赛在武宁县鸣枪发车。澳大利亚选手卡登-戈罗夫斯(STG车队)、荷兰选手巴瑞-马库斯(MCT车队)、德国选手蒂诺-托莫尔(BAI车队)获该赛段个人前3名;荷兰的猴城乐园(MCT)车队获团体第一名。

△ 省工商局、省银监局在南昌联合举行江西省政银合作签约仪式暨国家企业信用信息公示系统(江西)驻昌金融机构专场演示会,省工商局与6家金融机构进行现场签约。这是全省深化“放管服”改革的实质性举措,也是防范与化解金融风险的具体举措。

△ 江西省首支千亿级政府引导基金——江西省发展升级引导基金完成首笔出资,南昌绿色兴农投资中心成为首个获投项目。

△ 省高院、省司法厅、省律协联合签订《关于建立律师调查令等协调配合机制的合作框架协议》,在全省法院全面推进律师调查令制度。

13日 科技部、工信部和江西省在南昌签署框架协议,共同推进新一代宽带无线移动通信网国家科技重大专项成果转移转化试点示范。

14日 江西南方万年青水泥股份有限公司等8家企业及入选工信部2017年第一批国家绿色工厂示范名单;丰城市循环经济园区入选绿色工业园区示范名单。

△ 上饶国家中医药健康旅游示范区入选国家旅游局首批“国家中医药健康旅游示范区创建单位”名单。

△ 修水县抗洪英雄程扶摇获“2017年全国脱贫攻坚奖贡献奖”,正邦集团董事长林印孙获“2017年全国脱贫攻坚奖奉献奖”。

15日 省政府在南昌举办中国(南昌)中医药科创城启动建设暨全省中医药产业项目集中开工仪式,抚州、宜春、赣州、吉安4个设区市集中开工仪式同步进行。5个设区市集中开工中医药产业项目163个,总投资金额876亿元。

△ 江西省首个生态旅游法庭——井冈山市人民法庭生态旅游法庭挂牌成立。

△ 中国人保财险江西省分公司携手上海金汇通用航空股份有限公司在南昌启动直升机空中免费救援,江西省开始提供直升机免费救援服务。

15—19日 全国政协副主席马飚率全国政协提案委员会重点提案督办调研组,就督办“保护南方古村落,建设美丽乡村”重点提案在江西调研。

16日 全省首家由团中央授牌的中国青年创业社区落户南昌。

△ 江西省首个疼痛医学专科联盟——南昌大学一附院疼痛专科医联体成立。

18日 江西省参与“一带一路”建设和推动长江经济带发展领导小组第三次会议召开。会议听取全省关于推动长江经济带“共抓大保护”专项行动工作开展及中办专题回访调研报告反馈意见整改进展情况的汇报,审议《贯彻落实〈江西省长江经济带发展实施规划〉分工方案》，研究部署下一步工作。

△ 由中国侨联主办、省侨办承办的“海外侨胞故乡行——走进江西”活动在南昌启动。

△ 30多只野生豆雁飞抵鄱阳湖，为2017年鄱阳湖首批越冬候鸟。

18—21日 全国人大常委会副委员长吉炳轩率执法检查组到赣开展种子法执法检查。

19日 在第三届中国“互联网+”大学生创新创业大赛全国总决赛上，江西科技师范大学获该赛事江西省高校唯一金奖。

20日 省政府召开国家生态文明试验区建设推进会，全面推进国家生态文明试验区建设。

△ 全国科学院联盟理事会第六次全体会议在南昌举行。中国科学院副院长张亚平、副省长谢茹出席会议有关活动。其间，还举行全国科学院联盟、国科控股“科技入赣”成果对接会，召开全国省（直辖市、自治区）科学院第33次院长、书记联席会议。

△ 由中合中小企业融资担保股份有限公司提供担保、省信用担保股份有限公司提供分保的江西省首单绿色企业债券——萍乡市汇丰投资有限公司绿色企业债券发行。

21日 武九高铁全线开通运行。线路西起湖北武汉，经鄂州、黄石市后至江西省九江市，全长224千米，设17个站，线路最高时速250千米。线路开通后，南昌2小时内可直达武汉，最快6小时17分可达北京。

△ 江西文化演艺发展集团有限责任公司在南昌挂牌成立。集团注册资本2亿元，由省歌舞剧院、省话剧团等14家单位合并组成。

△ 省委副书记姚增科在南昌会见土耳其正义与发展党外事部副主席、大国民议会议员伊斯马义·埃姆拉赫·卡拉耶为团长的干部考察团。

22日 北京市与江西省首个合作项目——高安市新型城镇化建设工程系列项目落地。

△ 南昌大学三附院引进的一套法国HEOS宫腔镜系统投入使用。这是国内最先进的集检查、电切、冷切于一体的宫腔镜系统，也是省内引进的首台HEOS宫腔镜系统。

△ 在北京举办的第十五届中国国际农产品交易会上，由省农垦办组织参展的云山集团的甲鱼、新余赣岭公司的山茶油、瑞昌溢香农产品公司的禽蛋农产品，获全国农垦团评审组委会颁发的产品金奖。

△ 农业部、中央农办公布100个县（市、区）为2017年度农村集体产权制度改革试点单位，江西省铜鼓县、石城县、婺源县入选。

23日 由中国民主建国会中央委员会、工业和信息化部、江西省政府共同举办的2017中国（江西）非公有制经济发展论坛在南昌举行。该届论坛的主题是“非公有制经济转型升级与绿色发展”。

△ 教育部、财政部、国家发改委公布“世界一流大学和一流学科建设高校及建设学科”名单，南昌大学入选一流学科建设高校，其材料科学与工程学科入选一流建设学科。

△ 江西省首条智慧高速公路——宁都至定南高速公路建成投入试运行。

24日 由省政府和中国人民对外友好协会、中国戏剧家协会联合主办的汤显祖戏剧节暨国际戏剧交流月活动在抚州市开幕。全国政协副主席王正伟出席开幕式并讲话。

△ 赣州港至塔吉克斯坦、德国汉堡中欧班列开通。

24—25日 省委书记、省人大常委会主任鹿心社在瑞金市调研并召开部分贫困县脱贫攻坚座谈会。

26日 第三届中国青年APP大赛（第四届“创青春”中国青年创新创业大赛APP专项赛）在共青城市结束。家家用项目从6个应用类项目中脱颖而出，获大赛总冠军。

27—29日 省十二届人大常委会第三十五次会议在南昌举行。会议表决通过修订后的《江西省道路运输条例》《江西省人民代表大会常务委员会关于接受莫建成辞去第十二届全国人民代表大会代表职务的决议》《江西省人民代表大会常务委员会关于接受胡宪辞去有关职务的请求的决定》。

28日 江西省首个成规模的装配式工业化生产基地——南昌市政远大装备式建筑PC（预制混凝土构件）在南昌县投产。

△ 宜春市明月山温汤镇被世界温泉及气候养生联合会授予“世界温泉健康名镇”称号，成为国内首个获此称号的地方。

△ 省委深改组第十六次全体会议召开，会议传达学习中央深改组第三十八次会议特别是中共中央总书记习近平重要讲话精神。会议审议并原则通过《关于河湖管护体制机制创新、综合行政执法体制改革、完善矛盾纠纷多元化解机制等三个领域改革落实情况的专项督察总结报告》《全省党委（党组）意识形态工作责任制考核方案》《江西省从事生产经营活动事业单位改革实施意见》《关于推进企业信用监管制度改革的意见》《关于推进安全生产领域改革发展的实施意见》《江西省环保机构监测监察执法垂直管理制度改革实施方案》《关于清理规范重点支出同财政收支增幅或生产总值挂钩事项有关问题的通知》。

29日 第三届全国国家级农产品地理标志示范样板名单公布，崇仁麻鸡是江西省唯一一个国家级农产品地理标志示范样板。

30日 江西省工商企业登记网络服务平台（第一期）上线运行。该平台提供公司、个体工商户、个人独资企业、合伙企业、农民专业合作社等企业类型从名称核准、设立、变更（备案）到注销等网上登记业务，直接接入省、市、县三级136个登记机关，以及853个乡镇基层市场监管分局的登记窗口。

10 月

1日 江西出入境检验检疫局从昌北国际机场口岸截获危险性有害生物西花蓟马。这是全省口岸首次从旅客携带物品中检出该种危险性有害生物。

2日 中共中央办公厅、国务院办公厅印发《国家生态文明试验区（江西）实施方案》，将中央生态文明建设顶层设计与江西具体实践相结合，明确江西生态文明改革创新和制度探索的路径、任务和目标。

△ 婺源县旅游诚信退赔中心揭牌成立，这是婺源在全省首创的一项旅游市场监管机制。

10日 2017年全国森林城市建设座谈会上，赣州市、上饶市、景德镇市被国家林业局授予"国家森林城市"称号。

11日　省食品药品安全监控中心在南昌成立。

13日　智慧健康创客园签约暨江西省智慧健康研究院成立仪式在南昌市高新区举行。智慧健康创客园是全国首个由省级卫生计生部门会同地方政府共建的大健康产业发展基地，江西省智慧健康研究院是全国首个创新创业类健康创客服务平台。

16—18日　由省政府、中国中药协会主办的樟树第48届全国药材药品交易会在樟树举行。参会参展医药厂商1800多家，参展品种2万余种。开幕式当天成交额超50亿元。

17—21日　由商务部、中国国际贸易促进委员会、中国轻工业联合会、江西省政府联合主办的2017中国景德镇国际陶瓷博览会在景德镇国际会展中心举行。参观人数突破30万人次，外贸订单累计1.86亿美元，增长3.61%；内贸订货累计10.94亿元，增长2.45%。其中，现场交易累计7419.46万元(含拍卖5059.1万元)，增长97.85%。

18日　省肿瘤医院申请的"一次性肠造口术前定位尺"通过国家知识产权局认证，获实用新型专利证书。

△　2017亚洲皮划艇锦标赛中，南昌籍选手杨佳丽取得女子双人皮艇500米、四人皮艇1000米2枚金牌，门欢取得女子青年双人划艇500米、女子单人划艇200米2枚金牌。

19日　南昌地税推出全省首个不动产交易智慧办税系统，市民可以自助缴纳契税。

23日　国际贸易"单一窗口"标准版在鹰潭启用。进出口企业通过"单一窗口"标准版，可以一次性完成报关、报检、船舶申报等各项进出口业务，实现进出口数据申报的"一个平台、一点接入、一次递交、一个标准"。

24日　国内首个淡水珍珠培育实验室在万年县建成。

26日　省委召开全省领导干部会议，传达学习贯彻中共十九大精神，坚决维护中共中央总书记习近平在中共中央、全党的核心地位，深入学习贯彻习近平新时代中国特色社会主义思想，贯彻落实中共十九大确定的大政方针、发展方略、政策措施，谱写新时代中国特色社会主义的江西篇章。

27日　省委常委会召开会议，研究部署全省学习宣传贯彻中共十九大精神。

△　赣州至深圳高铁、安庆至九江铁路江西段全线开工建设。

31日　由航空工业直升机设计研究所自主研发的AV500无人直升机，创造国产无人直升机升限(海拔5006米)新纪录。

月底　全省94个涉农县(市、区)成立由当地供销合作社龙头企业发起组建的区域性综合型农合联，在全国率先实现县级农合联全覆盖。

11　月

1日　国务院扶贫办公布全国第二批26个贫困县脱贫摘帽，江西吉安县退出贫困县名单。

△　11时30分，江西对接融入"一带一路"首列中欧蔬菜班列(赣州港至莫斯科)开行。8日，首列商品车专列抵达赣州港，这是赣州港在"多口岸直通、多品种运营"方面取得的又一新成果、新突破。

△　遂川县发现2株树龄超过1000年的古银杏树，是省内发现的胸径最大、树龄最古老、不定根(垂乳)数量最多的银杏树，具有学术研究和园林观赏价值。

3日　赣南师范学院国家脐橙工程技术研究中心通过科技部验收评估。

6日　纪念鲁班奖创立30周年暨2016—2017年度创精品工程经验交流会召开，江西省检验检疫局综合实验用房及南昌地铁大厦两项工程获鲁班奖。

7日　南昌大学教育大数据研究中心揭牌仪式暨首届教育大数据高峰论坛举行。南昌大学教育大数据研究中心的成立，是创建江西首个教育大数据领域的产、学、研一体化创新研究平台。

8—9日　全国就业扶贫经验交流现场会在赣州召开。会议深入学习贯彻中共十九大精神，总结交流就业扶贫经验，深刻分析、正确把握就业扶贫的新形势、新任务，要求扎实做好就业扶贫工作，推动扶贫车间健康发展，带动更多贫困群众增收脱贫。

10日　省委常委会召开会议，传达学习《中共中央政治局关于加强和维护党中央集中统一领导的若干规定》《中共中央政治局贯彻落实中央八项规定实施细则》，传达中宣部学习宣传贯彻中共十九大精神电视电话会议精神，研究全省贯彻落实意见。

13日　江西省环鄱阳湖血吸虫病防治科研联合体在南昌成立，标志全省首个由省、市、县组成的血吸虫病三级医联体组建。

△　江西检验检疫局从一批进口乌克兰大麦中截获国家禁止入境的葡萄矢车菊，为全省口岸首次截获。

14日　中国文明网发布《第五届全国文明城市名单》，吉安市、赣州市、南昌县入选，其中南昌县成为全省首个、也是唯一一个进入全国文明城市行列的县级城市。

△　全省国家监察体制改革试点工作动员部署会召开，学习贯彻中共十九大精神，深入落实党中央关于深化监察体制改革试点工作要求和全国推开国家监察体制改革试点动员部署电视电话会议精神，对全省深化监察体制改革试点工作进行动员部署。

20日　赣江新干航电枢纽船闸试通航成功，标志着贯通赣江的千吨级水上"高速公路"完成阶段性目标。

20—21日　全省市厅级主要领导干部学习贯彻中共十九大精神专题研讨班在南昌开班。通过学习，大家表示要深刻领会中共十九大报告的精神实质和丰富内涵，不忘初心，接续奋斗，谱写新时代中国特色社会主义的江西篇章。

22日　赣州市公安局在全省率先启用"微警务"平台。平台首次上线14个功能项目，包括电子身份证申领、往来港澳台签注、身份证办理进度查询、无违法犯罪证明和户籍证明开具等公安业务，以及重名查询、开锁服务、社区警务、寻人寻物、自助挪车等特色服务。

△　赣欧(亚)南昌——河内国际货运班列开通，江西又增加一条对接"一带一路"的国际货运大通道。

23日　全省交通行业最大的PPP项目"江西赣江井冈山航电枢纽工程与九江港彭泽港区红光作业区综合枢纽码头一期工程PPP项目"在南昌签约。该项目总投资57.45亿元，为全省重大公共服务设施和环境治理建设项目。

26—30 日　以“情系江西、共谋发展”为主题的首届世界赣商大会及第三届华赣会在南昌举行。

27 日　由南昌市纪委建成的全国首个党章教育馆——南昌市党章教育馆开馆。

27—30 日　省第十二届人大常委会第三十六次会议在南昌召开。会议表决通过《江西省社会科学普及条例》以及修订后的《江西省特种设备安全条例》《江西省林木种子条例》，江西省人民代表大会常务委员会关于批准《南昌市历史文化名城保护条例》《九江市城市市容管理条例》《赣州市城市管理条例》《上饶市城市管理条例》《吉安市城市市容和环境卫生管理条例》的决定，《江西省人民代表大会常务委员会关于召开江西省第十三届人民代表大会第一次会议的决定》《江西省人民代表大会常务委员会关于批准环境保护税江西省适用税额和应税污染物项目数方案的决议》《江西省人民代表大会常务委员会关于农作物秸秆露天禁烧和综合利用的决定》。

30 日　江西与中国农业银行签署战略合作协议。根据协议，中国农业银行在未来 5 年间向江西提供不低于 3000 亿元的意向性信用额度，并发挥集团综合经营优势，提供全方位金融服务，在基础设施建设、区域经济发展、产业转型升级、民生社会事业、“三农”发展、脱贫攻坚等方面给予更大支持。

△　南大一附院牵头在全国率先成立省级急诊专科医联体，全省 100 多家省、市、县医院（包括部队、民营医院）的急诊科加入医联体，实现急诊人才、技术、设备等资源互补，促进优质医疗资源下沉，推动急诊学科发展，让更多患者得到及时有效医治。

12　月

1 日　科技部下发《科教部关于开展第三批创新型产业集群试点的通知》，江西申报的抚州生物医药和新余动力电池 2 个产业集群获批。

2 日　国家文物局公布第三批国家考古遗址公园立项名单，江西汉代海昏侯国遗址公园和吴城考古遗址公园入选。

12 月 6 日，南昌市行政审批局挂牌成立

南昌市史志办供

6 日　南昌市行政审批局挂牌成立，这是全省首家设区市级行政审批局，可实现“一枚印章管审批”。

△　航空工业昌飞与美国 SRSG 公司签署 S300 系列直升机项目合作协议，标志昌飞国际合作实现新突破。

8 日　省委常委会召开会议，传达学习弘扬“红船精神”座谈会精神，研究全省贯彻落实意见。会议审议《中共江西省委常委会工作规则（修订稿）》《中共江西省委全会工作规则（修订稿）》。

9 日　由中国社会科学院农村发展研究所和江西师范大学共同主办的第一届全国原苏区振兴高峰论坛在南昌举行。中国老区建设促进会、国务院扶贫办、国家发改委有关负责人以及江西、贵州、湖北、广东、广西等地专家、学者和基层干部 80 余人参会。

11 日　省政府与中国民用航空局在南昌签署战略合作框架协议。根据协议，江西与中国民航局利用双方产业、资源、科技、人才等方面优势，共同推动航空制造业、航空运输、通用航空和临空经济发展，努力实现地方经济与民用航空相融互动。

12 日　全省“证照分离”改革试点动员部署会在南昌召开。江西选择赣江新区、南昌高新区、九江经开区、新余高新区、赣州经开区 5 个国家级功能区开展试点工作。

19 日　上饶市城市建设投资开发集团有限公司首次在香港发行 3 年期、3 亿美元债券，在新加坡交易所上市。这是江西国有企业首次在境外发行有评级的美元债券，也是省内首次利用境外债券资金用于“一带一路”建设。

22 日　龙南保税物流中心（B 型）通过验收。受海关总署等部委委托，由南昌海关、财政部驻江西省财政监察专员办事处、江西省国税局、国家外汇管理局江西分局组成联合验收组，对龙南保税物流中心（B 型）进行验收。

25 日　江西省有史以来投资最大的水利工程建设项目——峡江水利枢纽工程通过竣工验收，标志着该工程全面运行。

25—27 日　省委十四届五次全会在南昌举行。全会表决通过《中共江西省委关于深入学习贯彻党的十九大精神 奋力谱写新时代中国特色社会主义江西篇章的决定》《中共江西省第十四届委员会全体会议工作规则》。全会按照党章的规定，决定递补省委候补委员付秀秀、向东为省委委员。

27 日　全国河湖管护体制机制创新试点县——靖安县的试点工作通过验收。

28 日　九景衢铁路开通运营。该线路西起江西省九江市，经景德镇、婺源，浙江省常山，抵达衢州市，全长 334 千米，设九江、湖口、都昌、鄱阳、景德镇北、婺源、德兴东、开化、常山、衢州 10 个车站，运营时速 200 千米。

本栏编辑　游桃琴

专　　记

江西法院搭建"法媒银"平台纪略

2015年12月4日，江西省高级人民法院联合江西日报社、江西电视台和18家银行金融机构启动"法媒银失信被执行人曝光台"（以下简称"法媒银"平台）建设。平台借助信息化手段，强化数据共享，探索多元合作，开创人民法院、新闻媒体、银行金融机构联动惩戒失信被执行人新模式。平台上线后，促使一批案件得以执结，掀起一股打击"老赖"的"江西风暴"，传递法治正能量，得到中央、最高法院、省委主要领导的肯定，取得良好的法律效果和社会效果。

一、建设"法媒银"平台的主要做法

（一）坚持问题导向，依靠科技支撑，推动平台创新发展

"法媒银"平台是一个惩治"老赖"的工作平台，自创建以来，始终坚持以问题为导向，坚持面向社会、面向基层、服务执法办案，及时回应执行实践中的实际需求，有针对性地完善系统功能。截至2017年年底，平台已经从单一的"老赖"曝光平台，发展成集公开曝光、公众查询、信用惩戒、执行宣传、在线举报、在线监督、数据分析、舆情监测、悬赏公告发布、拍卖信息公开、终本信息公开等多种功能为一体的执行综合事务平台，并且融合网站、移动APP、微信公众号等多种媒体形式，实现功能和载体的集聚整合。

（二）强化规范管理，注重沟通协调，提高平台应用水平

平台建设注重成果运用，"法媒银"各成员单位重视平台的使用和管理，提高运行水平，真正让平台好用、管用。

一是实现执行指挥中心与"法媒银"平台内外互通。江西高院印发《平台操作规程》，进一步明确平台各项具体工作流程。各成员单位制定实施细则，并指定专人负责平台管理。江西高院执行指挥中心组建专门团队，对平台运行履行监督管理职责，对于各级法院勾选、各家银行申请曝光的失信被执行人信息，依法进行审核，确保信息的准确性、规范性；对于群众举报的"老赖"财产线索、高消费行为，依法指令下级法院调查处理，并进行督办；对于群众举报执行人员消极执行、乱执行的，依法依规由专人调查核实，必要时移交纪检监察部门处理；对于涉执舆情信息，进行分析研判，及时妥善应对。

二是形成常态化沟通机制。为保持各成员单位沟通，建立微信群"法媒银工作联络群"，吸纳全省各级法院执行局领导、新闻单位领导、银行金融机构领导270人加入，及时就全省执行工作开展情况进行交流；建立微信群"全省法院执行宣传工作群"，吸纳全省各级法院执行局通讯员、各家新闻单位一线采编记者255人加入，各级法院通讯员可在群内直接和记者交流，提供新闻线索和素材。此外，江西高院执行局不定期召开"法媒银"平台工作座谈会，研究解决平台建设中的重大问题。

三是建立考核通报制度。江西高院把"法媒银"平台列为全省法院执行办案的重要平台之一，要求各级法院及时将本辖区典型失信被执行人推送到平台曝光、及时向媒体提供执行工作新闻线索，相关工作情况实行每月通报，并纳入到执行工作考评内容。各银行金融机构也按照江西高院的要求，对其分支机构平台运用情况进行督促、检查，定期汇总平台运用成效数据和典型案例。

（三）倡导多元合作，加强执行联动，完善信用惩戒机制

"法媒银"平台发挥党媒的"喉舌"作用和银行金融机构的信用支撑作用，创造通力合作、共铸诚信的模式。平台以"法媒银"命名，但并不局限于3家的合作，而是一个开放共享、兼容并蓄的体系。为拓宽联合信用惩戒范围，江西高院主动与省综治办、省文明办、银监会等相关执行联动部门对接，深化"法媒银"失信名单数据的实际运用，抓好政策落地，借助各行各业的职能作用，对失信被执行人实施联合惩戒。

一是提升人民法院和银行金融机构的协作互助关系。银行是社会信用体系的关键环节，"法媒银"平台建立后，形成人民法院与银行业良性互动

的局面。江西各级人民法院强化金融债权保护，针对实践中普遍存在的抵押权和首封权、轮候查封权之间的利益冲突问题，成立金融债权执行案件协调领导小组，定期召开协调会。2016年以来，分3批协调处理金融债权系列案件61件，涉案金额15.45亿元。针对资产处置难的问题，根据最高法院部署，江西高院向江苏、浙江等地法院学习，全面推行网络司法拍卖，扩大拍卖信息知晓度，提高对金融案件涉大宗土地、房产的处置效率，提高资产变现率。在银行方面，各家银行将联合信用惩戒措施落到实处，把登录“法媒银”平台查询失信名单作为信贷客户准入的必经环节，有的银行还将“法媒银”平台曝光信息制作成风险告知函，与催收通知书一起送达债务人，增强失信名单制度的威慑力。同时，在江西开展的“四季”专项活动中，始终把金融案件执行放在较为突出的位置。

二是建立综治网格化服务与法院执行工作衔接配合机制。江西高院与省综治办协作，在加强执行工作综治考核的基础上，将执行工作嵌入综治网格化管理系统，发挥各级综治部门及网格员的作用，建立健全协助执行网络。把网格员定位为法院执行局在基层的哨兵，利用他们触及面广、熟悉当地民情的优势，协助法院查找被执行人下落、调查被执行人财产、送达法律文书、做好执行和解等工作，提高执行效率。江西省委办公厅、省政府办公厅《关于支持人民法院解决执行难问题的通知》中明确：“建立法院执行工作与社区网格化服务管理工作机制衔接配合机制”，借助综治平台与“法媒银”平台功能互通，发挥基层综治积极分子即网格员的主观能动性，在查控系统无法解决问题的情况下，根据网格员提供的信息，让法院有限的人力、物力、财力能够精准地发力，突破大案要案。为解决司法拘留工作存在的体检、夜间收拘、跨区域收拘、女犯收拘等问题，江西高院还和省公安厅联合出台《加强人民法院和公安机关在执行工作中协调配合的意见》，共同召开司法拘留社会矛盾化解工作座谈会并下发会议纪要，建立高效的司法拘留衔接程序。

三是将执行工作全面纳入文明考评体系。从2014年开始，江西高院联合省文明办、省工商局等省直机关每季度发布“诚信红黑榜”，2017年第1期首次发布公职人员失信被执行人黑榜，社会反响强烈。2017年3月，江西高院与省文明办进一步深化合作，联合印发《关于将有关机构和个人履行人民法院生效裁判情况、依法协助人民法院执行情况纳入文明单位等荣誉考评体系的通知》，将执行工作全面纳入文明考评体系。此项措施，与综治考评配合使用，对于涉党政机关、企事业单位、公职人员及协助执行单位的案件，起到事半功倍的效果，在实际运用中提高执行效率。

四是深化执行调查，推进执行攻坚，打好惩治失信组合拳。江西法院开展执行调查工作，在实践中形成“深查财产状况、打击拒执犯罪、发布典型案例”三步工作法。

深查财产状况。将查明失信被执行人财产状况作为强制执行的核心环节和打击规避执行的突破口，江西高院先后印发《关于适用新型执行措施若干问题的指导意见》《关于探索试行执行案件授权委托律师调查令和悬赏举报执行制度的通知》等文件，在全省法院推广财产报告、律师调查令、悬赏举报、强制搜查、审计调查等执行措施。最高法院发布《关于民事执行中财产调查若干问题的规定》后，江西高院印发《全省法院执行工作指导意见》，内容包括调查职权和范围、调查方法、难点财产的查明、强制措施、调查终结及证据运用5个部分。重点依托执行指挥中心和“法媒银”平台所掌握的信息与线索，成立执行调查专项工作领导小组，首批确定3个中院为试点，组织专门人员，对32起系列执行案件进行专项执行调查，与打击目标正面交锋，寻求突破。

打击拒执犯罪。在锁定被执行人规避执行、抗拒执行相关证据的基础上，对于情节严重的，将被执行人的民事责任向刑事责任转化，打击拒执行为，维护司法权威。江西高院和省检察院、省公安厅联合印发《关于办理拒不执行裁判裁定刑事案件的指导意见》等文件，健全公检法协调配合机制，形成打击拒执罪工作合力。特别关注“以执代刑”的问题，被执行人履行民事债务只是刑事案件量刑时的酌情考虑事项，不能混淆两种不同性质的法律责任。

发布典型案例。2017年以来，江西法院先后组织开展“夏日风暴”“秋季行动”“冬日融冰”等系列专项活动，集中优势力量，攻克骨头案，形成打击“老赖”的高压态势。活动期间，共出动警力6.9万人次，拘传4706人、拘留2577人，罚款1473万元，搜查1333次，限制出境1519人次，追究拒执罪刑事责任254案253人，实际执结案件1.87万件，到位标的52.72亿元。从2017年4月开始的为期60天的“春雷行动”集中执行，在赣鄱大地再次掀起打击“老赖”的旋风。2017年下半年，开展为期40天的“基本解决执行难——攻坚行动”。在已开展的活动中，特别注重对拒执罪典型案例的宣传，发布拒执罪典型案例50例，发挥“以点带面”作用，逐步净化社会诚信环境。

五是促进媒体融合，主动宣传推介，营造良好舆论氛围。全省法院将执行实践与法治宣传教育相结合，以“法媒银”平台为主阵地，与省内主流新闻媒体建立友好合作关系，构建常态化的新闻宣传机制。以宣传为形式，从执行工作的“点、线、面”等各个角度向社会宣传，反映执行工作的总体面貌，体现执行干警务实的工作作风，起到教育、惩戒、感化、威慑一体的作用。融合网站、移动客户端、微信公众号、电视、广播、报纸、户外广告等多种媒介形式，立体化宣传执行平台。组织“正在执行”“执行攻坚战”等大型电视、网络直播活动，累计收看人数达2600万人次。拍摄“守法明理、共筑诚信”系列公益宣传片和执行题材微电影。

二、建设“法媒银”平台取得的成效

（一）提升执行质效，规范执行行为

平台发动群众力量打击“老赖”，产生促使一批案件执结。从2015年12月至2017年11月底，平台提供16.8万条信息可供查询，重点曝光的3.8万名典型“老赖”中，有7132人履行义务，标的额6.51亿元，自动履行率18.7%。发布悬赏公告195条，收

到在线举报“老赖”财产线索、人员下落和高消费行为信息325条，执行指挥中心受理有效举报线索302条，转办193条，督办109条。其中，永修县法院办理的“法媒银平台助力执行案”入选“2016年全国法院十大执行案件”。平台收到当事人反映执行人员消极执行、选择性执行、乱执行等监督信息33条，受理有效监督信息29条，经执行指挥中心调查核实后，通报消极执行案件2期10起，移送院纪检监察部门调查处理4起。收到舆情信息102条，全部按照“三同步”原则及时有效处置，未发生重大涉执网络舆情事件。平台还提供14.7万件终本案件可供查询，并与淘宝网同步公布1652条网络司法拍卖信息，扩大执行信息公开覆盖面，方便社会各界进行监督。

（二）提高群众对执行工作的满意度

全省各级法院在主流媒体发布专刊17期、专题节目56期，共计宣传稿件4563篇。“法媒银”平台受到群众欢迎，已成为江西具有权威性的信用平台之一。截至2017年10月底，平台失信名单信息查询量达902万人次。部分全国人大代表在参加“人大代表话执行”访谈活动时，对平台给予高度评价。从执行信访案件的情况看，江西法院呈现“一升一降”的良好趋势，即立案数逐年下降、化解率逐年提升。2014年立案登记185件，化解率51.3%；2015年立案登记362件，化解率60.12%；2016年立案登记190件，化解率84.73%。近3年进京执行信访案件67件。其中，2014年17件，化解率69.95%；2015年25件，化解率61.23%；2016年25件，化解率100%。

（三）为综合治理执行难和社会诚信体系建设提供有益的借鉴

“法媒银”平台建设得到新闻媒体的关注和上级部门、领导的肯定。中央电视台《新闻联播》在2016年10月9日、11月27日2次进行报道，《人民日报》、新华社、中央电视台等百余家主流媒体3次集中宣传，刊登稿件300余篇。中央改革办在《改革情况交流》对“法媒银”工作经验作全面介绍，并将此案例作为探索创新性强、具有典型示范意义的改革案例选入《改革案例选编（三）》。2016年10月，“法媒银”平台在全国社会治安综合治理创新工作会议上作展示。2017年4月13日，中共中央宣传部、中央政法委召开贯彻落实《关于进一步把社会主义核心价值观融入法治建设的指导意见》电视电话会议，江西就打造“法媒银”平台的做法作典型经验介绍。2017年6月20日，中宣部、最高法院在南昌召开“推进诚信建设制度化 培育践行核心价值观”现场交流会，向全国推介“法媒银”平台建设经验。2017年10月10日，根据新华社播发通稿，中宣部、最高法院、银监会联合下发通知，要求各地各有关部门学习借鉴江西“法媒银”经验，推进全面依法治国和培育践行社会主义核心价值观工作深入开展，确保取得实效。

（陈灿）

打造国有企业改革“江西样板”纪略

2016年6月，省政府办公厅印发《关于打造国有企业改革“江西样板”的实施意见》，提出从6个方面打造国有企业改革“江西样板”。2017年10月，省国有企业改革领导小组印发《打造国企改革“江西样板”攻坚计划》，提出实施“十大重点改革攻坚”计划。2年来，省委、省政府高度重视江西国资国企改革工作，多次召开省委常委会、省政府常务会、省国企改革领导小组会等会议专题研究国企改革工作。

全省国资系统围绕打造国企改革“江西样板”中心任务，努力探索一条符合江西实际的国企改革新路子，国企改革“江西样板”初现雏形，多项改革工作走在全国前列，多次得到国务院领导及中央有关部委的肯定。2016年、2017年连续2年在全国国有企业改革座谈会上作经验发言，国企改革经验做法被中办《专报》、国务院国资委出版的《国企改革12样本》《国企改革探索与实践——地方国有企业100例》等采用，江西被中宣部、国务院国资委列入国有企业改革5个重点宣传省（自治区、直辖市）之一，国企改革“江西样板”经验在全国得到推广。

一、推进混合所有制改革，激发企业活力

坚持因地制宜、因企施策，成熟1个推进1个，规范有序推进国有企业混合所有制改革，推进公司制股份制改革，初步形成一套可借鉴、可复制、可推广的经验做法。

探索有江西特色的混合所有制改革。探索合资新设、增资扩股、重组控股民营企业、参股民营企业和股改上市5种混改方式，打造省建工集团、中国瑞林、省盐业集团、省旅游集团和省咨询投资集团等多个混改样本。省盐业集团混改是江西省探索混改和员工持股的“第一单”，为应对盐业体制改革争取发展时间和空间。省旅游集团混改是企业管理团队和员工的一次集体自我革命，下定决心与企业命运捆绑，实现资本、治理、业务、团队结构的优化。截至2017年年底，江西国际公司混改增资扩股项目已在省产交所公开挂牌。江铜集团混改正在推进。省国资委制定印发混合所有制改革操作指引，用制度成果固化混改试点经验，形成具有江西特色的混改模式。江铜集团、省投资集团、省能源集团、江西国际公司等省属企业集团层面的公司制改革于2017年年底前全面完成，全省其他300多家各级企业公司制改革也已大部分完成。

国企改制上市步伐全面提速。按照“每年上市一家、申报两家、辅导三家”的工作目标，推进企业改制上市

工作。2016 年，国泰集团首发上市，成为 13 年来首次登陆国内 A 股主板市场的江西企业。2017 年，新余国科创业板上市，安源管道、同济监理先后在“新三板”挂牌，江西国科、金瑞期货 2 家企业完成上市申报工作，智明星通完成“新三板”上市材料报审，省盐业集团、省旅游集团、江钨股份 3 家企业完成股份制改造进入上市辅导期。

二、实施市场化战略重组，优化国资布局

着眼于产业升级和国资布局结构优化，推进实施“四个一批”，增强国有经济整体功能和效率。

创新发展一批。先后组建江西文化演艺发展集团、省广电传媒集团、省报业传媒集团、省军工控股集团、绿色产业集团等企业集团，布局清洁能源、生态资源开发等节能环保产业，推动国有资本向新兴产业布局。

重组整合一批。对江钨控股与江钨有限、省国控公司与南冶院、3 家民爆公司等 3 组 7 家企业实施专业化重组整合，进一步优化资源配置。

靠大联强一批。引进中电海康集团、北汽集团、北京通航等企业分别对凤凰光学集团、昌河汽车、江西直升机投资公司 3 家一级企业实施重组，实现产业升级。

清理退出一批。清理长期亏损企业和低效无效资产，处置“僵尸企业”458 家，处置面达 80.2%。省能源集团全面完成去产能任务，2 年累计关闭 25 对矿井，去产能 536 万吨。

三、推广五项改革试点经验，构建市场化经营机制

构建充满活力的市场化经营机制，推进江铜集团“自主拓展、自主决策、自主经营”改革、省建材集团深化内部 3 项制度改革、新钢集团综合改革、江中集团完善法人治理结构改革、部分省属国企市场化选聘职业经理人改革 5 项改革试点，取得较好成效。在总结试点经验的基础上，推广实施各项改革措施，构建国有企业市场化经营机制。

加快简政放权步伐。抓住“放好权、接好权、用好权”3 个关键环节，界定国资委与企业的管理边界，将依法应由企业自主经营决策的事项归位于企业，将延伸到子企业的管理事项归位于一级企业，推动集团公司依法向子企业放权。江铜集团“三自”改革，向企业下放投资决策、产权管理、薪酬分配、财务管理、高管任免等 6 个方面 26 项审核备案事项。在总结江铜改革试点经验的基础上，全面推广“三自”改革措施，进一步取消和下放 39 项审批、核准、备案事项。

创新“企业人”身份管理机制。统一员工身份，精简冗员、严肃进人，滚动定岗、竞聘上岗，实现员工岗位靠竞争、收入分配靠贡献、干部上下靠业绩的改革目标。省国资委指导出资监管企业总结 3 项制度改革的工作情况，挖掘典型经验，形成可复制的经验材料，以供其他企业学习借鉴。

推行职业经理人制度。采取市场化选聘方式公开面向境内外选聘出资监管企业职业经理人，完全实行市场化的管理和激励约束方式，对因业绩不达标的职业经理人予以解聘。

四、破解“三大难题”，率先完成社区移交工作

江西坚持“谁监管谁负责移交”“企业在哪里，哪里负责接收”原则，加大剥离国有企业办社会职能工作力度，率先全面完成 1027 个国企社区的移交工作，涉及移交人员 76.6 万人、供水改造 23.8 万户、供电改造 23.6 万户。这项改革工作受到国务院国企改革领导小组的肯定，江西在全国国有企业“三供一业”分离移交工作视频会议上作典型发言。

解决“推动难”的问题。省委、省政府专门出台政策，主要领导给地方政府、省直部门、省属企业下达“任务书”，签订“军令状”，并派出包括监察部门在内的省联合督察组，开展经常性督察；省国资委班子成员挂点督导，层层压实责任，时间任务倒排，着力解决移交过程中的重点难点问题，保证移交工作顺利进行。

解决“资金缺”的问题。采取“七个一部分”，多种方式、多种渠道筹措资金，即通过国有资本经营收益解决一部分、企业自有资金解决一部分、允许企业依法出让部分国有资产（含国有股权）解决一部分、列入地方政府整体搬迁规划统筹解决一部分、资源枯竭矿山闭矿自然退出解决一部分、改制为民营企业的由改制后企业自筹资金解决一部分、要求供水供电企业在实施水电改造时按保本微利的原则支持一部分。

解决“交什么”的问题。为使移交干净彻底、不留尾巴，坚决做到社区管理职能、档案资料、党团组织关系、办公和社区活动场所、社区工作人员和办公设备、社区公用设施管理移交“六个到位”，将企业承担的社会管理职能彻底属地化。

五、以管资本为主推进职能转变，提升监管效能

制定印发《江西省国资委以管资本为主推进职能转变方案》，推动国资监管方式、重点和路径向管资本、管事中事后、间接授权管理转变，实现集中统一监管、授权监管、依法监管。

健全完善国资监管制度体系。加强制度建设，形成“1+34”国资国企改革发展党建监管文件体系。对国有企业实施分类和功能界定，改革考核体系和办法，实行分类考核。制订出台“1+5”经营业绩考核制度，加强对企业收入分配的事中监控和事后监督。规范投资管理，制定印发境内境外两个投资监管办法，以制度的形式固化企业投资自主决策权，进一步加强事中、事后投资监管。制定出台违规经营投资责任追究和监事会“三重一大”监督及财务监督检查指南等制度，为查处违规经营立规矩，规范监事会监督检查工作。全面梳理监管职能，制定公布履职事项清单、权力清单和责任清单，实行清单管理，做到主动放权、真正放权。

推行国资集中统一监管。江西创造性地提出“搭建大屋顶、做实小屋顶”的总体思路，下大力气推进经营性国有资产集中统一监管。搭建“大屋顶”。制定出台《省属国有企业授权监管办法》，“大屋顶”统一纳入一般经营性国有企业、地方金融国有企业和文化类经营资产。3 类资产分别由省国资委、省财政厅、文化资产管理

机构履行出资人职责,由省国资委统一监管制度、统一统计评价、统一产权管理等基础管理"三统一",实现国有资产出资人监管"大屋顶"全覆盖。做实"小屋顶"。在"大屋顶"下搭建"小屋顶",由省国资委对一般经营性国有资产统一履行出资人职责。截至年底,已全面完成21家省直单位所属102家企业的脱钩移交工作。

推进国有资本授权经营体制改革。确立国有资本投资运营公司在资产清理、资源整合、资本运营、资金筹融等"四资"主体地位,充分发挥平台公司清理退出"分流器"、资源重组"造船厂"、改革发展"助推器"、国有资本"调节池"等功能作用。先后改组省投资集团、省国控公司、大成国资公司3家企业作为省属国有资本投资运营平台,分别单独印发运营管理办法,在探索实施中达到"功能定位准确、两级授权充分、依法监管到位、运营机制创新、风险管控有效、运营效率提升"的预期效果。大成国资公司接收整合省属经营性脱钩移交资产,按照接收"小舢板"、整合"大轮船"的思路,初步形成四大产业集团、多家上市公司的发展架构。

六、落实全面从严治党要求,加强国有企业党的建设

坚持高位推动、统筹谋划、健全机制、夯实基础,国企党建工作初步走出一条具有江西国企特色的抓党建工作之路,得到中央领导及省委主要领导的肯定。

在改革中加强党的建设。健全完善国企党建制度体系,制定出台国企党建"1+15"系列文件。把党的领导、党的建设贯穿国有企业改革发展全过程,制定印发《关于在深化国有企业改革中坚持党的领导加强党的建设的实施意见》,贯彻落实全面从严治党要求。全面完成15家集团和291家二、三级公司"党建入章"工作,明确党组织在企业法人治理结构中的法定地位。集团公司层面全部实行党委书记、董事长或总经理"一肩挑"。2017年,在集团公司层面新设党务工作机构9个,增配专职党务工作人员26人,239个基层党组织实现换届。制定相关制度,把党委研究讨论作为董事会、经理层决策重大问题的前置程序,从制度上保障企业党委谋全局、议大事、抓重点。

压紧压实党建工作责任。层层传递党建工作责任,坚持在巡察、问责、整改等方面采取有效管用的措施,把从严管党治党责任落到实处。2017年,开展"党建工作落实年"活动,明确21项党建重点任务,狠抓问题整改落实。研究制定《江西省省属国有企业党建工作责任制实施办法》《江西省省属国有企业党建工作考核办法(试行)》等文件,制定国企党建工作任务清单事项38项,建立健全党建工作责任机制及考核评价机制,明确责任主体和考核方式等相关内容,并将考核结果与领导人员任用奖惩、薪酬挂钩,形成奖罚分明的激励约束机制,推动党建工作由"软任务"向"硬指标"转变。

推动党建工作与生产经营深度融合。研究制定《省出资监管企业党委参与重大问题决策操作规程(试行)》,进一步细化党委参与重大问题决策的内容和程序,把企业党组织内嵌到公司治理结构之中,为企业健全党组织议事决策机制和完善法人治理结构提供制度保障。推行"党建+"国企改革、提质增效、创新发展、社会责任等,把党组织的政治优势转化为企业的竞争优势和科学发展优势,推动党建工作效能最大化。江铜集团以"党委抓稽核、支部抓特色、全员抓创星"3大品牌载体,助力企业提质增效。企业党组织由过去在法人治理结构中地位不明确向法人治理结构的有机组织部分转变;由权责不清向明确参与重大问题决策的内容和程序等刚性要求转变;国企党建与生产经营由"两张皮"向"相融合"的深度转变。

(省国资委)

江西省深入推进国家生态文明试验区建设纪略

江西是生态文明建设的先行者,历届省委、省政府高度重视统筹协调生态、环境、经济的可持续发展,高位推进生态文明建设。1982年,提出写好"田园诗",画好"山水画"。1983年,针对鄱阳湖流域的环境问题,提出"治湖必须治江、治江必须治山、治山必须治穷"的理念,启动山江湖开发治理工程。1992年,做出在山上再造一个江西的重大决策。新世纪以来,省委、省政府确立"生态立省、绿色发展"理念,明确提出"既要金山银山,更要绿水青山"。2003年,确立"三个坚决不搞"的决定。2005年,提出"绿色生态江西"。2009年,国务院批复《鄱阳湖生态经济区规划》,开启探索经济与生态协调发展新模式的重大实践。2013年,省委确定将"绿色崛起作为全省发展战略的核心内容",2014年,江西全境列入全国生态文明先行示范区。2016年,江西与福建、贵州同时列为首批国家生态文明试验区,江西生态文明站在了更高的起点上。

2017年6月,中央深改领导小组审议通过《国家生态文明试验区(江西)实施方案》。7月,省委十四届三次全体(扩大)会议研究深入推进全省国家生态文明试验区建设。9月,中办、国办印发《国家生态文明试验区(江西)实施方案》,省委、省政府出台关于深入落实《国家生态文明试验区(江西)实施方案》的意见。12月,省委第十四届五次全会提出建设富裕美丽幸福现代化江西的目标,为未来5年发展,特别是生态文明建设确定方位、指明方向。在推动江西生态文明建设进程中,省人大出台系列配套地方法律法规,省政协同步开展相关专题协商和调研,各级党委、政府和省直各部门积极贯彻落实省委、省政府决策部署,省有关大专院校、科研院所和相关企业个人积极融入和服务生态

文明建设，政府主导、企业主体、社会组织和公众共同参与的生态文明建设新格局基本形成。

作为全国生态环境质量“优等生”和改革“试验田”，江西践行生态文明建设新使命，扎实推进生态文明试验区建设——加强顶层设计，生态立省的战略格局更加鲜明；厚植生态优势，全省生态环境质量进一步提升；绿色动能愈发强劲，生态与经济发展更加协调。初步探索出一条具有江西特色的绿色发展新路子，实现经济社会发展与生态文明建设相互促进，生动实践“绿水青山就是金山银山”战略思想。

近几年来，全省环境质量稳步改善，森林覆盖率稳定在63.1%，2017年全省国家考核断面水质优良率92%，比国家考核目标值高12个百分点，全省PM_{10}平均浓度72.6微克/立方米，达到国家考核目标，空气质量优良率83.9%。绿色发展迈上新台阶，服务业增加值占地区生产总值比重超过工业，高新技术产业增加值占规模以上工业增加值的30.9%，高新技术企业突破2000家，全省单位生产总值能耗、水耗持续下降。改革创新亮点纷呈，全流域生态补偿、“五级”河长制、生态司法体制改革等走在全国前列，萍乡海绵城市建设、余江农村宅基地制度改革试点、新余生态循环农业等形成“江西模式”，全省上下参与生态文明建设的自觉性、主动性显著增强，绿水青山就是金山银山的理念深入人心。

一、生态文明建设中的“江西样板”

把制度建设作为推进生态文明建设的重中之重，也是中央设立国家生态文明试验区的出发点。全省牢牢抓住这个“牛鼻子”，以全面深化改革为动力，深入推进生态文明制度创新，积极探索生态保护和治理的有效模式，加快形成一批可复制、可推广的生态文明建设制度成果，在创新生态文明制度上打造“江西样板”。

“源头严防”体系。建立生态保护红线制度，划定红线面积5.03万平方千米，占国土面积30.14%。建立水资源红线制度，制定“十三五”水资源消耗总量和强度双控行动工作方案，出台《江西省“十三五”水资源消耗总量和强度双控行动实施方案》《江西省水效领跑者引领行动计划》。建立土地资源红线制度，全面划定永久基本农田246.2万公顷，构建永久基本农田“划、建、管、护、补”长效机制，出台《江西省节约集约利用土地考核办法》。完善自然资源产权制度，启动水流、森林、山岭、荒地、滩涂等自然生态空间统一确权登记试点，农村土地“三权分置”全面铺开，率先在全国开展矿产资源自然资源资产负债表试点。健全空间管控制度，编制完成省域空间规划，市县“多规合一”试点形成成果。深入实施江西省主体功能区规划，完成资源环境承载能力监测预警机制基础评价，26个国家重点生态功能区全面实行产业准入“负面清单”制度。

“过程严管”体系。全面建立和升级河长制，建立健全区域与流域相结合的五级河长组织体系和区域、流域、部门协作联动机制。在全国率先实行全流域生态补偿，出台《江西省流域生态补偿办法》，2年来共筹集分配流域生态补偿资金47.81亿元，启动江西－广东东江跨流域生态保护补偿试点。建立省级环保督察制度，启动环保机构监测监察执法垂管改革，开展赣江流域环境监管和行政执法机构试点、赣江新区城乡环境保护监管执法试点。健全生态环境保护领域行政执法和刑事司法衔接机制，初步建立覆盖省、市、县三级法院的环资审判体系，生态检察试点取得阶段性成果。完善生态文明市场导向制度，制定江西省主要污染物初始排污权核定与分配技术规范、排污权出让收入管理实施办法，开展水权交易试点，成立江西省碳排放权交易中心。

“后果严惩”体系。优化市县科学发展综合考核评价体系，进一步提高生态文明在考核中的权重。出台《江西省生态文明建设目标评价考核办法（试行）》，开展公众生态环境满意度调查。出台《江西省编制自然资源资产负债表试点方案》，在6市3县开展试点。出台《关于开展领导干部自然资源资产离任审计的实施意见》，推动省、市、县三级审计机关开展专门审计。出台《江西省党政领导干部生态环境损害责任追究实施细则（试行）》，明确各级党委政府及有关部门生态环境保护责任清单。出台《省管领导班子和领导干部分类考核的意见（试行）》，突出资源消耗、环境保护、化解产能过剩等指标考核。

二、改善环境，筑牢生态屏障

2017年年底，信丰县废弃稀土矿山综合治理后建成的977公顷优质脐橙精品园内硕果累累。当地政府按照“谁投入、谁开发、谁治理、谁受益”的原则，划分好责任，界定好利益，鼓励企业、单位和个人开发治理稀土尾矿，在共建共享中治理好环境，把原来的污染土壤变成如今的绿色土地。矿山复绿重现山水自然之美，这是江西践行生态优先，让绿色成为永恒底色的一个缩影。

“净空”行动，让天空更湛蓝。制定并启动打赢蓝天保卫战3年行动计划，开展开发区（经开区、高新区、工业园区）、“散乱污”企业大气污染综合治理，狠抓建筑扬尘治理，建立县级农作物秸秆禁烧工作机制，推进锅炉煤改清洁能源，开展城市“四尘”“三烟”“三气”专项整治。2017年，超额完成火电机组超低排放改造任务1466万千瓦，提前完成全省156家火电行业排污许可证核发工作。淘汰城区燃煤小锅炉284台，淘汰黄标车5.16万辆，完成1100个建筑工地扬尘标准化治理。以重点行业脱硫脱硝、除尘设施改造升级、机动车尾气防治3个关键点来开展大气污染源综合治理，推进大气环境监测体系建设，建成省级和南昌、九江的空气质量预报预警体系。积极发展清洁能源，截至2017年年底，风电、光伏发电装机容量分别突破165万千瓦和360万千瓦。

“净水”行动，让河水更清澈。强化河长巡河督导，实施清河提升、长江经济带突出问题整改等专项行动，开展水资源专项监督检查、侵占河湖水域及岸线、非法采砂专项整治，着力消除全省设区市城市建成区黑臭水体，对143个县级以上饮用水水源地开展清理整顿，全面推进禁养区规模化畜禽养殖场关停或搬迁，打造一批生态循环养殖小区样板，完善开发区（经开区、高新区、工业园区）污水处理体系，推进城镇污水管网建设，加强船舶港口污染防治。2017年，出台《江西省水功能区监督管理实施细则》，新改建污水管网1998.81千米，实施鄱阳湖流域重点城镇环境治理项目，基本建成鄱阳湖沿线20个建制镇的生活污水处理设施，全省在运营的工业园区污水处理厂全部达到“一级B”排放标准。

“净土”行动，让大地更干净。全面开展污染地块治理与修复，加快推进土壤详查，初步建立全省土壤项目库，建成省级危险废物监管平台，建立全省危险废物处置能力建设项目清单，开展农药化肥零增长行动。出台《江西省规模化养殖粪便有机肥转化补贴试点暂行办法》《关于加快推进畜禽养殖废弃物处理和资源化利用的实施意见》，年减少化学农药使用量300多吨，推广测土配方施肥445.47万公顷。抓好城乡环境综合整治，深入开展“三线六边”区域环境整治，严格执行城市“三区四线”规划管理，推进“七改三网”基础设施建设。全省初步建立“户分类、村收集、乡转运、县处理”的城乡垃圾一体化收运处理体系。在全国出台第一个以省政府名义出台《全省生活垃圾分类制度具体实施方案》。颁布农业生态环境保护条例，完成畜禽养殖“三区”划分，划定禁养区面积5.1万平方千米。城乡环境综合整治工作开展以来，硬化农村道路2.7万千米，改水141.9万户，改厕121.3万户，改沟4.9万千米。2017年，新开工垃圾焚烧处理设施7座，新增垃圾焚烧日处理能力1600吨。启动南昌、宜春等生活垃圾分类试点，全省所有县（市、区）基本通过农村生活垃圾治理省级考核验收。

三、绿色发展红利加速释放

中共中央总书记习近平要求江西努力走出一条经济发展和生态文明水平提高相辅相成、相得益彰的路子。按照中共中央总书记习近平的嘱托，江西主动适应经济新常态，探索出一条“经济生态化、生态经济化”的绿色发展之路，“绿水青山”正逐步转化为更多的“金山银山”。全省经济总量迈上新台阶，发展质量效益稳步提升。

加快生态利用型产业发展。以农业供给侧结构性改革为主线，加快转变农业发展方式，促进农业产业“接二连三”，全面推进绿色生态农业“十大行动”，大力实施“生态鄱阳湖、绿色农产品”品牌培育计划。两年来，全省新增“三品一标”农产品1245个，兴建全国绿色食品原料标准化生产基地44个，创建国家农产品质量安全市县11个、省级绿色有机示范县15个，主要农产品抽检合格率达98.6%。探索一批区域生态循环农业发展模式、病死畜禽治理体系、“互联网+”农业新模式，打造一批现代农业生态循环经济示范区。重点推进油茶、竹产业、香精香料、森林药材、苗木花卉、森林景观利用6大林下经济主导产业，全省林业总产值突破4000亿元，位列全国“第一方阵”。创建一批林下经济发展示范县，培育专业大户4229户、家庭林场739个、民营林场618个、林业合作社2637个和国家、省级林下经济示范基地215个。

推动新旧动能转换。实施“5511”工程倍增计划，全力创建鄱阳湖国家自主创新示范区，高新区数量居全国第七位、中部第二位。实施战略性新兴产业倍增计划，“一产一策”支持航空制造、中医药、电子信息、新能源、新材料等新兴产业发展，新一代宽带无线移动通信网国家转移转化试点在江西省落户。出台《关于加快我省环保产业发展的意见》，实施《江西省加快节能环保产业发展行动计划（2016—2020）》，全力培育壮大生态环保产业。对接“中国制造2025”，发展绿色制造产业，促进绿色产品、绿色工厂、绿色园区和绿色供应链全面发展，推动赣江新区绿色制造体系建设试点。积极扩大绿色信贷规模，拓宽绿色产业融资渠道，发展绿色保险业，加快赣江新区绿色金融改革创新试验区建设。2017年，全省高新技术产业增加值增长11.1%，战略性新兴产业增加值增长11.6%，全省绿色信贷余额达3000亿元。

现代服务业发展势头良好。出台《中共江西省委江西省人民政府关于加快发展新经济培育新动能的意见》，重点支持一批省级现代服务业集聚区和省服务业龙头企业。推进旅游强省战略，进一步丰富和提升“江西风景独好”品牌。重点抓好18个国家全域旅游示范区、4个国家生态旅游示范区建设，实施“旅游+”融合工程，探索创新生态旅游模式，国家5A级旅游景区新增至10个。2017年，全省旅游总收入达6435亿元。出台《江西省“十三五”大健康产业发展规划》《国家中医药综合改革试验区（江西）建设行动计划（2018—2020年）》《江西樟树“中国药都”振兴工程》等政策，建立江西省智慧健康创客研究院和江西省智慧健康研究院，上饶入选首批15个国家中医药健康旅游示范区创建名单。中国（南昌）中医药科创城首期开工项目163个，总投资876亿元。全面实施电子商务“双进”示范工程，培育数字商务、共享经济等新业态和新商业模式。2017年，省级活动平台共签约项目915个，签约总额1.09万亿元。发展休闲体育，推动全民健身与全民健康深度融合。《服务业发展提速三年行动计划（2015—2017年）》取得成效，2017年服务业增加值占地区生产总值比重提高0.7个百分点，服务业增加值占地区生产总值比重超过工业。

（谢岩松）

本栏编辑　游桃琴

江 西 概 览

自然环境

【区域位置】 位于长江中下游交接处的南岸，在北纬 24°29′14″～30°4′41″、东经 113°34′36″～118°28′58″之间。因赣江是境内主要河流，故简称“赣”。东邻浙江、福建，西接湖南，南连广东，北与湖北、安徽交界，北控长江，古称“吴头楚尾、粤户闽庭”。东西宽约 490 千米，南北长约 620 千米。土地总面积 16.69 万平方千米，占全国陆地总面积的 1.74%，居华东各省市首位。

【地势地貌】 地势周围高中间低，从外向内，由南向北，渐次向鄱阳湖倾斜，构成一个向北开口的巨大红色盆地。地貌类型齐全，区域差异明显，分布大体呈不规则的环状结构形式。以鄱阳湖为核心，向外依次为鄱阳湖平原、赣中南丘陵和边缘山地。山地占全省面积 36%，丘陵占 42%，岗地、平原占 12%，水面占 10%。素有“六山一水二分田、一分道路和庄园”之说。

【山河湖泊】 主要山脉多分布于省境边陲，走向以东北和西南走向为主体。赣东北和赣东有怀玉山、武夷山和黄山支脉，赣南有大庾岭和九连山，赣西有罗霄山脉，赣西北有幕阜山和九岭山。全省有大小河流 2400 多条（其中全年有水的约 160 条），总长约 1.84 万千米。主要河流有赣江、抚河、信江、修河、饶河 5 大河流，其中赣江自南而北流贯全省，包括贡水在内全长 766 千米，是江西最大河流。江西湖泊众多，并集中于五河尾闾地区，以鄱阳湖最为著名。鄱阳湖是中国第一大淡水湖，湖泊面积 5100 平方千米。

【土地资源】 全省土地大致可分为 3 大类：红、黄壤土地，红壤丘陵，平岗地。土壤主要有 5 种类型，分别是红壤、黄壤、紫色土、潮土、水稻土。土地资源利用以耕地、林地、牧草地为主要形式。至 2016 年年底，全省耕地面积 308.39 万公顷，园地面积 32.39 万公顷，林地面积 1032.53 万公顷，草地面积 27.56 万公顷，城镇村及工矿用地面积 97.12 万公顷，交通运输用地面积 24.48 万公顷，水域及水利设施用地面积 125.44 万公顷，其他土地面积 21.45 万公顷。

【矿产资源】 地下矿藏丰富，矿产资源种类齐全，资源配套程度高，伴（共）生组分丰富。至 2015 年年底，全省发现各种有用矿产 193 种（以亚矿种计），矿产地 5000 余处。查明有资源储量的矿产有 9 大类 139 种。列入 2015 年矿产资源储量统计的矿产 128 种。探明的矿产资源保有储量在全国居前十位的有 85 种。其中，居首位的有钨、钽、锂辉石、锂云母、锆英石、铷、重稀土、碲、化工用白云岩、滑石、玻璃用脉石英、陶瓷土、饰面用板岩、麦饭石 14 种；居第二位的有伴生金、锂、铯、伴生硫、电气石、光学萤石、粉石英、保温材料用粘土 8 种；居第三位的有铜、铋、银、铍（绿柱石）、锆、轻稀土、普通萤石、冶金用砂岩、化肥用灰岩、叶蜡石、透闪石、水泥配料用页岩、海泡石黏土、饰面用辉石岩、水泥用辉绿岩、饰面用大理岩、饰面用板岩 17 种；居第四位的有沙金、冶金用白云岩、硅灰石、玻璃用砂岩 4 种；居第五位的有铌、铍、化肥用蛇纹岩、玻璃用砂、玻璃用大理岩、水泥配料用砂、高岭土、饰面用角闪岩、饰面用辉绿岩、水泥用凝灰岩 10 种。保有铜资源储量 994.84 万吨，占全国比重为 10%；钨 426.28 万吨，占 44%；钽 4.71 万吨，占 33%；金（含伴生金）486.06 吨，占 4%；银 2.23 万吨，占 9%。

【能源资源】 主要有水能、光能、风能及能源矿产等。水能资源理论蕴藏量 682.03 万千瓦，可开发利用的 610.9 万千瓦，全部开发年发电量可达 215.6 亿千瓦时。光能资源较为丰富，全年太阳总辐射能力为 4057 兆焦耳/平方米至 4794 兆焦耳/平方米，全年日照 1473～2078 小时，日照百分率 33%～47%。风能，年平均风速为 1.0～3.8 米/秒（不含庐山），全省年大风日数 0.5～25 天，风能资源较为丰富的地方，主要集中在鄱阳湖滨、赣江和抚河下游及高山顶和峡谷地带。能源矿煤炭，产地在全省共有 190 处，分布在 70 个县；主要煤田有 11 个，主要分布在浙赣铁路沿线地区。

【生物资源】 全省动物资源丰富，有哺乳类 100 多种，鸟类 420 种，两栖类 40 种，爬行类 77 种，鱼类 205 种，还有水生哺乳类、软体动物、浮游动物等。有国家一级保护动物 17 种，分别为云豹、豹、虎、白鳍豚、黑麂、白鹳、黑鹳、中华秋沙鸭、金雕、黄腹角雉、白颈长尾雉、白头鹤、白鹤、鸨、蟒、中华鲟、白鲟。全省植物起源古老，组分较复杂，种类繁多，类型齐全，提供物质原料的资源生产潜力很大。主要有用材植物、木本粮食植物、油脂植物、药用植物、观赏植物等。

国家级风景名胜区

【庐山风景名胜区】 位于中国第一大江长江和第一大淡水湖鄱阳湖的交汇处，总面积333.42平方千米，全区共有景区12个，最高峰大汉阳峰海拔1474米。1982年，庐山被国务院批准列为首批国家级风景名胜区。1996年12月6日，联合国教科文组织批准庐山以“世界文化景观”列入《世界遗产名录》，成为中国第一处世界文化景观遗产。

【井冈山风景名胜区】 位于湘赣边界的罗霄山脉中段，是全国著名的革命圣地，由茨坪、龙潭、黄洋界、主峰等11个景区组成，最高峰江西坳海拔1841米，面积333平方千米。1982年，井冈山风景名胜区被国务院批准列为首批国家级风景名胜区。2009年，被列入第二批国家自然与文化双遗产预备名录。

【三清山风景名胜区】 位于赣东北玉山和德兴两县（市）交界处，主峰玉京、玉虚、玉华三峰似道教鼻祖玉清、上清、太清三仙列坐其巅而得名。最高玉京峰海拔1816.9米，由七大景区组成，总面积229平方千米。1988年，经国务院批准列为国家级风景名胜区。2008年，被联合国教科文组织批准以“世界自然遗产”列入《世界遗产名录》，成为中国第七处、江西省第一处世界自然遗产。

【龙虎山风景名胜区】 位于鹰潭市，距市中心18千米，由仙水岩、龙虎山、上清宫、洪五湖、马祖岩和应天山六大景区组成，有55个景点、261个景物景观，总面积220平方千米。1988年，经国务院批准列为国家级风景名胜区。2010年，被联合国教科文组织批准以“世界自然遗产”列入《世界遗产名录》。

【仙女湖风景名胜区】 位于新余市西南部，是一处以群岛曲水峡谷、植物基因宝库为主要特色，以山水游赏、休闲度假、科普修学为主要功能的岛屿湖泊型风景名胜区，总面积194.7平方千米，其中水域面积46.3平方千米。2002年，经国务院批准列为国家级风景名胜区。

【三百山风景名胜区】 位于江西南部安远县境内，京九铁路江西段最南端，是集古火山构造、奇山幽壑、清溪碧湖、飞瀑深潭、密林古树、珍禽异兽、怪石险滩、温泉诸奇景于一体的山岳型风景名胜区，总面积137.6平方千米。三百山风景名胜区是香港同胞饮用水的东江源头。2002年，经国务院批准列为国家级风景名胜区。

【龟峰风景名胜区】 位于弋阳县城区西南部，地处龙虎山、三清山、武夷山和瓷都景德镇“三山一都”的中心位置，包括龟峰景区、南岩景区、弋江景区，总面积39.3平方千米。龟峰因其“无山不龟、无石不龟”，且整个主景区就像一只昂首巨龟，故名龟峰。2004年，经国务院批准列为国家级风景名胜区。2010年，被联合国教科文组织批准以“世界自然遗产”列入《世界遗产名录》。

【云居山—柘林湖风景名胜区】 地处九江市庐山西麓，水域广阔，风景秀丽，原生态山水完美结合，被誉为中国最美的湖光山色，总面积655.2平方千米。2005年12月，经国务院批准列为国家级风景名胜区。

【高岭—瑶里风景名胜区】 位于浮梁县东北部，以深厚古陶文化、群瀑名茶幽谷、原生山水环境、古朴明清街坊为主要特色，总面积95平方千米。2005年12月，经国务院批准列为国家级风景名胜区。

【武功山风景名胜区】 位于江西省中西部，地跨萍乡、宜春、吉安3市，处于湘赣边界的罗霄山脉北段，以高山草甸、千古祭坛、瀑布温泉、沩仰祖庭为主要风景特色，总面积365平方千米。2005年12月，经国务院批准列为国家级风景名胜区。按照属地管理的原则，武功山风景名胜区分为宜春片区、萍乡片区和安福片区3个片区。

【梅岭—滕王阁风景名胜区】 位于江西省会南昌市的西北部，由梅岭和滕王阁两大景区以及方志敏烈士墓、溪霞湖、西山万寿宫、梦山、小平小道5个外围独立景点组成，总面积为143.7平方千米。2004年，经国务院批准列为国家级风景名胜区。滕王阁景区位于南昌市沿江路赣江与抚河故道交汇处，以滕王阁为主体，东至榕门路，南至瓷器街，西至赣江防洪墙，北至叠山路为风景区管辖范围，面积0.12平方千米。梅岭景区位于南昌市湾里区境内，距南昌市区中心15千米，属于典型的城郊山岳型风景名胜区，面积143.58平方千米。

【灵山风景名胜区】 位于上饶县北部，距上饶县城、上饶市区均为25千米。灵山风景名胜区以环状花岗岩峰林地貌奇观为主要特色，面积101.5平方千米。2006年，灵山被江西省人民政府批准为省级风景名胜区。2009年12月，灵山被国务院批准列为国家级风景名胜区。

【神农源风景名胜区】 位于万年、弋阳、乐平3县（市）交界处，面积为43.13平方千米，包括仙人洞、严家、港道源、神农宫、九子溪大赦庵、黄天峰6个景区。风景名胜区内生态资源丰富，地质景观奇特，山林溪水优美，历史古迹众多，具有很高的自然景观与历史文化价值。其中，仙人洞吊桶环景区发现了世界迄今为止最早的稻作遗迹，将水稻种植历史回溯直上一万二千年，是举世公认的稻作文化的发祥地。2012年10月，神农源经国务院批准列为国家级风景名胜区。

【大茅山风景名胜区】 位于德兴市东南部，距离德兴市区19千米，由大茅山、梧风洞、双溪湖、四角坪景区4部分组成，规划总面积143平方千米。景区主要景观特色可概括为“黛山幽谷、壁虎秀水、奇岩线天、史迹胜地”四大特点。2012年10月，大茅山经国务院批准列为国家级风景名胜区。

【汉仙岩风景名胜区】 位于会昌县筠门岭镇，地处闽粤赣3省交界处，距会昌县城40千米，距赣州市区180千米，206国道和济广高速擦境而过。汉仙岩因八仙之一的汉钟离在此修炼成仙而得名，素有“虔南第一山”和“江南小蓬莱”的美誉。汉仙岩属于典型的丹霞地貌景观，由汉仙岩、汉仙湖、羊子岩、盘古山、羊角古堡等景区组成，总面积41.5平方千米。1995年，汉仙岩被列为江西省级风景名胜区。2017年，晋升为国家级风景名胜区。

【罗汉岩风景名胜区】 地处闽赣交界，武夷山脉西麓，距瑞金市区约20千米，靠近江西母亲河——赣江源头。景区规划面积约50平方千米，主要包括生态保护区、罗汉岩核心区、陈石湖景区和日东湖景区4个部分。1985年，被江西省人民政府列为第一批省级风景名胜区。2017年，晋升为国家级风景名胜区。

【小武当风景名胜区】 位于龙南县武当镇，景区面积13.5平方千米，最高峰海拔864米，是典型的“色如渥丹，灿若明霞”的丹霞地貌，为江西省第一批省级重点风景名胜区。2017年，晋升为国家级风景名胜区。

【杨岐山风景名胜区】 位于上栗县中部，距萍乡市25千米、长沙市100千米、南昌市240千米，紧邻长株潭城市群，区际交通和区位条件优越。景区规划面积扩展为57.2平方千米。1995年，经江西省人民政府批准列为省级风景名胜区。2017年，晋升为国家级风景名胜区。

（夏萍）

历史沿革

江西省简称赣，因公元733年唐玄宗设江南西道而得省名，位于中国东南腹地，连接“长珠闽”，被称为“吴头、楚尾、粤户、闽起”，到明代又称“江右”。自古以来江西人文荟萃，物产富饶，经济繁荣，孕育了灿烂的地域文化，也对中华文化的传承与发展产生深远影响，有“物华天宝，人杰地灵”和“文章节义之邦，白鹤鱼米之国”的美誉。

江西开发的历史，可以上溯到约四五万年前的旧石器时代。万年县考古发现距今1.2万余年的水稻标本，该县被称为“世界稻作起源地之一”。“万年稻作文化系统”被联合国粮农组织确定为全球重要农业文化遗产保护项目。

商周时期，江西地区的水稻种植业和陶瓷业已初显优势，而铜矿开采、冶炼、青铜器铸造，在中国青铜文化中也占有重要地位。新干县大洋洲商墓考古发掘的大量青铜器表明，江西地区的文化既受中原文化的影响，又有鲜明的地方特色。

秦始皇灭六国建立统一的中央政权后，设立九江郡，辖境包括今天的九江、南昌、景德镇、上饶、抚州、吉安、赣州一带，而萍乡、宜春等地则属长沙郡管辖。

汉高祖初年设豫章郡，郡治南昌，下辖18县，分布地域为赣江、抚河、信江、修水、袁水沿岸，初步确立江西省境的规模。两汉时期江西人口迅速增加，农业、陶瓷业、采矿业、造船业等较为发达，赣抚平原成为重要的产粮区。南昌西汉海昏侯墓的考古发现，显示汉代高超的科学技术和器物制作水平，出土的数以万计竹简、木牍是中国考古史上极其重大的发现，具有十分重要的科学、历史、文学、艺术价值。

三国吴、两晋、南朝时期，中原战乱，北方地区人口第一次大规模南迁，其中一部分迁入鄱阳湖周边地区，使江西郡县数大增，农业生产水平得到很大提高。南朝时京城以外的大粮仓三分之二在豫章郡，江西成为当时粮食主要供应地之一，陶渊明也成为影响至今的田园诗人。

隋唐时期，全国经济重心逐步南移，江西开始进入勃兴期。733年，唐玄宗设江南西道监察区，下辖37县。安史之乱后，中原人口第二次大规模南下，鄱阳湖区域及偏远山区得到广泛开发，土地垦种面积扩大，粮食产量增加，茶叶和瓷器生产兴旺，行销各地。唐玄宗时，开辟穿越大庾岭、南达广州的驿道，赣江成为联系岭南和长江流域最重要的南北交通线路，沿线的江州（九江）、洪州（南昌）、吉州（吉安）、虔州（赣州），成为商旅汇聚的繁荣都邑。

五代时期，江西地区先辖于吴，后辖于南唐。此时期出现相当于下等州的新的行政区——军，划6州、4军、55县。由于南方的战争规模较小，时间较短，江西的社会经济得到较快发展，在全国的经济比重显著增加，文化也初步繁荣，白鹿洞书院后来发展为全国最具影响的四大书院之一。

宋朝江西经济文化空前繁盛，进入大发展时期。宋代将道改为路，江西地区大部分隶属于江南西路，置9州、4军、68县。北宋末年的靖康之乱，是中原人口南迁的第三次高潮，江西的人口比唐代增加约3倍，垦田数居全国之首，漕运至京师的稻米三分之一产自江西，“天下漕米取于东南，东南之米多取于江西”，茶叶产量为全国的四分之一。景德镇窑和吉州窑进入全国名窑的行列。采矿业规模之大，出现过“坑丁10万人开采铜矿”的场景。而南昌“高甍巨栋连阡亘陌”“中户尚有千金藏”“沉檀珠犀杂万商”，呈现出大都市风貌。以经济发展为基础，文化教育也独占全国的鳌头。宋代全国书院203所，而江西则有80所。江西举进士人数达全国的五分之一。名门望族众多，华林胡氏家族“一门三刺史，四代五尚书”。出任宰相级的显宦有25人。以欧阳修、王安石、曾巩、陆九渊、洪迈、马端临、文天祥等为代表的一大批政治家、思想家、哲学家、文学家、史学家群星闪耀，为中华文化的繁荣发展作出重大贡献。董煟的《救荒活民书》不仅有补正史之缺，更是中国第一部救荒专著。

元朝开始确立行省制度，下设路、直隶州、县级州和县。江西行省辖区除包括今江西绝大部分地区外，还包括今广东省的大部分，下辖13路、2直隶州、48个县和16个县级州。秉承宋朝的发展，元代江西的社会经济也有新的发展，经济作物的种植、矿物的开采、制瓷业的规模均有所扩大，制茶、造船、印刷也十分兴盛。

明朝基本上保留元朝的省区建制，但改行省为布政使司（习惯上仍称省），改路为府和改州为县。江西布政使司设13府，下辖78县，地域基本等同今天的江西省。江西在元末农民战争中没有受到大的战争破坏，政治、经济和文化诸方面仍在全国居十分重要的地位，是全国屈指可数的人口和经济大省。江西士人对明代的中枢政治有很大影响，入阁拜相者络绎不绝，出现过“翰林多吉水，朝士半江西”的局面。南安府(大余)的梅关和赣江仍是联系广东和长江流域最繁忙的南北交通线路,赣江沿线城市的工商业更为繁荣。樟树镇、吴城镇成为新兴的航运与商业中心,景德镇和河口镇(铅山)则是著名的手工业中心,并称为“江西四大镇”。为官江西的王守仁发展陆九渊的思想,在江西创立“致良知”学说,同陆九渊的学说一起,并称为“陆王心学”,为中华文化注入生生不息的活力。汤显祖以《临川四梦》获“东方莎什比亚”美誉,宋应星的《天工开物》在中国科技史上占有重要地位。

清代江西省行政区域基本承袭明制,经济文化发展滞缓,逐渐落后于周边省份。特别是在清后期太平天国运动中,江西成为湘军和太平天国军反复争夺的地区,损失巨大。人口从1853年的2450万人锐减至1873年的1770万人,全境城乡自然经济跌入停滞衰退之中。

民国时期,江西省共辖81县,近代工业、近代教育得到一定程度的发展。第二次国内革命战争期间,周恩来在南昌领导八一起义,毛泽东带领秋收起义部队在井冈山建立第一个农村革命根据地。两支队伍井冈山会师后,转战赣南闽西,开创中华苏维埃共和国,区域范围覆盖赣南闽西21县,临时中央政府驻设在瑞金。江西成为中国革命的摇篮,牺牲的有名有姓烈士达25万人之多。抗日战争中,中国军队在江西地区取得“万家岭大捷”和“上高会战”的重大胜利。

中华人民共和国成立后,江西省的行政区划曾经有过多次调整和变动。到2017年年底,全省设南昌、九江、景德镇、萍乡、新余、鹰潭、赣州、宜春、上饶、吉安、抚州11个设区市,25个市辖区,11个县级市,64个县,南昌市为江西省会。随着社会主义建设高潮的兴起,江西工业化、现代化进程快速推进,制造出中国第一架定型批量生产飞机、第一枚海防导弹,制造的井冈山牌JX130型载重汽车、长江750摩托车、丰收—27型和丰收—18系列拖拉机驰骋全国乃至世界,工业体系建设初具规模。

进入改革开放时期,江西发展进一步加速,诞生中国第一位资产过亿元的民营企业家张果喜。凤凰(照相器材)、鸭鸭(羽绒制品)、昌河(微型汽车)、汇仁(制药)、江铃(汽车)、景德镇(瓷器)、四特(酒业)、金圣(卷烟)、泰豪(电机)、万年青(水泥)、江中(药业)等157件商标被认定为“中国驰名商标”。江西铜业集团公司、江铃汽车集团公司、江西省电力公司、江西正邦科技股份有限公司、晶科能源有限公司等17家企业年主营业务收入超百亿元。南昌高新技术产业开发区等4个工业园区主营业务收入超千亿元。江西铜业、江铃汽车、江西正邦等7家企业进入中国企业500强,江铜集团进入世界企业500强。颜龙安是中国灿型杂交水稻研究的开拓者和主要发明者之一,为中国粮食安全做出重大贡献。张文海为确立中国先进的强化冶金工艺、污染控制与资源化、实现清洁生产作出重要贡献。石屏主持设计研制的K8飞机和某型新型教练机达到国际同类飞机的先进水平。江风益的晶能光电LED发光技术领先世界。

2017年,江西主动适应经济发展新常态,以新理念引领新发展,加快转型升级,新动能、新产业、新业态加速成长。深入实施区域协调发展战略,优化完善“龙头昂起、两翼齐飞、苏区振兴、绿色崛起”区域发展格局,经济增速保持在全国“第一方阵”,主要经济指标增幅继续位居全国前列,实现生产总值20818.5亿元,高新技术产业增加值占规模以上工业增加值比重达30.9%,城镇化率达54.6%。全面实施国家生态文明试验区(江西)实施方案,扎实推进生态文明重大工程和制度体系建设,在全国率先实施全流域生态补偿,绿水青山就是金山银山的理念更加深入人心,森林覆盖率63.1%,环境质量保持良好。铁路营运里程突破4000千米,其中高铁里程913千米。高速公路通车里程达6000千米。人民群众获得感进一步增强,城镇居民人均可支配收入3.12万元,增长8.8%;农村居民人均可支配收入1.32万元,增长9.1%。全省人民加快打造美丽中国“江西样板”,迈出建设富裕美丽幸福现代化江西坚实步伐,奋力谱写新时代中国特色社会主义江西新篇章。

(省社科院)

人口发展状况

【概　况】 2017年,受生育政策、户籍改革、人才政策等人口相关政策叠加影响,全省人口发展出现新的情况、新的特点、新的问题。人口出生率、出生人口下降趋势得到扭转,人口总量、人口城乡、年龄、性别等结构变化明显。

【人口增速】 2017年年末,全省总人口4622.06万人,比2016年增加29.80万人,增长0.65%,增幅提高0.07个百分点。2012—2017年,全省总人口增量分别为15.49万人、18.22万人、20.01万人、23.47万人、26.63万人、29.80万人,增速分别为0.35%、0.40%、0.44%、0.52%、0.58%、0.65%,增速呈逐年加快趋势。

【人口出生率】 2017年,全省出生人口63.53万人,比2016年增加1.94万人,创下2001年以来的新高。全省人口出生率13.79‰,上升0.34千分点,上升幅度比2016年高0.09个千分点。人口出生率由2002年的14.74‰波动下降至2013年最低点的13.19‰,2016年、2017年出现较快上升,人口出生率触底反弹趋势基本形成。

【性别结构】 2017年,全省总人口性别比和出生人口性别比继续优化,性别结构更趋协调,逐步回归正常水平。全省总人口中,男性人口2370.61万人,比2016年增加14.59万人;女性人口2251.45万人,增加15.21万人;性别比(以女性为100)由105.36下降到105.29,下降了0.07。同时,出生人口性别比继续快速下降。全省出生人口性别比113.11,下降0.46,自2007年以来连续11年下降,出生人口性别比偏高的现象得到有效遏制。

【低年龄段人口】 2017年年末,全省0~14岁人口为935.50万人,比2016年增加11.54万人;占总人口比重20.24%,上升0.12个百分点。由于出生率的持续下降，全省0～14岁人口从2005年的1038.59万人持续下降到2016年的923.96万人，比重从2005年的24.09%下降到2016年的20.12%，2016年、2017年出生率的上升、出生人口的增加扭转了0～14岁人口及比重"双下降"的趋势，低年龄人口及比重出现转折。

【城镇化质量】 2017年年末，全省城镇常住人口占总人口比重54.6%，比2016年提高1.5个百分点，增幅上升0.02个百分点。城乡人口结构中，城镇人口2523.64万人，乡村人口2098.42万人。城镇人口增加85.15万人，乡村人口减少55.35万人，农村地区人口向城镇地区转移规模进一步扩大。全省户籍人口城镇化率37.92%，比2016年提高2.18个百分点，比常住人口城镇化率提高值高0.68个百分点，两者差距进一步缩小。2013年，全省城镇常住人口比城镇户籍人口多928.63万人，而2017年多630.71万人，差距缩小近300万人，说明越来越多的乡村转移人口在城镇地区平等享受义务教育、就业服务、社会保障、医疗保障、保障性住房等方面的公共服务。

【跨省流出人口】 由于珠江三角洲和长江三角洲等江西外出人口主要流入地的产业结构发生变化，劳动密集型产业梯次向内地转移，同时全省鼓励回乡创业的许多政策相继落地，外出人口返乡者日渐增多，跨省流出人口逐年递增的趋势得到扭转，跨省外出人口从2013年起持续出现回流趋势。2013—2017年，全省跨省外出人口分别比上年减少3.16万人、3.39万人、3.19万人、1.89万人、1.95万人。这些回流人口不仅具有丰富的社会阅历和工作经验，而且眼界开阔，成为乡村创业的生力军，为乡村振兴战略注入新的活力。

【文化程度】 2017年，全省6岁及以上人口中，不识字或识字很少、小学、初中文化程度人口比重分别为3.30%、29.09%、40.88%，比2016年分别下降0.05、0.39、0.66个百分点；而高中（含职业高中）、大专及以上文化程度人口比重则持续上升，分别为16.86%、9.87%，比2016年提高0.53、0.57个百分点。从绝对值看，2017年末，全省6岁及以上人口中不识字或识字很少、小学、初中文化程度人口分别为139.91万人、1233.36万人、1733.24万人，分别比2016年减少1.36万人、9.83万人、18.53万人；高中（含职业高中）、大专及以上文化程度人口分别为714.83万人、418.47万人，分别比2016年增加26.19万人、26.28万人。高中及以上文化程度人口快速增加，有效改善全省劳动力结构，为全省经济发展提供人才资源。

（冷晴）

环境质量

【概　况】 2017年，全省地表水水质总体良好，Ⅰ～Ⅲ类水质断面（点位）达标率88.5%，其中河流断面达标率95.2%，主要湖库点位达标率16.0%；设区城市集中式饮用水源地全年水质达标比例为87.9%。全省11个设区城市环境空气质量均为超二级，主要污染物为细颗粒物。全省酸雨污染仍较普遍，但有所减轻。全省11个设区市中，九江和新余2个城市区域声环境质量三级，其他9个城市二级；景德镇和上饶2个城市道路交通声环境质量二级，其他9个城市一级；功能区噪声昼间点位达标率93.5%，夜间点位达标率82.7%。

【水环境】 全省地表水水质总体良好。主要河流中，萍水河水质良好，其他9条河流水质优。主要湖库中，柘林湖水质优；鄱阳湖和仙女湖水质轻度污染。与2016年相比，地表水水质达标率增加7.1个百分点，其中河流上升6.6个百分点，湖库下降12.0个百分点。

赣江　Ⅰ～Ⅲ类水质断面比例为94.0%，水质优。

抚河　Ⅰ～Ⅲ类水质断面比例为100%，水质优。

信江　Ⅰ～Ⅲ类水质断面比例为100%，水质优。

修河　Ⅰ～Ⅲ类水质断面比例为93.3%，水质优。

饶河　Ⅰ～Ⅲ类水质断面比例为95.2%，水质优。

长江　Ⅰ～Ⅲ类水质断面比例为100%，水质优。

袁水　Ⅰ～Ⅲ类水质断面比例为94.4%，水质优。

萍水河　Ⅰ～Ⅲ类水质断面比例为81.8%，水质良好。

东江　Ⅰ～Ⅲ类水质断面比例为100%，水质优。

环鄱阳湖区河流　Ⅰ～Ⅲ类水质断面比例为92.3%，水质优。

鄱阳湖　Ⅰ～Ⅲ类水质点位比例为0%，水质轻度污染，营养化程度为中营养，主要污染物为总磷。

柘林湖　Ⅰ～Ⅲ类水质点位比例均为100%，水质优，营养化程度为中营养。

仙女湖　Ⅰ～Ⅲ类水质点位比例为0%，水质轻度污染，营养化程度为轻度富营养，主要污染物为总磷。

设区城市33个集中式饮用水源地全年水质达标比例为87.9%，主要污染物为总磷和铁。与2016年相比，设区城市饮用水源地全年水质达标比例下降8.9个百分点。

【大气环境】 全省11个设区城市环境空气质量均为超二级，主要污染物为细颗粒物。全省城市平均达标天数比例为83.9%；11个城市达标天数比例范围为77.6%～92.2%，其中景德镇市最高（92.2%），吉安市最低（77.6%）。与2016年相比，全省环境空气质量总体有所下降。

二氧化硫　11个设区城市年均值南昌、景德镇、九江和抚州4城市达到一级标准，其余7城市均达到二级标准，全省年均值为23微克/立方米，与2016年相比下降4.2%。

二氧化氮　11个设区城市年均值均达到一级标准，全省年均值为26微克/立方米，与2016年相比上升4.0%。

可吸入颗粒物　11个设区城市年均值景德镇、九江、鹰潭和抚州4城市达到二级标准，其余7城市年均值超二级标准，全省年均值为73微克/立方米，与2016年相比上升1.4%。

细颗粒物　11个设区城市年均值均为超二级，全省年均值为46微克/立方米，与2016年相比上升2.2%。

一氧化碳　11个设区城市一氧

化碳浓度日均95%位数值均达到一级标准,全省城市一氧化碳日均浓度第95百分位数平均值为1.4毫克/立方米,与2016年相比下降12.5%。

臭氧 11个设区城市臭氧日最大8小时均值90%位数值均达到二级标准,全省城市臭氧日最大8小时平均值第90百分位数平均值为141微克/立方米,与2016年相比上升6.8%。

降水 全省降水pH年均值为5.23,酸雨频率为45.7%。11个设区市中,赣州、宜春、抚州和上饶4市降水pH年均值高于5.60,其余7个市低于5.60,与2016年相比,全省降水pH年均值上升0.12,酸雨频率下降3.8个百分点,酸雨污染略有减轻。

【声环境】 全省区域声环境质量为二级,噪声均值为53.8分贝,11个设区城市中,九江和新余2个城市为三级,其他9个城市为二级;全省道路交通声环境质量为一级,噪声均值67.1分贝,景德镇和上饶2个城市为二级,其他9个设区城市为一级;全省设区城市功能区噪声昼间点位达标率93.5%,夜间点位达标率82.7%,11个设区城市昼间点位达标率范围77.5%~100%,夜间点位达标率范围52.5%~100%,昼间声环境质量好于夜间。与2016年相比,设区城市区域和道路交通声环境质量略有改善,噪声均值分别下降0.3和0.2分贝,功能区声环境质量有所下降,功能区昼、夜间点位达标率分别下降4.5和7.4个百分点。

【生态环境】 江西生态环境质量为优,生态环境状况指数为77.38。南昌市和新余市生态环境质量为良,其余9个设区市均为优。63个县(市、区)生态环境质量为优,占全省面积70.1%;31个县(市、区)生态环境质量为良,占全省面积29.7%;6个区一般,占全省面积0.2%。与2016年相比,全省生态环境质量略有下降。

(省环保厅)

气候状况

【概　况】 2017年,全省平均气温18.9℃,偏高0.9℃,位居历史第2高位(仅次于2007年的19.0℃),有13个县(市、区)创历史新高。全省平均年降水量1720.3毫米,偏多2.7%,接近常年,修水县年降水量创历史新高。年内各月平均气温除6月份偏低以外,其余月份均偏高,其中1月和冬季气温创新高;年降水量北多南少,主汛期前少后多,其中6月和11月降水偏多。气候灾害年景评估结果为一般。主要气象灾害有暴雨洪涝、台风、雷电、风雹、干旱和大雾等,其中暴雨洪涝灾害经济损失最大,占全年灾损96%,其次干旱,占总灾损2%。

降水 全年全省平均降水量1720.3毫米,比常年(1675.1毫米)偏多2.7%。3月、6月、8月和11月降水偏多,其余月份均偏少,其中6月和11月降水偏多64%和52%。

从11个设区市降水情况看,鹰潭市年降水量2039.6毫米,降水之多为全省各设区市之首,赣州市年降水量1339.6毫米,为全省最少;与常年相比,除赣州(-15.5%)、抚州(-10.9%)和新余(-2.2%)3个设区市偏少以外,其余各市年降水量均偏多,以九江市偏多26%为全省之最,且历史排位第4高位。

各地年降水量在1104.5(于都)~2467.1毫米(修水)之间。降水分布不均,1900毫米以上的降水主要集中在赣北,赣中大部1300~1700毫米,赣南1100~1500毫米;与常年相比,赣南及赣中的南部和东部偏少10%~30%,赣北大部及赣中局部偏多10%~30%,赣北北部偏多30%以上,以修水偏多54%为全省之最。与2016年同期相比,冬季、春季和秋季降水均偏少,夏季降水偏多。

主汛期全省平均降水量接近常年,降水日数略偏少,暴雨日数接近常年,共出现12次暴雨过程,过程次数接近常年,但强降水时空集中,6月中下旬中北部出现强降水集中期,降水强度大,局部出现特大暴雨。

全省降水量接近常年,但空间分布不均。全省平均降水量763.0毫米,比常年同期(733.1毫米)偏多4%,各地降水量在325.0(兴国)~1366.4毫米(弋阳)之间;与常年相比,北多南少,赣北大部和赣中局部偏多10%~30%;赣南、赣中大部和赣北南部偏少10%~30%。

全省平均降水日数154.1天(日降水量≥0.1毫米),比常年偏少4天。各地降水日数在129(都昌)~216(井冈山)天之间。与常年相比,全省大部分地区(72%)降水日数偏少,其中15个县(市、区)偏少10天以上,以大余偏少19天为全省之最。

全省平均暴雨日数5.9天(日降水量≥50毫米),比常年偏多0.5天,修水、奉新和万载三地创历史新高。大部分地区的暴雨日数为2~10天,修水、奉新、铜鼓和鹰潭四地在10天以上,宜黄没有出现暴雨日;赣南、赣中和赣北南部比常年偏少,赣北、赣中局部等地偏多。

气温 全省平均气温18.9℃,比常年(18.0℃)平均偏高0.9℃,位居历史第2高位(仅次于2007年的19.0℃)。全省13个县(市、区)创历史新高。年内各月平均气温与常年同期相比,除6月份偏低1.2℃以外,其余月份均偏高,其中1月偏高幅度最大(3.2℃)。

全省11个设区市平均气温比常年均偏高,偏高幅度0.7(九江)~1.0℃(景德镇),其中吉安市(18.9℃)比常年偏高近1℃,创历史新高。各地年平均气温在17.3(九江、铜鼓)~20.9℃(于都)之间,与常年相比,除九江偏低0.3℃以外,其余各地均偏高,偏高幅度大多在0~1℃之间,以新建偏高1.5℃为全省之最。

除庐山和井冈山外,各地年极端最高气温37.2(安远)~40.5(景德镇)℃。全省有11个县(市、区)出现≥40℃的高温,51个县(市、区)出现≥39℃的高温。

除庐山外,各地年极端最低气温-3.7(德安)~1.5(定南)℃。其中赣北赣中大部和赣南西部日最低气温在-3~-1℃,赣北环鄱阳湖地区和赣南的中南部-1~0℃,局部在0℃以上,庐山年最低气温-8.3℃。

日照 全省平均日照时数1504.0小时,比常年(1631.8小时)偏少127.8小时,历史排位第7低位。各地年日照时数1117.7(铜鼓)~1844.2(南昌)小时。大部分地区超过1300小时,其中赣南大部及赣东北1500~1700小时;与常年相比,全省大部分地区偏少,偏少幅度为0~300

小时，以泰和偏少431.5小时为全省之最。

季节转换　冬季(2016/2017)：赣北赣中大部入冬时间在11月23日左右，赣南大部在12月27日左右；与常年相比，赣北赣中偏早6～14天，赣南大部偏晚6～13天。春季：赣北入春时间在2月下旬，赣中在2月中旬至下旬，赣南大部在2月中旬，局部在1月下旬；与常年相比，全省大部分地区偏早7～14天，赣南局部偏早17～20天。夏季：全省大部分地方入夏时间在5月上旬至中旬，其中赣南部分地方在4月中旬入夏，赣北局部和赣中部分地方在4月下旬入夏；与常年相比，大部分地方入夏偏早6～15天。秋季：全省大部分地方入秋时间在10月上旬至中旬，其中赣北和赣中局部入秋时间在10月上旬，赣中大部和赣南在10月中旬入秋；与常年相比，北部入秋时间基本正常，中南部偏晚5～7天。

【主要气象灾害及影响】　全省主要气象灾害有暴雨洪涝、台风、雷电、风雹、干旱和大雾等，其中暴雨洪涝灾害经济损失最大，占全年气象灾害损失的96%，其次是干旱，占总灾损2%。全年雨涝、高温、雾异常指数偏高，干旱、低温和强对流异常指数正常，2017年江西省气候灾害年景评估结果为一般。

暴雨洪涝　年内暴雨过程频繁，全省区域性的暴雨日有16天(87个国家站中出现10站以上)，比常年偏多1天，其中主汛期10站以上暴雨日11天，比常年偏多2天。受强降雨影响，局部水文站点出现短时超警戒水位，多个城市、乡村发生短时内涝或积涝，农田受淹，局部地方出现山洪暴发、山体滑坡等地质灾害。年内致灾的暴雨过程主要出现在3月下旬、5月底至6月初、6月中旬、6月下旬至7月上旬和8月中旬。其中，6月21日至7月2日的持续强降水过程导致鄱阳湖出现超警洪水，赣北多地受灾严重。

局地强对流　年内强对流天气频发，受风雹灾害影响，南昌、景德镇、新余、吉安、抚州和上饶6市14个县(市、区)6.5万人受灾，4人死亡，11人受伤。此外，全年全省因雷击死亡6人，受伤3人，主要出现在5—7月。

台风　年内先后有“苗柏”“纳沙”“海棠”“天鸽”“帕卡”和“玛娃”6个台风影响江西，其中8月初双台风(第9号台风“纳沙”和第10号台风“海棠”)影响最大。

冷空气　年内主要冷空气过程出现在2月下旬、10月上中旬、11月中旬和12月中旬。

高温　全省高温(日最高气温≥35℃)平均日数为37.6天，比常年偏多8.9天。各地高温日数在11(湖口)～62(上饶县)天之间，赣北东南部、赣中大部和赣南北部40～62天，赣北北部和赣南南部11～31天；与常年相比，全省大部分地方偏多，东部南部偏多明显，赣北局部偏少。强的高温过程有5次，分别为7月11日—30日、8月3日—9日、8月17日—30日、9月24日—27日和10月1日—3日。

连阴雨　3月10日—25日，省内出现持续阴雨寡照天气，全省平均日照时数仅8小时，不足常年同期的1/4，为1959年以来历史同期最少值。其间，阴雨日数平均14.6天，为1981年来历史同期最多值。持续阴雨寡照天气对早稻播种育秧、油菜开花授粉均造成不利影响。11月天气异常，全省中下旬降水特多，比常年同期偏多近1倍；雨日多，其间平均阴雨日数16.5天，比常年偏多7.5天，位居历史同期第1高位；日照少，比常年同期偏少7成，仅为22小时，创同期新低；阴雨寡照天气不利于柑橘采摘，影响赣南脐橙着色、糖分转化，导致上市时间比常年推迟。

雾　全年出现19次区域性的大雾天气过程，区域性大雾日数69天(≥10站)，比常年偏多13天，其中3月、6月、11月区域性大雾日数较多；年内全省出现大雾2136站(次)，比常年偏多96站(次)，除7—10月以外，其他月份大雾站次均较多。

干旱　年内气象干旱总体偏轻。2月、5月、7月和9月省内局部地方出现轻到中度气象干旱，其中鹰潭和乐平、浮梁、永丰等地在7月下旬出现干旱灾情。

【气候影响专题评价】　气候与农业　气象条件对农业生产总体上利弊相当，农业气候年景属平年。全年热量丰沛，有利于农作物正常生长发育。冬季气温创历年新高，全省无冻害；春播期(3月11日至4月20日)未出现低温连阴雨，对春播有利；9月未出现“寒露风”，对晚稻丰产有利；晚稻单产创历史新高。春播、双抢、秋收关键期天气总体有利粮食稳产。此外，6月罕见连续暴雨和寡照造成早稻严重减产；7—8月高温日数偏多，部分中稻扬花结实受影响；前冬气温偏高导致部分病虫害偏重发生。

气候与交通　年内出现的暴雨、强降水、大风、低温雨雪、大雾或浓雾以及由暴雨引发的次生灾害等，导致全省公路、航运、铁路等交通受到不同程度影响。全年交通运营不利天气(10毫米以上降水、雾、雪、大风)全省平均75.7天，比常年偏少16.9天，为1961年以来第5少年。大部分地区偏少3～30天，资溪和井冈山夏坪偏少超过40天，其中有4个县(市、区)排名历史同期第1低位。年内大雾对交通的影响比常年偏多，降水影响接近常年，而大风和雪的影响明显偏少。

气候与水资源　全省年降水资源量为2799.1亿立方米，比常年(2721.3亿立方米)偏多77.8亿立方米，属于正常年份。主汛期全省降水时空分布不均，前少后多，强降水过程主要出现在6月中下旬至7月初，6月20日至7月2日的持续强降水过程造成全省31条河流、75站次发生超警戒洪水，其中乐安河上游发生超百年一遇特大洪水，婺源站超过历史最高水位3.43米，修河永修站水位列历史第4高位。

气候与人体健康　全省平均舒适日数235.8天，比常年(224.4天)偏多11.4天，排名1961年以来第12高位。除赣南偏少3～15天外，全省其他地区偏多5～20天，新余偏多28.3天。冬春季节舒适日数偏多，而夏秋季节偏少。

气候与能源　6月，平均气温比常年同期偏低1.2℃，暴雨过程多，降温耗能以减少为主，大部分地区减少幅度为40%～80%；7月，平均气温偏高0.7℃，降温耗能大部分地区以增加为主，增加幅度为10%～40%。8月气温持续偏高，平均气温比常年同期偏高1.0℃，高温日数全省偏多，导致降温耗能增幅大，大部分地区以增加为主，增加幅度为10%～70%。夏季气温接近常年略偏高，高温日数全省偏多，但暴雨站次偏多120次，排名1961年以来的第3高位，导致全省降温耗能以减少为主。

气候与生态　1—12月，全省各县（市、区）生态质量综合指数在53.2%～61.6%之间，全省平均为58.1%，略高于2016年（57.9%）。其中，除南昌、樟树等部分城市周边地区生态质量综合指数小于55%，生态质量一般外；其余大部分地区生态质量综合指数均大于55%，生态质量良好，尤其赣南南部、赣西南、赣西北及赣东北部等周边山区生态质量偏好。

气候与大气环境　全省11个设区市优良（达标）天数比例均值为83.9%，与2016年相比，城市环境空气质量有所下降。全省酸雨率为73%，全年未出现强酸雨。在有酸雨观测数据的12个站中，有8站的酸雨发生概率在75%以上，其中寻乌酸雨发生概率为100%，泰和未出现酸雨。全省负离子浓度季平均值为1910个/立方厘米，单站负离子浓度年平均值最大为大觉山—资溪4956个/立方厘米，最小为九仙湖—广丰904个/立方厘米。全省负离子浓度平均值最高的月份为11月4003个/立方厘米，最低的月份为12月1057个/立方厘米。

（钟微）

体制改革

【概　况】　2017年，全面落实"创新引领、绿色崛起、担当实干、兴赣富民"工作方针，以供给侧结构性改革为主线，坚持问题导向抓落实、关键突破带全局，一批具有标志性、关键性的重大改革方案陆续出台实施，一批重要领域和关键环节改革举措取得重大突破。

【推进"三去一降一补"】　降成本工作。全年为企业减负1135亿元，全省规模以上工业企业每百元主营业务收入成本为87.13元，下降1.13元。继续强化政策支撑，新出台降成本优环境补充意见30条，各部门有针对性地出台细化配套举措420余条。继续强化入企帮扶，先后在8个设区市开展10场巡回对接，对接企业和项目1651个，授信总金额2766.24亿元。举办各种形式银企对接活动，12个县共对接企业和项目300余个，授信总金额114.1亿元。先后派出338名专家，帮扶企业351家，攻克技术难题407个。继续强化难题破解，全省收集企业诉求1.38万个，办结1.19万个，办结率86.3%。企业帮扶APP平台扩展到全省所有规模以上企业。

过剩产能化解。钢铁方面，拆除和捣毁中频炉生产设备139台，关闭地条钢生产能力591.15万吨，全省"地条钢"企业彻底清除。煤炭方面，全省已关闭煤矿63处、退出产能339万吨，分别完成年度目标任务的121.2%和121.5%，连续两年超额完成年度任务。处置僵尸企业方面，通过资产重组、产权转让、关闭破产等方式，处置"僵尸企业"458户，完成率80.2%。

房地产库存下降。全省商品房库存面积5975.2万平方米，比2015年年底下降23%，去化时间约为10.2个月，比2015年年底减少9.1个月。其中，商品住宅库存2796.4万平方米，比2015年年底下降42.4%；去化时间约为5.8个月，比2015年年底减少8.4个月。

企业杠杆降低。发展股权融资，降低企业杠杆率，印发《江西省人民政府关于积极稳妥降低企业杠杆率的实施意见》，至年底，全省A股上市公司39家，全省新三板挂牌企业169家，江西联合股权交易中心新增挂牌展示企业3622家，帮助挂牌企业实现融资194.34亿元。拓宽融资渠道，改善市场主体资产负债结构，稳步扩大直接融资规模，组建江西金融租赁公司。1—12月，全省企业直接融资3187.2亿元，增长15.14%。加强政府债务管理，降低地方政府负债水平。地方政府债券利率水平均在4%以下，被置换银行贷款利率平均率在7%以上，降低融资平台财务成本和融资平台杠杆。

同时，发展短板精准补齐，深入推进创新驱动、精准扶贫、民生保障等短板取得实效。

【"放、管、服"改革】　简政放权改革。取消行政许可事项9项和其他行政权力事项7项。省本级行政权力事项由3064项减少至1736项，精简率由65.4%提高至82.4%。开展行政审批领域"奇葩证明"清理，清理出19家部门共取消的证明材料114项，精简率62.6%。分两批在10个市、县（区）和赣江新区推进相对集中行政许可权改革试点，初步构建"一颗印章管审批，多家部门齐监管"的格局，集中审批事项平均提速近40%。

商事制度改革。申办证照数量大幅减少，江西省实行"二十四证合一"，推动"一照一码"营业执照广泛运用，降低企业制度性交易成本。执照网上办理基本实现，全省企业登记网络服务平台基本实现全类型、全流程、全区域覆盖。信用监管水平有效提高，印发加强企业信用监管制度改革的意见，解决涉企信息多头报送、重复报送和信息孤岛等问题。

投融资体制改革。出台关于深化投融资体制改革的实施意见，修订发布政府核准的投资项目目录（江西省2017年本），开展企业投资项目省级部门"不再审批"改革。构建全省企业投资项目备案管理系统，全省范围企业投资项目备案事项实现全程网上办理，平均办理时间由原来的一周缩短到4个小时。

价格管理体制改革。推进天然气输配价格改革，进一步降低非居民用气销售价格，各地降价工作全部落实到位。全省非居民用气价格平均每立方米降低0.1元，年减轻企业用气负担约1.23亿元。临时用电的用户不再缴纳临时接电费，减少光伏、风电项目上网电价审批，放开供电服务收费标准。

公务用车制度改革。党政机关公车改革全面完成，后续配套举措逐步完善，完成党政机关保留车辆标识化管理。国有企业车改基本完成，18家省属企业车改方案已全部批复。启动事业单位车改，研究提出全省事业单位车改指导意见及省直事业单位车改实施方案。

"双随机一公开"。印发《江西省行政执法监督信息平台管理暂行办法》，全省"双随机、一公开"行政执法监督平台正式运行，成为全国首个采用信息化平台开展省、市、县三级"双随机"抽查工作。

产权保护制度改革。建立"1+N"工作推进机制，成立全省完善产权保护制度依法保护产权工作领导小组,研究提出江西省产权保护工作方案和实施意见,梳理出10个方面24条具体任务。

行业协会商会脱钩试点。在全面完成第一批26家全省性行业协会商会与行政机关脱钩试点的基础上,组织召开第二批脱钩试点工作会议暨培训班,启动第二批179家试点。至年底,第二批脱钩试点工作进入收尾阶段。

【国资国企等市场化改革】 国资国企改革。推进混合所有制改革,省招标咨询集团混合所有制改革全面完成,江铜混改正在有序推进。江西国际公司混改进展顺利,省属国企整体混改率达71.3%。推进公司制改革,全面完成江铜集团、省投资集团、省能源集团和江西国际公司的公司制改造,全省各级300多家正常生产经营的全民所有制企业公司制改革工作全面推进。剥离国企办社会职能工作,全省已全面完成1027个社区、76.6万社区人员的平稳移交,是全国社区移交完成最好的省份,创造省属企业社区移交"江西速度"。

科技体制改革。印发《江西省创新驱动发展纲要》,创新驱动"5511"工程稳步实施,遴选出江西省重大科技研发专项11个,新组建科技协同创新体16家,创建江西鄱阳湖国家自主创新示范区,新组建省重点实验室和工程技术研究中心67家,全省高新技术企业总数突破2000家。江西省列为全国首批3个特色型知识产权强省建设试点省份之一。

实体经济振兴。出台加快发展新经济培育新动能的意见,组建全省贯彻新理念培育新动能"1+7"的组织领导体系,新技术、新产业、新业态、新模式加速成长。高新技术产业增加值占规模以上工业比重32%,提高1.9个百分点,战略性新兴产业、装备制造业加速发展,航空制造业、中医药、电子信息和智能制造等产业规模不断。

电力市场化改革。深入实施输配电价改革,江西电网2017—2019年输配电价测算方案获国家发改委批复,公布江西电网2017—2019年首个监管周期输配电价,江西省大工业用电每千瓦时降低3.31分钱。每年可降低企业用电成本约17亿元。深入开展电力市场化交易,全年签订电力市场化交易合同电量151.64亿千瓦时,比2016年增长2倍,近2000家企业受益,有效降低企业用电成本2.3亿元。深入推进售电侧改革试点,上栗县工业园区等4个区域纳入国家第二批增量配电业务改革试点项目。高安建陶基地增量配电业务改革试点取得实质性进展。

7月12日,全省国有企业上半年经济运行情况新闻发布会在南昌举行

元丹供

【财税金融改革】 税收体制改革。国地税合作深度融合,在全国率先提出"十个一"标准,共建76个联合办税服务厅、共驻121个政务大厅,实现大厅服务全面融合。全面推行"一窗一人一机"国地税联合办税模式,实现纳税人"进一个门、上一个网、办两家事",江西省国地税信息共享工作被列为全国试点单位。税收共治格局全面构建,制定江西省涉税信息目录,全面建成省级综合治税信息平台,实现各设区市加省级涉税平台互联互通。省级平台共采集1.71亿条涉税信息,国地税查补税款共38.74亿元。便民办税举措不断丰富,推出"最多只跑一次"便民措施,纳税人办税时限平均缩减78%。

财税体制改革。省级财政专项资金由2014年的332项减至2017年的39项,逐个制定或修订专项资金管理办法。在全国率先出台统筹整合使用财政涉农扶贫资金实施方案,基本形成"多个渠道引水、一个龙头放水"扶贫投入新格局,资金投放精准度和使用效益进一步提升。

金融体制改革。赣江新区绿色金融改革创新试验区获国家批准,涉农、小微企业贷款增速均大幅高于各项贷款增速,推动农业保险"提效扩面增品"。"金融赣军"逐步壮大成形,金融机构体系建设日趋完善。推动"小贷银保通"试点、科技保险试点、建设工程综合保险试点。至年底,全省"财园信贷通""财政惠农信贷通"累计放款1206亿元和383亿元。

【区域和开放型体制改革】 赣江新区发展。出台支持赣江新区加快发展的若干意见、支持赣江新区加快发展的政策措施等文件,26个省直部门制定支持赣江新区发展的配套措施或实施细则。国家级"双创"示范基地、绿色金融改革创新试验区获批,纳入全省第二批相对集中行政许可权改革试点,在全省率先实施"承诺制"审批方式,省国土厅、省地税局分别在赣江新区设立直属管理机构,赣江新区本级金库正式上线。

开发区改革创新。完成开发区改革创新制度设计,印发《关于促进开发区改革和创新发展的实施意见》,围绕6个方面细化提出24条举措。组织召开全省开发区改革和创新发展动员大会,研究起草《江西省开发区争先创优综合考核评价办法(试行)》,确保举措落地生效。

开放型新体制改革。印发江西省

复制推广新一批自由贸易试验区改革试点经验工作实施方案，推行负面清单以外领域外商投资企业设立及变更审批改革，促进外商投资便利化。开发国际贸易“单一窗口”江西版，实现口岸运行方式转型升级，初步建成国际贸易“单一窗口”江西模式，缩短通关时间30%左右。

【社会事业体制改革】 教育体制改革。印发实施统筹推进县域内城乡义务教育一体化改革发展的实施意见，“全面改薄”项目校舍建设开工率、竣工率和设施设备采购完成率均超过100%，在全国29个项目省（区）中排位均为第1位。出台《江西省有特色高水平大学和一流学科专业建设实施方案》，南昌大学入选国家层面一流学科建设高校，遴选出拟建设一流学科33个。江西省2017年列入国家省级政府履行职责评价试点7个省市之一。

医药卫生体制改革。江西省公立医院综合改革效果评价位列全国第8名，新余、芦溪两地公立医院改革入选国务院“2016年全面深化改革真抓实干、成效明显”表扬激励名单；新余、于都被列为全国公立医院综合改革示范市、县。印发《江西省公立医疗机构药品采购“两票制”实施方案》，11个设区市均出台实施方案，实现县级和城市公立医院综合改革全覆盖。以强化“医联体”建设为突破口，构建分级诊疗服务体系。

完善社会保障制度。印发《江西省企业职工基本养老保险省级调剂金管理暂行办法》，确保养老金按时足额发放。新余市公立医院综合改革试点方案印发实施，支持南昌市开展居家和社区养老改革试点，在全国率先印发关于全面提升养老院服务质量的意见，出台全面放开养老服务市场的实施意见。

【生态文明体制改革】 推进一批生态文明制度建设。《国家生态文明试验区（江西）实施方案》获批，出台《江西省贯彻落实国家生态文明试验区（江西）实施方案的意见》，印发江西省生态文明建设目标评价考核办法、健全生态保护补偿机制的实施意见、领导干部自然资源资产离任审计的实施意见，进一步推动河长制完善升级。制定生态保护红线校核调整完善实施方案，江西省生态红线划定面积为5.03万平方千米，在长江经济带省份中排名第一。

完善一批生态工程建设。全面启动赣州国家级山水林田湖生态保护修复试点，总投资77.88亿元，共治理废弃矿山面积17.22平方千米，基本实现废弃稀土、钨矿山治理全覆盖，山水林田湖生态保护修复试点实施高标准农田建设土地整治0.17万公顷。抚河流域综合整治、昌铜生态经济带建设全面推进。环境质量保持良好，全省国家考核断面水质优良率92%，空气质量优良率83.9%，万元GDP能耗下降4.9%左右。

开展一批生态文明示范试点建设。南昌市建设用地使用权二级市场试点获国土资源部督查组肯定，总体走在全国试点城市前列。加快推进第二批共90个生态文明示范基地项目建设，开展第三批生态文明示范县（市、区）创建评选工作。萍乡市经济技术开发区列入国家2017年园区循环化改造示范试点园区，新增10家省级园区循环化改造试点。南昌、新余作为全国水生态文明试点城市，已通过水利部组织的评估验收，会昌县等水生态文明试点县（市）均完成建设任务。深入推动自然资源资产负债表试点工作，江西省自然资源统一确权登记试点实施方案获批实施，新建区等4个县（市）为试点地区。

（李占峰　元丹）

国民经济和社会发展状况

【概　况】 2017年，地区生产总值20006.31亿元，同比增长8.8%。其中，第一产业增加值1835.26亿元，增长4.4%；第二产业增加值9627.98亿元，增长8.2%；第三产业增加值8543.07亿元，增长10.5%。三次产业结构由2016年的9.8:48.0:42.2调整为9.2:48.1:42.7。三次产业对地区生产总值增长的贡献率分别为4.9%、47.2%、47.9%。人均生产总值4.34万元，美元汇率折算6431美元，增长8.1%。

【农　业】 全年粮食种植面积378.63万公顷，下降0.6%。其中，谷物种植面积356.11万公顷，下降0.6%。油料种植面积67.63万公顷，下降0.9%。蔬菜种植面积61.93万公顷，增长2.0%。棉花种植面积5.05万公顷，增长2.5%。糖料种植面积1.43万公顷，下降1.8%。粮食总产量2221.7万吨，下降0.6%。其中，早稻717.1万吨，下降3.9%；中稻及一季晚稻564.4万吨，增长2.3%；

7月7日，江西省作为生态文明贵阳国际论坛的主宾省，在贵阳举行“生态江西 绿色赣鄱”主题论坛

元丹供

二季晚稻844.7万吨,增长0.3%。油料产量117.3万吨,增长1.7%。其中,油菜籽67.3万吨,增长1.1%。棉花产量7.8万吨,增长5.4%。烟叶产量5.6万吨,下降13.0%。茶叶产量6.1万吨,增长6.7%。园林水果产量455.2万吨,增长12.3%。蔬菜产量1490.1万吨,增长4.9%。肉类总产量326.1万吨,增长1.1%。其中,猪肉产量249.5万吨,增长1.8%;牛肉产量12.0万吨,增长4.5%;羊肉产量2.0万吨,增长7.9%。禽蛋产量45.7万吨,下降1.4%。牛奶产量9.5万吨,下降5.0%。水产品产量281.4万吨,增长3.6%。年末生猪存栏1621.3万头,下降0.6%;生猪出栏3180.5万头,增长1.6%。

【工业和建筑业】 全年全部工业增加值8119.2亿元,增长8.8%。规模以上工业增加值增长9.1%,提高0.1个百分点。高新技术产业增加值增长11.1%,占规模以上工业比重30.9%,提高0.8个百分点。战略性新兴产业增加值增长11.6%,占规模以上工业比重15.1%,提高0.2个百分点。装备制造业增加值增长13.6%,占规模以上工业比重25.6%,提高0.9个百分点。六大高耗能行业增加值增长5.1%,低于全省规模以上工业4.0个百分点;占规模以上工业比重36.3%,上升0.3个百分点。规模以上工业企业实现主营业务收入35585.1亿元,增长11.1%。主营业务收入超百亿元的企业17家。其中,江铃汽车集团公司、江西电力公司分别实现主营业务收入781.6亿元、612.8亿元。年末工业园区实际开发面积628.2平方千米,增长0.5%;园区实现主营业务收入28749.4亿元,增长11.4%;主营业务收入过百亿元工业园区72个,其中主营业务收入超500亿元的园区19个,增加1个。建筑业总产值6166.8亿元,增长19.1%。资质以上建筑业企业2431家,增加474家。

【固定资产投资】 全年全社会固定资产投资22085.3亿元,增长12.1%。其中,固定资产投资(不含农户)21770.4亿元,增长12.3%。房地产开发投资2014.0亿元,增长13.7%。商品房竣工面积1854.4万平方米,增长13.4%;商品房销售面积5841.9万平方米,增长24.5%;商品房销售额3592.5亿元,增长34.1%。年末商品房待售面积1129.9万平方米,下降21.2%。其中,住宅待售面积599.7万平方米,下降36.1%。

【国内贸易】 全年社会消费品零售总额7448.1亿元,增长12.3%。其中,限额以上单位实现消费品零售额3135.1亿元,增长14.1%。按城乡分,城镇市场零售额6167.3亿元,增长12.3%。其中,城区市场零售额4028.2亿元,增长13.9%;乡村市场零售额1280.8亿元,增长12.1%。按行业分,批发业零售额1086.0亿元,增长13.6%;零售业零售额5464.7亿元,增长12.6%;住宿业零售额91.7亿元,增长15.1%;餐饮业零售额805.8亿元,增长8.3%。金银珠宝类零售额47.9亿元,增长23.9%;家具类64.0亿元,增长13.2%;通讯器材类32.7亿元,增长11.1%;建筑及装潢材料类50.7亿元,增长14.7%。汽车类零售额983.3亿元,增长16.0%。

【对外经济】 全年货物进出口总值3011.1亿元,增长14.1%。其中,出口值2209.0亿元,增长12.6%;进口值802.1亿元,增长18.6%。新批外商投资企业495家,实际使用外商直接投资金额114.6亿美元,增长9.8%。利用省外项目实际进资6630.3亿元,增长12.3%。至年底,在赣投资具有世界500强投资背景的企业66家。新签对外承包工程合同项目284个,增长43.4%;合同金额41.1亿美元,增长42.2%;完成营业额42.6亿美元,增长8.1%。江西国际经济技术合作公司、江西中煤建设集团有限公司、中鼎国际工程有限责任公司3家"走出去"龙头企业继续入围ENR全球最大国际工程承包商250强。

【交通、邮电和旅游】 全年货物运输量15.44亿吨,增长11.8%;货物周转量4217.1亿吨千米,增长8.2%。旅客运输量6.44亿人,增长0.7%;旅客周转量1000.3亿人千米,增长3.1%。机场旅客吞吐量1415.5万人,增长34.4%。昌北国际机场旅客年吞吐量突破1000万人次。组建江西航空公司,填补了江西没有本土航空公司的空白。年末公路通车里程16.23万千米,增加376千米。其中,高速公路通车里程5916千米。铁路营运里程4137千米,增加228千米。年末民用汽车保有量473.3万辆,增长16.2%;民用轿车保有量265.0万辆,增长17.7%。其中,私人轿车252.4万辆,增长18.8%。邮电业务总量790.8亿元。其中,邮政业务总量129.7亿元,增长29.4%;电信业务总量661.1亿元,增长71.0%。年末固定电话用户477.0万户,下降7.8%。年末移动电话用户3449.2万户,增长9.8%。3G移动电话用户259.5万户,下降15.5%;4G移动电话用户2476.8万户,增长29.4%。接待国内旅游者5.73亿人次,增长21.6%;国内旅游收入6435.1亿元,增长28.9%。接待入境旅游者188.9万人次,增长3.9%;国际旅游外汇收入6.3亿美元,增长7.8%。

【财政、金融、证券和保险业】 全年财政总收入3447.4亿元,增长9.7%。其中,一般公共预算收入2247.1亿元,增长4.4%;税收收入2715.4亿元,增长10.3%,占财政总收入比重为78.8%。年末金融机构人民币各项存款余额32324.9亿元,比年初增加3431.8亿元。年末金融机构人民币各项贷款余额25712.6亿元,比年初增加3990.8亿元。年末辖区内境内上市公司39家,其中主板公司23家,中小板公司9家,创业板公司7家。辖区内证券公司2家,分公司34家,证券营业部319家,证券交易额5.14万亿元;期货公司1家,期货营业部35家,期货代理成交金额1.83万亿元。保险公司保费收入727.6亿元,增长19.5%。支付各类赔款及给付216.8亿元,增长4.8%。

【教育和科学技术】 全年研究生教育招生1.3万人,在校生3.5万人,毕业生0.9万人。普通高等教育招生31.3万人,在校生104.8万人,毕业生29.6万人。小学毛入学率103.8%,初中阶段毛入学率107.9%,高中阶段毛入学率89.5%,普通高考录取率

9月4日，全国第十三届运动会跆拳道女子49公斤级决赛在天津举行，江西运动员谭雪琴获冠军。图为谭雪琴（左）和教练手持金牌

王伟摄

82.7%，高等教育毛入学率42.0%。研究与试验发展（R&D）经费支出255.8亿元，占地区生产总值比重为1.2%，提高0.08个百分点。年末共有国家工程（技术）研究中心8个，省工程（技术）研究中心300个；国家级重点实验室4个，省级重点实验室157个。全年受理专利申请7.06万件，授权专利3.30万件；签订技术合同2404项，技术市场合同成交金额96.2亿元，其中技术开发合同成交额41.4亿元，技术转让合同成交额16.0亿元。年末共有产品质量检测机构70个，其中国家级检测中心10个。法定计量技术机构245个。强制检定计量器具125.4万台（件），开展产品质量监督抽查6823批次。累计获得3C证书的企业825家，获得3C证书5791张。累计发放自愿性产品认证证书4029张，累计发放工业产品生产许可证743张。测绘部门为经济社会发展提供各种基本比例尺地形图2222张，大地成果1995点，航摄成果13.27万平方千米。

【文化、卫生和体育】　年末共有艺术表演团体82个，文化馆118个，公共图书馆113个，博物馆139个。广播电视台89座，中、短波发射台19座，电视台5座；有线广播电视用户753.6万户。年末广播综合人口覆盖率98.4%，电视综合人口覆盖率98.9%。出版各种图书、期刊、报纸7977种，出版各类图书2.22亿册、期刊7385万册、报纸9.10亿份。年末共有各类医疗卫生机构3.78万个（含村卫生室），卫生技术人员23.60万人，医院、卫生院床位数23.35万张。年末共有全民健身中心2个，青少年俱乐部129个，城市社区多功能运动场3个，青少年户外活动营地4个；国家级体育传统项目学校15所，省级体育传统项目学校176所，省级单项体育后备人才基地33个。在国际和国内的重大比赛中共获74枚金牌、75枚银牌和56枚铜牌。

【人口、人民生活和社会保障】　年末总人口4622.1万人，增加29.8万人。其中，城镇人口2523.6万人，占总人口的比重（常住人口城镇化率）为54.6%，提高1.5个百分点。出生人口63.5万人，出生率13.79‰，提高0.34个千分点；死亡人口28.0万人，死亡率6.08‰，下降0.08个千分点；自然增长率7.71‰，提高0.42个千分点。城镇居民人均可支配收入3.12万元，增长8.8%；农村居民人均可支配收入1.32万元，增长9.1%。城镇居民人均生活消费支出1.92万元，增长8.8%；农村居民人均生活消费支出9870元，增长8.1%。城、乡居民消费恩格尔系数分别为31.1%、33.6%，分别下降0.9和1.7个百分点。就业困难人员实现就业6.2万人，共发放创业担保贷款130.6亿元，扶持个人创业贷款所占比例67.0%。年末参加城镇职工基本养老保险1005.2万人，参加基本医疗保险4762.4万人，参加工伤保险517.1万人，参加生育保险279.3万人，参加失业保险286.3万人。向城市低保户发放低保金29.7亿元，城市低保标准530元/（人·月），月人均补差358元；向农村低保户发放低保金45.4亿元，农村低保标准305元/（人·月），月人均补差230元。城市居民得到政府最低生活保障66.6万人，农村居民得到政府最低生活保障168.4万人。年末共有提供住宿的社会福利机构1453个，床位数14.7万张，收养人数11.9万人。社区服务机构和设施3745个，其中社区服务中心397个。销售社会福利彩票42.4亿元，筹集福利彩票公益金12.4亿元，直接接受社会捐赠0.9亿元。

【资源、环境与安全生产】　年末地表水Ⅰ～Ⅲ水质达标比例为88.5%，国家考核断面水质优良率92%。11个设区城市环境空气质量优良率83.9%。完成造林面积8.94万公顷，森林抚育38.15万公顷，改造低产低效林11.81万公顷，森林覆盖率稳定在63.1%。共建立自然保护区159处，其中国家级16处、省级39处、市县级104处。武夷山列入世界文化与自然双遗产名录，上饶、赣州、景德镇创建国家森林城市，靖安、资溪、婺源被授予国家生态文明建设示范市县。年平均降水量1720.3毫米，比常年偏多2.7%。平均气温18.9℃，比常年偏高0.9℃，位列历史第2位。平均日照时数1504.0小时，比常年偏少127.8小时，位列历史第6位。能源消费总量8995.3万吨标准煤，增长2.8%；万元GDP能耗0.4501吨标准煤，下降5.5%，超额完成年度节能“双控”目标任务。规模以上工业综合能源消费量5300.0万吨标准煤，增长2.7%；万元规模以上工业增加值能耗下降5.9%，超额完成下降4%的年度目标任务。安全生产事故2726起，安全生产事故死亡人数1630人，亿元生产总值安全生产事故死亡人数0.08人。

（徐右谦）

本栏编辑　詹跃华

中国共产党江西省委员会

综　述

2017年，省委坚持以喜迎中共十九大、学习宣传贯彻中共十九大精神作为全年工作主线，认真学习贯彻习近平新时代中国特色社会主义思想，全面贯彻中共中央总书记习近平对江西工作重要要求，深入落实省第十四次党代会精神和"创新引领、绿色崛起、担当实干、兴赣富民"工作方针，大力弘扬井冈山精神和苏区精神，充分激发干部群众干事创业热情，推动全省经济社会发展和党的建设各项事业取得新成绩。

全力做好迎接和学习宣传贯彻中共十九大工作，自觉坚定地与以习近平为核心的中共中央保持高度一致。中共中央总书记习近平发表重要讲话、作出重要批示后，及时传达学习贯彻，先后召开30次省委常委会会议、10次省委中心组学习会深入学习领会，研究贯彻措施。举办全省市厅级主要领导干部专题研讨班，深入学习中共十八届六中全会精神。在省委十四届二次、三次、四次全会上对迎接中共十九大胜利召开做出系统部署。中共十九大闭幕后，立即召开省市县乡四级2.5万名党员干部参加视频会议传达学习中共十九大精神，举办24场专题宣讲会宣传解读，举办全省市厅级主要领导干部学习贯彻中共十九大精神专题研讨班深入研讨，召开省委十四届五次全会，做出《关于深入学习贯彻党的十九大精神奋力谱写新时代中国特色社会主义江西篇章的决定》，推动中共十九大重大战略部署落地落实。

认真贯彻中央关于经济工作的决策部署，推动全省经济持续健康发展。坚决贯彻习近平新时代中国特色社会主义经济思想，坚持稳中求进工作总基调，推动经济稳定增长、提质增效，主要经济指标增幅继续位居全国"第一方阵"。每季度召开一次经济形势分析会，及时研究解决经济运行突出问题。持续推进降成本优环境专项行动，出台企业减负"新30条"。出台《关于加快发展新经济培育新动能的意见》，发展新制造经济、新服务经济、绿色经济、智慧经济、分享经济。召开深入推进赣南等原中央苏区振兴发展工作会议，出台《支持赣江新区加快发展的若干意见》，赣江新区获批国家级"双创"示范基地、绿色金融改革创新试验区。深入实施创新驱动发展战略，出台《江西省创新驱动发展纲要》。牢牢抓住供给侧结构性改革主线，深入落实"三去一降一补"五大重点任务，"放管服"、国资国企、农业农村等重点领域改革取得明显成效。全面对接"一带一路"建设和长江经济带发展，举办"开放的中国：美丽江西秀天下"全球推介活动，举办中国企业500强高峰论坛、首届世界赣商大会、中国（江西）非公有制经济发展论坛等重大活动，推进赣京经济交流、赣港经贸合作。大力实施"藏粮于地、藏粮于技"战略，加快现代农业发展，持续深化农业农村改革，农村土地"三权分置"稳步实施，深入开展"整洁美丽、和谐宜居"新农村建设，打造生态宜居美丽乡村。

扎实推进国家生态文明试验区建设，奋力打造美丽中国"江西样板"。召开省委十四届三次全会，专题研究部署国家生态文明试验区建设，出台《关于深入落实〈国家生态文明试验区（江西）实施方案〉的意见》。坚持山水林田湖草生命共同体的理念，集中推进一批重大生态保护与修复工程，加强自然保护区、森林公园、湿地公园管护。深入实施大气、水、土壤污染防治行动计划，实施清河提升、长江经济带突出问题整改等专项行动，扎实推进劣V类水体和城市黑臭水体整治、城乡环境综合整治、重点矿山恢复整治。出台全域旅游发展指导意见，成功创建4个国家级生态旅游示范区、18个国家级全域旅游示范区、41个国家水利风景区。实施绿色生态农业"十大行动"、技改专项行动，加强生态文明领域重点技术攻关，稀土资源综合利用、废弃稀土矿山植被恢复技术等达到国际先进水平。加快绿色金融发展，推进赣江新区绿色金融改革创新示范区建设。全面推进环保机构监测监察执法垂直管理改革，完善国土空间管控体系、环境资源审判体系、生态检察工作机制。

坚持以人民为中心发展思想，加大力度保障和改善民生。调整充实省扶贫开发领导小组，实行省委书记、省长担任组长的双组长制，增加成员单位，压紧压实脱贫攻坚责任。召开全省脱贫攻坚现场推进会，建立健全脱贫攻坚责任体系、考核体系、保障体系，加强督查巡察力度，加大各级财政扶贫资金投入。出台《大力支持深度贫困村脱贫攻坚实施方案》，深入实施脱贫攻坚"十大工程"，实现减贫50万人、1000个贫困村退出，井冈山市、吉安县率先脱贫摘帽。扎实推进民生工程，坚持新增财力向民生倾斜，全面完成50件民生实事。大力实施就业促进、创业引领计划，全面实施全民参保计划。制定“健康江西2030”规划纲要，抓好健康江西建设。深入推进法治江西建设，出台《关于进一步加强全省社会主义法治文化建设的意见》。完善信访工作责任体系，推进安全生产领域改革发展，社会保持和谐稳定。

*充分调动各方面积极性，凝聚团结奋进的强大合力。*持续开展中国特色社会主义和中国梦宣传教育，举行纪念“八一”南昌起义暨建军、秋收起义、井冈山革命根据地创建“三个90周年”系列活动，落实意识形态工作责任制，完善省、市、县三级网络巡查机制，深入推进家庭家教家风建设，打造“好人文化”品牌和“法媒银·失信被执行人曝光台”。推进社会主义民主政治建设，出台《关于健全人大讨论决定重大事项报告制度、各级政府重大决策出台前向本级人大报告的若干意见》《关于加强和改进人民政协民主监督工作的实施意见》，完成6个民主党派和工商联省级组织换届，制定《关于构建新型政商关系的指导意见》，促进非公经济健康发展和非公经济人士健康成长。出台共青团、总工会、妇联、科协、侨联等改革方案，加强和改进文联、残联、红十字会等群团工作，组建省委军民融合发展委员会，支持驻赣部队建设，党管武装和双拥工作水平进一步提升。

*深入推进全面从严治党，持续建设风清气正的政治生态。*省委常委会带头学习贯彻《关于新形势下党内政治生活的若干准则》，召开省委常委班子民主生活会，开展批评和自我批评。制定《江西省贯彻〈县以上党和国家机关党员领导干部民主生活会若干规定〉的实施细则》，深化政治巡视巡察，推动巡视整改取得实效。扎实推进“两学一做”学习教育常态化制度化，把传承红色基因、深化理想信念教育贯穿全过程，教育引导党员干部在弘扬井冈山精神上走在前列。坚持正确选人用人导向，严格干部经常性管理监督，健全完善干部考核评价体系，努力实现干部队伍清正廉洁。出台《关于深化人才发展体制机制改革的实施意见》，推出江西省引进培养创新创业高层次人才“双千计划”，集聚更多优秀人才为经济社会发展服务。压实党建工作责任，开展各级党委书记抓基层党建述职评议，健全完善党建巡察等制度。认真做好各领域基层党建工作，召开全省高校思想政治工作会议、国有企业党的建设工作会议、城市基层党建工作会议，集中整顿软弱涣散党组织，做好村（社区）“两委”换届选举准备工作。加强党风廉政建设，出台《江西省贯彻〈中国共产党问责条例〉实施办法》，修订《关于深入贯彻中央八项规定精神进一步改进作风的若干意见》，加强市县两级巡察工作，深入开展基层“微腐败”整治，加大对损害群众利益问题的查处力度，风清气正的政治生态建设取得新成效。

重要会议

【中共江西省委十四届二次全体会议】　5月9日，中共江西省委十四届二次全体会议在南昌召开。省委常委会主持，省委书记鹿心社出席并讲话。省委委员、候补委员出席会议，不是省委委员、候补委员的在职省级党员领导列席会议。会议圈选确定江西省出席中共十九大代表候选人预备人选；审议通过《关于召开中国共产党江西省代表会议的决议》，决定2017年6月召开中国共产党江西省代表会议。

【中国共产党江西省代表会议】　6月5日，中国共产党江西省代表会议在南昌召开。省委常委会主持会议，省委书记鹿心社出席并讲话。会议应到代表666人，实到645人，符合规定人数。会议传达《中共中央关于党的十九大代表选举工作的通知》精神，听取关于江西省出席中共十九大代表选举工作的报告。会议以无记名投票方式，在充分酝酿的基础上，选举产生43名江西省出席中国共产党第十九次全国代表大会代表。中央提名的刘奇葆当选中共十九大代表。鹿心社强调，这次省党代表会议任务完成，标志着江西省迎接中共十九大工作进入新阶段。全省各级党组织要切实增强“四个意识”，牢记使命担当，深入学习贯彻习近平系列重要讲话精神和治国理政新理念新思想新战略，认真实施“创新引领、绿色崛起、担当实干、兴赣富民”工作方针，锐意进取、奋发有为，扎实做好各项工作，奋力开创决胜全面建成小康社会、建设富裕美丽幸福江西的新局面，以优异成绩迎接中共十九大胜利召开。

【中共江西省委十四届三次全体（扩大）会议】　7月19日—20日，中共江西省委十四届三次全体（扩大）会议在南昌召开。

省委常委会主持会议，省委书记鹿心社代表省委常委会做工作报告。省委副书记、省长刘奇，省委副书记姚增科分别作《中共江西省委江西省人民政府关于深入落实〈国家生态文明试验区（江西）实施方案〉的意见（讨论稿）》《中共江西省委全会工作规则（讨论稿）》的起草说明。省委委员、候补委员，不是省委委员、候补委员的现职省级领导，省人大常委会、省政府、省政协秘书长，省委、省政府副秘书长，省纪委常委，省委各部门、省直各单位党组（党委）主要负责人；设区市和赣江新区党政主要负责人；各县（市、区）党委主要负责人、省直管县（市）政府主要负责人和部分基层党代表出席会议。全会听取并讨论省委常委会工作报告和《中共江西省委江西省人民政府关于深入落实〈国家生态文明试验区（江西）实施方案〉的意见》，审议通过《中共江西省委全会工作规则》。全会研究深入推进江西省国家生态文明试验区建设，总结上半年工作，部署迎接中共十九大和今后一个时期工作。

【中共江西省委十四届四次全体（扩大）会议】　9月6日，中共江西省委十四届四次全体（扩大）会议在南昌召开。省委书记鹿心社主持会议并讲话，中组部干部考察组组长侯建国讲话。省委委员、省委候补委员，在赣工作的十八届中央“两委”委员，不是省委委员、候补委员的在职省级党员领导，省纪委副书记，设区市党政主要负责人，省委工作部门、省政府组成部门、省人大政协专门委员会和省工青妇主要负责人，各民主党派、工商联主要负责人和无党派代表人士出席会议。会议推荐新一届省人大、政府、政协领导班子成员和法检“两长”人选；

对现任省人大、政府、政协领导班子及成员、法检“两长”进行民主测评和民主评议。

【全省领导干部会议】 10月26日，省委在南昌召开省、市、县、乡四级领导干部视频会议，第一时间传达学习贯彻中共十九大精神。省委书记鹿心社出席并讲话，省委副书记、省长刘奇传达中共十八届七中全会、十九大盛况和主要精神、中共十九届一中全会主要精神；省委副书记姚增科主持；黄跃金等省委、省人大常委会、省政府、省政协领导，省法院、省检察院主要负责人出席会议。全省近2万名党员干部参加。鹿心社强调，学习宣传贯彻中共十九大精神，最重要的是要坚决维护中共中央总书记习近平在党中央、全党的核心地位，深入学习贯彻习近平新时代中国特色社会主义思想，深入贯彻落实中共十九大确定的大政方针、发展方略、政策措施，紧密联系江西实际，大力实施“创新引领、绿色崛起、担当实干、兴赣富民”工作方针，努力把各项工作做得更好，加快建设富裕美丽幸福江西，奋力谱写新时代中国特色社会主义的江西篇章。

【中共江西省委十四届五次全体会议】 12月25日—27日，中共江西省委十四届五次全体会议在南昌召开。省委常委会主持会议。省委书记鹿心社出席并讲话，省委副书记、省长刘奇总结2017年、部署2018年经济工作。省委委员、候补委员出席会议；不是省委委员、候补委员现职省级领导，省委各部门、省直各单位党组（党委）主要负责人，设区市和赣江新区党政主要负责人，各县（市、区）党委主要负责人，省直管县（市）政府主要负责人以及部分基层党代表列席会议。全会对深入学习贯彻中共十九大精神，做好2018年经济社会发展工作、加强党的建设进行全面部署。全会表决通过《中共江西省委关于深入学习贯彻党的十九大精神 奋力谱写新时代中国特色社会主义江西篇章的决定》《中共江西省第十四届委员会全体会议工作规则》，审议成立省委军民融合发展委员会办公室方案。全会按照党章规定，决定递补省委候补委员付秀秀、向东为省委委员。

重要决策

【制定《关于深化人才发展体制机制改革的实施意见》】 1月13日，省委印发该意见，从改革人才管理体制、健全人才引进培养支持机制、创新人才评价激励机制、创新科技成果转化支持机制、健全人才向艰苦边远地区和基层一线流动机制、优化人才服务保障机制等6个方面，制定46项具体举措及任务，对加快推进江西省人才发展体制机制改革具有重要意义。

【制定《关于加快发展新经济培育新动能的意见》】 2月24日，省委、省政府印发该意见，明确加快发展新经济培育新动能的重大意义、总体要求及发展目标，提出进一步主攻新制造经济、新服务经济、绿色经济、智慧经济、分享经济5个重点领域，进一步强化人才、科技、平台、数据、金融等要素的支撑，全力打造最优政策体系，为发展新经济培育新动能提供保障。

【印发《关于深入贯彻中央八项规定精神 进一步改进作风的若干意见》的通知】 4月8日，省委办公厅、省政府办公厅印发该意见，该意见涵盖增强调查研究质量、增强联系服务群众实效、大力精简会议会见、大力压缩文件简报、严格规范公务接待、严格规范公务出行、严格规范公务新闻报道、严格监督管理8个方面36项具体要求。

【印发《关于构建新型政商关系的指导意见》的通知】 5月1日，省委办公厅、省政府办公厅印发该意见，明确构建新型政商关系的基本原则和目标任务，规范政商交往行为，严守政商交往底线，开展以守法诚信为重点的理想信念教育活动，教育引导非公有制经济人士同心协力建设新型政商关系。

【印发《江西省贯彻〈县以上党和国家机关党员领导干部民主生活会若干规定〉的实施细则》的通知】 6月1日，省委印发该细则，分别对县以上党和国家机关党员领导干部民主生活会的会前准备、召开会议、会后工作等3个阶段，明确制定方案、组织学习、征求意见、谈心谈话、撰写对照检查材料和发言提纲、开展批评与自我批评、制定和落实整改措施、上报会议情况等具体步骤。细则还对组织领导和督查指导进行有关明确，规范省委常委民主生活会有关筹备工作的任务分工以及指导市厅级单位民主生活会工作流程。

【印发《江西省贯彻〈中国共产党问责条例〉实施办法》的通知】 6月9日，江西省配套出台该办法。办法明确问责工作的原则、适用对象、有关情形，界定问责的启动、调查、决定、执行与监督等相关内容，进一步规范和强化江西省党的问责工作，推进全面从严治党向纵深发展。

【印发《江西省“十三五”时期文化发展改革规划纲要》的通知】 9月12日，省委办公厅、省政府办公厅印发该纲要，指出江西省当前文化发展基础和面临形势，阐明“十三五”时期江西省文化发展改革的宏伟目标、主要任务和保障措施等，描绘未来五年全省文化发展改革的宏伟蓝图。

【印发《关于深入推进脱贫攻坚工作的意见》的通知】 9月16日，省委办公厅、省政府办公厅印发该意见，省委、省政府按照“核心是精准、关键在落实、确保可持续”的脱贫攻坚工作方针，明确准确把握脱贫攻坚重点要求、着力实施脱贫攻坚重点工程、完善支持脱贫攻坚投入政策、夯实打牢脱贫攻坚工作基础、强化推进脱贫攻坚实施保障5个方面20条具体实施措施，要求确保到2020年全省脱贫实效和质量进入全国“第一方阵”。

【印发《江西省创新驱动发展纲要》的通知】 9月22日，省委、省政府印发该纲要，对江西省创新驱动发展工作进行部署，明确总体要求、主要任务、保障措施，对加快推进全省创新体系建设、实现科技强省具有十分重要的意义。

【制定《关于深入落实〈国家生态文明试验区（江西）实施方案〉的意见》】 9月30日，省委办公厅、省政府办公厅印发该意见，明确建设国家生态文明试验区的政治责任、目标任务、重大举措，要求全省各地各部门认真贯彻落实党中央、国务院和省委、省政府的决策部署，切实增强责任感、使命感、紧迫感，加强组织领导，狠抓工作落实，形成统筹推进国家生态文明试验区建设的整体合力，奋力打造美丽中国"江西样板"。

【制定《关于推进安全生产领域改革发展的实施意见》】 9月30日，省委办公厅印发该实施意见，明确推进安全生产领域改革发展的主要任务和主要目标，要求严格落实企业主体责任、全面落实地方和部门监管责任，同时对加大安全监管体制改革力度、大力推进依法治理、建立安全预防控制体系、加强安全基础保障能力建设4个方面提出33项具体实施意见，对全面推进全省安全生产领域改革发展、切实保障人民群众生命财产安全，具有重要意义。

【印发《关于促进开发区改革和创新发展的实施意见》】 12月1日，省委、省政府印发该实施意见，明确促进开发区改革和创新发展的总体要求、重点任务和保障措施，重点在优化开发区统筹布局、改革开发区行政体制、创新开发区营运模式、完善开发区管理制度、促进开发区转型升级、打造高水平营商环境6个方面提出24条具体任务和要求，该意见出台对加快推进全省高新区、经开区、工业园区、海关特殊监管区改革和创新发展，进一步发挥改革开放排头兵和转型升级主阵地作用具有重要意义。

【印发《江西省贯彻落实〈中国共产党巡视工作条例〉的实施办法》的通知】

12月22日，省委印发该办法，明确省委巡视工作的组织领导和机构设置、巡视工作人员管理和教育监督、巡视范围和内容、工作方式和权限、工作程序、整改落实和督查、纪律与责任等有关内容，进一步规范省委巡视工作。

【印发《关于深入学习贯彻中共十九大精神奋力谱写新时代中国特色社会主义江西篇章的决定》】 12月29日，省委印发该决定，江西省委第十四届第五次全会认真学习贯彻中共十九大精神，结合江西实际，就深入贯彻落实中共十九大战略部署、决胜全面建成小康社会、全面推进富裕美丽幸福现代化江西建设等重大问题作出有关决定，决定重点围绕中共十九大决胜全面建成小康社会，开启全面建设社会主义现代化国家新征程的战略部署，明确当前和今后一个时期全省工作的总体要求，进一步丰富拓展省第十四次党代会提出的奋斗目标。

（省委办公厅）

组织工作

【概　况】 2017年，全省各级组织部门深入学习贯彻习近平新时代中国特色社会主义思想，以迎接中共十九大胜利召开和学习贯彻中共十九大精神为主线，以严肃党内政治生活和强化党内监督为重点，坚持稳中求进工作总基调，各项工作取得新成效。

全力做好迎接和学习贯彻中共十九大各项工作。中共十九大召开前，广泛动员组织党员参与推荐提名工作，按照"三上三下"程序，采取"差额比选"方式，选举产生43名全省出席中共十九大代表，得到中组部肯定，新华社等中央媒体多次报道该做法。切实抓好中共十九大精神学习宣传贯彻工作，及时收集整理全省基层党组织和广大党员反响并向中组部和省委报送，得到省委领导肯定。从省管党费中征订中共十九大学习辅导材料，免费赠送全省基层党委、党总支和农村、社区等经费困难的基层党支部，利用"江西组工微讯"开展中共十九大知识在线测试活动。认真开展中共十九大精神学习培训。举办全省市厅级主要领导干部学习贯彻中共十九大精神专题研讨班，全省4000余名县处级以上领导干部参加学习。下发《关于做好全省县处级以上领导干部学习贯彻中共十九大精神集中轮训工作的通知》，全省县处级以上领导干部学习贯彻中共十九大精神集中轮训工作全面铺开。

大力加强换届后领导班子和干部队伍建设。突出重点加强干部教育培训，把习近平新时代中国特色社会主义思想纳入各级党校、行政学院、干部学院培训计划和教学内容，举办全省市厅级主要领导干部学习贯彻中共十八届六中全会暨省第十四次党代会精神专题研讨班，举办新任市厅级领导干部党性教育专题培训班2期和2016年度下派挂职干部党性教育专题培训班。聚焦全省重大战略加强专业化能力培训，会同省直有关部门举办组织、宣传、政法等"十八大系统"领导干部培训班。围绕重大任务和干部知识短板开展境外培训，举办赴英国"金融市场管理"专题培训班、赴德国"学习工业4.0专题培训班"，全省培训各级各类干部24万人次。着力做好干部选拔任用工作，组织开展省管干部谈心调研，扎实做好省人大政府政协领导班子换届有关人事安排工作。规范省管干部任免调配工作，起草并以省委名义印发《关于进一步规范领导干部亲属和身边工作人员提拔任用工作的通知》《关于进一步健全"五个一批"培养体系加强和改进优秀年轻干部培养选拔工作的实施意见》等文件，补充推荐一批厅级后备干部人选。健全完善干部考核评价，修订《关于省管领导班子和领导干部分类考核工作的意见（试行）》，对各单位贯彻落实《江西省推进领导干部能上能下实施细则（试行）》情况进行督促检查，31个领导班子被评为"好"班子，193名干部被评为"优秀"等次。

着力把从严管理干部要求落到实处。持续加强换届风气监督，突出"六个决不允许"纪律要求，对全省拟推荐为全国人大代表、政协委员和省人大代表、政协委员人选严格审核把关，坚决防止干部"带病提名"。扎实推进巡视检查反馈意见整改工作，把落实中央巡视组反馈意见整改与推进中组部选人用人检查组反馈意见整改有机结合起来，实行"销号"式推进。从严贯彻落实个人有关事项"两项法规"，严格落实"凡提必核"要求，对未如实填报个人有关事项或填报不规范的领导干部进行组织处理。强化选人用人监督问责和专项整治，结合巡视对8个省直单位开展选人用人工作专项检查，结合年度考核开展选人用人工作"一报告三评议"。严格落实干部选拔任用全程纪实制度，修订完善《江西省省管干部选拔任用工作全程纪实办法》，强化选人用人监督检查和责任追究。深入推进“任人唯亲”问题专项整治，完成全省超职数配备干部问题整改消化任务，开展跑官要官、说情打招呼问题专项整治“回头看”，持续抓好“裸官”清理，切实抓好“带病提拔”干部集中倒查工作。强化领导干部日常管理监督，严格执行领导干部重要事项请示报告制度，切实抓好选人用人违规问题和拟任人选任职公示期信访举报查核工作。省、市、县三级组织部门“12380”举报信息管理系统实现直连互通。

扎实推进人才发展体制机制改革。在全国首创人才工作专项述职，省市县共召开专项述职会议122场，2296人进行述职。起草并以省委名义印发《关于深化人才发展体制机制改革的实施意见》，围绕人才放权松绑、引进培养、评价激励等方面提出46条创新举措。推出江西引进培养创新创业高层次人才“双千计划”，第十三批国家“千人计划”全省8人入选，人数为历年之最。在中国井冈山干部学院建立“江西对接高层次人才联络站”，邀请16名院士、14名顶尖专家组成院士专家咨询服务团到赣开展“服务革命老区院士专家行”活动，达成合作意向47项。全省新建院士工作站54家，新建博士后创新实践基地31个，累计设立“海智基地”30个。起草并以省委名义出台《关于加强党委联系服务专家工作的实施意见》，制定《创建省级服务支持人才创新创业示范基地实施办法》，率先在上饶大数据产业园、鹰潭移动物联网产业园建成示范基地。创新设立7.5亿元的省人才创新创业引导基金，依托江西银行筹建全国首家人才服务银行。

全面加强基层党组织建设。扎实推动“两学一做”学习教育常态化制度化，打好“深学、实做、真改”组合拳，固化“党员活动日”，抓牢以弘扬井冈山精神为核心的理想信念和党性教育，全省各级中心组开展学习讨论2112次，党支部开展学习38.48万次，各级党组织共查找问题30.98万个，即知即改26.57万个。持续深化“党建+”理念，开展全省“基层党建活动月”活动，研究制定2018—2022年全省基层党建工作《规划纲要》。以“一核两委五机制”为重点，着力提升农村基层党组织整体功能，中央有关领导到全省调研时给予肯定。做好抓党建促脱贫攻坚工作，选派第一书记实现软弱涣散村和贫困村全覆盖。召开全省城市基层党建工作会议，下发《关于加强城市基层党建工作的意见（试行）》。坚持“六有”标准，推行“四个一”必选活动，持续巩固非公经济组织和社会组织“两个覆盖”成果。制定在深化国有企业改革中坚持党的领导加强党的建设、落实省属国有企业党建工作责任制等系列文件，中央改革办督察组给予高度评价。出台加强和改进新形势下高校思想政治工作、民办高校党委书记（督导专员）选派和管理、加强民办学校党的建设工作等系列文件。制定出台《2017年全省基层党建工作重点任务清单》，规定13条共性任务和各领域基层党建重点任务102条。首次将人才工作、意识形态和党风廉政建设等纳入基层党建述职内容，开展基层党建巡察。开展党员组织关系排查和规范管理、组织处置工作，近90%失联党员重新找到党组织。切实加强党内激励关怀帮扶工作，及时做好因抗洪抢险遇难匡美建等3名人员表彰工作。

大力建设模范部门和过硬队伍。启动并实施全省组工干部3年理想信念和专业素养培训“双覆盖”工作计划。举行报告文学《公仆曾建》首发式，持续深入开展“学曾建、见行动、创一流”主题活动。下发全省组织系统学习贯彻中共十九大精神通知，召开学习贯彻情况座谈会，开展学习贯彻征文。持续深化从严治部，制定《省委组织部机关工作人员日常行为“负面清单”》，开设“廉洁讲堂”，部机关各支部设立纪律监督员20名，从严治部相关做法在《中国组织人事报》头版刊发2次。统筹推进组织部门各项工作，完成中组部“增强党的建设制度改革系统性协调性研究”等3个重点课题，7篇党建研究课题获全国奖项。开展乡镇干部绩效考核试点工作，从北京大学等11所重点知名院校定向选调78名应届优秀大学毕业生，制定出台基层干部激励关怀两项机制。大力推进全省党员、干部、人才管理信息平台建设和公务员管理信息系统建设、组织人事部门信息化建设，相关做法在全国作典型发言。继续做好《组织志（含老干部）》编纂工作。

【开展省管干部谈心调研】　4—12月，分两个阶段，分别在设区市和省直单位、省属高校及省属企业开展集中谈心调研，累计谈话3858人，实现省管干部和县（市、区）党政正职全覆盖。对谈话人员重点做到“三谈”，即：谈班子，要介绍本单位领导班子总体运行、落实全面从严治党要求和目标任务完成等情况，重点谈存在的问题和意见建议；谈家庭，要介绍每位家庭成员从业情况以及在家风家教方面的做法和认识；谈本人，要介绍在岗履行主责主业方面的情况，谈个人想法打算、兴趣爱好及对身边工作人员教育管理等。对省直单位、省属高校和省属企业谈心调研中，增加“两考”，即：对省管领导班子和领导干部进行2017年度考核，对厅级后备干部推荐人选进行考察了解。注重“一听取”，即：听取谈话对象对干部考察工作和组织工作的意见建议。通过面上谈心“听”情况、实地调研“察”实绩、综合研判“下”结论、相互印证“用”成果，拓宽知人识人的视野和渠道，传递组织的关怀和温暖，深受谈话对象好评，得到中组部和省委主要领导肯定。

【出台基层干部激励关怀两项机制】
2017年，制定出台《关于定期开展从优秀村（社区）干部中公开选聘乡镇（场、街道）事业单位工作人员的实施意见（试行）》《关于定期开展从优秀乡镇（场、街道）事业编制人员、优秀村（社区）干部和大学生村官中选拔乡镇（街道）机关领导干部的实施意见（试行）》，按照2年1次频率、县内竞争原则，采取公开选拔选聘与组织推荐相结合方式，分类组织实施。明确事业编制人员必须在乡镇（场、街道）工作满5年以上；村（社区）干部必须为任现职连续满5年以上的村（社区）党组织书记，或任现职连续满9年以上的村（社区）主任，且近2年所在村（社区）年度考核综合排名均在乡镇（场、街道）前1/3以内，或任职期间本人获得过2次以上乡镇（场、街道）以上表彰奖励；大学生村官必须为服务期满且已转为事业编制或考录为公务员，或者从选聘到村任职起工作满4年且仍在村官岗位。对任职连续满2届,任期内个人或所在村(社区)获得2次以上省级以上综合性表彰;或在边远贫困、情况复杂等地区工作,获得2次以上市级以上综合性表彰的村(社区)书记、主任,简化选聘程序,开通"绿色通道",通过考核考察方式直接选聘。

【首创省市县人才工作专项述职】 2017年,针对以往人才工作重视程度冷热不均、工作力度逐级递减、职能部门合力不够等现象,省、市、县三级全面开展人才工作专项述职,各级组织部长向上一级党委人才工作领导小组述职,各级人才工作领导小组成员单位主要负责人向同级人才工作领导小组述职,分别结合部门职责,述成绩、述亮点、述问题、述原因、述思路、述举措。述职后,梳理并用好"三个清单",即:亮"成绩清单",总结人才工作特色亮点;晒"问题清单",认真查摆存在问题和不足;列"责任清单",制定人才工作责任书,明确工作责任。全年召开专项述职会议122场,述职人数2296人,梳理存在问题1500余件,做法在中组部召开深化人才发展体制机制改革经验交流会上作大会发言。

【出台《江西省引进培养创新创业高层次人才"千人计划"实施办法(试行)》】 2017年,制定出台《江西省引进培养创新创业高层次人才"千人计划"实施办法(试行)》,提出用5年时间,财政总投入20亿元,面向省外和国(境)外,引进1000余名"高精尖缺"优秀高层次人才和100个高层次创新创业团队,面向省内重点培养1000名高层次人才。参照国家重大人才工程做法,分别设置引才类5个项目和育才类4个项目,以战略性新兴产业领域为重点,大力引进创新领军人才、企业急需紧缺人才和青年人才,结合深化人才发展体制机制改革,从职务职称倾斜、落实税收优惠政策、优化配套服务、加强荣誉激励等多个方面提供支持服务,在项目资助上最高额度可达800万元。

【开展全省基层党建工作巡察调研】 7—12月,省委组织部采取不打招呼、随机抽查、"一把尺子量到底"的办法,综合运用查阅资料、个别访谈、知识测试、实地走访等方式,先后深入11个设区市、10个省直单位、7所省属高校和5家省属国有企业,对271个基层党组织进行实地巡察调研,访谈党员干部760人,组织556名党员进行党的应知应会知识测试。省直有关党(工)委也对所属基层党组织开展巡察调研,各市县参照省委组织部做法全面开展巡察调研,实现"地域、领域、层级"3个全覆盖。针对各地各单位存在的问题,逐个制定下发反馈意见及问题清单,并将巡察调研情况形成报告上报省委和中央组织部。各地各单位党委(党组)也制定整改方案,并认真抓好整改落实。通过全省基层党建巡察,强化各级各地党建工作的主体责任,形成"触动一个点,震动一张网"的效应,推动基层党建全面进步、全面过硬。

【开展组工干部"双覆盖"培训工作】 2017年,制定出台《2017—2019年全省组工干部理想信念和专业素养培训"双覆盖"工作实施方案》,利用3年时间,实现全省组织系统每名组工干部至少参加2次以上培训,推动全省组工干部队伍理想信念和专业素养"双提升"。明确省、市、县三级组织部门工作职责,省委组织部主要做好各设区市委组织部部长、副部长、科长,县(市、区)委组织部部长、副部长,省直机关和省属企业、高校组织人事部门负责人的培训;各设区市委组织部主要做好市委组织部及县(市、区)委组织部干部,乡镇党委(街道党工委)组织委员(组织干事)的培训;各县(市、区)委组织部配合做好本地区本单位组工干部的培训工作,且有针对性组织开展专题培训。省委组织部全年举办全省县(市、区)组织部部长提升专业素养培训班3期,首次对全省300余名乡镇组织委员进行示范培训,全省8773人次组工干部接受培训。

【创新探索组工干部日常行为"负面清单"】 2017年,制定出台《省委组织部机关工作人员日常行为"负面清单"》,从违反政治纪律、履职用权不严、作风不严不实、日常行为失范4个方面列出20条67种负面行为,督促组工干部知边界、受警醒、守规矩。做到"四个结合",即:与支部建设结合起来,把负面清单纳入部机关每个支部"三会一课"、组织生活会和"主题党日"活动内容,组织支部每个党员对照清单逐条逐项找差距、补短板;与廉政体检结合起来,把负面清单作为"廉洁讲堂"的必学内容,结合反面案例通报,以案释纪;与亮牌示错结合起来,对照负面清单列出的问题,张贴黄牌警示,并开展责任倒查和整改纠错,倒逼工作质量提升;与考核评价结合起来,把负面清单台账纳入组工干部年度考核内容,实行月记录、季评议、年核实,作为评先评优和选拔任用的重要依据。

(郭蓉　龚经纶)

宣传工作

【概　况】 2017年,全省宣传思想文化战线以喜迎中共十九大和学习宣传贯彻中共十九大精神为全年工作主线,认真学习贯彻习近平新时代中国特色社会主义思想,坚持内聚力量、外树形象,唱响主旋律,打好主动仗,为决胜全面建成小康社会和建设富裕美丽幸福现代化江西提供有力的思想保证、舆论支持、精神动力和文化条件。

突出工作主线,兴起迎接、学习、宣传、贯彻中共十九大精神的热潮。围绕迎接、学习、宣传、贯彻中共十九大这条主线,重点抓好中共十九大精神的学习宣传贯彻。中共十九大前,开展"砥砺奋进的五年""新时代新气象新作为""学思践悟十九大"等大型主题采访活动,营造喜迎中共十九大召开的浓厚氛围。中共十九大期间,组织媒体记者赴京参与中共十九大宣传报道,上稿量位居全国前列,先后4次受到中宣部肯定表扬,江西省开展网评引导的做法被中央网信办点名表扬,特别是H5作品《十九大报告学习词典》,阅读数超过1000万人次,创造了江西新媒体作品宣传的新纪录。中共十九大结束后,及时抓好传达学习和宣传宣讲,制定下发《关于党的十九大精神宣传报道实施意见》,广泛开展中共十九大精神集中宣传宣讲,组织省委宣讲团共做报告25场,座谈交流30多场，听众达15万人；开展“上会记者讲十九大”宣讲活动，相关做法刊发在中宣部《每日要情》第1202期，并得到中央政治局委员、中央书记处书记、中宣部部长黄坤明批示肯定。

加强理论武装，深化习近平新时代中国特色社会主义思想的学习研究宣传。制定出台《关于中共江西省委理论学习中心组贯彻〈中国共产党党委（党组）理论学习中心组学习规则〉实施意见》，深化对习近平新时代中国特色社会主义思想的学习研究宣传，组织省委中心组集中学习10次，特别是按照践行“四讲四有”、做到“四个合格”的要求，分四个专题进行深入学习，进一步推动各级党委中心组及时学、跟进学、原原本本学。大力推进理论工作“四大平台”建设，继续支持建设3所重点马克思主义学院，支持建设首批5所特色马克思主义学院，以“江西省中国特色社会主义理论体系研究中心”名义在中央“三报一刊”发表重点理论文章6篇，《关于捍卫英雄立法的调研报告》获得中宣部年度优秀调研报告。开展基层理论宣讲，万年县“民心讲堂”、萍乡市“身边故事”百姓宣讲团和永新县何继明分别荣获全国基层理论宣讲先进集体和先进个人称号。认真做好《习近平谈治国理政》第一、二卷和《全面从严治党面对面》等重点理论读物的学习宣传。

强化宣传引导，营造改革发展良好氛围。以省委“创新引领、绿色崛起、担当实干、兴赣富民”工作方针、全国“两会”、首届世界赣商大会、脱贫攻坚等为重点，认真做好主题宣传、经济宣传、成就宣传和典型宣传。组织开展“开放的中国：美丽江西秀天下”全球推介活动，新闻转载1360余篇，网上总阅读点击量突破10亿次。《人民日报》《新华每日电讯》《光明日报》《经济日报》等大报刊发涉赣正面稿件2699篇，头版头条稿件110篇，同比增长66.67%；人民网、新华网等全国大网刊发涉赣正面稿件1.5万余篇，同比增长10.6%，其中213篇稿件被中央网信办全网推送。深入开展新闻战线“走转改”活动，江西7件作品获第27届中国新闻奖，按获奖等次数量排序，位列全国第八。认真落实“4·2·1”新闻发布模式，先后制定下发《贯彻落实〈关于加强“一带一路”软力量建设的指导意见〉实施办法》《新闻发布会规范化操作指南》等文件，推动新闻发布和政务公开工作制度化、规范化，全年召开905场新闻发布会，编发《新闻发布工作信息》34期。做好宣传信息报送工作，全年在中宣部《每日要情》《宣传工作》上稿41篇，上稿数量同比翻番。

建好网络阵地，巩固健康清朗网络空间。加强网络阵地建设，全省已建成1.1万余个政务微博、8100个政务微信，42个县级融（全）媒体中心，基本实现省、市、县三级政务新媒体全覆盖，其中全省政务微信公众号和微信群矩阵覆盖人数超过1300万，全省政务微博关注数超过1200万，江西手机报用户数突破1400万户，手机江西台客户端下载量突破80万户，“江西发布”获“2016年度最具区域影响力政务头条号（省域）”称号。强化网络管理，开展打击暴恐音视频、商业网站地方频道清理整治等专项行动，共删除各类有害信息、图片5.7万余条（张），关闭违法违规栏目、网站、公众号2600多家（个）。强化涉赣舆情导控，妥善处置南昌市“2·25”重大火灾事故、南康区“3·17”案等重大涉赣舆情，组织撰写刊发网评文章950余篇，中央网信办全网推送7篇。全年热点舆情共231个，其中正面191个，占比达83%，总体呈现“正升负降”、向上向好态势。牵头制订全省“十三五”网络安全规划，提升全省网络安全服务保障能力和水平。

弘扬主流价值，培育向上向善社会文明风尚。大力推进社会主义核心价值观建设，深入实施公民道德建设工程，打造“江西好人现象”品牌，推出程永林、李泉新、支月英、程扶摇等一批先进典型。王必盛当选第六届全国道德模范，11人获第六届全国道德模范提名奖，96人荣登“中国好人榜”。广泛开展群众性精神文明创建，赣州市、吉安市、南昌县获第五届全国文明城市，59个村镇获第五届全国文明村镇，69家单位获第五届全国文明单位，22所校园获首届全国文明校园；新余市及6个单位、3名个人分别获第五届全国未成年人思想道德建设工作先进城市和第四届先进单位、先进工作者称号。深入推进诚信建设制度化和学雷锋志愿服务，“法媒银·失信被执行人曝光台”做法得到中央领导肯定，并作为典型在全国推广。组织“八一”南昌起义、秋收起义和井冈山革命根据地创建“三个90周年”系列纪念活动，编辑出版《红色荣耀——江西经典革命故事》《人民军队从这里走来》《八一精神研究》等群众性读物。加强爱国主义教育基地建设和管理，全国爱国主义教育示范基地新增2个，全省国家级爱国主义教育示范基地数量增至18个。加强农村精神文明建设，开展“推动移风易俗 促进乡风文明”行动，省委宣传部部长赵力平在全国农村精神文明建设工作经验交流会上作典型发言。

推进文化改革，促进文化事业文化产业繁荣发展。江西创作生产的电影《建军大业》《老阿姨》，戏剧《永远的歌谣》，图书《100个孩子的中国梦》，广播剧《反腐第一枪》5部作品荣获第十四届精神文明建设“五个一工程”奖，并列全国第三，省委宣传部获组织工作奖。《红色故事汇》《汉语语法演化史》等14种出版物分别获第四届中国出版政府奖、第六届中华优秀出版物奖等国家级大奖。推进中宣部“贫困地区百县万村综合文化服务中心示范工程”建设，完成文化活动广场32.7万平方米，文化活动室2.9万平方米。制定《江西省“十三五”时期文化发展改革规划纲要》，成立省国有文化资产监督管理领导小组，领导小组办公室设在省委宣传部。江西文化演艺发展集团有限责任公司挂牌成立，江西报业传媒集团、江西广电传媒集团的组建方案已经省政府常务会议通过。做大做强文化产业，2017年，全省文化产业法人单位主营业务收入3000亿元，同比增长10%；江西出版集团连续9次荣膺“中国文化企业30强”。江西省文化产品在第十二届深圳文博会现场交易额及订单达1.13亿元，江西省委宣传部和江西展区分别获大会组委会颁发的优秀组织奖和优秀展示奖。

【组建系列特色宣讲团深入宣讲中共十九大精神】 2017年，广泛开展中共十九大精神集中宣传宣讲，组建上会记者宣讲团、大学生宣讲团、红军后代宣讲团、脱贫典型宣讲团、特色基层宣讲团，深入基层开展宣讲，让普通群众愿意听、听得进，共宣讲2万余场，直接听众300余万人，间接听众1000余万人，推动中共十九大精神家喻户晓、深入人心。特别是组织赴京参加中共十九大报道的一线记者组成宣讲团，深入新闻媒体、高校等地，用讲故事的方式，聊细节、说体会、谈感想，讲述学习中共十九大精神体会，得到中宣部部长黄坤明的肯定。

【举行“开放的中国：美丽江西秀天下”全球推介活动】 9月8日，以“开放的中国：美丽江西秀天下”为主题的外交部江西全球推介活动在外交部“蓝厅”举行。外交部部长王毅、省委书记鹿心社分别致辞，省长刘奇作主题推介。130多个国家的驻华使节、高级外交官以及媒体记者等500多人出席。活动期间，播放电视宣传推介片和暖场片，协调《中国日报》推出八联版全媒体报道，组织中央和省内各新闻媒体开展活动宣传报道。截至9月13日上午8时，相关新闻转载1600余篇，阅读点击突破10亿次。

【开展“三个90周年”纪念活动】 2017年，以纪念“八一”南昌起义、秋收起义和井冈山革命根据地创建90周年为契机，组织开展喜迎中共十九大 红土地上看变化暨纪念“三个90周年”主题采访活动、纪念“三个90周年”网络媒体主题宣传活动；创作电影《建军大业》、大型组歌《井冈山》等文艺精品；编辑出版《红色荣耀——江西经典革命故事》《人民军队从这里走来》《八一精神研究》等群众性读物，举办“纪念三个90周年、喜迎中共十九大——江西优秀剧目北京展演周”活动、江西省纪念“三个90周年”暨喜迎中共十九大群众歌咏比赛和晚会、江西省纪念井冈山革命根据地创建90周年暨喜迎中共十九大胜利召开文艺晚会等文化活动。

【成立省国有文化资产监督管理机构】 根据省委办公厅、省政府办公厅《关于成立省国有文化资产监督管理领导小组的通知》，成立省国有文化资产监督管理领导小组，下设办公室（简称“省文资办”）设在省委宣传部。10月17日，省编办下发《江西省机构编制委员会办公室关于省国有文化资产监督管理机构有关机构编制事宜的批复》，将省委宣传部文化体制改革和发展办公室更名为改革发展处，并增设资产管理处、考核监督处。上述3个处既是省委宣传部内设机构，也是省国有文化资产监督管理领导小组办公室内设机构。

【“法媒银·失信被执行人曝光台”成为全国典型】 2015年12月4日，由中共江西省委宣传部指导，江西省高级人民法院、江西日报社主管主办，江西省高级人民法院执行局、中国江西网与18家银行金融机构，首创全国“法媒银·失信被执行人曝光台”。成立以来，“法媒银·失信被执行人曝光台”7次获得新华社、《人民日报》《经济日报》《光明日报》、中央人民广播电台、中央电视台等中央主要新闻单位报道。2017年4月13日，省委常委、宣传部长赵力平在中宣部、中央政法委贯彻落实《关于进一步把社会主义核心价值观融入法治建设的指导意见》电视电话会议上作典型发言。6月20日，中宣部等部门在南昌召开全国“推进诚信建设制度化 培育践行核心价值观”现场交流会。9月，中宣部、最高人民法院、中国银行业监督管理委员会联合下发《关于创建完善失信被执行人曝光台的通知》，要求各地学习推广江西“法媒银·失信被执行人曝光台”经验。

【推进网络扶贫工作】 2017年，实施电商精准扶贫工程，全省行政村建有电商站点6908个（含贫困村站点1902个），销售农产品14.06亿元（含贫困村合作社及贫困户产品2.94亿元），带动贫困人口7.35万人，户均增收4000元。实施网络扶智工程，全省中小学“校校通”覆盖率92%，“班班通”覆盖率81%。积极推动30余家互联网企业与全省18个贫困市、县签订的48个网络扶贫结对帮扶项目落地，已签约34个，有意向正在洽谈14个，中国农业发展银行发放网络扶贫贷款1.5亿元。中央网信办《网信动态》7月3日专题刊发《“农家书屋+电商”打造网络扶贫新模式》，中央网信办《简报》10月1日专刊刊发《江西深入实施网络扶贫推进精准扶贫精准脱贫》，推介江西省网络扶贫经验做法。

（省委宣传部）

督查工作

【配合中办在赣督查】 3月，为落实好中办在赣调研及回访复核工作，省委办公厅召开中办首次回访调研发现问题整改推进会，部署下步整改工作。4月，完成中办督查室部署江西省贯彻落实中央有关保密工作文件精神书面督查。5月，中办对江西省开展2次专题回访调研。省委办公厅牵头配合中办完成实地回访调研以及专题回访调研报告征求意见工作。中办专题回访调研报告印发后，省委办公厅第一时间协调制定贯彻落实中办专题回访调研报告反馈意见整改工作方案，组织召开整改工作调度推进会，督促整改落实，形成整改情况综合报告报中办。其间，协调省直有关单位向国家发改委、长江经济带发展领导小组办公室等部门及时报送相关问题整改报告；牵头组成联合督查组，针对环保部要求对中办督查室2次回访调研中暗访发现问题进行核查整改涉及的5个方面问题，赴有关设区市进行实地核查，形成整改情况报告上报环保部。9月，向中办值班室报送江西省落实中共中央总书记习近平关于赣南原中央苏区振兴发展工作重要批示情况台账。

【决策督查】 2017年，全省贯彻落实中共中央总书记习近平对江西工作重要要求情况开展跟踪督查。针对督查发现的问题，印发督查情况通报，提出具体整改要求，并及时跟踪督办，确保整改落实到位。持续推进中央八项规定精神贯彻落实。牵头对全省贯彻落实中央八项规定精神文件进行修订，4月，印发《关于深入贯彻中央八项规定精神 进一步改进作风的若干意见》，还协调推动省直有关单位出台5个配套文件。中共十九大召开后，对照中央最新文件精神，认真贯彻落实中共中央总书记习近平关于作风建设重要批示要求，再次对文件作进一步修订完善后印发。完成中办部署的中共十八大以来全省贯彻执行中央八项规定精神情况的书面督查。按照中办督查室要求，开展全省贯彻执行中央八项规定精神情况的实地问卷调查。抓好中央关于加强新形势下党的督促检查工作有关文件精神的学习贯彻。组织召开贯彻落实中央文件精神座谈会，督促各地各单位认真贯彻；结合全省实际，制定印发江西省关于加强新形势下党的督促检查工作的实施意见。完成89件中央文件在江西省贯彻落实情况督办工作。创新开展省第十四次党代会精神贯彻落实情况综合督查。9月，省委办公厅牵头，组成11个督查组，重点围绕提升发展质量和效益、维护社会和谐稳定、推进民主法治建设、全面从严治党及群团改革4方面14个重点开展综合督查，印发综合督查情况通报，梳理汇总问题线索和意见建议，制作督查综述专题片，督促整改落实。对2016年度全省脱贫攻坚工作落实情况督查，发现问题进行跟踪督办。做好中央环保督察组交办环境问题信访件转办督办工作，派员参加江西省组织的第一批、第二批环境保护督察工作。学习贯彻丁薛祥关于督查工作的重要讲话精神。

【指示批示件督办】 2017年，省委办公厅共立项督办省委领导指示批示件158件，分解督办恳请支持事项59个。分别在1月、7月、12月，先后3次联合省直有关单位，赴有关设区市和县（市、区），对省委主要领导2016年度、2017年上半年、2017年度部分指示批示件落实情况集中开展“回头看”，针对发现的问题，督促整改。全年随同省委主要领导考察调研17次，加强对考察调研时指示要求跟踪督办，确保领导指示批示落到实处。

【专项督查】 2017年，省委办公厅牵头组织开展江西省推选全国创新争先奖工作情况的专项调查，印发情况通报，对有关单位点名批评并责令整改，传导工作压力，推动担当实干。印发某地“超高超大建房”问题整改问责情况通报，推动类似问题整改落实。对昌九大道环境综合整治和八二八招待所毛泽东旧居修缮开放事项，先后开展实地督查3次。对有关设区市水环境污染和空气质量整治情况，进行持续跟踪，坚持每月督办，通报情况，并进行实地核查。先后就南昌市SOS儿童村存在困难、莲花县六市乡违规套取危房改造补助资金等事项开展实地核查12次，对有关事项进行现场督办。

【督查调研】 2017年，省委办公厅协调开展人大讨论决定重大事项、政府重大事项决策前向本级人大报告的专题调研，推动省委相关重要文件出台。对全省贯彻落实“省80条”“新20条”情况进行督查调研，形成“降成本优环境”专项行动推进情况督查综合报告。6月，深入有关设区市，通过实地察看、问询居民、问卷调查、交流座谈等方式，对背街小巷改造情况开展专题调研。赴有关典型县市，针对农村建房不规范问题，开展专题调研。

【增强督查工作实效】 2017年，强化制度约束。在起草江西省深入贯彻中央八项规定精神进一步改进作风的若干意见时，增加“规范督查检查”内容，要求建立报备机制，加强审批把关，提高工作实效。印发关于进一步规范省直机关单位督促检查工作，切实减轻基层负担的通知，进一步明确规范审批程序、精简督查活动、增强督查实效、严守督查纪律等方面的要求。强化计划统筹。起草制定2017年度督查工作要点和督查工作计划，增强督查工作前瞻性和计划性。上半年，及时对省直单位下半年拟开展的重大督查活动进行调度，统筹55个省直单位计划开展209项督查活动，归并为1个全省综合督查活动，探索开展多部门跨领域综合督查，有效提升督查实效。创新方式方法。根据实际需要，将督查与调研、专项督查与综合督查、自查与随机抽查、书面督查与实地核查、明察与暗访等多种方式有机结合起来，建立完善督查工作平台，探索运用互联网等现代信息技术手段，降低督查工作成本。强化成果运用。坚持问题导向，敢于较真碰硬、真督严查，做到紧盯问题不轻放、通报问责不手软、跟踪督办不松劲，强化督查刚性，推动督查发现问题的整改落实，进一步树立督查工作权威。

（省委办公厅）

政策研究

【概　况】 2017年，省委政研室（改革办）完成各类文稿194篇，获省领导批示106人次，其中省委、省政府主要领导批示45次。

聚焦省委上报中央材料。十九大召开前，起草省委关于十九大征求意见建议材料7篇。十九大召开后，起草省委关于认真学习宣传贯彻党的十九大精神的《通知》和《决定》及省委理论学习中心组署名文章。起草或参与起草其他上报中央材料14篇。其中《江西贯彻落实国务院关于支持赣南等原中央苏区振兴发展若干意见五周年工作情况报告》，获得中共中央总书记习近平和国务院总理李克强重要批示。

聚焦省委主要领导文稿。起草和修改了省委主要领导在重要会议和活动中的讲话稿、主持词、发言稿、致辞等。起草省委主要领导或省委、省委理论学习中心组署名文章9篇，分别在《人民日报》《求是》《中国纪检监察报》《学习与研究》和《学习时报》上发表。

聚焦贯彻省党代会精神。组织起草市厅级主要领导干部学习党的十八届六中全会和省党代会精神研讨班辅导报告。系统跟踪党代会精神落实情况，形成《坚定不移沿着省委工作方针指引的路子走下去——各地各部门学习贯彻省委工作方针情况的调研报告》，获省委书记鹿心社批示，省委办公厅《重要信息》全文印发。

聚焦省委科学决策。开展调查研究，形成一批重要调研成果，编印《决策参阅》11期，省委书记鹿心社批示7期，其他省领导批示3期；编印《走基层 报实情》26期，记鹿心社批示9期，其他省领导批示3期。

【专题调研】 5月10日，省委政研室副主任黄光明率组到吉安市，就《国务院关于支持赣南等原中央苏区发展的若干意见》开展专题调研。市委常委、市总工会主席肖玉兰陪同。调研组一行到永丰县实地察看，并与吉安市相关部门展开座谈，听取吉安市苏区振兴发展工作情况汇报，调研组对吉安市5年来经济社会发展、城乡面貌、生态环境建设给予肯定。黄光明指出，各级各单位要充分利用中央苏区发展的优惠政策，保护、挖掘红色资源，发展经济，扩大影响，打响苏区品牌。

【召开《让农民成为体面职业》书稿编前座谈会】 8月4日，由江西农大和省委政研室联合组织、江西现代农业及其优势产业可持续发展的决策支持协同创新中心承办的《让农民成为体面职业》书稿编前座谈会在南昌市召开。省委政研室副主任黄光明、江西农大副校长黄英金出席会议并分别讲话。省委政研室农村处、11个设区市的政研室负责人、代表，江西农大科技处负责人、协同创新中心部分成员参加会议。会议由省委政研室农村处处长颜斌主持并介绍课题调研及成果形成过程，协同创新中心理事会办公室主任郭如良介绍书稿编写过程。

【江西省全面深化改革专题培训班在中国人民大学举行】 7月14日，江西省全面深化改革专题培训班在中国人民大学举行。中国人民大学副校长吴晓球，江西省委副秘书长、省委政研室主任、省委改革办副主任沈谦芳出席并讲话。江西省委改革办专职副主任陈强、江西省纪委副厅级室主任徐华平等参加开班仪式。开班仪式由中国人民大学培训学院院长郭杰主持。此次培训班为期5天，江西省市从事改革工作的处级干部和业务骨干共81人参加培训。培训内容为"金融体制改革、全面深化改革的形势与改革推进方式、国有企业改革、北京市全面深化改革工作的实践与体会、习近平总书记全面深化改革思想、行政体制改革、科学把握全面深化改革方法论、供给侧结构性改革"等。全部课程的主讲专家以人民大学的教授为主，还邀请国家行政学院、中国经济体制改革杂志社、北京市改革办的专家学者授课。

（省委政研室办公室）

统战工作

【概　况】 2017年，全省统一战线以迎接中共十九大、学习贯彻中共十九大精神为主线，围绕统战工作"创新年"和"落实年"的工作安排，着力抓重点、强基础，着力攻难点、促提升，着力创亮点、显作为，推进统战事业蓬勃发展，统一战线工作取得新成绩，得到中共中央政治局委员、中央统战部部长孙春兰的肯定。

着力做好迎接中共十九大、学习宣传贯彻中共十九大精神工作。坚持把加强思想政治引导、凝聚政治共识作为首要政治任务，始终与以习近平为核心的中共中央保持高度一致。协助各民主党派、工商联、无党派人士持续深化"不忘合作初心，继续携手前进"等主题教育活动，营造中共十九大召开的浓厚氛围。围绕学懂弄通做实要求，受省委委托，先后召开学习中共十九大精神党外人士情况通报会、党外人士学习中共十九大精神座谈会。把学习贯彻党的十九大精神，以及中共中央总书记习近平关于统一战线新理念新思想新战略，作为省委统战部机关切实推进"两学一做"学习教育常态化制度化的必学内容。开通"赣鄱统战"微信公众号，以微信公众号为平台举办中共十九大精神知识竞赛，吸引省内外2.5万余人参赛。把学习中共十九大精神纳入党外干部培训主要内容，举办各民主党派、工商联、无党派、新社会阶层等各种专题培训班，凝聚全省统一战线强大思想共识。

全力促进民族团结进步、维护宗教领域和谐稳定。深入贯彻中央和全省民族工作会议精神，认真做好涉疆、涉藏工作，大力推动在赣少数民族学生创业就业，积极开展民族乡村对口支援工作。开展全国和全省宗教工作会议精神落实情况专项督查。举办各设区市、省属高校党政分管民族宗教工作领导干部专题研讨班。指导各地深入开展基督教私设聚会点依法治理工作，加强对天主教地下势力稳控及教育转化，坚决抵御境外利用宗教进行渗透和传播极端思想。重视江西宗教文化研究、交流和传播工作，指导宗教界进行宗教祖庭文化研究，支持宗教界举办"庐山论坛·佛教与中国文化峰会"和"首届中国曹洞宗禅学国际研讨会"研讨交流活动。

致力促进非公有制经济人士健康成长和非公有制经济健康发展。参与承办2017中国（江西）非公有制经济发展论坛，省内外1300余人参加活动，签约总项目156个，签约总金额达1046亿元。省委、省政府办公厅印发《关于构建新型政商关系的指导意见》，得到全省广大非公有制企业和非公有制经济人士的肯定和好评。参加全省"降成本、优环境"专项行动暨"百家银行进千企"政银企对接会，15家银行和67家企业达成85个授信意向，签约授信总额达81亿元。继续开展"万名干部进万企"活动，组织召开"贯彻新发展理念，培育发展新动能"民营企业座谈会，做好非公有制经济代表人士综合评价工作。加大对非公有制经济人士特别是年轻一代非公有制经济人士教育培养，联合省工商联召开"江西省年轻一代民营企业家理想信念报告会"。

合力做好港澳台海外统战工作。参加第十六届赣港经贸合作交流活动，邀请100余名香港工商界人士参会。成立"江西省旅港同乡会义工团"，推动建立"香港江西联谊总会"，为服务港澳工作大局提供新的抓手和平台。联合江西省台办、香港国民教育促进会、澳门科技大学、台湾中华青年之友会等10余家单位，举办第二届赣港澳台青少年交流活动，提升江西青少年交流基地品牌影响力。促进赣港澳中医药产业合作，签署两个战略协议。会同黄埔同学总会举办赣台两地黄埔人纪念抗日战争活动。全年完成出访任务8批次，争取港澳台、海外各类爱心捐助资金500余万元。

努力推进党外知识分子和新的社会阶层人士统战工作。深入学习中共中央总书记习近平关于知识分子工作的重要讲话精神，传达学习全国党外知识分子统战工作座谈会精神。召开省党外知识分子联谊会二届二次常务理事（扩大）会，开展党外知识分子践行社会主义核心价值观主题活动，对加强党外知识分子工作进行再部署。遴选14篇优秀调研成果汇编成册，呈报省委、省政府领导。举办全省无党派人士骨干培训班、归国留学人员骨干培训班和全省新的社会阶层人士骨干培训班。全省11个设区市、23所省属本科院校、98个县(市、区)成立知联会,16所省属本科院校建立留联会组织。召开全省新的社会阶层人士统战工作会议,出台江西省《关于加强新的社会阶层人士统战工作的实施意见》。发挥省新联会、网联分会、百名律师服务团等平台作用,开展“回报社会、携手共进”活动,举办《我是家乡代言人》网上主题活动,进一步宣传美丽中国的“江西样板”,浏览人数达150万人。推动11个设区市全部成立新联会,21个县成立新联会。温暖工程教育移民项目覆盖6个设区市,累计资助300余万元,资助贫困学生800人。

大力加强统战干部队伍建设。采取理论中心组集中学习研讨、同心大讲堂、支部学习等多种形式,认真学习中共十九大精神。全年部理论中心组学习19次,举办同心大讲堂9期。运用内刊、简报、网站、微信公众号等载体大力宣传十九大精神。在中央社会主义学院,举办全省党政领导干部统战理论培训班,系统学习统战工作理论。深入推进“两学一做”学习教育常态化制度化,完成中央巡视组“回头看”巡视反馈问题的整改,做好省委第六巡视组赴统战部进行巡视整改调研督查工作。加强机关党的建设,举办部直属机关党务干部培训班,组织开展“不忘初心,继续前进”“今天是我的政治生日”“点亮微心愿,共筑中国梦”主题党日活动,组织党员赴南昌市廉政党校进行党风廉政教育。支持配合驻部纪检组做好对部开展落实中共八项规定精神专题调研及“回头看”有关工作。

【民主党派省级组织和省工商联换届选举新班子】 2017年,省委常委会就换届工作进行专题研究,省委书记、省委统一战线工作领导小组组长鹿心社与各民主党派省委会主委开展专题约谈协商,并多次听取有关换届工作汇报。省委统战部认真贯彻落实中央和省委要求,开展换届警示教育,做好各项组织工作。省委领导分别出席各民主党派、工商联(总商会)全省代表大会并作重要讲话,各民主党派省委会、省工商联(总商会)选举产生新一届领导班子,完成组织上的新老交替。成立台盟江西省筹委会。省委、省人大常委会、省政府、省政协主要领导及在昌省委常委集体会见各民主党派省委会、省工商联(总商会)新一届领导班子成员。为深化政治交接,省委常委、省委统战部部长陈兴超率各民主党派省委会、省知联会、省新联会主要负责人赴延安学习考察并开展谈心活动。

【政党协商和民主监督工作拓展新领域】 围绕推进政党协商制度化、规范化建设,组织各民主党派以调研报告、建议信等形式向省委、省政府领导提出意见建议31条,得到省委、省政府主要领导批示11次。组织召开2016年大调研协商座谈会,省委、省政府主要领导出席,肯定2016年党派大调研成果,并对调研成果转化提出明确要求。实施完成《中共江西省委2017年度政党协商计划》。牵头协商确定2017年民主党派大调研课题,组织开展大调研活动。首次开展全省民主党派脱贫攻坚民主监督工作,八个民主党派省级组织均由主要领导带队,对口全省14个贫困县开展脱贫攻坚民主监督,助推全省脱贫攻坚工作。

【党外代表人士队伍建设】 2017年,继续推动《中国共产党统一战线工作条例(试行)》和省委《实施细则》关于党外干部配备有关规定的落实。严肃换届纪律,严格程序要求,完成省人大、政府、政协换届中党外代表人士和省全国人大代表、政协委员党外人选的提名推荐工作。党外干部配备工作取得新进展,省直、设区市交流提任党外厅级干部7人,东华理工大学、江西中医药大学、江西农业大学分别新提拔配备党外副校长1人。省政府组成部门党外干部担任正厅实职2人,省政府工作部门党外干部担任正厅实职1人;全省23所本科院校中,有18所配备26名党外正、副校长,其中校长4人。启动首批共建江西省党外干部实践锻炼基地,14名县处级党外干部挂任设区市政府部门、工业园区和省直单位部门副职,给党外干部创造更多培养锻炼机会。制定《2017年全省统一战线培训计划》,培训学员1400余人。严肃干部政策,对11个违反有关规定程序擅自调整工商联主席的县(市、区)进行全省点名通报,约谈问责违规性质较重的市委统战部部长和县(市、区)委书记。

【动员统一战线力量参与精准脱贫】

2017年,制定并实施《省委统战部脱贫攻坚百日行动实施方案》。全年在广昌示范区实施47个项目,组织省直统战系统成员单位、省属本科院校统战部和民营企业对47个贫困村进行帮扶,当年全部退出贫困村行列。完成贫困户脱贫6811户、2.25万人,贫困发生率降至0.76%。组织省非公企业募集资金1000多万元帮扶广昌贫困村建设光伏项目。全年统战成员56批、1200余人次赴广昌开展各种帮扶活动,新增捐赠资金1021.64万元。省直统战系统成员单位等方面为“同心·振兴广昌示范区”建设,争取捐赠资金1.06亿元,协调落实项目资金2.3亿元,协调落实招商引资资金2.08亿元。全省市、县两级统战部借鉴广昌扶贫模式,分别在111个村或社区扶贫示范点助推脱贫攻坚。继续深入推进“千企帮千村”精准脱贫行动,协助全国工商联、国务院扶贫办“万企帮万村”现场交流会在赣州召开,全省“千企帮千村”精准扶贫现场推进会在吉安县召开。2017年,全省动员2690家企业对口帮扶3016个贫困村、18.7万贫困人口,投入扶贫资金17.74亿元。

(杨吉星)

农村工作

【概　况】 2017年,全省贯彻落实中共中央总书记习近平对江西工作的重要要求,以推进农业供给侧结构性改革为主线,加快发展现代农业,推进新农村建设,加大农村改革力度,努力促进农民增收,打好脱贫攻坚战,农业农村保持稳中有进、稳中有新、稳中向好的势头。

农业供给侧结构性改革稳步推进。全省完成划定永久基本农田面积246.25万公顷,并全部上图落地到户。出台《江西省统筹整合资金推进高标准农田建设实施方案》，通过统筹整合和融资等方式筹集高标准农田建设资金91.4亿元，推动19.33万公顷建设任务如期完工，巩固全国粮食主产省地位。全省农林牧渔业总产值3187.6亿元，增长4.4%。粮食种植面积366.74万公顷，下降0.5%；粮食总产量2127.1万吨，下降0.5%，连续5年稳定在2100万吨以上。全年油料产量124.9万吨，增长2.1%。棉花产量7.8万吨，增长5.4%。烟叶产量5.6万吨，下降13.0%。茶叶产量6.1万吨，增长6.7%。园林水果产量455.2万吨，增长12.3%。蔬菜产量1490.1万吨，增长4.9%。肉类总产量332.6万吨，增长0.5%。禽蛋产量51.0万吨，下降1.4%。牛奶产量12.8万吨，下降5.0%。水产品产量281.4万吨，增长3.6%。年末生猪存栏1607.3万头，下降0.6%；生猪出栏3180.5万头，增长2.5%。大力实施绿色生态农业十大行动，农药化肥实现"负增长"，农作物秸秆综合利用率达88.9%，畜禽废弃物资源化利用率、病死畜禽无害化处理率分别达到76%和95%，发展"三品一标"农产品4712个，主要农产品监测合格率连续5年稳定在98%以上，被农业部列为全国唯一的"绿色有机农产品示范基地试点省"。推进"生态鄱阳湖、绿色农产品"品牌创建，"四绿一红"茶叶、"江西地方鸡"、江西茶油、江西大米、鄱阳湖水产、江西果业、赣南脐橙等区域性品牌影响力逐步扩大。

农业农村发展新动能加快培育。强化农业科技创新，全省主要农作物良种覆盖率达到95%以上，农作物综合机械化水平达到71.1%，农业科技进步贡献率达到58.8%。推进农产品加工业转型升级，发展农村新产业新业态，促进一二三产业融合发展。发展粮食、畜禽、水果、蔬菜、水产五大加工主导产业和茶叶、油料两大加工特色产业，全省农产品加工业产值与农业总产值比达到2.38∶1。休闲农业和乡村旅游总产值达810亿元，休闲农业规模经营企业4810家，农家乐经营户2.31万户，从业人员超过110万人，其中农民就业96万人。大力实施"互联网+现代农业"行动，智慧农业"123+N"建设领跑全国，整省推进信息进村入户工程，"赣农宝"电商平台入驻产品千余个，农产品质量安全监管追溯平台备案企业达2.5万家。

农业农村改革成效明显。年初省委农业和农村体制改革专项小组确定的5大类16项重点改革举措扎实推进、成效明显。农村土地承包经营权确权登记颁证率先完成并向中央交账，全省颁证面积246.06万公顷、占二轮承包面积的116.3%，证书到组到户率达96.1%，位列"全国第一方阵"。出台完善农村土地"三权分置"改革方案，全省农村承包地经营权流转率达40.5%，超出全国平均水平。余江县农村宅基地、集体经营性建设用地入市和土地征收制度改革试点深入推进，退出的宅基地可满足未来10～15年的需求。全省农业生产服务托管面积67.1万公顷、综合托管率18.4%，依法登记注册农民合作社6.42万家，家庭农场3.82万个，省级龙头企业865家，上市农业企业33家，新型职业农民11万人以上。扎实推动农村集体产权制度改革，初步探索出资产股份型、联合开发型、生产服务型、资源整合型4种壮大集体经济模式。农垦国有土地使用权确权登记发证工作基本完成，垦区集团化、农场企业化扎实推进。在全国率先启动以促进林地流转为主线的集体林权配套改革，全省累计流转山林171.47万公顷，占集体山林总数18.9%。小型水利工程管理体制改革、农业水价综合改革、农田水利设施产权制度改革等多项水利改革取得明显突破。全面深化供销合作社综合改革，农民合作社联合社在全国率先实现县级全覆盖，全省基层社总数恢复到1392个。2017年全省农林水事务支出突破600亿元大关，达到600.2亿元，其中省级财政专项扶贫资金达26.63亿元，比上年增长52.8%。

农村民生事业取得重大进展。继井冈山市和吉安县率先脱贫摘帽后，2017年全省50万人脱贫、1000个贫困村退出，6个贫困县达到摘帽条件，贫困人口减至87.5万人，贫困发生率降至2.37%。全年农村居民人均可支配收入1.32万元，增长9.1%，比上年提高0.1个百分点，高于全国0.5个百分点。继续推进国有垦区、林场危旧房（棚户区）改造工程，新建、改造垦区、林场职工住宅4.02万套。稳步推进农村饮水安全巩固提升工程，全年安排83个县，受益人口228.6万人，46个县市实施城乡供水一体化工程，规模化集中供水比例明显上升。持续实施农村电网改造升级工程，中心村电网供电可靠率达到99.87%，综合电压合格率达到99.84%，基本建成现代农村电网。加快实施"提质增效、通达通畅、平安公路"三大工程，全省新改建农村公路9525千米，完成目标任务119%。

农业农村生态建设持续有力。以国家生态文明试验区（江西）建设为统领，大力实施造林绿化提升、水生态建设、农村人居环境整治等重点工程，推进农村生态文明建设。推进长江防护林、珠江防护林、退耕还林、森林质量提升等工程，强化森林资源管理，着力发展林下经济，森林面积和质量实现"双提升"。2017年，全省共完成造林面积9.66万公顷，占造林任务的121%；森林覆盖率稳定在63.1%（全省森林资源二类调查数据），位居全国第二位。以推进流域生态综合治理为抓手打造河长制升级版，统筹河湖保护管理规划，落实最严格水资源管理制度，全省地表水水质达标率达81.4%，重要江河湖泊水功能区水质达标率98.6%，主要城市饮用水水源地水质达标率100%。

【召开全省农村工作会议暨新农村建设现场推进会】 1月9日—10日，全省农村工作会议暨新农村建设现场推进会在吉安召开。省委书记鹿心社出席并讲话，省委副书记、省长刘奇讲话，省委副书记姚增科主持，省领导尹建业、孙菊生出席。省委有关部门、省直有关单位主要负责人，各设区市党委或政府主要领导、分管领导、农工部部长、农业局局长，各县（市、区）党委或政府主要领导、农工部部长出席吉安主会场会议，并参观考察吉安市105国道沿线连片新农村建设现场。部分省委部门、省直单位的主要负责人和省直农口各单位副厅级以上领导出席南昌视频分会场会议。会议主要总结2016年农业农村工作及做好2017年"三农"工作，会议还表彰了全省农业农村工作先进单位和先进个人。

【“整洁美丽,和谐宜居”新农村建设行动首战告捷】 1月5日,省委、省政府办公厅印发《江西省“整洁美丽,和谐宜居”新农村建设行动规划(2017—2020年)》。2017年,用30亿元的省级财政资金,直接撬动市县财政和社会各类资金投入285亿元投入新农村,完成2.1万个村组整治建设,其中贫困村组7755个、连片沿线建设村组7200个,涉及中心村1000多个,“连点成线、拓线扩面、突出特色、整片推进”建设格局初步形成。全省完成改路3.2万千米、改水159万户、改厕147万户,拆除搭靠“三房”7000万平方米,改房33万栋、新建房2700多万平方米,新建综合公共服务平台2800多个,惠及农村群众150多万户。

【深入推进农村生活垃圾专项治理】 2017年,城乡环卫“全域一体化”第三方治理、生活垃圾收运处理体系建设、环境卫生集中整治等成效显著,农村人居环境卫生状况发生历史性改变。全省已有30多个县实行农村生活垃圾治理第三方服务全域外包,农村环境卫生治理有了长效保障;建成投入使用垃圾焚烧发电厂5座,在建8座,规划建设17座,建成乡镇垃圾中转站719座,规划在建318座,村庄垃圾收集设施覆盖率大幅度提高,90.5%的行政村纳入城乡生活垃圾收运处理体系;98个有农村垃圾治理任务的县(区)全部通过省级考核验收。

【提高“财政惠农信贷通”工作质量效率】 围绕“筹得到、贷得出、用得好、还得起”的要求,扎实推进“财政惠农信贷通”工作,省、市、县三级财政共同投入15亿余元财政资金,每年撬动合作银行为新型农业经营主体发放贷款100多亿元,实现低成本运行、高效率运转,有效缓解农业融资难、融资贵问题,闯出一条金融服务“三农”的创新之路。截至12月30日,全省累计发放贷款13.16万笔、382.64亿元,受益新型农业经营主体9.67万个,其中2017年新增投放贷款131.06亿元;贷款余额涉及4.73万户共131亿余元,户均贷款28万元,新型农业经营主体融资成本降低50%;3年累计不良贷款率1.8%,年均不良贷款率为0.67%,远低于同期商业银行贷款不良率。2017年中央电视台《焦点访谈》栏目、《求是》《人民日报》头版头条都对江西省开展“财政惠农信贷通”工作进行专题报道。

【推动全省“一村一名大学生工程”升级】 2017年,省委农工部贯彻“把工程打造成为江西培养农村人才的精品工程和特色品牌”的要求,推动工程转型升级,由重招生培养转向招生培养和推动创新创业并重。全年招生7080人,毕业6336人。抓好学员教育培养,不断优化专业课程设置,组织开展教学质量评估检查。推动学员创新创业,发挥“领头羊”“孵化器”“催化剂”作用,全省组建43个乡村大学生创新创业协会。中央电视台、江西电视台和《人民日报》《农民日报》《江西日报》等主流媒体先后进行报道。

(陈昱)

社会主义新农村建设工作

【概 况】 2017年,全省各地以非常之举、尽非常之责,各项目标任务全面完成,新农村建设呈现“连点成线、拓线成面、特色突出、整片打造”的发展势头,农村面貌极大改观,部分乡村发生翻天覆地的变化。全省2.19万个村组投入304.4亿元资金,共完成改路3.22万千米、改水158.9万户、改厕146.8万户,拆除搭靠“三房”6950万平方米、改造民居32.6万栋、新建房屋2674万平方米;建设农村综合公共服务平台7340万个,新建乡村卫生室、便民超市、农家书屋等其他公共服务设施6.48万个;改沟22.24万千米、改塘1.65万口,配置垃圾收集设施(公用垃圾桶)94.29万个,新建污水处理设施1899个,清理陈年垃圾65.71万吨,植树1070万株,新增绿化面积1019万平方米,使用沼气、太阳能农户分别达6.21万户、43万户。

突出顶层设计,大规模推进村组整治建设。省委、省政府制定《“整洁美丽,和谐宜居”新农村建设行动规划(2017—2020年)》,对新农村建设总体思路、目标任务、工作重点规模、推进方式和主要措施,作出制度性安排。认真选点布局。按照贫困优先和沿线连片的要求,全年全省安排2.83万个村点开展新农村建设,数量是往年的3倍多,涉及2.19万个村组的148万农户、590多万农民。按照“三沿线三连片”要求,“三沿线三连片”即:沿交通干线,旅游专线,重大项目连接线,安排行政村连片打造,新村与旧村连片打造,新农村点及周边可视范围环境连片打造。选择确定220条沿线连片建设带,共涉及628个乡镇、7521个村庄,通过全域规划、组团建设,确保建一片成一片,彰显整体效果。

突出“抓两头带中间”,打造新农村建设升级版。对照《贫困村退出指标体系》,对2016年新农村建设省级贫困村组整治建设存在的问题,进行逐村排查,采取“缺什么,补什么”的原则,进行整改。2017年各级新村办共安排1.1万个新农村建设村点指标,支持7755个“十三五”省级贫困村组的整治建设。大力开展精美乡村“六统四联创”。要求各地坚持“六统”推进,“六统”即:统一组织,统配定点,统管规划,统建项目,统筹资金,统揽管护。强化“四精”操作,“四精”即:精细规划,精致建设,精心管理,精美呈现。大力开展美丽示范农户庭院、精美示范村庄、美丽示范乡镇、美丽示范县创建活动,全力打造新农村建设升级版。精美创建工作有条不紊地推进,全省创建美丽示范县(市、区)20个,创建美丽示范乡镇147个、精美示范村庄483个、美丽示范农户庭院10.41万户,打造美丽示范风景线165条。

突出多方参与,推动新农村建设共建共享。从2017年开始,省级财政连续4年每年投入30亿元专项资金,市县财政也确保每年30亿元以上的专项投入。全年进入县级新农村建设专户(专账)的省、市、县三级财政专项资金达79.99亿元。各地成立村民理事会和新农村促进会,组织引导农民群众和在外新乡贤回乡,投身美好家园建设。全省新农村建设农民实际投入达46.81亿元。全省涉农部门积极协作,主动整合涉农资金支持新农村建设,做到集中财力办大事。全省新农村建设实际整合项目资金达80.73亿元。鼓励社会参与。各地继续鼓励引导民营企业、社会团体,通过捐资捐物、认购认建等方式支持参与新农村建设。全省新农村建设的社会投入达13.17亿元,有力助推全省“整洁美丽,和谐宜居”新农村建设。

【召开全省新农村建设调度推进会】 7月17日—18日,全省新农村建设调度推进会在南昌召开,贯彻落实省领导重要批示和指示精神,调度检查各地落实省委一号文件和全省农村工作会议暨新农村建设现场推进会各项任务进展情况,对下半年工作再推进、再落实,确保完成全年目标任务。省委副秘书长、省委农工部部长毛祖逊出席会议并就下半年工作进行部署。省委农工部副部长倪美堂主持会议。省纪委驻省委政法委机关纪检组组长马青林,省委农工部副部长赖金生、龙宇闻,巡视员陈江林,副巡视员邓敏军、康方伯出席会议。省委农工部副部长刘伟做了题为《坚持问题导向 创新工作模式——“六统·四联创”怎么看?怎么创?怎么办?怎么干?》的辅导报告。各设区市和县(市、区)委农工部部长、分管新农村建设工作的副部长参加会议并进行分组讨论。省委农工部机关全体干部参加会议。省委副书记姚增科做出批示,对新农村建设工作成绩给予充分肯定,并对下一步工作提出具体要求。

【新农村建设纳入市县科学发展综合考核评价体系】 10月17日,根据《2017年度市县科学发展综合考核评价实施意见》,2017年新农村建设正式被纳入市、县科学发展综合考核评价体系,权重分值为3分。

(马力)

机构编制工作

【概　况】 2017年,省编办围绕中心、服务大局,积极作为、担当实干,扎实推进“放管服”改革、重点领域体制机制创新、事业单位分类改革、机构编制资源优化配置,各项工作取得新进展、展现新作为。

坚持目标引领、问题导向,“放管服”改革有新作为。以提升改革“获得感”为落脚点,着力降低制度性交易成本、优化营商环境。分4批衔接国务院取消省级行政审批等事项23项、削减工商登记前置事项3项、取消和调整强制性中介服务事项7项。开展新一轮行政权力大精简,省级行政许可事项由328项精简至258项,精简率提高至72%;行政权力事项由3064项减少至1736项,精简率提高至82.4%。提请省政府赋予赣江新区61项省级经济社会管理权限。及时调整完善清单权责事项,推动权责清单制度向基层延伸,制定乡镇权责清单规范指导版本,指导市、县全面建成并公布乡镇政府(街道办)权责清单。全面清理行政审批领域“奇葩证明”,取消19个部门114项证明材料,精简率63.2%。启动“证照分离”改革试点。推进行政审批标准化建设,省本级标准化体系基本建成。

坚持全面发力、多点突破,重点领域改革有新突破。配合监察体制和巡察制度改革,及时完成检察机关政法专项编制划转工作。根据市、县党委巡察制度改革部署,在全国较早制定指导意见。有序推进生态文明体制改革,依据《国家生态文明试验区(江西)实施方案》,起草健全自然资产管理体制试点方案。按照省以下环保机构监测监察执法垂直管理制度改革要求,配合制定改革实施方案。研究开展生态领域综合执法体制改革试点,起草指导意见。在宜春市、鹰潭市等地开展综合行政执法体制改革试点,探索实行相对集中行政执法。配合推进司法责任制改革、群团改革、公证机构体制改革等。

坚持先易后难、积极稳妥,事业单位改革有新进展。全面推进事业单位分类改革,完成省直事业单位分类收尾工作,明确最后一批132个省直尚未分类单位类别。开展行政类事业单位改革试点,选定上饶市和广丰区作为试点地区,指导督促做好试点方案的组织实施,试点工作通过中央编办评估验收。创新公益类事业单位编制管理,会同有关部门研究制定省属高校编制备案制管理试点方案,选择在南昌大学等4所高校推开试点工作;出台城市公立医院实行人员总量管理试点的指导意见。加强事业单位登记事中事后监管,制定事业单位法人公示信息抽查工作实施意见,建立“一单两库”,组织开展法人信息抽查,加强事业单位依法履职行为监管。

坚持调控结合、标本兼治,机构编制创新管理有新成效。坚持“严”字当头,把牢关口,坚决遏制机构编制无序增长势头。全省机构编制总量控制在2012年总量基数内,完成控编减编目标任务。制定机构编制事项事前评估论证办法,规范评估内容、标准、程序,提高审批门槛。建立机构编制问题整改与审批联动机制。严格领导职数管理,会同有关部门制定规范领导职数管理的实施意见。坚持“撤一建一”原则,妥善解决军民融合、精准扶贫、相对集中行政许可等重点领域机构限额问题。强化内部调剂,重点加强党的建设、纪检监察、安全监管等工作力量。制定出台统一全省城乡中小学教职工编制标准的意见。探索建立省直事业单位高层次人才引进编制“周转池”制度。持续推进县(市、区)机关事业单位超编整治工作,截至2017年6月,各地累计消化党政群机关行政超编人员8283人,工勤人员1694人,提前完成超编整治任务。强化部门联动机制,巩固将执行机构编制纪律情况纳入党委巡视、经济责任审计、选人用人专项检查内容。充分发挥“12310”举报平台作用,严肃查处部门“条条干预”等问题,切实维护机构编制纪律严肃性权威性。

【组建省委军民融合办】 2017年,为贯彻中央军民融合发展战略,省编办提出组建中共江西省委军民融合发展委员会办公室具体方案。10月16日,中央编办批复江西省设立省委军民融合办。12月8日,省委常委会会议审议通过省委军民融合办“三定”规定。12月22日,省委办公厅正式印发“三定”规定。12月26日,省委十四届五次全会书面提交《关于成立中共江西省委军民融合发展委员会办公室的方案》报告。

【开展相对集中行政许可权改革试点】 4月12日,省委办公厅、省政府办公厅批复南昌县、瑞金市、吉州区、资溪县4个县(市、区)相对集中行政许可权改革试点方案,江西省启动第一批相对集中行政许可权改革试点工作。4月19日，南昌县成立江西首家行政审批局，原属27个职能部门的278项行政审批等事项划归行政审批局管理，实现“一枚公章管审批、一个大厅办成事”，集中审批事项办结时限平均提速40%。资溪县、吉州区、瑞金市相继成立行政审批局。11月，启动第二批改革试点，试点范围扩大到南昌市、宜春市、赣州市、赣江新区和共青城市、永修县。

【推进全省经营类事业单位改革】 10月17日，省委办公厅、省政府办公厅印发《江西省从事生产经营活动事业单位改革实施意见》，江西省在全省范围内部署开展经营类事业单位改革，对经济效益较好的经营类事业单位推动转企改制，对不具备转企改制条件的逐步撤并退出，重点做好国有资产处置、人员安置和社会保障衔接等工作，促进事企分开、管办分离，依法赋予转制企业自主权，激发活力和创造力。

【启动经济发达镇行政管理体制改革】 12月8日，省委办公厅、省政府办公厅出台《关于深入推进经济发达镇行政管理体制改革的实施意见》，计划用3年时间完成30个经济发达镇行政管理体制改革任务。江西省采取“培育+认定”的方式，推进经济发达镇行政管理体制改革30个，其中上报中央首批认定经济发达镇12个，按照经济发达镇标准进行培育的镇18个。

（叶瑞泉）

机关党的建设

【概　况】 2017年，全省各级机关党组织认真贯彻落实中央和省委关于全面从严治党的部署要求，以迎接中共十九大和学习宣传贯彻中共十九大精神为主线，突出抓好机关学习、机关政治生活、机关服务、机关作风、机关文化、落实全面从严治党“两个责任”，机关党建各项工作取得新进展新成效。

突出主题主线，全力做好迎接和学习宣传贯彻中共十九大工作。中共十九大召开前，开展“喜迎党的十九大、对党说说心里话”，“喜迎十九大、当好主力军”，“青春喜迎十九大、不忘初心跟党走”，“巾帼心向党、喜迎十九大”，纪念“三个90周年”歌咏比赛等系列主题活动，营造喜迎中共十九大的浓厚氛围。中共十九大闭幕后，举办省直机关首场宣讲报告会、省直机关“两委”书记专题研讨班、处级领导干部集中轮训班，推动学习全覆盖，迅速在省直机关掀起学习宣传贯彻的热潮。

抓实基层支部，推动“两学一做”学习教育融入日常、形成常态。出台《关于加强省直机关党支部工作的意见》，组织编写《机关党支部工作手册》，对省直机关4900余名支部书记进行全覆盖轮训。部署开展学习《习近平同志关于机关党建重要论述》读书活动，出台《关于进一步加强省直单位党组（党委）中心组学习的指导意见》，建立完善中心组学习通报等7项制度，以领导干部学习带动全体党员干部学习。

主动融入中心，服务富裕美丽幸福江西建设。把新时期省委工作方针作为省直机关党员大讲堂首场报告的辅导内容，统一思想、凝心聚力。把省直单位贯彻落实155条省第十四次党代会报告重点任务情况列入党建工作目标管理考核内容，确保省委决策部署落地生效。聚焦脱贫帮扶，联合财政部驻江西专员办，开展“中央驻赣单位（企业）助力江西脱贫攻坚进入全国第一方阵”专项行动，形成脱贫攻坚强大合力。下拨1630万元党费，帮扶163个定点贫困村加强党组织建设、发展集体经济。开展全省机关党员干部春节回乡调研活动，2.6万名机关干部参加，撰写调研报告8721篇。组织开展降成本、优环境“万名干部进万企”活动。开展精神文明创建，与南昌市联合开展省、市机关“守法礼让、文明出行”等活动，支持南昌市“保文保卫”和“美丽南昌·幸福家园”建设。

坚持问题导向，抓好省委《关于加强和改进机关党建工作的若干意见》贯彻落实。认真贯彻省委书记鹿心社关于抓好《若干意见》贯彻落实的批示要求，以落实《若干意见》为契机，推动机关党建工作上新水平。《若干意见》出台后，省委秘书长刘捷在《江西日报》等媒体以答记者问的形式进行全面解读，就贯彻落实提出明确要求。出台《关于加强省直单位机关“两委”书记队伍建设的意见》等3个配套文件，细化实化《若干意见》的要求。各设区市委、各单位党组（党委）认真学习贯彻，设区市委普遍出台实施办法。

抓落实立标杆，进一步严肃和规范机关党内政治生活。按照中共十八届六中全会精神，修订《关于严格省直机关基层党组织党内政治生活制度的意见》，进一步明确“三会一课”、组织生活会、党员领导干部双重组织生活等8项制度。持续抓好“今天是我的政治生日”主题活动，进一步增强了党员干部党的意识、党员意识。认真推广谈心家访等做法，编发《机关政治生活》30期，指导推动机关政治生活严起来、实起来。

坚持文化育人，以良好的机关文化涵养风清气正的机关政治生态。以党内政治文化建设为统领、以精神文明建设为牵引，着力推进机关政治文化、行业文化、行为文化、廉洁文化、制度文化建设。召开省直机关文化建设现场交流会，推动有条件的单位建立“文化长廊”，交流展示文化建设成果，以机关文化“小气候”助推政治生态“大气候”建设。

突出从严从实，推动党风廉政建设向纵深发展。召开省直机关纪检工作会议进行专题部署，进一步明确机关纪委的工作职责、工作重点、工作抓手。设立机关纪委的省直单位由2016年54家增加至89家，实现全覆盖。严格落实中央八项规定精神，在重要时间节点对21家省直厅局的49家二级单位开展5批次明察暗访，累计发现问题线索97条。公开通报曝光典型案例14起，全年处置问题线索378件，立案41件，45人受到党纪处分。

围绕“强三性”“去四化”，进一步加强党对群团工作的领导。认真贯彻落实中央和省委加强和改进党的群团工作的意见和群团改革方案，首次召开省直机关群团工作会议，制定《关于加强和改进省直机关群团工作的实施意见》，从群团工作的总体要求、主要任务和组织保障3个方面提出11条明确要求。开办省直机关“健康大讲堂”，举办省直机关“体育·惠民100”系列比赛，荣获全国群众体育先进单位。召开省直机关青年干部学习《习近平关于青少年和共青团工作论述摘编》《习近平的七年知青岁月》专题学习座谈会。举办“注重家教家风·培育家国情怀”读书征文活动。

【召开省直机关纪检工作会议】 3月28日，省直机关工委召开2017年度省直机关纪检工作会议，深入贯彻落实习近平系列重要讲话精神和治国理政新理念新思想新战略，认真贯彻落实中共十八届六中全会、中纪委七次全会、省十四次党代会、省纪委二次全会和全省机关党的工作会议精神，总结2016年度省直机关纪检工作，部署2017年度工作任务。省纪委常务副书记刘卫平、省直机关工委书记彭世东出席会议并讲话。省直机关工委副书记雷音主持会议。省直机关工委委员、纪工委书记方瑞增做工作报告。会上，省委党校、江西日报社、省环保厅和省供销社4家单位机关纪委作交流发言。省直(中央驻赣)各单位机关纪委书记、副书记180余人参加会议。

【召开青年干部座谈会】 5月4日，省直机关工委召开青年干部座谈会，纪念五四运动98周年，认真学习中共中央总书记习近平系列重要讲话精神特别是关于青年的重要论述精神，并以“有理想、敢担当、善作为、讲奉献”为主题进行座谈交流。省直机关工委书记彭世东出席座谈会并讲话，工委副书记李跃进主持座谈会。省直机关工委副书记雷音，工委委员、工委组织部部长孔德然出席座谈会。工委30名青年干部参加座谈会。会上观看反映习近平青年时代的央视纪录片《初心》，传达学习习近平考察中国政法大学重要讲话精神和省委书记鹿心社在青年发展工作座谈会上的讲话精神。6名青年干部代表围绕座谈会主题分别发言。会上还对春节回乡调研优秀调研报告作者进行通报表彰。

【举行纪念“三个90周年”暨迎接中共十九大歌咏比赛】 9月6日—8日，省直机关纪念“三个90周年”暨迎接中共十九大歌咏比赛在南昌市举行。省直机关工委书记彭世东，工委副书记李跃进、雷音，工委委员刘大胜、孔德然、喻子显，工委副巡视员陈圣泉、王知民莅临比赛现场观摩指导。这次比赛得到省直单位的重视和响应，许多单位领导带头参加比赛。省直机关共有103个单位组队参赛，其中大合唱节目18个、组唱节目38个、独唱或对唱节目92个。在3天比赛中，广大党员干部职工以深情的歌声，缅怀红色岁月，感悟革命热情，歌颂发展新成就，唱响时代主旋律，充分展示省直机关党员干部职工立足本职、爱岗敬业、凝心聚力，昂扬奋进的精神风貌。此次比赛将选拔部分优秀节目参加全省纪念“三个90周年”暨迎接中共十九大群众歌咏比赛。

【举办省直机关文化建设现场交流会】 10月12日，省直机关文化建设现场交流会在南昌召开。省委常委、省委秘书长、省直机关工委第一书记刘捷出席会议并讲话。省直机关工委书记彭世东主持会议，工委副书记李跃进、雷音，工委委员、工委宣传部部长刘大胜，副巡视员王知民出席会议。会议现场观摩了省司法厅和省国税局的机关文化，省纪委、省委办公厅、南昌海关作了会议发言，省委组织部等11家单位作了书面交流。省直各单位机关党组织负责人共150余人参加。

（温尊寿）

高校党建工作

【概　况】 2017年，省委教育工委和全省教育系统各级党组织以“深入学习贯彻习近平新时代中国特色社会主义思想、中共十九大和省第十四次党代会精神”为主线，以“全面从严治党”为主题，以党的建设统领中心工作，坚定不移贯彻党的教育方针，从2015年“打基础、转作风”到2016年“重规范、求突破”，再到2017年“促提升、见实效”，一以贯之、持续发力，工作成绩有新成效，事业发展硬指标有新突破，教育形象软实力有新提升，教育系统党的建设事业发展势态良好。全年国家层面刊发简报推广江西省教育改革发展经验11期、会议典型发言14次，委厅机关首次获“全国文明单位”称号，驻厅纪检组获“全国纪检监察系统先进集体”称号。

【深入学习宣传贯彻中共十九大精神】 2017年，省委教育工委把迎接和学习宣传贯彻中共十九大精神作为全年首要政治任务。教育工委书记黄小华当选中共十九大代表。中共十九大召开期间认真组织收听收看大会实况，全力保障教育系统安全稳定。省委教育工委主要领导宣讲中共十九大精神30余次，听众5000多人次，编写《新时代 新思想 新征程——习近平新时代中国特色社会主义思想学习读本》，指导江西财大、南昌大学等12所高校组建“习近平新时代中国特色社会主义思想研究中心”。开展中共十九大精神学习“百千万”项目，成立学生、教师、博士、党员等组成的宣讲团近100个，打造1000个示范课堂和1万个学习小组。组织教育系统基层支部开展“五个一”活动，“五个一”即：一系列专题学习，一次主题党日，一场“政治过硬、本领高强”大讨论，一次专题组织生活会，一件实事。

【认真落实巡视整改各项任务】 2017年，省委第二巡视组对省委教育工委和省直4所高校开展专项巡视。专项巡视后，成立省委教育工委书记黄小华任组长的巡视整改领导小组。领导小组先后主持召开工委会4次、整改调度会2次、巡视整改专题民主生活会1次、整改工作动员部署会1次，开展督查督办4次。制定省委巡视整改工作方案，细化分解具体整改任务39项，明确牵头单位11个，拟定具体整改措施114条，截至2017年年底全部整改完成并建立健全35项制度，得到省委巡视办和省委第二巡视组的肯定。

【扎实推进“两学一做”学习教育常态化制度化】 2017年，制定委厅机关和高校两个层面的“两学一做”学习教育常态化制度化的实施意见。党组织关系隶属省委教育工委的30所高校2948个基层党组织实现微信学习群、讲党课、专题组织生活会、民主评议党员“四个全覆盖”。开展高校基层党建创新工作案例征集和评选工作，结集出版优秀案例100个。大学生党员学习教育读本《旗帜引领方向》被中组部评为“优秀党建读物”。举办全省大学生“喜迎党的十九大、不忘初心跟党走”党的基本知识电视竞答赛，86 所院校 344 名选手进入预决赛。开展党员干部培训，线上线下培训基层党组织书记 3000 人、培训党员干部 6500 人次。

【教育系统述职评议考核工作全覆盖】 2017 年，连续 3 年开展省管高校党委书记述职评议考核，连续 2 年开展民办高校党委书记（督导专员）述职评议考核，首次开展全省中小学校党建工作述职评议考核，基层党建述职评议考核全覆盖、常态化和制度化。运用述职评议考核结果，排名在前的通报表扬，对落实“两个责任”不力、班子团结有反映、信访举报件多、排名靠后的高校领导进行约谈，全年约谈 10 批 30 人次。

【加强教育系统基层党建制度创新】 2017 年，建立党建巡察制度，会同省委组织部对江西师范大学等 7 所省属高校开展基层党建巡察。印发《关于做好 2017 年度高校院系级党组织书记抓基层党建述职评议考核工作的通知》，出台《关于加强中小学校党的建设工作实施意见》，开展 2 次专项调研督查，中组部调研督查组对全省中小学党建工作予以肯定。宜春市作为唯一设区市代表，在全国中小学党建暨德育工作会议上作典型发言。以省委办公厅名义印发《关于加强全省民办学校党的建设工作的实施意见》，修订《江西省民办高校党委书记（督导专员）选派和管理办法》。

【激发教育人才队伍新活力】 2017 年，举办全省人才发展体制机制改革专题宣讲报告会。成功挽留南昌航空大学博士毛崎波，得到省委书记鹿心社等省领导的肯定。深化省校战略合作，与中国人民大学等知名高校深化合作，共建现代金融、航空发动机、现代农业等平台。全年高校新增“国家杰青”1 人、“千人计划”2 人、“百千万人才工程” 国家级人选 9 人，“万人计划”人选 9 人。全省教育系统引进博士人才 807 人，其中全职 631 人，兼职、挂职、短期合作 176 人。省属高校编制启动备案制试点。招募 180 名音体美专业大学生赴 30 个县、60 所边远小学支教。

【狠抓党风廉政建设】 2017 年，组织巡察组对江西农业大学等 7 所高校的党风廉政建设“两个责任”落实情况开展专项巡查，督促省管高校问责党组织 3 个、党员领导干部 16 人。驻厅纪检组先后深入 16 所高校及厅直属单位以案说纪，近万名党员干部接受教育。全省教育系统接受信访举报 1880 件（次），其中业务范围内 703 件；处置问题线索 565 件；协办、自办、督办案件 72 件，处理党员干部 100 人。查处高校教师性侵女学生案件 3 起，“双开”教师 3 人。

【建立干部多途径培养锻炼机制】 2017 年，选派 60 余名委厅、高校和市、县教育行政部门领导干部到国家教育行政学院、省委党校、江西经济管理干部学院、省直工委党校等教育培训机构参训。举办“江西省高校思想政治工作专题培训班”，58 名高校领导干部和委厅干部参加。做好委厅“双向”挂职锻炼工作，从市、县和高校选拔 32 名人员到委厅处室挂职锻炼；妥善安排委厅第八批援疆干部返回工作，做好第九批援疆干部选派工作。

【贯彻落实全国和全省高校思政工作会议精神】 4 月 17 日，全省高校思想政治工作会议在南昌召开，省委书记鹿心社出席并讲话。以省委省政府名义印发《关于进一步加强和改进新形势下高校思想政治工作的实施意见》。省委成立省高校思想政治工作领导小组，省委副书记姚增科担任组长。建立高校思想政治工作巡查机制，派出 18 个组、70 多名人员开展“大督查”。成立全省高校思想政治理论课教学指导委员会，启动高校思想政治理论课教学质量提升 3 年行动计划。制定完善《全省教育系统意识形态工作联系制度》《全省高校党委意识形态工作责任制考核体系》等多个配套文件。确定建设 3 所重点马克思主义学院和 5 所特色马克思主义学院。聘请 10 名老干部、老专家、先进模范人物担任高校思想政治理论课特聘教授。首批江西高校红色育人实践基地建设 10 个。江西师范大学在全国高校首设“辅导员日”，省委副书记姚增科出席启动仪式并讲话。全省 22 所学校评为“全国文明学校”，占全国总数 5.5%。高校领导“思想政治工作体验日”“学生生活体验日”“书记面对面”“校长约吧”“三联三创”主题实践活动被 15 家中央媒体报道。《跟着总书记读经典》《党建好声音》等教育电视特色节目，获中组部肯定。省委书记鹿心社给江西师范大学青年志愿者回信，勉励全省青年学子积极投身富裕美丽幸福江西建设。

（朱易）

党校工作

【概　况】 2017 年，中共江西省委党校江西行政学院以喜迎、学习、贯彻中共十九大精神为主线，坚持以习近平新时代中国特色社会主义思想为指导，认真贯彻全国、全省党校工作会议部署，坚持质量立校、特色兴校、人才强校、从严治校，各项工作取得新成效，党校建设迈出新步伐。

校院发展有新目标。校委提出建设“富有江西特色、走在全国前列的一流党校”发展目标，即：要“创品牌”，立足省情，在发掘江西红色资源，传承红色基因，打造党性教育品牌方面走在全国前列；要“强主业”，立足干部教育培训，在提高江西干部的素质能力，服务江西经济社会发展，建设富裕美丽幸福现代化江西中发挥更大作用；要“出成果”，立足创新办学理念、办学资源和办学经验，打造高层次的教学科研咨询成果，争取更多的精品课、国家课题、高端资政成果；要“站前列”，立足校院整体工作，在各个方面包括行政后勤、管理服务、党的建设等全面创先争优、争创一流。

教学科研有新成绩。抓好教学培训，突出理论教育和党性教育，提升教育培训效果，拓展教育培训渠道。全年举办常规主体班 30 期、培训学员 1567 人；举办学习贯彻中共十八届六中全会暨省第十四次党代会精神专题研讨班、应急管理专题培训班、乡镇党委书记示范培训班等专题培训班 15 期、培训干部 3074 人；承办红色教育短期培训班250期、培训学员1.2万人。承接公务员短期培训班次23期、培训学员2408人。新招录在职研究生748人(含中央党校江西班50人),在校研究生达到2000人。运用干部在线学习平台,上线学习贯彻中共十九大精神专题课程27门,江西干部网络学院在线学习注册人数达39.05万人、访问量超2192万次。全年申请立项国家社科基金项目49项,获得立项国家社科基金项目1项,获得立项中央党校重点课题3项、国家行政学院课题3项和省社科项目7项、省社科规划智库项目2项、省社科规划青年博士基金项目1项。结项全国党校系统重点课题2项、省社科基金项目11项、省社科规划智库项目1项。获得全国行政学院系统科研成果二等奖1项、三等奖5项,获省哲学社会科学成果优秀奖2项;出版学术著作6部,各级各类党报党刊、学术期刊发表论文300篇。《领导论坛》刊发的调研报告获省领导肯定性批示8篇,编辑出版《江西省情资料手册》《兴赣策论(四)》。《求实》获评第六届华东地区优秀期刊。光明日报智库研究与发布中心和南京大学中国智库研究与评价中心把校院列入中国智库索引(CTTI)首批来源智库,成为全省3家以单位名称入选的单位之一。

精品课建设有新突破。在中组部"全国干部教育培训好课程"评选中,省委党校选送的《完善和发展中国特色社会主义制度推进国家治理体系和治理能力现代化》(理论教育类)和《继承和弘扬苏区干部好作风》(党性教育类)两门课程入选,进入全国党校系统第一方阵,实现省委党校建校60多年来在国家级精品课评选上的"零的突破"。

业绩考核有新机制。从推进第三轮专业技术岗位聘任工作入手,在全国党校行政学院系统率先探索建立教研人员业绩考核激励机制,建立以业绩为标准,凭绩效定等级,待遇向业绩突出人员倾斜,真正能上能下的具有党校行政学院特色的教研人员业绩考核激励机制,创造江西经验。中央党校《党校工作通讯》、国家行政学院《地方行政学院工作动态》先后刊发省委党校经验材料,在全国党校行政学院系统交流荐阅。

事业发展有新平台。12月,九龙湖新校区建设工程全部完工。新校区占地20公顷,总建筑面积12.18万平方米,设计规模为可容纳在校学员650人。新校区建成使用,使省委党校办学条件跻身全国一流行列。

【调研新型智库建设】 4月12日,省委书记鹿心社到省委党校调研新型智库建设,并主持召开加强新型智库建设座谈会,省领导赵力平、李利陪同调研。座谈中,鹿心社问研究,看成果,详细了解智库围绕中心、服务大局研究能力建设情况。鹿心社强调,要深刻领会中央关于建设中国特色新型智库精神的核心要义,深入实际、深入基层了解实情、知晓民意,充分发挥学科优势、人才优势,切实承担起新型智库建设的时代责任,为服务党委政府决策发挥更大作用。

【举办"学习贯彻党的十九大精神"专题研讨班】 2017年,为贯彻落实《中共中央组织部关于做好县处级以上领导干部学习贯彻党的十九大精神集中轮训工作的通知》《中共江西省委关于认真学习宣传贯彻党的十九大精神的通知》《中共江西省委组织部关于做好全省县处级以上领导干部学习贯彻党的十九大精神集中轮训工作的通知》要求,举办全省市厅级主要领导干部学习贯彻中共十九大精神专题研讨班1期、全省副厅级以上领导干部学习贯彻中共十九大精神专题研讨班2期、县处级领导干部学习贯彻中共十九大精神专题研讨班2期、"学习贯彻党的十九大精神,提高依法行政意识和服务'三农'能力"乡镇党委书记示范培训班2期、"学习贯彻党的十九大精神,提高依法行政意识和服务'三农'能力"乡镇长示范培训班2期、全省党校行政学院系统学习贯彻中共十九大精神专题师资培训班1期。

【建立"八个一"入学教育模式】 2017年,校院总结历年党性锻炼经验,建立以"一场开学典礼、一次学员大会、一次班会、一部党性教育专题片、一次革命传统教育、一次团队拓展活动、一次分组讨论、一份党性锻炼(公仆意识教育)计划"为主要内容的"八个一"入学教育模式,丰富入学教育形式与内容、规范入学教育管理,提升入学教育针对性和实效性。

(刘艺)

信访工作

【概　况】 2017年,全省信访系统以迎接服务保障党的十九大胜利召开和学习宣传贯彻党的十九大精神为工作主线,全面落实中央和省委、省政府关于信访工作的决策部署和省委、省政府领导的指示精神,坚持围绕中心、服务大局,坚持改革攻坚、巩固提升,推动信访工作取得新成效。

信访稳定工作有成效。10月10日—25日,全省进京到敏感地区上访人员与中共十八大期间相比下降74.5%,来省上访与上年同期相比批次和人次分别下降36.8%和22%,实现"三个没有发生"。"三个没有发生",即没有发生大规模聚集上访、没有发生极端恶性事件、没有发生因工作不到位引发负面炒作。省委书记鹿心社在全省领导干部大会上肯定中共十九大期间江西省信访工作成绩,省信访局呈报的《党的十九大期间全省信访稳定工作总结》获省委书记鹿心社、省长刘奇等批示。完成全国"两会""七一""八一"和"一带一路"国际合作高峰论坛、厦门"金砖会晤"等重大活动、敏感节点信访稳定的各项任务。

信访工作目标有突破。省委、省政府提出的"一个上升、两个下降、六个巩固"年度目标任务得到有效落实。网上信访同比上升46.5%,占信访总量56.46%,网上信访主渠道作用得到巩固和发展;进京敏感地区访在连续3年大幅下降基础上,2017年中央联席办全口径统计江西省进京非接待场所人员同比下降37.3%。全省来访总量批次和人次同比分别下降7.5%和4.4%;信访秩序进一步好转,进京访成效得到巩固,信访事项及时受理率99.47%,按期办结率99.5%,群众满意率98.15%;信访积案化解率100%,省级复查复核率100%,位居全国前列。

信访工作成绩有进步。江西省信

访工作连续3年进入全国先进行列，位置持续前移，取得新成绩。在第八次全国信访工作会议上，江西省以“强化责任落实，推动信访工作发展”为题，以省委、省政府高度重视信访工作做法为内容，介绍了工作经验；分类处理信访诉求、接访工作等在全国性会议上做了典型发言或交流；中央和省有关主流媒体、中央联席会议《简报》、国家信访局《人民信访》《情况交流》等多次宣传江西省做好中共十九大期间信访稳定工作和学习贯彻中共十九大精神情况，以及引入“第三方”参与调处信访积案、推进网上信访、加强办信、督查、驻京劝返和基层基础工作等经验做法。1人被评为“全国最美信访干部”，3个集体、19人被评为全国信访系统“两先六优”，22人被评为2017年度江西最美信访干部及提名人选等。

【强化接访下访包案】 2017年，省委、省政府主要领导带头接访下访。省委书记鹿心社在多年连续接访下访基础上，专程到省信访局通过远程接访系统和现场接访上访群众，及时与有关地方、部门一起想办法、找对策，帮助上访群众解决问题。省长刘奇到省信访局接访，深入抚州市东乡区和南昌市新建区现场走访接待群众，推动解决群众的合理合法诉求。省领导亲自动手包案化解信访问题。省领导主动担当，亲自动手，包案化解重要信访事项20件，并负责包案所在市信访稳定的督导。省信访局班子成员分别对应省领导担任联络员，与有关地方部门做好督办协调服务等相关工作，实现信访事项化解率100%、停访息诉率100%、群众满意率100%。市、县党政主要领导全面开展集中接访。从8月30日至10月30日，各市、县（市、区）党政主要领导干部集中2个月的时间，开展集中接访活动，着力解决进京敏感地区访、进京重复访、集体访和到省重复集体访、大规模集体访等重点信访事项，推动成批化解信访突出问题。

【开展越级访治理和信访化解工作】 2017年，组织开展进京到省敏感地区访及越级访治理“春季攻坚”和信访化解稳定工作“秋季决战”，按照“三个百分百”的要求，“三个百分百”，即有合理诉求的100%解决，重点群体和重点人员100%稳定，有扬言和极端行为倾向人员100%疏导教育化解到位，着力推进重点群体的排查防范、重点人员的疏导稳控、重点问题的有效化解。截至2017年年底，省交办的1068件重点信访事项化解稳定率达到87.4%，各设区市自行排查的2931件重点信访事项化解稳定率达到83.8%。“秋季决战”建立“四个一”工作机制，“四个一”，即一天一汇总专报，一周一调度会商，半月一督促检查，一月一通报警示，会同有关部门对来省进京访，特别是进京敏感地区访问题突出的前10位县（市、区）进行约谈。

【服务全省工作大局】 2017年，围绕全省奋斗目标做好信访工作。服务全省“脱贫攻坚”，及时下发《关于做好扶贫领域信访工作的通知》，要求全省信访系统认真做好受理办理和分析研判涉及扶贫的信访件，促进扶贫工作健康发展。围绕全省工作方针做好信访工作。顺应“互联网＋信访”发展大势，加强江西信访网上服务中心系统建设，打造信访大数据分析平台、综合展示指挥平台、责任信访监督平台、智能数据交换平台，建设智能办公协同系统、综治“视联网”、全省电子政务内网。围绕省委、省政府提出的工作要求做好信访工作。开展“喜迎十九大、岗位作贡献”“信访责任落实年”“创建全国、全省三无县（市、区）”“争当最美信访干部”四项活动，打造“阳光信访”“责任信访”“法治信访”。制定出台《江西省信访工作责任制实施细则》，举办全省分管信访工作领导干部“贯彻习总书记重要批示，推进信访工作改革”研讨班，在上海复旦大学举办一期全省信访局局长专题研讨班，进一步强化各级领导干部抓好信访工作的责任意识。

（省委、省政府信访局）

老干部工作

【概　况】 截至12月31日，全省离退休干部39.26万人，其中离休干部7944人，退休干部38.46万人。省级老干部53人，其中正省级6人、副省级47人，老红军7人。离退休干部党员22.23万人，离退休干部党组织5847个。

扎实推进离退休干部正能量活动。开展“畅谈”“建言”活动。以“畅谈十八大以来变化、展望十九大胜利召开”和“建言十九大”为主题，开展系列调研访谈活动，全省召开座谈会3209次，参会老干部4.83万人，访谈老干部7536人次，发表建言1.21万人次，把老干部45篇调研建言文章和184条金点子编成5期《老干部好声音》。释放老干部正能量。以离退休干部党支部、社区、老年大学、活动中心为阵地，以龚全珍、毛秉华、宁宏昌等全国先进典型为引领，建立各类工作室、正能量活动示范点3260个。组织以离退休干部为骨干的“五老”人员，在青少年中开展“大手握小手，听党话、跟党走”活动，举办“党史、国史、家乡史”宣讲报告2.1万场，与困难青少年结成帮扶帮教对子16.9万个，组建698个基金组织，筹措资金4.5亿元，资助困难学生。组织策划首届赣鄱夕阳红合唱大赛暨“赞歌十八大、传递正能量”文艺汇演，全省70支老年合唱队、6000余人参赛。开展选树活动。开展“正能量之星”和“正能量示范点”评选活动，评为先进个人150人，评为先进集体150个，评为“全省首届最美老干部”12人，省领导和有关部门负责人出席颁奖仪式，26家新闻媒体进行报道，产生良好社会反响。

着力强化离退休干部“两项建设”。认真抓好学习宣传贯彻中共十九大精神，组织30余万名离退休干部收听收看十九大报告，举办中共十九大精神专场报告会，开设学习宣传专栏，做到学习中共十九大精神全覆盖。开展“十八大以来我省离退休干部党员思想状况”调研，发放调查问卷5600多份，形成专题调研报告。组织老干部看发展谈变化，让离退休干部亲身感受全省经济社会发展新变化，引导老干部为各级党委政府点赞。在老年大学、老干部活动中心、老年社团新建离退休干部党组织172个；落实省直单位离退休干部党支部书记、副书记、支委工作补贴，支部书记每年

3600元、副书记3120元、支委2400元。市、县老干部工作部门组织支部书记培训班、参观考察125期。

认真做好离退休干部服务保障工作。出台《离退休干部解困资金管理使用办法(试行)》《关于扩大省人民医院干部病房一部住院对象范围的通知》等4个提高老干部生活待遇的政策文件。下拨解困资金80万元,向169名老红军遗孀发放生活困难补助33.8万元。慰问18个省135名易地安置离休干部,慰问频率由2年1次改为1年1次,医疗备用金从5000元提高到1万元;离休干部特需经费标准从每人每年500元调整为1000元,护理费提高到3000元,超全国平均水平;部分享受“按副省(部)长级标准报销医疗费”待遇的离休干部纳入省人民医院干部病房一部住院对象范围。建立省级老干部生日走访、生病住院看望制度。连续10年开展省级老干部夏季健康休养活动,不断优化相关制度和服务模式。大力推进省老干部活动中心、江西老年大学搬迁改造,完成老年大学整体搬迁,面积从1080平方米扩大到3.36万平方米。全省新建扩建老年大学、老干部活动中心37所,新增“老年大学示范校”6所、“优秀老干部活动中心”5个。

切实加强老干部工作部门自身建设。举办省、市、县老干部局长和省直单位老干部处长培训班、研讨会,拓展队伍视野,提升业务能力。扎实推动机关文化建设和机关信息化建设,省委部门率先实现电子政务平台全覆盖,省委老干部局官网重新上线。注重创品牌发声音,《老友》杂志获“华东地区优秀期刊”,“两微一端一头条”宣传平台不断完善;中组部内刊、《中国老年报》刊用相关工作做法8次;省内外主流媒体宣传老干部工作26次。

【举办全省市、县老干部局局长培训班】 9月14日,全省市、县老干部局长培训班在井冈山江西干部学院开班,省委组织部副部长、省委老干部局局长肖洪波出席开班仪式并作动员讲话,副局长陈渊平主持开班仪式,副局长王海燕、省关工委专职副主任康京华参加开班仪式,各市、县(市、区)老干部局局长及省委老干部局相关处室负责人和工作人员共120余人参加。

【召开纪念井冈山革命根据地创建90周年座谈会】 9月20日,省关工委举办“传承红色基因,实现伟大梦想”——纪念井冈山革命根据地创建90周年座谈会在井冈山市召开。省关工委第一副主任王峰出席会议并讲话,常务副主任汪玉奇作主题报告,专职副主任康京华主持会议。吉安市关工委、井冈山市关工委和市委老干部局有关人员,部分青少年代表共30余人参加会议。会议代表听取了《历史告诉我们》的主题报告,还到北山革命烈士陵园向革命先烈默哀,并敬献花圈。

【开展首届“最美老干部”评选表彰活动】 10月28日,省委组织部、省委宣传部、省委老干部局联合开展首届“最美老干部”评选表彰活动,经过层层推荐评选,全国道德模范龚全珍、毛秉华等12名老干部当选。省委副书记姚增科,省委常委、省委组织部部长赵爱明,省委常委、省委宣传部部长赵力平,省人大常委会副主任冯桃莲,省政府副省长吴晓军,省政协副主席陈俊卿等出席颁奖仪式。评选活动展示广大离退休干部爱党、爱国、奉献社会的真挚情怀,进一步激发老干部从小事做起、从身边做起、继续为党和人民事业增添正能量的政治热情。

【举行在南昌老干部中共十九大精神宣讲会】 11月9日,离退休干部学习贯彻中共十九大精神宣讲会在南昌举行。省委副书记姚增科作宣讲,省委常委、省委组织部部长赵爱明主持,在昌老干部舒圣佑、马世昌、洪礼和、雍忠诚等500余人参加。姚增科指出,学习贯彻中共十九大精神,要牢牢把握习近平新时代中国特色社会主义思想这个灵魂。坚持党的领导,坚决忠诚核心、维护核心、看齐核心,自觉维护党中央的权威和集中统一领导;坚定不移坚持和发展中国特色社会主义;以奋发有为的精神状态,朝着既定的宏伟目标奋斗;明确社会主要矛盾发生的新变化,按照新理念推动科学发展,坚持创新引领,着力深化改革,提升综合国力,满足人民对美好生活的需求。

【第二次全国老年教育宣传工作会议在南昌召开】 11月15日,第二次全国老年教育宣传工作会议暨中国老年大学协会宣传出版工作委员会第十一次全体会议在南昌召开。中国老年大学协会会长张晓林,中国老年大学协会副会长、江西老年大学校长洪礼和,江西省委老干部局局长兼省委组织部副部长肖洪波,江西老年大学第一副校长谭晓林,中国老年大学协会顾问李延良,江西省委老干部局副局长王海燕,中国老年大学协会宣传出版工作委员会副主任、广东省老干部大学常务副校长蒋海鹰等出席会议,会议由中国老年大学协会副会长、宣传出版工作委员会主任杜英杰主持。江西省南昌市老年大学、赣州市老年大学、上饶老年大学获表彰。来自全国各地的参会代表围绕学习贯彻中共十九大精神,就进一步做好老年教育宣传工作进行分组讨论,提出意见和建议。

(谢高龙)

党史工作

【概　况】 2017年,省委党史研究室以纪念南昌起义、秋收起义和井冈山革命根据地创建90周年为契机,按照“六抓”思路,科学制定工作规划,扎实推进各项工作,完成全年工作任务。

抓对标,按照中央、省委和中央党史研究室的决策部署抓好工作落实。积极做好喜迎中共十九大、学习宣传贯彻中共十九大精神工作;根据省委部署推进机关党建工作和“两学一做”学习教育常态化制度化,增强党组织的战斗堡垒作用。

抓特色,推出系列党史成果,体现服务中心服务大局的资政能力。做好曾山等老干部重要档案资料的学习保存研究工作;完成《回望峥嵘读初心——发生在江西红土地的100个经典革命故事》样书;汇编《习近平总书记系列重要讲话典语1000句》,组织青年干部撰写“我心目中的总书记”文章19篇,学习撰写《习近平的七年知青岁月》体会文章7篇;起草《关于“萍乡在党史军史上的16个‘第一’”的调研报告》并报省委,得到省委领导的肯定。

抓主题，围绕南昌起义、秋收起义和井冈山革命根据地创建90周年开展系列纪念活动。联合主办纪念“三个90周年”知识竞赛活动；合作推出特别节目《红色传家宝》电视剧短片；联合举办赣籍将军百战图大型创作展览活动；召开以纪念重大党史事件为主题的系列学术研讨会、座谈会9场；策划推出8期党史知识专题宣传墙报。

抓主业，以党史基本著作编研宣教为龙头，党史工作基础进一步夯实。完成《中国共产党江西历史》第一卷（1921—1949）修订再版并推动《中国共产党江西历史》第一卷、第二卷向教育层面转化；启动并完成《中国共产党江西历史》第三卷相关专题编写；《中央革命根据地历史资料文库》（群团系统）编纂工作取得新进展；审读各类党史题材作品30多部近400万字；深化党史宣传教育工作，对网站栏目进行调整，党史微博同步更新，发布各类稿件近400篇；微信平台全年上传、转发文章500余篇；《党史文苑》平稳发展，全年编辑出版期刊24期，刊登文章500余篇，共300余万字，期刊社会影响力进一步增强。

抓主体，以“三室”建设为导向，履职能力进一步提升。坚持政治建室，“四个意识”进一步增强，不断增强政治敏锐性和政治鉴别力，坚决抵制和反击历史虚无主义。坚持研究立室，室机关干部个人发表文章48篇，单位多部著作获奖。其中，《中国共产党江西历史》第二卷（1949—1978）获江西省第十七次社会科学优秀成果一等奖。坚持依规治室，通过法治化、制度化机关建设，形成风清气正、团结和谐工作环境和务实硬朗工作作风，最大限度调动党员干部积极性。

抓整合，以构建“大党史”工作格局为目标，推动部门工作持续发展。整合省内科研力量推进党史研究，携手省委宣传部等相关部门推进党史宣传，形成多角度的党史学习宣传态势，党史好声音进一步占据舆论主阵地，系列宣传活动唱响主旋律，传播正能量。

【开展重走南昌起义秋收起义路线活动】 4月18日—23日，省委党史研究室组织业务骨干重走南昌起义、秋收起义路线。先后考察了6个设区市15个县，行程3000多千米，参观革命遗址遗迹和纪念设施38处，并撰写《不忘初心 走进历史——重走南昌起义、秋收起义线路》调研报告，得到省委分管领导肯定。

【大型历史画册《人民军队从这里走来》出版发行】 7月27日，省委宣传部、省委党史研究室共同主办的大型历史画册《人民军队从这里走来》正式出版，首发式在南昌举行。省委常委、省委宣传部部长赵力平出席会议并讲话，省委党史研究室主任俞银先，副主任卢大有、彭勃，以及省军区、省出版集团、陆军步兵学院、江西科技师范大学等部门领导专家学者参加会议。省委宣传部副部长朱民安主持会议。图书共分4册29章40多万字，以文字叙述为脉络，图文并茂、时空相交，重点突出理论探索、军事斗争、部队建设和军民关系等方面的内容。作为向“三个90周年”献礼之作，纪念之作，该书是一部有着重要现实教育意义和史料收藏价值的普及读物，是江西省充分挖掘和利用红色资源大力传承红色基因的重要举措和实践成果，是开展党史军史学习的教材。省委理论学习中心组将该书列入年度学习书目，黑龙江省集贤县永安乡联明学校将该书作为开展红色教育的课堂教材。

【举办“赣籍开国将军百战图”大型创作展览活动】 7月27日，省文联、省委党史研究室、省教育厅和省军区政治工作局共同主办的“赣籍开国将军百战图”大型创作展览开幕式在江西展览馆举行。省委常委、省委宣传部部长赵力平到现场参观展览并作出具体指导。省委党史研究室领导俞银先、卢大有、彭勃与省委宣传部、省直机关工委、省教育厅、省军区政治工作局、省文联、南昌师范学院等单位领导共同出席开幕式。省文联党组书记郑翔、省军区政治工作局主任张庆文代表主办单位分别致辞。展览历时15天，近6万人参观。

【合作推出电视节目《红色传家宝》】 2月28日至10月8日，省委党史研究室相关人员与摄制组一起深入采访亲历者和传承者，足迹遍布10余个省市，几十个地区和单位，并采用了情景再现的拍摄手法尽量还原事件发生的场景、人物和故事情节，展现江西丰富的红色资源。10月11日，江西卫视“传奇故事”栏目正式播出后，社会反响很好。

【举行“三个90周年”理论研讨会】 10月15日，江西省中共党史学会、江西省井冈山精神研究会和井冈山大学中国共产党革命精神与文化资源研究中心共同主办的“纪念南昌起义、秋收起义和井冈山革命根据地创建90周年”理论研讨会在井冈山举行。省委党史研究室主任俞银先，副主任卢大有；吉安市委副书记喻志勇，井冈山管理局局长、井冈山市市长焦学军；井冈山大学副校长陈小林；江西省中共党史学会、江西省井冈山精神研究会会长王晓春，副会长雷健、何友良、张泰城、郭兵、刘国云等出席会议。全国22个省（自治区）、直辖市的党政机关、大专院校、党校、干部院校、博物馆、纪念馆的论文作者参加会议，提交论文128篇。与会专家学者主要围绕南昌起义、秋收起义和井冈山革命根据地创建研究的学术回顾、学术动态、史料整理新方法论、弘扬井冈山精神面临的新形势和新任务、党史研究成果的更好转化等议题展开讨论。

（彭志中）

本栏编辑　刘清林

江西省人民代表大会

综　述

2017年，江西省各级人民代表大会1514个，其中省级人民代表大会1个，设区市级人民代表大会11个，县级人民代表大会100个，乡（镇）人民代表大会1402个。各级人大代表10万多人，其中全国人大代表74个，省人大代表593人。省十二届人民代表大会常务委员会组成人员实有57人，其中主任1人，副主任7人，秘书长1人，委员48人。省十二届人民代表大会设有内务司法委员会、财政经济委员会、教育科学文化卫生委员会、农业和农村委员会、环境与资源保护委员会、法制委员会等6个专门委员会；省十二届人民代表大会常务委员会下设办公厅、法制工作委员会、选举任免联络工作委员会、外事华侨民族宗教工作委员会、预算工作委员会等5个工作机构。

省人大常委会高举中国特色社会主义伟大旗帜，深入学习贯彻中共十八大、十八届中央历次全会和十九大精神，坚持以习近平新时代中国特色社会主义思想为指导，坚持党的领导、人民当家做主、依法治国有机统一，服务大局、关注民生、推进法治，全面依法履职，注重工作创新，不断展现新作为。

*坚持党的领导，确保人大工作正确政治方向。*始终旗帜鲜明讲政治，切实提高政治站位和政治自觉，坚决维护以习近平为核心的党中央权威和集中统一领导，坚决贯彻中央和省委决策部署，充分发挥常委会党组领导核心作用，始终把坚持党的领导贯穿于人大依法履职的全过程各方面。

*推进科学立法、民主立法、依法立法，充分发挥立法的引领和推动作用。*坚持党对立法工作的领导，充分发挥人大立法主导作用，抓住提高立法质量这个关键，统筹推进立法工作，适应改革发展稳定需要，持续加强重点领域立法，以良法促进发展、保障善治。

*坚持正确监督、有效监督、依法监督，支持和促进“一府两院”依法履职。*紧扣全省发展大局，围绕推动经济转型升级、助力保障改善民生、助推生态文明建设、促进公正司法，依法履行监督职能，加强对权力运行的监督和制约，支持和促进“一府两院”依法行使职权、开展工作。

*促进重大决策科学化、民主化、法治化，依法讨论决定重大事项。*认真贯彻落实中央《关于健全人大讨论决定重大事项制度、各级政府重大决策出台前向本级人大报告的实施意见》，在省委高位推动、统筹协调下，结合江西实际，起草贯彻意见，为各级人大常委会讨论决定重大事项提供制度规范；发挥决定决议法律效力，围绕全省发展全局和长远重大问题，依法作出决定决议。

*注重密切联系代表、紧紧依靠代表、服务保障代表，更好发挥人大代表主体作用。*认真落实中央加强和改进人大代表工作的新部署，出台贯彻全国人大常委会完善人大代表联系人民群众制度实施意见相关措施、加强人大代表联络工作站建设工作指导意见，全省各地建成代表联络工作站2572个，实现街道、乡镇全覆盖。

*切实加强自身建设，不断提高依法履职能力和水平。*充分发挥常委会党组理论中心组学习带头示范作用，利用常委会党组会议、常委会会议、主任会议，深入学习习近平新时代中国特色社会主义思想，着力强化思想理论武装，夯实依法履职基础；及时传达学习中共中央总书记习近平关于进一步纠正“四风”、加强作风建设的重要批示精神，持续改进工作作风；编印委员履职实录，建立组成人员出席会议情况通报制度，激发组成人员履职责任感；重视和加强人大理论研究，省人大工作理论研究会被评为“全国社科联创建新型智库先进组织”。

*整体推进各级人大工作。*加大落实《中共全国人大常委会党组关于加强县乡人大工作和建设的若干意见》力度，通过开展督查调研、召开经验交流会，进一步推进县乡人大工作和建设；持续办好“人大讲堂”，并以视频会议方式延伸至市、县人大；大力加强机关信息化建设，指导市、县人大建设门户网站、视频会议、电子表决系统，为人大行使职权、公开信息、服务代表、提高效率提供支撑。

重要会议

【省十二届人大七次会议】　1月16日—20日，省十二届人大七次会议在南昌召开。大会应到代表人数598人，实到人数551人，出席人数符合法定人数。不是省十二届人大代表的在职省领导，曾担任正省级领导职务和历任省人大常委会副主任的老干部特邀参加会议。省政协委员和省直各部门的负责人等列席会议。大会听取和审议省人民政府省长刘奇做的政府工作报告、省人大常委会副主任洪礼和做的省人大常委会工作报告、省高级人民法院院长葛晓燕做的省高级人民法院工作报告、省人民检察院检察长刘铁流做的省人民检察院工作报告，审查和批准关于江西省2016年国民经济和社会发展计划执行情况与2017年国民经济和社会发展计划草案的报告、关于江西省2016年全省和省级预算执行情况及2017年全省和省级预算草案的报告，批准江西省2017年国民经济和社会发展计划、江西省2017年省级预算，听取和审议省发展和改革委员会主任吴晓军受省人民政府委托做江西省生态文明建设和生态环境状况的报告。大会经过认真审议，通过关于上述7项报告的决议。大会决定接受强卫辞去江西省人民代表大会常务委员会主任职务，洪礼和、魏小琴辞去江西省人民代表大会常务委员会副主任职务；补选鹿心社为江西省人民代表大会常务委员会主任，朱虹、周萌、龚建华为江西省人民代表大会常务委员会副主任，方建华、朱希、李保民、李舰海、陈松远、韩军、傅克刚、舒仁庆为江西省人民代表大会常务委员会委员；通过江西省人民代表大会有关专门委员会主任委员、副主任委员名单。省十二届人民代表大会内务司法委员会、财政经济委员会、教育科学文化卫生委员会、农业和农村委员会、环境与资源保护委员会、法制委员会分别向大会提交工作报告（书面）。

大会收到代表联名提出议案2件。这2件议案所反映内容均属于省人民政府职权范围，经大会主席团会议通过，将其转为代表建议、批评和意见。连同此次大会期间收到代表提出建议、批评和意见，共418件，闭会后，统一交由有关机关和组织研究办理，并负责答复代表。

【省十二届人大常委会会议】 2017年，举行常委会会议6次，即省十二届人大常委会第三十一次会议至第三十六次会议。

省十二届人大常委会第三十一次会议于1月10日在南昌举行。省人大常委会副主任洪礼和、史文清、魏小琴、谢亦森、马志武、冯桃莲，秘书长魏民和委员共53人出席会议。省人民政府副省长李利，省高级人民法院院长葛晓燕和省人民检察院检察长刘铁流列席会议。列席会议的还有省人大常委会副秘书长、省人大各专门委员会成员、省人大常委会各工作部门的负责人。洪礼和主持2次全体会议。会议审议江西省人民代表大会常务委员会工作报告（讨论稿），决定提请省十二届人大七次会议审议；审议省十二届人大七次会议议程（草案）、省十二届人大七次会议主席团和秘书长名单（草案），决定提请省十二届人大七次会议预备会议审议；审议通过省十二届人大七次会议列席人员范围；审议江西省人大教育科学文化卫生委员会关于江西省第十二届人民代表大会第五次会议主席团交付审议的代表提出的议案审议结果的报告（书面）；听取和审议省人大常委会代表资格审查委员会关于代表资格的审查报告，省人大常委会关于省十二届人大五次会议期间代表审议省人大常委会工作报告意见建议办理情况的报告，省人大常委会选任联工委关于2016年江西省县乡人大换届选举工作情况的报告和关于省十二届人大五次会议代表提出的建议、批评和意见办理情况的报告；分别审议省人民政府、省高级人民法院、省人民检察院关于省十二届人大五次会议代表建议、批评和意见办理情况的报告（书面）；审议通过《江西省人民代表大会常务委员会关于接受肖伥根等辞去江西省人民代表大会常务委员会委员职务的请求的决定》，并报江西省第十二届人民代表大会第七次会议备案；通过有关人事任免事项。

省十二届人大常委会第三十二次会议于3月20日—21日在南昌举行。省人大常委会主任鹿心社，副主任史文清、周萌、朱虹、谢亦森、马志武、龚建华、冯桃莲，秘书长魏民和委员共61人出席会议。省人民政府副省长谢茹、郑为文，省高级人民法院院长葛晓燕和省人民检察院检察长刘铁流列席会议。列席会议的还有省人大常委会副秘书长、省人大各专门委员会成员、省人大常委会各工作部门负责人，各设区市、省直管县（市）人大常委会的负责人，以及部分人大代表。高校师生代表到会旁听。鹿心社主持第一次全体会议，周萌主持第二次全体会议。会议审议通过《江西省交通建设工程质量与安全生产监督管理条例》《江西省农业生态环境保护条例》《江西省人民代表大会常务委员会关于修改〈江西省征兵工作条例〉的决定》，新余市人大常委会报请批准的《新余市立法条例》、赣州市人大常委会报请批准的《赣州市立法条例》、吉安市人大常委会报请批准的《吉安市立法条例》、抚州市人大常委会报请批准的《抚州市立法条例》；审议《江西省工会劳动法律监督条例（草案）》；审议通过《江西省第十二届人民代表大会常务委员会代表资格审查委员会主任委员、委员补充名单》；听取和审议省人大常委会代表资格审查委员会关于代表资格的审查报告；审议通过《江西省人民代表大会常务委员会关于接受尹建业、殷美根辞去江西省人民政府副省长职务的请求的决定》；通过有关人事任免事项。

省十二届人大常委会第三十三次会议于5月23日—25日在南昌举行。省人大常委会主任鹿心社，副主任史文清、周萌、朱虹、谢亦森、马志武、龚建华、冯桃莲，秘书长魏民和委员共59人出席会议。省人民政府副省长谢茹，省高级人民法院院长葛晓燕和省人民检察院检察长刘铁流列席会议。列席会议的还有省人大常委会副秘书长、省人大各专门委员会成员、省人大常委会各工作部门的负责人，各设区市、省直管县（市）人大常委会的负责人，以及部分人大代表。高校师生代表到会旁听。第一次全体会议由周萌主持，第二次全体会议由鹿心社主持。会议审议通过《江西省工会劳动法律监督条例》，萍乡市人大常委会报请批准的《萍乡市立法条例》、鹰潭市人大常委会报请批准的《鹰潭市立法条例》、上饶市人大常委会报请批准的《上饶市立法条例》；审议《江西省安全生产条例（修订草案）》；审议通过《江西省人民代表大会常务委员会关于江西省第十三届人民代表大会代表名额分配和选举问题的决定》；审查批准《2017年省级一般公共预算和政府性基金预算调整方案以及2017年地方政府债务限额》，审议通过相关决议；听取和审议省政府《关于财政涉农扶贫资金管理使用情况的报告》《关于我省电子商务发展情况的报告》,省高级人民法院《关于2016年以来全省法院执行工作情况的报告》,省人大常委会执法检查组《关于检查〈中华人民共和国防洪法〉及〈江西省实施《中华人民共和国防洪法》办法〉实施情况的报告》,审议通过《江西省人民代表大会常务委员会关于推动人民法院解决执行难的决议》;听取和审议省人大常委会代表资格审查委员会关于代表资格的审查报告;审议通过《江西省人民代表大会常务委员会关于接受冷新生辞去第十二届全国人民代表大会代表职务的决议》;审议通过《江西省人民代表大会常务委员会关于接受李水弟等辞去江西省人民代表大会常务委员会委员职务的请求的决定》;通过有关人事任免事项。

省十二届人大常委会第三十四次会议于7月24日—26日在南昌举行。省人大常委会主任鹿心社,副主任史文清、周萌、朱虹、谢亦森、马志武、龚建华、冯桃莲,秘书长魏民和委员共55人出席会议。省人民政府副省长郑为文、吴晓军,省高级人民法院院长葛晓燕和省人民检察院检察长刘铁流列席会议。列席会议的还有省人大常委会副秘书长、省人大各专门委员会成员、省人大常委会各工作部门负责人,各设区市、省直管县(市)人大常委会负责人,以及部分省人大代表。鹿心社主持第一次全体会议,周萌主持第二次全体会议。会议传达学习全国人大常委会关于推进县乡人大工作和建设经验交流会以及省委十四届三次全体(扩大)会议精神;修订通过《江西省安全生产条例》;审议通过景德镇市人大常委会报请批准的《景德镇市市容和环境卫生管理条例》;审议《江西省道路运输条例(修订草案)》;听取和审议省政府《关于2017年上半年国民经济和社会发展计划执行情况的报告》《关于2016年省级决算和2017年上半年预算执行情况的报告》《关于2016年度省级预算执行和其他财政收支的审计工作报告》《关于2016年中央环保督察组督察反馈意见整改情况的报告》《关于我省依法管理宗教事务情况的报告》,审议通过《关于批准2016年省级决算的决议》;审议《〈江西武夷山国家级自然保护区条例〉立法质量评价结果报告(书面)》;决定接受罗慧芬辞去江西省第十二届人民代表大会常务委员会委员职务的请求;免去罗慧芬的江西省人民代表大会内务司法委员会委员职务;通过其他人事任免事项。

省十二届人大常委会第三十五次会议于9月27日—29日在南昌举行。省人大常委会主任鹿心社,副主任史文清、周萌、朱虹、谢亦森、马志武、龚建华、冯桃莲,秘书长魏民和委员共55人出席会议。省人民政府副省长谢茹、李利,省高级人民法院院长葛晓燕和省人民检察院检察长刘铁流列席会议。列席会议的还有省人大常委会副秘书长、省人大各专门委员会成员、省人大常委会各工作部门的负责人,各设区市、省直管县(市)人大常委会负责人,以及部分省人大代表。高校师生代表到会旁听。鹿心社主持第一次全体会议,周萌主持第二次全体会议。会议修订通过《江西省道路运输条例》;审议《江西省社会科学普及条例(草案)》《江西省林木种子条例(修订草案)》《江西省特种设备安全条例(修订草案)》;听取和审议省人大内司委《关于"畅通省城"活动"回头看"情况的报告》,省政府《关于我省工业园区产业发展情况的报告》《关于我省绿色生态农业发展情况的报告》;审议省人大法制委、省人大常委会法工委《关于〈南昌市电动自行车管理条例〉立法质量评价暨实施情况的报告(书面)》;审议通过《江西省人民代表大会常务委员会关于接受莫建成辞去第十二届全国人民代表大会代表职务的决议》;审议通过《江西省人民代表大会常务委员会关于接受胡宪辞去有关职务的请求的决定》;通过其他人事任免事项。

省十二届人大常委会第三十六次会议于11月27日—30日在南昌举行。省人大常委会主任鹿心社,副主任史文清、周萌、朱虹、谢亦森、马志武、龚建华、冯桃莲,秘书长魏民和委员共54人出席会议。省人民政府副省长谢茹、李利、吴晓军,省高级人民法院院长葛晓燕和省人民检察院检察长刘铁流列席会议。列席会议的还有省人大常委会副秘书长、省人大各专门委员会成员、省人大常委会各工作部门负责人,各设区市、省直管县(市)人大常委会负责人,以及部分人大代表。部分公民(包括高校师生代表)到会旁听。鹿心社主持第一次全体会议并讲话,史文清主持第二次全体会议,周萌主持第三次全体会议。会议审议通过《江西省社会科学普及条例》《江西省特种设备安全条例》《江西省林木种子条例》,南昌市人大常委会报请批准的《南昌市历史文化名城保护条例》、九江市人大常委会报请批准的《九江市城市市容管理条例》、赣州市人大常委会报请批准的《赣州市城市管理条例》、上饶市人大常委会报请批准的《上饶市城市管理条例》和吉安市人大常委会报请批准的《吉安市城市市容和环境卫生管理条例》;审议《江西省禁毒条例(草案)》《江西省湖泊保护条例(草案)》;审议通过《江西省人民代表大会常务委员会关于召开江西省第十三届人民代表大会第一次会议的决定》;审查批准《环境保护税江西省适用税额和应税污染物项目数方案》,并审议通过相关决议;审议通过《江西省人民代表大会常务委员会关于农作物秸秆露天禁烧和综合利用的决定》;听取和审议省政府《关于我省深化医药卫生体制改革工作情况的报告》《关于2016年度省级预算执行和其他财政收支审计查出问题整改情况的报告》,省人民检察院《关于生态检察工作情况的报告》,省人大环资委《关于开展2017年环保赣江行活动情况的报告》,省人大常委会外侨民宗工委《关于开展2017年助推旅游强省建设系列活动及检查〈中华人民共和旅游法〉〈江西省旅游条例〉实施情况的报告》;召开联组会议,听取和审议省人大常委会预算工委《关于2016年度省级预算执行和其他财政收支审计查出问题整改督办情况的报告》,就省级财税管理、15个部门预算执行和决算草案、3个专项审计查出问题的整改等20个整改报告进行满意度测评;听取和审议省人大常委会代表资格审查委员会关于代表资格的审查报告;审议通过《江西省人民代表大会常务委员会关于接受伍再谦辞去江西省人民代表大会常务委员会委员职务的请求的决定》;通过有关人事任免事项。

监督工作

【概　况】 2017年,省人大常委会听取和审议省人民政府关于财政涉农扶贫资金管理使用情况的报告、关于江西省电子商务发展情况的报告、关于2016年中央环保督察组督察反馈意见整改情况的报告、关于江西省依法管理宗教事务情况的报告、关于江西省工业园区产业发展情况的报告、关于江西省绿色生态农业发展情况的报告、关于江西省深化医药卫生体制改革工作情况的报告;省高级人民法院关于2016年以来全省法院执行工作情况的报告,省人民检察院关于生态检察工作情况的报告。

加强计划预算监督。听取和审议省人民政府关于2017年上半年国民经济和社会发展计划执行情况的报告、关于2016年省级决算和2017年上半年预算执行情况的报告、关于2016年度省级预算执行和其他财政收支的审计工作报告、关于2016年度省级预算执行和其他财政收支审计查出问题整改情况的报告,审查2017年省级一般公共预算和政府性基金预算调整方案以及2017年地方政府债务限额,环境保护税江西省适用税额和应税污染物项目数方案,通过《江西省人民代表大会常务委员会关于批准江西省2016年省级决算》,对省发改委、省人社厅2016年部门决算草案进行重点审查;通过《江西省人民代表大会常务委员会关于批准2017年省级一般公共预算和政府性基金预算调整方案以及2017年地方政府债务限额的决议》《关于批准环境保护税江西省适用税额和应税污染物项目数方案的决议》。按照全国人大常委会要求,结合江西省实际,出台《关于预算审查前听取人大代表和社会各界意见建议的意见》。

开展法律法规实施情况检查。省人大常委会检查《中华人民共和国防洪法》《江西省实施〈中华人民共和国防洪法〉办法》《中华人民共和国旅游法》《江西省旅游条例》实施情况。配合全国人大常委会检查《中华人民共和国种子法》《中华人民共和国固体废物污染环境防治法》等实施情况。

开展经常性监督项目。连续第23年开展"环保赣江行",以"加强水源地保护,保障饮用水安全"为主题,选取集中式饮用水水源地、城市黑臭水体等问题,深入开展检查采访和跟踪回访,推动政府和企业增强环保责任意识,树立环保法治观念,解决一批人民群众反映强烈的突出环境问题。持续开展助推旅游强省建设系列活动,以检查《中华人民共和国旅游法》《江西省旅游条例》实施情况、全域旅游专题调研和旅游相关课题研究为主要内容,采取省市县三级人大联动、与江西财经大学旅游舆情中心密切合作等方式,督促政府依法行政,规范旅游市场秩序。加强规范性文件备案审查工作,全年收到报备规范性文件196件,报备及时率达到98.5%,规范率达到100%;按照全国人大常委会有关要求,推进规范性文件备案审查信息平台建设。

【开展专题监督】 2017年,省人大常委会针对审计监督"屡犯屡审,屡审屡犯"问题,首次就审计查出问题整改情况开展工作评议并进行满意度测评,以刚性监督增强审计查出问题整改实效。对届首之年开展"畅通省城"系列监督活动"回头看",与《南昌市电动自行车管理条例》立法质量评价工作相结合,持续跟踪问效,推动省城南昌优化道路交通环境。

决定重大事项

【关于江西省第十三届人民代表大会代表名额分配和选举问题的决定】 根据《全国人民代表大会常务委员会关于省、自治区、直辖市人民代表大会名额的决定》,江西省人民代表大会代表名额为613人。省十二届人大常委会第三十三次会议确定江西省第十三届人民代表大会代表名额分配和选举问题:各设区市应选江西省第十三届人民代表大会代表名额与第十二届人民代表大会代表名额相同;驻赣中国人民解放军应选江西省第十三届人民代表大会代表24人;江西省第十三届人民代表大会代表中,少数民族、归侨、侨眷应有适当名额代表,妇女代表比例要比上届有所提高,基层代表特别是一线工人、农民、专业技术人员代表比例要比上届有所上升,农民工代表人数要比上届有所增加,党政领导干部代表比例要比上届有所降低,连任代表应占一定比例。江西省第十三届人民代表大会代表,应在2018年1月选出。

【关于批准2017年省级一般公共预算和政府性基金预算调整方案以及2017年地方政府债务限额的决议】 省十二届人大常委会第三十三次会议审查省人民政府提交的2017年省级一般公共预算和政府性基金预算调整方案(草案)以及2017年地方政府债务限额。同意省人民代表大会财政经济委员会提出《关于2017年省级一般公共预算和政府性基金预算调整方案(草案)以及2017年地方政府债务限额的审查报告》,决定批准2017年江西省省级一般公共预算和政府性基金预算调整方案,批准2017年地方政府债务限额为4784.2亿元。

【关于推动人民法院解决执行难的决议】 省十二届人大常委会第三十三次会议在听取省高级人民法院关于2016年以来全省法院执行工作情况报告的基础上,作出关于推动人民法院解决执行难的决议。决议要求,进一步提高对解决执行难重要性的认识,进一步发挥人民法院解决执行难的主体作用,进一步形成解决执行难的工作合力,进一步加强对人民法院执行工作的支持和监督。

【关于批准2016年省级决算的决议】 省十二届人大常委会第三十四次会议听取省人民政府《关于2016年省级决算和2017年上半年预算执行情况的报告》和《关于2016年度省级预算执行和其他财政收支的审计工作报告》,结合审议审计工作报告,对《江西省2016年省级决算(草案)》和省级决算报告进行审查,同意省人民代表大会财政经济委员会提出的《关于2016年省级决算的审查报告》,决定批准《江西省2016年省级决算》。

【关于召开江西省第十三届人民代表大会第一次会议的决定】 省十二届人大常委会第三十六次会议决定，江西省第十三届人民代表大会第一次会议于2018年1月23日在南昌召开，并提出会议议程建议。

【关于批准环境保护税江西省适用税额和应税污染物项目数方案的决议】 省十二届人大常委会第三十六次会议审查省人民政府提交的关于环境保护税江西省适用税额和应税污染物项目数方案（草案）。同意省人民代表大会财政经济委员会提出的关于环境保护税江西省适用税额和应税污染物项目数方案（草案）的审查报告，决定批准环境保护税江西省适用税额和应税污染物项目数方案。

【关于农作物秸秆露天禁烧和综合利用的决定】 省十二届人大常委会第三十六次会议对农作物秸秆露天禁烧和综合利用作出决定，要求提高认识、不断增强秸秆露天禁烧和综合利用工作责任感和紧迫感，明确职责、合力推进秸秆露天禁烧和综合利用工作，齐抓共管、依法禁止秸秆露天焚烧，多措并举、大力推动秸秆综合利用。决定自公布之日起施行。

选举和任免

【概　况】 2017年，省人大常委会坚持党管干部与人大依法任免相结合，做好人事任免工作。坚持拟任人选任前到会见面并作表态发言，现场颁发任命书，举行宪法宣誓。全年依法任免国家机关工作人员192人次。

省十二届人民代表大会七次会议，决定接受强卫辞去省十二届人大常委会主任职务，洪礼和、魏小琴辞去省十二届人大常委会副主任职务；补选鹿心社为省人大常委会主任，朱虹、周萌、龚建华为省人大常委会副主任，方建华、朱希、李保民、李舰海、陈松远、韩军、傅克刚、舒仁庆为省人大常委会委员；通过李保民、蔡社宝、邓勤为省人大财政经济委员会副主任委员，朱希为省人大教育科学文化卫生委员会主任委员，傅克刚、潘玉兰、舒仁庆、公艳萍为省人大教育科学文化卫生委员会副主任委员，陈永华为省人大农业和农村委员会主任委员，陈松远为省人大环境与资源保护委员会副主任委员，李舰海、韩军为省人大法制委员会副主任委员。

省十二届人大常委会第三十一次会议，决定接受肖仸根、李家祥、高小琼、曾萍辞去省十二届人大常委会委员职务，并报省十二届人大七次会议备案；免去高小琼的省人大财政经济委员会副主任委员职务，肖仸根的省人大法制委员会副主任委员职务；免去高敏的省高级人民法院审判员职务；任命李蔚、徐利科、吴莉、魏荣辉为南昌长埈地区人民检察院检察员；免去陶学成、郭苏平的省人民检察院检察员职务。

省十二届人大常委会第三十二次会议，审议通过周萌为省人大常委会代表资格审查委员会主任委员，朱希、陈永华为省人大常委会代表资格审查委员会委员；决定接受尹建业、殷美根辞去江西省人民政府副省长职务；决定任命吴晓军为江西省人民政府副省长，杨贵平为江西省工业和信息化委员会主任，邓兴明为江西省国土资源厅厅长，王爱和为江西省交通运输厅厅长，丁晓群为江西省卫生和计划生育委员会主任，欧阳泉华为江西省旅游发展委员会主任，陈小平为江西省环境保护厅厅长；决定免去刘定明的江西省国土资源厅厅长职务，朱希的江西省交通运输厅厅长职务，李利的江西省卫生和计划生育委员会主任职务，丁晓群的江西省旅游发展委员会主任职务，邓兴明的江西省环境保护厅厅长职务；决定任命谭筱刚为江西省人民代表大会常务委员会选举任免联络工作委员会副主任，决定免去公艳萍的江西省人民代表大会常务委员会选举任免联络工作委员会副主任职务；任命石斌、熊爱武为南昌铁路运输中级法院审判委员会委员；免去纪红华的江西省高级人民法院审判委员会委员、审判员职务，胡崇文的江西省高级人民法院审判员职务，张立东的江西省人民检察院检察员职务。

省十二届人大常委会第三十三次会议，决定接受冷新生辞去第十二届全国人民代表大会代表职务；决定接受李水弟、赵锦成辞去省十二届人大常委会委员职务；免去赵锦成的省人大内务司法委员会副主任委员职务，李水弟的省人大教育科学文化卫生委员会副主任委员职务；任命黄训荣为省高级人民法院环境资源审判庭庭长，吴志华、彭彩玲、陈银发、黄声敏、闵遂赓、胡爱菊、陈向群、周素阳、池峰、王峰、彭修贵、王松山、吴敏、陶松兵、刘伟伟、吴玉萍、周辉、汪娣娣、丁保华、邹征优、魏巍、林贤瑛、章华、郑红葛、万菁、熊静燕、李振峰、李斌、汤志勇、胡媛为省高级人民法院审判员；免去陈建平的省高级人民法院刑事审判第二庭庭长、审判委员会委员、审判员职务，胡嘉金的省高级人民法院审判委员会委员、审判员职务，傅伟刚、邵国林的江西省高级人民法院审判员职务；任命黄文忠、蔡迎春、张诗美、王壬、徐静、谢玉美、龚雪、敖国辉、徐红平、汪燕、熊金平、郑国良、黄新云、陈斌、丁秋平、余意、康菲、潘体正、王晨翼、汪会富、黄作颖、赵志强、姚彦吉、李丽芬、邓建华、黑婷婷、欧阳传淦、刘美霞、袁宗评、王庆新、张娟、黄欣、邱伟、刘清涛、帅清华、张明恺、金来杰、孙怡、邓晓明为省人民检察院检察员，贾文琦为南昌长埈地区人民检察院检察委员会委员、检察员，陈凌云、龚绍乡、盛巍为南昌长埈地区人民检察院检察员，武海龙为宜春新华地区人民检察院检察员，李琳、杨建国为上饶珠湖地区人民检察院检察员；免去吴智勇的省人民检察院检察委员会委员、检察员职务，刘恩祥、张亮平的省人民检察院检察员职务。

省十二届人大常委会第三十四次会议，决定接受罗慧芬辞去省十二届人大常委会委员职务；任命葛春瑜为江西省人民检察院南昌铁路运输分院副检察长、检察委员会委员、检察员；免去罗慧芬的省人大内务司法委员会委员职务，文江平的省高级人民法院审判员职务，胡兴平的省人民检察院检察委员会委员、检察员职务，曲军的省人民检察院检察员职务，夏正桥的宜春新华地区人民检察院副检察长、检察委员会委员职务，张卫东的上饶珠湖地区人民检察院副检察长、检察委员会委员职务。

省十二届人大常委会第三十五次会议，决定接受莫建成辞去第十二届全国人民代表大会代表职务；决定接受胡宪辞去省十二届人大常委会委员、省十二届人大内务司法委员会主任委员职务；任命汤媛媛为省高级人民法院刑事审判第一庭副庭长，张宏为省高级人民法院刑事审判第二庭副庭长、审判员，刘建玲为南昌铁路运输中级法院审判委员会委员、审判员；免去钟明强的省高级人民法院审判员职务，张宏的南昌铁路运输中级法院刑事审判第二庭庭长、审判员职务，钟三英、肖映萍、李艳、葛春瑜、廖峰的省人民检察院检察员职务，李鹰的江西省宜春新华地区人民检察院检察长职务，徐秋前的南昌铁路运输检察院检察委员会委员、检察员职务。

省十二届人大常委会第三十六次会议，决定接受伍再谦辞去省十二届人大常委会委员职务；免去伍再谦的省人大财政经济委员会副主任委员职务；决定任命张和平为省发展和改革委员会主任；决定免去吴晓军的省发展和改革委员会主任职务，陈平的省住房和城乡建设厅厅长职务；任命陈仁生为省高级人民法院审判委员会委员、审判员，曾华为省高级人民法院刑事审判第二庭庭长，郑红葛为南昌铁路运输中级法院行政审判庭庭长、审判员；免去刘洪芳的省高级人民法院审判委员会委员、审判员职务，徐坚的省高级人民法院立案一庭副庭长职务，郑红葛的省高级人民法院审判员职务，徐英荣的南昌铁路运输中级法院副院长、审判委员会委员、审判员职务；任命刘凡为省人民检察院南昌铁路运输分院副检察长，唐水滨为省人民检察院南昌铁路运输分院检察委员会委员、检察员；免去蒋孔灯的省人民检察院检察员职务，桂云黔的省人民检察院南昌铁路运输分院检察委员会委员、检察员职务，唐水滨的南昌铁路运输检察院检察委员会委员、检察员职务。

【组织省十三届人大代表换届选举】 按照中央和省委统一部署，依照选举法规定，及时作出关于江西省第十三届人民代表大会代表名额分配和选举问题决定，对省十三届人大代表名额分配、代表结构、代表选举时间等重要事项作出规定；加强与省委相关部门沟通、协调，协助召开省人大政府政协换届工作会议，配合做好新一届省人大代表提名推荐和考察工作，认真做好省直代表推荐到各选举单位选举相关工作，扎实做好代表资格审查工作；按照省委统一部署，依法加强督促指导。各地深刻汲取湖南衡阳破坏选举案、辽宁拉票贿选案教训，坚持党的领导、充分发扬民主、严格依法办事，确保选举工作弊绝风清。

代表工作

【概　况】 省十二届人大七次会议期间，共收到代表建议、批评和意见418件，其中涉及政法综合方面111件，工业交通方面134件，财经农林方面111件，教科文卫方面62件。会后，省人大常委会及时将建议交有关国家机关、组织办理，其中交省直党群系统各单位办理14件（不含协办件，下同），交省人大常委会有关部门办理1件，交省政府各部门及有关单位办理401件，交省高级人民法院办理1件，交省人民检察院办理1件，涉及承办单位63个和设区市政府10个。在各承办单位共同努力下，代表建议办理完毕并答复代表。从办理结果看：代表所提问题已获解决或基本解决的（A类）249件，占59.57%；代表所提问题正在解决或有关工作已启动的（B类）142件，占33.97%；因条件所限暂时难以解决或留作参考的（C类）27件，占6.46%。从代表反馈意见看，代表对办理工作表示满意或基本满意。

坚持代表建议全面督办、重点督办和经常性督办相结合，确立"统筹兼顾、突出重点，以点带面、整体推进，跟踪督导、总结提高"督办工作思路，指导承办单位抓好跟踪办理。抓好代表建议交办工作。省十二届人大七次会议期间，通过省人大代表建议网上办理系统确定代表建议办理主办和协办单位，做到精准交办；大会闭幕后，联合省政府办公厅召开代表建议交办会，召开省直党群、人大、法检两院建议交办会，明确任务、提出要求，做到高位推动交办；3月，针对涉及面广、情况复杂的建议进行分配重置，明确主办和协办单位，做到多方协调交办。切实做好经常性督办工作。通过采取网上管控跟踪、召开会议协商、深入实际调研、邀请代表参与等多种方式，做好经常性督办工作。密切与建议承办单位和部门保持经常联系，随时了解办理进度，帮助协调办理中的难题。先后赴九江、上饶、高安等地对代表表示不满意的建议进行协调督办。合力做好重点督办工作。将《关于破解基层司法所人员短缺困局的建议》等10件建议作为常委会重点督办建议，由省人大常委会领导领衔督办，省人大各专工委负责具体督办。省人大各专

4月18日—20日，省人大常委会在南昌举办以"突出政治培训，强化履职能力"为主题的全省市、县（市、区）人大常委会主任专题培训班

曾琦摄

工委采取承办单位专项汇报、请代表参与调研、召开座谈会征求意见、赴现场实地协调等多种形式,有针对性地进行督办。截至8月底,全部完成10件重点督办建议办理,所提问题已解决或基本解决的(A类)7件,列入计划将逐步解决的(B类)3件,提建议代表对办理情况表示满意。

【加强代表培训】 2017年,省人大常委会举办全省市、县人大常委会主任专题培训班,111名设区市和县(市、区)人大常委会主任参加培训。在鹰潭举办省人大代表培训班,全省11个选举单位83名省人大代表参加培训,组织代表深入学习贯彻中共十九大精神,增强代表依法履职责任感。还组织江西省的全国人大代表参加全国人大常委会组织学习培训3期28人次。

【组织闭会期间代表活动】 2017年,省人大常委会组织23名全国人大代表围绕振兴实体经济、推进供给侧改革这两个经济发展重大问题,赴南昌、九江开展集中视察。组织在赣的部分全国人大代表围绕建设赣江新区、推进昌九一体化和推进脱贫攻坚这两个主题开展集中调研。人大代表深入基层人民群众,了解有关工作进展情况,广泛收集社情民意,提出意见建议,形成视察和调研报告,提出的意见建议经汇总梳理,转有关部门研究办理或决策参考,进一步促进调研成果转化和运用。邀请江西省的全国人大代表和省人大代表列席常委会会议、参加常委会立法监督活动126人次。

【开展"脱贫攻坚人大代表在行动"专项活动】 2017年,省人大常委会印发《关于开展"脱贫攻坚人大代表在行动"专项活动的通知》,决定从2017年起至2020年在全省范围内开展"脱贫攻坚人大代表在行动"专项活动。全省各级人大组织代表围绕脱贫攻坚开展专题调研和视察,提出议案与建议、批评和意见,引导代表结合自身条件和职业特点开展多种形式脱贫攻坚活动,各级人大代表深入贫困地区投资兴业、吸纳贫困群众就业、提供知识技术咨询服务等,活动取得初步成效。江西省的全国人大代表林印孙获2017年全国脱贫攻坚奖奉献奖。

·资 料·

2017年江西省地方性法规目录

法规名称	通过日期
1. 江西省交通建设工程质量与安全生产监督管理条例	2017年3月21日省十二届人大常委会第三十二次会议通过
2. 江西省农业生态环境保护条例	2017年3月21日省十二届人大常委会第三十二次会议通过
3. 江西省征兵工作条例(修正)	2017年3月21日省十二届人大常委会第三十二次会议通过
4. 江西省工会劳动法律监督条例	2017年5月25日省十二届人大常委会第三十三次会议通过
5. 江西省安全生产条例(修订)	2017年7月26日省十二届人大常委会第三十四次会议通过
6. 江西省道路运输条例(修订)	2017年9月29日省十二届人大常委会第三十五次会议通过
7. 江西省社会科学普及条例	2017年11月30日省十二届人大常委会第三十六次会议通过
8. 江西省特种设备安全条例	2017年11月30日省十二届人大常委会第三十六次会议通过
9. 江西省林木种子条例	2017年11月30日省十二届人大常委会第三十六次会议通过
10. 新余市立法条例	2017年3月21日省十二届人大常委会第三十二次会议批准
11. 赣州市立法条例	2017年3月21日省十二届人大常委会第三十二次会议批准
12. 吉安市立法条例	2017年3月21日省十二届人大常委会第三十二次会议批准
13. 抚州市立法条例	2017年3月21日省十二届人大常委会第三十二次会议批准
14. 萍乡市立法条例	2017年5月25日省十二届人大常委会第三十三次会议批准
15. 鹰潭市立法条例	2017年5月25日省十二届人大常委会第三十三次会议批准
16. 上饶市立法条例	2017年5月25日省十二届人大常委会第三十三次会议批准
17. 景德镇市市容和环境卫生管理条例	2017年7月26日省十二届人大常委会第三十四次会议批准
18. 南昌市历史文化名城保护条例	2017年11月30日省十二届人大常委会第三十六次会议批准
19. 九江市城市市容管理条例	2017年11月30日省十二届人大常委会第三十六次会议批准
20. 赣州市城市管理条例	2017年11月30日省十二届人大常委会第三十六次会议批准
21. 上饶市城市管理条例	2017年11月30日省十二届人大常委会第三十六次会议批准
22. 吉安市城市市容和环境卫生管理条例	2017年11月30日省十二届人大常委会第三十六次会议批准

(省人大常委会办公厅)

本栏编辑 刘清林

江西省人民政府

综　　述

2017年，全省上下以喜迎中共十九大、学习宣传贯彻党的十九大精神为主线，以习近平新时代中国特色社会主义思想为指导，认真贯彻中共中央总书记习近平对江西工作的重要要求，坚持以新发展理念统领发展全局，按照省委"创新引领、绿色崛起、担当实干、兴赣富民"工作方针，围绕稳增长、促改革、调结构、优生态、惠民生、防风险等重点任务，主动作为，精准发力，推动经济社会发展迈上新台阶。全省地区生产总值20006.31亿元，增长8.8%；财政总收入3447.4亿元，增长9.7%；规模以上工业增加值增长9.1%，实现利润2476.5亿元，增长18%；固定资产投资21770.4亿元，增长12.3%；社会消费品零售总额7448.1亿元，增长12.3%；实际利用外资114.6亿美元，增长9.8%。主要经济指标增幅继续位居全国前列。

*全力以赴稳定经济增长，推动经济运行稳中有进、稳中向好。*大力振兴实体经济。精准深入开展降成本优环境专项行动，全年为企业减负1000亿元以上。大力支持"众创业、个升企、企入规、规转股、扶上市、育龙头、聚集群"，引导企业做强做大、做优特色、做精产品。有效促进金融资本进入实体经济，金融机构本外币存、贷款余额分别达3.25万亿元、2.59万亿元，分别新增3430亿元、4053亿元。着力抓项目扩投资。全省亿元以上新开工项目3801个，增长51.8%，比上年增加1297个；完成投资6930.9亿元，增长41.9%，比上年提高6.3个百分点。铁路运营里程达4322千米，昌北机场年旅客吞吐量突破1000万人次。加快推出一批对社会资本有较强吸引力的PPP项目，民间投资活力不断激发，全省民间投资15631.8亿元，增长13.0%，比上年提高3.2个百分点。积极促进消费升级。深入开展"增品种、提品质、创品牌"专项行动，消费对经济增长贡献不断提高。大力发展全域旅游、文化创意等现代服务业，服务业增加值占地区生产总值比重达45%；旅游接待突破5.73亿人次，国内旅游总收入达6435.1亿元，分别增长21.6%、28.9%。深入实施外贸优进优出战略，全年外贸出口2222.6亿元，增长13.3%。

*深入实施创新驱动发展战略，促进产业结构迈向中高端。*大力发展新兴产业，出台《贯彻新理念培育新动能实施意见》，实施新兴产业倍增、新动能培育等工程，大力发展航空、中医药、新能源新材料、电子信息等战略性新兴产业，推进新一代宽带无线移动通信网国家科技重大专项成果转移转化试点示范。高新技术产业增加值增长11.1%，比上年提高0.3个百分点，占规模以上工业的30.9%，提高0.8个百分点；战略性新兴产业增加值增长11.6%，比上年提高0.9个百分点，占规模以上工业的15.1%，提高0.2个百分点。着力推动产业转型升级，制定推进传统产业转型升级工程实施意见，打好企业技术改造、企业管理提升、工业园区功能完善提升"三大战役"，推动有色、建材、钢铁等传统优势产业创新发展、转型升级、提质增效。六大高耗能行业增加值增长5.1%，比上年回落1.0个百分点，低于全省规模以上工业增速4.0个百分点。加快推进农业现代化，建设19.33万公顷高标准农田，全面提升农业生产力，粮食生产实现"十四连丰"，产量达222.17亿千克，农产品加工转化率达63%。

*全面深化改革扩大开放，经济社会发展动力活力加快释放。*扎实推进供给侧结构性改革，着力落实"三去一降一补"，超额完成年度关闭煤矿、退出煤炭产能目标任务，商品住宅库存平均去化时间下降到6.4个月，金融风险防范扎实有效，企业杠杆率进一步下降，七大领域补短板工作有序推进。持续深化重点领域改革。深化放管服改革，全面简政放权，省本级行政审批事项累计精简72%。深化国企国资改革，江铜集团等省属集团公司制改革和省咨询投资集团、江西国际公司混改基本完成，省盐业体制改革取得实质性突破。深化农业农村改革，扎实开展农村土地"三权分置"改革，大力推进农村集体资产股份权能改革试点，农村土地承包经营权确权登记颁证基本完成。坚持以开放促改革、促发展。积极对接融入国家"一带一路"、长江经济带和长江中游城市群建设，中欧双向班列、向莆铁路铁海联运集装箱班列正式开通，举办外交部江西全球推介会、中国500强企业高峰论坛、首届世界赣商大会等一系列重大活动，开放型经济活力进一步增强。

*加强区域统筹联动，区域发展格局不断优化。*全力支持赣江新区建设，加快绿色金融改革创新试验区建设，赣江新区改革创新引擎作用逐步显现，示范带动作用进一步增强，主要经济指标增速领跑全省。加快打造南

昌核心增长极，促进九江沿江开放开发，推动昌九、昌抚公共服务同城化一体化。助推苏区振兴，出台关于纵深推进赣南等原中央苏区振兴发展实现与全国同步全面小康意见，充分利用对口支援等机遇，大力发展特色优势产业，主要经济指标增幅位居全省前列。吉泰走廊加快发展，电子信息等特色产业迅猛发展。加快两翼发展。支持赣东北加快扩大开放合作，加快赣西经济转型步伐，全面实施"鄱余万都"滨湖四县小康攻坚。推进市县空间规划"多规合一"和海绵城市建设，实施以人为核心的新型城镇化，城镇化率达到54.6%。

大力建设国家生态文明试验区，加快打造美丽中国"江西样板"。大力开展城乡环境综合整治，深入实施大气、水、土壤污染防治行动计划，全面打响消灭劣V类水攻坚战，全省森林覆盖率稳定在63.1%，国家考核断面水质优良率92%，空气质量优良率83.9%，生态优势不断巩固提升。加快构建绿色产业体系。推动传统产业绿色化、循环化、智能化改造，节能减排工作扎实有效。全省万元GDP能耗下降5.5%左右，全面完成主要污染物减排年度任务。稳步推进生态文明制度建设。国家生态文明试验区（江西）实施方案全面实施，年度计划20项重点制度建设全面完成。出台开展领导干部自然资源资产离任审计实施意见、党政领导干部生态环境损害责任追究实施细则、生态文明建设目标评价考核办法，生态文明制度体系进一步健全。

切实保障和改善民生，人民群众获得感幸福感不断提高。坚持把增进人民福祉作为最大责任，年初确定50件民生实事全面完成。深入推进脱贫攻坚。扎实推进脱贫攻坚十大工程，井冈山市在全国率先脱贫摘帽，吉安县如期脱贫摘帽，50万人摆脱贫困。大力扶持创业就业。城镇新增就业55.8万人、新增转移农村劳动力60万人，分别完成年度计划123.9%和119.9%，城镇登记失业率3.34%。着力健全社会保障体系。扎实推进城乡医保整合，省本级和11个设区市跨省异地就医结算系统实现全国联网，认真做好社会保险扩面征缴，养老金调整、城乡低保提标等落实到位。城镇居民人均可支配收入3.12万元，增长8.8%；农村居民人均可支配收入1.32万元，增长9.1%。大力发展社会事业，加强安全生产工作，社会保持和谐稳定。

重要会议

【省政府全体会议】 1月11日，省政府召开全体会议，讨论《政府工作报告（讨论稿）》，总结2016年工作，部署下一步工作。省长刘奇出席会议并讲话，副省长毛伟明、谢茹、郑为文、殷美根、李利等出席。刘奇强调，2017年是党的十九大召开之年，也是全面落实省第十四次党代会决策部署的第一年，做好政府各项工作至关重要。各地各部门要朝着既定目标，在抓早抓实、落细落小上下功夫，切实抓好各项任务落实落地，推动经济平稳健康发展和社会和谐稳定，奋力迈出决胜全面建成小康社会、建设富裕美丽幸福江西的坚实步伐，以优异成绩迎接中共十九大召开。

【省政府常务会议】 2017年，省政府共召开常务会议22次。

1月4日，省长刘奇主持召开第73次省政府常务会议。副省长毛伟明、谢茹、尹建业、郑为文、李利，省政府秘书长张勇出席，省政府党组成员潘东军列席。会议听取关于政府工作报告的汇报，原则通过《武功山经营管理体制改革方案》《江西省省直机关绩效管理办法》《关于统筹推进县域内城乡义务教育一体化改革发展实施意见》《关于江西省生态文明建设和生态环境状况的报告》《关于深入推进农业供给侧结构性改革加快培育农业农村发展新动能的实施意见》，会议还研究省政府1月份重点工作。

2月6日，省长刘奇主持召开第74次省政府常务会议。副省长毛伟明、谢茹、尹建业、李利，省政府秘书长张勇出席，省政府党组成员潘东军列席。会议听取关于省政府部门随机抽查事项清单的汇报，原则通过《江西省"十三五"大健康产业发展规划》《江西省"十三五"综合交通运输体系发展规划》《关于深化改革创新加快现代农业发展的若干意见》《江西省征兵工作条例修正案》《关于加快发展新经济培育新动能的意见》，通过《江西省耕地占补平衡指标交易管理暂行办法》。

2月27日，省长刘奇主持召开第75次省政府常务会议。副省长毛伟明、尹建业、李利，省政府秘书长张勇出席，省政府党组成员潘东军列席。会议原则通过《关于支持鄱余万都滨湖四县小康攻坚的指导意见》，听取关于龙南县撤县设市的情况汇报、关于省政府参事选聘工作的汇报。

3月17日，省长刘奇主持召开第76次省政府常务会议。副省长毛伟明、尹建业、郑为文、李利，省政府秘书长张勇出席，省政府党组成员潘东军列席。会议传达学习全国"两会"主要精神，对做好贯彻落实工作作出部署，通报全国"两会"期间走访国家部委有关情况，原则通过《关于南昌县等4个相对集中行政许可权改革试点方案》。

4月7日，省长刘奇主持召开第77次省政府常务会议。副省长毛伟明、谢茹、郑为文、李利、吴晓军，省政府秘书长张勇出席，省政府党组成员潘东军列席。会议原则通过《"健康江西2030"规划纲要》《江西省特色高水平大学和一流学科专业建设实施方案》《关于全面提升养老院服务质量的意见》《关于进一步做好军队退役人员有关工作的若干意见》，听取关于2017年全国医改工作电视电话会议精神的汇报、关于钢铁、煤炭行业去产能工作的汇报，会议还研究省政府4月份重点工作。

4月13日，省长刘奇主持召开第78次省政府常务会议。副省长毛伟明、郑为文、李利、吴晓军，省政府秘书长张勇出席，省政府党组成员潘东军列席。会议听取省发改委、省统计局、省工信委、省财政厅、省农业厅、省商务厅、省政府金融办关于一季度经济运行情况的汇报，分析一季度经济形势，部署下一阶段重点工作。听取关于中央对江西省脱贫攻坚工作考核和约谈情况的汇报，原则同意提出的整改意见。

4月28日，省长刘奇主持召开第79次省政府常务会议。副省长毛伟明、谢茹、李利、吴晓军，省政府秘书长张勇出席，省政府党组成员潘东军列席。会议传达学习中共中央总书记习近平关于安全生产的重要论述，研究部署全省安全生产工作。会议原则通过《江西省安全生产条例（修订草案）》《江西省特种设备安全条例（修订草案）》《关于积极稳妥降低企业杠杆率的实施意见》《江西省深化医药卫生体制综合改革试点方案（2017—2020年）》《关于加快推进畜禽养殖废弃物处理和资源化利用的实施意见》，通过《关于深化市场监管体制改革加强基层规范化建设的意见》，会议还研究省政府5月份重点工作。

5月12日，省长刘奇主持召开第80次省政府常务会议。副省长毛伟明、谢茹、郑为文、李利、吴晓军，省政府秘书长张勇出席，省政府党组成员潘东军列席。会议传达学习中共中央总书记习近平在中央政治局常委会上关于一季度经济形势的重要讲话精神，通过《江西省"十三五"推进基本公共服务均等化规划》《江西省统筹整合资金推进高标准农田建设实施方案》，原则通过《江西省女职工劳动保护特别规定》，听取关于2016年度江西省科学技术奖评审工作的汇报，关于江西省2017年新增政府债务限额安排意见的汇报。

5月27日，省长刘奇主持召开第81次省政府常务会议。副省长毛伟明、谢茹、郑为文、李利，省政府秘书长张勇出席会议，省政府党组成员潘东军列席。会议深入学习贯彻中共中央总书记习近平关于一季度经济形势的重要讲话精神，通报近期走访国家部委和央企有关情况，研究省政府6月份重点工作。

6月30日，省长刘奇主持召开第82次省政府常务会议。副省长毛伟明、谢茹、郑为文、吴晓军，省政府秘书长张勇出席，省政府党组成员潘东军列席。会议传达学习中共中央总书记习近平关于四川省阿坝州茂县发生山体滑坡事件的重要批示精神，研究部署全省防汛工作，传达学习习近平视察山西重要讲话、习近平在深度贫困地区脱贫攻坚座谈会上的重要讲话、习近平在中央军民融合发展委员会第一次全体会议上的重要讲话精神，传达学习《中共中央办公厅、国务院办公厅关于甘肃祁连山国家自然保护区生态环境问题督查处理情况及其教训的通报》精神，原则通过《江西文化演艺发展集团有限责任公司组建方案》《江西文化演艺发展集团有限责任公司组建方案》。

7月5日，省长刘奇主持召开第83次省政府常务会议。副省长毛伟明、谢茹、郑为文、吴晓军，省政府秘书长张勇出席，省政府党组成员潘东军列席。会议原则通过《关于贯彻落实国家生态文明试验区（江西）实施方案的意见》《江西省创新驱动发展纲要》《关于完善农村土地所有权承包权经营权分置办法的实施意见》《关于稳步推进农村集体产权制度改革发展壮大农村集体经济的实施意见》，通过《江西省生活垃圾分类制度具体实施方案》《瑞金市城市总体规划（2015—2030年）》，会议听取并原则同意关于中央环境保护督察组移交问题线索问责调查情况的汇报。

8月4日，省长刘奇主持召开第84次省政府常务会议。副省长毛伟明、谢茹、郑为文、李利、吴晓军，省政府秘书长张勇出席，省政府党组成员潘东军列席。会议原则通过《关于纵深推进赣南等原中央苏区振兴发展实现与全国同步全面小康意见》，听取并原则同意关于2017年全国军转安置工作电视电话会议精神及江西省贯彻意见的汇报，研究省政府8月份重点工作。

8月15日，省长刘奇主持召开第85次省政府常务会议。副省长毛伟明、谢茹、郑为文、李利、吴晓军，省政府秘书长张勇出席，省政府党组成员潘东军列席。会议原则通过《关于推进脱贫攻坚工作再深入的意见》，通过《省政府部门取消的114项行政许可事项证明材料目录》《全省全面推进"多证合一"改革工作方案》，听取省国资委陈德勤关于全国国有企业改革经验交流会议精神的汇报，关于首届世界赣商大会、第三届华侨华人赣鄱投资创业洽谈会筹备工作的汇报，关于2017年全省防汛抗洪工作阶段性总结的汇报。

9月1日，省长刘奇主持召开第86次省政府常务会议。副省长谢茹、郑为文、李利、吴晓军，省政府秘书长张勇出席。会议对全省经济发展社会稳定各项工作作出安排部署，传达学习中共中央总书记习近平关于防范金融风险的重要批示精神和省委贯彻落实意见，听取关于2016年度中央、省级预算执行和全省财政惠农"一卡通"资金审计查出主要问题及初步整改情况的汇报，原则通过《关于推进安全生产领域改革发展的实施意见》《江西省禁毒条例（草案）》《江西省林木种子条例（修订草案）》，研究省政府9月份重点工作。

9月20日，省长刘奇主持召开第87次省政府常务会议。副省长毛伟明、谢茹、李利，省政府秘书长张勇出席，省政府党组成员潘东军列席。会议传达学习中共中央总书记习近平在出席金砖国家领导人厦门会晤时的重要讲话精神，通报国务院关于丰城发电厂"11·24"冷却塔施工平台坍塌特别重大事故的处理结果，通报国务院安委会第16综合督查组在赣督查情况，原则通过《江西省环保机构监测监察执法垂直管理制度改革实施方案》《关于服务实体经济防控金融风险深化金融改革的实施意见》，通过《关于加快推进人工智能和智能制造发展的若干措施》。

9月28日，省长刘奇主持召开第88次省政府常务会议。副省长毛伟明、谢茹、郑为文、李利、吴晓军，省政府秘书长张勇出席，省政府党组成员潘东军列席。会议研究分析前三季度经济形势，部署下一阶段经济工作。听取并原则同意关于2016年度市县科学发展综合考评结果和2017年度市县科学发展综合考核评价实施意见的汇报，听取并原则同意关于2016年度省直机关绩效管理考核结果的汇报，研究省政府10月份重点工作。

10月30日，省长刘奇主持召开第89次省政府常务会议。副省长毛伟明、谢茹、郑为文、吴晓军，省政府秘书长张勇出席，省政府党组成员潘东军列席。会议原则通过《关于促进开发区改革和创新发展的实施意见》《南昌市等6个相对集中行政许可权改革试点方案》《关于加强耕地保护和改进占补平衡的实施意见》，通过《关于精准深入推进降成本优环境的补充意见》，研究省政府11月份重点工作。

11月22日，省长刘奇主持召开第90次省政府常务会议。副省长毛伟明、谢茹、郑为文、李利、吴晓军，省政府秘书长张勇出席。会议传达学习中共中央总书记习近平带领中共中央政治局常委瞻仰上海中共一大会址和浙江嘉兴南湖红船时的重要讲话精神。传达学习《中共中央政治局关于加强和维护党中央集中统一领导的若干规定》《中共中央政治局贯彻落实中央八项规定实施细则》，原则通过《江西省湖泊保护条例（草案）》《江西省生态保护红线划定方案》，会议通过《关于加快林下经济发展的行动计划》《关于加快推进农业结构调整的行动计划》《关于建立粮食生产功能区和重要农产品生产保护区的实施意见》。

12月1日，省长刘奇主持召开第91次省政府常务会议。副省长毛伟明、谢茹、郑为文、李利、吴晓军，省政府秘书长张勇出席。会议听取并原则同意省编办傅世平关于进一步精简省级行政权力事项的汇报，通过《关于公布现行有效规章目录的公告》《关于废止和修改部分省政府规章的决定》《江西省无障碍环境建设办法》《关于第二届井冈质量奖和提名奖的授奖决定》，研究省政府12月份重点工作。

12月11日，省长刘奇主持召开第92次省政府常务会议。副省长毛伟明、谢茹、郑为文、李利、吴晓军，省政府秘书长张勇出席，省政府党组成员潘东军列席。会议传达学习中共中央总书记习近平关于进一步纠正“四风”、加强作风建设重要批示精神，听取关于由赣江新区行使部分省级经济社会管理权限的汇报，原则通过《赣江新区建设绿色金融改革创新试验区实施细则》，通过《关于支持赣州建设省域副中心城市的若干意见》《关于加强中小学幼儿园安全风险防控体系建设的实施意见》《“十三五”平安江西建设规划》《九江都市区总体规划（2016—2030年）》。

12月21日，省长刘奇主持召开第93次省政府常务会议。副省长毛伟明、李利、吴晓军，省政府秘书长张勇出席，省政府党组成员潘东军列席。会议传达学习中共中央总书记习近平关于地方政府债务问题的重要讲话精神和中央经济工作会议精神，听取关于省长刘奇在中共江西省委十四届五次全体会议上讲话的汇报、关于2017年全省计划执行情况和2018年经济工作建议的汇报、关于2018年财政预算安排的汇报、关于2018年民生工程安排方案的汇报，通过《江西省货物运输车辆超限超载治理办法》《江西省地理信息数据管理办法》。

12月27日，省长刘奇主持召开第94次省政府常务会议。副省长毛伟明、李利、吴晓军，省政府秘书长张勇出席。会议传达学习中共中央总书记习近平在中央政治局民主生活会上的重要讲话、习近平在中央宣传部呈报的《弘扬脱贫攻坚精神，推动农村物质文明和精神文明协调发展——寻乌扶贫调研报告》上的重要批示、习近平等中央领导关于深入推进“四好农村路”建设的重要批示精神，听取关于第二阶段省政府文件清理结果的汇报，原则通过《江西省人民政府2018年立法工作计划》《江西省矿业权出让制度改革实施方案》。

【省政府党组会议】 1月25日，省政府党组书记刘奇主持召开省政府党组民主生活会，省政府党组副书记毛伟明、党组成员尹建业、郑为文、李利、张勇、潘东军出席会议。

5月27日，省政府党组书记刘奇主持召开省政府党组扩大会议，部署政府系统推进“两学一做”学习教育常态化制度化工作，省政府党组副书记毛伟明、党组成员郑为文、李利、张勇、潘东军出席会议，副省长谢茹列席会议。

8月4日，省政府党组书记刘奇主持召开省政府党组扩大会议。会议深入学习贯彻中共中央总书记习近平7月26日在省部级主要领导干部专题研讨班上的重要讲话精神，传达学习习近平7月20日在中央政治局常委会会议、7月17日在中央财经领导小组第十六次会议、7月14日在全国金融工作会议上的重要讲话精神。进一步学习贯彻中央对孙政才涉嫌严重违纪问题立案审查的决定。省政府党组副书记毛伟明、党组成员郑为文、李利、吴晓军、张勇、潘东军出席，副省长谢茹列席。

10月26日，省政府党组书记刘奇主持召开省政府党组（扩大）会议，按照中央和省委的要求，对省政府学习贯彻十九大精神作出部署，把思想和行动统一到党的十九大精神上来，把智慧和力量凝聚到十九大提出的目标任务上来，紧贴新时代，迈步新征程，担当新使命，谱写新篇章，开创各项工作新局面。省政府党组副书记毛伟明、党组成员郑为文、李利、吴晓军、张勇、潘东军出席会议，副省长谢茹列席会议。

12月1日，省政府党组书记刘奇主持召开省政府党组（扩大）会议。会议部署落实全省政府系统学习《习近平谈治国理政》第二卷。传达学习中共中央总书记习近平关于“厕所革命”的重要指示精神。省政府党组副书记毛伟明、党组成员郑为文、李利、吴晓军、张勇出席，副省长谢茹列席。

（省政府办公厅会议处）

重大政策

【印发《关于武功山经营管理体制改革方案的通知》】 1月12日，省政府印发该通知，围绕实施旅游强省战略、做大赣西旅游产业目标，按照“先易后难、兼顾各方、整体开发、共同受益”总体要求，积极推进武功山旅游结构性改革，通过市场手段整合资源，理顺经营管理体制，彻底改变“一山三治”分割局面，把武功山景区打造成为全省旅游产业新增长极。

【印发《江西省城镇居民独生子女父母奖励办法》】 1月24日，省政府办公厅印发该办法，落实江西省城镇居民独生子女父母奖励政策，决定在全省实施城镇居民独生子女父母奖励制度。

【印发《关于实施支持农业转移人口市民化若干财政政策的意见》】 1月25日，省政府印发该意见，制定出台10条支持农业转移人口市民化财政政策，努力破除农业转移人口平等享受公共服务制度障碍。

【印发《关于支持鄱余万都滨湖四县小康攻坚的指导意见》】 3月10日，省政府印发该意见，提出增强基础设施支撑能力，着力提升基本公共服务水平，着力培育壮大特色优势产业，努力打造同步全面小康攻坚示范区、绿色生态产业集聚区、鄱阳湖“一湖清水”重要生态保障区，确保滨湖四县与全省同步全面建成小康社会。

【印发《中国（南昌）中医药科创城建设方案》】 3月14日，省政府印发该方案，围绕建设中医药强省战略目标，着力构建融合开放、要素集聚、功能完善的中医药创新综合体，打造国内领先、世界一流的科创城，成为中国中医药领域创新资源最密集、创新要素最齐备、创新能力最活跃、创新成果最丰富地区之一。

【印发《关于深化市场监管体制改革加强基层规范化建设的意见》】 5月9日，省政府印发该意见，通过实施“五规范、五优化”工程，统筹解决基层市场监管体制改革中存在突出问题，力争通过3年时间，把全省基层监管部门建设成机构设置科学、权力职责明晰、人员配备合理、设施设备齐全、监管网络完善、管理规范有序、运转顺畅高效规范化监管机构，全省基层监管水平得到进一步提升。

【印发《江西省有特色高水平大学和一流学科专业建设实施方案》】 5月19日，省政府印发该方案，省财政统筹安排资金40亿元，以支撑创新驱动发展战略、服务江西经济社会发展需求为导向，以争创一流为目标，以改革创新为动力，坚持扶优扶需扶特扶新，通过重点建设有特色高水平大学和一流学科专业，推动若干高校和学科专业进入国内或世界一流行列，实现江西与全国同步发展提供强有力人才保证、智力支持和科技支撑。

【印发《关于进一步扩大开放打造招商引资新优势的实施意见》】 5月22日，省政府印发该意见，从进一步扩大对外开放领域、完善落实招商引资政策、着力优化营商环境、强化招商引资工作、加强组织保障5个方面提出22条措施，进一步扩大对外开放，优化营商环境，吸引境内外投资者到赣投资，促进全省经济转型升级。

【印发《江西省统筹整合资金推进高标准农田建设实施方案》】 5月27日，省政府印发该方案，提出按照每年建设19.33万公顷，每亩3000元补助标准，每年统筹建设资金87亿元，4年共348亿元，2017—2020年完成77.2万公顷高标准农田建设任务，巩固江西省粮食主产区地位和建设现代农业强省奠定坚实基础。

【印发《加快推进通航产业发展若干措施》】 7月21日，省政府办公厅印发该文件，围绕“飞得起、落得下、管得住、快发展”目标，对加强空域使用与管理、加快通用机场网络建设、培育通用航空应用市场、壮大通航企业队伍、加快平台建设、加快通航制造业发展、建立工作推进机制7个方面提出22条措施。

【印发《关于加快推进“放管服”改革工作的意见》】 8月23日，省政府印发该意见，从持续深化简政放权、切实增强监管能力、大力提升服务水平3个方面提出23条措施，进一步优化营商环境，不断激发市场活力和社会创造力，推动全省经济社会持续健康发展。

【印发《关于在全省全面推进“多证合一”改革的通知》】 8月23日，省政府办公厅印发该通知，在全面实施“五证合一、一照一码”登记制度改革和个体工商户工商营业执照、税务登记证“两证整合”的基础上，把涉及企业（包括个体工商户、农民专业合作社）登记、备案等有关事项和各类证、照进一步整合到营业执照上，实现“多证合一、一照一码”，进一步推进政府职能转变，深化商事制度改革，营造便利宽松创业创新环境和公开透明平等竞争营商环境。

【印发《关于精准深入推进降低企业成本优化发展环境的补充意见》】 11月9日，省政府印发该意见，结合国家新政策、发展新要求、企业新诉求，对进一步降低企业税费负担、制度性交易成本、物流成本、融资成本、用能成本、用工成本6个方面再出台30条措施，精准深入开展降低企业成本优化发展环境专项行动，大力扶持实体经济发展。

【印发《关于加快绿色金融发展的实施意见》】 11月16日，省政府印发该意见，提出充分发挥江西省国家生态文明试验区先行先试优势，按照“保障需要、适当超前、引领推动”工作思路，突出服务实体经济、防控金融风险、深化金融改革工作主题，以绿色金融发展推动产业结构转型升级为主线，深化金融体制机制改革，构建绿色金融组织体系、产品服务体系、配套政策体系，有效提升江西绿色金融服务覆盖率、可得性和满意度。

【印发《关于进一步激发民间有效投资活力促进经济持续健康发展的实施意见》】 11月22日，省政府办公厅印发该意见，要求深入推进“放管服”改革，开展民间投资项目报建审批情况清理核查，鼓励民间资本参与政府和社会资本合作（PPP）项目，进一步开放基础设施和公用事业领域，努力破解融资难题，提供民间资本多样化融资服务，加强政务诚信建设，构建“亲”“清”新型政商关系，进一步激发民间有效投资活力，促进经济持续健康发展。

【印发《关于推进省以下财政事权和支出责任划分改革的实施意见》】 12月22日，省政府印发该实施意见，全面落实中央改革精神，合理界定政府和市场边界，坚持法治化规范化管理，积极稳妥统筹推进，加快健全完善现代财政制度，推进政府治理体系和治理能力现代化。

【印发《关于加快农业结构调整行动计划的通知》】 12月24日，省政府印发该通知，提出以“绿色生态、高产高效、特色精品”为目标，推进农业供给侧结构性改革，大力实施优质稻米、蔬菜、果业、茶业、中药材、草地畜牧、水产、休闲农业和乡村旅游、油茶等九大产业发展工程，进一步调整优化农业结构，提升农业发展质量和效益，推动全省现代农业强省建设。

【印发《关于支持赣州建设省域副中心城市的若干意见》】 12月29日，省政府印发该意见，纵深推进原中央苏区振兴发展，加快赣州市产业发展，不断提升综合实力、基础设施水平和新型城镇化水平，增强发展聚集力和辐射带动能力，努力把赣州建设成为经济繁荣、宜居宜业、生态优美、特色鲜明的区域性中心城市。

（省政府办公厅调研处）

督查工作

【概　况】　2017年，省政府办公厅围绕党中央、国务院重大方针政策和省委、省政府重大决策部署，把工作重点放在配合上级开展重要督查、抓好全省重大决策部署、省政府年度重点工作、民生热点实事和省委、省政府领导批示5个方面，开展各项督查28次，确保各项工作贯彻落实。

【配合中央、国务院开展督查】　2107年，省政府办公厅积极对接、认真配合中共中央、国务院开展各项督查。

2月，国务院办公厅印发《关于对2016年落实有关重大政策措施真抓实干成效明显地方予以表扬激励的通报》，对江西省本级及8个市（县、区）进行通报表彰，并在2017年实地督查中予以“免督查”。省政府办公厅对接国务院办公厅和各相关国家部委，协调做好表彰和奖励政策贯彻工作。

3月，国务院启动第三次大督查核查问责工作，省政府办公厅积极配合，做好和国务院办公厅、监察部对接和协调。

4月，国务院派出督查组对国务院总理李克强考察江西后提出的要求和指出的问题开展回访督查，省政府办公厅在做好自查和协调整改工作的基础上，配合完成督查任务。

5月，国务院开展第四次大督查，省政府办公厅协调省直各相关单位和部门做好自查工作。

6月，国务院对2016年度中央预算内投资项目开展专项督查，省政府办公厅围绕2016年度中央预算内投资项目开展情况开展督查调研，并形成督查调研报告报国务院督查室。

省政府办公厅继续对国务院和国办下发文件办理情况开展督查，对2017年国务院和国办下发144件文件贯彻落实情况进行跟踪调度，促进党中央、国务院重大政策措施在江西省全面落地生效。

【开展省委、省政府重大决策部署督办落实】　2017年，省政府办公厅继续开展《政府工作报告》重点工作任务督查，省“两会”后，省政府办公厅把《政府工作报告》细化分解为9个方面317项具体任务，分解落实到69个省政府部门、11个设区市办理，推动各项目标任务完成。

4月，省政府办公厅围绕全省产业发展重点，开展航空产业、金融产业、中医药产业、现代农业（林业）发展情况督查，促进全省四大产业健康发展。形成关于航空、金融、中医药、现代农业（林业）4篇督查调研情况报告，提出有针对性意见、建议，供领导决策。

【围绕省政府年度重点工作开展专项督查】　2017年，针对省政府确定重点工作，省政府办公厅挑选出两项作为突破口开展专项督查。5月，省政府办公厅组成15个暗访督查组，对全省11个设区市60个县（市、区）城乡环境综合整治情况开展专项督查，并拍摄暗访专题片，发现并推动解决一批城乡环境存在的突出问题。8月，省政府办公厅组成22个明察暗访督查组，对全省“放管服”改革政策措施落实情况开展明察暗访，找实摸准一些行政审批环节上的“堵点”、改革推进中的难点和企业群众办事过程中的“痛点”，为“放管服”改革向纵深推进明确重点、提供参考。

紧贴省委、省政府阶段性工作部署，围绕大气环境重点污染源治理、工业园区污染治理、市容环境整治、农村生活垃圾整治、城乡建房管理、水环境治理、交通沿线环境整治等方面，开展专项督查10余次。

【紧盯群众反映大、社会关注高民生实事开展督查】　2017年，针对中央环保督导组反馈江西省问题，对6个设区市组织开展环境保护督察。针对自然保护区生态环境保护专项督查发现的问题，开展整改落实情况督查，督促庐山等自然保护区内违章建筑全部拆除。针对媒体持续曝光“庐山三叠泉天价药”事件，会同省旅发委、省工商局，深入现场了解情况，督促做好整改整顿工作。还对涉及群众切身利益的教育、医疗、养老、安居工程、社会治安等民生问题进行深入督查。先后开展《教育督导条例》和《江西省教育督导规定》贯彻执行情况，《江西省妇女发展纲要（2011—2020年）》贯彻执行情况，《江西省儿童发展纲要（2011—2020年）》重点指标实施情况，全省农村建房规划管理、农村危房改造进展、农村危房改造审计专报涉及问题整改落实情况督查。

【抓好领导批示和交办事项督查】　2017年，省政府办公厅严格落实《省长批办交办事项督办工作细则》，按照“有批必查、有查必果、有果必报”要求，跟踪督办省长调研发现问题和交办事项191项，形成5次专报。针对过去督查工作中重时效轻质量、重销号轻跟踪问题，开展多次“回头看”暗访督查，未达到整改要求的绝不销号，已销号又反弹的问题坚决“回炉”整改，确保问题整改到位。同时，对部分跨度长、落实慢的事项跟踪督办。

（省政府办公厅督查处）

应急管理

【概　况】　2017年，全省应急管理工作按照省长刘奇“忠诚担当、善谋实干、严谨高效、敬业奉献”的总要求和全省应急管理工作会议部署，扎实推进应急管理领域改革发展。

自然灾害方面。江西省先后遭遇洪涝、风雹、台风、干旱等自然灾害，654.2万人受灾，因灾死亡20人，紧急转移安置59.4万人。但灾害总体比上年有所缓解，主要灾情指标除损坏房屋和直接经济损失外，其他灾情指标均低于2016年水平。

事故灾难方面。全年发生各类生产安全事故2726起，死亡1630人。其中，发生较大事故27起，死亡96人；发生重大事故2起（南昌市“2·25”重大火灾事故，鹰潭市“5·15”重大交通事故），死亡22人；没有发生特别重大事故。

公共卫生方面。全年报告突发公共卫生事件30起，发病/中毒804人，死亡14人,与2016年相比,报告事件数增加11起,发病/中毒人数增加227人,死亡人数增加5人。

社会安全方面。全年发生群体性事件5起,参与人员1335人次;接待赴省上访人员7000批3.06万人次,未发生人员受伤、死亡;刑事案件立案15.46万起,破刑事案件5.77万起;发生涉及金融体系突发事件16起;处置涉外案(事)件69起;涉恐、民族宗教领域未发生突发事件。

【法制体制建设】 2017年,省政府应急办全面贯彻国家安全生产领域改革发展和防灾减灾救灾体制机制改革2个意见,印发江西实施意见。省人大常委会修订省安全生产条例、省特种设备安全条例、省交通建设工程质量与安全生产监督管理条例。

【预案体系建设】 2017年,省政府应急办修编重污染天气、地方政府性债务风险、保护国家秘密、重大动物疫情、食品安全5个省专项应急预案。督促企业编制应急预案,推进企业现场处置方案卡片式管理,增强预案实用性。全年各设区市开展演练214项,省专项应急指挥部开展演练项目25项。

【处置力量建设】 2017年,全省建成百余支专职消防应急救援队,专职队员2700余人,完成1.7万余起执勤战斗任务。整合成立江西省矿山救护总队,建有200多支交通运输应急救援队伍,省港航局设专业水上搜救队伍。红十字水上救援队、雄鹰救援队、蓝天救援队等社会力量参与减灾救灾工作。加强省、市、县、乡四级救灾物资储备库建设,加快推进省救灾物资储备库迁建工程,支持14个县(市)储备库项目建设。

【事故防范水平建设】 2017年,省政府应急办印发《关于大力推进突发事件预警信息发布工作的意见》,加快建设省、市、县三级预警信息发布系统,17个省直部门与省预警中心实现对接。省政府应急办每季度分析研判突发事件形势,每两月通报突发事件信息报告情况,分析存在问题,指明下步工作重点。省政府应急办在节假日对市、县(区)和省直有关部门值班情况进行抽查,确保“全时全天候”无间断值班。

【处置能力建设】 2017年,省政府应急办严格落实突发事件信息报送工作要求,突出信息及时性、准确性和完整性,没有发生迟报、漏报、瞒报、误报情况。先后处置南昌市“2·25”重大火灾事故、鹰潭市“5·15”重大交通事故和“‘7·3’京广和”群众集访事件等重大、敏感突发事件,启动防汛Ⅱ级响应1次。

【宣传教育培训】 2017年,省政府应急办举办专题培训班4期,培训200余人。在井冈山与陕西、湖南、广东等省开展合作办学,培训省外150余人。结合全国“防灾减灾日”“安全生产月”等主题,积极开展科普活动,提升公众防灾减灾意识和避险自救互救技能。

(省政府办公厅应急协调处)

办理人大代表建议和政协委员提案

【概　况】 2017年,省十二届人大六次会议和省政协十一届五次会议期间,交由省政府系统办理的人大代表建议、政协提案共875件,占总数95%。其中,人大代表建议401件,占总数46%;政协提案474件,占总数54%。省政府重视办理工作,始终把办理工作作为联系群众、广纳贤言、接受监督、凝聚智慧、科学决策、推动发展的途径,抓好每一件建议和提案的办理落实。经各承办单位共同努力,所有建议、提案均在规定时间内办理完毕,办复率达100%。

精心组织,高位推动,认真抓好办理工作落实。省长对建议、提案办理工作多次作出指示,要求政府系统各承办单位以高度的政治责任感和对代表委员负责的精神,办理好每件建议、提案。常务副省长出席代表建议、提案交办会,对建议、提案办理工作进行全面部署,要求各承办单位增强责任感,切实提高办理工作质量,保证办理工作实效。省政府系统各承办单位严格落实办理工作责任制,及时召开党组会或办公会进行研究部署,将办理工作落实到具体单位和责任人,坚持主要领导负总责,分管领导具体负责,办公室协调督办,承办处室抓好办理落实。各承办单位把建议、提案办理工作纳入年度工作目标管理考核体系,与业务工作同部署、同考核、同奖惩。在建议、提案办理过程中,各承办单位定期调度、定期督查、定期通报,及时协调解决办理中遇到的困难和问题,确保办理工作完成。省政府办公厅对建议、提案办理实行台账式管理,动态掌握办理进度,督促各承办单位在规定时限内完成办理工作并确保办理实效。同时,加强与省人大选任联工委和省政协提案委的密切配合、通力协作,定期调度情况,协调解决问题,推动办理工作开展。

完善机制,提高建议提案办理工作规范化水平。为确保建议提案办理工作规范有序进行,各承办单位更加注重完善机制,以制度保障办理工作的质量,不断提升建议、提案办理工作规范化水平。健全建议分办制度。交办会前,省政府与省人大、省政协联合抽调省直有关单位人员,根据部门职能对建议、提案进行初步审核分办,并将交办建议、提案通过网上征求相关承办单位意见,对部分有异议的建议、提案,及时召集有关单位开会集中协调,进行重新调整,有效减少分办后办理工作中的推诿、扯皮现象。健全建议办理制度。进一步完善登记、承办、催办、审签、答复、沟通、归档等方面办理工作制度,着重强调建议、提案答复必须数据真实,内容详尽,措施可行。对答复内容简单、语言模糊、措施不力、格式不规范的建议、提案答复函退回承办单位重新办理,直至符合规范要求。健全建议、提案会办制度。对涉及多个单位的建议、提案,要求各承办单位之间相互配合,主办单位牵头处理,会办单位主动配合、深度参与,及时提出书面会办意见,合力做好建议、提案办理工作。

【建议、提案办理】 2017年,在建议、提案办理工作中,各承办单位以代表、委员满意度为办理工作的重要标准,注重与代表、委员加强联系沟通,主协办单位通力协作，确保办理质量。加强与代表、委员联系沟通。各承办单位在办理建议、提案时，通过邀请代表委员参加专题调研、召开专题协商会议、主动上门征求代表、委员意见等方式，与代表、委员进行面对面交流沟通，实打实地解决问题。积极搞好协调配合。各承办单位牢固树立大局观念，正确处理主办与协办关系，主办单位主动承担任务，协办单位积极配合参与，齐心协力在规定时间内完成办理工作。省政府办公厅对有些承办单位提出的调整主协办分工或在办理过程中提出增加协办单位等要求，及时协调，合理调整，确保建议、提案内容所涉问题都落实到相应的承办单位。切实提高代表、委员满意率。对于代表、委员表示不满意的答复件，承办单位主动与代表、委员联系沟通、征求意见，并采取措施及时改进办理工作。

（省政府办公厅督查处）

政策研究

【概　况】 2017年，省政府研究室以喜迎中共十九大、学习贯彻中共十九大精神为动力，以中共中央总书记习近平新时代中国特色社会主义思想为指导，深入贯彻落实习近平对江西工作的重要要求，围绕省委、省政府中心工作，切实履行职责，认真做好文稿起草、调查研究、决策咨询等工作，完成年度各项任务。

认真做好文稿起草工作。省政府研究室坚持以文立室、以文辅政，把精品意识、工匠精神贯穿于文稿起草始终，着力在求准、求新、求深、求实、求精上下功夫，完成各类文稿的起草工作任务，共撰写各类文稿290余篇。起草综合性重大文稿70余篇，包括省长参加中共十九大和十八届七中全会、全国两会、国务院常务会议等有关汇报、发言提纲、相关素材、传达提纲等，以及出席省委十四届三次全体（扩大）会议、全省经济工作会议、省“两会”和省政府全体会议等讲话、发言等。起草专题工作部署文稿120余篇，涵盖产业、改革、创新、生态、开放合作等领域，包括省长出席全省工业崛起奖励表彰暨深化降成本优环境专项行动大会、旅游产业发展大会、农村工作会议暨新农村建设现场推进会、全省城乡环境综合整治工作会议、全省防汛工作视频会议、全省金融工作会议、全省科学技术奖励大会、脱贫攻坚现场推进会、推进“放管服”改革电视电话会议、开放型经济发展大会、深入推进赣南等原中央苏区振兴发展工作会议等讲话，以及在省委全面深化改革、生态文明建设、赣江新区建设、贯彻新理念培育新动能、扶贫开发等领导小组会议上的讲话。起草各种拜访、活动、调研讲话、致辞、素材等100余篇，包括拜访国家部委和央企领导谈话要点，会见外国政要、省部级领导和重要客商素材，参加中博会、赣港会、赣台会、泛珠行政首长会议、首届世界赣商大会、外交部江西全球推介活动等发言、致辞、演讲，赴省直单位、市县基层企业调研讲话素材等。还协同其他单位认真做好中共十九大服务保障、首届世界赣商大会、外交部江西推介等重大活动服务工作，获外交部江西全球推介“活动组织工作先进单位”称号。

【调查研究】 省政府研究室围绕省长关注的重大问题，全省经济社会发展的宏观性、战略性、综合性问题和跨部门、跨地区的政策问题，以及经济社会发展的热点难点问题，开展调查研究，奔赴外省学习借鉴先进经验、开阔思路，深入基层调查了解实际情况，分析问题，提出建议，撰写《浙江省全域剿灭劣V类水的做法和启示》《设计引领发展 创意提升价值——关于江西省发展工业设计的调研与建议》《南康家具产业“买全球、卖全球”背后千秋文章》《从浙江“五水共治”经验看江西水环境治理与保护》《关于新能源新材料产业研究报告》《“放管服”全省督查第七督查组督查报告》《抚州、吉安两市经济社会发展情况调研报告》《宜春、新余两市经济社会发展情况调研报告》等调研报告10余篇。其中，《设计引领发展 创意提升价值——关于江西省发展工业设计的调研与建议》《浙江省全域剿灭劣V类水的做法和启示》等调研报告获省长刘奇、副省谢茹长、郑为文的肯定性批示，并转化为政府相关工作的决策部署。

【智库建设】 省政府研究室切实履行工作职能，充分发挥自身优势，努力创新工作方法，在加强政府智库建设、服务决策咨询等方面做了大量工作。密切对外合作交流。加强与国务院研究室、参事室、发展研究中心等国家级智库和研究机构的联系合作，配合国务院研究室就“放管服”改革进行调研，协助开展相关调研并提供有关材料，撰写了一个总调研报告、3个座谈会观点综述材料并报国务院研究室，直接向国务院反映江西实际、提出建议，从国家政策层面推动江西重点工作。全年接待国务院研究室、国务院发展研究中心和浙江、广东、湖北等省到赣调研组13批、64人次，围绕生态文明建设、精准扶贫、“放管服”改革、金融支持实体经济发展等主题共享成果、互鉴经验。充分发挥特约研究员作用。强化资源整合、借“脑”研究，发挥70名特约研究员的智力资源优势，聚焦供给侧结构性改革和培育经济发展新动能、实体经济发展、国资国企改革、产业转型升级、生态文明建设、现代农业发展、社会民生保障等重点领域，完成高质量调研成果47项，并评审结集出版《兴赣智论》一书；编印《赣府研参》14期，专呈件2期，其中7期获得省领导重要批示，要求有关方面认真研究、积极采纳，为省直相关部门和地市提供参考。召开全省政府系统调研及智库建设工作会议。为进一步贯彻落实中共十九大关于加强中国特色新型智库建设精神，加强全省政府系统调研及智库建设工作，省政府研究室召开全省政府系统调研及智库建设工作会议，省长刘奇、常务副省长毛伟明分别作出重要批示，肯定全省政府调研（研究室）系统和各级政府智库作出的贡献，对做好调研和智库建设工作提出要求。

（王苑霞）

本栏编辑　刘清林

中国人民政治协商会议江西省委员会

综　述

2017年，省政协坚持团结和民主两大主题，围绕大局议政建言，聚焦中心谋策献计，紧贴民生解忧帮困，大力加强自身建设，为推动江西省经济发展和社会事业进步作出贡献。

强化理论武装，夯实共同思想政治基础。始终把坚持和发展中国特色社会主义作为巩固共同思想政治基础的主轴，坚定不移走中国特色社会主义政治发展道路。中共十九大闭幕后，省政协召开常委会议、学习辅导报告会，迅速掀起学习贯彻热潮，引导全省各级政协组织和广大政协委员牢固树立“四个意识”，增强“四个自信”。认真学习贯彻全国政协十二届五次会议精神，结合政协工作学习省第十四次党代会、省委全会精神，确保省委决策部署在政协工作中得到贯彻落实。协助省委出台《关于加强和改进人民政协民主监督工作的实施意见》，对如何更加有力有序有效开展政协民主监督工作，提出一系列新举措、新规范、新要求。全年先后举办各类学习报告会、传达会、理论研讨会、专题讲座、委员学习培训班等10场次，编发委员《学习参考资料》4期，不断提高政协委员和机关干部政治素质和履职能力。

紧扣改革发展稳定议政建言。坚持以“创新、协调、绿色、开放、共享”五大理念为指导，围绕建设富裕美丽幸福江西建言献策。全年组织召开常委会议7次，报送建议案、调研视察报告50多份，许多建议转化为决策思路或政策措施。聚焦提高经济发展质量和效益谋良策。召开“加强地方金融体系建设，推动实体经济发展”等议政性常委会议，助推全省经济持续健康发展。围绕“推进民办教育改革与发展”等课题广泛协商。整合资源力量组织开展教育和体育等“改革”系列专题调研协商活动。紧扣区域协调发展献良方。对“加快赣江新区建设”组织委员视察和调研协商活动，推动打造全省发展重要增长级。跟进生态文明建设出实招。围绕“加快江西省国家生态文明试验区建设”等重大课题开展调研协商，关注打造美丽中国“江西样板”。着眼文化繁荣发展聚智慧。围绕“古镇的保护及利用开发”等课题广泛调研协商，对增强江西省文化软实力产生促进作用。助推民生共享见真情。聚焦江西省少数民族地区特色旅游发展、“全面两孩”政策后产科儿科医疗资源紧缺等课题协商建言，有力推动改善民生的各项政策措施的贯彻落实。关注社会治理创新促和谐。围绕“城市社区依法治理和服务创新”等课题开展调研视察，为维护社会和谐稳定发挥积极作用。

扎实开展民主监督工作。根据省委统一部署，制定关于完善人民政协民主监督制度的督查计划，形成政协民主监督督查报告报送省委。探索创新政协民主监督形式和方法，聚焦中央和省委重大改革举措、重要政策贯彻执行、重要约束性指标落实情况，对经营类事业单位改革情况、扶贫专项资金使用情况等开展专项民主监督，促进相关工作的加强和改进。集中力量、持续开展“降成本、优环境、促发展”专项民主监督活动，相关建议得到省委、省政府高度重视和积极采纳。坚持寓民主监督于政协会议、委员提案、反映社情民意信息、调研视察、大会发言等活动中，鼓励引导委员围绕生态环境保护、民生工程、城市管理等问题，提出监督性意见建议。不忘合作初心，深化团结联谊。坚持把加强大团结大联合摆在更加突出位置，注重深化多党合作，加强对各党派团体参加政协共同性事务协商，为民主党派知情议政、开展活动搭建平台。举办红旗飘飘——中国共产党党旗诞生历程珍贵档案展，激发广大委员和各族各界人士爱国热情。更好地发挥民主党派在人民政协中的作用。

加强自身建设，提升履职能力。始终把加强自身建设作为一项根本任务和基础工程。认真贯彻落实全面从严治党要求，进一步加强政协党的建设，积极推进“两学一做”学习教育常态化制度化，深入落实中央八项规定精神。加强委员履职统计、反馈，完善委员履职档案，着力激发委员主体作用。充分发挥界别优势，健全界别联系、界别召集人、界别工作保障等制度。加强政协机关建设，督促抓好巡视整改，完善重大会议活动牵头协调机制等多项制度，持续改进工作作风。通过召开座谈会、开展培训，加强对市、县政协联系指导。加强提案办理协商，强化提案办理督查，督办重点提案22件，跟踪问效提案12件，对9个省直单位和2个设区市政府提案办理情况进行督查。推进文史资料工作，坚持统战和“三亲”（亲闻、亲见、亲历）特色，编辑出版《文史大观》4期。加强和改进政协宣传工作，发挥《光华时报》和政协新闻网宣传主平台作用。加强人民政协理论建设，完成加强和创新民主监督等课题研究工作，取得一批重要成果。

重要会议

【省政协十一届五次会议】 1月15日—18日在南昌举行。省委书记鹿心社、省长刘奇、省委副书记姚增科等出席开、闭幕会，并参加联组讨论和小组讨论，听取大会发言。省政协主席黄跃金主持闭幕大会并讲话，省政协副主席姚亚平主持开幕大会。会议审议通过黄跃金代表政协江西省第十一届委员会常务委员会所做的工作报告，以及省政协副主席刘晓庄代表政协江西省第十一届委员会常务委员会所做的提案工作情况报告。举行2次大会发言，增补蔡晓明、陈俊卿为十一届省政协副主席；增补王萍、左和平、朱来友、刘定明、肖礼庆、汪忆新、傅卓成为十一届省政协常务委员。通过省政协十一届五次会议决议和关于提案初步审查情况的报告。

【省政协十一届第二十二次常委会议】 1月14日在南昌召开，省政协主席黄跃金主持并讲话，省委常委、省委统战部部长陈兴超在会上做有关人事事项说明，省政协副主席姚亚平、钟利贵、李华栋、汤建人、刘晓庄、郑小燕、胡幼桃、孙菊生，省政协秘书长肖为群出席会议。会议通过江西省政协十一届五次会议选举办法(草案)和总监票人、监票人名单(草案)，决定提交十一届五次会议讨论表决通过；通过江西省政协十一届五次会议大会秘书处秘书长、副秘书长名单。会议审议通过人事事项。

【省政协十一届第二十三次常委会议】 1月17日在南昌召开。省政协主席黄跃金主持会议。省政协副主席姚亚平、钟利贵、李华栋、汤建人、刘晓庄、郑小燕、胡幼桃、孙菊生，秘书长肖为群出席会议。省委统战部负责人在会上做有关人事事项的情况汇报。

【省政协十一届第二十四次常委会议】 3月20日在南昌召开，传达学习全国政协十二届五次会议精神，部署江西省政协贯彻落实工作。省政协副主席姚亚平主持，省政协副主席蔡晓明、李华栋、汤建人、刘晓庄、郑小燕、胡幼桃、孙菊生，秘书长肖为群出席会议。黄跃金传达全国“两会”期间中共中央总书记习近平就人民政协工作、尊重知识、尊重知识分子、增进民族团结等重大问题发表的一系列重要讲话精神，传达国务院总理李克强作的政府工作报告和全国政协主席俞正声作的政协常委会工作报告、闭幕会上的讲话精神。

【省政协十一届第二十五次常委会议】 7月3日—4日在南昌召开。会议传达学习全国政协十二届第二十一次常委会议精神；围绕“加强地方金融体系建设，推动实体经济发展”进行专题协商；部署加强人民政协民主监督工作。省政协主席黄跃金出席并讲话，省委常委、常务副省长毛伟明出席并介绍情况。省政协副主席姚亚平、蔡晓明、李华栋、汤建人、刘晓庄、郑小燕、胡幼桃、孙菊生、陈俊卿，秘书长肖为群出席。蔡晓明就《关于“加强地方金融体系建设，推动实体经济发展”的调研报告》起草情况做说明，赵波、朱力群、孙东、彭道宾、陈晓明、陈晓娟等省政协常委、委员作大会发言。会议审议通过人事事项。

【省政协十一届第二十六次常委会议】 9月11日—12日，省政协十一届二十六次常委会议在南昌召开。会议传达学习全国政协十二届第二十二次常委会议精神，围绕“进一步加快赣江新区发展”进行专题协商。省政协主席黄跃金，副省长吴晓军出席并讲话。省政协副主席蔡晓明、李华栋、汤建人、刘晓庄、郑小燕、孙菊生、陈俊卿出席会议。姚亚平作《关于进一步加快赣江新区发展的调研报告》起草情况说明，汪忆新、徐良平、罗莹、李秀香、凌云、杨西等省政协常委、委员作大会发言。会议通过有关人事事项。会议对省政协十一届三次会议以来的优秀提案、先进承办单位和2016年度优秀建言献策成果进行书面通报表扬。

【省政协十一届第二十七次常委会议】 11月6日在南昌召开，会议深入学习中共十九大精神，对全省政协系统学习贯彻中共十九大精神进行动员部署。省政协主席黄跃金出席并讲话，省政协副主席姚亚平主持，省政协副主席蔡晓明、汤建人、刘晓庄、郑小燕、胡幼桃、孙菊生、陈俊卿，秘书长肖为群出席。

【省政协十一届第二十八次常委会议】 11月27日—28日在南昌召开，会议学习贯彻中共十九大精神，围绕“加快江西省国家生态文明试验区建设”协商议政。省政协主席黄跃金，副省长郑为文出席并讲话，省政协副主席姚亚平、蔡晓明、李华栋、汤建人、刘晓庄、胡幼桃、孙菊生、陈俊卿，秘书长肖为群出席。孙菊生介绍调研情况、调研报告起草背景、主要内容和意见建议。朱来友、任江南、肖礼庆、王东林、李秀香、郭英荣作大会发言。会议还审议通过有关人事事项。

重要活动

【深入企业、园区走访调研】 2月8日—10日，省政协副主席姚亚平、蔡晓明、李华栋、汤建人、刘晓庄、郑小燕、胡幼桃、孙菊生、陈俊卿分别深入企业、园区开展走访调研，向广大干部职工致以新春问候，了解企业生产销售情况，帮助企业排忧解难。

【《红旗飘飘——中国共产党党旗诞生历程珍贵档案展》在南昌展出】 7月14日，中国政协文史馆、江西省政协办公厅主办《红旗飘飘——中国共产党党旗诞生历程珍贵档案展》在南昌新四军军部旧址陈列馆展出，该展览以中国共产党党旗的诞生历程为主题，通过大量珍贵的历史照片及档案资料，展示中国共产党自诞生至今近一个世纪里各个重要历史节点上的党旗样貌。省领导黄跃金、赵力平、周萌、姚亚平、蔡晓明、李华栋参观展览。

【通报表扬优秀建言献策成果和优秀提案】 9月11日，在省政协十一届第二十六次常委会议上，省政协对《关于加快推进我省城乡供水一体化建设的建议》等152篇2016年度优秀建言献策成果和省政协十一届三次、四次、五次会议60件优秀提案及省委组织部等22个省政协提案先进承办单位进行书面通报表扬。

【召开“喜迎十九大委员在行动”履职成果报告会】 9月21日，省政协召开“喜迎十九大委员在行动”十一届履职成果报告会。省政协副主席陈俊卿主持并讲话。省政协首次以成果报告会形式，组织驻赣全国政协委员、省政协常委、委员和各民主党派、工商联、党外知识分子联谊会以及省政协办公厅、各专委会负责人、干部职工，一起深入交流探讨、互相学习借鉴，认真总结和提炼十一届省政协以来履职实践、主要成果和经验做法。

【举行“委员活动日”专题学习报告会】 11月7日，省政协在南昌举行“委员活动日”专题学习报告会，深入学习贯彻中共十九大精神。省政协党组副书记、副主席蔡晓明作题为《深入学习贯彻十九大精神 运用好六门工作艺术画出新时代最大“同心圆”》辅导报告。省政协秘书长肖为群主持报告会。报告坚持以习近平新时代中国特色社会主义思想为指导，深入解读中共十九大对新时代政协和统战工作作出的新部署，系统总结统一战线工作的重要经验和工作艺术，对于准确理解和全面学习贯彻中共十九大精神，切实做好政协和统战工作，找到最大公约数，画出时代最大“同心圆”具有重要指导意义。

【全国政协视察团在赣视察国家生态文明试验区建设情况】 5月31日至6月3日，全国政协副主席兼秘书长张庆黎率全国政协视察团在赣视察国家生态文明试验区建设情况。3日，视察团在南昌召开座谈会，听取江西省推进国家生态文明试验区建设情况汇报，并交换视察调研情况。张庆黎出席座谈会并讲话，全国政协委员徐绍史、解振华、傅克诚、关凯出席座谈会。鹿心社、刘奇、黄跃金、李炳军、毛伟明、殷美根、蔡晓明等分别陪同视察或参加相关活动。座谈会上，徐绍史、解振华、杨忠岐等委员从坚持市场化改革、加强顶层设计、生态环境保护、发展林下经济等方面提出推进国家生态文明试验区建设意见建议。毛伟明汇报江西省推进国家生态文明试验区建设有关情况和下一步工作部署。邓宗良、孙菊生、吴晓青、夏涛、张世平、顾伯平、高宏峰、戴公兴等参加视察。在赣期间，视察团先后到赣州、吉安、南昌市等地实地考察。

调查研究

【关于“城市社区依法治理和服务创新”的调研】 8月，围绕“城市社区依法治理和服务创新”协商专题，省政协副主席郑小燕带领省政协社法委调研组，听取省民政厅、省司法厅等6个部门情况介绍，并赴宜春、萍乡、南昌实地调研，赴青海、四川等外省市参观考察学习，形成《关于城市社区依法治理和服务创新的调研报告》。10月12日，召开专题协商座谈会，孙国琴、王林波、刘卫东、魏小俊、许秀柏、孙鑫、欧阳天高等省政协委员和专家学者，围绕协商主题，提出创新管理模式建设幸福社区、因地制宜拓展服务项目、完善社区立法规范社区治理、倡导治理方式多元化、让社区行政管理回归到社区自治、发挥群团组织服务社区的重要作用等意见建议。会后，形成《关于城市社区依法治理和服务创新的建议案》，提出完善组织领导体制、引导居民民主协商、提升依法治理水平、积极推进政社互动、创新多元服务体系、加大支持保障力度、落实社区减负增效7条建议。省委书记鹿心社、省长刘奇、副省长吴晓军分别作出批示，要求省委组织部、省民政厅、省综治办认真研究，积极采纳。

【关于“大力推进脱贫攻坚”的调研】 1—4月，省政协发挥界别优势，以教育扶贫为切入点，省政协教科文卫体委员会组织部分省政协委员以“解剖麻雀”方式，深入兴国县、安远县、寻乌县实地调研，并赴福建省、吉林省学习考察。5月16日，召开专题协商座谈会对“大力推进脱贫攻坚”进行协商讨论。根据调研和民主协商意见，形成《关于进一步推进我省教育扶贫的若干建议》。对发挥职业教育优势，增强贫困群体脱贫能力；提升高校扶贫服务能力，助力贫困地区产业发展；稳定贫困地区师资队伍，提升贫困地区教育质量；建立协同育人长效机制，保障留守儿童健康成长4个方面提出14条意见和建议，并报送省委、省政府。省领导刘奇、姚增科等先后作出批示予以肯定。

【关于“加快地方金融体系建设促进实体经济发展”的调研】 3月，省政协调研组深入南昌、九江、赣州等地十几个县区进行实地调研，并远赴省外重庆、四川、安徽、浙江等地学习考察。先后组织召开银行业、非银行金融业、金融相关行政监管部门等分类座谈会15次，形成《关于“加强地方金融体系建设促进实体经济发展”的调研报告》，7月3日—4日，召开省政协十一届二十五次常委会议，围绕“加快地方金融体系建设，促进实体经济发展”专题进行协商讨论，并形成《关于“加强地方金融体系建设促进实体经济发展”的建议》，进一步明确江西省金融发展思路，大力推进产融结合和政融互动，努力优化金融供给结构，建立政策性担保为主体的融资担保体系，加快非国有金融机构发展壮大，打造赣江新区绿色金融改革创新试验区，对金融发展公共管理和服务平台7个方面提出29条建议。报送省委、省政府决策参考。

【关于“加快赣江新区建设”的调研】 6月，省政协组织委员和专家学者对“加快赣江新区建设”赴南昌、九江进行专题调研，并赴贵州、陕西、湖南等省进行考察学习，经充分研讨形成调研报告。9月21日，召开常委会，围绕“加快赣江新区建设”情况进行专题协商。会后，向省委、省政府提交有关《关于“加快赣江新区建设”的建议》，对创建全省有影响力的改革创新引领区、打造长江中游新型城镇化示范区、深入推进中部地区先进制造业基地建设、率先构建内陆地区全方位开放合作高地、建设美丽中国“江西样板”先行区5个方面提出22条建议。

【关于“加快我省国家生态文明试验区建设”的调研】 11月，省政协副主席孙菊生带领调研组，赴省内9市

20余县开展调查研究，赴福建、贵州两省学习考察。11月27日—28日，省政协围绕该课题进行常委会议专题协商。朱来友、任江南、肖礼庆、王东林、李秀香、郭英荣等省政协常委、委员及专家学者围绕协商主题，作大会发言。根据调研和民主协商意见，形成《关于加快我省国家生态文明试验区建设的建议案》，对提高思想认识；促进“关键多数”积极参与；提升山水林田湖草质量；积极打造山水林田湖草系统保护与治理样板区建设；下定决心抓好大气治理；进一步推进“净土”工程建设；进一步推进河长制升级版落实；大力发展环保产业；进一步完善生态文明建设工作体制机制；加强人才队伍建设，充实技术力量，推进生态科技创新等负面提出意见和建议，并报送省委、省政府，供决策参考。

【关于“古镇的保护及利用开发”的调研】 4月，省政协组成调研组先后深入景德镇、上饶等地开展实地调研，并赴山东、江苏学习考察，经广泛征求相关部门意见、多次讨论修改后，形成《关于“古镇的保护及利用开发”的调研报告》和发言材料6份。9月4日，召开专题协商座谈会，省政协主席黄跃金主持并讲话，副省长郑为文到会听取意见建议并讲话，省政协副主席李华栋出席并讲话。省政协文史和学习委员会主任曾粮作《关于我省古镇的保护及利用开发的调研报告》。陈绵水、祝黄河、梁洪生、傅春、王成兵、孙家骅等省政协委员和专家学者，围绕协商主题，提出资本运作创新古镇旅游开发新模式、运用PPP模式解决江西省古镇保护及利用开发资金、借鉴国内外经验做好历史文化名镇保护、“镇村合体型”历史文化名镇应理性规划自己发展道路、古村镇立体保护与文化传承等意见建议。省直相关部门负责人与委员还进行坦诚务实互动交流。

专门委员会工作

【提案委员会】 2017年，省政协提案委员会共交办提案559件，涉及承办单位82个，其中政府系统69个，党群系统9个，省人大、省政协办公厅和省法检两院、省军区4个。其中，交由省政府系统办理475件，占95%。全部提案办复率100%，22件重点督办提案全部完成。选择委员关注度高的“助推我省中医药发展”问题，精心组织“会中办案”，邀请省政府有关部门负责人与提案者面对面进行协商，省委常委、常务副省长毛伟明到会听取意见，并就办理好提案、认真落实好提案建议提出要求。牵头组织“降成本、优环境、促发展”专项民主监督活动，组织中共、经济、特邀（省直）界别调研组分别赴景德镇、宜春、鹰潭市开展调研，社会科学界别调研组赴抚州市开展调研，工商联界别组织各设区市、省直管县市工商联开展问卷调查，形成《关于“降成本、优环境、促发展”专项民主监督报告》并报送省委、省政府，供决策参考。开展江西省“特色小镇”建设专题调研和提案办理协商活动，形成专题调研报告报省委、省政府。

【经济委员会】 2017年，省政协经济委员会围绕“加强地方金融体系建设，推动实体经济发展”主题，深入南昌、九江、赣州等地进行实地调研，并赴重庆、四川、安徽、浙江等地开展学习考察，先后组织召开银行业、非银行金融业、金融相关行政监管部门等分类座谈会15次，形成学习考察报告4份和专题调研报告1份，筛选出常委会议发言材料6份，经省政协常委会审议通过后报送省委、省政府。对全省特别是上饶市棚户区改造工作进行专题调研，形成《做好“四篇文章”，推动棚改工作——上饶及全省棚户区改造的调研及建议》专题报告，并以《建言献策》的形式报送省委、省政府办公厅。围绕“扶贫专项资金使用情况”主题，组织经济、工商界别委员开展民主监督活动。组织开展“智能电网如何支撑新能源发展”“把握物联网发展机遇”和“江西水利资源考察”界别活动；赴宜春开展“降成本、优环境、促发展”专项民主监督活动和“促进锂电产业发展”界别视察活动，提出《关于促进我省抽水蓄能电站持续健康发展的建议》以《建议献策》形式报送省委、省政府。

【人口资源环境委员会】 2017年，省政协人口资源环境委员会围绕“加快我省国家生态文明试验区建设”开展议政性常委会专题协商活动，在充分调研基础上形成《关于“加快我省国家生态文明试验区建设”的调研报告》，11月27日—28日，省政协围绕该课题进行常委会议专题协商，根据调研和民主协商意见，形成《关于加快我省国家生态文明试验区建设的建议案》。围绕“推进城乡环卫一体化工作体系建设”，先后赴抚州、鹰潭、南昌、九江等4市8县（市、区）开展专题调研，召开对口协商座谈会，形成《关于推进城乡环卫一体化工作体系建设的建议》，提出营造全民参与的浓厚氛围，强化体制机制建设，强化规划设施建设，强化法规政策建设，强化垃圾分类处理体系建设5个方面建议。该建议报送省委、省政府后，省长刘奇、副省长郑为文分别作出批示。组织农业界别委员对“海绵城市建设”专题开展视察，形成“关于进一步加大海绵产业支持力度促进海绵城市建设的建议”，作为建言献策信息报送省政府。组织妇联界别对“免费婚检工作”开展视察活动，提出免费婚检需要财政给予更多支持，要进一步扩大省级免费婚检项目试点县范围，把所有县区纳入免费婚前医学检查省级补助范围的建议。

【教科文卫体委员会】 2017年，省政协教科文卫体委员会围绕“大力推进脱贫攻坚”开展专题协商活动，先后到兴国县、安远县、寻乌县实地调研，并赴福建、吉林两省学习考察，召开专题协商座谈会，形成《关于进一步推进我省教育扶贫的若干建议》报送省委、省政府，供决策参考。省长刘奇、省委副书记姚增科分别作出批示，肯定所提建议针对性强，要求相关部门认真研究、采纳。开展“社区文化建设”专题界别协商活动，先后赴宜春市、抚州市、九江市、南昌市、新余市等设区市调研，并赴上海市学习考察，形成《关于“社区文化建设”的调研报告》。开展“医疗卫生资源‘下沉’”专题调研，挑选吉安、萍乡、赣州、抚州若干个不同模式、不同类型基层医疗机构深入调研，所形成调研报告以案例分析的方法逐个分析，以小见大、举一反三，为省委、省政府决策提供参考。还与萍乡市政协对“汉冶萍历史文化的发掘与利用”开展省、市联合调研。组织教育界别委员开展“大力推进教育扶贫”界别活动；组织科技、民进界别委员开展“窄带物联网”主题界别活动；组织文艺、体育界别委员开展“特色小镇建设”界别视察活动；组织科协界别委员赴赣州市开展调研，到有关企业考察指导科技平台建设，并发挥界别优势，深入会昌县开展精准扶贫对接考察，帮助解决科技器材和办公用品100多万元。

【社会和法制委员会】　2017年，省政协社会和法制委员会围绕“依法建立农民工工资保障机制”开展专题调研活动，先后赴九江、景德镇开展调研，向省委、省政府报送《关于依法建立农民工工资保障机制的调研报告》，提出加快出台江西省农民工权益保障条例、完善欠薪纠纷处置机制、加大对违法违规行为惩处力度、规范建筑市场管理等8条建议。省委常委、常务副省长毛伟明，省政府副省长郑为文分别对调研报告作出批示，要求省人社厅、省建设厅在工作中研究吸收。开展“未成年人司法保护及犯罪预防”专题调研，先后赴上饶、鹰潭、抚州开展实地调研，形成《关于未成年人司法保护及犯罪预防调研报告》，提出进一步加强组织领导和制度保障、健全现有法律法规体系、完善司法保护和帮教体系、营造良好的社会环境4个方面10条建议，副省长郑为文、李利分别作出批示。赴省人社厅社保中心对“我省企业职工养老保险基金收支平衡和保值增值”进行视察，向省委、省政府报送《关于我省企业职工养老保险基金收支平衡和保值增值视察报告》。开展“经营类事业单位改革情况”民主监督视察活动，先后赴省交通科学研究院、省建筑设计研究总院，深入了解中央文件精神贯彻落实情况、改革进行情况、改革中遇到的困难和问题、改制单位对改革的诉求，并赴辽宁省、山东省进行学习考察。

【民族和宗教委员会】　2017年，省政协民族和宗教委员会围绕“我省民间信仰情况”开展专题调研，先后深入到萍乡市湘东区、芦溪县，赣州市赣县区、兴国县等地调研，提出统一思想，提高认识；完善管理，推动创新；加强宣传，正面引导等建议。开展“促进我省少数民族地区特色旅游发展”专题调研，先后赴吉安市峡江县、永丰县，抚州市乐安县、资溪县实地走访部分民族乡、民族村、特色旅游景区、集镇等地，提出针对性对策和建议。开展全省部分宗教活动场所管理情况视察活动，先后组织视察上高县九峰禅寺、都昌县元辰庙、老爷庙等寺庙，提出要强化宣传意识，改变“养在深闺人不识”的状况；强化统筹规划，继续加强宗教场所保护、修缮、开发工作；借鉴广东、浙江、福建等地先进经验，加强宗教人才引进和人才队伍建设等建议。编辑《江西省穆斯林简要知识读本》，提供委员和从事民宗工作人员了解掌握穆斯林相关知识。

【港澳台侨和外事委员会】　2017年，省政协港澳台侨和外事委员会为进一步提升绿发会、赣港会、赣台会、瓷博会、药交会五大开放平台品牌影响力，在省内及港澳地区开展实地调研和互动交流，召开对口协商座谈会，形成建议案报送省委、省政府及相关部门。协助做好第十六届赣港经贸合作活动服务工作，超额完成省政府下达的重要客商邀商任务，实际邀商人数达到26人，推动有关合作项目落实，被评为全省开放型经济工作先进单位。组织召开江西省政协海外扶贫基金会理事大会，确定2017年基金会工作重点和目标；协助海外代表董淑贞赴宜丰、修水等地开展捐资助学公益行动；联合省侨联召开省法院、省税务系统支持侨资企业发展座谈会；联合省侨联、南昌市侨联举办“侨联四海、情满赣鄱”座谈交流会；协助海外扶贫基金会做好帮扶贫困生项目有关工作。

【文史和学习委员会】　2017年，省政协文史和学习委员会围绕“古镇的保护及利用开发”开展专题协商调研活动，先后深入景德镇、上饶等地历史文化名镇进行实地调研，并赴山东、江苏开展学习考察。召开“古镇的保护及利用开发”专题协商座谈会进行协商讨论。围绕“大力推进我省大遗址保护和利用工作”开展专题调研，先后赴景德镇市御窑遗址，吉安市新干大洋洲镇牛头城遗址，宜春市樟树山前乡吴城商代遗址、大桥乡筑卫城遗址，南昌市新建区海昏侯墓遗址，九江市瑞昌夏畈镇铜岭铜矿遗址等省内主要大遗址开展调研视察，并赴内蒙古、山西开展学习考察。组织委员对“持续推动徐霞客游线文化旅游发展”开展专题视察界别活动，深入吉安市永新县、安福县，抚州市黎川县，实地调查当地徐霞客游线文化遗存，并对进一步加强徐霞客游线文化遗存的保护和利用、推动徐霞客游线文化旅游发展、如何申报全国徐霞客游线标志地提出意见和建议，推动安福县、黎川县成功申报为全国第三批徐霞客游线标志地。开展铁柱万寿宫遗址视察活动，深入南昌市西湖区铁柱万寿宫遗址现场进行界别视察，专家组成员提出相关保护建议，上报专题视察报告。做好文史资料征编工作，以此届及上届省政协党外副主席、常委为重点征稿对象，征集、出版《江西省政协委员履职实录》；抓好《文史大观》史料征集和编辑工作，探索文史资料工作为现实服务的新途径。

（省政协办公厅）

本栏编辑　刘清林

中国共产党江西省纪律检查委员会

综　述

2017年,全省各级纪检监察机关认真贯彻中央纪委和省委决策部署,深入落实全面从严治党各项要求,全面履行监督执纪问责职责,推动全省党风政风向上向好,为建设富裕美丽幸福现代化江西提供有力保证。

加强政治监督。省委坚持把喜迎中共十九大、学习宣传贯彻中共十九大精神作为全年工作主线和首要政治任务。省纪委认真履行党章赋予的职责,把握政治监督职责定位,全力协助省委推进全面从严治党。坚决维护习近平在党中央和全党的核心地位,坚决维护党中央权威和集中统一领导,严明政治纪律和政治规矩,全省查处违反政治纪律案件117件134人。扎实推进中央巡视"回头看"反馈意见整改,坚决肃清苏荣案政治余毒,处理涉苏荣案件干部43人。

推动党风政风持续好转。认真学习贯彻中共中央总书记习近平关于进一步纠正"四风"、加强作风建设重要批示精神,从政治高度抓好中央八项规定精神落实,对"四风"问题一寸不让、动辄则咎。深入开展明察暗访等监督检查,抓住现行、严肃查处,加大通报曝光力度。加大对形式主义、官僚主义问题查纠力度。巩固"红包"问题治理成果,推进"红包"问题治理常态化。

巩固反腐败斗争成果。坚持有腐必反、有贪必肃,始终保持惩治腐败高压态势。省纪委严肃查处了冷新生、黄林邦、吴建春等严重违纪案件。把纪律挺在前面,积极实践监督执纪"四种形态",全省运用"四种形态"处理4.5万人次。加强扶贫等民生领域监督执纪问责,对侵占挪用扶贫资金、搞数字脱贫、虚假脱贫、扶贫工作不务实不扎实、脱贫结果不真实、发现问题不整改的严肃问责。

深化纪检监察体制改革。省委把深化国家监察体制改革试点作为重要改革工程来抓,省委书记鹿心社任省试点工作小组组长。按照中央确定的时间表和路线图,全省上下扎实推进改革试点工作。深化政治巡视巡察,制定出台《江西省贯彻落实〈中国共产党巡视工作条例〉的实施办法》《江西省市县党委巡察工作实施办法》《江西省被巡视党组织配合省委巡视工作的实施办法》等实施办法,新一届省委对14个省直单位、省属高校党组织开展首轮巡视。围绕政治巡视要求,聚焦坚持党的领导、全面从严治党,用政治标准和纪律尺子衡量被巡视党组织和党员领导干部行为,着力发现和推动解决党的领导弱化、党的建设缺失、全面从严治党不力,党的观念淡漠、组织涣散、纪律松弛,管党治党宽松软等问题,为新一届省委全面从严治党、建设富裕美丽幸福江西助力护航。

加强队伍建设。省委高度重视纪检监察队伍建设,省委组织部等部门大力支持,把纪检监察干部纳入党的干部"大池子"统筹培养、使用和交流,有效激发了纪检监察队伍活力。省纪委常委会树立鲜明的选人用人导向,坚持凭德才用干部、以实绩看德才,破除论资排辈、平衡照顾的观念,实现纪检监察干部优进优出。

1月13日—15日,中国共产党江西省第十四届纪律检查委员会第二次全体会议在南昌召开

省纪委办公厅编辑室供

重要会议

【召开省纪委十四届二次全体会议】 1月13日—15日，中国共产党江西省第十四届纪律检查委员会第二次全体会议在南昌举行。出席会议的省纪委委员43人，列席161人。省委书记鹿心社出席全会并发表讲话。省领导刘奇、姚增科、李炳军、孙新阳、赵爱明、毛伟明、殷美根、陈兴超、刘捷、赵力平等出席会议。全会由省纪律检查委员会常务委员会主持，审议通过孙新阳代表省纪委常委会所作的《推动全面从严治党向纵深发展，为建设富裕美丽幸福江西提供坚强纪律保障》工作报告。全会认真学习、深刻领会中共中央总书记习近平重要讲话和中央纪委七次全会精神。

全会提出，2017年工作的总体要求是：全面贯彻中共十八大和十八届三中、四中、五中、六中全会精神，深入贯彻习近平系列重要讲话精神和治国理政新理念新思想新战略，特别是对江西工作的重要要求，认真落实中央纪委七次全会和省第十四次党代会部署，坚决维护以习近平为核心的中共中央权威，严肃党内政治生活，加强党内监督，深化标本兼治，强化监督执纪问责，驰而不息纠正"四风"，保持惩治腐败高压态势，严格执行监督执纪工作规则，建设风清气正政治生态，推动全省全面从严治党向纵深发展，为决胜全面小康、建设富裕美丽幸福江西提供坚强纪律保障，以良好精神状态和优异工作成绩迎接中共十九大召开。

【召开全省设区市纪委半年工作报告会】 7月26日，全省设区市纪委半年工作报告会在南昌举行。全省各设区市纪委书记、监察局局长，省纪委监察厅领导和机关各部门负责人参加会议。

会议传达学习华东5省市纪委书记座谈会和省委十四届三次全会精神，书面通报全省和各设区市上半年纪检监察工作情况、各设区市扶贫领域监督执纪问责工作情况，听取各设区市纪委书记汇报，对下半年重点任务进行部署。坚持问题导向，突出思想监督，是本次会议的鲜明特点。

省委常委、省纪委书记孙新阳要求，全省纪检监察机关要认真学习贯彻中共中央总书记习近平系列重要讲话精神，深入贯彻中央纪委有关部署要求和江西省委十四届三次全会精神，紧盯建设风清气正的政治生态总目标，坚持稳中求进总基调，按照省纪委二次全会部署，扎实做好下半年纪检监察各项工作。

【召开全省国家监察体制改革试点工作动员部署会】 11月14日，省委书记、省深化监察体制改革试点工作小组组长鹿心社主持召开全省国家监察体制改革试点工作动员部署会，学习贯彻中共十九大精神，深入落实党中央关于深化监察体制改革试点工作要求和全国推开国家监察体制改革试点动员部署电视电话会议精神，对全省深化监察体制改革试点工作进行动员部署。省领导李炳军、赵爱明、尹建业、周萌出席。省委常委、省纪委书记孙新阳传达全国推开国家监察体制改革试点动员部署电视电话会议精神并讲话。鹿心社强调，深化国家监察体制改革，是以习近平为核心的中共中央作出的重大决策部署，是完善党和国家监督体系的重大举措，是推动全面从严治党纵深发展的必然要求，是深化风清气正政治生态建设的现实需要，全省上下要提高政治站位，牢固树立"四个意识"，旗帜鲜明讲政治，从党和国家事业发展全局的高度，深刻认识国家监察体制改革试点工作重大意义，切实把思想和行动统一到中央决策部署上来，积极推进制度创新，凝聚反腐败工作合力，进一步强化不敢腐的震慑，扎牢不能腐的笼子，增强不想腐的自觉，推动全省风清气正政治生态建设取得更大成效。

廉政建设

【概　况】 2017年，全省各级纪检监察机关严格落实中央八项规定精神，推动党风政风持续好转。全省抽调7400余人次，组成2400多个检查组，开展"点穴式"明察暗访4000余次，查处违反中央八项规定精神问题2669起，处理3749人，纪律处分1982人，通报典型案例795次、1732起、2458人，省纪委先后4次下发违反中央八项规定精神问题的通报，持续释放永远在路上、越往后执纪越严的信号。组织开展中央八项规定精神落实情况专题调研，加大对形式主义、官僚主义问题查纠力度。巩固"红包"问题治理成果，全省查处"红包"问题301起，处理360人，省、市、县三级廉政账户共收到违纪款6283.82万元。深入整治"一桌餐"问题，集中排查治理用公款违规购买消费高档白酒问题。扎紧制度笼子，省委修订完善《关于深入贯彻中央八项规定精神进一步改进作风的若干意见》，省直有关职能部门修订或新出台配套制度35项。推动构建全省统一的"三公"经费监管平台，实现"三公"经费支出阳光运行、全程留痕、实时监控。全年省纪委办理征求党风廉政意见1201人次，对10人提出"暂缓或不宜使用"意见。

【反腐败工作】 积极运用监督执纪"四种形态"，反腐败斗争压倒性态势巩固发展。坚持有腐必反、有贪必肃。全省纪检监察机关共接受信访举报4.64万件次、处置问题线索3.54万件、立案1.05万件、结案1.13万件、处分1.26万人，同比分别增长12.5%、85.9%、18.8%、40%、37.9%。严肃查处了冷新生等严重违纪案件。中央追逃办确定江西省20名失踪人员追回15人，"猎狐行动"缉捕、劝返在逃境外经济犯罪嫌疑人37人。积极实践监督执纪"四种形态"，全省运用"四种形态"处理4.5万人次，第一、二、三、四种形态占比分别为71.7%、23%、3.1%、2.2%。做好纪律审查"下半篇文章"，探索开展"三会一书两公开"警示教育新模式，得到中央纪委肯定。认真分析评估省管干部函询回复，对函询结果进行抽查，2名省管干部因接受函询不认真分别受到诫勉谈话、批评教育并作书面检查处理；对如实说明的予以采信了结，并向被函询人反馈澄清，体现组织信任和关爱。全省218名党员干部主动向组织交代问题，政策感召效果逐步释放。

【监督执纪问责】 加强扶贫等民生领域监督执纪问责，深入整治基层“微腐败”问题。成立由省纪委书记孙新阳任组长的全省扶贫领域监督执纪问责工作领导小组，制定《关于加强扶贫领域监督执纪问责工作的实施意见》《关于2018年至2020年全省开展扶贫领域腐败和作风问题专项治理的实施方案》及全省脱贫攻坚“百日行动”具体措施，省、市、县三级纪委联动，走出办公室、深入县乡村，开展大调研、大检查、大督导。开展扶贫纪律宣传进乡村活动，在省纪委网站开设专栏。25个贫困县（含井冈山市）纳入省重点管理县，对扶贫领域违纪问题线索集中交办、重点督办。在77个县（市、区）、256个市（县）直单位、1096个乡镇、2900个贫困村开展扶贫领域专项巡察，发现问题7330个。全省查处扶贫领域问题7308个、处理9973人、处分2763人、问责2797人。继续开展基层侵害群众利益不正之风和腐败问题专项整治，督查督办审计移送的财政惠农补贴“一卡通”资金和村级使用涉农财政资金问题线索，组织开展审计发现医疗保险基金违纪问题专项整治行动，全省查处群众身边腐败问题1.06万个、处理1.42万人、处分5380人。

【人才队伍建设】 坚持打铁必须自身硬，建设忠诚干净担当的纪检监察队伍。深入贯彻党中央关于加强纪检监察干部队伍建设重要精神和监督执纪工作规则，大力推进纪检监察干部内部轮岗和跨系统交流。省级纪检机构内外交流厅级干部23人，轮岗交流干部30人。坚持从严约束自己，制定实施《省纪委常委会工作规则》《委厅领导请（休）假和外出报备程序》等规定。扎实推进“两学一做”学习教育常态化制度化，深入开展谈心谈话，全面推行政治家访，大力加强党支部建设，经常组织专题党日活动，充分发挥“学思践悟”微信群作用，改进调查研究方式，大力倡导和践行“负责任、抓紧办、说真话”的作风。建立纪检监察干部打听案情、过问案件、说情干预登记备案制度，严格日常监督管理，全省处理纪检监察干部159人。

制度建设

【制定《江西省纪委关于中止、恢复党员权利的暂行办法》】 为落实“把纪律挺在前面”要求，坚持党要管党、从严治党，维护党的形象，规范中止、恢复党员权利的办理程序，根据《中国共产党章程》《中国共产党纪律处分条例》等有关规定，1月10日，省纪委制定《江西省纪委关于中止、恢复党员权利的暂行办法》。规定中止党员权利的决定由县级和县级以上纪检机关作出，中止党员权利决定书应送达本人，并在30日内向其所在党的基层组织全体党员宣布。恢复党员权利的办理程序，参照中止党员权利的程序办理，并可与党纪处分一并报批。恢复党员权利决定应送达本人和有关党组织，并在30日内向其所在党的基层组织全体党员宣布。

【制定《关于加强和规范落实中央八项规定精神监督执纪工作的意见（试行）》】 为进一步加强落实中央八项规定精神监督执纪工作，5月12日，省纪委印发《关于加强和规范落实中央八项规定精神监督执纪工作的意见（试行）》。该意见就违反中央八项规定精神问题线索处置流程、执纪审查中发现其他领导干部违反中央八项规定精神问题线索处置流程、把握查处违反中央八项规定精神问题的政治性和政策性、坚决防止滥用执纪审查权、做好查处违反中央八项规定精神问题督办平衡工作作出规定。

【印发《关于加强扶贫领域监督执纪问责工作的实施意见》】 为认真贯彻落实中央纪委扶贫领域监督执纪问责工作电视电话会议精神，打赢全省脱贫攻坚战，8月2日，省纪委监察厅印发《关于加强扶贫领域监督执纪问责工作的实施意见》。该意见要求全省各级纪检监察机关要聚焦主责主业，找准职责定位，牢固树立“四个意识”，深入学习中共中央总书记习近平关于脱贫攻坚系列重要讲话精神，认真落实中央纪委电视电话会议要求，提高政治站位和政治觉悟，按照省委、省政府关于全省脱贫攻坚总体部署，突出问题导向，加强监督检查，强化监督执纪问责，坚决纠正、严肃查处扶贫领域不正之风和腐败问题，为实现2020年全省贫困地区和贫困群众同步进入全面小康社会提供坚强纪律保障。

【下发《关于切实加强换届风气监督的通知》】 为深入学习贯彻中共十九大精神，认真贯彻落实中央纪委机关、中央组织部《关于加强换届风气监督的通知》要求，切实加强省人大政府政协换届风气监督，完成换届任务，12月14日，省纪委机关、省委组织部印发《关于切实加强换届风气监督的通知》。该通知要求坚持把加强党的领导贯穿换届工作全过程、坚持把强化宣传教育贯穿换届工作全过程、坚持把严格监督检查贯穿换届工作全过程、坚持把严肃查处问责贯穿换届工作全过程。

【制定《关于2018年至2020年全省开展扶贫领域腐败和作风问题专项治理的实施方案》】 为深入贯彻落实中共十九大精神和习近平关于脱贫攻坚系列重要讲话、批示精神，按照中央纪委扶贫领域腐败和作风问题专项治理部署以及省委“以严格的监督执纪，保障扶贫资金安全；以精准务实的工作，确保如期打赢脱贫攻坚战”要求，12月15日，省纪委制定《关于2018年至2020年全省开展扶贫领域腐败和作风问题专项治理的实施方案》。要求各级纪检监察机关对照《实施方案》，找准突出问题，逐一分解任务，明确推进措施，逐级压实责任，扎实开展专项治理。通过开展专项治理，发现问题，解决问题，倒逼改革，努力从源头上防止扶贫领域腐败和作风问题的发生。

（省纪委办公厅编辑室）

本栏编辑 刘清林

民主党派和工商联

中国国民党革命委员会江西省委员会

【概　况】 2017 年，民革江西省委会共有地方组织 12 个，其中省级组织 1 个，设区市组织 11 个；基层组织 288 个，其中基层委员会 8 个，总支委员会 34 个，支部 246 个。党员总数 4760 人。全年新发展党员 144 人，平均年龄 35.73 岁。其中，大学以上学历 132 人(含博士 2 人，硕士 32 人)，占新党员总数 91.67%；具有中高级职称 54 人，占新党员总数 37.5%；有市政协委员 2 人，县区人大代表 1 人，县政协常委 1 人，县区政协委员 6 人；新发展社会和法制专业人士 16 人，占新党员总数 11.1%。党员中担任各级人大代表、政协委员 843 人，占党员总数 17.71%。其中，全国人大常委会委员 1 人，全国政协委员 2 人，省人大代表 10 人(其中省人大常委会副主任 1 人，省人大常委会委员 2 人)，省政协委员 30 人(其中常委 8 人)；担任副处级以上领导干部 176 人，其中省部级 2 人，厅局级 12 人，县处级 162 人。

不断夯实共同思想政治基础。全力做好喜迎和学习宣传贯彻中共十九大精神工作。中共十九大召开前，民革省委会通过举办演讲比赛、知识竞赛等一系列活动，巩固共同思想政治基础，营造喜迎中共十九大胜利召开的氛围；中共十九大召开期间，民革全省各级组织及广大民革党员运用各种媒介，密切关注中共十九大盛况，及时学习中共十九大会议精神，畅谈心得体会，在微信公众号、江西民革网站、内刊上开辟学习宣传中共十九大报告专栏，制作学习中共十九大主题展板，系列举措得到中共省委统战部肯定。中共十九大闭幕后，民革全省各级组织通过全委会、专题学习会、座谈会等形式进一步深入学习；省委会召开常委会进行专题学习，制定并下发《关于学习宣传贯彻中共十九大精神的通知》；省委会常委带队深入民革全省各基层组织进行宣讲学习；中共省委统战部主办的“全省统一战线学习党的十九大精神知识竞赛”，民革省委会获组织奖。

自身建设得到加强。着力加强领导班子建设。搞好政治交接，努力提高省委会领导班子“五种能力”。在民革第十三次全国代表大会上，民革省委会主委马志武当选为十三届民革中央常委，胡汉平、陈春平、徐景坤、李家祥、沈泽民当选为十三届民革中央委员。推进民革党员之家建设。全省 11 个设区市民革组织建立“民革党员之家”示范活动室，省直大部分基层组织成立“民革党员之家”。及时召开民革全省党员之家建设工作现场交流会。在民革中央“民革全国党员之家建设调研暨现场推动会”上，省委会得到表扬，青山湖总支代表江西省作交流发言。加强学习培训。民革省委会主委马志武参加江西统一战线赴陕西省学习考察和中央统战部举办的省级主委学习班。推荐选派省委会领导班子成员、骨干党员 21 人次参加中共中央统战部、民革中央、中共江西省委统战部举办的各类培训。举办民革全省基层骨干培训班，引导广大党员树立“四个自信”，增强建设中国特色社会主义事业的责任感和使命感。

政党协商积极作为。民革江西省委会领导参加中共江西省委、省政府、省政协及省委统战部等有关部门举行民主协商会、情况通报会、征求意见会、专题座谈会 10 余次；围绕中共省委、省政府的中心工作尤其是关系全省经济社会发展的重大问题建言献策，民革省委会大调研报告《大力实施以法治促进社会文明，助推富裕美丽幸福现代化江西建设》得到中共省委书记鹿心社、省长刘奇的肯定。

建言献策推进有力。民革江西省委会班子成员带头参与调研，民革省委会主委马志武、副主委陈春平先后多次带队赴鹰潭、上饶、赣州、抚州等地调研“促进社会文明建设”和“脱贫攻坚民主监督”等方面的情况。课题组起草的《鹰潭市文明旅游促进条例草案》(专家建议稿)，作为制定《鹰潭市文明旅游促进条例》的重要参考资料，相关立法程序正在进行。大调研课题《脱贫攻坚民主监督》得到中共省委书记鹿心社肯定和有关部门重视。参与完成民革中央中山博爱基金会的课题《江西农村食品安全风险交流状况》专题调研。2017 年省“两会”民革省委会 18 件集体提案已办结。《关于加快推进我省城乡供水一体化建设的建议》被省政协评为 2016 年度优秀建言献策成果奖——会议发言奖。《关于加快推进我省城乡供水一体化建设的建议》《关于积极引进竞争机制，做大做强江西中药饮片产业的建议》被省政协评为优秀集体提案。《关于在我国海疆无人岛兴建“海上万里长城”的建议》被国务院经济要参全文刊登。召开民革全省社情民意工作经验交流会，向民革中央报送社情民意信息 24 篇，其中《关于进一步规范民革中央建言献策考核办法》被民革中央采用;向省政协报送社情民意60篇,采用29篇,其中《关于大力发展我省农村土地流转中介组织的建议》获省领导毛伟明批示,《创新方式"去库存",促进房地产市场平稳健康发展》获省领导郑为文批示,《关于保障我省农村弱势群体食品安全的建议》获省领导谢茹批示。在省政协十二届一次会议上,省委会报送大会发言5篇(口头1篇、书面4篇),集体提案16篇。其中,《鼓励"城归族"返乡创业,推动农业农村现代化建设》提案在会中进行办案,《提升小区物业管理服务水平 创造和谐城市生活》被省政协选为重点督办提案。2017年提交的《关于弘扬"样式雷"工匠精神的建议》被省政协列为2018年重点跟进回访督办提案。

脱贫攻坚民主监督工作落实有力。换届以来,民革省委会主委马志武、副主委陈春平、傅春先后多次带队到赣州市上犹县、南康区,围绕贫困人口精准识别情况、重大政策执行情况等开展脱贫攻坚民主监督调研。省委会在上犹县召开民革全省脱贫攻坚民主监督工作交流会,交流经验做法,研究部署下一步工作,推进民革全省脱贫攻坚民主监督工作。调研组进村入户到基层一线,针对贫困地区可持续发展、产业扶贫、精神扶贫等提出意见建议。民革南昌市委会、景德镇市委会、上饶市委会、抚州市委会、新余市委会等从建档立卡、农村综合环境整治、脱贫举措和成效、扶贫先扶志、激发内生动力等方面开展监督,取得阶段性成果。

【对台交流与合作】 中国国民党高雄市基层精英参访团先后在南昌市、九江市、景德镇市、抚州市等地进行参访交流,民革省委会副主委陈春平、徐景坤在南昌市、副主委熊皓在景德镇市分别会见参访团一行。省委会与省台办、省教育厅联合主办的第四届海峡两岸(南昌)青年学生夏令营暨第三届海峡两岸(南昌)青年创新创业教育论坛在江西举行。由省委会主办,民革南昌市委会、南昌市台联承办的首届江西民革"赣台"青少年夏令营在台湾举行。

【"不忘合作初心,继续携手前进——庆祝民革成立七十周年"主题演讲比赛暨知识竞赛】 9月29日,民革全省"不忘合作初心,继续携手前进——庆祝民革成立七十周年"主题演讲比赛暨知识竞赛决赛在南昌举行。经过基层选拔赛、片区赛层层选拔,来自全省各市委会和省直各基层组织33名参赛选手。其中16名选手参加上午知识竞赛,17名选手参加下午演讲比赛。经过激烈角逐,民革上饶市委会黄小华获知识竞赛一等奖,民革萍乡市委会戴羽中获演讲比赛一等奖。

【"不忘合作初心,继续携手前进"巡回讲座】 8月20日—24日,全国人大常委、全国人大外事委员会副主任委员、民革中央副主席修福金一行到江西开展调研,并先后在景德镇市和南昌市举办"不忘合作初心,继续携手前进"巡回讲座。江西省人大常委会副主任、民革省委会主委马志武全程陪同。

【"赞中共十九大暨纪念民革成立70周年"海峡两岸书画作品展】 11月8日,"不忘合作初心 继续携手前进——赞中共十九大暨纪念民革成立70周年海峡两岸书画作品展"昆明站开展。此次书画作品展由民革江西省委会、台湾蓬莱艺术文化协会、台湾云南文教协会、民革云南省委会、民革昆明市委会共同主办,共展出105位海峡两岸书画家76幅书法作品、73幅绘画作品和1幅印刷品,其中民革中央中山书画院26名名家的54幅作品在展后进行义卖,获得资金全部捐赠给昭通市鲁甸县。11月22日,该画展江西站在江西省文联举行开幕式。全国人大常委、省人大常委会副主任、民革省委会主委马志武,全国政协常委、民革中央监督委员会副主任陈清华,省文联党组书记、副主席郑翔,省美协主席、省书画院院长杨金星等出席开幕式。马志武致开幕词,陈清华宣布书画展开幕,江西中山书画院院长范坚主持开幕式。此次书画展为期3天,共展出江西中山书画院特聘画家以及部分民革党员创作书画作品90幅。

【"博爱牵手"活动】 10月27日—28日,民革江西省委会联合省民宗局、南昌大学共同组织南昌大学医学专家18人在赣州市南康区开展送医送药下乡活动,赣州市民宗局副局长温海,赣州市南康区副区长徐丽清陪同。此次活动为南康区赤土畲族乡近800名群众进行免费体检、咨询和医治,免费发放价值3万余元药品,并为南康区培训医疗技术人员。

(徐文华)

中国民主同盟江西省委员会

【概　况】 2017年,全省有民盟基层组织264个,11个设区市均设有市委会。盟员8083人。其中,中上层人士6823人;占84.4%;中高级职称6154人;占76.1%。省政协副主席1人;正厅级领导2人,省政协专委会主任1人,省教育厅巡视员1人;副厅级领导8人,省政协副秘书长1人,设区市副市长1人,省工商联副主席1人,设区市人大常委会副主任2人,设区市政协副主席2人,大学副校长1人。盟员担任各级人大代表、政协委员904人次。其中,全国人大代表1人,省人大代表8人(常委2人),市、县级人大代表131人次;全国政协委员2人(常委1人),省政协委员53人(常委10人),市、县级政协委员709人次。盟员中处级干部230余人,其中政府及司法部门担任副处级职务30余人,担任省级特约监督员19人,担任省政府参事4人,担任省文史馆馆员5人。

思想宣传常抓不懈。以开展"不忘合作初心,继续携手前进"专题教育为抓手,把学习宣传贯彻中共十九大精神作为首要政治任务,迅速掀起学习热潮。通过举办纪念江西民盟组织成立七十周年书画展、组织机关干部赴福建古田接受革命传统教育等各种活动,将"不忘合作初心,继续携手前进"专题教育不断引向深入。全年江西民盟组织在民盟中央网站、《江西日报》《光华时报》等盟内外媒体用稿超过300篇。《彭文应小传》获民盟中央理论研究课题三等奖,《协商式监督:开启民主新征程》等多篇理论文章在《人民政协报》《群言》等报刊杂志登载。编辑完成《江西民盟七十年(1947—2017)》一书。

各类平台积极建言。在全国政协大会和双周协商座谈会上,民盟省委会领导先后做了题为《健康餐桌需政府有力作为》《进一步完善粮食补贴政策 保障"稳粮、优供、增效"》的发言,引起较大反响。民盟省委会提交的政策建议专报《关于加强我省特困人员救助保障工作的建议》获省委、省政府主要领导批示;《关于加强科技创新助推我省生态文明试验区建设的几点建议》获省委常委、常务副省长毛伟明批示。由民盟省委会领导牵头完成的大调研课题《江西特色小镇建设调研》,成果受到省委、省政府主要领导的肯定。在省政协十一届五次会议上,民盟省委会共提交大会口头发言2篇,书面发言6篇,集体提案11件,其中《关于促进我省住宅小区物业管理健康发展的建议》被列为省政协重点督办提案并被评为优秀提案。参加省政协组织的各类调研活动,调研成果在省政协常委会、专题协商会上作了发言。全年向民盟中央、省政协、省委统战部、省委办公厅共报送信息400余篇。组织盟员参与民盟中央各类论坛,5篇论文被评为各类论坛优秀论文。12月15日,民盟省委会成立由教育、文化、经济与科技、法制、资源与环境、社会发展以及社会服务工作委员会组成的新一届专委会。

组织建设扎实推进。贯彻"人才兴盟,人才强盟"战略,落实2013—2017年全省组织发展规划和年度计划,2017年发展新盟员402人,平均年龄36.3岁。推进"盟员之家"建设,截至12月底,全省共有"盟员之家"69个,涵盖11个市委会和省直基层组织。培养选拔并积极主动向中共江西省委推荐一批优秀盟员,2名盟员提任正厅级职务、3名盟员提任副厅级职务。

社会服务卓有成效。引导盟员企业在广昌县发挥产业带动作用,吸纳当地贫困群众就业;在大禾村完小开展"关爱留守儿童"心理辅导活动,并慰问坚守一线的乡村教师,还向学校捐赠1000册课外图书;助推广昌开展脱贫攻坚"百日行动",深入基层走访慰问贫困户,宣讲脱贫政策。联合女监举办"春润三月 · 情暖高墙"大型文艺汇演;邀请书法名家毛国典在女监举办"黄丝带帮教——名家书法讲座";组织盟员专家开展以医疗义诊、心理辅导、法律咨询、就业推介为主题的"黄丝带帮教"大型综合活动。11月,民盟省委会、民盟萍乡市委会联合举办"烛光映爱心 · 城乡心连心"助学文艺演出活动,丰富"农村教育烛光行动"。

【学习贯彻中共十九大精神】 中共十九大召开后,民盟省委会把学习宣传贯彻中共十九大精神作为首要政治任务,精心部署并切实抓紧抓好。通过下发收听收看通知、在网站开辟学习专栏、开展主题征文等形式,引导全省盟员持续深入学习大会精神。截至2107年年底,全省各级民盟组织撰写学习报道80余篇,各类学习体会稿件20余篇,不少被民盟中央、《团结报》、省委统战部心桥网、《光华时报》等媒体刊登。

【召开民盟江西省第十四次代表大会】 6月15日—16日,民盟江西省第十四次代表大会在南昌召开。中共江西省委副书记姚增科代表中共江西省委出席开幕式并讲话,全国政协常委、副秘书长,民盟中央副主席徐辉出席开幕式并代表民盟中央致贺词,省政协副主席、九三学社省委会主委李华栋代表各民主党派省委会、省工商联致贺词。省人大常委会副主任史文清,副省长谢茹,省政协副主席姚亚平等到会祝贺。会议学习中共十八届六中全会精神和中共中央总书记习近平系列重要讲话精神;听取和审议民盟江西省第十三届委员会工作报告;选举产生民盟江西省第十四届委员会和江西省出席民盟第十二次全国代表大会代表;通过大会决议。在民盟江西省第十四届委员会第一次全体会议上,选举产生新一届盟省委常委,选举刘晓庄为主任委员,何建洋、黄菊花、陈文华、刘新农、张国新为副主任委员,任命刘新农为秘书长(兼)。

【召开江西民盟组织成立七十周年纪念大会】 6月17日,江西民盟组织成立七十周年纪念大会在南昌召开。全国政协常委、副秘书长,民盟中央副主席徐辉出席会议并代表民盟中央讲话,中共江西省委常委、省委统战部部长陈兴超代表中共江西省委出席会议并讲话,省政协副主席、农工党省委会主委郑小燕代表各民主党派省委会、省工商联致贺词。省政协副主席、民盟省委会主委刘晓庄做纪念讲话。大会表彰了民盟全省先进基层组织和先进盟员,向50年以上盟龄老盟员颁发荣誉证书。

【开展脱贫攻坚专项民主监督】 2017年,民盟省委会认真贯彻中共江西省委关于脱贫攻坚专项民主监督的工作部署,成立领导小组,制定实施方案,并召开对接座谈会。4月,省政协副主席、民盟省委会主委刘晓庄率队到永新、万安2县6个乡镇、4个村及扶贫产业基地,进行脱贫攻坚民主监督调研。7月和8月,民盟省委会坚持问题导向,再次以调研小分队的形式先后走访永新县、万安县5个乡镇14个村和近60余户贫困户以及县特教学校,召开多场县乡村干部座谈会,形成调研报告向2县作了反馈,并向中共江西省委做了汇报。

【举办河南—江西民盟组织成立七十周年书画展】 为庆祝河南、江西两地民盟组织成立70周年,5月10日,河南-江西民盟书画联展开展仪式在省文联一楼展厅举行,省政协副主席、民盟省委会主委刘晓庄出席开展仪式并讲话。7月18日,江西-河南民盟书画联展开展仪式在河南省郑州市举行。河南省人大常委会副主任、民盟河南省委会原主委储亚平,江西省政协副主席、民盟江西省委会主委刘晓庄出席并致辞。此次书画展精选展出两省民盟艺术家的精品力作80幅。

(孙超洋)

中国民主建国会江西省委员会

【概　况】 2017年,民建江西省委会共有地方组织12个,其中省级组织

1个，省辖市级组织11个；基层组织239个，其中基层委员会4个，总支34个，支部201个。另有小组4个。会员总数4520人。其中，经济界会员占3386人，占会员总数75%；中高级以上职称2166人，担任各级人大代表、政协委员732人；担任市级以上部门特邀(约)职务87人；有厅级以上干部19人，县(处)级干部134人，担任政府及司法机关处级以上职务43人。全年新发展会员238人，发展率5.5%，净增率4.99%；新增总支部1个，新增支部5个。

继续推进主题教育活动。组织开展“不忘合作初心，继续携手前进”主题征文活动，收到全省各级组织来稿79篇，优选66篇报送民建中央，获民建中央优秀作品3篇。在全省各级组织和会员中开展以“民主监督”为主题的重点理论研究，共向民建中央报送63篇理论研究成果，获优秀理论研究成果“二等奖”2篇，省委会获优秀“组织奖”。

做实专题调研工作。以江西油茶产业发展升级为主题，组织调研组到上饶、宜春等地调研，形成《推进油茶产业升级 力促我省乡村振兴》专题调研报告，并向省委、省政府主要领导作专题汇报。与省高级人民法院合作，开展以“环境保护司法保障建设”为专题的省委会年度重点课题调研。

政协大会发言和提案精彩纷呈。在省政协十一届五次会议上，向大会提交集体提案15件，书面发言11篇，《关于发挥我省资源和生态优势 做大做强中药种植产业的建议》的集体提案被选为会中办理提案。省委会副主委赵波代表省委会作《发力供给侧 助推旅游强省建设》大会发言，黄占共、李秀香、陈朝清、刘木华、朱丽萌等委员在大会或联组会议上发言，产生较好效果。

社情民意工作稳步推进。全年收到社情民意信息150多件，向省政协、民建中央编辑报送101件，报送数量创历年新高，其中2件分别获省委副书记姚增科、常务副省长毛伟明重要批示。

认真开展脱贫攻坚专项民主监督工作。根据省委、省政府《实施方案》有关要求，制定《民建省委会脱贫攻坚专项民主监督工作方案》，组成调研组深入上饶县和横峰县开展调研，先后召开市级座谈会2次，县级座谈会4次，乡镇级座谈会9次，听取市、县党委和政府及相关部门介绍开展脱贫攻坚情况报告，实地考察贫困村20个、入户调查贫困户80户、调研扶贫产业项目基地8个，与农村基层党政干部、驻村扶贫干部、农村合作组织负责人和贫困户等进行座谈交流，与当地党委、政府共同查找分析研判脱贫攻坚面临的困难和问题，提出对策建议，推动当地精准扶贫工作，形成《关于在横峰县、上饶县开展脱贫攻坚民主监督工作的情况汇报》的调研成果，向省委、省政府有关领导作专题汇报，得到肯定。

做好社会服务工作。全年全省民建组织为“三农”办实事92件(次)；捐资建校3所；捐资助学1015人；会员办校10所，在校生2万多人；举办各类培训班46期，为社会培养各类人才2034人；吸纳劳动力人数1.18万人；慈善公益事业捐款捐物1620万元。民建江西省委会被民建中央评为全国社会服务工作的6个“优秀单位”之一。

【召开民建江西省第九次代表大会】 6月12日—13日，中国民主建国会江西省第九次代表大会在南昌召开。全省各地210名代表参加会议。全国政协副主席、民建中央第一副主席马培华代表民建中央致贺词，中共江西省委常委、常务副省长毛伟明到会祝贺并讲话。省政协副主席、民进省委会主委汤建人代表各民主党派省委会、省工商联向大会致贺词。省人大常委会副主任谢亦森，副省长郑为文，省人大常委会原副主任、民建省委会原主委胡振鹏出席。省政协副主席、民建江西省第九次代表大会主席团常务主席孙菊生致开幕词并作题为《不忘合作初心 继续携手前进 为建设富裕美丽幸福江西贡献更大力量》的工作报告。6月13日，中国民主建国会第九次代表大会完成各项议程，在南昌举行闭幕大会。省政协副主席、民建江西省第九届委员会主委孙菊生致大会闭幕词。中共省委统战部常务副部长张勇出席并讲话。闭幕会还报告了民建江西省第九届委员会主任委员、副主任委员、常务委员、秘书长名单，报告了民建江西省第九届委员会监督委员会主任、副主任、委员名单，通过14名出席民建第十一次全国代表大会江西代表名单和中国民主建国会江西省第九次代表大会决议。

【举行江西省民建同心扶贫基金会启动仪式暨慈善晚会】 2月18日，江西省民建同心扶贫基金会启动仪式暨慈善晚会在南昌举行。中共江西省委常委、省委统战部部长陈兴超出席启动仪式并讲话，省政协副主席、民建省委会主委孙菊生出席。陈兴超对省民建同心扶贫基金会的成立表示祝贺。

6月12日—13日，中国民主建国会江西省第九次代表大会在南昌召开

汲传余供

江西省民建同心扶贫基金会还举办慈善晚会，全省民建会员企业家、各地民建组织共向该基金会捐赠善款1368万元。

【承办2017中国(江西)非公有制经济发展论坛】 9月22日，中国民主建国会中央委员会、工业和信息化部、江西省人民政府共同主办，民建江西省委会与省政府办公厅等5家单位联合承办的2017中国(江西)非公有制经济发展论坛在南昌正式开幕。论坛主题是“非公有制经济转型升级与绿色发展”。全国人大常委会副委员长、民建中央主席陈昌智，中共江西省委书记鹿心社，省长刘奇，全国政协常委、民建中央常务副主席郝明金，民建中央副主席陈政立、张少琴、辜胜阻，工业和信息化部党组成员、副部长刘利华，省领导毛伟明、刘捷、周萌、孙菊生出席开幕式。中共江西省委常委、省委统战部部长陈兴超主持。陈昌智代表民建中央对此次论坛的召开表示热烈祝贺。民建中央有关部门负责人、工业与信息化部有关部门负责人、民建各省(区、市)代表团代表、江西省直有关部门主要负责人、江西省各设区市和赣江新区分管招商工作的负责人等1300余人参加论坛开幕式。开幕式后，举行主题演讲、招商成果发布和合作项目签约仪式。此次论坛签约项目156个，涉及航空、新能源、新型电子、智能装备等多个领域，签约总金额1047亿元。论坛期间举办的专题论坛上，来自国务院发展研究中心、江西银行等部门的专家学者和企业家围绕非公有制经济引领绿色发展、非公有制经济人士健康成长等主题展开研讨。与会企业界人士还分赴南昌、九江、景德镇、鹰潭、赣江新区参加项目考察、投资推介等活动。民建江西省委会原主委胡振鹏，民建省委会副主委胡淑珠、杨文龙、左继生、赵波、刘木华，民建江西各市级组织主委、副主委和200多名江西民建会员企业家也参加了论坛。

【民建中央领导到赣调研】 10月19日，全国政协副主席、民建中央第一副主席马培华到九江调研，就加强基层组织建设与九江民建会员进行座谈。省政协副主席、民建省委会主委孙菊生，副主委赵波出席座谈会。九江市委会领导班子和部分骨干会员参加座谈。马培华听取民建九江市委主委李军的工作汇报以及与会代表的发言并讲话。马培华要求，民建九江市委会要以饱满的政治热情和扎实的工作作风认真深入贯彻中共十九大精神，要切实加强自身建设；要立足九江实际，为九江经济发展建言出力。10月20日，马培华赴景德镇市调研民建基层组织建设工作。中共江西省委常委、省委统战部部长陈兴超，省政协副主席、省委会主委孙菊生陪同调研。中共景德镇市委副书记、市长梅亦，景德镇市政协主席黄康明，中共景德镇市委常委、市委统战部部长张春萍参加相关活动。民建省委会专职副主委赵波全程陪同调研。民建中央组织部组织处处长李伟，民建景德镇市委会班子成员及部分支部主委代表参加座谈。马培华听取景德镇市委会主委徐珏亚的工作汇报及与会代表的发言，充分肯定民建景德镇市委会工作，并对今后工作提出希望和要求。马培华一行还先后到景德镇中国陶瓷博物馆、陶溪川、名坊园等地调研，看望民建陶瓷艺术家、考察会员企业望龙陶瓷有限公司。

11月27日，全国人大常委会副委员长、民建中央主席陈昌智到南昌就基层组织建设进行调研，并同民建南昌市委班子成员、部分基层组织代表座谈。江西省政协副主席、民建江西省委主委孙菊生，副主委胡淑珠、赵波等陪同调研。在座谈会上，陈昌智听取民建南昌市委会主委黄清玉的工作汇报及基层组织代表的发言。陈昌智对民建南昌市委会在组织建设、参政议政、社会服务等方面工作给予肯定，他要求，各基层组织要把思想建设放在基层组织建设的首位，认真学习和贯彻中共十九大报告精神；要以理想信念引导会员，以参政议政吸引会员，以人为本凝聚会员，以骨干带动会员；要坚持以会为本，支部为根，发挥会员的整体作用；要搞好自身建设，全面提升基层组织工作水平。

（汲传余）

中国民主促进会江西省委员会

【概　况】 2017年，民进江西省委会有市级委员会9个，市级工作委员会2个，省直工作委员会1个；基层组织254个，其中基层委员会11个，总支委员会20个，支部221个，小组2个。全年发展新会员161人，平均年龄36.3岁，其中具有高中级职称94人。至年底，全省民进会员4024人，平均年龄51.2岁，高中级职称和中上层人士会员分别占总数的76.1%和88.2%，教育文化出版等主界别会员占总数的73.5%。担任政府和司法机关县(处)级以上实职人员27人，担任全国人大代表、全国政协委员5人，担任省人大代表、省政协委员48人，担任市人大代表、市政协委员242人，担任县(市、区)人大代表、县(市、区)政协委员313人。民进省委会获民进中央“参政议政工作先进单位”和“社会服务工作先进单位”。

深入学习宣传贯彻中共十九大精神。民进省委会制定学习宣传贯彻中共十九大精神工作方案。全省各级组织通过集中收看收听、资助贫困孩子、送教送文艺送足球到社区到农村等活动喜迎中共十九大。中共十九大闭幕后，民进省委会及时召开主委会、中心组学习会、常委(扩大)会，对中共十九大精神进行全面系统地学习领会；向各市级组织和省直工委及时转发《民进中央关于学习宣传贯彻中共十九大精神的决定》；省委会领导参加各级传达学习会、宣讲报告会，领会大会精神并撰写学习体会文章，深入市级组织和基层组织进行宣讲；省委会组织会内优秀教师、文艺宣传骨干、医疗专家队伍到广昌、宁都等地，开展“十九大精神暖人心”大型送教送文艺送医下乡活动；各市级组织和省直工委以群众喜闻乐见的形式，在农村、社区、校园、厂矿开展上百场学习宣传贯彻活动，兴起学习宣传贯彻中共十九大精神的热潮。

深化坚持和发展中国特色社会主义学习实践活动。年初，转发《民进

2017年学习实践活动指导意见》,制定《民进江西省委会学习实践活动2017年联系点工作方案》,按照民进省委会学习实践活动和“不忘合作初心,继续携手前进”专题教育的总体安排,省委会领导班子成员分别到6个市级组织和2个省直基层组织开展联系点工作,指导学习实践活动和专题教育活动的开展。省委会从南昌、宜春、萍乡3个市组织中选取3名优秀会员作为典型,拍摄3部“我身边的先进”电视宣传片,选取5名为公益事业作出突出贡献的会员,制作1部公益宣传片,在全省民进组织中播放,推动会内进一步形成“讲先进、学先进、赶先进”的氛围。在民进中央坚持和发展中国特色社会主义学习实践活动总结表彰会上,江西民进有1个市级组织、3个基层组织获先进集体,5名会员获先进个人。

加强内外宣传。全年江西民进网上传稿件639篇;《江西民进》杂志刊载稿件313篇,其中刊登基层组织稿件245篇,占总篇数的78%。省委会有180篇(次)稿件在省级以上媒体发表,其中在中央电视台、《人民日报》《光明日报》《人民政协报》《民主》《团结报》、新华网等中央级媒体上稿44篇(次),在江西卫视、《江西日报》《江南都市报》等省级媒体刊登(播放)136篇(次)。

精心组织课题调研。围绕《培育现代蔬菜全产业链体系助推我省脱贫攻坚》开展大调研,形成的调研报告在各民主党派工商联无党派人士大调研协商座谈会发言,得到省委书记鹿心社、省长刘奇肯定。开展“学校在家庭家教家风中地位和作用研究”课题调研。省委会以课题立项的形式组织各市级组织、省直工委、各专委会开展调研,形成“支持江西生态文明先行示范区建设的绿色金融政策研究”等33项课题成果。省委会向省委、省政府报送6篇调研报告,获省委、省政府领导批示10篇次,其中《关于余江县土地制度改革的调研报告》《关于网络食品安全监管现状及对策的调研报告》《关于强化我省与大院名校科技合作调查与思考的调研报告》,获省委书记鹿心社、省长刘奇批示。借助江西财经大学力量并联合民进中央社会服务部调研形成的课题成果《科技引领、金融创新、两免三定:江西瀚野公司的道地药材产业扶贫富民实践》,获全国人大常委会副委员长、民进中央主席严隽琪的批示。

政协平台履职建言。在政协江西省十一届五次会议期间,省委会共提交大会发言材料9篇,集体提案13件。在开幕式上,省委会作题为《发挥收入分配政策导向作用激发科研人员创新创业的积极性》的大会发言;在第二次全体会议上,作题为《加强我省地方金融监管防范区域性金融风险》的大会发言。《关于构建现代农业产业体系的建议》被评为重点督办提案,建议被采纳吸收到省政府办公厅印发《关于推进农村一二三产业融合发展的实施意见》中。提案《发挥收入分配政策导向作用激发科研人员创新创业的积极性》相关建议被采纳吸收到省委、省政府出台《关于实行以增加知识价值为导向分配政策的实施意见》中。《关于供需两侧同时发力有效化解房地产库存的提案》被全国政协评为优秀提案,被民进中央评为2017年度参政议政成果一等奖。

开展民主监督。开展脱贫攻坚民主监督,省委会主委带队前往对口瑞金市、石城县调研摸底;成立脱贫攻坚民主监督工作领导小组,制定工作方案,参加工作培训会,专程前往四川调研,学习省级组织经验做法;省委会领导多次赴实地开展脱贫攻坚调查研究和民主监督,为瑞金实现整体脱贫、石城开展精准脱贫提出参考意见。向中共江西省委提交的《2017年脱贫攻坚民主监督工作调研报告》,获得肯定与好评。

“1%工程”助学济困。2017年“1%工程”发放困难补助40.85万元,资助贫困家庭339户;发放爱心助学金68.85万元,资助贫困学生639人。至年底,“1%工程”已累计募集爱心捐款、慈善捐助物品、服务项目价值3163.23万元,发放资助款物、服务项目价值3080.42万元,资助贫困学生及贫困家庭人数5725人,惠及上百万困难群体。唱响“让我们的爱像泉水一样流淌”志愿服务口号,“1%工程”志愿服务站已达45家,登记在册志愿者2000余人。“1%工程”志愿者多次前往街道社区、城镇乡村、学校、医院等群众有需要的地方,开展志愿服务活动。参加“同心·振兴赣南等原中央苏区广昌示范区”扶贫工作,走访南坊村贫困群众10户,送上大米、食用油、棉被等慰问品和每户1000元资助金,让困难群众感受到党和政府的关怀与温暖。

【召开民进江西省第八次代表大会】

6月20日—21日,中国民主促进会江西省第八次代表大会在南昌召开。民进中央常务副主席蔡达峰代表民进中央致贺词,中共江西省委常委、省委秘书长刘捷代表中共江西省委致贺词,省政协副主席、农工党省委会主委郑小燕代表各民主党派省委会和省工商联致贺词。省人大常委会副主任马志武,副省长李利,省政协原副主席、民进省委会原主委刘运来,省委统战部、省教育厅、省文化厅、省新闻出版局、省文联、省出版集团公司以及各民主党派省委会、省工商联负责人出席开幕式。省政协副主席、民进江西省第七届委员会主委汤建人代表民进江西省第七届委员会作题为《不忘合作初心继续携手前进为建设富裕美丽幸福江西而努力奋斗》的工作报告。大会选举产生民进江西省第八届委员会,万明华等42人当选为民进江西省第八届委员会委员;选举万明华等13人为江西省出席民进第十二次全国代表大会代表。

【召开民进江西省八届一次全委会】

6月21日,民进江西省第八届委员会第一次全体会议召开,汤建人主持会议。会议选举邓凰保等18人为民进江西省第八届委员会常务委员,选举汤建人为民进江西省第八届委员会主任委员,梅国平、卢天锡、张国轩、欧阳剑雄、刘菊娇、崔传鹏为民进江西省第八届委员会副主任委员。民进省委会还召开民进江西省八届一次常委会议,任命陈洪萍为秘书长。

【开展“十九大精神暖人心”活动】

11月24日—26日,民进省委会组织9名省城名校教师,著名歌手唐涛和江西民进同心合唱团成员,6名省城三甲医院专家教授先后前往原赣南中央苏区——宁都、广昌两县的山乡农村、学校、卫生院,开展“名师送书送教”“乡村义演”“乡村义诊”活动,以

11 月 24 日，民进省委会联合省委统战部、省政协教文卫体委员会，前往原赣南中央苏区宁都县开展“十九大精神暖人心——乡村义演”活动

余桂林供

生动活泼、群众喜闻乐见形式宣传中共十九大精神。

【举行江西省青少年校园足球星级裁判员证书颁发·宣誓·服装捐赠仪式】 11 月 24 日，省青少年校园足球工作领导小组联合“1% 工程”基金理事会在南昌市青云谱实验学校举行“学习贯彻党的十九大精神，强化责任意识·规则意识·奉献意识——江西省青少年校园足球星级裁判员证书颁发·宣誓·服装捐赠仪式”，省政协副主席、“1% 工程”名誉理事长汤建人，省委教育工委书记黄小华出席活动并为来自全省 11 个地市的校园星级裁判员颁发裁判员证书，发放“善小”牌校园足球星级裁判员服装。民进江西省委会专职副主委、“1% 工程”常务副理事长欧阳剑雄主持捐赠仪式，省教育厅巡视员何建洋出席捐赠仪式并讲话。在民进省委会的倡议和推动下，全省 3000 余名师生接受专业足球裁判员培训。

（余桂林）

中国农工民主党江西省委员会

【概　况】 2017 年，农工党全省组织有省级委员会 1 个，设区市委会 11 个，县级市委会 1 个，县级基层委员会 1 个，基层组织 320 个。全年发展新党员 220 人，平均年龄 35.5 岁。其中，高级职称 27 人，中级职称 101 人，硕士研究生 26 人，博士研究生 4 人。全省党员 5264 人。其中，医药卫生界占 50%，人口资源生态环境界占 2.32%，文化教育和经济科技界占 30.78%，政府机关占 8.64%；担任各级人大代表 141 人，各级政协委员 708 人，公安部特邀监督人员 1 人，省政府有关部门特约人员 11 人，省高级人民法院、省人民检察院特约人员 5 人，在职副省级领导干部 1 人，厅级领导干部 21 人，县处级领导干部 138 人。

省委会通过科学选题、深入调研和层层遴选，共向农工党中央报送集体提案 16 篇，向全国政协提交 6 篇大会书面发言和提案，向省政协提交大会发言材料 11 件、集体提案 17 件，党员提交省“两会”个人建议案、提案 61 件。在全国“两会”期间，省委会《建议修订完善〈土地管理法〉中有关土地征收制度条款》被采用为农工党中央集体提案上报全国政协。在全省“两会”上，省委会《推进关口前移，预防出生缺陷，不断提升人口素质和健康水平》《完善大病救助工作，推进“健康江西”建设》《党员“优化我省农产品有效供给”》等 3 件大会口头发言得到省领导肯定和省政协委员好评；省委会《互联网 + 背景下完善农产品溯源机制的建议》提案被列为省政协重点督办提案。

省委会开展全省绿色发展脱贫攻坚专题调研，形成专题调研报告，在农工党中央“中国生态健康论坛”上作主旨演讲，得到全国政协副主席、农工党中央常务副主席刘晓峰，全国政协副秘书长、农工党中央专职副主席何维等肯定。省委会扎实开展界别活动，组织担任省政协委员的农工党员深入靖安县开展“养生养老产业与脱贫攻坚”界别调研视察活动。市级组织调研工作深入推进，吉安市委会就农村微腐败治理开展调研，调研报告得到中共江西省委常委、省委统战部部长陈兴超的批示；宜春市委会就“以富硒功能农业引领宜春农业强市”调研形成的报告，得到中共宜春市委书记颜赣辉肯定。

省委会创新社情民意信息采编机制，定期向各设区市中共党委统战部、省直各基层组织所在单位中共党组织通报农工党员反映社情民意信息情况，共收到社情民意信息稿件 339 篇，向农工党中央、省政协报送 159 篇，其中 41 篇分别被全国政协、农工党中央和省政协采用，九江市委会“关于工业园区生产要素供给侧改革”、南昌市委会“加强民间中医药挖掘保护”、省妇幼保健医院支部“全面二孩政策对医疗资源的需求”3 篇得到省领导毛伟明、殷美根、谢茹等批示。省委会充实调整中央统战部《零讯》和中共江西省委办公厅信息报送员队伍，报送信息稿 106 篇，多篇被省委统战部研究室采用。

省委会发挥农工党界别优势和特色，以乡村振兴为着力点，助力脱贫攻坚、增进民生福祉，深入开展医疗义诊咨询、捐资助学、扶贫帮困活动，产生社会反响。

【深入学习中共十九大精神】 2017 年，农工党省委会以迎接和深入学习宣传贯彻中共十九大精神作为全省工作主线，深入开展学习贯彻中共十九大精神“七个一”活动。即：召开一系列学习会议，开辟一系列学习专栏，举办一次演讲比赛，举办一场专题辅导报告会，组织一次主题宣讲，开展一次主题征文，推出一批理论文章。组织全省广大党员及时收听、收看中共十九大盛况直播并向全省组织下发通知要求开展中共十九大精神学习活动，先后召开主委会议、常委（扩大）会议和机关全体会议，深入学习中共十九大精神；在微信公众号和党刊《学习与工作》上开辟专栏，登载全省组织学习贯彻中共十九大精神动态和党员学习心得体会文章；邀请江西省知名专家汪玉奇作学习中共十九大精神专题辅导报告。省委会围绕"学习中共十九大，不忘初心跟党走"主题，制作宣传展板，举办10余场主题演讲比赛，全省30余位党员受到农工党省委会表彰。

【召开农工党江西省第十二次代表大会】 6月23日—24日，中国农工民主党江西省第十二次代表大会在南昌召开。全国政协副主席、农工党中央常务副主席刘晓峰，农工党中央副主席兼秘书长曲凤宏，中共江西省委常委、省委政法委书记尹建业到会祝贺并讲话，省人大常委会副主任周萌，副省长吴晓军，省政协副主席、大会主席团常务主席郑小燕，省政协副主席胡幼桃，省政协副主席、民建江西省委会主委孙菊生，农工党省委会原主委万学文，省委统战部副部长、省工商联常务副主席李青华等出席会议。会议选举产生中国农工民主党江西省第十二届委员会，史可当选为农工党江西省第十二届委员会主任委员，罗胜联、余少良、龙国英、林凯、刘季春当选为副主任委员；王坚等20人当选为农工党江西省第十二届委员会常务委员会委员；53人当选为农工党江西省第十二届委员会委员。

【开展"不忘合作初心，继续携手前进"政治交接专题教育活动】 农工党省委会以深入学习贯彻中共十九大精神为主题，以开展"学习中共十九大，不忘初心跟党走"主题演讲，"不忘合作初心，重温光荣历史"主题宣讲，"不忘合作初心，重走先辈道路"主题教育，"不忘合作初心，继续携手前进"主题培训四大主题活动为重点，扎实推进"不忘合作初心，继续携手前进"政治交接专题教育活动，加强省委会领导班子建设，不断提高政治把握能力、组织领导能力、参政议政能力、合作共事能力和解决自身问题能力。截至2017年年底，全省各级组织举办各种形式的专题学习会、宣讲会、报告会、座谈会、学习交流等专题教育活动80余场。

【深入开展脱贫攻坚民主监督工作】

2017年，农工党省委会认真落实脱贫攻坚民主监督工作要求，多次深入修水县就当地脱贫攻坚工作开展民主监督，在调研基础上向中共江西省委、省政府报送"强化国土审批绿色通道，助推精准扶贫"等2件专报，省委书记鹿心社作出批示；向省政协报送"解决脱贫攻坚政策最后一公里"等3篇社情民意信息。省委会形成"关于脱贫攻坚民主监督工作报告"向中共江西省委作专题汇报，省委常委、省委统战部部长陈兴超给予肯定。省委会组织召开全省脱贫攻坚民主监督工作经验交流会，指导帮助市级组织做好脱贫攻坚民主监督工作，抚州市委会关于金溪县、资溪县脱贫攻坚专项民主监督工作的报告，得到中共抚州市委书记肖毅批示及肯定。

【实施"精准扶贫"工程】 2017年，农工党省委会领导深入广昌县开展"四个一活动"（一次调研活动，一次走访活动，一次帮扶活动，一次宣讲活动），为广昌县驿前镇田西村小学捐建价值1.5万元图书室，联合江西中医药大学走访塘坊镇困难群众，组织10余名省内各大医院农工党员医疗专家参加统一战线服务脱贫攻坚"百日行动"大型医疗义诊活动。省委会还开展产业扶贫，支持广昌县开展引进来料加工、开发中草药种植、加大泽泻苔科研攻关等产业扶贫工作。

【启动"杏林春雨行动"癫痫病救治公益项目】 2017年，农工党省委会争取农工党中央、中国初级卫生保健基金会支持，在全省启动"杏林春雨行动"癫痫病救治公益项目，为修水、金溪、广昌等地800多名困难患者开展免费筛查和救治，并为广昌县驿前镇中心卫生院争取到省中医院免费进修医师名额。省委会还争取到中国西部发展促进会、中国国际投资促进会支持，签订战略合作协议，支持全省开展提升基层医疗服务能力、教育均衡、安全饮水三大项目建设。

【深化干部队伍和党员代表性人士建设】 2017年，农工党省委会坚持正确的选人用人导向，稳妥推进代表人士和党员干部队伍建设，省委会主委当选为新一届农工党中央常委，7名党员当选为农工党中央委员；省委会推荐2名党员担任新一届全国人大代表、2名党员担任新一届全国政协委员，10名党员担任新一届省人大代表、38名党员担任新一届省政协委员；推荐4名党员任副厅级领导职务，推荐7名党员分别任正、副处级领导职务。

【抓好微信平台工作】 2017年，农工党省委会顺应新时代、新要求，创新社会宣传形式，开通省委会微信公众号，坚持每天通过微信公众号登载政治理论文章和全省组织及党员履职工作情况。9月以来，推送图文信息51期216篇，累计关注人数670余人，阅读量1.2万余次。

【加强多党合作和农工党党史教育】

2017年，农工党省委会重视多党合作和农工党优良传统教育，在全省组织中建立党史宣讲员队伍，举办1期党史宣讲员专题培训班。省委会发挥农工党江西革命活动史料陈列馆作用，加强陈列馆建设管理，农工党九江市委会和修水县总支接待省内、外学习考察团53批次，共2600余人次。

（俞晗）

九三学社江西省委会

【概　况】 2017年，九三学社在江西的组织有省级委员会1个，市级委员会9个，市级工作委员会2个，省直基层组织23个。社员总数3495人，主体界别占85.1%，高中级职称占86.75%。社员中，有全国人大代表1人，全国政协委员2人；省人大代表11人，省政协委员36人；市级人大代表39人，市级政协委员181人；县（区）级人大代表23人，县（区）级政协委员156人。

履职影响力不断提升。向九三学社中央报送调研报告15篇，其中《推进医养结合,关爱失能老人》《早教市场乱象亟待整顿》《关于解决“农村土地承包经营权抵押贷款”抵押物处置难的建议》《关于督促地方切实做好残疾人就业保障金征收使用工作的建议》被采用并向全国政协十三届一次会议提交。向省政协十二届一次会议报送大会发言22件,其中,《加快推进医养结合 更多关爱失能老人》为大会口头发言,《发展民宿产业,激活全域旅游,有效助推精准脱贫》《关于促进我省中药材种养业发展的建议》等5篇为联组发言。提交集体提案22件,其中,《特色小镇建设“四重四轻”问题亟待重视》被列入会中办案。向九三学社中央、省政协、中共江西省委办公厅报送社情民意信息202件。省政协采用55篇(其中省政协直报全国政协27篇);中共江西省委办公厅采用7篇(其中被中共中央办公厅采用2篇);九三学社中央采用15篇;5篇获省政府领导批示。向省委统战部报送日常零讯24条、全国“两会”零讯16条。继续参与同心·振兴广昌示范区建设。开展“亮康行动·江西行”活动,争取九三学社中央社会服务资金10万元,支持丰城市人民医院在筛查2000余人基础上,为125名白内障患者成功施行手术。联合九三学社萍乡市工委赴萍乡市上栗县开展科普图书捐赠暨科普进校园活动,受益学生近2000人。联系省慈善总会支持南昌市委会10万元资金,在各县区建立“九三爱心书屋”。积极推进“九九合作”项目。组织书画院书画师赴昆明开展景德镇陶艺作品展暨文化交流活动。争取王选关怀基金资助困难社员。江西九三医堂试运行,为全省社员健康养生和就医问诊提供便利。

政治引领力不断增强。在华东交大体育馆举行九三学社江西省直基层组织“喜迎中共十九大 筑就健康中国梦”乒乓球友谊赛;组织新一届省委会委员赴九三学社发祥地重庆开展“不忘合作初心 弘扬优良传统”学习教育活动;各级组织开展收看中共十九大开幕盛况;组织省直基层组织老社员参观省文联举办的“喜迎党的十九大江西美术书法摄影民间文艺作品展”。中共十九大闭幕后,及时印发《九三学社江西省委员会学习宣传贯彻中共十九大精神工作方案》,在社省委网站、微信公众号开设宣传专栏,刊发与中共十九大有关文稿82篇。开展社员学习中共十九大和社十一大精神征文评比活动,4个市级组织和40名社员受到表彰。开展思想问卷调查。在全省各级组织和广大社员中,发出问卷763份,收回有效问卷678份,回收率88.9%。分析报告从11个方面进行论述,形成《九三学社江西省思想问卷调查分析报告》。建立《江西民主与科学》电子期刊,开展江西九三学社封面人物宣传,扩大社内代表性人士知名度。改版社省委网站,上传稿件612篇,报送九三学社中央新闻稿433篇,采用264篇。建立江西九三学社微信公众号,获得万人关注,连续多月在九三学社各省级组织微信公众号综合影响力排名第二。搞好坚持和发展中国特色社会主义学习实践活动总结,形成系统总结材料,表彰先进集体7个、先进个人46人。

组织保障能力不断夯实。坚持发展社员“三个为主”原则,新社员年龄、学历、职称、专业结构不断优化,保持主体界别特色,行业领域更具多样性。着眼市级组织2020年换届,推进主委后备人选考察培养工作。向中共江西省委推荐正厅、副厅后备人选。选派5名厅级干部参加省委统战部在中央社院举办中共十九大精神党外领导干部学习班。在省社院举办2期社员培训班,共培训骨干社员100余人。把具有较强“五种能力”的中青年社员充实到专门委员会。指导九江、新余、宜春市委会成立青年工作委员会。

【脱贫攻坚民主监督工作深入推进】 2017年,九三学社根据中共江西省委统一部署,开展对兴国县、会昌县脱贫攻坚民主监督工作。提出“抓重点、摸实情、讲真话”的工作目标和“112233”(“11”,即一个领导小组、一套实施方案;“22”,即两县同时推进、两情深入了解;“33”,即围绕健康扶贫、精神扶贫、涉农资金整合3个重点问题进行深入调研,针对脱贫攻坚中精准识别率、精准退出率、群众满意度3个关键指标进行个别访谈)的工作思路。组织人员先后2次深入2县8乡12村,重点围绕健康扶贫、精神扶贫和涉农资金整合等方面开展调研,详细了解精准识别率、精准退出率、群众满意度三方面情况。先后召开10余次座谈会,走访近百户农村家庭,形成2份专题监督报告,其中《关于对兴国会昌县脱贫攻坚专项民主监督工作的情况汇报》得到中共江西省委主要领导和九三学社中央领导批示。在九三学社全国社会服务工作会议暨脱贫攻坚民主监督研讨会上,社省委作典型发言。

【王贤才被评为“九三楷模”】 5月,九三学社中央启动第四批“九三楷模”评选表彰工作,经层层遴选,九三学社江西省委会原副主委王贤才被评为第四批“九三楷模”。王贤才,男,江西九江人,1933年11月生于上海,1946年回到原籍地九江。1984年加入九三学社,曾任九三学社江西省委第一届委员会常委,第二、三、四届省委会副主委,九三学社第八、九、十届中央委员。

(闵国华)

江西省工商业联合会

【概　况】 2017年,全省非公经济实现增加值1.24万亿元,增长9.2%,占全省地区生产总值的比重为59.5%;实现工业增加值6038.19亿元,增长8.8%;完成固定资产投资1.69万亿元,增长11.9%,占全省固定资产投资77.6%;上缴税金2058.81亿元,增长19.0%,占全省税收总额72.0%。全省非公经济保持稳中向好、稳中有进、稳中提质的发展态势。8月9日,省委书记鹿心社对省工商联工作作出批示肯定并在《江西日报》头版刊发。

多层次全覆盖,推动中共十九大精神在全省非公经济领域落地生根。省工商联把学习宣传贯彻中共十九大精神作为首要政治任务来抓,召开会议研究部署,审议通过《关于学习宣传贯彻党的十九大精神工作方案》,从省工商联机关、全省工商联系统、广大非公经济人士3个层次开展学习宣传贯彻工作。下发《关于学习宣传贯彻中共十九大精神的通知》,组织会领导、各处室负责人赴各直属商会、企业党组织宣讲,覆盖全省非公党委下属企业25家、商会党组织近3000名党员；召开全省年轻一代民营企业家理想信念报告会和民营企业家学习贯彻中共十九大精神座谈会，在中国人民大学举办江西省民营企业家学习贯彻中共十九大精神培训班；通过省工商联网站、微信公众号广泛宣传全省广大非公经济人士学习贯彻中共十九大精神的体会、措施，掀起学习宣传贯彻中共十九大精神的热潮。

明举措优环境，促进全省非公经济更高质量发展。推动环境优化。撰写《江西省"降成本优环境100条"落实评估报告》，得到省领导鹿心社、刘奇、毛伟明、吴晓军等批示肯定，部分工作建议得到采纳并转化为政策措施。组织开展政务诚信状况调研，调研成果得到省长刘奇批示肯定。省民营经济研究会完成研究课题22项，编辑出版《赣商志》《江西商会志》《江西民营经济发展蓝皮书》，全年编发《江西民营经济内参》12期、《江西民营经济专报》5期，先后得到省委书记鹿心社，省委常委、省委宣传部部长赵力平和省政府相关领导的批示肯定。引导抱团发展。推进"同心谷——赣商之家"建设和"赣民投"筹建工作，促进民营资本在投资领域抱团发展。"同心谷——赣商之家"完成主体结构施工。"赣民投"筹建工作推进顺利，股份认购到位。维护企业权益。建立健全省、市、县三级工商联维权服务机制，全省11个设区市、100个县（市、区）工商联都成立维权服务中心，形成横向到边、纵向到底的维权服务网络。全年省工商联维权服务中心收到维权案件14件，其中办结6件、引导进入诉讼3件、转当地工商联2件、撤回1件、待（续）办2件。融入"一带一路"。依托省总商会"一带一路"服务中心平台，完善工作台账，编发《"走出去"知识100问》，指导境外江西商会筹建，开展民营企业"走出去"调研并形成调研报告。加强对外交流，全年接待境外商会到访14批次，指导组建境外江西商会6家。在首届世界赣商大会期间，召开境外江西商会负责人恳谈会，服务招商引资。组织非公企业参加首届世界赣商大会、赣港经贸合作活动周、2017非公经济论坛（上海）招商引资推介会、2017民营企业家与外交官见面会、俄罗斯彼尔姆边疆区经贸代表团推介会等经贸合作交流活动。借助第十四届华商大会平台，推介首届世界赣商大会。开展援疆工作，组织45名民营企业家参加"赣商援疆商务考察行"，参加推介会6场，签订对口援疆协议2个、达成投资合作协议4个。

强素质扬精神，引导全省非公经济人士健康成长。开展理想信念教育。制定下发《深化开展以"守法诚信、坚定信心"为重点的非公有制经济人士理想信念教育实践活动工作方案》；举办江西省年轻一代民营企业家理想信念报告会，发出深入学习宣传贯彻中共十九大精神的倡议，省委常委、省委统战部部长陈兴超出席并讲话。继续实施万企培训。组织开展江西省工商联第三期新生代企业家培训班和江西省民营企业家学习贯彻中共十九大精神培训班，组织开展"万企培训"进地市11期，培训人员6000余人次。

抓基层打基础，不断提升服务"两个健康"本领。加强基层组织建设。制定下发《2017年全省"五好"县级工商联建设工作实施方案》，全省"五好"县级工商联达到70个；以推进"四好商会"建设为抓手，加强商会指导服务。出台《关于推进全省工业园区设立工商联分会（企业商协会）的指导意见》，召开会议部署全省推进。省工商联共有商会组织3030个，其中行业组织823个，乡镇商会1112个，街道商会138个，园区商会29个，异地商会464个，市场商会35个，其他商会318个。加强干部队伍建设。根据工商联工作需要，组建省民营经济研究中心，调整机关内设机构及工作职责。加强干部培养和培训工作，组织机关干部参加中共十九大精神专题轮训、统战大讲堂和各类讲座、论坛20余场次；举办新任市县工商联主席、党组书记培训班。

【召开省工商联第十一次代表大会】 6月26日—27日，省工商联（总商会）第十一次代表大会在南昌召开。省委常委、省委宣传部部长赵力平，省人大常委会副主任冯桃莲，副省长吴晓军，省政协副主席孙菊生、陈俊卿出席。会议听取省工商联（总商会）第十届执行委员会工作报告和有关人事事项的说明，选举产生新一届执委会成员315名和专职领导班子成员。

【召开"贯彻新发展理念，培育发展新动能"民营企业座谈会】 6月26日，"贯彻新发展理念，培育发展新动能"民营企业座谈会在南昌召开。省长刘奇出席并讲话。省领导毛伟明等出席。省委常委、省委宣传部部长赵力平主持。省工商联第十一届主席团成员、商会代表、各设区市工商联主席、书记参加座谈会。江西省工商业联合会（总商会）副会长、江西省安徽商会会长、安徽国际徽商交流协会副会长、江西省徽商资产管理集团董事长李井海作为主席团成员出席座谈。会上，博能集团、正邦集团、晶科能源、思创数码、方大集团、泰康人寿、鼎鼎电商、万佶物流等企业负责人发言。会议反响热烈，为民营企业贯彻新理念、培育新动能注入强大底气和信心。

【推进全省"千企帮千村"精准扶贫行动】 2017年，围绕促进精准扶贫工作提质增效，承办全国"万企帮万村"精准扶贫行动片区座谈会，召开全省"千企帮千村"精准扶贫行动现场推进会，省委常委、省委统战部部长陈兴超，副省长吴晓军出席会议并讲话，对精准扶贫行动再动员、再部署。截至12月底，全省民营企业参与行动2690家，帮扶贫困村3016个，帮扶贫困人口28.69万人，投入扶贫资金总额17.74亿元。抓实包村扶贫工作，派出扶贫工作队常驻广昌县赤水镇大禾村，组织引导民营企业家进行产业帮扶和公益捐赠。

【宣传"厚德实干、义利天下"新时期赣商精神】 11月28日，在首届世界赣商大会暨第三届华赣会开幕式上，省委书记鹿心社发布、省长刘奇诠释"厚德实干、义利天下"的新时期赣商精神。省工商联大力开展赣商精神研究，多次组织民营企业家代表、专家学者畅谈"赣商精神"，拍摄《江右商帮》纪录片，征集、提炼赣商精神表述语，出版发行《厚德实干、义利天下——赣商精神研究》一书，产生广泛共鸣。

（乐志为）

本栏编辑　刘清林

人民团体

江西省总工会

【概　况】　2017年，全省各级工会围绕中心、服务大局，稳步推进改革，夯实基层基础，加强党的建设，各项工作取得新成效。

强化政治引领，理论武装更加牢固。深入学习贯彻中共十九大精神，举办工会领导干部专题培训班和研修班，运用工人报刊、网站、微信公众号等平台学习宣传，组织中共十九大代表中的劳动模范和一线职工开展巡回宣讲260余场，听众达23万人。省委、省政府主要领导多次听取工会工作和改革进展情况汇报，先后作出指示和批示37次。牢固掌握意识形态工作领导权，成立江西省总工会意识形态工作领导小组，制定《江西省总工会党组意识形态工作责任制实施细则》，开展全省职工队伍状况调查和职工素质状况调研。

坚持问题导向，工会改革更加深入。推进全面深化改革，稳步实施《江西省总工会改革方案》，省总工会机关配备4名兼职、挂职副主席，调减3个内设机构，精简10%机关编制，充实7个国家级经济开发区或高新区的工会工作力量，联合省委组织部选派16名劳动模范、优秀年轻干部到省总工会机关挂职锻炼。稳步推进产业工人队伍建设改革，推动省委出台《江西省新时代产业工人队伍建设改革实施方案》，首次召开全省产业工会工作会议，出台《江西省总工会关于深入推进产业工会工作创新发展的实施意见》。推进“互联网+”工会建设，开通中工网江西新闻专题，联合省网信办开展“我们的班组——劳动传奇微大晒”活动，征集作品2542幅，在线浏览量达1500万人次。

主动服务大局，建功立业更加有为。充分激发劳动热情和创造活力，举办铜行业职工职业技能竞赛等12项全省性技能竞赛。全省各级工会组织各类劳动竞赛和技术创新活动1995场次，参赛职工686万人次，收集合理化建议4.6万余条。培育全国示范型劳模创新工作室6家，省级工作室119家，市、县一级工作室2000多家。开展“中国梦·劳动美——喜迎党的十九大”系列活动，完成全总和央视“五一”特别节目江西分会场录制和省“五一”慰问演出。推荐评选全国五一奖状2个，奖章15人，先锋号18个；省五一奖状44个，奖章126人，先锋号96个。下发全国劳模和省劳模专项补助金2764.55万元，组织省级以上劳模疗休养23批次。开展首届“赣鄱工匠”选树工作，参与评选投票410万人次。举办纪念“三个90周年”江西职工书画、摄影展，征集作品4500余幅。有效提升职业素质和技能水平，提供免费就业技能服务35万人次。开展第十五届全省职工职业道德建设评选表彰活动，举办第二届全省职工创新论坛，开展“职工之家、风景读好”——书香工会读书活动。

突出维权服务，劳动关系更加和谐。大力加强源头参与和劳动关系协调，争取省人大制定出台《江西省工会劳动法律监督条例》，配合省政府修订《江西省女职工劳动保护特别规定》。联合出台《关于推进构建和谐劳动关系综合试验区建设的指导意见》。深入推进“三师一室”规范化建设，全省109个工业园区和45个乡镇建立“三师一室”，“三师”1105人，提供职工服务16.56万人。开展第五届“方大特钢杯”职工学法用法知识竞赛，参赛人数近150万人，发放普法宣传品2万余册。开展“安康杯”竞赛活动，参赛单位2546家，参赛职工102.5万人。开展“公开解难题、民主促发展”全省职工代表民主管理知识掌上终端竞赛，近50万人次参加答题。全省已建工会的公有制企业和非公有制企业厂务公开建制率分别达100%和85.8%；职代会建制率分别达100%和82.6%。各级工会共受理职工信访3519件次，涉及职工4211人，结案率达93.8%。扎实开展帮扶解困和服务职工工作，发放送温暖款物1.12亿元，走访慰问困难企业4922家，慰问困难职工家庭18.8万户，组织招聘会1755场，介绍就业人员4.32万人。

全面从严治党，自身建设更加过硬。扎实推进“两学一做”学习教育常态化制度化，组织开展中共十九大和“两学一做”学习教育应知应会知识测试、“党员活动日”“今天是我的政治生日”活动。深入推进党风廉政建设，召开全省工会系统党风廉政建设工作会议，开展警示教育和“红包”问题、违规公款购买消费高档白酒问题集中排查整治工作，制订下发并修定完善《江西省总工会廉政约谈制度》《江西省总工会机关落实党风廉政建设主体责任和监督责任的实施意见》等10项制度，建立党员干部廉政档案。出台《江西省总工会领导干部家访制度》《关于规范省总机关工作人员仪容仪表的通知》等多项制度，组织开展“连心、强基、模范”工程，出台《江西省总工会处级领导干部选拔任用办法(试行)》等5个办法。

【开展“建家、强家、暖家”专项行动】　2017年，在全省工会系统开展“建家、强家、暖家”专项行动，一批遗留问题得到妥善解决并有所突破、一批规章制度出台并得以贯彻落实、一批创新举措取得实效并受到基层欢迎。组织覆盖面不断扩大，全省新增非公企业工会1950家，行业性工会169家，民办非企业单位工会164家，楼宇工会、商圈工会、市场工会90家，乡镇(街道)、村(社区)工会504家，新增工会会员27.2万人，会员信息录入83.4万人，全省职工入会率达95.2%。运行规范化全面推进，全省新增“六有”(有依法选举的工会主席，有独立健全的组织机构，有服务职工的活动载体，有健全完善的制度机制，有自主管理的工会经费，有会员满意的工作绩效)工会3.9万家，新建基层工会示范点877家。服务普惠性有效提升，全省发放工会普惠卡超100万张，互助保障覆盖职工203.1万人。组织一线职工进行疗休养1100人，建成“爱心驿站”141个。集中清理整改全省54家工人文化宫，全省职工之家总投入4.07亿元，建成71座，占地总面积23.5万平方米，覆盖职工81.7万人。

【召开省总工会十三届七次委员(扩大)会议】　2月17日，省总工会十三届七次委员(扩大)会议在南昌召开。省委副书记姚增科出席并讲话。省人大常委会副主任、省总工会主席谢亦森主持会议并讲话。省委副秘书长李绪先，省委组织部副部长、省人大常委会选举任免联络工作委员会主任龚绍林出席会议。省总工会党组书记、常务副主席饶剑明做工作报告。省总工会巡视员林玉华、省总工会领导陈文明、吴海平、吴福才、吴峰、吴丽云、曲清、龚荣才等出席会议。会议传达学习中央书记处对工会工作的指示和全总十六届五次执委会精神，对全省20家先进园区工会和100家非公企业工会进行表彰。会议经过民主选举，饶剑明当选为省总工会第十三届委员会常务副主席，吴福才当选为省总工会第十三届委员会副主席。

【全省工会学习宣传贯彻中共十九大精神电视电话会议召开】　11月1日，全省工会学习宣传贯彻中共十九大精神电视电话会议在南昌召开。省人大常委会副主任、省总工会主席谢亦森主持会议并讲话。省总工会党组书记、常务副主席饶剑明出席会议并讲话。全省近3000人工会干部参加会议。谢亦森强调，要按照中央、省委以及各级党委的统一部署，认真组织好工会系统中共十九大精神的宣传教育、学习培训、贯彻落实等工作。在学习宣传贯彻中共十九大精神过程中，要加强新闻报道和信息报送工作，精心部署集中宣讲工作，做好统筹安排，以中共十九大精神为引领，谋划好2018年的工会工作。饶剑明强调，要提高政治站位，全面理解中共十九大的精神实质；要聚焦政治任务，迅速兴起学习宣传贯彻中共十九大精神的热潮；要牢记政治使命，以中共十九大精神为统领推动工会工作创新发展。

【召开庆祝“五一”国际劳动节暨全省五一劳动奖表彰大会】　4月26日，庆祝“五一”国际劳动节暨全省五一劳动奖表彰大会在南昌召开。省委副书记姚增科出席会议并讲话。省人大常委会副主任、省总工会主席谢亦森主持会议。姚增科代表省委、省政府向获奖表彰的先进集体和个人表示祝贺，向各行各业劳动群众表示敬意，强调要以中共中央总书记习近平系列重要讲话精神为根本遵循，弘扬劳模特别能奉献的精神，发挥劳模特别能战斗的作用，为富裕美丽幸福江西建设注入新的强大动能；全省工会组织要聚焦主责主业，担当责任使命，为职工做好维权服务，为劳动者创新创造服务，奏响劳动光荣、创造伟大的时代强音。

【召开省政府与省总工会第14次联席会议】　3月20日，省政府与省总工会召开第14次联席座谈会。省人大常委会副主任、省总工会主席谢亦森通报第13次联席会确定事项的落实情况，并就下一步工作提出意见建议。省长刘奇出席会议并讲话，强调要深入贯彻落实习近平系列重要讲话精神和治国理政新理念新思想新战略，按照中央和省委、省政府各项决策部署，积极发挥工会组织在建设富裕美丽幸福江西中的重要作用，更好地引导广大职工群众投身经济社会建设，为实现中国梦的江西新篇章而努力奋斗。

【开展金秋助学与阳光就业活动】　8月22日，省总工会在吉安举行“2016江西省工会金秋助学资金发放仪式”。仪式现场为困难职工和受灾群众家庭子女发放助学金140万元，全省其他10个地市同步举办“金秋助学资金发放仪式”。2017年，全省各级工会组织筹集资金3987.74万元，资助1.28万人困难职工和困难农民工子女上学。在阳光就业行动中，全省各级工会组织联合有关部门，举办就业招聘会244场次，提供实习见习机会4786人次，提供就业岗位2494个，帮助解决困难职工家庭高校毕业生就业2616人。

【出台《江西省工会劳动法律监督条例》】　5月25日，《江西省工会劳动法律监督条例》经江西省第十二届人民代表大会常务委员会第三十三次会议审议通过，于9月1日起正式实施。该条例从监督主体、对象、职责、内容、程序、法律责任等方面对工会劳动法律监督作了具体规定。对于已建工会的用人单位，该条例规定，应当按照会员人数设立工会劳动法律监督委员会或者工会劳动法律监督员；针对未建立工会的用人单位，该条例明确应当由地方总工会或者产业(行业)工会、区域工会劳动法律监督委员会向用人单位选派或者在用人单位聘请工会劳动法律监督员。对劳动争议的解决，工会可向用人单位发出《工会劳动法律监督意见书》，县级以上地方总工会或产业工会还可向有管辖权的县级以上人社等政府有关部门提出《工会劳动法律监督建议书》，由其依法进行处理。该条例规定，针对用人单位拒绝工会实施劳动法律监督，以及拒绝提供、提供虚假资料、隐匿、毁灭资料等行为，由县级以上人民政府人力资源和社会保障行政主管部门责令限期改正，拒不改正的，可处以2000元至2万元不等的行政处罚。

【参与制定《江西省女职工劳动保护特别规定》】 7月1日起,《江西省女职工劳动保护特别规定》正式实施,为女职工在经期、孕期、产期、哺乳期、更年期和节育复通手术期提供特别的劳动保护。按照该规定,用人单位不得因女职工结婚、怀孕、生育、哺乳而降低工资和福利待遇,限制其晋职晋级、评奖、评定专业技术(职业技能)职称(资格),辞退或解除劳动合同。女职工正常分娩可以休产假98天,其中产前可以休假15天;符合规定生育的夫妻,除享受前项规定的假期外,增加产假60天,这60天属于奖励性质的产假。规定女职工产假期满,经用人单位批准,可以请假至婴儿满一周岁,待遇由双方协商确定。该规定在全国率先建立经期护理费最低标准及其正常调整机制,规定用人单位应当对在职女职工按照每人每月不低于30元的标准发放经期护理费或者护理用品。用人单位违反特别规定,侵害女职工的合法权益和特殊利益,县级以上人社部门、安监等部门可以依照特别规定和有关法规进行责令改正,并给予经济处罚和行政、刑事处罚。

(胡靓怡)

共青团江西省委员会

【概　况】 2017年,全省团员227.9万人,发展新团员15.7万人;专职团干部2860人,兼职团干部8.3万人;团省委直属团委51个,其中11个设区市团委、6个省直管县(市)团委、16个省直属单位团委、18个省属高校团委。11个设区市团委下辖100个县(市、区)团委;全省共有基层团委6818个,基层团工委362个,基层团总支3013个,基层团支部8.89万个。

牢记政治使命,以迎接中共十九大胜利召开和学习宣传贯彻中共十九大精神为主线,持续深化青少年思想政治引领和价值引领工作。广泛开展主题教育。持续开展“青春喜迎十九大·不忘初心跟党走”各类主题教育活动,深入组织《习近平的七年知青岁月》学习教育,举办“砥砺奋进的五年”“圆梦中国人”等主题团日活动2.1万余场,开展中共十九大精神主题宣讲5000余场,覆盖团员青年500万余人,引导广大青少年更加坚定不移听党话、跟党走。大力传承和弘扬井冈山精神。实施“红色基因代代传”工程,开展“万人上井冈”等主题活动,全年组织3万余名青少年赴井冈山接受红色教育,激活青少年红色基因。培育和践行社会主义核心价值观。举办“十百千万学雷锋”“青春国学荟”等活动。开展“向上向善好青年”等分享活动1741场,覆盖团员青年14万人,用青少年身边的“榜样”示范、带动青少年。全面深化网络新媒体引领。着力推动团属新媒体矩阵提质增效,江西省共青团系统微博、微信累计达745个,关注总量累计突破600万,“江西共青团”微信公众号影响力居全省第一、全团前五。持续强化青年网络赣军建设,新建新媒体工作站22个、网络团组织233家,组建3286人网宣骨干直属网军队伍。

紧扣党政中心,找准切入点和结合点,团结带领团员青年在服务大局中建功立业。坚持“创新引领、绿色崛起、担当实干、兴赣富民”工作方针,组织带领广大团员青年在大局中谋作为、促发展。积极投身区域经济发展。继续举全力支持共青城发展,召开支持共青城发展领导小组第十二次全体会议。举办第三届中国青年企业家发展峰会、第三届中国青年APP大赛,签约金额77亿元。参与“降成本、优环境”专项行动,举办江西青年企业家(乐安)发展峰会,帮助乐安工业园区企业融资500万元。积极参与脱贫攻坚。组建35支青联扶贫工作组,成立80万元“赣青扶贫”青创基金,帮助圆梦微心愿6万余个,培育128人农村青年致富带头人。助推生态文明。广泛联系服务青少年生态环保社团等公益组织,推进青少年生态环保志愿服务队伍建设,建成省级共青团生态文明示范村114个,引导团员青年助力国家生态文明试验区建设。助力社会治理创新。推动以省两办名义下发指导性文件,推动江西省预防青少年违法犯罪工作。常态化开展青年志愿服务活动,完成中国500强企业高峰论坛、中国(江西)非公有制经济发展论坛等20余次重大志愿服务活动。扎实做好援疆、援藏工作。整合财政和社会资金240万元,援建阿克陶县“青年之家”。累计推动3万余人赣陶青少年结成对子,组织197人两地青少年参加“手拉手”融情实践夏令营,选派83人“西部计划”志愿者援疆援藏。

突出精准对路,以服务青少年需求为工作生命线,全力服务青年成长发展。助力青年创新创业创优。持续促进青年创业,深化青创空间、青创赛事、青创融资、青创教育、青创宣传为主体的“五位一体”青创工作体系。累计建成青创空间140家;累计发放青创贷款1980万元,帮助创业青年融资3600万元;开办网上“江西青创商学院”,常态化举办“青创茶经会”“青创特训营”。大力推动青年创优,开展“江西青年五四奖章”“两红两优”等评选活动,评选各类优秀个人348人,优秀集体(组织)186个。服务青少年成长成才。深化“希望工程”公益品牌,募集资金2032.5万元,援建希望小学11所,资助贫困青少年2989人。深化青年志愿者助残“阳光行动”,累计帮扶残疾青少年23.6万人次。开展大学生“三走”课外体育锻炼活动,覆盖在校大学生85.6%。维护青少年合法权益。依托“12355”青少年服务台开展青少年个案维权,接听青少年权益维护、心理咨询、法律援助等热线电话3000余次,解决青少年个案问题1300余个。联合省司法厅、省教育厅继续开展青少年法治教育基地建设,累计建成青少年法治教育基地143个,新命名省级示范基地11个。

聚焦重点难点,以攻坚克难的决心和毅力,扎实推动共青团改革攻坚向纵深推进。坚决贯彻中央、省委关于群团改革决策部署,以制定和落实《江西共青团改革方案》为统揽,推进共青团改革攻坚。认真制定改革方案。推动以省委办公厅名义印发《江西共青团改革方案》。凝聚改革共识。认真做好《江西共青团改革方案》宣传解读,团省委班子带头到基层和青年中宣讲改革精神,组织开展改革专题宣讲,在中央、省级媒体和团属新媒体广泛宣传解读,帮助广大团干部和团员青年准确把握改革精神。统筹推进改革延伸。加强统筹兼顾和督促指导。横向上,高校共青团、中学共青团、青联、学联学生会、少先队改革方案全部印发。纵向上，11个设区市和100个县(市、区)全部出台改革方案。有序落实改革举措。着眼于增强组织广泛性、代表性，团省委常委、委员和省青联委员中基层和一线比例均比改革前提高20个百分点。着眼于建立"专挂兼"干部制度，联合省委组织部启动团省委机关挂兼职干部选配工作，首批23人挂职干部和11人兼职干部均已到位。着眼于优化机关组织设置，改革新设立青年发展部(维护青少年权益部)、志愿服务和社会联络部，江西省青年互联网信息中心正式批复成立。着眼于完善青年参与制度，在"青年五四奖章""两红两优""团员先锋岗(队)创建"和工作评议中，青年评议比重比改革前提高40%，参与青年达140余万人次。

强化使命担当，以贯彻落实中长期青年发展规划为契机，努力推动形成促进青年发展的工作合力。切实强化责任意识、机遇意识、担当意识，认真抓好规划学习宣传和贯彻落实。积极争取高位推动。省委主要领导、分管领导就抓好规划贯彻工作作出重要批示，省委专门召开全省青年发展工作座谈会，省委书记鹿心社出席并做重要讲话，对贯彻落实好规划提出明确要求。深入开展学习宣传。成立团省委贯彻落实中长期青年发展规划领导小组，团省委班子带头，通过召开专题会议，结合综合督导、年中巡回拉练开展宣讲，运用团属新媒体进行宣传解读等方式，线上线下相结合深入学习宣传规划精神。推动规划落地落实。研究制定《〈中长期青年发展规划(2016—2025年)〉江西实施方案》。推动规划内容进一步细化、项目化，不断形成促进全省青年事业发展工作合力。

对标从严治党，以严的精神和实的作风，全面推进从严治团各项规定落到实处。坚持党的领导。团省委党组带头并推动各级团组织深入学习领会习近平新时代中国特色社会主义思想，增强"四个意识"，严格落实党建工作责任制和"一岗双责"，深入推进"两学一做"学习教育常态化制度化，全面加强机关党的建设。从严管好团干部队伍。开展团干部成长观教育，举办"微团课"大赛，做好团干部教育培训工作，举办分级分类培训班507期。完善落实直接联系青年制度，推动"8+4""1+100"等制度安排落地落实，专职团干部平均联系青年134人。从严管好团员队伍。合理调控团员规模，发展团员总数控制在19万人以内。强化团员教育管理，健全和改进"三会两制一课"制度，常态化开展入团、超龄离团等仪式教育。累计推动200余万团员注册成为志愿者，注册比例达76.92%，深入实施"双休日"志愿服务行动，团员参与志愿服务达320余万人次。从严管好团组织。着力加强团的基层组织建设，启动团组织整顿，着力构建全覆盖、无缺漏的团组织关系网络。着力加强团的外围组织建设，完成青联、学联、少先队和青企协、青志协、理论研究会等下属协会的换届工作。新建非公有制经济和新社会组织团组织1607个。严明团的纪律。严格执行团章要求和团内制度，不折不扣贯彻落实团中央决策部署。建立层层督导、逐级落实工作推动机制，逐级开展共青团工作综合督导，实现省、市、县、乡四级团组织全覆盖。

【召开团省委十五届五次全体(扩大)会议】 2月22日—24日，共青团江西省委十五届五次全体(扩大)会议在南昌召开。省委副书记姚增科出席会议并讲话。第十五届团省委委员、候补委员，不是团省委委员、候补委员的市、县(市、区)、省直单位、省属高校团委书记，省级驻外团工委书记，团省委机关副处级以上干部及下属单位主要负责人等180余人参加会议。会议审议通过《关于深化改革、团结带领全省团员青年投身决胜全面建成小康社会、建设富裕美丽幸福江西的决议(草案)》，表彰了2016年度全省共青团工作评议为优秀的单位和2016年度全省共青团重点工作推进先进县(市、区)，选举马健为团省委副书记，并对第十五届团省委委员、常委进行卸职、递补和增选。会议期间还召开江西共青团改革动员部署会，对贯彻落实《江西共青团改革方案》、推进全省共青团改革攻坚作出全面部署。

【召开第20届"江西青年五四奖章"获得者经验分享访谈会】 5月2日，"青年强则国家强"——第20届"江西青年五四奖章"获得者经验分享访谈会在南昌召开。省委副书记姚增科出席会议。省政协副主席汤建人，省委副秘书长李绪先，团省委党组副书记、副书记马健，团省委副书记孙鑫、廖良生、伍复康等出席。第20届"江西青年五四奖章"获得者和提名奖获得者，以及各界团员青年代表共200余人参加。会上，分享部分先进集体和个人的事迹。姚增科代表省委、省政府为获奖者颁发奖章，向全省青年致以节日问候，并勉励青年，要切实领悟习近平系列重要讲话的精神要义，学习近在身边的最美江西青年。

【开展青年创新创业工作调研】 5月3日，省委副书记、省长刘奇深入江西财经大学、国家级大学生创新创业示范基地、味粽创客空间、科骏AR产业园调研青年创业工作，并勉励全省青年把握好时机，勇于追梦、勇挑重任、勇当创客，做到无愧于青春，无愧于时代。省委常委、南昌市委书记、赣江新区党工委书记殷美根，团省委党组副书记、副书记马健，团省委副书记廖良生陪同调研。

【召开全省青年发展工作座谈会】 5月4日，省委书记鹿心社在华东交通大学考察调研，出席全省青年发展工作座谈会并讲话，寄语全省广大青年要深入学习贯彻中共中央总书记习近平在考察中国政法大学时的重要讲话精神，勇担时代重任，激扬青春风采，矢志奋斗拼搏，努力建功立业，在建设富裕美丽幸福江西的伟大征程中书写绚丽青春。省政府副省长李利陪同，团省委党组副书记、副书记马健陪同并在座谈会上发言。

【举办江西省各界青年文艺会演】 5月4日，"青春喜迎十九大，不忘初心跟党走——五月的花海"江西省各界青年文艺会演在南昌举行，省政协副主席汤建人出席，团省委党组副书记、副书记马健，团省委副书记孙鑫、廖良生、伍复康等出席，来自全省27个单位选送的19个节目参加会演。晚会以"青春喜迎十九大，不忘初心跟党走"的主线，分为"不忘初心""青春逐梦""继续前进"三大篇章。

【举办第十五届“挑战杯”全国大学生课外学术科技作品竞赛江西赛区终审决赛】 6月2日—4日，由团省委、省科协、省教育厅、省社科院、省学联主办，华东交通大学承办的第十五届“挑战杯”全国大学生课外学术科技作品竞赛江西赛区终审决赛在南昌举行。省政协副主席孙菊生出席闭幕式暨颁奖典礼，并为团体总分前三名获奖单位颁奖，团省委党组副书记、副书记马健出席开幕式及闭幕式。此次大赛自3月启动以来，全省有70余所高校参与，参赛作品4000余件，覆盖学生超过3.5万人。竞赛评出特等奖作品11件，一等奖作品28件，二等奖作品85件，三等奖作品208件。

【召开第三届中国青年企业家(共青城)发展峰会】 6月19日，由中国青年企业家协会、共青团江西省委和九江市委、市政府联合举办，共青城市政府承办的第三届中国青年企业家(共青城)发展峰会在江西共青城市举行。省委副书记姚增科，团中央书记处书记汪鸿雁，九江市委书记杨伟东，省委副秘书长李绪先，团中央青年发展部部长杨松，中国青年企业家协会党委书记、秘书长许华平，副秘书长张华、郭鹏，团省委党组副书记、副书记马健，团省委副书记孙鑫、廖良生等出席，来自全国各地近300名青年企业家参会。此次峰会主题为“创新融合、助力振兴”。峰会期间，中国工程院院士顾国彪，中青企协副会长、北京创盈科技产业集团有限公司董事长易斌，中青企协副会长、中国中铁董事会秘书、总法律顾问于腾群，科技部火炬中心专家安磊，江西青企协会长、泰豪科技股份有限公司总裁杨剑作主题演讲。同时，举办“担当责任、创新驱动”“创新引领未来”“合作创造未来”三场分论坛。还召开中国青年企业家协会十一届五次理事会。参会企业现场共签约项目10个，签约金额77亿元，项目涵盖电子信息、现代服务业等领域。

【第三届中国青年APP大赛总决赛暨颁奖仪式在共青城举行】 9月26日，第三届中国青年APP大赛总决赛暨颁奖仪式在江西共青城举行，省人大常委会副主任龚建华、团中央书记处书记徐晓出席并为获奖选手颁奖，团省委党组副书记、副书记马健，团省委副书记廖良生出席。大赛于6月启动，共有6000名参赛选手，5962个参赛项目，山东省“家家用”项目获得第三届中国青年APP大赛总冠军。在全国50个金银铜奖项目中，“江西云互艺”“帮租房”项目获得金奖，“全网球”项目获得银奖，“AR云计划”“爱康养老”项目获得铜奖。

【召开中国少年先锋队江西省第六次代表大会】 11月10日—12日，中国少年先锋队江西省第六次代表大会在南昌召开。省委书记鹿心社会见出席省第六次少代会的全体代表，并寄语全省广大少年儿童从小树立远大理想，培养优良品德，刻苦学习知识，勇于创新创造，保持身心健康，当好新时代中国特色社会主义事业的建设者和接班人。省委副书记姚增科出席开幕式并讲话。省人大常委会副主任、省总工会主席谢亦森，省政协副主席郑小燕出席。省教育工委书记黄小华代表省教育工委致辞，团省委党组书记、副书记马健代表团省委致辞，团省委副书记孙鑫代表第五届江西省少工委做了题为《听党的话跟党走 争做赣鄱好少年 为建设富裕美丽幸福江西时刻准备着》的工作报告。会议选举产生第六届江西省少工委委员，表彰了2016—2017年度全省优秀少先队员、全省优秀少先队辅导员、全省优秀少先队集体。

【召开江西省青年志愿者协会第八次会员代表大会】 12月6日，江西省青年志愿者协会第八次会员代表大会在南昌召开，省政协副主席郑小燕出席开幕式，团省委党组书记、副书记马健主持。省总工会副巡视员袁长星，省妇联党组成员、副主席黄海燕，省科协党组成员、副主席梁纯平，省残联党组成员、副理事长邹晓辉，省关工委专职副主任康京华等领导，以及省文明办、省教育厅、省环保厅、省科协、省红十字会相关处室负责人出席，省民政厅社会组织管理局负责人致辞。来自全省各地会员代表、媒体人员和有关嘉宾等200余人参加。会议传达学习省委书记鹿心社给江西师范大学研支团回信精神，回顾总结省青年志愿者协会3年工作，选举产生省青年志愿者协会第八届理事会。上海建工集团江西建设有限公司党总支副书记胡剑峰当选为会长。

【召开省青联第十届委员会全体会议、省学联第九次代表大会】 12月19日—21日，省青联第十届委员会全体会议、省学联第九次代表大会在南昌召开。省委常委、省委统战部部长陈兴超，省人大常委会副主任龚建华，副省长李利，省政协副主席郑小燕，省军区副政委李晓亮出席会议。陈兴超代表省委、省政府向大会表示热烈祝贺，向出席会议的全体委员和代表，向全省广大青年和青年学生致以亲切的问候和良好的祝愿。团省委书记马健代表团省委致辞，省妇联主席王庆代表人民团体致贺词，团省委副书记孙鑫主持，团省委副书记廖良生、伍复康等出席。省青联十届全委会审议通过省青联九届常委会工作报告和《江西省青联十届全委会关于深入学习宣传贯彻中共十九大精神的决议》等，选举产生省青联新一届领导机构；省学联第九次代表大会审议通过省学联八届委员会工作报告和《江西省学生联合会章程(修正案)》等，选举产生省学联九届委员会和主席团。

(周颖)

江西省妇女联合会

【概　况】 2017年，以全面推进妇联系统深化改革为目标，优化职能、活化载体、实化作风，全省妇联改革取得新进展、工作迈上新台阶。获2017年“全国巾帼建功先进集体”等全国荣誉9项，省妇联9次在全国妇联和省委有关会议上作典型发言。

保持和增强妇联组织政治性，迅速学习宣传贯彻中共十九大精神。省妇联把喜迎和学习宣传贯彻中共十九大作为首要政治任务，开展系列学习宣传贯彻活动，使学习培训在各领域延伸，掀起学习宣传贯彻中共十九大精神热潮。

推进改革创新、工作转型，进一步增强妇联组织吸引力凝聚力。2月省委印发《省妇联改革方案》后，省妇联推进全省妇联系统改革，把握机关改革核心环节，内设业务部室由7个减少到6个，25%以上干部轮岗，精简行政编制2名，挂职干部到岗工作8人。通过召开执委会，选举1名挂职副主席、3名兼职副主席和13名执委，省妇联领导班子挂兼职成员到位，执委中基层一线优秀女性比例提升至40%。筑牢基层组织这个基础阵地，织密"一张网"，把妇联组织向乡镇全区域延伸，形成乡镇辖区内各个单位、各个组织、各个领域的女性共同参与、开放互动、全面覆盖的妇联组织建设，完整架构省、市、县、乡（镇）、村五级妇联组织。全省1428个乡镇全面完成换届，执委（含主席、副主席）共1.42万人，平均每个乡镇约有10名执委。全省行政村1.69万个，完成1.59万个，占比93.65%；共有执委10.38万人，平均每个村约有7名执委。萍乡、抚州全面完成，其他地市完成比例依次为：赣州99%，新余98.7%，九江97.5%，吉安94.4%，宜春92.4%，南昌92.3%，鹰潭89.2%，景德镇89.2%，上饶84.9%。全省社区3140个，完成3088个，占比98.3%，共有执委2.1万人，平均每个社区约有7名执委。探索群众工作群众做的方式方法，做大"朋友圈"。改革后，全省妇联系统新增挂、兼职副主席和执委2万余人，凝聚各界优秀妇女力量，形成"群众工作群众做"的生动局面。立足家庭建设这个优势领域，传播"正能量"。出台《关于深化全省妇联系统家庭文明建设工作的意见》，指导各地创新深化妇联家庭文明建设工作。打造网上妇联工作平台，传递"好声音"。树立"互联网+妇女工作"思维，创新建网占网用网管网工作，推进妇女工作线上线下融通并进。全省妇联系统共建新媒体平台超过300个，网宣员队伍3000余人。

引领妇女助力脱贫攻坚，全力做好创业创新服务工作。开展全省万名妇女电商培训，培训1.6万余人，其中微商城开店人数6900人。为全省贫困县农村妇女"两癌"免费检查，把全省贫困县农村贫困"两癌"患病妇女实施救助内容纳入2017年政府民生工程，省财政为此专项增拨5000万元。从源头预防出生缺陷，推动"在全省范围内全部实行免费婚前医学检查"纳入2017年政府民生工程，全省婚检率提高至50%以上。组织130个项目参加中国妇女创新创业大赛，28.6万名妇女参与互动，项目数量、获奖成绩都名列全国第二。省委书记鹿心社、省长刘奇分别作出批示。省委副书记姚增科多次听取汇报、多次批示，全程出席决赛暨颁奖大会。省委常委、常务副省长毛伟明予以批示肯定。大力实施"春蕾计划""恒爱行动""母亲邮包"等公益项目，开展"相伴共读 书香润德"亲子阅读等校外教育公益活动。发动省、市、县、各单位干部职工为农村留守儿童捐赠图书25万余册。

持续增强妇女群众获得感，妇联各项工作迸发出新活力。联左右，推进源头维权。与省人大内司委联合开展妇女权益保障工作专题调研，形成调研报告；与省高级人民法院协同推进家事审判方式和工作机制改革工作。与省综治办、省高级人民法院、省公安厅、省民政厅、省司法厅联合推进婚姻家庭纠纷预防化解工作，成立省、市、县三级婚姻家庭纠纷调解委员会，并在各级妇女之家设立调解室1.6万个。接地气，探索社会化工作。编辑《江西性别视界》，汇集全省广大妇女工作者和专家学者的妇女理论研究成果。常态化，联系服务群众。在全省妇联系统开展"走进百村社区、走进妇女群众"活动，推动妇联干部走出机关、走向基层。全省各级妇联共建立基层联系点4093个，直接联系妇女群众439万余人。

【召开全省各界妇女纪念"三八"国际妇女节107周年大会】 3月8日，全省各界妇女纪念"三八"国际妇女节107周年大会在南昌召开。省委副书记姚增科出席会议并讲话。省人大常委会副主任冯桃莲，老干部卢秀珍、黄懋衡、梅亦龙出席，省委副秘书长李绪先，省妇联主席王庆，副主席黄海燕、肖晓兰、饶冬梅等出席。政法、交通、金融、税务、卫生和巾帼志愿者400余人参会。王庆向大会作执委会报告。鹰潭市委书记曹淑敏围绕中国信息技术的发展历程、团队作用做了讲座。大会表彰了全国妇联系统劳动模范等一批女性先进集体和个人，编印优秀女性事迹报告汇编，安排播放《山果》《挑战不可能》《开讲了》女排精神等3个视频。

【全国妇联领导在江西调研】 6月7日—9日，全国妇联副主席、书记处书记邓丽就妇联改革到江西调研。省妇联主席王庆、副主席黄海燕陪同调研。邓丽调研了南昌市青山湖区湖坊镇进顺村、西湖区南站街道铁路四村"邹德凤工作室"、省妇联网络新媒体中心、贵溪市雷溪镇妇联、贵溪金土地农业发展公司、贵溪欧绿多肉植物有限公司、鹰潭市月湖区东湖街办三角线社区妇女之家、九江县中华贤母园等，与省委组织部、省编办、省委改革办、省财政厅和省、市、县、乡（镇）、村五级妇联组织代表座谈。邓丽肯定江西省妇联改革工作，并要求江西省妇联在改革中推进乡镇妇联区域化建设，加快村妇代会改建村妇联步伐，提升网络新媒体建设水平，做实做优做细家庭和儿童工作。

【召开全省妇联脱贫工作暨脱贫攻坚推进会】 6月12日，全省妇联脱贫工作暨脱贫攻坚推进会在南昌召开。省妇联党组书记、主席王庆出席会议并讲话。省妇联党组成员、副主席黄海燕、肖晓兰、饶冬梅，副巡视员孙颖，党组成员李景芝出席，省、市、县三级妇联组织160多人参加会议。会议对全省各级妇联组织助力全省脱贫攻坚任务进行动员和部署。会议还宣读省委书记鹿心社就妇联改革和妇女脱贫攻坚工作的批示，传达全国妇联副主席、书记处书记邓丽在江西调研督导妇联改革工作时的讲话精神。南昌市妇联、宜春市妇联、上饶市妇联、九江市修水县妇联、新余市渝水区妇联分别就家庭和儿童工作、妇联改革方案起草、宣传和网络新媒体工作、巾帼脱贫攻坚工作以及基层妇联组织建设等方面工作作了经验交流。

【召开全省巾帼志愿服务工作推进及培训会】 9月20日—21日，全省巾帼志愿服务工作推进及培训会在南昌召开。省妇联副主席饶冬梅参加。省巾帼志愿服务协会理事，市、县妇联干部190余人参加会议。省文明办主任张天清作辅导报告。省巾帼志愿服务协会会长邹德凤做工作报告。会议表彰了江西省优秀巾帼志愿服务团队12个和江西省优秀巾帼志愿者40人。南昌市妇联、新余市妇联和九江市浔阳区妇联分别围绕巾帼志愿服务品牌培育、项目化筹措活动资金和社会组织化建立队伍等方面进行经验交流。巾帼志愿服务自2011年启动，至2017年9月，全省建立覆盖城乡省、市、县、乡（镇）、村五级巾帼志愿服务组织网络，有注册巾帼志愿服务者21.46万人，巾帼志愿服务队4300多支，涌现出章金媛爱心奉献团、邹德凤公益发展中心、蓝天女子救援队等巾帼志愿服务品牌。

【召开江西省妇联十一届六次执委会】 12月29日，江西省妇联十一届六次执委会在南昌召开。省妇联党组书记、主席王庆出席会议并作题为《深入学习贯彻党的十九大精神 在加快建设富裕美丽幸福江西、谱写新时代中国特色社会主义江西篇章中推进妇联工作创新发展》工作报告。省纪委驻省总工会机关纪检组组长吴峰，省妇联党组成员、副主席黄海燕、肖晓兰、饶冬梅，省妇联副巡视员孙颖，省妇联党组成员李景芝等出席。会议选举朱彦为挂职副主席，江怀玉、甘公荣、胡秀筠为兼职副主席。会议增补曲歌、金紫薇等10人为江西省妇联十一届执委会常务委员，增替补邹德凤、杨慧芝等13人为江西省妇联十一届执委会委员。

（凌云 石爱忠）

江西省科学技术协会

【概 况】 2017年，江西省科学技术协会（简称省科协）把握新时期科协工作新特点，抢抓科协改革机遇，突出服务党和政府科学决策职责定位，各项工作取得新成绩。改革工作得到省委、省政府和中国科协肯定，院士工作站、科技信息服务企业、“百人远航工程”、银会合作、科技助力精准扶贫、科技工作者状况调查、流动科技馆巡展等工作位列全国科协系统前列。院士工作站、海智工作站、“百人远航工程”等工作写入省委十四届五次全会工作报告。

开展“创新驱动助力工程”。构建全新立体“智慧科协”，争取省发改委支持，获批江西省科协创新服务信息化平台建设项目。支持指导赣州创建全国创新驱动助力工程示范市；争取中国科协支持，将宜春列入全国创新驱动助力工程示范市。指导南昌、鹰潭、赣州3个设区市和德安、靖安、乐安、德兴4个县（市）建设省级“创新驱动助力工程示范区”。赣州市科协引导企业与中国有色金属学会等3个国家级学会以及省地质学会等4个省级学会建立合作关系，开展企会合作68项，建立创新型产学研平台16个；宜春市科协引导企业与3个全国学会建立联盟，与中国工程院朵英贤等5名院士签署相关合作协议3项。有效助推企业技术发展。邀请全国纺织学会专家为南昌市纺织企业提供技术支持，达成初步合作意向。组织省计算机学会、省机械工程学会、省畜牧兽医学会、省地质学会、省林学会、省环境科学学会等到德安、宁都、兴国、靖安开展创新驱动发展转型升级调研和技术咨询活动并签订相关合作协议。服务区域经济发展。配合有关部门组织开展“服务革命老区院士专家行”，做好院士专家服务需求调研、活动组织协调和“一对一”服务工作，组织企业主动与院士专家对接，达成项目合作意向9项，达成建立院士工作站意向6项，4家已经建站。实施中国科协“2017年科技信息企业推广应用服务项目”，新增应用企业1406家，培训专利应用工程师2723人，实现直接经济效益9亿余元、间接经济效益3亿余元，节约研发成本8588万元。组建“江西省科协高端科技创新智库专家库”，组织开展2017年决策咨询课题12项。课题“发展森林药材产业实现生态美百姓富”获省委书记鹿心社批示。

提升学会发展能力。《江西省科协所属学会有序承接政府转移职能工作实施方案》经省委深改组审议通过，以省委、省政府“两办”名义印发，全省有20余个省级学会承接50余项政府转移职能。省微生物学会、省测绘地理信息学会、省土木建筑学会等13个省级学会主办、承办大型学术会议，邀请吴清平、周成虎、潘际銮等21名院士出席活动并作学术报告。联合中国土地学会举办2017年海峡两岸土地学术研讨会，期间，举行30余场学术报告和专题座谈。来自两岸200名专家学者，围绕“城市更新、美丽乡村建设与土地利用创新”的主题进行交流研讨。全年指导省级学会承接全国性、区域性、专业性的学术会议30余场次，省级学会、市科协、县科协主办各类学术交流活动200余场次。支持有关省级学会、科研院所、高校等举办“2017机器人与微创泌尿外科手术论坛”“口腔颌面影像学诊断在口腔临床各学科的应用”等国际学术交流活动。

深入实施《全民科学素质纲要》。增加10个省全民科学素质工作领导小组成员，召开由副省长谢茹主持的2017年全民科学素质工作领导小组会议。组织开展“科普之春暨学雷锋科普志愿者服务月”“全国科普日”、文化科技卫生“三下乡”集中示范和“科学，让生活更美好——江西省百场科普报告进社区”等主题科普活动。赣州市科协等12个单位被评为“2017年全国科普日活动优秀组织单位”，南昌市科协青少年网络科普知识竞赛等9项活动被评为“2017年全国科普日优秀活动”。推进现代科技馆体系建设和科普信息化。省科技馆全年参观人数达到24万人次，网站访问量74.8万人次。大力推进科普主题公园建设，市、县两级共建成科普主题公园23个。流动科技馆在瑞金市、上饶县等18个县（市、区）完成巡展，参观人数达到90余万人次。全省31辆科普大篷车深入学校、农村、社区开展科普宣教活动，受益公众17万余人次。加强农村中学科技馆建设，建成开馆23所。加强科普教育基地建设，新命名江西省科普教育基地76个，总数达到166个。探索基层科普行动计划资金分配方式，将“基层科普行动计划”专项资金1125万元，实行“因素法”分配，为基层科普公共服务产品供给注入新动能。联合省邮储银行实施“银会合作”，通过奖补贴息的方式支持农技协和农村致富带头人发展农业产业。全年发放“银会合作”贷款5.76亿元，累计贷款余额9.54亿元。组织开展各类青少年科技竞赛和科学体验活动。组织5万余名青少年参加第32届全省青少年科技创新大赛,副省长谢茹出席大赛终评展示活动。组织全省8万余名中小学生参加以“我爱绿色生活”——2017年江西省青少年科学调查体验活动,获全国优秀活动组织单位。全省6万余名学生参加(数学、物理、化学、生物、信息学)5学科奥赛,在全国决赛中获4金28银12铜,4名优秀选手被保送北大、清华。组织选拔11个设区市130名优秀高中学生参加全国青少年高校科学营活动。

科技人才服务机制更加完善。在全国科协系统率先组织全省科技工作者学习宣传中共十九大精神、中共中央总书记习近平对黄大年先进事迹重要指示、习近平致中国农学会成立100周年贺信等重要精神,组织全国科技工作者日系列活动。建立并实施江西省科协干部直接联系科技工作者制度,完善科技工作者状况调查站点建设机制,组织开展科学道德和学风建设宣讲教育活动。全省99名中青年人才入选2017年“百人远航工程”项目,资助总额500万元。与省委组织部共同举办江西省“百人远航工程”启动仪式,省委常委、省委组织部部长赵爱明出席并讲话。

提升院士工作站质量建设。全省新建院士工作站48家,累计达到161家,柔性引进院士150人,院士团队专家1100余人,覆盖全省11个设区市和赣江新区、十大战略性新兴产业。大力推进“互联网+研发平台”模式。形成的科研成果获科技进步奖37项,其中国家科技进步奖7项;受理专利501项,其中发明专利279项;授予专利346项,其中发明专利140项。全年转化科研成果225项,创造经济效益64.5亿元。3家院士工作站获“2017年全国示范院士专家工作站”称号,江西省院士专家服务中心获“2017年全国院士专家工作站建设示范单位”称号。

基层组织建设日益加强。科协基层组织覆盖面不断扩大。10家国家级经开区实现科协组织全覆盖;建立企业科协118家。新建高校科协14家,共39家,超额完成中国科协下达的高校科协覆盖率达到50%的目标任务。建立乡镇(街道)科协2200余个。建立全省农技协957个。

9月15日,以“双创促升级、壮大新动能”为主题的2017年全国大众创业万众创新活动周启动仪式在国家“双创”示范基地赣江新区的北京大学江西科技园举行

杜春发供

【出台《江西省科协支持赣江新区发展的意见》】 8月15日,江西省科协召开专职主席办公会,会议审议通过《江西省科协支持赣江新区发展的意见》。该意见发挥科技特色和人才优势,重点从助力创新驱动、增强人才支撑、促进科学普及等3个方面13项具体工作入手,支持赣江新区加快发展,打造全省科技创新高地和经济增长重要引擎。

【建立江西“海智计划”工作站】 9月8日,为落实省委《关于深化人才发展体制机制改革的实施意见》,推动引进海外高层次人才到赣创新创业,在江西博兰得能源科技有限公司、江西量一光电科技有限公司、江西凯润达精密仪器有限公司、江西北大科技园区发展有限公司、汉腾汽车有限公司、桑尼可集团(抚州市双菱磁性材料有限公司、江西胜菱科技有限公司)、赣南师范大学、井冈山大学、南昌大学等9家单位建立9个江西“海智计划”工作站,给予项目经费90万元。至2017年年底,全省30家工作站共引进海外专家97人、团队49个。

【2017年大众创业万众创新活动周启动】 9月15日,以“双创促升级、壮大新动能”为主题的2017年全国大众创业万众创新活动周江西分场启动。活动周由省双创活动周组委会主办,省发改委、省科协、赣江新区管委会联合承办。省长刘奇在江西省分会场出席相关活动。活动周启动仪式在国家“双创”示范基地赣江新区的北京大学江西科技园举行。省委常委、南昌市委书记、赣江新区党工委书记殷美根致辞,副省长吴晓军主持。启动仪式上,刘奇与4位创客代表共同启动“双创”活动周。省科协主席卢天锡、省双创联合工作组其他31家成员单位及赣江新区管委会主要负责人及相关处室负责人,参展单位、企业和学生代表约300人参加启动仪式。

【举行第一届土木工程赣江学术论坛】 6月10日,第一届土木工程赣江学术论坛在南昌举行。论坛由华东交通大学、中国岩石力学与工程学会、中国土木工程学会土力学及岩土工程分会等7所单位联合主办,江西飞尚科技有限公司、杭萧钢构(江西)有限公司、南昌铁路勘测设计院有限责任公司、江西华大工程质量检测有限公司等15所单位协办。来自全国各地高等院校、科研院所以及企业的专家、学者、研究生100余人参加。中国工程院院士、浙江大学教授龚晓南,中国工程院院士、东南大学教授缪昌文,中国工程院院士、清华大学教授聂建国应邀做学术报告。省科协党组书记、常务副主席罗莹出席论坛并讲话。论坛以“土木工程安全控制”为主题,各方专家学者围绕论坛主题进行为期2天的交流与讨论。

【第13届泛珠三角区域科协和科技团体合作联席会议召开】 11月16日—17日，由广东省科协和江西省科协共同主办，赣州市科协、广东省土木建筑学会、江西省土木建筑学会联合承办的第13届泛珠三角区域科协和科技团体合作联席会议在赣州召开。来自广东、海南、四川、广西等9个省自治区的科协及香港京港学术交流中心、澳门工程师学会的40余名代表参加会议。江西省科协主席卢天锡、赣州市委副书记王林云出席会议并致辞，省科协副主席彭玲华参加会议并发言，赣州市政府副市长高世文出席相关活动。各成员单位围绕“科技引领创新 建设美丽家园”的会议主题，交流科协和科技团体的工作经验和做法。会议期间，举办专题研讨会，有关专家作主旨报告，并进行优秀论文交流。会议决定，第14届泛珠三角区域科协和科技团体合作联席会议由贵州省科协承办。

【推进科技助力精准扶贫工作】 2017年，联合省农业厅、省扶贫和移民办推进江西省科技助力精准扶贫工作。制定实施《江西省科技助力精准扶贫工程实施方案》，成立江西省科技助力精准扶贫工程领导小组，召开“全省科技助力精准扶贫工作推进会”。通过“扶智、扶技、扶产业、扶志、扶健康”五位一体的扶贫行动，组织学会和院校科协参与脱贫攻坚，共组织1280名科技专家和37个科技团队与建档立卡贫困户结对帮扶。江西省“基层科普行动计划”资金实行因素法分配，向全省25个贫困县倾斜。争取25个县的扶贫需求项目入选中国科协支持名录，9个县签订项目实施协议，项目金额228万元。筹集投入科技助力精准扶贫项目资金820余万元。支持贫困地区建立农技协组织290个、农技协联合会45个。组建“江西省农函大科技助力精准扶贫专家团”，在国家级贫困县举办各类培训班106期，培训贫困学员7200人次。争取扶贫资金300余万元，帮助实现整村脱贫。全年助力贫困户脱贫1万人。2017年，省科协获全国科技助力精准扶贫优秀组织单位，3个农技协获扶贫工作先进团队，8名科技工作者荣获先进个人。 （杜春发）

江西省归国华侨联合会

【概　况】 2017年，江西省侨联把广大归侨侨眷和侨联工作者的思想和行动统一到中共十九大精神上来，在服务大局中发挥优势，在改革创新中体现作为，各项工作取得新成效。

参政议政传递侨声。全国和江西省“两会”期间，侨界代表委员向全国人大十二届五次会议提交建议案10余件，向江西省人大十二届七次会议和江西省政协十一届五次会议提交提案26件，大会及联组发言4人次。重点推进侨情信息工作，深入挖掘信息，系统开发信息，报送侨情信息46篇，被中国侨联采用14篇，获2017年全国侨联系统信息工作一等奖。

文化品牌亮点频现。举办“三个90周年”“喜迎十九大，共圆中国梦”和“不忘初心，牢记使命——学习贯彻党的十九大精神”书画交流会等活动，表达侨界群众对党、对祖国、对家乡的热爱。创新维护侨益工作模式，加大服务侨胞力度，与省检察院联合发布《关于依法服务和保障侨资侨属企业健康发展的意见》，支持侨资企业做强做大。

侨联影响不断扩大。赴阿根廷、秘鲁和巴西进行友好访问，看望当地侨胞和拜访侨团，开展重要公务活动20多场次，宣传推介江西发展环境，促进侨企交流合作，增进侨界亲情联谊，壮大江西省侨联海外顾问、委员队伍。围绕省委“创新引领、绿色崛起、担当实干、兴赣富民”工作方针，发挥优势，内引外联，为建设美丽富裕幸福现代化江西作出贡献。

【举办“海外侨胞故乡行——走进江西”活动】 9月18日，中国侨联主办、江西省侨联承办的“海外侨胞故乡行——走进江西”活动在南昌启动。省委副书记姚增科会见来自世界23个国家和地区50多名海外侨胞代表，省委副秘书长李绪先，省侨联党组书记张知明，省侨联副主席王强、罗丽都、李江山参加会见。9月19日，海外侨胞代表参观考察侨资企业江西汉昀孵化器有限公司，并参加南昌市红谷滩新区创新创业推介会，江西省贸促会副会长赵向阳介绍江西省经济社会发展情况，红谷滩新区管委会副主任谌伟向与会代表介绍红谷滩新区的资源优势及商业发展情况，海外侨胞代表对开展教育、科研等方面的合作进行交流。9月21日，海外侨胞代表分别走进景德镇、萍乡、宜春和上饶等地进行实地考察，进一步了解赣鄱文化的内涵与底蕴。

【举行“创业中华·智汇赣鄱”——海内外侨界特聘专家赣鄱行活动】 10月31日，中国侨联特聘专家委员会、中共江西省委人才工作领导小组办公室、省侨联、省工信委、省商务厅共同主办的“创业中华·智汇赣鄱”——海内外侨界特聘专家赣鄱行活动在南昌举行。中国侨联副主席康晓萍致辞，省委常委、省政府常务副省长毛伟明出席并讲话，省侨联党组书记张知明主持开幕式。英国皇家医学会院士、中国侨联特聘专家委员会副主任委员王执礼等海内外特聘专家120余人出席。会上，英国皇家医学会院士王执礼、山东元隆生物技术有限公司董事长王革、黑龙江省肿瘤研究所副所长徐向英等中国侨联特聘专家作了关于助推生物医药发展的主旨演讲。活动期间，举行“创新汇侨智·科学话健康”——生物医药专场推介会，省委副书记姚增科在南昌会见康晓萍及部分专家，康晓萍还参观考察南昌瓷板画艺术博物馆，并到省侨联机关看望侨联干部职工。海内外中国侨联特聘专家委员在赣期间先后考察南昌汇仁集团、尚华医药科技有限公司、江西中科九峰智慧医疗科技有限公司等，专家们与企业家座谈讨论，共谋良策，共话发展，为江西生物医药产业建言献策。

【召开“侨联四海 情满赣鄱”中秋恳谈会】 9月26日，省侨联召开“侨联四海，情满赣鄱”中秋恳谈会，省委副书记姚增科出席恳谈会并讲话，省人大常委会副主任、省侨联主席马志武，省委副秘书长李绪先，省侨联党组书记张知明，省广播电视台副台长刘建芳，省侨联副主席王强、罗丽都、辛洪波以及来自省侨联法顾委、青委会、侨商会、特专委、文协会、海创会6个平台的嘉宾代表80余人出席恳谈会。洪葵、吴世伟、胡军华、郭子红、卜莉莉、熊全仕、张辉7名侨胞在恳谈会上分别代表省侨联特专委、侨商会、海创会、青委会、文协会、法顾委等平台发言，并进行互动交流。

【赴阿根廷、秘鲁和巴西访问】 11月8日—18日，省人大常委会副主任、省侨联主席马志武，省侨联党组书记张知明率团赴阿根廷、秘鲁、巴西三国进行为期11天的访问。此次出访共进行20多场重要公务和拜访活动，受到邀请方重视，阿根廷国会议员 Monica Litza、巴西国会议员 Francisco Floriano、秘鲁国会议员 Rolando Reategui Flores 分别与代表团进行座谈交流。代表团还拜会阿根廷中国和平统一促进会、阿根廷江西同乡会、秘鲁中资企业协会、秘鲁中华通惠总局、巴西江西同乡总会、巴西南美洲闽南同乡联谊总会等海外侨团。代表团围绕海外侨胞关注的热点问题，宣讲中共十九大提出一系列新的重要思想、重要观点、重大论断、重大举措，在海外侨胞中引起热烈反响。宣传推介江西山水之美、人文之美、活力之美，向南美侨胞介绍江西的区位优势、生态优势、资源优势和投资环境。此次访问深化江西与南美三国在经贸、旅游、侨务资源和社会救助等领域的交流与合作，增进南美侨胞感情，涵养侨务资源。

【举办“侨联四海 情满赣鄱”归侨侨眷慰问金发放活动】 1月22日，省侨联与南昌市侨联联合举办“侨联四海 情满赣鄱”归侨侨眷慰问金及慰问品发放活动。省人大常委会副主任、省侨联主席马志武出席并讲话。省政协港澳台侨和外事委员会主任冷芬俊，省侨联党组书记张知明，省红十字会副会长戴莹，南昌市委常委、市委统战部部长乐文红，南昌市政协副主席黄清玉，省侨联党组成员许晓燕等出席活动。此次活动，省市侨联、省红十字会和爱心侨商向80名贫困归侨侨眷发放价值30万元慰问金和慰问品。

【“亲情中华·漆韵”2017澳门·江西省漆画艺术精品展在澳门举行】 6月9日，中国侨联、江西省侨联主办，省侨联文化艺术交流协会与澳门书法篆刻协会联合承办的“亲情中华·漆韵”2017澳门·江西省漆画艺术精品展在澳门举行。全国政协副主席何厚铧，澳门中联办副主任薛晓峰，澳门立法议员、江西省政协常委梁安琪，澳门基金会行政委员会主席吴志良，澳门文化局副局长杨子健，澳门文化产业基金行政委员朱妙丽，澳门日报社社长陆波，澳门美术协会会长黎鹰，江西省侨联副主席王强，江西省政协常委阮建昆，澳门江西同乡会会长、澳门新康怡投资股份有限公司董事总经理陈季敏，澳门书法篆刻协会会长萧春源及江西美术家协会副主席熊建新等出席开幕式。中国侨联副主席、澳门创世企业集团有限公司董事长、澳门归侨总会会长刘艺良参观展览会并与漆画艺术家进行交流互动。这次展览是中国侨联与江西省侨联在澳门合作举办的首次以漆画为主题的展览，旨在讲好江西故事、传递江西声音，推动赣澳合作交流。

【江西省海外人士创新创业联谊会成立】 9月26日，江西省海外人士创新创业联谊会（简称“海创会”）在南昌成立，70余名海外人士创新创业联谊会委员出席大会。江西是全国侨联系统第三个成立的侨界创新创业联谊组织。首届江西海创会委员100人，聘请江俊伟等9名侨界专家为名誉会长，江西中欧实业有限公司董事长胡军华当选江西省海创会会长。江西海创会旨在激发广大海外人士的创新潜能和创业活动，发挥创新人才国际视野广、创新理念优、创新资源丰的优势，为推进全省“创新引领、绿色崛起、担当实干、兴赣富民”作出贡献。

【开展侨界人才情况调研活动】 3—5月，省侨联调研组先后赴广东、江苏等省和6个设区市及10所高校、8家医院、30余家侨资企业开展侨界人才情况调研活动，主要围绕引进侨界人才总体情况持续向好、引进人才管理与服务水平逐步提升 、引进侨界人才总体规模偏小、全省侨界人才流失现象趋升等内容进行调研，调研结束后，形成《江西省侨界人才发展状况调研报告》，得到省委、省政府领导肯定，为相关部门制定引进侨界人才决策提供参考依据。 （刘晋）

江西省台湾同胞联谊会

【概　况】 2017年，省台联围绕两岸关系和平发展主题和全省经济社会发展大局，继续发挥人民团体作用以及乡情亲情优势，深入做好团结、联谊、服务台胞工作，创新开展民间交流交往和社会调研，推进赣台合作交流和参政议政工作再上新台阶。

加强联络，促进交流。加强与岛内外台胞和在赣台胞台商的联系，注重与台湾社团和基层人士的联络交往。以青年委员会、陶瓷交流中心、海外经贸文化交流协会、台湾同胞同乡俱乐部、赣台青年创业学园为载体，先后接待巴西和平统一促进会、台湾大健康产业联盟、台湾基层农业参访团、世界华商文化经贸总会、台湾中国统一联盟、台湾桃园许氏宗亲会、台湾佛光大学等团体和知名人士到赣访问交流。全年接待台湾各阶层人士500余人次。组织台胞青年组团赴岛内考察学习，组织景德镇陶艺大师赴台参展，为赣台陶瓷爱好者和艺术家搭建平台。协助全国台联在赣州市举办“全国定居台胞自主创业经验交流会”。

建言献策，助推发展。台盟台联界别政协委员履职尽责，献计献策。提交《发挥网络新媒体作用，促进赣台青年交流》《借鉴台湾医养服务经验，完善我省健康养老产业》《振兴江西实体经济，推进普惠金融发展》等提案，参与《建设新型政商关系，促进民营企业发展发言》《治理过度包装，促进绿色消费》《开展东西部区域间政府合作，引领“港产城一体化”建设》等专题调研。其中多篇提案通过专题报告向省委、省政府建言献策，得到省委领导肯定。

牵线搭桥，扶贫济困。开展精准扶贫工作，邀请海外台商赴广昌县调研白莲产业；牵线省物流行业协会与广昌县委、县政府共同搭建物流战略平台，吸引各大物流企业进驻广昌、设立分会机构；通过招商引智，依托产业扶贫，助力广昌县脱贫攻坚。联络台商董淑贞、蔡孟勋为广昌、乐安、于都等困难台胞家庭送去3万元生活物资和2万元慰问金。

【台盟江西省委筹委会成立】 7月27日，台湾民主自治同盟江西省委员会筹备委员会成立大会在南昌召开。时任全国政协常委、台盟中央常务副主席黄志贤宣布台湾民主自治同盟江西省委员会筹备委员会成立并讲话，中共江西省委常委、省委统战部部长陈兴超出席会议及讲话并为台盟江西省筹委会揭牌，台盟江西省委筹委会主委曾鲁台发言，台盟中央组织部副部长陈勇主持大会。黄志贤代表台盟中央向大会表示祝贺，对台盟江西支部自2011年成立以来所取得的成绩给予肯定。

【江西省台湾同胞第九次代表大会召开】 12月1日，江西省台湾同胞第九次代表大会在南昌召开。省委常委、省委统战部部长陈兴超，全国台联副会长纪斌出席开幕式并讲话。曾鲁台主持开幕式。陈兴超代表省委对大会的召开表示祝贺，对省台联第八次台胞代表大会以来工作表示肯定。希望省台联新一届领导班子要带领全省广大台胞以中共十九大精神为指导，发挥台联组织的特色优势，以乡情亲情为纽带，加强与台湾同胞的联谊联络。大会选举徐友洪为江西省台湾同胞联谊会第九届理事会会长。

【全国台联台籍青年(江西)参访团赴台考察学习】 6月，应台湾抗日志士亲属协进会邀请，全国台联台籍青年(江西)参访团一行13人，赴台湾进行为期7天的考察学习。参访团成员主要是居住在江西的第二、三代台湾省籍同胞，邀请方台湾抗日志士亲属协进会是以纪念和发扬台湾抗日志士之爱国爱乡传统及精神为宗旨。

【举办全国台联台胞青年千人夏令营江西分营活动】 7月8日，江西省台联承办、江西中华文化学院协办的“龙脉相传、青春中华——全国台联2017年台胞青年千人夏令营江西分营”在南昌举行。省政协副主席、民盟省委会主委、江西中华文化学院院长刘晓庄出席开营仪式并为夏令营进行授旗。省台办主任邓保生、省委统战部副部长高鹰群、省台办副主任徐建星、省台联会长曾鲁台等出席开营式。来自岛内台胞青年和江西师生近200人参加。在赣期间，两岸青年互动联欢和进行体验式交流，先后赴南昌、景德镇、九江等地参访，感受江西历史文化、生态环境和经济社会发展变化。

（省台联）

江西省文学艺术界联合会

【概　况】 2017年，省文联团结引导广大文艺工作者围绕中心、服务大局，深入生活、扎根人民，深化改革、履职尽责，为繁荣江西省文艺事业作出贡献。

加强思想政治引领。在全省文艺界深入开展马克思主义文艺观、社会主义核心价值观和文艺工作者职业道德教育和行风建设，管阵地、把导向、强队伍，引导文艺工作者自觉载道、弘道、卫道，弘扬主旋律，凝聚正能量。举办全国文艺家协会会员“深入学习贯彻习近平总书记文艺工作座谈会重要讲话精神专题研讨班”，中共十九大召开前，完成全省2000余名国家级会员培训工作。

举办主题文艺活动。围绕“三个90周年”、中共十九大召开等重要活动和省委、省政府中心工作，举办“赣籍开国将军百战图”大型创作展览、“锦绣江西 梦想中国”主题创作展示、大型交响组歌《井冈山》创作、“血脉传承·不忘初心”红色文化联合采风研讨展演等一系列有主题、有规模、有影响、有特色文艺活动，营造健康向上、团结奋进文化氛围。

弘扬“红色文艺轻骑兵”精神。组织20多支文艺小分队、600多名文艺工作者深入全省11个设区市，30多个县(市、区)，100多个乡村、社区、学校、厂矿、军营等开展“深入生活、扎根人民”主题实践和文艺志愿服务活动100余场，直接服务基层群众10万余人。举办“赣鄱情”江西名家慈善美术书法作品捐赠义卖活动，为定点扶贫村南城县浔溪乡太坪村筹集扶贫款120万元，展现文艺工作者使命和担当。

推动出人才出作品。推进文艺创作与繁荣工程，举办第五届青年作家改稿班，召开江西省主题美术创作暨朱照林主题雕塑作品观摩研讨会，与中国文联、中国作协等合作举办江西长篇小说重点扶持工程作品首发式暨研讨会、第四届全国革命历史题材文学创作研讨会。延伸工作手臂，不断加强对“景漂”、鹰潭微诗社、宜春爱月乐团等新文艺群体、新文艺组织联络服务。

加强文联组织建设。建立健全省文联党组工作机制，落实党领导群团工作基本制度；加强干部队伍建设和机关党的建设，深入推进“两学一做”学习教育常态化制度化；加强党风廉政建设，持续推进巡视整改任务落实；聚焦职能转型，深化省文联、省作协改革，省委办公厅印发《省文联、省作协深化改革方案》。加强协会建设，所属省美协、书协、摄协、民协、杂协、评协六个协会完成换届，激发工作活力。

【举办“赣籍开国将军百战图”大型创作展览活动】 7月27日，为纪念“三个90周年”，展现江西省开国将军丰功伟绩，由省文联与省委党史研究室、省教育厅、省军区政治工作局共同主办的“赣籍开国将军百战图”大型创作展览活动在江西省展览中心举行。活动得到全省文艺界响应，17家省直单位、11个设区市1000余名作者参与，创作美术、诗词、书法、摄影作品逾千件，展出110组作品，第一次全景式、立体型展现江西籍开国将军风采。“八一”期间在南昌进行首展，首展后，赴全省各地巡展，观众达16万人次，创造改革开放以来江西美术展览记录。

【开展“锦绣江西 梦想中国”——喜迎中共十九大系列主题创作展示活动】 2017年，省文联组织开展“锦绣江西 梦想中国”——喜迎中共十九大系列主题创作展示活动，主要内容开展文学主题创作征稿、“魅力江西”原创歌曲演唱大赛、“江西的表情”摄影作品展、“丹青写家山”千名画家赣鄱行、“不忘初心跟党走”全省书法家自创自书作品展、莲花采茶戏《将军还乡》汇报演出、优秀新编现代小戏汇演、全省农民画剪纸优秀作品展、“舞动江西”全省广场舞大赛等活动。

【印发《省文联、省作协深化改革方案》】 12月15日，十四届省委深改组第十次会议审议并原则通过《省文联、省作协深化改革方案》。12月26日，省委办公厅印发该方案。该方案共分5个部分、33项举措，对省文联、省作协改革总体要求、转变和强化工作职能、调整机构设置和人员配备、改革文联和协会运行机制等方面作出具体安排。

【召开6个协会代表大会】 2017年，省文联分两个批次，组织所属省民协、省杂协、省评协、省美协、省书协、省摄协6个协会召开代表大会，完成换届工作。9月27日，组织召开省民间文艺家协会第六次代表大会、省杂技家协会第四次代表大会、省文艺评论家协会第四次代表大会；12月29日，组织召开省美术家协会第七次代表大会、省书法家协会第四次代表大会、省摄影家协会第六次代表大会，省委常委、省委宣传部部长赵力平出席省美协、书协、摄协代表大会开幕式并讲话。6个协会代表大会分别审议通过上届理事会工作报告，修订章程，选举产生新一届领导机构，李小军当选为省民协主席，刘晓虹当选为省杂协主席，夏汉宁当选为省评协主席，王向阳当选为省美协主席，毛国典当选为省书协主席，徐渊明当选为省摄协主席。

【实施"文艺联高校"举措】 2017年，为加强与全省高校交流和合作，延伸工作手臂，促进优势互补、共谋发展，省文联和宜春学院、赣南师范大学、九江学院、新余学院、江西师范大学、南昌师范学院等高校分别签订战略合作协议。双方在文艺人才培养、高校学科建设等领域开展深层次、多形式合作。

【推出一大批优秀作品和优秀人才】 省文联完成江西长篇小说重点扶持工程，5月，作家出版社出版发行10部长篇小说。完成"赣鄱情 家国梦"长篇小说丛书出版项目实施，9部作品正式出版。彭学军小说《浮桥边的汤木》获第十届全国优秀儿童文学奖，阿袁长篇小说《师母》获《小说月报》第十七届"百花文学奖"，毛国典入选全国文化名家暨"四个一批"人才，任春才获"中国十佳民间艺人"称号。《江边小站》等10件微电影作品获第五届亚洲微电影艺术节"金海棠奖"；4首歌曲获省委宣传部"五个一工程"奖，省文联被评为组织工作先进单位；5件少儿舞蹈作品在第九届"小荷风采"全国少儿舞蹈展演上获奖；8件美术作品入选全国体育美展，4件油画作品入选"色彩中华——2017中国百家金陵画展（油画）"；6人入展第六届"兰亭奖"书法展，入展人数位居全国第二名。选送鄱阳大鼓、相声曲艺节目参加天津第三届"和平杯"曲艺票友邀请赛，获"双十佳票友节目奖"等。

（徐健）

江西省红十字会

【概　况】 2017年，江西省有县级以上地方红十字会112个（县级100个，设区市11个，省级1个），基层红十字会1689个。红十字会团体会员3707个，成人会员15.01万人，青少年会员30.69万人，志愿者5.87万人。截至12月31日，已有11个地级市红十字会和96个县（市、区）红十字会理顺管理体制，为红十字事业发展提供组织保障。江西人道资源动员和养老服务工作被中国红十字会总会确定为全国改革试点。

社会筹资突破亿元大关。全省筹集款物1.64亿元，增长83.28%；承接政府购买服务资金2837.13万元，增长75.75%；培训应急救护师资429人，增长34.06%；应急救护员10.66万人，增长388.73%；普及水上救生知识5.4万余人次；实现造血干细胞捐献21例（年度增长数排全国第2位），实现遗体器官、组织捐献86例，其中器官捐献50例，遗体捐献34例，角膜捐献78个。

公益事业成绩明显。"莲丝信使""一家一个救生圈"获第六届中国公益慈善项目大赛金奖。"江西省遗体器官捐献公益事业""小创客爱心集市"在江西省首届"赣鄱慈善奖"评选中，被江西省人民政府授予"最具影响力慈善项目"称号。"泳安计划""理事基金"获"全国人道资源动员好项目（好活动）"奖。4个项目获中国红十字会总会众筹扶贫大赛"红品项目奖"。

强力推进组织建设。贯彻落实新修订的《中华人民共和国红十字会法》，把2017年确定为"改革攻坚年"，开展设区市红十字会年度工作绩效考核，建立省红十字会执委会成员领衔分工负责和联系挂点工作机制，助推市级红十字会领导班子建设、设立监事会，推动县区红十字会依法独立自主开展工作。3个设区市红十字会常务副会长职级由副县级调整为正县级，2个获批成立党组，上饶市红十字会成立监事会，增加1个副处级职数；赣州、吉安等7个设区市红十字会监事会换届前正在推进中，赣州市增加1个副县级专职副监事长职数，推进省级红十字会监事会的设立。

提升人道资源动员和人道救助能力。设立人道资源动员发展中心，成立江西省红十字基金会，以项目筹资方式，策划推出"爱心拐杖""江西小创客·爱心集市""未来教室""给困难家庭送温暖箱""送安全防护书包"等爱心项目。"送安全防护书包"项目筹得善款173万元，签订捐赠意向协议230万元；以互联网筹资方式，策划推出"莲丝信使""一家一个救生圈""给你依靠、让爱行走""让安全占领鄱阳湖"等4个项目，组织全省红十字会工作人员、会员、志愿者参加"99公益日"网络众筹项目，3天时间内2.04万人次参与线上捐赠，撬动社会捐赠资金160万元。探索"体育+公益"模式，连续两年与省体育发展有限公司联合开展"网聚爱心"系列公益活动，在"江西省百县农耕健身大赛"中设立红十字"农耕爱心基金"，在"环鄱阳湖国际自行车大赛"中提供红十字应急救护保障。设立"成浩基金""丰益基金""仁爱天使基金"等9个理事专项基金，协议捐赠额1870万元。

应急救护培训有新提升。应急救护培训被省政府列入民生工程，纳入《江西省安全生产管理条例》《江西省交通运输条例》和《江西省突发事件应急体系建设"十三五"规划》，省政府办公厅印发《关于加强和改进全省应急救护培训工作的意见》后，11个设区市出台实施意见，省综治办和部分设区市把应急救护列入综治差异化考核内容。与省安监局、省公安厅、省交通运输厅、省教育厅联合发文，深入推进应急救护培训“五进”活动。围绕青少年溺水问题，组建水上救生队伍，在大中小学中开展游泳技能培训和水上救生知识普及，组织救生队在重要江河湖泊，开展应急值守和安全宣传。

捐献服务有新突破。合格造血干细胞志愿者资料入库5.99万人份，动员21名志愿者实现造血干细胞捐献，挽救21名患者生命。宜春市红十字会干细胞工作站站长史永亮捐献造血干细胞，成为中华骨髓库在职工作者捐献第三人，江西省红十字会在职人员捐献第二人，江西省成为全国唯一有2名红十字会干细胞工作者捐献的省份。

【召开江西省红十字会第七届理事会第二次会议】 3月1日，江西省红十字会第七届理事会第二次会议在南昌召开。副省长、省红十字会会长谢茹出席并讲话。省红十字会第七次理事会理事，各设区市红十字会会长或分管市领导、常务副会长，理事候选人，团体会员单位代表、专门委员会成员、志愿者等200余人参加。会议通过决议，继续聘任省委书记鹿心社为省红十字会名誉会长，新聘省委副书记、省长刘奇为名誉会长，省委副书记姚增科为名誉副会长。增补1名常务理事、兼职副会长，递补1名常务理事、兼职副会长，增补理事7人，递补理事23人。会议审议通过七届理事会2016年工作报告及省红十字会省本级和全省红十字会系统财务收支情况报告。会上，江西省红十字基金会成立揭牌。谢茹等领导给理事长单位授牌，并给理事颁发证书。

【举办江西省红十字会应急救护大赛暨第四届全国红十字会应急救护大赛选拔赛】 7月21日，江西省红十字会应急救护大赛暨第四届全国红十字会应急救护大赛选拔赛在上饶举办。省红十字会党组书记、常务副会长周海涛，党组成员、专职副会长袁才华出席大赛开幕式。全省各设区市11支红十字会代表队的选手、教练、领队、红十字会工作人员等120余人参加大赛。大赛经过理论知识、救护技术、救护演讲、场景演练等4个环节。南昌市、上饶市、新余市红十字会代表队分别获得团体一、二、三等奖，抚州市、萍乡市、鹰潭市红十字会代表队获得团体优秀奖，南昌市、上饶市红十字会代表队获得优秀组织奖。南昌市红十字会代表队，代表江西省参加“第四届全国红十字应急救护大赛”。

【全国人道资源动员工作经验交流会在南昌召开】 10月18日—19日，全国人道资源动员工作经验交流会在南昌召开。中国红十字会总会和地方红十字会的160余名代表参会。总会副会长王汝鹏，江西省副省长、省红十字会会长谢茹出席会议并为10名重要捐赠者代表颁发“中国红十字博爱奖章”。会上，颁发全国红十字系统首届众筹扶贫大赛的优秀组织奖和全国人道资源动员工作“好项目好活动”奖，江西省红十字会就开展人道资源动员试点工作作经验介绍，内蒙古、湖北、青海以及北京西城、浙江绍兴、云南曲靖等地红十字会分享交流了开展人道资源动员工作的实践和体会，中国红十字基金会就举办众筹扶贫大赛有关情况进行工作总结。会议还邀请红十字会与红新月会国际联合会驻东亚地区代表处和加拿大红十字会的筹资官员分享国际筹资经验和人道资源发展趋势；邀请民政部和中国社科院官员、学者进行慈善法、红十字会法等相关法律法规的专题讲座。

（罗星星）

7月21日，江西省红十字会应急救护大赛暨第四届全国红十字会应急救护大赛选拔赛在上饶举办

省红十字会供

江西省社会科学界联合会

【概　况】 2017年，省社联抓好理论武装、理论创新、智库建设、社科普及、学会管理、阵地建设和自身建设等各项工作，推动全省哲学社会科学事业进一步繁荣发展。

深入学习宣传贯彻中共十九大精神，大力推动习近平新时代中国特色社会主义思想深入人心。3月至10月，在全省社科界开展“讲好江西故事，喜迎党的十九大”主题宣传活动，组织安排近1000场学术报告、展板宣传、现场咨询、知识讲座、文艺演出等社科活动，向全社会宣传马克思主义中国化的最新理论成果，解读党和政府的方针政策，普及社会科学知识，营造喜迎中共十九大的氛围。10月30日至11月5日，联合省委宣传部举办以“深入学习宣传贯彻党的十九大精神，为实现中华民族伟大复兴的中国梦不懈奋斗”为主题的2017年江西省社科普及宣传周暨学术活动周活动。全省300余个相关单位参与，安排系列社科普及和学术交流活动423场，发放图书、资料10万份，受众遍及社会各个阶层。

以完善法制为根本，成功实现江西省社科普及工作立法。配合省人大开展大量立法调研、论证和草案起草修改等工作，经过筹备，11月30日，《江西省社会科学普及条例》如期提请省人大常委会第三十六次会议审议通过，于2018年1月1日起正式实施。成为全国第10个出台社科普及条例的省份。《江西省社会科学普及条例》出台，标志着江西省社科普及工作进入法治化轨道，江西省社科普及活动从此实现有法可依。

以服务决策为核心，大力深化江西省情研究。开展省情调查研究，推出《振兴"中华道都"的思考与建议》《集聚发展新动能的华丽转身——南康家具产业转型升级调查》《加快江西航空小镇的规划与建设》等研究报告，所提政策建议进入决策转化实施。运用《内部论坛》平台，组织全省专家学者开展应用对策研究，一大批高质量研究成果在《内部论坛》刊载，获省领导肯定性批示42人次，其中省委书记、省长批示10人次。首次公开选聘省情研究特聘专家120人，为进一步推进新型智库建设奠定人才基础。省情研究中心入选中国智库索引(CTTI)来源智库，省社联新型智库建设工作得到国家智库评价机构肯定和认可。

以理论创新为重点，着力构建江西特色社科研究体系。国家社科基金项目立项有新突破。全年全省获国家社科基金项目111项，立项数在全国各省区市排第14位，获项目经费2515万元；获国家社科基金重大项目5项，为江西省获批重大项目数最多的一次；获中华学术外译项目1项、国家社科基金后期资助项目4项。省级项目六大平台建设取得新成效。评审立项全省经济社会发展重大招标课题8项、中国特色社会主义专项委托课题17项、江西省经济社会历史文化专项课题27项、人才专项委托项目7项、年度省级社科规划立项项目307项、"青马工程"资助项目108项、青年博士基金项目45项。

【新型智库建设】 5月5日，江西省社联召开新型智库建设工作座谈会。配合省委宣传部起草《关于推进江西省新型智库建设的实施意见》，并以

5月5日，江西省社联新型智库建设工作座谈会在南昌召开

省社联供

省委、省政府办公厅名义印发。抓好全省新型智库建章立制与信息建设工作，筹备组建江西省新型智库理事会，起草《江西省新型智库理事会章程》《江西省重点新型智库建设管理办法》等文件，为全省新型智库建设奠定制度基础。建设"江西省社会科学信息中心"和"社会科学专家库信息管理系统、规划项目申报评审系统、优秀成果奖评选系统、社会组织管理系统、规划项目管理系统"五大系统建设，提升社科工作信息化管理水平。新设省哲学社会科学重点研究基地12个，完成2017年度省社科规划智库项目申报立项和全省第十七次社科优秀成果评奖工作。

【推动社会组织健康发展】 成立社会组织党建工作领导小组，制定《省社联社会组织党建工作领导小组工作规则》《省社联社会组织党组织建设规范》等制度，安排专门人员负责督促指导社会组织党建工作，并召开社会组织党建工作推进会，安排100万元用于支持社会组织党组织开展党建活动，推进社会组织党建工作"两个覆盖"，社会组织党建工作覆盖率总体达80%以上。加强对设区市(县)、高校、企业社联组织的指导联络工作，组织召开全省设区市社联主席工作会议，开展2017年省社会科学规划地区基金项目申报、评审工作，深入市、县社联进行调研指导，多渠道了解市、县社联工作情况，征求相关工作的意见建议。

【强化学术阵地建设】 发挥《老区建设》的宣传作用，助力脱贫攻坚。《苏区研究》办刊水平不断提升，入选"历史学学科期刊转载排行榜"前30名。与中共中央党史研究室第一研究部、上饶师范学院联合主办"纪念南昌起义、秋收起义和井冈山革命根据地创建90周年"学术研讨会，与省文化厅、省商务厅等单位联合承办由省政府主办的首届世界赣商大会赣鄱文化论坛，并在全省社科学术活动周期间邀请中国社科院、中央党校、北京大学、清华大学等单位的专家学者做学术报告。

(陈燕清)

本栏编辑　刘清林

军　事

江西省军区

【概　况】　2017年，省军区坚定举旗铸魂，聚焦备战打仗，全力落实改革，从严正风肃纪，狠抓安全稳定，年度重点工作进入第一方阵，各项建设呈现稳步发展势头。

思想政治建设。落实理论学习制度，紧跟中央军委主席习近平思想步伐抓实理论武装，开展“维护核心、听从指挥”主题教育和纪念“三个90周年”系列活动。组织学习宣传贯彻中共十九大精神，推进“学强军思想、讲强军故事、干强军事业”和“深读两本书、感悟领袖情、铸牢强军魂”群众性教育实践活动。抓好全面贯彻军委主席负责制学习教育，开展重温入党誓词主题党日活动，让每名党员背记誓词、不忘初心。井冈山市人武部作为国防动员系统推荐的典型，向全国全军进行集中宣传报道。

调整改革。推进规模结构和力量编成调整改革，完成省军区、军分区（警备区）、人武部整编。按政策要求和时限规定完成干部落编定位和接收师团职交流干部，做到依令而行、按编落岗。跟进做好改革中的思想政治工作，开展“合心合力合编”、弘扬“‘四个一’精神、争当改革强军先锋”专题教育和“三新”（新体制、新职能、新使命）大讨论。组织2批新交流干部“非转专”培训。

征兵工作。协调修订《征兵条例》，细化拒不履行兵役义务处罚措施，规范优待金城乡一体、大学生增发标准，落实专科高校补偿招生计划政策。利用“两微一端”推送征兵政策和动态，建立融媒体征兵宣传报道机制，将征兵政策融入高招宣传，进村入户开展大学生精准动员。探索役前训练路子，九江军分区实施“特定化管理、特色化教育、特质化训练、精准化定兵”，赣州军分区按照“基础性教育、适应性管理、体验性训练、过筛式查验”的模式全面展开普训。建立廉洁征兵“零报告”和监督员两项制度，召开女兵服役方向选择会，第一时间受理、调查和反馈举报信息，省本级受理举报下降45%，未发现不廉洁问题。紧盯进入“全国第一方阵”目标，抓实兵员质量和“五率”（报名率、上站率、合格率、择优率、退兵率）考评，征兵“五率”考评成绩名列全国第四。

后装保障。成立保障机构，对接保障任务。落实党委理财管财，推广运用“四个监管”（资金监管、油料监管、招标监管、工程监管）系统，牢牢管方向、科学管投量、聚力管导向、从严管形象。完成军以上干部经适房超面积阶段整改，实现分户封存、签字承诺和租金收缴100%。推进停偿工作，成立军地协调领导小组，建立军地联席会议、联动实施、联合执法三项机制，省军区本级“三经五纬”、南昌警备区“新建区文化路集贸市场”等疑难棘手停偿项目取得进展，全区879个项目关停769个，关停率87.5%。

【召开省委人民武装委员会全体会议】　1月5日，省委人民武装委员会全体会议在省军区召开，省长、省委武委会主任刘奇，省委武委会副主任杨笑祥、毛伟明、刘捷，委员方建华、罗晓东、李晓亮、张韬等28人参加。会上，刘奇对2016年省人民武装工作在红色教育、实战训练、军民融合、精准扶贫和兵员征集等方面取得的成绩给予肯定，并从国防动员能力、全民国防教育、提高兵员质量、深化军民融合和抓好双拥共建5个方面，对2017年工作提出具体要求。省军区政委杨笑祥主持会议，通报省军区体制编制调整改革有关情况。省军区副司令员兼参谋长方建华总结分析2016年工作形势。

【省军区党委召开十届七次全体（扩大）会议】　3月4日—5日，省军区党委召开十届七次全体（扩大）会议，传达学习上级党委扩大会议精神，总结2016年工作，部署省军区部队调整改革和2017年工作任务，动员全区官兵职工坚定维护核心，聚力改革发展，谱写红土地上国防动员事业新篇章。省军区党委书记、政治委员杨笑祥作党委工作报告，省军区纪委书记、副政委罗晓东作纪委工作报告，省军区副司令员兼参谋长方建华传达部署省军区部队改革任务。各师单位主官作大会讨论发言。

3月21日，省军区党委召开十届七次全体（扩大）会议第二阶段会议，表彰2016年度全面建设、军事训练、安全管理、新闻宣传先进单位和个人，以及荣立三等功的团职干部。省委书记、省军区党委第一书记鹿心社出席会议并讲话，省军区政委杨笑祥主持会议。省军区党委委员、全体机关干部和受表彰的先进单位、个人代表参加会议。

【省军区举行首长机关结对助学仪式】　4月14日，省军区在兴国县实验小学举行首长机关结对助学仪式。

省军区副政委兼纪委书记李晓亮，赣州军分区、兴国县领导以及10名受助学生代表参加。李晓亮向学校转送省军区首长机关及直属单位58名团以上干部捐助的助学金，并对受助学生提出勤奋学习、自立自强、心怀家国、全面发展的希望。

【军委国防动员部在井冈山组织军职领导干部理论培训】 6月12日—18日，军委国防动员部在井冈山组织军职领导干部理论培训。省军区（警备区）主官、副职领导、政治部负责人等100余人参加培训。军委国防动员部部长盛斌作动员辅导讲话，副部长牟明滨作总结讲话，办公厅主任周河、政治工作局主任晏军主持相关活动，纪检组组长郑明宝、国防大学教授作辅导授课。培训期间，开展了“适应新体制、履行新职能、担当新使命”集中大讨论，组织到北山革命烈士陵园、井冈山革命博物馆、黄洋界、八角楼、三湾改编纪念馆、井冈山市人武部等10个点参观见学。

【省委召开常委议军会】 7月28日，省委召开常委议军会，专题学习中共中央、国务院、中央军委和军委主席习近平有关决策指示，听取省军区党委情况汇报和意见建议，审议通过《关于进一步加强新形势下领导干部国防教育工作的意见》。省委书记鹿心社出席会议并讲话。他强调，全省各级要深入学习习近平系列重要讲话精神，发扬爱国拥军传统，支持国防和军队建设，做好支持改革强军服务保障工作。省军区党委常委列席会议。

【推进老干部服务保障体制调整改革工作】 9月起，省军区严格按照时间节点，推进老干部服务保障体制调整改革工作。成立调整改革领导小组，设立专项办公室。制定下发《老干部服务保障体制调整改革期间思想政治教育实施计划》，开展“坚决拥护支持服从改革、强化责任使命担当”主题教育，破除思想疑虑，打通思想链路。开展调研对接和接收核查，做好4个驻赣干休所、142户老干部及遗孀接收工作；由各局办领导带队，分赴各省移交14名军职退休干部，把老干部的个人诉求、身体情况、实际困难交清楚、讲明白，把具体接收单位联系好、对接上，确保服务保障无缝链接。

（张辉　赵子龙）

武警江西省总队

【概　况】 2017年，武警江西省总队以举旗铸魂引领看齐，以维稳备战牵引建设，以纠风除弊催生动力，以强基固本积蓄底蕴，全面推进各项工作。

思想政治建设。把学习贯彻中共十九大精神作为头等大事，探索运用学习机制，推动习近平新时代中国特色社会主义思想和习近平强军思想入心入脑。实施“四心”（知心、稳心、强心、暖心）工程，创新“经常性思想工作＋经常性心理工作”模式。开展“传承红色基因、躬身强军实践”系列活动，深挖红色资源，签约挂牌163个教育基地。

遂行任务。开展执勤安全教育整顿、警卫勤务专项治理整顿，推进执勤方式优化改革和执勤隐患排查治理，制定深入推进科技强勤、打造“智慧磐石”工程三年规划。严格军事训练“八落实”（落实人员、内容、时间、质量、弹药、摩托飞行小时、教练员、场地），规范运行聚焦精确指挥的首长机关和分队警官训练、创新与部队训练相对分离的新兵训练、深化勤训结合的岗位大练兵、强化针对行动的应急训练、开展多种方式的基地化训练，突出补齐教练员和训练场地“两个短板”，组织特勤分队“魔鬼周”训练，机动支队被武警部队评为军事训练一级单位。分步稳妥推进战备建设，常态开展拉动演练，组织香港回归20周年纪念活动、金砖会晤卡点警戒勤务和“一带一路”峰会、中共十九大安保。

调整改革。组织调整改革专题教育，各级自觉支持改革、拥护改革、投身改革。坚决贯彻中共中央军委主席习近平命令，做细做实改革方案计划，公平公正调配使用干部，不打折扣落实新编制，组织清查移交，加强全程管控监督，完成总队机关整编、部队规模结构和力量编成改革任务。坚决执行领导指挥体制调整，主动协同搞好军地对接，所有撤并改单位全部调整到位。

后勤保障。加强后勤战备建设，推进战备物资库等建设，购置炊事车、淋浴车等后勤装备。深化运力支援、物资储备、医疗后送等军民融合保障机制，分批组织后勤干部和专业兵培训，规范编携配装。推进基础设施建设，跟进解决基层保障难题，为基层配发医疗设备35台。

【抢险救援】 6月24日至7月20日，受长江中上游来水和强降雨双重影响，全省主要河道25个站点超警戒水位，5个大型水库超汛限，长江九江段、鄱阳湖全线超警戒，全省89个县452万余人受灾。武警江西省总队分赴九江、上饶2个方向10个任务点，担负防汛抢险任务。参战官兵共转移群众612人，抢运物资15.2吨，封堵泡泉管涌49处，加固堤坝1.80万米，装填搬运沙袋12.1万个，构筑子堤3600余米，开挖引流渠4200余米，疏通河道1.65万米，铺设防浪网4860余米。

【开展“魔鬼周”极限训练示范组训】 3月20日，武警江西省总队组织机动支队特勤中队与南昌支队蓝军分队开展“魔鬼周”极限训练示范组训，按照“贴近实战联合训、类似实战全程导、模拟实战对抗练、符合实战综合评”的基本思路，采取不分昼夜、不限场地、不定模式的形式连贯组织实施。全总队各支队分管训练的领导和作训股长、参谋参加观摩学习。这次示范组训，解决了极限训练研究不够深入、组训方法不够科学、落实标准不够严格等问题，提高了训练组织的针对性、课目设置的合理性、实施效果的实战性。

【担负武警部队学习《习近平论强军兴军》试点工作】 8月29日至12月30日，武警江西省总队担负武警部队学习《习近平论强军兴军》试点工作，重点探索引学、促学、督学、悟学机制办法。试点期间，先后召开任务推进会5次，编发动态简报12期，制定《武警部队基层官兵学习使用习近平强军思想六法》，总结《学习近平强军思想，育新时代红军传人，奋力走好新的长征路》经验做法，编印《基层学习〈习近平论强军兴军〉辅导材料》《〈习近平论强军兴军〉用典辅导读本》,拍摄《习近平强军思想组学光盘》,制作一批学习动漫、游戏、微电影和文艺节目,促进习近平强军思想在基层落地生根。

【协同公安机关完成“8·23”专案集中收网任务】 12月7日—8日,根据省公安厅统一部署,武警江西省总队出动321名兵力,协同公安机关完成公安部督办“8·23”专案集中收网任务,捣毁电信诈骗犯罪团伙12个,抓获犯罪嫌疑人155人。

(董琦)

5月15日,鹰潭市龙虎山风景名胜区内206国道客货车相撞事故救援

邓飞 供

消防部队

【概 况】 2017年,全省消防部队围绕上级部署和既定目标,戮力创新、奋勇担当,全省火灾形势和队伍建设持续形稳势好、稳中趋优。

社会火灾防控。推动省政府对各设区市政府和13个重点行业部门进行消防工作考核,将省、市、县、乡四级政府消防工作纳入政府目标考核和社会综治考评。开展冬防、夏防、高层建筑、电气火灾等专项治理,通过政府挂牌、媒体曝光等手段,整治重大火灾隐患,销案摘牌199家。全年检查单位44.9万家次,督促整改隐患58.7万处。下发31个督办单督促市级和有关部门落实责任,对14起火灾、83名党政干部倒查问责。贯彻实施《江西省“十三五”消防事业发展规划》,推动各地完成消防专项规划编修和市政消火栓建设任务,建成微型消防站1.11万个、区域联防组织313个,推广安装简易喷淋1万余套、独立式感烟火灾报警器10.25万个。开展“春风”“夏泽”“润秋”和“消防宣传进快递”“亮屏行动”等宣传活动,组织各行业代表3000余人参加访谈代言,发动23.3万名单位员工参加“逃生自救我能行”网上测试,在全国首创“江西消防全媒体中心”,建立自媒体账号339个,关注用户150余万人。

攻坚作战能力。深化执勤训练改革,持续开展全员岗位大练兵,创新作战、训练、考评三位一体训战模式,举办全省消防部队实战化练兵比武竞赛和全省城市政府专职消防队伍比武竞赛,组织整建制中队实战化训练考评,开展各类跨区域演练41次;分批轮训311名基层指挥员,组织445名骨干参加车辆事故救援、内攻和紧急避险、危险化学品处置和基层指挥员等技战术培训;组织77名初级指挥员能力考评、1010名士兵和881名专职消防队员职业技能鉴定。推进全省1/3执勤中队训练塔实战化改造,分区域、分类别组建高层建筑灭火救援专业队等24支。以“3~5个毗邻乡镇联合建队”模式试点,建立10支专职消防队。全省部队共接警出动1.8万起,出动警力21.37万人次,营救和疏散被困人员4.2万人,抢救财产价值9.25亿元。

综合保障水平。全力构建信息保障体系,提请省公安厅在九江市召开全省信息化建设现场推进会,部署消防信息化建设和应用任务;全年有3198台移动警务终端投入日常工作应用,新增北斗车载定位终端1150台,无线公网集群对讲机1200余台。全面落实《江西省地方消防经费管理实施办法》,年内争取地方消防经费9.77亿元;启动基本建设项目32个,训练基地和战勤保障大队建设率100%。加强装备建设,投入经费2.2亿元,采购消防车137辆、器材4.2万件(套)。

【“5·15”鹰潭市龙虎山风景名胜区内206国道客货车相撞事故救援】 5月15日17时25分,在鹰潭市龙虎山风景名胜区内206国道1569千米处,从龙虎山往鹰潭方向一辆满载49人的公交车与反方向行驶的大货车相撞,车上人员被困。鹰潭支队调派8辆消防车、47名官兵赶赴现场实施处置,鹰潭市政府调派公安、交通、路政、医疗等联动部门协同作战。17时31分,首战力量到达现场。18时3分,救出被困人员49人,其中死亡10人、重伤8人、轻伤31人。

【“8·21”彭泽县矶山工业园之江化工有限公司火灾事故处置】 8月21日4时53分,彭泽县矶山工业园之江化工有限公司紫外吸收剂车间发生火灾,彭泽大队调派3辆消防车、21名官兵赶赴现场实施处置,九江支队调集3个大(中)队7辆消防车、52名官兵赶赴现场增援,支队全勤指挥部遂行出动。经过5个小时奋战,10时12分,起火仓库和车间明火被扑灭。

【“11·27”萍乡市湘东区荷尧镇泉陂村溶洞应急救援】 11月27日4时17分,萍乡市湘东区荷尧镇泉陂村一溶洞内有8名人员失联。萍乡支队调派4个中队、107名官兵第一时间投入抢险救援。经过48个小时奋战,营救出8名被困人员。

(邓飞)

人民防空

【概 况】 2017年,省人防办贯彻落实第七次全国人防会议精神,按照全省人防工作会议部署,开拓进取、狠抓落实,全省人防事业取得新成绩。

人防工程建设。省级和南昌市预备指挥所完成立项,萍乡市、景德镇市基本指挥所启动建设。全省新增人防工程完成年计划115%。新安装防空警报器102台,全省安装1908台,设区市级警报音响覆盖率达95%以上,县(市、区)级达90%以上。

改革创新。下放人防质量监督管理权限,鼓励和指导各设区市成立质监站。委托赣江新区行使5项省级人防权力,行使设区市人防权力,免缴3年应上缴10%的易地建设费。协同省住建厅推动制订出台《关于加快城市地下空间开发利用的指导意见》,实行人防专项规划与地下空间开发利用规划"两规合编"。联合省住建厅等部门下发《关于进一步完善城市停车设施规划建设管理工作的指导意见》。明确新建人防工程平时优先用作停车位。支持单建人防工程地下建设用地使用权出让给投资方。

融合发展。结合国家生态农业重点项目,着手建设省人防疏散基地。各地结合旅游度假、扶贫开发等建设疏散设施。全省新增地下停车位2万多个。上饶市高铁人防工程整体向社会出租,平时能提供400多个停车位。南昌市人防办出资成立地下空间开发利用管理公司,通过融资方式开发4个兼顾人防要求的地下空间开发项目,投资额4.2亿元。做好与省应急办、省气象局的工作对接,将人防警报系统纳入政府应急预警报知平台。

法治建设。推动省人大法工委启动《江西省实施〈人民防空法〉办法》第二次修订工作。南昌市开展《人防工程管理办法》立法调研工作;景德镇市将人防纳入《城乡市容环境卫生管理条例》。在全省开展防化设备产品质量检查。萍乡市依法规范统一城区人防审批权,防空地下室建设面积和收缴易地建设费翻两番多。抚州、宜春、新余等地开展人大执法检查。7月起,连续半年在江西卫视《新闻联播》黄金时段播放人防宣传公益广告。

5月19日,"百万网民学人防法"座谈会暨抽奖仪式在南昌举行

张国凤供

【开展全省人防工程防护设备生产安装企业从业能力专项核查】 7月24日—29日,省人防办组织人员,对全省31家人防工程防护设备生产安装企业从业能力进行专项核查。核查采取现场逐个从业人员核实、逐项设备设施点验,查看各类合同、报告、生产记录、发票资料等方式,内容包括企业在综合、人员、场地、设备、质检、制度、加减分项和一票否决8个方面。核查结果:全省人防工程防护设备企业达A档标准6家,占总数的19.3 %;达B档标准14家,占总数的45.2 %;达C档标准2家,占总数的6.5 %;达D档标准6家,占总数的19.3 %;主动放弃接受核查3家,占总数的9.7 %。8月,省人防办印发专项核查有关事项通报,并责令B档以下的人防工程防护设备企业根据核查标准进行限期整改。通过专项核查,进一步加强了全省人防工程防护设备生产安装企业从业能力建设,推进行业自律、企业诚信和市场有序竞争,强化事中事后监管力度。

【开展全省"百万网民学法律知识竞赛"(人防专场)活动】 4月1日起,省人防办、省普法办联合江西新法制报社,推出为期一个月的"百万网民学法律知识竞赛"(人防专场)活动,共设20道考题,同时在江西法制网、法治江西网和江西普法网设专栏,网民可以通过手机和网站多渠道参加考试。参加竞赛人数达17.75万人次,其中90分以上7.11万人。经现场抽奖,获特等奖1人、一等奖4人、二等奖10人、三等奖30人、优秀奖30人。吉安市人防办、景德镇市人防办和共青团景德镇市委等20个单位被评为优秀组织奖。这是省人防办第一次通过新媒体方式面向全省宣传人防法律法规,吸引了20多家媒体关注报道。

【全省人防系统首届读书会在新余召开】 3月24日,全省人防系统首届读书会在新余召开。各设区市人防办综合科(处)长、法宣科(处)长,2016年度《江西人民防空》杂志优秀作者、特邀作者以及省人防办机关相关人员共34人参加会议。会议代表围绕《"深挖洞"的背后》《魂兮归来》《风流江西》《生命最后的读书会》《发现海昏侯》等书籍,结合工作实际交流读书体会。通过多读书、读好书,在全省人防系统营造崇尚知识、热爱学习的氛围,引导广大人防机关干部职工通过读书提升素质、促进工作,使干部职工从快餐式阅读回归到品餐式阅读,从快阅读回归到慢阅读。

(张国凤)

本栏编辑　詹跃华

法　治

立　法

【概　况】　2017年，省人大常委会制定地方性法规6件、修改地方性法规3件；批准设区市人大常委会法规13件。

制定的地方性法规是：《江西省交通建设工程质量与安全生产监督管理条例》《江西省农业生态环境保护条例》《江西省工会劳动法律监督条例》《江西省社会科学普及条例》《江西省特种设备安全条例》《江西省林木种子条例》。

修改的地方性法规是：《江西省征兵工作条例》《江西省安全生产条例》《江西省道路运输条例》。

批准的设区市法规是：《新余市立法条例》《赣州市立法条例》《吉安市立法条例》《抚州市立法条例》《萍乡市立法条例》《鹰潭市立法条例》《上饶市立法条例》《景德镇市市容和环境卫生管理条例》《南昌市历史文化名城保护条例》《九江市城市市容管理条例》《赣州市城市管理条例》《上饶市城市管理条例》《吉安市城市市容和环境卫生管理条例》。

【完善立法工作机制】　发挥人大立法主导作用，加大自主起草力度，省人大有关专门委员会牵头起草法规草案2部，提前介入政府部门法规草案起草，从源头上防止部门利益法制化；把立法评估与开展监督结合起来，推动改进立法，促进法规实施，先后开展《江西武夷山国家级自然保护区条例》《南昌市电动自行车管理条例》立法质量评价。拓展人民群众有序参与立法途径，所有法规草案公开征求公众意见，专业性较强和涉及群众切身利益的重要条款，召开论证会、座谈会听取意见；完善立法联系点制度，依托“人大立法在进行”栏目，建立直接听取基层干部群众意见建议的“直通车”。加强地方性法规清理工作，制定《江西省人大常委会地方性法规常态化清理方案》，督促各部门、各单位按照方案要求，落实清理责任，及时对与上位法不一致的地方性法规进行修改或废止。

【推进设区市行使立法权】　提高设区市立法能力，通过召开全省立法工作座谈暨培训会、组织跟班学习、开展督促检查等方式，促进设区市健全立法机构、配强工作力量、完善制度建设，加强立法规划、计划编制和法规选项、起草、审议等各环节指导。推出设区市地方立法工作系列访谈，集中召开设区市法规贯彻实施新闻发布会，为设区市立法和法规实施营造良好氛围。

（省人大常委会办公厅）

政法委

【概　况】　2017年，省政法委深入推进平安江西、法治江西、过硬队伍建设，全省未发生危害国家安全事件，未发生影响政治稳定事件，未发生暴力恐怖事件，未发生重大群体性事件，未发生在全国有影响的恶性刑事案件，公众安全感、满意度分别为96.25%、96.13%。

维护社会稳定。出台6个制度文件，保障全省社会大局稳定。中共十九大召开期间，全省启动战时机制，以最高标准、最严要求压实安保责任，完成安保任务。组织开展影响社会稳定矛盾问题集中摸排调研与滚动排查化解专项行动，对集中摸排调研掌握的2860件矛盾问题开展全样本分析，共梳理出影响全省社会稳定的9类涉稳突出问题，103件需省级层面关注推动解决的具体事项，逐一明确对策措施、维稳工作目标、省级责任领导、省直牵头部门、协同职能单位等。

加强和创新社会治理。全面深化社会面打防管控，严厉打击社会影响恶劣、严重威胁群众安全感的“盗抢骗”“黑拐枪”、电信诈骗、非法集资等违法犯罪，八类严重刑事案件下降4.2%。推进“雪亮工程”建设，接入省公安厅平台的视频监控探头10万多个，实现与11个地市共享平台的联网管理，县（市）联网总数86个。在全省推开吸毒人员、法院失信被执行人网格化管理工作，全省13.50万个网格均配备网格管理员，并吸收社会组织、群团组织等各类社会力量参与网格化服务管理。优化省矛盾纠纷排查化解云平台建设，累计汇集矛盾纠纷15.28万件，对其中的142件典型指导性案例进行整理，完成369名金牌调解员的甄选工作。加强流动人口服务管理，已登记流动人口230.3万人，办理居住证154.6万张。

推动法治江西建设。出台《关于落实〈党政主要负责人履行推进法治建设第一责任人职责规定〉的实施办法》，强化党政主要负责人的责任。出台《关于进一步加强全省社会主义法治文化建设的意见》《江西省法治文化建设行动计划（2017—2020年）》，举办年度“江西十大法治人物颁奖礼”，开展百万网民法律知识竞赛活动，推进“七五”法治宣传教育规划实施。省法学会与省社联联合推出应用对策型研究课题“法治江西智库项目”，形成法治江西智库课题研究成果。

【完成司法责任制改革】 发挥省司法体制改革领导小组的统筹协调作用，不断加强与司改领导小组各成员单位沟通协调，抓好推进司法人员分类管理、完善司法责任制、健全司法人员职业保障制度、深化省以下地方法院检察院人财物统一管理改革等任务落实。司法责任制改革后，全省三级法院院庭长共办案21.33万件，上升52.8%；全省检察机关实际办案人数比改革前增加28.1%；110个基层检察院内设机构数由原来平均14个减至7个。

【推进政法信息化建设】 以“ZF801”工程为依托的全省涉法涉诉信访信息系统、全省维稳情报分析系统及手机移动平台、跨部门涉案财物集中管理平台已上线试运行。推进全省电信网省际出入口诈骗电话防范拦截系统建设，已拦截各类诈骗电话328万余条。法院系统加强江西法院智慧云建设，首创一体化送达服务平台，被《中国法院信息化蓝皮书》列入16个地方创新案例之一。检察系统在全省部署实施人民检察院案件信息公开网微信平台，为群众提供及时便捷的案件信息公开服务。公安系统推进“一案一码”改革试点，被确定为全国新一代公安移动警务试点示范单位。司法行政系统实施“法务云”平台项目，打通司法部至江西省司法行政系统四级应急指挥网络。

【推动“基本解决执行难”工作】 5月16日，省委办公厅、省政府办公厅印发《关于支持人民法院解决执行难问题的通知》，省委政法委牵头成立省解决执行难工作领导小组。6月6日，召开全省综合治理执行难工作会议，对全省“基本解决执行难”工作作出部署。12月21日，省解决执行难工作领导小组各成员单位联合印发《江西省法院执行工作联动协调机制工作办法》。全年全省法院执行实施类案件共收案16.37万件，执结率90.7%；实际执结到位总金额572.8亿元，增长1.2倍。

【深化鄱阳湖区联谊联防工作机制】 以防控湖区安全风险为主线，由省综治办牵头，把省、市、县三级湖区执法力量汇聚起来，最大程度地推向湖区一线，从5月8日开始，对重点水域和争议水域开展为期168天的不间断联合巡逻，先后查处各类案（事）件248起和非法采沙、非法捕捞船只313艘，化解矛盾纠纷91起，实现湖区矛盾处置好、不激化。

【开展易制爆危险化学品和寄递物流专项整治】 8—12月，省综治办、省公安厅、省国家安全厅等单位，以涉恐重点物品“不流失、不打响、不炸响”为目标，在全省开展易制爆危险化学品和寄递物流专项整治，全面清查枪爆从业单位和寄递物流企业4500余家次，对存在严重隐患的14家易制爆危险化学品单位、76家寄递物流企业铁腕整治、顶格处罚，清缴社会面各类枪支、子弹、炸药、雷管等物品，有效管住暴恐风险源。同时，为督促落实企业主体责任，采取暗访执法、顶格处罚、警示教育、组织“回头看”等一系列措施，督促企业主动落实主体责任，杜绝重特大案（事）件发生。

【印发《关于为激发社会创造活力建设富裕美丽幸福江西强化法治服务保障的实施意见》】 3月20日，省委政法委印发《关于为激发社会创造活力建设富裕美丽幸福江西强化法治服务保障的实施意见》。该实施意见涵盖了端正执法司法指导思想、维护市场经济良好秩序、服务保障重大项目建设、主动帮助企业松绑解缚、打造便捷的法律服务体系、审慎妥善办理涉企案件、鼓励大众创业万众创新、加强生态环境司法保护、营造诚实守信社会风尚、严格执行各项铁规禁令10个方面，每个方面又有若干的具体细化措施。

【举办“法治服务企业”法律沙龙活动】 11月10日，省法学会在永丰工业园区举办“法治服务企业”法律沙龙活动，组织省内知名律师与园区20家企业代表，围绕贯彻落实中共十九大精神、法治服务保障企业进行座谈交流，就企业经营中遇到的上市、融资、知识产权保护等问题进行解答释疑。

（王麒）

法治政府建设

【概　况】 2017年，围绕中心、服务大局，勇于创新、锐意进取，全面推进政府法制各项工作落实。

法治政府建设。联合省编办在年初出台《关于进一步加强市县政府法制机构建设的意见》，对市县政府法制机构建设提出明确要求。11个设区市政府法制机构中，达标的由2016年的4个增加到9个；100个县（市、区）政府法制机构中，达标的由2016年的19个增加到32个。筹备召开省推进法治政府建设工作领导小组全体会议，领导小组组长刘奇出席会议并讲话。将法治政府建设考核纳入法治江西建设考评、市县科学发展观综合考评、省直机关绩效管理以及综治考评，实现一体化考核。

政府立法工作。全年完成7件地方性法规和6件政府规章立法任务。重点加强经济发展领域立法，先后完成《江西省道路运输条例》《江西省安全生产条例（修订）》和《江西省地理信息数据管理办法》等地方性法规和政府规章审查修改任务。审查修改《江西省人民政府关于由赣江新区行使部分省级经济社会管理权限的决定》，以省政府规章形式规定由赣江新区行使部分省级经济社会管理权限，确保管理权限于法有据。完成《江西省湖泊保护条例》《江西省林木种子管理条例》地方性法规的审查修改任务。重点审查修改《江西省征兵工作条例（修正）》《江西省无障碍环境建设办法》地方性法规和规章。审查修改《江西省禁毒条例》，预防和惩治毒品违法犯罪行为。在审查修改《江西省特种设备安全条例》过程中，坚持以问题为导向，针对电梯故障多、应急救援和处置不够快速等突出问题，专门设置章节。

立足自身职能，主动与省交通厅对接，在年度立法计划外完成《江西省公路货物运输车辆超限超载治理办法》立法任务。牵头组织省直有关部门对现行有效的122件省政府规章进行全面清理。对其中与放管服、生态文明建设和环境保护有关法律、行政法规不一致，存在降低标准、管控不严等问题的省政府规章，经过审核论证，建议省政府废止13件、一揽子修改11件，并将适时修改12件。

行政争议化解。以解决老百姓的问题为导向，坚持合法性和合理性审查，原则性和灵活性相结合，落实省政府"放管服"改革要求，协调解决21件历时较长、案情复杂的涉企行政争议。全年办理行政复议案件302件，增长95.5%。其中，省政府行政复议案件276件，国务院监督案件25件，国务院裁决案件1件。行政复议涉案的申请人1378人，超过前5年之和。办结行政复议案件267件，办结率88.4%。全年省政府收到行政应诉案件73件，均按法定期限向审判机关提交答辩状，审判机关作出裁判50件，行政诉讼胜诉率维持100%。推进行政复议体制改革工作，出台《关于进一步深化行政复议体制改革的意见》。与省综治办联合印发《关于做好行政争议调解工作的试行办法》，发挥行政调解在化解行政争议中的作用，指导督促全省行政机关对符合受案范围的行政争议进行调解，及时化解争议纠纷。全省各级行政机关办理行政调解案件26.3万件，调解成功24.2万件，调解成功率91.8%。

【行政执法监督】 创新行政执法监督方法，加快推进"双随机一公开"行政执法监督平台建设。省、市、县三级共用的"双随机一公开"行政执法监督平台在全国率先建成，并正式运行。指导督促南昌市、赣州市开展三项制度（推行行政执法公示制度、执法全过程记录制度、重大执法决定法制审核制度）试点工作。试点单位的市、县两级政府及其所属行政执法部门均建立三项制度及其操作规程。指导10个县（市）开展相对集中行政许可权改革试点工作，对试点方案进行合法性审查。联合省工商局、省质监局、省食药监管局出台《江西省市场和质量监督管理部门行政处罚程序规定》，保证全省市场和质量监管部门行政处罚程序的一致性。

【履行法律顾问职能】 增设合法性审查处，对《国家生态文明试验区（江西）实施方案》等51件拟由省政府出台的重大行政决策进行合法性审查，为省政府决策提供科学依据。全年办理法律、法规、规章和规范性文件涉法征求意见401件次。其中，国务院法制办立法项目论证稿46件次，省政府办公厅以及省直有关部门征求意见稿290件次，其他各类涉法文件65件。均予以及时审查和回复。

【举办全省学习贯彻中共十九大精神加快法治政府建设培训班】 11月6日—11日，省推进法治政府建设领导小组办公室在中国人民大学举办全省学习贯彻中共十九大精神加快法治政府建设培训班，各设区市、省直管试点县（市）推进法治政府建设工作领导小组办公室、省直有关部门负责法治政府建设工作处室的负责人和业务骨干等80人参加，省纪委驻省政府办公厅纪检组派员全程参与。培训班开设以"治国理政新理念新思想新战略与法治政府评估""行政法治思维与法治政府建设""民法总则解读""政府合同法律审查""行政复议理论与实务研究""社会管理创新与法治"等内容为主题的专题课程，邀请专家就党的十九大精神进行解读，安排全体学员参观"砥砺奋进的五年"大型成果展。

（童鹏 熊斌）

公 安

【概 况】 2017年，全省公安部门完成不同阶段的安保维稳任务，公安部通报和自行排查的1857个风险隐患全部清零。全省社会大局持续稳定，公众安全感96.25%。深化公安改革和"四项建设"两个抓手，完成36项公安改革和51项"四项建设"重点任务，"全警情录入+"、大部制改革、视频侦查技术应用等创新做法得到公安部推广。群众对公安工作的满意度93.81%。开展"大培训、大采集、大应用"三大活动。全年开设大培训课程1466期，培训民警37万人次；采集录入数据1790类；警综、大数据、移动警务平台实战应用次数分别为731万次、650万次、2122万次。加强思想政治建设、履职能力建设、纪律作风建设，全省执法质量考评合格和优秀率97.81%，涉警信访数和涉警舆情数分别下降8.61%、16.6%。

【安保维稳工作】 聚焦"一带一路"国际合作高峰论坛安保维稳，投入警力34.6万人次。聚焦做好金砖国家领导人第九次会晤安保维稳，检查入闽车辆4.2万辆次、人员10万余人次，查获各类危险、违禁物品7.2万件。聚焦做好决战决胜阶段党的十九大安保维稳，召开全省公安机关誓师动员会，逐级层层签订安保责任书，对关键节点实时调度部署。落实特殊情况下购销散装汽油"人证合一"验证，清查枪爆从业单位和寄递物流企业4500余家次；组织57万余人次对机场、火车站、汽车站、高铁站、宾馆饭店和水域、码头等重点要害部位、人员密集场所开展全天候巡逻。依托"天网"工程汇聚车站、码头、大型商场等重点区域的15万余个视频监控探头、3799个视频卡口信息，筛查过滤车辆11万余辆、人员25万余人次，结合人脸识别、人像比对技术查获违法犯罪嫌疑人647人，查缴违禁物品1.5万件，协破案件1.8万起。

【安全风险防控】 围绕环境保护、征地拆迁、劳资纠纷等领域，配合相关职能部门，发动基层群众自治组织，摸排调处各类矛盾纠纷31.5万起。组织对金融股市、民间融资等重点行业进行风险隐患排查，归纳整理预警性经济犯罪信息76条，对潜在重大风险的65起案件进行评估。组织开展"猎狐2017""云端2017"等专项行动，抓获犯罪嫌疑人2597人，挽回经济损失4.96亿元。继续推进优化企业发展环境行动，全年上门服务企业1700余次，打击强揽工程等违法行为273起。组织开展"赣剑""利剑""清水蓝天"等专项行动，侦破"7·18"公交车纵火案等一批大要案件和"2·26"非法排废酸案等一批严重侵害公众利益的重点案件,抢劫、抢夺、盗窃等多发性侵财犯罪分别下降32%、44.4%、15%。落实缉毒执法、禁毒预防、禁吸戒毒、禁毒管理等工作措施,缴获各类毒品1882千克。严厉打击黑客攻击、侵犯公民个人信息等网络违法犯罪,破获涉网案件1905起。加强道路交通安全监管,清理重点隐患车辆2.16万辆,整治各类公路隐患5793处,发布道路交通预警信息242万条,全省一次死亡3人以上交通事故起数下降16.33%。严格大型活动审批把关,组织指导20.5万人次安保力量,确保630场次大型活动进行。

【数据强警】 以警情编码为唯一关联,建设"一案一码"执法办案管理监督系统。全面推行"互联网+公安政务服务",整合11个警种的报警求助、行政审批、证照办理、查询咨询等窗口业务,创新微信公众号、手机APP等服务新模式,全年新增办事量193.74万件。以警号为唯一标识,建设"一警一号"警员管理工作服务系统。强化"数据强警"意识,举办69期公共课程讲座,培训民警12.9万人次。提升采集应用能力,完成采集类课程537个、应用类课程929个,共培训民警37万人次;制作教学片49部、公安微课程220部。推广新社区警务平台和"辅警E采"APP,全省录入1636.6万条标准地址、1081.4万间实有房屋、6.7万家实有单位和3930.6万名实有人口信息。采集视频信息,接入各类视频资源22.37万路,整合治安、交通卡口过车数据46亿条。采集警务资源信息,共录入5069辆警车、4.55万名警员、10万个视频探头等上图数据。优化全省警综平台应用,向全警开放智能云搜基本权限,为民警提供应用服务131万余次。拓展移动警务平台应用,统筹开发15类152个APP应用。制定信息共享办法,编制发布第一批85类信息资源共享目录。严格执行信息系统应用日志审计、"一机两用"违规行为监测等制度,全省注销和更新数字证书1.62万个,清查各类安全违规行为线索383条。

【推进公安改革和"四项建设"】 继续推进公安改革和"四项建设"(基础信息化建设、警务实战化建设、执法规范化建设、队伍正规化建设)。依法规范境外非政府组织管理,推动成立省境外非政府组织管理协调小组及其办公室,建立8家省直单位参加的协调机制,设立专门管理服务窗口,规范开展对在赣境外非政府组织的注册登记、活动备案、专项调查、专案侦查等工作。加强在赣外国人管理,在社区警务平台中嵌入"基层境外人员管理模块",并关联对接信息资源服务平台。完善网络安全综合防控体系,建立网络与信息安全通报中心。推进非警务事项分流改革,实现110报警服务台与12345政府服务热线平台的联动对接。推进派出所每日晨会制度,科学设置12个省际、24个市际治安检查站,常态落实高铁地铁安全隐患排查和联防联动工作机制。继续深化户籍制度改革,推进户口清理整顿,拓展居住证申请公共租赁住房等10项城镇基本公共服务,全省登记流动人口211.2万人、制发居住证153.1万张,完成农业人口104万人和其他常住人口转户任务。精简无谓证明和烦琐事项,落实报警求助首接责任制、群众办事一次告知制、窗口单位弹性工作制,推行"预约服务""绿色通道""一站式"等服务模式,制定出台全国异地办理身份证服务全覆盖、办证进度网上一键查询、出入境24小时自助服务区、117项交管业务网上办掌上办语音办等举措。推进以审判为中心的刑事诉讼制度改革,建立刑事执法工作联席会议制度,出台3个批次常见刑事案件证据规范。完善行政执法与刑事司法衔接机制,推动建立省级"两法衔接"信息共享平台,组织开展"两法衔接"案件集中评查,全年接收其他行政机关移送案件961起。

(刘立柱)

检　察

【概　况】 2017年,全省检察机关围绕发展大局,忠实履行政治责任和法律监督职责,各项工作取得新成绩。

加强生态环境司法保护。依法起诉破坏生态环境资源犯罪1418人,在生态环境资源领域查办职务犯罪266人、办理民事诉讼和行政诉讼案件506件。健全内外部配合衔接机制,推进在生态环境保护行政执法部门设立派驻检察室(工作站),汇聚生态司法保护合力。11月,省人大常委会专题听取省检察院报告生态检察工作。

推进司法责任制改革。检察人员分类管理基本到位,全省遴选产生员额制检察官2524人,占政法专项编制数的34.7%。设立独任检察官和检察官办案组两种办案组织形式,制定办案权限划分、权力清单、领导干部办案、员额退出、检委会审议案件会前过滤审查等制度,检察官办案主体地位初步确立。推进内设机构改革,110个基层检察院内设机构改革全部完成。推动建立并落实与检察官职务序列相配套的职业保障制度,建立与办案数量、质量直接挂钩的绩效考核办法。

开展提起公益诉讼工作。7—12月,共立案民事、行政公益诉讼案件283件,办理诉前程序案件233件,相关行政机关依法履职或纠正违法73件,向法院提起民事和行政公益诉讼2件,提起刑事附带民事公益诉讼5件。

查办和预防职务犯罪。共立案侦查职务犯罪案件1419人,上升2.6%。其中,县处级以上领导干部54人。介入调查重大安全生产事故背后的职务犯罪问题,立案查处丰城电厂"11·24"重大责任事故、南昌海航白金汇酒店火灾事故、鹰潭"5·15"特大交通事故背后所涉职务犯罪29人。针对群众反映强烈的医疗系统腐败问题,在全省范围内组织各地检察机关查办医疗系统贪污贿赂犯罪案件。深化职务犯罪预防工作,部署开展"预防职务犯罪邮路"活动,将预防职务犯罪与邮政通信服务有机融合,推动形成覆盖城乡的职务犯罪预防网络。

推进平安江西建设。依法严厉打击危害国家安全、黑恶势力、暴力恐怖、涉毒等严重影响群众安全感的犯罪,共依法批准逮捕刑事犯罪嫌疑人2.77万人,上升10.4%;起诉3.95万人,上升14.4%。加大对"村霸"和宗族恶势力的整治力度,严惩农村基层组织人员腐败犯罪。落实律师参与化解和代理申诉案件工作机制,修改完善《江西省检察机关控告申诉案件终结实施办法》,进一步推动申诉案件公开化。

强化对诉讼活动的法律监督。依法监督公安机关立案207件、撤案128件,督促行政机关移送案件305件;提出刑事抗诉211件,法院依法改判或发回重审121件;提出民事抗诉55件,法院依法改判或发回重审32件;提出再审检察建议62件,法院采纳26件。健全检察环节冤错案件纠防机制,依法保护当事人的合法权益。以专项活动为载体,持续监督纠正刑事执行活动中存在的违法问题,监督纠正减刑、假释、暂予监外执行不当1112人次,纠正社区矫正人员脱管漏管10人。

【召开江西省第十七次检察工作会议】 2月9日—10日,省检察院在南昌召开江西省第十七次检察工作会议。会议贯彻省第十四次党代会和第十四次全国检察工作会议精神,总结2012年第十六次全省检察工作会议以来的工作,明确"十三五"时期主要任务,部署2017年工作。省委书记、省人大常委会主任鹿心社出席会议并讲话,省领导刘奇、黄跃金、尹建业等出席会议,省检察院党组书记、检察长刘铁流作工作报告。

【制定《关于立足检察职能服务和保障实体经济健康发展的意见》】 4月21日,省检察院制定《关于立足检察职能服务和保障实体经济健康发展的意见》,提出深刻认识检察机关服务和保障实体经济健康发展的重要意义、依法维护市场经济秩序、平等保护各类市场主体合法权益、主动服务重点产业和重大项目建设、加强知识产权司法保护、服务国有企业改革发展、保障和促进创新创业、服务和保障工业园区建设与产业集聚发展、把握司法办案的法律政策界限、规范检察机关的司法办案行为、加强服务和保障实体经济健康发展的组织领导、强化服务和保障实体经济健康发展的协调配合12条具体措施。

【鄂湘赣三省检察机关服务长江中游城市群建设第三次工作联席会议在鹰潭召开】 9月21日—22日,鄂湘赣三省检察机关服务长江中游城市群建设第三次工作联席会议暨生态检察工作研讨会在鹰潭召开。会议以"深化三省生态检察协作,服务和保障长江中游城市群生态文明建设"为主题。最高人民检察院检委会专职委员陈国庆,省委常委、省委统战部部长陈兴超出席会议并致辞。湖北省检察院检察长王晋,湖南省检察院检察长游劝荣,江西省检察院检察长刘铁流出席会议并讲话。鄂湘赣三省检察机关代表,省人大内司委等有关单位代表、生态检察工作研讨会优秀论文作者代表共50余人参加。鄂湘赣三省检察长共同签订《关于加强生态检察区域协作服务和保障长江中游城市群生态文明建设的意见》。

【第七届中国检察基础理论论坛在南昌举行】 11月24日—25日,由中国检察学研究会检察基础理论委员会主办、省检察院承办的第七届中国检察基础理论论坛在南昌举行。论坛以"依法治国与检察监督体系的发展完善"为主题,围绕检察监督体系的理论基础、检察监督体系与检察职能的调整完善、检察监督体系的制度保障3个专题进行研讨,共收到论文610余篇。最高人民检察院相关部门代表、专家学者、各省(自治区、直辖市)检察机关代表、论文作者代表等80余人参加论坛。

【王天普受贿案】 经最高人民检察院指定管辖,2015年9月,省检察院以涉嫌受贿罪依法对中国石油化工集团公司原总经理王天普立案侦查。经查,王天普利用担任中国石油化工集团公司董事、总经理、党组成员及中石化股份公司副董事长、总裁等职务便利,为他人谋取利益,索取或非法收受他人财物,共计折合人民币3347万余元,非法占有国有公司资产79万余元。经南昌市检察院提起公诉,2017年1月20日,南昌市法院以受贿罪、贪污罪判处王天普有期徒刑15年6个月,并处没收个人财产320万元。王天普当庭表示服判,不上诉。

【丰城电厂"11·24"重大垮塌事故案】 2016年11月,宜春市丰城发电厂三期扩建工程D标段一在建冷却塔筒壁顶部施工中发生坍塌,造成73人死亡,2人受伤。事故发生后,在国务院事故调查组统一协调和最高人民检察院派员指导下,全省三级检察机关介入开展调查,对江西省投资集团公司原党委委员、丰城电厂三期扩建工程项目工程建设原总指挥邓勇超(副厅级)等25人立案侦查,2017年全部侦查终结并移送审查起诉。

【南昌市新建区松湖邮政所原负责人熊俊贪污案】 2016年1月,经南昌市检察院指定管辖,南昌市西湖区检察院以涉嫌贪污罪对熊俊立案侦查。经查,2015年6月至12月,熊俊利用担任中国邮政集团公司江西省分公司新建区松湖邮政所负责人的职务便利,通过虚构汇款业务、伪造汇款单据等方式,多次贪污公款累计达2023万余元,用于个人非法网络赌博。经南昌市检察院提起公诉,2017年4月10日,南昌市法院一审以贪污罪判处熊俊无期徒刑,剥夺政治权利终身,并处没收个人财产100万元。

(曾超)

法 院

【概 况】 2017年,全省法院受理各类案件46.02万件,审结52.20万件(含旧存),分别上升16.31%、33.89%。

服务保障发展大局。出台服务保障富裕美丽幸福江西建设、国家生态文明试验区建设等指导意见。以法治方式保障供给侧结构性改革,加大破产案件审理和指导力度,全省法院审理破产案件163件。依法保障重大项目建设,妥善化解一批涉昌吉赣高铁建设项目等矛盾纠纷。加强环境资源审判工作,审结盗伐滥伐林木、破坏耕地、非法开采矿产资源等破坏环境资源案件907件。推进环境资源审判专业化,成立70个环境资源审判专门机构,建立环境资源案件咨询专家库,在风景区设立旅游法庭、巡回审判点76个。探索生态环境修复司法保护新机制,推动在南昌、宜春等地建立6个环境资源案件生态修复示范基地,九江市法院被确定为全国环境资源司法实践基地。依法制裁侵犯著作权、专利权、商标权等侵权行为,审结知识产权案件1025件。

维护社会和谐稳定。审结一、二审刑事案件3.36万件,上升16.69%;生效判决人数3.36万人,上升19.68%。加大扫黑除恶工作力度,依法严惩杀人、绑架、抢劫、拐卖妇女儿童等犯罪,审结案件6900件。加大毒品犯罪打击力度,审结制造、贩卖、运输毒品等案件3231件。依法惩治破坏市场经济秩序犯罪,从严惩处群众关注的集资诈骗、制售假冒伪劣产品等犯罪,审结案件193件。突出做好职务犯罪大要案、热点敏感案件审理工作,审结职务犯罪案件812件。审结一、二审民商事案件27.19万件,上升25.17%。审结教育、就业、医疗、工伤等涉民生案件1.19万件。推进家事审判方式和工作机制改革试点,探索“离婚冷静期”等做法,审结婚姻家庭案件4.79万件。坚持诚实信用、意思自治原则,审结买卖、租赁、保险等合同案件7.84万件。审结金融债权、民间借贷等案件7.81万件。审结一、二审行政案件6615件,上升39.32%;审查非诉行政执行案件6292件。坚持依法裁判和协调化解相结合,依法协调处理社会保障等案件344件。

全力攻坚执行难题。开展“攻坚执行难,规范执行行为”专项活动,实行挂图作战,省法院领导带队集中开展执行专项督察。开展“春雷行动”等专项行动,攻克执行难案。全省法院执行实施类案件总收案数16.37万件,实际执结7.71万件,执结率47.11%,上升17个百分点;实际执结到位总金额565.13亿元,增长1.2倍;实际执行到位率39.27%,上升10个百分点。

【推进司法改革】 坚持向一线和案多人少基层倾斜,共选出首批员额法官3294人,占中央政法编制数的32.44%。压实改革主体责任,做好未入额法官的定岗转岗、分流安置工作。落实入额院庭长办案制度,改革后员额法官人均结案126.2件,增加74.2件。开展庭前会议、非法证据排除和法庭调查三项规程试点,完善证人、鉴定人、侦查人员等出庭作证机制。开展扩大量刑规范化范围试点工作,试点法院共审理8种试点罪名案件199件。出台指导意见,打造多元化解和繁简分流调解速裁对接机制。83家法院建立诉调对接平台,实现人民调解、行政调解、行业调解与法院调解无缝对接,全省法院诉前调处纠纷7002件。完善特邀调解制度,设立付秀秀、金霞、余梅等工作室,促进定分止争、案结事了。推进案件繁简分流,促进简案快审、繁案精审和类案集中审理,34家法院成立速裁审判组织,办理速裁案件1.08万件。

【“智慧法院”建设】 全面推行全程网上办案,实现所有案件流程、文书签批、电子签章均在网上办理。推进审判流程、裁判文书、执行信息、庭审直播四大公开平台建设,推送案件节点信息2383.82万条、公布裁判文书47.00万篇、公开执行信息787.26万条、开展庭审网络直播2.21万次。推行网络司法拍卖,推送拍品6717件次,成交额43.56亿元,节省佣金1.43亿元。加强三级法院门户网站、法院微博群、微信公众号建设,推出手机APP。召开新闻发布会,主动发布司法信息,及时回应社会关切。创建诉讼材料“收转发E中心”,全省三级法院全部上线运行,实现诉讼材料接收、流转、送达信息化。研发“法官E助理”类案推送系统,运用“智审”辅助办案系统,减轻法官办案压力。创新推出“微法院”“案件唯一码”“群众E服务”等智能化司法服务平台。建立统一庭审核查管理系统,对庭审过程等进行实时、动态监督。与江西财经大学共建司法大数据应用研究中心,提升数据智能化服务水平。

【全国“推进诚信建设制度化培育践行核心价值观”现场交流会在南昌召开】 6月20日,中共中央宣传部、最高人民法院在南昌召开全国“推进诚信建设制度化 培育践行核心价值观”现场交流会,最高人民法院审判委员会专职委员、第一巡回法庭庭长刘贵祥出席会议并讲话。会议交流江西“法媒银·失信被执行人曝光台”的经验做法。至2017年5月,江西省共有681万人次通过平台查询失信名单,在曝光的3.4万名典型“老赖”中,有6324人履行义务,标的额5.06亿元。江西省高级人民法院党组书记、院长葛晓燕,江西日报社社长王晖,江西银行党委书记、董事长陈晓明,湖南省长沙市法院党组书记、院长肖新平,浙江省瑞安市法院党组书记、院长鞠海亭,中央网信办网络社会工作局副局长孙爱萍,中国人民银行征信管理局局长万存知,国家发改委财金司副司长陈洪宛先后在交流会上发言。

【召开第二十三次全省法院工作会议】 8月29日—30日,第二十三次全省法院工作会议在南昌召开。省委书记、省人大常委会主任鹿心社,最高人民法院党组成员、副院长张述元出席会议并讲话。省法院党组书记、院长葛晓燕作工作报告。会议深入学习贯彻中共中央总书记习近平“7·26”重要讲话精神,贯彻省第十四次党代会精神,全面落实中央、省委和最高人民法院系列决策部署,回顾总结第二十二次全省法院工作会议以来的工作情况,研究和部署全省法院工作。省直有关单位领导,人大代表、政协委员、专家学者,省法院在昌副厅级以上领导、部门负责人,全省各级法院院长,受表彰的先进代表等参加会议。

【江西高院诉讼材料“收转发E中心”上线运行】 7月24日,江西高院诉讼材料“收转发E中心”上线运行。“收转发E中心”平台主要功能包括:实现诉讼材料统一登记管理,集中扫描、智能识别、智能利用,为法官立案、庭审质证、庭审笔录、文书撰写、结案、归档等提供支持服务。实现智能化的纸质材料多方双向流转功能、智能化的审判流程节点记录功能,通过对各类材料、庭审、合议等审判活动笔录的智能分析,自动生成案件流程节点信息,将审判流程系统由“登记信息”模式转变为“自动服务”模式。实现材料中心集约化送达模式,实现送达事务全流程管理、送达方式全覆盖、送达过程全留痕。

【江西亚中纺织有限公司合同纠纷案】 江西亚中纺织有限公司因替高安市瑞银小额贷款公司担保,经债权方中国长城资产管理公司江西分公司申请,资产被司法查封,导致自身贷款无法续期,需要承担过桥资金利息,增加企业经营成本。为落实降成本优环境部署，服务和保障实体经济健康发展，回应企业合理诉求，南昌市法院主动与原告中国长城资产管理公司江西分公司协商，做好释法析理工作，取得原告理解和支持。经原告中国长城资产管理公司江西分公司主动申请，南昌市法院依法暂予解除对江西亚中纺织有限公司相关财产的查封，待其获续贷资金1000万元后重新查封，为江西亚中纺织有限公司减少利息成本近100万元。同时，续封工作有效保护了原告中国长城资产管理公司江西分公司的合法权益。

【全省首例环保组织提起的公益诉讼案】　2月，中华环保基金会起诉江西鄱湖低碳环保股份有限公司及其盐化工业基地污水处理厂，认为其直接向江河排放污水，造成严重环境污染和恶劣社会影响。宜春市环保局、樟树市环保局、南昌大学法学院作为支持起诉人参与诉讼。12月19日，在宜春市法院主持调解下，双方达成协议，两被告在生态环境损害鉴定评估报告基础上自愿履行相关社会责任，并支付环境损害费用10万元。

【"8·20"专案】　王林、黄钰刚、刘锋、朱理通、邱武林、兰勇故意杀人、非法拘禁、诈骗、非法持有枪支、行贿、包庇、帮助毁灭证据案，在抚州市法院审理过程中，王林等被告人均表示认罪、悔罪。其间，王林因病死亡，抚州市法院依法裁定对王林终止审理。4月28日，抚州市法院一审对被告人刘锋、朱理通、黄钰刚、邱武林、兰勇，依法分别判处死刑、缓期二年执行，无期徒刑和有期徒刑。宣判后，被告人均表示服判，不上诉。

【乐平"5·24"案】　2000年5月23日，乐平市发生一起故意杀人、抢劫、强奸案。公安机关经侦查认定，系黄志强、方春平、程发根、程立和及汪深兵（另案处理）实施。2003年7月7日，景德镇市法院一审判处黄志强等4人死刑，4名被告人提出上诉。2004年1月17日，省法院以原判认定事实不清、证据不足为由，发回重审。11月18日，景德镇市法院重审判处4名被告人死刑，4名被告人再次上诉。2006年5月31日，省法院二审改判4名被告人死刑，缓期二年执行。后4名被告人提出申诉。2016年4月27日，省法院依法决定再审，并于12月22日公开宣判，以原判事实不清、证据不足为由，撤销原审判决，宣告黄志强等4人无罪。方春平、程发根、程立和于2017年6月8日、黄志强于7月5日提出国家赔偿申请。省法院遵循自愿、合法原则，与赔偿请求人方春平等4人协商，于7月27日就赔偿事项达成协议，决定各支付赔偿金220余万元。

（陈书玲）

司法行政

【概　况】　2017年，全省司法行政机关主动融入富裕美丽幸福江西建设，各项工作取得新进展。全省监狱、省直戒毒场所连续10年零8个月守住"无脱逃、无在全国全省有重大影响的狱所内案件、无重大安全生产事故、无重大疫情"底线。省政府出台《关于进一步加强司法行政强制隔离戒毒工作的意见》。社区服刑人员重新犯罪率0.09%；刑释人员接送率99.98%、安置率96.59%、帮教率98.04%，重新犯罪率1.41%。全省人民调解组织调解矛盾纠纷15.63万件，防止群体性上访1962件、群体性械斗371件、民转刑案件1373件。

法治江西建设。出台《关于落实〈党政主要负责人履行推进法治建设第一责任人职责规定〉的实施办法》，开展专题督导调研和年度考评，调研报告得到省委书记鹿心社批示肯定。出台《关于进一步贯彻落实国家机关"谁执法谁普法"普法责任制的实施意见》《关于进一步加强全省社会主义法治文化建设的意见》，印发《江西省法治文化建设行动计划（2017—2020年）》，命名首批法治文化示范基地20个、江西省青少年法治教育示范基地11个。出台《推进公共法律服务平台建设方案》，全省7个设区市、95个县（市、区）、1100个乡镇（街道）建成公共法律服务实体平台，热线平台受理电话167.57万个，"12348江西法网"整合3345家法律服务机构、2.34万名法律服务人员，提供法律咨询20.87万件。

法律服务。出台《关于服务国家生态文明试验区（江西）建设的实施意见》，提出16条服务措施。出台《关于发展涉外法律服务业的实施意见》，组建涉外法律服务团队，办理涉外公证事项3.08件。成立赣江新区法律顾问团、赣江新区国际仲裁院。赣江公证处成为"全国知识产权公证服务示范机构"。全省新批律师事务所38家，新设公职律师办公室、公司律师事务部40家，有律师5494人。建立环境损害司法鉴定登记评审实施制度，注销或暂缓23家司法鉴定机构和856名司法鉴定人的执业登记，全省办理司法鉴定案件10.8万件，鉴定结论采信率达90%以上。出台《精准法律援助专项行动方案》，摸排重点对象27万户近100万人，汇总涉法需求9.7万件，全省办理法律援助案件3.52万件，受援3.74万人。

司法行政改革。出台《关于深化律师制度改革的实施意见》《江西省关于依法保障律师办理民商事诉讼业务或非诉讼法律事务执业权利的实施细则》《江西省关于依法保障律师办理刑事诉讼业务执业权利的实施细则》，成立省律师协会"维护律师执业权利中心"和"投诉受理查处中心"。出台《关于深化全省公证机构体制改革的意见》，全省111家公证机构全部改革成为事业体制，全省办理公证事项18.23万件。印发《关于进一步加强社区矫正工作的通知》，推进社区矫正官试点工作。在全国率先开通省级"人民监督员微平台"，全省选任人民监督员800人，参与监督评议案件105场次336人次。

【基层基础建设】　新建区新丰新城项目建设进入实施阶段，监所新建、迁建工程全面推进，55个司法业务用房项目竣工。实施"法务云"平台项目，覆盖全省各级司法行政机关和监狱、戒毒所；推进光纤专网升级改造，打通四级应急指挥网络，建成11大类59个重点数据库，数据中心汇聚数据总量超过23亿次。与省教育厅联合开展"校所合作"高等教育服务基层司法所建设专项行动，选派27名高校教师到26个司法所挂职2年，122名高校专家对口帮扶122个司法所5年，破解司法所人员不足难题。

【举行2016年度“江西十大法治人物（事件）”颁奖礼】 1月24日，2016年度“江西十大法治人物（事件）”颁奖礼在江西广播电视台演播厅举行，省领导尹建业、马志武、郑为文、郑小燕、葛晓燕、刘铁流等出席并为获奖者颁奖。程永林、林新平、张慧财、阳昌绍、颜三忠、廖泽方、刁小芬、林慧敏、共青城市公安消防大队群体、上饶市医患纠纷预防和调处中心群体当选年度法治人物，江西首创“法媒银·失信被执行人曝光台”等当选年度法治事件。

【法治江西建设领导小组第三次会议召开】 3月23日，法治江西建设领导小组第三次会议在南昌召开。省委书记、省人大常委会主任、法治江西建设领导小组组长鹿心社主持会议并讲话；省长、法治江西建设领导小组第一副组长刘奇，省委副书记、法治江西建设领导小组副组长姚增科，省委常委、政法委书记、法治江西建设领导小组副组长兼办公室主任尹建业出席会议并讲话，省领导龚建华、郑为文、吴晓军等出席会议。会议听取法治江西建设2016年工作及考评情况汇报，审议通过《法治江西建设2017年工作要点》《关于落实〈党政主要负责人履行推进法治建设第一责任人职责规定〉的实施意见》和《关于进一步加强社会主义法治文化建设的意见》。

【12件法治作品获全国第十三届法治动漫微电影大赛奖】 5月16日，由司法部、国家互联网信息办、全国普法办主办的全国第十三届法治动漫微电影征集活动颁奖展映仪式在浙江传媒学院举行，江西省共有12件作品获奖。其中，《干预》获漫画类一等奖，《小微成长记》《金三税宝与您共创美好明天》获动画类三等奖，《虚惊》《灵山春笋》获微电影类二等奖，《抉择》《讨厌的交警》《情与法》获微电影类三等奖，《助人助己》《污点》《拒绝浪费 珍惜粮食》获公益广告类三等奖，《文化塑人文明促和——如何打官司?》获宣传片类三等奖。

【启动“12·4”国家宪法日主题宣传暨“学法送票游江西”（龙虎山站）活动】 12月4日，“12·4”国家宪法日主题宣传暨“学法送票游江西”（龙虎山站）活动启动仪式在南昌县法治主题公园举行。活动以“你学法我送票，请你畅游龙虎山”为主题，为期3个月，采用网上有奖答题形式，每天抽出50名获奖者，奖励龙虎山景区资源性门票一张。活动由省委宣传部、省司法厅、省旅发委、省普法办和南昌市、鹰潭市市委宣传部、市司法局、市普法办共同主办，南昌县、龙虎山风景名胜区管委会、新法制报社承办。

【召开落实普法责任制联席会议第一次会议】 12月18日，省普法办召开落实普法责任制联席会议第一次会议，研究贯彻落实省委办公厅、省政府办公厅《关于进一步贯彻落实国家机关“谁执法谁普法”普法责任制的实施意见》的具体举措，省地税局、省工商局、省农业厅分别就落实普法责任制工作进行交流发言。省落实普法责任制联席会议成员单位负责人及联络员参加会议。

【赣江新区国际仲裁院挂牌成立】 12月24日，赣江新区国际仲裁院挂牌仪式在南昌举行。原全国人大常委、全国人大法律委员会原副主任委员、原民盟中央副主席李重庵，省委常委、南昌市委书记、赣江新区党工委书记殷美根等应邀出席并为赣江新区国际仲裁院揭牌。赣江新区国际仲裁院立足服务赣江新区与全省经济发展，同时面向全国、面向世界，为走出去的中国企业以及中外合作投资项目、中外国际贸易等提供仲裁法律服务。

（胡大德）

12月24日，赣江新区国际仲裁院挂牌仪式在南昌举行

胡大德供

本栏编辑 詹跃华

港澳台事务

港澳事务

【概　况】　2017 年,坚持围绕中心、服务大局,发挥职能优势,全方位推进涉港澳各项活动及各领域交流合作。

赣港澳交流。3 月 29 日—31 日,副省长郑为文率团赴澳门出席“2017 年澳门国际环保合作发展论坛及展览”,其间,郑为文与澳门经济财政司司长梁维特会晤,双方就澳赣加强交流合作进行友好会谈并达成共识。承办第二届赣港澳台青少年交流活动,邀请 38 名澳门大学学生到南昌、永修、井冈山进行爱国主义传统教育;协同香港驻汉办举办“香港回归祖国二十周年巡回展”,进一步增强香港、澳门同胞的民族意识和爱国精神。

品牌活动。全年获港澳捐赠项目 9 个,捐赠资金 201 万元,项目和资金均为历史最多一年。吸引香港乐善行基金会在赣捐赠 3 所小学、1 所卫生院,捐赠金额 95 万元;促成晨光基金会增加 20 万元,捐助南昌大学和江西师范大学的大学生支教团活动。

因公赴港澳管理。全年审批因公赴港澳 198 批 849 人次,审核办理因公赴港澳通行证 560 本,退审 50 批次。找准与港澳交流合作的切入点和主攻方向,鼓励省内与港澳有实质性合作内容的经贸和人文交流,确保取得实效。

【第十六届赣港经贸合作活动在香港举行】　6 月 7 日—9 日,以“新理念、新发展、新动能”为主题的第十六届赣港经贸合作活动在香港举行。此次经贸合作活动由赣港经贸投资合作交流会主题活动和江西(香港)现代服务业投资合作对接会、江西省大型国有企业引进战略投资者对接洽谈会、赣江新区投资合作推介会、“江西风景独好”(香港)旅游推介会 4 场专题活动组成。活动期间,赣港双方签约项目 105 个,投资额 105.8 亿美元,涉及智能制造、信息技术、生物医药、新能源等产业。

【第三期全省涉外干部港澳培训班在香港和澳门举行】　12 月 3 日—9 日,第三期全省涉外干部港澳培训班在香港和澳门举行,11 个设区市和部分省直单位的 33 名学员参加学习交流。学员先后聆听香港特别行政区基本法委员会委员谭惠珠关于回归二十年基本法和一国两制在香港的实践、香港理工大学教授阎洪关于“一带一路”下香港与内地合作发展的新机遇与新挑战、全国港澳研究会委员邓飞关于香港的学校教育与青少年问题等主题讲座。在香港廉政公署、凤凰卫视、香港科技园以及澳门贸促局等地举办现场教学活动。通过学习培训和实地参访考察,学员对香港、澳门的经济形势、行政管理、城市管理有了初步了解。

【第二届赣港澳台青少年交流活动在江西举行】　4 月 13 日—19 日,第二届赣港澳台青少年交流活动在江西举行。省政协副主席刘晓庄出席启动仪式并讲话。此届活动以“牵手江西,同心筑梦”为主题,吸引了港澳台地区的 200 余名青年学生参加。在赣期间,他们聆听江西历史文化和爱国主义专题讲座,与江西省高校青年学生开展互动,并赴井冈山、景德镇等地参观考察。

(周伟丽)

台湾事务

【概　况】　2017 年,全省对台工作部门落实中央对台工作大政方针和省委、省政府决策部署,发挥江西对台工作优势,对台工作取得新进展。

赣台经贸合作。全年接待到赣投资考察的台商 575 批 4614 人次;全省新注册台资企业 100 家,实际进资 10.81 亿美元;全省累计引进台资项目 3431 个,实际进资 131 亿美元,排名稳居中部地区前列。加强对第十四届、第十五届赣台会签约项目的跟踪服务和督查工作,确保签约项目早进资、早开工、早投产。11 月,组织 19 家台资企业和 1 个交流基地参加在南京举办的大陆台资企业产品展销会,展示和宣传台商投资江西的成果。举办全国台企联福建江西片会暨台资企业协会会长恳谈会。

服务台胞台企。全年为崇义县联系企业解决用工、用地、融资等问题 30 个。全省受理涉台投诉信访案件 130 件,解决 122 件,结案率 93.8%;介入调处各类涉台矛盾纠纷 13 件,参与研究调处重点案件 7 次,出具法律意见书 10 份。省台办为扶贫点于都县贡江镇黄金村筹集资金 85 万元,办实事 10 余件。引导台商台胞开展扶贫济困、赈灾救灾、兴教助学等公益活动,全年捐赠款物 300 多万元。

赣台交流交往。全年审批赴台经贸考察及交流团组190批1059人次。

接待重要团组47批。向中共中央台办报送专报信息60篇,报送及采用数量位居全国前列。在南昌、九江等地举办第四届海峡两岸(南昌)青年学生夏令营、第三届赣台(九江)基层社区交流活动等涉台交流活动20项。加强海峡两岸交流基地建设,景德镇中国陶瓷博物馆成为继鹰潭龙虎山之后江西第二家海峡两岸交流基地。

对台宣传。在中共中央台办《台湾工作通讯》《两岸关系杂志》和《中国改革报》《江西日报》等主流媒体刊发一批稿件,向《台湾联合报》《台湾导报》、中天电视台等岛内媒体输送稿件200余篇。寻求与岛内媒体合作,推动江西卫视《超级歌单》节目通过中天电视台输送入岛。全年在华夏经纬网"赣台心桥"和中国台湾网"江西台办视窗"发布涉台稿件600多篇,发稿量和点击率继续位居全国前列。参与中国台湾网主办的《镜观两岸——两岸交流三十年回顾与展望图片展》,并获一等奖。

【第十五届赣台(九江)经贸文化合作交流大会在九江举行】 8月30日至9月1日,第十五届赣台(九江)经贸文化合作交流大会在九江举行。赣台会以"创新引领、融合发展"为主题,包括新一代信息技术智能制造产业对接会、新材料智能电器产业对接会、新工业转型升级研讨会、赣台版权贸易洽谈会、赣台版权贸易图书展等系列活动。活动期间,签约项目79个,总金额40.6亿美元。其中,工业项目50个,占总数63.3%,涉及节能环保、新能源、新型电子、智能装备、新材料等产业;服务业项目22个,占总数27.8%,涉及总部经济、旅游、大健康、教育、商贸综合体等产业;现代农业项目7个,占总数8.9%。省委书记鹿心社,中共中央台办、国台办主任张志军,省领导刘奇、毛伟明、陈兴超、刘捷等出席有关活动,岛内知名人士及企业家共500多人参加活动。

8月30日至9月1日,第十五届赣台(九江)经贸文化合作交流大会在九江举行

省台办供

【开展"精准服务台企月"活动】 11—12月,在全省范围内开展以"学十九大精神、解台企难题、促项目落地"为主题的"精准服务台企月"活动,省、市、县三级联动,实现对全省台资企业宣讲全覆盖,对重点台资企业走访全覆盖。省委书记鹿心社、省长刘奇,省领导毛伟明、陈兴超等先后深入台企一线调研,宣讲中共十九大精神,了解台企生产经营情况,实地为台企排忧解难。活动期间,全省走访台企528家,走访台企负责人693人次,帮助解决实际问题87个。

【2017年赣台(九江)青年交流活动在九江举行】 3月3日—7日,2017年赣台(九江)青年交流活动在九江举行,赣台两地共100余人参加活动。这是国台办立项支持的重点项目。活动期间,组织台湾地区嘉宾与九江市中小型企业协会企业家、恒盛科技园(赣台青年创业园)青年企业家就创新创业、做大做强企业进行研讨交流,并到共青城、永修、德安等地企业进行观摩与座谈,进一步促进赣台交流合作。

【开展第七届赣台(吉安)基层农会交流活动】 6月1日—3日,由省台办、省农业厅、省商务厅对口指导,吉安市台办、市委农工部等联合举办2017年江西(吉安)现代农业产业合作暨第七届赣台(吉安)基层农会交流活动,到会台商共13个团队149人。活动期间,台商与各县(市、区)签约项目14个,合同投资总额9.1亿元。

【举办"梦回西汉"——两岸新媒体联合采访海昏侯出土文物展参访活动】 9月18日—22日,省台办举办"梦回西汉"——两岸新媒体联合采访海昏侯出土文物展参访活动。参访团先后赴南昌、九江、景德镇等地探寻赣台两地文化渊源,重点参观海昏侯出土文物展及海昏侯国遗址,深入了解西汉列侯墓葬制式和大量西汉出土文物。同时在南昌虚拟现实(VR)产业基地体验VR技术。此次活动,《台湾旺报》制作3个专版报道,《台湾联合报》记录参访全过程。

(省台办)

本栏编辑 詹跃华

外 事 侨 务

外事工作

【概 况】 2017年,围绕“一带一路”和打造内陆开放新高地建设要求,坚持全局谋划、统筹协调、内引外联,高位推动全省对外交流合作。

服务全省开放发展。强化外事工作统筹协调和顶层设计,提请省委调整外事工作领导小组成员;贯彻中央关于加强体制改革的有关文件精神,完成江西省实施意见起草和征求部门意见工作;统筹民间组织走出去参与国际交流合作,提请省委建立江西省民间组织走出去相关机制并出台实施意见。全年省领导会见重要党宾和外宾52批次,接待中联部党宾团组13批246人次。

对外发展。召开全省国际友城工作联席会议,合力谋划友城交流重点;全年新增国际友城2对,全省累计与35个国家缔结91对国际友好城市(省级20对)。举办韩国全罗南道道立国乐团2017新年音乐会、中日青年友好交流活动、第五届中印联合医疗队义诊活动,省友协加入《中国社会组织推动“一带一路”民心相通行动计划(2017—2020)》和“丝路沿线民间组织合作网络”;继续推进中俄两河流域合作,在中俄两河流域合作第二次理事会上,江西省与俄方签署4份合作文件,涉及金融、交通、科技、文化等领域。组织江西省首届外事工作领导干部“国际关系与地方外事工作能力提升”专题培训班、赴法国培训以及赴美国的“地方政府外交中的跨文化交际”培训。

外事管理。出台江西省《关于加强和改进教学科研人员因公临时出国管理工作的实施意见》,进一步支持高等学校和科研院所在扩大对外交流合作中激发人才创新创造创业活力。优化因公临时出国(境)审批服务,全年因公出国(境)1645批5225人次,其中厅级597人次;劝退团组223批767人次,核减团组境外天数835天。审核办理APEC商务旅行卡67批178人次,办理邀请外国人到赣365批1374人次,外国留学生签证申请1657人次,领事认证6270本。妥善处置江西省公民和机构境外领事保护事件47起,涉及29国,增长95.8%;妥善处置26国外国人在赣涉外事件76起,增长26.7%;协调和接待10批65人次外国记者到赣采访。

【中外文化交流】 采取“走出去”与“请进来”的方式,助推中外文化交流。1月16日,邀请韩国全罗南道道立国乐团到赣演出,感受异域文化。2月2日—13日,省外侨办、省文化厅率2017年“欢乐春节 美丽江西”演出团在美国中西部密苏里州圣路易斯市、明尼苏达州明尼阿波利斯市和科罗拉多州丹佛市举行3场慰问演出,为5000余名华侨华人、留学生和美国人送上中国杂技、歌舞等文化大餐,讲好中国故事江西篇章。

【汤显祖戏剧节暨国际戏剧交流月活动在抚州举行】 9月24日至10月底,由全国友协、省友协、抚州市政府联合主办的汤显祖戏剧节暨国际戏剧交流月活动在抚州举行,英国、西班牙、新加坡、泰国、菲律宾、阿尔巴尼亚、吉布提等国驻华使领馆官员及17个国家300余名外国嘉宾参加活动。该活动分为汤显祖戏剧节暨国际戏剧交流月活动开幕式、中英建立大使级外交关系45周年图片展、第二届文化传承和创新国际论坛、民间剧团地方戏曲大展演、汤显祖诗词吟诵比赛、经典剧目演出、国际戏剧交流演出、2017“三翁”(汤显祖、莎士比亚、塞万提斯)戏剧文化研讨会等主题活动。

【省委理论学习中心组举行外事工作专题学习会】 8月25日,省委理论学习中心组举行外事工作专题学习会,学习贯彻中共中央总书记习近平外交思想,提升做好新形势下外事工作的理论和实践水平。外交部部长王毅应邀作辅导报告。省委书记、省人大常委会主任鹿心社主持会议。省委、省人大、省政府、省政协领导,省法院、省检察院、省直厅局主要负责人等近300人出席会议。

【江西全球推介活动在外交部举行】

9月8日,以“开放的中国:美丽江西秀天下”为主题的江西全球推介活动在外交部举行。外交部部长王毅、省委书记鹿心社分别致辞。省长刘奇作主题推介,着重从生态、人文、开放、创新和营商环境5个方面推介“江西之美”。外交部党委书记、副部长张业遂,外交部部长助理钱洪山;省领导毛伟明、刘捷、赵力平出席推介活动。来自130多个国家和国际组织共260多名外交官参加推介活动。中外媒体集中聚焦,新媒体平台信息点击总量9.34亿人次。

(周伟丽)

华侨事务

【概　况】 2017年，坚持统筹国内国外两个大局，搭建侨务联谊、文化交流和引资引智引技新平台，开辟为侨服务、为经济建设服务新途径，凝聚侨心侨力，汇聚侨资侨智，助力江西开放发展。

引资引智。按照“扶持一个产业、激发两个动力、健全三个体系”的思路，以都市型侨商产业聚集区的目标丰富红谷滩“侨梦苑”内涵，完善“侨梦苑”创新创业服务体系建设，已有61家海外华人华侨专业协会在侨梦苑设立联络处，100余家侨资企业落户红谷滩，侨资项目区内投资总额累计超过500亿元，红谷滩“侨梦苑”汉昀孵化器的成长之路被中组部列为“新发展理念案例选”经典案例。承办第31期华人华侨专业人士回国创业研习班；江西汉氏联合干细胞科技有限公司韩之海团队、孚能科技（赣州）有限公司王瑀团队、江西青峰药业有限公司谢宁团队入选国侨办第五批重点华侨华人创业团队。

服务侨胞。推进江西省华侨权益保护条例立法工作，及时研究出台《江西省人民政府关于贯彻落实国家侨务工作发展纲要（2016—2020年）的实施意见》。启动《江西省华侨权益保护条例》立法工作，完成立法调研和立法申报工作。推进为侨公共服务体系进园区、进校区、进社区、进侨场、进矿区，南昌红谷滩新区慧谷产业园、九江职业大学校区和吉安市峡江县金坪民族乡“为侨公共服务体系建设”示范服务平台被国侨办授予为侨公共服务体系建设示范点。研究制定《关于加强我省华侨事务预算使用管理的指导意见》，鼓励重点侨乡侨场开发特色小镇建设，推进侨务精准脱贫，逐步形成保基本、全覆盖、制度性侨务扶贫体系。规范政务服务，实现“三侨考生身份认定”一次不跑便民服务。

汇聚侨心。全年举办海外华裔青少年中国寻根之旅夏（冬）营15个，近千名世界各地华裔青少年参加，传播江西声音，弘扬中华文化；设立两个省级华文教育基地。组织文化走出去，组织省内知名专家赴斐济、汤加和瓦努阿图开展“名师巡讲”，组织2期“中华文化大乐园”分赴加拿大和意大利传扬中华文化，派出江西省艺术团赴美国中西部地区举办多场“春节慰侨巡演”，选拔18名教师分赴菲律宾、泰国、印尼和墨西哥华文学校执教。支持海外江西侨社发展，世界江西同乡联谊会成员单位扩展到55个，并在第三次全体大会上共同发布《世界江西人·共圆中国梦——江西籍华侨华人参与“一带一路”建设倡议书》。加强重点联谊，省海外交流协会第五届理事大会选举产生337名海内外理事，73家海内外社团和单位成为团体会员。

11月26日—30日，首届世界赣商大会暨第三届华赣会在南昌举行

周伟丽供

【首届世界赣商大会暨第三届华赣会在南昌举行】 11月26日—30日，首届世界赣商大会暨第三届华赣会在南昌举行，海内外知名赣商代表，科技界、工商界、社科界、文化体育界赣籍知名人士，以及在赣工作过及关心支持江西发展的知名人士代表共1500多人参加。大会以“情系江西、共谋发展”为主题，促成全国17家侨梦苑与81家海外华侨华人专业协会签订140余个合作协议，协议涉及科技、文化、教育、航天航空、医学及信息技术等领域，其中有42家专业协会与江西省红谷滩侨梦苑签署合作协议。

【首批江西省海外联络中心授牌成立】 11月29日，首批江西省海外联络中心授牌成立，分别为阿根廷江西同乡会、中国留德学者计算机学会、中国旅法航空航天协会、中国旅美科技协会。设立江西海外联络中心，旨在对接江西省六大重点产业，为人才兴赣引资引智引技，打造成海外的“江西窗口”、江西对外合作交流的“超级媒介”，为两地交流合作牵线搭桥，为江西发展及对外开放发挥作用。

【“中国寻根之旅”夏令营南昌集结营开营】 6月28日，由国侨办和中国海外交流协会主办，江西省外侨办和江西省海外交流协会承办的2017海外华裔青少年“中国寻根之旅”夏令营南昌集结营正式开营，美国、加拿大、西班牙、葡萄牙等国家的500多名华裔青少年聚集南昌，开启“寻根在江西，从‘瓷’爱上你”之旅，参观了江南名楼滕王阁、南昌瓷版画艺术博物馆，开展手工制作体验活动等，感受中华传统文化的魅力。

（周伟丽）

本栏编辑　詹跃华

人力资源

综　述

2017年，省人力资源和社会保障厅持续改革创新、筑牢民生底线，完成全年目标任务，各项工作取得新的进步发展。省人社厅首次获评"全国文明单位"称号。分宜县社会保险事业管理局、丰城市劳动人事争议仲裁院、修水县人社局，南昌市红谷滩新区沙井街道人社所所长邬江华、上犹县公共就业人才服务局局长何善鸣、抚州市人社局信访科（政策法规科）科长黄惠珍分别被评为全国人力资源社会保障系统先进集体和先进工作者。省旅游发展委员会副主任丁新权、贵溪市人民医院妇产科副主任医师邹晓荣、抚州市临川第一中学高级教师胡冬莲3名援疆干部被评为全国援疆工作先进个人。省人社厅劳动监察局（劳动监察总队）连续6年在中央综治办、人社部打击非法用工等违法犯罪活动综治考核中获得满分。

*推进人社事业规划和法治人社建设。*召开"十三五"规划新闻发布会，分解落实省政府"十三五"规划纲要和省人社厅规划主要任务，抓好规划贯彻落实。调整成立推进法治政府建设工作领导小组和法治宣传教育领导小组，制定《贯彻〈党政主要负责人履行推进法治建设第一责任人职责规定〉实施细则》，印发《江西省法治人社建设2017年工作要点》，确保法治建设任务落到实处。出台《规范性文件制定、审查和备案办法》，规范省人社厅本级规范性文件制定和备案工作，全年共对150余件（次）政策文件和事项进行合法性审查。推进人社领域普法工作，在全省人社系统开展以"尊法学法守法用法 建设富裕美丽幸福江西"为主题的法治宣传教育活动，联合省普法办、新法制报在法治江西网、江西法制网举办"江西省百万网民学人社法律法规"专场竞赛活动。加强行政复议和行政应诉，依法妥善化解社会矛盾，全年省本级受理行政复议申请18件，审结14件，结案率77.8%；省本级行政应诉案件28件，已审结10件，没有败诉案件。

*加强人社领域政务服务。*取消非行政许可审批事项2项，新增1项行政权力，调整5个行政许可项目为工商登记后置审批事项，下放"劳务派遣单位行政许可"部分权限。率先建立27项办事指南类公共服务事项清单以及收费清单、其他事项清单。出台加强和改进人力资源社会保障领域公共服务实施方案，取消9项证明或手续，简化优化流程12项，部署20项长期推进的公共服务事项。全面建立"一库五清单"，建立近300万字的"政策法规库"，全部在省人社阳光政务信息系统网上办事大厅公开。编印《人力资源和社会保障法律法规规章汇编》，免费向全省人社系统发放。制定人社系统"双随机一公开"实施细则，建立厅本级随机抽查事项清单、执法人员名录库和检查对象名录库，进一步规范执法行为。推进阳光政务系统建设，人社阳光政务信息系统在省本级和5个设区市本级、33个县（市、区）上线运行，在江西人社阳光政务信息系统网上办事大厅提供面向单位和个人服务的人社业务办理事项233项，其中有196项实现网上在线办理，网上办理率84.1%。推进12333电话咨询服务，全省电话咨询总量达754.4万人次，同比增长45%。

*进一步深化对口支援新疆工作。*完成第九批援疆干部人才选派工作，组织召开第九批援疆干部人才进疆欢送暨培训会。做好全国援疆干部人才表彰推荐申报工作，重新修订援疆专业技术人员职称评聘政策，进一步优化申报流程、规范审定程序，出台更加优惠措施。调整援疆干部人才的人均月生活补贴标准，由3000元提高到4000元。加强技能培训，提高受援地人员就业竞争力，进一步拓展就业渠道，引导受援地富余劳动力到江西就业，在江西务工的新疆阿克陶籍人员900余人次。

*大力支持赣江新区建设发展。*9月，省人社厅印发《关于支持赣江新区加快发展的实施意见》，出台20项举措帮助支持赣江新区引智聚才、打造人才高地。支持举措不仅在下放权限、人事制度改革和人才引进培养等方面有新的提升，还主动增加了就业、劳动关系等方面支持内容，而且大部分都是针对赣江新区特有的倾斜政策。在就业补助资金中单独切块安排1200万元倾斜支持赣江新区，安排6000万元用于支持中国南昌人力资源服务产业园建设。先后支持赣江新区4家企业省级技能大师工作室项目建设、2家企业申报2017年度省级高端外国专家和急需紧缺海外工程师引进计划及资助项目、4家企业申报2018年度国家引智项目。赣江新区3名专业技术人才入选省百千万人才工程，入选人数在设区市排名靠前。

【组建成立江西省人社宣传中心】 5月，根据省编办批复通知，整合人社部门新闻宣传、舆情和新闻发布职能力量,组建成立江西省人力资源和社会保障宣传中心,明确为正处级事业单位,编制员额11名,主要负责统筹协调和管理人社部门新闻发布、宣传报道、舆情监控和新媒体运行等工作。

【开通"江西人社"官方微信公众号】 7月28日,省人社厅官方微信公众号"江西人社"正式上线。微信公众号着力打造江西省人社权威声音发布平台、人社部门形象宣传平台、人社窗口服务线上平台,及时向公众传播人社领域相关资讯。全年共策划开展"砥砺奋进的五年""人社扶贫故事""人社好人好事""江西人社践行十九大"等系列专题活动,发布信息293条,关注人数达4万人。

(袁伟华)

人力资源市场

【概　况】 2017年,省人社厅进一步加强人力资源市场管理,将人力资源服务机构年检制度改为年度报告公示制度。开展全省人力资源服务机构诚信服务主题创建活动,引导人力资源服务机构依法经营、诚信自律。进一步完善人力资源供求信息系统,每季度发布全省人力资源供求信息,引导人才合理流动,促进人力资源合理配置。

【组建国家级人力资源服务产业园】 在新增设立经开区、高新区、小蓝经开区3个省级人力资源服务产业园的基础上,组建中国南昌人力资源服务产业园;5月,获人社部批准为国家级人力资源服务产业园,江西省成为全国第十个、长江中游4省唯一一个拥有国家级人力资源服务产业园的省份。10月,产业园初步建成并开始试运营,一期建设使用总建筑面积约11.2万平方米,有74家人力资源服务企业落户产业园,产业集聚的规模效应初步显现。

【开展人力资源诚信服务主题创建活动】 开展人力资源服务机构诚信服务主题创建活动,活动主要是优化诚信服务制度、加强诚信档案建设、开展系统主题活动、建立服务机构红黑名单、构建联合激励惩戒制度、确定诚信服务示范机构等。经向人社部申报推荐,组织推荐申报,江西省人力资源有限公司、吉安市人才市场、南昌市智通人力资源有限公司等3家单位被人社部确定为"全国人力资源诚信服务示范机构"。

【强化人力资源市场管理】 进一步规范人力资源市场管理、简化年检材料、优化年检程序。2017年,全省共有518家人力资源服务机构通过2016年度年检,40家经营不规范、管理不严格、资质不符合规定的人力资源服务机构未通过年检。8月,印发《关于实行全省人力资源服务机构年度报告公示制度的通知》,明确从2017年度开始,人力资源服务机构年检制度改为年度报告公示制度。

【举办全省人力资源市场高校毕业生就业服务周活动】 12月8日—17日,江西省组织举办2017年全省人力资源市场高校毕业生就业服务周活动,通过网络招聘大会、现场招聘会、产业园专场招聘会、就业创业指导、"企业人力资源经理进校园"、就业创业政策措施宣传等活动,促进高校毕业生合理流动和配置。活动周期间,共有2.50万余名高校毕业生达成就业意向。

(袁伟华)

人才队伍建设

【概　况】 至2017年年底,全省专业技术人才总量268万人。年内,出台《江西省人社厅深化人才发展体制机制改革若干措施》,从政策松绑、资金整合、平台建设、服务下沉4个方面制定20条具体举措。印发加强基层专业技术人才队伍建设19条措施,人才队伍建设体制机制进一步健全。整合就业、社保、人才等资金,3年筹集35亿资金支持高层次人才创新创业。组织"百千万人才工程"选拔推荐,新增省级人选100人,人选国家级人选10人,人选人数全国第六、中部第一。实施"急需紧缺高层次人才引进计划",组织赴美国、北京、上海等地开展招聘,举办首届赣商大会人才兴赣论坛,全年刚性引进博士以上高层次人才833人,增长25%。加快博士后事业发展,2名博士入选2017年度全国"博士后创新人才支持计划",首次实现突破。新增博士后创新实践基地31家,组织第37批中国博士后科技服务团(江西赣州行)活动,举办江西省首批博士后科技服务团活动,组织举办全国博士后学术论坛。组织各领域高层次人才300余人次开展专家服务基层活动。推进人事人才信息化建设,研发并上线运行人事人才业务系统,实现专业技术人员职称网上申报评审、专家网上管理、博士后网上办公。

全省技能人才总量452万人。全年新增3家国家级和3家省级高技能人才培养示范基地,新增5家国家级和20家省级技能大师工作室。开展"振兴杯"职业技能大赛,新增11个行业省级竞赛,省级竞赛项目39个、参赛职业(工种)226个、省级决赛人数6万人,带动技术比武岗位练兵60万人。作为全国唯一承办国家二类竞赛的省份,组织承办全国陶瓷行业职业技能竞赛和首届全国雕刻职业技能竞赛总决赛,江西省选手包揽2个项目的前2名、获2个项目的第一名。组织备战世界技能大赛,江西省选手邹芳忆代表国家参加第44届世界技能大赛获飞机维修项目优胜奖。调整设立"赣鄱工匠"表彰项目。

严格人事考试考务组织管理,发挥公安、工信、教育等多部门考试联动协调机制作用,加大人防、技防投入,有效维护了考试安全秩序。全年共组织实施各类人事考试66项、报考人数53.8万人,考试总科目数108万科次。开展人事考试基础建设年活动,推进人事考试指挥中心项目建设。落实国家职业资格改革要求,组织实施职业技能考核鉴定,推进鉴定信息化建设,完成江西省职业技能鉴定管理服务平台可行性研究报告编制、项目评审和招标。全年全省公布开展职业技能鉴定职业(工种)102个,完成考核鉴定31.2万人次,核发职业资格证书28.7万人次。

【引进国外智力工作】 制定并以省委、省政府名义印发《关于加强新形势下引进外国人才的实施意见》，设立省级引智专项经费，启动实施江西省“双千计划”外专项目。国家“千人计划”外专项目申报数质量创历年新高，东华理工大学“质谱科学与仪器学科创新引智基地”入选2017年度“高等学校学科创新引智计划”，实现零的突破。实施国家引智项目14项，资助引进海外人才61人次到赣工作指导；开展“江西省海外医疗科研人才引进计划”和“高端外国专家和急需紧缺海外工程师引进计划及资助项目”等省级引智项目54项，引进海外人才118人次到赣工作和服务。举办海智惠赣鄱论坛讲座5期，邀请英国、美国等国18名外国专家到赣讲座交流、科研指导，实现诺贝尔奖大师到赣讲学零的突破。启动省引才引智创业创新示范基地建设试点，首批选择晶能光电（江西）有限公司等6家单位开展试点，在经费、政策、活动、引才等方面予以重点扶持，试点经验得到国家外专局充分肯定并在全国会议上作经验交流。加强与俄罗斯高层次人才交流合作，支持江西省高校在莫斯科挂牌成立俄罗斯研发中心。加强出国（境）培训管理，不断提升培训质量和效益，全年派出各类团组24个、375人次。

【《关于深化人才发展体制机制改革的实施意见》出台】 6月，江西省委出台《关于深化人才发展体制机制改革的实施意见》，从“一个体制、五个机制”，即改革人才管理体制，健全创新人才引进培养支持机制、人才评价激励机制、科技成果转化支持机制、人才向艰苦边远地区和基层一线流动机制、人才服务保障机制等方面提出了46条创新举措。实施意见在人才引进、人才评价和人才激励、人才流动、科研成果转化、营造人才环境等方面都有许多特色和亮点。

【组团参加2017届毕业生就业洽谈会】 3月16日—18日，江西省组织省内40家企事业单位，赴京参加北京大学、清华大学、中国人民大学3校2017届毕业生就业洽谈会，共提供高层次人才岗位1917个，涉及汽车制造、电子产品、新能源、新材料等行业，招聘现场收到简历812份，当场签订引进意向156人，其中博士47人。

【组织2017年度秋季引才系列活动】 9—10月，江西省举办秋季引才系列活动，组织江西省高校、科研院所以及高新企业组成江西高层次人才招聘团，赴北京等多地参加招聘会。参加招聘会的53家教育单位、科研院所和企业，提供各类高层次人才岗位2225个，收到简历1321份，当场签订引进意向231人，其中博士以上78人。

【2017年江西省引进高层次人才专场招聘洽谈会在北京举办】 12月17日，省人社厅联合省委组织部、省政府驻京办在清华大学举办2017年江西省引进高层次人才专场招聘洽谈会，现场共收到简历1210份，意向签约497人，签约意向人数较上年提高5.5%，达成签约意向人员中有来自清华大学、北京大学、中国科学院大学、中国人民大学等985、211工程大学以及来自美国、德国等留学回国优秀高层次人才。这是江西省连续第四年在北京举办引才活动。

【10人入选2017年国家“百千万人才工程”】 10月，人社部公布2017年国家“百千万人才工程”入选人员名单。南昌大学陈义旺、熊涛、王立、张发明，江西农业大学刘木华，江西财经大学谢花林，华东交通大学刘海文、徐长节，江西理工大学赵奎，新余钢铁集团冯小明10人入选，并被授予“有突出贡献中青年专家”称号。江西省入选人数位列中部第一、全国第六。至年底，全省共有“百千万人才工程”国家级人选60名。

【新增110名“百千万人才工程”省级人选】 组织“百千万人才工程”省级人选评选，共选拔110人入选2017年度江西省“百千万人才工程”。入选人员全部为一般专业技术人才，分布在全省各行各业特别是基层和企业等一线岗位，直接从事科学研究、成果开发、技术推广。其中，企业创新创业人才37人，占选拔人数的33.6%，比上年增长了15.5个百分点。至年底，江西省“百千万人才工程”省级人选共有1543人。

【引智项目实现新突破】 全年实施国家及省级引智项目68项，资助引进各类海外人才近200人次，用人单位在外国人才帮助下获专利授权28项、专利申请52项，取得重大科技突破、解决重大技术难题25项，填补国内空白14项，入选2017年度国家重点新产品4项，参与国家标准修订4项。其中，格丰科技材料有限公司引进中组部“千人计划”人选、美国专家奉向东博士研发的“靶向重金属吸附土壤调理剂”被评定为国际领先水平，并入选2017年国家鼓励发展的重大环保技术装备目录。江西省两名外国专家入选国家“千人计划”外专项目，实现了江西省在该项目上零的突破。东华理工大学“省质谱科学与仪器重点实验室”入选2017年度“高等学校学科创新引智计划”，实现江西省零的突破。

【开展引才引智创业创新示范基地试点】 首批选择6家单位开展引才引智创业创新示范基地建设试点，试点从单一的支持引智项目向打造引智平台转变，试点经验获国家外专局充分肯定并在全国会议上作经验交流。江西西林科新材料有限公司从美国引进5名海外人才，孚能科技（赣州）有限公司引进一批技术研发和管理人员，该公司“以才引才”的做法得到中组部部长的表扬；东华理工大学省质谱科学与仪器重点实验室引进俄罗斯等国专家，先后取得国家专利2项，填补国内空白2项，解决重大技术难题4项。

【实施外国人来华工作许可制度】 4月，省人社厅、省外专局、省外侨办、省公安厅转发国家外专局等4部门《关于全面实施外国人来华工作许可制度的通知》，明确从2017年4月1日，将“外国专家来华工作许可”和“外国人来华就业”整合为“外国人来华工作许可”，实施外国人来华工作许可制度。年内全省共办理来华工作邀请函40份、外国人来华工作许可615件。

【启用外国人来华工作管理服务系统】 4月1日，根据国家统一部署，江西省正式启用“外国人来华工作管理服务系统”，“外国人来华工作许可”按照属地管理原则由所在地人社部门在新系统中办理；5月1日起，各地使用的老系统停止办理新申请业务，只办理延期、变更、注销等业务，6月30日起，老系统停止使用；7月1日起，外国人来华工作许可申请与审批业务全部在新系统办理。

【下放外国人来华工作许可审批权限】 4月，省人社厅明确将新整合的“外国人来华工作许可”权限下放到设区市具体组织实施，实行属地管理。在办理外国人来华工作许可方面，给予高端人才（A类人才）2～5年有效的工作许可。对赣江新区给予引进外国人才给予关心支持，赣江新区同样享有设区市同等审批权。

【加强聘请外国专家单位监管】 进一步加强聘专单位事中和事后监管，将外国人来华工作许可管理服务纳入系统，建立“两随机一公开”事后监管机制。开展“两随机一公开”聘专单位监管抽查，检查结果在江西省“双随机一公开”行政执法监督平台向社会公布；对抽查发现的问题，加强监管和督促整改，完善管理制度机制；对存在问题的单位进行查处，并取消一批单位聘请外国专家的资格。

【严格出国（境）培训管理】 进一步加强出国（境）审批管理，坚持“从严控制、为我所用、突出重点、少而精”原则，围绕江西省融入“一带一路”和长江经济带建设等国家战略，加快推进生态文明试验区建设、赣南等原中央苏区振兴发展和赣江新区建设等需要确定重点项目。2017年，江西省共派出党政机关、企事业单位等各个领域不同行业团组24个，共375人次，其中专业技术、企业管理类团组13个170人次。

【推进“一村一品”特色扶贫产业】 贯彻落实省政府推进“一村一品”特色扶贫产业稳步发展新要求，围绕发展农村特色产业、提高农民脱贫致富能力，按照“突出重点、典型示范、完善体系、提高水平”的思路，着力推进“一村一品”示范体系建设、产业项目扶持、带头人培养，重点扶持苗木花卉、水果、茶叶、油茶、有机蔬菜、食用菌、养殖、民俗特色、休闲旅游等绿色产业项目。2017年，“一村一品”资金分配全省79个县（市、区）共计1680万元，实施“一村一品”产业扶持项目202项。其中，扶持46个贫困县、扶持资金950万元，比上年同比增长9.3%。

【开展职业技能竞赛活动】 3—12月，组织开展2017年“振兴杯”职业技能大赛。在以往的基础上，进一步扩大省赛覆盖面，新增毛笔制作行业、水利行业等行业11个省级竞赛，省级竞赛达到39个，参赛职业（工种）257个，省级决赛人数6万人，带动技术比武岗位练兵60万人。备战世界技能大赛，江西省1人作为飞机维修项目唯一选手代表中国参加世界技能大赛并获得优胜奖，1人以全国第二的成绩作为中国代表队后备选手。

【第三届全国陶瓷职业技能竞赛总决赛在景德镇市举行】 10月20日—21日，2017年中国技能大赛——第三届全国陶瓷职业技能总决赛暨全国职业院校陶瓷专业学生技能竞赛在景德镇市陶溪川文创街区举行。大赛新增利坯项目，有来自各省、直辖市174名选手参加，江西省选手包揽了陶瓷拉坯、陶瓷利坯前2名。

【首届全国雕刻职业技能竞赛总决赛在余江县举行】 11月10日，2017年中国技能大赛——首届全国雕刻职业技能竞赛总决赛在江西省鹰潭市余江县举行。此次比赛由中国工艺美术协会和中国就业培训技术指导中心主办，来自11个省、直辖市的115名选手参加根雕和玉雕两个项目的角逐。作为国家二类竞赛的总决赛，在全国是首次由县级城市承办，江西省选手获得根雕项目第一名、第三名及玉雕项目第一名。

【开展技能人才主题宣传活动】 7月15日，省人社厅组织开展世界青年技能宣传日、“江西省优秀高技能人才风采录”“技能大师进机关”等系列宣传活动，利用江西手机报专题开设“江西省优秀高技能人才风采录”，集中展示江西省支柱产业、获得省部级荣誉以上的48名优秀高技能人才的成长经历；组织新华社、中国劳动保障报等中央媒体对优秀高技能人才典型报道，直观展现江西省技能人才的创造性劳动，进一步弘扬工匠精神。

【规范职业技能考核鉴定】 进一步完善鉴定质量管理制度和工作规程，实行士考负责制，强化考前培训，严肃考场考风考纪，保证了鉴定考试安全。2017年，全省共开展院校学生、企业职工、新成长劳动力、退役士兵、农村转移劳动力等各类人员职业技能考核鉴定31.2万人次，核发职业资格证书28.7万人次，分别增长3.8%、2.8%。其中，高级工以上鉴定4.59万人次，核发职业资格证书3.67万人次；完成计算机高新技术考试1.1万人，增长83.5%。

（袁伟华）

就业创业

【概　况】 全年城镇新增就业55.77万人，完成年计划的123.93%；失业人员再就业23.92万人，完成年计划的125.9%；城镇登记失业率3.34%，低于年度控制目标1.16个百分点；帮助6.24万名就业困难人员实现就业，完成年计划的156%；零就业家庭安置率100%，继续保持动态清零。全省新增转移农村劳动力59.96万人，完成年计划的119.9%，其中省内新增转移就业40.43万人，完成年计划的115.5%；工业园区企业定向培训31.89万人，完成年计划的122.65%；创业培训14.86万人，完成年计划的123.81%；电商培训6.57万人，完成年计划的131.29%。失业保险参保人数286.25万人，完成年计划的102.23%。

【重点群体就业】 统筹推进高校毕业生、城镇就业困难人员、农村转移劳动力等各类群体就业，保持重点人群就业形势持续稳定。实施高校毕业生就业创业促进、基层成长、“三支一扶”计划，引导和鼓励高校毕业生到基层工作，全年招募2088名大学生服务基层，保持全国前列。开展离校未就业高校毕业生实名制登记和就业创业服务，为2.83万名应届困难高校毕业生发放一次性求职补贴2830万元，增长26.25%。开展春风行动、就业援助月、民营企业招聘周、高校毕业生就业服务月等专项活动，帮助42.8万人实现就业。全省共为1026名企业参保职工发放技能提升补贴154.7万元，为1414家企业拨付稳岗补贴1.23亿元，惠及职工47万人。做好化解过剩产能中职工分流安置，全省关闭退出63家去产能煤矿企业、2831名拟安置人员全部安置完毕，江西省化解过剩产能工作被国务院办公厅通报表扬激励。

【就业扶贫工作】 依托基层公共服务平台，建立完善就业扶贫台账。人社部下达江西省需核实的贫困劳动力总量51.20万人，核实率达到100%。印发《关于进一步做好就业扶贫有关工作的通知》，加大就业扶贫政策扶持力度，帮扶建档立卡农村贫困劳动力实现就业32.57万人，占户籍贫困劳动力总数的63.84%。推进就业扶贫载体建设，全省建立就业扶贫示范园区60个、国家级就业扶贫基地46家、省级就业扶贫示范点600个，建立就业扶贫车间3541个，开发就业扶贫专岗吸纳贫困劳动力5.47万人。全国就业扶贫经验交流现场会在江西省赣州召开，江西省作了全面综合经验介绍。

【创业促进就业工作】 出台《关于做好当前和今后一段时期就业创业工作的实施意见》《关于进一步引导和鼓励高校毕业生到基层工作的实施意见》《失业保险支持参保职工提升职业技能有关问题的通知》，最大限度激发各类主体创业活力。新增“江西省青年创业风云人物”评选表彰项目，从2017年开始，每年选树表彰一批全省青年创业典型。实施高校毕业生就业创业促进计划，组织能力提升、创业引领、校园精准服务、就业帮扶、权益保护五大行动。在德兴市等20个地区开展农民工等人员返乡创业试点，加大对返乡创业的扶持力度。出台《加快推进创业孵化基地建设的指导意见》，规范创业孵化平台建设、评选标准，全省共建设创业孵化基地等创业平台235个，吸纳创业实体1.73万个，带动就业15.69万人。全面开展创业活动，8个项目入选首届全国创业就业服务展示交流活动，其中特展项目2个、占所有特展项目的9.5%；开展江西省首届青年创业风云人物评选活动，评选出10名“江西省青年创业风云人物”；连续4年举办江西省大学生创业公开课，获得省领导肯定。推进返乡创业，召开全省返乡创业工作现场推进会，以创建国家返乡创业试点县为契机，提供政策、资金、服务扶持。全省累计有32.4万人返乡创业，带动就业149.2万人，平均每1人返乡创业吸纳就业4.6人。全省新增发放创业担保贷款130.59亿元，直接扶持个人创业8.7万人次，带动就业38.18万人次，还款率达99.94%；上线“创业百福e贷”和“创业微信贷”两个创业担保贷款在线申请服务平台，建成覆盖全省的“互联网+创业担保贷款”双通道综合服务体系。

【公共就业服务】 推进公共就业服务信息系统建设，成立公共就业服务信息系统建设项目专家组，为系统建设提供技术咨询和智力支撑。开发失业保险网上业务经办功能，实现失业金、稳岗补贴、职业技能提升补贴全流程网上经办。进一步扩大失业动态监测范围，监测企业新增503户，达到1050户，监测岗位总数达72万个。

【全国就业扶贫经验交流现场会在赣州召开】 11月8日—9日，人社部、国务院扶贫办在江西省赣州市召开全国就业扶贫经验交流现场会。人社部、国务院扶贫办、财政部有关负责人和各省人社、扶贫系统相关负责人参加会议，人社部副部长张义珍、国务院扶贫办副主任陈志刚出席会议并讲话，江西省作综合经验介绍，并播放“6+1”就业扶贫模式专题视频片。《人民日报》、新华社、中央电视台、《中国劳动保障报》等主流媒体集中给予了宣传报道。

【全省推动返乡创业工作现场会召开】 8月30日，全省推动返乡创业工作现场会在鹰潭市召开，各设区市人社局和相关县（市、区）有关负责人参加会议，大会为江西省返乡创业示范基地、返乡创业示范企业代表进行了授牌，鹰潭市、宜春市、余江县、都昌县、湘东区、渝水区、宁都县、黎川县作了大会交流发言，组织到贵溪市雷溪乡现代农业科技示范园、菊兰家政有限公司、鹰潭移动物联网产业园、中童眼镜产业园等5个方向创业示范基地、示范企业进行现场观摩。

【组团参加首届全国创业就业服务展示交流活动】 9月15日—19日，江西省组团赴山东济南参加首届全国创业就业服务展示交流活动。全国活动共展出优秀就业创业项目170个，江西省有8个项目参展，占地方推荐项目的5.1%；全国特展项目共21个，江西省有2个项目参展。国务院副总理马凯出席活动并视察江西省就业扶贫模式项目展厅，对江西省“6+1”就业扶贫工作模式给予高度评价和充分肯定。活期期间，江西省参展8个项目均被评为优秀项目，江西省被授予优秀组织奖。

【组织开展就业援助月专项活动】 元旦、春节期间，全省人社系统组织开展以“就业帮扶、真情相助”为主题的就业援助月专项活动。活动共入户走访困难家庭1.23万户，登记认定未就业困难人员9166人，帮扶援助对象实现就业9707人（其中残疾就业困难人员2636人），帮助8349人次落实就业困难人员相关政策补贴。

【组织开展2017年度“春风行动”】 2月初至3月下旬，省人社厅联合省扶贫办、省总工会、省妇联在全省范围内组织开展以“促进转移就业、助力脱贫攻坚”为主题的“春风行动”专项活动。全省共举办各类招聘会1755场次，参加招聘活动用人单位2.05万家，提供就业岗位109.5万个，达成就业意向37.6万人，发放春风卡等宣传资料472.4万份。

【开展民营企业招聘周活动】 4月20日—26日，省人社厅联合省教育厅、省总工会、省工商联等部门，组织开展以“促进供需精准对接，助力创新驱动发展”为主题的大型民营企业招聘活动，共有3499家民营企业提供

11.05 万个就业岗位(其中适合高校毕业生就业岗位 5.92 万个),帮助 2.61 万人与用人单位达成就业意向。

【举办江西省首届创业培训讲师大赛】 4—6 月,省人社厅组织举办江西省首届创业培训讲师大赛暨 2017 年全国创业培训讲师大赛江西省分赛,全省共 800 余名创业培训讲师参与,6 个设区市举办市级分赛,共选拔出 26 名优秀讲师、33 件课程设计作品参加省级分赛;复赛选拔出 5 名选手进入决赛,决赛选拔出 2 名选手晋级全国总决赛。比赛情况在《中国劳动保障报》《江西日报》、江西卫视等 10 多家媒体进行了报道。

【组织高校毕业生就业服务月活动】 9 月 1 日—30 日,组织开展以“实名制精准服务,助推高校毕业生就业创业”为主题的高校毕业生就业服务月活动,为高校毕业生提供职业介绍、职业指导、求职登记、失业登记、技能培训、创业培训、创业担保贷款、政策咨询等公共就业服务。共印发各类政策宣传资料 36.5 万份,发布岗位信息 9.7 万条次,提供职业指导 2.7 万人次,提供就业推荐 2.6 万人次;组织各类专场招聘活动 199 场,提供就业岗位 8.8 万个,达成就业意向 1.6 万人。

【发放高校毕业生求职创业补贴】 印发《关于做好困难高校毕业生一次性求职创业补贴和大学生一次性创业补贴发放工作的通知》,明确给予 2017 届城乡居民最低生活保障家庭、残疾和已获得国家助学贷款的应届高校毕业生发放一次性求职创业补贴,补贴标准为每人 1000 元。全年共为 28297 名符合条件的高校毕业生发放补贴 2829.7 万元。

【开展离校未就业高校毕业生实名登记】 2017 年,江西省高校毕业生毕业人数 30.38 万人,离校初次就业人数 26.21 万人,初次就业率为 86.28%,提高 0.46 个百分点。省外高校江西籍离校未就业毕业生 7540 人,加上省教育厅移交省内高校数据 2.70 万人,属于江西省生源离校未就业高校毕业生共计 3.46 万人,较上年增加 3953 人。全省完成离校未就业高校毕业生实名制登记 3.32 万人,帮助 2.11 万人实现就业,占登记人数的 63.55%,全省高校毕业生年底总就业率 95.61%,提高 0.32 个百分点。

【创业担保贷款政策进一步健全】 7 月,经省政府同意,人民银行南昌中心支行、省财政厅、省人社厅联合印发《关于转发〈中国人民银行 财政部 人力资源社会保障部关于实施创业担保贷款支持创业就业工作的通知〉的通知》,进一步放宽创业担保贷款的条件,完善创业担保贷款资金政策。8 月,省人社厅印发《关于印发江西省创业担保贷款业务操作办法的通知》,具体规范细化了创业担保贷款业务操作流程。

【推进“互联网 + 创业担保贷款”】 充分利用“互联网 +”、大数据和移动通信等技术,省人社厅与省农信社合作开发“创业百福 e 贷”和“创业微信贷”两个在线申请平台,创业者可以通过在线平台提交预审材料,系统进行自动审核,进一步简化了创业贷款申请办理流程,建成覆盖全省的“互联网 + 创业担保贷款”双通道综合服务体系。

【实施高校毕业生“三支一扶”计划】 加大“三支一扶”人员选拔培养,全年招募“三支一扶”人员 2088 名,超额完成任务;妥善安置 1796 名服务期满的“三支一扶”人员,安置率 100%;组织举办 2 期“三支一扶”人员能力提升专项计划全省示范培训班,共培训 300 名在岗“三支一扶”人员。

(袁伟华)

人事管理

【概况】 2017 年,组织实施全省录用公务员四级联考、公安机关面向公安院校公安专业毕业生考试录用人民警察和公安机关定向招录培养特殊公安专业人才考试,全省录用公务员 4050 人。进一步健全完善基层公务员录用制度,有效缓解基层招人难、留人难问题。严格审核评比达标表彰奖励项目;完善公务员考核制度,推进公务员平时考核,组织开展调查研究,总结平时考核试点经验。修订《省直机关公务员培训费管理办法》,抓好公务员四类培训和对口培训。加强公务员职位管理,规范公务员转任、调任、职数审核备案及公务员登记。创新遴选工作方式,全年共有 380 名基层公务员通过公开遴选转任至上级机关。落实劳模有关待遇,对 2006 年 7 月 1 日以来获省部级以上荣誉称号人员提高 1~2 个工资档次或薪级工资。

会同省委组织部联合印发《关于进一步做好江西省艰苦边远地区县乡事业单位公开招聘工作的通知》,鼓励和引导优秀人才到艰苦边远地区县乡事业单位干事创业。推进事业单位人事管理领域“放管服”改革,出台《关于进一步改进和优化省直事业单位人事管理服务的通知》,充分发挥用人单位在人才培养、吸引和使用中的主体作用。着眼解决基层医疗卫生单位招人难、留人难问题,明确从 2018 年开始由省人社厅和省卫计委统一组织全省卫生专业技术人员公开招聘。研究出台《省级公立医院按床位设岗改革试点方案》,在 3 家省级公立医院开始试点。做好中小学岗位聘用工作,调整提高小学和幼儿园高级岗位结构比例。开展 2017 年全省中小学教师招聘、省直事业单位统一招聘工作和高层次人才招聘工作。修改完善专业二级岗位人选审定流程,组织全省专业技术二级岗位人选审定。

【公务员培训】 印发《2016—2020 年江西省行政机关公务员培训纲要》,修订《省直机关公务员培训费管理办法》,取消省外培训审批,提高省直机关到省外培训经费定额标准。开展公务员 4 类培训和对口培训,开设公务员职业道德大讲坛。全年全省培训公务员 17.5 万人次。

【职称制度改革】 11 月 30 日,省委办公厅、省政府办公厅印发《关于深化职称制度改革的实施意见》,在完善职称评价标准、创新职称评价方式、加强评审组织建设、优化公共服务体系、强化监督管理体系等方面提出 28 条具有江西特色的改革创新举措。对职称外语、计算机不作统一要求,新增会计系列正高级职称。推进卫生高级职称评审制度改革，启动高等院校教师职称制度改革，深化中小学教师职称制度改革；进一步下放职称评审权，新增7家高级职称自主评审单位。开发专业技术人员信息系统，在高校、卫生、水利等系列实行网上申报评审。《人民日报》专题刊发江西省深化职称制度改革做法。这是江西省实行专业技术职务聘任制度30年来的首次重大改革，涉及全省265万专业技术人才，力争通过3年时间，基本完成工程、卫生、农业、会计、高校教师、科学研究等职称系列改革。

【军转干部安置】 落实全国军转干部安置工作会议部署，全省11个设区市和省直全部实行量化考核、积分择岗的安置办法。全年接收安置计划分配军转干部943名，其中安置到党政群机关和参公事业单位的占95.5%，增长0.1%；师团职军转干部低一职安排领导职务和平职安排非领导职务的占67%，增长3.5%，实现"两个保持"（保持党政机关和参公单位接收安置军转干部的比例不低于往年，保持师团职军转干部安置质量不低于往年）的目标。下达自主择业军转干部311名，增长31%，实际接收307名。不断加强自主择业军转干部管理服务，率先在全国完成自主择业信息平台系统建设。

【随军家属就业安置】 进一步加强工作督导，完成2017年随军家属就业安置工作任务。全年共有1644名随军家属得到妥善安置，其中，通过调配方式落实安置随军家属169名，享受生活补助随军家属1475名，各级财政发放生活补助资金合计650万元。各地为无工作单位随军家属举办专场招聘会52次，提供就业岗位2834个，安置就业687人。

【落实机关事业单位工资待遇】 进一步健全工资收入分配制度体系，制定出台江西省贯彻《关于贯彻以增加知识价值为导向分配政策的实施意见》，梳理下放部分工资审核权限至省直主管部门，出台政法委机关工作津贴、人民警察法定工作日之外加班补贴、值勤岗位津贴等文件，印发调动及转换岗位人员工资确定问题、明确自雇服务人员补贴发放等办法。印发法官、检察官和司法辅助人员工资制度改革意见，全面部署全省法院、检察院工资制度改革工作。

【《江西省省直机关绩效管理办法（试行）》出台】 3月，省委办公厅、省政府办公厅印发《江西省省直机关绩效管理办法（试行）》，进一步明确细化了省直机关绩效管理的工作职责、内容、组织实施程序、等次评定和结果运用等事项，使得绩效管理工作更加科学规范、有规可循，有利于充分发挥绩效考核的正面激励作用。

【分类推进卫生、高校职称制度改革】 2月，省人社厅、省卫计委印发《关于深化卫生高级专业技术资格评审制度改革有关具体事项的通知》，明确将卫生技术人员按省、市、县区、乡镇3种类别实行定向评价、定向使用，逐步实现资格评审与岗位聘用相统一。对高校职称实行"四个自主、三个不再、一个加强"，即高校自主制定标准、自主资格审查、自主开展评审，自主发放证书，省人社厅不再资格审查、不再审批结果、不再发放证书，加强事中事后监管，逐步形成竞聘上岗、按岗聘任、能上能下的用人机制。

【开发启用职称申报评审信息系统】 9月18日，"江西省专业技术人员职称申报评审系统"正式上线启用，该系统实现申报、审核、评审、发证、查询等功能，先期在水利、高校、卫生3个系列的省水利厅、省教育厅、省卫计委、11个设区市和江西财经职业学院、萍乡学院等20余家单位试点。

【完善基层公务员录用制度】 进一步健全公务员考试录用制度，采取招录计划向基层倾斜、适当降低进入门槛、适当限制考生户籍、加大从大学生村官等服务基层项目人员中考录基层公务员力度，有效缓解基层招人难、留人难问题。全省招录计划75%为县乡机关招录计划，县乡基层职位中19%面向本县户籍或生源报考，乡镇招考计划中82%不限专业、75%不限工作经历、50%只需大专学历。

【加强评比达标表彰活动管理】 组织召开表彰工作座谈会，坚持合理设置表彰项目，严格控制评比表彰活动的规格、规模和人数，做好国家级表彰推荐审核。2017年，新增省级表彰项目4个、省级以下表彰项目2个，调整省级表彰项目2个。江西省共设置69个评比达标表彰项目。

【健全艰苦边远地区县乡事业单位公开招聘制度】 4月，省人社厅、省委组织部联合印发《关于进一步做好江西省艰苦边远地区县乡事业单位公开招聘工作的通知》，进一步放宽年龄、专业、学历、户籍限制，改进面试考察方式和开考比例设置，鼓励和引导优秀人才到艰苦边远地区县乡事业单位干事创业，缓解艰苦边远地区吸引留住人才难的问题。

【组织事业单位公开招聘】 组织开展2017年全省中小学教师招聘工作，全省共计划招聘中小学教师16012人，其中含国家"特岗计划"教师6500人。开展省直事业单位统一招聘和高层次人才招聘工作，共发布本科及以下层次招聘岗位1580个，计划招聘2118人，笔试实际开考岗位1250个，可招聘1711人。发布高层次人才招聘公告161个，计划招聘3590人。其中：博士1718人，占总人数的47.86%；硕士及副高职称1872人，占总人数的52.14%。

【完善事业单位绩效工资政策】 完善事业单位绩效工资政策，明确对高校、科研院所及医疗卫生机构绩效工资总量适当倾斜、赣江新区绩效激励等政策。推进公立医院医务人员薪酬制度改革试点，确定新余市为江西省公立医院综合改革试点城市。调整副厅事业单位部分管理人员岗位工资标准以及省直事业单位绩效工资基本标准线，核定185家、备案330余家省直事业单位绩效工资总量。

【全省人社部门窗口单位作风建设公众评价系统上线启用】 10月，江西省人社部门窗口单位作风建设公众评价系统在全省人社部门2721个窗口单位上线启用，该系统由服务对象通过手机扫描二维码对窗口单位服务情况进行评价，评价结果每季度公布，并作为窗口单位年度考核、参加全国优质服务窗口评比表彰以及市县科学发展综合考评的重要依据。截至年底，全省 11 类 2721 个窗口单位共收到各类评价 69752 条。

（袁伟华）

劳动管理

【概　况】 2017 年，全省劳动关系协调工作进一步加强。建立政府层面和谐劳动关系创建评选表彰制度，启动第一届江西省模范劳动关系和谐单位评选表彰工作，继续将和谐劳动关系列入政府责任目标考核体系，完善市县科学发展综合考评和谐劳动关系考核指标，制定和谐劳动关系单位量化评价标准。印发《关于推进构建和谐劳动关系综合试验区建设的指导意见》，确定 12 个工业园区、1 个县作为第一批省级构建和谐劳动关系综合试验区建设试点单位，将江西昌南工业园区列为省、市、区三级共建试验区。开展劳务派遣核验，发布《2016 年度劳务派遣核验工作公告》。加强特殊工时审批，共审批实行特殊工时制企业 434 户，涉及职工 8.7 万人。制定并以省政府令出台《江西省女职工劳动保护特别规定》，组织省内外主流媒体进行集中宣传报道。

【启动第一届全省模范劳动关系和谐单位评选表彰】 4 月，省政府办公厅印发《江西省模范劳动关系和谐企业、工业园区、乡镇（街道）评选表彰办法》；8 月，省人社厅、省总工会、省工商联、省企联联合印发《关于推荐评选第一届江西省模范劳动关系和谐单位的通知》，全面部署第一届江西省模范劳动关系和谐单位推荐评选活动，此次评选表彰活动共设“江西省模范劳动关系和谐企业”30 个，“江西省模范劳动关系和谐工业园区”12 个，“江西省模范劳动关系和谐乡镇（街道）”18 个。

【贯彻落实《江西省女职工劳动保护特别规定》】 5 月，省政府以政府令形式颁布《江西省女职工劳动保护特别规定》，进一步扩大女职工劳动保护范围，细化产假和妊娠终止假期。明确用人单位预防和制止职场性骚扰的职责，建立女职工经期护理费最低标准及其正常调整机制，制定哺乳用房、女职工体检等人性化条款。6 月，省人社厅会同省总工会、省安监局下发《关于学习宣传贯彻〈江西省女职工劳动保护特别规定〉的通知》，就学习、宣传、贯彻落实“特别规定”进行部署。10 月，省人社厅组织举办学习贯彻落实“特别规定”培训班；12 月，组织 3 个督查组分赴全省 11 个设区市实地督查“特别规定”落实情况。

【加强企业工资分配指导调控力度】 深化国有企业负责人薪酬制度改革，印发《关于进一步规范省属企业负责人薪酬管理的通知》，发布 2016 年度、2017 年度省属国有企业负责人基本年薪计算基数，省属国有企业在岗职工年平均工资增长 11.05%。开展 2016 年度省属企业负责人薪酬审核兑现和福利性待遇情况备案，组织省属国有企业负责人薪酬自查和监督检查，在全国人社工作会议和全国国有企业负责人薪酬制度改革座谈会上作工作做法经验介绍。联合省内高校研究力量开展江西省最低工资标准调整评估课题研究，研究成果被省政府采纳。调整最低工资标准，将区域类别由四类缩减为三类。发布 2017 年企业工资指导线，基准线为 8%，增长下线为 3%，不设上线。完成南昌等 5 个国家试点城市、2333 户企业、15 万名劳动者薪酬调查。

【全国国有企业工资分配制度改革研讨会在南昌召开】 11 月 14 日—15 日，由人社部劳动关系司主办的全国国有企业工资分配制度改革研讨会在南昌召开，会议通报中央及各省（市、区）深化国有企业负责人薪酬制度改革总体情况，介绍国有企业工资决定机制改革工作进展，江西省就国有企业负责人薪酬监督检查工作在会上作了经验交流发言。

【调整最低工资标准】 10 月 30 日，省政府办公厅印发《关于调整最低工资标准的通知》，决定从 2018 年 1 月 1 日起上调最低工资标准。此次最低工资标准调整综合考虑江西省经济社会发展水平、就业状况、物价指数、低收入劳动者的生活状况和区域之间收入分配差距等因素，将最低工资标准原四类区缩减为三类区域，月最低工资标准一类区域由 1530 元/月调整为 1680 元/月，二类区域由 1430 元/月调整为 1580 元/月，三类区域由 1340 元/月调整为 1470 元/月。同时，相应提高非全日制用工小时最低工资标准。

【发布 2017 年度企业工资指导线】 8 月 8 日，江西省发布 2017 年企业工资指导线，明确企业年度货币平均工资增长基准线为 8%，增长下线为 3%，企业年度货币平均工资增长不设上限。企业工资指导线适用于企业在岗职工工资分配。

（袁伟华）

本栏编辑　邓玉兰

国家区域发展战略

生态文明试验区建设

【概　况】 2017年，全省确定的112项年度重点工作基本完成。森林覆盖率稳定在63.1%；全省国家考核断面水质优良率92%，比国家考核目标值高12个百分点；全省PM_{10}平均浓度72.6微克/立方米，达到国家考核目标，空气质量优良率83.9%。全流域生态补偿、河长制、生态司法体制改革等走在全国前列，生态文明的治理能力和治理体系更加完善。

【构建国家生态文明试验区建设总体格局】 年内，江西深入开展生态文明体制改革综合试验，提出6大制度体系的基本框架，即构建山水林田湖草系统保护与综合治理制度体系、构建严格的环境保护与监管体系、构建促进绿色产业发展的制度体系、构建环境治理和生态保护市场体系、构建绿色共享共治制度体系、构建全过程的生态文明绩效考核和责任追究制度体系，大胆先行先试，全面深化生态文明体制机制改革创新，构建国家生态文明试验区总体格局。

【创新考核评价与责任追究制度】 江西生态文明考核评价突出事前、事中、事后全过程管理。事前制定生态考核标准，出台《江西省生态文明建设评价考核办法》，实行环保“一岗双责”，在市县综合考核评价指标体系中将生态文明列为一级指标并提高权重，建立生态文明建设评价指标体系。事中抓好分类考核，按照经济社会发展综合水平将100个县（市、区）分为重点开发区、农产品主产区、重点生态功能区进行分类考核，把考核结果作为地方党政领导班子和领导干部综合考核评价、干部奖惩任免的重要依据。事后强化问责追责，启动自然资源资产负债表编制试点工作，以自然资源资产负债表为依据，改革干部考核评价和任用制度，优先提拔重用在推进生态文明建设和绿色发展方面成绩突出的干部，对违背科学发展要求，造成生态环境和资源严重破坏的，责任人不论是否已调离、提拔或者退休，都根据《江西省党政领导干部生态环境损害责任追究实施细则》实行精准追责、终身追究。

【建立健全源头严防制度体系】 建立生态保护红线制度，划定保护范围5.1万平方千米，占全省国土面积30%。建立水资源红线制度，制定“十三五”水资源消耗总量和强度双控行动工作方案，下达全省水资源管理红线控制指标。建立土地资源红线制度，全面划定永久基本农田246.2万公顷，出台开发区节约集约利用土地考核办法。完善自然资源产权制度，启动水流、森林、山岭、荒地、滩涂等自然生态空间统一确权登记试点工作。健全空间管控制度，编制完成省域空间规划，市县“多规合一”试点形成成果；实施江西省主体功能区规划，推动26个国家重点生态功能区全面实行产业准入“负面清单”制度。

【健全生态环境监测网络和预警机制】 建立部门协调机制，构建统一规范、布局合理、覆盖全面的生态环境监测网络。启动建设全省“生态云”大数据平台，基于地理空间信息整合生态与环境数据资源，开展生态环境大数据分析应用，推动建立生态环境质量趋势分析和预警机制，健全以流域为单位的环境监测统计和评估体系。加快推进环保部门机构和职能调整，强化大气、水、土壤环境质量监管。建立鄱阳湖水质月监测评估、季预警通报、年度责任考核机制，确保鄱阳湖流域排污总量不增加、水质不下降，鄱阳湖入长江断面水质逐年改善。启动固定污染源的排污许可证核发工作，实行对污染源的一证式管理，落实企事业单位污染物排放许可制，2017年完成火电行业排污许可证发放工作。开展土壤污染状况详查，实施农用地分类管理和建设用地准入管理。建立耕地土壤环境质量类别划定分类清单、污染地块名录及其开发利用的负面清单，建立建设用地调查评估制度、土壤污染治理及风险管控制度。完善突发环境事件应急机制，建立覆盖全省的环境应急指挥平台，强化针对危险废物收集、运输、处理的监管和问责机制。

【建立健全后果严惩制度体系】 完善考核评价机制，优化市县科学发展综合考核评价体系，进一步提高生态文明在考核中的权重。建立生态文明建设评价指标体系，并在南昌、赣州等地开展试点。探索自然资源资产负债表及离任审计制度，出台《江西省党政领导干部自然资源资产离任审计实施意见》，完成萍乡等地试点审计。完善生态环境损害责任追究制度，出台《江西省党政领导干部生态环境损害责任追究实施细则》，建立精准追责机制。

【健全生态保护市场化机制】 培育环境治理和生态保护市场主体，建立社会资本投入生态环境保护的引导机制。完善环境治理和生态保护市场化机制，建立自然资源资产有偿使用制度，完善自然资源资产价格形成机制。探索建立排污权交易制度、水权交易制度、用能权交易制度。健全绿色金融服务体系。完善企业环境信用评价制度，推动企业环境信息纳入金融信用信息基础数据库，向金融机构开放共享。支持和引导金融机构建立符合绿色产业和项目特点的信贷管理制度。推动建立银行绿色信贷业绩评价机制，推进发行绿色金融债券和绿色信贷资产证券化，鼓励银行等金融机构将信贷资金投放于环保、节能、清洁能源、清洁交通等绿色产业。

（谢岩松）

鄱阳湖生态经济区建设

【概　况】 2017年，昌九地区实现地区生产总值7417亿元，占全省的35.6%，提高0.5个百分点。鄱余万都小康攻坚战略全面制定实施，出台《支持鄱余万都滨湖四县小康攻坚的指导意见》《支持鄱余万都基础设施建设和民生事业发展行动方案（2017—2020年）》等3个文件，实现阶段性目标。

【对接国家战略】 长江经济带战略支撑地位巩固。九江港新增吞吐能力800万吨，湖口神华煤电码头建成试运行。亚东水泥专用码头扩建工程、码头工业城公用港口一期码头、新洋丰肥业生产基地码头通过验收。瑞昌理文二期、华中木业专用码头工程、彭泽港区疏港公路开工。对接"一带一路"取得突破。年内开行中欧班列24列，标准箱1760个，货值3.02亿元，南昌、抚州等地均实现中欧（亚）班列开行零的突破。开通南昌区域、宜春、新余地区至宁波北仑港、深圳盐田港、抚州江阴港6趟班列。打造长江中游城市群重要增长极。南昌参加长江中游城市群省会城市第五届会商会，签署《长江中游城市群省会城市合作行动计划（2017—2020年）》。九江举办首届长江经济带九江新工业新动能投洽会，共签约项目109个，签约总金额1371亿元。

【基础设施建设】 铁路方面，武九客专、九景衢铁路开通运营，安九铁路全线开工，昌景黄铁路获国家发改委批复可研。公路方面，南昌南外环项目迎宾大道以西段建成通车，抚州东外环项目开工，沪昆高速玉山至东乡段改扩建项目启动前期工作。航空方面，青云谱机场迁建主体工程建成，九江庐山机场复航工程开工。水利设施建设方面，双港航运枢纽、八字嘴航电枢纽项目开工。《九江港总体规划（修订）》获部省联合批复。能源保障方面，神华九江电厂复工；建成鹰潭—抚州—罗坊Ⅱ回500千伏电网项目，油气项目建成投运省管网虎圩—东乡支线。

【产业发展】 南昌加快培育发展新动能。汽车和新能源汽车产业主营业务收入突破千亿元。移动智能终端产业中全国手机ODM企业前五强华勤、闻泰、与德、龙旗、天珑落户南昌，全市拥有手机整机生产企业10家，已建和在建整机产能2亿台。中国（南昌）VR产业基地一期建成投产，VR产业国家标准检测、云服务、技术研究、天使基金、产品交易、基地线上"六大平台"初步建成。九江工业做强。心连心复合肥一期、天瑞丰收一期、理文包装纸二期、TCL空调、江中食疗产业园、盐津铺子二期、上海永久中部制造基地等一批重大项目竣工投产；赛得利（九江）二期、巨石二期、爱升精密电路板、中船海洋装备和天赐新材料循环产业园等一批项目基本建成。其他区域特色产业壮大。景德镇陶瓷产业向文化创意转型，昌飞直升机总装园竣工投产，22家企业落户航空零部件产业园并开工建设。新余锂电、手机触控、LED和装备制造产业主营业务收入分别增长151%、40.2%、359%和19.6%，新钢公司利润增长10倍。鹰潭铜产业实现主营业务收入3400亿元，全球第一个万量级单项NB－IoT（窄带物联网）商用项目落地鹰潭，建成国内首个3张NB－IoT（窄带物联网）网络全域覆盖的城市。抚州博雅欣和、迪比科新能源、金品铜科、森鸿科技、海利不锈钢、德义半导体、自立铜业等龙头企业加快成长。

【赣江新区建设】 2017年，赣江新区利用赣京会、中博会等推介平台，签约项目308个，合同资金1970亿元；累计140个签约项目开工，90余个项目建成投产。国家绿色金融改革创新试验区、国家"双创"示范基地、国家人力资源服务产业园落户新区。新区行使61项省级经济社会管理权限，行政审批局统一办理省、市、县三级共260项审批事项，率先开展投资项目承诺制改革和探索重点建设项目模拟审批模式。形成欧菲光、智慧海派等一批年产值过百亿元企业和格特拉克、南昌奥克斯、诚志股份等一批年产值过50亿元企业。中国中医药科创城、江铃新能源汽车生产基地及工程研发中心、同兴达智能终端核心零部件等重点项目开工。

【生态环境保护】 完成造林计划任务，安排防护林建设任务9466.67公顷，低产低效林改造建设任务8166.67公顷；重点整治"四尘""三烟""三气"，完成国家考核目标任务。编制完成《江西省土壤污染状况详查实施方案》，初步建立全省土壤项目库。生态文明创建方面，上饶、景德镇成功创建国家森林城市，至此，鄱阳湖生态经济区内所有设区市全部创建国家森林城市。开展跨区域环境联合执法协作试点，与湖南省签订《湘赣两省跨界环境污染纠纷处置协议》，与湖北省环保厅签订《跨界环境污染纠纷处置和应急联动框架协议》。完善湖北黄冈与江西九江相邻城市的大气污染防治联防联控机制，年内九江市的空气质量总体改善，九江市PM_{10}年均浓度下降4%左右。

【滨湖4县建设】 支持滨湖4县建成公办幼儿园12所、城乡中小学校15所，招收乡村定向师范生370人、招录特岗教师639人，促进乡村教育均衡发展。安排9所三甲医院对口支持滨湖4县8所人民医院和中医院，组织21名骨干医师进修学习。实施农村饮水安全巩固提升和农村电网改造提升工程，农网户均容量由1.26千伏安提高到1.56千伏安，解决农村

1.05万户季节性“低电压”问题。九景衢铁路通车，昌景黄高铁在余干、鄱阳设置站点。鄱(阳)余(干)高等级公路开工，万年至鹰潭北高铁站一级公路实现当年规划、当年开工。鄱阳县、余干县、万年县通用机场纳入《江西省通用机场布局规划(2016—2030年)》。启动上饶港总体规划和信江高等级航道整体规划编制工作。1万~5万亩圩堤、夏营水库等一批重大水利项目开工。万年、余干、鄱阳(芦田工业园)门站与省天然气管网对接完成并通气。下达4.43亿元专项补助资金，支持滨湖4县实施1.3万户城镇棚户区改造。鄱阳环东湖棚改项目开工。整合资金近30亿元开展秀美乡村建设，完成1694个省级新农村建设村点的“七改三网”基础设施建设。对“三沿六区”影响观瞻的坟墓进行治理。争取中央投资6000万元，实施万年、都昌农业面源污染综合治理项目。

(盛小平)

赣南等原中央苏区振兴发展

【概　况】 国家发改委牵头组织召开部际联席会议第五次会议，会同国务院扶贫办、中咨公司到赣南等原中央苏区调研指导；省委、省政府召开领导小组第六次会议、深入推进会议、工作座谈会议、专题推进会议，出台《关于纵深推进赣南等原中央苏区振兴发展实现与全国同步全面小康的意见》，开展苏区振兴5周年系列活动，合力推进苏区振兴发展。

【民生工程】 2017年，赣南等原苏区共有35.5万人脱贫，707个贫困村退出，6个贫困县达到摘帽条件，吉安县脱贫摘帽。新建、改造农村公路8091千米、危桥852座，4.4万个25户以上自然村通水泥路。改造农村危房5.3万户，实施农村安全饮水巩固提升工程445处，改造薄弱学校面积968万平方米，新建、改造县级医院等医疗项目22个、面积32.86万平方米，安排城市三级医院对口帮扶苏区县61所县人民医院和中医院，开展诊疗15.5万人次、示教手术2762次。下达困难群众基本生活救助、抚恤补助等民政资金58.71亿元。赣州市城镇居民、农村居民人均可支配收入分别达29567万元、9717元，分别增长9.2%和11.3%。

【产业发展】 赣州市新增规模以上工业企业435户，纳入国家首批“中国制造2025”试点示范城市。“中国稀金谷”列入《中国制造(2025)》重大项目库，南康家居城新增入规企业149家。萍乡电瓷产业销售量占全国70%，上饶广丰设立全省首家石墨烯研究，抚州生物医药和新余动力电池产业集群被纳入国家创新型产业集群试点名单。创建6个国家级、42个省级现代农业示范区，建设89个现代农业示范园，省级以上农业产业化龙头企业达410家，信丰县列入首批国家现代农业产业园。赣南脐橙列入中欧“100+100”互认保护公示名单，3个品牌入选“2017全国百强农产品区域公用品牌”。新增境内外上市企业3家、“新三板”挂牌企业14家，区块链票链全国监控运营管理中心落户赣州。赣州市获批国家旅游业改革创新先行区，抚州市大觉山景区创评国家5A级景区。新增8个国家电子商务进农村综合示范县。

【基础设施建设】 赣深客专、兴泉铁路全线开工。三清山机场通航，赣州黄金机场步入百万空港行列，明月山机场改扩建工程开工建设。兴赣高速北延项目开工建设。信江八字嘴航电枢纽开工建设。上饶东500千伏输变电、赣州临塘220千伏等一批输变电工程建成投运。寻乌太湖水库、上犹江饮水工程完成主体工程，宜春四方井水利枢纽工程开工建设。

【生态环境保护治理】 安排营造林16.18万公顷、国家储备林906.67公顷，新增国家湿地公园6个。赣州市改造低质低效林4.55万公顷，创建国家森林城市。抚河流域(抚州段)纳入国家首批流域水环境综合治理与可持续发展试点。实施农村环境综合整治项目798个，赣州市治理历史遗留废弃矿山19.1平方千米，吉安市完成禁养区猪场退养3147家，抚州市减少化肥投入1.5万吨、农药500吨，原中央苏区集中饮用水源地水质达标率保持100%。赣州市出台生态文明建设领导干部约谈制度、党政领导干部生态环境损害责任追究办法实施细则。吉安市率先实行市立公园制度，启动一批生态制度立法。抚州市率先实施国土空间规划分类考核。

【放管服改革】 赣州在全省率先推行“一窗式”改革，抚州资溪县实行“一枚印章管审批”。水土保持“赣南模式”、赣州市医养结合试点在全国推广，赣州港开通16条内贸和铁海联运班列线路、12条进出口中(欧)亚班列。宜春海关封关运行，龙南保税物流中心建成运营，赣闽产业合作示范区启动建设。

【对口支援】 中央国家机关及有关单位47名部级领导到受援地一线调研指导，现场协调问题，落实支持政策。22个国家部委出台对口支援方案。通过对口支援争取资金31.11亿元、项目415个。省直单位继续在政策、资金、项目上倾斜支持，安排各类补助资金786亿元。在宜春市召开挂职干部专题推进会，帮助宜春市协调推进17个事项。赣州、吉安、抚州市多次召开座谈会，推动一批重大政策、项目、试点示范等落地落实。

(江东灿　吕瑞林)

对口支援新疆克州阿克陶县

【概　况】 2017年，江西选派第9批优秀干部人才110名赴新疆克州挂职援疆，全年实施项目52个，安排援助资金3亿元。阿克陶县全年地方财政收入、城镇居民人均可支配收入、农牧民人均可支配收入、社会消费品零售总额比上年分别增长11.4%、8.6%、12.5%、10%。

【援助脱贫攻坚】 2017年，江西安排脱贫攻坚项目43个，资金2.20亿元。8月18日，江西援疆前方指挥部研究制定《江西省对口支援阿克陶脱贫攻坚工作方案》,明确打好就业扶贫、产业扶贫、智力扶贫、民生扶贫"四个攻坚战"。全省社会各界共88批次参与对口援疆脱贫攻坚工作,捐款捐物4000余万元。实施富民安居工程4600户、牧民定居房620户,其中解决建档立卡贫困户住房困难2975户。开展农村富余劳动力各类培训1.55万人次,劳动力职业技能培训1.18万人。阿克陶籍群众在江西务工由年初63人次增加到917人次,增长近15倍,创下江西对口帮扶转移就业和接收劳动力的新纪录。

【教育援疆】 2017年,安排项目5个,资金4705万元,帮助受援地提升师资力量和教育水平。培养高素质双语教师队伍,提升受援地师资力量。邀请援疆教师和克拉玛依市优秀教师、阿克陶优秀教师参与授课,利用援疆资金300万元安排600人进行集中培训;开设首届柯语文骨干教师培训,母语为汉语学前特岗教师民族语言培训,书记、校长全员培训等,共培训21期67班,培训人员2953人。实施援疆"双语"教育优教优学"十百千"表彰奖励项目,安排160万元奖励金。打造克州二中"江西班"、雪松中学"江西实验班"、莲塘一中"内高班"民汉学生混合编班教学、"国学教育"进课堂等一批教育援疆的名片。安排资金200万元,支持南昌莲塘一中继续办好"内高班";安排300万元,资助阿克陶500名内地新疆籍在校大学生接受高等教育。

【产业援疆】 安排项目7个、资金4220万元,重点推进阿克陶江西工业园区、农业园区及旅游服务业基础设施建设和政策扶持阿克陶县产业发展。年内,阿克陶江西工业园区入驻企业共118家,累计完成固定资产总投资额35亿元,解决就业3300余人次,带动建档立卡贫困户就业318人次;阿克陶现代农业示范园建设完成2000座蔬菜大棚,园区就业500余人次,带动从业人员2000余人次,其中建档立卡贫困户53户198人次;旅游服务业援疆项目重点建设完善白山湖湿地公园和奥依塔克冰川公园等基础设施,全年吸引游客37.91万人次,实现旅游收入9862.76万元。

11月8日,赣陶情 一家亲——红色基因传边疆文化交流演出活动在新疆阿克陶县文化中心举行

省文化厅供

【干部人才培养】 利用江西红色教育资源,分2批选派100名克州州直、阿克陶县副科级以上党政干部赴井冈山江西干部学院,接受革命传统教育。依托阿克陶县委党校,分4批次对424名基层党员干部进行"加强党性修养、弘扬优良作风"集中培训;以"双语"培训为重点,分批强化培训200名乡、村干部,提高基层干部的"双语"能力。邀请各领域专家16人到受援地开展3个月的业务和技术指导。选派克州、阿克陶县组织系统5名干部,赴江西九江市组织系统进行为期2个月的挂职锻炼;选派克州、阿克陶县8名旅游人员,赴江西旅游景区进行为期10天的旅游业务知识培训。采取"拜师傅、带徒弟"的培训方式和受援地干部学成返回将先进经验做法传授给当地干部的方式,进行专项培训。

【基层基础建设】 拨付援疆资金200万元,建设便民服务中心,为5000名群众提供办理医保、低保等一站式服务;拨付400万元用于发展乡村集体经济,改变当地"空壳村"面貌。通过受援地派出2名维吾尔族民警赴江西学习和江西投入援疆资金40万元,分2批次选派10名技术民警到受援地进行技术指导,促进赣新两地维稳力量交流;拨付阿克陶县民兵训练基地建设项目资金900万元,公共安全视频监控系统建设资金725万元,城镇派出所安全局综合楼项目资金490万元;投入援疆资金500万元,在全县重要位置安装完善视频监控系统、动中通无线图传系统和智能卡口抓拍系统,加强技防物防设施建设,发挥技术防范作用。

【赣新交流交往】 2017年,江西安排资金1525万元,推进赣新两地各族群众交流交往交融。推进赣新两地青少年"手拉手"和千校"手拉手"活动,促成江西与阿克陶县86所中小学校开展对接交流,150余名州、县学生赴江西参加夏令营,1万余名少先队员结对交友,往来书信2万余封。安排吉安市采茶歌舞剧团赴阿克陶演出,阿克陶文工团赴景德镇、吉安等地演出;江西省艺术学校、克州文工团在克州、南昌两地合作共演"援疆情·中国梦",江西画院、江西画报社在北京、克州举办"中国梦·民族魂"江西省美术家、摄影家赴新疆阿克陶采风作品展。组织劳动模范等社会各界人士开展交流互访活动,全省共有88批次、1000多人前往克州、阿克陶县考察指导工作。通过"结对认亲""民族团结一家亲"活动,累计投入100余万元,为群众做好事实事485件。

(李庆 陈文强 李诗琪)

本栏编辑 游桃琴

农　业

综　述

2017年，全省农林牧渔业总产值3069.00亿元，增长4.4%；农村居民人均可支配收入13242元，增长9.1%。

*农产品有效供给能力提升。*全年粮食总产量2221.7万吨，连续5年稳定在2100万吨以上；蔬菜、水果、肉类、水产品等主要“菜篮子”产品产量分别达到1650万吨、455.23万吨、326.00万吨、250.55万吨。赣南脐橙、南丰蜜橘入选首批“中国特色农产品优势区”，建成设施农业面积6.2万公顷，水稻主推品种优质率87%，牛羊肉产量占肉类总产量的6%，特种水产品产量占水产品总产比重首次突破1/3，达34.6%。

*农业产业实力增强。*农产品加工业产值与农业总产值比为2.2∶1。规模以上农业龙头企业销售收入5149亿元，增长9.1%。创建国家现代农业产业园1个、国家级田园综合体2个；认定省级现代农业示范园159个，建设面积16.09万公顷。新增千亿级产业1个（水产产业），总数达4个（粮食产业、畜牧产业、果蔬产业、水产产业）。培育各类规模以上休闲农业企业4810家，休闲农业和乡村旅游综合收入810亿元。产业脱贫攻坚取得阶段性成效，累计带动贫困户63.6万户210万人。

*绿色农产品品牌叫响。*新增“三品一标”（无公害农产品、绿色食品、有机农产品和农产品地理标志统称“三品一标”）农产品1055个，总数达4712个，建有全国绿色食品原料标准化生产基地44个，面积56.91万公顷，创建国家农产品质量安全市、县11个，省级绿色有机农产品示范县25个。主要农产品抽检合格率98.6%，全年未发生重大农产品质量安全事件和区域性重大动植物疫情。赣南脐橙、南丰蜜橘、广丰马家柚、庐山云雾茶、宁红茶、遂川狗牯脑、瑞昌山药、广昌白莲、泰和乌鸡、高安大米10个农产品区域公用品牌被评为“2017最受消费者喜爱的中国农产品区域公用品牌”100强。

*农业生态优势凸显。*推动《江西省农业生态环境保护条例》颁布施行，减少化学农药使用量300吨左右、化肥使用量（折纯）1万吨左右。畜禽养殖“三区划定”（指畜禽养殖禁养区、限养区和适养区）全面完成，基本完成中央环保督察反馈意见整改年度任务，畜禽废弃物资源化利用率、病死畜禽无害化处理率分别为76%和95%。丰城市被列为第一批国家农业可持续发展试验示范区，吉安、信丰、余江3县被列为全国第一批畜牧业绿色发展示范县。

*农业发展活力集聚释放。*江西全面完成农地确权工作，得到国务院和农业部肯定；推进农村集体产权制度改革、农垦改革等重点改革落地，推进农业适度规模经营，农村土地经营权流转面积85.73万公顷，流转率40.5%，农业服务综合托管率18.4%，累计发展农民专业合作社6.42万户、家庭农场3.82万个、省级龙头企业865家。农业双向开放格局基本形成，建立农业对外合作联席会议机制，引进农业投资项目287个，进资237亿元，增长18%；农产品出口12.7亿美元，增长22%。

*农业发展支撑有力。*整合融资360亿元推进高标准农田建设，在全国率先提出“三变、三创、八结合”的江西建设路径。推进农业信息化建设，建成市、县运营中心85家，益农信息社7200个；农业技术推广应用水平提升，农业科技贡献率58.8%，主要农作物综合机械化水平71.15%，水稻耕种收机械化水平76.16%。探索推广一批稻渔综合种养模式，建成稻渔综合种养面积3.33万公顷，亩均增效1000元以上。

（黄大山）

种植业

【概　况】　2017年，全省粮食总产量2221.7万吨，比上年减少11万吨；播种面积378.63万公顷，减少1.88万公顷；粮食单产386.66千克/亩，减少0.03千克/亩。全省油料总产117.32万吨，增加2.7万吨；播种面积67.63万公顷，减少2333.33公顷；单产114.6千克/亩，增加2.9千克/亩。全省经济作物总播种面积145.27万公顷，增加2.8万公顷；产量2300万吨，增加70万吨；产值突破867亿元，增加37亿元，为农民人均增加纯收入100元以上。其中，蔬菜播种面积69.13万公顷，产量1650万吨；水果面积42.27万公顷，产量455.23万吨；茶园面积10万公顷，干毛茶总产量6.14万吨；植棉面积4.67万公顷；花卉苗木种植面积5.19万公顷；中药材种植面积3.55万公顷，产量22万吨；桑园面积1万公顷；苎麻种植面积3630公顷，产量5608吨；糖料种植面积 1.47 万公顷，产量 66 万吨。

【高标准农田建设】 5 月，成立省统筹整合资金推进高标准农田建设领导小组，统筹整合各方资金及力量，推动全省高标准农田建设。在全省 879 个贫困村建设高标准农田 5.95 万公顷，惠及贫困户 67932 户，完成土地流转面积 13.07 万公顷，占全年度高标准农田建设面积的 67.64%；引进和培育新型经营主体 9569 个，直接和间接增加村集体经济收入 2.55 亿元。

【高效种植技术】 2017 年，全省发布水稻优质高产主推品种 20 个，主推品种优质率 87%，优质稻种植面积 53.33 万公顷。首次推出 20 套粮油绿色高效主推技术，示范推广稻虾、稻蛙、稻鱼等稻田综合种养模式，种养示范面积 1.37 万公顷。实施化肥农药零增长行动，测土配方施肥技术全覆盖，稻草还田率 81%，化学农药用量比 2014 年减少 20%，累计减少 1630 吨，提前 3 年实现农药零增长目标。在南丰县、新余市渝水区、信丰县、赣州市赣县区 4 个柑橘主产县和修水县、南昌县 2 个茶叶主产县开展果菜茶有机肥替代化肥示范。配合省植保局加强对柑橘黄龙病防控，赣南柑橘黄龙病总体病情和柑橘木虱爆发的势头有所遏制，柑橘黄龙病发生面积和病株率减少 23.4%、30.6%，重发区病株率控制在 5% 左右。

【三产融合】 年内，依托粮油绿色高产高效示范创建，在 14 个项目县（市、区）开展粮油订单生产，全省落实优质稻订单面积 7.11 万公顷，油菜订单面积 3.91 万公顷。实行优质优价，促进农户增收增效，订单区域双季优质稻亩均增效 214 元，油菜亩均增效 128.5 元。加快粮油品牌建设，扶持发展"鄱阳湖大米""尝福香"等一批区域粮油品牌。拓展油菜花用功能，以花促游、以花增效，提升油菜种植效益，全省举办油菜花节 10 次，吸引游客 80 万人次参观，创造经济价值超过 5000 万元。

【新型经营主体】 2017 年，全省 50 亩以上种粮大户 3.5 万户，经营耕地 40.27 万公顷，约占全省耕地面积的 13%。推出《稻花乡里说丰年、提质增效话典型》，推广不同类型的典型，引导新型经营主体提质转型。出台粮食适度规模经营补贴政策，对新型经营主体在工厂化育秧设备购置、稻谷烘干设备购置、植保机械购置、有机大米品牌创建、再生稻基地创建等方面予以补贴，补贴金额 2.3 亿元，惠及主体 2412 个。统防统治覆盖率 38%，统防统治服务面积 100 万公顷。

【防灾减灾】 年内，加强与气象、水利等部门沟通会商，及时发布预警信息，省级农情部门经办下发 5 个农业防灾减灾紧急通知；争取中央农业生产救灾资金 1.1 亿元，下拨救灾种子 341.5 余吨；建立病虫害实时自动监测系统，发布病虫情报 21 期；推广应用"江西微农"微信服务平台，累计发布病虫情报产品 802 期，气象为农服务产品 4861 期。

【经济作物产业结构布局】 年内，全省确定新的经济作物产业结构布局。蔬菜产业重点发展南昌等城郊产区、安义等供港产区、瑞金等供沿海及"一带一路"产区、广昌等特色产区、鄱阳等水生产区。水果形成以柑橘为主、多种特色水果共同发展的"一主多特"果业发展格局，主要发展安远等脐橙产区，南丰等蜜橘产区，吉水等甜柚产区，遂川等金橘产区，早熟梨、猕猴桃、葡萄、蓝莓、火龙果等特色水果产区。茶叶重点发展 5 大产区，主要形成遂川等狗牯脑茶产区，修水、庐山等庐山云雾茶—宁红茶产区，婺源等婺源绿茶产区，浮梁等浮梁茶产区，资溪等白茶产区。中药材重点发展樟树等"三子一壳"大宗药材产区、吉安龙脑樟等特色中药材产区、横峰葛根等药食同源中药材产区。

（李忻　王晨）

茶产业

【概　况】 2017 年，全省茶园面积 10 公顷，增长 11%；全年干毛茶总产量 6.38 万吨，增长 12%；全年干毛茶一产产值 55 亿元，增长 22.7%。其中，"四绿一红"所在市县茶叶总面积 5.33 公顷，总产量 4 万吨，一产总产值 31 亿元。

【茶叶品牌影响力】 在 2017 年全国茶叶区域公用品牌评估中，江西"四绿一红"全部进入全国茶叶品牌 50 强。其中，庐山云雾茶价值 19.91 亿元，比 2015 年品牌整合伊始增长 20%，全国排位保持在 22 名；浮梁茶 17.71 亿元，增长 46%，全国排位 30 名，前移 15 位；婺源绿茶 15.86 亿元，增长 25%，全国排位 34 名，前移 4 位；狗牯脑 15.42 亿元，增长 34%，全国排位 36 名，前移 7 位；宁红茶 12.49 亿元，增长 29%，全国排位 50 名，前

庐山五老峰下采茶忙

杨军摄

移5位。在杭州举行的2017首届中国国际茶叶博览会上，江西的庐山云雾茶位列总排名第13位，同福鼎白茶、安吉白茶同列中国优秀茶叶区域公用品牌前三甲。2017年，最受消费者喜爱的100个中国农产品区域公用品牌中，江西共有10个，其中茶叶就有3个，分别为遂川狗牯脑茶、庐山云雾茶和宁红茶。

【2017中国(南昌)国际茶业博览会举行】 5月12日—15日，2017年中国(南昌)国际茶业博览会在南昌国际展览中心举行。展会由中国茶叶流通协会主办，省农业厅、南昌市政府、九江市政府共同承办，展示面积1.3万平方米，分江西茶、国内茶、国际茶、茶器具4大展区，共有229家省内、63家省外、10家国外的茶企和茶周边企业参展。展会在举行展示展销、茶艺表演、新闻发布与推介会等活动的同时，还举办第四届庐山问茶会茶叶评比活动、茶业高峰论坛等活动，全面展示全省茶叶发展现状及品质。

【举办江西遂川第三届狗牯脑茶文化节】 9月19日，省农业厅、中国茶叶流通协会与遂川县共同举办江西遂川第三届狗牯脑茶文化节，同期举办茶产业发展与脱贫攻坚高峰论坛。省内外共123家茶叶及相关企业参展，全国各地的茶行业知名专家、代表、经销商等共500余人参会。活动期间，授予遂川县“中国生态茶乡”“中国茶文化之乡”称号，授予狗牯脑茶“中华文化名茶”称号，并聘请表演艺术家唐国强为遂川县扶贫形象大使。

【茶叶品牌宣传】 2017年，省农业厅继续在央视1套《新闻联播》提示收看和《朝闻天下》的黄金时段，及江西卫视《江西新闻联播》节目段刊播“江西茶 香天下”为主题的“四绿一红”15秒广告片。同时，还在《江西日报》《农民日报》《食品安全报》《旅游画刊》、江西手机报、江西农业、南昌地铁、南昌高铁站等媒体投放“四绿一红”二维码广告。狗牯脑、庐山云雾茶、宁红茶也在央视、江西卫视、高铁、高速和昌北机场投放广告。

（王晨）

林 业

【概 况】 2017年，出台《关于改革创新林业生态建设体制机制加快推进国家生态文明试验区建设的意见》《关于完善集体林权制度的实施意见》《关于加快林下经济发展的行动计划》《江西省林木种子条例》。召开全省林下经济暨造林绿化工作现场推进会、全省天然林保护暨集体林权制度改革工作会议，推进林业改革，加快林业现代化建设。

【森林培育】 全年造林9.47万公顷，任务完成率118.42%；低产低效林改造5.17万公顷，森林抚育37.33万公顷，退化林修复10.67万公顷，封山育林6.67万公顷。全省人工造林合格率98.42%，封山育林合格率100%。完成乡村风景林示范点建设2145个，面积5776.38公顷。其中，保护型示范点1334个，面积3913.11公顷；完善型示范点665个，面积1415.56公顷；建设型示范点146个，面积447.71公顷。完成国家防护林工程造林4.33万公顷，其中长防林工程3.33万公顷、珠防林工程1.00万公顷。完成血防林6700公顷。完成国家储备林项目1200公顷、欧洲投资银行贷款江西生物质能源林示范基地项目4200公顷。亚洲开发银行江西林业发展项目造林96公顷，累计完成项目造林4.76万公顷，占总计划110%。全省森林覆盖率稳定在63.1%。

【林下经济】 全省林下经济规模240.6万公顷，占林地面积的22.2%，年产值1277亿元；参与农户318万人，其中贫困人口40.45万人，建档贫困人口35.67万人，占全省建档立卡贫困人数的26.8%。全省油茶产业产值269亿元，增长16.11%。全年新造高产油茶林3.16万公顷，改造低产油茶林1600公顷。全省分布油茶遗传资源物种29种和5个栽培种及3个变种；主推“长林系列”等25个高产油茶优良无性系品种。高产油茶定点采穗圃17处，总面积203.4公顷，良种穗条年生产能力2350万根。省级投资3200多万元，新造油茶林补助标准提高至500元/亩，扶持面积4400公顷。全省油茶种植专业大户1128户、家庭林场145个、林业合作社185个、龙头企业55家，带动参与农户6万多户；全省油茶经营加工企业131家，注册商标160个，其中中国驰名商标5个、省著名商标19个。“赣南茶油”为国家地理标志产品，“袁州茶油”为中国地理标志证明商标；宜春市和赣州市被授予全国油茶产业发展示范市，宜春市袁州区、遂川县、上饶县、兴国县被授予“中国油茶之乡”称号，丰城市被授予“中国高产油茶之乡”称号，德兴市被授予“中国红花油茶之乡”称号。

【产业发展】 全年实现林业总产值4171亿元，增长19%。其中，第一产业1140亿元、第二产业1968亿元、第三产业1063亿元，分别增长7.39%、19.15%和34.29%。生产商品材233万立方米、大径竹1.9亿根、小杂竹110万吨，生产木竹加工产品8114万立方米、林产化工产品37万吨、各类经济林产品568万吨。全省9家林业企业入选国家林业重点龙头企业，累计27家。省级林业龙头企业353家。获评国家林业标准化示范企业和首届国家生态文明·绿色发展模范企业各1家。监测油茶籽、竹笋、香菇、木耳、葛根、板栗、香榧籽7种林产品，完成600余批次林产品及其产地环境监测。建立随机检查对象冬笋企业19家、油茶籽企业43家，油茶籽和冬笋企业检查结果良好。全省竹产业产值406亿元，增长17.8%。全省竹林98.6万公顷，立竹23亿株，雷竹等笋用竹规范化种植1万公顷。省级毛竹专项资金5000万元，实施毛竹低产林改造2.47万公顷，笋用林基地建设600公顷，建设竹林经营道路1300千米。江西飞宇竹业股份有限公司“新三板”上市；启动“江西竹产业互联网+电商基地”。全省林木种苗产业产值93亿元，减少11%。全年完成林木良种调剂4607千克，可产合格苗木6700万株，可供造林2.3万公顷。下达中央财政林木良种补贴资金2338万元；设立省级保障性苗圃47处。全省野生动植物利用产业产值21亿元，增长107%。全年批准野生动物驯养繁殖单位700多家，野生动物经营利用单位400余家，养殖经济动物30余种。办理野生动植物行政许可审批538起，其中野生动物类型119起，涉及企业80余家；野生植物类型419起，涉及采集樟树等国家二级以上重点保护野生植物1.5万余株、进（出）口SCITES附录物种刺猬紫檀等0.5万立方米、木立芦荟3000千克。全省森林公园接待游客8354万人次，森林旅游与休闲产业产值834亿元，增长32%，直接带动其他产业产值5202亿元。命名5处首批省级森林体验基地和5处首批省级森林养生基地。全省家具产业产值1100亿元，增长27.82%。举办第四届中国（赣州）家具产业博览会，参展商8500多家，经销商和采购商33.2万人次，签约30.6亿元，经销商和观展商增长18.4%，交易额增长41.7%，南康成为国内四大家具产业集群地之一。举办第四届中国中部（九江）红木家具博览会。全省香精香料产业产值38亿元。香料香精原料林基地建设纳入造林补贴范畴，实行“兜底”政策。金溪县樟科天然香料产量占全球产量80%以上，天然芳樟醇等4个产品产量居全球第一。吉水县拥有林产化工、药用香料两大系列200多个品种。

【林业改革】 在全国率先出台《江西省国有林权和集体统一经营林权交易管理办法》（试行）。全省累计流转山林171.47万公顷，占集体山林18.9%；发放林地经营权流转证777本，涉及面积0.49万公顷。31个试点县488个乡镇有393个设立林权流转服务窗口，5132个村有4417个设立流转服务信息员，2000多个乡镇和村实现流转服务平台挂牌、人员上岗和制度上墙。全省林权抵押贷款规模累计突破160亿元，贷款余额60亿元。培育林业专业大户4229户，家庭林场739个，民营林场618个，农民专业合作社2637个，创建国家、省级示范社148家。全省上报备案国有林场101个。5家国有林场获2017“中国最美林场”称号，4家国有林场试点国家森林特色小镇建设。698户国有林场危旧房改造开工。下达国有贫困林场扶贫资金2683万元，落实到54个县（市、区）。

【科技创新】 省林业厅印发《江西省森林质量提升科技创新与推广行动方案（2017—2020年）》《江西省林业科技扶贫行动实施方案》。召开全省林业科技创新大会。举办第一届樟树论坛。布局第四批省级林业科技创新项目13个。实施中央财政林业科技推广项目19项，新增项目资金1900万元。推广林业科技成果19个，建设标准化示范区5个。布局森林经营、低效林改造和新造林三类良种良法骨干示范基地31个。2个项目获第八届梁希林业科学技术奖二等奖、1个项目获三等奖；2个科普作品获第六届梁希科普作品类三等奖；1项活动获第六届梁希活动类三等奖。制定完成江西省地方标准10项，修订8项。完成46家企业产地环境监测，不合格2家。2个林业植物新品种获国家林业局授予的植物新品种权，全省增至18个。获批国家级生态站3个，批复省级生态站3个。开展打击侵犯林业植物新品种权专项行动，未发现侵权假冒情况。省林业科技实验中心被列为青冈、油桐国家重点良种基地。官山国家级自然保护区、宜春市自然博物馆入选第四批“全国林业科普基地”。九江市获“全国林业信息化建设十佳市级单位”称号。

【资金投入】 全年完成林业投资155.87亿元，其中国家预算资金74.19亿元，国内贷款11.16亿元，利用外资1.45亿元，自筹资金30.24亿元，其他38.83亿元。全年林业固定资产完成投资2.47亿元。争取中央和省级林业项目资金38.4亿元，下达林业项目资金60亿元。省发改委、省扶贫和移民办、省林业厅联合出台《江西省推进生态保护扶贫实施方案》，全省林业生态扶贫资金累计突破40亿元，占同期林业总投资48%。安排25个国定贫困县和罗霄山特困片区县中央、省级林业投资14亿元，占全省总量37%。赣南等原中央苏区投入23亿元。落实贴息贷款16.6亿元，国家下达贴息补助资金0.33亿元，增长27%；87家林业企业、197个造林大户、3038名农户和林业职工获得贴息补助资金扶持。“财政惠农信贷通”累计发放贷款92.05亿元，新增受益户1.86万户。全国林业小额贴息贷款现场会推广“安远经验”。全省林业招商引资项目88个，签订协议资金184.99亿元，实际进资39.88亿元。实施林业利用外资贷款项目24个，协议利用外资2187万美元，实际利用外资2177万美元。全省森林植被恢复费征收16.53亿元，增长82.6%。完成7个林业项目61个实施单位资金稽查，稽查资金总额1.51亿元，查出问题资金871.21万元。

【全国首个樟科植物科技示范园落户安福县】 7月20日，国家林业局樟树工程技术研究中心与安福县明月山林场签订《樟科植物科技示范园建设项目协议》，这是全国首个樟科植物科技示范园。项目投资500万元，总面积66.67公顷，建设期限5年，主要包括收集樟科植物种质资源，保存国内樟科植物种质基因资源1500份以上，拟建成集科研、生产、科普和观光旅游为一体的国内一流樟科植物科技示范园。

【召开全省林下经济暨造林绿化工作现场推进会】 10月12日—13日，省政府在鹰潭召开全省林下经济暨造林绿化工作现场推进会。会议通报全省林下经济发展情况，强调要凝聚推动林下经济发展合力，确保发展林下经济落到实处。要求压实造林绿化责任，调整造林绿化重点，转变造林绿化树种，推动造林绿化向纵深迈进。组织参观6个典型现场，鹰潭等6市、县作典型发言。省发改委、省财政厅、省政府金融办、人行南昌中心支行、省农业厅、省扶贫和移民办、省卫计委、省林业厅等厅局和各设区市、41个县（市、区）相关领导参加会议。

（黄柏帧　卢建红）

畜牧业

【概　况】 2017年，全省肉类总产量332万吨，禽蛋产量51万吨，鲜奶产量12万吨。生猪出栏3180.46万头，生猪存栏1621.30万头，能繁母猪存栏149万头；家禽出栏4.9亿只，存栏2亿只；牛出栏116万头，存栏241万头；羊出栏85万只，存栏66万只。

【畜牧业结构调整】 6月5日,省政府与网易公司签署战略合作框架协议,9月30日,网易味央高安项目启动。大力发展牛羊规模养殖,牛羊肉产量占肉类总产量6%。设立家禽业应对H7N9紧急救助贷款,撬动其他金融产品,为962户家禽企业发放贷款5.16亿元。推进地方鸡品牌建设,“泰和乌鸡”被评为2017最受消费者喜爱的中国农产品区域公用品牌,“崇仁麻鸡”成为全省唯一一个国家级农产品地理标志示范样板,“宁都黄鸡”通过国家生态原产地产品保护认定,获“全国百强农产品区域公用品牌”称号。

【畜禽养殖废弃物处理与资源化利用】 7月10日,省政府办公厅出台《关于加快推进畜禽养殖废弃物处理和资源化利用的实施意见》,召开现场推进会,联合开展专项督查。“三区”划定及禁养区拆迁关停工作基本完成。创建部、省、市三级标准化示范场113家,示范场总数达744家。吉安、信丰、余江3县被列入全国第一批畜牧业绿色发展示范县。在高安、信丰、安远等15县(市、区)开展畜禽粪污资源化利用整县推进、全程社会化服务、高床生态养猪和果菜茶有机肥替代化肥等试点示范。全省畜禽粪污资源化利用率达76%,规模养殖场粪污处理设施装备配套率达85.3%。

【病死畜禽无害化处理】 贯彻落实省政府办公厅《关于建立病死畜禽无害化处理机制的实施意见》,建立健全政策支持、保险联动、联席会议、举报核查等长效工作机制,共有48个县(市、区)启动集中处理体系建设项目,其中新增项目10个,在建项目20个,建成集中处理场18个,日处理能力156.4吨,实现生猪调出大县全覆盖,全省病死猪无害化集中处理率达70%,未出现一起出售、加工和抛弃病死畜禽等违法犯罪事件。

【重大动物疫病防控】 强化强制免疫、疫病监测、疫病净化、检疫监管、应急处置,提高重大动物疫病防控能力和水平。全省强制免疫抗体合格率高于国家规定水平。4家种畜禽场入选国家动物疫病净化创建场,9家种猪场入选省级疫病净化示范场,净化病种抽检阳性率下降。完善应急预案,加强应急物资储备和应急值守,强化应急管理。开展“先免后补”直补试点,推动强制免疫政策改革。参与人感染H7N9流感联防联控,强化源头管控,开展紧急监测,做好活禽调运管控,全省未发生家禽H7N9疫情。

【畜产品质量安全监管】 从投入品使用、养殖、屠宰等环节入手,加强安全监管和监督执法。饲料产品抽检合格率97.7%,饲料中违禁添加物监测合格率100%。兽药质量抽检合格率92%,兽药残留检测合格率100%。开展兽用抗菌药专项整治,检查兽药生产经营企业、养殖场户7872个,查处38个。开展生猪和牛羊养殖、屠宰环节“瘦肉精”专项监测,抽检合格率100%。推进生猪定点屠宰资格审核清理,启动畜禽屠宰标准化示范创建,开展生猪屠宰监管“扫雷行动”,打击生猪屠宰违法行为。共开展屠宰监管执法852次,立案96件,其中移送司法机关13件,捣毁私屠滥宰窝点19个。

(徐轩郴)

水 产 业

【概 况】 2017年,全省渔业经济总产值1028.24亿元,增长5%。其中,第一产业产值506.93亿元。水产品产量281.39万吨,增长3.6%。其中,养殖产量253.56万吨,增长3.89%;捕捞产量27.86万吨,增长1.15%。全省渔民家庭人均纯收入1.38万元,增长3.74%。养殖面积43.79万公顷,减少333.33公顷。水产品市场供应充足,价格综合指数为106。

【产业结构调整】 制定《江西渔业打造千亿产业实施方案》,优先打造虾蟹、鳅鳝、龟鳖3个百亿产业。2017年,克氏原螯虾产量10.5万吨,增长16.7%;河蟹产量2.3万吨,增长4.5%;泥鳅产量10.7万吨,增长3.8%;黄鳝产量11万吨,增长4.7%;龟鳖产量4.3万吨,增长12%。培植11个重点渔业产业集群,涵盖20多个水产养殖品种及30多个渔业重点县市区。涉及产业化龙头企业240多家,解决8万多人次的就业,渔业产业集群产量(含苗种)17万吨以上,销售产值60多亿元,辐射带动5万多户渔(农)民户均增收1.1万元以上。全省有全国休闲渔业示范基地24家、省级休闲渔业示范基地22个、市级休闲渔业示范基地87个、各类休闲渔业基地(点)788个,水面近百万亩,从业人员14万人,休闲渔业基地产值27亿元,间接产值近90亿元。

【渔业养殖方式】 建设农业部水产健康养殖示范场523家,创建全国渔业健康养殖示范县2个,全省健康养殖示范面积8.67万公顷,占全省水产养殖总面积的20%。总结并推广稻鱼、稻虾、稻蟹、稻鳅、稻鳖、稻蛙6种模式,稻渔综合种养面积突破4.67万公顷,水产品产量突破8万吨,亩均增效1000元以上,带动农民增收6亿多

满载而归

省农业厅供

元，减少化肥农药使用量30%以上。全省31个县（区）出台禁止大水面集约化养殖的相关文件，60余万亩大水面退出集约化养殖。全省利用燃油补贴统筹资金，建设54家智慧渔业物联网基地，提升渔业信息化水平。

【渔业产业化帮扶】 2017年，全省强化出口企业帮扶，实现美洲鳗、花鳗等出口量9500多吨，出口额2.1亿美元。组织20余家企业赴沪展销并开展产销对接，现场销售额累计120万元，并与上海市30余家采购商签订意向合作协议，合作额2亿元。全省引导建立渔业专业合作社1760家，增加近110家，新增社员800多人次。

【渔业安全】 将水产品质量安全纳入地方政府考核体系，推动属地管理责任落实。建立包含水产养殖大户、专业合作社、渔业企业等在内的1570户监管数据库。完成农业部、省农业厅下达的水产品产地、异地抽检（670个样品）、苗种抽检（15个样品）和稻田综合种养鱼虾抽检（25样品）任务，抽检合格率100%。开展各类农资打假和放心农资下乡进村等宣传活动，举办执法人员培训1期共50人次。组织开展健康养殖和规范用药技术培训65期，受训人数近5000人次，发放技术资料1万份。

（陈诗伟）

农 垦

【概 况】 2017年，全省农垦系统拥有独立核算单位163个。其中，垦殖场、企业集团156个，独立核算工业企业2个，独立核算农垦农工商公司5个。垦殖场（企业集团）办工业企业1059个、商业企业3148个、建筑企业84个、运输企业279个。拥有土地总面积69.55万公顷，其中耕地面积8.35万公顷，林地面积48.44万公顷，水面面积2.63万公顷，茶桑、果园面积1.51万公顷，宜林荒山面积6751.45公顷，分别占土地总面积的12.00%、69.64%、3.78%、2.16%、0.97%。总人口131.68万人，从业人员31.62万人。年人均纯收入1.39万元，增加855元，增长6.56%。

全系统实现生产总值239.12亿元，增长4.78%。其中，第一产业增加值28.56亿元，增长2.42%；第二产业增加值155.20亿元，增长2.46%；第三产业增加值55.36亿元，增长13.3%。工农业总产值827.4亿元，增长2.78%；固定资产总投入304.8亿元，增长5.34%。实现利润6.66亿元，增长14.4%。163个独立核算单位中，盈利108个，盈利面66.3%，盈利总额7.16亿元；亏损55个，亏损面33.7%，亏损总额0.5亿元。

全系统农业总产值58.74亿元，增长2.2%，占工农业总产值的7.1%。其中，种植业产值29.34亿元，占农业总产值49.95%；林业产值4.98亿元，占农业总产值8.47%；牧业产值15.22亿元，占农业总产值25.91%；渔业产值5.62亿元，占农业总产值9.57%；服务业产值3.58亿元，占农业总产值6.1%。农作物方面，农作物总播种面积13.7万公顷，减少1.27 %。其中，粮豆播种面积10.47万公顷，减少0.86%；油料播种面积1.38万公顷，减少4.4%；棉花播种面积1482.45公顷，减少4.4%；茶叶种植面积5712公顷，减少2.61%；水果种植面积9106.02公顷，减少0.82%。粮豆产量72.22万吨，减少1.68%；油料产量1.5万吨，减少6.84%；棉花产量3375.74吨，减少3.85%；茶叶产量4269吨，减少2.69%；水果产量8.08万吨，增加2.37%。畜牧业方面，大牲畜年末存栏4.01万头，减少1.24%；生猪出栏92.85万头，增加0.89%；牛奶产量1.24万吨，增长0.32%；肉类总产量9.29万吨，增加1.57%。水产业方面，水产品产量5.2万吨，增长0.93%。其中，养殖产量3.74万吨，占水产品总产量72%。

全系统工业产值768.66亿元，增长2.82%。轻工业仍是农垦工业的主体，轻工业产值635.2亿元，占工业总产值82.63%。规模超5亿元的行业21个，累计完成工业产值744.84亿元，占工业总产值96.9%。

非国有经济经营单位14161个，其中集体经济单位42个，个体经济单位11866个，私有经济单位2242个，港澳台经济单位11个。拥有从业人员14.5万人，从业人员总收入31亿元，年平均收入2.14万元。实现生产总值120.12亿元，税金3.91亿元。

【农垦改革量化考核结果位列全国第三】 2017年，全省农垦场数量较多、经济实力较强、产业优势明显的县（市、区），以整合资源、抱团发展的方式探索组建区域性农垦集团公司，截至年底，共组建成立区域性农垦企业集团5家（广丰区、共青城市、余干县、渝水区、大茅山）、专业化农业产业公司8家（庐山、康山、高泉、红亮、南英、介桥、雷公尖、红星）。在全国农垦改革发展量化考评中，江西垦区得分112分（总分120分），在全国31个垦区中位列第三位。

【农垦国有土地使用权确权登记发证】 2017年，全省农垦全面推进国有土地确权登记发证工作，截至年底，完成国有土地确权面积39.49万公顷，确权率89.7%；已发证面积29.23万公顷，发证率66.4%。5月19日，国土资源部和农业部联合在鹰潭市召开全国农垦国有土地使用权确权登记发证工作现场推进会，全面推广以“党委政府高度重视、部门密切沟通协同、有效化解矛盾纠纷、充分运用‘二调’数据、提高确权科技含量”为核心内容的“余江经验”。

【江西农垦农产品获第十五届中国国际农产品交易会3个金奖】 9月21日—24日，农业部主办的第十五届中国国际农产品交易会在北京举行。省农垦办组织农垦企业参展，共安排20个展位10个展板，其中粮油展区4个展位8个展板，食品展区15个展位30个展板，水产展区1个展位2个展板。云山集团甲鱼场的甲鱼、新余赣岭公司的山茶油、瑞昌溢香农产品公司的禽蛋农产品获全国农垦团评审组委会颁发的3个产品金奖。

（徐协强）

绿色食品

【概 况】 截至12月18日，全省共有“三品一标”产品4712个（其中无公害农产品2344个、绿色食品583个、有机食品1707个、农产品地理标志78个),创建全国绿色食品原料标准化生产基地44个、面积56.91万公顷,拥有全国有机农业(德兴红花茶油)示范基地1个、面积2533.33公顷,获国家级农产品地理标志示范样板(崇仁麻鸡)1个。

【绿色食品产业】 全年安排"三品一标"证后监管经费80万元,委托检测机构抽检无公害农产品85个、绿色食品65个、有机食品20个、农产品地理标志5个。安排"三品一标"展示展销费40万元,组织企业参加农业部举办的3个专业展会,对参展展位费和特装设计进行全额补贴。奖励省级绿色有机食品示范县,对2016年度创建的10个省级绿色有机农产品示范县给予每个示范县100万元奖励。

【专业技术人员队伍】 全年举办培训班4次,培训人员1528人次,选派50余人次参加农业部举办的各类培训班。截至12月,全省有无公害农产品检查员392人,绿色食品检查员150人,绿色食品标志监管员204人,有机产品检查员7人,农产品地理标志核查员7人,企业内检员1951人。与上年相比,检查员、监管员、核查员增加70人,内检员增加172人。

【调整"三品一标"专家库】 6月23日,在2014年组建第一届专家库的基础上,根据《江西省"三品一标"专家库管理办法》,经个人申请、单位推荐和省农产品质量安全中心审核,调整组建江西省"三品一标"专家库。第二届专家库共有专家85人,分种植业组、畜牧业组、渔业组、综合组4个专业组,聘期3年。

【创建原料基地与示范样板】 2017年,全省完成1个新创建全国绿色食品原料标准化生产基地的现场检查,组织1个创建基地的现场验收。崇仁麻鸡被农业部授予"国家级农产品地理标志示范样板"称号,为全国首批8个样板之一。余干辣椒获2017年国家级农产品地理标志示范样板创建资格。继续创建省级绿色有机农产品示范县,新建区、都昌县、余江县、崇义县等10个县(区)被授予"2017年度省级绿色有机农产品示范县"称号,全省省级绿色有机农产品示范县总数达25个。

【组织企业参加展销会】 5月25日—27日,省农业厅组织全省18家企业参加第十一届中国国际有机食品博览会,江西展团获最佳组织奖,江西三爪仑绿色食品开发有限责任公司生产的香菇等4个企业有机产品获产品金奖,江西青龙高科油脂有限公司生产的润心有机油茶籽油等3个企业有机产品获产品优秀奖,资溪一亩茶园有限公司选送的茶叶被评为最受欢迎有机茶。8月18日—21日,省农业厅组织全省27家企业参加在内蒙古包头市举办的第十八届中国绿色食品博览会,江西展团获最佳组织奖,江西源森油茶科技股份有限公司等17个企业的产品获金奖。9月20日—24日,省农产品质量安全中心组织企业参加在北京举办的第十五届中国国际农产品交易会农产品地理标志专展,江西集中展示8个特色地理标志农产品,展团获农交会最佳组织奖和设计金奖。

(邬诚峰)

花 卉 业

【概 况】 2017年,全省花卉苗木种植面积5.19万公顷(不含广义食用花卉),比上年增加0.11万公顷;花卉销售收入47.6亿元,比上年减少3.1亿元;出口创汇约50万美元,增加5万美元。全省有花卉苗木企业1312家,其中大中型企业271家。

【承办智慧农业精品园艺展区】 4月10日—5月10日,由省政府主办、南昌市政府承办的江西省第四届花博会在南昌市举行。其中,省农业厅承担2200平方米的智慧农业精品园艺展区建设。展区以"都市园艺工坊"为主题,以都市绿色生活为倡导理念,室外展示美丽花园、田园、菜园景观,室内展示精品、模块、带得走的花卉小院、阳台,还整体嵌入"互联网+"体验、建筑集雨利用、精准灌溉、太阳能一体化等智慧农业模块,形成一个宣传花卉知识、展示先进技术、促进花卉消费、带动产业发展的综合窗口。

【参展第九届中国花博会】 9月1日—10月7日,江西省组织参加在宁夏银川举办的第九届中国花卉博览会,江西展园以青花瓷为设计思路,并结合江西茶叶、花酿等特色元素。江西省被组委会评为组织奖银奖,"个山小像""梦回周口店""乡情""建兰一品梅"4个展品获金奖,同时,获银奖12个,铜奖32个,优秀奖20个。

(车洪杰)

农业机械化

【概 况】 2017年,全省农机总动力2309.60万千瓦,水稻机耕、机插、机收水平分别为96.66%、31.15%、94.30%,机械烘干率37.35%。主要农作物综合机械化率71.15%,其中水稻耕种收综合机械化率76.16%。

【农机装备结构】 全年全省完成补贴资金6.17亿元,补贴各类机具49254台(套),受益农户44395户。水稻插秧机比上年增加148台,增长24.8%,实现三连增;粮食烘干机比上年增加467台,增长16.7%,实现五连增;喷杆式喷雾机比上年增加199台,总量是上年的3倍多。农机报废更新补贴政策全覆盖,共报废农机2917台,报废、更新补贴资金8794.49万元。江西省农业机械化管理局连续两年被农业部评为全国农机购置补贴政策落实延伸绩效管理考核优秀单位。

【农机作业服务】 开展水稻机械化种植集中示范,全省举办100余场观摩会,农户观摩1.5万人次,培训2万余人次。春耕生产期间,全省派出农机维修服务小分队100多个,检修各类农机具35.6万台次;组织培训技术人员3.9万人,全省投入春耕生产机具110余万台套。新增农机合作社100个,农机专业合作社突破1000家,7家合作社获评2017年全国农机合作社示范社,1家农机专业合作社理事长获评全国20佳农机合作社理事长。

【农机安全生产】 2017 年，农业部和国家安全监管总局联合组织的“平安农机”创建活动，江西省获评全国“平安农机”示范县 4 个。13803 台拖拉机、联合收割机挂牌，挂牌率 90% 以上。推进变型拖拉机专项整治，变型拖拉机总量由 13.65 万台下降为 40647 台。全省共发生农机事故 4 起，死亡 1 人，直接经济损失 22.34 万元，无人受伤。

（黄兰）

农业综合开发

【概 况】 2017 年，农业综合开发投资保持稳定增长，农业综合开发项目中央财政资金投入 14.03 亿元，其中土地治理项目 8.99 亿元，产业化经营项目 1.45 亿元，农林水等部门农发项目 3.59 亿元。牵头起草《江西省统筹整合高标准农田建设方案》《江西省统筹资金推进高标准农田资金管理办法》；统筹整合发改、财政、农业、水利、国土等部门中央和省 31.8 亿元资金，向农发行融资 59.6 亿元，共 91.4 亿元，实施高标准农田建设 19.33 万公顷，截至年底，全省农业综合开发累计承担实施高标准农田 6.04 万公顷。

【农业优势特色产业发展】 年内，省农业综合开发办集中资金 2.6 亿元，安排 442 个具有江西传统和地方特色的优势产业项目，重点在补齐产业链短板、扩大建设规模、提升建设标准和质量等方面立项扶持。依托产业基地和示范园区两大平台，启动实施土地治理与产业化结合创新试点项目，有 17 个两类结合创新试点项目开工建设，农业综合开发共投入财政资金 4.3 亿元，建设各类基地 1.12 万公顷。

【培育农业农村发展新动能】 2017 年，支持农业新型经营主体 133 家，4 个新型经营主体参与申报实施高标准农田建设项目，23 个家庭农场、专业大户和农业产业化服务组织从农发项目中受益；安排财政资金 2.2 亿元，对 312 个项目进行财政补助；安排贷款贴息项目资金 0.43 亿元，对 130 个项目进行贴息支持，引导和带动金融和社会资本 26.8 亿元投入项目建设。

【启动生态田园示范项目建设】 2017 年，安排中央资金 2610 万元，集中支持彭泽、浮梁、贵溪、石城 4 县开展以乡村建设为平台，以“生态友好、产业发展、农民增收”为目标，集生态农业、循环农业、创意农业、农事体验、美丽乡村建设于一体的生态田园示范项目建设。

【开展优势特色产业化发展创新试点】 2017 年，安排中央财政资金 3500 万元，对抚州市东乡区、吉水县、芦溪县、新余市渝水区、樟树市、婺源县、南昌市新建区等申报的 7 个优势特色产业化发展创新试点项目予以立项支持，通过对产业基地基础设施建设以及设施农业、贮藏保鲜、加工、冷链物流、信息化建设等方面的扶持，实现全产业链集成式开发。

【中共江西省农业综合开发办公室党委成立】 12 月 28 日，省农业综合开发办公室召开全体党员大会暨党委成立大会，大会依据法定程序，以无记名投票方式，选举产生何桑、喻云、谭健、舒俊、谢峻峰 5 人为省农业综合开发办公室第一届委员会委员。在第一届委员会第一次全体会议上，何桑当选为省农发办党委书记。

（刘文武）

科教兴农

【概 况】 2017 年，全省农业科教系统贯彻落实省委一号文件精神，做好“农业科技创新、新型职业农民培训、生态文明建设等重点工作。推荐的朱永胜等 5 人全部获得农业部“最美农技人员”称号，推荐“全国十佳农民”凌继河等一批先进典型，全省农业科技贡献率达 58.8%。

【基层农技推广体系改革创新试点】 2017 年，江西省选择在新建区、宜丰县、石城县 3 个县（区）开展基层农技推广体系改革创新试点工作。在宜丰县开展农技推广机构与经营性组织融合发展和完善基层农技人员聘用和考评机制 2 项试点任务，宜丰县制定《宜丰县开展基层农技推广体系改革创新试点工作的实施方案》，允许开展技术转让、技术入股、技术承包、技术咨询等多维增值服务。新建区开展建设农科教产学研一体化农技推广服务试点，“一主多元、多元协同”农技推广体系基本建立。石城县开展完善基层农技人员聘用和考评机制试点等任务，根据农技人员所在的不同岗位，细化 3 张“清单”（县业务主管部门考评清单、乡镇党委政府考评清单、基层干部自查工作清单），实行业务主管部门、乡镇政府、服务对象三方考评，另加服务对象满意度测评，创新考评机制。

【农业送科技下乡服务】 2017 年，省农业厅联合省农科院、江西农大、省科学院、江西师大、省气象局、中国电信、中国移动、中国联通等单位，组织全省农业领域专家汇集新建区溪霞国家现代农业园区，开展农业送科技下乡集中示范服务活动。全省举办各类讲座和培训 500 余场，培训和指导农民 70 余万人次，发放各类农业科技书籍（资料）、光盘和明白纸 200 万份，赠送种子、化肥、农药、兽（渔）药、果树苗木及植保用具等物资价值近 1400 万元，组织农机展示及机具现场维修 3000 架（次），辐射服务农民开展集中示范科技服务活动超过 300 万人。

【产业体系科技服务】 全省十大体系围绕“立足优势特色，着眼产业融合，突出应用创新，实现生态高效”的思路，攻克一批制约产业发展的重大技术难题，十大产业技术体系共引进和培育优新品种 675 个，研发新技术新工艺 27 项，新产品新装备 22 个，集成示范与推广高效技术近 28 项，建立体系技术创新和集成示范基地 64 个，帮助解决产业发展和生产实际问题 80 多个，提高农业科研成果转化应用效率。猕猴桃体系引进央企中铁物流集团投资江西猕猴桃产业发展，打造全产业链条。

【新型职业农民培育】 2017 年，全省系统培育新型职业农民 11 万余人，新型职业农民队伍约 33 万人。涌现

"全国十佳农民"、安义县种粮大户凌继河,会昌县磊石菌业专业合作社理事长高云富,永修县巨丰养兔专业合作社理事长季玉真等一批创业兴业典型。培育对象库中自主申报人员占60%以上;创办领办家庭农场3.86万家,专业大户7.5万个,农民合作社6.33万个,社会化服务组织10万个。

【绿色生态农业】 年内,农药、化肥实现负增长,减少化学农药使用量300多吨,减少化肥使用(折纯量)9.7万吨;畜禽养殖"三区"划定和地理标注全面完成。推动省政府出台《关于加快农业绿色发展推进国家生态文明试验区建设的意见》《关于创新体制机制推进农业绿色发展的实施意见》等文件制度,构建以绿色生态为导向的农业补贴制度,推动《江西省农业生态环境保护条例》实施,成立省、市、县三级农业综合执法机构。探索和形成以新余罗坊N2N区域生态循环农业、宜黄秸秆综合利用、东乡区"六有、两全覆盖"病死畜禽治理、江西润邦集团现代农业生态循环经济、赣县"指尖农业"为代表的绿色农业发展新模式。

(范利)

扶贫开发和水库移民

【概 况】 2017年,中央财政安排专项扶贫资金26.44亿元,涨幅15.1%。中央专项彩票公益金扶贫资金1.2亿元,增加0.4亿元。省、市、县三级财政专项扶贫资金投入66.20亿元。其中,省本级投入26.63亿元,增加9.2亿元,增幅52.8%;市、县两级投入39.57亿元。全年全省减贫52.93万人,贫困人口下降到87.54万人,贫困发生率由上年的3.3%下降至2.37%,下降0.93个百分点。贫困地区农民可支配收入增长速度高于全省平均水平2个百分点,达9602元,增长11.1%。全省农村低保标准305元/月,平均补助水平225元/月,农村低保常补对象比例提高到18.1%;农村特困人员集中供养标准提高到每人每月425元,分散供养标准提高到每人每月320元,年保障水平3660元。全年省、市、县三级共安排37.9亿元财政专项资金,用于年计划退出贫困村整治建设。全面完成国家下达的年度农村危房改造任务8.02万户,改造数量列全国第六位。全省7755个省级贫困村组共完成改路1.6万千米,修建排水沟1.2万千米,改水26.9万户,改厕26.9万户,新建或改造办公议事、文体休闲、医疗卫生、教育培训等设施4600个。全省58个原中央苏区县修建通25户及以上自然村公路4784千米,惠及5165个自然村88万人,解决33.99万农村人口饮水安全问题。建档立卡人口7万人实施易地扶贫搬迁,6.7万户实施危房改造,贫困地区生产生活条件得到改善,公共服务水平提升。

全年全省大中型水库移民人口核定166.44万人,共下达后期扶持资金9.99亿元,后期扶持结余资金8.28亿元,专项补助工作经费2303万元,库区基金3859万元,小水库解困资金3690万元,大中型水库移民后期扶持项目9910个。全年大中型水库移民人均可支配收入1.22万元,增长8.7%。

【产业扶贫】 2017年,全省重点扶持贫困户发展特色种养业及乡村旅游、光伏、电商等新兴产业,实现增收脱贫。全省投入产业扶贫资金523.6亿元,支持贫困村发展扶贫产业,培育4.8万个农业新型经营主体,特色种养业带动贫困户63.6万户210万人。其中,发展贫困户直接参与的特色种植业12.87万公顷,带动贫困户36.3万户123.6万人;发展特色养殖业带动贫困户27.3万户89.7万人,户均增收3300元;建设贫困村电商站点2463个,帮助4.9万户14.92万人销售农产品,户均增收3000元;通过旅游扶贫带动贫困户2.91万户9.37万人;建成光伏扶贫电站规模119万千瓦,受益贫困村(含"十二五"贫困村)3766个、贫困户24.5万户。全省51.02万贫困劳动力中32.57万人实现就业,占贫困劳动力总数的63.84%。

【健康扶贫】 11月15日,省政府办公厅转发省卫生计生委、省扶贫和移民办等联合发文的《关于推进健康扶贫再提升工程的实施意见》。由政府全额资助所有建档立卡贫困人口免费参保,全省安排4.35亿元扶贫资金资助建档立卡贫困户免费参加城乡居民基本医疗保险;安排财政扶贫资金4.93亿元,按年人均不低于90元筹资标准为所有建档立卡贫困人口购买重大疾病医疗补充保险,筑牢基本医保、大病保险、补充保险、医疗救助四道保障线,从制度上保证贫困群众不再因病吃不饱、穿不暖。截至年底,全省建档立卡贫困患者住院自付医疗费用比例为6.79%,建档立卡贫困人口医疗救助累计52.60万人,救助金额3.27亿元。其中,对10种大病实行免费治疗,对15种大病实施专项救治,专项救治的贫困患者住院自负费用控制在3%以内。

【扶贫基层基础】 2017年,在所有有扶贫任务的乡镇(村)设立扶贫工作站(室),共建立乡镇扶贫工作站1551个,村级扶贫工作室1.73万个。全面推行乡镇领导干部包片、乡镇干部包村、第一书记和驻村工作队驻村、结对帮扶干部包户工作,共选派第一书记1.73万人、工作队员4.19万人,共有6336个单位开展定点帮扶工作,30.2万名干部结对帮扶贫困户。

【社会扶贫】 2017年,全省共有2637个民营企业参与"千企帮千村"精准扶贫行动,结对帮扶2787个贫困村,投入帮扶资金(含捐赠物品折款)14.37亿元。6336个单位定点帮扶2900个贫困村,投入帮扶资金(含捐赠物品折款)17.91亿元。

(龚亮保)

本栏编辑 游桃琴

工　业

综　述

2017年，全省规模以上工业增加值增长9.1%，比上年提高0.1个百分点，高出全国平均水平2.5个百分点，增速列全国第五、中部第一。实现主营业务收入3.56万亿元、增长11.1%，提高2.5个百分点；实现利润2475.7亿元，增长18.0%，提高6.1个百分点。

*工业经济发展量增质优。*全省全口径工业实现增加值8123.45亿元，增长8.8%，占地区生产总值的39.02%。全省38个行业大类中，有34个行业增加值保持增长，增长面89.5%，其中电子、汽车制造、电气机械、医药等制造业行业均保持2位数以上增长。全省重点监测的359种主要工业产品中，有233种实现增长，增长面64.9%。其中，实现2位数以上增长的有145种，占全省重点监测主要工业产品的40.4%。工业新产品中，新能源汽车增长1.5倍，太阳能电池（光伏电池）增长46.9%，光缆增长51.2%，稀土磁性材料增长21.1%。全省工业用电量增长8.87%，提高3.08个百分点。规模以上企业主营业务收入利润率6.96%，提高0.41个百分点，高出全国平均0.5个百分点；每百元主营业务收入中成本为86.97元，下降0.73元；在38个行业大类中，30个行业利润总额实现不同程度增长；企业亏损额下降，亏损企业亏损总额57.6亿元，下降27.6%，比上年减亏39.5个百分点，截至12月，制造业采购经理人指数（PMI）为52.7%，连续22个月处在50%荣枯线之上。

*产业结构调整步伐加快。*全省战略性新兴产业、高新技术产业增加值分别增长11.6%和11.1%，占规模以上工业比重的15.1%和30.9%，分别提高0.2个百分点和0.8个百分点；6大高耗能行业增加值增长5.1%，比规模以上工业低4个百分点。支持重点产业领域产业化升级项目16个，启动中国（南昌）中医药科创城建设。汽车年产突破60万辆，其中新能源汽车产销突破3.6万辆，实现倍增。锂电全产业链扩能扩产，主营业务收入增长27.6%，增速全年领跑。电子信息制造业收入突破2000亿元，达2173.2亿元，增长19.2%。航空、光伏、医药收入分别增长21.7%、16.0%、13.9%。全面完成技改“三千计划”，全省技改投资增长28.4%，占工业投资比重的21.6%，拉动工业投资增长5.5个百分点；指导有色、纺织、轻工（铅酸电池）等20多家企业通过行业规范准入，石化推进长江经济带化工企业污染防治，钢铁推广应用40多项绿色制造技术，建材推进水泥企业重组，食品引导一批企业建立诚信管理体系，纺织加快创意设计、电子商务等平台建设。支持166个新经济新动能项目，认定18个省级工业设计中心。江铃获国家级工业设计中心认定，实现江西省国家级工业设计中心零的突破，南昌VR产业基地全面投入运营，鹰潭建成国内首个全域覆盖窄带物联网网络城市，认定上饶省级产业基地、宜春锂电新能源产业大数据中心，培育10家省级、3家国家级服务型制造示范企业，4个单位列为智慧健康养老产业国家示范。江西省代表队在第二届全国工业机器人技术应用技能大赛中获二等奖和三等奖及优秀组织奖和团体总分奖。

*集群集聚发展态势良好。*全省77个工业重点产业集群内投产企业1.42万家，实现主营业务收入1.53万亿元，增长17.5%，高出全省规模以上工业6.4个百分点。其中，南康家具（1330亿元）过千亿元；新余钢铁及钢材加工（653亿元）、上饶经开区光伏（603亿元）、鹰潭高新区铜合金材料（546亿元）、贵溪铜及铜加工（530亿元）4个集群过500亿元，55个集群过100亿元。培育省级战略性新兴产业集聚区8个，分别是南昌高新区光电产业集聚区、井冈山经开区电子信息产业集聚区、景德镇高新区直升机产业集聚区、赣州高新区稀土和钨新材料产业集聚区、上饶经开区光伏产业集聚区、新余高新区锂电新材料产业集聚区、樟树工业园区生物医药产业集聚区、鹰潭高新区移动物联网产业集聚区。培育国家新型工业化产业示范基地15个，分别是鹰潭市有色金属（铜及铜材加工）、赣州经开区有色金属（稀土新材料）、新余高新区电子信息（太阳能光伏）、景德镇军民结合（直升机）、景德镇陶瓷制品、共青城经开区纺织服装、樟树工业园区中药、吉安电子信息、永修云山经开区有机硅、崇仁工业园区装备制造（输变电设备）、赣州南康区家具、高安非金属材料（建筑陶瓷）、赣州高新区新材料（稀有金属）、鹰潭电子信息（物联网）、上饶经开区电子信息（光伏）等基地；省级产业基地96个。

*园区综合实力显著增强。*全年园区工业增加值增长9.3%，高出全省工业0.2个百分点；实现主营业务收入2.87万亿元，增长11.4%，占全省

工业主营业务收入的80.7%；利润总额2155.7亿元，增长18.2%，占全省工业利润总额的87.0%。17个国家级园区领跑全省，增加值增速高出全省园区平均水平0.7个百分点。全省工业园区亩均投资强度360.6万元，亩均产出301.7万元，亩均利润22.9万元。主营业务收入过千亿元的园区有4个。其中，南昌高新区2141亿元，是全省首个过2000亿元园区；南昌经开区1227亿元；九江经开区1142亿元；南昌小蓝经开区1136亿元。主营业务收入过500亿元的园区有19个。其中，上饶经开区过900亿元，达932亿元；赣州经开区、萍乡经开区、鹰潭高新区、丰城高新区过600亿元。累计新建标准厂房2000万平方米，入驻中小微企业5000多家，解决就业10余万人。园区内投产企业1.14万家，在建工业企业3488家，比上年底增加1023家。82个园区建成管理信息化平台，85个园区建成污水集中处理设施。园区累计建成各类科技创新平台1146个，其中国家级或省级重点实验室94个，检测中心99个，研发中心366个，工程（技术）中心520个，研究院49个。

企业梯次培育成效明显。全年新增规模以上企业1628家，总数达1.17万家。全省重点调度的百家工业企业实现主营业务收入9454亿元，增长18.6%；利润536亿元，增长72.8%。大型企业工业效益实现快速增长，实现主营业务收入1.05万亿元，增长14.9%；利润总额660.9亿元，增长52.2%。全省主营业务收入过百亿元企业19家，新增6家（方大特钢、省能源集团、景焦集团、合力泰、智慧海派、欧菲光电），共实现收入6798.1亿元、增长16.4%，利润335.5亿元，增长94.0%，分别占全省规模以上工业比重的19.1%和13.6%。主营业务收入过50亿元企业36家，新增8家（南昌奥克斯、诚志股份、格特拉克（江西）、仁和、和丰环保科技、博硕科技（江西）、协讯电子（吉安）、金品铜科），共实现收入8010亿元、增长17.4%、利润423亿元、增长79.4%，分别占全省规模以上工业比重的22.5%和17.1%。新增规模以上中小企业1613家，增长16.29%，新增户数及增长率均位列全国第一。小型企业工业生产不断提升，主营业务收入1.51万亿元，增长12.7%；利润总额1014.7亿元，增长11.9%。

工业项目建设稳步推进。全省工业固定资产投资1.18万亿元，增长14.6%，列全国第三位、中部第一位，占全省固定资产投资比重的54.1%。全省实施亿元以上工业项目3149项，项目总投资1.71万亿元，累计完成投资7615.5亿元，占项目总投资的44.4%。其中，当年完成投资5174.1亿元。全省重点推进的100项投资10亿元以上重大工业项目中，睿宁高新技术材料（赣州）有限公司硅基及有色金属基PVD芯片薄膜电子材料生产等20个重大项目全部开工；江西合力泰科技有限公司年产2亿片触摸屏盖板玻璃等35个重大项目完工或部分投产。筹办2017中国500强企业高峰论坛，与500强企业签约133个项目、金额2018亿元，签约项目中77个项目已开工。推动省政府与中兴合作发展大数据、与华为合作建设云上江西，组团参加第三届上合组织和金砖国家地区小企业论坛，赴“一带一路”沿线国家推介重点产业。

（梅斌）

煤炭工业

【概　况】 2017年，江西省原煤产量938.92万吨，减少76.7万吨，下降10.5%。商品煤价格以省能源集团有限公司为例，全年平均价格为560.5元/吨（不含税价），上涨132.8元/吨，涨幅31.1%。全省煤矿发生各类死亡事故9起，死亡10人，分别下降25%和47.4%，九江、景德镇、上饶、吉安4个市2017年实现煤矿零事故。截至年底，全省共有煤矿205处、产能1440万吨，其中省能源集团有限公司所属煤矿10处、产能457万吨，市县属和乡镇煤矿195处、产能983万吨。

【落后产能煤矿分类处置】 3月初，组织各产煤设区市和省能源集团有限公司对全省30万吨/年以下（不含30万吨/年）煤矿进行摸排梳理，制定落后产能煤矿分类处置方案，并经省政府77次常务会审议通过。方案明确，全省259处30万吨/年以下（不含30万吨/年）煤矿中，203处、产能1025万吨列入去产能关闭范围，56处、产能325万吨列入保留范围。同时，九江、景德镇、上饶、宜春、吉安、赣州6个设区市决定在“十三五”期间全面退出地方煤矿。

【全省化解煤炭过剩产能目标责任书任务提前超额完成】 2017年，全省化解煤炭过剩产能目标任务为关闭煤矿52处、退出产能279万吨，全年实际关闭煤矿63处、退出产能339万吨，分别完成年度目标的121.2%和121.5%。2016年和2017年，全省累计关闭煤矿295处、退出产能1886万吨，提前3年超额完成目标责任书下达的全省“十三五”关闭煤矿283处、退出产能1868万吨的任务。

【产能置换指标交易】 7月11日，省化解过剩产能工作领导小组办公室印发《江西省煤炭产能置换指标交易工作实施方案》。各产煤设区市化解煤炭过剩产能牵头部门根据方案，组织2016年和2017年关闭退出煤矿统一委托产权所进行挂牌交易。8月22日、9月15日、9月19日，省产权交易所采取公开竞价方式，分3批完成全省2016年和2017年退出产能指标792.5万吨的交易，交易总收益9.37亿元。

【开展煤矿安全体检及煤矿安全大检查】 2017年，省安监局和江西煤监局牵头组织30个体检执法组，对全省268处煤矿进行全面安全体检，体检率100%。体检发现隐患和问题6456条，督促企业完成整改6324条，整改率97.8%，促进煤矿安全生产工作。5月下旬至8月底，按照《江西省煤矿夏季百日安全专项行动工作方案的通知》要求，省安监局、江西煤监局、省发改委联合对全省各类煤矿开展召开专题会议、广泛宣传教育、落实汛期防治水措施、抓好瓦斯治理、开展煤矿“打非治违”、强化煤矿领域专项治理等工作，遏制较大以上事故的发生。

【煤炭产能零新增】 2017年，全省贯彻落实《国务院关于煤炭行业化解过剩产能实现脱困发展的意见》《江西省煤炭行业化解过剩产能实现脱困发展实施方案》，严格控制新增煤炭产能，全年未审批新建煤矿项目、新增产能的技术改造项目和产能核增项目，杜绝煤炭产能边减边增现象，年内实现煤炭产能零新增。

【省能源集团去产能职工安置】 2017年，省能源集团全面定员定岗，推进减员分流，分流安置职工6676人。组织大型招聘会5场，提供就业岗位3000余个，多数分流职工得到妥善安置。全年慰问职工家庭6065户、助学690人，发放慰问救济和助学金334万元，实现企业和谐稳定。

（余锋）

电力工业

【概　况】 2017年，全省全口径发电总装机容量3167万千瓦，比上年增加301万千瓦。其中，火电1934万千瓦，增加16万千瓦；水电615万千瓦，增加2万千瓦；风电169万千瓦，增加61万千瓦；光伏发电449万千瓦，增加221万千瓦。统调装机容量2278万千瓦。其中，火电1694万千瓦，无新增装机；水电297万千瓦，无新增装机；风电164万千瓦，新增61万千瓦；光伏发电123万千瓦，新增44万千瓦。

共有500千伏变电站21座，主变33台，总容量2575万千伏安；线路58条，总长度4636.6千米。220千伏变电站156座，开关站9座，主变274台，总容量4264万千伏安；线路507条，总长度1.24万千米。投产神华九江电厂送出线路、鹰抚罗Ⅱ回扩建、广丰输变电3项500千伏电网项目，变电容量100万千伏安，线路长度343.5千米；投产27项220千伏项目，变电容量165万千伏安，线路长度442.2千米。

全口径发电量1157.83亿千瓦时，增长9.2%。统调发电量929.5亿千瓦时，增长13.13%。其中，火电发电量828.5亿千瓦时，增长12.98%；水电发电量60.31亿千瓦时，下降9.36%；风电发电量30.72亿千瓦时，增长71.16%；光伏发电量9.97亿千瓦时，增长160.6%。购入电量累计111亿千瓦时，增长8.5%；送出电量累计1.8亿千瓦时，全省累计净购入电量109.2亿千瓦时。购入电量中，三峡电量69.9亿千瓦时，增长6.6%；葛洲坝电量6.6亿千瓦时，增长0.1%；华北特高压电量10.3亿千瓦时，下降22.1%；西北电量12.8亿千瓦时，增长39.7%；河南、湖北及水电应急交易等临时购入电量10.6亿千瓦时。

全社会用电量累计1293亿千瓦时，增长9.4%。其中，第一产业用电量12.8亿千瓦时，增长9.5%；第二产业用电量860.4亿千瓦时，增长8.8%；第三产业用电量189.8亿千瓦时，增长11.7%；城乡居民生活用电量230亿千瓦时，增长10%。

【统调煤电超低排放改造】 截至年底，全省共有1466万千瓦机组实现超低排放改造。完成统调煤电机组新昌电厂2号机组（70万千瓦），景德镇2号（66），九江7号（66），丰城一期1号、2号、3号（102），丰城二期5号、6号（140），黄金埠1号（65），井冈山1号、2号、3号（126）超低排放改造635万千瓦，超额完成国家下达任务70万千瓦。

【电网工程建设】 年内，投产110千伏及以上电网项目84项，变电容量592万千伏安，线路1674千米。其中，投产500千伏电网项目3项，变电容量100万千伏安，线路422.4千米；220千伏项目30项，变电容量288万千伏安，线路596.6千米；110千伏项目51项，变电容量204万千伏安，线路655.2千米。新开工110千伏及以上电网项目85项，变电容量935.2万千伏安，线路1618.4千米。其中，新开工500千伏电网项目3项，变电容量250万千伏安，线路220.5千米；220千伏项目17项，变电容量309千伏安，线路281千米；110千伏项目65项，变电容量376.2万千伏安，线路1116.9千米。

【电力直接交易】 全年签订直接交易合同电量151.64亿千瓦时，电力用户每度电享受价格优惠0.9～1.8分，降低企业用电成本2.16亿元。其中，大用户直接交易电量76.05亿千瓦时，涉及35千伏以上大用户74家；园区中小用户委托售电公司开展市场化交易电量75.58亿千瓦时，由31家售电公司代理，涉及省级以上工业园区72个，中小用户1774家。

（杨哲）

钢铁工业

【概　况】 2017年，全省钢铁行业实现主营业务收入2387.00亿元，增长17.46%。实现利税303.07亿元，增长80.07%。其中，利润217.07亿元，增长122.43%。销售利润率9.09%，比上年提高4.03个百分点。全省生铁产量2143.19万吨，增长2.9%；粗钢产量2412.69万吨，增长7.7%；钢材产量2524.44万吨，同比持平。全省钢材出口129.54万吨，下降18.88%；出口值57.31亿元，增长1.22%。铁合金出口2795吨，下降4.24%；出口值5.39亿元，增长10.39%。

【钢材价格】 2017年，钢材价格整体呈现波动上升态势，12月上旬涨到最高点后有较大幅度回落。以Φ6.5mm高线价格为例，年初价格为3250元/吨，为全年最低点，之后价格一路波动上升，12月9日的5100元/吨为全年最高点，12月末为4590元/吨，比年初上涨41.23%。

【重点钢企效益】 2017年，全省3家重点钢铁企业经济效益大幅提升，共实现利润总额137.81亿元，增长418.98%。其中，新钢、萍钢、方大特钢利润分别增长1014.21%、359.84%、278.76%。方大特钢和九江萍钢的吨钢材利润在全国对标钢铁企业中排名分别为第一位和第三位。

【循环经济】 2017年，全省钢铁行业重点钢企自发电34.19亿千瓦时，增长4.10%，占重点钢企总用电量的41.30%，为企业创效约17.10亿元，可节约标准煤420万吨，减少温室气体二氧化碳排放量450万吨。

【化解钢铁过剩产能工作得到国务院通报表扬】　2017年，国务院办公厅印发《关于对2016年落实有关重大政策措施真抓实干成效明显地方予以表扬激励的通报》，将江西省列为超额完成化解钢铁过剩产能目标任务量、工作成效总体较好的4个省（浙江省、福建省、江西省、广东省）之一，予以通报表扬并给予激励支持。2016年8月底，江西已拆除电炉（转炉）8座、高炉1座，累计退出粗钢产能433万吨、生铁产能50万吨，占化解钢铁过剩产能目标任务量的100%，提前4个月完成2016年全省退出粗钢产能的任务。

【取缔"地条钢"工作走在全国前列】
2017年，全省钢铁行业开展取缔"地条钢"工作，制定《江西省钢铁行业遏制违规新增产能彻底清除"地条钢"等工作责任分工》《江西省对违法生产"地条钢"等行为实行有奖举报的通告》，并实行有奖举报，接到举报信息8件，核实属实的举报信息4件。建立监管月报和通报制度。先后3次组织省级督查组，对地方进行明察暗访，发现问题立即要求整改，并下达督办函和问责通知，追究相关人员的责任，并将问责情况进行全省通报。全省排查出存在中频炉等问题企业20家，并按国家要求于6月30日前全部处理到位，关闭"地条钢"生产能力591.15万吨。

【绿色制造技术】　2017年，在全行业推广40多项绿色制造技术，开展13项绿色制造技术改造项目。全省重点钢铁企业1000立方米及以上高炉生产能力所占比例超过70%，100吨及以上炼钢转炉生产能力所占比例达50%，新钢公司300万吨薄板工程的工艺装备总体达到国际先进水平，九江萍钢的100万吨高速棒材生产线和150万吨板材生产线处于国内先进水平。

【智能制造】　2017年，省工信委组织重点钢铁企业参加工信部在上海宝钢召开的钢铁行业智能制造现场会，学习推广宝钢智能制造经验；明确2017年智能制造3项主要任务和2项主要实施项目，提升企业研发、生产、销售和服务的智能化水平；重点支持方大特钢生产流程智能化项目和九江萍钢钢铁有限公司生产运营管理系统项目申报2017年智能制造试点示范项目。方大特钢以打造智能化、信息化工厂为目标，推进整体产销及钢后MES系统、ERP系统人力资源及财务管理模块、设备信息管理系统等信息化建设，以及远程物资计量、远程监控无人值守铁路道口、设备运行远程监控操作等一系列自动化、智能化改造，其两化融合管理体系通过工信部的认证评定，成为全省第五家、全省钢铁企业中首家通过两化融合管理体系认证评定的单位。

（董琳琳）

有色金属工业

【概　况】　2017年，全省有色金属产业规模以上企业816家，实现主营业务收入6726亿元，增长11.6%；利润300.6亿元，增长25.2%；利税488.8亿元，增长13.6%。全省有色金属行业主营业务收入、利润增幅均保持2位数增长。其中，主要子行业——铜产业主营业务收入4750.7亿元，增长11.7%；利润167亿元，增长30.1%；利税288.2亿元，增长17.8%。受价格持续上涨等利好因素影响，稀土和钨产业规模以上企业实现利润分别增长14.2%和20.9%。同时全年规模以上有色金属工业企业大幅减亏，减亏34.8%，其中钨和稀土产业分别减亏48.5%、52.1%。

【出台《关于进一步加强稀土生产经营管理的通知》】　9月，省政府办公厅出台《关于进一步加强稀土生产经营管理的通知》，这是国内省级层面首次出台的加强稀土行业管理，打击违法违规行为的政策文件。这些政策的落实，将压缩违法违规稀土企业的生存空间，保护其他企业的合法生产经营，打破"整顿不断、问题依旧"的行业整治工作怪圈。

【组织打击稀土违法违规行为专项行动】　根据工信部等8部委《关于商请组织开展打击稀土违法违规行为专项行动的函》的要求，江西省自2016年12月起，开展全省打击稀土违法违规行为专项行动。行动涉及7个设区市的132家企业。其中，赣州99家、吉安20家，比2011年减少272家，减少67%；资源回收利用企业减至44家（30家在产），减少53%。查处一批违规典型，发现并捣毁赣州市南康区一处隐蔽在家具加工厂内的黑稀土窝点，关停赣州市南环稀土综合冶炼有限公司等19家存在环保不达标、无立项文件问题的稀土企业，追缴并处罚赣县金鹰稀土实业有限公司等4家企业的351万元偷逃税款，将安福安泰新材料有限公司等2家贸易企业涉嫌非法经营稀土产品案移交公安机关立案调查。通过采取关闭、停产、停止新建以及兼并重组、减量置换等方式，企业数量大幅减少，产业集中度提高。

【实施全省新材料产业培育工程】
组织实施"2017年新经济培育工程新材料专项资金安排实施方案"，经组织项目申报、评审、公示等程序，共安排500万元重点支持9个项目。同时，开展智能制造试点示范项目，其中江铜公司的铜冶炼智能工厂试点示范项目成功申报工信部2016年智能制造试点示范项目。

【申报国家2017年新材料领域技改专项】　睿宁高新技术材料（赣州）有限公司"集成电路用超高纯金属溅射靶材产业化"项目获国家技术改造专项新材料领域投资补助资金支持9000万元，是全省工业项目有史以来获得的最大一笔国家无偿补助资金。获国家2891万元资金补助的赣州澳克泰"年产400吨高性能整体硬质合金钻具（毛坯）技改项目"通过省工信委组织的竣工验收。

【推广首批次重点新材料应用保险】
推进重点新材料首批次应用保险补偿机制试点工作，解决应用瓶颈。10月20日，组织召开全省重点新材料首批次应用保险补偿机制试点工作宣贯视频会议，向全省各设区市工信部门、试点保险公司和重点材料企业约1500人，解读首批次保险机制政策、保险条款和投保操作流程等内容，取得良好的效果。全省重点新材料首批次应用保险保费约3500万元，保额约3.5亿元，位居全国前列。

【铜及铜产品国检中心通过国家验收并挂牌】 7月，鹰潭市铜及铜产品国检中心通过国家质监总局能力建设验收并挂牌。鹰潭市铜产业有国家级科研平台4个，院士、博士后工作站3个，省级工程技术研究中心、企业技术中心15个，高新技术铜企业36家。重点铜企业与科研院校合作，研发生产出红旗铜业镀银漆包线、广信铜业银铜合金等一大批技术前沿的铜精深加工产品。

（尚晓霞）

机械工业

【概　况】 2017年，全省机械工业经济总量约占全省工业的15%左右，规模以上企业1874家，从业人员约53万人，机械产品品种数8000余种。全省机械工业主营业务收入5381.7亿元，增长11.4%，高出全国平均水平2个百分点；实现利润341.8亿元，增长10.4%。汽车产业、电气机械和器材制造业（电工电器）主营业务收入约占全省机械工业比重的55%。其中，汽车产业主营业务收入1625.2亿元，增长18.4%；利润86.5亿元，增长11.6%。电气机械和器材制造业（电工电器）主营业务收入1357.4亿元，增长9.8%；实现利润80.6亿元，增长14.5%。

【重大项目建设】 年内，江铃股份有限公司年产30万辆整车零部件扩能生产项目、江西必拓实业有限公司中置与环网成套柜、隔离开关、互感器及变压器生产项目基本建成投产；江西江铃集团新能源汽车有限公司年产5万辆新能源汽车生产基地项目，国机智骏汽车有限公司年产30万辆新能源汽车项目，山东凯马汽车制造有限公司（赣州分公司）年产10万辆轻卡、微卡和新能源汽车项目，汉腾汽车有限公司二期建设项目等均在进行土建工程建设或设备安装调试。

【汽车整车产销】 2017年，全省汽车产销量首次突破60万辆。产销增速分别高于全国平均水平9个百分点和9.5个百分点。重点企业江铃集团全年实现主营业务收入806.2亿元，增长23.4%；实现利润41亿元，增长2%；整车产销44万辆，增长7.1%。汉腾汽车推出2款SUV，月销量稳定在5000辆左右，全年整车产销6.2万辆，实现主营业务收入50亿元。

【新能源汽车】 2017年，全省新能源乘用车、商用车产销量创造连续4年倍增的新记录。江铃新能源销售3.2万辆纯电动轿车，排全国第五位，比上年前进2位。昌河汽车销售6930辆纯电动汽车，博能客车销售978辆新能源客车，百路佳客车销售607辆新能源客车。动力电池实现主营业务收入40亿元。其中，孚能科技17亿元，出货量进入全国前五位；福斯特15亿元，出货量进入全国前二十位；迪比科7亿元。

【智能制造】 2017年，全行业继续推进《中国制造2025》，制定《江西省推进智能制造"万千百十"工程实施方案》。全省共有三川智慧、晶科能源、孚能科技、合力泰4家企业项目列入工信部智能制造试点示范，江特电机、洪都航空、欧菲光、江中药业、孚能科技、中材电瓷6家企业项目列入国家智能制造专项，实现江西在国家智能制造专项上零的突破。全省累计推广应用智能装备6625台（套），建设481个"数字化车间"，认定江西久旺汽车配件制造有限公司的全自动静压汽车零配件生产线等40个省级智能制造试点示范项目，南昌经开区、抚州高新区2个省级智能制造基地。带动107个智能化改造项目实施。

【品牌建设】 2017年，江铃集团继续在全国轻客、轻卡市场保持领先地位，轻客排全国第一位，轻卡排全国第二位，皮卡排全国第三位。格特拉克（江西）传动公司继续保持国内第二大变速器生产企业地位，DCT双离合变速器在市场供不应求。江西五十铃发动机公司JE493、JE4D系列发动机保持国内轻卡、皮卡柴油发动机标杆地位。江西华伍制动器股份有限公司的港口装卸机械用制动器、江西特种电机股份有限公司的起重冶金电机、华意压缩机股份有限公司的无氟压缩机制冷设备、赣州金环磁选设备有限公司的强磁机等产品占有率继续居全国同行业第一。全行业有泰豪科技股份有限公司的泰豪牌发电机组等32种产品被评定为省名牌产品。

【技术创新】 2017年，全省机械行业有江西华伍制动器股份有限公司等5

江特电机智能设备试运行

袁州区史志办供

家企业技术中心获批为省级企业技术中心，康富科技股份有限公司研发的600～3000 kW10.5 kV 高效环保高压发电机等7个新产品获省优秀新产品一等奖，江联重工集团股份有限公司研发的模块化组合式生物质成型燃料锅炉等15个新产品获省优秀新产品二等奖，江西昌河汽车有限责任公司研发的L31M北斗星二代等20个新产品获省优秀新产品三等奖，全行业获奖产品数占全省获奖产品的25%。

（罗冰）

国防工业

【概 况】 2017年，全省国防科技工业各单位聚焦“支撑国防军队建设、推动科学技术进步、服务经济社会发展”三大职责，完成年初制定的各项目标任务。军工经济实现新发展，军品科研生产创造新业绩，军民融合发展呈现新态势，产业结构调整得到新优化，改革创新取得新成果，脱贫攻坚取得新成效。全系统营业收入1350.3亿元，增长19.3%；工业增加值273.8亿元，增长12.9%；利润73.4亿元，增长39.3%。

【江西省军民融合发展委员会成立】 8月30日，江西省军民融合发展委员会成立，省委书记鹿心社任委员会主任，省委副书记、省长刘奇，省委常委、常务副省长毛伟明等任副主任。委员会下设办公室，毛伟明兼办公室主任。31日，鹿心社主持召开省军民融合发展委员会第一次全体会议。会议审议并原则通过《江西省军民融合发展委员会工作规则》《江西省军民融合发展委员会办公室工作规则》《江西省军民融合发展委员会近期工作要点》。

【江西省与中国民航局签署战略合作框架协议】 12月11日，省政府与中国民用航空局在南昌签署战略合作框架协议。根据协议，江西与中国民航局利用双方产业、资源、科技、人才等方面优势，共同推动航空制造业、航空运输、通用航空和临空经济发展，促进优势互补，深化互利共赢，实现地方经济与民用航空相融互动，推动双方全面战略合作关系深化和可持续发展。

【南昌航空大学成立全国首个航空发动机学院】 8月28日，中国航空发动机集团与南昌航空大学战略合作协议签订暨共建航空发动机学院揭牌仪式在南昌举行。该航空发动机学院为全国首家，双方将聚焦航空发动机学科，深化产学研融合，在人才培养、科技创新、成果转化方面开展深度合作。

【C919机体四分之一为“江西造”】 5月5日，中国首架具有完全自主知识产权的大型商用客机C919成功首飞，其机体四分之一是“江西造”。2009年5月，洪都公司成为C919大型客机项目前机身、中后机身唯一供应商，占机体份额的25%；昌飞公司除参与C919机体结构动部件“前缘缝翼”和“后缘襟翼”研制外，还承担千余件襟翼许用值摸底试验件、襟翼许用值试验件的制造以及4项关键技术攻关课题等任务。2010年8月，C919大型客机等直段试验件在洪都开铆，2014年5月15日，C919大型客机首架机的前机身下线，8月交付上海，成为C919项目第一个取得适航挂签、第一个交付的部件。同年8月21日，C919大型客机首架中后机身下线。

【昌飞制造直升机参与朱日和阅兵】 7月30日，庆祝中国人民解放军建军90周年阅兵在内蒙古的朱日和训练基地举行。昌飞集团生产的50架直升机参与阅兵式。其中，12架组成“9”字样和12架组成的“0”字样，8架组成空中突击队，18架组成机降编队飞越朱日和上空，接受党和人民的检阅。

【国产直10k获中俄武装直升机竞技冠军】 8月9日—10日，中俄两国空军在中国吉林举行“航空飞镖—2017”军事比赛，中俄空军各派出各型飞机39架参加空中，中国直升机设计研究所研制的直10k型机获得武装直升机组第一名。

【AV500创海拔5000米升限纪录】 10月31日，在海拔高度3189米的甘肃夏河机场，由中国直升机设计研究所自主研发的AV500无人直升机，在经过1小时7分钟的飞行后平稳落地，完成AV500无人机在夏河机场的重要试飞科目。飞行期间，AV500爬升至海拔5006米的高度，创造国产无人直升机的升限新纪录。

【新余国科在创业板上市】 11月10日，新余国科在深圳证券交易所首发上市，股票代码300722。新余国科成立于2008年5月，主营军用火工品、人工影响天气装备及人影燃爆器材的研发、生产及销售，是国内主要的军用火工品重点企业。

【江西与尼日利亚民爆合作项目签约】 11月28日，江西省民爆投资公司与项目合作方中江国际公司、尼日利亚代那却克有限公司、马克－信诺公司共同签署尼日利亚炸药厂项目合作协议。该项目由4家公司合作，主要新建1条年产6000吨炸药生产线，项目地点位于尼日利亚十字河州首府卡拉巴尔。

【世界首艘智能船装上海博士压载水管理系统】 12月初，九江精密测试技术研究所为中船黄埔文冲船舶有限公司设计生产的3.88万吨智能散货船海博士压载水管理系统，完成实船调试，通过验收交付使用，成为世界首艘智能船舶安装的压载水管理系统。3.88万吨智能散货船是中国船舶工业集团公司建造的世界首艘智能船舶，是中船集团智能船舶示范工程的创新产品。

【海洋石油物探船队完成红海海域海洋勘探地震作业】 4月15日，同方江新建造的海洋石油物探船队“海洋石油751”号、“海洋石油770”号船，历时250余天，完成沙特红海海域首次海洋勘探地震作业，创造中国海洋石油勘探史上走出国门最大容量的物探地震作业记录。这是中国首次以大型装备联合船队形式走出国门，为国际客户提供海洋油气勘探专业震源服务，填补了中国在红海海域实施海洋油气勘探地震作业的空白。

（杨章跃）

轻工业

【概　况】　2017年,全省轻工业(不含食品)规模以上企业实现主营业务收入5370亿元,增长9.6%;利润438.5亿元,增长6%。全省家用电力器具制造业主营业务收入132.4亿元,增长37.4%;利润6.6亿元,增长29.4%。家具制造业主营业务收入446.2亿元,增长28.2%;利润32.6亿元,增长21.9%。电池制造业主营业务收入502亿元,增长17.6%;利润50亿元,增长27.4%。塑料制品业主营业务收入626亿元,增长17%;利润47.4亿元,增长28.6%。皮革、毛皮、羽毛(绒)及其制品业主营业务收入607.2亿元,增长8%;利润53.7亿元,增长5.1%。陶瓷制品制造业主营业务收入589.7亿元,减少8.1%;利润54亿元,增长20.2%。造纸及纸制品业主营业务收入382.7亿元,增长11.4%;利润28.8亿元,增长21.2%。金属工具及金属制轻工制品制造业主营业务收入334.1亿元,增长14.8%;利润22.1亿元,增长14.3%。照明器具制造业主营业务收入327.7亿元,增长13.8%;利润24亿元,增长1.6%。工艺美术品制造业主营业务收入311亿元,增长11.1%;利润28.2亿元,增长21.1%。烟草制品业主营业务收入197.1亿元,增长8.9%;利润17.8亿元,减少8.3%。全省房间空气调节器产量452.5万台,增长55.5%;家具产量3760.79万件,增长28.8%;塑料制品产量105.67万吨,增长16.8%;铅酸蓄电池产量339万千伏安时,增长13.8%;纸浆产量18万吨,增长13.2%;灯具及照明装置产量1.06亿套,增长12.2%;机制纸及纸板产量211万吨,增长8.5%;卫生陶瓷产量442.8万件,增长3.4%;卷烟产量658.3亿支,增长1.9%。

【盐业体制改革完成】　年内,省工信委先后开展制贩假盐专项治理、“脚臭”食盐专项治理、全省食盐质量安全专项检查、工业盐使用专项督查。开展食盐储备督查,加强储备食盐的规范管理。开展落实盐改跨区经营政策专项行动,对跨区经营政策落实情况进行全面检查和整改。截至年底,有30余家企业进入江西食盐市场,食盐销售量约占全省市场的30%。废除原省盐务局印发的3个规范性文件,制定《江西省盐业管理实施办法(修订)》立法工作计划,推动依法治盐。召开食盐质量安全管理与监管职责交接工作会,明确将省工信委承担的食盐质量安全管理与监管职责(包括各市县盐务局盐政监管执法队伍管理、食盐跨区经营企业管理)移交给省食药监局,初步建立新的食盐市场监管体系。出台《江西省盐业体制改革盐政执法人员安置办法》,加快推动政企分开。

【烟草产业】　2017年,江西中烟工业公司累计生产卷烟131.65万箱,增长1.88%;销售卷烟134.56万箱,增长5.19%。其中,自主品牌商业销售84.43万箱,增长10.91%,增幅位居行业第一。累计实现销售收入175.18亿元,增长7.7%;缴纳税收116.23亿元,增长12.94%;利润总额119.68亿元,增长9.09%,增幅位居行业第二。省产烟实现销量56.1万箱,增长16.23%,省产烟占比从2016年底的38.6%提高到43.2%,提高4.6个百分点。金圣品牌销售50.35万箱,增长31.53%,增幅位居行业第三,特别是金圣高价位卷烟、细支卷烟增幅均位居行业第一。

【开展第七届中国工艺美术大师评选推荐工作】　11—12月,省工信委组织开展第七届中国工艺美术大师评选推荐工作,按照“政府指导、专家评审”的原则,经过资格审查、业绩评审、作品评审、专家认定、领导小组审定、社会公示,从57名申报人员中评选傅长敏等9人作为江西推荐人员,赴北京参加由中国轻工业联合会举办的第七届中国工艺美术大师评审。

【香精香料产业】　1月,省林业厅制定《江西省林下经济发展项目管理办法》,将香精香料列入林业经济种植补贴名录进行扶持;省农业厅将香精香料产业纳入全省85个农业产业集群;省工信委将金溪香料产业集群列入省级重点产业集群;通过“财园信贷通”为香精香料企业发放贷款近8000万元;通过“一企一技”、中小企业服务平台扶持香精香料产业发展;实施金溪香精香料区域品牌建设推进计划,以政府购买公共服务的方式,围绕香精香料品牌,聘请专家团队,通过集中培训、信息导入、专家诊断、现场辅导等形式,帮助企业尤其是中小企业提升研发与创新管理水平。2017年,金溪香精香料产业主营业务收入101亿元,增长25.3%;利税7.3亿元,增长10%。

【铅蓄电池行业】　4月,工信部消费品司在南昌召开2017年铅蓄电池行业规范管理工作推进会及2017年铅蓄电池行业规范审核培训班,省工信委组织全省铅蓄电池企业参加培训,加深与其他省(自治区、直辖市)市优秀企业交流,推动全省铅蓄电池行业规范发展。2017年,在全国第四批申报规范审核的铅蓄电池企业审核中,江西申报审核的6家企业全部通过审核。其中,宜丰储能系统绿色制造产业基地成为全国唯一一个申报规范重要任务审核的铅蓄电池企业全部通过的产业基地。

【南康家具产业成为全省轻工业第一个主营业务收入过千亿元的产业基地】　2017年,南康推进现代家居城“四城一镇”建设(即现代家居研发城、现代家居制造城、现代港口物流城、现代家居营销城“四城”和现代家居特色小镇,内容涵盖家具、家居纺织、家居建材、家居设计服务、室内配饰等行业),通过城镇联动,相互促进,互为助力,推动家居产品向智能化、定制化、生态化转型,实现“南康家具”向“南康家居”跨越发展。全年实现主营业务收入1330亿元,增长30.4%,成为全省首个过千亿元的轻工业产业基地;利税总额21.2亿元,增长16.2%。

(付志伟)

陶瓷工业

【概　况】　2017年,全省陶瓷制品制

造业规模以上工业企业实现主营业务收入589.7亿元,下降8.1%;利润54亿元,增长20.2%。其中,日用陶瓷制品制造业主营业务收入158亿元,增长6.3%;利润13.4亿元,增长11.9%。卫生陶瓷制品制造业主营业务收入5.9亿元,增长29.4%;利润2763万元,增长42.7%。特种陶瓷制品制造业主营业务收入345.3亿元,下降17.2%;利润36.3亿元,下降30.3%。园林、陈设艺术及其他陶瓷制品制造业主营业务收入80.5亿元,增长12.7%;利润4亿元,增长18.8%。

【2017中国景德镇国际陶瓷博览会举行】 10月17日—21日,由商务部、中国国际贸易促进委员会、中国轻工业联合会、江西省政府联合主办的2017中国景德镇国际陶瓷博览会在景德镇国际会展中心举行。有900多家国内外品牌陶瓷企业参展,参展品类涵盖高端日用陶瓷、艺术陶瓷、高技术陶瓷等。其间,举办洛客创意设计全球发布会、2017"景漂"国际陶艺家作品邀请展暨研讨会、第三届全国陶瓷职业技能竞赛等30余项配套活动。

【洛客·景德镇陶瓷设计中心成立】 10月17日,洛客·景德镇陶瓷设计中心成立发布仪式在景德镇三宝国际瓷谷举行。洛客·景德镇陶瓷设计中心依托互联网,通过大数据分析,打造以共享设计理念为核心的创新设计平台,吸引更多优秀设计师走进瓷都,设计出更多传统陶瓷工艺与现代科技完美结合的产品,助推陶瓷产业升级发展。

【《中国日用陶瓷年鉴(2017)》在景德镇首发】 10月17日,由中国轻工业信息中心、全国陶瓷工业信息中心及《中国陶瓷》杂志社联合编写的《中国日用陶瓷年鉴(2017)》,在中国轻工业陶瓷研究所举行首发式。《中国日用陶瓷年鉴(2017)》是首部全面记录中国日用陶瓷行业发展的年鉴,包括发展综述、大事记、政策与法规、产品质量和标准、日用陶瓷科技发展与创新、日用陶瓷装饰与设计知识产权等12个篇章,共60万字。系统呈现中国日用陶瓷行业发展的新举措、新发展、新成就和新情况,是集资料、数据为一体的多元化信息工具书。

【2017年第四届中国中部设计艺术国际研讨会在景德镇召开】 10月20日,2017年第四届中国中部设计艺术国际研讨会在景德镇陶瓷大学国际学术报告厅召开。会议围绕"中国'一带一路'建设:设计的支撑作用""生态环境保护与城市发展:设计的功能与价值""古城保护与修复:设计的观念与实践""传统手工艺中的设计与工匠精神:设计的社会学与文化人类学""当代设计与科技:德国工业设计4.0与中国工业发展2025""设计教育:面向产业与未来"6个主题展开交流研讨。共有英国皇家艺术学院、法国利摩日艺术学院、英国伦敦大学、葡萄牙阿罗威大学、意大利佛罗伦萨国立美术学院、西班牙卡斯特利翁海梅一世大学、日本武藏野美术大学、韩国首尔建国大学、檀国大学、泰国艺术大学、清华大学、浙江大学、北京大学、南京艺术学院等高校的近百名专家学者参加。

【陶溪川成为全省首个陶瓷类生态文明示范基地】 1月,省发改委公布江西省首批59家江西省生态文明示范基地名单,景德镇市陶溪川一期项目入选,是上榜单位中唯一一个陶瓷类基地,也是全省第一个陶瓷类生态文明示范基地。陶溪川一期项目以原宇宙瓷厂为核心启动区,从2013年4月起开工建设,经过3年多的打造,已成为国际性、强体验、混合业态、跨界经营、生态文明的文化创意产业园和循环经济示范基地。截至年底,已有10余家国内外品牌商家企业入驻,汇集3000多名大学生在此创业就业,并于2016年10月入选住建部"城市双修(即城市修补、生态修复)产业升级与园区整合示范样板"。

(付志伟)

石化工业

【概　况】 2017年,全省石化行业实现主营业务收入3142亿元,增长11.7%;实现利税434.4亿元,增长1.8%。其中,利润250亿元,增长14.3%。各重点子产业平稳发展,有机硅产业主营业务收入249亿元,增长23.2%;利税34亿元,增长23.4%。盐化工产业主营业务收入622亿元,增长17.9%;利税72.8亿元,增长20.1%。氟化工产业主营业务收入151.8亿元,增长17%;利税16.7亿元,增长16.5%。石油化工产业主营业务收入414.4亿元,增长10.1%;利税131.7亿元,下降6.9%。

【重点项目建设】 9月26日—29日,中石化召开对九江石化年产60万吨芳烃项目的"9+1"(市场、资源、技术、节能、环保、安全、职业卫生、法规、设备国产化以及综合评估)专家论证评估会,中石化股份九江分公司按评估会要求补充完善相关材料。4月18日,30万吨/年烷基化装置可研报告获总部批复,12月31日,30万吨/年烷基化装置基础设计获得总部批复。4月,中石化股份九江分公司苯乙烯项目投产并生产出合格产品,产品质量达到优级品指标。截至年底,累计销售约2.6万吨。江西理文化工二期项目进展顺利,年产15万吨双氧水、4万吨氯化亚砜项目于12月试产。

【重点企业主要指标】 年内,重点跟踪调度的18家重点企业中,主营业务收入增长的有17家,占94.4%。其中,中石化股份九江分公司,在停产检修50天的情况下,实现主营业务收入354.4亿元,增长8.7%;利税126.9亿元,排名第一。有机硅龙头企业江西蓝星星火有机硅有限公司经济效益大幅增长,实现主营业务收入39.84亿元,增长79.5%;利润1.76亿元(上年同期亏损6.17亿元),扣除有机硅一体化工程贷款还贷因素,全年盈利7.76亿元。氯碱龙头企业江西世龙实业股份有限公司实现主营业务收入11.82亿元,增长19.9%;利税2.37亿元,增长40.4%。

【城镇人口密集区危化品企业搬迁】 11月16日,印发《江西省人民政府办公厅关于印发江西省城镇人口密集区危险化学品生产企业搬迁改造实施方案的通知》。省工信委会同省安监局组成4个督查组,对调查统计到的20家城镇人口密集区危化品企业搬迁改造情况逐一现场核实。20家企业中，已完成搬迁改造15家(其中12家异地迁建，3家关闭退出)，正在搬迁4家，待搬迁1家。12月14日，国家安监总局到江西督导调研危险化学品综合治理工作并召开全省危险化学品综合治理座谈会，在听取省工信委关于城镇人口密集区危险化学品生产企业搬迁改造工作情况汇报后，督导组两次表扬省工信委牵头作用发挥得好，搬迁情况清楚，工作推进有力，取得显著成效。

【推进长江经济带绿色发展】 2017年，省工信委对全省化工企业、化工园区以及在建重大项目进行3轮摸底调查。同时，牵头会同省直有关部门出台江西省长江经济带工业绿色发展意见，与省发改委、省环保厅、省财政厅、省科技厅联合转发工信部等5部委《关于加强长江经济带工业绿色发展的指导意见》。严格落实国家“1千米”限制政策，除在建项目外，长江江西段及赣江、信江、抚河、饶河和修河等岸线及鄱阳湖周边1千米范围内禁止新建重化工项目。严禁“5千米”范围内新布局工业园区，除经国家和省政府批准设立、仍在建设的工业园区，可以继续按已批准的园区发展规划和主导产业规划、布局和引进工业项目外，长江江西段及赣江、信江、抚河、饶河和修河等岸线及鄱阳湖周边5千米范围内不再新布局有重化工业定位的工业园区。

(王上文)

纺织工业

【概　况】 2017年，全省纺织服装行业总体呈现“高开低走”的态势。全行业主营业务收入2435亿元，增长0.7%，低于年内最高值15.1个百分点；利润180亿元，增长6.1%，低于年内最高值24.4个百分点。出口45.2亿美元，下降1.5%，低于年内最高值27.5个百分点。以上三大指标分别占全省工业的6.8%、7.3%和13.8%。主要子行业中，服装行业主营业务收入1173亿元，下降9.2%；棉纺行业820亿元，增长12%；化纤行业95亿元，增长21.6%；针织行业81亿元，增长0.2%；麻纺行业38亿元，增长14.5%。主要产品产量为纱170.42万吨，增长14.4%；服装13.7亿件，增长8.4%；化学纤维46.33万吨，增长10.1%；布12.7亿米，下降2%。

【三品(增品种、提品质、创品牌)工作】 1月26日，省工信委发布《江西省工信委2017年消费品“三品”专项行动计划》，通过19条措施推动“三品”专项行动的实施。5月10日，省工信委开展省级消费品工业“三品”战略示范试点城市、示范企业评选活动。8月10日，授予南昌市青山湖区、赣州市南康区2个县(区)为“三品”战略示范试点城市，授予江西恩达麻世纪科技股份有限公司等10户企业为“三品”战略示范企业。

【企业发展两极分化】 2017年，全省纺织服装行业重点联系的30家主营业务收入过3亿元的骨干企业中，有28家企业实现增长。其中，赛得利(江西)主营业务收入增长12.8%，鸿丰(吉安)增长20%，赛得利(九江)增长27.9%，华孚纺织增长18.6%。同时，部分企业受不利发展环境及统计“挤水分”影响，统计数据出现断崖式下降，其中德鑫纺织主营业务收入下降57.3%，永新华丰服装下降89.1%，吉水恒兴纺织下降90.3%。

【项目建设】 2017年，全省纺织服装行业产业实际完成固定资产投资938亿元，占全国同行业的6.9%，居全国同行业第六和中部同行业第二。其中，赛得利(九江)纤维有限公司年产80万吨化学纤维项目二期项目16万吨(2条线2＊8)，一条线已投产。中国(江西)针织服装创业产业园项目一期在建厂房等26栋建筑全部封顶，可交付使用，研发大楼外装修已完成70%。

【产业集聚】 2017年，全省纺织服装行业9个产业集群规模以上企业共实现主营业务收入1102亿元，占全行业的45.2%。9个集群中，过百亿元集群6个。其中，青山湖针织服装产业基地主营业务收入242亿元，增长16.2%；共青城羽绒服装产业基地主营业务收入236亿元，增长10.8%；奉新纺织产业基地主营业务收入177亿元，增长12.8%；德安纺织服装产业集群主营业务收入136亿元，下降1.4%；瑞昌纺织产业集群主营业务收入122亿元，增长13.6%；于都服装服饰产业集群主营业务收入115亿元，增长21.9%。

【出口呈倒V形走势】 2017年，全省纺织服装行业出口呈倒V形走势，单月出口额从4月的5.3亿美元开始连续多月环比下降，出口增幅从1—4月的26%持续下降至1—12月的-1.5%。出口持续下降主要有以下原因：一是主要市场需求乏力，全年美国、日本服装进口分别下降0.5%、1.7%；二是大量订单向东南亚等地转移，中国出口美国下降0.7%，而东盟、印度、墨西哥分别增长2.9%、3.9%和6.2%；三是人民币汇率波动较大，企业对汇率走势难以判断，为避免损失，接单较为谨慎。全年全省纺织服装实际出口45.2亿美元，下降1.5%。

【服装行业规模下降】 2017年，全省服装行业实际完成主营业务收入1173亿元，下降9.2%，是全行业唯一一个下降的子行业。服装行业下降一方面是由于出口受阻，全省服装实际出口32.3亿美元，下降6%；另一方面是由于转型升级步伐缓慢，生产成本提升，部分企业运营举步维艰；第三是受统计“挤水分”影响，部分企业2017年统计数据与上年虚假数据相差甚远。

【2家企业成为符合《粘胶纤维行业规范条件(2017版)》生产企业】 10月，省工信委组织开展2017年粘胶纤维行业符合规范条件企业公告申报工作，推荐赛得利(江西)化纤有限公司、赛得利(九江)纤维有限公司参加工信部终审。12月27日，工信部发布第60号公告，公布19户符合《粘胶纤维行业规范条件》生产企业名单，赛得利(江西)、赛得利(九江)入选。

【举办2017江西国际麻纺博览会】 11月3日—5日，省工信委会同中国国际贸促会纺织行业分会、中国麻纺行业协会、省贸促会、新余市政府，主办2017江西国际麻纺博览会。博览会主题为“生态江西、时尚麻艺”，共有500余家企业、客商、采购商等近2000人参展参会，共签约项目10个，签约金额11亿元。其间，还安排2017“麻艺中国风”中国麻纺终端转化大讲堂、2017江西国际麻纺流行趋势发布季、“恩达杯”2017麻纺产品设计邀请赛、“麻艺传承”2017中国国际时尚摄影大展等一系列活动。

（郑宜涛）

建材工业

【概 况】 2017年，全省建材行业主营业务收入突破3000亿元，达3088.8亿元，增长8.1%；利税367.6亿元，下降0.8%；利润271.7亿元，增长6.3%。其中，水泥、建筑陶瓷、玻璃纤维纱3个行业主营业务收入分别为380.5亿元、489.0亿元、114.4亿元，分别增长10.1%、11.7%、8.4%；利税分别为63.7亿元、49.9亿元、10.6亿元，分别增长18.1%、9.8%和下降3.7%；利润分别为46.5亿元、35.9亿元、8.9亿元，分别增长25.7%、15.1%、6.1%。主要产品产量为水泥8934.13万吨，下降0.1%；熟料6120.3万吨，增长5.1%；瓷质砖12.0亿平方米，增长11.0%；玻璃纤维纱57.7万吨，增长2.2%；平板玻璃934.4万重量箱，增长0.06%。

【重点企业发展】 2017年，5家重点水泥企业（集团）主营业务收入和利润均实现增长，产量除红狮水泥有限公司外，其余4家均实现增长。其中，江西万年青水泥股份有限公司主营业务收入79.4亿元，增长59.4%。巨石集团九江有限公司产量和效益均有不同程度的下降，原因是公司一条年产2万吨的窑停产一段时间，同时下半年产品价格走低。玻璃行业由于产品价格上涨，企业效益大幅提高，重点企业宏宇能源有限公司在产量持平的情况下，实现利润翻倍。

2017年江西省建材行业重点企业情况

企业名称	产量（万吨）	增幅（%）	主营业务收入（亿元）	增幅（%）	利润（亿元）	增幅（%）
江西万年青水泥股份有限公司	2183.7	3.9	79.4	40.2	10.8	59.4
江西南方水泥有限公司	1515.2	2.4	67.9	21.8	2.0	25.0
海螺水泥（江西区域）	1874	10.0	57.9	30.1	8.2	35.2
江西亚东水泥有限公司	1168	3.0	34.5	34.0	8.2	104.3
红狮水泥（江西区域）	887.7	-0.9	22.1	5.1	3.0	45.9
巨石集团（九江公司）	18.5	-1.6	9.4	-1.1	2.1	-12.5
宏宇能源有限公司	1011.5（万重量箱）	持平	7.3	46.0	2.3	130.0

【产业基地】 全省8个建材产业基地实现主营业务收入突破900亿元，达907.6亿元，利润总额71.2亿元，分别增长4.1%、6.6%，占全省建材行业的29.3%、26.2%，比上年分别增加2.3个百分点和3.6个百分点。江西建筑陶瓷产业基地实现主营业务收入353.2亿元，是全省规模最大的建材产业基地，也是国家新型工业化产业示范基地。江西省工业陶瓷产业基地和江西铝合金塑料型材及制品产业基地主营业务收入均超过百亿元。

2017年全省建材产业基地情况

基地名称	主营业务收入（亿元）	增幅（%）	利润（亿元）	增幅（%）
江西建筑陶瓷产业基地（宜春市高安市）	353.2	2.0	26.4	-3.0
江西省工业陶瓷产业基地（萍乡市湘东区）	143.1	3.9	11.5	5.4
江西铝合金塑料型材及制品产业基地（南昌市安义县）	161.8	19.0	9.7	18.3
江西省碳酸钙新材料产业基地（吉安市永丰县）	75.0	9.7	11.9	29.3
江西省玻璃纤维及复合材料产业基地（九江市濂溪区）	50.1	0.4	2.4	26.3

续表

基地名称	主营业务收入（亿元）	增幅（%）	利润（亿元）	增幅（%）
江西省玻纤及新型复合材料产业基地(赣州市上犹县)	66.2	9.4	4.6	8.0
江西省新型建材产业基地(上饶市玉山县)	47.2	10.0	4.0	8.1
江西省特种玻璃产业基地(萍乡市安源区)	11.0	-33	0.7	-35.5

【产业转型升级】 2017年,江西万年青水泥股份有限公司兼并重组江西天峰建材有限公司和江西三环水泥有限公司,高安红狮水泥有限公司兼并重组江西萍乡久久水泥有限公司,置换135万吨落后水泥产能;江西万年青水泥股份有限公司万年水泥厂开始进行异地技改环保搬迁,完成该项目的产能置换工作。

【水泥市场供求关系】 水泥价格改变以往“年末涨年初跌”的周期惯例,价格高于同期,5月以来水泥行业效益增幅明显。特别是7月、8月、9月水泥行业利润增幅分别为49.8%、37.2%、31.9%,为建材行业利润增幅最高的子行业。水泥产品价格提升主要得益于产业集中度的提高,水泥行业形成以江西南方水泥有限公司和江西万年青水泥股份有限公司为代表的5家大型企业(集团)的格局,有利于大企业获得更大的市场定价权。

【绿色发展】 年内,通过落实差别化的用电价格倒逼行业转型升级,促进节能减排和绿色发展。2017年是全省执行水泥企业用电实行阶梯电价政策的第一年,节能监察总队对全省水泥生产企业2016年度电耗情况开展现场核查,对电耗超标企业征收差别电价。江西于都南方万年青水泥有限公司被工信部首批认定为“绿色工厂”,是全省上榜的8家企业之一。

【全省水泥玻璃行业淘汰落后产能工作符合国家总体要求】 8月,环保部印发《关于水泥玻璃行业淘汰落后产能专项督查的通报》,江西省企业均不在通报清单之内,表明全省水泥玻璃行业淘汰落后产能工作符合国家的总体要求。2016年,出台《江西省人民政府关于化解产能过剩矛盾的实施意见》《江西省人民政府办公厅关于促进建材工业稳增长调结构增效益的实施意见》,全省形成“部门合作、上下联动”的淘汰落后产能和去产能工作机制。建立淘汰落后产能和去产能工作定期调度和情况报告制度,及时通报企业淘汰生产线(设备)关停、拆除进展情况,逐级对列入淘汰计划的企业进行现场检查验收,为完成淘汰任务的企业出具验收意见表,并在媒体、网站上进行公告。全省对水泥、玻璃等行业实行严格限批政策,发挥差别电价、资源性产品价格改革等价格机制在淘汰落后产能中的作用。在全国率先出台智慧产业园区建设指导意见,推进两化深度融合。在水泥、玻璃等14个重点行业企业组织开展清洁生产审核,推进工业绿色发展。妥善安置职工,综合运用“五个一批”(采取支持企业内部分流一批、支持企业内部退养一批、促进转岗就业对接一批、促进自主创业一批、公益性岗位托底一批)工作举措。截至2016年年底,全省在用水泥熟料产能6280万吨,产量5731万吨,产能利用率91.3%;在用水泥产能1.1亿吨,产量9513万吨,产能利用率86.5%;平板玻璃产量1382.7万重量箱,产能利用率91.6%。全省水泥行业主营业务收入416.5亿元,增长5%,占全国比重4.8%;利税61.3亿元,增长20.5%;利润42.2亿元,增长26.8%,占全国比重8.1%。平板玻璃制造业主营业务收入6.2亿元,增长21.6%;利税1.1亿元,增长102.6%;利润1亿元,增长129.5%。全省水泥产量占全国总产量的4%,实现的利润则占全国总量的8.1%。全省平板玻璃产量和利润在全国的占比均为1.8%,利润与利税增幅呈现3位数增长。

（毛毅）

医药工业

【概　况】 2017年,江西医药产业克服医保控费、原材料涨价、两票制试行、环保压力加大等诸多因素的不利影响,总体保持平稳增长态势。全省医药行业规模以上企业403家,新增企业43家;全年医药行业实现主营业务收入1373.25亿元,增长13.89%,增幅比上年提高7.61个百分点;利税187.78亿元,增长15.26%;利润133.98亿元,增长28.52%。

【各子行业发展】 全年化学药品子行业主营业务收入479.23亿元,增长13.75%;利税68.87亿元,增长20.04%;利润54.29亿元,增长33.46%。中药子行业主营业务收入553.73亿元,增长10.03%;利税72.92亿元,下降1.14%;利润44.73亿元,增长9.82%。其中,中成药主营业务收入458.90亿元,增长10.18%;利税64.09亿元,增长0.48%;利润37.68亿元,增长10.97%。医疗设备制造子行业主营业务收入258.40亿元,增长14.79%;利税25.33亿元,增长9.32%;利润18.87亿元,增长16.91%。其中,医疗器械主营业务收入主营业务收入137.22亿元,增长11.93%;利税13.99亿元,增长8.35%;利润10.91亿元,增长17.74%。生物药品子行业主营业务收入81.88亿元,增长45.83%;利税20.71亿元,增长139.30%;利润16.08亿元,增长140.29%。

【重点企业增长】 全省医药企业中主营业务收入过10亿元的12家,比上年增加1家。分别是：济民可信集团166.43亿元，增长15.89%；仁和集团56.55亿元，增长13.20%；青峰医药集团32.13亿元，减少17.80%；天新药业17.28亿元，增长12.70%；汇仁药业22.09亿元，减少23.48%；百神药业18.97亿元，增长8.13%；江中药业17.32亿元，增长11.35%；青春康源集团16.56亿元，增长18.36%；洪达医疗器械16.02亿元，持平；益康医疗13.97亿元，增长1.47%；天齐堂饮片12.02亿元，增长10.90%；江西生物研究所10.83亿元，增长30.99%。主营业务收入过亿元的企业66家，其中54家实现增长。天施康、博雅生物、杏林白马、三鑫医疗、珍视明等企业主营收入分别增长21.55%、41.71%、53.80%、26.94%、31.17%，好于行业总体增长水平和龙头企业增长。

【产业集中度】 2017年，全省医药行业前20位企业主营业务收入合计462.96亿元、增长10.57%，利润54.08亿元、增长19.34%，利税81.44亿元、增长13.24%，分别占全行业的33.71%、40.36%、43.35%，比上年分别上升1.04个百分点、1.32个百分点、1.95个百分点，医药产业集中度连续3年有所提升。

【优势品种】 全省年销售额过亿元的优势品种共54个，新增2个。其中，销售额10亿元以上的重磅品种7个，新增1个，分别是济民可信集团的金水宝胶囊（39.84亿元，增长13.19%）、济民可信集团的康莱特注射液（28.64亿元，增长7.67%）、青峰医药集团的喜炎平注射液（26.66亿元，减少22.46%）、济民可信集团的醒脑静注射液（20.62亿元，增长6.93%）、汇仁药业的肾宝片（17.95亿元，减少13.59%）、江中药业的健胃消食片（12.80亿元，增长6.33%）、江西生物研究所的抗破伤风毒素（10.83亿元，增长30.99%）。

【产业集群】 2017年，全省4个主要医药制造业产业集群实现主营业务收入518.72亿元，增长13.31%，占全行业的38%。其中，樟树医药产业集群主营业务收入181.02亿元，增长25%；进贤医疗器械产业集群主营业务收入129.77亿元，增长14.99%；袁州医药产业集群主营业务收入104亿元，增长16.3%；小蓝医药产业集群主营业务收入103.93亿元，下降6.13%。

【医药产业项目】 9月15日，省政府组织召开中国（南昌）中医药科创城建设启动暨全省中医药项目集中开工项目仪式。同日，宜春、赣州、抚州、吉安等设区市举办中医药产业项目集中开工仪式，共163个项目、总投资额873亿元。截至年底，153个项目进展顺利，其中26个项目基本完成建设。特别是科创城4个主体建设项目和中国药都·樟树岐黄健康小镇、济民可信生物医药产业基地、建昌帮药谷、五洲医药港等一批投资金额大的项目正抓紧规划。

【江西省中医药产业联盟组建】 6月，江西济民可信、仁和集团、青峰医药、江中制药、汇仁药业5家药企联合发起的，江西省中医药产业联盟组建。省内23家中医药企业入盟，仁和集团成为轮值盟主。年内，联盟与金融机构（工商银行）、研究机构（澳门科技大学）开展合作，并与澳门科技大学签署合作备忘录，有利于发挥和做强产业联盟这个平台。

【实施“三品”（增品种、提品质、创品牌）专项行动】 年内，省工信委落实工信部消费品司的《关于开展消费品工业“三品”专项行动营造良好的市场环境的若干意见》，推动“樟帮”“建昌帮”商标回归工作，推动协调将弘益药业企业抢注的商标回归樟树市政府和南城县政府。会同省食药监局等部门出台《关于推进仿制药质量和疗效一致性评价有关事宜的通知》，明确对规定期限内通过一致性评价的每家药品生产企业每个品种给予50万~100万元的项目资金补助。

（熊燕）

食品工业

【概　况】 2017年，全省拥有规模以上食品工业企业899家，净增107家，增长13.5%。全年规模以上食品工业实现总产值3229.2亿元，增长10.5%，产品销售率99.9%。主营业务收入2858.3亿元（不含烟草制品业），增长5.1%。利税291.8亿元（不含烟草制品业），增长4.2%；利润225.8亿元（不含烟草制品业），增长14.1%，增速高出全国食品工业平均水平5.6个百分点。资产1506.0亿元（不含烟草制品业），增长7.8%。出口交货值148.3亿元，增长12.8%。水产品冷冻加工、巧克力和糖果制造外贸出口继续保持增长，分别增长73.0%、30.8%。

【三大行业利润全面增长】 2017年，全省农副食品加工业实现利润142.3亿元，增长16.0%，增幅高出全省食品工业1.9个百分点；食品制造业实现利润44.4亿元，增长3.4%；酒、饮料和精制茶制造业实现利润39.2亿元，增长21.3%，增幅高出全省食品工业7.2个百分点。

江西省规模以上食品工业细分行业指标

分类	主营业务收入（万元）	增长（%）	利润（万元）	增长（%）	利税（万元）	增长（%）
合计	28583165	5.1	2258354	14.1	2918139	4.2
农副食品加工业	20137413	6.0	1422848	16.0	1726358	8.2
食品制造业	5329515	3.1	443867	3.4	590531	-8.0
酒、饮料和精制茶制造业	3116237	2.8	391639	21.3	601250	6.4

【主要食品工业产品产量】 2017年，全省13种主要食品工业产品中除精制茶外均实现增长。其中，增速最快的是包装饮用水176.7万吨，增长14.4%；其次为软饮料364.5万吨，增长12.7%。下降的是精制茶7.0万吨，下降14.2%。

2017年江西省食品工业主要产品产量

产品名称	产量	增长(%)
包装饮用水	1766970吨	14.4
软饮料	3644658吨	12.7
冷冻饮品	90520吨	11.2
乳制品	235929吨	7.4
罐头	165274吨	6.2
液体乳	188447吨	5.8
精制食用油	2268610吨	4.4
啤酒	1303032千升	4.3
白酒	166860千升	4.2
大米	6212183吨	3.2
饮料酒	1558284千升	2.7
卷烟	6582670万支	1.9
精制茶	70063吨	-14.2

【各设区市食品工业发展】 2017年，全省各设区市食品工业保持良好发展态势。其中，南昌市总产值1181.1亿元，增长5.0%，继续保持全省领先；宜春市总产值521.5亿元，增长10.4%；赣州市总产值351.1亿元，增长16.3%；九江市总产值348.8亿元，增长14.8%；吉安市总产值343.0亿元，增长18.1%；上饶市总产值191.1亿元，增长15.5%；抚州市总产值106.4亿元，增长6.5%；新余市总产值77.4亿元，增长15.0%；萍乡市总产值41.6亿元，增长21.5%。鹰潭市总产值36.5亿元，增长9.1%；景德镇市总产值30.6亿元，增长4.5%。

【召开诚信体系国家标准宣贯暨建立食品工业企业诚信管理评价体系培训班】 9月22日，由省工信委主办的江西省《食品工业企业诚信管理体系》国家标准宣贯暨建立食品工业企业诚信管理评价体系培训班在南昌举行，全省121户食品工业企业及11个设区市工信委相关人员共160余人参加培训。会议邀请国家认证认可监督管理委员会认证认可技术研究所专家为企业解读食品工业企业诚信体系建立的意义、背景、建设情况，解析GB/T 33300-2016诚信管理体系标准并就企业如何申请诚信管理体系评价进行指导。

【6家食品企业获国家食品企业诚信管理体系证书】 12月，由省食品办牵头推进，爱优诺营养品有限公司、江西煌上煌集团食品股份有限公司、南昌宝迪农业科技有限公司、江西博君生态农业开发有限公司、甘源食品股份有限公司、青岛啤酒（九江）有限公司6家食品企业先后通过诚信管理体系评价并获得诚信证书。截至年底，全省共有13家食品工业企业通过诚信管理体系评价并获得诚信证书。

【落实食品工业"三品"战略】 2017年，全省食品行业通过29项新产品立项，新增江西燕京啤酒公司、江西博君生态农业开发有限公司2个省级企业技术中心。江西煌上煌集团食品股份有限公司、江西汪氏蜜蜂园有限公司、江西国兴集团百丈泉食品饮料有限公司3家企业被授予"江西省'三品'战略示范企业"称号。

【开展行业交流】 5月22日—24日，省食品工业办公室和省食品工业协会组织煌上煌等5家企业参加由中国食品工业协会主办、汤阴县政府承办的"全国食品安全创新发展研讨会"。7月2日—10日，组织全省35家酿酒企业45人赴湖南武陵酒有限公司、酒鬼酒股份有限公司、湖南湘窖酒业有限公司、桂林三花股份有限公司、桂林湘山酒业有限公司学习考察，实地参观白酒生产车间、藏酒洞（库）、酒博馆。9月25日—28日，组织江西省春丝食品有限公司等7家企业的负责人参加在云南省弥勒市举办、由中国食品工业协会品牌战略工作委员会主办的2017年食品行业品牌创新发展峰会。

（省食品办）

本栏编辑 游桃琴

非公有制经济

综　述

2017年,全省非公有制经济实现增加值1.24万亿元,增长9.2%,占全省地区生产总值的59.5%;全省非公有制经济工业增加值6038.19亿元,增长8.8%;全省非公有制经济纳税2058.81亿元,增长19.0%,占全省税收总额的72.0%;全省非公有制经济固定资产投资1.69万亿元,增长11.9%,占全省固定资产投资的77.6%;全省非公有制经济城镇就业人员902.65万人,增长4.5%,占全省城镇就业总人数的80.4%。

推动出台构建新型政商关系政策文件。为贯彻落实中共中央总书记习近平关于构建"亲""清"新型政商关系的重要讲话精神,进一步强化各级领导干部担当、服务、法治、廉洁意识,引导非公有制企业及其负责人廉洁从业、守法经营、履行社会责任,健全激励容错机制,维护企业合法权益,搭建党委、政府与企业、商会沟通协商平台,省非公办会同省工商联起草《关于构建新型政商关系的指导意见》文稿,并征求省领导和省直20多个部门的意见建议,于5月2日由省委办公厅、省政府办公厅联合印发。

筹办2017中国(江西)非公有制经济发展论坛。9月21日—23日,以"非公有制经济转型升级与绿色发展"为主题的2017中国(江西)非公有制经济发展论坛在南昌举行,来自全国30个省(自治区、直辖市)的1300多名民建企业家参加论坛,华夏新供给经济学研究院首席经济学家贾康、方正证券首席经济学家任泽平等10名专家学者应邀出席论坛并发表演讲。论坛签约总项目156个,涉及航空、新能源、新型电子、智能装备等领域,签约总金额1047亿元。

开展万名干部进万企帮扶活动。5月,在全省继续开展以"优环境、兴实体,解难题、讲维权,促创新、稳增长"为主题的万名干部进万企帮扶活动,广大干部深入非公有制企业,从扩大投资领域、放宽经营条件、鼓励扶持创业、促进开放升级、实行税收优惠、拓宽融资渠道、支持创新科技、推进品牌提升、保护企业合法权益、提高政府办事效率、加强服务体系建设、减轻企业负担等方面,为非公有制企业做好政策宣讲与解读。

深化"降成本优环境"专项行动。按照省委、省政府关于在全省继续开展降低企业成本、优化发展环境专项行动的统一部署,紧扣精准、深入,围绕降成本、优环境、解难题的主题,开展形式多样的帮扶活动,帮助企业降成本减负担。开展"降成本优环境"专项行动调研评估,调研政策落实情况,梳理各地经验、做法和问题,形成《江西省"降成本优环境100条"落实评估报告》。

推进"万企培训"活动。进一步完善教育培训体系,深入实施"万企培训"计划,开展11期"万企培训"进地市活动,培训人员6000余人次。组织开展第三期新生代企业家培训班和江西省民营企业家学习贯彻中共十九大精神培训班。举办民营企业建立现代企业制度暨集中上市培训辅导活动,先后培训辅导上百家企业逾千人次,为民营企业规范公司治理结构、完善科学管理提供智力支持。

开展政务诚信建设专题调研和督导协调工作。2—5月,对全省政务诚信建设进行调研,并在全省范围内遴选出10个政务诚信建设典型案例,省非公办与省政府办公厅、省工信委、省国土资源厅联合对这10个案例进行督导协调,跟踪落实,处理政策衔接的问题。

解决企业维护合法权益中的突出问题。省非公办先后就江西瑞泰铜业有限公司、江西省麦乐克实业发展有限公司、江西中城建设发展有限公司、发达控股集团有限公司、和泰(江西)置业有限公司的合法权益分别向宜春市委、南昌市政府、新余市政府、赣江新区致函,妥善协调处理维权事宜。

推进全省工业园区设立工商联分会的有关工作。制定出台《关于推进全省工业园区设立工商联分会(企业商协会)的指导意见》。该意见进一步弘扬优秀企业家精神,激发企业家活力,增进政企良性互动,推动企业抱团合作,总结推广园区企业创业创新的优秀典型和先进经验,搭建园区企业对外交流合作平台,帮助园区企业"走出去",促进园区企业的转型升级发展。

引导非公有制企业抱团发展。推进"同心谷——赣商之家"建设和"赣民投"筹建工作,促进民营资本在投资领域抱团发展。"赣民投"筹建工作进一步加快,已写入省政府办公厅《关于进一步激发民间有效投资活力促进经济持续健康发展的实施意见》,股份认购已到位,成立"赣民投"筹备工作组,公司域名核准、法律文书、股东入股主体资格审查等工作正在稳步推进。

推进全省非公有制企业融入"一

带一路”建设。发挥“一带一路”服务中心平台作用，完善工作台账，编制境外江西商会筹建办事程序、报备资料等，编发《“走出去”知识100问》，开展非公有制企业“走出去”调研并形成调研报告。主动开拓“一带一路”沿线国家和地区市场，精心组织经贸代表团出访巴基斯坦、黎巴嫩、捷克、奥地利、德国等国，推动省铁投集团与黎巴嫩法兰萨银行签订合作备忘录，举办江西省－奥地利航空和新材料产业交流会和中国江西－欧洲经贸合作推介对接会。成功嫁接北京布姆国际与赣州亿通公司，协助布姆国际完成对赣州亿通公司的收购，并促成赣州亿通公司与赞比亚合作。

拓宽非公有制企业融资渠道。在各设区市巡回开展“百家银行进千企”现场对接活动，举办11场专场对接会，累计对接企业和项目2006个，授信总金额2954.51亿元，小微企业贷款余额9257.39亿元，增加1807.44亿元，增长24.26%，高于同期全省各项贷款增速4.7个百分点，创下近3年最高值；同时，推广财园信贷通、财政惠农信贷通等政策性金融产品，全省财园信贷通累计发放贷款1425亿元，覆盖企业3.4万户；财政惠农信贷通累计发放贷款367.48亿元，惠及农户9.05万户。

举办第四届“赢在江西”青年创新创业大赛。组织开展第四届“赢在江西”青年创新创业大赛，全省共有2280个项目报名参赛，经各设区市、高校初步选拔，有621个项目参加省赛。大赛创新比赛形式和赛制，采用综合赛＋专项赛的分组竞赛方式，并加入6个月的项目实战和跟踪评估环节，比赛奖金首次超百万元。

健全促进非公有制经济发展工作机制。进一步完善省非公领导小组及办公室功能，完善重点工作领域调度机制、部门横向协调机制、省市县纵向指导机制。调整充实市、县两级促进非公有制经济发展领导小组，发挥各级非公有制经济领导小组办公室作用，研究解决非公有制经济融资、政策、科技、维权等方面的突出问题。

（吴楚）

外商、中国港澳台商投资企业

【概　况】　2017年，省工商局执行《工商总局关于做好外商投资企业实行备案管理后有关登记注册工作的通知》要求，加强与商务部门的沟通协作，自2016年10月1日起，将不涉及国家规定实施准入特别管理措施的外商投资企业的设立和变更，由审批改为备案管理，做好有关外商投资企业注册登记工作，为外商投资企业提供便捷高效的市场准入服务。全年全省外商投资企业类型依然以外商独资企业为主。全年新登记外商独资企业341户，占当年新登记外资企业总数的49.1%；年底，全省共有外商独资企业2996户，占外资企业总数的49.4%。截至年底，全省外商投资企业中，第一、第二产业的发展势头明显劣于第三产业，随着中国科技手段、数字技术水平的提高，外国投资者或将持续看好相关行业。作为原中央苏区的赣州在国务院的政策扶持下，外商投资企业发展迅速。同时，投资方主要集中于亚洲，这一状态一直持续。

【新登记投资企业】　2017年，全省新登记外商投资企业694户，增长17.2%，全省新登记外商投资企业注册资本138.02亿美元，增长163.7%。从行业分布看，制造业新登记232户，占新登记总数的33.4%，下降11.5%；批发和零售业145户，占20.9%，增长18.9%；信息传输、软件和信息技术服务业18户，占2.6%，下降33.3%；农林牧渔业35户，占5%，增长16.7%；租赁和商务服务业87户，占12.5%，增长117.5%。从产业分布看，第一产业新登记35户，增长16.7%；第二产业258户，下降9.2%；第三产业333户，增长41.7%。从区域分布看，南昌市新登记153户，占全省外商投资企业新登记数的22%；赣州市74户，占10.7%；九江市123户，占17.7%；吉安市111户，占16%；萍乡市66户，占9.5%。从增长速度看，萍乡市新登记66户，增长135.7%，居全省第一位；宜春市43户，增长53.6%，居全省第二位；抚州市37户，增长48%，居全省第三位。

【外商投资企业注销、吊销】　2017年，全省办理外商投资企业注销、吊销1490户，其中注销435户，吊销1055户。分别比上年同期增加110.5%、21.2%、202.3%。从行业分布看，集中在制造业712户、批发和零售业204户、农林牧渔业118户，占注销、吊销总数的62.7%。从国别（地区）分布看，注销、吊销的企业（不含分支机构）投资方主要集中在亚洲，共1178户。

2018年4月23日，“南昌高新”杯第四届“创青春”暨“赢在江西”青年创新创业大赛总决赛暨颁奖仪式在南昌举行

团省委供

【全省外商投资企业分布】 截至年底,全省实有外商投资企业6059户,下降12.4%;全省外商投资企业注册资本为566.06亿美元,增长2.8%。从行业分布看,制造业2454户,占总数的40.5%,下降24.5%;批发和零售业1377户,占22.7%,增长31.3%;农林牧渔业307户,占5%,下降34.1%;房地产业273户,占4.5%,下降23.1%;信息传输、软件和信息技术服务业293户,占4.8%,下降16.5%。从产业分布看,第一产业307户,下降34.1%;第二产业2698户,下降24.1%;第三产业2535户,增长9%。从区域分布看,南昌市1339户,占22%;赣州市1246户,占20.6%;九江市1088户,占18%;吉安市565户,占9.3%;上饶市369户,占6%。从增长速度看,萍乡市149户,增长63.8%,居全省第一位;九江市1088户,增长10.5%,居全省第二位;宜春市346户,增长6.5%,居全省第三位。从国别(地区)看,全省外商投资企业(法人企业)的投资方达近30个国家(地区),主要集中于亚洲,占85.1%,其余为拉丁美洲、北美洲、欧洲等。

(陶蓉)

个体私营经济

【概　况】 2017年,全省工商和市场监管机关探索个体私营经济服务监管创新,完善事中事后监管机制,扶持小微企业健康发展,营造良好市场环境。推进个私登记制度改革,实施个体工商户、个人独资企业、合伙企业、农民专业合作社全程电子化登记改革,在企业"五证合一"、个体工商户"两证整合"基础上实施"多证合一"改革。全省新登记个体工商户33.33万户,增长19.17%;新登记从业人员81.35万人,增长21.89%,户均从业人员2.44人;新登记资金569.46亿元,增长13.63%,户均投入资金17.08万元。截至年底,全省个体工商户总数169.69万户,增长2.49%;从业人员416.74万人,增长2.2%;登记资金数额2217.11亿元,增长13.9%。全年全省办理个体工商户注销29.89万户,增长3.86%。全省新登记私营企业14.11万户,实有私营企业54.43万户,增长13.52%,私营企业注册资本3.39万亿元,增长44.97%。全省新登记农民专业合作社1.22万户,增长12.47%;新登记农民专业合作社出资金额260.05亿元,增长7.26%;新登记农民专业合作社成员16.14万人,增长31.92%。全省实有农民专业合作社6.42万户,增长19%,出资总额1504.84亿元,增长17.89%;成员总数103.03万人,增长14.22%。

【推进个体工商户转型升级】 2017年,省政府办公厅印发《关于支持个体工商户转型升级的若干措施》,省工商局印发《江西省工商局关于建立全省重点个体工商户转型升级企业培育库的通知》,建立全省重点个体工商户转型升级企业培育库,每年遴选3000户重点个体工商户入库培育。对登记业务系统进行改造,增加"个升企"功能模块。加强对"个升企"工作的宣传动员,实施梯度培育计划,对"个升企"企业符合"小升规"储备要求的,与省工信委协调继续列入"小升规"储备库,引导"个升企"企业做大做强。全年全省促成"个升企"3453户。

【开展简易注销试点】 截至年底,全省办理个体工商户注销29.89万户,增长3.85%。自2016年5月在全省推广个体工商户简易注销工作的基础上,完善全省个体工商户简易注销改革模式。通过改革,简化注销登记手续,实现个体工商户退出便利化;完善个体工商户退出机制,维护登记管理秩序;清除个体工商户水分,提升统计数据质量;释放名称字号资源,拓宽创业创新空间。2017年11月,在全国工商系统个体私营经济监管工作培训班上,江西省作为全国率先全面推广个体工商户简易注销改革的省份,作专题经验介绍。

【年报和信用监管工作】 年内,全省有134.55万户个体工商户报送2016年度年报,年报率93.4%;4.84万户农民专业合作社报送年报,年报率92.4%,年报率在全国分别排名第6位、第12位。全省共抽查4.01万户个体工商户、0.15万户农民专业合作社的年报信息。选择上饶作为试点,建设上饶市个体工商户信用评价公示系统,建立以个体工商户信用信息汇聚为主的共享、监管、服务、应用中心,推动社会信用体系建设。在全省全面推广"星级文明诚信个体户"创评活动暨"诚商信贷通"工作,截至12月底,全省有9.91万户个体工商户参与"星级文明诚信个体户"创评活动,评选星级户数3.46万户,获得授信户数2.32万户,总授信额度87.9亿元,累计发放贷款44.56亿元。

【搭建平台】 2017年,原省个体私营经济协会办公室、省广告协会办公室整合组建为省个体创业指导服务中心,加强个体创业的政策指导、融资服务、法律援助、培训辅导等工作。以江西小微企业名录系统和"江西工商创业咨询一点通"平台为基础,升级改造"江西工商创业咨询一点通"综合创业服务平台,9月底上线运行。新平台借助数字地图技术,实现"工商导航地图""市场主体分布地图""创业园区地图""商标受理窗口导航"等导航功能;完善创业沙龙栏目,实现互动功能;细化申请扶持导航内容,提高小微企业扶持准确度。截至12月,小微企业名录系统入库小微企业198.94万户(其中企业41.55万户),公示企业享受扶持政策数据3.48万条,归集公示地方扶持政策267条。

【党建工作】 组织开展"小个专"党建调研工作,向省委组织部争取成立江西省"小个专"党委,向省编办申请增挂非公党建处机构,在全省各级工商和市场监管部门全面推动建立机构、完善机制。年内,全省小微企业中新增党员人数0.62万人(累计11.28万人),新建立党的组织1403个(累计6846个);个体工商户中新增党员人数985人(累计2.30万人)。

(蔡军辉)

本栏编辑　游桃琴

信息化建设

综　述

2017年，全省信息通信基础设施建设逐步完善，社会各领域信息技术应用进一步拓展，公共信息服务领域进一步深化，信息化助推经济发展的能力进一步提高。

信息基础设施建设及应用。全省实施"宽带中国"江西工程，开展信息通信基础设施建设，实现所有设区市建成"光网城市"，扩大光纤网络覆盖范围，所有城区小区的光纤化改造基本完成，全省实现100%行政村通宽带和100%行政村4G信号全覆盖。江西电信业务总量保持高速增长，信息接入水平提升，省际出口网速加快。

推进两化深度融合。江西两化深度融合全面推进，开展两化融合园区、企业、项目典型示范，在全省组织申报和遴选50家两化融合示范企业和3个两化融合示范园区，从示范企业和园区中组织申报两化深度融合示范项目，遴选出20个示范项目，通过示范引领全省制造业向价值链高端攀升。宣传和推广两化融合管理体系，召开全省两化融合管理体系贯标培训会，组织咨询服务机构和企业现场咨询对接，促进企业在信息化环境下的管理转型，适用新的生产力的发展。到年末，全省70家企业启动两化融合管理体系贯标工作，11家企业通过贯标评定，40家企业列入国家贯标试点，九江石化和洪都航空2家企业列入全国贯标示范企业。开展宣传培训，发动协会、IT及互联网企业、高校和科研院所成立江西省两化融合推进联盟，开展"地市行""专家行"等活动，为企业提供信息化解决方案。加快制造业与互联网融合创新，向国家推荐一批制造业与互联网试点示范项目，江西合力泰科技有限公司的企业云应用平台建设项目被列为2017年工信部制造业与互联网融合发展试点示范典型。加强制造业与互联网融合新兴制造模式的宣传，组织召开全省市县领导干部信息化与网络安全培训班，围绕两化融合、工业互联网、工业控制系统信息安全等制造业与互联网核心内容进行培训。

开展两化融合评估诊断。依托中国两化融合服务平台及省级两化融合评估服务分平台，借助两化融合示范企业、示范项目等申报渠道，组织企业参加两化融合发展水平评估，通过在线数据填报、系统评分和辅助分析，系统出具企业两化融合发展水平评估报告，帮助企业找准在全国、全行业两化融合的水准，定量摸清企业信息化情况，摸清行业和地区两化融合发展水平。全省有1018家企业上平台开展两化融合发展水平评估诊断，全省33.23%企业处在起步建设阶段，50.83%企业处在两化融合发展单项覆盖阶段，12.63%企业处在集成提升阶段，3.31%企业处在创新突破阶段。企业主要信息系统应用方面，重点行业典型企业ERP普及率74.79%，MES普及率45.38%，PLM普及率40.34%，SCM普及率86.55%。

培育和发展移动物联网等新一代信息技术产业。江西在全国率先发布移动物联网发展战略，出台《江西省移动物联网发展规划（2017—2020年）》。江西联合国内信息通信企业、三大电信运营商、研究机构以及本地物联网企业成立移动物联网产业联盟，联盟成员160多个，包括外省企业、研究机构以及江西省内物联网企业和重点企业。同时加强移动物联网基础设施建设，推动NB－IoT网络全省覆盖。2017年，江西电信开通超1.28万个NB－IoT基站，率先实现全省城乡全覆盖，部分地市开始部署eMTC网络。鹰潭市在全国率先启动窄带物联网（NB－IoT）试点城市建设，已开展移动物联网的建设和应用，正打造移动物联网先行示范区，在网络、平台、应用和产业4个方面推进移动物联网发展。鹰潭市成为全球NB－IoT设备连接数（9.3万个）及应用场景数（33个）最多的城市，也是全球第一个万量级单项NB－IoT商用项目（智能水表）落地的城市。9月，科技部、工信部、江西省政府共同签订框架协议，江西省成为"新一代宽带无线移动通信网"国家科技重大专项成果转移转化试点示范基地。

电子信息制造业效益质量提升。电子信息制造业实现主营业务收入2173.2亿元，超额完成年初定下的2000亿元目标任务，产业规模在全省工业各行业中排名第七，增长19.2%，增速居全省工业各行业第二，高于全国同行业增速近6个百分点；实现利润131.7亿元，增长16.4%，产业规模居全国第十、中部第二。

全省软件服务业发展良好。全省软件产业实现软件主营业务收入180.6亿元，增长9.3%；软件业务收入87.5亿元，增长13.4%。其中，软件产品业务收入32.3亿元，增长9%；信息技术服务业务收入11.3亿元，增长10.1%。软件业务出口0.91亿美元。

开展政府网站整合和绩效评估。省政府办公厅制定《全省政府网站整合专项行动实施方案》，年末关停迁移政府网站667个。建设江西省电子政务与政府网站绩效考核系统，制定2017年政府网站绩效评估指标体系，通过日常评估、综合评估、社会评价等方式，对46家省直部门、11个设区市、100个县政府网站进行绩效评估。

信息安全保障逐步完善。围绕信息安全基础设施、重点领域、政府网站等方面加强开展信息安全保障体系建设和安全监测，对全省1400余家党政机关、事业单位网站进行实时安全监测，并对监测发现的漏洞进行人工分析和验证。全年发现340多家党政机关、事业单位网站存在480多个中高危漏洞或发生被篡改等安全事件。开展全省工业控制系统信息安全检查，先后发现全省有多个重要工控系统存在安全风险。

省政府与华为公司签订合作协议。7月13日，省政府与华为公司在南昌签订战略合作协议，双方明确在物联网等新一代信息技术产业、新型智慧城市、人才培养和企业管理体系建设等方面开展合作，共同打造“云上江西”。

（申甲林）

信息基础设施

【概　况】 2017年，全省实施“宽带中国”江西工程，贯彻落实宽带网络提速降费，落实电信普遍服务补偿机制试点，推进有线电视数字化整体转换。江西电信业务总量完成661.1亿元，增长71.0%；电信业务收入275.6亿元，增长7.9%。年末广播综合人口覆盖率98.4%，电视综合人口覆盖率98.9%。

【信息接入水平】 2017年，全省信息接入水平提升。电话用户总数达3926.2万户，其中移动电话用户3449.2万户，增长9.8%。移动电话用户中，3G移动电话用户259.5万户，下降15.5%；4G移动电话用户2476.8万户，增长29.4%。固定电话用户477.0万户，下降7.8%。其中，城市固定电话用户317.4万户，下降5.9%；乡村固定电话用户159.6万户，下降11.4%。年末固定互联网宽带接入用户977.1万户，其中光纤到户（FTTH）用户数647.4万户，FTTH用户占比64.93%。固定互联网宽带用户中，接入速率在20 Mbps及以上用户达89.1%，在50 Mbps及以上用户达81.4%，在100 Mbps及以上用户达31.8%。互联网省际出口带宽新增2200G，累计达25231G，省际出口网速加快，人均移动互联网使用流量2596.5 MB/（人·月）。发展互联网电视（IPTV）、手机电视、互联网视频等融合业务，江西IPTV用户达8万户，江西广电网络宽带用户已超过32万户。

【电信信息基础设施建设】 2017年，全省电信信息基础设施固定资产投资75.2亿元。全省光缆线路长度154.1万千米，其中长途光缆线路长度2.5万千米，本地网中继光缆线路长度60.8万千米。实现全省所有设区市建成“光网城市”，全省实现100%行政村通宽带和100%行政村4G信号全覆盖。全省新增0.6万个4G基站数，4G基站数达9.6万个，基本实现城市及周边地区4G信号的深度覆盖；建设室内分布系统，全年新建室内分布系统6796个，总数达3.87万个。WLAN公共运营接入点（AP）数达10.3万个。

【电信普遍服务试点】 2017年，江西在全省组织开展电信普遍服务试点，争取国家支持，其中宜春、赣州、抚州和吉安被列为国家开展电信普遍服务试点地区，获中央补助资金4614万元。新建和改造后的行政村宽带接入能力大大超过国家规定的12 Mbps，所在村委会、学校、卫生所全部实现光纤接入。全省全年新增农村宽带用户65.3万户，净增数全国排名第14位。农村地区宽带用户总数达309.3万户，是2015年的2.5倍。

【宽带网络提速降费】 2017年，江西宽带资费大幅下降，宽带网络提速降费效果明显，全省手机上网流量资费水平为24.3元/G，资费水平全国排名第21位，固定互联网宽带接入资费水平为34.1元/（户·月）。9月1日起，省内3大通信运营企业取消手机国内长途费和漫游费。每年3大通信运营企业减少收入约2.3亿元。家庭宽带接入资费水平由45.5元/（户·月）下降到33.4元/（户·月），降幅达30%，移动流量资费水平由2015年的0.07元/兆下降到0.02元/兆，降幅达70%。国家宽带联盟报告显示，江西固定宽带用户平均下载速率19.35Mbit/S，位列中部地区第二位，全国第十位。

【窄带物联网】 2017年，全省实现NB-IoT网络全覆盖，江西电信开通1.28万个NB-IoT基站，率先实现城乡全覆盖，eMTC网络正开展外场测试。江西移动建设2460多个NB-IoT基站，11个设区市的主城区完成覆盖。江西联通也在部署基站建设，至年底主要覆盖鹰潭全市和抚州部分地区。鹰潭市先行先试，为移动物联网发展积累经验，成为国内首个建成NB-IoT、eMTC两张移动物联网网络全域覆盖的城市。

【电信基础设施共建共享】 2017年，全省通信行业推进电信基础设施共建共享和光纤到户工作，促进电信行业发展。在基础电信设施共建共享方面，各基础电信企业和铁塔公司以优先改造利用存量设施，能共享的原则上不再建为指导原则，持续提升共建共享水平。全省共建管道160.52线路千米，共建杆路100.5线路千米，共建室内分布系统58个；共享管道10.79线路千米，共享杆路105.48线路千米，共享室内分布系统13个。铁塔累计交付站址14323座。其中，全省共建站址数117座，共享改造站址数8706座，共享率达60.8%。

【广电信息基础设施建设】 2017年，省广电网络公司固定资产投资5.2亿元，全省光缆线路长度35万千米，其中长途光缆线路长度1.15万千米，本地网中继光缆线路长度5万千米，固定宽带端口平均速率20 M。江西广播电视台88座，中、短波发射台19座，电视台5座。

【有线电视数字化整体转换】 2017

年,全省有线电视数字化整体转换继续推进,有线广播电视用户753.64万户,入户率60.23%。其中,城市有线广播电视用户465.56万户,农村有线广播电视用户288.08万户。数字电视用户646.02万户,增加43.07万户,数字电视入户率51.63%,全省有线电视数字化整转率94.97%。全省高清互动机顶盒约35.19万台,网内传输的高清频道数量增加到59套,数字电视节目频道194套。全省有线电视双向覆盖用户665.55万户,其中CMTS覆盖用户30万户,BOC覆盖用户140万户,LAN覆盖用户5万户。全省城市影院总数达303家,银幕总数1534块。

【江西移动建中部省份最大集中化大数据中心】 6月,江西移动集中化大数据中心一期项目工程开工建设。集中化大数据中心集生产、管理及业务展示于一体,主要为全省11个设区市及周边省份提供云计算应用服务,为政府、大中型企业提供数据中心服务平台,项目总投资超20亿元,总建筑面积约21万平方米,能提供22.8万个服务器机架能力。

(申甲林)

信息技术应用

【手机江西台全媒体移动客户端上线】 1月8日,手机江西台上线仪式在江西广播电视台举行。手机江西台是由省委宣传部、省网信办主管,江西广播电视台主办,江西网络广播电视台承办的移动新媒体,标志江西在移动新媒体领域已建成“一报一台”两大宣传主阵地。手机江西台以用户为中心,实现重大新闻实时权威发布、突发事件及时呈现推送。

【洛客众创平台落户赣江新区】 1月18日,洛客众创平台项目签约落户赣江新区,洛客平台把结算中心和数据中心总部设立在南昌经开区,在全国建立以总部为核心的运营分支,实现以江西辐射全国的新格局。洛可可创新设计集团专注创新产品设计,总部在北京,2013年入选国家级工业设计中心。洛客平台是该集团旗下的独立主体,致力于打造中国最大的以创新产品设计为核心的互联网社会化众创平台。

【省人民医院与中日友好医院开展远程会诊】 3月10日,在省人民医院远程会诊中心,北京中日友好医院的专家通过远程医疗系统对医院一名抚州籍患者进行会诊,标志江西群众“足不出省”即可享受北京优质医疗服务。远程会诊系统是运用“互联网+”技术,通过专用网络进行信息高速传输的新型远程诊疗平台,可实现病例资料采集,会诊图文资料、视音频实时传输。

【江西公路交通公共资源部门间开发共享】 3月10日,省公安厅与省交通运输厅签订《公路交通公共资源共享合作框架协议》,双方依托各自业务系统,建立数据通信专网和视频传输专网,实现视频管理平台对接,共享公路交通公共资源,推进各类基础数据服务、综合应用和业务协调。公安部门通过共享交通部门资源信息,快速识别突发交通事件,及时发现和查处公路交通违法犯罪行为,多途径发布交通事件预警和服务信息。交通部门通过共享公安部门的机动车、驾驶人基础数据,完善全省交通运输行业中心数据库,为各类数据分析、公路建设和养护科学分析管理、公路执法及高速公路偷逃费稽查管理等提供决策参考。

【全国首单区块链票链业务在赣州银行上线】 3月15日,区块链票链全国监控运营管理中心揭牌暨全国首单区块链票链业务上线仪式在赣州银行举行。区块链票链全国监控运营管理中心在赣州落户,主要服务于票链平台,通过构建集中式的系统监控和综合展示系统,及时、准确、全面反映与掌握票链平台的系统运行状态,为广大中小企业提供成本低廉、安全便捷的票据融资服务。同时,对区块链数据进行综合分析、专项研究,输出有价值的研究成果,为赣州市乃至全国范围内其他区块链应用落地建立示范效应。

【江西联合股权交易中心与国家企业信用信息公示系统(江西)完成数据对接】 4月,江西联合股权交易中心与国家企业信用信息公示系统(江西)完成数据对接。对接完成后,国家企业信用信息公示系统(江西)“地方特色信息”中新增“新四板挂牌信息”“新四板登记托管信息”两大版块,只要在该系统中查询中心挂牌、登记托管企业,即可获取企业在省股交中心的挂牌、登记托管信息。双方通过数据对接,建成江西新四板挂牌企业“信息库”,完善对企业的服务措施。

【江西省发布移动物联网发展战略】 9月1日,江西省举办江西移动物联网发展战略新闻发布会。江西将移动物联网产业打造成为全球高地,力争到2020年,在全国做到“四个领先”,即网络领先,在网络部署、服务质量、技术升级等方面全国领先;平台领先,公共平台要实现世界一流、功能完善;应用领先,建设国家级物联网示范应用区,应用水平全国领先;产业领先,建成极具特色的国家级物联网产业集聚区,产业集聚水平全国领先。

【出台地理信息数据管理办法】 12月21日,省政府第93次常务会议审议通过《江西省地理信息数据管理办法》,自2018年3月1日起施行。地理信息数据管理办法从法律层面上建立全省地理信息数据汇集共享机制,明确职能部门责任、实施共享、鼓励应用、加强安全管理等措施,明确地理信息数据汇集、更新、交换共享、深化应用及服务有关要求。

【江西入选全国信息进村入户工程示范省】 3月,农业部在10省(自治区、直辖市)开展信息进村入户工程整省推进示范,江西省入选10个示范省之一。全年全省完成益农信息社覆盖全省80%以上行政村、建站数达1.36万个。江西把信息进村入户作为推进“互联网+”现代农业发展的重要抓手,加快信息基础设施建设,依托益农信息社,推动农业信息服务、农业电子商务、农业物联网、农民手机应用技能培训、农业农村大数据发展和互联网农业小镇建设,强化互联网与农业生产、经营、管理、服务和创业创新的深度融合。

【规范审计业务电子数据管理】 2月，省审计厅出台《审计业务电子数据管理办法(试行)》，明确数据采集、报送、恢复、入库、验收、存储、使用授权、综合分析和保密管理等责任分工及工作流程，对电子数据有关安全保密的归档时间、报送方式、存储模式、授权使用、责任追究等作出具体规定，责任明确，关口清晰，以确保电子数据的安全性和完整性，建立审计数据采集、管理和使用的长效机制。

【“省长手机”“政府信箱”办结率分别达99.5%、98.6%】 2017年，“省长手机”共受理群众来电4.72万个，“政府信箱”共受理群众电子来信6173件，总量同比上升7.6%，有效来电、来信办结率分别达99.5%、98.6%。其中，城乡建设类、政法类、国土资源类、劳动和社会保障类、农村农业类的反映占群众来电的前五位，而群众来信反映较多的五类问题则分属城乡建设类、政法类、国土资源类、劳动和社会保障类、纪检监察类。

（申甲林）

电子信息制造业

【概　况】 2017年，江西电子信息制造业实现主营业务收入2173.2亿元，超额完成年初定下的2000亿元目标任务。产业规模在全省工业各行业中排名第七，增长19.2%，增速居工业各行业第二，增速比全国同行业高近6个百分点。实现利润总额131.7亿元，增长16.4%。按照工信部全口径统计数据，江西省产业规模居全国第十、中部第二。

【产业集聚】 2017年，全省电子信息制造业新增3个省级产业集群，共培育南昌高新区光电及通信、南昌经开区光电、南昌临空区电子信息、井冈山经开区通信终端、信丰数字视听、龙南经开区电子信息、高安光电、吉安县数字视听、泰和触控显示、吉州区通信传输、新余光电、抚州高新区电子信息产业12家产业集群。12家产业集群全年主营业务收入2363.6亿元，增长28.1%，占全省产业集群总量的15.4%，提高3.2个百分点。南昌高新区是全国首批国家半导体照明产业化基地之一，围绕硅衬底LED原创技术，已形成从材料、芯片、封装、应用到高端装备和配套关联产业完备产业链。

【各地电子信息制造业发展】 全省11个设区市电子信息工业总产值基本实现增长，其中南昌市全年实现规模和增速双第一。南昌、吉安的电子信息制造业总产值分别达792.1亿元和607.5亿元，分别增长31.1%和23.6%，规模排第三的赣州增长24.3%，除九江、景德镇、鹰潭外，其他设区市都实现增速10%以上。2017年，南昌市重点发展LED、光电显示和移动通讯终端、光伏和光电子器件等四大产业领域；吉安市将电子信息产业作为吉安首要发展的主导产业，出台扶持首位产业龙头企业的“特惠八条”，组建全省唯一的电子信息技术研究院；赣州市把电子信息产业作为战略性产业和“两城两谷一带”主导产业予以重点发展。

【吉安国家新型工业化(电子信息)产业示范基地】 2017年，吉安国家新型工业化(电子信息)产业示范基地发展初见成效，拥有年主营业务收入超10亿元的企业10家，电子信息产业中国驰名商标及省著名商标、名牌产品15件，高新技术企业46家，省级企业技术中心(工程技术中心或重点实验室)18家，省级电子信息产业集群9个。全年实现主营业务收入884.2亿元，增长21.61%。

【首个省级硅衬底半导体照明创新中心获批】 12月23日，以南昌光谷光电工业研究院为依托单位建设的江西省硅衬底半导体照明创新中心获批，这是首个电子信息类省级创新中心。该中心将重点解决硅衬底LED行业的共性与关键技术、融合技术，弥补实验室产品与产业化之间的缺失环节，打通前沿技术和共性技术研发供给、转移扩散和首次商业化的链条，不断完善硅衬底LED创新生态系统，形成高水平有特色的创新网络和平台。

【集成电路用超高纯金属溅射靶材产业化项目获国家专项资金支持】 2017年，赣州睿宁高新技术材料(赣州)公司利用赣州稀土、钨制造的半导体芯片电子材料拥有12项技术发明专利，公司申报的新材料产业化项目——“集成电路用超高纯金属溅射靶材产业化”项目获国家技改专项资金支持9000万元，是全省工业项目获得的单体企业最大一笔国家无偿补助资金，项目建设后可填补江西省集成电路用电子材料空白。

【武宁县获批江西省绿色光电产业基地】 10月，武宁县江西省节能灯产业基地获批更名为江西省绿色光电产业基地。武宁县加大产业扶持力度，促进一批节能灯企业转型为以半导体照明为主的光电企业。截至年底，武宁县工业园区绿色光电产业产值规模160亿元，拥有绿色光电及相关企业120余家，其中竣工投产企业90余家；培育壮大九江世明玻璃有限公司、江西名派光电科技有限公司、江西银海照明有限公司等一批骨干企业；拥有高新技术企业6家，企业技术(工程技术研究中心)29家，中国名牌产品和中国驰名商标各1个。

（幸智）

软件和信息服务业

【概　况】 2017年，全省软件产业实现主营业务收入175.5亿元，增长10%；软件业务收入107.2亿元，增长19.3%。其中，软件产品收入36.9亿元，增长6.2%；信息技术服务收入69亿元，增长27.7%；嵌入式系统软件收入1.3亿元，增长30%。软件业务出口0.92亿美元。全省软件产业实现利润19.78亿元，增长63.6%。全省软件从业人员2.8万人，增长10%。其中，软件研发人员5557人，管理人员3768人。

【骨干软件企业】 重点企业支撑作用突出，全省37家软件产业企业实现主营业务收入过亿元，比上年新增8家，共实现主营业务收入139亿元，占全省软件产业的75.1%。全省国家规划布局内重点企业4家，分别是泰豪软件股份有限公司、江西思创数码科技股份有限公司、江西博微新技术有限公司、江西贝谷科技股份有限公司。全国软件百强企业1家，为先锋软件股份有限公司。"新三板"上市企业8家，省级服务业龙头企业18家，4家企业营业收入超过10亿元，6家企业被中国国际投资促进会授予"中国服务外包成长型企业100强"称号。

【资质指导监管】 2017年，省工信委加强与工信部电子第五研究所、江西省电子信息产品监督检验院等认证服务机构和评审机构的工作联动，鼓励符合条件的企业申报信息系统集成及服务资质，14家企业成功申报计算机信息系统集成及服务资质，13家企业完成计算机信息系统集成及服务资质换证，全省计算机信息系统集成及服务资质企业总数达105家。

【落实企业减免税政策】 2017年，省工信委贯彻落实财政部、国家税务总局、国家发改委、工信部《关于软件和集成电路产业企业所得税优惠政策有关问题的通知》精神，对省国税局、省地税局移交的企业减免税备案材料进行核查，共对全省符合条件的17家企业所得税优惠1.05亿元，符合条件的68家企业软件产品增值税优惠1.39亿元。

【服务企业项目需求】 帮助先锋移动互联网创业孵化基地、豫章1号省级广告产业园、惠谷产业园、江西北大科技园服务外包基地4家软件园区申报2017年全省现代服务业集聚区。帮助中至数据集团股份有限公司、唐人通信技术服务有限公司、江西夏氏春秋环境股份有限公司、江西怡杉环保股份有限公司4家软件企业申报2017年全省服务业龙头企业。举办2期信息系统集成资质企业IT服务项目经理培训，通过率75%。组织地市软件产业主管部门及重点软件企业参加第21届中国软件博览会和第15届大连软交会。

（艾九江）

电子政务

【概　况】 2017年，全省电子政务工作完成电子政务外网部署。全省的公共数据资源开放共享工程继续推进，共享交换平台数据汇集能力增强。全省政府网站绩效评估和监测抽查工作力度加大，全年抽查网站1040个，发现并通报问题网站142个。

【开展全省政府网站绩效评估】 制定2017年政府网站绩效评估指标体系，通过日常评估、综合评估、社会评价等方式，对46家省直部门、11个设区市、100各县政府网站进行绩效评估。25个省直单位、5个设区市政府和31个县(市、区)被通报表扬。

【实施政府网站整合】 省工信委会同省政府办公厅制定《全省政府网站整合专项行动实施方案》，该方案旨在提高全省网站集约化水平，强化全省网站的管理提升和内容保障。自8月下旬起至年底，已经关停迁移各级政府网站667个，其中省直部门网站10家，市直部门网站31家，县级以下网站628家。

【省政府办公厅印发《江西省大数据发展行动计划的通知》】 7月5日，省工信委代拟、省政府办公厅印发《江西省大数据发展行动计划的通知》。该计划明确以全面推进大数据基础设施建设和应用服务为主攻方向，围绕大数据在政府治理和产业发展两大领域深度融合，确定大数据发展的四大重点工程，明确到2020年大数据产业发展和重点应用的目标任务和各部门责任分工。

【编制《全省大数据发展情况的报告》】 7月，省工信委编制《全省大数据发展情况的报告》，对全省大数据发展和应用的现状作出3个基本判断，提炼包括领导重视、注重顶层设计、强化基础设施统筹建设以及大力推进大数据开放共享应用在内的4条经验做法，提出涵盖组织保障、总体思路、主要路径、重点任务、数据安全、产业联动、产业支撑体系建设、人才支撑等多个方面在内的7点想法和建议。

【大数据产业建设】 突出发挥地方特色和优势，谋划大数据产业布局，11月27日，认定上饶高铁经济试验区为江西省首家省级大数据产业基地；11月12日，认定宜春市锂电新能源产业大数据中心为首家全省重点行业大数据中心。推动华为、浪潮、卓朗等重点企业和电信等运营商在江西省的投资合作，抚州中科曙光云计算中心、上饶华为云数据中心、抚州创世纪超算中心等一批大数据重点项目开工建设和投入运营。

【大数据领域技术支持】 年初，筹建省大数据专家库，截至年底，入库专家达200余人。江西日报社大江大数据研究中心、南昌大学教育大数据研究中心、上饶市中科院云计算中心大数据研究院等大数据研究机构先后设立。其中，南昌大学教育大数据研究中心是全省首个教育大数据领域的产、学、研一体化创新研究平台，上饶市中科院云计算中心大数据研究院是全省首家大数据领域具有较大影响力的创新型研发机构。

（廖赛韩）

无线电管理

【概　况】 2017年，全省无线电管理机构开展频谱使用评估，测试频段及区域比上年均有提升，打击违法使用无线电频率台站行为，保障社会各行业无线电安全。全省各级无线电管理机构受理行政许可申请151次，批准频率申请39个，审批台站16173个，收回频率46个，撤销台站548个。纳入数据库管理的台站共17.44万台部，广播电视台324个，数传电台283部，短波电台20部，超短波电台24997部，蜂窝无线电通信基站14.76万个，卫星地球站149个，微波站359个，业余电台629部。

【为全省经济建设项目提供支撑】 2017年，全省各级无线电管理机构主动对接，将无线电管理融入政府中心工作，为省、市重大项目、重要产业、重要业务提供无线电频谱资源保障和技术支持。南昌市无线电管理局为地铁轨道交通1至5号线指配800 MHz频率；九江、赣州市无线电管理局为能源、石化企业的智能化改造指配1800 MHz专网频率；萍乡市无线电管理局为武功山创建国家5A级景区提供数字集群频率保障；鹰潭市无线电管理局主动融入“智慧新城”建设，做好NB－IoT窄带物联网基站审批并开展保护性监测。

【组织2017年度频谱使用评估专项工作】 5—9月，江西省组织开展2017年度频谱使用评估工作，举办全省无线电频率台站管理工作培训班，开展专项督导，并集中安排分析评估。全年完成对全省11个地市建成区90%以上的面积以及部分的高速（国、省道）区域的路测，移动测试设备通过国家检测校准，同时完成全省99个固定站（小型站）连续72小时数据采集，移动测试总行程24973千米，测试面积达2608.55平方千米。

【开展《中华人民共和国无线电管理条例（修订）》宣贯和无线电管理宣传工作】 在“世界无线电日”“世界电信日”和“无线电管理宣传月”期间，采用户外宣传、社区表演、LED、电视、报纸、短信和新媒体等多种宣传方式，开展形式多样的宣贯活动。全省累计开展现场宣传活动120余场次，举办户外宣传晚会22场，电视宣传3160分钟，广播宣传1600余分钟，制作宣传展板（易拉宝）515块，宣传手册8.6万份，宣传品5万余件，发送宣传短信2200余万条。

【打击各类无线电违法行为】 2017年，全省无线电管理机构开展无线电执法活动156起，实施有效行政处罚113起，涉案人员47人，查获设备370余台套。重点打击“黑广播”“伪基站”、手机诈骗、信号屏蔽器等违法犯罪行为，先后查处“黑广播”案件23起，“伪基站”案件7起，查处手机诈骗案件5起，移动通信干扰器案件48起，查处卫星电视干扰器3起。

【加强对民航、铁路等重要频率监测和干扰排查】 6—9月，省无线电办公室加大对航空无线电专用频率保护，联合省新闻出版广电局和民航江西安全监督管理局下发《江西省工业和信息化委员会 江西省新闻出版广电局 民航江西安全监督管理局关于进一步加强航空无线电专用频率保护工作的通知》，先后2次组织抽查检查，共检查设台单位62个，检查台站256个，责令整改违规台站19个。协调处理和排查各类无线电干扰，在全省监测排查国家转来的FCC申诉干扰SMAP卫星的5个干扰点，协调处理赣州市公安局使用“侦码基站”干扰问题和宜春市公安局非法使用1.4 GHz频段宽带数字集群专网系统频率事宜，全年排查各类干扰137起，其中民航17起，铁路19起，公众移动通信干扰72起，卫星电视干扰3起，其他干扰26起。

【保障重要时期重大活动期间的无线电安全】 2017年，完成中共十九大、金砖国家领导人厦门会晤等13次重大活动安全保障工作，重点保障中共十九大、金砖国家领导人厦门会晤和非公有制经济发展论坛，加强组织领导，制定保障工作方案和应急预案，组建应急机动队，组织督导组对安全保障情况进行督导检查，落实24小时领导带班监测值班制度，启动全省监测网络监测站点，加强监测，加强应急处置，及时发现和排查各类不明信号，全省监测值班人数达1170余人次，监测时长超过1.41万小时，排查不明信号14起。保障各类考试无线电安全，保障高考、司法考试、公务员考试等各类考试36场次，考场3.5万余个，监测发现并阻断作弊信号120起，查处作弊案件56起，查获作案设备89台（套），涉案人员19人。

【无线电管理基础和技术设施建设】 继续加大对无线电基础和技术设施建设的投入，2017年新增项目预算1872万元。江西省无线电监测网七期工程完成招标工作，频谱评估，车载式伪基站发现设备，隐蔽式测向及伪基站查找设备，4个固定站改造，11个地市移动监测测向系统和无线电考场监测管制设备等已完成项目验收。全省无线电管理视频会议（培训）系统项目正式启动，年底完成招标工作。上饶、鹰潭市无线电监测控制中心项目主体工程均已封顶，进入设备安装阶段。

（赵耀　程福星）

信息安全

【概　况】 2017年，全省重点开展安全检查、人才队伍和能力建设、政策法规建设及宣传教育等信息安全工作。全省各地、各部门网络信息安全意识、从业人员队伍水平及安全保障能力有所提升，但还存在管理体制机制不顺、安全经费投入不足等问题，部分重要系统和党政机关、事业单位网站还存在高危安全漏洞，黑客入侵攻击较为频繁，全年监测到100余起党政机关、事业单位网站被入侵篡改等安全事件。

【信息安全政策法规建设】 会同省国家密码管理局完成《江西省电子认证服务管理办法》的起草，于12月15日以省委办公厅、省政府办公厅名义印发。《江西省电子认证服务管理办法》共5章18款，主要规范全省电子政务、电子商务中电子认证服务活动，构建网络信任体系，保障信息安全。

【政府信息系统安全检查】 4—6月，开展全省政府信息系统安全检查，对省直单位及抚州市、九江市等20多个重要系统进行现场抽查，查找安全漏洞，现场演示安全漏洞的危害，指导和督促相关单位进行整改，消除安全隐患。

【全省党政机关、事业单位网站安全监测】 全年对全省1400余家党政机关、事业单位网站进行实时安全监测，并对监测发现的漏洞进行人工分析和验证。共发现340多家党政机关、事业单位网站存在480多个中高危漏洞或发生被篡改（网站页面内容被篡改、域名被劫持、被植入博彩暗链）等安全事件。累计下发通知或通报260余次，督促问题单位进行整改。

【全省工业控制系统安全检查】 8—9月,开展全省工业控制系统信息安全检查。检查中,先后发现全省有多个重要工业控制系统存在安全风险。中共十九大召开前夕,组织省国安厅、省能源局相关人员赴部分发生信息安全事件的企业进行现场督查,帮助进行整改,消除安全隐患,确保全省工业控制系统安全。

【网络安全攻防与检测一体化平台建设】 9月,完成网络安全攻防实验室与检测预警一体化平台的建设并通过项目验收。该平台是可实现系统仿真监测、攻防演练、人才实训、态势感知、监测预警及应急处置为一体的自动化综合管理平台,可对全省信息安全态势的有效感知和综合管理,能够及时发现并处置各类安全事件,同时依托该平台实训信息安全专业人才,为信息化发展、"互联网+"等提供技术、人才支撑和保障。

【举办第四届江西省网络安全宣传周】 9月4日—8日,省工信委会同省委网信办等部门举办以"网络安全为人民、网络安全依靠人民"为主题的第四届江西省"国家网络安全宣传周"活动,开展网络安全专家在线访谈、市民现场体验、网络安全"四进"等活动,编制宣传板报、短信、知识手册200余册,宣传和普及网络安全知识和技能,提高全社会网络安全意识和防护能力。

【信息安全人才队伍建设】 5月24日—25日,省工信委举办信息安全责任(从业)人员专题培训,受训对象为各地、省直单位、省属高校信息安全责任人员或管理人员的信息安全责任(从业)人员;11月16日—17日,省工信委举办针对市县领导干部的信息化与网络信息安全专题培训。全年培训人员400余人次。

(张洁)

邮　　政

【概　况】 2017年,全省邮政业务总量129.65亿元,增长29.24%。其中,快递业务量4.38亿件,增长14.23%。邮政业务收入93.65亿元,增长21.45%。其中,快递业务收入49.20亿元,增长19.15%。推动省政府出台《关于促进实体零售创新转型的实施意见》,明确鼓励推进"快递下乡"工程,首次提出构建农村经济发展的"快递高速公路";出台《江西省药品流通行业发展"十三五"规划》,强调"发挥邮政企业、快递企业的寄递网络优势,实现药品流通对基层的有效覆盖"。全省对邮政业发展政策支持26项,扶持资金3800余万元。市级邮政业"十三五"规划全部出台,其中萍乡、鹰潭、宜春、上饶、九江5个市邮政管理局以政府专项规划名义发布。推行"双随机、一公开",强化执法检查,下达整改通知318份,行政处罚决定290份,罚款271.6万元;办理普服行政执法案件37起,处罚金额32.8万元,均居全国前列。落实快递业务经营许可审核工作全流程网上审批,全年受理快递业务经营许可申请企业206家、核准变更申请企业601家。抓好邮政机要通信保密安全监督检查,全省邮政机要通信连续22年未发生失泄密事件。赣州市邮政管理局普遍服务科副科长张清雅被授予"全国邮政机要通信工作先进个人"称号。新余市"最美快递员"周亮亮入选9月中国好人榜。

【提升行业服务】 8月,省邮政管理局印发《关于贯彻落实国家邮政局2017年邮政业更贴近民生"七件实事"的实施意见》,推动行业服务提升。全省实现县级城市《人民日报》等主要党报当日见报,16749个行政村全部实现直接通邮。实施"快递下乡"工程,乡镇快递网点覆盖率100%。全省建成标准化网点1704个、城市末端综合配送平台1877处。实施放心消费工程,共受理申诉3.36万件,为消费者挽回经济损失80.1万元,消费者对申诉处理满意率98.8%。

【保障中共十九大期间寄递渠道安全畅通】 10月18日—24日,省邮政管理局制定下发《中国共产党第十九次全国代表大会期间江西省寄递渠道安全服务保障工作实施方案》,明确措施责任。推动企业落实收寄验视、实名收寄、过机安检"三项制度",提高寄递渠道堵截禁寄物品的能力;组织各市邮政管理局对全省直发北京的邮件快件线路摸底调查,确保直发北京线路落实过机安检;省邮政管理局联合省公安、国安等部门组成联合督导检查组分赴11个设区市检查中共十九大寄递渠道安保工作落实情况,督导各市各单位进一步加强管理,严密措施,查漏补缺,保障中共十九大期间寄递渠道安全畅通。

【全省"寄递+"项目】 各市邮政管理局结合当地农业特色,推动实施"寄递+现代农业"工程,至2017年年底,全省已培育寄递服务现代农业"一地一品"重点项目51个,打造赣南脐橙、廖奶奶咸鸭蛋,赣西竹制品,赣东北蜜桔、马家柚等一批"寄递+特色农产品"项目。特别是赣州实施全国快递服务现代农业示范基地赣南脐橙项目,脐橙快件量达1500万件,成为全国为数不多的单品包裹寄递量超过千万大关的快递服务项目,快递业务收入突破2.5亿元,支撑当地农民脐橙销售收入10.5亿元。全省建设"邮乐购"站点10119个,实现贫困村全覆盖,"邮乐购"上线产品4737种。全省"寄递+制造业"工程推进,服务制造业项目2922个,寄递业务量7367.6万件,较上年增长近7倍,形成快递服务景德镇陶瓷、南康家具、九江红星村羽绒服、鹰潭眼镜、萍乡甘源食品、上饶雨鞋套、宜春竹制品等一批快递服务制造业融合发展的示范项目。

【快递园区建设】 全省11个设区市基本建成快递园区,43个县快递企业进入当地电商快递园。南昌快递(电商)物流园投入运营;九江市引进第三方企业投资1.5亿元建设集分拣包装、集疏中转、智能服务等功能为一体的全能快递物流园区,年内项目已开工建设;吉安快递企业自主建设的第二个快递园区已有8家快递企业投入运营;鹰潭正在规划建设第二个市级快递产业园和华东邮件处理中心及物流仓储中心;上饶、宜春2个快递园区入选省现代服务业集聚区,江西顺丰入选省服务业龙头企业,园区聚集效应显现。

【举办首届邮政行业职业技能大赛】 7月28日—30日，由省邮政管理局主办，省邮政行业职业技能鉴定中心、江西交通职业技术学院承办，江西快递行业协会协办的江西省“振兴杯”邮政行业职业技能大赛举行。竞赛分为理论知识与实操技能2部分，最后，南昌圆帆信息咨询有限公司红角洲分公司胡铁桥、抚州市邮政速递物流公司章浩、江西顺丰抚州分公司周清宇分别获前三名，分别被省人保厅授予“江西省技术能手”“江西省青年岗位能手”“巾帼建功标兵”等称号，并颁发相应职业技师资格证书。江西顺丰鹰潭分公司石锋、杭州百世网络技术有限公司南昌分公司邓洪飞、赣州顺丰速运有限公司夏云飞代表江西省邮政业参加全国邮政行业职业技能竞赛，石峰获个人三等奖。

（董显平）

通　　信

【概　况】 2017年，全省电话用户3926.2万户，新增268.0万户，电话普及率85.5部/百人。固定电话用户477.0万户，减少40.5万户，固定电话普及率10.4部/百人。移动电话用户3449万户，新增308.5万户。其中，3G用户259.5万户，4G用户2476.8万户，移动电话普及率75.1部/百人。固定互联网宽带用户997.1万户，新增174.6万户，固定宽带家庭普及率68.8%，其中接入速率大于或等于20M的用户888.4万户，占所有用户的89.1%。电信业务总量661.1亿元，增长71.0%；电信业务收入275.6亿元，增长7.9%。电信固定资产投资88.4亿元，下降17.4%。光缆线路长度154.1万千米，新增30.7万千米。移动电话交换机容量6125.9万户，新增1942.0万户。移动电话基站数18.9万个，新增0.6万个。其中，3G基站3.8万个，与上年持平；4G基站9.8万个，新增0.8万个。互联网省级出口带宽639.3万M，移动互联网接入流量5.77亿G，互联网宽带接入端口1985.9万个。全省行政村基本实现通光纤网络和4G网络。全省手机上网流量资费水平20.9元/G，全国排名第21位。移动互联网接入流量（包括手机上网流量和无线上网卡流量）资费水平21.0元/G，全国排名第18位。固定互联网宽带接入资费水平33.4元/（户·月），全国排名第28位。全省共建管道160.52线路千米，共建杆路100.5线路千米，共建室内分布系统58个；共享管道10.79线路千米，共享杆路105.48线路千米，共享室内分布系统13个。铁塔累计交付站址14323座（其中全省共建站址117座、共享改造站址8706座），共享率60.8%。全年累计节约资金5125.6万元。

【举办第二届江西通信发展论坛】 3月13日，由省通信管理局、江西日报社、省内基础运营企业联合举办的第二届江西通信发展论坛在南昌举行。论坛以“诚信 安全 发展”为主题，围绕通信行业“阳光消费”“网络安全”“提速降费”“服务江西经济”等话题进行讨论。针对备受关注的阳光消费问题，省通信管理局继续对全流程进行监管，加强事前规范，加大事中监督，强化事后处置通报，保障用户合法权益，让电信用户明明白白消费。有关网络安全问题，继续加大网络安全监测与处置力度，健全网络安全防护体系，严格落实网络实名制，强化重点电信业务管理。就“如何促进网络强省”“如何更好地服务江西经济”等话题，三大运营企业进行解读。论坛通过中国江西网、江西手机报等网络平台进行直播，与广大网友在线交流互动，增进百姓对通信行业的了解。

【联合举办江西省信息通信发展新闻发布会】 3月28日，省通信管理局、省政府新闻办联合举办江西省信息通信发展新闻发布会。会上，省通信管理局局长黄建新围绕宽带网络普及提速、电信资费改革下调、维护通信消费者合法权益、信息化和物联网布局、信息通信精准扶贫、通信应急保障、网络信息安全管理7方面介绍全省信息通信发展成果。在网络建设上，加快光纤宽带规模发展，扩大公共热点区域无线局域网覆盖面。截至2016年年底，全省各设区城市光纤网络已基本全覆盖；90%的行政村通光纤；无线热点基本覆盖县以上重点区域。4G基站总数8.7万个；4G网络实现城区、县城、乡镇、景区、交通干线等场景的全覆盖，行政村所在地覆盖率99.5%。在接入速率上，20 Mbps以上接入速率固定宽带用户占比例82.9%，全国排名第11位；全省手机上网流量资费水平为43.6元/G，全国排名第26位；移动互联网接入流量（包括手机上网流量和无线上网卡流量）资费水平为43.7元/G，全国排名第21位；固定宽带接入资费水平为36.9元/（户·月），资费水平全国排名第28位。宽带资费下调对拉动信息消费，促进创业就业，推动经济升级方面发挥积极作用。

【部署高考期间通信保障工作】 5月24日，省通信管理局组织召开高考期间通信保障工作部署会，省通信管理局、省教育厅考试院、省内3家基础电信企业代表参会。会议要求提高思想认识，落实工作责任，充分认识高考安全面临的复杂性，加强对高考期间考试、评卷、录取等阶段相关网络系统的运行监测，确保各项系统互联互通，保障网络运行畅通安全。做好互联网信息安全管理系统运维工作，配合相关部门对涉及高考的违法信息开展处置工作，营造和谐、健康、文明的网络环境。发送公益短信，提醒考生遵守考纪，诚信应考，沉着应考。

【联合开展2017年光纤到户国家标准执行情况检查】 8月7日—15日，省通信管理局、省住建厅组成联合检查组，对宜春、新余、南昌3市光纤到户国家标准执行情况开展联合检查。检查内容包括商品住房、商住楼、保障性住房等新建住宅建设项目，通信配套设施建设相关工程项目开发设计、施工图审查、质量监督、验收备案等各个环节责任主体执行国家标准的情况，重点检查光纤到户国家标准纳入地方建设程序的情况。通过检查，发现3市住建部门和通信质监部门联合出台相关政策文件，在光纤到户工程项目设计、竣工、验收、备案等环节有效贯彻光纤到户国家标准，监督参建单位的资质、人员资质等。现场检查的11个项目均已通过验收备案，参建单位资质符合要求，设计、图审、验收备案资料基本完整。检查项目中3家基础通信运营企业均能做到平等接入,用户享有自由选择权。

【组织开展网络信息安全工作检查】 8月9日—10日,省通信管理局对省内各基础电信企业上半年网络信息安全工作组织部署、重点工作推进落实情况开展现场检查。重点检查包括属地化网络信息安全监管配合、信息安全专职人员教育培训、通信信息诈骗专项、新技术新业务信息安全评估、网络安全防护、技术手段建设、网络安全应急处置、电话用户实名登记等在内的12项工作。从检查情况来看,各基础电信企业重视网络信息安全工作,专门机构和人员部署到位,各项管理制度较为完善,技术手段建设不断丰富,网络信息安全事件处置及时。

【开展安全生产、网络运行安全、网络提速降费等检查】 9月13日—15日,省通信管理局组织人员到萍乡市、南昌市开展安全生产、网络运行安全、网络提速降费等工作检查。从检查情况看,各企业重视安全生产、网络运行安全、网络提速降费等工作,落实省通信管理局部署的各项工作,措施到位,效果较明显。

【工信部对江西省电信普遍服务试点工作开展专项检查】 9月27日—29日,工信部电信普遍服务试点工作专项检查组对江西省电信普遍服务试点工作开展专项检查。通过座谈会、实地检查、借助技术平台实现数据比对核验等方式,重点检查电信普遍服务试点工程建设情况、财政资金管理使用情况、地方政府落实支持政策情况等。通过检查,检查组认为江西省普遍服务试点村实现上网速率快、施工质量规范、套餐资费合理、当地群众反响好,切实将信息化带来的成果惠及广大农村。截至9月20日,全省2914个行政村实现通光纤(其中建档立卡贫困村525个),试点行政村宽带接入能力达到12 Mbps,村委会、学校、卫生所实现光纤接入。全省行政村通宽带99.1%,通光纤的98.1%。2批普遍服务试点竣工后,全省新增宽带用户22万户,ITV用户18.2万户。

【组织开展"赣通—2017"应急通信保障演练】 11月7日,省通信管理局组织省内3家通信运营企业及铁塔公司开展"赣通—2017"应急通信保障演练。演练共出动应急保障人员88人、应急保障车23辆,分别开展开通应急指挥车、接入视频会议系统参加组会、开通固定电话、开通4G网络、开通传输专线、开通宽带网络、开通卫星电话、应急发电、应急排水9个演练科目。电信与移动公司在开通应急指挥车科目演练中开展高效合作,4家公司都完成演练预定科目。同时发现应急通信保障工作中的一些不足,为进一步完善应急通信保障工作机制、提升应急通信保障工作效率积累实战经验。

【开展电信普遍服务试点项目终验工作】 11月上旬,由省通信管理局、省财政厅、省工信委和第三方公诚咨询管理公司组成的项目终验组到赣州市开展全省电信普遍服务试点项目终验工作。赣州市工信委、市通信质监站、项目建设和监理等单位代表参加会议。终验组随机抽取6个行政村进行现场检查。从现场检查的情况来看,工程施工规范,网络速率达到电信普遍服务的要求。

【江西省2016年度第一、二批电信普遍服务试点项目竣工验收大会召开】 12月27日,省通信管理局组织的江西省2016年度第一、二批电信普遍服务试点项目竣工验收大会在南昌召开,省财政厅、省工信委、试点市工信委、项目中标单位江西电信省市公司分管领导及第三方公诚管理咨询公司专家参加会议。会上,江西电信汇报2016年度第一、二批电信普遍服务试点项目实施开展情况,上饶市工信委代表试点市结合实际介绍项目推动和发挥社会、经济效益情况。第三方公诚管理咨询公司汇报项目终验情况,认定项目验收合格。2016年以来,省通信管理局、省财政厅、省工信委指导各地市申报电信普遍服务试点项目,共争取国家财政资金1.20亿元,企业投资约5.5亿元,完成九江、上饶、抚州、宜春、吉安、赣州、景德镇、萍乡、鹰潭9市81个县区4325个行政村(包括1046个贫困村)普遍服务试点项目,实现100%行政村通宽带,100%行政村4G信号全覆盖,全省农村通信基础设施建设实现量质双提升。

(夏金栋)

互 联 网

【概　况】 截至年底,全省固定互联网宽带用户997.1万户,新增174.6万户,固定宽带家庭普及率68.8%。其中,接入速率大于或等于20M的用户888.4万户,占所有用户的89.1%。

【组织开展清理规范互联网网络接入服务市场专项行动】 3月9日,省通信管理局出台《江西省清理规范互联网网络接入服务市场专项行动方案》,并组织省内3家基础电信企业及相关电信业务经营者召开方案宣贯会。重点查处互联网数据中心(IDC)业务、互联网接入服务(ISP)业务和内容分发网络(CDN)业务市场存在的无证经营、超范围经营、"层层转租"等违法行为。

【第三届江西省互联网大会在抚州举行】 11月10日—11日,以"烟波古临川筑梦互联网共享新经济"为主题的第三届江西省互联网大会在抚州举行。各设区市政府和省直相关单位的领导、省内互联网企业高管和省内40余家主流媒体记者共1000余人参加。大会由省通信管理局和抚州市政府联合主办,第一次从部门承办走向与地方合办,从面向内部会员、面向电信运营商的新技术新设备展示交流活动提升扩大为面向全社会、面向互联网全领域的专业会议。其间,安排"六项活动""10个分论坛",累计观摩超过1万人次,传播覆盖超过10万人次。

(夏金栋)

本栏编辑　游桃琴

园区经济

综述

2017年，全省工业园区工业增加值同比增长9.3%；实现主营业务收入2.87万亿元，增长11.4%；利润2155.7亿元，增长18.2%。

强化载体建设，综合实力提升。制定和落实《关于支持赣江新区发展的若干措施》《关于支持赣南等原中央苏区加快培育发展新动能实现更高水平振兴发展的若干措施》等文件，以推动昌九一体化、赣江新区、赣南等原中央苏区等重大战略实施为着力点，以上述地区工业园区为重点区域，推进全省园区总量提升、做大做强。全省工业园区主营业务收入占全省规模以上工业的80.8%，提高1.1个百分点；主营业务收入过百亿元园区75个，其中过千亿元园区4个，过500亿元园区19个，增加1个。南昌、九江市工业园区主营业务收入分别排全省第一和第二，合计主营业务收入突破万亿元，达10026.4亿元，超过全省园区主营业务收入的1/3。赣江新区的临空经济区组团以及南昌经开区等4个工业园区合计主营业务收入2844.3亿元，占昌九2市19个园区的28.3%，园均主营业务收入超500亿元，达568.9亿元。赣南等原中央苏区3市园区加快发展，增幅均超过上年同期，其中吉安市、赣州市园区分别为13.1%和12.3%，增幅位列全省第二位和第三位。

加强产业培育，集聚能力提升。坚持把产业集群作为园区经济增长的主动力，优化产业布局，推进产业升级。指导工业园区合理确定首位产业和产业集群，推动每个园区明确1个首位产业，避免同质化竞争。加强重点产业集群、集聚区培育和推进，新认定景德镇高新区直升机等6个产业集聚区，省级战略性新兴产业集聚区达8个；新增赣州经开区新能源汽车、南昌临空经济区电子信息等13个省级重点产业集群，总数达77个，主营业务收入总计1.53万亿元，增长17.5%；实现利税1417.6亿元，增长20.7%；集聚从业人员159万人。过百亿元产业集群达55个，新增12个，其中过千亿元集群1个、过500亿元集群5个。上饶经开区以光伏、光学、新能源汽车为主的“两光一车”产业发展势头强劲，全年实现主营业务收入711亿元，占园区经济总量的76%。鹰潭市发展铜终端应用产品加工、“铜产业+互联网”智能制造体系，全年完成电解铜113.8万吨、铜材278.7万吨，分别占全国产量的13%和15%，铜精深加工比重达43%。

实施创新驱动，发展潜力提升。实施创新驱动战略，打造创新平台，完善创新体系，发展新业态新动能。利用省级中国制造2025专项资金，以示范平台为重点，以一般平台为补充，在全省选择38个园区推进以科技创新平台为主的公共服务平台建设。其中，重点打造鹰潭高新区窄带物联网开放实验室等6个示范平台，示范带动服务平台建设体系化、专业化、公共化。全省园区累计建立各类科技创新平台1146个，其中国家级或省级重点实验室94个、检测中心99个、研发中心366个、工程（技术）中心520个。抚州高新区推动互联网、云计算、大数据、物联网与传统产业结合，趣分期在美国上市，51信用卡、微贷网等多家全国知名互联网企业投入运营，各类新业态类企业增至28家，成为跨越发展、转型升级的新动能。园区抓创新、育动能，平台建设加快，推动全省国家级园区发展提质增效，省级园区规模壮大。17个国家级园区实现主营业务收入1.23万亿元，增长10.3%，占全省园区的42.8%；83个省级园区（含筹建省级园区）实现主营业务收入1.64万亿元，园均达198亿元。

推进节约集约，两率一度水平提升。推进标准厂房建设，将标准厂房建设作为产业发展孵化器，促进园区企业集中、产业集聚、用地集约。全省园区累计新建标准厂房2000万平方米，撬动各类投资240多亿元，吸引中小微企业5000多家入驻，解决10万余人就业。仅赣州市新建标准厂房847.2万平方米，建成771.6万平方米。同时各园区盘活存量，推进发展提速升级。九江经开区开展清理闲置土地、盘活僵尸企业工作，盘活土地200公顷，清理闲置厂房12.1万平方米，重新落户项目21个，其中TCL空调项目从签约落户到第一套产品下线仅用146天时间，创造项目建设新速度。全省园区实际开发面积628.2平方千米；基础设施投入1139.3亿元，增长59.1%；固定资产投资6511.9亿元，增长20.6%。2017，全省园区亩均投资强度440.1万元，比上年提高79.5万元，增长22%；亩均主营业务收入305.4万元，增长8.6%；亩均利润22.9万元，增长10.3%。

完善功能服务，支撑能力提升。推进工业园区综合信息服务台建设，以园区管理信息化、企业管理咨询对接、企业供应链配套、零担货源集散等为主要内容，以政务信息协同、企业供需对接、产业上下配套为目标，推动省、市、园区、企业四级互联互通。截至年底，全省工业园区综合信息服务省级平台已投入试运行，86个园区综合信息服务平台建成，覆盖9000多个工业企业。加强人才体系建设，强化园区人才集聚功能。举办全省新经济形态下大健康产业创新与发展总裁高级研修班，对生物医药等大健康产业的70多名企业高管进行为期1年的培训，促进企业管理者素质提升。举办全省工业园区主任培训班，围绕园区管理、功能完善、集群培育和金融服务等内容，进一步提升园区主任管理、开发和服务水平。组织部分设区市工信委、工业园区负责人赴德国进行工业产业集群专题培训，学习德国产业集群发展、工业园区管理和工业4.0等先进经验，不断增强管理园区、发展产业、提升服务的素质和能力。同时，各园区围绕打造产业新城，完善服务配套，创优发展环境。2017年，抚州市园区公租房建设面积75.6万平方米，已建成商业区78.5万平方米，幼教及小学70个，医疗机构16个，产城融合发展加快。宜春经开区提升环境承载能力，投入1.83亿元提升改造污水处理厂、污水管网，建设截污干管、污染源在线监测系统等，对园区45家企业燃煤锅炉进行改造或淘汰，园区环境改善。宜丰工业园区开展园区201家企业管理创星定级活动，重点对环保、安全、现场管理等方面存在的问题进行整改，企业管理效能改善。

（江海）

赣江新区

【概　况】　2017年是赣江新区开发建设的“元年”，全区地区生产总值667.29亿元，增长9.5%。规模以上工业主营业务收入2159.49亿元，增长21.4%；固定资产投资1161.36亿元，增长17.4%。财政总收入108.07亿元，增长18.2%。一般公共预算收入51.8亿元，增长12.9%；一般公共预算支出90.85亿元，增长14.9%。与其他18个国家级新区相比，赣江新区主要经济指标增速位居前列。相继被评为国家绿色金融改革创新试验区、国家大众创业万众创新示范基地、国家级人力资源服务产业园等。

【体制机制创新】　2017年，新区主动承担体制机制创新等重大改革试点，梳理8个重要领域、24项改革事项先行先试。新区行政审批局统一办理省、市、县三级共260项审批事项，实现“一口式受理，一条龙办理，一颗印章审批”。率先开展“集中审批、承诺先批、全程监管、失信惩戒”的投资项目承诺制改革和探索“提前介入、平行推进、垂直衔接、及时转换”的重点建设项目模拟审批模式。出台新区人事管理体制、工作人员聘用管理等办法，开展公务员、事业单位人员聘任制改革，变“身份管理”为“岗位管理”；制定组团绿色创新发展综合考核评价实施办法，将人才管理改革、创新发展体系建设等指标纳入考核。

【科技创新】　2017年，新区新增2个国家级众创空间，获国家科技进步奖、国家自然科学奖二等奖各1项。与中国科学院、中关村科技园区、北京理工大学等合作，共建中科赣江科创园、生物医药与装备技术研究院、曙光人社云计算大数据中心、北理工新能源汽车赣江实验室；与中科院国科控股成立技术成果转化基金，推进高科技项目的产业化。同时，设立赣江新区科技型中小企业信贷风险补偿资金，与省科技厅共建技术协同创新园；与南昌大学、东华理工大学等20所省内高校签订战略合作框架协议，在人才培养、技术研发、成果产业化和智库建设方面加强合作。启动赣江新区绿色创新发展综合体建设，构建协同创新的物理空间和运行机制，促进资本、人才、科技、产业的集聚与融合。

【绿色金融创新发展】　截至年底，新区有17家银行、5家保险公司、8家互联网金融公司、2家交易中心、14家投资基金注册成立。同时，成立新区产业引导基金、城市发展基金、科技创新基金，与九江银行、兴业银行、工商银行、华融资产、中国人保、中航信托等金融机构开展海绵城市、绿色建筑、绿色环境保险、绿色产业引导基金、清洁能源基金等创新合作，建设腾讯金融科技实验室和中国人保绿色保险研究院。共青城市私募基金规模也随之壮大，基金数量突破2500家，基金规模突破1400亿元，初步形成绿色金融发展生态圈。

【人才引进和培育】　2017年，新区推出招才引智的“赣江海智”“赣江创新”和“赣江创业”计划，激发各类人才的创新创业活力。分别结合北京、上海、深圳驻外联络机构增设人才工作站，构建“飞地”共建共享和弹性使用人才机制；设立人才发展专项资金及江西人才服务银行，专门用于高层次人才的引进、培育和奖励。针对实用型人才短缺的现状，与省人社厅共建金蓝领职业培训园（永修职教园），打造可容纳10万名学制教育和职业学员的培训园区，培养高素质技能型和应用型人才。出台鼓励社会资本进入基础教育、卫生、养老领域的实施办法，创新办学、医疗和养老服务模式，保障各类人才的工作生活需求。

【绘制“多规合一”新区图】　2017年，新区率先开展经济社会发展规划、城市总体规划、土地利用规划、生态保护规划等“多规合一”试点，新区“1+N”规划体系初步建立。《赣江新区空间发展战略规划》编制完成，《赣江新区总体规划纲要（2016—2035）》通过省里组织的专家论证；《赣江新区土地利用总体规划（2015—2020）》经省政府批复同意，《赣江新区生态环境保护规划（2016—2035）》完成中期成果。在全国首创且唯一建立规划设计咨询监理制度，出台《赣江新区规划设计咨询监理管理办法》，通过竞标选择上海同济规划院、上海市政设计院对赣江新区新城规划设计开展全程咨询监理，实现规划与建设同步管控。

【产城融合】　2017年，新区重点规划“一区”（儒乐湖现代服务业聚集区）、“四园”（儒乐湖光电信息产业园、新能源汽车产业园、军民融合示范产业园、中医药科创城产业园），并结合产业布局规划“四个小镇”（文化旅游小镇、健康活力小镇、意大利风情小镇、创新创意小镇），提升产城融合水平。加快共青南湖新城、永修湖东新城、临空空港新城等一批特色城镇建设，打造产业小镇、生态小镇、旅游小镇、青创小镇等一批示范样板工程。其中，儒乐湖新城产业小镇、共青城私募基金小镇入选省级特色小镇。

【产业发展转型升级】 2017年，新区推动光电信息、生物医药、智能装备制造、新能源与新材料、有机硅、现代轻纺六大主导产业转型升级、集聚发展，形成欧菲光、智慧海派等一批年产值过百亿元企业和格特拉克等一批年产值过50亿元的企业。中国中医药科创城、江铃30万辆新能源汽车生产基地及工程研发中心、同兴达智能终端核心零部件等重大项目的开工建设。洛客创意产业园、猪八戒网江西总部等一批项目落户新区。新区高新技术企业数量从成立前的52家增至96家。

【构筑对外开放主阵地】 新区成立以来，全面复制推广自贸区改革试点经验，探索投资管理、贸易便利化、金融、事中事后监管等制度创新。围绕“一区三口岸”（“一区”即南昌综合保税区，“三口岸”即昌北国际机场的空港口岸、龙头岗综合码头的水港口岸、昌北铁路物流基地的陆港口岸）国际多式联运中心建设，南昌综合保税区封关运行；南昌昌北国际机场年客流量突破1000万人次，成为江西首个千万级枢纽机场；南昌龙头岗码头一期工程对外运营。组建赣江新区国际仲裁院，引入国际商事仲裁先进制度，构筑新区全方位对外开放格局。

（陈龙）

南昌高新技术产业开发区

【概　况】 位于南昌市城东，辖2镇2管理处。总面积286平方千米。户籍人口27.53万人，其中城镇人口12.32万人。2017年，地区生产总值595.45亿元，增长9.4%。财政总收入86.7亿元，财政支出31.46亿元。主营业务收入2141亿元，规模以上工业增加值增长10.2%。固定资产投资617.2亿元，增长13.6%。实际利用外资6.85亿美元，增长21.2%。实际利用内资185.29亿元，增长24%。其中，利用省外资金131.62亿元，增长24%。年内，新增登记注册企业，2376家，小微企业新注册数增长68%，全区企业总数近7000家；规模以上工业企业新增22家，总数达166家；上市公司新增2家，总数达15家。

【深化改革】 2017年，高新区组建大党建口和大建设口，充实项目办工作队伍，成立巡察督查办，将昌东高校园区管委会转型为航空产业园管委会，增强精准服务成效。建设标准厂房124万平方米，使36个新签约项目实现“拎包入驻”。整合区属平台公司组建高新投资集团公司，保障产业发展的融资及物理空间需求。在全省率先推行出口退税周转金和上下游配套企业采购双奖“1%”制度，提供设备补贴、招工补贴、人才补贴、物流补贴等多方面支持，为企业减负18亿元。在全省率先成立光电产业联盟、大数据及信息产业联盟、生物医药产业联盟，搭建行业公共研发服务平台。创新实施村级产业虚拟供地“地票制”，与30个行政村签订村级产业用地调用协议书，调用220公顷村级产业土地，拨付4300万元地票款，直接受益农民达13万人。成立法制办公室，开展重大决策和重要文件合法性审查。公务消费监管平台上线使用，全区行政事业单位全部加入监管平台。推进“放管服”改革，是全省投资建设类审批事项精简幅度最大的开发区之一。

【科技创新】 2017年，园区财政资金对科技研发投入超过4亿元，全社会R&D投入占地区生产总值2.7%。大学科技城一期建成物理空间面积超50万平方米，新入驻企业200余家，核心区引进企业和团队400余家，高校科研院所30家。培育科技创新主体，北方联创等62家企业被认定为全省第一批科技型中小微企业。新增国家、省、市科技创新载体19家，省、市科技创新平台11个，国家级众创空间3家，国家级星创天地2家，国家级科技企业孵化器1个，省级工程技术研究中心3个。新引进中国工程院院士1人，“千人计划”3人，“万人计划”1人，“国家杰出青年”1人，“洪城计划”17人，中国南昌人力资源服务产业园获批国家级人力资源服务产业园。

【天津大学南昌微技术研究院落户高新区】 1月11日，南昌市政府与天津大学签署战略合作协议，在南昌高新区共同建设天津大学南昌微技术研究院。将研究院建设成为世界一流的微技术研发平台和成果产业化基地，发挥天津大学在微机械电子系统（MEMS）研发方面的优势，致力于可应用于移动终端、物联网、虚拟现实工程、可穿戴设备、航空航天工程、生命生物工程等领域的微传感器、微执行器、微电子芯片器件等关键性器件的研制。

【江西国家数字出版基地被评为2016年度全国新闻出版产业基地（园区）工作优秀基地（园区）】 2月7日，首次全国新闻出版产业基地（园区）管理工作会在北京召开，位于南昌高新区的江西国家数字出版基地获“2016年度全国新闻出版产业基地（园区）工作优秀基地（园区）”称号。截至2016年年底，该基地已形成数字传媒、动漫游戏、数字内容、手机应用、人才培训5大数字产业集群，以电力设计院为核心区，以浙江大学科技园、国家大学科技城、南昌大学科技园等多个园区协同发展的规划布局，总办公场地达16万平方米。2016年，引进江西神起信息技术有限公司；数字基地实现主营业务收入55.47亿元，增长18%，基地内集聚数字出版企业60余家，从业人员超过7000人。

【重大项目开工、投产】 6月2日，华勤集团举行南昌制造中心开工仪式暨核心供应商年中座谈会，华勤集团投资40亿元，在高新区打造南昌华勤制造基地项目，投入高端制造、工业自动化、管理信息系统等软硬件设备，可形成年产不少于5000万部移动智能终端生产能力。4月6日，总投资1.5亿元的迪安诊断江西产业基地开工仪式在高新区举行，项目由迪安诊断与华星医学检验有限公司合作投资建设。浙江迪安诊断技术股份有限公司，创立于2001年，业务涵盖医学诊断服务、医疗诊断产品、健康体检与健康管理、司法鉴定等。4月9日，位于国家医药国际创新园、投资1.2亿元的江西浩然生物医药有限公司二期制剂基地项目开工，新增蛋白质激素类和生物蛋白酶2个生物蛋白药的制剂品种。9月8日，总投资20亿元的南昌振华通信设备有限公司智能移动终端艾溪湖生产基地投产。该公司是国内手机行业知名的OEM生产企业，主要从事各类通信终端电子产品的研发、生产和销售。可形成年产500万台/片智能手机及手机主板的生产能力。

【高新区文博会签约70亿元】 5月11日，在中国（深圳）国际文化产业博览交易会开幕之际，由省新闻出版广电局和南昌市政府共同主办，南昌高新区承办的江西国家数字出版基地推介暨招商引资签约仪式举行。共有参会企业160余家，参会人员300余人。高新区签约各类数字出版项目20个，签约金额达70亿元。

【高新区在全市重大产业项目集中签约活动中签约超400亿元】 6月30日，南昌市招商引资重大产业项目签约活动在前湖迎宾馆举行，共签约12个重大项目，签约金额521亿元。其中，高新区签约落户项目9个，签约总额超400亿元，涉及光电、智能装备、移动智能终端等多个战略新兴产业。包括深圳兆驰LED外延芯片生产基地及新增生产线项目、易美芯光LED器件模组生产与销售项目、新纳晶光电LED芯片研发及生产项目、天珑移动南昌制造基地项目龙旗南昌产业基地项目、大唐移动智能终端产品用的图形压缩集成芯片生产项目、洪泰智能制造产业园项目等。

【高新区举行“双创”活动周】 9月15日—21日，高新区举行为期一周的2017年大众创业万众创新活动周。在项目集中签约仪式上，南昌高新区分别与省科学院、华东交通大学、东华理工大学、京东金融集团、新琪安集团5个单位签署投资协议，投资总额超1亿元。其间，产学研协同创新示范基地、华东交大智能装备与精密仪器研发中心、省科学院表面改性技术中试基地揭牌。由共青团江西省委，南昌高新区管委会主办的江西青创投资基金成立。江西青创投资基金由蚂蚁基金联合多家知名基金投资机构共同发起并落户在大学科技城，基金总规模2.5亿元。由大学科技城管委会、南昌高新区跨境电商产业园、南昌友天腾科技有限公司主办的《跨境电商激发“双创”活力专题活动》在大学科技城召开。由共青团江西省委，南昌高新区主办的江西青创“导师带徒”签约会暨江西青年创业大讲堂活动也在大学科技城召开，活动邀请“赢在江西”80个入围项目团队及10多名创业导师，进行一对一的项目帮扶及创业指导工作，并现场签订导师协议，颁发导师带徒证。

【重大项目落户高新区】 12月25日，南昌市政府与中国电子信息产业集团有限公司战略合作暨彩虹集团LED外延及芯片项目、中晟光电国产MOCVD设备及硅基GaN外延片项目落户高新区签约仪式举行。中国电子信息产业集团在2016年12月将旗下中国振华通讯公司移动智能终端产业落户南昌高新区后，再次签约的彩虹集团LED外延、芯片及封装项目投资约10亿元。总投资10亿元的中晟光电投资的MOCVD设备及硅基GaN芯片外延生产基地项目，可实现南昌市MOCVD自主研发并量产。5月19日，深圳小辣椒云智能生态产业园落户南昌高新区，同时小辣椒V9无边框手机新品发布会也在现场举行。6月6日，中国首个民企自主知识产权通用飞机型号——冠一GA20总装生产线落户高新区。GA20单发四座螺旋桨飞机，是中国第一架具备与国际顶级通用飞机公司完全对等的完整知识产权的民营通用飞机。10月13日，江西智慧健康创客园签约仪式暨江西省智慧健康研究院成立大会在高新区举行。智慧健康创客园项目选址高新区中心地段，规划建筑面积8600平方米。11月2日，深圳市卓翼科技股份有限公司QLED项目签约落户高新区。卓翼科技在高新区投资建设基于量子点纳米材料的LED背光项目（简称QLED），总投资额约10亿元。

【五星垦殖场成建制划归高新区】 6月21日，南昌市将五星垦殖场成建制划归高新区管辖，设立鲤鱼洲管理处（正科级），鲤鱼洲管理处面积55平方千米，辖区面积为231平方千米支离扩大至286平方千米，没有行政村，有2个场带村（红井村、梅池村），管理处下属有10个单位（一分场、二分场、三分场、四分场、五分场、蔬菜场、畜牧公司、集镇、排灌站、水管站），人口1.5万人。

【国家硅基LED工程技术研究中心获全球半导体照明年度新闻奖】 11月1日，国家硅基LED工程技术研究中心江风益团队获“全球半导体照明年度新闻奖（2016－2017年度）”。该奖项由国际半导体照明联盟（ISA）组织评选，面向全球征集，由国际业内知名权威专家组成的评委会独立打分评选。

【南昌航空工业城获评首批国家通用航空产业综合示范区】 2017年，南昌航空工业城入选首批国家通用航空产业综合示范区，成为国家发改委选中的26个通航产业试点示范区之一。南昌航空工业城规划面积约25平方千米，总投资约300亿元。2010年11月，被国家发改委批准为国家航空高技术产业基地。南昌航空工业城在规划上分为洪都产业区、通航产业区、综合配套区、滨湖生态区4个片区，致力打造“一枢纽、二中心、五基地”（江西通用航空交通枢纽，江西适航审定中心、江西通航服务中心，江西军民融合示范基地、江西通用航空器研发制造基地、江西通用航空器改装及维修基地、江西通用航空空中旅游基地、江西通用航空人才培训基地）格局。

（汪南）

新余高新技术产业开发区

【概　况】 位于新余市城东，辖1镇2街道办事处。辖区面积266平方千米，规划面积100平方千米，城区绿化率超过47%。总人口约16万人。2017年，地区生产总值315.58亿元，增长8.6%。财政总收入21.5亿元，增长6.3%；财政总支出15.17亿元，下降5.83%。主营业务收入553.98亿元,增长12.34%。固定资产投资326.3亿元,增长12.2%。利税总额47.01亿元,增长33.66%。进出口总额182.35亿元,增长46.73%。其中,出口67.03亿元,增长56.34%。工业增加值增长8.86%。实际利用外资1.76亿美元,增长5.04%。全年新签约项目122个,签约金额260多亿元。全区50个市重点项目完成年度投资64.8亿元,33个项目建成投产。新增规模以上工业企业16家,总数达179家;新增高新技术企业12家,总数达51家。

【科技创新】 年内,赛维公司、赣锋锂业、沃格光电分别获国家知识产权示范和优势企业称号。青春康源申报省中药配方颗粒科研专项立项,赣锋锂业成为全省唯一获3个科技创新"5511"专项支持的企业。沃格光电玻璃面板镀膜中心、青春康源中药饮片中心获批省级工程技术研究中心;赣锋锂业锂电材料及应用重点实验室获批省级重点实验室;华腾地毯、木林森光电科技公司获批省级企业技术中心。

【项目建设】 年内,一批重点项目竣工投产。赣锋锂业公司投资建设的全省首条高容量锂离子动力电池全自动化生产线试产,总投资6亿元,达产后可形成6亿瓦时高容量锂离子动力电池的产能,年产值15亿元。汇亿新能源2G瓦时锂电池生产项目开机试产,年产能2G瓦时18650/20650锂电池,年产值7亿元。沃格光电公司on-cell触控显示研发生产项目竣工投产,总投资1.15亿元,规划产能第4.5代TFT-LCD用镀膜玻璃基板9.6万片/月,on-cell触碰显示玻璃基本10万片/月。工业地产3期和重工业地产项目投入使用,3期项目总投资1.5亿元,总建筑面积12.6万平方米;重工业地产项目总投资6500万元,总建筑面积3.5万平方米。

【企业服务】 制定精准帮扶企业工作方案和在建项目推进工作方案,每个重点企业或项目安排一个挂点帮扶领导小组,每月定期走访,协调解决具体问题。筛选推荐重点企业纳入帮扶对象,合理安排相应职能部门对口帮扶。落实省、市"降成本优环境"的优惠政策,出台《新余高新区关于支持鼓励工业骨干企业加快发展的若干意见》《新余高新区企业考评奖励暂行办法》等惠企政策。建立政银企对接工作机制,发挥银行主渠道的作用,解决企业融资问题。通过"财园信贷通""惠农信贷通"等渠道为企业融资。全年举办大型招聘会10场,周末招聘会38场(次),为企业提供人才支撑。打造就业服务平台——新余高新就业网。全年为企业解决困难和问题1360多个,为企业节省生产成本5亿多元、解决融资20多亿元。全年清收盘活闲置低效土地88公顷、闲置厂房38万多平方米。全区城镇新增就业1.04万人,新增转移农村劳动力2560人。

【基础设施建设】 加快推进城市基础设施项目建设。2017年度跨上新铁路桥梁、玉龙路(纵三路至纵八路)等7个道路桥梁项目竣工运行,累计投资5000多万元。推进污水主管网普查维修工作,完成接污水处理厂污水总管网普查(清泥检测)及维修工作,共10千米;完成东兴路污水主管网普查(清泥检测)及改造施工图设计,共5.5千米;完成春龙大道污水主管网普查(清泥检测),共4.1千米;完成西城大道污水主管网普查(清泥检测),共4.5千米;完成赛维大道、渝东大道管网普查(清泥检测),共25.7千米。绿化提升南源路、光明路、泉州大道等5条干道沿线及企业外围区域,年度完成草皮铺植20万平方米。

【环境保护】 年内,辖区禁养区459家畜禽养殖场关停253家,拆迁206家;可(限)养殖区135家,关停70家,其他65家生态化改造任务过半。全区32座水库、237座山塘全部退出承包养殖。启动17个农村污水处理设施建设,46个行政村全面实施垃圾集中收集处理。256家重点排污工矿企业,实现达标排污企业224家,停工停产32家。委托第三方监测机构全面强化监测,监测企业及泄洪渠等点位106个,发现问题及时整治,监测结果达标。

(龚卫亮　肖鸿　杨小明)

景德镇高新技术产业开发区

【概　况】 位于景德镇市西城区,规划面积30.85平方千米,规模以上企业87家,工业从业人员3.86万人,拥有上市公司3家(华意、富祥、黑猫),行业龙头企业3家。2017年,完成主营业务收入超500亿元,增长10.2%;工业增加值增长5.83%。固定资产投资136.43亿元,增长13.4%。财政总收入10.81亿元,增长7%;一般公共预算支出7.70亿元,下降2.77%。内资进资85.98亿元,增长10.37%。外资进资4031万美元,增长6.4%,其中现汇395万美元。外贸出口1.30亿美元,其中,自营出口(高新区本土企业)1.15亿美元,增长73.88%,自营性出口占比88.46%。外贸出口总额7484.67万美元。全年引进项目44个,投资总额42.96亿元。

【产业集聚】 2017年,园区共有3家整机制造企业和40家航空零部件企业落户,航空产业主营业务收入195.11亿元,增长23.07%。家电产业主营业务收入101.77亿元,增长19%。华意本部"新600项目"、加西贝拉"500项目"均采用自动化设备,生产线机器换人50%,效率提升50%。华意压缩机公司全面开展智能制造技改工作,实现产品技术世界领先、工艺水平世界先进。加西贝拉智能变频压缩机生产线项目达产。高技术陶瓷产业主营业务收入1.91亿元,增长17.2%,其中高环陶瓷与上海硅酸盐陶瓷研究所完成中试的蜂窝陶瓷项目,开始批量生产。

【科技创新】 2017年,园区新增4家高新技术企业,总数达38家。获专利授权406项。全年累计R&D投入3.7亿元,占全市地区生产总值3.2%。国家级合盛科技孵化器扩建6万平方米;总投资5.8亿元的17万平方米的航空科创园开工;总面积22万平方米的昌南慧谷孵化园已投入使用12万平方米。建成国家及省级基地7个、国家工程研究中心1个、省级重点实验室2个、省级以上工程技术研究中心4个、省级以上技术中心10个、博士后工作站3个。建立企业人才台账,全区有各级各类人才8942人,专业技术人才292人(中高级职称182人),高技能人才95人,经营管理人才157人,非物质文化遗产传承人2人,"景漂人才"36人。

【北京通航江西直升机科技馆开馆】 9月30日,北京通航江西直升机科技馆举行开馆仪式,标志着北京通航江西直升机公司通航制造、通航运营和航空文化旅游3大业务板块形成。该馆占地面积约10000平方米,分为海洋馆、星空馆、沙漠馆、森林馆、体验馆5个馆,展出飞机原型机和模型30余架,是一所集科学性、知识性、互动性于一体的科普场馆。该馆每日上午9时至下午5时对外开放,65岁以上老人、现役军人、残疾人、记者凭有效证件一律免票。

【景德镇航空零部件产业园建设】 1月,承载景德镇市航空产业发展的主平台航空零部件产业园开工。该项目占地面积66.67公顷,投资20亿元。截至年底,共有总投资约11亿元,占地32公顷的22家企业落户园区,其中有12家企业已开工。

【航空小镇通航飞行员培训中心项目开工】 12月,航空小镇通航飞行员培训中心项目开工建设,总建筑面积约5000平方米,主要包括飞行员培训中心大楼(含教室、食堂、住宿等设施),同时还将购置培训用的G2等系列直升机和固定翼飞机(教练机)20余架,以及飞行模拟器10余台(套)、专用健身器材、培训设备等。

(程立梅)

鹰潭高新技术产业开发区

【概　况】 位于鹰潭市城区西南处,分为白露科技园、龙岗产业园。全年工业主营业务收入620.2亿元,增长9.8%。财政收入21.07亿元,增长10.5%,税收占89%。工业增加值增长9.6%;利润总额35亿元,增长25%。固定资产投资69亿元,增长13.5%。工业用电量3.84亿千瓦时,增长10.2%。引进省外资金90.6亿元,增长10.8%;实际利用外资8440万美元,增长9%;外贸出口1.98亿美元。全年引进工业项目65个,其中亿元以上项目39个,实施重点项目67个,其中新建项目44个、续建项目23个,28个项目实现当年开工当年建成投产。

【移动物联网产业】 年内,高标准建成移动物联网产业园"一室二园二基地四中心"并开园运营,引进物联网项目31个;物联网智慧小镇加快建设,10万平方米标准厂房将竣工投入使用,1公里智创街区立面改造、景观提升等工程全面施工;移动物联网产业联盟集聚169家国内物联网龙头企业、科研机构,孵化产品48种,实际试点应用场景33个;物联网产业在网络建设、公共服务平台、示范应用3方面领跑全国。

【科技创新】 年内,建成各类研发服务平台44个,其中国家级平台2个,省级平台22个,高新区获批首批省级"双创"示范基地。全区企业全年科技活动经费投入6.1亿元,占主营业务收入0.98%,20家企业获批高新技术企业,18家企业获批省科技型中小微企业,天施康中药股份有限公司获批国家知识产权示范企业,颐高万创空间被认定为国家级众创空间。设立1000万元高层次人才发展专项资金,移动物联网产业园人才服务中心投入运营,改造提升111套人才公寓,引进培育省级以上创新领军人才10人。

【三川智慧"NB-IoT窄带物联网水表"获2017年中国信息通信与"互联网+"应用优秀成果奖金奖】 4月,三川智慧科技股份有限公司"NB-IoT窄带物联网水表"获2017年中国信息通信与"互联网+"应用优秀成果奖金奖。该公司是国内水表行业的龙头企业、国内最大的水表铜配件生产企业和智能水表生产企业,是国内首家上市水表企业、省内首家在创业板上市企业。三川智慧"NB-IoT窄带物联网水表"采用该公司自主研发设计的流体计量专用芯片,集成华为NB-IoT通讯模组,通过无线网络实现智能远程抄表,具有精度高、量程比宽、使用寿命长等特点。

【高新区百亿元工业项目集中签约】 5月,高新区举行百亿元项目集中签约仪式,总投资132.4亿元的22个项目落户高新区。此次签约项目包括深圳新诚铭15亿元智能穿戴、智能净水设备项目,重庆新唐15亿元智能终端SMT项目,上海胜华50亿元电缆电器产业园项目,河北弘亚10亿元年产10万吨铜材加工项目,河北裕弘10亿元年产10万吨铜材加工项目。项目涵盖铜基新材料、物联网智能终端、节能环保等多个领域。

【彭炳祥获"全国优秀人民警察"称号】 5月,在全国公安系统英雄模范立功集体表彰大会上,高新区公安分局白露派出所民警彭炳祥获"全国优秀人民警察"称号。2005年从警以来,彭炳祥先后在特警、刑警、社区民警多个岗位历练成长,工作岗位虽多次变动,但在每个不同工作角色中,对公安事业的热爱执着和为民奉献的理念始终如一。担任社区民警2年多来,他调处近30起涉及林权、土地和宗族矛盾纠纷,救助危难群众40余人。因工作业绩突出,他多次被省、市公安机关记功或嘉奖,2009年参加汶川地震援建小金县工作被荣记个人三等功一次。

【中国鹰潭移动物联网产业园建设运营管理中心成立】 7月,高新区挂牌成立中国鹰潭移动物联网产业园建设运营管理中心。中心下设示范应用推广部、产业招商引资部、地产发展事业部、资产管理投资部等4部,实行企业化、市场化运营管理,为高新区全方位实施智慧新城建设提供组织保障。

【广信新材料"新三板"上市】 9月,江西广信新材料股份有限公司在全国中小企业股份转让系统(新三板)挂牌,成为高新区第三家在"新三板"上市的企业。该公司于2006年创办,是一家从事铜基新材料研发和生产的民

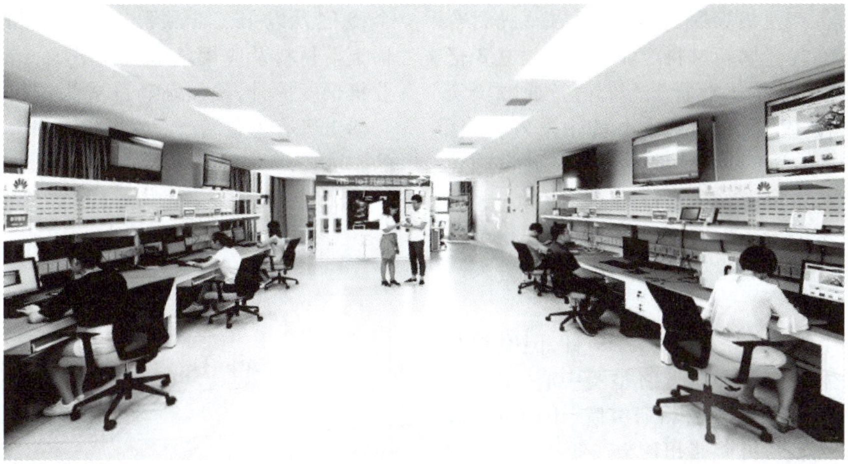

中国鹰潭移动物联网产业园 NB－IoT 开放实验室

鹰潭高新区供

营股份制企业，公司股票代码为872051。公司占地面积8公顷，注册资本6250万元，总资产2亿元，有员工100余人。2016年和2017年，公司营业收入分别为37190万元、32215万元，净利润分别为1161万元、614万元。

【2017年创客中国“鹰潭杯”移动物联网创新创业大赛总决赛在高新区举行】 9月，2017年创客中国“鹰潭杯”移动物联网创新创业大赛总决赛在高新区举行，高新区2个创新创业项目获一等奖。大赛由工信部信息中心、鹰潭市政府主办，移动物联网产业联盟、未来移动通信论坛、重庆市物联网产业协会承办，中国信息通信研究院、工信梦创数据科技(北京)有限公司协办。10个移动物联网创新创业项目进入总决赛，重新定义鞋垫——物联网时代的精致足部穿戴、新一代物联网芯片平台以及高新区的新一代广域同步智能电网传感器和无源偶极雷达林火预警系统与装置4个创新创业项目最终获一等奖。

【10万NB－IoT智能水表商用上线及阶段性成果发布会举行】 10月，华为技术有限公司、三川智慧科技股份有限公司举行10万NB－IoT智能水表商用上线及阶段性成果发布会，标志全球第一个万量级的窄带物联网商用项目在高新区落地。三川智慧与中国信通院、华为集团、中国电信、中国移动合作，在鹰潭主城区部署安装6.8万台智能水表，该水表数据采集准确率99.99%，传输上线率99.95%，是国内智能远传水表中运行最稳定的智能远传表具。

【高新区通过国家县域义务教育均衡发展评估认定】 12月，高新区被国家督导评估组认定达到国家义务教育发展基本均衡县标准，通过国家评估验收。高新区推进校园基础设施建设，加强教育资源配置，强化学校内部管理，拓宽教师补充渠道，在义务教育入学机会、保障机制、教师队伍、质量与管理等方面取得成效。

(严志征)

抚州高新技术产业开发区

【概　况】 2017年，高新区实现主营业务收入452亿元，增长10%。完成财政收入17.6亿元，增长21%。实际利用外资0.7亿美元；外贸出口3.06亿美元，增长10.4%。全年引进重大工业项目48个，其中10亿元以上项目8个。新增“四上”(规模以上工业企业、资质等级建筑业企业、限额以上批零住餐企业、规模以上服务业企业)企业38家。其中，新增规模以上企业21家，实现规模以上工业增加值增速9.7%。共落户各类企业280余家，“四上”企业227家，其中规模以上企业158家，高新技术企业34家，新业态企业78家，上市企业4家(深交所1家、“新三板”2家、“Q版”1家)。生物医药、汽车及零部件、信息技术三大主导产业实现主营业务收入325.9亿元，税收15.6亿元，分别占总量的72%和96%。高新区人口12.8万人，务工人员3.7万人。

【江西博雅生物制药有限公司获2项荣誉】 8月22日，由杭州市政府、证券时报社、中国基金报社联合主办的2017上市公司价值投资·中国资产管理高峰论坛暨中国上市公司价值评选颁奖典礼在杭州举行，博雅生物获“中国创业板上市公司价值五十强”荣誉，是全省唯一一家入选该榜单的创业板上市公司。8月23日，工信部对全国首批203家国家级绿色工厂名单进行公示，全省8家企业入选，江西博雅生物制药有限公司是其中一个。博雅生物公司成立以来，秉承“绿色生产”的原则，提升自动、自能化生产，加强绿化建设，保持厂区整洁、卫生，加强污水、废气的治理，保障社区、工厂环境的和谐。

【科技创新】 2017年，高新区申请专利1143件，授权专利730件。全区高新技术企业主营业务收入191.1亿元，增长56.5%，占全区主营业务收入42.2%；实现利税23.3亿元，增长33.2%。迪比科的三元锂离子电池、金品铜科的高精铜门带、中阳德欣的PVC镜面建筑塑料复合模板、靖淞科技纱的12支棉氨纶包芯本色纱4种新产品评为省级优秀新产品一等奖，在省内尚属首次。抚州市“才子杯”首届创新大赛高新区6个项目进入前10名，其中德义科技公司新型砷化镓高效太阳能模组获第一名。与深圳机器人研究院签订战略合作协议，共同创建“抚州智能制造技术研究院”。

【建昌帮药谷生产项目落户高新区】 6月27日，总投资45亿元的建昌帮药谷生产项目落户高新区。该项目由建昌帮药业有限公司(北京创盈科技产业集团有限公司投资设立)承建，项目用地90公顷，固定资产投资36亿元。项目分3期建设，一期投资建设现代医药物流园项目；二期投资主要建设生产经营相关的固体制剂车间、针剂车间、保健食品车间等；三期投资建设建昌帮中医药文化博物馆，中医药会展中心、教育培训中心，博士后流动站等。

【江西大乘汽车科技产业园开工】 10月29日，江西大乘汽车科技产业园开工仪式在赣闽产业合作示范区举行。江西大乘汽车科技产业园是江西大乘汽车工业有限公司、江西江铃集团轻型汽车有限公司共同投资打造的以节能与新能源汽车（包含乘用车和商用车）和关键零部件为主导产品，以智能制造、节能环保为载体，集研发、生产、销售为一体的复合型，高科技产业园区。大乘汽车科技产业园以智能制造为主线，融入工业4.0思想，对提升抚州市汽车整车制造水平、关键零部件生产能力以及升级生产工艺设计层次具有示范作用。

（袁志刚）

赣州高新技术产业开发区

【概　况】 位于赣州市赣县区，由稀金谷智慧园、稀金谷钨与稀土产业园、稀金谷产业服务园组成，规划面积125平方千米。截至年底，园区共有企业366家，其中规模以上企业115家，高新技术企业28家。全年完成工业增加值81.2亿元，增长7.1%；主营业务收入323.2亿元，增长7.9%；利税总额24.5亿元，增长14.8%；上缴税金8.1亿元，增长12.6%。固定资产投资59亿元，增长50.6%。外贸出口7.1亿美元，增长7.16%。实际利用外资1.087亿美元，增长10.01%；利用省外资金45.82亿元，增长79.94%。全年新增签约项目21个，新增投产项目2个，新增开工项目15个。全年净增注册企业53家，共有注册企业366家。其中，新增规模以上工业企业20家，总数达115家；净增国家高新技术企业10家，总数达28家。

【稀金谷核心区建设】 2017年，稀金谷获批新材料（稀有金属）国家新型工业化产业示范基地、省战略性新兴产业集聚区、首批江西省军民融合有色金属新材料产业基地。设立3亿元“百福工业贷”，5个信贷通融资贷款19.08亿元，财政累计投入50亿元，用于园区征地拆迁及基础设施建设。完成征地1306.67公顷，拆房3293栋，新增工业用地面积666.67公顷，新建标准厂房31.5万平方米。

【科技创新】 8月19日，国家钨与稀土产品质量监督检验中心、中国稀金（赣州）新材料研究院、中国科学院海西研究院赣州稀金产业技术研发中心、质谱科学与仪器国际联合研究中心赣州分中心等多个科研平台在赣州高新区挂牌建设，打造稀土稀有金属自主创新高地。先后与江西理工大学、解放军信息工程大学等科研院所开展产学研合作。组织开展赣州·中国稀金谷科技成果对接会、赣州海外高层次人才项目对接会和中科院“赣南苏区院士行”等活动。稀土新材料、钨新材料中间性试验基地分别在诚正稀土、世瑞钨业挂牌，江钨合金申报认定中国驰名商标，成为高新区首个驰名商标。

【设立2家院士工作站】 5月11日，中国工程院院士、沈阳工业大学特种电机研究所所长、国家稀土永磁电机工程技术研究中心主任唐任远与赣州诚正稀土新材料股份有限公司合作设立院士工作站，推进永磁电机研发和产业化的技术服务工作，打造诚正稀土优质永磁电机品牌。12月6日，中国工程院院士、国家海洋食品工程技术研究中心主任朱蓓薇与赣州市全标生物科技有限公司合作设立院士工作站，促进全标生物在生产工艺、配方等多方面科学研发和技术攻关，增强企业自主创新能力和市场核心竞争力。

【招商推介】 年内，高新区相继在宁波、深圳、常州等地举办赣州“中国稀金谷”投资环境推介会，签约充电桩生产项目、传感器生产项目、智能设备制作产业园项目、高性能磁性材料生产项目、木工机械产业园等项目26个，签约资金133亿元。其中，50亿元以上项目1个，10亿元以上项目2个，5亿元以上工业项目4个。钨和稀土新材料及应用环节规模扩大，产业集聚度提升，赣州高新区成为以钨和稀土等有色金属产业发展相对集中的园区。

（陈祥龙）

吉安高新技术产业开发区

【概　况】 2017年，共有落户企业268家，其中规模以上工业企业106家，上市及拟上市企业30余家，台资企业40余家；从业人员达4万余人。全年实现主营业务收入384亿元，增长15.2%；利润28.7亿元，增长18.2%；工业增加值增长9.9%；基础设施投入8.27亿元，增幅为13.6%；新增就业2611人，增长6.8%。全年新签约落户企业18家，主要为新月光电、汉威科技、井冈山生物科技、国农农业科技、合晶光电等，其中投资亿元以上项目15个（含5亿元以上的8个）。年内新增开工项目12个，新增投产项目15个。

【科技创新】 2017年，园区新增9家高新技术企业，总数达32家。创新平台和载体建设取得新突破，协讯电子获批博士后创新实践基地和省级工程技术研究中心；华理－鑫泰稀土功能材料联合研究中心挂牌成立；燕京啤酒和博硕电子通过省级企业技术中心专家评审；新增国泰化工、鑫泰科技、联创电缆3家省级科技型中小微企业；开工建设高新区职业技术院校，打造电子信息人才培训基地。年内园区企业申请专利275件，获批授权194件。谊盛电子获批省发明专利产业化示范类项目。

【绿色发展】 年内，吉安高新区制订《省级循环化改造示范试点园区实施方案》，与江西理工大学签订清洁生产技术服务协议，利用院校和科研院所的科技力量为园区企业提供一套技术创新与清洁生产相结合、技术咨询与审核工作相配套、评价与审核的服务体系。一方面，引导电子信息产业链向多元化方向发展，构建“方案设计、元器件研发—专用芯片及零配件制备—电子产品制造—产品应用—增值服务”的电子信息产业链。另一方面，继续发挥吉安高新区及其周边县农产品资源优势，打造娃哈哈、燕京、奕方等食品知名品牌，形成完整的生态化、循环化绿色食品产业链。截至年底，吉安高新区资源产出、资源综合利用指标均呈发展状态，资源消耗和废弃物排放指标严格把控，工业节能形势总体良好。

【立讯射频、惊石农业等项目年内开工、竣工投产】 2017 年，吉安高新区新增开工项目 12 个，新增投产项目 15 个，井冈山生物科技、惊石农业、谊盛电子等项目均实现当年开工、当年竣工投产，尤其是投资 50 亿元的立讯射频项目从开工到投产仅用 3 个月。立讯射频是由深圳立讯精密工业股份有限公司、吉安县智通投资咨询中心和吉安县泰然投资咨询中心共同投资兴建，主要生产基站天线、高频线缆、无线充电模组等电子产品的高科技企业。井冈山惊石农业科技有限公司项目投资 5 亿元，用地 5.33 公顷，具备年产 4 万吨速冻农产品的生产加工能力。井冈山生物科技发展有限公司是一家主要生产绿色农资产品的高新技术企业，由北京京卫安华投资管理有限公司、广东碧盛环球环保材料有限公司与九康生物科技发展有限公司共同组建，主要从事环保全降解地膜、农膜、纯植物源生物农药、生物有机营养素（液肥）及其生物科技制品的研发、生产和销售。谊盛科技是一家专业从事电子焊锡材料及功能型化工制品研究、开发、生产、经营的高新技术企业，公司以电子辅料助焊溶剂、锡条、锡线为主要产品。

【扶优扶强】 2017 年，全年兑现企业优惠政策 6057 万元，通过降成本优环境行动为企业减少成本 1.66 亿元，完成“财园通”贷款 3 亿元，惠及企业 80 家。尤其在推进立讯射频项目建设过程中，为其融资 3 亿元；帮助鑫泰科技、力莱新能源等多家企业在公司上市、增线提产和厂区扩建等多方面解决融资问题。

（陈飞跃）

南昌经济技术开发区

【概　况】 位于南昌市北郊，辖 1 镇 3 管理处。总面积 229 平方千米，森林覆盖率 27.74%。总人口 40 万人，人口自然增长率 8.14‰。2017 年，园区生产总值 428.59 亿元，增长 9.0%；固定资产投资 719.2 亿元，增长 12.6%；财政总收入 63.88 亿元，增长 19.1%；地方公共财政预算收入 15.1 亿元，增长 12.2%；地方公共财政预算支出 26.69 亿元，增长 3.0%；消费品零售额 138.83 亿元，增长 15.1%；规模以上工业主营业务收入 1200.49 亿元，增长 23.5%；规模以上工业增加值增长 9.6%。新增规模以上工业企业 25 家，总量达 202 家。全年新引进项目 99 个，总投资达 1500 亿元。新开工项目 43 个，已竣工投产项目 17 个。

【南昌经开区跻身全国 50 强】 6 月初，经商务部考核评比，南昌经开区在全国 219 个国家级经开区中排名第 47 位。评价主要从产业基础、科技创新、区域带动、生态环保、行政效能等方面，对国家级经开区的综合发展水平进行评估；同年 12 月，同济大学发展研究院发布《2017 中国产业园区持续发展蓝皮书》，南昌经开区在全国 365 个国家级产业园中排名第 34 位。评价主要从社会发展、公共服务、产业合作、创新发展、经济发展等方面进行评估。

【产业发展】 2017 年，经开区培育新增家电产业成为百亿元产业，百亿产业总数达 5 个。电子信息、医药食品、新材料、新能源汽车及零部件、家电等主营业务收入分别达 360 亿元、241 亿元、211 亿元、162 亿元、110 亿元，其中新能源汽车及零部件产业和光电产业已发展成 2 个省级重点工业产业集群。截至年底，全区有国家级产业基地 2 个、省级产业基地 7 个。已搭建江西中科先进制造业技术研究院、洛可可工业设计中心等平台，健全绿色金融产业体系，推动政银企合作。全年专利申请 3054 件，专利授权 1471 件。其中欧菲光的发明专利“图形化的柔性透明导电膜及其制法”获第十六届中国专利金奖，是江西首次获中国专利金奖。全年新增高新企业 31 家，总量达 64 家。在全省率先成立双创联盟，并承办全省“双创周”活动；新增国家级众创空间 2 家、省级 2 家，新增省级科技企业孵化器 2 家，共有国家级众创空间 5 家、省级 2 家，国家级科技企业孵化器 3 家、省级 2 家。

【项目建设】 2017 年，开工项目总投资 831 亿元。其中，秋季重大项目集中开工项目 21 个，总投资额 703 亿元。建立“1+6+1”重大重点项目协调推进机制，重点实施亮灯机制，确保重大重点项目进展。坚持“店小二、企情收处中心、企业大走访”为标识的营商环境品牌，做到“三多”，即多减负，为企业减负 21.6 亿元；多争资，争取上级发改、工信、科技、商贸等部门扶持资金 4 亿元；多解难题，企情收处中心共收到 442 家企业各类诉求 1010 项，截至年底，已办结 990 项，办结率 98%。

【改革创新】 2017 年，经开区在全省率先实行模拟审批制，将部门审批串联改为并联的方式，实现项目落地零等待。5 月，中国南昌人力资源服务产业园获人社部批准，这在全国仅 11 家、中部仅 2 家。产业园于当年 10 月完成建设并试运营，已搭建人社公共服务平台、信息发布交流平台、创业孵化平台、投融资服务等平台，设有社保、医保、社会化管理、档案管理、培训创业贷款等 60 余个公共服务窗口。出台《经开区土地储备管理办法》，通过聘请第三方中介公司对土地进行价值评估，加快低效用地、闲置用地的收储速度。全年收储土地 11 宗，面积 74.27 公顷，超额完成全年 66.67 公顷的收储任务，并获“全省开发区节约集约利用土地考核优秀单位”称号。

【中医药科创城建设】 2017 年，经开区通过组建顶级专家咨询队伍、搭建科研创新平台体系等十大举措，打造具有中医药特色的健康智慧卫星之城。全年签约引进项目 25 个，总投资 162 亿元，其中中医药类项目 23 个

（包括20亿元项目1个、10亿元项目3个），引进跨国公司1家、上市公司3家、研究机构2家。截至年底，开工建设项目投资超20亿元，启动中医药科创城标准厂房、展示交易（会议服务）中心、公共研发中心、公共服务中心、纯菁生物医药等10个项目建设。

【儒乐湖滨江公园获美国设计大奖】 5月23日，经开区儒乐湖滨江公园获美国景观设计师协会（ASLA）荣誉奖。美国风景园林师协会奖是美国最高级别的风景园林奖项。该奖项奖励在设计、规划、分析和信息传播4个方面具有卓越表现的风景园林作品。奖项分3个等级，其中最高奖项为主席奖，其次为荣誉奖和优秀奖。儒乐湖公园以“城之心，江之眼”为方案特色，采取多样公园空间理念，打造清、绿、酷的城市湖泊。公园占地面积近4平方千米，绿化覆盖率超越90%，项目建设包括湖滨示范区、地景水廊区、城市文化广场、生活休闲区、生态湿地岛、文化休闲区等6大特色区块及水闸工程等。

【南昌经开区在全省率先试点模拟审批】 9月起，经开区在全省率先开展模拟审批试点工作。实行模拟审批是指项目未供地前，为使项目早日开工，由申请单位按现行重点建设项目审批流程要求准备报批资料，各审批部门视同该主体已取得土地，并按现行审批要求对报送资料进行实质性审批审查，出具审批意见。供地手续完成并达到法定审批条件后，由各审批部门对模拟审批意见进行补充、完善，出具审批文件，将模拟审批转化为正式审批。从“重审批轻监管”向“事前有标准、事中强监管、事后重结果”全过程监管转变。通过“承诺＋备案”制将质量监督审批速度加快至3个月内完成，保证投资项目快速落地。

【江铃集团新能源成为国内第三家通过工信部资质审查企业】 9月30日，工信部在官方网站发布第300批《道路机动车辆生产企业及产品公告》，江铃集团新能源汽车有限公司新能源资质落地，成为国内第三家通过工信部新能源资质审查企业。在新能源汽车生产企业及产品准入门槛不断提高的背景下，江铃集团新能源公司成为国内第三家通过工信部新能源资质审查企业，是对企业在新能源设计开发能力、生产能力、产品生产一致性保证能力、售后服务及产品安全保障能力等方面的肯定，资质的获得，也标志着江铃集团站在了全新的高度和格局，规划新能源产业发展。

【江铃集团30万辆新能源汽车新基地及工程研究院项目开工】 10月28日，江铃集团30万辆新能源汽车新基地及工程研究院项目在经开区开工，总规模200亿元的江西汽车产业基金同日启动。该项目占地面积121.81公顷，总投资150亿元，规划建设产能30万辆/年，其中一期规划15万辆/年。工程研究院项目占地面积20公顷，按照建设成为国家级新能源汽车技术中心的目标，建成后将具备新能源整车研发、三电技术研发、智能网联技术研发、轻量化车身研发、试制试验等能力。

（万志平）

南昌小蓝经济技术开发区

【概　况】 位于南昌大都市圈昌南组团，辖2管理处。全区规划核准面积18平方千米，已建成面积27平方千米。2017年，园区工业总产值突破1200亿元大关；主营业务收入1135.97亿元，增长11.35%；规模以上工业总产值1282.48亿元，增长13.5%；工业增加值增长12.65%；500万元以上固定资产投资404.42亿元，增长19.08%；256家规模以上企业工业利润总额81.47亿元，增长14.82%。财政总收入58.61亿元，增长13%。新增规模以上工业企业27家。全区实际利用外资3.93亿美元，增长11.87%；实际利用内资153.87亿元，增长69.67%；外贸出口7.22亿美元，增长6.47%。共签约引进重大工业项目62个，新增合同投资总额573.35亿元，分别增长72.22%、268.69%。新增高新技术企业39家，总数达89家。

【招商引资】 2017年，全区新签约项目62个。其中，投资1.5亿元以上的重大项目44个，投资总额约440.7亿元，特别是总投资128亿元的江铃股份富山新能源汽车基地、总投资70亿元的金一文化黄金珠宝产业园、总投资50亿元的济民可信生物医药产业基地3个项目均落户小蓝经开区。

【产业发展】 2017年，汽车及零部件、生物医药、食品饮料3大主导产业主营业务收入680.03亿元，增长4%；工业总产值731.69亿元，增长11%，均占比60%左右。推进上海网用、新农高科、希德无人机等新业态项目落户小蓝，中科院苏州纳米所南昌研究院、德瑞光电、华清博恩、北科生物、七海富泰等新兴产业项目建设。年内，小蓝创新创业基地被认定为国家级众创空间和省级科技企业孵化器，中部第二家、全省首家中国青年创业社区落户小蓝创新创业基地。

【项目建设】 2017年，园内企业德峰汽车、智成汽车、宁波华翔、浩钻实业等21个项目开工，北仑科业、旺泰实业、辉业汽航等14个项目主体竣工，陆风整车扩能、林源汽车、福思特、德瑞光电、惠昌电力等15个项目投产。承接地铁3号线、南外环、花博园、雄溪河等重大重点项目建设，累计完成房屋征收15万平方米。先后举办县区32个产业项目集中开工仪式、江铃股份富山新能源汽车基地开工仪式等活动。多方联动清理重组盘活南昌亨特、小松工程等项目用地26.67公顷，植入宁波华翔、同心紫巢、北仑科业等优质项目。

【企业服务】 依托全省首个行政审批局——南昌县行政审批局，试点开展行政审批权相对集中改革，审批时限压缩率78%；创新开展企业网格化管理服务机制，建立“三单一表”（企业诉求清单、投诉清单、建议清单和企业受益测算表），累计收集企业诉求和建议386条，对企业诉求实行分类派发、销号管理、限期办结。开展招聘会25场次，为企业解决用工难题。对接国家管理服务标准，管委会机关通过ISO质量管理体系认证。降成本优环境，累计为企业减负近15亿元。依托南芯基金、创东方创投基金、小蓝创新创业基金、增信保证金、还贷周转资金以及小蓝科技银行、“蓝银保”、财园信贷通、惠农信贷通、助保贷等投融资平台,破解企业“融资难”“融资贵”问题。截至年底,财园信贷通为企业提供贷款8.22亿元。修订出台《小蓝经开区绩效考核优化方案》,推行绩效考核管理,建立健全试错容错纠错机制,突出“人员能进能出、职务能上能下、待遇能升能降”的选人用人机制。拓展选人用人渠道,面向社会公开招聘各类专业人才43人。

【基础设施建设】 编制120平方千米的《小蓝经开区用地整合规划》,开展小蓝经开区区域规划环评编制工作。启动江铃股份富山整车基地城市设计国际招标,完成富山整车基地控制性详细规划成果,规划建设整车生产区、零部件配套区、汽车物流区、汽车特色小镇和湿地生态区。启动富山大道、小蓝大道西延、富山整车基地配套道路、汽车大道、振铃东路、振铃南路等10余条道路的新建和改造提升工程。推进集贸市场、垃圾中转站、公厕、改水改厕等工程建设。启动金沙大道、金沙二路、莲河路、金湖公园、玉湖公园、富山五路调蓄水面等园林绿化提升工程。开展“美丽小蓝”环境保护专项行动,在“执法”“查管”“清河”“净气”“护土”等难点领域进行集中整治,截至年底,已完成55千米管网疏通修复工作。完成20家企业31台200蒸吨高污染锅炉改造任务。

（熊燕红）

九江经济技术开发区

【概　况】 2017年,九江经开区实现工业主营业务收入1142.2亿元,增长11.8%;财政总收入100.12亿元,增长65.35%。固定资产投资329亿元,增长13.3%。其中,工业固定投资286亿元,增长16%。外贸出口12.6亿美元,增长0.1%;实际利用内资122.67亿元,增长12.14%;实际利用外资2.62亿美元,增长10.23%。全年新签约项目73个,总投资额639.53亿元,战略性新兴产业项目所占比重提高了37%。其中,投资亿元以上项目达71个。推进总投资超过420亿元的44个项目建设。全年投入资金8.3亿元,征地1393.33公顷,征收房屋3600余栋,土地报批176公顷,完成供地370.67公顷。总投资8.22亿元、总长30千米的“四横四纵”路网道路工程用6个月的时间实现通车。盘活土地200余公顷,清理闲置厂房12.1万平方米,重新落户项目21个,总投资67亿元。全年实施新建、续建城建项目110个,当年完成投资90.26亿元。全年投入33.6亿元用于民生领域。

【长江经济带·长江沿线经济技术开发区圆桌会议在九江经开区召开】 5月25日,重庆、南京、武汉等24个长江沿线城市的25家经济技术开发区代表,到九江参加长江经济带·长江沿线经济技术开发区圆桌会议。南京、重庆、黄冈等城市代表先后作交流发言。其中,南京坚持产业引领,构建现代产业体系;黄冈发挥协同优势,推进区域错位布局;攀枝花坚持创新驱动,在增强自主创新能力上实现突破;武汉转换发展动能,建设区域产业创新中心等。大家一致认为,长江沿线城市要互学互鉴,合力打造长江经济带建设和流域合作发展典范。

【九江首个云计算、大数据中心项目落户九江经开区】 10月12日,九江首个云计算、大数据中心及“互联网+”项目签约落户九江经开区。该项目由九江经开区管委会、腾讯云计算(北京)有限责任公司、深圳市汇鑫科技股份有限公司三方合作建设,项目总合作金额约10亿元,建设1.2万平米云计算大数据中心及“互联网+”项目,通过参与运营建设智慧城市云服务平台覆盖江西地区乃至整个长三角、华东地区的公共服务平台。

【生益科技覆铜板项目落户九江经开区】 11月2日,由广东生益科技股份有限公司投资的生益科技覆铜板项目签约落户九江经开区。该项目总投资20亿元,占地面积约16.07公顷,规划建设年产约3000万张覆铜板的中部地区生产基地。

（张双宝）

赣州经济技术开发区

【概　况】 位于赣州市中心城区西北部,代管5乡(镇、街道办事处)、1管理处1综合保税区,面积218平方千米,建成区面积57平方千米。总人口35万人。2017年,规模以上工业主营业务收入763亿元,增长14.5%。固定资产投资321.3亿元,增长12.8%。财政总收入41亿元,增长12.8%;一般公共预算支出32.8亿元,增长9%。实际利用外资2.4亿美元,增长10%。进出口总额8.37亿美元,其中出口总额7.64亿美元,增长10%。社会消费品零售总额56.95亿元,增长12.1%。全区年度计划投资213.26亿元,实际完成投资220亿元,完成率103%。全年签约项目70个,签约资金489.84亿元。

【新能源汽车科技城建设】 新能源汽车科技城总规划面积35.2平方千米,2016年4月启动建设,累计投入财政性资金85.8亿元(征拆资金75.8亿元,拨付基础设施建设工程款10亿元),园区循环道路基本形成,水、电、气、通信等管网和道路同步建设,产业新城初见雏形。截至年底,国机智骏汽车、宝悦新能源汽车、浙江中电、华氢电池等一批超10亿元的项目落户赣州经开区,总投资135.8亿元。新能源汽车产业全年实现产值60亿元,增长近30%,获批省级重点新能源汽车产业集群。

【电子信息产业园建设】 2017年,赣州经开区引进欧唯智能终端产业链综合基地、金信诺光纤、毅能达集成电路装备与制造、同兴达液晶显示模组项目等一批超亿元项目,签约资金100亿元。立德电子、柏瑞凯电子等5家电子信息企业进入规模以上企业名单。全年实现主营业务收入240亿元,增长16%。电子信息产业园规划面积由16平方千米调整到32.5平方千米。

【“赣港直通车”开工建设】 11月30日,赣州至香港直通车货运服务配送中心项目开工。“赣港直通车”项目建成后，打造赣州货运“公路港”，每2天发1班，扭转赣州到香港货物需中转的局面。该项目总投资1亿元，占地面积2.87公顷，主营赣州区域内货物的存储、运输、装卸、包装、加工、展示、国际海运、报关报检等信息处理、市场销售、外贸培训等业务。

【创新创业平台建设】 年内，赣州经开区新增3个国家级创新创业平台、3个省级工程研究中心、2个博士后创新实践基地。共有国家级创新创业平台6个、省级创新创业平台9个。其中，4月，赣州经开区被国家质检总局评为全国稀土永磁及钨粉深加工产业知名品牌创建示范区。11月16日，赣州经开区通过国家标准化管理委员会现场验收，被评为国家高新技术产业标准化示范区。江西福雷斯数据技术服务有限公司获批国家级科技企业孵化器，赣州市科技创业服务中心有限公司、赣州恒科东方实业有限公司被认定为国家级众创空间。

【重点领域改革】 人事制度改革初步实现干部管理由“身份管理”向“岗位管理”转变。放管服改革创新实施“互联网+政务服务”“一窗式”改革、建设项目并联审批、“中介服务超市”等政务服务新模式，年内实现“跑一次办结”的事项超过60%。成立全省首个经开区工商联——市工商联经开区分会。创新征地拆迁模式，全面推进第三方测绘、第三方评估，全区未发生一起对数据有异议而引起的纠纷。开展国企市场化改革，对区建投公司组织架构重新调整。

【产城融合】 年内，完成章良城市组团、洋田城市组团、经开区核心区、金坪工业园等城市设计编制工作，全区基本实现电子地形图全覆盖。东江源大道快速路、迎宾大道快速路、客家大道西延、飞翔大道快速路开工，岗边大道、科技城“回字形”主干路网全线通车，打通涌泉路、赣通大道、金潭大道等10条断头路。开工建设公园6个，新建景观湖3个，投资近2亿元的金凤梅园开园，初步形成市民“10分钟休闲圈”。

（谢鹏飞）

井冈山经济技术开发区

【概　况】 位于吉安市城南。2017年，园区总收入595亿元，增长18.1%；固定资产投资94.2亿元，增长13.8%；财政总收入20亿元，增长15.9%；地方公共财政预算收入8.22亿元，增长17.3%。规模以上工业主营业务收入548亿元，增长18.1%；规模以上工业增加值143亿元，增长9.7%。利用省外资金122亿元，外资2.18亿美元。新增规模以上工业企业13家，总量达111家。全年签约项目34个，合同引资额369.4亿元。其中，50亿元以上项目2个，30亿元项目1个。

【产业集聚】 年内，重点聚焦首位产业LED、智能终端两大细分板块，合力泰3D盖板、桑格尔科技等一批上下游项目相继入驻，产业发展逐渐向上游核心部件、下游移动智能终端等高端价值链迈进。电子信息主营业务收入突破300亿元，增长20%。生物医药大健康、新能源新材料和先进装备制造产业等战略性新兴产业产值占全区主营业务收入51%，税收3.8亿元。

【动能培育】 全年，新增专利申请398件，累计专利申请量2321件；新增授权413件，累计获得专利授权1262件，其中万人发明拥有量10.66件。高新技术产值占园区总收入45%。获评国家知识产权试点示范园区。合力泰井开区分公司、江西平波电子公司获离散智能制造试点示范项目企业，江西木林森、红板电子入选省级“两化”深度融合示范企业。新登记市场主体851个，增长5倍；新设企业448家，增长45.85%。普正药业获中国驰名商标。

【吉安市重大工业项目集中开工竣工活动暨木林森覆铜板项目奠基仪式在经开区举行】 4月20日，吉安市重大工业项目集中开工竣工活动暨木林森覆铜板项目奠基仪式在井冈山经开区举行。全市集中开工竣工项目有95个，总投资386.6亿元。其中，经开区有12个重大工业项目集中开工竣工。新开工的有木林森覆铜板项目、满坤科技二期等6个重大项目，总投资60亿元；江西木林森照明有限公司、吉安精锐通实业有限公司、江西钜弘科技有限公司等6个项目竣工。

【在江西(深圳)电子信息产业招商推介会上签约10个项目】 7月21日，江西(深圳)电子信息产业招商推介会召开，经开区共签约10个项目，合同引资额80.01亿元。其中，合同引资额最高的是惠州威尔高电子有限公司总投资20亿元的高精密度线路板生产项目；深圳桑格尔科技股份有限公司消费类电子产品研发、生产项目和东莞新东方光电有限公司显示模组生产项目、深圳满坤科技有限公司线路板生产项目和合力泰科技股份有限公司3D手机盖板生产基地建设项目，合同引资额均为10亿元；深圳市纳斯达工贸有限公司平板电脑、手机等智能终端生产项目和东莞市天润邦能源科技有限公司锂离子电池生产项目，合同引资额均为5亿元；还有合同引资额3亿元的深圳龙显电子有限公司智能显示模组生产项目，以及木林森股份有限公司2.01亿元的LED海外加工贸易项目。

【江西联创电缆在“新三板”上市】 8月18日，江西联创电缆科技股份有限公司在北京全国中小企业股份转让系统(“新三板”)上市。公司股票代码871701，股票简称联创电缆。该公司成立于2007年5月24日，公司主营业务是通信电缆、通信光缆以及其他电缆类产品的研发、生产和销售，公司的产品主要为移动通信用同轴电缆、有线电视电缆、光缆等用特种电缆产品。

【精准扶贫】 精准动态调整贫困户，贫困户资产性收益证、光伏扶贫股权证全覆盖，每年增收1700元以上。贫困户新农合个人缴纳部分实现区财政全额代缴，降低大病保险起付线，统一购买人均100元的大病医疗保险。发放教育扶贫资金118万元，全面落实危房改造补助资金5.1万元，设立脱贫爱心基金100万元。

（胡学兰）

上饶经济技术开发区

【概　况】 位于上饶市西郊，辖区总面积176平方千米，总人口11万人，其中产业工人5万余人。2017年，全区实现主营业务收入1051亿元。每平方千米工业主营业务收入达60.5亿元，高出全省工业园区平均值的三分之一。区本级财政收入完成15.1亿元，增长15%。新开工工业项目73个，开工厂房面积268万平方米；新投产企业65个，竣工厂房面积129万平方米；引进项目的亩均投资额970万元，比上年增加207万元/亩。累计引进项目51个，投资总额467亿元（不含吉利146亿元）。

【经济指标5个全省领先】 年内，上饶经开区纳入省商务厅统计的开工产业项目63个，居全省国家级开发区第一；实际进资216亿元，是全省唯一一个进资过200亿元的开发区，增长51%，增幅比全省第二增幅的高出近30个百分点；新引进投资百亿元以上工业项目3个，居全省国家级开发区第一；出口交货值104亿元，居全省国家级开发区第二；亿元以上项目签约资金287亿元，居全省国家级开发区第二。

【引进、开工多个百亿千亩项目】 年内，引进和开工多个百亿千亩项目。分别是晶科双倍增项目，投资150亿元，占地面积133.33公顷；长安跨越年产30万辆新能源乘用车和7.5万辆物流车项目，投资120亿元，占地面积77.73公顷；吉利年产20万辆新能源智能化新一代城市商用车项目，投资146亿元，占地面积80公顷；吉利汽车综合试验场项目，投资20亿元，总占地面积400公顷。开工项目有上年9月前签约，投资100亿元，占地122.27公顷的汉腾二期项目；投资31亿元，占地67公顷的中汽瑞华项目；投资30亿元，占地80公顷的博能商用车项目；上年10月引进，投资133亿元，占地80公顷的爱驰亿维项目。

【“两光一车”产业】 2017年，“两光一车”发展迅猛，全年实现主营业务收入711亿元，占经济总量的76%，提高3.7个百分点。光伏产业主营业务收入603亿元，增长4.3%；实际产生税收6.96亿元，增收8139万元，增长13.2%。光学产业主营业务收入25亿元，增长52%；实际产生税收3456万元，增收1574万元，增长83.6%。汽车产业主营业务收入83亿元，增长242%；实际产生税收1.78亿元，增收1.4亿元，增长367%。

【基础设施建设】 年内，全面推进产城融合，编制完成产城融合一体化规划。新建道路27.5千米，完成主干道“白改黑”10千米，完成互通及迎宾大道全线景观提升改造。投入1.3亿元，建设秀美乡村，完成320国道、311高速等通道沿线共1596栋民居的徽派改造。推进“城中村”改造，实施经开区历史上首个棚户区改造项目，完成房屋征收253户，共7.3万平方米。依法拆除违章建筑6.2万平方米，拆除农村危旧空心房18.8万平方米。

【服务企业】 成立金控公司，国有公司资产规模增加100亿元；引进江西银行上饶分行等各类金融机构70家，国际金融产业园开园。打造双创科技城，签约孵化型科技企业10余家；投资3500万元，兴建高层次人才合作交流中心，外聘博士顾问36人；申报发明专利40项、省级工程研究中心2家、国家驰名商标1个、省级名牌产品1个、“新三板”上市企业1家。

（程志坚）

萍乡经济技术开发区

【概　况】 位于萍乡市中心城区东北部。总面积57.6平方千米，城区绿化率40.06%。总人口20万人。2017年，地区生产总值174.79亿元，增长9.9%。工业主营业务收入645.11亿元，增长3.37%；规模以上工业增加值增长9.5%。财政总收入22.54亿元，增长3.36%；财政支出22.09亿元，增长15%。固定资产投资176.65亿元，增长12.8%。实际利用外资6965万美元，增长6%；利用内资87.15亿元，增长12.7%。出口总额5.75亿美元，增长3.57%。全年新签约项目20个，总投资额120亿元。新增注册项目20个，新增投产项目10个，新增竣工项目12个，新增开工项目20个。社会消费品零售总额39.55亿元，增长11.1%。城镇居民人均可支配收入34793元，增长8.20%；农村居民人均可支配收入17017元，增长8.34%。

【完成小街小巷“白改黑”提升改造】
2017年，萍乡经开区实行城区小街小巷“白改黑”全覆盖提升改造工程，总投资1.68亿元，共改造146条街巷，包括5条示范街（金建街、昌萍街、黄竹巷、金源巷、广源巷）和1个示范小区（百合冲小区），总长度约25千米，总面积30万平方米。小街小巷“白改黑”提升改造工程实施道路下水道疏通改造、路面硬化及沥青覆盖。示范街建立文化长廊，实现“硬化、净化、亮化、绿化、美化、文化”的“六化”目标。

【启动循环化园区打造】 2017年，萍乡经开区投资219亿元，启动循环化园区改造，按照企业内部、企业之间以及园区内外3大循环体系的模式，落实优化空间布局、调整产业结构、构建循环经济产业链等7大任务，形成42个重点支撑项目，入选2017年国家园区循环化改造重点支持园区，获国家资金1.4亿元。

【发行全省首单绿色债券】 9月，萍乡市汇丰投资有限公司发行全省首单绿色债券。债券规模20亿元，其中12亿元用于萍乡海绵城市及城市建筑节能建设项目，8亿元用于补充营运资金，票面利率5.79%，期限7年。

【海绵城市建设】 2017年，萍乡经开区新建、续建海绵城市重点项目共34个，划分为萍水湖片区、玉湖片区、翠湖片区，按项目属性分为公园绿地、市政道路、居民小区3大类，总投资近40亿元，截至年底，已完成聚龙公园、320国道改造一期、仁和路等11个项目建设。

（肖勇）

宜春经济技术开发区

【概　况】 位于宜春市中心城区北部，辖1街道办事处。规划面积81.5平方千米，建成区面积约24平方千米，园区绿化率30%。常住人口约6万人，人口自然增长率8.3‰。2017年，地区生产总值151.7亿元，增长16.2%。工业主营业务收入420.9亿元，增长15.4%；工业增速10.23%；利润总额32.5亿元，增长41.6%。财政总收入22.54亿元，增长9.2%。外贸出口6.57亿美元，增长3.36%。实际利用外资1.47亿美元，增长72.6%；利用省外资金83亿元，增长17%。全年新增签约项目40个，新增投产项目30个，新增开工项目30个。限上消费品零售总额29.4亿元，增长9.9%。全年净增注册企业411家，共有注册企业2177家。其中，新增“四上”企业72家，总数达284家；净增国家高新技术企业13家，总数达62家。共有中国驰名商标3件、省著名商标15件，有2家企业入选“2017年江西民营企业制造业百强”。

【宜春国家锂电新能源高新技术产业化基地被评为2017最佳投资环境锂电产业集群】 6月，在深圳高工产研举办的锂电新能源行业评选活动中，宜春国家锂电新能源高新技术产业化基地经过两轮公众投票、社会调查评估和行业专家评审，以综合排名第一的成绩获评“2017最佳投资环境锂电产业集群”。2009年，宜春经开区获批建设中国首个国家锂电新能源高新技术产业化基地，截至2017年年底，基地已落户企业100多家，其中投产和在建项目50家，基本形成从“锂矿开采、锂云母加工、碳酸锂生产、锂电池材料生产”到“锂电池制造、新能源汽车生产”的完整产业链。

【技术创新】 2017年，宜春经开区加强政策扶持和引导，强化企业创新主体地位，推动园区企业与高等院校、科研机构开展产学研合作，全年为企业争取科研项目资金2000余万元，开展市外产学研科技合作31项，技术合同交易额突破1亿元。园区企业广东兴发铝业（江西）有限公司研发的“铝合金扁铸锭同水平热顶铸造装置”获第十九届中国专利优秀奖；江西金利达钾业有限责任公司研发的“复分解法生产硝酸钾的方法”、江西盛富莱定向反光材料有限公司研发的“一种反光玻璃珠及其制备方法”获第三届江西省专利奖。全区获批国家高新技术企业16家，国家级众创空间1家，国家级科技型中小企业3家、省级科技型中小企业20家。共有省级科技协同创新体6家，占宜春市的2/3。

【锂电新能源产业集聚】 宜春经开区坚持把锂电新能源产业作为首位产业来抓，推动锂电新能源产业发展，打造亚洲锂都。2017年，新签约锂电新能源项目14个，包括远东福斯特二期投资近40亿元的3G瓦时高能量密度动力储能锂电池项目、上市公司科陆电子投资30亿元的储能系统核心生产基地项目、江特九龙汽车投资18亿元的年产10万辆SUV纯电动乘用车项目、宇泰新能源投资15亿元的高效太阳能电池和储能电池项目等一批优质项目，锂电新能源产业不断延链、壮链，进一步集聚升级，全年全区锂电新能源产业主营业务收入100.2亿元，增长42.2%。

（宜春经开区党政办）

龙南经济技术开发区

【概　况】 位于龙南县境内。2017年，全区入驻工业企业250多家，其中规模以上企业103家，高新技术企业25家，“新三板”挂牌企业1家。全年新签约项目54个，签约总额479.9亿元，新开工31个、建成投产17个，形成电子信息首位产业和稀土新材料、食品药品、现代轻工4大主导产业。实现主营业务收入268.47亿元，增长16.20%；利润19.11亿元，增长22.80%。固定资产投资77.27亿元，增长23.00%。工业增值税4.57亿元，增长8.49%。进出口总额7.75亿美元，增长17.42%。其中，进口总额9278.08万美元，增长8.59%；出口总额6.82亿美元，增长18.73%。

【平台建设】 赣州电子信息产业科技城一期建成，落户电子信息项目78个，初步形成从覆铜板、线路板等电子元器件生产到智能手机、智能穿戴等智能终端产品上下游完整产业链，电子信息产业集群被列为省级重点产业集群。完成50万平方米标准厂房建设并入驻51家企业，其中源德科技、诺威新能源等3家企业投产。完善基础设施建设，与工信部电子五所合作设立中国赛宝实验室（龙南）办事处，填补龙南电子信息产业科研机构的空白。引进首家全国性金融机构——赣州彩通网络小额贷款公司落户龙南。

【招商引资】 2017年，先后在长珠闽等地开展电子信息产业专题招商引资推介会，累计签约项目54个，增长35%；签约金额479.9亿元，增长128.61%。其中，亿元以上项目44个，10亿元以上项目20个。电子信息首位产业项目23个，均为亿元以上项目，签约金额263.2亿元。其中引进总投资50亿元的氟新材料产业园项目，填补国内无硅氢氟酸材料生产的空白。引进的高导热绝缘材料和石墨烯线路板基材产业化项目，实现石墨烯产业研发、应用和生产零的突破，推动电子信息产业向高精尖发展。

【产业转型】 年内，经开区新增高新技术企业9家，总数达21家。全区专利申请量295件，专利授权量192件，PCT专利1件；新增省级工程技术研究中心1个。江西新正耀科技有限公司和龙南县赣钇精细化工有限公司获“江西名牌产品”称号。龙南电子商务产业园众创空间被省科技厅推荐科技部备案国家级众创空间。先后引导汇森家具、新正耀科技、宏业成实业、骏亚电子、宝辉科技5家企业实现增资扩产29.5亿元。新增规模以上企业18家，总数达103家。推进省级生产性服务业基地建设，区县新增的36家规模以上（限上）服务业企业中，有20家在经开区。

【安商服务】 2017年，通过精准帮扶APP平台共收到企业诉求303条，已办结300条，办结率99%。帮助骏亚精密、瑞兴龙、比邦科技等11家企业融资9.33亿元，提供免费租用标准厂房约30万平方米,兑现工业发展奖励资金7070万元,“五个信贷通”向企业发放贷款11.38亿元,帮助园区52家企业参加用电直接交易,申办控制性交易目标8175万千瓦时,共为企业减负4.28亿元。

【龙南保税物流中心(B型)通过验收】 12月22日,由南昌海关、财政部驻江西省财政监察专员办事处、省国税局、国家外汇管理局江西分局组成联合验收组,对龙南保税物流中心(B型)进行验收。联合验收组经过综合评审,认为龙南保税物流中心(B型)0.103平方千米内的基础和监管设施符合《保税物流中心基础和监管设施验收标准》以及国家有关法律法规的规定和要求,具备封关运作条件,同意通过验收。

(刘和龙)

瑞金经济技术开发区

【概　况】 2017年,开发区实现工业总产值197.48亿元,增长66.41%。工业主营业务收入197.7亿元,增长26.2%;工业税金7.62亿元,增长137.39%;工业增加值36.68亿元,增长9.9%。出口交货值33.59亿元,增长11.55%。固定资产投资35.74亿元,增长13.95%。非工企业主营业务收入47.63亿元。工业企业劳动就业1.52万人,增加5.13%。全区新增工业企业20家,新增项目40个,新开工企业17家,新建成投产企业16家,聚集各类企业536家,其中工业企业210家,规模以上工业企业57家,主营业务收入超10亿元企业5家。

【瑞金国家级经开区产业发展基金成立】 8月16日,瑞金国家级经开区产业发展基金合作协议签约仪式在瑞金宾馆举行。由瑞金市红都工业投资开发有限公司代表瑞金市政府、瑞金经开区管委会与中国工商银行股份有限公司赣州分行签署瑞金国家级经开区产业发展基金合作协议。基金规模为20亿元,投资领域主要是瑞金经开区基础设施建设、瑞金市辖区内规模以上企业和科技型、高成长性企业等。

【招商引资项目集中签约】 9月7日,招商引资项目集中签约仪式在瑞金宾馆举行。项目共有17个,总投资31.17亿元,其中亿元以上9个。从产业分布看,工业项目14个,现代农业项目1个,现代服务业项目2个。

【江西省电线电缆产品质量监督检验中心揭牌】 9月15日,江西省电线电缆产品质量监督检验中心揭牌仪式在经开区创新创业孵化基地举行。该中心是全省唯一的省级电线电缆专业检测中心,设有电性能实验室、机械性能实验室、环境实验室、燃烧实验室,拥有局部放电、电压冲击、燃烧实验、绝缘(护套)机械物理性能检验和电气性能检验等主要检测设备70余台(件),具备对额定电压35千伏及以下电力电缆、电缆附件、架空绝缘电缆、控制电缆、铝绞线及钢芯铝绞线、聚氯乙烯绝缘电缆电线、橡套电缆、船用电缆、机车及汽车用电缆、阻燃、耐火类电缆、各类绕组线、预分支电缆、各类电线电缆用导体、绝缘及护套材料的检测能力。

【与昆山、宁波经开区签订结对共建协议】 9月27日,瑞金经开区分别与昆山、宁波经开区签订合作框架协议。主要利用瑞金特殊的政治区位优势,整合各方资金、资源及其他生产要素,在瑞金经开区分别合作共建昆山、宁波经济技术开发区瑞金园区,园区首期用地面积各约200公顷。

【瑞兴于经济振兴试验区园区一体化发展启动】 10月26日,瑞兴于经济振兴试验区园区一体化发展协调办公室和瑞金经开区的4个园区(兴国园区、于都园区、宁都园区、石城园区)分别举行挂牌仪式,标志着瑞兴于经济振兴试验区园区一体化发展全面启动,也是赣州市加快瑞兴于经济振兴试验区建设的又一探索。赣州市支持瑞金经开区整合兴国经开区、于都工业园、宁都工业园、石城工业园,实施“一区五园”管理模式,构建“一区五园”发展新格局。“一区五园”对瑞兴于“3+2”发展模式,推动试验区园区资源整合、品牌共用、政策共享,创新园区管理体制机制发挥积极作用。

(古盛林)

南昌出口加工区

【概　况】 2017年,园区进出口总值6.8亿美元,其中出口3.1亿美元,居省内4家特殊监管区域首位。实际利用内资8.65亿元。新开工建设中国物流南昌保税物流园项目。

【南昌综合保税区通过验收】 5月11日,南昌综合保税区通过海关总署、国家发改委、财政部等10部委验收。7月1日,完成关区代码从4011到4019的过渡,封关运行。南昌综合保税区历时3年申报,2016年2月获国务院批复同意,是全省继赣州综保区后第二家正式运行的综合保税区。2016年8月,综保区管委会成立,内设5个职能局(室),并下设南昌综合保税区服务中心。综保区规划面积4.1平方千米(其中海关特殊监管区域2平方千米),一片区为原南昌出口加工区A区,位于南昌国家高新技术产业开发区,规划面积0.31平方千米;二片区面积1.69平方千米,位于南昌市北部,紧邻昌北国际机场东南面,地处第18个国家级新区——赣江新区腹地。

【招商引资】 9月9日—10日,2017年中国500强企业高峰论坛在南昌举行。重大项目签约仪式上,综保区与全球首家,也是唯一一家工业全产业链及全服务生态化的跨境电商平台聚贸控股集团签署投资合作协议。聚贸控股集团在综保区打造中部区域总部,处理中部5省的结算业务及仓储业务。11月,与中国物流股份有限公司、中国江西国际经济技术合作公司签约,启动投资2.72亿元,占地面积10.2公顷的中国物流南昌保税物流园项目,以综保区内进出口加工配套仓储业务为核心,为南昌及省内的进出口企业提供综合一体化的保税物流及增值业务。对接中国电子、中国华阳等龙头企业和中企协、德国华人商会、意中交流协会、台企联等产业合作平台,与相关企业初步达成合作意向。

【搭建外贸综合服务平台】 8月始,

南昌综保区发挥综保区的功能优势和创新模式，与南昌市各县区共建共用综保区外贸综合服务平台。全市各县区以股权合作形式共同参与搭建的、综保区外贸综合服务平台已正式运转。平台将政府性的服务功能和市场化的服务功能有机结合在一起，为包括综保区及合作县区在内的全市外贸企业提供"关、检、税、汇、金、保、储、运"等一站式专业化服务。

【探索创新模式】 2017年，南昌综保区结合实际，复制推广自贸区改革试点经验，实施一次备案、多次使用作业模式，开展保税展示交易并实行电子化分段担保试点工作，实现批次进出、集中申报作业模式；复制推广货物状态分类监管业务和智能化卡口验放制度，推进江西省国际贸易单一窗口建设，实现单一窗口100%全覆盖。开展构建开放型经济试点试验工作。通过"功能平台＋产业协同＋飞地经济"的新模式，以综保区为核心载体，搭建面向全市的国际招商引资平台。通过探索"互联网＋大数据＋外贸综合服务"的新模式，以建立南昌智慧外贸综合公共服务平台为抓手，打造全市服务贸易促进体系。

（姚适）

九江出口加工区

【概　况】 2017年，园区累计落户投产企业80家，工业主营业务收入236.5亿元；利润总额16.1亿元。实际利用内资30亿元；出口创汇4.58亿美元；实际对外投资300万美元。年内自主引进11个项目，合同资金121亿元。新增开工项目11个，新增投产项目8个，其中6家企业均实现当年签约当年开工当年投产，1家被认定为规模以上企业。

【重点项目建设】 年内，巨石集团九江公司二期项目基本建成；巨石公司获评全国首批"绿色工厂"，获第二届江西省井冈质量奖；公司实现利润和税收双过亿，产销率超100%。旭阳雷迪公司硅片产量增长52.46%，创历史新高；销售收入增长16.38%；利润增长5.5%，全年出口创汇1.4亿美元；多晶硅片产量、出货量保持全球第二名，在业内实现效率、成本和品质3个第一。盛祥电子公司投入1000万元，新添24台新式智能织布机，月产量提高20%～25%，收购下游企业安徽明光覆铜板，产量名列全国同行业前十；全年主营业务收入、利润、税收分别增长79.89%、117.51%、366.25%。

【重大产业项目与新兴配套项目】 年内，园区重大产业项目与新兴配套项目招商并重，加快推进区域创新和转型升级，总投资100亿元的国际跨贸小镇项目和跨境电商产业园项目签约，促进"产城融合"发展；汇源果汁引进2条进口利乐生产线，提高产品高附加值；绿冬丝科将核心资产生产基地平台化，打造绿冬智造产业园，使之成为出口加工区内的"园中园"。完成专利申请量172件，授权量140件，新增有效发明2件。新增2家高新技术企业，有科研投入的规模以上企业达10家。

【整改转型结合】 年内，出口加工区将未开发利用的土地整改和九江综合保税区的申报工作结合起来实施，将加工区原规划面积2.81平方千米核减至1.81平方千米，置换至九江城西港区，转型升级为九江综合保税区。园区以引进杭州跨贸网项目为切入点，推进国家跨境电商试验区申报。

【固定资产盘活】 年内，通过实施"转型升级""二次招商""腾笼换鸟"引进项目14个，盘活存量土地58.88公顷，利用闲置厂房12.6万平方米。

【园区服务】 年内，通过茶叙会、现场办公等方式为企业排忧解难；搭建银企合作平台，协助企业融资1.2亿元；公租房分配率达91%；启动园区内南北河道改造、汇源路立面及人行道改造、公租房天然气安装、污水处理厂提标、污水管道改造等基础设施建设项目；全年为企业招工6002人，岗前培训4620人，引进中高端人才362人；出口加工区获"江西省模范和谐劳动关系工业园区"称号。

（姜正生）

井冈山出口加工区

【概　况】 2017年，井冈山出口加工区完成进出境/区货物总值7777万美元。其中，进境货物总值1356万美元，出境货物总值1006万美元，其他进出区货物总值5415万美元。

【招商引资】 2017年，出口加工区管理局结合工作实际，探索研究符合自身发展的相关政策和工作方法，开拓招商思路。按照"三个定位、三个坚持""四个提升"要求，聚焦井开区主导产业，探寻适应出口加工区内发展的新业态。经过多次洽谈协商，与柏兆电子配套的境外电子产品维修公司达成投资意向，该公司租用出口加工区内标准厂房经营，已完成注册登记。

【加工区面积核减】 11月26日，国务院下发《国务院办公厅关于同意江西井冈山出口加工区核减规划面积的复函》，同意出口加工区面积核减，由一期建成的0.63平方千米核减浚图项目0.15平方千米，核减后的面积为0.48平方千米。按照海关总署要求，出口加工区核减面积后新建围网及巡逻道、监控及红外报警系统等改造工程已按国土资源部核准的界址点坐标改造完成。

【金鸡湖公司加强市场化运作】 2017年，金鸡湖公司加强公司资产管理，盘活现有标准厂房、公租房、办公大楼等资源，将公租房3号、4号楼整体打包出租给园区企业；引进维修企业入驻标准厂房；整合公租房二期门面，与第三方拍卖公司合作，对所有门面租赁权进行公开拍卖；与吉安市红十字会合作，引进爱心产业园，出租监管大楼1楼作为其办公场所。

（肖思伟）

·资　料·

全省省级以上开发区(工业园区)一览

南昌市

1 南昌高新技术产业开发区(南昌综合保税区)

2 南昌经济技术开发区

3 南昌小蓝经济技术开发区

4 青山湖高新技术产业园区

5 新建长埃工业园区

6 安义工业园区

7 南昌昌南工业园区

8 进贤经济开发区(筹建省级)

九江市

9 九江经济技术开发区(九江出口加工区)

10 共青城高新技术产业开发区

11 瑞昌经济开发区

12 九江沙城工业园区

13 武宁工业园区

14 修水工业园区

15 永修云山经济开发区

16 德安高新技术产业园区

17 庐山工业园区

18 湖口高新技术产业园区

19 都昌工业园区

20 彭泽工业园区

景德镇市

21 景德镇高新技术产业开发区

22 乐平工业园区

23 景德镇陶瓷工业园区

萍乡市

24 萍乡经济技术开发区

25 莲花工业园区

26 芦溪工业园区

27 萍乡湘东工业园区(筹建省级)

28 萍乡安源工业园区(筹建省级)

29 上栗工业园区(筹建省级)

新余市

30 新余高新技术产业开发区

31 分宜工业园区

32 新余袁河经济开发区(筹建省级)

鹰潭市

33 鹰潭高新技术产业开发区

34 贵溪经济开发区

35 余江工业园区

赣州市

36 赣州经济技术开发区(赣州综合保税区)

37 章贡高新技术产业园区

38 赣州高新技术产业开发区

39 南康经济开发区

40 信丰工业园区

41 大余工业园区

42 上犹工业园区

43 安远工业园区

44 龙南经济技术开发区

45 定南工业园区

46 宁都工业园区

47 全南工业园区

48 于都工业园区

49 兴国经济开发区

50 会昌工业园区

51 瑞金经济技术开发区

52 寻乌工业园区(筹建省级)

53 崇义工业园区(筹建省级)

54 石城工业园区(筹建省级)

宜春市

55 宜春经济技术开发区

56 樟树工业园区

57 丰城高新技术产业开发区

58 靖安工业园区

59 高安高新技术产业园区

60 奉新工业园区

61 上高工业园区

62 宜丰工业园区

63 万载工业园区

64 宜春袁州工业园区(筹建省级)

65 铜鼓工业园区(筹建省级)

上饶市

66 上饶经济技术开发区

67 上饶高新技术产业园区

68 玉山经济开发区

69 横峰经济开发区

70 铅山工业园区

71 弋阳高新技术产业园区

72 婺源工业园区

73 万年高新技术产业园区

74 鄱阳工业园区

75 余干高新技术产业园区

76 德兴高新技术产业园区

吉安市

77 井冈山经济技术开发区(井冈山出口加工区)

78 吉安河东经济开发区

79 吉州工业园区

80 吉安高新技术产业开发区

81 吉水工业园区

82 永丰工业园区

83 新干工业园区

84 安福工业园区

85 峡江工业园区

86 泰和工业园区

87 遂川工业园区

88 永新工业园区

89 万安工业园区

抚州市

90 抚州高新技术产业开发区

91 抚北工业园区

92 崇仁工业园区

93 金溪工业园区

94 南城工业园区

95 南丰工业园区

96 广昌工业园区

97 东乡经济开发区

98 宜黄工业园区

99 黎川工业园区

100 乐安工业园区(筹建省级)

(江海)

本栏编辑　游桃琴

旅　游　业

综　述

2017年，全省旅游行业围绕省委"创新引领、绿色崛起、担当实干、兴赣富民"工作方针，创新实干，旅游产业发展工作取得明显成效。全年全省接待国内旅游总人数5.73亿人次，旅游总收入6435.09亿元，同比分别增长21.57%和28.87%。

【旅游综合改革】　全省100个县(市、区)全部完成由旅游局改为旅游发展委员会，成为全国第一个完成省、市、县三级"局改委"的省份。各地"1+3+N"旅游市场综合监管体制改革加快推进，全省共成立旅游警察队伍16支、旅游工商分局13个、旅游巡回法庭31个以及婺源县旅游诚信退赔中心等其他机构4个。上饶市弋阳县成立的龟峰旅游综合执法指挥调度中心，得到国家旅游局的高度重视，并在《中国旅游报》进行专题报道。继庐山设市、旅游集团组建后，武功山经营管理体制改革扎实推进，致力打造大武功山旅游品牌。省旅游集团混合所有制改革和各地旅游综合改革取得进展。

【全省旅游产业发展大会召开】　6月12日—13日，第四届全省旅游产业发展大会在九江召开。大会由江西省委、省政府主办，省旅游发展委员会、九江市市委、市政府承办。省委书记鹿心社出席大会并为2018年旅发大会承办地抚州市授旗。省长刘奇出席并讲话。省领导刘捷、朱虹、李利、蔡晓明出席，国家旅游局副局长李世宏到会讲话。省旅游产业发展领导小组成员单位及省直有关单位主要负责人，各设区市主要领导和分管领导、旅发委(局)主任(局长)，各县(市、区)主要领导，部分旅游景区、旅游企业、院校和科研单位主要负责人共300余人参加大会。会议研究部署推进旅游强省建设和全省旅游工作。

【中国红色旅游推广联盟成立仪式暨2017中国(江西)红色旅游博览会在南昌举行】　11月9日—11日，中国红色旅游推广联盟成立仪式暨2017中国(江西)红色旅游博览会在南昌举行，全国24个省份代表、省内各设区市、省内外重点旅游企业、知名媒体总计600余人参会参展，红博会期间吸引了10余万市民参观，江西风景独好官方微博以"2017江西红博会"为话题，发表江西红色旅游相关信息，此话题热度实时排名旅游榜第三名，阅读量近80万；评选出2017江西十大红色旅游目的地、江西十大最佳红色旅游导游员、江西十大旅游名小吃、江西十大最佳诚信旅行社、江西十大最佳诚信旅游饭店、江西十大最佳诚信旅游餐饮企业、江西十大红色旅游商品、十大游客喜爱的红色旅游歌曲等，进一步挖掘红色资源，弘扬红色文化，传承红色基因。此项工作被国家旅游局列入"2017年全国旅游系统十件大事"。

（万晶）

景区建设

【概　况】　2017年全省共新签约旅游项目218个。其中：亿元以上项目176个，占80.73%；5亿元以上项目92个，占42.2%。签约资金2158.37亿元，占全年1000亿元目标任务的215.84%，较上年增加770.78亿元，增长55.55%。全年共组织实施重点旅游项目569个。其中：亿元以上项目402个，占70.65%；5亿元以上项目174个，占30.58%。投资总额3843.55亿元，完成投资621.54亿元，占全年600亿元目标任务的103.59%，同比增加14.99亿元，增长2.47%。其中新开工项目218个，投资总额1663.19亿元，完成投资233.57亿元。续建项目273个，投资总额2000.94亿元，完成投资342.39亿元。新竣工项目78个，投资总额179.42亿元，完成投资45.58亿元。

全省共有A级旅游景区359家，其中5A级景区10家、4A级景区122家、3A及以下景区227家。宜春温汤温泉旅游度假区获评国家级旅游度假区，铜鼓县汤里森林旅游度假区获评省级旅游度假区。上饶市成功创建国家首批15家中医药健康旅游示范区之一。东鄱阳湖国家湿地公园景区成功创建国家湿地旅游示范基地。

【完善全省旅游规划体系】　组织编制《江西省旅游产品空间规划》，围绕"吃、厕、住、行、游、购、娱"基本要素和"文、商、养、学、闲、情、奇"发展要素统筹旅游产业布局，对接全省空间规划"多规合一"的同时，促进全省旅游业健康快速发展，打造江西经验、全国样板。联合省委宣传部、省发改委印发实施《江西省贯彻落实〈2016—2020年全国红色旅游发展规划纲要〉实施方案》，强化江西红色旅游在全国的“头雁效应”。组织编制《赣西旅游合作发展规划》，促进赣西地区整合资源，加快整体开发和推广，着力打造全国知名的休闲旅游胜地。组织编制《江西省乡村旅游规划编制规范》，并立项为江西省地方推荐性标准。初步形成高位推动、上下联动、全要素调动的旅游规划体系。

【创建高等级旅游品牌】 2017年，大觉山、龟峰景区成功创建国家5A级景区，江西省5A级景区数量进入全国前十；滕王阁、武功山、仙女湖、庐山西海、篁岭、鄱阳湖湿地公园、御窑厂国家考古遗址公园、靖安三爪仑、安远三百山、大余丫山等景区积极创建国家5A级旅游景区。加强国家4A级旅游景区创建，培育了宁都小布镇等18家国家4A级旅游景区。严格景区质量动态管理，组织专家组以明察、暗访的形式分两批开展复核工作，取消景德镇市得雨生态园、萍乡市安源锦绣城两家景区国家4A级旅游景区的等级，给予南昌市天香园等7家景区警告处理，让景区监管走向制度化和常态化，切实提高A级景区管理水平和服务质量。

【完成旅游厕所革命3年行动计划】

2017年，全年共新改建厕所1242座，自2015年厕所革命开展以来，已完工厕所3320座，超额完成820座，完成3年行动计划2500座的132%。在2017年世界厕所日暨中国厕所革命宣传日活动中，江西省获“全国厕所革命突出成果奖”，获奖理由为“由简易化向人性化转变成为旅游品牌新标签”，全国共10个省（区、市）获此荣誉。5月召开的第四次全国厕所革命推进大会上，南昌市政府、萍乡市旅发委获“厕所革命综合推进先进单位”称号。萍乡市武功山景区和景德镇御窑景区分获管理创新奖和人文关怀奖。

【旅游商品创新提档升级】 9月，组织企业参加中国旅游协会在内蒙古举办的中国特色旅游商品博览会，江西省旅游商品获得1金奖、4银奖、2铜奖的优秀成绩。10月，推荐并带领企业参加北京旅游商品博览会，江西省景德镇陶瓷获得优秀旅游商品奖，推动江西省优秀旅游商品企业走出去，扩大江西旅游商品品牌影响。11月，组织企业参加云南昆明举办的中国国际旅游交易会期间的“中国特色旅游商品展示活动”，参展旅游商品广受欢迎，全部销售一空。举办江西红色旅游商品评选活动。共组织182件商品参赛，选出2017江西十大红色旅游商品10个，2017江西红色旅游商品银奖20个，2017江西红色旅游商品铜奖30个。红博会期间开展了优秀旅游商品展示活动，将历年获奖优秀旅游商品及2017年参赛旅游商品进行展示。

【促进旅游与相关产业融合发展】

推进旅游业与工业、林业、文化、体育等产业融合发展。萍乡安源景区被国家旅游局评为国家工业遗产旅游基地。开展全省工业旅游区点调查，评定15家省级工业旅游区（点）。森林旅游稳步推进，与省林业厅联合开展首批遴选工作，认定靖安三爪仑国家森林公园观音岩景区等5家为首批省级森林体验基地，认定宜春市二十四桥明月园等5家为首批省级森林养生基地。联合印发《关于加快推进森林旅游发展的实施意见》。省旅发委和省文化厅开展旅游演艺工作调研，了解江西省旅游演艺节目开展情况、行业竞争情况、周边发展形势，并分析存在问题，进一步创新旅游演艺节目，整合江西独特的地域文化和旅游演艺资源，提升旅游演艺项目凝聚力。联合省商务厅、省文化厅印发《关于印发江西省商业旅游文化融合发展示范区认定管理办法的通知》，开展示范区认定工作，南昌市绳金塔商圈等5家商业旅游文化融合发展示范区被评为首批“江西省商业旅游文化融合发展示范区”。江西省庐山西海风景名胜区被国家旅游局和国家体育总局评为“国家体育旅游示范基地”创建单位，“环鄱阳湖国际自行车大赛”获“国家体育旅游精品赛事”。

【推动红色旅游发展升级】 2017年，举办了系列重大红色旅游宣传活动。南昌市举办中国（南昌）军事摄影、瓷板画等系列展，第五届南昌国际军乐节，“八一精神”进校园主题活动、“军歌唱响英雄城”等一系列红色旅游活动。上饶市以诵读经典的方式，开展“全民诵读《可爱的中国》”活动，在各大景区掀起高潮，游客参与热情持续高涨，中央电视台进行了深入报道。井冈山市为策应井冈山革命根据地创建90周年和建军90周年两大主题，举办井冈山杜鹃花节、“农商杯”纪念井冈山根据地创建90周年“全景吉安，全域旅游”摄影大赛、万名市民“游红色景区、听红色故事”和“千名自驾、摄影爱好者红色景区行”等活动，营造了浓厚的红色旅游氛围。加快打造红色旅游精品项目，以项目作为转型升级“动力源”，驱动旅游产业新旧动能转换。吉安市坚持将红色旅游作为推动全市旅游产业转型升级的突破点和着力点，进行重点培育和打造，抓好项目包装和招商。井冈山以红色旅游品牌为依托，全市新签约旅游项目21个，总投资221.27亿元，7个红色旅游基础设施建设项目纳入全国红色旅游经典景区三期建设方案，获得8946.5万元资金支持。赣州市新建红色旅游项目31个，续建16个，实际开工44个，开工率为93%。瑞金红色文化创意产业园、兴国“模范兴国”红色文化城、于都长征源小镇、寻乌毛泽东寻乌调查印象园等特色红色旅游项目有序推进，进一步提升红色旅游综合实力。

【促进乡村旅游发展】 8月，省政府办公厅印发《关于进一步加快发展乡村旅游的意见》。10月，联合省发改委等14部门联合出台《江西省促进乡村旅游发展提质升级实施方案（2017—2020）》。全省乡村旅游逐渐由点及面、串珠成链，覆盖面越来越广，产业规模不断扩大，形成昌九、大赣西、赣东北、赣南等原中央苏区、罗霄山脉集中连片贫困区域等5个乡村旅游聚集区，乡村旅游全域发展态势逐渐形成。乡村旅游产品供给提质升级。全省各地不断加大乡村旅游景区景点投入和建设力度，共创建省5A级乡村旅游点3家，4A级乡村旅游点8家，旅游风情小镇10家。全省各地观光、休闲、体验、康养、度假、温泉、养殖、民宿、民俗、体育、节庆、文化遗产和非物质文化遗产等多种“乡村旅游+”业态深度融合，产品结构日益完善，发展质量持续升级，成为“江西风景独好”一道靓丽的风景线。赣州大余丫山景区被评为“第三届中国乡村旅游创客示范基地”,成为全国乡村旅游“大众创业、万众创新”典范;南昌湾里以“乡村旅游+城市休闲”为主要特色,打造都市后花园;鹰潭龙虎山以“核心景区带动乡村旅游发展”为主要模式,创建全域旅游建设示范景区;萍乡芦溪县仙凤三宝园以“乡村旅游+青年创客基地”为主要驱动,推动“大众创业、万众创新”落地生根;新余昌坊度假村以“乡村旅游+三产融合”为主要产业。上饶余干以“乡村旅游+秀美乡村建设”为主要抓手,形成乡村旅游新亮点;吉安万安田北农民画村以“乡村旅游+艺术创作”为主要标志,带动群众创业致富。

【开展旅游扶贫工作】 实施乡村旅游扶贫工程。全省通过旅游扶贫带动6741名建档立卡贫困人口就业,通过农产品销售、临时用工、经营性收入等方式辐射带动3.3万贫困户、10万贫困人口增收。会同省发改委、省扶贫办等部门,加大资金整合力度,在省级层面下达乡村旅游扶贫专项资金共计7600万元,对56个旅游扶贫试点村和乡村旅游扶贫重点项目进行专项扶持,产生收益精准分配到户。开展规划帮扶工作,组织省内高校、高资质旅游规划编制单位,为全省32家旅游扶贫试点村免费编制旅游规划。坚持产业带动。在专家指导、宣传营销、项目建设方面向国家级贫困县倾斜,支持余干县大明花海景区、修水县东浒寨景区、广昌县中国莲花景区、安远县东生围景区、宁都县小布镇景区、万安县农民画村景区成功创建国家4A级旅游景区。支持莲花县沿背红色培训小镇、上犹县陡水旅游小镇成功创建江西省旅游风情小镇,全省贫困地区旅游产品供给得到进一步增强。实施旅游产业扶贫工程,坚持示范带动。探索“景区(公司)+旅游合作社(协会)+贫困户”“旅游公司+贫困户”“旅游协会+贫困户”“景区(公司)+基地+合作社+贫困户”“基地+贫困户”等多种扶贫模式,帮助贫困户从不同方面参与获得收入。全年,全省有大余丫山、婺源篁岭、龙南虔心小镇、井冈山神山村等25家乡村旅游扶贫先进典型。 (万晶)

市场促销

【概　况】 2017年,江西紧盯入境旅游市场,从品牌形象建设、入境旅游突破、城市营销深耕、旅游节庆做强、移动互联融合等方面入手,实施旅游“走出去”战略,做好与“一带一路”沿线国家和地区间的市场对接和交流合作。全年全省接待入境旅游者188.93万人次,增长3.87%。其中,接待外国游客59.38万人次,增长6.81%。旅游外汇收入6.29亿美元,增长7.76%。

【开展江西旅游香港推介系列活动】 6月9日,在香港举办“江西风景独好”(香港)旅游推介暨项目招商会,省长刘奇出席大会并致辞推介江西,引起赣港各界和国内外知名媒体的广泛关注。会上,省旅游集团与赣州三百山旅游公司、香港旅游企业签订合作协议,成立“江西旅游(港澳)推广中心”,与香港有关旅游机构合作组建“江西旅游联盟(港澳)”,注册并建设繁体版“江西旅游资讯网站”。举办“香港青少年红色之旅江西行2017”活动、“同饮一江水 赣港一家亲”港澳旅行社及媒体东江源踩线活动,促进了赣港两地旅游交流合作。

【拓展网络宣传渠道】 举办“第九届全国网络媒体江西游”活动,全国80余家网络媒体赴江西各地采风采访,把江西的独“好”风景传递给全国乃至全世界的网民。江西旅游网、江西红色旅游网、赣游通(B2B)土驴网(B2C)APP5月正式上线,为旅游市场拓展开通了新的重要渠道。赣州市推出赣州智慧旅游APP2.0升级版本,发挥“一机在手,游遍赣州”旅游宣传及服务作用。吉安市完成智慧旅游平台和旅游电商服务平台(APP)建设,并选择部分有条件的单位,开展智慧景区、智慧酒店、智慧旅行社、智慧旅游服务商的示范试点工作。鹰潭市推进“智慧景区”建设,打造全域旅游平台,首个窄带物联网智慧停车场和“智慧竹筏”在龙虎山景区投入使用。新余市加强智慧旅游营销系统建设,强化新媒体营销。上饶市与腾讯旅游合作全程直播宣传在婺源思溪延村举办的大型跨国婚礼,超百万网民点击观看。

【加大媒体宣传力度】 2017年,江西旅游形象宣传广告登录央视《朝闻天下》等重点栏目,宣传覆盖全年每天早、中、晚3个时段,直接影响超过8亿电视观众人群。在北京首都机场和在北京公交巴士上投放“江西风景独好”旅游系列宣传广告,在南昌至北京高速动车组列车G488上进行“江西旅游号”冠名宣传,在太原机

6月9日,举办“江西风景独好”(香港)旅游推介暨项目招商会,省长刘奇出席大会并致辞

省旅发委供

场、石家庄机场、南昌昌北机场等地展示宣传江西旅游风光。摄制《乘着高铁游中国·江西篇》微纪录片，在高铁复兴号和沪昆沿线高铁列车及华中高铁主流媒体《商旅时代》杂志上投放江西旅游广告；编印发行《旅游画刊》杂志12期，向省内外游客、全省旅游行业和四星级旅游饭店客房赠阅共达30多万份，在省内五星级酒店和国际品牌酒店客房投放《江西乡村旅游指南》，面向高端商务人士重点宣传乡村旅游产品。编制完成《江西旅游AR手绘地图》和《江西自驾游手册》《江西自助游手册》，全方位展示江西精华旅游产品。组织开展"县委书记谈旅游"系列文章收集，编辑成册供各地交流学习。全省各设区市也都在中央电视台和主要客源地的平面媒体上投放当地旅游形象广告，取得了较好的宣传成效。

【开展对欧美旅游营销活动】 参与国家旅游局组织的"万里茶道"欧洲旅游推广，组织铅山和婺源篁岭景区赴俄罗斯、瑞典、丹麦等国家开展境外推广活动；赴美国参加2017中美旅游高层对话活动，推介江西旅游；组织三清山、龙虎山两个世界遗产景区赴美国、加拿大参加"美丽中国——世界遗产"北美旅游推广活动；组织赣州、抚州市赴澳大利亚、新西兰开展旅游宣传促销；接待意大利旅行商及媒体江西考察团，推动江西风景进入更多国外旅行商的视野和国外媒体的镜头；会同有关部门对入境旅游包机实施奖励，2017年对中美洲际航班旅游包机客源市场培育及营销给予补贴。抚州市进一步拓展日本、韩国、东南亚及丝绸之路沿线国家、欧洲、北美等客源市场，入境旅游接待增幅超过120%；抚州市黎川县在韩国举办的文化旅游推介会，吸引800余名韩国游客到抚州探古访幽，观光休闲。

【实施"引客入赣"计划】 出台《关于赴周边省引客入赣旅游合作系列座谈会方案》。8—12月，由省旅发委领导带队分批赴江西主要客源省份——湖南、贵州、湖北、浙江、福建、广东、山东、吉林、安徽等地，开展"引客入赣"旅游合作推介会暨座谈会，既推介江西旅游资源，又走出去主动学习各地旅游发展优秀做法，加强省际间、旅行社和景区间联合宣传推广力度，并为旅游企业合作穿针引线，签订一批务实的旅游合作协议。

【开展航空、高铁和自驾旅游营销】 省旅发委与省机场集团建立战略合作关系，8月在南昌举办江西旅游+民航融合发展洽谈会，出台优惠政策大力支持昌北国际机场冲千万人次，强力吸引省内外航空游客，国庆期间昌北机场运输旅客增长78%。11月，省旅发委在上海虹桥火车站举行"乘着高铁游中国"微纪录片江西篇首发仪式，并在G1375次高铁上举行"江西风景独好"旅游互动活动。南昌、九江、景德镇、抚州4市联合在安徽举办"我坐高铁来串门"旅游营销活动。上饶市借三清山机场通航之势，举办2017年"高铁枢纽、大美上饶"之"山水启航，飞约上饶"系列旅游专场推介会，并举办"高铁万里行"最美乡村系列推广活动。景德镇市在青岛、宁波举办"旅游+航空"推介会。赣州市举办"5·17自驾游·粤港澳出发日——万车赣州行"大型自驾活动及"广东出发·驾享赣州"系列活动，组织自驾团队游客上万人。

【实施旅游惠民政策】 为助力昌北机场冲千万人才，组织全省5A级旅游景区、部分重点4A级旅游景区出台优惠政策，从9月至年底，对境外游客凭外国护照（通行证）和南昌昌北机场航班机票（登机牌）一周内免大门票；对省外游客凭身份证和南昌昌北机场航班机票（登机牌）一周内大门票5折优惠。支持江西省旅游集团联合建行江西省分行，联动仙女湖、明月山等全省28家旅游景区开展2017"江西风景独好"旅游惠民活动，景区门票"两人同行一人免单"，让旅游发展成果惠及于民。九江市举办"迎新春返乡市民春节团圆游"惠民主题活动，全市40多家景区给予九江市民"凭九江地区身份证及2016年12月1日至2017年1月27日期间的返乡交通凭证（市外返乡汽车票、火车票、飞机票），与最多5位家人同时享受景区景点门票优惠"的政策。赣州市面向全球发行200元一张的赣州旅游年卡，让赣州市民和外地游客享受超级惠民福利。吉安市面向全市发行吉安旅游惠民卡，仅需100元就可一年内不限次数游览井冈山、安福武功山等市内主要景区。

【加强自媒体建设】 2017年，"江西风景独好"微信发表推文近800篇，其中阅读量10万+推文两篇，周排名影响力获得一次全国第一名，平均排名在全国省级旅游官方微信前十名。"过大年"系列微信、国庆系列微信等，被省内多家主流媒体转载。开展《走遍江西100县》系列微信专题栏目，全面覆盖江西境内地区。组织全省各市（县区）旅发委在腾讯开通入驻企鹅号。"江西风景独好"微博第一季度获得由人民日报评选的"江西十大政务微博"称号。上饶市打造"上饶旅游网""上饶旅游微信""上饶旅游头条号""大美上饶旅游微博号"等自媒体，加强旅游媒体宣传及信息化团队建设。宜春市认证开通今日头条、新浪、搜狐、凤凰、网易、腾讯新闻等信息投稿渠道，拓展了网络宜春旅游新闻的传播量。

（万晶）

行业管理

【概　况】 2017年，按照"全省一盘棋"总体思路，抓住合同、价格、购物3个重点环节，采取目的地和客源地同步整顿、组团社和地接社同步治理、线上线下旅游企业同步清查、出境游市场与国内游市场同步规范、集中整治与常态机制同步推进"五个同步"的方法，开展全省旅游市场秩序整治工作。全年组织开展"春季行动""暑期整顿""秋冬会战"3个专项整治。

【开展旅游市场秩序综合整治春季行动】 2月26日，省旅发委印发《全省旅游市场秩序综合整治春季行动方案》，牵头组织开展对南昌市、九江庐山市、上饶婺源县、抚州资溪大觉山景区和萍乡武功山景区等5个重点旅游目的地进行督导检查。制定并印发《关于开展2017全国"两会"期间全省旅游安全生产和旅游市场秩序联合督查的通知》，成立督查工作组分赴全省11个设区市开展旅游市场秩序督查检查。开展“3·15”消费者权益保护日宣传活动，向广大群众发放旅游消费提醒宣传折页8000余份，并现场解答广大群众的旅游咨询和受理相关投诉，引导文明旅游，理性消费。“春季行动”期间，全省对旅游投诉多的重点地区、违法违规多的重点环节开展了重点整治，共查处旅行社17家、旅游购物店14家，约谈企业10家、责令整改企业7家、行政处罚11.52万元。

【开展旅游市场秩序暑期整顿】 联合公安、工商、交通、物价等相关部门随机抽查6个设区市，对“不合理低价游”保持高压态势，严惩违法违规经营旅游业务行为，营造良好的经营环境和服务环境。8月中下旬，省旅发委抽调机关及设区市共10人组成督查组对婺源县旅游市场进行为期10天的全面督查检查。“暑期整顿”期间，全省各级旅游主管部门，共开展检查行动249次（其中联合检查行动48次），出动检查人员1462人次；检查涉旅企业804家，其中旅行社362家、星级旅游饭店176家、A级旅游景区122个、旅游购物店及旅游客运公司等其他涉旅企业144家；查处违法违规旅行社1家，处吊销旅行社业务经营许可证处罚；查处非法经营旅行社业务行为2起，行政处罚3万元；查处从业人员违规行为12起，行政处罚1.16万元，2人处暂扣导游证3个月处罚。

【开展旅游市场秩序综合整治“秋冬会战”】 省旅发委结合全省实际，印发全省旅游市场秩序综合整治“秋冬会战”联合督查通知，确定对南昌、吉安、赣州、新余、宜春、萍乡等6个设区市旅游市场进行重点督查。在萍乡举办全省旅游质监执法人员培训班暨全省旅行社诚信经营培训班，对省、市、县三级旅游行业管理及质监分管领导、监管执法人员和全省出境组团社负责人共200余人进行培训。12月，湖南、安徽和江西省旅游质监执法人员在江西省联合开展旅游市场整治“秋冬会战”督查工作，共处罚2家旅行社，处罚金额6万元。

【推进旅游文明诚信体系建设】 年内，省旅发委开展了系列文明旅游宣传活动，制订《江西省旅游经营服务信用信息管理办法（试行）》和《江西省旅游行业行政管理应用信用信息查询办法》，建立健全信用体系工作机制，强化信用信息的共享和应用。同时，与相关部门建立失信企业协同监管和联合惩戒机制，加强了对旅游企业和从业人员违法失信行为和游客不文明行为的惩戒力度，营造了文明和谐、欢乐祥和的旅游氛围。

【旅游行业服务品牌创建】 加强对星级饭店、绿色饭店、星级温泉企业等标准的宣传，推进绿色旅游饭店、高星级旅游饭店创建。2017年，依照星级饭店标准，评定批复星级饭店18家，其中四星级5家，三星级9家，二星级4家；依照《绿色旅游饭店》标准，评定绿色饭店11家，其中金树叶级6家，银树叶级5家；依照《江西省旅行社星级的划分与评定》标准，评定批复瑞金市红天马国际旅行社有限公司为江西省四星级旅行社；依照《江西旅游强县评定规范》标准和《江西旅游强县评定和复核管理办法》，完成第三批江西旅游强县吉安市青原区、鄱阳县、湖口县的检查验收工作并进行了授牌。

【加强旅游饭店、旅行社经营管理】 严格按照标准，开展全省星级饭店复核检查，加强旅游饭店业管理。全年全省共处理不达标准饭店44家，其中取消24家饭店星级（四星级1家、三星级20家、二星级3家），责令限期整改20家（四星级6家、三星级14家）。开展全省星级旅行社复核检查，规范旅行社经营管理。全年取消了因经营管理不善导致不达标的江西三清山神龙旅行社有限公司的四星级。

【建立健全旅游安全应急机制】 成立旅游安全工作领导小组、安全应急管理领导小组、安全生产和防汛工作指挥部，狠抓重要时间段、极端天气、汛期等节假或敏感时期的旅游安全生产工作，严格落实旅游安全工作制度，加强旅游值班值守，在职责范围内对全省旅游安全实施监督管理，确保重点时期、关键环节全省旅游安全稳定和市场运行文明有序。

【加强旅游人才培养】 吉安市职业技术学院等9所学校14个项目入选国家旅游局“万名旅游英才计划”实践服务型英才培养项目，江西环境工程职业学院、江西旅游商贸学院2个学校2个项目入选双师型教师培养项目。省旅发委与南昌大学签署合作框架协议，在人才培养、教育教学、科学研究、生产服务方面展开全面合作，并共同组建南昌大学旅游研究院。省旅发委与江西财经大学联合举办第二届旅游产业高级管理人才研修班。省旅发委选派优秀师资到赣南师范大学金牌讲解班、江西环境工程职业学院旅游学院支持办学。4月19日，全国妇联授予吉安市青原区旅发委“全国巾帼建功先进集体单位”称号，为全国旅游系统唯一受表彰的先进集体。省旅发委副主任丁新权被中组部、人社部授予“全国对口支援新疆先进个人”称号。江西九江庐山招商国际旅行社有限公司吴洲、江西华夏国际旅行社导游胡海霞分别获得国家旅游局、西藏自治区政府“有突出贡献援藏导游”称号。

【组织开展导游大赛】 省旅发委组织开展2016年度江西省“十佳”导游员评选活动，经层层选拔推荐、综合评定及网上公示，确定陈衡萍等10人获2016年度江西省“十佳”导游员称号，段文娟等13人获2016年度江西省优秀导游员称号。省旅发委联合省总工会、共青团江西省委、省妇联举办2017年全省导游大赛，评选出一等奖中、英文各2名；二等奖中文5名、英文3名；三等奖中文8名、英文4名；最佳风采奖、最佳讲解奖、最佳素质奖、最佳文明奖、最佳语言才能奖各1名。江西省导游段志能、东方雨参加了由国家旅游局、共青团中央、全国妇联、中国财贸轻纺烟草工会联合举办的第三届全国导游大赛，分别获铜奖和优秀奖。江西省旅发委获得全国导游大赛优秀组织奖和突出贡献奖。省旅发委组织开展全省最佳红色导游员评选活动，经过网上投票、专家评分，南昌市八一起义纪念馆周甜等10人被评为全省最佳红色导游员。

（万晶）

风景名胜区

【概　况】 全省有庐山、井冈山、三清山、龙虎山、仙女湖、三百山、梅岭—滕王阁、龟峰、云居山—柘林湖、高岭—瑶里、武功山、灵山、神农源、大茅山、汉仙岩、瑞金、小武当、杨岐山等18处国家级风景名胜区和麻姑山、翠微峰、通天岩、青原山、梅关—丫山、陡水湖等27处省级风景名胜区，风景名胜区总面积4493平方千米，占全省国土总面积的2.7%。国家级风景名胜区数量全国排名第四位。2017年，新增汉仙岩、瑞金、小武当、杨岐山4处国家级风景名胜区，新增乐安县大华山、广昌县青龙湖—龙凤岩、南丰县车磨湖3处省级风景名胜区，省级风景名胜区增至27处。完成流坑、麻姑山申报国家级风景名胜区申报材料专家评审和征求部门意见。风景名胜区已经成为生态文明建设和旅游产业发展的主要载体。2017年，国家级风景名胜区接待游客1.6亿人次，实现旅游综合收入480多亿元，其中门票收入22亿元。

【规划编制报批工作】 三百山风景名胜区总体规划获国务院批复，全省有10个国家级风景名胜区总体规划获国务院批复。完成高岭—瑶里、三百山、大茅山、神农源、武功山等5处风景名胜区总体规划，其中武功山风景名胜区总体规划修改稿由省政府上报国务院。省政府批复了通天岩、翠微峰、梅关—丫山、南崖—清水等4个省级风景名胜区总体规划，督导横峰葛源、黎川船屋启动总体规划编制。督导三清山启动总体规划评估工作，做好百丈山—萝卜潭总体规划实施评估报告的审查工作，经省政府同意，批复宜春市政府启动百丈山—萝卜潭总体规划修编。《梅岭—滕王阁风景名胜区梅岭头景区科普教育游览区详细规划》《龟峰风景名胜区旅游集散中心详细规划》《三清山风景名胜区枫林旅游综合服务区控制性详细规划》3个详细规划已获住建部批复。龟峰风景名胜区龟峰景区、灵山风景名胜区水晶山和石人殿景区、三清山风景名胜区八磜景区、梅关—丫山梅关片区中心区详细规划、丫山片区中心区详细规划等5个详细规划通过专家评审，其中水晶山和石人殿景区、八磜景区2个详细规划已上报住建部，并按照住建部审查意见修改完成；小武当风景名胜区旅游服务区控制性详细规划已获得省住建厅批复。

【资源保护和规划监管工作】 完成风景名胜区规划实施和资源保护年度报告工作。对违反规划建设行为下发了执法与整改通知；对住建部督办的庐山等10处风景名胜区遥感监测变化图斑情况实施了督促检查。受理审查了井冈山、三清山等风景名胜区报送的建设项目方案35个，对龙虎山仙水岩景区仙人城游览区游步道、三清山迎宾馆、上饶市森林公安局三清山派出所等28个项目组织了专家评审。核准了灵山东台峰游步道支线、三清山金沙休闲旅游中心J50、J51地块等14个项目选址方案。做好建设项目批后监管工作。

【武夷山（江西铅山）申遗成功】 武夷山（江西铅山）申遗工作取得较大突破，7月，在波兰克里科夫召开的第41届世界遗产大会上，武夷山世界遗产地边界调整项目经世界遗产大会审议通过，武夷山（江西铅山）列入世界文化与自然双遗产名录，成为江西省首个世界文化与自然双遗产地，全省世界遗产数量增至5处。

（曹翰）

·资　料·

江西省五星级饭店名单表

序号	饭店名称	城市	评定时间	总机电话（含区号）	地址
1	江西宾馆	南昌市	2003	0791－86206088	南昌市八一大道368号
2	南昌凯莱大酒店	南昌市	2003	0791－86738855	南昌市沿江北路88号
3	九江远洲国际大酒店	九江市	2007	0792－8888888	九江市南湖路116号
4	锦峰大酒店	南昌市	2007	0791－88867777	南昌市站前西路281号
5	嘉莱特和平国际酒店	南昌市	2007	0791－86111118	南昌市广场南路10号
6	泰耐克国际大酒店	南昌市	2009	0791－88828888	红谷滩新府路28号
7	园中源大酒店	南昌市	2009	0791－88118888	南昌高新区火炬大街539号
8	东方豪景花园酒店	南昌市	2011	0791－86288888	南昌市民德路411号
9	紫晶宾馆	景德镇市	2013	0798－8599999	昌南大道紫晶路9号
10	赣州锦江国际大酒店	赣州市	2012	0797－8333333	赣州经济开发区金东北路88号
11	九江信华建国酒店	九江市	2012	0792－8189999	九江市滨江路299号
12	荣誉国际大酒店	抚州市	2013	0794－8200000	抚州市迎宾大道566号

续表

序号	饭店名称	城市	评定时间	总机电话（含区号）	地址
13	力高皇冠假日酒店	南昌市	2013	0791－86699999	南昌市西湖区沿江中大道266号
14	南康大酒店	赣州市	2014	0797－6677888	南康市中心天马山大道9号
15	宜春迎宾馆	宜春市	2014	0795－3688888	宜春市卢州北路669号
16	新余市融城酒店	新余市	2014	0790－6699999	新余市劳动北路799号
17	明月山维景国际温泉度假酒店	宜春市	2015	0795－2177777	宜春市温汤镇江源北路8号

江西省四星级饭店名单表

序号	饭店名称	城市	评定时间	总机电话（含区号）	地址
1	赣江宾馆	南昌市	2005	0791－8856888	南昌市八一大道138号
2	锦都皇冠酒店	南昌市	2006	0791－6429999	南昌市洪城路99号
3	江西饭店	南昌市	2006	0791－8858888	南昌市八一大道356号
4	江西师大白鹿会馆	南昌市	2006	0791－8121888	江西师范大学瑶湖校区
5	国贸酒店	南昌市	2007	0791－8855555	南昌洪城路2号
6	京西宾馆	南昌市	2009	0791－8850666	省政府大院南一路9号
7	百瑞四季酒店	南昌市	2009	0791－8688198	南昌洪都北大道10号
8	玉泉岛大酒店	南昌市	2009	0791－8811111	南昌市文博路33号
9	七星商务酒店	南昌市	2005	0791－88866666	南京西路225号
10	鑫峰假日酒店	南昌市	2008	0791－88827388	红谷滩会展路29号
11	唯客丽晶大酒店	南昌市	2012	0791－88599999	南昌市洛阳路70号
12	富庭苑酒店	南昌市	2012	0791－85236666	井冈山大道388号
13	新吉花园酒店	南昌市	2012	0791－83822222	丰和北大道299号
14	立生国际酒店	南昌市	2013	0791－88213076	解放东路1888号
15	进贤皇庭大酒店	南昌市	2013	0791－85539666	进贤胜利中路68号
16	进贤军山湖国际酒店	南昌市	2014	0791－85680888	进贤胜利中路
17	南昌市君亭红牛酒店	南昌市	2014	0791－86300666	南昌市二七南路552号
18	江西锦怡大酒店	南昌市	2015	0791－86112720	南昌市洛阳路25号
19	江西鼎昇大酒店	南昌市	2015	0791－87788888	南昌市洪都大道207号
20	南昌市琴源山庄	南昌市	2016	0791－88681000	南昌湾里区乌井路28号
21	南昌洗药湖山庄酒店	南昌市	2017	0791－88682222	南昌市梅岭景区云顶路1号
22	庐山西湖宾馆	九江市	2001	0792－8285850	庐山大林路719号
23	庐山天沐温泉度假村	九江市	2005	0792－2615888	星子县温泉镇
24	龙湾温泉度假村	九江市	2006	0792－2612222	星子县温泉镇
25	国脉宾馆	九江市	2006	0792－8282040	庐山大月山路15号
26	北戴河宾馆	九江市	2008	0792－3068888	柘林镇南岸
27	花旗假日大酒店	九江市	2008	0792－2178877	前进东路19号
28	金轩益君大酒店	九江市	2009	0792－8907777	长虹大道

续表

序号	饭店名称	城市	评定时间	总机电话（含区号）	地址
29	修水珠江大酒店	九江市	2011	0792－7833888	修水县城南秀水大道1号
30	九江山水国际大酒店	九江市	2013	0792－8199999	十里大道202号
31	修水君豪大酒店	九江市	2013	0792－7696666	修水县散源路1号
32	武宁宾馆	九江市	2013	0792－2781499	武宁县城古艾路1号
33	龙震饭店	九江市	2013	0792－2660888	星子县白鹿大道
34	湖口鄱阳湖大酒店	九江市	2014	0792－2300000	湖口县钟山大道
35	德安国际大酒店	九江市	2014	0792－4333333	德安县十力路雁湖新天地2号
36	上汤温泉度假村	九江市	2014	0792－2619888	星子县温泉镇
37	九江市锦都龙荷酒店	九江市	2017	0792－89139999	九江市庐山大道99号
38	开门子大酒店	景德镇市	2004	0798－8577777	瓷都大道1055号
39	朗逸酒店	景德镇市	2008	0798－8389292	德镇市珠山西路5号
40	乐平东方国际酒店	景德镇市	2013	0798－7058888	乐平市乐平大道5号
41	豪门大酒店	景德镇市	2013	0798－8595625	昌江大道西侧1号
42	萍乡市蓝波湾花园酒店	萍乡市	2005	0799－6654228	萍乡市经济开发区安源东大道16号
43	萍乡迎宾馆	萍乡市	2012	0799－6266666	萍乡经济开发区大冲路1号
44	赣电大厦	赣州市	2001	0797－8202388	赣州市红旗大道27号
45	上犹希桥酒店	赣州市	2007	0797－8528888	上犹县文兴路
46	大余章源宾馆	赣州市	2008	0797－8731888	大余县南安镇陶园路
47	崇义耀升国际饭店	赣州市	2007	0797－3818888	崇义县枫山路
48	山水大厦	赣州市	2008	0797－8329188	赣州市红旗大道23号
49	瑞金美瑞欧大酒店	赣州市	2008	0797－2558777	瑞金市金都大道市政府后
50	瑞金宾馆	赣州市	2010	0797－2522001	瑞金市象湖镇东升先街
51	兴国品禄园酒店	赣州市	2011	0797－5323081	兴国县潋江镇品禄园路
52	全南希桥酒店	赣州市	2012	0797－2688888	全南县金龙大道希桥路
53	赣州香江湾大酒店	赣州市	2012	0797－7077777	赣州市章江北大道40号
54	龙南富业大酒店	赣州市	2012	0797－3575888	龙南县金水大道500号
55	南康市宝辉酒店	赣州市	2013	0797－7788999	南康市工业一部
56	定南山水香格里拉酒店	赣州市	2015	0797－4268888	定南县迎宾大道
57	安远热泉河酒店	赣州市	2015	0797－3708888	安远县三百山镇虎岗村
58	石城县赣江源国际酒店	赣州市	2015	0797－5798888	石城县城北大道
59	江西桃江大酒店	赣州市	2015	0797－2055555	信丰县嘉定镇迎宾大道中段
60	于都枫叶花园酒店	赣州市	2017	0797－6299999	于都县贡江镇渡江中路
61	江西欧利酒店	瑞金市	2016	0797－2500616	瑞金市中心南路
62	瑞金市金和大酒店	瑞金市	2016	0797－7119818	瑞金市桦林北路
63	北湖宾馆	新余市	2007	0790－6422222	新余市北湖中路508号
64	龙华国际大酒店	新余市	2013	0790－2182888	新余市仙女湖新码头
65	华侨饭店	鹰潭市	2006	0701－6696236	鹰潭市站江路21号

续表

序号	饭店名称	城市	评定时间	总机电话（含区号）	地址
66	华盛大酒店	鹰潭市	2012	0701－6699999	鹰潭市站江路25号
67	江西骏安国际大酒店	鹰潭市	2014	0701－3529999	贵溪市象山路8号
68	江西锦都金源酒店	鹰潭市	2016	0701－6316699	鹰潭南站路46号
69	宜春德和大酒店	宜春市	2005	0795－3299999	宜春市朝阳路36号
70	宜春博能宾馆	宜春市	2011	0795－3635000	宜阳大道19号
71	丰城市洪州大酒店	宜春市	2011	0795－6666777	丰城市新城区
72	丰城市昌龙国际大酒店	宜春市	2011	0795－6666888	丰城市人民路237号
73	樟树航天国际大酒店	宜春市	2011	0795－7846888	樟树四特大道中段
74	铜鼓皇庭国际大酒店	宜春市	2013	0795－7178888	铜鼓县城南西路
75	靖安江鸧度假村	宜春市	2012	0795－7191111	靖安县高湖镇
76	奉新朝日大酒店	宜春市	2012	0795－4628888	奉新县潦河南路368号
77	江西银河假日酒店	宜春市	2014	0795－7370888	樟树市杏佛路89号
78	江西金乾大酒店	宜春市	2014	0795－7108888	万载县康乐大道429号
79	高安市希尔顿大酒店	宜春市	2014	0795－5287777	高安市高安大道777号
80	宜春泉月山庄度假酒店	宜春市	2014	0795－3139999	宜春市温泉路999号
81	上高迎宾馆	宜春市	2015	0795－2488888	上高县镜山大道2号
82	江西新源大酒店	宜春市	2015	0795－7269888	万载县将军中大道202号
83	高安凤凰湖国际大酒店	宜春市	2017	0795－5727888	高安市解放路19号
84	华鼎铂涛菲诺酒店	宜春市	2017	0795－5217777	高安市高安大道
85	文山国际大酒店	吉安市	2004.1	0796－8289999	吉安市井冈山大道118号
86	映山红宾馆	吉安市	2005.2	0796－6550888	井冈山市茨坪长坑路5号
87	井冈山天乐府大酒店	吉安市	2006.6	0796－6566666	井冈山市茨坪天街C栋
88	井冈山锦江大酒店	吉安市	2006.9	0796－6560888	井冈山市茨坪红军北路41号
89	中建财富国际大饭店	吉安市	2007.7	0796－8113333	吉安市青原大道渼陂大道18号
90	井冈山市星期酒店	吉安市	2007.12	0796－6559700	井冈山市茨坪红军南路3号
91	井冈山景园大酒店	吉安市	2011.3	0796－7166888	井冈山茨坪红军南路37号
92	吉安开元洲际大酒店	吉安市	2011.3	0796－8269999	吉安市吉州区永叔路88号
93	吉安宏泰酒店	吉安市	2011.9	0796－8406511	井冈山经济技术开发区君山大道247号
94	遂川县伟业国际大酒店	吉安市	2012.7	0796－6319999	吉安市遂川县城东路大道61号
95	京都国际大酒店	上饶市	2006	0793－8459999	上饶县旭日北大道8号
96	广丰永利国际大酒店	上饶市	2008	0793－2679999	广丰县永丰南大道1号
97	婺源江湾大酒店	上饶市	2008	0793－7343288	婺源县文博路37号
98	婺源宾馆	上饶市	2010	0793－7298888	婺源县蚺城路24号
99	上饶华都国际大酒店	上饶市	2009	0793－8258888	信州区带湖路66－68号

续表

序号	饭店名称	城市	评定时间	总机电话（含区号）	地址
100	上饶和平国际大酒店	上饶市	2009	0793－8158888	信州区五三大道88号
101	婺源茶博府公馆	上饶市	2010	0793－7366999	婺源县文博路33号
102	婺源清华婺国际酒店	上饶市	2011	0793－7392888	婺源县茶乡东路202号
103	上饶天龙山大酒店	上饶市	2011	0793－7165501	德兴市畈大乡付家湾
104	三清山水云山庄	上饶市	2011	0793－2186666	三清山东部
105	余干县金源大酒店	上饶市	2011	0793－3333333	余干县沿湖路50号
106	玉山县玉台国际旅游大酒店	上饶市	2012	0793－2259966	玉山县人民北路1188号
107	上饶市欣凯皇冠酒店	上饶市	2012	0793－8278888	信州区凤凰大道99号
108	婺源县风景酒店	上饶市	2012	0793－7213555	婺源县环城南路88号
109	玉山华云大酒店	上饶市	2013	0793－2357888	玉山县龙庭嘉苑
110	三清山锦都南星宾馆	上饶市	2013	0793－2180373	三清山外双溪南部景区
111	三清山金沙湾大酒店	上饶市	2013	0793－2187888	三清山东部索道边
112	上饶维多利亚皇家酒店	上饶市	2013	0793－8257666	信州区带湖路71号
113	玉山皇朝国际大酒店	上饶市	2014	0793－2259999	玉山县人民北路99号
114	玉山县豪泰国际酒店	上饶市	2014	0793－7138888	玉山县怀玉大道179号
115	上饶市瑞弘酒店	上饶市	2014	0793－8788888	上饶县旭日南大道101号
116	三清山风景名胜区华克山庄	上饶市	2014	0793－2355999	三清山东部金沙服务区
117	德兴市东方国际大酒店	上饶市	2015	0793－6038888	德兴市银城镇滨河大道18号
118	豪盛国际大酒店	上饶市	2015	0793－2555555	玉山县冰溪镇三清山大道555号
119	婺源县星江湾假日酒店	上饶市	2015	0793－7345888	婺源县紫阳镇环城东路
120	抚州临川大酒店	抚州市	2007	0794－8258999	抚州市临川大道429号
121	波尔度假酒店	抚州市	2007	0794－5256888	金溪县316国道旁
122	宜黄国际大酒店	抚州市	2011	0794－7118888	宜黄县狮子湾大道
123	南城法莱德国际酒店	抚州市	2012	0794－7366666	南城县建昌南大道1号
124	江西法水森林温泉旅游度假村	抚州市	2013	0794－5666106	资溪县嵩市镇法水村
125	南丰琴湖花园酒店	抚州市	2013	0794－3333888	南丰县琴湖中路
126	黎川国安假日酒店	抚州市	2013	0794－6666666	黎川县国安大道88号
127	临川才子国际大酒店	抚州市	2015	0794－8826885	抚州市公园路行政中心旁
128	南丰县国安假日酒店	抚州市	2015	0794－7666666	南丰县国安路
129	南城县温馨九九迎宾馆	抚州市	2016	0794－7399999	南城县迎宾大道16号
130	金溪大酒店	抚州市	2016	0794－7899555	金溪县秀分西大道156号

本栏编辑　邓玉兰

商贸服务业

综　述

2017年，全省内贸流通工作落实省委、省政府和商务部的决策部署，推进内贸流通现代化建设，加快内贸流通创新，推动供给侧结构性改革，取得显著成效。全省消费品市场呈现"稳中有进"发展态势，消费增速较快，继续位居全国前列。全年实现社会消费品零售总额7448.1亿元，同比增长12.3%，高于全国平均2.1个百分点，增速居全国第二位、中部省份第一位。消费对经济增长贡献率达51.5%，较上年同期提高4.1个百分点。

限额以上单位规模效应突出。继续开展限额以上商贸企业培育工作，对新增限上企业给予财政资金奖励，限额以上企业规模加快发展。年末全省列入统计的限额以上企业数量突破6000家，达6192家，较上年末净增1052家。限额以上单位零售额同比增长14.1%，高于社会消费品零售总额增幅1.8个百分点，占社会消费品零售总额比重42.1%，比上年同期提高0.9个百分点。

电子商务产业蓬勃发展。全年全省电商交易额5868.5亿元，增长34.6%。落实省政府与苏宁集团签订的战略合作协议，推进苏宁52家在赣农村电商直营店、中华特色南昌馆等项目建设。省商务厅与滴滴出行、光大银行南昌分行签订战略合作协议，滴滴出行江西分公司已落户运营，光大银行"江西·购精彩"已上线运行。新培育万佶物流、网优科技、正邦科技等3家国家级电子商务示范企业。举办第四届"创青春"中国青年创新创业大赛APP专项赛、江西首届产业互联网大会、分享经济平台助推江西企业创新创业对接会、江西农村电商创业创新论坛等系列活动。

商贸物流业快速发展。采取推进物流产业集群发展、实施物流标准化、开展省级城市配送试点、培育物流龙头企业等措施，推动江西省物流业"降成本优环境"专项行动，全年全省社会物流费用占地区生产总值的比重比上年下降0.6个百分点，全省50个物流产业集群实现主营收入2470亿元，增长8.9%。全力推动南昌、九江开展全国物流标准化试点建设，省级城市配送试点城市扩大到宜春、新余。成立江西省物流标准化技术委员会，制定全省木质平托盘认证质量标准，首次发布《江西省物流业发展报告(2015—2016年)》。江西坚强百货连锁有限公司、九江新雪域置业有限公司被商务部确定为第三批全国商贸物流标准专项行动重点企业，江西省物流与采购联合会确定为重点推进协会。江西玉丰实业评为全国冷链50强，江西三志物流位列中国零担30强第十四位。

消费促进工作持续推进。"赣品行天下"成效不断扩大。在烟台、广州举办"2017江西省地方特色商品展销会"，广泛宣传和展示江西绿色生态品牌。联合中石化江西分公司在南昌主办以"生态赣鄱·携手易捷"为主题的中国石化江西特色商品展销会，并与上海中军投资集团有限公司签订战略合作协议，借助中石化全国零售网点、上海中军投资集团有限公司的渠道优势，加快江西省产品"走出去"步伐，江西省产品的知名度和占有率进一步提高。

市场体系建设日趋完善。争取中央财政支持资金1.5亿元，支持修水县等10个县(区)开展国家电子商务进农村综合示范县建设。县乡农贸市场建设改造工作继续列入省政府重点民生工程，安排2000万元省财政资金支持改造升级建设县乡农贸市场84个。在全省创新开展首批"江西省商业旅游文化融合示范区""江西省特色商贸小镇"的培育认定工作，评审认定了第五批"江西省特色商业街"，婺源县篁岭天街被认定为"中国特色商业街"。制定《江西省农产品市场体系发展规划》，并会同湖北、湖南2省共同制定出台《长江中游区域市场发展规划(2017—2020年)》。江西、上海、江苏、浙江、安徽4省1市共同签署《2017年深化长三角区域市场一体化发展合作机制备忘录》。

流通市场秩序更加规范。指导新余市、瑞金市、信丰县做好商务领域综合行政执法体制改革试点工作，联合省编办完成考核验收。创新"诚信经营示范创建"活动，开展以"立商信:营造良好消费环境"为主题的"诚信兴商宣传月"活动，开展联合整治单用途预付卡违规经营专项行动，切实增强企业诚信经营意识和商业品牌意识。加强打击侵权假冒制度建设，创新区域协作机制，充分发挥中坚协调作用，打击侵权假冒工作取得新成效，江西省全国绩效考核98.45分，位列全国第五名，继续位居第一方阵。加强成品油市场安全监管工作，成品油安全生产实现零事故。

市场监测工作位居全国前列。全省建成生活必需品、重点流通企业等八大市场监测系统，监测统计样本企

业总数超千家，市场监测工作位居全国第七名，为领导决策和企业经营提供实用有效的信息服务。

（郎进良）

市场秩序建设

【打击侵权假冒工作】 履行省打击侵权假冒工作领导小组办公室工作职责，建立健全例会、督查、统计、通报、协调等系列工作制度，打击侵权假冒工作成效明显。组织全省三级打击侵权假冒工作领导小组办公室及成员单位参加全国电视电话会议，省政府常务副省长毛伟明在江西省分会场参加会议并对江西省工作提出了任务要求。会后，及时印发年度工作要点，细化任务和责任分工。组织召开年中工作调度推进会，听取半年工作汇报，提出下步工作重点。省打击侵权假冒工作领导小组办公室协调和指导各地、各有关部门参加“2017—云剑联盟”专项行动、赣湘鄂3省打击侵权假冒工作联动会议、赣闽滇3省文化市场对口交流协作座谈会，建立多地联络机制。协调组织6个考核小组对全省11个设区市进行绩效考核，组织召开2017年全省打击侵权假冒工作两法衔接培训班，总结点评全年工作，提前部署下年工作任务。在全国双打办发布的信息公开通报中，江西省案件信息公开网址数量全国排名第八，案件公开有效性评估全国排名第二，江西省是连续12个月向全国两法平台报送案件的4个省、直辖市之一。全国绩效考核98.45分，位列全国第五名。省商务厅市场秩序处被评为全国打击侵权假冒工作先进集体。

【商务诚信体系建设】 构建以行政管理信息记录、社会化综合信用评价、第三方专业信用服务为核心的内贸流通信用体系，创新完善商务信息平台建设，商务诚信体系建设取得新进展。创新开展“诚信经营示范创建”活动。指导省商业联合会开展“江西省商贸流通服务业诚信示范企业创建与评选活动”，倡导企业诚信。开展以“立商信：营造良好消费环境”为主题的“诚信兴商宣传月”活动。开展联合整治单用途预付卡违规经营专项行动。各级商务主管部门牵头协调教育、交通运输、文化、旅游等部门开展单用途商业预付卡管理专项排查整治行动。逐步完善江西省商务领域信用平台建设，全年向江西省公共社会信用系统和江西企业警示系统推送信息1000余条，商务诚信体系建设取得新进展。

【商务综合执法体制改革试点工作】

指导新余市、瑞金市、信丰县抓好商务领域综合行政执法体制改革试点工作，8月，联合省编办对试点地区进行考核验收，3个试点地区以执法职能整合为着力点，将商务部门分散在不同科室的执法职能进行集中整合，在未成立专职执法机构的情况下，明确将行政处罚权全部交由一个内设科室承担。同时按照“双随机一公开”监管要求，制定商务领域随机抽查事项清单，将9个执法领域纳入随机抽查事项清单，明确抽查主体、事项、对象与依据。规范商务行政处罚自由裁量基准，严格落实执法人员持证上岗制度。组织召开全省商务综合行政执法培训班，以点带面加强对商务综合行政执法人员培养，复制推广改革试点经验。

【加强商务市场监管】 加强重要商品追溯体系建设。完成中药材流通追溯体系建设项目的考核验收工作，江西省中药材流通追溯管理平台正式上线运行。江西省种植企业45家，专业市场1个，市场商户100家，饮片生产企业6家，医院6家，药店21家，实现正常运转和按时上报数据，向商务部报送200多万张溯源码，在第二批试点省份中药材流通追溯码数量位居第三。以“双随机一公开”倒逼各级商务行业监管。理清省商务厅执法随机抽查事项9项清单，全厅各有关处室除举报、上级督办交办、政府转办、情报交换等特殊案源以外，执法方式逐步采取“双随机”抽查机制。创新鄱阳湖区联谊联防工作方法。在九江召开第一届鄱阳湖水域成品油市场监管工作联席会议，南昌市、九江市、上饶市联合印发《环鄱阳湖水域成品油市场执法联动机制》。

（冷萧）

市场体系建设

【国家电子商务进农村综合示范县工作】 2017年，全省有修水县、芦溪县、南康区、横峰县、鄱阳县、遂川县、万安县、永新县、乐安县、南城县等10个县（区）纳入国家电子商务进农村综合示范县，共获得中央财政支持资金1.5亿元。截至年底，全省共有39个县（市、区）纳入国家电子商务进农村综合示范县，累计获得中央财政资金6.91亿元，是中部地区最多的省。

【县乡农贸市场建设改造】 2017年，县乡农贸市场建设改造工作继续列入省政府重点民生工程，省级财政安排2000万元专项支持资金，对全省84个县乡农贸市场开展建设改造。截至年底，全省累计建设改造农贸市场628个。其中，设区市中心城区农贸市场308个，县乡农贸市场320个，带动各地投资超过18.5亿元。江西省农贸市场建设改造工作还得到其他省市的充分认可，济南、福州、南宁等城市商务部门到南昌等地观摩学习。

【创新培育首批“江西省商业旅游文化融合示范区”】 2017年，省商务厅会同省文化厅、省旅游发展委员会在全省开展“江西省商业旅游文化融合示范区”的评审认定工作，认定南昌市绳金塔商圈、景德镇市陶溪川文创街、萍乡市红色安源旅游风景区、赣州市郁孤台商业旅游文化融合发展示范区、宜春市明月山温泉风景名胜区5个示范区为“江西省商业旅游文化融合示范区”，中国商业街区委员会将江西省的做法在全国进行推广，商务部将这一做法在全国推开。

【创新培育首批“江西省特色商贸小镇”】 2017年，在全省开展“江西省特色商贸小镇”的评审认定工作，评审认定进贤县文港镇、永修县艾城镇、湖口县城山镇、芦溪县宣风镇、贵溪市塘湾镇、余江县中童镇、龙南县虔心小镇、广丰区洋口镇、德兴市花桥镇、丰城市梅林镇等10个小镇为首批“江西省特色商贸小镇”。

【特色商业街区建设】 2017年，继续开展全省特色街区的评审认定工作，评审认定南昌市红谷滩金街、景德镇市御窑景巷、上饶市玉山县七里街旅游商业综合体为第五批江西省特色商业街。此外，在2017年“中国商业街行业年会”上，婺源县篁岭天街被认定为“中国特色商业街”，这是当年全国认定的仅有的两条国家级特色商业街之一。截至年底，江西省共有国家级特色商业街4条，省级特色商业街60条。

【《长江中游区域市场发展规划(2017—2020年)》出台】 10月12日，江西省会同湖北、湖南2省共同制定《长江中游区域市场发展规划(2017—2020)年》，商务部印发实施该规划。这是商务部首次发布跨区域流通发展规划，该规划对探索区域流通协同发展新模式、促进区域市场一体化、构建全国统一大市场具有重大意义。“规划”提出了9个方面的主要任务：一是要优化商业功能布局，二是要健全流通体系，三是要完善市场体系，四是增强集聚辐射功能、提升城市商贸功能，五是要发展智慧流通、积极发展电子商务，六是要推动商务供给侧改革，七是要建设法治化营商环境，八是要推动统一市场建设，九是要提高市场开放水平、抓好自贸区建设。

【《江西省农产品市场体系发展规划》出台】 6月27日，省商务厅会同省农业厅、省国土厅、省住建厅等10个省直部门印发《江西省农产品市场体系发展规划》，“规划”提出到2020年，全省累计建成全国性农产品批发市场5个，区域性农产品市场10个，基本形成统一开放、特色鲜明、竞争有序、布局合理、安全规范、畅通高效的农产品市场体系。为引导江西省农产品市场合理布局，提升农产品市场服务功能，加快构建高效畅通、安全规范、竞争有序的农产品市场体系奠定了顶层设计基础。

【推进长三角区域市场一体化发展合作】 12月2日，在杭州召开的2017年度长三角区域市场一体化工作会议上，江西、上海、江苏、浙江、安徽4省1市商务厅(委)负责人共同签署《2017年深化长三角区域市场一体化发展合作机制备忘录》。根据合作机制备忘录，4省1市在开展商业创新联合研究、推动商业设施投资合作、共促供应链区域平台建设、加快现代物流体系共建、联合培育区域重点展会、推动农产品市场一体化、加强市场应急保供协作、实施长三角互联网打假、推进区域信用体系建设等9方面深化务实合作。

【组织企业参加北京市对口支援地区特色产品展销会】 12月14日—17日，组织企业首次参加2017年北京市对口支援地区特色产品展销会，作为北京对口合作省份，江西省组织精选了包括景德镇红叶陶瓷、赣南脐橙、南丰蜜橘、井冈蜜柚、南安板鸭、春丝米粉、婺源黄菊、泰和乌鸡等一批江西优质特色产品共14家企业参展。展销会期间，江西省企业现场成交超过60万元，并达成一批江西产品落户北京的合作成果。

(付蓉)

商贸服务管理

【概　况】 2017年，全省餐饮业实现营业额1032.98亿元，增长15.3%；住宿业实现营业额270.00亿元，增长13.4%。家政、美容美发、沐浴、洗染、家电服务、人像摄影等行业平均增速15%以上，增速保持平稳增长。挖掘赣菜历史文化传承，开展《赣菜 红酥肉》地方标准制订和非物质文化遗产申报工作。省洗涤协会首次组队参加全国洗染业职业技能竞赛，获得全国洗染知识竞赛第二名、“全国洗染业技术能手”和“优秀组织奖”等荣誉。

【全省餐饮业营业额破千亿】 2017年，江西省餐饮营业额突破千亿，商务领域再添千亿产业，内贸流通基础作用进一步增强。发掘餐饮特色聚集区，评选美食特色街(乡)，在全省打造26条省级特色美食街乡。省市联动开展地方特色菜推广，打造“绳金塔文化美食节”“首届饶帮菜美食文化节”“新余农家土菜宴(新余十八碗)品鉴会”等系列赣菜推广活动，在宣传赣菜的同时带动了经济发展。

【入选商务部“百城万村”家政扶贫试点省份】 2017年，江西省被商务部选为“百城万村”家政扶贫试点省份，实施家政扶贫行动。于都、宁都、鄱阳、余干、莲花等5个国家级贫困县与家政服务需求大的上海市、南昌市等中心城市和大型家政企业开展供需对接。截至11月30日，5个试点贫困县与家政服务企业签订协议输送人数695人，其中建档立卡266人。培训人数692人，其中建档立卡179人；实际就业人数245人，其中建档立卡33人，人均月收入3270元。

【创新品牌信用建设】 结合居民生活服务业特色，在全国率先出台《江西省促进居民生活服务业品牌建设实施意见》《江西省居民生活服务业信用体系建设实施方案》，指导省家庭服务业、足浴沐浴等行业协会开展品牌企业评选，鼓励和支持品牌企业做大做强。指导洗涤行业协会开展职业技能竞赛，通过打造优秀技师队伍，进一步提升行业服务质量。

【实施居民生活服务业标准化建设】 持续推动江西省居民生活服务业职业化、规范化发展，编制出台《养老护理服务质量规范》《医疗陪护服务质量规范》和《足浴沐浴企业经营服务及等级划分规范》等地方标准，填补了行业空白，对规范行业服务、减少服务纠纷、促进行业有序健康发展起到积极促进作用。

(胡浩)

市场运行调节

【市场统计监测体系建设】 全省建成生活必需品、重点流通企业等8个市场监测系统，样本企业总数1068家，涵盖全省11个设区市和所有县(市、区)，其中重点流通样本企业528家、商贸流通统计分析样本企业149家、生活必需品样本企业161家、百家批发市场企业11家、生产资料样本企业62家、应急商品数据库企业34家、酒类流通样本企业58家、茧丝绸样本企业 15 家、信息泵监测企业 50 家。在全省 27 个商贸流通行业中，共选取 992 家典型调查企业，其中商贸企业用户 464 家，监测企业用户 528 家。

【市场应急保供能力提高】 全年全省中央储备食糖 26419.41 吨。督导各地建立市级储备，九江、新余、鹰潭等设区市落实活猪储备 1245 吨和冻肉储备 100 吨。进一步加强省、市、县三级应急骨干队伍和应急商品投放网点建设，健全全省应急网络体系，提高应急能力和水平。

【省产品市场开拓】 3 月 21 日，省商务厅与上海中军投资集团有限公司在南昌举行战略合作协议签约仪式。4 月 20 日，省商务厅与中石化江西分公司在南昌联合主办以“生态赣鄱·携手易捷”为主题的中国石化江西特色商品展销会，参展企业 75 家，产品 646 个，现场签约意向金额 2.28 亿元。组织开展“赣品行天下”活动，6 月 2 日—5 日和 12 月 21 日—24 日，分别在山东烟台、广东广州举办江西省地方特色商品展销会，现场销售额 287.7 万元，签订购销合同 1.5 亿元。

（郎进良　王立男）

现代物流

【推动物流业降成本优环境工作】 2017 年，省商务厅通过推进物流产业集群发展，实施物流标准化，省级城市配送试点，培育物流龙头企业，推进物流信息化建设，贯彻落实国务院办公厅 73 号文件，推动江西省物流业“降成本优环境”专项行动。物流效率提升，2017 年全省社会物流费用占 GDP 的比重比上一年下降 0.6 个百分点。

【物流产业集群发展】 为贯彻落实《江西省物流产业集群发展规划》（2015—2020 年），省商务厅加大推进力度，取得明显成效。2017 年，全省 50 个物流产业集群实现主营收入达到 2470 亿元，增长 8.9%。在 50 个物流产业集群中认定向塘综合物流产业集群为江西省物流中心，开展物流产业集群统计工作，属全国首创。向塘江西省物流中心入驻物流企业 20 多家，其中包括北京京东、南京远方、河南宇鑫、平安、招商、江西万佶等省内外知名物流企业。2017 年向塘江西省物流中心实现主营收入 36 亿元，增长 24%。其中，总投资 5 亿元、建设面积 8 万平方米的平安物流投入运营，总投资 3 亿元、建筑面积 3 万平方米的招商物流投入运营。引进了总投资 10 多亿元、占地 26.67 公顷的京东电商物流；投资 20 亿元、占地 53.33 公顷的菜鸟网络仓储中心。向塘铁路口岸作业区一期工程通过国家验收，二期项目占地 29.33 公顷，已开工建设。南昌开通赣欧（亚）南昌—河内出境班列，共发车 32 标箱；开通向塘至宁波港、盐田港、江阴港 3 条铁海联运班列，共发车 7750 标箱。年内赣州南康家具物流产业集群入驻物流企业 380 多家，实现主营收入 91 亿元，增长 10.5%。

【物流标准化建设】 2017 年，推动南昌、九江 2 个物流标准化试点建设。两个试点城市共确定 51 个试点项目，共有标准托盘 20 多万片，周转箱 100 万只，物流效率有明显提升。制定全省木质平托盘认证质量标准，成立江西省物流标准化技术委员会，对全省物流标准化工作进行总体部署。江西坚强百货连锁有限公司、九江新雪域置业有限公司被商务部确定为第三批全国商贸物流标准专项行动重点企业，江西省物流与采购联合会确定为重点推进协会。

【城市配送试点工作】 重视城市配送试点，提升城市物流发展水平，构建区域性物流园区、城市配送中心、末端配送网络，组建绿色配送车队，搭建城市配送信息平台等城市配送体系。2017 年，确定省级城市配送试点城市扩大到宜春、新余。

【物流龙头企业规模扩大】 2017 年，省商务厅开展第五批省级重点商贸物流园区（中心）和物流企业认定工作，认定第五批省级重点商贸物流园区（中心）1 家；省级重点商贸物流企业 10 家。新增 A 级物流企业 30 家，总数达到 162 家。江西玉丰实业被评为全国冷链 50 强，江西三志物流位列全国零担 30 强第十四位。

【物流信息化建设】 推动全省物流信息化建设，实施“互联网 + 高效物流”行动方案。2017 年，推动省级物流公共信息平台加快发展，吉安、萍乡、宜春、新余等省级城市配送试点城市配送公共信息平台和南昌风快城配信息平台步伐加快。全年全省省级物流公共信息平台发布政策 296 条，点击量 550 万次，会员数 58.78 万个，增长 25.7%；线上交易额 66.36 亿元，增长 30%；帮助企业降低物流成本 5.56 亿元，增长 6.9%；实现主营收入 1.45 亿元，增长 114%。

【首次编制江西省物流业发展报告】 省商务厅委托江西省物流与采购联合会编制《江西省物流业发展报告（2015—2016 年）》，收集省直有关部门、各设区市物流业运行情况，收录典型企业案例，国家及省内发布的政策文件，物流标准及重点企业名录等资料，为翔实记载全省物流业发展历程发挥了重要作用。

（蔡金伟）

电子商务

【电子商务示范体系建设】 加快南昌、赣州国家电子商务示范城市建设，推动两市在政企重大战略合作、电商远程教育培训、农产品网络博览会等方面积极探索，推动修水等 10 个县（市）纳入国家第四批电子商务进农村综合示范县试点范围。截至年底，全省前 3 批 29 个示范县建成县级电子商务服务中心 45 个、乡村级服务站 4605 个、物流配送中心 57 个。结合国家电子商务示范基地综合评价工作，完成对省内 2 家国家电子商务基地督导评价和经验推广，推动南康家具市场首入“全国十强”国家级电商示范基地，并新培育万佶物流、网优科技、正邦科技等 3 家国家级电子商务示范企业。

【完善电子商务工作机制和政策体系】 落实省人大常委会对省政府推进电子商务发展的专项监督，省商务厅牵头优化了全省电子商务工作联席会议制度，确定28个省直部门为成员单位，并印发《江西省促进电子商务发展工作实施方案》，明确近3年江西省电子商务基础设施建设、创新发展、促进区域发展、提升对外开放水平、政策体系建设等5项专项行动和深入推进“互联网+流通”、促进线上线下融合发展等25项具体工作。结合实际，对《江西省电子商务工作考核办法》进行修改完善，加强对电子商务工作的督促检查和绩效管理。

【推进电商扶贫工程】 牵头成立江西省电商扶贫工程推进组，联合省扶贫办、省农业厅等部门印发《2017年江西电商扶贫工程推进方案》，明确电商扶贫工程进度调度机制和统计制度，将瑞金市、兴国县、于都县等12个县(市)确定为全省电商脱贫工程重点推进县，给予政策资金支持。全省贫困村建立电商扶贫站点2455个、覆盖82%的贫困村；设立快递乡镇1200余个，电商扶贫新培训7.89万人次，对接农民专业合作社3421个，电商扶贫直接促成销售21.6亿元、带动销售超60亿元，带动21.96万户贫困户及农户就业增收。

【促进电子商务创新创业】 推动全省建立电商产业园146个、省级电商众创空间33个、设立电商站点2.3万余个，先后举办第四届“创青春”中国青年创新创业大赛APP专项赛、江西首届产业互联网大会、分享经济平台助推江西企业创新创业对接会、江西农村电商创业创新论坛等系列活动，连续举办4期电商双创及扶贫培训班，全省累计培训电商人才超40万人次，推动电子商务成为江西省当前创业创新的最活跃领域。

(范超群)

粮食流通

【概　况】 2017年，全省粮食行业落实粮食安全省长责任制，深入推进粮食供给侧结构性改革，抓收购、保供给、强产业、严执法，粮食流通改革发展稳步推进。全省共收购稻谷112亿千克(早稻38.5亿千克，中晚稻73.5亿千克)，其中最低价收购16亿千克(早稻9.5亿千克，中晚稻6.5亿千克)，早稻托市收购量占全国74%。江西省在国务院对各省级政府落实粮食安全责任制情况首次考核中位列第六位，受到国务院通报表扬。

【粮食安全工作】 省委、省政府将粮食安全责任制考核纳入2017年度对各设区市科学发展综合考核评价体系，省长刘奇、常务副省长毛伟明、副省长吴晓军多次就粮食安全省长责任制相关工作作出批示，提出明确要求。省、市两级政府分别下达《粮食安全责任书》，层层落实责任。通过组织迎接国家考核和开展对设区市考核，各级政府对粮食安全工作更加重视，农田水利、粮食生产、粮食流通等支持政策相继出台，粮食生产能力、流通能力、质量安全和种粮积极性进一步提升，江西粮食主产区地位更加巩固。

【粮食收购市场平稳】 针对仓容不足矛盾，筹措托市仓容35.5亿千克。及时启动最低收购价预案，合理布置委托收购库点712个，有效满足农民售粮需要。引导多元主体入市收购，社会企业累计收购新粮31亿千克，同比增长29%，市场化、多元化收购格局更加明显。协调省农发行发放贷款62.31亿元，其中最低收购价贷款46.57亿元，有效地保证企业粮食收购需求，全省未出现“卖粮难”和“打白条”现象。联合工商行政管理、质监、食药监、物价部门印发《江西省2017年粮食收购市场联合执法工作方案》，联合中储粮江西分公司、农发行江西省分行建立粮食收购检查省级联席会议制度，通过联合开展检查，加大监督检查力度。畅通受理投诉举报，调查核实反映问题，从严查处损害国家利益及坑农、害农行为，切实维护粮食收购市场秩序。

【粮食产业供给侧结构性改革】 省政府印发《关于加快推进农业供给侧结构性改革大力发展粮食产业经济的实施意见》，明确粮食产业经济发展目标、工作思路和实施举措。江西省被国家列为实施“优质粮食工程”第一批中央财政重点支持省份，中央财政支持资金总额9亿元，2017年下达补助资金3亿元，全省确定24个县(市、区)新建或功能提升粮食产后服务中心105个，完善县级粮食质检机构30个。重点支持“中国好粮油”行动示范县和省级示范企业各2家，江西省7个大米品牌被评为“中国好粮油”产品。加快粮食“去库存”，竞拍和定向销售国家政策性粮和地方临储粮18.5亿千克、争取国家跨省移库计划1亿千克、储备粮轮换销售20亿千克。国家将江西省确定为4个大米竞价销售“去库存”试点省份之一。加强产销合作，为外省代购代销粮食15亿千克，外销稻谷38亿千克。

【抓好安全储粮和安全生产工作】 坚持底线思维，树立安全发展理念，抓好安全储粮和安全生产工作。推进仓储设施建设，全年中央新安排江西省建仓资金3465万元，新建仓容2.3亿千克；争取省财政新建粮油仓储设施项目资金7645万元，仓储设施维修资金5000万元。提升仓库收储服务功能，总投资3.6亿元的“粮安工程”粮库智能化升级改造项目稳步推进。严格推行“谁储粮、谁负责”“谁坏粮、谁担责”的责任制度，明确仓储企业安全储粮主体责任和粮食行政部门监管责任。强化教育培训，举办全省粮食行业安全储粮和安全生产培训。探索绿色储粮技术运用，降低储粮化学药剂使用和储粮能耗，将绿色储粮新技术与新建粮库同设计、同施工，强化科技创新对储粮技术进步的引领作用，提升科学保粮水平。加强“两个安全”监管，成立省粮食安全咨询巡查工作组及安全储粮和安全生产技术指导组。开展“粮食安全隐患大排查快整治严执法”集中行动，共检查政策性粮食承储企业284个，库点1301个，对发现的问题，实行销号整改，确保政策性粮储存安全。

【完善粮食储备、应急保障体系】 落实储备规模，将地方粮食储备落实情况纳入粮食安全省长责任制考核，全省落实静态储备14.75亿千克，动态储备2.25亿千克。加快省级静态储备轮换节奏，采取措施，做好资金、市场价格信息等服务工作，省财政安排轮换补贴6785万元，减轻了承储企业轮换亏损压力，省级储备轮换计划完成。完善粮食应急保障体系，新建13个应急保障项目，全省建成粮食应急配送中心104个，确认粮食应急加工点245个、供应网点1525个，基本实现各市、县(区)全覆盖，形成较为完备的粮食应急保障网络体系。调整充实粮食价格监测点数量，共设省级价格监测点234个，覆盖所有市(县、区)的价格监测体系全面建立，粮食预警能力进一步提升。

【粮食流通发展环境优化】 推进粮食行业“放管服”改革，建立江西省粮食局行政许可标准体系，对“军粮供应站资格、军粮供应委托代理资格认定”行政许可事项进行规范。推动粮食收购许可管理改革，修订《江西省粮食收购资格许可管理办法》(第227号省政府令)，放宽了粮食收购市场准入。全面推行“双随机一公开”检查工作机制，持续开展粮食企业经营活动守法诚信评价工作，在“信用江西”平台上新公布2253家粮食企业诚信等级评定情况，并按诚信等级推行日常分类监管。修订完善《江西省粮食行政管理部门行政处罚自由裁量权适用规则》《江西省粮食行政管理部门行政处罚自由裁量权参照执行标准》，进一步规范了全省粮食行政执法行为。

(陈志伟)

供销合作

【概　况】 2017年，省供销合作社推进体制机制创新，构建四大新型体系，完成全年各项工作任务。全系统经济运行实现3个两位数增长：商品销售总额1613.3亿元、汇总利润5.93亿元、年末所有者权益60.31亿元，同比分别增长20.59%、14.28%、12.55%；率先在全国实现3个100%覆盖：全省95个设有供销合作社的县(市、区)100%出台深化供销合作社综合改革文件，100%成立区域性综合型农民合作社联合社，省、市、县三级供销合作社机关100%纳入参照公务员法管理。在全国供销合作社系统2017年度综合业绩考核中，评为“一等奖”，进入全国“第一方阵”，综合排名比上年前移1名，列第十一名。

【供销合作社综合改革】 省供销合作社先后召开全省供销合作社主任会议、全省深化供销合作社综合改革工作电视电话会议、设区市供销合作社主任会议暨“三位一体”综合合作推进会，研究部署全面深化供销合作社综合改革工作。省供销合作社根据年度工作目标，梳理出3项重点工作和40项具体改革任务，成立3个专项工作推进领导小组，建立机关处室挂点联系制度和改革工作督察机制，推动各项改革任务落实。各级供销合作社结合当地实际，明确改革重点、细化工作措施、狠抓任务落实。省供销合作社和南昌市供销合作社分别被全国供销合作总社确定为“供销合作社合作发展基金”和“社有资产管理委员会”专项改革试点单位，江西旅游商贸职业学院入选国家优质高职院校立项建设单位。开展综合改革督察。5—6月，省深化供销合作社综合改革领导小组办公室对各市、县(区)开展一次全面督察。通过督察，各地作出整改部署。11月底至12月初，省农业和农村体制改革专项小组就全省全面深化供销合作社综合改革进展情况再次进行重点督察。

【为农服务】 在95个设有供销合作社的县(市、区)全部完成县级农合联的基础上，赣州、宜春、上饶市率先组建市级农合联，各级农合联共吸纳近1000家农民合作社入社、带动农户14.7万户。全系统基层社总数1403个、领办农民合作社3708个、发展村级综合服务社15310个，县及县以下完成年销售额1203.46亿元、占全系统比重74.45%。推广以土地托管为主要内容的农业社会化服务，土地托管面积14.25万公顷，超过上年的2倍，赣州、九江、吉安、上饶、抚州的土地托管面积均在1.33万公顷，“农民外出打工，供销社为农民打工”的服务品牌正在唱响。稳步推进“5+N”农产品批发市场建设工程，启动中国供销·萍乡农产品物流园、赣南农产品批发市场2个节点市场和上饶县、广昌县、章贡区、安远县、信丰县农产品批发市场5个支点市场建设。开展农村合作金融服务，渝水区、濂溪区、石城县的农民合作社内部信用合作试点运行平稳，互助金额2186万元。石城县华丰畜禽合作社信用合作部连续2年在全国供销合作社金融自律检查星级评比中获得唯一最高四星级评分，获“普惠金融创业之星”称号。

【农村电商惠农工程】 推动中国“供销e家”电商平台落地江西，争取中央财政农村电商惠农工程专项资金4100万元，居全国供销系统前五名，重点打造省级运营中心和9个县域运营中心，2个设区市和40个县级供销电商公司入驻“供销e家”省级平台，居全国供销系统第一名。探索形成以广昌县为代表的“x+1”线上与线下、商流与物流融合的区域电商发展模式。注册“赣供”“赣贡”商标，探索“百县百品”产业电商发展路径。南昌县、安义县政府明确由县供销合作社牵头组织实施电子商务进农村工作，上栗县政府将全县烟花爆竹原材料统一交给县供销合作社烟花爆竹产业供应链电商服务平台进行一站式购销配送。截至年底，全系统开展电子商务相关业务的企业147个，全年完成电商销售总额63.14亿元，增长66.09%。

【社有企业发展能力增强】 省供销合作社和11个设区市、41个县级社成立了社有资产管理委员会，落实社有资产出资人代表职能。省供销合作社的供销合作发展基金已正式运营，赣州市供销合作社注册成立华昌(赣州)私募投资基金管理有限公司。上饶市、九江市、彭泽县等地组建了供销集团，省供销集团组建方案已呈报省政府。江西省供销电子商务有限公司通过2017年第二批国家高新技术企业认定，申请软件知识产权9项。江西沃尔得农资连锁集团股份有限公司在全国中小企业股份转让系统挂牌，获“江西省服务业龙头企业”。江西余干农商大市场、南昌市供销为农服务中心等一批重大项目已建成。

(刘行宾)

本栏编辑　邓玉兰

对外贸易与经济合作

综　　述

2017 年,全省商务部门稳步推进对外贸易和经济合作,主要指标呈现稳中较快增长的发展态势。实际利用外资、外贸出口、对外承包工程增速居全国前列,总量在全国的位次前移。

打造内陆双向开放高地。6 月 19 日,省委、省政府高规格召开全省开放型经济发展大会,省委书记出席并讲话,省长主持会议。大会表彰了一批开放型经济工作先进单位,围绕深入学习中共中央总书记习近平开放发展重要思想,坚定不移实施全面开放战略,提出打造内陆双向开放高地,加快开放型经济升级发展的目标方向和思路举措。在深度融入"一带一路"建设上,明确"突出周边、深化港澳台、主攻欧美日韩、深耕非洲、拓展澳新南美"的策略;在国内开放布局上,提出要深化联海、联江、联京、联边合作;在"引进来"上,突出外企入赣、央企入赣、民企入赣、赣商回归;在"走出去"上,提出"江西产品、江西建设、江西制造、江西文化"四大品牌建设;在开放平台建设上,突出发展园区经济、会展经济、口岸经济、通道经济、临空经济、临港经济六大平台经济。

招商引资和招才引智取得新成效。开展小分队招商、产业链招商、驻点招商、以商招商、商会招商、委托招商、互联网+招商等,增强招商引资实效。实施推动招大引强"三百工程",策划 100 个重大招商项目、100 家重点对接企业,推进 100 个重大项目开工建设。全年省级层面共举办 11 场重大招商活动,签约项目 915 个,签约投资总额 1.1 万亿元,举办首届世界赣商大会、赣港经贸合作活动等在境内外有影响力的重要经贸活动,举办"人才兴赣论坛",加强招才引智。狠抓重大招商项目落地,全年新开工招商引资重大项目 2009 个,投产项目 1542 个。

对外贸易转型升级步伐加快。继续开展"千企百展"拓市场活动,累计组织 2000 余家企业参加境内外知名展会,为企业减免成本 1300 多万元。加快培育外贸新业态,认定的首批 3 家省级外贸综合服务企业,业绩呈现爆发式增长。服务推进"两转"工作取得新进展,推动南康家具等重点产业与跨境电商平台开展合作,取得良好成效。贸易结构进一步优化,机电产品进出口比重提升到 38.7%,高新技术产品进出口比重提升到 16.3%;文化贸易成倍增长,6 家文化贸易企业入选国家文化出口重点企业。

"走出去"工作稳步推进。对外承包工程取得重大突破,全年新签合同额增长 43%,新签 10 亿美元以上特大项目 2 个,江西国际、江西中煤、中鼎国际连续入选全球最大国际承包商 250 强,分别居 90、95、127 位。"走出去"队伍进一步壮大,新设立对外投资企业 83 家。境外合作区建设取得新进展,赞比亚(江西)经贸合作区、华坚鞋业埃塞俄比亚轻工业城等境外合作区投入运营。承办 32 期对外援助官员及技术人员培训班,推进商务部授标江西赣粮公司实施赤道几内亚示范农场技术援助项目。

(王春雷)

货物贸易

【概　况】　2017 年,全省外贸进出口总额首次突破 3000 亿元,达 3011.1 亿元,增长 14.1%。其中:出口 2209.0 亿元,增长 12.6%;进口 802.1 亿元,增长 18.6%。进出口、出口、进口三项指标均创历史新高。外贸出口保持回稳向好的良好势头,超额完成全年预期目标。出口总额稳居中西部前列,居全国第十三位,中部第二位。出口增幅稳居全国"第一方阵",居全国第十位,高出全国平均水平 2.5 个百分点。

【外贸结构实现"四个提升"】　一是一般贸易出口占比提升,占比达 88.4%,较上年提升 2.4 个百分点;二是民营企业出口占比提升,占比 76.86%,较上年提升 0.6 个百分点;三是对美国、欧盟、韩国、日本等高端市场出口占比提升,占比分别为 17.3%、14.3%、6.2%、3.6%,较上年分别提升 0.9、4.3、0.5、0.3 个百分点;四是进口占进出口总额的比重提升,占比 26.4%,较上年提升 0.8 个百分点。

【开拓国际市场】　注重地方优势产业与优质展会平台的精准结合,发挥产业优势形成出口优势实现新突破。根据各地优势产业开拓国际市场的需求,重点推动南昌纺织服装、鹰潭眼镜、九江建材、南康家具、高安建筑等优势产业参加国际知名专业展会,为芦溪电瓷、樟树金属家具、于都服装订制国际市场开拓方案。2012—2017

年，南康家具自营出口年均增长168.6%，已成为出口超亿美元产业。高安建筑陶瓷出口年均增长49.5%。新干箱包自2015年开始实现自营出口，年均增长11.2倍。鹰潭眼镜有出口业绩的企业5年间从17家增加到41家。樟树金属家具出口实现零的突破，2017年出口365.7万美元。首次将联合国采购活动引入江西。联合商务部中国国际经济技术交流中心举办2017（江西）联合国采购贸易洽谈会，邀请5家联合国采购有关机构的专家授课，并开展现场一对一洽谈对接，为帮助江西省企业利用联合国全球网络拓展多元化的国际市场发挥了积极作用。

【培育外贸新业态】 3家省级外贸综合服务企业服务中小微企业1000余家，累计带动出口4.78亿美元。立足全省、辐射周边省市的服务网络已初步形成，服务能力不断提升，服务中小微企业降成本、优环境成效显著。3家省级外贸综合服务企业累计为1000余家中小微企业降成本超过5000万元。萍乡、景德镇、吉安、鹰潭等地开展市级外贸综合服务企业认定工作。推动地方优势特色产业与跨境电商平台合作，组织南康家具、景德镇陶瓷与知名跨境电商平台合作，实现企业与境外客户面对面对接，获得一批高质量订单。春交会期间，组织境外采购商与南康家具生产商直接面对面洽谈，签订订单3000万美元。秋交会期间，指导举办景德镇陶瓷“珠江游轮”高端采购对接会，与境外采购商实现线上交流、线下互动，现场促成了一批订单成交。

【培育外贸新增长点】 开展招商活动，引进更多生产型出口企业落户。在泉州、杭州、广州开展产业转移恳谈会，推进承接加工贸易产业转移工作。充分利用展会资源，开展对接招商，如鹰潭眼镜通过参展促贸易、促招商，引进了一批行业龙头企业。推进供外省出口企业转回本省出口。对全省供外省出口的近2000家企业进行全面深入的调研摸底和情况分析，提出了具体的工作举措和对策建议。全省共有数百家供货企业转为自营出口，供货出口转自营出口额3亿美元以上。

【推动外贸降成本优环境】 推动各地建立完善出口退税周转金制度。总结推广好经验、好做法，用好用足外经贸发展扶持资金，探索建立出口退税周转金取得实质性进展，全省25个县（开发区）构建政企银合作平台，缓解了企业资金周转压力。降低企业参加广交会、华交会参展成本。落实商务部有关减轻广交会参展企业展位费文件精神，每年为约700家企业降低参展成本1200万元。发挥广交会对贫困地区经济和外贸发展的带动作用，支持贫困县优质企业参展，基本实现全省贫困县企业参加广交会全覆盖。

（汪飞）

服务贸易

【概　况】 2017年，全省服务贸易进出口总额38.22亿美元，减少1.37%。其中：出口8.48亿美元，减少6.09%；进口29.74亿美元，增加0.03%。全省新增服务外包企业120家，减少47.60%；新增从业人数7887人，增长2.90%；接包合同签约金额18.17亿美元，增长15.45%；接包合同签约执行金额14.72亿美元，增长5.89%；新增认证34个。全省技术进口合同数130份，合同金额1.13亿美元，减少19.95%；全省技术出口合同数47份，合同金额0.13亿美元，减少45.37%。全省文化产品进出口总额26.07亿美元，增长63.5%，文化贸易出口25.99亿美元，增长64.58%；文化贸易进口0.09亿美元，减少44.88%。江西省6家文化贸易企业被评为2017—2018年度国家文化出口重点企业。

【开展省级服务外包示范园区认定工作】 2017年，省商务厅联合省工信委、省科技厅开展省级服务外包示范园区的认定工作，用友产业园（南昌）等5家园区被认定为江西省服务外包示范园区，截至年底，省级服务外包示范园区共计19家。

【组织企业参加服务贸易活动】 省商务厅以南昌市“中国服务外包示范城市”及省级服务外包示范园区和文化贸易企业为重点，组织用友（南昌）产业园、江西科骏实业有限公司、赣州启慧竹文化创意有限公司等150余家服务贸易重点企业分别参加2017中国－东盟博览会文化展、2017北京国际服务贸易交易会、第十五届中国国际软件和信息服务交易会、第十三届中国（深圳）国际文化产业博览交易会、第三届海南国际旅游贸易博览会等重点展会，并组织企业赴德国、法国、西班牙3国开展服务贸易招商推介活动，进一步宣传推介江西，对接了一批客商，签约了一批订单。

【举办服务外包创新创业大赛】 4—12月，由省商务厅、省教育厅、宜春市政府联合主办的江西省第五届大学生服务外包创新创业大赛暨首届宜春市大数据创新创业大赛在宜春市举行，大赛分预赛、复赛、决赛3个阶段进行。预赛于4月开始，决赛于12月2日举行，决赛期间举办创新创业大赛评审、优秀作品展示、特等奖晋级赛、论坛及颁奖典礼等。此次大赛历时半年多，有全省38所高校的500多支队伍和20多支宜春市高新企业的队伍约2500名选手参赛。宜春学院的《守艺》和《嵌入式智能水族箱》项目、江西信息应用职业技术学院的《守艺族市场推广与文化传播》项目获得大赛特等奖。通过开展创新创业大赛，为大学生就业、创业搭建了展示平台，为服务外包产业发掘人才，让高校、企业、政府和社会各界更加关注服务外包产业的发展。

【开展服务贸易宣传推介活动】 12月14日，由中国长江经济带服务贸易联盟（简称“联盟”）主办的2017第四届中国长江经济带服务贸易（外包）产业城市发展高峰论坛在江西赣州举行。论坛围绕数字经济，对服务外包产业的现状、发展趋势等进行研讨。中国服务贸易协会专家委员会、猪八戒网华中大区、鼎韬外包服务有限公司等单位嘉宾发表主题演讲。“联盟”协会代表、江西省设区市商务主管部门负责人及企业代表约300人参加论坛。同时，组织“联盟”内企业与赣州园区企业对接。

（吴萍）

利用外资及中国港澳台资

【概　况】　2017年,全省实际使用外资114.64亿美元,增长9.8%,其中现汇进资17.46亿美元。按商务部统计口径,现汇进资列全国第十二位、中部地区第二位,同比列全国第七位。全省11个设区市全部完成利用外资计划任务,增长幅度较大的有南昌市、九江市、赣州市。全省共有南昌市西湖区等23个县(市、区)现汇进资超过1000万美元。全省新批投资总额1000万美元以上企业149家,总投资额128.04亿美元,其中投资总额1亿美元以上企业27家。鄱阳湖生态经济区实际利用外资金额60.8亿美元,占全省总额的53.04%,增长2.59%。赣南苏区实际利用外资金额36.55亿美元,占全省总额的31.88%,增长9.74%。全省一、二、三产业利用外资占比分别为5.28%、60.52%、34.2%,其中第三产业利用外资比上年增长7.35%。年内举办了第十五届赣台经贸文化合作交流大会、第十六届赣港经贸合作活动、江西省与世界500强和跨国公司(上海)合作交流会等11场重点招商引资活动,全年全省重大招商引资活动共签约合作项目810个,投资总额约1.1万亿元。

【外商投资企业增资扩股】　全省共有192家企业增资,增加合同外资30.89亿美元。其中,合同外资增资1000万美元以上企业有73家,增加合同外资金额24.09亿美元。江西美晨通讯有限公司增资1.44亿美元,已进资0.5亿美元。赣州昶洧新能源汽车有限公司增资1.41亿美元,已进资0.63亿美元。华教教育科技(江西)有限公司增资1.08亿美元,已进资0.09亿美元。晶科能源有限公司增资1亿美元,已进资0.84亿美元。江西理文造纸有限公司增资1亿美元,已进资0.28亿美元。赛得利(九江)纤维有限公司增资0.87亿美元,已进资0.5亿美元。

【十大新兴产业利用外资】　全省新批十大新兴产业外资企业93个,其中风能、核能产业及节能技术和电子信息产业41个、新能源汽车及动力电池产业5个、半导体照明产业5个、金属新材料产业11个,非金属新材料产业8个、绿色食品产业16个、文化及创意产业7个。全省战略性新兴产业合同外资金额和实际利用外资金额分别达到17.7亿美元和19.4亿美元,分别占全省总量的17.48%和16.92%。

【开发区成为利用外资重要载体】　全省开发区(工业园)实际利用外资87.86亿美元,占全省的76.64%,其中17个国家级开发区实际利用外资34.55亿美元,增长6.59%,占全省比重30.14%。排名前4位的分别为南昌高新技术产业开发区、南昌经济技术开发区、南昌小蓝经济技术开发区、九江经济技术开发区。

【举办第十六届赣港经贸合作活动】　6月7日—9日,省长刘奇率江西省代表团,在香港举办第十六届赣港经贸合作活动,省政协副主席胡幼桃参加活动。这是江西省连续16年在香港举办"赣港会"。其间,省长刘奇、省政协副主席胡幼桃走访会见了香港贸发局、香港宁波同乡会、甬港联谊会、世界中华宁波总商会、香港中华总商会、香港美国商会、江西旅港同乡会等重要机构和商协会,走访会见了华润集团、招商局集团、中国银行(香港)有限公司、苏宁集团、理文化工、协鑫集团等20余个重点企业,出席赣港经贸投资合作交流会1场、主题推介会和4场专题活动,以及考察调研了香港数码港。活动签约项目105个,投资总额105.8亿美元。

【举办江西省与跨国公司(上海)合作交流会】　9月15日,省政府在上海举办江西省与跨国公司(上海)合作交流会,省委常委、常务副省长毛伟明出席会议并致辞。上海市商务委、上海市国际经济技术合作协会、西班牙上海总领馆、德国中小企业联合总会、旧金山湾区委员会、德国不来梅经济促进局、联合国工业发展组织上海全球科创中心等上海市有关单位、外国驻沪机构、商协会组织负责人,荷兰喜威(中国)公司、美国陶氏化学(中国)投资有限公司、沃尔玛亚洲不动产公司、英国阿斯利康公司、德国巴斯夫(中国)公司、瑞士ABB公司、星巴克咖啡(中国)公司等23家世界500强企业,130多位跨国公司和行业龙头企业高管代表参会,会议总规模200余人。会上举行重点项目签约仪式,江西省与上海日立、陶氏化学、沃尔玛、住友化学等世界500强及跨国公司等共达成合作项目20个,合同投资金额18.03亿美元。

【完善招商引资政策】　5月22日,省政府出台《关于进一步扩大开放打造招商引资新优势的实施意见》,该意见结合江西省实际,围绕进一步扩大对外开放领域、完善落实招商引资政策、着力优化营商环境、强化招商引资工作、加强组织保障等5个方面提出22条举措。7月27日,省商务厅牵头会同省财政厅、省接待办制定《江西省党政机关商务接待管理办法(试行)》,进一步规范了全省各级机关商务接待工作,营造了亲商重商的良好氛围。

【加快复制推广自贸试验区改革试点经验】　5月18日,省政府出台《江西省复制推广自由贸易试验区新一批改革试点经验工作实施方案》(赣府字〔2017〕28号),12月27日,省政府办公厅出台《江西省学习借鉴自由贸易试验区新一批"最佳实践案例"和复制推广第三批改革试点经验工作实施方案》(赣府厅字〔2017〕147号)。截至年底,赣府字〔2017〕28号文中所列19项改革事项已实施14项。将不涉及国家规定实施准入特别管理措施的外商投资企业设立及变更事项由审批改为备案管理,外商投资企业备案率达97%以上,外商投资便利化水平大幅提升。办税服务更加便捷化,全面实施税控发票领用网上申请,并开展"网上申领、线下配送"业务,纳税人足不出户即可领用发票。截至年底,网上累计发放增值税发票约235万份,得到纳税人好评。市场主体退出更加便利化。全面推行企业简易注销登记改革,企业自行通过国家企业信用信息公示系统(江西)发布简易注销公告,提交全体股东签字的承诺书，承诺企业提交材料真实且无未了债务，45天公告期满未收到异议即可直接申请注销。企业办理简易注销不再提交清算报告、投资人决议、清税证明、清算组备案证明、刊登公告的报纸样张等材料，大大简化了登记程序，减轻了企业的负担。截至年底，全省有13945户企业发布简易注销公告，其中8093户企业已办结简易注销登记。

·资　料·

2017年全省利用外资分行业比重表

行　业	新批外商投资企业数		合同外资金额		实际使用外资金额	
	企业数（家）	比重（%）	金　额（万美元）	比重（%）	金　额（万美元）	比重（%）
全省合计	495	100	1012521	100	1146373	100
第一产业	**31**	**6.26**	**50899**	**5.03**	**60499**	**5.28**
农、林、牧、渔业	31	6.26	50899	5.03	60499	5.28
第二产业	**294**	**59.39**	**540362**	**53.37**	**693854**	**60.53**
采矿业	1	0.2	455	0.04	3364	0.29
制造业	285	57.58	539350	53.27	652197	56.89
电力、燃气及水的生产和供应业	8	1.62	17740	1.75	37930	3.31
建筑业	0	0	-17183	0	363	0.03
第三产业	**170**	**34.34**	**421260**	**41.61**	**392020**	**34.2**
批发和零售业	76	15.35	51686	5.1	82866	7.23
交通运输、仓储和邮政业	5	1.01	5813	0.57	21115	1.84
住宿和餐饮业	11	2.22	3105	0.31	8546	0.75
信息传输、计算机服务和软件业	10	2.02	15239	1.51	5779	0.5
金融业	2	0.4	26689	2.64	14964	1.31
房地产业	21	4.24	236767	23.38	166092	14.49
科学研究和技术服务	26	5.25	58789	5.81	66279	5.78
租赁和商务服务业	8	1.62	12346	1.22	6220	0.54
水利、环境和公共设施管理业	2	0.4	2366	0.23	7266	0.63
居民服务、修理和其他服务业	2	0.4	1367	0.14	1570	0.14
教育	2	0.4	-1416	0	997	0.09
卫生和社会工作	3	0.61	6078	0.6	7135	0.62
文化、体育和娱乐业	2	0.4	2431	0.24	3191	0.28

（龚蕾　陈香莲）

对外经济合作

【概　况】　2017年，全省加快实施“走出去”战略，对外投资合作工作实现6个突破，“江西建设”“江西制造”“江西援外”“江西走出去联盟”4张国际合作新名片不断被擦亮，江西省参与“一带一路”建设的层次和水平不断提升，“走出去”实现了跨越式发展。全省对外承包工程完成营业额42.6亿美元，增长8.12%，全国排名第八位，比上年前移1位。总量较上一个5年(18.4亿美元)翻了2.3倍，成为全国名次前移最快，总量提升最快的省份。

【“一带一路”布局】　4月，省委书记鹿心社率中国共产党代表团访问巴基斯坦和黎巴嫩期间组织开展有关经贸活动，签订9个经贸投资项目或合作协议，签约投资总额14.1亿美元，为江西企业深度参与“一带一路”建设搭建了高水平的对接平台。鹿心社邀请黎巴嫩法兰萨银行董事长阿德南·卡萨一行到赣访问，推动江西企业与国际知名金融机构合作，促成法兰萨银行与江西省铁路投资集团公司就推进股权合作事宜签署谅解备忘录，与中国进出口银行江西省分行和江西凯马百路佳客车有限公司就推进客车出口项目签署合作协议，江西省企业参与“一带一路”建设从对外承包工程、国际产能合作，跃升到高端形态的金融合作，对于江西“走出去”和开放型经济发展具有标志性意义。截至年底，江西省在“一带一路”沿线实现将近1/2的国别覆盖，在31个国家开展对外投资合作业务，完成对外承包工程营业额10.04亿美元，增长13.23%，占全省对外承包工程总额的23.57%；新签合同额5.7亿美元，增长110.15%。覆盖国别的不断增多和新签合同额的快速增长，显示江西省企业在“一带一路”沿线国家的业务发展后劲不断加大。

【“走出去”重大项目】　2017年，江西国际经济技术合作公司签订12.45亿美元赞比亚卢恩公路建设总承包项目和江西建工集团在孟加拉签订总额12.3亿美元住房建设项目，江西省单个对外承包工程项目首次突破10亿美元，2个项目同年签订，刷新了江西省单年承揽项目金额之最。江西中煤建设集团公司中标巴基斯坦巴沙水电站公路项目和达苏水电站村庄移民2个项目，成为江西省参与中巴经济走廊建设金额最大的基础设施建设合作项目。江西久盛国际电力工程有限公司签订3.3亿美元印尼东加三期燃煤电厂扩建工程项目，是江西省企业在21世纪海上丝绸之路沿线国家承建的最大工程项目。江联国际工程有限公司签订的印尼金光集团3台410蒸吨锅炉和3个70兆瓦电站总承包项目，是江西省在海外承接的容量最大的电站总承包项目。

【对外投资质量和规模】　2017年，全省新备案或核准境外投资设立企业申请98件，实现对外直接投资额7.11亿美元。对外投资项目结构持续优化，一批实体经济对外投资项目，如：赣锋锂业收购澳大利亚菲尔巴拉公司股权项目和收购加拿大美洲锂业股权项目、江西科骏实业并购美国虚拟现实(VR)专业企业Z空间公司股权项目、江西德谨信实业在赞比亚投资建设水泥生产线项目、赣州腾远钴业在刚果(金)建设钴资源冶炼开发基地等国际产能合作项目正在有序推进。在境外园区建设方面，江西国际经济技术合作公司正在联合省属国有企业大力推进赞比亚江西工业园项目，江西(马来西亚)现代农业科技产业园的砂捞越农业品商贸城已竣工并进入招商阶段。华坚鞋业埃塞俄比亚国际轻工业城已有5家企业入驻园区发展，为当地创造2000个就业岗位。

【对外援助】　2017年，国际商务官员(江西)研修基地举办了33期援外培训班，共有来自73个发展中国家的965名政府官员和技术人员参训，其中有383名学员来自28个“一带一路”沿线国家。同比项目数增长50%，学员人数增长80%。截至年底，基地已举办112期援外培训班，为124个发展中国家培训2904名政府官员和专业技术人才，其中正国级领导人1名、省部级官员40名、厅局级官员2712名，技术人员151人。江西赣粮实业公司被商务部正式授标实施援赤道几内亚示范农场技术援助项目，这是援外农业示范中心管理体制改革以来全国首个通过议标的对外农业技术援助项目。中鼎国际承担的肯尼亚孔子学院建设、江西中煤的加纳1000口水井等援外任务进展顺利，新认定为对外援助成套项目总承包企业资格的昌南建设和发达控股分别中标援厄立特里亚和纳米比亚成套项目，进一步壮大江西省援外工程项目建设队伍。“江西援外”品牌，不断扩大江西国际交往的朋友圈，讲好江西故事，扩大江西影响。

【企业国际化水平提升】　组建“江西走出去企业战略合作联盟”，成员企业和机构已发展到近300家，不断推动企业抱团“走出去”。推动江西中煤与江西交通工程组成联合体在埃塞俄比亚中标合同总额8000美元的公路建设项目，推动江联国际与江西伊顿智能科技有限公司合作开展海外项目建设。持续打造各类业务对接促进平台。在“一带一路”沿线以及中东欧、中南美洲国家等市场组织“走出去”业务促进和对接洽谈活动，为推动企业参与国际产能合作牵线搭桥。江西国际经济技术合作公司、江西中煤建设集团公司、中鼎国际工程有限责任公司等3家对外承包工程企业连续多年入围ENR全球最大国际承包商250强。2017年，江西国际和江西中煤首次跻身全球最大国际承包商百强企业，其中江西国际排名第90位，较上年前移13位；江西中煤排名95位，较上年前移16位；中鼎国际排名第127位，较上年前移4位。“江西建设”品牌在国际承包工程领域已具有相当的影响力。

(张千帆)

国内经济合作

【概　况】　2017年，国内投资和经济合作以首届世界赣商大会为统揽，突出重大招商活动、重大区域合作、重大项目落地，推进央企入赣、民企入赣、赣商回归，承办和参与省级层面16场重大招商推介活动中的12项。全省实际引进省外项目资金6630.29亿元，增长12.27%。从产业看，全省二产引进省外资金亿元以上项目实际进资占比近70%，电子信息产业、建材产业、能源产业进资均超过500亿元，汽车制造及其零配件产业、生物医药产业分别进资约300亿元，此外三产引进省外资金亿元以上项目占比29%。从引资来源地看，实际引进省外项目资金排名前五名的是：广东1861.96亿元、占28.08%，浙江1529.99亿元、占23.08%，北京894.68亿元、占13.49%，福建496.92亿元，占7.49%，上海473.91亿元、占7.15%。

【央企入赣投资合作洽谈会召开】 2月24日，央企入赣投资合作洽谈会在九江召开。这是江西省第二次与中央企业开展的高规格的合作对接活动，包括40多家世界500强企业在内的共80家央企，300多名嘉宾和客商参会，会议签约项目113个，签约金额2340.49亿元，签约成果项目涉及61家央企，占参会央企总数的76.3%。会上，国家电网、中国大唐、中节能、中交建、中国医药等分别与省政府签署了战略合作协议，进一步搭建起江西省与中央企业多领域合作交流的平台。

【2017中国500强企业高峰论坛在江西召开】 9月9日—10日，2017中国500强企业高峰论坛在江西召开，省外参会代表超过1000人，举办了江西走进500强、500强看江西、服务在赣500强等活动，围绕重点产业，江西省精心遴选一批招商项目，推进与500强企业合作，会议共签约投资项目133个，签约金额2018亿元，签约项目集中在新能源、新材料、电子信息、生物医药等新兴产业和现代农业、现代服务业、旅游业等领域。

【举办2017中国(江西)非公有制经济发展论坛】 9月22日—23日，由中国民主建国会中央委员会、工业和信息化部、江西省政府举办的2017中国(江西)非公有制经济发展论坛在南昌举办，1300余人参加会议。在论坛举行的合作项目签约仪式上，共签约投资项目30个，签约金额366.95亿元，会前，省商务厅会同省民建江西省委等部门在深圳、杭州、上海、福州、济南等地举办多场省市联动招商引资专题活动，签约投资项目126个，签约金额680.09亿元，主要涉及航空、新能源、新型电子、智能装备等多个领域。会后与会企业界人士还分赴南昌、九江、景德镇、鹰潭、赣江新区等地进行了项目考察与推介等活动。

【推进重大项目落地】 重点围绕全省重大招商活动签约项目，建立台账制度，实行动态管理，加强调度督查，坚持“一月一调度、一季一通报、半年一核查”制度，督促签约项目加快落地，促进了一批重大招商引资项目早开工、早投产、早见效。全省重点围绕2017年赣京经济合作交流会签约的56个项目、中国500强企业高峰论坛签约的133个项目、2017中国(江西)非公有制经济发展论坛签约的20个项目、首届世界赣商大会签约的226个项目，以及纳入全省利用省外资金系统项目等，完善重大招商引资项目信息报告制度，加大跟踪、服务、推进重大项目力度，推进项目早落地生效。

【首届世界赣商大会召开】 11月27日—29日，由省政府主办，省商务厅牵头承办的首届世界赣商大会在南昌举行。大会共2000人参会，其中参加开幕式和江西发展论坛嘉宾超过1500人，其中包括6位国家部委领导，8位院士专家，10余位大学校长，25位在赣战斗过的老一辈革命家后代中的知名人士，190余位央企、知名民企、跨国公司高管和新赣商代表，120位上市公司负责人。首届世界赣商大会共签约项目226个，签约金额3085.55亿元。全省11个设区市、赣江新区借大会召开契机，组织嘉宾参加故里行活动，开展投资推介、对接洽谈，取得成果。大会首次发布“厚德实干义利天下”新时代赣商精神，首次发布江西投资发展环境报告，为江西提升优化投资发展环境形成依据的同时，也为广大投资者了解江西提供更为全面的参考；首次由省政府表彰50名回乡投资优秀赣商，其中有上市公司17家，胡润榜及《财富》精英14人，他们都是近年来江西省返乡投资的优秀典型。

【赣京经济合作交流会在北京举行】 3月1日，赣京经济合作交流会暨重大项目签约仪式在北京举行，66家上市企业，33家国内500强企业，14家世界500强企业共260余人参加会议，这次会议不单是一场经贸活动，更是首都北京与江西革命老区携手共建全面小康社会的务实行动。北京市委、市政府主要领导与江西省委、省政府领导进行了交流，双方签署《江西省人民政府与北京市人民政府战略合作协议》《省商务厅与北京市商务委员会框架合作协议》《赣江新区管委会与中关村管委会框架合作协议》。在赣京经济合作交流会暨重大项目签约仪式上，签署了《省政府金融办与北京银行签署框架合作协议》等9个文本，以及签约投资项目56个，签约金额1001.8亿元。

【对口支援工作】 2017年，江西省依照《江西省对口支援三峡库区合作规划(2014—2020年)》抓好贯彻落实。6月，省商务厅利用参加渝洽会的契机，组织重庆武隆县、石柱县10余家企业参会，展示展销受援地优势产品，并赴受援县考察对口支援项目，协调移民小区综合帮扶工作。11月，江西省参加在重庆万州召开的第十一届全国对口支援三峡工程重庆库区经贸洽谈会，进一步加强交流，为对口支援三峡库区经济合作工作出谋划策。2017年，全省无偿援助武隆县、石柱县资金合计250万元。此外，还协调受援县做好在江西省的三峡库区移民培训、就业等服务保障工作。

（喻敏辉）

本栏编辑 邓玉兰

交通运输

公　路

【概　况】　2017年，全省交通建设固定投资提前一个月超额完成年度390亿元目标，全年完成投资488亿元，超过年度计划25%。其中，水运、普通国省道、农村公路投资分别完成21亿元、226亿元、171亿元，分别增长75%、56%、93%，投资完成规模均创历年新高。全年争取各类中央补助资金74亿元，增长37%。启动组建省公路投资公司。省高速集团全年融资472亿元，各地争取农发行抵押补充贷款资金额度353亿元。

高速公路建设方面，南昌南外环项目迎宾大道以西段建成通车，抚州东外环、铜万高速宜丰联络线、萍莲等项目开工建设，大广高速南康至龙南段改扩建项目工可报告已报交通运输部审查。打通29个高速出省通道。

普通国省道建设方面，完成升级改造802千米、养护大中修工程1685千米、危桥改造200座、安全生命防护工程1677千米。农村公路建设方面，完成新改建1.53万千米，超额完成交通运输部下达的8000千米任务，全省71个县25户以上自然村修通水泥路，完成农村公路危桥改造1288座、安全生命防护工程4766千米，安远县、婺源县获评“四好农村路”全国示范县，评选出省级示范县14个。

全省公路桥梁累计166.13万延米/ 27875座(含危桥13.98万延米/3785座)，共有永久性桥梁162.95万延米/ 26258座。全省特大桥16.59万延米/75座、大桥82.85万延米/3376座、中桥41.20万延米/7587座、小桥25.50万延米/16837座；一类桥95.80万延米/9513座、二类桥37.56万延米/6522座、三类桥18.80万延米/8055座、危桥13.98万延米/3795座，一、二类桥占比57.5%。

2017年年底，全省危桥共3785座，其中普通国省道502座，农村公路危桥3283座。全省危桥数量比“十二五”末5348座减少1563座，比上年减少973座。普通国省道危桥比上年减少145座，农村公路危桥减少828座。

枢纽场站建设方面，上饶综合客运枢纽站建成投入试运营，抚州综合客运枢纽站基本完工，高安综合客运枢纽站完成主体工程。

全省57个中央苏区贫困县完成交通建设投资266亿元、普通国省道升级改造497千米、农村公路新改建1.13万千米、危桥改造852座、安全生命防护工程3256千米，25户以上自然村全部实现通水泥路。高速公路沿线累计拆除违法广告牌2785块，全省货运车辆违法超限超载率控制在1%以内。

全年执行鲜活农产品运输“绿色通道”等政策，减免通行费28.5亿元。出台9条措施，降低企业成本达22亿元。取消2项、停征2项行政事业性收费项目，年取消和停征收费达2亿元。赣州港“一带一路”多式联运示范工程成为江西省首个国家级示范项目。道路货运试点推行无车承运人、危险货物运输电子运单和甩挂运输等先进模式。上饶市被列为第三批国家“公交都市”创建城市。全省行政村通客车率96.8%。10个设区市实现“交通一卡通”互联互通。

全省完成公路客运量5.25亿人次，旅客周转量277.29亿人千米，分别下降1.6%、1.8%；完成公路货运量13.8亿吨，货物周转量3432.95亿吨千米，分别增长12.4%、9 %；完成城市公交客运量13.03亿人次、出租汽车客运量6.1亿人次，分别增加3.7%、降低1.6%；完成南昌轨道交通(1号线)客运量1.10亿人次，日均运送乘客近30.1万人次，旅客周转量8.33亿人千米。

【交通重点领域改革】　2月21日，省交通工程集团公司整体划入省高速集团，明确出资人与企业的权力清单和责任清单，完善企业监管体系。江西远洋运输公司与中远海运集团签订股权划转协议。启动具有行政管理职能事业单位改革调研工作。各设区市均发布出租汽车行业改革方案，全省巡游出租汽车经营权全部无偿使用。下放3项行政权力支持赣江新区发展。清理交通运输行政处罚、行政检查和涉企收费事项。省行政办事大厅交通政务窗口办结率、满意率均100%。完成交通运输部在江西开展的高速公路建设管理体制改革试点工作。

【智慧交通建设】　2017年，江西被交通运输部确定为智慧公路与新一代国家交通控制网、交通旅游服务大数据应用试点省份。宁定项目建成全省首条智慧高速公路，并入选交通运输部第一批智慧高速科技示范工程。省道417望招线、106蛟万线在全省率先建成智慧旅游示范路。大数据中心和智慧交通政务管理服务、智慧交通综合监管、智慧出行与物流信息服务平台“一个中心、三个平台”建设全面启动。道路客运联网售票系统与交通运输部平台联网实现对接，全省二级以上客运站基本实现全覆盖。

【道路长途客运实行实名制管理】 自7月1日零时起，全省在102个一、二级汽车客运站内经营的近2000条省际、市际班线（不含毗邻县间班线）实施实名制管理。旅客需凭有效身份证件购票，持1张有效身份证件在同一客运站当日发出的同一车次只允许购买1张实名制车票；持身份证以外的其他有效身份证件只能到客运站人工售票窗口购票；丢失或未携带有效身份证件的旅客，可到就近的公安派出所办理临时身份证明后，凭临时身份证明办理购票；已购买实名制车票但车票遗失的旅客，可持购票时的有效身份证件到乘车始发站免费补票。携带免票儿童乘车，须凭免票儿童的有效身份证件（户口簿、临时身份证明或学生证）免费申领实名制客票。

【江西建汽车“健康档案”】 10月，在不增加维修企业经营负担和保障企业商业机密的前提下，省公路运输管理局开展汽车维修电子健康档案系统建设试点工作。截至12月底，共有111家维修企业接入系统，为3.4万余辆汽车建立电子健康档案，上传维修记录近5.6万条。“健康档案”系统采集数据内容包括车辆识别代码、车牌号码、故障描述、维修项目、维修工时等13个数据元，车主可在手机APP“江西汽修档案”上随时搜索、查询维修企业信息，结合已有的维修质量评价在线择优选择。维修中，车主还可同步查询车辆的维修记录，并随时对企业维修质量进行评价，在线进行反馈。

【高速公路收费车道开通手机支付】 截至12月31日，全省高速公路移动支付工作进展顺利。在昌九高速、梨温高速、九江二桥等24条高速公路440多条MTC车道开通移动支付。货车ETC课题研究及试点工作完成，在昌西南和新余2个收费站完成试点。标准化ETC车道课题研究结题，在梨温路上饶东、上饶西、乐温路南昌东站建设6条标准化ETC试验车道，逻辑一次通过率超过99.5%。

【九江长江公路大桥项目获土木工程詹天佑奖】 4月14日，第十四届中国土木工程詹天佑奖颁奖大会在北京举行，全国29项工程项目获奖，九江长江公路大桥项目入选。九江长江公路大桥（九江长江二桥）连接江西和湖北2省，跨长江大桥为主跨径818米双塔单侧混合梁斜拉桥，主跨跨径居世界已建成通车斜拉桥第七位。该项目是江西省工程建设领域唯一同时获“鲁班奖”“詹天佑奖”2项国家级奖的项目，属江西省交通工程建设标志性工程。

【南昌长途汽车西站启用】 8月17日零时起，南昌长运有限公司启用南昌长途汽车西站，同时关闭洪城客运站。洪城客运站的71条班线全部迁至南昌长途汽车西站（南昌市红谷滩新区平安西二街1号——南昌西站隔壁）发班。同时，每天6:00至18:00，洪城客运站开通南昌长途汽车西站的免费接驳车。乘客可采用以下方式购票：1. 前往江西南昌长运有限公司各大客运站服务台咨询、售票窗口购票；2. 通过赣优行（http://www.jxlwsp.com/）查询和购票；3. 登录旅途100网络平台（http://www.lvtu100.com/）查询和购票；4. 拨打客服电话（0791－86226000）咨询和购票。

【省高速集团试点开通非现金扫码支付通行费业务】 4月18日，省高速集团在枫生高速昌西南收费站实现微信支付通行费，标志江西高速非现金扫码支付通行费业务试点成功。扫码支付通行费业务是省高速集团与江西银行合作的新尝试，是移动支付用于缴纳高速通行费的新形式，用户只需要在高速收费站出口提供付款条码，收费站通过扫码枪读取即可完成通行费支付。该业务在枫生高速昌西南收费站和福银高速南昌东收费站试点后已于7月6日在2个收费站上线。

【全省公路路网电子地图更新】 年内，省公路局信息数据中心完成2017年全省公路路网电子地图更新工作，更新后全省公路总里程16.23万千米，增长377千米。其中，高速公路5916千米，普通国省道1.86万千米，农村公路13.78万千米。全省桥梁共2.79万座，增加270座，危桥减少20.45%；隧道共292道，增加5道。

（游小荣）

铁　路

【概　况】 11月19日，按照中国铁路总公司统一部署，原南昌铁路局进行公司制改革，更名为中国铁路南昌局集团公司。年内，中国铁路南昌局集团公司管辖赣闽两省全部和湘鄂浙皖4省部分铁路，管内车站452个（江西境内206个）。

铁路分界站（点）分别是：京九线北端（蔡山站）K1277＋000处与中国铁路武汉局集团有限公司分界，京九线南端（定南站）K2008＋200处与中国铁路广州局集团有限公司分界；沪昆线东端（新塘边站）K502＋200处与中国铁路上海局集团有限公司分界，沪昆线西端（株洲站）K1102＋000处与中国铁路广州局集团有限公司分界；皖赣线（倒湖站）K342＋500处与中国铁路上海局集团有限公司分界；武九线（西河村站）K185＋809处与中国铁路武汉局集团有限公司分界；合九线（孔垄站）K278＋871处与中国铁路上海局集团有限公司分界；漳龙线（琥市站）K143＋037处与中国铁路广州局集团有限公司分界；铜九线（香隅站）K164＋000处与中国铁路上海局集团有限公司分界；杭深线北端（苍南站）K664＋589处与中国铁路上海局集团有限公司分界；杭深线南端（诏安站）K1259＋992处与中国铁路广州局集团有限公司分界；吉衡线（严家垄站）K282＋108处与中国铁路广州局集团有限公司分界；赣韶线（珠玑巷站）K66＋819处与中国铁路广州局集团有限公司分界；沪昆高速线东端（江山站）K429＋202处与中国铁路上海局集团有限公司分界；沪昆高速线西端（醴陵东站）K1006＋798处与中国铁路广州局集团有限公司分界；合福高速线（黄山北站）K1307＋230处与中国铁路上海局集团有限公司分界；武九客专（枫林站）K153＋696处与中国铁路武汉局集团有限公司分界；衢九线（德兴东站）K96＋416处与中国铁路上海局集团有限公司分界。

年末，管辖营业里程7763.1千米（江西境内4137千米）。其中，国家铁路营业里程3739.6千米（江西境内2469.7千米），合资铁路营业里程4023.5千米（江西境内1667.0千米）。线路延展里程15985.2千米。复线里程4624.9千米，复线率59.6%；电气化里程6178.2千米，电化率79.6%。区段线路允许时速200千米及以上铁路营业里程3021.1千米。

旅客发送2.20亿人，增长10.6%（其中江西境内发送1.02亿人，增长10.5%）；货物发送7982.8万吨，增长10.2%（其中江西境内发送4785.0万吨，增长11.4%）。

大中型基建项目投资309.67亿元（含合资项目），完成计划的100%；更新改造项目投资6.84亿元，完成计划的98.3%。

【重点物资运输】 全年运送煤炭2045.2万吨，增加348.7万吨，增长20.6%；运送粮食41.7万吨，增加16.8万吨，增长67.8%；运送化肥42.4万吨，减少17.7万吨，下降29.5%；运送石油263.7万吨，减少33.9万吨，下降11.4%；运送金属矿石1502.8万吨，减少17.4万吨，下降1.1%；运送钢铁869.9万吨，增加63.9万吨，增长7.9%。

【列车运行图调整】 年内，南昌局集团公司优化旅客列车开行方案，编制列车运行图8次，其中参加总公司组织编制运行图5次、管内编制调整图3次。重点做好2017年第一阶段调整图、第三阶段调整图（武九客专开通运营）、年底调整图（衢九线开通运营）等编制工作。年底，客车开行对数473.5对，增加26对，运力增长5.8%。

【货车运输】 全年南昌局集团公司保留货车减少9.87万辆（日均270辆），节省货车使用费支出1216万元。加大直达运输组织，日均开行始发直达列车12列、远程技术直达列车8列、管内直达列车17列，加速机车机班和车辆周转，货车旅速完成38.2千米/小时，提高2.6千米/小时。提高货物列车开行质量，组织编组站、区段站满轴开车，欠轴列车在有条件的中间站加挂补轴，分界口交出货物列车平均编挂辆数47.3辆，增加1.8辆。11—12月，连续6次刷新分界口交接纪录，货车周时完成2.48天，比年度目标压缩0.13天，比上年压缩0.15天，减少运用车投入54.37万辆日（日均1489辆）。

（曾进）

民　航

【概　况】 2017年，江西省机场集团公司（以下简称江西机场），年旅客吞吐量、货邮吞吐量和运输架次分别达到1415.5万人次、6.36万吨和11.75万架次，同比分别增长34.8%、0.95%和29.6%。其中，南昌昌北国际机场旅客吞吐量首次突破1000万人次，达1093万人次，增长39.1%；完成运输起降8.9万架次，增长35.2%；货邮吞吐量5.2万吨，增长3.3%，成为全国第31家千万级枢纽机场。各支线机场旅客吞吐量增长平稳，赣州机场自2016年进入百万级支线机场后继续保持较快增长，旅客吞吐量达128万人次；吉安、景德镇机场突破60万人次，宜春机场突破50万人次，九江机场停航改造，上饶机场成功首航并实现较快增长。

【市场拓展】 截至年底，江西机场干支机场累计开通定期通航城市126个，增加30个；开通定期航线158条，增加50条；运营定期航线的航空公司52家，增加13家，航班航线网络结构明显改善。其中，南昌昌北国际机场过夜运力达19架，增加4架，运营的境内外航空公司累计达47家，增加3家。开通定期通航城市67个，增加16个，累计开通定期航线116条，增加39条。新增拉萨、西昌、大理等13个国内定期航点和埃及开罗、阿斯旺等5个国际航点，在旅游旺季增加芽庄、河内等城市的旅游包机，国际（地区）旅客吞吐量首次超过60万人次。

【发展环境】 省政府与中国民航局签署战略合作协议框架，首都机场集团举全集团之力支持南昌建设千万级枢纽机场，加快江西民航发展论坛暨建设南昌千万级枢纽机场推进会在行业内外引发强烈反响。省、市支持南昌机场发展专项资金4.15亿元，《南昌机场冲千万项目资金使用实施方案》和全省重点旅游景区支持政策出台，南昌民航发展资金使用流程进一步优化、使用效率进一步提升。

【"江西机场集团"官方微信公众平台上线】 1月，省机场集团公司建立"江西机场集团"官方微信公众平台，年内已开通航班动态、机票查询等服务功能。

【首都机场"大美国门走基层"江西行活动举行】 6月13日—14日，由《人民日报》、新华社、《工人日报》《中国交通报》《中国民航报》等12家中央及省、市媒体组成的采访团到南昌、赣州，通过座谈会、现场采风等形式了解江西苏区振兴、赣南旅游、赣州航空发展等情况并加以报道。这是首都机场集团公司新闻中心组织开展的"大美国门走基层"系列活动之一，对江西民航的发展起宣传作用。赣南苏区振兴发展工作办公室、赣州市旅发委、赣州机场、赣州航空发展公司有关负责人与媒体采访团成员会面并进行座谈。

（蒋护纹）

水　路

【概　况】 2017年，全省港航部门基本建设项目投资计划20.20亿元。其中，中央预算内资金2130万元，交通运输部补助1.71亿元，地方自筹或单位自筹资金8.62亿元，贷款9.657亿元。全年港航基础设施建设完成投资36.23亿元，其中交通项目完成投资20.97亿元，社会投资项目完成投资15.26亿元。

全省拥有港口59个，港区71个；生产性码头泊位1562个，泊位总长6.41万米；非生产用泊位76个，泊位总长3905米；千吨级以上泊位156个，最大靠泊能力5000吨级。港口生产性仓库面积25.06万平方米，生产用仓库容积53.05万立方米、堆场面积232.78万平方米。铁路专用线总长1.18万米，其中装卸线3336米。

港口装卸机械2635台(套),其中起重机械1257台(套)、装卸搬运机械705台(套)、输送机械473台(套)、专用作业机械19台(套)、其他装卸机械181台,最大起重能力800吨。

全省港口完成货物吞吐量2.8亿吨,下降9.5%。其中,出口1.3亿吨、进口1.5亿吨,分别下降19.8%和增长2.1%。旅客吞吐量374.8万人次,增长15.9%;其中出港183.7万人次,进港191.1万人次。集装箱吞吐量46.8万标准箱、679.3万吨,分别增长20.6%和19.7%。

全省水路运输完成货运量1.1亿吨、货物周转量251.87亿吨千米、集装箱量46.6万标准箱,分别增长5.5%、7.2%、20.6%。

全省通航里程5561千米(不含长江江西段156千米),其中Ⅱ级航道175千米,Ⅲ级航道284千米,Ⅳ级航道87千米,Ⅴ级航道167千米,Ⅵ级航道399千米,Ⅶ级航道1160千米,等外级航道3289千米。

开展以船舶港口防污染专项整治、船舶修造企业排污监管整治为中心的"清河行动",年内完成船舶生活污水防污染改造560艘,拆解老旧船舶98艘。

全省参加核查的水路运输经营业户229户,通过年度核查的水路运输经营业户185户(其中企业126户、个体经营户59户),限期整改企业29户,未通过核查企业15户。未参加核查企业14户、个体经营户1户。全省核查的营运船舶2061艘、230.89万载重吨、1.28万客位,平均载重吨位1120吨。全省有水路危货企业15户,经营资质全部符合要求。全省水路客运企业由27户减至23户,经营资质基本符合要求。

全省未发生一般等级及以上水上交通事故,渡运和水上客运、水上重点工程建设未发生伤亡事故,继续保持水上交通安全生产形势稳定。

【航道维护疏浚】 年内,对鄱阳湖龙口浅滩群、赣江拦河坝滩和吴城老河口航段进行维护性疏浚,全年疏浚土方量40万立方米。开展赣江丰城河段磨盘滩航道疏浚工作,完成疏浚量约1万立方米。洪水期增加巡航密度,及时调标改槽;疏导春运及枯水期间水上交通,避免堵航事件发生。全年实现赣江、鄱阳湖干线航道等重点水域通航保证率95%。

【赣江石虎塘至神岗山航道整治工程开工】 1月10日,赣江石虎塘至神岗山三级航道整治工程开工。该工程位于江西省吉安市境内,起于赣江石虎塘航电枢纽坝下,止于吉安市神岗山,全长约27.5千米,按内河三级航道标准建设,通航船舶等级为1000吨,航道水深2.2米、航宽60米、弯曲半径480米,通航保证率95%。该工程总投资1.7亿元,主要由筑坝工程、疏浚工程、护岸工程、航标工程、配套工程组成,包括对7个浅滩进行整治,建设工期36个月。

【南昌龙头岗综合码头试运营】 7月,南昌龙头岗综合码头投入试运营生产。南昌龙头岗码头作为集铁路、水运、公路、航空4种方式于一体的综合交通物流枢纽,自试运营以来,拓展对外合作业务,提升码头综合运营水平,与13家单位签订合作协议。截至年底,完成1.52万标准箱。

【赣江新干航电枢纽工程船闸试通航】 11月15日,2艘千吨级船舶和2艘海事艇从新干航电枢纽船闸通过,完成首次试通航。赣江新干航电枢纽工程通航设施建设标准为内河Ⅲ级。船闸布置于河道左岸,单向年通过能力1802万吨,预留二线船闸位置。船闸由上、下闸首及闸室,上、下游引航道组成,船闸有效尺度为230×23×3.5米。上下闸首均设钢质"人"字闸门,由直推式液压启闭机操作。

【江西赣江井冈山航电枢纽工程与九江港彭泽港区红光作业区综合枢纽码头一期工程PPP项目签约】 11月23日,省港航投资公司与中国建筑股份有限公司在南昌举行江西赣江井冈山航电枢纽工程与九江港彭泽港区红光作业区综合枢纽码头一期工程PPP项目签约仪式。该项目是全省交通工程建设领域最大的PPP项目,总投资57.45亿元,也是全省第一个省级PPP项目。井冈山航电枢纽位于吉安市境内,是一座以航运为主,兼有发电等综合利用效益的大型航电枢纽工程,船闸单向年通过能力946万吨,年均发电量5.08亿千瓦时;九江港彭泽港区红光综合区码头位于彭泽县定山镇,设计通过能力68.56万标准集装箱/年,货物吞吐量65万标准集装箱/年。

【国内首批18000吨内河4E级散货船在瑞昌江州造船厂开建】 12月28日,国内首批18000吨内河4E级散货船在瑞昌江州造船厂开工建造,共建造5艘。18000吨内河4E级散货船是国内首批环保III级内河散货船,是由江州造船厂、武汉理工大学、中国船级社三方共同开发的新船型,也是以交通部"十三五"长江航运经济带建设规划为依托,对接国家645工程核心开发的长江最大吨位船舶。该船型满足内河船舶最高能效指标EEDI3的能耗要求,具备节能、环保、经济、高效的4E级特点。

【信江2大枢纽工程破土动工】 12月29日—30日,信江2大枢纽工程——八字嘴航电枢纽、双港航运枢纽先后举行开工动员会。八字嘴航电枢纽位于上饶市余干县,是一座以航运功能为主、兼顾发电等综合利用的航电枢纽工程。工程正常蓄水位18米,通航建筑物建设标准为内河三级,电站总装机容量12.6兆瓦,建设工期60个月,工程总概算约43.9亿元。双港航运枢纽位于上饶市鄱阳县,是一座以航运功能为主、按三级航道标准建设的航运枢纽工程。工程正常蓄水位12米,船闸级别为二级,设计代表船型为2000吨级,建设工期48个月,工程总概算约20.1亿元。

【九江港吞吐量超亿吨】 2017年,九江港吞吐量保持平稳增长态势。截至12月,九江港长江干线区段实现货物吞吐量1.17亿吨,增长3%(其中进港4280.36万吨,出港7436.82万吨);集装箱33.47万标准箱,增长22%,首次突破30万标准箱,连续3年保持亿吨大港水平。

(游小荣　蒋少全)

本栏编辑　游桃琴

金 融

综 述

2017 年，江西金融业围绕省委、省政府决策部署，推进改革创新，拓展融资渠道，做大金融总量，切实防范和化解金融风险，较好发挥了金融服务实体经济的职能。全省银行业稳健发展，信贷总量充足、结构趋优；保险业规模不断扩大，支持实体经济发展作用不断增强；证券业运行平稳，多层次资本市场建设深入推进。金融业稳中向好，有力支撑了全省经济持续较快增长。年末，江西省共有银行业金融机构（以中国银行业监督管理委员会江西监管局统计口径，不含人民银行机构数）7199 个，同比增长 0.83%；从业人员 104636 人，下降 1.94%。其中：政策性银行 3 家，机构 99 个，从业人员 2289 人；国有商业银行 5 家，机构 1849 个，从业人员 39609 人；全国性股份制商业银行 9 家，机构 297 个，从业人员 5236 人；城市商业银行 5 家，机构 762 个，从业人员 11800 人；邮政储蓄银行 1 家，机构 1475 个，从业人员 13745 人；农村商业银行 87 家，机构 2496 个，从业人员 27258 人；村镇银行 69 家，机构 207 个，从业人员 3347 人；财务公司 2 家，从业人员 187 人；信托公司 2 家，从业人员 830 人；金融租赁公司 1 家，从业人员 63 人；金融资产管理公司 4 家，从业人员 183 人；外资金融机构 4 家，机构 5 个，从业人员 89 人。

社会融资规模增量突破 5000 亿元。2017 年，江西省社会融资规模增量突破 5000 亿元，为 5347.11 亿元，多增 1471.36 亿元，创 2011 年以来新高；占全国的比重为 2.75%，上升 0.57 个百分点。社会融资规模结构改善。间接融资占比过高的局面有所缓解，表内贷款占全省社会融资规模的 75.61%，下降 8.56 个百分点；表外融资一改上年净减少的态势，增加 1035.48 亿元，多增 1122.29 亿元。直接融资规模创新低，仅新增 133.93 亿元，少增 473.14 亿元，其中，企业债券净融资 78.33 亿元，少增 342.71 亿元，占全省社会融资规模的 1.46%，下降 9.40 个百分点。

存款余额突破 3 万亿元。年末，江西省金融机构本外币各项存款余额突破 3 万亿元，为 32324.9 亿元，比年初增加 3434.8 亿元，少增 631.79 亿元。存款余额比年初增长 11.79%，高出全国平均增速 2.96 个百分点，增速在全国排名第三位，中部 6 省排名第一位。分结构看：一是住户存款同比少增。住户存款余额为 15580.33 亿元，比年初增加 1513.89 亿元，少增 111.30 亿元。其中，住户活期存款余额 6520.70 亿元，比年初增加 542.57 亿元，少增 311.04 亿元。二是非金融企业存款保持增长。非金融企业存款余额 9963.33 亿元，比年初增加 1500.11 亿元，少增 72.84 亿元。其中，非金融企业活期存款余额 5908.06 亿元，比年初增加 1197.04 亿元。三是广义政府存款增量占比有所下降。广义政府存款余额为 6157.90 亿元，比年初增加 640.14 亿元，同比少增 150.59 亿元，广义政府存款比年初增量占各项存款比年初增量的 18.66%，同比下降 0.81 个百分点。四是非银行业金融机构存款转为下降。非银行业金融机构存款余额为 818.30 亿元，比年初减少 223.48 亿元，同比多减 291.74 亿元。

贷款增量突破 4000 亿元。年末，江西省金融机构本外币各项贷款余额为 25712.6 亿元，比年初增加 3990.8 亿元，多增 766.67 亿元。贷款余额比年初增长 18.55%，提高 0.85 个百分点，高出全国平均增速 6.46 个百分点；贷款增速进一步跃升为全国第二位，是江西历史最好的排位。贷款实现两大突破：一是增量突破 4000 亿元大关，这是近几年贷款增量连续突破 2000 亿元、3000 亿元之后的又一次大跨越。二是增量存贷比近 3 年首次突破 100%，达到 118.2%，信贷投入对经济的支持力度进一步增强。贷款的主要特点为：一是中长期贷款保持较快增长。本外币中长期贷款余额 16652.14 亿元，比年初增加 3524.11 亿元，多增 711.42 亿元，比年初增长 21.16%，高于各项贷款增速 2.61 个百分点。二是短期贷款低速增长。本外币短期贷款余额 8216.67 亿元，比年初增加 655.11 亿元，多增 451.57 亿元，比年初增长 8.66%，低于各项贷款增速 9.89 个百分点。三是票据融资同比多减。本外币票据融资余额为 844.24 亿元，比年初减少 165.11 亿元，多减 369.02 亿元。

（夏春雷　杨李娟）

银行业监管

【概　况】　2017 年，江西银监局围绕全省经济发展总体战略，找准信贷支持重点，加快改革创新步伐，严守风险防控底线，在实现银行业稳健发展和监管质效不断提升的基础上，为全省经济增速保持全国“第一方阵”提供了有力金融支撑。年末，全省银行业资产总额4.24万亿元，增长13.46%，其中本外币各项贷款余额2.59万亿元，增长18.56%，增速创近三年新高，位居中部6省第一、全国第二；不良率2.01%，较年初下降0.23个百分点；全年实现净利润425亿元，多盈利70亿元。

【支持重点领域信贷】 跟进“一带一路”战略实施，督促银行业支持企业“走出去”。年末全省银行业“一带一路”融资余额169.63亿元，增长93.29%。引导完善苏区金融服务体系，加大信贷投放力度。年末赣南等原中央苏区贷款余额8599亿元，增长19.2%。着力发挥重点项目建设基金支撑作用，年末投放重点项目建设基金余额701.65亿元。

【对接供给侧结构性改革】 推动市场化债转股破冰，江西高速集团等3家公司与辖内银行机构共签订285亿元债转股合作框架协议。开展银行业授信总额联合管理试点，探索企业杠杆率控制有效方法，完善银行业债权人委员会运作机制，累计帮扶企业241户，为企业续贷金额863亿元，合力化解债务风险涉及金额344亿元。

【提升小微企业、“三农”服务水平】 出台《关于银行业支持农业供给侧结构性改革的实施意见》，推广“财政惠农信贷通”“两权”抵押贷款等融资模式，引导金融资源继续向“三农”领域倾斜。年末，涉农贷款余额10358亿元，增长23.49%，高于各项贷款平均增速4.94个百分点。推动小微专营机构和政府增信机制建设，深化“财园信贷通”和“银税互动”，加大对进度落后银行约谈、督导力度，小微企业贷款全面实现“三个不低于”目标。

【挖掘减费让利空间】 参与降成本优环境专项行动，督促落实“七不准、四公开”和“两禁两限”等要求，年内督促银行业机构共计取消收费项目27项、降低收费标准215项，为企业节省融资成本约64.42亿元。对贷款中间环节收费进行专项整治，责令机构清退违规收费856.09万元。对不当收费行为开展重点检查，针对违法违规收费行为对20家机构处以罚款224.37万元，没收违法所得46.85万元，处理相关责任人7人，通过处罚问责形成了强大警示震慑效应。

【创新推进绿色金融发展】 支持赣江新区绿色金融改革创新试验区建设，出台《关于支持赣江新区绿色银行机构发展的意见》，调整优化新区监管事权划分。在全国率先探索制定《银行业机构绿色分(支)行管理暂行办法》，着力打造绿色、环保、高效的“江西绿色金融模式”。制订《江西银行业绿色信贷工作实施意见》，指导辖内银行业机构加快绿色信贷发展。组织开展绿色信贷考核评价，督促落实绿色信贷统计制度，推动实施针对性差别化监管。年末全省绿色贷款(即节能环保及服务贷款)余额1724.06亿元，增长38.43%，高于各项贷款平均增速19.88个百分点。

【加快机构改革转型步伐】 推动各类法人机构“党建入章”，实现加强党的领导与完善公司治理有机统一。探索省联社改革思路与方案，推动农商银行实现股权集中托管，大力清理股权质押反担保贷款。强化对农村中小金融机构监管刚性约束，促使其回归服务实体经济根本。加快推进新机构组建，平安银行南昌分行开业，实现“老九家”股份制银行齐聚江西，江西高速财务公司完成会商，裕民银行和九银消费公司组建稳步推进。

【防控处置风险隐患】 落实中共中央总书记习近平关于防控化解金融风险的指示精神，守牢系统性金融风险底线。全面推进信用风险专项治理，在全面、真实、动态反映信用风险的基础上，综合运用多种手段化解存量风险。2017年，辖内银行业机构处置不良资产335亿元，增长39%。年末，全省不良贷款余额520.76亿元，不良率2.01%，比年初下降0.23个百分点。筛选多家问题银行并逐家制定风险处置方案，防止点上风险向面上扩散。稳妥应对城商行大额不良资产暴露问题，督促并帮助其加快风险化解。主动开展授信企业破产重整专题调研，积极应对、多方协调，促使赛维重整计划获得通过。推进市场乱象整治，查处和纠正银行业违法违规行为，央视《新闻联播》对江西银监局“防风险、治乱象”给予了典型报道。健全非法集资监测预警机制，持续开展打击电信网络违法犯罪及P2P网络借贷风险专项整治，着力维护校园金融秩序稳定。

（何凤远　章夏彦）

金融服务

【支持供给侧结构性改革】 引导金融机构开展产能过剩行业信贷投放。至年末，全省钢铁、煤炭行业贷款余额分别净下降22.4%和9.7%。落实差别化住房信贷政策，推动房地产去库存，并有效防范房地产泡沫风险。至年末，全省个人住房贷款余额同比增长32.1%，商品住宅库存面积比2015年年末下降近50%，省内重点城市新建商品住宅价格涨幅较上半年明显回落。推动债务融资工具发行，拓宽企业融资渠道。全省金融机构累计承销企业债务融资工具280.6亿元，受市场环境影响，承销量虽有所下降，但年末全省债务融资工具余额占全国比重为1.44%，同比上升0.17个百分点。开展降成本优环境专项行动。省内人民币贷款加权平均利率比上年下降0.14个百分点。提升金融对经济发展薄弱环节的支持力度。全年累计发放支农再贷款187亿元、支小再贷款79亿元，办理再贴现139亿元，促成应收账款质押融资516亿元。至年末，全省涉农和小微企业贷款余额分别增长22.8%和23.9%，分别高于同期全省贷款平均水平4.2和5.3个百分点。

【推进金融精准扶贫攻坚】 联合财政等部门印发《江西省产业扶贫贷款贴息管理(暂行)办法》。推动全省25个扶贫重点县全部建立了金融扶贫风险补偿基金，年末实际到位23.8亿元。研究制定《江西省金融精准扶贫政策效果评估实施细则》，建立金融精准扶贫政策效果评估体系。推动落实金融精准扶贫分片包干机制，加快推广“创业扶贫、就业扶贫、受益扶贫”三位一体信贷分类扶贫模式。建立金融精准扶贫专项统计监测制度，为金融精准扶贫提供有效数据信息支撑。至年末，全省精准扶贫贷款余额1367.4亿元，增加528.6亿元，占同期新增各项贷款的13.3%，增速高于全省各项贷款平均增速44.6个百分点。

【维护金融稳定】 推动区域金融稳定协调合作机制和重点企业金融风险早期识别两项重点工作经省政府同意在全省推广实施，至年末，已对506家重点企业建立风险早期预警机制。建立存款保险投保机构风险监测机制和关注类投保机构名单库，对名单内机构进行重点跟踪，对潜在风险有效干预。全年累计约见村镇银行主发起人谈话5次，下达风险警示函26次，现场指导4家机构化解潜在风险。围绕流动性风险、影子银行风险、房地产风险等八大风险开展现场评估，反馈问题700多个，提出整改要求300余条，对2家机构重点风险隐患及时进行预警提示。

【金融改革创新】 创新型货币政策工具在基层的使用日益成熟。全年累计发放常备借贷便利(SLF)387亿元，累计发放抵押补充贷款(PSL)344亿元。进一步夯实利率市场化改革微观基础，江西省利率市场化自律机制成员实现省内中资银行机构全覆盖。引导省内地方法人金融机构稳妥开展存单发行业务，全年累计发行同业存单2417.1亿元、大额存单75.2亿元。“两权”抵押贷款试点深入推进，至年末，“两权”贷款余额突破12亿元，增加8.21亿元。赣江新区绿色金融改革取得阶段性成果。推动江西省赣江新区获批全国绿色金融改革创新试验区，至年末，全省绿色信贷余额超过1700亿元。推动赣南苏区普惠金融改革取得重大进展。制定《江西省“农村普惠金融服务站”创建工作指导意见》，引导金融机构在全省2880个贫困村率先建立普惠金融工作站，贫困村覆盖率接近100%。推动省政府向国务院申报在赣州、吉安设立国家级普惠金融改革试验区。

【提高金融服务水平】 金融消费权益保护工作再上台阶，全省人民银行系统共受理有效投诉453笔，投诉结案率为98.67%。征信信息安全管理不断加强，农村信用创建工作实现县域全覆盖，累计为省内5.4万中小企业、496.3万农户建立了信用档案，促成应收账款融资成交金额768亿元。现代化城乡支付体系加快完善，至年末，全省共设立助农取款服务点2.1万余个，年内共办理助农取款业务726.5万笔，增长33.5%；金额112.3亿元，下降21.5%。反洗钱监管持续加强，完成820家反洗钱义务机构分类评级非现场监管及41个双随机现场检查项目，推动洗钱罪判决11起，掩饰、隐瞒犯罪所得罪和转移毒品毒赃罪8起，位居全国首位。打虚打骗取得成果，协助查补税款5.89亿元。国库信息化建设及地方国库现金管理稳步推进，财税库银横向联网业务量迅速增加，全省通过TIPS办理收入业务1001万笔、金额合计2728.96亿元，TIPS业务量占国库办理的全部收入业务量比例超过90%。

（夏春雷　杨李娟）

外汇管理

【概　况】 2017年，全省外汇管理部门抓好各项改革政策实施，防范跨境资金流动风险，服务实体经济，在促进国际收支持续改善和服务开放型经济发展方面取得良好成效。江西省外汇收支形势明显好转，跨境收支总额387.30亿美元，增长2.8%；银行结售汇总额236.47亿美元，增长7.2%。跨境收支和银行结售汇顺差由降转增，分别为43.35亿美元、41.18亿美元，分别增长67.0%和2.9倍。

【外汇风险防控】 强化监测和窗口指导，把好跨境资金流动关口。将监测约谈调整为常态工作机制，约谈银行企业73家。创新监测手段，研发并推广“江西货物贸易外汇收支监测服务平台”系统，丰富银行把控单证手段；研发跨境资金流动监测与分析视频培训系统，在全国范围推广使用。加强本外币协同监管，制定江西省本外币管理信息共享及监管联系制度和人民币境外放款操作规程，实现本外币跨境监管的有效衔接。强化外汇查处，形成对违规行为的震慑。以流出项下业务为重点，组织开展“逃骗汇、非法套汇”、个人分拆购付汇及打击地下钱庄专项检查或行动，将银行作为外汇业务检查重点，深挖非现场检查线索，查实银行未履行真实性审核义务和企业虚构交易背景逃汇案件，突破了银行表面真实性审核难以处罚的瓶颈。“逃骗汇、非法套汇”专项行动成果位于非重点地区分局前列，自主发现的铂金行业案件经总局移交公安部，流出项下案件罚没款占比达68.4%。全年全省共查处违规案件37起，罚款453.42万元，对促进银行、企业合规经营起到震慑作用。

【外汇业务管理】 加强对出口不收汇企业监测核查，推进对出口不收汇企业联合监管，向地方政府汇报，定时向海关等部门通报出口不收汇企业名单，并在企业信用信息公示系统予以公开，形成了监管合力。全省出口不收汇企业被降级处理169家，通报911家。抓实银行业务管理。严把数据质量关，加大对银行数据非现场核查频度，全年申报差错率降至1%以内。严把银行督导关，加强对银行履行真实性合规性审核义务指导，严格办理直接投资信息登记等资本项下业务。严把银行考核关，开展对辖内银行执行外汇管理规定情况考核，并将分类评级情况作为核查和检查重要依据。严格要求银行落实自律管理，指导其组织开展江西省外汇和跨境人民币业务自律机制成员监测评估工作，并建立自律机制简报，实时发送风险提示。加大专项核查力度。组织开展货物贸易控流出、服务贸易、国际收支申报、直接投资外汇信息登记数据等专项核查，并对部分FDI、ODI存量权益到期未登记企业实施了资本业务管控。

【深化外汇改革措施】 推进改革政策落地。复制推广自贸区跨境融资便利政策，落实全口径跨境融资宏观审慎管理政策以及资金回流和结汇宽松政策。2017年，实现中资企业新增外债提款额21.9亿美元，位列全国第十一位，拓宽了辖内企业融资渠道。落实个人外汇信息申报新规，强化银行网点现场巡查，进一步规范个人外汇业务管理。主动推出服务措施。制定出台《外汇局江西省分局关于促进降成本优环境的若干措施》，得到省政府的肯定和高度重视，被转发全省各设区市及省直各部门，相关工作情况也被总局综合司刊发。支持赣江新区绿色金融改革创新发展，参与推进南昌出口加工区升级综合保税区，强化赣州综合保税区外汇管理。推进“阳光审批”，落实“一个窗口”受理，全年未发生行政复议、诉讼案件。

（夏春雷　杨李娟）

保险业监管

【概　况】　2017年，江西保监局围绕服务实体经济、防控金融风险、深化金融改革三项任务推进各项工作，保险市场实现平稳健康发展。全年全省实现保费收入727.56亿元，规模排名全国第二十位；保费增速19.5%，增速排名全国第十七位。其中：财产险公司实现保费收入235.34亿元，同比增长20.6%；人身险公司实现保费收入492.22亿元，增长19%。保险市场主体增至47家，其中，财产保险总公司1家，省级分公司46家。保险业为全省经济社会发展提供各类风险保障30.79万亿元，增长21.7%。其中：农业保险为506.09万户次农户提供风险保障941.49亿元，增长146.9%；责任保险提供风险保障1.4万亿元；科技保险为全省科技创新提供风险保障305.09亿元，增长46.1%。保险业累计赔付支出216.79亿元，其中，农业保险赔款5.6亿元，责任保险赔款3.63亿元，健康险赔款和给付32.62亿元。参与企业年金业务，累计受托管理资产123.64亿元、投资管理资产112.9亿元，分别增长36.5%和26.9%。全省保险业提供就业岗位超过24.7万个，缴纳税收2.19亿元，代缴车船税12.15亿元。出口信用保险支持江西省外贸出口41.8亿美元，服务出口企业1200余家。推动险资入赣资金落地203.54亿元。指导行业做好防灾减灾和保险理赔服务，仅汛期暴雨灾害赔付2.12亿元。

【保险扶贫】　开展健康扶贫。推动大病保险政策向贫困人口倾斜，在原保障基础上，降低50%起付线，已向6.25万人次贫困人口支付大病保险补偿金3.73亿元。总结评估赣州经验，在全省全面推广建档立卡贫困人口精准扶贫医疗保险，覆盖贫困人口352.33万人，向33.62万人次赔付5亿元，个人自付医疗费比例降至10%以内。推进产业扶贫。在25个贫困县开展“一县一品”特色农业保险“以奖代补”试点。在全国率先推出“返贫责任险”试点，已为13.5万贫困户提供风险保障8.9亿元。推动保险资金定向直投支农支小，累计放款4.52亿元。打造保险扶贫样板。加快定南等一批“保险扶贫示范点”建设，其中“江西吉安县横江良枧村产业扶贫”项目入选中保协保险扶贫先锋榜。全行业共建设扶贫帮扶点170余个，累计投入资金3000余万元。

【农业保险】　推进农业保险扩面提标增品。联合省财政厅等3部门下发《关于进一步完善中央财政保费补贴型农业保险产品的通知》，从保险责任范围、责任免除、免赔额设置、理赔单证等方面对农业保险产品和服务进行全面清理和优化。水稻保险保额由200或300元/亩增至400元/亩，费率由6%降至5%，农户自缴比例由30%降至25%；农房保险保额由1万元增至2.4万元。开展农业大灾保险试点，推出全国首例杂交水稻制种综合气象指数保险产品，推出白莲、蚕桑、宁都黄鸡、井冈蜜柚等特色保险产品，全省农业保险产品达45个。加强农业保险服务体系建设。“三农”保险服务站已覆盖全省89.7%的乡镇；“三农”服务点覆盖58.8%的行政村；乡、村两级协保员共1.35万名。

【民生保障险】　开展大病保险服务评价，加强政策培训，严格市场准入，提高大病保险服务质量。全省城乡居民大病保险覆盖参保群众4270.11万人，共向21.95万人支付补偿金7.59亿元，医疗费用报销比例在基本医保基础上提高15.3个百分点，个案最高赔付达43.06万元。推进长期护理保险试点，覆盖上饶市13个县区39万城镇职工。推动商业健康险个人税优政策扩大至全省。引导保险机构到赣投资养老社区，泰康集团已与省政府就养老健康产业合作达成初步共识，太平集团也有意在赣投资健康养老社区项目。优化老年人意外险工作，将承保年龄由70周岁降至60周岁，责任范围由乘坐公共交通工具拓宽到生产生活各类场所，参保人数332万人，赔付2142.88万元。

【支持实体经济发展】　大力推进科技保险，推出专利权质押贷款保证保险、专利执行保险等知识产权险种。推动首台（套）重大技术装备保险试点，为2家重点企业提供风险保障2.8亿元。推动重点新材料首批次应用保险落地。推动省政府启动“小贷银保通”试点，帮助小微企业缓解“融资难、融资贵”问题。服务外贸优进优出战略，出口信用保险帮助企业减少损失9796.4万元，支持企业信用保险项下融资约39.2亿元。召开险资入赣督导会，举办赣江新区险资对接会，推动险资入赣工作。

【加强保险监管】　守住风险底线。以防范风险为首要任务，突出问题导向和底线思维，重点加强对商业车险、万能保险、农业保险、非寿险投资型产品、信用保证保险等险种监测。开展行业风险排查及防控工作，强化风险监测预警和风险应急处置机制，摸清风险底数，守住不发生系统性区域性风险的底线，江西保险业未发生群体性事件和案件风险。治理市场乱象。突出重点公司、重点险种、重点地区，统筹开展商业车险、农业保险、大病保险、中介业务等重点领域现场检查，严查重处违法违规经营行为，对影响恶劣、屡犯不改的机构和人员采取顶格处罚，对违法犯罪行为移送司法机关，有效促进市场秩序逐步好转。保护保险消费者权益。持续开展“亮剑”行动，治理理赔难和销售误导，开展理赔“奇葩”证明专项整治。组织开展保险公司服务评价和投诉处理评价工作，推动行业提高客户服务水平。加强12378分中心建设，客户接听满意度98.9%。健全保险诉调对接工作机制，调解案件480件，增长34.1%；调解成功率71%，为消费者挽回经济损失2037万元。全年共处理各类保险消费投诉1801件，办结率100%。

（冯莹）

证券期货

【概　况】 截至年底，辖区共有上市公司39家。有21家拟上市公司正在辅导，腾远钴业、沃格光电、国科军工、金力永磁、3L医用制品等5家公司在证监会审核。新三板挂牌企业159家，进入创新层的挂牌企业19家，待挂牌企业2家，在审企业5家。辖区39家上市公司市值3989.98亿元，同比上升1.94%。

截至年底，辖区有证券公司2家，证券分公司34家，证券营业部320家。期货公司1家，期货营业部35家。备案的私募基金管理人219家，备案的基金产品412只，管理基金规模1122.78亿元。证券经营机构开立资金账户总数573.22万户，托管客户资产3836.01亿元；全年累计证券交易金额5.14万亿元。期货经营机构客户总数4.66万户，客户总权益27.33亿元，全年累计代理成交金额1.83万亿元。辖区期货公司总资产10.13亿元，总负债6.16亿元，净资产3.97亿元；全年累计实现营业收入1.61亿元，净利润0.13亿元。辖区证券分支机构全年累计实现营业收入19.54亿元，同比减少26.79%；净利润5.28亿元，减少52.26%。辖区期货经营机构全年累计实现营业收入19236.67万元，增加81.48%；净利润1403.05万元，减少3.24%。

【市场主体监管】 从严监管、协同监管，给市场真实、透明的上市公司。落实“以投资者需求为导向”的信息披露制度。落实行为监管理念，重点关注上市公司募集资金使用、大股东和董监高减持、收购及权益变动、现金分红等，共下发监管关注函3家次，行政监管措施2家次。加强上市公司年报日常监管，充分借力中介机构，提示审计关注重点，通过约谈、持续督导、监管备忘录等形式，持续跟踪关注审计进展情况，以问题导向开展延伸检查，确保中介机构履职尽责。严把上市公司入口关，做好IPO现场核查，高标准、严要求完成辖区3家贫困县企业IPO核查。

加强证券期货基金经营机构合规监管。狠抓全面风险管理和合规管理两个新规落实，通过外部督导、合规约谈和现场检查等方式，督促公司改进合规风控机制流程，严格合规问责，实现合规管理全员化、全流程、全覆盖。

强化合规引导和自律约束，完成存量新三板公司“监管第一课”培训7期，推动成立省新三板公司协会，指导协会有效开展工作。加大新三板公司、债券市场问题查处力度。

加强区域股权市场监管，签订监管合作备忘录、联合开展现场检查。以适度监管和底线监管为原则，加强私募机构监管，强调分类监管导向，开展合规管理培训，提升规范运作意识，增强合规内生动力。

【防范和化解证券期货市场风险】 及时跟进督促，有效化解证券期货经营机构风险隐患，确保经营机构稳健经营。重点关注4家交易场所违规整改情况，推动企业“黑名单”向社会公布。对1家股权众筹违法违规公司通报政府相关部门予以取缔，3家股权众筹公司负责人进行约谈并督促完成整改，14家涉非互联网从业机构现场核查并分类采取处置措施。对25件举报事项及时启动核查，属于地方政府监管事项及时移送并配合查处工作。

【打击证券期货违法违规行为】 严厉打击违法违规行为，加强稽查案件管理，强化线索发现处理工作机制，完善案件复核工作规程，提高稽查办案的质量和效率。严厉打击非法证券期货活动，强化打非协作，加强行刑衔接。年内应公安机关提出的司法协作请求，对5家机构进行证券期货经营资质认定，对1起非法经营期货业务案件进行性质认定，有力支持了公安机关打击各类非法证券期货活动。加大监管执法和行政处罚力度，彰显监管执法严肃性、威慑力。加大诚信档案录入、查询和使用，强化对外服务工作，参与地方社会信用体系建设，做好资本市场失信联合惩戒工作。多次组织大型投资者教育活动，开展“投资者保护·明规则、识风险”专项活动，累计受众500万余人次。授牌成立3家投教基地。加强与投服中心合作，指导协会做好纠纷调解工作，完善投资者纠纷多元化解决机制。

【服务实体经济发展】 2017年，辖区资本市场实现了稳定健康发展，新增上市公司3家（首发上市同和药业、新余国科2家，原址迁入联创电子1家），新增IPO在审企业2家，新增正常辅导企业8家，新增新三板公司24家；资本市场服务实体经济能力提升。辖区上市公司、新三板公司、债券发行人在资本市场融资208.95亿元，其中股权融资93.47亿元，公司债融资103.68亿元，资产支持证券11.8亿元，上市公司实施并购重组4家次，有力支持了地方经济发展和转型升级。充分调动市场主体履行社会责任积极性，推进“一司一县”结对帮扶工作，在提升广度和覆盖面的同时，注重发挥市场主体专业特长，提升贫困地区利用资本市场发展能力，将结对帮扶工作落到实处。至年底，辖区已有3家贫困地区企业首发申请享受IPO绿色通道，29家次证券公司结对帮扶江西省24个贫困县，5家期货公司结对帮扶5个贫困县，实现证券公司结对帮扶省内贫困县全覆盖，帮扶的贫困县数量和参与的证券公司数量均排在全国第一位。支持1家证券公司增资19亿元，推动1家证券公司议定增资30亿元方案，通过增强资本实力，提升核心竞争力，更好服务实体经济。引导证券期货经营机构合理布局，进一步提高辖区网点服务覆盖面。指导正邦集团生猪交割库建设，推动实现江西首个鸡蛋期货交割库获批落地。支持私募基金在南昌市、共青城等地聚集发展，形成规模效应。年内，辖区私募基金管理人增加99家，增幅82.50%，管理基金规模增加477.57亿元，增幅74.01%。

（李齐）

本栏编辑　邓玉兰

财 政 税 收

财政管理

【概 况】 2017年,全省各级财政部门坚持实施更加积极的财政政策,以供给侧结构性改革为主线,统筹支持稳增长、促改革、调结构、优生态、惠民生、防风险各项工作,有力促进了经济平稳增长、社会全面进步。全年全省财政总收入完成3447.7亿元,比上年增长9.7%;税收收入完成2715.4亿元,占财政总收入的比重为78.8%,同比提高0.4个百分点。一般公共预算收入完成2246.9亿元,增长4.4%,考虑营改增后中央与地方收入分成体制调整因素,同口径增长9.5%。区域竞相发展,赣江新区全年财政总收入增长18.6%,高于全省平均增幅8.9个百分点;南昌大都市区建设、九江沿江开放开发加速推进,两市财政总收入占全省总量的36.1%,较上年提高1.1个百分点;赣南等原中央苏区54个县(市、区)财政总收入增速较上年加快5.6个百分点。全省县级财政总收入完成2848.5亿元,增长12.4%,高于全省平均增幅2.7个百分点,占全省的比重达到82.6%,提高2个百分点。其中,87个县(市、区)财政收入超10亿元,42个超20亿元,22个超30亿元,14个超40亿元,8个超50亿元。继南昌县财政收入超100亿元之后,西湖区财政收入也超100亿元。全省一般公共预算支出跨越5000亿元大关,完成5123.7亿元,增长11%;其中民生支出占财政支出的比重达到79.2%。应急救灾等各项重点支出得到有力保障。

【加强财政监督管理】 开展民生资金、预决算信息公开等监督检查和整改工作"回头看",推进扶贫领域监督执纪,加大问题整改和问责力度。修订完善会议费、培训费、差旅费等3项公务支出制度,省、市、县全面上线运行公务消费网络监管系统,2.5万户预算单位纳入监管范围,全省"三公"经费财政拨款支出比上年压减15.4%。选择医疗卫生等16个民生项目开展专项资金绩效评价,强化评价结果的反馈应用、整改落实。加强政府性债务管理,成立省级层面领导小组,出台风险应急处置预案,并将债务管理情况列入省对市、县科学发展考核体系;对纳入风险预警和风险提示的市、县集中进行约谈。加强国有资产监管,出台省级行政事业单位国有资产配置、使用和处置办法。

【争取中央财政支持】 2017年,已到位中央一般公共预算补助2328.2亿元,比上年增加182.2亿元。革命老区转移支付县、重点生态功能区转移支付县分别增加7个和9个,支持南昌县、高安市成功申报全国田园综合体试点,信丰县入选全国第一批国家现代农业产业园示范县。

【财税体制改革】 进一步深化部门预算改革,建立省级部门预算项目库,省、市、县全面推开预决算信息公开。省以下税收收入划分改革平稳运行,省以下财政事权和支出责任划分改革启动。推进省级财政专项资金管理改革,出台38项管理办法。推进中期财政规划管理,清理规范重点支出同财政收支增幅或生产总值挂钩事项。加大力度盘活财政存量资金。贯彻落实《江西省税收保障条例》,完善综合治税平台建设;做好环境保护税开征前的各项准备工作。赣州、吉安、抚州三市涉农资金整合试点统筹资金143亿元。省级政府采购网上商城正式上线。支持法官检察官司法辅助人员以及公立医院薪酬制度改革。会计人才培养取得新突破,首次开展正高会计师的评审工作。

【支持精准扶贫、精准脱贫】 省级预算新增安排专项扶贫资金9.2亿元,总量达到26.6亿元,增长52.8%;24个国定贫困县资金整合率99.85%,支出率为96.79%。省财政统贷统还支持全省易地扶贫搬迁;过桥贷款130亿元实施贫困村退出及巩固提升工程;安排3.5亿元支持29个县市开展"扶持村级集体经济——助推美丽乡村建设"试点。集中力量开展脱贫攻坚"百日行动",加快扶贫资金支出进度,全省扶贫支出增长71%。

【优化发展环境】 2017年,省财政厅推进降成本优环境专项行动,用足用好各类税费优惠政策,省级涉企行政事业性收费全部取消,全年为企业减负超1000亿元。

【加大科技创新专项经费投入】 持续加大科技专项经费投入,全省科学技术支出增长40.9%;安排13.3亿元实施"5511"工程和"中国制造2025"。继续做好煤炭行业过剩产能化解工作,促进传统产业转型升级。拨付1.5亿元设立规模为7.5亿元的省级人才创新创业引导基金,支持全省招才引智。

【支持重大项目建设】 发行1215.6亿元政府债券，新增债券重点支持扶贫、棚户区改造、铁路、普通公路等重大公益性项目建设。发展升级产业引导基金母基金完成1000亿元募集，11支子基金落地运作，总规模425.7亿元。财政部门推广应用的政府与社会资本合作（PPP）项目入库475个，投资额3116.3亿元。

【帮扶中小微企业】 “财园信贷通”“财政惠农信贷通”发放贷款636亿元，省融资担保公司在保余额51.5亿元。筹集60亿元开展投贷联动金融创新试点。支持金融机构向中小企业供应商发放无抵押无担保政府采购信用贷款1.5亿元。推进省、市、县三级农业担保体系建设，放款总额5.8亿元。

【支持国家生态文明试验区建设】 安排26.9亿元实施全流域生态补偿。国家重点生态功能区转移支付县增加9个，达到34个；争取赣州纳入国家山水林田湖草生态保护修复试点，支持打造美丽中国“江西样板”。

【加大民生投入力度】 在连续10年大力实施民生工程的基础上，继续加大民生投入力度，共筹集财政性资金约1400亿元，50件惠民实事全部完成，全省民生支出占财政支出的比重为79.2%，比上年提高1.5个百分点。

【推进就业创业】 安排14.5亿元，支持农村富余劳动力转移、职业技能培训等就业创业工作。全省发放创业担保贷款130.6亿元，拨付创业担保贷款贴息资金6.4亿元，扶持个人创业、带动就业46.9万人次。

【坚持教育优先战略】 鼓励和支持扩大学前教育资源，统一城乡义务教育学生“两免一补”政策，国家扶贫开发重点县营养改善计划实现全覆盖。发展职业教育，省属中、高职院校生均拨款水平分别提高到0.5万元和1.2万元。安排20亿元支持有特色高水平大学和一流学科建设。

【健全社会保障体系】 连续第13年提高企业退休人员养老金水平，同步提高企业和机关事业单位退休人员养老金标准。城乡居民基本医疗保险财政年人均补助标准达到450元。全面推开公立医院综合改革，所有公立医院全部取消药品加成。对符合条件的城镇居民独生子女父母发放奖励金。安排72.7亿元支持保障性安居工程、公共租赁住房及配套设施建设、农村危房改造。

【持续提高困难群体基本生活保障水平】 城乡低保财政月人均补差水平分别提高到350元和225元，农村特困人员集中、分散供养月人均标准分别提高到425元和320元。统筹做好救急难工作，保障应急救灾支出需要。同时，大力支持文化体育等社会事业繁荣发展。

【推进农业供给侧结构性改革】 全面启动实施土地治理与产业化结合创新试点项目，推动农村一二三产业融合发展，支持打造江西传统和地方特色优势产业项目。统筹整合财政资金，安排30亿元支持2万个村点实施“整洁美丽，和谐宜居”新农村建设。强化农业保险保障支撑，农村住房保险11个设区市全覆盖，在14个县（市、区）开展大灾保险试点，增强农业抗风险能力。连续4年大幅度提高乡镇（街道）、村（社区）保障水平，其中乡镇（街道）、村级组织、社区年补助标准分别达到150万元、11万元、9.5万元，并对民族乡村进一步倾斜，省级补助标准居中部第一、全国前列。

（姜欢欢）

国家税收

【概　况】 2017年，全省国税部门坚持稳中求进总基调，讲政治、强基础、抓规范、促提升，落实组织收入原则，税收经济协调增长。深化税收改革，南昌市国、地税联合办税入选商务部、国家发改委、科技部、国家税务总局等13部委构建开放型经济新体制综合试点地区经验。优化营商环境，推进办税便利化、规范化、智能化建设，全省办税场所面貌明显改观。税收执法资格统一考试通过率位居全国第一名，税务绩效考评居全国国税系统第十名。2017年，江西省国税系统累计完成各项税收收入1831.98亿元（含海关代征增值税、消费税，未扣减出口退税），增收493.76亿元。其中，海关代征完成79.18亿元，增加12.55亿元，增长18.8%；办理出口退（免）税113.11亿元，减少4.88亿元，下降4.1%。收入保持稳定增长势头。国内增值税共计入库1210.64亿元，占同期国税收入比重达69.1%，增收418.40亿元。剔除“营改增”新四大行业1—5月净增收因素，增收333.57亿元。国内消费税、企业所得税、车辆购置税分别入库207.15亿元、248.70亿元和86.31亿元，增收11.79万元、40.41亿元和22.29亿元。第一产业入库1.36亿元，第二产业入库883.58亿元，其中工业入库771.78亿元，第三产业入库867.86亿元。受“营改增”全面实施后增值税预算级次调整影响，全省地方级税收实现快速发展，共计入库701.20亿元，增收246.58亿元。

【税收改革】 持续开展营改增政策宣传大辅导，税制运行平稳，全省四大行业均实现“只减不增”的预期目标，试点纳税人累计实现减税42.09亿元，四大行业试点增加原增值税一般纳税人抵扣共计37.34亿元。稳步推进征管方式转变，调整优化机构职能，将设区市局票证中心改为风控中心，实现省、市两级风控中心实体化运作。调整优化设区市局直属分局（征收局）、车购税分局职能，组建大企业管理和国际税收管理机构，推进大企业和国际税收实体化管理；完善农村分局职能定位，统一规范农村分局纳税服务职能。完成税务总局部署的72项改革任务，五大类20项创新项目取得新进展，其中“实施高风险定向稽查、推进黑名单和联合惩戒”被国家税务总局选为全国深化国地税征管体制改革示范项目。推出10项“放管服”改革举措，推进“多证合一”，简化行政许可事项办理程序，确保审批“零超时”，制定增值税、出口退税和企业所得税后续管理工作指引，推行实名办税、委托邮政代征税收试点、信用积分管理等，完善和细化了事中事后管理措施。

【法治税务建设】 推动税收保障工作纳入省政府绩效考核，省国税局被评为法治江西建设优秀单位和全省依法行政先进单位。提请省政府召开全省规范再生物资业税收管理工作会议，遏制了再生物资业税收异常增长的势头。开展“行政执法公示、执法全过程记录和重大执法决定法制审核”3项制度试点，全年共受理5件重大税务案。省国税局机关及各设区市国税局设立公职律师办公室，配备公职律师55名，聘任法律顾问93名，省国税局受理行政复议申请1件。税收执法资格统一考试通过率100%，位居全国第一。

【税种管理】 落实简并增值税税率政策，进一步扩大农产品增值税进项税额核定扣除试点，全省试点纳税人1269户，占全省农产品进项税额抵扣金额的32%。出台《增值税后续管理工作指引》，明确对纳税人的增值税重点环节和重要事项的后续管理。与地税部门联合下发《加强建筑企业所得税征管有关事项的通知》，明确省内项目部、二级分支机构等征收管理要求，规范建筑行业企业所得税管理。加强出口退税管理，出台《出口货物退(免)后续管理工作指引》。调整国际税收管理机构，省会成立南昌市国际税务管理分局，负责全省范围内的反避税案件调查和重大跨境税源案件调查工作。成功办结一起零成本股权转让案，涉案企业补税5632.20万元，办结首个非居民企业转让限售股案件补税1085万元。全年共入库国际税收收入6.62亿元，其中非居民企业税收6.43亿元，增收7176万元，增长12.2%。

【服务地方经济发展】 精准开展降成本优环境专项行动，落实国务院6项减税政策和支持苏区振兴、赣江新区加快发展等优惠政策，全年减免税收373.03亿元，增长17.9%，办理出口退(免)税113.11亿元，省国税局被评为“全省服务开放型经济工作先进单位”。支持非公经济发展，组织开展“万名干部进万企”入企帮扶活动，深入工业园区走访非公企业，通过开展座谈会、宣讲政策等方式加强税企交流，解决企业反映的问题，帮助企业排忧解难。

【开展打虚打骗专项行动】 2017年，累计查处虚开金额147.38亿元，涉及税额24.29亿元，公安抓捕犯罪嫌疑人101名。萍乡税警协作打击假发票“端窝行动”获公安部通令嘉奖。推送“诚信红黑榜”名单4473条，实行联合惩戒机制。全省各级国税稽查部门共立案检查和督导纳税人自查2684户，稽查入库查补收入17.43亿元，增加2.77亿元，增幅为19%。

【优化税收营商环境】 开展“便民办税春风行动”，推出27项55条便民措施，对280余项涉税事项实行省内通办和同城通办。推出“最多只跑一次”措施，“容缺受理”28个办税事项，提供7种服务“套餐”，进一步简化办税程序，不断压缩办税时间。国税、地税共建共驻203个国地税联合办税服务厅，全面推广“一窗一人一机”联合办税方式，6大类50项即办类事项全部纳入“一窗通办”范畴，做到系统“一网通”，业务“一窗办”，人员“一起管”，实现纳税人“进一个门、上一个网、办两家事”，纳税人办税更省时、省力、省心。

【开展强基固本专项活动】 自2017年10月起，组织开展为期半年的“查基础、重规范、促内控”强基固本专项活动，制定包括党建、执法、服务等所有税收工作的基础检查范本，制作346个规范检查范本，省国税局班子成员带队到县(区)局开展为期15天的解剖式蹲点调研，实地发现11个单位存在的共性问题61个，个性问题653个，立行立改328个。在此基础上，部署全省国税系统全面开展检查，通过自上而下完善基础检查范本，对基层税收管理和内部管理进行全景式扫描，把基层存在的突出问题找准找实，把基层执法风险查清查透，把基层管理制度健全建好。

【创建“龚全珍工作室”】 在全省263个办税场所创建“龚全珍工作室”，落实“7+N”的统一标准，即有整齐规范的工作场所，有龚全珍先进事迹图片展示宣传区，有群众来信来访接待室，有便捷的服务流程，有温馨的服务窗口，有行之有效的工作机制，有作风过硬的党员志愿者队伍，N即为各地可结合当地实际开展创新服务，打造成红色基因传承室、政策法规宣讲室、矛盾分歧化解室和服务群众连心室，创新为纳税人服务的平台。

【建设江西电子税务局】 建设以“一网通办、一体两翼、一库共享”为主要特征的江西省电子税务局，涵盖国税地税实体办税服务厅日常办税事项，纳税人平均办税时间由过去半个小时左右缩短为5分钟左右，并与500余台自助办税终端和800余台网上办税设备相配套，国税地税90%以上的涉税业务实现网上通办。

(付江峰)

地方税收

【概　况】 2017年，全省各级地税部门围绕组织收入中心，狠抓依法治税、信息管税，突出全面从严治党、深化改革、综合治税、优化服务，深入推进江西地税“二次创业”，各项工作取得明显成效。2017年，全省地税部门共组织地方税收收入1048.8亿元，剔除“营改增”完成1022.2亿元，比上年增长11.3%。省地税局在绩效考评中继续位居前列，连续4年被国家税务总局评为绩效考核先进单位，连续7年被评为全国纳税人满意度调查先进单位。扎实推进税收征管体制改革，全力服务地方经济发展经验做法得到省委肯定，以南昌市为试点示范推行国地税联合办税的做法，被商务部、国家发改委、国家税务总局等13个部委联合确定为首批可复制推广构建开放型经济新体制综合试点的成功经验在全国推广。

【税收改革】 落实资源税等地方税改革工作，改革完善“营改增”后地方税费征管机制，做好环境保护税开征各项准备工作。推行重大税收执法决定法制审核制度等“三项制度”改革。统筹集成征管改革，推行税源分级分类改革；推进税收征管体制、机制和制度创新，制定出台关于转变税收征管方式实施方案和纳税人分类分级管理实施办法，优化机构设置和征管资源配置，加强自然人税收监管，强化事中事后管理，聚焦风险事项，全年共推送风险任务2.37万户，风险应对入库税款47.7亿元。

【法治税务建设】　完善执法新机制，推行重大税收执法决定法制审核制度、税收执法全过程记录制度、税收行政执法公示制度等“三项制度”改革试点工作，健全公职律师制度，全省地税获批公职律师56名，省地税局机关和11个设区市地税局成立了公职律师办公室。开展执法“大督察”，围绕重点行业、重点事项、重点税种、重点环节开展日常检查，发现各类税收执法问题5168个，被督察单位制定相关整改措施293条，制定或完善各项规章制度71项。增强稽查威慑力，聚焦股权转让环节、重点行业企业、发票违法犯罪活动等重点、难点，不断加大稽查打击力度。全年全省各级地税稽查部门共检查纳税户2668户，检查和自查查补收入20.84亿元，其中稽查查补税款10亿元。

【依法组织地税收入】　围绕“稳增长、提质量”目标，加强收入分析预测，强化管理，堵漏增收，实现地税收入持续稳定增长。2017年，全省地税部门共组织各项收入1138.9亿元，其中地方税收收入完成1048.8亿元，剔除“营改增”完成1022.2亿元，比上年增长11.3%，高于全省财政收入增幅1.6个百分点，同口径地税收入占全省财政总收入比重为29.7%，比上年提高0.5个百分点。地税收入质量明显改善，结构更加优化，“两个”所得税（企业所得税、个人所得税）完成374.9亿元，比上年增长15.4%，同口径占地税收入比重为36.7%，比上年提升1.4个百分点。

【服务发展大局】　聚焦降成本优环境专项行动，再度出台并落实“10条”政策措施，同时，加强与挂点联系企业对口衔接，有针对性地开展政策宣讲辅导，省地税局领导及联络员多次到挂点企业走访对接，收集问题40个，全部得到落实。落实国务院扩大小微企业所得税优惠范围等6项减税政策的贯彻落实工作，抓好政策宣传、培训辅导、规范管理、优化服务等重点工作，推进政策落地。配合省财政厅出台对部分矿产品实行资源税优惠政策，对鼓励利用的低品位矿、尾矿提取的矿产品，资源税减按50%征收。全面落实支持高新技术企业发展、企业研发费用加计扣除等相关税收优惠政策，促进企业科技创新和转型升级。全面落实税收优惠特别是国务院新出台6项减税政策，全年累计减免地方各税213亿元，有效助推了实体经济发展。

【开展税收调研】　立足地税工作职能，加强税收经济分析，策应全省经济发展战略部署，主动参与重大课题、紧扣税收热点问题开展专题调研，参与春节回乡调研，形成一批有价值、有质量的分析调研成果，为各级党政和相关部门决策提供了有益参考。《支持赣江新区发展的财税政策研究报告》引起相关决策层高度关注，《关于当前我省企业税收负担问题的专题报告》得到省领导和税务总局领导的充分肯定，中央电视台在全国“两会”期间进行了深度报道。

【推进“放管服”改革】　推进“放管服”改革，简政放权，落实权责清单，规范进户执法，大幅精简纳税人报送资料。推出5类21项53条便民办税措施，全面推广“一窗通办”、委托代征、信息共享，有4个设区市和3个县（区）分别获得全国百佳国地税合作市级示范区和县级示范区。全面推进办税便利化改革，推进网上办税，推进“全国全省”通办。开展纳税信用评价、“银税互动”，推动银行对A级纳税企业予以授信免抵押贷款，累计为500多户诚信纳税企业办理信用贷款40多亿元。

【建设江西电子税务局】　加快推进征管资料电子化、税收风险管理、税收信息数据分析应用等平台集成建设，与国税共同建设的江西电子税务局上线运行。制定《2017—2020年“互联网+税务”项目行动计划》，推进网络集成，组织开发8大功能模块768项功能点电脑服务端，实现全业务、全流程、无纸化网上办理；手机端APP拓展了办税渠道、提升了服务层次。优化拓展金税三期应用，推动纳税服务平台、省综合法制平台等系统与金税三期的整合对接。

【加强国地税合作】　建立和完善国、地税合作机制，召开全省国地税合作现场推进会，制定《江西省国地税联合办税服务厅建设指引（试行）》，全省共建联合办税服务厅76个、共驻市、县（区）政务大厅121个，全省各级地税部门代征增值税9.68亿元，各级国税部门代征地方税费5.94亿元。全面推行国、地税联合稽查，协同实施“以票控税”，全省国税采取“以票控税”联动措施45起，协助地税清缴欠税近2亿元。

【强化综合治税】　落实《江西省税收保障条例》，推动将税收保障工作纳入政府年度绩效考核，启动全系统统一的“集中管控、省市联动”的大数据分析平台建设，打通省综合治税信息平台与金税三期系统的互联互通，建立江西地税第三方涉税信息数据资源库。截至年底，省综合治税信息平台涵盖42个省直机关单位，涉及151个类别的涉税信息，年内依托该平台采集涉税信息1.8亿条，新增税款26.7亿元。加强税警协作，实现公安派驻地税联络机制办公室省地税局和设区市地税局全覆盖，进一步推进税收“黑名单”制度和联合惩戒备忘录，全年全省地税列入“黑名单”重大税收违法案件13个。

【开展“便民办税春风行动”】　以“提升·创响”为主题，制定下发《2017年“便民办税春风行动”实施方案》，全面推进办税便利化改革。全面建立国地税联合办税服务机制，实现“进一家门，办两家事”“一个窗口受理，全过程服务”。推进“互联网+办税”及纳税人多元化申报缴税方式改革，大力推进网上办税，让数据多跑路、纳税人少跑腿。试点应用“不动产交易智慧办税系统”，节省了办税时间。

（邓远峰）

本栏编辑　邓玉兰

经济管理与监督

综合管理与宏观调控

【概　况】　2017年，全省经济运行保持稳中有进、稳中向好态势，较好完成全年计划目标任务，并实现"两个突破、两个转折性"变化：经济总量突破2万亿元、城镇居民人均可支配收入突破3万元，非农产业占比超过90%、服务业占比超过工业占比。全年全省地区生产总值20006.31亿元，增长8.8%。人均GDP43424元（6431美元），增长8.1%；财政总收入3447.4亿元，增长9.7%。其中，一般公共预算收入2246.9亿元，增长4.4%。规模以上工业增加值增长9.1%。固定资产投资21770.4亿元，增长12.3%。社会消费品零售总额7448.1亿元，增长12.3%。进出口总值3020亿元，增长14.5%。主要经济指标增速位居全国"第一方阵"。

【民生保障】　在财政收支压力加大的情况下，安排1400亿元资金用于民生工程，年初安排的民生工程50件实事全面完成。脱贫攻坚力度加大、进度加快、质量提升，精准扶贫十大工程深入推进，井冈山市、吉安县脱贫摘帽，全年实现50万人脱贫、1000个贫困村退出，6个贫困县达到摘帽条件。就业收入平稳增长，城乡居民人均可支配收入分别为31198元和13242元、分别增长8.8%、9.1%，新增城镇就业人员55.8万人，新增转移农村劳动力60万人。实施全面参保计划，健全城乡基本养老保险及医疗保险等制度，城乡低保、农村特困人员补助、企业退休人员养老金标准进一步提高。棚户区改造开工23.73万套，保障性安居工程基本建成29.5万套。

【产业转型升级】　实施创新驱动"1+N"政策体系，出台实施贯彻新理念培育新动能的意见，主攻新制造经济、新服务经济、绿色经济、智慧经济、共享经济五大方向，"一产一策"支持航空制造、中医药、新型电子、新能源、新材料等产业发展，新技术、新产业、新业态、新模式加速发展。R&D经费支出占GDP比重突破1.2%，航空、中医药等产业主营业务收入均增长20%以上，高新技术产业增加值增长11.1%，占规模以上工业增加值比重达30.9%，提高0.8个百分点，高新技术企业突破2000家。加快推进现代农业强省建设，粮食总产量212.7亿千克、实现"十四连丰"，蔬菜、茶叶、中药材等特色农业发展势头良好。大力发展现代服务业，服务业增加值占GDP比重为42.7%，提高0.7个百分点，全省旅游接待总人次和旅游总收入分别增长21.6%和28.9%，电子商务交易额增长33%。国家级绿色金融改革创新试验区、"双创"示范基地、通用航空产业综合示范区、"中国制造2025"试点示范城市等获批，新增国家级创新平台8家，新一代宽带无线移动通信网国家转移转化试点落户江西省。

【基础设施建设】　进一步完善落实重点工程管理、重大项目推进清单等制度，省重点工程完成投资1235.2亿元，全面完成年度计划。安九客专开工建设，武九客专、九景衢铁路建成运营，铁路运营里程达到4322千米，其中高速铁路达到913千米。广昌至吉安、都昌至九江等6条在建高速公路进展顺利。上饶三清山机场建成投运，昌北机场年旅客发送量突破1000万人次。上饶东500千伏输变电工程建成投运。

【供给侧结构性改革】　坚持以供给侧结构性改革为主线，立足江西实际，突出重点任务，推进"三去一降一补"各项工作。"精准、深入"降成本优环境，在前两批100条基础上，再出台30条降成本举措，全年为企业再减负1000亿元以上。钢铁去产能获得国务院表彰，煤炭去产能超额完成年度任务。企业杠杆率进一步下降，房地产库存明显减少，生态环保、民生事业等补短板投入不断加大。重点领域改革纵深推进，省本级行政审批事项累计精简72%，"一照多址""集群注册"改革全面推开，省属企业集团层面公司制改革完成，农村土地"三权分置"改革扎实推进，企业投资项目承诺制等改革试点启动。开放型经济活力增强，外贸出口明显回升，举办外交部（江西）全球推介会、中国企业500强高峰论坛、首届世界赣商大会等一系列重大招商活动。实施江西省"一带一路"布局行动计划，中欧双向班列开通，南昌综合保税区封关运行，赣州铁路口岸获批国家临时开放口岸。与沿江省份开展深入合作，长江经济带共抓大保护行动取得新成效。

【区域城乡协调发展】　赣江新区改革创新引擎作用逐步显现，主要经济指标增速领跑全省。南昌大都市区建设和昌九、昌抚一体化步伐不断加快。苏区振兴发展实现"五年上台阶"，赣南等原中央苏区全年脱贫27.6万人，赣州稀土和钨、家具产业主营业务收入均突破千亿元，吉泰走廊电子信息产业规模位居全省前列，向莆铁路铁海联运集装箱班列正式开通。赣东北开放合作成效显著，一批新能源汽车、大数据、物联网等重大项目加速集聚。赣西经济转型步伐加快，锂电新能源、节能环保、新型电子等新兴产业加快成长。实施鄱余万都滨湖4县小康攻坚，推进圩堤除险加固、农村公路、中小学校等一批民生项目。城乡发展更加协调，城镇化率提高1.5个百分点，达到54.6%。

【生态文明试验区建设】《国家生态文明试验区（江西）实施方案》正式获批。生态文明试验区建设取得阶段性进展。城市“四尘”“三烟”“三气”专项整治取得新成效，全省空气质量保持优良。全面开展劣V类水体整治，完成48个县（市）城镇和25个工业园区污水配套管网建设，全省在运营的工业园区污水处理厂全部达到“一级B”排放标准。深入开展农业面源污染治理，出台农业生态环境保护条例，划定禁养区面积5.1万平方千米，关闭、搬迁禁养区养殖场2.5万个，畜禽废弃物资源利用率达到76%。加大节能减排力度，万元GDP能耗下降5.5%，生态环境和节能减排指标完成年度目标。形成生态文明建设目标考评、河长制完善升级等20项制度成果，生态文明制度更加完善。严守生态保护红线，生态系统稳定性不断提升。启动赣州山水林田湖草生态保护修复、抚州生态产品价值实现机制等国家级试点，32个生态文明示范县建设取得初步成效。

重点工程建设

【概　况】2017年，全年分两批共安排省重点项目198项，总投资7415.88亿元，年计划投资1185.62亿元。其中，建成投产项目19项，续建项目71项，计划新开工项目101项，预备项目7项。全年省重点项目建设共完成投资1235.23亿元，占年计划104.2%，工程进度较上年同期加快3.9个百分点。其中：计划建成投产项目完成投资115.62亿元，占计划的97.7%；续建项目完成投资567.9亿元，占计划的104%；计划新开工项目完成投资551.71亿元，占计划的105.8%；预备项目有2项于当年提前开工。2017年，共安排设区市省重点建设项目148个，总投资4162.11亿元，年度计划投资722.89亿元，实际完成投资828.55亿元，占年计划114.6%，单个项目平均年度完成投资较上年提高22.6%，年度计划完成率上升3.1个百分点，其中10个设区市超额完成年度投资计划，特别是南昌市、赣州市、上饶市和萍乡市4个设区市超额完成年度投资计划14%以上。

【铁路项目建设】武九客专、九景衢铁路于9月21日和12月28日先后开通运营，昌吉赣客专、蒙华铁路、兴泉铁路、赣深客专、安九客专、皖赣铁路浯溪口水库段改线工程等6个在建项目进展顺利。全年铁路完成投资168.9亿元，占年度计划105.6%。

【公路项目建设】高速公路项目建设全年完成投资73.87亿元，占年度计划132.8%，南昌南外环高速公路建成通车。13条国省道改建项目全年完成投资31.1亿元，占年度计划149%。

【机场、航空城项目建设】三清山机场5月28日正式通航，昌北机场T1航站楼进入全面改造施工阶段，赣州黄金机场改扩建、井冈山机场二期扩建顺利实施。瑶湖机场主体工程完工，计划2018年4月底投入使用。南昌航空城建设项目北区42万平方米生产厂房及配套设施基本建成并陆续搬迁投入使用，南区50万平方米厂房及配套用房、设施全部开工建设。

【水利、电力、天然气工程建设】四方井水利枢纽工程开工建设。神华九江电厂2台100万千瓦超超临界燃煤机组新建工程复工建设，中电投分宜电厂2台66万千瓦超超临界燃煤机组扩建项目正在开展相关工作，上饶东500千伏输变电工程建成投运，其他电网项目按计划有序推进。省天然气管网工程已建成1395千米，其他线段正加快建设或陆续开工建设。

【重大民生项目建设】截至年底，南昌轨道交通2号线、3号线工程完成投资55.54亿元，超额完成全年投资计划，2号线首通段于2017年8月18日开通运营。4号线于2017年12月开工建设，计划2020年年底土建完工，2021年年底开通试运营。省文化中心图书馆、科技馆、博物馆主体结构均已封顶，省属5所医院建设项目均已进入安装工程施工。

（文素琴　陈平　刘波）

国有资产管理

【概　况】至2017年年底，全省国有企业资产总额24739.8亿元、净资产9047亿元、累计营业收入6011.1亿元、利润总额301.7亿元、累计完成增加值1041.9亿元、上缴税费247.9亿元，分别增长17.5%、13.8%、14.2%、43.6%、24%、17.7%。省属国有企业资产总额11384.6亿元、净资产3090.2亿元、累计营业收入4434.6亿元、利润总额182.2亿元、累计完成增加值704.5亿元、上缴税费146亿元，分别增长12.9%、7.5%、12.9%、85.8%、26.2%、18.1%。全省国有企业资产总额、净资产、营业收入、实现利润和上缴税收增速分别高于全国国有企业平均水平7.5、2.8、0.6、20.3、8.2个百分点，利润增速超出全国平均水平近1倍，实现超高速增长。营业收入首次突破6000亿、增加值首次突破1000亿元、利润总额首次突破300亿。省属国有企业资产总额、营业收入、利润总额增速三项指标均列全国第十三位。纳入统计的18家省属企业除1家因去产能因素影响外，其余17家企业全部实现盈利。其中龙头企业表现抢眼，新钢集团实现利润39.3亿元，增长10倍，增利额排名挤进全国地方国企前30强，列第二十六位。江铜集团实现利润35.2亿元，省高投集团、省出版集团和省建材集团实现盈利均超10亿元。南昌、赣州、九江、上饶4个设区市国有资产总额均超千亿元，其中南昌市超3000亿元、上饶市超2000亿元，景德镇市、抚州市国有资产总额快速增长。

【混合所有制改革】 2017年,省招标咨询集团完成混合所有制改革,引进国有控股上市企业上海华建集团和民营企业北京大象集团,共同组建省咨询投资集团。江西国际公司混改增资扩股项目在省产权交易所挂牌。江铜集团混改正在有序推进,初步确定5家战略投资者。省属二、三级子企业混改提速,省咨询投资集团所属海济租赁、江中集团所属江中食疗、大成国资公司所属省茶业集团完成混合所有制改革。江铜国贸、省旅游集团、省机电招标公司等第一批3家试点企业员工持股工作基本完成,江钨股份、江西通航公司、兴铁资本、安源管道和富昌石油等第二批5家企业试点工作正在推进之中。

【国有企业上市】 推进企业改制上市工作,完成"上市一家、申报两家、辅导三家"的工作目标。新余国科创业板上市,安源管道、同济监理年内先后在"新三板"挂牌,江西国科、金瑞期货等2家企业完成上市申报工作,智明星通完成"新三板"上市材料报审,省盐业集团、省旅游集团、江钨股份等3家企业完成股份制改造进入上市辅导期。

【省属企业公司制改革完成】 江铜集团、省投资集团、省能源集团和江西国际公司等省属企业集团层面的公司制改革完成。全省各级300多家正常生产经营的全民所有制企业公司制改革大部分完成。

【国有资本布局优化升级】 新组建江西文化演艺发展集团、省广电传媒集团、省报业传媒集团、大成国资公司所属省殡葬投资集团、省水投集团所属生态环境发展公司、省金控集团所属省股权交易中心等14家重要企业,完成江钨控股集团重组和省民爆投资公司资产整合。省铁投集团、省高投集团、省水投集团注重产融结合,布局新能源汽车充电桩、清洁能源、生态资源开发等节能环保和绿色产业等领域。省出版集团转型升级步伐加快,新媒体、新业态在业务规模中占比为38%,在经营性利润总额中占比为46%。

【去产能和"处僵治困"工作】 2017年,省能源集团共关闭5对矿井、退出产能51万吨,完成关停并转企业24户,分流职工4361人。省属国企570户"僵尸企业"已处置完成458户,完成率80.2%。其中,大成国资公司共处置313家"僵尸企业",完成退出任务。萍矿集团脱困解困,实现2012年以来的首次扭亏为盈。江钨控股集团实施内部3项制度改革,压减管理层级,推进提质增效,实现集团层面的扭亏为盈。

【落实降成本优环境政策】 切实降低运营成本,实现政策红利7.2亿元。狠抓内部挖潜革新,全年成本费用增幅低于同期营业收入增幅0.9个百分点,百元营业收入支付的成本费用同比减少0.8元,成本费用利润率同比提高1.1个百分点。省属企业公车改革走在全国前列,年减少运行成本6000万元,全年实现提质增效25.7亿元。推进降杠杆、减负债,省能源集团通过土地作价出资、增加权益资本等方式使资产负债率较年初下降10个百分点,资金杠杆和债务风险得到有效释放。稳妥推进市场化债转股,省能源集团、江钨控股集团、省高投集团签署市场化债转股合作框架协议,总规模达85亿元,其中省能源集团签订5亿元债转股增资协议。

【开拓新兴市场】 坚持巩固传统市场、开拓新兴市场,全省国企产品产销保持两旺势头,完成工业总产值2604亿元,增长32.3%,完成工业销售产值2575亿元,增长35.8%。省盐业集团推进"互联网+商贸流通"业务模式和网上商城建设;省咨询投资集团融资租赁、贸易融资、商业保理各类型业务齐头并进、稳步增长。江西国际公司、中鼎国际分别列250家最大国际承包商第90位和第127位。省建工集团成功签约孟加拉国12.3亿美元项目,海外市场开拓取得历史性突破。2017年省出资监管企业累计完成投资130亿元,增长23.8%,增速创"十三五"以来新高。央企入赣投资合作洽谈签约113个项目,总投资额2340亿元,达历年之最。江西省大型国有企业引进战略投资者(香港)对接洽谈会,签约金额达14.84亿美元,达到预期效果。成立省国资委推进"一带一路"暨境外工业园建设领导小组,指导协调江西国际公司、江铜集团、新钢集团、省建材集团、省民爆投资公司、江铃集团等企业共同推进赞比亚江西工业园建设,取得进展。

【实施创新驱动发展战略】 科技创新体制机制不断激活,建立研发投入辅助台账机制,制定出台《省出资监管企业实施创新驱动发展战略专项行动方案》等文件,加强企业领导班子科技创新专项考核,探索股权、期权、岗位分红权、项目收益分红等激励试点。科技创新投入力度不断加大,省属10户工业企业全年研发经费支出35亿元。科技平台建设、科研成果步伐加快。截至年底,已建设形成国家级科研平台10个、省级科研平台31个;获省部级以上科学技术奖累计达到300余项,专利总数累计2300余件,其中发明专利400余件,增长33.2%。新钢股份公司合作完成的"热轧板带钢新一代控轧控冷技术及应用"项目获国家科技进步二等奖,中国瑞林公司获"国家创新型试点企业"称号。

【以管资本为主推进职能转变】 制定印发《江西省国资委以管资本为主推进职能转变方案》,突出管资本、强监督、重党建的职能,推动国资监管方式、重点和路径向管资本、管事中事后、间接授权管理转变,实现集中统一监管、授权监管、依法监管。组织开展职能梳理,在已取消、下放39项审核事项的基础上,又取消6项子权力,权力事项进一步精简优化。规范投资管理,制定印发境内境外两个投资监管办法,以制度的形式固化企业投资自主决策权,进一步加强事中、事后投资监管。制定出台违规经营投资责任追究和监事会"三重一大"监督及财务监督检查指南等制度,为查处违规经营立规矩,规范监事会监督检查工作。外派监事会全年实地检查16户省属企业集团197户企业,揭示问题和风险327个,提出整改建议161条,帮助企业挽回直接经济损失3.09亿元。

(曾红梅)

安全生产监管

【概　况】　2017年，全省事故死亡人数1630人，同比减少19人、下降1.15%；较大事故起数和死亡人数下降，发生较大事故27起、死亡96人，同比减少14起、54人，下降34.15%、36%；大部分地区安全生产状况平稳，其中景德镇、萍乡、新余、宜春、吉安、抚州事故死亡人数同比下降，上饶、景德镇未发生较大以上事故。瑞金市安监局等6家单位获全国安全生产监管监察先进单位，金雯婷等65人获全国安全生产监管监察先进个人。

【重点行业领域专项治理】　全省268处煤矿实现全覆盖“体检”，关闭煤矿63处、退出产能339万吨，连续两年超额完成国家下达的年度目标任务。非煤矿山完成“头顶库”（下游1千米距离内有居民或重要设施的尾矿库）治理24座、采空区治理2800多万立方米，推进危险化学品安全综合治理，排查安全风险7000余处。建筑施工、烟花爆竹、粉尘防爆、道路交通、消防、金属冶炼、特种设备等其他领域专项治理取得进展。在全国率先开展职业病危害现状调查工作，累计完成职业病危害项目申报备案企业1万余家。开展陶瓷和耐火材料、汽车和铅蓄电池等制造业尘毒危害专项治理，36家企业实现创建达标。南昌率先启动城市整体安全风险评估工作，吉安推行“两张表”安全生产管理模式，赣州高标准建立家具产业园，九江制定企业安全风险分级标准及管控办法。开展“平安农机”创建活动，峡江、丰城、德兴、临川获2017年度全国“平安农机”示范县称号。

【开展安全生产排查检查】　开展“安全生产执法年”活动，不间断开展全省性安全生产大排查集中行动、夏季百日安全专项行动、安全生产大检查等活动，多次组织全省性综合督查、专项督导、暗查暗访，落实“严、准、狠、实”要求，打击各类非法违法生产经营建设行为，全年累计组织执法活动3.9万次，出动执法人员13.5万人次，检查生产经营单位9.8万家，下达执法文书5.1万份，罚款8000余万元，责令停产停业1064家，暂扣或者吊销许可证照543个，关闭取缔非法生产经营场所182处，拘留196人。按照“双随机一公开”要求，加强事中事后监管，抽查检查企业355家，任务完成数居省直执法单位首位。鹰潭在全省率先推行安全生产督查检查“双随机”，宜春探索建立“安全生产+公安”模式，设立安全生产犯罪侦查支队。

【安全生产政策措施出台】　省委、省政府首次与11个设区市政府、46个省直单位签订安全生产责任书，省政府发文明确省、市、县三级安全生产监督管理部门为行政执法机构。省政府办公厅印发危险化学品安全综合治理、城镇人口密集区危险化学品生产企业搬迁改造方案，省安委会制定《中共江西省委、江西省人民政府关于推进安全生产领域改革发展的实施意见》重点任务分工方案，出台《江西省安全生产巡查工作制度（试行）》，修订《江西省安全生产条例》《江西省安全生产工作职责暂行规定》。推行安全生产责任保险制度，萍乡、赣州、宜春、上饶和省卫计委、省文化厅等单位已出台实施办法或方案，省安监局出台《安全生产与职业卫生一体化监管执法指导意见》。

【安全保障水平提高】　推进安全生产信息化建设，隐患排查治理暨行政执法信息系统建设运行初见成效，截至年底，注册企业8949家，企业自查录入隐患12万余条，政府检查登记隐患4000余条、执法记录1100余份。启动江西省安全生产事故防范工程科技研发中心项目建设，为省、市、县（区）配备5322台（套），为10个国家级、49个省级功能区安监部门配备3390台（套）包括便携式移动执法终端在内的安全监管执法装备，基本实现监管干部全覆盖。抚州市政府划拨2.67公顷土地用于安全生产支撑体系建设。深化应急预案体系建设，制定危化品事故应急处置指挥指导意见，推进企业现场处置方案卡片式管理，组织开展专项应急预案演练。

【营造安全生产氛围】　开展“安全生产月”“安全生产万里行”和《中华人民共和国安全生产法》《中华人民共和国职业病防治法》宣传周等活动，萍乡市、湖口县安监局和江铜集团武山铜矿等3家单位获全国先进单位称号；国家安全生产应急救援（瑞金）体验中心项目进展顺利；创建省级安全文化建设示范企业10个（含国家级1个），完成市、县级安全生产考试点建设39个。在江西卫视《江西新闻联播》栏目、综合新闻频道、江西网络广播电视台开设“安全生产”专栏，“赣鄱云”江西手机报客户端安监分端正式上线。举办县级党委、政府分管负责人和中央驻赣、省属国有企业重点负责人安全生产专题研讨班。

（陈勇）

煤矿安全监察

【概　况】　2017年，江西煤监局坚持以有效防范和遏制煤矿重特大事故为工作重点，开展煤矿“体检”和安全大检查工作，抓好严格安全准入、严格监察执法、严格事故调查，保持全省煤矿安全形势持续稳定。全省煤矿201处，其中省能源集团公司10处、地方乡镇煤矿191处，全年煤矿共发生事故9起、死亡10人，同比分别下降25%、47.4%，产煤651.92万吨，百万吨死亡率1.53，未发生较大以上事故，创历史较好水平。

【煤矿监管监察执法】　2017年，煤监机构共监察矿井876矿次，查处各类事故隐患与违法行为6073条，开展防治水等一系列专项监察，组织开展多项监管执法活动。上饶市对每一个煤矿明确了安全监管主体，把责任落实到科室和人员。煤矿安全监管监察形成合力。江西煤监局、省安监局、省能源局、省国土资源厅等全年开展大型联合执法活动11次、检查矿井42处，在春节、国庆、岁末年初等重要时段和重大会议、活动期间，组织开展安全巡查和突击检查，有效防范事故。煤监机构对41个市、县政府及监管部门开展了监督检查，提出加强和改善煤矿安全监管意见与建议132条，形成安全生产工作齐抓共管的局面。强化对地方政府及煤矿监管部门监督检查。分级对地方政府及其监管部门开展监督检查,其中省局分3个组对8个产煤设区市,分局对所有产煤县区全覆盖,提出加强和改善煤矿安全监管意见与建议135条,促进了地方监管责任的落实。

【煤矿复产复工验收工作】 严格验收程序、标准和审批签字制度。江西煤监局与省安监局制定全省煤矿复工复产工作方案,各地和煤矿企业贯彻执行,复工复产验收的煤矿必须实现正规开采,取消木支护,有年度采掘计划、采掘作业规程,通风系统合理、监控系统有效,截至年底,全省有155处煤矿进行了复工复产验收。各级监管监察部门采取多种方式对复工复产验收工作开展督查、暗查暗访,防范煤矿"带病"复工复产。宜春市严格复产程序,做到成熟一个,验收一个,确保了复产复工有序开展。

【应急救援管理】 开展应急救援管理专项检查,督促煤矿强化应急培训、开展应急演练,提高了煤矿安全应急处置能力。推动救护队伍建设,组织矿山救护队开展救援案例警示教育18场次、模拟实战救灾演练9场次。11月20日,上饶市五都煤矿六井发生透水事故,被困1人,经过8天多的救援成功获救。在灾害性天气期间和事故发生后共发送预警信息、警示信息31382条,督促企业落实暴雨期间停产撤人措施。

【煤矿去产能工作】 做好去产能形势下煤矿安全监察和监管协调工作,切实推进安全生产责任落实,坚决防范煤矿重特大事故。对于关闭退出的煤矿,及时注销安全生产许可证并进行公告,并参与了国家、省两级化解过剩产能验收抽查工作。各地区贯彻落实国务院、省政府关于煤炭去产能工作的部署要求,采取各种措施,淘汰关闭了一批不符合安全生产条件的煤矿。全年关闭煤矿64处,其中,省能源集团公司5处,地方煤矿59处。全省煤矿数量从2013年的579处下降到2017年年底201处,关闭退出65.3%,30万吨/年以下的突出矿井已全部关闭。

【开展煤矿安全"体检"工作】 根据国家安全监管总局的统一部署,江西煤监局和省安监局牵头组织煤矿安全"体检"工作。针对不同类型煤矿分别制定"体检"工作方案,各地区按照要求,将"体检"工作列为重点工作部署,确保"体检"工作质量和进度。全省共组织30个"体检"执法组(监察机构8个组,监管部门22个组),调动各级监管监察人员1601人次(监察机构651人次、监管部门950人次)、聘请技术专家909人次参加,完成4个矿务局(公司)及268处煤矿的"体检","体检"率100%,出具报告252份,"体检"报告全部汇编成册。"体检"共发现隐患和问题6456条,督促企业完成整改6324条,整改率97.8%,其中重大隐患19条,已完成整改17条,整改率89.5%。省能源集团公司所属矿务局(公司)、省煤研所等单位的专家深入井下,全方位查找隐患,为按期完成"体检"工作做了大量工作。通过"体检"工作,进一步摸清了江西煤矿灾害的基本情况,消除了一大批安全隐患,有力促进了煤矿安全生产工作。"体检"结束后,省安委办对丰城矿务局曲江公司水患问题进行了挂牌督办,曲江公司实施停产治水,坚持隐患不消除不生产,已取得了阶段性成效。萍乡市应用好"体检"成果,将安全"体检"问题的整改情况作为中共十九大后煤矿复工复产的前置条件,列为日常监管和执法监察必查内容,实现了煤矿安全生产。

【开展煤矿安全大检查】 按照国务院安委会、省安委会的部署要求,省安监局、江西煤监局、省能源局联合制定江西省煤矿安全生产大检查工作方案,明确检查范围和重点内容,提出工作要求,各地都分别制定工作方案。江西煤监局、省安监局配合国务院安委会及安委办对江西省开展安全检查,对国务院安委会第7巡查组、国务院安委会第16综合督查组(9月)、国务院安委办第13检查组(8月)、16检查组(10月)等反馈的涉及煤矿方面问题,江西煤监局分别召开局长办公会等进行专题研究,逐条确定处置措施,并由局分管领导带领相关业务处室和分局赴现场督查。其间,省国土资源厅会同省安监局、江西煤监局在全省开展超层越界开采专项检查整治行动,对超层越界开采的,纳入企业失信黑名单,实施联合惩戒。各煤矿企业按照要求开展自查,煤矿安全监管部门组织检查,煤监机构进行安全巡查和暗查暗访。九江市结合区域实际,制定《煤矿企业安全生产大检查主要检查内容表》,细化检查内容。

【严格煤矿安全准入】 对照新修订的《煤矿安全规程》严格安全条件,将正规开采、取消木支护等列为煤矿发证的必备条件,对不符合条件的煤矿一律不受理、不发证。安全生产许可证到期未提出申请延期的,一律注销并对社会公布,截至年底,全省煤矿持有安全生产许可证矿井172处,到期注销、不予发证等矿井29处。结合江西实际,将煤与瓦斯突出矿井、高瓦斯矿井、水患矿井、高温矿井、被列入关闭矿井等列为重点监管监察对象。

【严格事故查处】 2017年发生的事故已结案8起,撤销矿长或免去矿长职务14人,给予党政纪处分26人。发生事故矿井一律停产整顿,事故调查报告及时向社会公开。注重以事故教训促进工作。事故发生后通过短信平台向全省所有煤矿发出警示信息,对发生的典型事故,及时下发事故通报,对同一地区、同一单位连续发生事故的进行约谈。发生事故的地区和企业开展事故分析,吸取教训,落实事故防范措施,防范类似事故的发生。

【开展煤矿安全警示教育活动】 整理分析汇编2016年全省煤矿事故案例和历年典型事故案例,组织全省煤矿监管监察部门和煤矿企业学习并汲取教训,全年共举办65场事故警示教育活动、3680人次接受警示教育。上饶、宜春吸取事故教训,专门开展了事故警示日教育活动。景德镇市组织一系列安全宣传活动,进一步筑牢安全发展的理念。省属煤矿采取多种形式开展警示教育,尚庄煤矿设立安全警示教育室,组织职工观摩学习。曲江公司每周由挂点领导结合案例进行授课警示,安源煤矿开展班前安全宣誓活动等,通过警示教育,切实强化了安全生产红线意识。

【强化科技支撑煤矿安全工作】 推广适合江西矿区的钻机、风水联动除尘装置、矿用激光甲烷传感器、三相泡沫防灭火技术等。推动煤矿安全监控系统升级改造相关工作,突出矿井主要头面更换矿用激光探头。分别聘请专家对突出矿井和高温矿井进行“会诊”,依靠专家推动特殊灾害治理,有效保障矿工生命安全。

(周华)

价格管理

【概　况】 2017年,江西各级价格主管部门坚持稳中求进总基调,围绕供给侧结构性改革这一主线,以推进重点领域价格改革为重点,以深化价费管理为支点,以努力改善保障民生为基点,强化价格服务和监管职责,严格依法治价,完善价格调控,充分用好价格杠杆,保持价格总水平基本稳定。1—12月份,江西居民消费价格指数CPI同比平均上涨2.0%,低于年初预期目标3.0%;工业生产者出厂价格指数PPI同比平均上涨7.9%,高出全国平均水平1.6个百分点。

【重点领域价格改革】 出台《江西省人民政府关于在市场体系建设中建立公平竞争审查制度的实施意见》《江西省公平竞争审查工作联席会议制度》,建立以常务副省长为召集人的高规格公平竞争审查工作联席会议制度。研究制定《江西省公证服务收费管理办法》《江西省推进医疗服务价格改革实施方案》《江西省天然气短途管道运输价格和配气价格管理办法》等规范性文件。首个监管周期(2017—2019年)输配电价获得国家发改委批复,每年释放改革红利17亿元,全部用于降低大工业基本电价。推开公立医院服务价格改革,所有公立医院取消了药品加成。道路客运价格改革方案已形成。建立助推全域旅游发展、旅游强省建设的旅游价格形成机制。完成国家发改委落实中发文件情况督导。对国家和省委、省政府安排部署的25项重点价格改革任务进行全面梳理,建立重点价格改革任务台账制度,责任到人。建立医疗服务价格、居民阶梯水价、停车服务收费、农业水价等国家重点督查改革任务周报制度,对进展不力的采取通报批评、约谈整改、现场督导等形式进行督促。

【价格法制建设】 建立定价目录、经营服务性收费目录清单制度。对价格类现行85件规范性文件进行清理,及时修订或废止不适应改革形势、不符合法律法规的政策文件。协助省法制办做好价格类规范性文件合法性审查工作。编印价格管理类法律法规规章和规范性文件汇编2册。妥善处理价格行政复议2件,有效维护了价格领域公平公正。

【服务供给侧结构性改革】 按照“放管服”改革要求,本着只减不增的原则,对定价目录进行动态修订,修订方案经省政府同意已报国家发改委审定。对现有22项涉及企业的经营服务性收费进行清理规范,取消和放开7项,缩减比例31.8%。市场化程度显著提高,市场决定价格机制基本建立。通过输配电价改革、降低非居民用天然气价格等举措,年降低企业用能成本21.33亿元。清理经营服务性收费项目、规范涉及铁路货物运输收费、降低产权交易费等3项标准,有效降低企业制度交易成本1.45亿元,全年价格政策共为江西企业减负约23亿元。重点对行政审批中介服务收费、行业协会商会收费进行双随机专项检查。检查相关单位370家,出动检查人员760人次,有效规范了涉企收费行为。

【应对市场价格变化】 针对7月江西多地出现多轮强降雨,紧急部署加强汛期蔬菜等重要商品价格监测预警和调控监管工作。提前研究部署加强春节、中秋、国庆等重大节假日和中共十九大召开期间市场价格监管工作,有效保障了特殊时期市场价格稳定。

【综合运用价格调控手段】 严格执行国家稻谷最低收购价政策,实施生猪价格调控预案,落实鲜活农产品运输“绿色通道”政策,推进农副产品“平价商店”规范化、常态化发展,有效保障了农副产品市场价格基本稳定。及时启动联动机制,合计向164万人次发放价格临时补贴1870余万元,有效保障了困难群众的基本生活。

【强化市场价格监管】 以解决群众价费诉求热点难点为突破,对网络零售企业价格行为进行规范,严格落实明码标价制度,在重大节假日对超市、景区等领域开展市场检查巡查、提醒告诫,切实规范商家价格行为,强化对放开价格的事中事后监管,有效维护市场价格竞争秩序。坚持日常监管和专项检查相结合,围绕关系民生的农资、煤炭、房地产、旅游、电信、城市供水供气等领域,组织开展专项检查整治。全年共查处价格违法案件984件,实施经济制裁总额5211.45万元;共接到各类价格举报、投诉等合计7244件,办结7047件,实施经济制裁总额627.56万元,切实维护了群众合法价格权益。推进价格反垄断执法。密切关注重点行业竞争动态,对涉嫌垄断行为及时启动反垄断调查,制止陶瓷经营者涉嫌达成垄断协议行为,有效维护了行业市场竞争秩序。

【建立公平竞争审查制度】 年内,《江西省人民政府关于在市场体系建设中建立公平竞争审查制度的实施意见》出台后,各设区市已全部出台公平竞争审查制度实施意见并建立联席会议制度,大部分县(市、区)政府已安排部署相关工作。完成国家公平竞争审查部际联席会议对江西的督察。制定公平竞争审查程序机制,开展对增量和存量文件政策的审查清理。对各设区市、省直管县及随机抽取的6家省直单位公平竞争审查制度落实情况进行专项督察。组织协调省内主流媒体对公平竞争审查制度进行专题报道,营造了公平竞争审查制度良好舆论氛围。

【开展成本调查和监审】 完成早籼稻等18个重要农产品常规和直报调查任务,开展农户存售粮、农资购买和种植意向等专项调查,获得2015—2017年度全国农产品成本调查工作优秀集体。组织开展天然气管道运输价格、司法公证服务收费等成本监审工作,合计核减不应计入定价成本费用1.58亿元,平均核减比例24.20%;

受国家发改委委托，对南昌铁路局普通旅客列车运输定价成本进行实地审核，核减不应计入定价成本费用28.09亿元，平均核减比例20.02%。研究制定《江西省机动车停放保管服务定价成本监审办法(试行)》。

【开展价格监测专项调查和涉纪、涉案价格认定】 开展劳动力市场价格、粮食生产收购价格等监测工作，启动食盐应急价格监测报告制度。指导各地开展涉税价格认定工作，完成民航江西机场公安局等提出的重大涉纪、涉案财物价格认定及复核工作。

【加强价格政策解读宣传】 对公平竞争审查制度实施意见进行公开解读。为及时总结推广中共十八大以来各地价格工作好经验好做法，出版《价格月刊》增刊，供价格管理部门学习借鉴。在第二次全国价格工作典型经验总结推广电视电话会议上，南昌市物价局作推进城市生活垃圾处理收费改革的典型经验介绍。参与江西2017年“3·15”国际消费者权益日大型宣传活动。

(徐帆)

工商行政管理

【概　况】 2017年，全省工商和市场监管部门持续深化改革创新，推动市场准入环境、竞争环境、消费环境明显改善。全年全省新登记企业15.07万户，日均新增企业413户，是2012年改革前的2.5倍。截至年底，全省实有市场主体237.7万户，其中企业61.6万户，分别比2012年改革前增长50%、80%。全年江西省商标注册申请近8万件，连续两年成为全国增长最快省份之一；全省有中国驰名商标161件，地理标志商标58件。

【商事制度改革】 全省各级工商和市场监管部门坚持问题导向，持续改革创新，促进全省市场准入环境取得根本性变化。推行注册资本实缴制改为认缴制，推进“一址多照”等住所登记简化改革，开放省、市、县三级名称库，建立完善名称查询比对系统，实行经营范围申报制度，有效降低市场准入的资本金、住所、名称等要求，激发社会创新创业热情。推行企业“三证合一、五证合一”，个体工商户“两证整合”，在全省全面实施“多证合一”改革，合并证照24项，有效减少重复申报，初步实现“一照一码”走天下。推进“先照后证”改革，江西省前置审批项目从改革前的132项减少到33项，缩减75%。江西省工商企业(个体工商户、农民专业合作社)登记网络服务平台上线运行，注册登记无需再到窗口提交书式材料，实现全程无纸化，注册登记“一次也不跑”在江西省落地。全面实行企业简易注销登记改革，实现退出便利化。改革红利持续释放，推动全省市场主体呈现快速增长。

【创新市场监管方式】 全省各级工商和市场监管部门适应商事制度改革要求，初步建立事中事后监管新模式。在全国率先建成国家企业信用信息公示系统(江西)，归集45个省直单位和市县相关单位涉企信息1980.9万条，累计访问量5000多万人次，为企业信息公示、部门联合惩戒、共享监管信息提供了平台，为全国平台建设提供了有益经验。省政府先后印发《工商登记改革后事中事后监管、信息公示系统管理办法》等多个市场监管制度性文件，省委深改领导小组审议通过《关于推进企业信用监管制度改革的意见》，为江西省进一步深化信用监管改革提供制度保障。在全国率先建立省级网络市场监管部门联席会议制度，进一步强化协同监管。推进“以网管网”，建成全国网络交易平台监管服务系统(江西专版)，探索在线商品、旅游大数据定向监测取得新突破。发挥联席会议作用，共同指导网络市场监管与服务示范区创建工作，赣南苏区“1+1”成为中部地区首个创建国家级示范区。年检改年报顺利推行，2016年度全省市场主体年报率均超过90%。开展“双随机一公开”16次，随机检查企业4.9万户。围绕重点领域，先后开展2017网络市场监管专项行动和网络商品集中促销整治，公用企业限制竞争和垄断行为突出问题专项行动，药品、保健食品、医疗等重点领域违法广告整治，成品油市场专项治理，推进无传销城市、社区创建，推广汽车、房屋中介经纪等行业合同示范文本，有力打击社会反映强烈的市场经营违法行为。

【消费维权力度加大】 安全放心的消费环境逐步提升。坚持把消费维权放在服务发展、保障民生的高度，拓宽消费维权渠道，提高消费维权效率。起草修订《江西省实施〈中华人民共和国消费者权益保护法〉办法》，通过省人大常委会审议、颁布施行。在广电网络、旅游景区等行业，推行消费约谈、消费体察、比较试验等维权新方式。在全省全面推开“创建放心消费示范店”和“创建网络放心消费示范平台”工作，着力营造安全放心的消费环境。建成12315、12331、12365统一的投诉举报技术处理平台，受理、转办、反馈均在同一平台实现，极大提高了维权效率。全年全省统一投诉举报平台共受理消费者咨询、投诉、举报19.5万件，增长44.7%。联合江西电视台举办“3·15”晚会，拓宽维权舆论监督渠道。试行消费环节经营者首问和赔偿先付“两项制度”，强化经营者消费权益主体责任。消费投诉公示系统上线运行，以公示促进经营者自律。持续加大流通领域商品抽检力度，首次组织开展网络交易商品抽检，及时将抽检结果向社会公示。开通省消保委“江西放心消费315”微信公众号，定期发布消费维权信息，力争打造成有权威和公信力的消费维权和放心消费发布平台。联合江西经济生活频道举办“3·15”晚会，集中曝光了一批老百姓关注度较高的行业黑幕及问题企业。配合做好全国12315互联网平台运行，进一步畅通消费维权渠道。经省政府批复，建立由省工商局牵头、31个部门和单位组成的省消费者权益保护工作厅际联席会议制度，增强消费维权工作合力。省消保委引入约谈机制，针对广播电视网络行业企业存在的突出问题予以劝诫、建议。

【“双创”营商环境不断优化】 推进大众创业万众创新，全省各级工商和市场监管部门坚持立足职能，延伸“手臂”，创造性服务市场主体发展。升级改造“江西工商创业咨询一点通”平台，与网上注册、名称查询等六大系统进行对接，为办事群众提供更为全面便捷的业务咨询、受理服务。依托省个私协会,指导成立省米粉协会,组织全省米粉企业创业辅导营,成功注册"江西米粉"集体商标,提升江西米粉行业发展水平。指导市、县在行政服务中心设立创业自助服务区,方便群众查询办事。创新支持江西区域性股权交易中心发展,开展非上市股份有限公司股权登记、托管。会同省信用联社,推广个体户信用星级评定、无抵押、无担保信用贷款,累计授信金额74.6亿元、发放贷款60.6亿元,既缓解个体户融资难题,让他们尝到信用的"甜头",又增强了个协组织凝聚力。与北京银行联合推行商标质押贷款,发放贷款8000多万元。做好动产抵押登记,促进动产抵押融资。推动出台《省政府关于支持个体工商户转型升级的若干措施》,建立重点培育库,实施梯度培育。全省累计有1.41万户个体户实现"个升企"。出台《关于促进全省广告业发展的意见》,批准成立"豫章一号"等省级广告产业园。在省工商局、赣州、宜春、上饶设立商标受理窗口,实现"家门口"商标注册登记。

【服务发展举措创新】 市场发展环境更加宽松活跃。按照全省降成本优环境专项行动要求,充分发挥工商职能,服务企业发展。做好抵押、质押登记工作,会同省农村信用联社等金融机构,在全省推广个体工商户信用贷款"永丰模式",推行"诚商信贷通",发放无抵押、无担保信用贷款。引导行业规范发展。指导推动江西米粉协会发展,组建江西米粉创业辅导营,健全协会组织、商标品牌、产业发展为一体的发展新模式。推进江西省商标(品牌)协会、江西省广告协会脱钩改革。组建省个体创业指导服务中心,作为正县级公益一类事业单位,核定编制21名。促进商标品牌发展。经工商总局授权,在省工商局机关和赣州等4地市设立商标注册受理窗口,使商标注册无需再跑北京,实现"家门口"办理。推动个体户转型升级。起草《关于支持个体工商户转型升级的若干措施》,通过建立培育库、品牌建设、财税优惠等15条举措,促进个体工商户转型升级。同时,出台《省工商局支持赣江新区发展措施》,赋予登记权限等优惠举措,支持赣江新区发展。提升网络市场监管与服务新动力。

【提升市场监管法治化水平】 适应市场监管部门综合改革需要,推进基层市场监管能力建设,进一步理顺市场监管执法体制,增强市场监管合力。牵头起草并报请省政府印发《关于贯彻落实"十三五"市场监管规划的实施意见》,明确"十三五"时期江西省市场监管的指导思想和主要目标,确定47项市场监管重点工作、22项市场监管体制机制改革任务,为"十三五"全省市场监管工作提供有力指导。在全国率先推行"五统一"工作的基础上,推动出台《省政府关于深化市场监管体制改革加强基层规范化建设的意见》,设立财政专项补助资金,部署市场监管基层分局3年达标计划。配套制订全省市场和质量监管部门行政处罚程序规定、分局工作指导规范和形象标准规范,加快"五统一、五规范、五优化"在基层落地见效。

【探索基层市场监管改革】 鼓励基层转变监管方式,创新监管手段,支持信用二维码、信用承诺等监管探索。在鹰潭等地开展网上网下网格一体化监管试点,通过建立"一张网、一中心、一个终端管市场"的市场网格化智慧监管体系,形成发现、上传、处置、反馈的反应快速、处理高效的工作闭环,提高基层监管效率,省政府主要领导、分管领导分别批示予以肯定。

(曾纪江)

质量技术监督

【概　况】 2017年,全省质监部门扎实推进质量兴省、品牌兴业、标准引领,持续加强质量安全监管,全省质量总体水平稳步提升,为促进全省经济发展和社会稳定发挥了重要作用。省委、省政府主要领导2次批示肯定质量工作,肯定全省质量工作取得的成绩。在国务院对省级政府质量工作考核中,江西省首次迈入B级行列。质量品牌建设继续加强,有2个单位进入第三届中国质量奖及提名奖建议名单。生态文明标准化建设取得成效,3项标准化方面的制度被纳入中办、国办印发的《国家生态文明试验区(江西)实施方案》38项重点制度成果清单,全国首个生态文明领域国家技术标准创新基地获批在江西筹建。质量安全态势保持平稳,特种设备万台死亡率为0.17,低于全国平均水平,省级产品质量监督抽查合格率保持在93.8%。

【标准化工作】 加强标准化合作,与中国标准化研究院建立合作机制,共同推动江西省标准化战略的实施。联合省卫计委开展黄栀子、吴茱萸等中药材标准化示范区建设,联合省农垦办下达江西大茅山集团有限责任公司等14家绿色生态家园标准化建设试点项目。推动标准化作为专项列入2018年度省科技计划项目申报指南重点研发计划。组织标准化试点示范创建,向国家标准委推荐基层党建标准化试点项目4个,国家级服务业标准化示范单位1家,国家级服务业标准化试点单位8家。组织崇仁麻鸡生态养殖等7个国家级农业标准化示范区和靖安县等3个国家美丽乡村标准化试点建设。启动农产品标准化及可追溯体系研究工作,开展《江西农产品可追溯体系建设研究》等4项课题研究。开展地方标准修订工作和强制性地方标准整合精简工作,废止31项地方标准,转化16项。实施企业标准备案制度改革,共有1033家企业在公共服务平台自我公开声明4569项标准,涵盖6707种不同型号规格的产品。加强企业产品标准监督检查工作,及时通报监督检查情况。开展地方标准全面公开工作,免费向社会公开现行有效的地方标准374个。推进"标准化进园区",免费培训1380多家企业的2800余名标准化管理者和工作者。

【计量工作】 围绕江西省支柱产业发展需求,完善量传体系建设,新建计量标准47项、复查157项。研究制定《江西省省级产业计量测试中心申报验收细则》,鼓励和引导江西省各级计量技术机构筹建国家级、省级产业计量测试中心,促进计量与产业的深度融合;开展"优化计量 提质增效"活动,有针对性地实施计量精准咨询和服务,为企业解决实际问题。开展能源计量技术服务工作,发挥国家城市能源计量中心(江西)的作用,与江中药业合作开展的能源计量项目(多元化、全过程能耗管理系统)国内领先,被国家质检总局列为"重点行业能源计量服务示范项目"。开展江西省计量发展规划(2014—2020年)中期评估。加强计量监督管理,组织开展"民用三表""计量保春耕"、加油机、定量包装商品净含量和商品包装等计量监督专项检查或抽查,守护民生领域关切热点。

【特种设备安全监管】 11月30日,《江西省特种设备安全条例》由省人大常委会审议通过。坚持每季度向地方政府通报特种设备定检率,促进定检率持续提高,全省特种设备定检率超过90%,保持在较高水平。开展特种设备使用单位安全管理标准化、基层监察机构规范化和"平安电梯"安全管理示范区3个示范创建活动,启动特检机构整合工作和特种设备智慧监管大数据平台建设。持续开展全省特种设备隐患排查和治理安全大检查工作,全省9176家使用单位通过开展隐患自查自改,完成隐患治理6034起。开展现场监督检查,检查使用单位7983家、设备29876台套,完成隐患治理5012起,实施查封454台。

【认证监管】 引导企业开展质量管理体系等认证、有机产品等自愿性产品认证,通过认证的有机产品数量列全国第四位,靖安县获批国家有机产品认证示范区。做好检验检测机构资质认定审批工作,对583家检验检测机构进行审核,其中571家通过资质认定,不予许可12家。组织开展检验检测机构资质认定监督检查,共检查检验检测机构300家,下达整改通知书89家,约谈41家,立案28起。组织检验检测机构进行能力验证,共有37家检验检测机构参加了能力验证活动。全省获认证证书累计22248张,列全国第十八位。

【检验检测机构建设】 推进国家级质检中心建设,鹰潭铜产品、南康家具产品和高安建筑卫生陶瓷产品3个国家级质检中心(分中心)先后通过验收,为江西省优势产业发展提供了公共检测平台。"赣南油茶国家质检中心"通过国家质检总局专家组审核。加强检验检测工作,组织申报2017年度总局能力提升(储备)项目14项,能力建设项目3项。省政府高度重视质检中心建设并出台优惠政策,省财政对新获批的国家质检中心给予一次性奖励500万元,新获批的省级质检中心给予一次性奖励50万元,新获批命名的2家国家级质检中心奖励资金已落实到位。

【行政许可制度改革】 取消大项行政许可1个,其他行政权力5项,行政许可中介服务5项,下放赣江新区行政权力2项,做到应放尽放。推进工业产品生产许可证制度改革,取消19类工业产品生产许可,对国家质检总局下放的8类工业产品生产许可全部予以下放委托办理,工业产品生产许可审批时限由30日压缩至20日内完成,所有许可决定文书均直接邮达企业。配合省编办制定《江西省政务服务事项标准规范》,省质监局办证大厅作为省级行政许可标准化建设的试点单位,完成了行政许可标准体系制定、人员培训工作。

【开展质量提升行动】 加强组织领导,将"质量提升行动"作为部门年度重点工作,并成立"一把手"任组长的质量提升行动领导小组。强化责任分工,制定《江西省质量提升行动计划(2017年)》,以汽车及零部件产品、电子信息产品、铜及铜产品、物流服务业等产品和服务为重点,明确相关责任,组织开展质量提升活动。推动工作落实,组织全省300余名线缆行业企业代表、140家水泥获证企业参加质量提升活动,3家旅游企业申报全国旅游服务质量标杆培育试点单位。组织6家单位申报创建国家质量提升示范区,其中南康家具产品、分宜苎麻产业获批创建;联合省发改委等11个部门开展物流服务质量提升工作。《中共中央国务院关于开展质量提升行动的指导意见》出台后,按省委、省政府要求,代拟起草推动质量提升的具体政策措施。

【创建质量品牌】 先后推荐江西省9个组织、4个班组和2名个人参评第三届中国质量奖,3个进入候选名单公示,其中井冈山旅游发展公司和景德镇澐知味陶瓷文化有限公司胭脂红扒花班组进入第三届中国质量奖及提名奖建议名单。组织第二届江西井冈质量奖评选工作,7家企业、3名个人获奖。加大国家地理标志保护产品培育力度,向国家质监总局申报"宜春夏布"等11个产品,有8个已受理,其中4个通过评审。加大江西名牌产品认定力度,253个产品被授予"2017年名牌产品"。开展"中国品牌日"系列活动,指导赣州市创建全国质量强市示范城市。赣州经济技术开发区"全国稀土永磁及钨粉深加工产业知名品牌创建示范区"通过验收并获命名,这是江西省获命名的第三个示范区,指导6个已获批筹建的示范区做好筹建工作。

【服务江西生态文明建设】 国家绿色生态技术标准创新基地(江西)获批筹建,这是生态文明领域首个获批的国家技术标准创新基地。牵头负责制定江西省生态文明建设标准体系框架及明细表、绿色生态技术标准创新基地(江西)建设工作方案、江西加快农产品标准化及可追溯体系建设实施方案,这3项任务纳入江西省生态文明建设方案的38项重点制度建设成果清单,并列入中共中央办公厅、国务院办公厅印发的《国家生态文明试验区(江西)实施方案》。《生态文明建设与标准化理论关联研究》项目获国家质检总局优秀政研成果奖三等奖。

【加强事中事后监管】 吸取西安"问题电缆"事件教训,开展电线电缆专项整治,对发现问题的23家企业责令整改,立案查处9家企业。完成51类1590批次省级产品质量监督抽查,不合格率为6.2%,对不合格产品依法进行了后处理;组织对电线电缆、消防产品、絮用纤维制品、水泥、烟花爆竹等产品进行省级专项监督抽查,对2批14类产品开展风险监测,及时告之相关风险信息。开展缺陷产品召回管理工作,成功办理首起召回案例。进一步加大"双打"工作力度,严肃查处质量违法行为,全系统共立案查办假冒侵权违法案件676起，查获涉案产品标值908.66万元。

（黄军根）

国土资源管理

【概　况】　截至2017年年底，全省土地总面积1969.36万公顷（16.69万平方千米）。其中：耕地308.83万公顷，占18.49%；园地32.07万公顷，占1.92%；林地1031.27万公顷，占61.78%；草地27.16万公顷，占1.63%；城镇村及工矿用地98.29万公顷，占5.89%；交通运输用地24.83万公顷，占1.49%；水域及水利设施用地125.25万公顷，占7.50%；其他土地21.66万公顷，占1.30%。全省共安排使用新增建设用地计划1.30万公顷，其中农用地1.21万公顷（耕地5533.33公顷），未利用地913.33公顷。报批省重大项目48个，总面积1386.67公顷，涉及使用省预留新增建设用地计划1286.67公顷。

截至2016年年底，全省发现各种有用矿产193种（以亚矿种计），查明有资源储量的矿产以亚矿种计共九大类，153种（其中能源矿产5种、金属矿产49种、非金属矿产97种、水气矿产2种）。列入2016年矿产资源储量统计的矿产131种。探明的矿产资源保有储量在全国居前十位的有79种。居首位的有：钨、钽、铷、锂辉石、重稀土、碲、化工用白云岩、滑石、陶瓷土、玻璃用脉石英、麦饭石等11种。居第二位的有：伴生金、锂、铊、铯、伴生硫、保温材料用粘土、电气石、水泥用辉绿岩、粉石英、饰面用大理岩、饰面用板岩等11种。居第三位的有：铜、铋、银、锆、轻稀土、普通萤石、光学萤石、叶腊石、化肥用灰岩、透闪石、水泥配料用页岩、海泡石粘土等12种。居第四位的有：砂金、硅灰石、陶瓷用砂岩、建筑用玄武岩、冶金用白云岩、玻璃用砂岩等6种。居第五位的有：铌、铍、高岭土、玻璃用砂岩、水泥用凝灰岩、伊利石粘土、建筑用角闪岩、水泥配料用砂、建筑用大理岩、化肥用蛇纹岩、制灰用灰岩、建筑用辉绿岩等12种。保有铜资源储量1143.27万吨，占全国比重为11.31%；钨437.95万吨，占43.11%；钽4.68万吨，占33%；重稀土约53.45万吨；金（含伴生金）约474.02吨，占3.89%；银约2.33万吨，占8.47%。全省矿山总数为3835个，其中大型矿山62个，中型268个，小型2471个，小矿1032个。2017年全省采掘量3.55亿吨，矿业总产值346.99亿元，利润总额33.34亿元。

2017年，全省地质勘查工作共投入资金4.28亿元，同比减少33.71%。全省共实施矿产勘查项目348项，完成钻探工作量24.86万米，减少25.36%；完成坑探工作量3031米，下降98.90%；完成槽探工作量12.36万立方米，下降14.33%；完成浅井工作量1088米，增长18.26%。年内共办理探矿权新立42宗，探矿权延续、变更、保留973宗，探矿权转让13宗，探矿权注销109宗。公开出让探矿权27宗，出让探矿权价款5830万元。全省省级发证采矿权新立4个，省级采矿权总数为641个。

·资　料·

2016年主要矿产资源储量增减变化

序号	矿产名称	资源储量单位	较2015年增长(±%)	序号	矿产名称	资源储量单位	较2015年增长(±%)
1	煤炭	矿石千吨	2.15	8	钽矿	Ta_2O_5吨	-0.02
2	铁矿	矿石千吨	0.89	9	银矿	银吨	4.83
3	铜矿	铜吨	5.16	10	金矿	金千克	-2.48
4	铅矿	铅吨	1.82	11	盐矿	NaCl千吨	1.26
5	锌矿	锌吨	20.19	12	高岭土	矿石千吨	55.99
6	钨矿	WO_3吨	2.74	13	水泥用灰岩	矿石千吨	1.23
7	锡矿	锡吨	-0.19				

【国土资源重点改革】　余江农村土地制度改革试点纵深推进。农村宅基地制度改革进入攻坚阶段，农村集体经营性建设用地入市和土地征收制度改革协调推进，《集体经营性建设用地入市办法》《土地征收实施办法》等19项制度同步配套出台。自然资源统一确权登记试点工作有序推进。组织开展自然统一确权登记技术路线方法试验研究，编制形成《江西省自然资源调查技术指引（试行）》《江西省自然资源统一确权登记自然资源类型归类标准（试行）》。南昌市推进完善建设用地使用权转让出租抵押二级市场试点工作。试点实施方案获国土资源部批复，转让、抵押、划拨土地出租、交易等四项核心管理办法及其配套实施细则已经出台。部署开展了矿业权出让制度改革试点。

【耕地保护】　省委、省政府出台《关于加强耕地保护和改进占补平衡的实施意见》，全省耕地保护工作确保数量、质量、生态、环境、空间五位一体综合保护。出台《江西省人民政府办公厅关于印发江西省占补平衡指标交易管理暂行办法的通知》《江西省国土资源厅关于进一步推进土地整治补充耕地和批而未用土地消化工作的意见》《江西省耕地占补平衡指标网上交易规则(试行)》《江西省高标准农田统一上图入库工作方案》等文件。完成永久基本农田划定工作。耕地保护责任目标落实。完成2016年度市县政府耕地保护责任目标考核,签订2017年度耕地保护责任状。全省292.73万公顷耕地保有量、246.20万公顷基本农田保护面积和19.33万公顷建设高标准农田的年度耕地保护目标任务分解到位。全省土地开发复垦补充耕地1.17万公顷,增加69.6%,缓解了全省耕地占补平衡的压力。

【国土资源管理法制建设】 加强规范性文件管理,废止《江西省菜地、精养鱼塘开发基金使用管理办法》《江西省矿产资源补偿费征收管理实施办法》两件省政府规章。出台《江西省国土资源厅关于贯彻落实国土资源规范性文件管理规定的通知》,建立规范性文件"统一登记、统一编号、统一发布"的"三统一"制度,使用"赣国土资规"字号单独编号。出台省国土资源厅规范性文件后评估办法。制定省国土资源厅行政许可标准指引,对行政许可进行全流程规范。建成全省征地信息公开平台,保障了被征地群众的知情权。开展土地矿产卫片执法检查工作,大力推进行政执法与刑事司法衔接。制定出台并报备规范性文件10件。国土资源违法总量持续下降。

【国土资源规划】 完成省、市、县、乡四级土地规划调整,完善方案编制、评审及批复工作。完成省级"十三五"土地整治规划编制、评审工作,规划成果由省政府办公厅批复实施。完成市、县级"十三五"土地整治规划评审、批复工作。完成省、市、县三级矿产资源总体规划编制工作。完成省级矿产资源规划的报批及发布工作,对全省11个市级矿规、85个县级矿规的进行了审查批复。

【高标准农田建设和农村土地整治工作】 全年共安排土地开发复垦项目1855个,计划建设规模8.67万公顷,验收项目518个,验收建设规模1.37万公顷。全年共下达省级新增费5.52亿元,高标准农田建设计划建设规模19.33万公顷。组织验收2014—2015年省级新增费土地整治项目12个,建设规模3200公顷,完成项目投资9467万元。组织开展了农村土地整治项目督查和绩效考核。

【农村宅基地管理】 指导各县(市、区)3~5个自然村开展规范宅基地管理试点工作。全省848个试点村,80.42%完成或基本完成工作任务,退出宅基地1.73万宗167.80万平方米,集体经济组织主导下对一户多宅及超面积等宅基地有偿使用612宗、5.7万平方米,宅基地竞价择位430宗、4.2万平方米。试点不仅规范了农村宅基地管理,而且与新农村建设、村庄环境整治、精准扶贫、乡村旅游、特色产业、多规合一等相互融合,最大限度发挥政策的叠加效应,让群众感受到试点带来的红利。继续将农村宅基地管理情况纳入全省国土资源系统绩效考核重要指标,推进各地规范农村宅基地管理。

【建设用地审批】 全年共批准建设用地587件,总面积1.78万公顷(省政府批准1.60万公顷,国务院批准1821公顷)。全省建设用地批准总面积与上年同比减少4.37%。其中,省政府批准面积同比减少0.59%,国务院批准面积同比减少28.25%。全省获国务院批准单独选址项目6宗,用地面积1821公顷,与上年同比减少28.25%,占用地总面积10.24%。新增建设用地面积1789公顷,同比减少25.85%,占用地总面积10.06%。皖赣铁路电气化改造工程(江西段)浯溪口水库段改线工程、南昌至九江高速公路改扩建工程、广昌至吉安高速公路、宁都至定南(赣粤界)高速公路龙布连接线、抚州市东外环高速公路等国家、省重点项目用地获国务院批准。

【自然资源统一确权登记试点】 4月,省政府批准成立省自然资源统一确权登记工作领导小组,领导小组办公室设在国土资源厅。新建区等5个试点地区及有关设区市分别成立以政府领导为组长,各有关部门参加的试点工作领导小组。年初,选定新建区、庐山市、贵溪市、高安市和南城县作为试点地区。4月下旬,省级试点实施方案获得国土资源部和省政府联合批复。7月下旬,省领导小组批复了5个试点地区试点实施方案。在南城县开展自然资源统一确权登记技术路线技术方法试验研究,探索解决登记单元划分、自然资源分类、自然资源现状调查等问题,初步形成江西省自然资源统一确权登记工作思路和调查技术路线、技术方法。编制《江西省自然资源调查技术指引(试行)》《江西省自然资源统一确权登记归类细则(试行)》和《江西省自然资源统一确权登记试点工作经费测算标准(试行)》,为全省试点提供了技术支撑。试点地区按照试点要求,开展工作经费落实、资料收集、队伍选定、公告发布、相关调查等工作,进入登记单元预划、实地调查工作阶段,并形成登记单元划分成果。

【不动产统一登记工作】 全年共受理不动产登记业务257.3万件,办结244万件,累计颁发不动产权证书113.6万本,不动产登记证明84.4万份。全省市、县不动产登记信息系统接入国家平台,成为国内最早接入的省份之一。市、县存量数据全部汇交国家平台(国家要求中部地区汇交率为80%)。组织编制《江西省数据整合建库技术指南》和《江西省数据整合建库成果检查验收办法》。全省各市、县(区)全部签订房屋登记纸质资料移交协议,基本完成房屋登记纸质资料移交。全省农村房地一体调查工作全面开展,完成农村房屋调查487万幢,调查完成率33.8%。形成《江西省不动产登记办法》(送审稿)并呈报省政府。注重不动产统一登记历史遗留问题处理,研究出台《江西省国土资源厅关于印发解决当前不动产登记若干问题指导意见的通知》。部署不动产登记"一窗受理"改革工作,推进不动产登记与房屋交易"一窗受理、并联审核"。各市、县均编制"一窗受理"实施方案,九江市、萍乡市、赣州市、共青城市、德兴市、贵溪市、玉山县等建成"一窗受理"窗口,极大方便群众办事。

【探索工业用地供地新途径】 经省政府同意,在全国率先印发《江西省工业用地长期租赁、先租后让、租让结合暂行办法》,鼓励工业用地长期租赁、先租后让、租让结合供应方式,相应规范其约定条件、基本程序、权利义务、法律责任。全省以长期租赁和先租后让方式供应土地25宗、120余公顷,其中工业用地18宗、公共服务设施用地5宗、文教卫生用地2宗。

【推进批而未用土地消化】 研究出台进一步推进批而未用土地消化工作的意见,制定批而未用土地消化专项行动方案,在全省范围内开展批而未用土地消化专项行动。截至年底,全省消化利用批而未用土地1.73万公顷,批而未用土地面积净下降4480公顷。2017年,全省单位地区生产总值建设用地使用面积下降6%,超过预定的4.3%的下降目标任务。

【控制新增建设用地规模】 严格执行《限制用地项目目录》和《禁止用地项目目录》,对不符合产业政策、污染严重和低水平重复建设的项目及严重影响生态、环境安全的项目用地,不予审核或审批。严格依据《江西省建设用地控制指标》,核减预审申报项目的不合理用地,预审通过用地规模1933.33公顷。对无用地标准的江西赣江井冈山航电枢纽等6个重点、重大建设工程项目,及时组织开展节地评价,依据节地评价结果和专家论证意见办理用地手续。

【节约集约用地】 首次开展江西省开发区节约集约利用土地考核,对全省89个省级以上开发区节约集约利用土地情况进行考核。对全省各设区市2016年度单位地区生产总值建设用地使用面积下降目标完成情况进行考核。2017年度开发区土地集约利用评价年度更新、17个城市建设用地节约集约利用中心城区初始评价和区域建设用地节约集约利用状况更新评价成果上报国土资源部审核通过。2016年耕地质量等别年度更新工作成果通过国土资源部的审核验收,部署开展全省96个县(市、区)2017年耕地质量等别年度更新评价与监测工作,确定在赣县区、安福县、靖安县开展耕地质量定级试点工作。指导安义县高标准农田建设利用示范点成功申报为全国首批13个国土资源节约集约模范县"四个创新"示范点之一。

【地质灾害防治】 全年全省共接到地质灾害灾情险情报告389起,造成5人死亡、5人受伤,直接经济损失1869.89万元。地质灾害发生数、造成的人员伤亡数和直接经济损失与上年相比分别降低13.6%、23.1%、27.6%,总体比常年水平略偏低。集中性强降雨、山区群众傍山切坡建房仍是地质灾害的主要诱发因素。

全年各地开展专业排查3169人次,排查隐患点1.29万个;基层及群众巡(排)查1.73万人次,巡(排)查隐患点3.20万点次。2017年新增隐患点4578处,累计设立群测群防点2.60万个,发放防灾避险明白卡9.19万张,落实群测群防员1.47万人。发布省级地质灾害气象风险预警18次,市、县级地质灾害气象风险预警1759次,发送预警短信50.84万条。其中18处地质灾害隐患点在人员转移后,房屋被崩塌、滑坡摧毁,165人成功避灾。全年全省启动Ⅲ级应急响应6次,Ⅳ级应急响应22次,派出应急专家组1080批次,派出应急专家3980人次,对重要突发地质灾害灾情、险情及重要地质事件及时开展调查。

2017年度,中央财政、省财政安排资金3048.5万元,对10处重要地质灾害隐患立项治理。市、县通过整合地质灾害防治、新农村建设、库区深山区扶贫移民搬迁等资金,共投入资金2.35亿万元,对406处地质灾害隐患点进行治理,搬迁地质灾害隐患点465处、5395人。基层防灾能力得到提高。九江县等35个县(市、区)获得国土资源部地质灾害防治高标准"十有县"称号,全省共87个县(市、区)完成地质灾害防治高标准"十有县"创建工作。2个设市区和46个县(市、区)正式组建地质灾害应急中心,累计10个设市区和87个县(市)正式组建地质灾害应急中心。全省地质灾害应急技术队伍建设取得新成效。财政投入1500万元,继续安排信丰县、赣县区、东乡区、德安县、袁州区等5个县(区)开展地质灾害综合防治体系建设试点。年内全省组织地质灾害防灾专业培训668次、培训人员7.35万人次,组织科普宣传1077次、约56万名群众接受防灾科普教育,开展地质灾害应急演练207次、5.14万人次参练。

【矿山地质环境保护】 基本完成废弃矿山地质环境调查野外工作。启动去产能关闭煤矿矿山地质环境恢复治理保护资金返还工作,累计审核通过6家去产能关闭煤矿保证金返还,累计预计返还510.97万元。启动省级以上发证矿山恢复治理验收及保证金返还工作。指导赣州市开展山水林田湖生态保护与修复试点工作。

【地质公园和地质遗迹】 截至年底,全省有庐山、龙虎山、三清山3个世界地质公园,武功山、石城2个国家地质公园,景德镇高岭、萍乡安源、德兴、瑞昌铜岭铜矿遗址、大余西华山、于都盘古山6个国家矿山公园,柘林湖、铜鼓、万年神农源、上犹五指峰、乐平洪岩洞、贵溪象山、上饶灵山、兴国丹霞8个省级地质公园,公园总面积3114平方千米。

【地质环境项目管理】 组织开展2017年度地质环境项目立项论证和设计审查工作。年内中央财政、省财政安排资金6681万元。其中:中央财政7个项目,2000万元;省财政13个项目,4681万元。组织完成13个地质环境项目竣工验收。组织开展2017年度地质环境项目抽查和绩效评价工作。对2013、2014年度立项的79个地质环境项目的实施和预算执行情况进行专项抽查,对21个已竣工项目进行绩效评价。

【开展自然保护区内矿业权调查】 部署实施《江西省自然保护区内探矿权采矿权现状调查》项目,对江西省国家级省级自然保护区内已有的探矿权采矿权现状进行实地调查,基本查明江西省国家级省级自然保护区内已设置的探矿权采矿权数量、重叠面积、重叠区已投入的实物工作量及取得的勘查成果、矿山开采、2016年年末保有资源储量等现状情况,对勘查或开采活动对自然保护区生态环境的影响情况有了基本了解,为拟订切合实际的差别化退出方案提供了依据。

【国土资源信访】 率先在全国国土资源部门建成并使用视频接访系统。视频系统运行后，省、市、县三级国土资源部门接访会商、回访47件信访事项，回访信访人11件，信访群众表示满意10件，满意率91%。

【国土资源行政审批制度改革】 开展行政许可事项证明材料清理。取消采矿权转让审批、采矿权延续登记两项许可事项的“采矿权人履行法定义务情况证明”证明材料。开展向赣江新区简政放权工作，支持新区发展，将权限内农用地转用和土地征收审核，由赣江新区管委会初审后经省国土资源厅转报省政府审批，由省国土资源厅下达用地批复。

【2016年度卫片执法监督检查】 土地方面，全省违法用地5032宗，面积1320公顷（含耕地628.74公顷），面积比2015年度下降26.67%（其中耕地面积下降18.99%）。扣除已整改到位、保障性安居工程、已取得采矿许可证的采矿用地、已履职到位的国家和省级重点工程用地等情况后，江西省违法占用耕地比例为1.29%。各级国土资源部门已立案查处2715宗，已移送乡镇政府或相关部门查处2308宗，履职到位率99.67%；已整改到位4605宗，整改到位率91.51%。

矿产方面，全省违法勘查开采图斑369个，其中，其他违法勘查7个，无证开采197个，越界开采153个，以采代探5个，其他7个。截至年底，各级国土资源部门立案查处244起，非立案处理和违法不处理125起，均查处整改到位。

7月6日，省政府召开2016年度全省土地矿产卫片执法监督检查警示约谈会议，对违法用地情况相对严重的宜黄、袁州、进贤、萍乡经开区、安义等6个县（区）政府和管委会的主要负责人进行警示约谈。

【国土资源执法动态巡查】 土地方面，首次充分利用全天候遥感监测成果开展两次巡查，发现新发生违法用地236宗，总面积963.98公顷、耕地363.17公顷。对发现的违法违规行为，各级国土部门正在积极组织查处整改。矿产方面，发现存在问题的矿业权8个（均为采矿权），已基本处理到位。与2016年省级矿产执法巡查相比，存在问题矿业权数下降了66.7%。省国土资源执法监察总队被评为全国国土资源执法监察工作先进集体。

【依法受理行政复议】 2017年度，省政府、国土资源部、省国土资源厅、法院共新受理收行政复议、行政应诉（一审）案件共269件。其中，省国土资源厅受理行政复议申请26件，省、部受理相关行政复议案件222件，法院新收涉及省国土资源厅的一审行政诉讼案件21件。

【国土资源信息化建设与应用】 完成江西省“国土资源云”支撑平台和省级不动产登记信息管理基础平台建设项目的立项和前期工作。完成省国土资源厅视频接访系统和省纪委驻厅纪检组谈话室音像系统建设。完成江西省建设用地审批系统、江西省国土资源信访管理系统的升级改造工作，开展江西省矿产资源规划管理系统、江西省征地信息公开查询平台、江西省国土资源纪检办公系统、江西省国土资源纪检业务管理系统软件研发工作。江西省征地信息公开查询平台实现在全省范围内征地信息公开统一平台、统一规范、统一要求。

进一步完善省国土资源厅办公自动化系统和移动办公系统。完成江西省国土资源“一张图”管理系统升级改造项目立项及招投标工作。完成江西省第三次矿产资源规划数据库及管理系统项目建设。开展2000国家大地坐标转换前期准备工作，开展江西省国土空间基础信息平台建设方案编制工作，配合完成省国土资源厅网络安全执法检查工作，完善各项信息安全保密措施。

【国土资源扶贫攻坚】 研究出台关于进一步支持服务全省脱贫攻坚工作的意见8条和贯彻落实国土资源部办公厅2017年支持定点扶贫县脱贫攻坚和赣州经济社会发展意见15条。在全省该轮土地利用总体规划调整完善中，增加24个国定贫困县新增建设用地规模1.94万公顷。专项安排国定贫困县每县40公顷用地计划用于扶贫。

出台《关于用好用活增减挂钩政策积极支持扶贫开发及易地扶贫搬迁工作的实施意见》，增减挂钩节余指标在省域范围内交易流转使用的范围由国定贫困县扩大到原中央苏区和特困片区的58个县（市、区），增加万年县为增减挂钩节余指标省域流转的县。截至年底，共有12个贫困县流转了增减挂钩节余指标，流转面积416.07公顷（含耕地指标369.27公顷），成交金额达11.47亿元。配合省高标办分解下达贫困地县统筹整合资金，推进高标准农田建设任务和资金，下达国定贫困县资金共27.88亿元，建设高标准农田6.19万公顷。

争取中央财政资金1.28亿元，实施50个基础地质调查项目。在中国地质调查局的支持下，在赣南原中央苏区部署实施11个农业地质调查项目。在赣南原中央苏区及罗霄山脉集中连片特殊困难区部署21个省地勘基金项目，投入资金3980万元（占全省省地勘基金总投入的24.9%）。拨付7个扶贫帮建单位扶贫补助资金共计100万元。

【降成本优环境专项行动】 印发《江西省国土资源厅降成本优环境专项行动2017年实施方案》和《江西省国土资源厅降成本优环境专项行动2017年工作要点》。调整省国土资源厅降成本优环境专项行动领导小组成员。召开全省国土资源系统专项行动2017年动员部署视频会。《江西省人民政府关于精准深入推进降低企业成本优化发展环境的补充意见》出台的惠企措施中，涉及国土资源管理的3项。制定《江西省工业用地长期租赁、先租后让、租让结合暂行办法》。出台《江西省国土资源厅关于进一步规范烟花爆竹生产企业用地的通知》《江西省国土资源厅关于印发解决当前不动产登记若干问题指导意见的通知》《江西省国土资源厅关于印发江西省建设项目用地预审实施细则的通知》等规范性文件，回应企业反映的热点、难点问题，主动破解政策难题。对口联系景德镇高新区，挂点帮扶景德镇金诚电子实业有限公司等10家企业，挂点企业反映的23个问题全部办结到位。 （罗艳）

食品药品监管

【概　况】 截至2017年年底，江西省共有持证食品生产企业3929家、持证食品经营企业28.27万家，餐饮服务企业10.44万家，单位食堂1.11万户。药品生产企业215家，药品经营企业1.20万家。医疗器械生产企业366家、医疗器械经营企业8422家。全省规模以上食品工业企业788家，全年主营业务收入2858亿，增长5.1%，居全国第十四位。医药产业全年主营业务收入1373.25亿元，增长13.89%。中药产业实现主营业务收入553.73亿，增长10.3%，居全国第四位。

全年完成“四品一械”抽检83758批次，不合格产品2457批次，不合格率2.93%。其中：食品抽检59973批次，不合格产品1618批次，不合格率为2.7%；药品抽检19279批次，不合格产品713批次，不合格率为3.61%；保健食品抽检1248批次，不合格产品25批次，不合格率为2%；化妆品抽检909批次，不合格产品35批次，不合格率为3.85%；医疗器械抽检2349批次，不合格产品66批次，不合格率3.62%。联合省总工会开展食品药品监检技能竞赛，首次申报并获批“江西省五一劳动奖章”。在2017年全国药品评价性抽验中，抽样批次排名全国第六位。

全年共查处“四品一械”违法案件7292件，涉案总值1542.09万元，罚没款8841.11万元，责令停产停业128户，吊销生产经营许可证9件，捣毁制假售假窝点3个，移送司法机关案件44件。其中江西横峰“5·16”特大销售假冒微整形药品案涉案金额达1.1亿元，被国家食品药品监督管理总局、公安部列为督办案件。破获“毒鹿龟酒案”，江西都市频道进行专题报道。联合江西省广播电视台都市频道举办“铸利刃·守安全”稽查能力大比武活动。2017年，江西省食品安全工作居全国第六位、药品监管工作居全国第五位，均获得最高考核等次A级，创历史纪录。

【食品安全监管】 开展“护校行动”和创建“放心肉菜示范超市”活动，突出农村食品安全整治，组织婴幼儿配方乳粉、食用油、茶叶等专项检查，实施餐饮业质量提升3年行动。全年出动执法人员25418人次，检查食品（保健食品）生产企业1511家次、经营企业19712家次，立案128起，涉案金额1312.19万元，罚没款497.12万元，12起案件移送公安机关。查出食品生产环节风险隐患1661个，责令整改1093家，停产整顿50家，立案调查166家。捣毁涉嫌假冒国内著名品牌白酒销售窝点1个，查收涉嫌假冒白酒58箱，涉案货值10余万元。下架问题食用盐22吨，异地查扣、封存“脚臭盐”110吨。高质量完成赣台会、全省两会等26项重大活动和重要接待241餐次9.11万人次餐饮安全保障。协调处置4起食物中毒事件。5月1日，施行《江西省食品小作坊小餐饮小食杂店小摊贩管理条例》。“八举措强化特殊食品风险全程控制”获国家食品药品监督管理总局局长毕井泉批示，在总局专刊刊发。

【药品安全监管】 年内，出动175人次抽验中药饮片/中药材99批次，立案查处5家，收回药品GMP证书1张，责令整改26家，警告1家，约谈企业负责人1家。稳妥处理江西青峰药业喜炎平不良反应事件和江西生物所破伤风抗毒素补抽检不合格事件，收回江西远东药业股份有限公司浓维磷糖浆GMP证书2张。

全年检查药品经营企业11456家次，撤销GSP证51家，立案1253家，罚没款692万元，吊销药品经营许可证2家，移送司法机关1家。检查城乡结合部和农村地区药店、诊所近2万家，立案查处692家，罚没款307万元，撤证（吊证）37家、收回证书22家、移送司法机关1家。检查医保定点药店8897家次，查处违法违规药店813家，立案查处170起，罚没款60.89万元。制定《江西省药品生产和特殊药品安全风险研判制度》，对全省58家含第二类精神药品制剂生产经营企业进行全覆盖专项检查。

对6家化妆品生产企业开展飞行检查，查处80个缺陷问题。10月，首次在樟树市开展药品第三方现代物流试点工作。

【医疗器械监管】 在江西省药品审评中心加挂“江西省医疗器械技术审评中心”牌子。制定下发《江西省第一类医疗器械监督检查办法》（试行），首次在全省开展第一类生产企业清理工作。针对产品监督抽验不合格20家医疗器械生产企业和20家高风险、植入性和冷链产品医疗器械经营企业开展飞行检查，查找风险点30余个。开展角膜塑形用硬性透气接触镜专项监督检查、互联网医疗器械经营监督检查、无菌和植入性医疗器械、装饰性彩色平光隐形眼镜和避孕套等专项检查，查处5家严重违法违规生产经营企业，罚没款380.91万元。检查医用耗材生产经营企业和使用单位2484家次，立案68件，下达责令整改通知书83份。破获“1018”专案、江西横峰“5·16”特大销售问题微整形药械案和盛美娜、娄颖婧未经许可从事第三类医疗器械隐形眼镜案。8月，江西医为特科技有限公司申请的“泌尿腔内碎石灌注吸引智能控压清石系统”通过国家食品药品监督管理总局创新医疗器械审查，实现创新医疗器械零突破。在8月份国家总局对省级医疗器械审评审批能力考核中，江西省位居第四名。

【食品药品行政许可管理】 取消药用辅料注册、互联网药品交易服务企业审批2项行政许可事项。全年省本级受理食品（食品添加剂）生产许可126家，不予许可27家，核发（新发、换证、变更）许可证96张，注销许可证161张。核发《食品生产许可证》（保健食品类）40家、313个品种，注销3家企业生产许可。新发《食品经营许可证》57409张，发放网络食品经营主体食品经营许可证4019家。新发化妆品生产许可证18家。

【药品、医疗器械不良反应/事件监测】 成立全省首批17个省级化妆品不良反应监测哨点。全年收到药品不良反应报告59551份，其中严重报告9224份。医疗器械不良事件报告13465份，其中严重报告3457份。药物滥用监测报告9356份。化妆品不良反应监测报告3475份，其中严重报告12份。及时处置1557个药械预警信号，调查核实16个可疑风险信号。

【食品药品行政受理与投诉举报】全年共接收投诉举报信息14789件。其中投诉举报件8955件(受理8349件，不予受理606件)，咨询5777件，意见建议57件；移交外单位办理28件，转交地市局办理1242件，立案109件，调解93件，没收违法所得43.1万元，罚没款947.42万元。2017年，江西省获全国食品药品投诉举报办理工作一等奖。

【食品药品行政审批制度改革】整合行政审批事项2项、行政权力事项90项，取消行政权力事项9项、下放16项，停收认证、检验、药品保护3项费用。将行政审批归口一个处室管理、一个窗口受理，办理时限缩短近2/3。全年完结审评项目2361个，受理医疗器械注册申请304项，发补品种307个，审结品种256个。

【药品广告和互联网信息监管】全年共审批药品广告414个，备案药品广告600个。审批医疗器械广告66个，审批保健食品广告156个，核发互联网药品信息服务证18家、交易证2家。向社会公告126个违法广告，约谈查处通过互联网站发布虚假违法广告企业6家。

【食品药品科研工作】省食品检验检测研究院6项食品安全标准首次获国家标准立项支持，制标水平进入全国先进行列。省药品审评审批能力位列全国第四名。省药品检验检测研究院"中药大品种肾宝片创制及其产业化关键技术集成应用"获省科技进步一等奖、"江西特色药材野木瓜和野木瓜注射液标准化技术研究与应用"获省科技进步三等奖。省药品检验检测研究院被国家食品药品监督管理总局评为"药品抽样工作表现突出单位""药品检验和质量分析工作表现突出单位"，实现历史性突破。

【加强食品药品安全宣传】南昌市开展科普宣传基地试点工作，2017年江西"3·15"电视晚会上权威发布食品药品监督抽检及稽查打假"十大典型案例""远离毒蘑菇"饮食安全警示，发放食品药品安全宣传画3万份、张贴标语4.3万幅。开展食品安全宣传周、"安全用药月"等宣传活动，联合省人大召开小作坊、小餐饮、小食杂店、小摊贩"四小"条例新闻发布会。全年省级以上新闻媒体宣传报道省食品药品监管工作400余条，创历史新高，获国家食品药品监督管理总局表扬。

【完善食品药品信息化体系建设】完成"四品一械"数据资源利用、交换平台招标采购及合同签订工作，完成ADR综合分析与评价信息系统建设。上饶市食品药品监督管理局建成全省首个监管部门主导的食品安全电子追溯系统。召开全省食品安全追溯体系建设现场工作会，在赣州、吉安、上饶选取5家企业开展食用植物油追溯体系建设试点。全年公开行政处罚案件5677件，按规定时限100%公开。公布"四品一械"抽检信息764期59192批次，28家企业被列入"黑名单"公开曝光。

【加强食品药品法制建设】下发《江西省打击食品药品违法犯罪行政执法与刑事司法衔接工作实施细则》，实现行政执法与刑事司法无缝衔接。编制《全省基层市场和质量监管人员日常检查执法工作指南》《基层市场和质量监管分局日常检查执法实用手册》《关于进一步加强依法行政履职尽责工作的指导意见》《江西省关于推动落实食品药品生产经营主体责任的意见》，推进食品药品监管法制化建设。全年共收到行政复议申请68件，受理29件。

【实施中药强省战略】打造樟树"中国药都"振兴工程，在樟树市开展药品第三方现代物流试点工作，承办全国樟树药品交易会。推动健全中药标准，盘活中药品种31个，帮助18家药品生产企业、25个重点品种30个批准文号先行开展一致性评价。指导企业开展金水宝胶囊、醒脑静注射液和康莱特注射液等产品处方工艺技术升级和质量标准提高研究，完善临床再评价。帮助济民可信发酵虫草菌粉申报中药饮片。

（李立）

统计管理

【概　况】2017年，全省统计部门抓住深化统计管理体制改革的重大机遇，推进"提高数据质量、服务经济社会发展、深化改革创新"三大任务，为全省经济社会发展提供了有效的统计保障，全省统计事业取得长足进步。

【统计管理体制改革】研究制定《关于深化统计管理体制改革提高统计数据真实性的实施意见》，并经省委深改组审议，正式印发实施。将"是否发生统计造假、弄虚作假情况"纳入全省市县科学发展考核评价内容，并实行"一票否决"。筹建统计执法监督局，加强省级专业统计执法队伍建设，增强省级统计执法力量。履行对设区市统计局主要负责人任免的监督责任，建立设区市统计局主要负责人年度述职和考核建档机制。

【统计法治建设】提升依法统计、依法治统能力。开展国家统计执法资格证江西考点的培训考试工作。广泛开展统计普法宣传。将《中华人民共和国统计法》及其实施条例、《统计违法违纪行为处分规定》列入全省领导干部统计知识培训的重要内容，推动统计法进党校、行政学院。推动统计诚信体系建设。联合省发改委等28部门印发《贯彻落实〈关于对统计领域严重失信企业及其有关人员开展联合惩戒的合作备忘录〉的通知》，做好统计领域严重失信企业信息公示和联合惩戒。推进统计执法制度化和常态化。出台《江西省统计局统计违法举报工作实施办法(试行)》，规范举报线索受理程序，畅通群众举报渠道；印发"双随机一公开"工作实施细则，建立完善"一单两库"，全面推行"双随机一公开"监督检查工作。

【统计改革创新】稳步推进三大核算改革，GDP统一核算改革加快落实，实现农业、建筑业省、市、县三级核算衔接，开展研发支出计入GDP核算改革，编制自然资源资产负债表试点范围进一步扩大，推进地方资产负债表编制试点工作。开展绿色发展评价,出台《江西省生态文明建设目标评价考核办法》,建立《江西省绿色发展指标体系》,制定《绿色发展统计报表制度》,首次对各设区市绿色发展状况进行测算。推进新经济统计改革创新,探索新产业、新业态、新商业模式等新经济领域统计监测改革创新,撰写的专题研究报告得到国家统计局的重视。做好"四众"平台和重点互联网平台专项统计调查工作,完成电商交易平台、省级电商企业、规上企业信息化与电子商务应用情况年报的联网直报任务,在全国率先制定并实施江西全面建成小康社会统计监测制度,探索国家级新区(赣江新区)统计工作。

【各项统计调查】 2017年,投入产出调查工作取得阶段性成果,完成2000多家调查选点核实工作。按照《第三次全国农业普查方案》规定,精心组织,完成第三次农业普查工作。按照国家第四次经济普查试点工作方案要求,在东湖区和于都县开展试点,对重点研究的问题进行深入研判,完成第四次经济普查国家专项试点。严密组织农业、工业、投资、贸易、服务业、能源、科技等各项常规调查和国民经济核算,完成科技创新、人口、劳动力、社情民意等专项调查和全面建成小康监测工作。

【提高统计服务能力】 加强监测预警,把准经济脉搏,跟踪主要经济指标变化,捕捉经济运行新情况、新问题,强化预警监测、分析研判,做到季前有研判、季后有分析。创立重要经济指标会商机制,做好分析研判工作。及时解读数据,建言献策,及时发布月、季度专业主要经济指标解读报告,充分发挥统计信息职能。加强统计数据与部门、企业、市场信息的关联性分析,及时研判苗头性问题,提出务实管用的政策建议。撰写一批有价值的调研报告。老年人医疗服务现状、创新政策、基层公共文化设施、"互联网+物流业"等调研报告为国家统计局重点课题调研提供了重要资料;统计基层基础情况调研报告有关建议被中央文件采纳。36篇统计分析报告、统计专报获省领导批示,其中20篇获省委、省政府主要领导批示。优化统计产品,推进公开透明。增强统计产品时效性,每月及时收集重要指标数据,以"数据快递"形式,第一时间报送省委、省政府主要领导。经济社会发展分析手册、经济运行数据手册、统计提要等,已经成为各级党政领导的不可或缺参考资料。与省新闻办等部门多次联合召开统计新闻发布会,发布与解读全省经济运行情况。举办"中国统计开放日"活动,推动了统计工作走向公开和透明。做客省政府网站,宣传解读"三新统计"。江西统计微信公众号关注度稳步提升,信息量和影响力在全国统计系统均位居前列。

(涂姗华)

审计监督

【概　况】 2017年,全省共审计(调查)5685个项目,查出各类违规问题金额827.46亿元,促进整改落实有关问题资金119.29亿元,其中已上交财政资金25.82亿元。提出审计建议11753条,被审计单位采纳8102条。提交审计报告和专项审计调查报告6609篇。向地方党委、政府上报综合报告、审计要情、审计专报等审计信息1837篇,被批示采用744篇。向纪委、司法等部门移送问题线索2572条。4个项目参加全国优秀审计项目评选全部获奖,其中,3个项目评为优秀项目,1个项目评为表彰项目。是江西历年来参评最好成绩,在全国审计机关名列前茅。

【财政惠农补贴"一卡通"资金审计】 4—6月,组织各级审计机关派出85个审计组1168名审计人员,对全省85个县(市、区)2014—2016年财政惠农补贴"一卡通"资金和村级使用的涉农财政资金进行审计。共查出问题金额50.37亿元,涉及责任人员24654人。移送问题线索2195起,涉及金额7.06亿元,涉及人员5907人。形成13篇审计专报呈送省领导。省长刘奇对13篇审计专报均作了批示。

省政府高度重视审计整改工作,召开常务会议专题研究部署,决定由省纪委、省委组织部牵头组织省直17个部门逐条逐项狠抓整改落实。截至11月底,问题整改率98.87%,已整改金额47.92亿元,已收回挤占挪用、骗取套取资金12.69亿元。已办结问题线索1969件,党纪政规处理人员6692人。其中,16人判刑,25人移送司法机关处理。整改期间,没有一个单位,没有一个责任人对审计结果提出异议。

【民生资金和项目审计】 围绕涉及群众切身利益的问题,重点组织开展扶贫资金、保障性安居工程、工伤保险、民办幼儿园及民办中小学财政补贴资金等审计,推动了民生政策和项目落地。对鄱阳等9个县开展的扶贫资金审计,抽查资金16.39亿元,发现问题金额3.31亿元。揭示了建档立卡贫困户识别精准度不够、脱贫程序履行不到位、部分涉农资金整合无实质性进展、涉农资金使用效益不高、涉农项目管理不规范等问题。针对发现的问题,主动加强与扶贫办等部门沟通,推动审计整改,形成问题清单,实行对账销号,督促立审立改,促进了精准扶贫、精准脱贫政策落到实处。组织全省审计机关采取交叉审计方式,开展保障性安居工程跟踪审计,共发现问题1271个,违规金额58.91亿元,移送问题线索207起,涉及责任人数1317人。吉安市审计局总结出的《危改补助资金"补了"谁家,"助了"何人》经验方法,受邀在全国培训会上作经验介绍,向全国推广使用。

【预算执行和决算草案审计】 深化财税审计,关注PPP项目财政管理和项目推进情况,推动省财政厅出台省级部门预算项目库管理办法,启动财政票据和非税收入收缴电子一体化管理改革,建立PPP项目联审机制。加强部门预算执行和决算草案审计,促进财政财务收支的真实、合法和绩效,规范"三公经费"、会议费、培训费的管理使用。审计工作报告突出医保基金等专项资金审计内容,首次增加国外贷援款项目公证审计情况,进一步丰富了报告内容,得到了省人大的充分肯定。针对审计工作报告反映的问题,建议和推动省政府首次将审计整改工作列入省政府常务会议议题和省政府办公厅督办事项,省审计厅分2次组织6个检查组对11个设区市政府和部分省直部门进行审计整改跟踪检查。省人大常委会还创新监督方式,首次对17个省直部门审计查出问题的整改情况进行满意度测评,现场通报测评结果,有力地维护了审计整改工作的严肃性。

【重大政策措施和项目落实情况跟踪审计】 全省审计机关把推动中央和省委、省政府重大政策措施贯彻落实作为政治责任,坚持与财政审计、专项审计、经济责任审计等项目相结合,统筹安排国家重大政策措施落实情况跟踪审计。重点围绕“项目落地、资金保障、简政放权、政策落实、风险防范”5个方面,组织开展援疆项目、城市地下综合管廊、地方医院分院建设、园区功能性平台建设、南昌轨道交通2号线一期工程等重大决策部署和项目审计,打通政策措施落实的“最先一公里”和“最后一公里”,有力地推动了政策落地、资金落地、项目落地。南昌市审计局对全市7个投融资平台、2个开发区债务情况进行了审计,摸清债务规模、结构及变化情况,揭示了债务风险隐患。

【经济责任审计】 全省审计机关不断拓展和深化经济责任审计内容,加强对权力集中、资金密集、资产聚集等重点部门、重点岗位的审计,全年共审计领导干部1891人,促进领导干部理好财、用好权、尽好责。省审计厅加强经济责任审计计划管理,将吉安市市委原书记离任经济责任和吉安市市长任中经济责任审计同步列入年度项目计划,把“党政同责、同责同审”要求落到实处。省委、省政府对经济责任审计工作高度重视。11月30日,省经济责任审计工作领导小组专门召开会议,听取经济责任审计工作汇报,审议通过省管领导干部经济责任审计项目5年规划。

【地方金融审计】 按照先行试点、逐步推开的要求,省审计厅探索开展南昌农商银行审计。实施中突出政策性、合规性、风险性审计,坚持“三个结合”,做到政策审计与业务审计相结合、业务审计与财务审计相结合、查处违规问题与防范金融风险相结合。发现了虚增政策性贷款、隐瞒不良贷款、虚增存款、向关系人发放优惠贷款、异地债券业务监管严重缺失、以虚假发票套取现金等问题,为全省铺开地方金融审计积累了方法和经验。

【领导干部自然资源资产离任审计】 1月,省委办公厅、省政府办公厅印发《关于开展领导干部自然资源资产离任审计的实施意见》。统一组织省市、县三级开展66个项目审计,其中省审计厅直接开展了3个设区市书记、市长审计。审计情况引起省委、省政府高度关注。省委书记鹿心社专门赴资溪县就相关自然资源资产审计情况进行调研。省长刘奇专门听取审计情况汇报。

【国有企业和国有资本审计监督】 成立深化国有企业和国有资本审计监督领导小组,12月,经省委深改组会议审议,以省委办公厅、省政府办公厅名义在全国率先出台《江西省贯彻落实深化国有企业和国有资本审计监督实施意见》。组织实施江铜集团、新钢集团、省粮油集团、中鼎国际建设集团等国有企业财务收支审计,有力地推动了国有企业完善治理、规范经营、防范风险。江铜集团财务收支审计向省国资委、南昌海关移送问题线索6起,8人受到党纪政纪处分,提高了审计威慑力。

【编撰《江西最美审计人》】 全省审计机关开展“最美审计人”征稿活动,并从中撷取23人的先进事迹,组织编纂《江西最美审计人》一书,书中对每个人物从德、绩、勤、勇、廉等方面进行了描述,主题明确、重点突出、内容详实、文字生动、事迹感人、可读性强,较好地再现这些先进人物在全省财政惠农“一卡通”审计中铸魂聚力量、争先担重任、智勇查“微腐”等催人泪下的生动场景,十分具有感召力,是一部树立身边的典型、展现身边的榜样、点亮身边的感动,进一步弘扬“责任、忠诚、清廉、依法、独立、奉献”的审计精神,教育引导干部职工自觉践行社会主义核心价值观,激励审计干部为审计事业作出更大贡献的生动教材。

(周波)

口岸管理

【概　况】 2017年,江西省口岸共完成进出口货运量725.57万吨、国际集装箱40.36万重标箱,分别增长64.31%和91.92%。其中,九江水运(河港)口岸进出口货运324.22万吨、国际集装箱18.55万重标箱,南昌港水运进出口货运79.06万吨、国际集装箱5.47万重标箱。上饶—宁波铁海联运共运送货物50.46万吨,增长34.67%。南康进境木材监管区共运送货物1.28万吨。

【对接“一带一路”建设】 以“一带一路”建设统领口岸开放,2017年,江西省在航空、水运上分别实现了历史突破。昌北国际机场旅客吞吐量突破千万人次,达到1093.7万人次,增长39%,位列省会城市机场增幅第一,首次进入枢纽机场行列,其中出入境人员65.96万人次,增长12.22%。新开江西省至美国(塞班)、埃及(开罗)、越南(河内)、柬埔寨(暹粒)等“一带一路”沿线国家的国际航班,江西省航线已通达亚、美、非3个洲。

【对接长江经济带发展】 以支持九江打造长江经济带区域物流中心为抓手,全力对接长江经济带建设。九江港上至重庆、下至上海的内支线始发班轮稳定开行。年底,九江城西港集装箱吞吐量超过30万标箱,九江港水运进出口货量和集装箱量双双增长25%以上,九江区域航运中心地位凸显。2月,九江港水运口岸扩大开放瑞昌港区已列入国家口岸年度审理计划,口岸平台功能进一步完善,肉类进口指定进境口岸获批,各项建设进展顺利,粮食进口口岸全年进口粮食10万吨,整车进口指定口岸省政府已上报国务院。

【对接长珠闽发展】 新增开行南昌至深圳、抚州至福州集装箱快速班列,全年江西省铁海联运共承运出口货物4.7万标箱,增长66.7%。特别是上饶至宁波的“天天班列”开行312列,成为全国运行最佳的“明星班列”。

【赣欧(亚)班列运行】 2017年,共开出26趟赣欧(亚)班列,平均每两周发一列赣欧(亚)班列,江西省货物通过火车可直通欧洲、中亚和东盟。11月,赣州港"一带一路"多式联运示范工程获批为全国第二批多式联运示范项目工程,这是江西省继上饶—宁波集装箱快速班列列入全国第一批多式联运示范项目工程后的又一重大成果。

【口岸平台建设】 11月,南昌向塘铁路口岸(一期)项目验收并运营,赣州港进境木材国检监管区建设并运营,宜春海关通过海关总署验收并运营,有力地推动了全省内陆双向开放新高地的打造。

【电子口岸建设】 9月,完善申报、海关、国检辅助执法等江西地方服务功能,全面实现"申报单证一体化"和"一次查验、一次放行",通关效率大幅提升,受到联检单位和企业的好评。

【国际贸易"单一窗口"标准版应用】 自2017年9月国家推广"标准版"后,全省共组织24批次培训,培训企业1400余家,1800余人次。经过3个月的推进,12月份报关、报检、综合覆盖率均为100%,是全国唯一3项达到100%的省市,为企业节省申报时间60%以上。

(江斌)

海 关

【概 况】 2017年,南昌海关贯彻省委、省政府关于打造内陆双向开放高地的决策部署,加强监管优化服务,全力支持扩开放促发展、降成本优环境,强力助推江西省外贸转型升级、稳步增长。全年江西省进出口总值3020亿元,增长14.5%。其中:出口2222.6亿元,增长13.3%;进口797.4亿元,增长17.9%。加强行风建设,优化窗口服务,第三方测评南昌海关窗口服务总体满意率达99.38%。南昌海关总关机关和隶属九江、赣州、吉安、新余海关通过全国文明单位复核,隶属鹰潭海关、上饶海关、龙南办新获评全国文明单位。

【助力口岸形成立体开放新格局】 支持江西深度融入"一带一路"建设和参与长江经济带建设,出台支持江西省打造国际物流集散地的13条意见,获省委、省政府主要领导及分管领导的批示肯定。支持九江打造区域航运中心,九江口岸扩大开放至瑞昌港区纳入国家口岸开放年度审理计划。支持推动江西中欧班列实现进出双向开行,与满洲里、厦门海关签署加强通关协作备忘录,全年共监管中欧班列22列,标箱1886个,货值3.36亿元,验收向塘铁路海关作业场所并支持新开通南昌至越南河内赣欧亚班列,至福州、盐田的铁海联运路线。支持赣南等原中央苏区振兴扩大开放,在继支持赣州综合保税区并正式开关运行、赣州铁路集装箱场站临时对外开放、赣州黄金机场纳入到《国家口岸发展"十三五"规划》之后,指导推动并代表海关总署牵头组织完成对龙南保税物流中心的联合验收,批复同意赣州市设立南康公用型保税仓库、瑞金海关监管场所。支持实施赣江新区加快建设发展,制定实施细则11项,成建制迁入处级海关机构就近服务新区建设,支持南昌综合保税区顺利通过国家验收并封关运作。支持南昌市构建开放型经济新体制综合试点试验,争取海关总署批准同意试点加工贸易自核单耗管理等5项措施。推动宜春海关正式开关并对外办理业务,赣西开放型经济发展进入一个崭新阶段。

【通关效率再创新速度】 深化"三互"大通关建设,配合省口岸办推动江西省在全国首批上线推广国际贸易"单一窗口"标准版,提前2个月实现全省全覆盖,12月份报关覆盖率超过60%,稳居全国前列。全国海关通关一体化改革实现进出口领域全覆盖,通关一体化报关单率35.3%,超出全国平均水平30个百分点。贯彻"去繁就简"要求,进口24小时通关率95.24%,居全国第二,上升7位;出口24小时通关率99.59%,居全国第十,上升4位。压缩货物通关时间三分之一目标提前2个月实现,进、出口时间分别压缩52.83%和40.86%,均居全国前列。推动"双随机一公开"实现执法领域全覆盖,"随机派员查验"100%,"随机布控查验"占比保持90%以上,海关执法更加阳光透明。

【帮助企业减负增效】 持续开展口岸合规成本专项整治和全省"降成本优环境"专项行动。让企业少花钱,汇总征税适用范围扩大到全省所有符合条件的企业,每月为江铜集团、江铃集团等12家重点企业节省资金占用约4.69亿元,每年为企业降低经营成本近2162万元。严格执行海关总署经营性服务收费正面清单管理,涉企收费减少192.87万元。海关查验正常免除吊装等费用政策为企业减免费用约60万元。推行重大项目减免税提前介入服务,全年减免税税款2.5亿元,增长16.5%。让企业少跑腿,继续提升通关环节智能化、信息化水平,简化通关监管手续,全程无纸化率98.43%,超出全国平均水平1.4个百分点。税费电子支付比例94.2%。开展取消加工贸易银行保证金台账改革,全省109家加工贸易企业181本电子化手册免于设立保证金台账。优化海关统计监测预警和分析服务,客观反映分析外贸发展情况,为省委省政府及各地市提供决策参考,报送专报获省领导批示16篇次,首次编印出版《江西外贸监测分析蓝皮书》,填补了江西省外贸研究空白。

【依法依规把好国门】 2017年税收入库85.98亿元,创历史新高。严密实际监管,规范监管场所管理,全年无安全事件发生。保持打击走私高压态势,开展"国门利剑2017"联合专项行动,严厉打击"洋垃圾"、农产品、资源性产品、涉税商品、涉枪涉毒等走私违法犯罪行为,全年刑事立案18起,案值4516.95万元;行政立案171起,案值2.96亿元。突出"生态把关",保护江西青山绿水,加强固体废物监管,严格固体废物转关监管及100%查验要求,坚决把"洋垃圾"堵在国门之外,立案侦办固体废物走私案6起,查获进口固体废物超1.2万吨,央视《朝闻天下》《新闻30分》《法制日报》等媒体集中宣传报道。

(陈斌)

出入境检验检疫

【概　况】　2017年，江西检验检疫局共检验检疫出入境货物60937批39亿美元，分别下降3.6%、增长10.1%；累计签发各类原产地证书54038份，金额32.6亿美元，分别下降0.7%、增长2.6%；检疫出入境飞机4287架次，增长7.6%；查验出入境人员660429人次，增长10.9%；受理集装箱检验检疫146775标箱，增长14.3%。

【国检试验区建设】　对接“一带一路”政策，依托赣州国检试验区、南丰国检试验区，首次开通中欧蔬菜班列、出口蜜橘专列，实现江西蔬菜、南丰蜜橘首次出口欧洲。九江理文国检试验区2年内为企业节约成本近4000万元，促成该企业继续在江西投资100亿建设二期工程，九江进境木材国检监管区实现进口木材首次直通运营。南昌933国检监管区首次开出对接“一带一路”“南昌—河内”赣欧亚班列。商务部、质检总局、国家发改委等5部委联合发文，提出“支持试点地区申报特殊商品指定口岸，建设检验检疫综合改革试验区（国检试验区）”，把江西首创的国检试验区建设模式在全国进行推广。

【检验检测基础建设】　加强检测能力建设，形成以6个国家重点检测实验室为龙头，5个区域中心和13个常规实验室为支撑的检测服务体系。加强对外合作交流，与国外知名检测机构西班牙ARS、荷兰BV、德国TUV进行技术交流研讨，推动检测结果国际互认。加强标准等技术服务，WTO－TBT/SPS国家通报咨询中心烟花爆竹研究评议基地落户宜春，参与制订的ISO国际烟花标准于4月正式发布，1名专家获得ISO卓越贡献奖。

【扶持“特、优”产业发展】　帮扶江西特色农产品出口打造新优势，把服务特色农产品出口与绿色发展、扶贫攻坚结合起来，新增寻乌县（蜜橘）、信丰县（脐橙）、婺源县（茶叶）3家单位获批国家级出口食品农产品质量安全示范区，帮助资溪、浮梁、瑞金县成为有机产品认证示范创建，推动分宜“恩达”苎麻制品、会昌米粉、宁都黄鸡等江西特色产品获得国家生态原产地产品保护，指导帮扶江西蜂蜜、井冈蜜柚、上饶马家柚、南丰乌龟等特色产品实现首次出口国外。推进“同线同标同质”工程，指导进出口企业质量安全管理提质增效升级，截至年底，全省共52家“三同”上线企业，增长26.9%，国内销售总额达17.2亿元人民币。

【保障国门口岸安全】　严防有害生物入侵，首次在内陆查处来自疫区国家的300多立方木材。全年共截获入境外来有害生物1774批次4502种次，分别增长15.2%、23.2%，其中，截获进境植物检疫性有害生物341批次650种次，分别增长38.2%、66.6%。严防登革热等疫情疫病传入传出，查处进出境违规2035人次，增长25.3%，查处违规携带物2891批，增长43%。检出集装箱问题标箱1829标箱，不合格箱数下降82.2%。完成出入境人员健康体检10830人次，发现病例1091人次，下降20%。完成艾滋病监测10577人次，增长3.3%。完成预防接种7693人次，增长4.6%。首次引进检疫犬，昌北机场“检疫人员、X光机、检疫犬”三位一体综合查验模式正式运行。

【促通关提速、企业减负】　服务赣江新区发展出台20条服务举措，支持江西“第一县”南昌县发展出台支持服务举措12条。推进指定口岸建设，九江进口粮食指定口岸进口粮食近15万吨，进口肉类指定口岸正在建设之中。出台压缩检验检疫流程时长10项举措，检验检疫平均时长同比压缩55%。升级优化检验检疫业务辅助系统，全面运行国际贸易“单一窗口”国家标准版、中国电子检验检疫网上申报系统、全国检验检疫无纸化系统，全年为进出口企业节省报检通关时长41万小时，节约运营成本约1700万元。全面落实停征检验检疫收费政策，全年减免检验检疫费用2.3亿元；推介原产地优惠政策，共签发各类原产地证书5.4万份，签证金额212亿元，帮助出口企业享受国外关税减免17亿元。

【举办口岸核生化反恐工作会暨培训演练】　8月3日，江西检验检疫局举办口岸核生化反恐工作会暨培训演练，全省检验检疫系统相关业务处室、分支机构分管领导及科室负责人共37人参加。邀请省反恐办有关负责人和核生化因子检测专家进行授课，并在昌北国际机场开展口岸核生化反恐应急演练，组织参训人员现场模拟参与“在入境旅客行李中发现非法夹带放射性物质情况”的处置工作，有效提高了口岸一线工作人员对口岸核生化反恐工作的认识能力，提升了应对公共卫生事件处置能力和应急响应能力。

【首列中欧蔬菜班列发车】　11月1日，江西省对接“一带一路”首列中欧蔬菜班列在赣州国检试验区（赣州港）发车。省长刘奇，省委常委、赣州市委书记李炳军等省领导出席发车仪式，江西检验检疫局局长、党组书记温珍才参加仪式。该班列经满洲里口岸出境，12天左右抵达俄罗斯首都莫斯科，运载货物主要为黄瓜、番茄、葫芦等赣南蔬菜产品。该班列的开通进一步推进江西省货物资源的出口，促进赣南地区经济的快速发展，有助于进一步发挥赣州港对外开放口岸平台的作用，整合周边地区货物资源，推动多口岸直通、多品种运营和多方式联运。省长刘奇对江西检验检疫局有关工作予以肯定，表示“江西蔬菜首次出口俄罗斯意义重大，通过建立内陆港——赣州港，一头连接赣南老区的农户农民贫困人口，一头连接世界，让江西的蔬菜和水果走向了世界”。

（张璐）

本栏编辑　邓玉兰

城乡建设

综　述

2017年，全省城乡环境综合整治工作取得阶段性成效，保障性安居工程目标任务完成，省级空间规划试点任务完成，建筑业总产值突破6000亿元，增速保持全国前列。萍乡市连续两年获得全国海绵城市试点建设绩效考评第一名，江西铅山武夷山成功列入世界文化与自然双遗产名录，4个风景名胜区列入国家级风景名胜区。

抓好房地产市场调控。坚持房子是用来住的、不是用来炒的定位，坚持分类调控，因城因地施策，在全国率先出台《江西省人民政府办公厅关于进一步做好房地产市场调控工作指导意见》。建立全省房地产市场会商协调机制，全面实行房地产市场稳控目标管理，大力培育和发展住房租赁市场，市场调控取得明显成效，房地产市场保持平稳健康发展。全省房地产开发完成投资2013.98亿元，同比增长13.7%；商品住宅销售面积5841.93万平方米，增长29.3%；商品住宅销售均价5800元/平方米，增长8.80%；房地产业税收476.58亿元，增长29.3%；商品住宅库存去化周期降至6.4个月。与中国建设银行江西省分行签订300亿资金规模支持发展租赁市场的合作协议。南昌市出台新购住宅未满2年不得转让的“限售”政策，赣州市推行新建商品住房预售申报制度，较好地控制住了商品房销量和价格过快上涨。

完成住房保障任务。层层签订目标责任书，分解任务，压实市、县责任。获得保障性安居工程各类补助资金90.26亿元，获得国开行、农发行新增授信、评审贷款654亿元和新增发放贷款643亿元。全省完成棚户区改造开工任务24.23万套，开工率100%，规模列全国第十位；保障性安居工程基本建成25.6万套，超额完成目标任务。上饶市改造各类棚户区6.62万套，占全省总任务的27.3%。全省分配公租房69万套，分配率88.9%，其中赣州市分配率排名全省第一。全省新增分配公租房超11万套，列全国第五位。全省提前完成国家下达的保障性安居工程目标任务。围绕脱贫攻坚的目标，保障不愁吃、不愁穿，就学、就医、住房得到基本保障，实施农村危房改造，对1.56万特困农户实施“交钥匙”工程，其中赣州市完成“交钥匙”工程8710户。

推进城乡环境综合整治。狠抓污水治理。完成省政府重点支持的48个县（市）城镇新建改造污水管网建设任务，14个县污水处理厂提标改造土建工程基本完成。开展消灭劣V类水，整治城市黑臭水体。全省排查出黑臭水体26个，治理完成19个，南昌市完成建成区黑臭水体整治任务。基本建成鄱阳湖沿线20个建制镇的生活污水处理设施。推进乐平市、上栗县、分宜县3个全国农村生活污水治理示范工作，全域实施农村生活污水处理设施建设。分宜县在全国农村厕所污水治理电视电话会议上受到表扬。建立全省垃圾治理工作厅际联席会议制度，统筹协调全省垃圾治理工作。全省初步建立“户分类、村收集、乡转运、县处理”的城乡垃圾一体化收运处理体系。启动生活垃圾分类工作，以省政府名义出台《全省生活垃圾分类制度具体实施方案》。开展全省非正规垃圾堆放点排查及信息录入工作。全省所有县（市、区）基本通过农村生活垃圾治理省级考核验收。开展建筑工地扬尘和道路扬尘专项治理工作，“过筛”检查全省建筑工地，下达建筑工地限期整改通知1万余份，行政处罚324个建筑工地。推进城市道路机械化清扫工作，增加道路清扫湿法作业、降尘设施设备、车辆投入。开展城市建成区违法建设专项治理和农村建房超高超大超限专项治理，打击违法违规建设行为。全省城市建成区拆除存量违法建筑100万平方米，查处农村违法违规建房1万余栋，依法拆除7000多栋。

提升城市规划和设计水平。2017年，全省城镇化率为54.4%，比上年提高1.3%。融入“一带一路”、中部地区崛起、长江经济带等国家重大战略，编制完成《环鄱阳湖生态城市群规划》《南昌大都市区规划》《九江都市区总体规划》。省政府出台《关于支持赣州打造省域副中心城市的若干意见》，支持赣州市打造省域副中心城市。省级空间规划试点工作进展顺利，完成《江西省空间规划》编制工作，形成8个市、县“多规合一”试点规划编制成果，鹰潭市、萍乡市试点转为市县空间规划试点。严格城乡规划督察，在全国省级层面率先建立挂牌督办制度，严肃查处违反规划行为。制定《江西省开发区总体规划和控制性详细规划编制审批暂行办法》，提高开发区土地节约集约利用效率。划定县城以上中心城区城镇开发边界总用地面积5027平方千米。赣州市列为国家第二批城市设计试点城市，景德镇市、瑞金市、婺源县列为省级城市设计试点。组织开展省级历史文化名城和第三批省级历史文化街区申报认定工作，新摸排历史文化街区40处、历史建筑1516幢。申报省级历史文化名城3座、省级历史文化街区12处。

补齐市政基础设施短板。推动开展城市“双修”（城市生态修复、城市修补）。加大对景德镇市城市“双修”国家试点工作的指导，总结推广景德镇市试点经验。海绵城市建设步伐加快。住建部向全国推广萍乡市海绵城市试点经验，南昌市、吉安市、抚州市等3个省级试点及全省面上工作加快推进。全省建成海绵城市面积97.22平方千米。城市地下综合管廊建设有序推进。全省城市地下综合管廊累计形成廊体41.88千米，10个设区市编制完成地下综合管廊专项规划，景德镇市地下综合管廊试点带动作用逐步显现。城市桥梁管理得到加强。组织完成全省城市道路跨铁路立交桥归属、移交情况的实地调研和比对工作，推动城市危桥加固改造工作。贵溪市被命名为国家园林城市，湖口县、靖安县被命名为国家园林县城。

推进城市管理体制改革。年内，设立省级城市管理和执法管理机构。召开全省城市管理和综合执法体制改革工作现场推进会，总结推广新余市、樟树市试点经验。推动市县城市管理机构列入政府工作部门，实现城市管理机构名称统一、性质统一、职能统一。上饶市、赣州市出台《城市管理条例》。上饶市成立全国第一所城管党校+城管行政分院。新余市城管局、上饶市城管局获住建部“强基础、转作风、树形象”专项行动表现突出单位。推进数字化城市管理平台建设，全省11个设区市中心城区数字化城管平台全部建成。

加强村镇规划建设管理。加强农村规划和建房管理。推进县域乡村规划和实用性乡村规划编制，加强规划审批管理和农房建设管理。南昌县黄马乡罗渡村、新建区栖霞镇店前村列入全国村庄规划试点。在进贤县、武宁县、会昌县、明月山温泉风景名胜区、横峰县、新干县、崇仁县等7个县（风景名胜区）开展农村建房规划管理试点工作。会昌县、德兴市等市县率先编制完成县域乡村建设规划。强化规划批后监管，开展专项督查，遏制超高超大超限违法违规建房。在全国乡村规划工作检查中综合评价列第十位。村落保护有新突破。50个村落列入第四批中国传统村落名单，推荐上报268个村落为第五批中国传统村落候选对象，审核公布248个村落列为首批省级传统村落，11个村列为全国改善农村人居环境示范村，53个村列为全国第一批绿色村庄。金溪县完成传统村落保护规划编制工作。加快创建特色小镇。全省12个小镇列入国家级培育名单，66个小镇列入省级培育名单。国家园林城镇创建工作成效显著，靖安县宝峰镇、婺源县江湾镇被命名为国家园林城镇。

推动建筑业加快发展。全省完成建筑业总产值6166.8亿元，增长19.1%；对外承包工程累计完成营业额44亿美元，增长10%；新增特级资质建筑业企业6家、一级建筑业企业126家；4项（含承建国外项目2个）工程入选鲁班奖。实施“走出去”战略，支持一批有实力的建筑企业“走出去”发展，提高对外承包能力，打出“江西建设”品牌。建立“全省建筑市场监管与诚信信息一体化工作平台”，建设工程施工许可证实行网上办理。加强房屋建筑和市政基础设施工程施工招标投标监督管理，规范招标投标行为。强化工程勘察设计监管，开展工程项目勘察设计执法检查。强化工程造价监管，健全工程计价制度，颁布实施《江西省建设工程定额（2017版）》。开展建筑安全生产标准化、工程质量管理标准化活动和工程质量安全提升行动，开展安全生产月、百日行动、安全生产执法年等活动。装配式建筑试点扎实推进。南昌市、抚州市、上饶市、九江市、吉安市、赣州市等6个试点城市加快装配式建筑发展步伐，13个装配式建筑基地开工，中煤建设、朝晖集团、雄宇集团等3企业被列为全国首批装配式建筑示范产业基地。南昌县在全省率先出台装配式建筑发展实施意见。建筑节能和绿色建筑取得成效。印发《江西省建筑节能与绿色建筑发展“十三五”规划》，全年新增绿色建筑项目126个、建筑面积1600万平方米。

（夏萍）

城市规划与建设

【概　况】 至2017年年底，南昌、九江、赣州、景德镇、鹰潭、萍乡、上饶、新余、抚州、井冈山、贵溪、乐平、德兴、瑞昌、庐山15个市设立一级规划局。宜春、吉安、九江、丰城、樟树、高安、瑞金7个市设立一级规划建设局，吉安设立规划管理处，宜春市、高安市设立规划管理办。德安、武宁、修水、都昌、上栗、余江、上饶县、玉山、鄱阳、婺源、万年、铅山、余干、弋阳、横峰15个县设立规划局，南昌县、进贤、安义、湖口、兴国、于都、宁都、石城、会昌、大余、上犹、信丰、崇义、龙南、全南、定南、寻乌、安远、铜鼓、宜丰、奉新、万载、上高、靖安24个县设立规划建设局。11个设区市成立城市规划委员会，由市委书记或市长担任主任，具体研究解决城市规划发展和建设的重大问题。全省各地实行城市规划专家技术审查制度，加强科学决策、民主决策。全省有南昌、景德镇、赣州市、瑞金市4个国家历史文化名城，吉安市、井冈山市、九江市3个省级历史文化名城，32个省级历史文化街区。

2017年，全省完成城镇污水配套管网建设约900千米，城镇生活污水处理率达到89%，全面完成省政府重点支持的48个县（市）新建改造污水管网建设任务，14个县污水处理厂提标改造土建工程基本完成；城镇生活垃圾无害化处理率92%，在全国省（市、区）中第一个出台省级生活垃圾分类实施方案，南昌、宜春和赣江新区启动生活垃圾分类工作。园林绿化三大指标在全国稳居前三；全省城市地下综合管廊2016年任务累计形成廊体41.88千米，2017年新开工建设51.34千米；完成海绵城市建设面积97.22平方千米；萍乡市海绵城市建设试点工作在住建部、财政部、水利部组织的2016年度绩效评价中名列第一；黑臭水体整治工作完成73%；贵溪市被命名为国家园林城市，湖口县、靖安县被命名为国家园林县城，婺源县江湾镇、靖安县宝峰镇被命名为国家园林城镇。

【城市空间规划工作】 江西省级空间规划试点工作列入全国9个试点之一。围绕"一套规划成果、一套技术规程、一套改革建议、一个信息平台"的试点目标开展工作,完成《江西省空间规划(2016—2030)》成果编制和"三区三线"划定工作,推进空间规划信息平台建设。全面完成省级"多规合一"试点市县规划审查工作,鹰潭市、萍乡市由"多规合一"试点转为市县空间规划试点,探索上下联动编制空间规划的路径方法。景德镇市成功申报国家第二批城市"双修"试点,指导景德镇市制定"双修"计划、开展"双修"建设。11月,全省城市"双修"现场会在景德镇召开,向全省推介景德镇城市"双修"工作经验。深入推进城市设计试点。赣州市列为国家试点城市,景德镇、瑞金市、婺源县列为省级试点城市,从总体城市设计、重点地区城市设计、其他地段城市设计3个方面切实提升城市设计水平,引领全省各地开展城市设计工作。

【重大项目选址核发工作】 全年共核发71件重大建设项目选址意见书。做好工业园区、开发区工作。根据住建部《关于开展开发区复核工作的通知》要求,对全省21个开发区开展复核工作。支持工业园区、开发区加快发展,先后核发了樟树、永修、广丰等10份扩区调区规划符合性审查意见。

【城镇污水处理设施建设】 狠抓污水管网建设,全省48个县市建成污水管网1998.81千米,完成总投资额47.84亿元,占计划的109.1%,完成48个县市污水管网建设任务。全省敏感区域内14个县(市、区)城镇污水处理厂一级A提标改造土建工程基本完成。

【生活垃圾治理】 2017年,建立省垃圾治理工作厅际联席会议制度,统筹协调全省垃圾治理工作。启动生活垃圾分类工作,省政府召开全省生活垃圾分类电视电话会议,部署和安排全省城市生活垃圾分类工作。在全国第一个以省政府名义出台《全省生活垃圾分类制度具体实施方案》。统筹推进生活垃圾焚烧发电设施建设,2017年建成垃圾焚烧处理设施3座,新增垃圾焚烧日处理能力1600吨,在建垃圾焚烧处理设施7座。提升生活垃圾无害化处理能力,加强对尚未建成无害化生活垃圾处理设施县(市)的督促指导,7个县市已实现生活垃圾无害化处理。

【海绵城市建设】 全省建成海绵城市面积97.22平方千米,住建部向全国推广萍乡市海绵城市试点经验。印发《关于加快推进全省海绵城市建设工作的通知》《萍乡市海绵城市试点建设工作做法和经验的通知》,全面推进全省海绵城市建设和宣传推广海绵城市建设萍乡经验,着力打造萍乡市海绵城市建设产品产业发展。11月1日,在萍乡召开海绵城市建设论坛和现场推进会,印发海绵城市建设《萍乡倡议》。提出树立人与自然和谐共生的理念,全面推进全省海绵城市建设。印发《江西省海绵城市建设技术导则(试行)》提供技术参考,下发《关于加快推进省级海绵城市试点建设工作的通知》,约谈建设滞后的抚州市、宜春市、新余市、赣州市、景德镇市、九江市主管部门负责人。

【地下综合管廊建设】 全省城市地下综合管廊累计形成廊体41.88千米,10个设区市编制完成地下综合管廊专项规划,景德镇市地下综合管廊试点带动作用逐步显现。1月16日,召开城市地下综合管廊建设工作部署会,将建设任务落实分解到各城市。5月18日,召开城市地下综合管廊建设工作调度会,调度各地项目建设和配套政策制度出台情况。派出督察组全面督查11个设区市和赣江新区2017年建设任务开工建设情况,印发《关于全省城市地下综合管廊建设进展情况的通报》。

【黑臭水体整治】 印发《关于认真贯彻落实刘奇省长重要批示加强城市黑臭水体整治工作的通知》,提出黑臭水体整治的具体要求,督促指导各地开展黑臭水体整治工作;每季度下发全省城市黑臭水体整治情况通报。全省黑臭水体整治工作纳入江西省2017年"清河行动",制定黑臭水体专项整治行动方案。

【创建园林城市】 通过"拆违拆临、建绿透绿、见缝插绿",结合旧城改造、棚户区改造,加大园林绿化建设和改造提升。贵溪市、靖安县、湖口县、婺源县江湾镇、靖安县宝峰镇分别被命名为国家园林城市(县城、城镇)。

【城市管理执法体制改革】 加强市县城市管理执法体制改革工作的督促指导,11个设区市出台具体实施方案,加强城市管理执法体制改革。在新余市召开城市管理执法体制改革现场推进会,总结推广新余、樟树改革经验。会同省财政厅印发《江西省城市管理执法制式服装和标志标识供应实施办法》,指导全省城市管理执法人员着装;组织召开全省城市管理工作厅际联席会议第一次会议,研究推进全省城市执法体制改革工作。牵头组织联席会议成员单位专项督察11个设区市和部分县改革进展情况,并下发了情况通报。

【提升新型城镇化发展质量】 推动试点探索经验。7月28日,组织召开全省新型城镇化推进情况暨省级综合试点工作座谈会,指导12个省级新型城镇化试点单位加强城镇化工作协调力度,加快推进新型城镇化发展。开展全省新型城镇化工作督查。印发《加快推进城市地下空间开发利用指导意见》《关于进一步完善城市停车设施规划建设管理工作的指导意见》,发布《江西省开发区总体规划和控制性详细规划编制审批暂行办法》。开展城镇化发展质量评价工作。中期评估、跟踪分析《国家新型城镇化规划(2014—2020年)》实施情况,形成新型城镇化中期评估报告。综合分析评价各市、县上报的城镇化发展数据,形成《2016年江西省新型城镇化发展质量评价报告》。抓好生态文明建设牵头工作。建立生态文明试验区建设工作落实机制,制定国家生态文明试验区(江西)实施方案责任分解落实方案,建立台账,责任到人。开展全省城市新区规划建设情况调研。摸底排查全省城市新区系统,实地调研吉安、赣州、九江等地城市新区规划,形成《关于全省城市新区规划建设情况的报告》。加强名城街区保护工作。全面开展历史文化遗存普查工作，新摸排历史文化街区潜在对象18处，历史建筑潜在对象1516幢。组织开展省级历史文化名城和第三批省级历史文化街区申报认定工作。制定《关于切实加强历史文化名城及历史文化街区保护工作的意见》。

【提升规划编制水平】 推进跨区域城镇体系规划编制。《环鄱阳湖生态城市群规划》《南昌大都市区规划》两项规划成果经省政府组织专家审查通过。完成《九江都市区总体规划》编制和报批工作。强化城市总体规划编制。加强对市县城市总体规划修编工作的指导，推进现版总规期限至2020年的城市开展城市总体规划修编工作。探索和研究开展2035年规划编制工作，印发《关于加强新时期城市总体规划编制工作的通知》，城市总体规划期限调整为2035年。督促各地完成城市近期建设规划、海绵城市专项规划、停车设施布局专项规划、通信基础设施等专项规划编制工作。加强控制性详细规划编制与管理工作。制定《江西省控制性详细规划编制技术导则》《江西省控制性详细规划修改动态维护办法》。加强开发区规划管理工作。制定《江西省开发区总体规划和控制性详细规划编制审批暂行办法》，规范全省各类开发区总体规划和控规编制和审批工作。

【开展城乡规划专项治理工作】 发挥规划督察员的层级监督效力，全年发出城乡规划督察意见书8份，涉及8个地市共16条督察意见。强化督察意见书的跟踪落实，开展督察工作专项检查，推动遥感监测辅助城市规划督察工作，加大对违法违规行为责任人的问责和处分力度，加强规划实施监管。印发《关于全省城乡规划督察意见书整改落实情况专项检查的通报》。推进城市建成区违法建设专项治理工作。2017年度全省设市城市、省直管试点县拆除新增违法建设133.77万平方米，拆除存量违法建设299.49万平方米。大多数设市城市存量违法建设累计查处进度已超过70%，部分省直管县提前完成目标。推进南昌市红谷滩翠苑路和沁园路违法建设治理工作，跟踪督促萍乡市文化路步行街违法建设查处工作。推广赣州市城市建成区违法建设治理工作经验。推进规划严格实施制度建设。严格执行规划评估和修改制度，做到城市总体规划批复不足5年的，原则上不得进行修编，坚决遏制“政府一换届，规划就换届”的情况。制定《关于建立重大城市规划决策合法性审查机制的指导意见》，印发《江西省违反城乡规划重点案件核查和挂牌督办的工作规程》，建立挂牌督查制度。制定《关于建立健全城市规划委员会制度的指导意见》《关于建立城市总规划师制度的指导意见》。从严管控容积率调整等违规行为，印发《江西省建设项目容积率管理办法》《关于建立城乡规划违法违纪行为查处机制的指导意见》。

【开展城镇开发边界划定专项工作】 制定《江西省城镇空间开发边界技术导则》，按照“省级初划、二上二下”工作节奏，先后两轮与全省87个城市（县城以上）协调沟通，科学划定城镇开发边界。

（殷亦琼　孙兆进）

村镇规划与建设

【概　况】 2017年，全省乡镇域总面积15.93万平方千米，建成区面积17.58万公顷，村庄用地面积48.65万公顷。有建制镇703个，乡567个，农场34个（不含城关镇和纳入城市统计范围的乡镇），行政村16846个，自然村162884个。全省村镇总人口3946万人。其中，小城镇镇区人口862万人，村庄人口3084万人。全省已建立镇（乡）级村镇规划建设管理机构1284个，配备工作人员6874人，其中专职人员2761人。全年全省村镇建设总投资489亿元，年度村镇住宅竣工建筑面积4092万平方米，年末村镇实有住宅建筑面积15.38亿平方米，人均住宅建筑面积40.5平方米。村镇公用设施逐步完善，96.2%的建制镇、89.6%的集镇建有集中供水设施，小城镇自来水普及率68.4%。小城镇建成供水管道、排水管渠、道路分别有16369千米、10585千米、15079千米，有公共厕所5605座，环卫车3658辆，公园绿地面积达1030公顷。

【乡村规划管理】 下发《关于贯彻落实省政府办公厅关于进一步加强农村建房规划管理的意见的通知》，提出14条贯彻落实措施。派出督查组对全省各市、县农村建房规划管理工作进行专项督查，并下发通报。开展农村超大超高违法违规建房专项治理和农村建房管理“三合一”督导。启动农村建房规划管理试点工作。在进贤县、武宁县、会昌县、横峰县、明月山风景名胜区、新干县、崇仁县等7个县（风景名胜区）开展农村建房规划管理试点工作。

【农村危房改造工作】 完成国家下达的2016年度12.78万户农村危房改造任务，并组织实施省级验收。制定2017年度农村危房改造和百日攻坚行动工作方案，召开全省农村危房改造工作暨审计整改工作会，印发年度工作方案，部署2017年度8.02万户任务实施和审计问题整改工作。制定出台农村危房改造审计问题整改工作方案，围绕脱贫攻坚开展农村危房改造问题整改，开展四类对象危房现状调查和第三方评价，做到精准识别对象、精准实施危房改造、精准建档立卡贫困户的脱贫退出标准。强化工作调度，实施旬报制度，先后印发进度通报7期。截至年底，全省2017年度8.02万户农村危房改造竣工率100%。在龙南和上栗两县开展农村危房改造加固试点工作，编印《江西农村住宅建筑危房鉴定和加固改造技术手册（试行）》，建成了一批农房加固维修示范样板。

【历史文化名镇名村和传统村落保护】 强化历史文化名镇名村保护。全省共有116个省级历史文化名镇名村，其中33个被列为中国历史文化名镇名村。开展中国历史文化名镇名村保护工作自查，并迎接国家部委的评估检查。开展传统村落保护项目实施情况检查。加强传统村落保护。全省共有175个中国传统村落，其中148个列入中央财政支持范围，获得每村300万元中央补助资金。7月，经省政府批准公布248个首批省级传统村落。11月，向住建部推荐268个村落申报第五批中国传统村落。对获得中央财政资金和20个省级财政资金支持的中国传统村落保护项目实施情况进行调度，分别下发通报，对列入省级财政支持范围的传统村落进行了实地交叉检查。启动传统村落数字博物馆建馆工作，4个村落完成建馆成果。组织开展传统村落保护发展国际大会系列活动。组织专家编写《传统建筑解析与传承(江西卷)》，并由住建部正式出版发行。

【重点镇、特色镇建设工作】 推进重点镇建设发展，重点抓好特色镇创建示范工作。8个镇列入第二批全国特色小镇名单，分两批公布了66个省级特色小镇名单。召开全省特色小镇建设工作会议暨培训会，组织各地开展特色小镇培育工作督导检查。推进鄱阳湖沿线建制镇污水处理设施建设。督促指导20个鄱阳湖沿线建制镇污水处理项目建设情况，至年底，20个建制镇的污水处理设施建设项目已全部完工，部分已投入运行。

【改善农村人居环境】 有序推进农村生活垃圾治理工作。开展农村生活垃圾专项治理电话调查和入村暗访，全省所有有治理任务的县(市、区)分3批次通过省级考核验收工作。在瑞昌市、靖安县、崇义县3县(市)推行农村生活垃圾分类和资源化利用示范试点，试点县(市)的部分镇村已完成垃圾分类和资源化利用设施建设并投入运行。下发《关于切实做好农村生活垃圾治理重点工作全力确保我省如期通过国家验收的通知》，督促指导各地攻克重点薄弱环节。召开非正规垃圾堆放点排查工作推进会及督促会。下发《关于加快完成非正规垃圾堆放点排查及信息录入工作的通知》，全省录入率为100%，排查登记非正规堆放点492处。推进全省3个全国农村生活污水治理示范工作。部分县已实现集镇污水处理设施全覆盖，重点村基本完成生活污水治理工作。开展宜居村镇示范创建工作。11个村被列入全国改善农村人居环境示范村，53个村被住建部公布为第一批绿色村庄。9镇24村列入全国美丽宜居村镇，17镇23村列入省级美丽宜居村镇。

【提升乡村规划水平】 推进全省县域乡村规划编制，全省县域乡村建设规划编制率30%。指导各地因地制宜分类编制实用性村庄规划。开展乡村规划工作检查，江西在全国乡村规划工作交叉检查中综合评价列第十位。组织开展县(市)域乡村建设规划和村庄规划试点工作，南昌县黄马乡罗渡村、新建区栖霞镇店前村列入全国村庄规划试点。组织专家对历史文化名镇名村、传统村落、特色镇、示范村等村镇规划进行技术审查，指导各地高起点、高标准编制重点村镇规划，不断提升村镇规划编制水平。

(丁宜华)

·资 料·

江西省国家级历史文化名镇名村

序号	设区市	镇村名称	公布批次	
			国家级	省级
1	南昌市	安义县石鼻镇罗田村	第四批	第一批
2	景德镇市	浮梁县瑶里镇	第二批	第一批
3		浮梁县勒功乡沧溪村	第五批	第二批
4		浮梁县江村乡严台村	第四批	第二批
5	萍乡市	安源区安源镇	第六批	第三批
6	鹰潭市	鹰潭龙虎山上清镇	第三批	第一批
7	赣州市	赣县白鹭乡白鹭村	第四批	第二批
8		宁都县田埠乡东龙村	第六批	第三批
9		龙南县关西镇关西村	第五批	第一批
10	宜春市	高安市新街镇贾家村	第三批	第二批
11		宜丰县天宝乡天宝村	第四批	第二批
12	上饶市	婺源县江湾镇汪口村	第三批	第一批
13		婺源县沱川乡理坑村	第二批	第一批
14		婺源县思口镇延村	第四批	第一批
15		婺源县思口镇思溪村	第六批	第二批
16		婺源县浙源乡虹关村	第五批	第二批

续表

序号	设区市	镇村名称	公布批次	
			国家级	省级
17		铅山县河口镇	第六批	第一批
18		铅山县石塘镇	第六批	第一批
19		横峰县葛源镇	第四批	第一批
20	吉安市	安福县洲湖镇塘边村	第六批	第一批
21		青原区富田镇	第五批	第三批
22		青原区文陂乡渼陂村	第二批	第一批
23		青原区富田镇陂下村	第四批	第二批
24		吉水县金滩镇燕坊村	第三批	第一批
25		吉水县金滩镇桑园村	第六批	第一批
26		吉安县永和镇	第六批	第二批
27		吉州区兴桥镇钓源村	第五批	第一批
28		峡江县水边镇湖洲村	第六批	第四批
29	抚州市	乐安县牛田镇流坑村	第一批	直接列为国家级
30		金溪县双塘镇竹桥村	第五批	第三批
31		金溪县琉璃乡东源曾家村	第六批	第四批
32		金溪县浒湾镇	第六批	第五批
33		广昌县驿前镇	第六批	第一批

江西省省级历史文化名镇名村

序号	设区市	镇村名称	公布批次
1	南昌市	安义县万埠镇梓源民国村	第五批
2		进贤县架桥镇陈家村	第二批
3		进贤县文港镇周坊村	第五批
4		进贤县温圳镇杨溪李家村	第五批
5		新建县大塘坪乡汪山村	第三批
6		南昌县三江镇前后万村	第三批
7		青云谱区青云谱镇朱桥梅村	第五批
8	九江市	修水县山口镇	第四批
9		修水县黄坳乡朱砂村	第五批
10		都昌县苏山乡鹤舍村	第四批
11	景德镇市	浮梁县浮梁镇旧城村	第四批
12		浮梁县峙滩乡英溪村	第四批
13		浮梁县西湖乡磻溪村	第三批
14		浮梁县瑶里镇高岭东埠村	第一批
15		浮梁县蛟潭镇礼芳村	第五批

续表

序号	设区市	镇村名称	公布批次
16		乐平市涌山镇涌山村	第四批
17	萍乡市	莲花县路口镇湖塘村	第三批
18	新余市	分宜县分宜镇介桥村	第三批
19		分宜县钤山镇防里村	第五批
20		渝水区罗坊镇下寸村	第五批
21	鹰潭市	贵溪市塘湾镇	第一批
22		贵溪市耳口乡曾家村	第一批
23	赣州市	南康区坪市乡谭邦村	第五批
24		赣县湖江乡夏府村	第三批
25		赣县大埠乡大坑村	第五批
26		兴国县梅窖镇三僚村	第三批
27		兴国县兴莲乡官田村	第五批
28		于都县马安乡上宝村	第一批
29		于都县葛坳乡澄江村	第五批
30		龙南县里仁镇新园村(栗园围)	第五批
31		瑞金市九堡镇密溪村	第一批
32		寻乌县澄江镇周田村	第一批
33		安远县镇岗乡老围村	第一批
34		定南县天九镇九曲村	第三批
35		会昌县筠门岭镇羊角村(羊角水堡)	第五批
36	宜春市	丰城市张巷镇白马寨村	第一批
37		丰城市筱塘乡厚板塘村	第一批
38		万载县株潭镇周家大屋	第二批
39		铜鼓县排埠镇	第三批
40		樟树市临江镇	第二批
41	上饶市	婺源县江湾镇江湾村	第一批
42		婺源县江湾镇晓起村	第一批
43		婺源县秋口镇李坑村	第一批
44		婺源县镇头镇游山村	第二批
45		婺源县思口镇西冲村	第二批
46		婺源县段莘乡庆源村	第二批
47		婺源县浙源乡凤山村	第三批
48		婺源县紫阳镇考水村	第三批
49		婺源县江湾镇篁岭村	第五批
50		铅山县篁碧畲族乡畲族村	第五批
51		横峰县姚家乡兰子畲族村	第三批

续表

序号	设区市	镇村名称	公布批次
52		德兴市银城镇新营村	第四批
53		德兴市海口镇	第四批
54		广丰县嵩峰乡十都村	第五批
55	吉安市	安福县金田乡柘溪村	第二批
56		安福县洋门乡上街村	第五批
57		青原区新圩镇江头毛家村	第三批
58		青原区富田镇横坑古村	第四批
59		青原区富田镇夼田村	第五批
60		吉水县金滩镇仁和店村	第二批
61		吉水县白沙镇桥上村	第四批
62		吉安县横江镇唐贤坊村	第二批
63		吉安县敦厚镇圳头村	第五批
64		吉安县横江镇公塘村	第五批
65		泰和县马市镇蜀江村	第四批
66		泰和县螺溪镇爵誉村	第四批
67		峡江县水边镇何君村	第五批
68		峡江县水边镇沂溪村	第五批
69		峡江县巴邱镇	第五批
70		永新县石桥镇樟枧村	第四批
71	抚州市	乐安县牛田镇水南村	第三批
72		乐安县湖坪乡湖坪村	第四批
73		崇仁县相山镇浯漳村	第四批
74		黎川县华山场洲湖村	第四批
75		金溪县浒湾镇黄坊村	第五批
76		金溪县合市镇全坊村	第五批
77		金溪县合市镇东岗村	第五批
78		金溪县合市镇游垫村	第五批
79		金溪县陈坊积乡岐山村	第五批
80		金溪县琅琚镇疏口村	第五批
81		东乡县黎圩镇浯溪村	第二批
82		东乡县黎圩镇上池村	第五批
83		宜黄县棠阴镇	第一批

建筑业与房地产业

【概　况】 2017年，全省建筑业总产值6166.8亿元，增长19.1%，增速列全国第五位，企业在外省完成产值2220亿元，增速19.8%。建筑业总产值在全国排位前移一位，列第十五位，建筑业总产值增速在中部六省中位居第一位。2017年，江西建工第二建筑有限责任公司、江西宏顺建筑工程有限公司、金光道环境建设集团有限公司、海力控股集团有限公司、航达建设集团有限公司、江西省朝晖城市建设工程有限公司等6家企业获批建筑工程施工总承包特级资质，全省特级资质企业达到17家。新批省级建设工程工法80项，全省建筑业新技术应用示范工程立项工程12项。全省完成建筑业总产值5亿以上的企业253家，比上年增加72家，其中产值超过100亿元的企业2家，为江西建工一建公司、中铁四局集团第五工程有限公司，产值50亿~100亿元以上的企业22家，减少1家，产值20亿~50亿元的企业61家，增加17家，产值10亿~20亿元以上的企业66家，增加25家。产值在5~10亿元的企业有102家，增加30家。全省共有177家监理企业，增加21家。监理企业承揽监理合同额约21.57亿元，增长15.7%；工程监理营业收入15.61亿元，增长1.2%。全省装饰行业共29个项目获中国建筑工程装饰工程奖，创历史新高。

2017年，全省房地产市场运行基本平稳。房地产开发投资保持增长。全省商品房综合销售价格6150元/平方米，增长7.72%；全省二手房交易面积1920.03万平方米，增长29.17%。其中，二手住宅交易面积1699.79万平方米，增长33.27%。全省商品房竣工面积1854.40万平方米，增长13.4%。其中，商品住宅竣工面积1365.86万平方米，增长3.8%。全省商品房新开工面积4954.33万平方米，增长27.9%；其中，商品住宅新开工面积为3712.08万平方米，增长30%。房地产开发企业到位资金中，房地产开发企业银行贷款规模348.40亿元，增长33.8%；商品房个人按揭贷款规模726.44亿元，增长25.1%。全省土地购置面积576.17万平方米，增长30%。全省土地成交价款186.52亿元，增长53.9%。土地购置平均价格3237元/平方米，增长18.35%。全省房地产业税收476.58亿元(其中地税307亿元，国税169.58亿元)，增长29.3%。

【装配式建筑发展工作】 全省12个市县出台装配式建筑发展实施意见，4个设区市编制了装配式建筑产业发展规划，省级财政安排装配式建筑发展专项资金1200万元，全年新开工及落实装配式建筑面积195.8万平方米，全省共有18个装配式建筑生产基地开工，南昌市朝晖建筑、市政远大、赣州建筑工业化有限公司、赣州华强杭萧建设股份有限公司4个装配式建筑基地正式投产，朝晖城建集团有限公司、江西雄宇(集团)有限公司、江西中煤建设集团有限公司等3个装配式建筑基地被住建部列为第一批装配式建筑产业基地。

【建筑市场监管】 印发《关于进一步优化建筑市场环境的通知》，要求各级主管部门不得直接或变相设置各种障碍、限制外地建筑企业进入本地区承揽业务，不得设置不合理和歧视性的准入和退出条件，不得以建立“预选承包商库”等方式设置障碍，限制、排斥潜在投标人参加建设项目投标。在全省开展建筑业企业和监理企业双随机核查工作，全省各设区市和直管县共核查建筑业企业1677家，监理企业58家，核查比例分别为20%和32%，发现有转包、挂靠行为的项目12个，处理企业71家，有效规范建筑市场秩序。

【建筑工地及道路扬尘治理工作】 印发《建筑工地及道路扬尘专项治理实施方案》《关于切实加强建筑工地及道路扬尘治理工作的通知》，出台《全省建筑工地扬尘治理实施办法(试行)》；组织开展督查扬尘治理工作，全省各地开展扬尘检查6400余次，下达建筑工地限期整改通知10000余份，对324个建筑工地进行行政处罚，处罚金额1300余万元，

【房地产市场调控】 年内，出台《江西省人民政府办公厅关于进一步做好房地产市场调控工作指导意见》，提出当前主要任务是由去库存转变为防风险、控房价；坚持“分类指导、精准调控、因城施策”的原则，提出有效的房地产调控措施。建立全省房地产市场会商协调机制，成立全省房地产市场会商协调领导小组，研究和分析房地产市场出现的新情况和新问题。开展房地产市场专项检查，强化对房地产市场的引导和监测，建立房地产交易信息日报制度，每月完成房地产市场形势分析报告。

【发展住房租赁市场】 出台《进一步加快发展住房租赁市场的通知》，通过保障租赁双方权益，发展住房租赁企业，增加租赁住房有效供应，加快建设住房租赁信息服务和监管系统，加快建立租购并举的住房制度，支持住房租赁消费。与中国建行银行江西省分行签订300亿资金规模支持发展租赁市场的合作协议。

【推进棚户区改造进度】 6月，省政府在上饶市召开全省棚改现场推进会。召开2次棚改进度督办会，发送1份督办函，对部分棚改进展相对滞后的市、县进行重点督导，力促各地加快棚改项目建设进度。9月、11月，组织专项督查组对全省棚户区改造开展实地全面督查，在省内主要媒体进行全省通报。通过持续调度和督导，加快推进棚户区改造进度，确保目标任务完成。国家下达棚户区改造开工任务为24.23万套。截至年底，全省已开工24.23万套，开工规模居全国第十位，开工率100%，提前1个月完成国家下达棚改开工目标任务。融资贷款发放额度居全国前列。棚户区改造融资贷款省国开行发放贷款162亿元，省农发行发放361.0亿元。

(刘瑞金　丁锦琳)

勘察设计与建设科技

【概　况】 2017年，全省工程勘察设计单位共513家，其中甲级企业112家；从业人员143543人，其中技

术人员28480人(高级职称人员6322人);注册执业人员9566人,其中注册建筑师719人(一级314人、二级405人),注册结构工程师685人(一级420人、二级265人),注册土木工程师(岩土)207人。全省勘察设计营业收入总额790.79亿元,增长49.79%,其中工程勘察收入14.59亿元,增长17.66%。工程设计收入44.21亿元,增长30.69%;工程总承包收入196.91亿元,增长-37.11%;营业税金及附加9.31亿元,增长-32.68%。组织全省797人参加4327场次全国注册建筑师考试,组织全省2062人参加5310场次全国勘察设计注册工程师考试。组织全省勘察设计注册工程师和建筑师执业资格考试收费标准的重新核定工作。按照《中华人民共和国注册建筑师条例》《勘察设计注册工程师管理规定》等相关规定,完成2017年注册建筑师762人、注册结构师832人、注册岩土师272人继续教育培训工作。

【绿色建筑工作】 印发《江西省建筑节能与绿色建筑发展"十三五"规划》,下发《关于进一步做好全省建筑节能和绿色建筑发展工作的通知》,制定《2017年全省建筑节能与绿色建筑专+项检查实施方案》,分两阶段9个组分别对全省开展建筑节能与绿色建筑专项检查,检查工程项目95项。下发《关于做好可再生能源建筑应用示范市(县、省级推广示范区、镇)验收评估工作的通知》《关于开展可再生能源建筑示范验收及任务核定工作的通知》。

新建建筑设计阶段执行节能强制性标准比例100%,施工阶段执行节能强制性标准比例98.5%。全省累计共有304项工程取得绿色建筑评价标识,建筑面积突破3750万米,新增绿色建筑项目126个,建筑面积约1600万平方米。保障省级建筑能耗监测平台正常运行,推进市级分平台建设,南昌市、九江市分平台实施完毕。省级平台实时监测129栋楼宇,监测点共7263个。

【建筑科技】 验收南昌市九洲大道高架快速路工程等5项"十项新技术示范工程"。全省开展住房城乡建设科技计划项目申报工作,下发《关于公布2017年度江西省住房城乡建设领域科技项目计划的通知》。全省建设领域组织征集第一批限制禁止产品目录,发布《江西省建设领域第一批限制、禁止类技术产品目录》《关于推进建筑信息模型(BIM)技术应用工作的指导意见》。向住建部申报"赣州市房地产信息平台"课题。组织编制《江西省绿色建筑设计标准》《江西省绿色建筑施工图审查要点(试行)》《江西省既有建筑绿色改造标准》。

【强化工程勘察设计质量监督】 开展全省2017年度工程勘察设计质量监督执法检查,强化个人执业资格管理,落实个人责任制,明确注册建筑师、注册结构工程师和注册岩土工程师的权利与责任,落实注册建筑师项目负责人责任制,强化注册建筑师在工程设计中的主导作用,更好发挥其专业人员的作用,全面落实注册岩土工程师执业制度。依法依规对9家违反相关强制性标准的勘察设计单位和7家施工图审查机构进行处理。

【完善建筑标准】 完成《江西省既有建筑绿色改造评价标准》《江西省高性能混凝土应用技术规程》2个工程建设标准及4个图集《CCB反应粘结型卷材建筑防水构造》《JC砌块建筑内隔墙构造》《XTL硅质防水材料建筑防水构造》《AJ玻化微珠保温板外墙外保温建筑构造》。

【提升建筑设计水平】 贯彻《建筑工程设计招投标管理办法》,出台《江西省建筑工程设计评标办法》。完善工程勘察设计评优制度,突出建筑使用功能及节能、节水、节地、节材和环保要求,全省146个项目获奖。认定《中大城7#、8#楼及其商铺、地下室工程(一标段)》《江西出入境检验检疫局综合实验用房》为省优秀设计。

【技术创新能力】 引导BIM技术在大型勘察设计单位的集成应用,中国瑞林工程技术有限公司、江西省建筑设计研究总院等单位开展BIM技术在工程设计应用试点,取得效果。

【工程勘察设计监管】 配合住建部对注册建筑师、注册勘察设计结构工程师等注册人员挂证行为进行了查处。处理投诉举报信息,对网上、网下实名举报的违法违规行为的主体进行调查核实,依法依规处理违法主体,按照住建部要求,对中冶京诚设计有限公司沈阳石油化工设计院在工程设计市场违法行为进行核实,并向住建部建筑市场监管司作了报告。

【无障碍设施建设】 抓好无障碍环境建设工作。协助省残联制定《江西省无障碍环境建设"十三五"实施方案》,协助省残工委制定《江西省人民政府贯彻落实〈国家残疾预防行动计划(2016—2020年)〉的实施意见》。印发1000册《江西省无障碍环境建设办法》进行宣传推广。

【推进养老服务工作】 推进养老服务设施建设,协助省民政厅起草《省委办公厅省政府办公厅印发〈关于全面提升养老院服务质量的意见〉的通知》,协助省老龄办制定《江西省人民政府办公厅关于做好我省老年人权益保障和照顾服务工作的实施意见》。协助省老龄办制定《江西省老龄事业发展"十三五"规划》。

【举办绿色建筑论坛】 3月16日,省住建厅联合加拿大总领馆、加拿大安大略省驻沪代表处、省商务厅主办,省贸促会、省房地产协会共同协办的加拿大绿色建筑行业研讨对接会在南昌举行。贝加艾奇建筑设计咨询有限公司等10家加拿大绿色建筑领域企业、单位做了发言,部分中方企业与加方企业进行一对一交流洽谈。加拿大绿色建筑代表团分别到江西中煤建设集团、江西国际技术合作公司、江西众森实业公司、江西万科益达公司等企业走访考察。11月26日,省住建厅举办江西绿色建筑及装配式建筑发展论坛,各设区市(省管县)住建行政主管部门相关科室负责人、高等学院、研究院所、建筑与房地产行业专家等共计300余人参加。

(丁庆云　余海浪)

本栏编辑　邓玉兰

水　利

综　述

2017年，全省水利工作抓住国家生态文明试验区（江西）建设契机，以水生态文明建设为着力点，推进水利建设、管理、改革等各项工作。水利投资持续高强度投入，水利工程建设速度加快，水利改革向纵深推进，水资源管理水平有效提高。

*水利投资持续高强度投入。*全省累计落实水利投资228亿元，同比增长21%。其中，中央资金58.3亿元，落实省级水利专项资金34亿元。加快水利投资计划执行，纳入水利部调度系统总投资为60.68亿元，完成59.38亿元，完成率97.86%。

*防汛抗旱工作取得重大胜利。*2017年，全省发生36次降雨过程，强降雨过程7次。乐安河上游发生超百年一遇特大洪水，婺源站超过历史最高水位3.43米，长江九江站水位超警戒持续17天，鄱阳湖星子水位站超警戒长达20天。全省上下坚持生命至上，超前部署、周密安排，提前转移群众，建立省防总成员单位集中办公、定期会商等制度。做到"水库无一垮坝、万亩以上圩堤无一溃决"，把洪涝干旱灾害损失减小到了最低限度。

*水利工程建设速度加快。*峡江水利枢纽工程通过竣工验收，是国务院确定的172项重大节水供水工程中第三个通过验收的工程。廖坊灌区二期工程正加快建设，年内完成投资4.85亿元，占2017年投资计划的97.08%。四方井水利枢纽工程开工建设，完成投资3.51元。大型灌区续建配套与节水改造项目整治渠道131千米，完成高效节水灌溉面积1.49万公顷。全年计划建设的633处工程已全部开工，受益人口301.33万人，解决37.8万贫困人口饮水问题，农村集中供水覆盖率84.4%。完成水土流失综合治理面积1123.85平方千米。全面完成2016年6025处水毁水利工程设施修复任务。落实灾后水利薄弱环节建设省级及以上水利资金33.9亿元，完成1859个灾后水利薄弱环节建设项目前期工作，批复投资约94亿元。完成千亩以上圩堤治理长度2011千米；千座病险水库除险加固，1457座已完成初设批复1455座，已开工449座，完工177座。

*水利改革向纵深推进。*印发《厅深化水利改革领导小组2017年工作要点》《深化水利改革领导小组2017年任务清单及责任分工》，制定《深化水利改革领导小组工作规则》等制度。省政府印发《全面推行水利工程标准化管理意见》，并召开会议部署；建立农业水价综合改革联席会议制度，推进农业水价综合改革先行先改；深化小型水利工程管理体制改革41个县完成总结验收。严格水资源消耗总量控制等15项水利部、省委省政府部署的改革任务完成年度目标。靖安县、庐山市2个全国河湖管护体制机制创新试点县通过水利部验收，宁都、兴国等4个国家农田水利设施产权制度改革和创新运行管护机制试点县完成省级验收，新干、高安、东乡3个水权改革试点通过省部联合验收，南昌、新余两个全国第一批水生态文明城市建设试点顺利通过省部联合验收，第二批试点萍乡完成中期评估。

*河长制工作迈向升级版。*修订完善省级工作方案，出台《关于以流域生态综合治理为抓手打造河长制升级版的指导意见》，明确打造河长制升级版的思路和方向，规划流域生态综合治理项目289个，预计总投资272亿元。启动流域生态综合治理试点，把河长制工作纳入省直部门绩效考核体系。经中央批复同意，江西成为全国首个设立河长制省级表彰项目的省份。继续开展清河行动，专项整治行动增加到14项，累计查找问题1962个、整改1659个。开展消灭劣V类水工作，44个重点治理断面全部明确工作措施。

*智慧水利建设取得初步成果。*提出"123N"总体框架，推进智慧防汛、智慧河湖、智慧灌区等一系列智慧应用。基本完成一朵"水利云"，水利一张图可以查询全省水库图像信息并全景展示。智慧水利完善水利通信和信息采集的二张网，实现全省水资源总量及排污口水质信息实时查询。实现河长制管理的智能化，启动小流域智慧防汛及"智慧抚河"建设，初步完成靖安、庐山两县市河湖管理信息系统试点工作。

（钟建平）

水利工程建设与管理

【灾后水利工程重建】　完成2016年6025处水毁水利工程设施修复任务。落实灾后水利薄弱环节建设省级及以上水利资金33.9亿元，完成1859个灾后水利薄弱环节建设项目前期工作，批复投资约94亿元。加快防汛能力提升工程建设，完成千亩以上圩堤治理长度2011千米。千座病险水库除险加固,1457座已完成初设批复1455座,已开工449座,完工177座。2017年度需完成4000座重点山塘整治工程已完成前期工作2585座,完成整治1796座。列入水利部、国家发改委、财政部《加快灾后水利薄弱环节建设实施方案》重点区域排涝能力建设的36个项目初设(代可研)7个已经批复;列入《江西省防汛能力提升工程实施方案(2016—2018年)》农村涝区应急治理的26个项目实施方案7个已经批复,其余项目均在按计划推进前期工作。

【农田水利建设】 按全省统筹涉农资金推进高标准农田建设的要求,小农水项目县资金全部纳入统筹范围。年内安排农田水利建设省级以上资金83372万元。全省下达高效节水灌溉工程建设财政资金22236万元,涉及40个县(市、区),共44个项目。其中,水利部门安排39个高效节水灌溉示范县,下达中央和省级财政资金22162万元。全省完成高效节水灌溉面积1.49万公顷。其中,喷灌1332公顷,微灌2017.93公顷,管灌1.16万公顷。新增节水能力3802万立方米。占全年国家下达的目标任务1.33万公顷的112.07%。

(黄韬)

【水利改革】 完成年度改革任务,印发《厅深化水利改革领导小组2017年工作要点》《深化水利改革领导小组2017年任务清单及责任分工》,制定《深化水利改革领导小组工作规则》等制度。省政府印发《全面推行水利工程标准化管理意见》,并作出部署。建立农业水价综合改革联席会议制度,推进农业水价综合改革先行先改。深化小型水利工程管理体制改革41个县完成总结验收,全省有改革任务的县市累计已有90个完成验收,验收完成率89%。5项纳入省委2017年改革工作要点的任务按时间节点要求全部完成销号。严格水资源消耗总量控制等15项水利部、省委省政府部署的改革任务完成年度目标;推进赣州市水土保持改革创新等5项水利厅自选的改革年度任务达到预期效果。国家级改革试点成果显著,靖安县、庐山市2个全国河湖管护体制机制创新试点县通过水利部验收,宁都、兴国等4个国家农田水利设施产权制度改革和创新运行管护机制试点县完成省级验收,新干、高安、东乡3个水权改革试点通过省部联合验收,南昌、新余两个全国第一批水生态文明城市建设试点通过省部联合验收,第二批试点萍乡完成中期评估。

【河长制工作】 贯彻落实中央关于全面推行河长制的意见,修订完善省级工作方案,出台《关于以流域生态综合治理为抓手打造河长制升级版的指导意见》,明确打造河长制升级版的思路和方向,规划流域生态综合治理项目289个,预计总投资272亿元。启动流域生态综合治理试点,全省已确定118条示范流域,估算投资226亿元。把河长制工作纳入省直部门绩效考核体系,并将河长履职情况作为领导干部年度考核重要内容。经中央批复同意,江西成为全国首个设立河长制省级表彰项目的省份。继续开展清河行动,专项整治行动增加到14项,累计查找问题1962个、整改1659个。开展消灭劣V类水工作,44个重点治理断面全部明确工作措施,5月起,根据省环保厅12月份对44个断面水质监测情况看,水质上升的34个,占44个断面的77.3%,总体情况较好消灭劣V类水工作取得较为明显的成效。

【水利科技创新】 全年共下达各类水利科技项目67项,经费共计1992万元。举办全省水利科技工作会议、全省水利科技创新成果展以及第二十一届海峡两岸水利科技交流研讨会。出台《江西水利科技人员学术水平评价办法(试行)》,完成全省水利系统防汛与抗旱、水环境与水生态、水文水资源、农村水利、水土保持、水利工程建设与管理等六大研究领域"科技创新核心骨干"的遴选。全年水利部门获大禹水利科学技术奖、省科技进步奖以及赣鄱水利科学技术奖等各级各类科技奖项30项,获授权国家专利11项,其中发明专利1项,实用新型专利10项,获得软件著作权6项。

(彭月平)

【重大水利工程建设】 峡江水利枢纽工程通过竣工验收,是国务院确定的172项重大节水供水工程中第三个通过验收的工程。廖坊灌区二期工程正加快建设,年内完成投资4.85亿元,占年投资计划的97.08%。四方井水利枢纽工程开工建设,完成投资3.51亿元。完成鄱阳湖二期防洪工程4个单项竣工验收。莲花县寒山、寻乌县太湖等2座中型水库已大坝封顶,景德镇浯溪口水利枢纽工程大坝基本完成,皖赣铁路改线工程已全线开工,移民点建设已初具雏形。

【实施农村饮水安全巩固提升工程】 实施农村饮水安全巩固提升工程,全年计划建设的633处工程已全部开工,受益人口301.33万人,解决37.8万贫困人口饮水问题,农村集中供水覆盖率84.4%。

【加快水利风景区建设】 加快水生态环境综合治理,着力打造"河畅水清、岸绿景美、功能健全、人水和谐"的水环境。组织申报并获批国家水利风景区3家,省级水利风景区15家获批。全省共创建国家水利风景区41家,省级水利风景区40家。

【提升工程管理水平】 省政府印发《全面推行水利工程标准化管理意见》,并召开会议部署;督促各地成立标准化管理工作领导小组和工作机构,配备专职工作人员,落实工作经费,制定年度工作计划。有序推进全省河湖管理范围及堤防管理和保护范围划界工作。提高省级补助标准和范围,安全员补助由每人每年600元提高到5000元,工作时间由汛期延长至全年,工作内容由报汛拓展至日常维修养护。省级维养资金补助范围从国有公益管理单位扩大到小型水库和小型堤防。编制完成《江西省大型水库资料汇编》,整理汇总复核7212座一般小(2)型水库除险加固基本信息,完成《江西省小(2)型水库除险加固项目后评价报告》。

【规范水利建设管理】 修订《江西省水利工程建设项目施工招标经评审的合理低价法评标办法(试行)》《江西省水利工程建设项目施工招标综合

评估法评标办法(试行)》《江西省水利工程建设项目施工监理招标综合评估评标办法(试行)》。依托省公共资源交易平台,开发江西省水利建设项目履行合同评价系统。做好省公共资源交易系统的整合工作,全省水利建设项目率先全部进入省公共资源交易平台开展政府采购、招标投标。

(罗晨)

防汛抗旱

【概　况】 2017年,全省降雨量1612毫米与多年均值基本持平。但降雨时空分布不均,6月20日开始的最强降雨持续13天,雨量列历史同期第一位。乐安河上游发生超百年一遇特大洪水,婺源站超过历史最高水位3.43米,修河柘林水库发生建库以来第二大入库洪水,昌江、乐安河中下游、修河发生约十年一遇洪水,长江、鄱阳湖洪水列历史第九位,鄱阳湖水位超警戒持续长达20天。7月晴热少雨,9月后降雨持续偏少,17个站点先后出现历史新低水位,局地出现旱情,局部重度干旱。全省共94个县(市、区)1183个乡镇受灾。受灾543.42万人,农作物受灾面积41.13万公顷,倒塌房屋1.03万间,因洪涝灾害死亡7人,失踪2人,部分工矿企业停工,交通、供电、通信、水利工程等基础设施不同程度受到水毁影响,直接经济损失106.74亿元。

【防汛抗旱研判超前、决策科学】 省防总立足防大汛、抗大旱、抢大险、救大灾,坚持防汛抗旱两手抓。年初,全力做好防汛抗旱准备,逐级下达防汛目标任务书,层层公示责任人名单,逐工程建立整改清单。召开全省防汛工作电视电话会议,表彰2016年抗洪抢险先进集体和先进个人,逐级落实以行政首长负责制为核心的防汛责任制。开展2次防汛大检查和水毁修复重建专项督查,按"一市一单"形式下达任务督促整改,对全省在建涉河工程进行排查梳理,保证度汛安全。累计下拨1.37亿元用于部队、省、市、县应急救援队伍和县、乡应急救援物资设备补充更新,举办全省防汛指挥长培训班,修订完善各级防汛抗旱应急预案和度汛方案。汛期先后召开13次防汛抗旱会商会,超前研判汛情趋势;及时调整战略部署,结合实际分时段明确防御重点,有序启动应急响应,及时启动4次防汛IV级、1次III级、1次II级应急响应。科学调度水库135次腾库迎洪、蓄水抗旱,充分发挥水库拦蓄洪水、错峰削峰效益,有效保障城乡居民用水安全。派出30余个工作组、专家组、督导组深入一线督促指导;强化堤防巡查值守,特别是沿江滨湖地区严格落实圩堤防守责任和措施,预置近4000名兵力在一线抗洪抢险,梳理出险点下发一线,作为薄弱环节重点防守,避免"小险变大险"、杜绝"大险变大灾",全省累计投入干部群众156万余人次日夜巡堤查险,特别是在长江鄱阳湖水位最高时段,平均每千米达40人。社会企业赞助一批救援物资、35支省内外社会救援队伍支持抗洪。

【根据预报预警提前转移人员】 坚持以人为本,及时预报预警,提前组织转移,尽最大努力减少人员伤亡,全省累计组织58万余人提前转移。省防总创新工作方法,建立根据预报情况做好提前准备转移工作机制,依据未来降雨落区预报,综合考虑前期降雨及土壤饱和程度等因素,要求可能发生山洪地质灾害的县(市、区)提前通知危险区群众做好转移准备,接到指令后立即转移。6月24日的半天时间内,全省转移安置危险区群众近22万人,仅防范地质灾害就成功避险10起,最大程度避免人员伤亡。

【完善应急管理部门联动工作机制】 省防总统揽全局,严格按照应急预案有序指挥,强化统一指挥调度,健全完善部门联动机制,实行"定期会商""应急工作组早晚例会""成员单位联络员每天例会""成员单位信息统一报送"等一系列工作制度,提升应急管理水平,保障各项工作有力、有序、有效开展。

【防汛工程效益】 2016年大水之后,江西省开始实施防汛能力提升"八大工程",先行启动、重点实施的千亩以上圩堤填塘压浸应急除险工程,在2017年发挥了良好效益,沿江滨湖堤防险情数、投入抢险部队人员及物料比2016年分别减少66%、70%及95%。

(贺强)

水资源管理

【概　况】 2017年,全省降雨量1612毫米与多年均值基本持平。地表水资源量1637.20亿立方米,比上年减少25.7%。2017年年总供水量与总用水量持平,为248.01亿立方米。人均综合用水量为537立方米,万元GDP(当年价)用水量119立方米,万元工业增加值用水量75立方米,农田灌溉亩均用水量567立方米,农业灌溉水有效利用系数0.503。

【最严格水资源管理制度通过考核】 通过2016年国家最严格水资源管理考核,取得良好等次。针对考核中反馈的5大方面9个问题进行整改,出台2个规划、3个用水定额修订标准、6个规范性文件,相关问题基本整改到位。同时在水利部组织开展的2017年度水资源管理专项监督检查中,江西省水资源工作获得好评。从严推进省考工作,通过拉清单、经费挂钩、专项督查,多措并举,共抽查118个取水户、52个入河排污口和22个饮用水水源地,"一市(县)一单"强化考核结果运用,以考核促工作作用明显,效果良好。

【节水工作】 公共机构节水型单位创建取得重大突破,争取省机关事务管理局支持,将创建作为单位年度节能考核的赋分项。全年共完成省级行政机构三大办公区及办公区外独立办公的共89家机关、事业单位创建验收,省级机关节水型单位建成率为70%。推进"水效领跑者"行动,联合省工信委完成首批申报企业水效领跑者的4家企业材料初审,遴选上报江西理文造纸有限公司和萍钢九江分公司参与全国用水企业行业水效领跑者评选。推进县域节水型社会达标建设,确定28个县(市、区)为江西省县域节水型社会达标建设重点地区。进一步完善节水规划,完成《江西省空间利用规划——水资源开发利用与节约保护专题研究报告》的编制,联合省发改委印发《江西省节水型社会建设"十三五"规划》。加强用水定额管理。经省政府同意,省质监局、省水利厅联合发布修订后的江西省工业企业主要产品、生活和农业用水定额地方标准。

【入河排污口专项整治】 联合省环保厅、省住建厅、省农业厅继续推进入河排污口专项整治。全省完成300多个规模以上入河排污口审批手续,拆除封堵140余个入河排污口。加快推进入河排污口规范管理,完成在册703个入河排污口标示牌设立、345个规模以上入河排污口水质取样检测。严格入河排污口审批,省级否决3个不符合要求的申请。持续推进水功能区管理,446个省级重要水功能区检测实现全覆盖。建立水质不达标水功能区月通报制度,2017年累计通报61个(次)水质不达标水功能区。着力推进饮用水水源保护,完成22个全国重要饮用水水源地达标建设自评估,发文督导全面排查饮用水水源地入河排污口。"国控一期"已基本完成全省553个监测站点运维,数据到报率达到90%。

(欧阳任娉)

水政监察

【概　况】 完善水利法治建设,推进非法采砂入刑工作,《江西省河道采砂管理条例》于1月1日正式施行。打击非法采运砂行为,开展清江清湖行动,维护河湖秩序。探索河湖保护管理综合执法机制,形成执法合力。

【法治水利建设】 推进《江西省湖泊保护条例》立法工作,《江西省湖泊保护条例》已经省人大常委会议第一次审议。谋划《江西省河长制工作条例》《江西省农村供水管理条例》和《江西省节约用水管理办法》作为2018年立法项目。成立省检察院驻省水利厅检察室,探索构建检察机关服务保障生态文明建设的平台,对全省查办涉水刑事案件进行业务指导和跟踪督办,防止立而不侦、久侦不结起到重要作用。成立省水利厅非法开采砂石危及防洪安全及砂石资源价值认定委员会,进一步推进非法采砂入刑工作。推进水利系统信用体系建设,开展"双随机一公开"检查,继续下放行政权力,规范行政检查行为,解决执法不公、检查扰民等问题。推动非法采砂入刑工作,全省立案13起,立案拘捕79人、判处刑罚4人。

【创新水利执法模式】 鼓励支持各地开展执法模式改革,形成鄱阳湖区多部门联合执法模式以水利及公安部门为主的综合执法模式、以生态环境为主的综合执法支队模式、水利警务室模式,将组建河湖管理保护综合行政执法队伍的"鹰潭模式",作为推进全省河湖生态环境综合执法体制创新的典范,向全省推介。

【加强水域监督管理】 组织开展专项整治行动,重点围绕矛盾多发区、交界地区、水上地形复杂执法薄弱区域等重点水域,开展河湖执法检查、清江清湖行动、赣江非法采砂违法运砂整治、鄱阳湖采砂船清理和采砂执法维稳等多个专项行动,有效遏制非法采砂势头。参与联谊联防工作,与公安、农业、交通、林业部门在鄱阳湖区蛇山岛执勤点联合执法。每周派员参加,严格履责,认真统计,及时核实上报湖区涉水纠纷情况,协调当地政府和水行政主管部门对水域内发生的涉水、涉砂纠纷及时进行处理,将涉水矛盾纠纷隐患控制在萌芽状态。联合市、县水政部门开展执法活动,高位推动各地切实加强河道采砂管理工作,协调相关地区加强三级联动,组织相关市县对重点水域、交界水域等易发高发水域进行严厉打击,上下游之间实行信息互通,形成联动,彻底清除乱停乱放或游离的采砂船。

(郭鹤)

农村水电

【概　况】 2017年,江西省水能资源理论蕴藏量685万千瓦,技术可开发量633万千瓦,其中农村水电技术可开发量423万千瓦。截至年底,全省共有农村水电站3955座,装机容量340.3万千瓦,全年发电量96.62亿千瓦时。

【农村水电增效扩容改造】 完成农村水电增效扩容改造项目投资2.23亿元,其中中央资金1.44亿元,自筹资金0.79亿元。214个增效扩容改造电站开工率94%,中央资金支付率超过80%。

【小水电扶贫试点】 修水县车联堰坝下水电站、瑞金市山岐水电站、宁都县永宁水电站等3个全国小水电扶贫试点工程任务完成。完成小水电扶贫试点工程项目投资4683万元,其中中央补助资金1650万元,省级配套407万元,自筹资金2626万元。累计发放扶贫收益金43万元,扶持建档立卡贫困户962户、3315人。

【小水电代燃料项目基本完成验收】 13个尾留项目除1个项目因无法实施撤销、并将已下达的国家资金整合至该县其他水利项目外,其余基本完成验收。根据省水利厅、省发改委《关于做好小水电代燃料项目验收及资金处置工作的通知》委托各有关设区市水利、发改部门组织开展辖区内符合条件的小水电代燃料项目进行省级验收,并将验收结果报省水利厅、省发改委备案。

【小水电安全管理】 3月,落实农村水电站安全生产和安全监管责任人,并在厅网站进行公示。5月下旬,组织6个检查组对全省农村水电站汛期安全生产进行重点检查,排查出的安全隐患采取"一市一单"形式下达整改通知,督促整改落实。11月下旬邀请水利部、国际小水电中心有关专家,对各级农村水电管理人员和部分电站业主共130余人开展培训。完成29座农村水电站安全生产标准化达标建设。

(尹镜明)

本栏编辑　邓玉兰

自 然 观 测

气象工作

【概　况】　2017年，全省气象部门强化气象灾害防御指挥部职能作用，创新部门合作机制，与防汛工作同部署同检查同落实工作，做实依据预报提前组织转移工作机制。全年报送气象决策材料119期，发布决策长短信475期计38.7万人次，发布预警信号9000余条、2.42余亿人次，联合水利、国土部门发布风险预警33期。省防总根据预报5次紧急部署高风险区群众提前转移，转移38.46万人、避免伤亡1.29万人。完成"两会"、红博会、中高考等重大活动和"五一"、国庆等节假日气象保障服务。

【气象改革】　防雷减灾体制改革纳入对市县（市、区）政府考核内容，所有设区市和72%的县（市、区）政府下发了文件规范监管责任，全面完成与住建等部门防雷许可事项的交接。成立防雷协会，开展省外防雷检测机构的信息登记，核定甲级资质13家、审批乙级资质13家。开展气象信息服务企业备案，取消和放开气象经营服务性收费。省气象灾害防御（人工影响天气）指挥部进入实转。84个县、11个未设气象机构的区将气象灾害防御等相关工作纳入到乡镇政府权责清单。《气候资源保护和开发利用条例》列入2018年立法计划。完成2部地方性法规、3部政府规章修订。省气象局列入全省标准化战略领导小组成员单位。申报1项国家标准，地方气象标准通过9项。

【生态文明建设气象保障】　中国气象局将江西列为生态文明试验区气象保障服务试点省。"霾日数"纳入省生态文明建设目标考核体系，《气候资源保护和开发利用条例》《应对气象变化办法》列入生态文明建设试点制度建设重点任务。编制《国家生态文明试验区（江西）气象保障服务试点方案》。气象工作纳入国家生态文明试验区（江西）建设任务。完善与环保部门空气质量预报、重污染天气预警会商研判机制，配合实施"蓝天保卫战"行动，开展污染物来源分析决策服务。参与生态红线校核调整工作。开展全省森林碳储量及碳汇价值评估并取得阶段性成果。开展生态型人影地面作业95次、飞机作业2次。

【气象为农服务】　强化关键农事季节和农业气象灾害监测预警评估服务。5个特色农产品气象中心业务能力和服务效益提升，柑橘气象中心成功申报全国首批特色农业气象服务中心。启动智慧农业气象大数据建设，推广"江西微农"平台，直通式、智慧型、个性化服务惠及63%的新型农业经营主体。开展乡镇气象工作平台试应用，联合农业部门推动气象信息站（点）与益农社共建共享、12316平台和"江西微农"互融互通。探索推进优质稻、脐橙等农产品气候品质评价工作。62个县完成"三农"专项建设，联合省委农工部创建国家级标准化气象为农服务县1个、乡镇10个，在会昌、赣县、瑞金示范推进了气象+定点扶贫、气象+产业扶贫、气象+光伏扶贫工作。

【专项气象服务】　联合林业部门推进森林防火示范基地建设，建成森林防火气象服务系统。开发井冈山红色旅游气象服务系统，建成基于位置展示信息的旅游智慧气象APP。4个县获首批"中国天然氧吧"称号。"赣闽铁路智慧气象"获首届全国气象服务创新大赛三等奖。开展江西省境内主要高速公路交通气象服务工作。融入武汉区域电力气象灾害风险评估系统建设，开展柘林、洪门等10座省属水库和140个中小型水电站气象服务系统推广。

【应对气候变化】　参与政府二氧化碳排放目标责任考核、重点企业/行业碳排放年度核查等工作，编写《农业温室气体清单编制》标准、《江西省应对气候变化办法（草案）》。开展江西森林等关键领域和地方特色产业气候变化影响评估，完成江西省碳汇功能价值评估，为省政府提供咨询服务。对全省太阳能资源开展精度达1千米的精细化评估，逐县绘制太阳能区划图。完成23项气候可行性论证工作。开展了南昌城市暴雨内涝风险预警业务试点，11个设区市完成暴雨强度公式修订工作。

【气象现代化建设】　省政府同意成立新时代气象现代化领导小组，开展气象现代化第三方评估，研究制订更高水平现代化指标体系，江西省气象现代化水平评分94.29分。建设以智能网格预报、雷达远程控制、赣闽铁路智慧气象、江西气象APP等为代表的现代气象业务平台。突发事件预警信息发布工作有突破，5个市县发布系统正式运行。以智能网格预报为重点推进气象预报业务，建立智能网格预报编辑制作平台，推进基层气象台短临预警能力建设，气候预测业务能力建设得到提升。在第六届全国气象行业天气预报职业技能竞赛中获团体总分第六名。以观测智能为抓手推进综合气象观测业务，雷达远程智能控制系统全国推广。大力推进气象信息化，提升业务支撑能力。继续实施“28+2”探测环境改善项目，8个项目完成建设。

【气象科技创新】 持续实施“151”人才工程，新增1人入选江西省百千万人才工程人选，5人通过气象正高级工程师评审，2人获评全国气象工作先进工作者，20人入选县级综合气象业务技术带头人培养对象。首次主持申报科技部重点研发计划项目，争取省部级科研项目立项7项。对34项成果进行验收，22项科技成果业务转化应用。获2016年度省科技进步二等奖2项、三等奖1项，获国家发明专利1项、国家实用新型专利1项、计算机软件著作权1项。深化局校合作，联合开展项目申报和科技攻关。科技创新制度不断完善，规范气象科技成果认定。

（钟微）

水　　文

【概　况】 2017年，全省降雨量1612毫米与多年均值基本持平，但6月下旬遭遇持续强降雨袭击，雨量较常年偏多134%，区域性大洪水频发。长江、鄱阳湖长时间超警戒，乐安河上游发生超百年一遇特大洪水，其中婺源站超警最高，达6.54米。江西水文先后启动防汛测报Ⅳ级、Ⅱ级应急响应，累计提供河道洪水预报315次、水库预报260次，发布洪水预警79次、中小河流洪水及山洪灾害气象预警12期。提前15小时预报昌江渡峰坑站洪峰水位32.8米，误差仅0.08米；提前6小时预报乐安河虎山站洪峰水位30米，与实际洪峰水位基本一致；预报长江九江站洪峰水位21.25米，误差仅0.02米。高效优质的水文测报服务，为防汛决策提供了关键性的技术支撑。

【水文改革】 2017年，县域水文机制建设取得突破，全省第一个县级水文局在九江彭泽正式成立。通过优化测验方案，利用新技术、新设备，水文测验改革取得新突破，全省成立46处（个）巡测基地，监测效率和质量有了开创性进展。

【重大项目建设】 中小河流水文监测系统投入使用并发挥效益，146个新建站有140个施测流量共2000余次，四分之三建立水位流量或指标流量关系。省水资源管理系统一期数据到报率90%，水资源国控二期完成49处取用水户监测站点建设，饮用水源地水质在线监测潜入式项目即将试运行。鄱阳湖水文生态监测研究基地成功申报生态文明示范区园区类基地。国家地下水监测工程完成合同验收，成为全国示范。

【服务河长制工作】 完成《江西省河湖名录》，对全省696个排污口逐一现场核查，进度位列长江流域第一。量身定制《江西省86个湖泊水生态调查工作方案》，设立监测大气降水水质站点150余处，为水生态文明建设、湖长制实施打造新型支撑。

【率先推出县级水资源公报、月报】 全省100个县（市、区）中，已有50余个编制了县级水资源公报，赣州、吉安、宜春3个设区市实现全覆盖，县级水资源公报编制工作被纳入全省最严格水资源管理考核体系。发布《县级水资源月报编制标准（试行）》，有9个县（市、区）编制33期水资源月报。

【应对突发水污染事件】 3月7日，吉安市水文局率先监测发现乐安县鳌溪河砷超标。水文部门迅速响应，组织力量连夜跟踪监测，及时上报水质变化进展，协调地方政府科学施策。至3月16日14:00应急监测结束，共设立监测断面16处，采集水样近160个，每4小时监测一次，在高污染河段采取巡回监测的方式加密频次，最终应对成功，得到吉安市委、市政府的高度肯定。

（王珺）

地震工作

【概　况】 2017年，江西地震台网共记录境内1.0～1.9级地震44次，2.0～2.9级地震19次，3.0级以上地震3次，最大地震为11月6日寻乌3.0级地震。江西省地震活动水平略高于上年度，从空间分布来看，小震活动主要分布在江西省中部和南部地区，赣北仅有少数地震活动。自2005年九江—瑞昌5.7级地震后，江西省中部萍乡—宜春—丰城一带小震活动异常频繁，地震的展布与萍乡—广丰断裂带基本一致。

【防震减灾项目建设】 省地震应急指挥中心投入运行，“中央厨房”作用初显。投资1.69亿元的省防震保安服务工程列入生态文明试验区建设任务部署，省防震减灾综合能力提升工程纳入省“十三五”规划纲要重大工程序列。33个市县项目获中央和省财政专项支持，带动市县政府加大投入和社会资金参与。吉安、景德镇、兴国、寻乌、瑞金等5个市县国家专项通过验收。九江市地震小区划、大余县地震救援培训基地、南昌市东湖区地震VR体验等一批示范项目建成。

【地震行业改革】 加强地震行业改革与防灾减灾救灾体制机制改革的协同，以地震科技体制、业务体制、震灾预防体制、行政管理体制4个专项改革为主线，实施34条改革举措，建立晴雨表督办制度，深化改革全面发力。

【防灾减灾科技创新】 建成地震行业首个氡观测仪器检测平台，完成全国30余套仪器检定和新仪器入网检测工作。氡观测团队承担一批课题，研究成果为行业规范编制提供了依据。“地震信息播报机器人”发布1233条信息、4316个图件，推送6亿人次。机器人团队参与“地震新媒体平台建设”获中国地震局科技成果三等奖。1人入选全国防震减灾百人计划，17人次主持或参加科技星火计划和“三结合”项目，2项成果获全国优秀奖。

【防震减灾综合能力提升】 监测预报方面，台网运行率保持98%以上，速报地震53次，自动速报2分钟内。安源、寻乌等地流动监测有效运行。景德镇市、赣州市新建监测应急指挥中心，南昌市升级地震监测台网，萍乡市安源区将地震台建设列入20件民生实事，台网效能进一步优化。省市县联合会商机制基本形成。

震害防御方面，监管和服务力度加大，鄱阳湖水利枢纽工程实施地震安全强制性评估，昌景黄高铁、9个通用机场等工程按要求选址设防。各地开展"双随机一公开"检查，检查对象43个，依法实施处罚。丰城市紫云社区等12个国家地震安全示范社区获得认定。上饶、宜春等地抓农居抗震，景德镇、九江、丰城、兴国等地抓科普宣传。应急救援方面，妥善应对寻乌县3.0级地震等地震事件。开展应急演练100余次。省政府充分肯定地震部门在应急避难场所建设中的主导作用，应急避难场所纳入全省城市规划建设管理考核评价体系，地震部门参与考核。在宜春召开现场会，有力推进应急避难场所信息化建设。350个应急避难场所实现网上实时查询。

【防震减灾工作领导小组会议召开】 2月8日，副省长、省防震减灾工作领导小组组长谢茹组织召开2017年防震减灾工作领导小组会议。省军区副司令员方建华出席，省政府副秘书长陈敏主持会议，省防震减灾工作领导小组全体成员参会。会议强调要认真贯彻中共中央总书记习近平关于防震减灾工作的重要讲话精神，着眼大局，认清形势，把牢方向，不断增强责任感和紧迫感。会议提出提高监测预报水平，提升应急救援水平、震害防御能力、科技创新能力，增强全民公共安全意识等5项工作要求，要求各有关部门要按照责任分工，对表聚焦，切实做好新时期的防震减灾工作。

【江西省人大教科文卫委调研防震减灾工作】 为进一步推动全省各地各部门依法履行职责，加强防震减灾工作，5月25日，全国人大常委会委员、江西省人大常委会副主任马志武一行在南昌视察防震减灾工作。6月19日—23日、8月7日—10日，省人大教科文卫委和省地震局组成联合调研组，先后在南昌、吉安、赣州、九江等地开展视察和执法调研。调研组听取了当地市、县政府关于防震减灾工作的汇报，实地查看29个单位的防震减灾工作，要求各地完善法制建设，持续抓好"一法一条例"落实。

【"一带一路地下明灯计划"江西景德镇朱溪矿区野外踏勘启动仪式举行】 6月20日—21日，中国科学院地学部咨询项目"一带一路地下明灯计划"江西景德镇朱溪矿区野外踏勘启动仪式在景德镇市举行。"一带一路地下明灯计划"是由中科院院士陈颙等学者最先提出的科研计划。7月，在江西省朱溪矿区和松树岗矿区开展野外工作。

【地震监测氡观测仪器检测平台项目检定单元通过验收】 5月26日，地震监测氡观测仪器检测平台项目检定单元通过验收，标志着地震行业首个测氡仪检定平台已形成服务能力。验收组专家实地考察了江西省防震减灾应急指挥中心氡观测仪检定实验室，听取了项目组对检定单元的结构设计、技术指标和测试运行等方面的汇报，对技术指标和功能实现等展开讨论，一致同意地震监测氡观测仪器检测平台项目检定单元通过验收。该平台将定期对地震行业开展检定校准工作，促进地震氡观测的标准化发展。

【省地震应急指挥中心技术系统项目通过验收】 7月27日，省工信委、省信息中心、中国地震台网中心等单位专家组成的验收组，一致认为整体功能和技术指标达到合同要求，同意验收通过。该项目为省重点项目——省防震减灾应急指挥中心及台网加密与扩建工程的重要分项，其投入运行将全面提升全省地震监测、震害防御、灾情评估和应急决策水平。

【江西省防震减灾科普教育基地项目开工建设】 8月28日，江西省防震减灾科普教育基地项目开工建设。该项目位于南昌市经济技术开发区南昌中心地震台，总建筑面积4000平方米，包括防震减灾知识图片展示厅、地震专业仪器展示厅、地震模拟体验区和影像宣教中心、开放式地震观测中心、科普资料推广点等。投资金额1900万元，预计2019年6月完工。

【支援九寨沟7.0级地震抗震救灾】 四川九寨沟7.0级地震发生后，江西省地震局立即启动应急响应，连夜开展震情跟踪、舆情监控、信息收集、网站发布和应急辅助决策工作。赣州兴国曙光救援队一行10人，第一时间携带地震救援装备赶赴九寨沟灾区，协助九寨沟县民政局开展搜寻地震失踪人员、转移安置受灾群众等工作。

【组织开展防灾减灾日科普宣教活动】 5月12日是中国第九个防灾减灾日，活动主题为"减轻社区灾害风险，提升基层减灾能力"。副省长吴晓军出席在南昌市秋水广场开展的防灾减灾科普宣传教育咨询活动，省委宣传部、省政府应急办和33个省直相关单位、南昌市有关领导参加。省地震局副局长陈家兴带队在现场开展防震减灾科普宣传。各市县同时开展各种形式的宣教活动。

【12个社区获评国家级地震安全示范社区】 8月23日、12月29日，中国地震局先后印发通报，南昌市西湖区丁公路街道恒茂华城社区、南昌市东湖区董家窑街道五纬路社区、南昌市湾里区幸福街道爱民社区、九江市经济技术开发区向阳街道新湖社区、修水县义宁镇秋湖里社区、都昌县东湖社区、德安县蒲亭镇曾家洼社区、奉新县冯川镇龙山社区、芦溪县芦溪镇卫前社区、横峰县兴安街道城南社区、德兴市新岗山镇农科新社区、丰城市河洲街道紫云社区12个社区获"国家级地震安全示范社区"称号。

（曹健）

测　　绘

【概　况】 2017年，省测绘地理信息局完成全省卫星导航定位系统的安全升级改造，联合省国安厅开展全省导航定位基准站安全整治，与广东、湖南等周边省份进行基准站数据跨区域共享。完成1810幅1:1万3D产品测制与更新,测制更新全省第三代1:1万基础地理信息数据。获取吉安和南昌摄区的倾斜摄影资料用于智慧城市三维建模。获取南昌、九江、萍乡等地的SAR影像用于地理国情监测项目。南昌市完成智慧城市设计书评审,九江市完成数字城市建设验收。湖口、宜黄等县级数字城市立项,设计书通过评审。省测绘地理信息局机关通过第五批全国文明单位复查。

【地图公共服务】 省测绘地理信息局编制反映普查及监测最新进展的成果目录、《江西省第一次地理国情普查图集》和《江西省基本地理省情白皮书》,为各级政府部门的决策依据和各个专业部门业务运行提供数据支撑。发布《江西省气象、地质灾害专题图》《南昌市中、小学分布专题图》《南昌市预防接种点分布专题图》等专题地图,为社会大众提供基础地理信息服务。为省河长办、省发改委、省水利厅等部门制作《江西劣V类水治理措施一览图》《滨湖四县区域图》《江西省经济发达镇选点分布图》《长江江西段鄱阳湖区水系图》等专题地图,主动提供标准地图服务。更新制作《江西省地图》《江西省交通图》《南昌市城区图》及11个设区市城市地图,做好辅助决策用图编制与服务。

【地理国情普查成果应用】 江西省在全国率先发布省级第一次地理国情普查成果。省测绘地理信息局向各地市赠送普查成果,为全省空间规划、生态红线划定、领导干部自然资源离任审计、耕地后备资源查找等提供及时可靠的地理信息服务。省财政首次安排500万元用于常态化监测。

【地理国情常态化监测】 编制《江西省地理国情常态化监测总体方案》,提出到2020年的常态化地理国情监测总体目标。承担南昌、九江、宜春、抚州4个设区市6.4万平方千米2017年度基础性地理国情监测任务,并通过验收及成果复核。承担"赣江新区空间格局变化监测"及"全国地级以上城市及典型城市群空间格局变化监测——江西省监测区"两个国家级专题性地理国情监测项目。

【测绘成果管理与应用】 省测绘地理信息局印发《关于进一步规范涉密测绘成果提供使用审批工作的通知》,全面实行测绘成果网上审批系统。全年办理涉密测绘成果提供审批375件,地图审核70件,重点为全省地质灾害调查、矿山矿产评估、高速公路建设省重点项目建设等提供了大量基础地理信息资料成果。召开全省地理信息成果应用服务推广会,发布2017版天地图江西。拓展应用领域,加强与基层信息化管理部门的合作,重点面向政府部门和专业用户推广应用天地图,推动天地图接入各级政府门户网站。

【测量标志管理】 省测绘地理信息局研发测量标志移动巡查APP,指导基层测绘地理信息主管部门、测量标志保管人通过移动巡查系统上传标志保护信息,并建立管理信息数据库。通过移动巡查APP上传全省重点保护测量标志2300余座。

【测绘地理信息法治建设】 12月26日,省政府颁布《江西省地理信息数据管理办法》,建立全省地理信息数据汇集共享机制。省测绘地理信息局开展新《中华人民共和国测绘法》宣传贯彻活动,举办测绘法知识竞赛等系列活动。推行全行业测绘资质巡查和项目质量检查,实现测绘资质巡查3年全覆盖。推进"放管服"改革,下放了丙、丁级测绘资质审批权限。

【测绘科技创新】 省测绘地理信息局参与申报的流域生态与地理环境监测国家测绘地理信息局重点实验室正式运行,并面向社会公开征集重点实验室开放基金课题。成功申报"大数据驱动的地理信息公共服务地图动态更新技术、基于InSAR技术的南昌市重点区域地表形变安全监测关键技术研究、鄱阳湖湖底地形与湖盆冲淤变化监测关键技术"等3个2017年度江西省重点研发计划项目。承担了1项国家测绘地理信息行业标准《湖泊流域生态监测技术规范》、2项江西省地方标准《车载移动测量实景三维数据规范》《地理信息项目技术设计规定》编制工作。

【开展排查整治"问题地图"专项行动】 省测绘地理信息局联合省委网信办、省政府办公厅、省国土资源厅、省新闻出版广电局、省教育厅、省通信管理局、省工商局、省公安厅、南昌海关、省保密局、省军区等部门组成专项行动领导小组,制订工作方案,组织辅导培训,分成6个巡查组对全省各地进行巡查督导,重点对地图网站、繁华街道、旅游景点、博物馆、展览馆、书店等部位进行全面排查整治。全省参与自查单位1650家,自查地图总数5950幅,抽查单位669家,抽查地图总数725幅,出动执法人员500余人次。共发现存在的"问题地图"2282幅,其中危害国家统一、主权和领土完整的"问题地图"108幅,危害国家安全和利益的"问题地图"552幅,其他不符合地图管理有关规定的地图1622幅。对发现的"问题地图",采取收缴、下架、撤换、蒙盖等方式,对有关单位进行约谈、现场下发整改通知书,全面清理整治"问题地图",依法查处违法违规行为。

(邹益申)

地质勘查

【概　况】 2017年,全省国有地勘单位主要有省地质矿产勘查开发局(简称省地矿局)、省核工业地质局、省煤田地质局、江西有色地质勘查局等4家。总资产264.4亿元,总负债187.2亿元,资产负债率70.8%。全年开展矿产勘查项目376个,投入金额4.1亿元。完成主要实物工作量:钻探30.13万米,槽探11.07万立方米,1:5万地质测量12832平方千米,1:5万水系沉积物测量11494平方千米,1:5万土壤地球化学测量1140平方千米,1:5万磁法测量440平方千米。

年内在武宁县东坪发现国内最大的石英脉黑钨矿床,探明钨资源量21.4万吨,被评为2017年全国十大找矿成果。赣州市稀土资源远景评价新增重稀土浸出量20万吨,轻稀土浸出量320万吨。新余市石山—摇篮窝硅灰石矿预查,估算硅灰石矿规模可达大型。宁都县百坑瓷石(瓷土)矿普查,铷矿达大型规模。武宁县大湖塘南区钨矿补充详查,新增钨资源量37万吨,达超大型规模。武山矿区铜矿深部勘探预计提交铜金属量100万吨。铅山县为岭瓷土矿详查,探明瓷石+瓷土矿资源量8034万吨,达超大型矿床规模。于都县坳脑萤石矿详查,探获矿石量645万吨。永丰县朱家洞饰面用大理石矿详查,探获矿石量1509.6万立方米,为大型大理石矿床。新余市渝水区石竹山—上高县樟木桥硅灰石普查,竣工钻孔19个,是亚洲最大优质硅灰石矿。上饶横峰县松树岗矿区钽铌矿勘探,探明钽矿资源储量近3万吨、铌5万余吨,达特大型,矿床规模为亚洲最大钽矿。

地质人员野外查看地质露头

省地矿局供

【拓展地质工作服务领域】 全年实施各类水文工程地质工程环境工程地质项目430项,投入金额5.25亿元,加大地灾治理、矿山恢复治理、土地复垦、城市地质、旅游地质、重大项目工程勘察工作力度,服务全省经济社会发展。围绕重点工程开展服务。开展沪昆高铁沿线丰城幅环境地质调查、长江中游城市群萍乡幅环境地质调查,查明了区内环境地质现状及问题,进行了建设用地适宜性分区评价。服务江西省减灾防灾工作。承担全省43个县市区地灾调查项目,年内已完成第三批8个县级地灾调查野外验收,新启动第四批21个县地灾调查,为全省地灾防治工作提供了可靠的技术支撑。推动地热资源开发利用。实施28个地热勘查项目,“安远县新塘地热调查评价”项目,群孔抽水水量2300吨/天,水温54.0℃。“全南县南迳地热水可行性勘查”项目,单孔流量1890吨/天,水温67℃。“宁都县蓝田地热水预可行性勘查”项目,单孔抽水水量1173吨/天,水温83℃,与修水县白岭地热水并列全省第一高温。“寻乌县河角地热水可行性勘查”项目,群孔抽水水量3283吨/天,水温76℃。“宁都县仙人井地热水预可行性勘查”项目,单孔抽水水量2017吨/天,水温59.5℃。推动旅游地质产业发展。开展上饶县灵山旅游地质资源调查,助力灵山成功申报省级地质公园。开展宁都、兴国等县地质遗迹调查与保护,助力兴国成功申报省级丹霞地质公园。莲花白水岩钙华地质遗迹调查发现63处地质遗迹点,具有独特的旅游观赏与科研价值。拓展农业地质。实施于都、赣县、崇义、信丰等地1:5万土地质量地球化学调查项目,发现2000公顷富硒土壤,为赣南特色农业基地选区和建立富硒开发示范基地提供依据。

【开辟国外市场】 省地矿局伊朗夏拉夫阿巴德金矿经过一年零三个月的建设,建成试生产,预计年产黄金320千克,销售收入8000万元以上,是江西省在伊朗的首个金矿项目。省煤田地质局中煤集团新中标缅甸供水项目、援厄立特里亚中国医疗队宿舍建设等项目,重点跟踪赞比亚军营和1万套公务员住宅项目、埃塞BRT项目、多哥农业产业园项目、乌干达3万套军官住房等项目,取得实质性进展。中煤集团连续6年入选全球最大国际工程承包商250强,排名95位。省核工业地质局在津巴布韦注册成立江西凤宝(津巴布韦)矿业公司,开展地矿工作并投资入股3个金矿山,投入建立实验室,1个矿山已投产,在津巴布韦承接地质勘查技术服务项目7个。

【创新地质科技】 省地矿局加大基础地质科研力度,朱溪矿区深地探测3000米深钻于10月正式启动开孔,国土资源部“三深一土”战略在江西省正式落地实施。承担的“华夏成矿省华南洋—滨太平洋构造演化与成矿研究”项目,首次厘定“华夏成矿省”及其边界范围,建立“多位一体、多层楼、多台阶”的成矿模式,是区域大地构造与区域成矿研究领域的一项重要成果。省核工业地质局主动对接省5511创新工程,参与国家重点研发计划2项,实施智能立体车库、背面银浆、脱落酸原药产业化等省科技厅、省工信委及局重点科研项目12项,新增专利12项、软件著作权35项,主导或参与国家标准、行业标准制定4项。江西有色地勘局加强与科研机构的产学研合作力度,局属晶安高科公司与国家钨与稀土质检中心合作共建的锆铪联合实验室正式挂牌,联合中科院过程工程研究所等4家单位共同申报的“锆化学品绿色设计平台建设项目”入选2017年百家绿色设计平台建设项目。

(省地矿局)

本栏编辑 邓玉兰

环 境 保 护

综 述

2017年，全省林业、环保等部门以改善环境质量为核心，打好污染防治攻坚战，全面推进环保重点工作，生态环境质量保持优良。空气质量优良率83.3%，高于全国平均5.5个百分点；全省地表水达标率88.5%，提高7.1%。

国土绿化。全年人工造林9.47万公顷，任务完成率118.42%。完成乡村风景林示范点建设2145个，面积5776.38公顷。其中，保护型示范点1334个，面积3913.11公顷；完善型示范点665个，面积1415.56公顷；建设型示范点146个，面积447.71公顷。全省森林覆盖率稳定在63.1%。

森林管理。出台《江西省林业资源保护专题研究(2016—2030)》《江西省森林资源数据更新管理办法》。部署开展全省第七次森林资源二类调查。实现林木采伐网上办证，全省使用林木采伐限额268.7万立方米。成立全省天然林保护工作领导小组和江西省天然林保护工程管理中心。国家下达天然林停伐管护补助资金6.66亿元，增加10%；完成下拨补助资金1.52亿元。启动并基本完成24个县(市、区)100个生态公益林固定样地外业调查。全省参加森林保险林地面积739.33万公顷，占林地面积80.95%；森林保险赔案869起，面积2.07万公顷，获赔0.93亿元；省级和中央财政补贴1.1亿元。开展全省林政资源管理综合检查，随机抽查10个县(市、区)保护发展森林资源目标责任制执行、林地保护管理、森林采伐管理和木材加工企业监管情况。国家下达使用林地定额9973.82公顷，审核审批使用林地1517起，实际使用林地9590.27公顷，节余383.55公顷。首次开展林地行政许可“双随机一公开”监督检查，共检查23个县(市、区)林地使用项目77起、面积411.97公顷，发现9个县(区)违法用地项目14起、面积7.87公顷，并限期整改。稳定林业站管理体制，全省建有基层林业站933个，在岗4659人。

林业“三防”。全省严格落实森林防火责任制，开展野外火源集中整治，强化森林火险预警和火情监测，推进专业森林消防队正规化建设，安排航空护林飞机靠前驻防，强化森林防火工作。全年发生森林火灾66起，过火面积1732.82公顷，受害面积702.65公顷，森林火灾受害率、发生率、控制率、案件查处率均在国家下达的控制指标以内，没有发生重特大森林火灾和人员伤亡事故。抓好松材线虫病防控，完善监测预警平台，健全社会化防治体系。全省林业有害生物防控“四率”全部达标，林业有害生物成灾率0.53‰、无公害防治率97.97%、测报准确率88.9%、种苗产地检疫率99.8%。组织开展一系列专项整治行动，依法查处一批有影响的大案要案；同时健全立体化林区社会治安防控体系。

湿地管理。实施中央财政湿地补贴项目16个，项目资金0.5亿元。启动为期5年的全球环境基金(GEF)江西省湿地保护区体系示范项目，获赠600万美元。开展2017“清河行动”，对围垦破坏湿地、违法侵占湿地、违规临时占用湿地等进行查处。开展第21个“世界湿地日”宣教活动。

物种保护。召开鄱阳湖区越冬候鸟和湿地保护工作会议，明确地方政府主体责任，形成政府负责，林业部门牵头，公安、工商行政管理、渔政等部门配合，上下联动、内外统筹的越冬候鸟保护和湿地保护机制；逐级签订责任状，落实监管责任。开展打击乱捕滥猎候鸟等野生动物违法犯罪专项行动，鄱阳湖区基本实现“三无一杜绝”目标。开展环鄱阳湖区越冬水鸟同步调查，记录水鸟102种。完成全鄱阳湖区夏季水鸟调查，记录水鸟60种，隶属6目15科。开展野生动物疫源疫病监测防控，未发生重大野生动物疫情。开展江西省第三十六届“爱鸟周”和“野生动物保护宣传月”活动。

污染防治。加强建筑工地扬尘、机动车尾气、工业废气、燃煤锅炉烟气等污染源管理，淘汰黄标车5.16万辆、燃煤小锅炉284台，完成建筑工地扬尘标准化治理1100个，统调火电机组脱硫脱硝除尘设施建设率、钢铁行业烧结机脱硫率、水泥熟料生产线脱硝设施建设率均为100%。11月，省政府办公厅印发《关于实施大气污染防治攻坚冲刺行动》。12月，省环保厅派出43个现场督查组进驻全省11个设区市，在全省范围内对大气污染排放源采取强制性管控措施。印发《省政府重点扶持污水管网建设的48个县(市)城镇污水处理厂进出水化学需氧量考核办法(暂行)》，与省住建厅一起督促48个县(市)加快污水管网建设，约谈管网建设滞后的9个县(市、区)政府。中央环保督察反馈的2634家未配套建设粪污处理利用设施的养猪场，完成整改2618家。

(省林业厅　省环保厅)

生态环境建设

【概　况】　2017年，完成国家防护林工程造林4.33万公顷，其中“长防林”工程3.33万公顷、“珠防林”工程1.00万公顷。完成“血防林”工程0.67万公顷。完成国家储备林项目0.12万公顷、欧洲投资银行贷款江西生物质能源林示范基地项目0.42万公顷。亚洲开发银行江西林业发展项目造林0.10万公顷，累计完成项目造林4.76万公顷，占总计划110%。新建空气负（氧）离子监测点10处，开展空气负（氧）离子监测区域42处。

全民义务植树。2月10日，省委、省人大常委会、省政府、省政协领导，省法院、省检察院主要负责人和省、市机关干部、各界群众500余人，到南昌市红谷滩新区高铁沿线参加义务植树活动，共栽种苗木3200余株，面积2.67公顷。全省参加义务植树1998万人次，植树8991株。

森林城市创建。上饶市、赣州市、景德镇市被授予“国家森林城市”称号，全省国家森林城市增至10个。崇义县、武宁县申报国家森林城市总体规划通过国家林业局评审。28个县（市、区）被批准为“江西省森林城市”，全省增至69个。新建乡村风景林示范村点（自然村）2145个，面积0.57万公顷。16个县（市、区）入选“2017中国候鸟旅居小城”，其中武宁县入选“亲水琼台全国十佳”。16个县（市、区）被评为“江西省第二批生态文明示范县（市、区）”。

森林质量提升。完成低产低效林改造5.17万公顷、森林抚育37.33万公顷、退化林修复10.67万公顷、封山育林6.67万公顷。安排省级低产低效林改造补助资金2.07亿元，重点支持发展乡土阔叶树种和珍贵树种。在20个县（市、林场）开展省级森林经营样板基地建设。全省人工造林合格率98.42%，封山育林合格率100%。公布首批6个省级林木种质资源库。定点培育良种苗木1.30亿株，提高41%。

【“一区两园”建设】　国务院批准晋升江西南风面国家级自然保护区，面积1.06万公顷。会昌湘江源、信丰金盆山、修水程坊3处县级自然保护区晋升为省级自然保护区。马头山国家级自然保护区加入国际自然保护地联盟组织。国家林业局批准贵溪森林公园、会昌森林公园晋升为国家级森林公园，面积分别为0.30万公顷和0.34万公顷。批准设立罗霄山大峡谷国家森林公园，面积0.29万公顷。全省国家级森林公园总体规划编制率提升到90%，省级森林公园总体规划编制率提升到39%。国家林业局批准兴国潋江、赣州章江2处国家湿地公园试点成为国家湿地公园；同意瑞金绵江、吉水吉湖、峡江玉峡湖、抚州凤岗河、抚州廖坊、广昌抚河源6处湿地开展国家湿地公园试点。

【武宁县率先实行“林长制”】　4月1日，武宁县建立由县委书记、县长担任县级“总林长”“副总林长”，其他县委、县人大常委会、县政府、县政协领导担任县级“林长”，乡镇党委书记、乡镇长和村支部书记、村委会主任分别担任乡村两级正副“林长”的县、乡、村三级“林长”组织体系。全县442名“林长”实现对全县27.42万公顷林地的分级管理全覆盖，同时组建800人生态管护员，形成政府主导、部门联动和全民参与的森林资源保护管理新机制。省政府办公厅以《山更青、权更活、民更富——武宁县率先推行“林长制”争当“美丽中国”江西样板排头兵》为题，介绍武宁县具体做法，供各地学习借鉴。

【首批国家森林步道途经江西5市】　11月13日，国家林业局公布第一批5条国家森林步道名单，其中2条分别途经江西省赣州、吉安、宜春、萍乡、上饶5市。罗霄山国家森林步道南起崇义县，由浏阳市进入湖南省，全长1400千米，江西境内942千米，沿线有江西一系列森林旅游地、红色历史文化遗迹、佛教道教圣地、古村落和历史古道。武夷山国家森林步道全长约1160千米，江西境内138千米，由铅山县进入江西，沿线有江西武夷山、五府山、铜钹山等。

【开展生态文明示范创建工作】　9月21日，环保部召开全国生态文明建设现场推进会，公布首批“绿水青山就是金山银山”实践创新基地和国家生态文明建设示范市县名单，江西省靖安县、资溪县、婺源县被授予第一批国家生态文明建设示范市县，数量列全国第四（全国46个）；靖安县还被评为第一批“绿水青山就是金山银山”实践创新基地（全国13个）。10月11日，省环保厅命名第十批省级生态乡（镇）和第八批省级生态村，全省新增省级生态乡（镇）46个和省级生态村77个。全省有国家级生态乡（镇）228个，省级生态乡（镇）500个；国家级生态村9个，省级生态村811个，生态文明示范创建工作位居全国前列。

（卢建红）

生态环境保护

【概　况】　至2017年，全省建立林业自然保护区186处，其中国家级16处、省级33处、市县级137处，总面积105.93万公顷，占全省国土面积6.35%。建立森林公园182处，其中国家级49处、省级120处、市县级13处，经营总面积52.73万公顷，占全省国土面积3.2%。建立湿地公园93处，总面积14.88万公顷，湿地面积11.73万公顷。其中，国家湿地公园13处、国家湿地公园建设试点26处，总面积12.33万公顷，湿地面积9.63万公顷；省级湿地公园15处、省级湿地公园建设试点39处，总面积2.55万公顷，湿地面积2.1万公顷。全年新增湿地保护面积86.47公顷，湿地保护率增至50.19%。国家和省级补偿生态公益林面积保持340万公顷。全省天然林面积629.85万公顷，占全省国土面积37.7%。其中，生态公益林259.68万公顷，天然商品林370.17万公顷。国家下达天然商品林停伐管护补助面积152.72万公顷，全省签订天然商品林停伐、管护协议110.03万公顷，占总任务72.05%。

【森林防火】　全省下达生物防火林带建设任务0.23万公顷，补助资金0.35亿元；安排村级防火补助资金0.5亿元。组织未参加和未通过全省专业森林消防队扑火技能大练兵考核队员集训，合格率98.2%。举行江西（九江）森林防火综合实战演练。对设区市和省直管县（市）完成《森林防火责任书》情况进行检查考核，6个设区市和3个省直管县（市）评为森林防火责任目标考核优胜单位。全年组织开展航空护林作业93架次，及时扑灭森林火灾2起，核查火情热点46个，核实瞒报火情22起，增加降雨0.9亿吨。

【林业有害生物防控】 省林业有害生物防控工作指挥部对各设区市和省直管县政府履行《松材线虫病等重大林业有害生物防控目标责任书》2016—2017年度职责情况进行全面检查考核并通报。在松材线虫病疫情区推广政府购买服务，实行社会化、专业化防治。全年防治松林面积1.90万公顷，清理死亡松树32.95万株。开展松褐天牛综合治理，综合防治面积1.90万公顷；环庐山周边6个县（市、区、局）开展2次飞防作业，防治作业面积1.97万公顷/次，飞防区松褐天牛数量下降44.37%。开展松毛虫防治，控制松毛虫在局部地区爆发的态势。划分全省美国白蛾监测特别危险区。对全省油茶病虫发生情况进行摸底调查。完成36个国家级中心测报点布局和主测对象调整。全省森林病虫灾害保险理赔案106件，赔付面积1.12万公顷，理赔金额0.13亿元。省林业厅、江西出入境检验检疫局部署为期2年的"林安"行动，并开展第一次联合执法检查。

【林业严打整治】 全省森林公安部门组织开展"严打生态犯罪、护航美丽江西""2017利剑行动""保护鄱阳湖湿地候鸟""飓风1号""赣剑"、缉枪治爆、毒品查缉、整治涉枪违法犯罪、打击破坏野生动物资源违法犯罪等专项整治行动，挂牌督办大要案32起，侦破一批重特大森林刑事案件。全年共立森林案件2.62万起，其中刑事案件3100起、行政案件2.31万起；破案2.54万起，其中刑事案件2500起、行政案件2.29万起；处理违法犯罪人员3.49万人，其中逮捕955人、行政处罚2.12万人、补种树木9100人、其他处罚1000人；收缴各类木材3.65万立方米、国家重点保护植物1700株、野生动物5408只（头），为国家挽回直接经济损失0.98亿元。全省木材检查站开展为期2个月的打击非法运输木材专项行动，查处违法运输木材案件917起，涉案木材0.32万立方米、野生苗木272株，为国家挽回直接经济损失281.73万元；没收非法运输木材962.8立方米，增长108%；处罚单价上升43%；非法运输木材发案率下降20%；非法运输野生苗木发案率下降25%。开展退耕还林突出问题专项整治，整改到位1213条，占问题总数93.6%，收缴违规资金0.32亿元，移送纪检和检察部门141人，追责137人，其他处理18人。

【印发《江西省党政领导干部生态环境损害责任追究实施细则（试行）》】
3月23日，省委办公厅、省政府办公厅印发《江西省党政领导干部生态环境损害责任追究实施细则（试行）》，规定各级党委和政府对当地生态环境和资源保护负总责，党委和政府主要领导承担主要责任，其他有关领导在职责范围内承担相应责任；各级党委和政府有关工作部门及其所属机构领导按照职责分别承担相应责任。对违背科学发展要求，造成Ⅲ级以上生态环境损害等生态环境和资源严重破坏的，责任人不论是否已调离、提拔或者退休，都必须严格追责。如果存在干扰、阻碍追究责任调查，弄虚作假、隐瞒事实真相，对检举人、控告人打击、报复、陷害等情形之一的，还应从重追责。追责方式可以单独使用，也可以同时使用。涉嫌犯罪的，移送司法机关依法处理。

【开展打击乱捕滥猎候鸟等野生动物违法犯罪专项行动】 自2016年10月在全省开展打击乱捕滥猎候鸟等野生动物违法犯罪专项行动（清网行动）以来，各地层层签订责任状，明确各级地方政府主体责任，落实候鸟保护监管责任。林业、公安、工商行政管理等有关部门相互联动、紧密配合、全面覆盖，对辖区内重点区域和线路进行巡护，对集市、餐饮店、农贸市场、经营、驯养场所等地进行执法。至2017年3月，共出动执法人员1.2万人次，开展湖区联合巡查840次，检查清理各类经营场所8016余处，查获各类野生动物活体3028只、野生动物制品310千克，收缴非法猎具1017副，清除天网林网1195张、约3.5万米，平毁非法围堰8处、面积293.33公顷；侦破各类野生动物刑事案件37起，办理行政案件30起，行政处罚40余人；救治放飞野生鸟类483只。

【开展严厉打击破坏森林资源专项行动】 4月15日至7月25日，全省开展严厉打击各类破坏森林资源专项行动（百日行动）。专项行动以"多破案、破大案"为主攻方向，集中力量侦破一批大案要案，惩治一批违法犯罪分子，整顿一批破坏严重、管理混乱的重点林区。全省查处破坏森林资源违法犯罪案件2343起，其中刑事案件338起、行政处罚案件1955起、其他处理50起；涉及林地面积2613公顷，林木蓄积量1.42万立方米，罚没收入1987万元；刑事处理359人，行政处罚2151人，行政问责10人。

【召开全省森林防火、松材线虫病防控、湿地候鸟保护工作电视电话会议】
9月27日，省政府在南昌召开全省森林防火、松材线虫病防控、湿地候鸟保护工作电视电话会议。副省长吴晓军出席会议并代表省政府向各设区市政府下达《2017—2018年度森林防火责任书》。省政府副秘书长宋雷鸣主持会议。会议总结2016年度全省森林防火、松材线虫病防控、湿地候鸟保护三项工作，部署下一阶段任务；通报2016—2017年度全省森林防火、松材线虫病防控责任目标考核结果，表彰鄱阳湖区越冬候鸟和湿地保护工作先进县（市、区）。各设区市政府分管领导，省政府森林防火总指挥部、省林业有害生物防控工作指挥部各成员单位分管领导，省委宣传部、省委农工部、省人大环资委、省综治办有关领导，省林业厅领导等在主会场参加会议。

（俞长好）

【"绿盾2017"专项行动督察】 8月9日，省政府印发《"绿盾2017"江西省自然保护区监督检查专项行动工作方案的通知》，9月下旬至10月上旬，由省环保厅、省国土资源厅、省水利厅、省农业厅、省林业厅、省政府法制办等单位人员组成5个督察组，对全省11个设区市“绿盾2017”专项行动开展情况进行督察，通过座谈、视频汇报、遥感数据核对和实地勘察等形式，督促各地开展自查自纠。国家级自然保护区自查发现问题147个，已整改51个，其中位于核心区、缓冲区6处；正在整改51个，其中位于核心区、缓冲区6处；历史遗留问题43个，拟待政策进一步明确再制定整改措施；有2个拟进行生态评估后确认整改措施。

【《江西省生态保护红线划定方案》审议通过】 11月22日，省政府第90次常务会议审议通过《江西省生态保护红线划定方案》，明确“一湖五河三屏”（鄱阳湖，赣江、抚河、信江、饶河、修河，赣东北—赣东、赣西北—赣西、赣南山地森林生态屏障）生态保护红线基本格局，主要分布在武夷山、南岭山地、怀玉山、罗霄山脉、鄱阳湖等水源涵养及生物多样性维护，以及雩山水土保持重要区域内。

（省环保厅）

·资　料·

江西省国家级和省级湿地公园

单位：公顷

序号	名称	所在地	总面积	湿地面积	批建时间	管理机构
一	国家级湿地公园					
1	孔目江国家湿地公园	新余市	1295.00	677.40	2007年11月15日	孔目江国家湿地公园管理处
2	东鄱阳湖国家湿地公园	鄱阳县	36285.00	35116.10	2008年11月19日	东鄱阳湖国家湿地公园管委会
3	修河国家湿地公园	永修县	11041.00	9671.00	2008年11月19日	江西修河国家湿地公园管理局
4	东江源国家湿地公园	安远县	2675.70	547.00	2008年11月19日	东江源国家湿地公园管理局
5	丰城药湖国家湿地公园	丰城市	2560.00	2150.40	2009年12月23日	江西药湖国家湿地公园管理局
6	南丰傩湖国家湿地公园	南丰县	1727.00	372.50	2009年12月23日	江西南丰傩湖国家湿地公园管理局
7	武宁庐山西海国家湿地公园	武宁县	4016.30	3821.00	2011年3月25日	武宁县庐山西海国家湿地公园管理局
8	修水修河源国家湿地公园	修水县	4342.40	3577.20	2011年3月25日	江西修河源国家湿地公园管理局
9	赣县大湖江国家湿地公园	赣县区	6655.00	5353.70	2011年3月25日	江西大湖江湿地公园管理局
10	会昌湘江国家湿地公园	会昌县	1264.70	1038.80	2012年12月31日	江西会昌湘江国家湿地公园管理局
11	婺源饶河源国家湿地公园	婺源县	346.60	320.60	2013年12月31日	江西婺源国家湿地公园管理办公室
12	兴国潋江国家湿地公园	兴国县	3577.00	2362.45	2011年3月25日	江西潋江国家湿地公园管理局
13	赣州章江国家湿地公园	赣州市	1054.80	788.20	2012年12月31日	赣州市章江国家湿地公园管理处
二	国家级湿地公园试点					
1	万年珠溪国家湿地公园	万年县	1025.10	506.80	2012年12月31日	万年县林业局

续表

序号	名称	所在地	总面积	湿地面积	批建时间	管理机构
2	上犹南湖国家湿地公园	上犹县	671.17	627.38	2012 年 12 月 31 日	上犹县林业局
3	南城洪门湖国家湿地公园	南城县	8089.31	4313.34	2012 年 12 月 31 日	南城县林业局
4	景德镇玉田湖国家湿地公园	景德镇市	387.50	199.50	2013 年 12 月 31 日	景德镇市玉田水库管理处
5	宁都梅江国家湿地公园	宁都县	6345.80	4471.20	2013 年 12 月 31 日	宁都县林业局
6	庐陵赣江国家湿地公园	吉安市	777.10	657.34	2014 年 12 月 31 日	吉安市林业局
7	芦溪山口岩国家湿地公园	芦溪县	1043.47	419.01	2014 年 12 月 31 日	芦溪县林业局
8	三清山信江源国家湿地公园	玉山县	1053.04	672.73	2014 年 12 月 31 日	玉山县林业局
9	遂川五斗江国家湿地公园	遂川县	897.30	447.80	2014 年 12 月 31 日	遂川县林业局
10	鹰潭信江国家湿地公园	鹰潭市	1684.68	1447.02	2014 年 12 月 31 日	鹰潭市林业局
11	高安锦江国家湿地公园	高安市	2600.00	2255.00	2015 年 12 月 31 日	高安市林业局
12	寻乌东江源国家湿地公园	寻乌县	1546.80	947.20	2015 年 12 月 31 日	寻乌县林业局
13	石城赣江源国家湿地公园	石城县	1254.60	982.10	2015 年 12 月 31 日	石城县林业局
14	资溪九龙湖国家湿地公园	资溪县	367.14	127.64	2015 年 12 月 31 日	资溪县林业局
15	横峰岑港河国家湿地公园	横峰县	329.60	266.08	2015 年 12 月 31 日	横峰县林业局
16	崇义阳明湖国家湿地公园	崇义县	2122.96	2056.94	2016 年 12 月 30 日	崇义县林业局
17	大余章水国家湿地公园	大余县	1468.40	636.70	2016 年 12 月 30 日	大余县林业局
18	莲花莲江国家湿地公园	莲花县	755.07	622.34	2016 年 12 月 30 日	莲花县林业局
19	全南桃江国家湿地公园	全南县	898.90	595.18	2016 年 12 月 30 日	全南县林业局
20	万安湖国家湿地公园	万安县	4075.88	2052.98	2016 年 12 月 30 日	万安县林业局
21	抚州凤岗河国家湿地公园	抚州市	734.17	596.49	2017 年 12 月 27 日	抚州市园林局
22	峡江玉峡湖国家湿地公园	峡江县	1821.00	1174.60	2017 年 12 月 27 日	峡江县林业局
23	广昌抚河源国家湿地公园	广昌县	579.30	232.96	2017 年 12 月 27 日	广昌县林业局
24	抚州廖坊国家湿地公园	抚州市	2831.22	2158.50	2017 年 12 月 27 日	廖坊水库管理局
25	瑞金绵江国家湿地公园	瑞金市	1802.89	927.67	2017 年 12 月 27 日	瑞金市林业局
26	吉水吉湖国家湿地公园	吉水县	1293.00	1135.48	2017 年 12 月 27 日	吉水县林业局
三	**省级湿地公园**					
1	上饶槠溪省级湿地公园	上饶县	393.00	25.00	2010 年 9 月 28 日	江西上饶槠溪省级湿地公园管理办公室
2	遂川遂川江省级湿地公园	遂川县	665.93	519.73	2010 年 9 月 28 日	江西遂川遂川江省级湿地公园管理站
3	南丰潭湖省级湿地公园	南丰县	871.10	561.00	2010 年 9 月 28 日	潭湖水库管理局
4	浮梁三贤湖省级湿地公园	浮梁县	41.36	23.19	2010 年 9 月 28 日	浮梁县林业局
5	高安瑞州省级湿地公园	高安市	56.00	55.00	2010 年 9 月 28 日	高安市林业局
6	丰城玉龙河省级湿地公园	丰城市	235.70	228.70	2010 年 9 月 28 日	丰城市林业局
7	宜丰新昌湖省级湿地公园	宜丰县	35.60	25.60	2010 年 9 月 28 日	宜丰县林业局
8	德兴泊水河省级湿地公园	德兴市	353.00	255.10	2010 年 9 月 28 日	德兴市林业局

续表

序号	名称	所在地	总面积	湿地面积	批建时间	管理机构
9	金溪白马湖省级湿地公园	金溪县	629.56	375.85	2010年9月28日	金溪县林业局
10	进贤磨盘洲省级湿地公园	进贤县	49.50	41.05	2011年11月29日	进贤县林业局
11	萍乡南岗口省级湿地公园	萍乡市	102.00	63.90	2011年11月29日	萍乡市湘东区林业局
12	南丰琴湖省级湿地公园	南丰县	195.52	170.10	2011年11月29日	南丰县林业局
13	南城盱江省级湿地公园	南城县	632.60	603.30	2011年11月29日	南城县林业局
14	黎川黎滩河省级湿地公园	黎川县	150.75	116.64	2011年11月29日	黎川县林业局
15	彭泽长江省级湿地公园	彭泽县	2929.11	2611.11	2014年12月31日	彭泽县林业局
四	**省级湿地公园试点**					
1	余江白塔河省级湿地公园	余江县	621.00	516.30	2010年9月28日	余江县林业局
2	于都长征源省级湿地公园	于都县	1150.66	858.84	2010年9月28日	于都县林业局
3	奉新华林省级湿地公园	奉新县	138.00	87.00	2010年9月28日	奉新县林业局
4	万安云洲省级湿地公园	万安县	42.67	16.09	2010年9月28日	万安县林业局
5	宜黄百鹭洲省级湿地公园	宜黄县	126.46	123.01	2010年9月28日	宜黄县林业局
6	乐安龙潭省级湿地公园	乐安县	135.55	119.24	2010年9月28日	乐安县林业局
7	南昌澄碧湖省级湿地公园	南昌县	90.39	54.33	2011年11月29日	南昌县林业局
8	鹰潭白露河省级湿地公园	鹰潭市	34.58	25.36	2011年11月29日	鹰潭市月湖区农林局
9	广丰丰溪省级湿地公园	广丰区	106.70	93.30	2011年11月29日	上饶市广丰区林业局
10	铅山宋家源省级湿地公园	铅山县	150.70	72.10	2011年11月29日	铅山县林业局
11	余干琵琶湖省级湿地公园	余干县	603.80	366.80	2011年11月29日	余干县林业局
12	崇仁宝水省级湿地公园	崇仁县	103.30	50.50	2011年11月29日	崇仁县林业局
13	龙南渥江省级湿地公园	龙南县	71.26	32.84	2013年3月18日	龙南县林业局
14	安福泸水河省级湿地公园	安福县	201.69	171.48	2013年3月18日	安福县林业局
15	德安隆平省级湿地公园	德安县	79.48	48.21	2013年12月31日	德安县林业局
16	庐山星湖湾省级湿地公园	庐山市	4334.18	4005.48	2013年12月31日	庐山市林业局
17	乐平东湖省级湿地公园	乐平市	36.50	27.65	2013年12月31日	乐平市林业局
18	萍乡玉湖省级湿地公园	萍乡市	58.68	35.33	2013年12月31日	萍乡市林业局开发区分局
19	南康蓉江河省级湿地公园	南康区	153.10	93.10	2013年12月31日	赣州市南康区林业局
20	龙南桃江窑头省级湿地公园	龙南县	188.84	117.07	2013年12月31日	龙南县林业局
21	樟树芗溪省级湿地公园	樟树市	65.60	40.00	2013年12月31日	樟树市林业局
22	临川白鹭省级湿地公园	临川区	103.28	62.10	2013年12月31日	抚州市临川区林业局
23	都昌北鄱阳湖省级湿地公园	都昌县	3400.00	3099.00	2014年12月31日	都昌县林业局
24	湖口洋港省级湿地公园	湖口县	322.48	271.51	2014年12月31日	湖口县林业局
25	九江小城门湖省级湿地公园	九江县	130.22	109.79	2014年12月31日	九江县林业局
26	奉新潦河省级湿地公园	奉新县	449.76	344.65	2014年12月31日	奉新县林业局
27	上高锦江省级湿地公园	上高县	500.85	307.52	2014年12月31日	上高县林业局

续表

序号	名称	所在地	总面积	湿地面积	批建时间	管理机构
28	万载龙河省级湿地公园	万载县	202.00	126.00	2014年12月31日	万载县林业局
29	吉安君山湖省级湿地公园	吉安县	164.40	113.10	2014年12月31日	吉安县林业局
30	新干湄湘河省级湿地公园	新干县	715.80	637.40	2014年12月31日	新干县林业局
31	瑞昌安定湖省级湿地公园	瑞昌市	260.50	222.00	2015年12月30日	瑞昌市林业局
32	永修鹤田省级湿地公园	永修县	437.67	418.56	2015年12月30日	永修县林业局
33	宁都黄陂河省级湿地公园	宁都县	390.71	380.59	2015年12月30日	宁都县林业局
34	铜鼓定江省级湿地公园	铜鼓县	131.56	111.83	2015年12月30日	铜鼓县林业局
35	鄱阳鸦鹊湖省级湿地公园	鄱阳县	683.10	649.60	2015年12月30日	鄱阳县林业局
36	信丰桃江省级湿地公园	信丰县	469.68	349.80	2016年12月30日	信丰县林业局
37	共青城珍珠湖省级湿地公园	共青城市	122.10	78.70	2016年12月30日	共青城市农林局
38	弋阳信江省级湿地公园	弋阳县	1031.98	737.70	2017年12月25日	弋阳县林业局
39	景德镇昌南湖省级湿地公园	景德镇市	187.76	136.10	2017年12月25日	景德镇市中心城昌南拓展区建设办公室

江西省国家级和省级森林公园

单位:公顷

序号	名称	批建时间	批复面积	经营管理单位
一	国家级森林公园			
1	三爪仑国家示范森林公园	1993年3月	12396.23	靖安县旅游局
2	庐山山南国家森林公园	1993年5月	3346.67	庐山市东牯山林场
3	梅岭国家森林公园	1993年5月	11173.10	梅岭国家森林公园管理办公室(湾里区林业局)
4	三百山国家森林公园	1993年5月	3330.00	安远县林业局
5	马祖山国家森林公园	1993年5月	666.67	九江市濂溪区林业局
6	鄱阳湖口国家森林公园	1993年5月	1280.00	湖口县三里林场
7	灵岩洞国家森林公园	1993年5月	3000.00	婺源县灵岩洞国家森林公园管理局
8	明月山国家森林公园	1994年12月	7842.00	宜春市明月山温泉风景名胜区管理局
9	翠微峰国家森林公园	1999年1月	7866.67	宁都县翠微峰管理委员会
10	天柱峰国家森林公园	2000年2月	20757.00	铜鼓县国有城郊林场
11	泰和国家森林公园	2000年12月	3000.00	泰和白鹭湖国家森林公园管理处
12	鹅湖山国家森林公园	2000年12月	7950.00	铅山县鹅湖山国家森林公园
13	龟峰国家森林公园	2000年12月	7400.00	上饶市龟峰国家森林公园管理委员会
14	上清国家森林公园	2000年12月	11800.00	龙虎山风景旅游区上清林场
15	梅关国家森林公园	2001年11月	5300.00	大余县林业局
16	永丰国家森林公园	2001年11月	7600.00	永丰国家森林公园管理局
17	阁皂山国家森林公园	2001年11月	6946.37	樟树市林业局
18	三叠泉国家森林公园	2001年11月	1650.97	庐山市三叠泉风景区管理处

续表

序号	名称	批建时间	批复面积	经营管理单位
19	武功山国家森林公园	2002 年 12 月	24190.00	安福县武功山国家森林公园管理局
20	铜钹山国家森林公园	2002 年 12 月	19500.00	上饶市铜钹山国家森林公园管理委员会
21	阳岭国家森林公园	2003 年 12 月	6889.80	阳岭国家森林公园管理处
22	天花井国家森林公园	2003 年 12 月	685.00	九江市林科所
23	五指峰国家森林公园	2003 年 12 月	24533.00	上犹县五指峰林场
24	柘林湖国家森林公园	2004 年 12 月	16450.00	永修县林业局
25	陡水湖国家森林公园	2004 年 12 月	22666.67	赣州市陡水湖国家森林公园管理处(犹江林场)
26	万安国家森林公园	2004 年 12 月	16333.00	万安国家森林公园管理办公室
27	三湾国家森林公园	2004 年 12 月	15513.30	永新县三湾国家森林公园管理办公室
28	安源国家森林公园	2004 年 12 月	11069.00	江西省安源国家森林公园管理委员会
29	九连山国家森林公园	2005 年 12 月	20063.00	龙南县九连山林场
30	岩泉国家森林公园	2005 年 12 月	4885.39	黎川县岩泉国家森林公园管理办公室
31	云碧峰国家森林公园	2005 年 12 月	872.50	云碧峰国家森林公园管理委员会
32	景德镇国家森林公园	2005 年 12 月	5479.70	景德镇市枫树山林场
33	瑶里国家森林公园	2005 年 12 月	4471.00	江西省瑶里国家森林公园管理局
34	清凉山国家森林公园	2006 年 12 月	3397.82	资溪县株溪采育林场
35	峰山国家级森林公园	2006 年 12 月	20635.20	赣州市峰山森林公园管理处
36	九岭山国家级森林公园	2006 年 12 月	1266.16	武宁县林业局
37	岑山国家级森林公园	2008 年 1 月	955.00	横峰县林业局
38	五府山国家级森林公园	2008 年 1 月	1715.00	上饶县五府山林场
39	军峰山国家级森林公园	2008 年 1 月	1217.15	南丰县林业局
40	碧湖潭国家森林公园	2008 年 12 月	6838.70	萍乡市湘东区林业局
41	怀玉山国家森林公园	2008 年 12 月	3354.00	玉山县林业局
42	仰天岗国家森林公园	2009 年 8 月	2178.93	新余市仙女湖区仰天岗国家森林公园管理处
43	圣水堂国家森林公园	2009 年 12 月	4060.10	国营安义县峤岭林场
44	鄱阳莲花山国家森林公园	2012 年 1 月	6510.00	鄱阳县莲花山林场
45	彭泽国家森林公园	2013 年 1 月	2505.00	江西彭泽森林公园管理处(彭泽县林业局)
46	金盆山国家级森林公园	2014 年 1 月	5981.85	信丰县金盆山林场
47	贵溪国家森林公园	2017 年 1 月	2982.71	贵溪森林公园管理委员会
48	罗霄山大峡谷国家森林公园	2017 年 12 月	2936.05	遂川县森林公园管理处
49	会昌山国家森林公园	2017 年 12 月	3423.87	会昌县会昌山森林公园管理局
二	**省级森林公园**			
1	龙泉山省级森林公园	1990 年 12 月	353.33	安远县林业局
2	青山省级森林公园	1993 年 2 月	3400.00	瑞昌市青山林场
3	上高县省级森林公园	1993 年 2 月	160.00	上高县九峰林场

续表

序号	名称	批建时间	批复面积	经营管理单位
4	宜丰县省级森林公园	1993 年 2 月	2805.07	宜丰县林业局
5	狮山省级森林公园	1993 年 2 月	193.33	奉新县林业局
6	青原山省级森林公园	1993 年 2 月	450.00	吉安市林科所
7	玉笥山省级森林公园	1993 年 2 月	900.00	峡江县玉笥山林场
8	洪源省级森林公园	1993 年 2 月	400.00	乐平市洪源镇人民政府
9	贵溪省级森林公园	1993 年 2 月	120.00	贵溪市林业局
10	水鸡岽省级森林公园	1993 年 2 月	7666.67	赣州市赣县区林业局
11	武当山省级森林公园	1993 年 2 月	533.20	龙南县小武当山风景区管理处
12	罗汉岩省级森林公园	1993 年 2 月	500.00	瑞金市林业局
13	西华山省级森林公园	1993 年 2 月	175.33	石城县林业局
14	三清省级森林公园	1993 年 5 月	666.67	德兴市林业局
15	象山省级森林公园	1993 年 5 月	1674.00	南昌市新建区象山集体林场
16	广昌县省级森林公园	1993 年 5 月	2852.00	广昌县盱江林场
17	百丈峰省级森林公园	1993 年 5 月	2133.33	新余市渝水区百丈峰林场
18	均福山省级森林公园	1993 年 6 月	1488.00	兴国县均福山采育林场
19	浮梁省级森林公园	1993 年 6 月	53.33	浮梁县银鸰林场
20	梦山省级森林公园	1993 年 1 月	2666.67	南昌市新建区红岭林场
21	南山省级森林公园	1994 年 1 月	536.67	赣州市南康区林业局
22	麻姑山省级森林公园	1994 年 9 月	4969.32	南城县洪门岭林场
23	玉壶山省级森林公园	1994 年 9 月	393.33	莲花县林业局
24	吉安省级森林公园	1994 年 9 月	100.00	吉安县林业局
25	龙宫洞省级森林公园	1995 年 4 月	669.27	彭泽县龙宫洞旅游发展有限公司
26	罗田岩省级森林公园	1996 年 2 月	400.00	于都县罗田岩森林公园管理处
27	黄畲山省级森林公园	1996 年 1 月	600.00	寻乌县林业局
28	马岗岭省级森林公园	1997 年 8 月	26.67	余江县林业工业公司
29	大东山省级森林公园	1997 年 11 月	4000.00	吉水县芦溪岭林场
30	玉华山省级森林公园	2000 年 11 月	666.70	泰和县澄江镇人民政府
31	江西省遂川森林公园	2000 年 6 月	970.00	遂川县林业局
32	莲花洞省级森林公园	2001 年 2 月	1610.00	庐山莲花洞森林公园有限公司
33	郭璞峰省级森林公园	2001 年 4 月	733.00	景德镇市昌江区林业局
34	义门陈省级森林公园	2005 年 12 月	1281.40	德安县林业局
35	远泉省级森林公园	2005 年 12 月	1050.00	远泉集团公司
36	江西省三尖源森林公园	2006 年 9 月	12000.00	都昌县林业局
37	江西省九龙庙森林公园	2006 年 9 月	4950.00	万载县九龙垦殖场
38	江西省东江源桠髻钵山森林公园	2006 年 9 月	2980.00	寻乌县富寨林场

续表

序号	名称	批建时间	批复面积	经营管理单位
39	江西省六石岩森林公园	2006年9月	993.74	上饶市广丰区嵩峰乡人民政府
40	江西省白云山森林公园	2006年9月	2187.60	吉安市青原区白云山林场
41	江西省太宝峰森林公园	2006年11月	2038.00	新余市仙女湖风景名胜区东坑林场
42	江西省香炉峰森林公园	2006年11月	661.30	进贤县前岭林场
43	江西省屏山森林公园	2006年11月	4528.60	于都县林业局
44	江西省兴农沙漠生态森林公园	2006年12月	232.00	南昌县林业局
45	江西省白鸡峰森林公园	2006年12月	666.60	余江县高公寨林场
46	江西省大南森林公园	2010年8月	637.07	上饶市广丰区大南镇人民政府
47	江西省通天寨森林公园	2007年6月	2112.00	石城县林业局
48	江西省大砻下森林公园	2007年6月	675.00	分宜县大砻下林场
49	江西省仙人寨森林公园	2009年9月	1041.22	铅山县林业局
50	江西省三尖峰森林公园	2007年8月	630.80	萍乡市南坑林场(芦溪县)
51	江西省寒山森林公园	2007年12月	1168.00	莲花县林业局
52	江西省理田源森林公园	2007年12月	166.70	婺源县思口镇人民政府
53	江西省翠云峰森林公园	2008年6月	173.10	金溪县翠云峰森林公园管理委员会
54	江西省小金山森林公园	2008年8月	438.80	萍乡市安源区高坑镇人民政府
55	江西省马形山森林公园	2008年8月	800.00	宜丰县潭山镇店上村民委员会
56	江西省睦州山森林公园	2008年10月	1542.00	上饶市信州区林业局
57	江西省芦泉湖森林公园	2008年11月	946.00	高安市新街镇景贤村民委员会
58	江西省仙隐洞森林公园	2009年12月	920.00	宜丰县芳溪镇人民政府
59	江西省龙口源省级森林公园	2010年7月	303.00	瑞昌市林业局
60	江西省东湖南山省级森林公园	2010年7月	322.50	都昌县林业局
61	彭泽县双尖峰省级森林公园	2010年7月	579.00	彭泽县林业局
62	江西省台山省级森林公园	2010年7月	223.00	湖口县林业局
63	江西省万寿寺省级森林公园	2010年7月	473.27	浮梁县万寿山垦殖场
64	江西省四亩里省级森林公园	2010年7月	75.00	浮梁县林业局
65	江西省风龙省级森林公园	2010年7月	531.23	萍乡市安源区青山镇人民政府
66	江西省鸡冠山省级森林公园	2010年7月	1120.80	上栗县鸡冠营林林场
67	江西省李畋省级森林公园	2010年7月	368.80	上栗县林业局
68	江西省湖仙山省级森林公园	2010年7月	182.00	莲花县林业局
69	江西省园岭省级森林公园	2010年7月	2853.77	兴国县园岭森林公园管理局
70	江西省李腊石省级森林公园	2010年7月	112.90	石城县林业局
71	江西省梅子山省级森林公园	2010年7月	180.51	全南县林业局
72	江西省大山脑省级森林公园	2010年7月	337.90	赣州市南康区林业局
73	江西省天工开物省级森林公园	2010年7月	67.00	奉新县林业局

续表

序号	名称	批建时间	批复面积	经营管理单位
74	江西省龙津湖省级森林公园	2010 年 7 月	210.00	丰城市总部经济基地办公室
75	江西省东方禅文化省级森林公园	2010 年 7 月	68.00	宜丰县林业局
76	江西省龙泉湖省级森林公园	2010 年 7 月	219.00	万年县林业局
77	江西省李梅岭省级森林公园	2010 年 7 月	657.00	余干县李梅林场
78	江西省黄金山省级森林公园	2010 年 7 月	107.85	上饶市信州区林业局
79	江西省骆驼山省级森林公园	2010 年 7 月	389.90	铅山县林业局
80	江西省珍珠山省级森林公园	2010 年 7 月	316.67	婺源县珍珠山林场
81	江西省兴安省级森林公园	2010 年 7 月	87.47	横峰县林业局
82	江西省广丰三山省级森林公园	2010 年 7 月	116.00	上饶市广丰区林业局
83	江西省清水湾省级森林公园	2010 年 7 月	154.67	上饶县罗桥街道办事处
84	江西省冰江省级森林公园	2010 年 7 月	71.53	玉山县林业局
85	江西省聚远楼省级森林公园	2010 年 7 月	647.97	德兴市林业局
86	江西省龙山省级森林公园	2010 年 7 月	247.30	新干县林业局
87	江西省君华省级森林公园	2010 年 7 月	222.95	吉安市吉州区林业局
88	江西省西龙山省级森林公园	2010 年 7 月	539.30	吉安县林业局
89	江西省白凤省级森林公园	2010 年 7 月	168.33	泰和县林业局
90	江西省龙江省级森林公园	2010 年 7 月	81.60	井冈山市林业局
91	江西省汝水省级森林公园	2010 年 7 月	70.67	抚州市林业局
92	江西省乐安省级森林公园	2010 年 7 月	67.87	乐安县林业局
93	江西省卓望山省级森林公园	2010 年 7 月	732.40	宜黄县林业局
94	江西省泰伯省级森林公园	2010 年 7 月	66.73	资溪县林业局
95	江西省龙华山省级森林公园	2010 年 12 月	153.33	上饶市广丰区桐畈镇人民政府
96	江西省仙峰岩省级森林公园	2010 年 12 月	415.12	萍乡市安源区城郊管理委员会
97	江西山谷省级森林公园	2012 年 5 月	139.10	修水县林业局
98	江西东江源仙人寨省级森林公园	2012 年 5 月	620.00	寻乌县林业局
99	江西螺峰尖省级森林公园	2012 年 5 月	71.10	宜丰县林业局
100	江西老鹰山省级森林公园	2013 年 6 月	593.76	宁都县林业局
101	江西虎峰山省级森林公园	2013 年 6 月	484.25	鄱阳县田畈镇人民政府
102	江西芦溪狮山省级森林公园	2013 年 12 月	121.19	芦溪县林业局
103	江西贵溪象山省级森林公园	2013 年 12 月	988.43	贵溪市雄石办事处
104	江西罗山省级森林公园	2013 年 12 月	608.42	丰城市洛市镇人民政府
105	江西鹤坪省级森林公园	2013 年 12 月	408.20	靖安县林业局
106	江西日峰山省级森林公园	2013 年 12 月	69.40	黎川县林业局

续表

序号	名称	批建时间	批复面积	经营管理单位
107	江西豫宁省级森林公园	2013年12月	120.85	武宁县林业局
108	江西安基山省级森林公园	2013年12月	580.54	龙南县林业局
109	江西九仙岭省级森林公园	2014年7月	134.10	德安县林业局
110	江西湖东省级森林公园	2014年7月	108.40	永修县林业局
111	江西金鸡寨省级森林公园	2014年7月	87.63	龙南县林业局
112	江西龙泉省级森林公园	2014年7月	150.32	江西农业大学
113	江西中华贤母园省级森林公园	2014年7月	72.53	九江县中华贤母园管理处
114	株山省级森林公园	2014年12月	436.80	丰城市株山林场
115	九峰省级森林公园	2014年12月	792.00	上高县九峰林场
116	蒙岗岭省级森林公园	2014年12月	97.40	安福县林业局
117	银凤岭省级森林公园	2015年12月	731.85	萍乡市玉女峰林场
118	十八湾省级森林公园	2015年12月	1581.08	芦溪县新泉乡人民政府
119	林湾省级森林公园	2016年5月	36.91	南昌市湾里区生态公益林场
120	江西金山岭省级森林公园	2016年12月	433.33	抚州市临川区林业局

江西省国家级和省级林业自然保护区

单位:公顷

序号	名称	类型	所在地	面积	批建时间	管理机构
一	国家级自然保护区					
1	江西鄱阳湖国家级自然保护区	湿地	新建区、永修县、庐山市	22400.00	1988年	江西鄱阳湖国家级自然保护区管理局
2	江西井冈山国家级自然保护区	森林	井冈山市	21499.00	2000年	江西井冈山国家级自然保护区管理局
3	江西桃红岭梅花鹿国家级自然保护区	动物	彭泽县	12500.00	2001年	江西桃红岭梅花鹿国家级自然保护区管理局
4	江西武夷山国家级自然保护区	森林	铅山县	16007.00	2002年	江西武夷山国家级自然保护区管理局
5	江西九连山国家级自然保护区	森林	龙南县	13411.60	2003年	江西九连山国家级自然保护区管理局
6	江西官山国家级自然保护区	动物	宜丰县、铜鼓县	11500.50	2007年	江西官山国家级自然保护区管理局
7	江西马头山国家级自然保护区	植物	资溪县	13866.50	2008年	江西马头山国家级自然保护区管理局
8	江西鄱阳湖南矶湿地国家级自然保护区	湿地	新建区	33300.00	2008年	江西鄱阳湖南矶湿地国家级自然保护区管理局
9	江西九岭山国家级自然保护区	森林	靖安县	11541.00	2011年	江西九岭山国家级自然保护区管理局
10	江西齐云山国家级自然保护区	森林	崇义县	17105.00	2012年	江西齐云山国家级自然保护区管理局

续表

序号	名称	类型	所在地	面积	批建时间	管理机构
11	江西阳际峰国家级自然保护区	森林	贵溪市	10946.00	2012 年	江西阳际峰国家级自然保护区管理局
12	江西赣江源国家级自然保护区	森林	石城县、瑞金市	16100.90	2013 年	石城赣江源国家级自然保护区管理局 瑞金赣江源国家级自然保护区管理局
13	江西庐山国家级自然保护区	森林	庐山市	20120.00	2013 年	江西庐山国家级自然保护区管理局
14	江西铜钹山国家级自然保护区	森林	广丰区	10800.00	2014 年	江西铜钹山国家级自然保护区管理办公室
15	江西婺源森林鸟类国家级自然保护区	动物	婺源县	12922.70	2016 年	江西婺源森林鸟类自然保护区管理局
16	江西南风面国家级自然保护区	森林	遂川县	10588.00	2017 年	江西南风面自然保护区管理局
二	省级自然保护区					
1	江西七溪岭省级自然保护区	森林	永新县	10500.00	2010 年	永新县七溪岭省级自然保护区管理站
2	江西华南虎省级自然保护区	动物	宜黄县	58300.00	2001 年	宜黄华南虎省级自然保护区管理办公室
3	江西岩泉省级自然保护区	植物	黎川县	2460.00	2001 年	岩泉省级自然保护区管理委员会
4	江西老虎脑省级自然保护区	森林	乐安县	14502.60	2004 年	老虎脑省级自然保护区管理办公室
5	江西抚河源省级自然保护区	森林	广昌县	8187.70	2010 年	广昌县抚河源省级自然保护区管理局
6	江西信江源省级自然保护区	森林	玉山县	4535.00	2011 年	玉山信江源省级自然保护区管理办公室
7	江西水浆省级自然保护区	森林	永丰县	2000.00	1997 年	水浆自然保护区管理站
8	江西凌云山省级自然保护区	森林	宁都县	10673.00	2011 年	宁都县林业局
9	江西三十把省级自然保护区	森林	万载县	2100.00	2001 年	万载县林业局
10	江西玉京山省级自然保护区	植物	宜春市	1199.00	2011 年	宜春明月山林业局
11	江西南方红豆杉省级自然保护区	植物	瑞昌市	2500.00	2011 年	瑞昌市南方红豆杉自然保护区管理局
12	江西伊山省级自然保护区	森林	武宁县	11340.00	2011 年	武宁县伊山自然保护区管理局
13	江西瑶里省级自然保护区	森林	浮梁县	3658.00	2001 年	浮梁瑶里省级自然保护区管理局

续表

序号	名称	类型	所在地	面积	批建时间	管理机构
14	江西黄字号黑鹿省级自然保护区	动物	浮梁县	17356.20	2010年	浮梁黄字号黑鹿省级自然保护区管理局
15	江西羊狮幕省级自然保护区	森林	芦溪县	7006.00	2004年	江西武功山林业局
16	江西高天岩省级自然保护区	森林	莲花县	4780.00	2010年	莲花县高天岩省级自然保护区管理站
17	江西阳岭省级自然保护区	森林	崇义县	1880.00	1997年	崇义县阳岭自然保护区管理站
18	江西章江源省级自然保护区	森林	崇义县	7973.00	2010年	章江源自然保护区管理站
19	江西桃江源省级自然保护区	森林	全南县	11560.00	2010年	全南县林业局
20	江西五指峰省级自然保护区	森林	上犹县	6081.78	2010年	上犹县五峰指省级自然保护区管理局
21	江西青岚湖省级自然保护区	湿地	进贤县	1000.00	1997年	进贤县林业局
22	江西峤岭省级自然保护区	森林	安义县	4490.00	2004年	安义县林业局
23	江西云居山省级自然保护区	森林	永修县	2480.00	1997年	云居山省级自然保护区管理处
24	江西都昌候鸟省级自然保护区	湿地	都昌县	41100.00	2004年	都昌候鸟省级自然保护区管理局
25	江西修河源五梅山省级自然保护区	森林	修水县	14485.00	2010年	修河源五梅山自然保护区管理局
26	江西中华秋沙鸭省级自然保护区	动物	宜黄县	1693.54	2014年	宜黄县林业局
27	江西铁丝岭省级自然保护区	森林	安福县	2046.86	2014年	安福县林业局
28	江西五府山省级自然保护区	森林	上饶县	5104.17	2014年	上饶县林业局
29	江西大龙山省级自然保护区	森林	宁都县	5238.16	2014年	宁都县林业局
30	江西芙蓉山省级自然保护区	森林	南城县	3820.45	2015年	南城县芙蓉山省级自然保护区管理站
31	江西程坊省级自然保护区	森林	修水县	10759.76	2017年	修水县林业局
32	江西金盆山省级自然保护区	森林	信丰县	3711.70	2017年	信丰县林业局
33	江西湘江源省级自然保护区	森林	会昌县	10353.00	2017年	会昌县湘江源省级自然保护区管理局

（省林业厅）

水土保持

【概 况】 2017年,以实施国家水土保持重点工程建设为重点,进一步加大水土保持综合防治力度,新增水土流失综合治理1123.85平方千米,国家水土保持重点工程中央资金完成率达95.1%,完成水利部下达90%的目标;全国水土保持工作现场会在赣州举行,赣州水土保持改革试验区建设成效得到水利部肯定。上犹县园村国家水土保持生态文明工程清洁型小流域通过水利部评审命名,龙南县虔心小镇和兴国县塘背2个水土保持科技示范园区通过水利部评审。

【加强水土保持监督】 印发《江西省水利厅关于做好水利部水土保持方案下放权限项目监督管理的通知》,明确相关单位职责,进行事中事后监管。制定并印发《水土保持监督检查"双随机一公开"工作实施方案》,启动2期水保"双随机"抽查。全年省、市、县三级共审批生产建设项目水土保持方案1186个,验收水土保持设施245个。其中,省级审批生产建设项目水土保持方案27个,验收审批水土保持设施30个,验收报备1个。完善联合执法检查、回访检查机制,全年省、市、县三级共检查生产建设项目3459个,查处水土保持违法案件96起。省级对2015年以来已检查风电建设项目的水保整改意见落实情况进行"回头看"专项督察;对2017年已检查项目检查意见整改落实情况进行督察;对江西大唐国际玉华山风电场工程水土流失问题和国电铜鼓县太阳岭风电场项目水土保持措施落实不到位,影响当地生态环境问题进行专项调查,要求项目建设单位对项目水保措施实施情况进行全面核查,及时落实整改,消除后续影响。

【推进监测与信息化】 抓好监测与信息化实施方案编制工作,研究制定并印发《江西省水土保持信息化工作2017—2018年实施计划》和《江西省水土保持监测工作实施方案(2017—2020年)》。做好水土保持"天地一体化"监管示范工作,选取瑞金市和九江市濂溪区开展"天地一体化"监管示范工作。选定都昌至星子高速公路开展生产建设项目监管,开展水土保持"天地一体化"监管技术和无人机运用技术及操作专题培训。开展国家水土保持重点工程图斑精细化管理。完成重点工程实施方案图文及建设过程信息填报录入;利用无人机和移动终端对宜春、九江部分县项目图斑进行抽查核查;用高分遥感影像对宁都、兴国项目实施效果进行评价。继续实施全国水土流失动态监测与公告项目(2013—2017年),完成观测数据的整编、审核和上报,发布2016年水土保持公报。

【全国水土保持现场工作会在赣州召开】 3月20日—21日,全国水土保持现场工作会在赣州召开。水利部党组成员、副部长刘宁出席会议并讲话。水利部水土保持司司长蒲朝勇主持会议并作会议总结,江西省政府副秘书长宋雷鸣到会致辞,江西省水利厅厅长罗小云、副厅长廖瑞钊出席会议。刘宁肯定2016年水土保持工作取得的成绩,对下步推进水土保持工作进行部署。水土保持司副司长牛崇桓介绍推进水土保持目标责任考核要求和安排,水土保持司副司长郭索彦介绍加强水土保持监测工作要求和安排。松辽委,云南省、北京市等水利(水务)局,福建长汀、浙江宁海等县政府,兰新铁路甘青公司等12家单位作典型发言,其中,赣州市政府代表江西作题为《勇于创新、积极进取,努力当好全国水土保持改革排头兵》的典型交流发言。会议期间,与会代表考察上犹县园村生态清洁小流域、赣县区枧田小流域水土流失综合治理等项目,对江西水土保持工作的做法和经验给予肯定。

(张立存)

污染防治

【"四尘""三烟""三气"整治】 年初,确定"四尘"(建筑工地扬尘、道路扬尘、运输扬尘、堆场扬尘)、"三烟"(餐饮油烟、烧烤油烟、垃圾焚烧浓烟)、"三气"(机动车尾气、工业废气及燃煤锅炉烟气)为重点整治对象,在严格工业污染治理的同时,加强城市精细化管理。新增及更新新能源公交车889辆,占全省新增公交车总数的91.5%;完成2513家加油站、24座储油库的油气回收治理工作,油气回收工作全面完成;开展工程运输车交通违法整治行动,查处违法工程运输车8700余辆;对251个建筑工地进行行政处罚,处罚金额1145万元;设区市建成区禁止燃放烟花爆竹,主要车行道机扫率88.53%。

【开展大气污染防治强制性攻关冲刺行动】 12月10日,省生态环境保护委员会印发《关于启动大气污染防治强制性攻关冲刺措施的紧急通知》,在全省范围内对大气污染排放源采取强制性管控措施。至12月31日,省生态环境保护委员会先后分3批从全省环保监察队伍抽调执法人员88人,对全省11个设区市开展为期34天的驻点督查,共排查出各类大气污染问题5427个,并督促各地实施整改,完成PM_{10}年度目标任务。

【实施《2017年江西省水污染防治工作计划》】 实施《2017年江西省水污染防治工作计划》,全面推进工业污染防治、城镇污染治理、农业农村污染防治、船舶港口污染控制、水资源节约保护、水生态保护等重点工作,约谈部分设区市政府领导和环保局局长及3家石油企业相关负责人。全省89家省级及以上工业集聚区,有78家建成污水集中处理设施。完成925个农村环境综合整治。完成11个设区市的111个畜牧养殖县(市、区,含开发区等)畜禽养殖"三区"划定和地理标注,全省确定禁养区内确需关闭或搬迁的养殖场、养殖小区和养殖专业户3.82万家,已依法进行关闭或搬迁3.80万家,关停比例99.5%。考核断面水质达标率92%,比2017年国家考核目标高12个百分点。

【启动消灭劣Ⅴ类水工作】 6月,印发《江西省消灭劣Ⅴ类水工作方案》,对全省295个国控、省控和县界断面中2016年以来出现过劣Ⅴ类和Ⅴ类水质的44个断面,启动消劣战,开展黑臭水体整治、清河行动、长江经济带化工企业污染整治等专项行动。抽调30名专业技术人员组成11个监督小组,对11个设区市地表水例行监测工作开展监督检查,对《水十条》重点工作开展明察暗访。建立水质通报制度,每月将考核断面水质情况呈报省领导、抄送设区市和省直有关部门,每月在省环保厅网站公开设区城市集中式饮用水源地监测信息。

【开展土壤污染治理】 成立江西省土壤污染防治部门协调小组,省政府分别与环保部、设区市政府签订土壤污染防治目标责任书。督促设区市政府出台土壤污染防治工作方案,并与辖区重点行业企业(151家)签订土壤污染防治责任书,15%产粮(油)大县制定土壤环境保护方案。完成搬迁关闭企业用地再开发利用情况专项检查,开展疑似污染地块信息调查,完成3家拟收回土地使用权的重点行业企业用地土壤环境状况调查评估,公布江西省首批土壤重点监管企业名单(412家)和南昌市首批污染地块名录(8块),编制完成《江西省土壤污染治理与修复规划(2017—2020年)》,建立江西省土壤污染防治项目库(2017年度)。

【重金属污染防治】 以专题会议纪要的形式明确"十三五"期间全省重点重金属污染物排放总量指标管理的6点意见,放开废水重金属排放的7点原则。明确排放量来源,原则上不再跨设区市调剂。省政府出台《乐安河流域重金属污染防治联席会议制度》《乐安河流域重金属污染综合防治目标管理考核工作实施方案》,成立乐安河流域重金属污染防治协调组织,明确当地政府、各部门的责任分工和具体考核目标。8月底,在景德镇召开乐安河重金属污染防治第一次联席会议。与省直有关单位共同应对处置九江出现疑似"镉大米"的突发舆情,11月,省环保厅与省国土资源厅联合发文,要求各地举一反三,对辖区类似问题进行全面排查和整治。

(省环保厅)

节能减排

【概　况】 2017年,全面实施"绿色崛起"发展战略,把节能减排作为优化经济结构、推动绿色循环低碳发展、加快生态文明建设的重要抓手和突破口,有序推进各项工作。全省单位地区生产总值能耗下降5.54%,化学需氧量、二氧化硫、氨氮、氮氧化物等主要污染物排放总量分别减少0.82%、5.39%、0.84%和3.22%,超额完成节能减排目标任务。

【加强节能重点工程建设】 加快推进节能环保产品产业化和节能减排技术改造项目建设工程。实施结构减排、工程减排、监督减排三大工程,将污染减排由工业、生活领域拓展到交通运输和农村领域。组织省产的节能家电、节能电机等高效节能产品申报列入国家节能产品惠民工程推广目录。引导企业优先购置列入国家"环境标志政府采购清单"和"节能产品政府采购清单"的节能环保产品。推进全省城市餐厨垃圾收集系统和处理设施建设。继续推进共伴生矿及尾矿、农作物秸秆、农林废弃物、煤矸石、粉煤灰及废旧物资的综合利用。推进污水垃圾处理设施及污水配套管网建设,加快大型城镇污水处理厂收集管网建设,推进县级污水处理厂及其配套管网建设运行。

【2017年江西省节能宣传周活动在赣州启动】 6月13日,以"节能有我,绿色共享"为主题的2017年江西省节能宣传周活动启动仪式在赣州举行。在启动仪式上,赣州市副市长李恭进致辞,省生态文明办副主任、省鄱湖办副主任刘兵宣布2017年江西省节能宣传周活动正式启动,省发改委生态文明处处长洪小波宣读2017年江西省节能宣传周活动方案。仪式上还对50个赣州市生态秀美乡村(社区)进行现场授牌。启动仪式结束后,开展"低碳公交,绿色出行"惠民、文艺汇演、展板宣传、废旧电子产品攒积分兑换礼品、新能源汽车展示、万人签名、活动答题送流量等系列活动。

(田红豆)

【大气污染物减排】 加快推进燃煤电厂超低排放改造,进一步提高火电、钢铁、水泥、平板玻璃、有色冶炼等重点行业大气污染物治理水平,规范脱硫脱硝除尘设施运行管理。全省统调火电机组脱硫、脱硝效率分别稳定控制在95%以上和75%以上,钢铁烧结机脱硫效率和水泥熟料生产线脱硝效率分别稳定控制在70%以上和60%以上。省生态环境保护委员会印发《关于落实环境质量问题约谈会议纪要有关要求的函》,要求9月PM_{10}平均浓度排在全省最高三位的萍乡市、新余市、宜春市,按照《环境质量问题约谈会议纪要》要求,启动限产和错峰生产等强制性污染减排措施;要求萍乡市、新余市、宜春市组织有关部门制定贯彻落实方案,并加强方案落实情况的监督检查,发现问题立即督促整改,确保相关减排措施落实到位。

【水污染物减排】 根据国家下达的减排任务、全省经济社会发展参数和环境质量现状,组织各地对主要污染物新增量及减排潜力进行测算分析,并提出年度减排项目,明确减排措施,落实责任单位。配合省住建厅开展2016年城镇污水处理厂运行情况考核、省政府重点支持污水管网建设的48个县污水收集管网督查和14个环鄱阳湖城镇污水处理厂提标改造工程督查,加强工业企业治污设施运行监管,开展4次进水COD浓度考核监测,建立污水处理厂等重点行业主要污染物总量减排全口径处理设施运行情况月报制度,对完不成任务或任务完成滞后的地区和企业,综合采取警示预警、约谈提醒、挂牌督办、通报批评、媒体曝光、行政处罚、区域限批、一票否决、行政问责等惩处措施;对任务完成好的地区及企业,给予一定政策倾斜或奖励。

(省环保厅)

本栏编辑　詹跃华

教　育

综　述

2017年,全省教育部门坚持以立德树人为根本,抓重点、攻难点、创亮点,教育改革迈出新步伐。

素质教育。义务教育国家新的统编德育与法治、语文、历史教材在小学一年级和初一年级全部使用。普通高中开展"我的课改故事"征文和课改成果展示等活动,营造新课程实验氛围。省政府办公厅印发《关于强化学校体育促进学生身心健康全面发展的实施意见》,搭建学校体育政策制度基本框架。把校园足球作为突破口,遴选649所足球特色学校,并在南昌市青云谱区、宜春市靖安县、九江市浔阳区3个县(区)开展试点,在全国首创青少年校园足球星级裁判员培训,校园足球的普及发展带动大健康进校园活动深化。江西省学生代表团在第十三届全国学生运动会上获10金、8银。与教育部签署学校美育改革发展备忘录,向各地印发《学校美育改革与发展备忘录》。开展高雅艺术进校园活动70余场次,受益师生达万余人。创建中华优秀传统文化艺术传承学校39所。三类城市语言文字规范化建设达标验收比例达80%;语言文字督导工作获全国最高分。开展中华经典诵写讲活动进校园和规范汉字书写大会,引导学生感受传统文化。

教育民生工程。全年资助贫困家庭子女约750万人次,关爱农村留守儿童91万人,帮助5301名建档立卡贫困家庭高校毕业生就业。开发江西省建档立卡贫困学生电子档案信息系统,提升信息精准化、服务全程化水平。新增7个营养改善计划地方试点县,新增受益学生42万人。组织26所高职院校对口帮扶26个贫困地区中职学校,开展5个方面帮扶。贫困地区高考定向招生4个专项计划共录取4514人,增长7.8%。南昌设立学生课余教学辅导志愿服务中心,萍乡开设"四点半课堂",探索解决学生课后服务难题。编制第二期特殊教育提升计划和建设项目规划,全面实现生均公用经费标准6000元。高校毕业生初次就业率86.28%,就业绝对人数增加3.36万人。

教育综合改革。出台《关于加快推进教育供给侧结构性改革的若干意见》《关于贯彻新理念培育新动能提升教育服务能力的实施意见》《关于加强职业院校工匠精神培育的实施意见(试行)》等系列改革文件,激发办学活力。构建专业综合评价通用指标体系,完善一套公平公正的评价工作机制。出台《关于深化高等教育领域简政放权放管结合优化服务改革的实施意见》,推出28项改革举措,回应高校"松绑减负"诉求,优化发展环境。"万师访万家"成为常态工作,第二轮家校合作试点单位完成验收。考试招生、民办教育等改革有序推进。建设普通高中综合素质评价信息管理系统,南昌、新余试点探索。民办学校分类管理改革由省领导牵头,高位推动,22家省直部门参与,形成初步改革意见。

教育协调发展。全年中央和省财政投入近13亿元,新建、改建公办幼儿园近500所,新增普惠性民办幼儿园930所。公办幼儿园占比29.2%,增加6个百分点;一乡镇一所公办中心幼儿园完成率74.97%。全省县域通过国家义务教育均衡发展评估认定进度高于全国平均,宜春、萍乡、抚州、新余4市全部通过县域义务教育均衡认定。全省义务教育满意度从2015年79.33%提升至2017年91.18%。印发《江西省普通高中特色发展工程实施方案》,引导高中特色发展。全年新增4所国家优质高职院校建设立项单位。全国职业院校技能大赛获一等奖12项、二等奖30项。印发《江西省有特色高水平大学和一流学科专业建设实施方案》,省财政投入40亿元,支持建设南昌大学和其他学校33个一流学科、50个左右一流专业。南昌大学入选国家世界一流学科建设高校。南昌大学、江西师大6个学科进入世界ESI排位前1%,占全国1.2%。南昌大学、江西财大、江西师大共4个学科在第四轮全国学科评估中获A类学科。东华理工大学质谱科学与仪器学科创新引智基地入选国家高校学科创新引智计划。

教师队伍建设。各级各类学校专任教师55.6万人,增长3%。素质得到提升,小学大专以上学历教师增长6.5%;初中本科以上学历教师增长4.45%;高校有硕士以上学位教师增长7.55%。中小学教职工编制标准实现城乡统一,构建了"省管总量、市管调剂、县管使用"的有效机制。宜春市靖安县获批教育部义务教育教师队伍"县(区)管校聘"管理体制改革示范区。全省高校4个团队入选首批全国高校黄大年式教师团队。建立选聘教师思想政治考察公示制,完善修订中小学、高校师德考核评价办法,实行师德考核"一票否决"。

教育投入。全年全省财政教育支

出941.5亿元，增长11.39%，其中中央转移支付约132亿元，省级财政教育资金安排约200亿元。“全面改薄”项目开工率、竣工率、设施设备采购完成率均并列全国第一。全年争取中央中小学校舍安全保障资金6.7亿元，新建改扩建校舍约80万平方米。争取中央改善普通高中办学条件资金2.4亿元，改扩建校舍和体育场地约40万平方米，购置图书10万册，仪器设备0.7万套。

（省教育厅）

基础教育

【概　况】　2017年，全省基础教育工作以提高教育质量、促进教育公平、优化教育结构为重点，夯基础、补短板、保基本、促公平，义务教育一体化改革全面发力，普通高中持续健康发展，各项工作统筹推进。全省基础教育学生人数874.61万人。其中，小学在校生422.90万人，小学毛入学率103.75%；初中在校生191.04万人，初中阶段毛入学率107.92%；普通高中在校生96.70万人，高中阶段毛入学率89.5%；幼儿园1.50万所，在园幼儿160.94万人，学前教育毛入园率79.25%。特殊教育学校89所，在校学生3.03万人。

【开展中小学德育工作】　会同省文明办组织评选全省首届中小学文明校园195所，其中21所被评为全国文明校园。组织开展中小学德育工作优秀案例评审，9个案例获评全国优秀案例。举办“红色、绿色、古色文化”教育活动，征集作品3.2万余个，举行6场电视才艺比赛，全省有300多万名师生参与。开展“圆梦蒲公英”“假期读好书”、微电影征集等活动，湖口县选送的微电影在全国中小学生电影周上获奖。举办全省第三届班主任“育人风采”展示活动。

【推动学前教育发展】　中央财政和省财政分别投入2.9亿元、10亿元，推动学前教育发展。至年底，全省完成新建农村乡镇中心园190所、农村学校附属园230所、城镇小区配套园50所，新增普惠性民办幼儿园930所。组织编制全省第三期学前教育行动计划，上门征求省直有关部门意见，协调落实学前教育师资配备、生均经费等促进学前教育持续发展的措施。组织各地编制完成全省2017—2020年学前教育建设项目规划。提升学前教育质量，深入吉安、宜春、上饶等地7个县（区）开展学前教育专题调研。推动国家、省学前教育改革发展实验区创建工作，开展全省幼儿园教师专业技能展示活动，组织专家对20所幼儿园进行省示范幼儿园评估，对17所幼儿园进行复评。

【义务教育一体化改革】　2月28日，省政府印发《统筹推进县域内城乡义务教育一体化改革发展的实施意见》。为分解落实义务教育一体化改革责任，制定《江西省消除义务教育学校大班额专项规划》等10余个配套文件，督促各地制订完善并严格落实城镇义务教育学校布局和用地专项规划，举办“全省统筹推进县域内城乡义务教育一体化改革发展专题研讨班”，开发启用“义务教育学校标准化建设、消除义务教育学校大班额”2套信息管理系统，开展义务教育一体化改革书面督察2次。全省66人以上超大班额比例由2016年6.64%下降至0.72%，56～65人大班额比例由17.51%下降至15.79%。全省“全面改薄”累计投入资金219.3亿元，校舍建设开工率、竣工率和设施设备采购完成率在29个项目省（区）中均列第一。

【推进教育信息化工作】　在“全面改薄”和改善高中条件项目中，安排资金2240万元，建设初中录播教室和高中远程直播教室共68间。争取中国移动慈善基金会捐赠200万元，为90所学校（教学点）建设“专递课堂”。争取上海江西商会支持，为全省13所中学建设智慧校园管理平台。举办2017年度中小学“一师一优课、一课一名师”活动，全省参与活动教师14.7万人，晒课18.3万节，列全国第13位，共获部级优课591节。开展中小学（幼儿园）教师网络学习空间创建展示活动，举办第五届中小学实验教学说课活动，12名教师获“2017年度全国中小学实验教学能手”称号。

【加强教材教辅管理】　举办2017年义务教育道德与法治、语文、历史学科教师省级培训，促进教材使用。依法依规做好2017—2019年义务教育免费教科书招标采购工作，确保“课前到书、人手一册”。开展省地方课程教材“问题地图”全覆盖排查整治和中小学评议推荐教辅材料审查，保障中小学教材教辅价值导向正确、内容科学准确。组织新编省情教育地方课程教材《美丽江西》。

【省政府与教育部签署《关于高中阶段教育普及攻坚备忘录》】　4月24日，全国高中阶段教育普及攻坚工作会议在成都召开。会上，副省长李利代表江西省政府与教育部签署《关于高中阶段教育普及攻坚备忘录》，建立部省协同推进机制。根据备忘录，江西省与教育部进一步加强合作，推动落实地方政府主体责任，以普及高中阶段教育、满足适龄青少年接受高中阶段教育为总体目标，以提高普及水平、优化布局结构、强化条件保障、提升教育质量为主要任务，加强组织领导，明确各方责任，完善政策措施，全面落实攻坚计划。

【印发《江西省普通高中特色发展工程实施方案》】　9月29日，省教育厅印发《江西省普通高中特色发展工程实施方案》。该实施方案以推进特色普通高中建设为切入点，推动全省普通高中进一步深化课程改革，创新人才培养模式；经过3～4年，使全省形成一批具有在省内知名、在全国具有一定影响力的特色普通高中学校。到2020年，在科技、艺术、体育、外语、德育、普职融合、学校管理等方面形成30所左右省级特色普通高中。各设区市根据当地实际情况确定市级特色普通高中学校若干所，形成全省普通高中发展新格局。

【召开全省中小学社会主义核心价值观教育经验交流暨德育工作会议】　2月23日，全省中小学社会主义核心价值观教育经验交流暨德育工作会议在南昌召开。省委教育工委书记黄小华出席会议并讲话，省委教育工委副书记、省教育厅厅长叶仁荪主持会议。会议要求全省教育部门贯彻落实省第十四次党代会精神,坚持立德树人,加强中小学社会主义核心价值观教育,在“传承、结合、融入”上下功夫,在落细落小落实上见成效,促进学生德智体美全面发展。赣州市教育局、弋阳县教育局等8个单位通过视频或现场发言的方式作典型发言。

(省教育厅)

职业教育与成人教育

【概 况】 2017年,全省职业教育与成人教育围绕抓规范管理、抓改革创新、抓提高质量、抓队伍建设、抓完善体系5个方面开展工作,深入推进职业教育供给侧改革,严格落实职业院校管理水平提升行动计划,加快构建现代职业教育体系。全省中等职业教育学校451所,招生16.43万人,比2016年增长11%;在校生65.84万人,比2016年减少2%。

【职业教育质量提升“123”工程】 出台《江西省中等职业教育资源整合规划方案表》等系列文件,印发高水平现代化中等职业学校建设、中等职业学校专业技术技能名师培育、中等职业学校特色专业群建设3个方案,启动全省中职质量提升“123”工程项目申报工作。推进高等职业教育创新发展行动计划,增加和调整46项承接项目,新增4所学校为国家优质高等职业院校建设立项单位,对参与创新发展行动计划院校的各任务(项目)进展情况进行跟踪,组织召开工作推进会2次。

【入选国家级示范专业点和教育资源库】 7月19日,教育部公示全国职业院校装备制造类、邮政和快递类、旅游类、交通运输类示范专业点名单,江西交通职业技术学院汽车电子技术、汽车运用与维修技术、道路桥梁工程技术、物流管理(快递方向),九江职业技术学院电气自动化技术、数控技术,江西工业贸易职业技术学院酒店管理,江西旅游商贸职业学院酒店管理8个专业点入选。9月14日,下发《关于公布2017年度职业教育专业教学资源库备选库的通知》,九江职业技术学院机械产品检测检验技术、江西环境工程职业学院建筑室内设计2个专业教学资源库入选国家级备选资源库。

【推进现代学徒制试点工作】 开展第一批现代学徒制试点年检和第二批试点单位申报工作。8月23日,教育部办公厅公布第二批现代学徒制试点名单,江西省船舶工业行业协会、九江明阳电路科技有限公司、江西工业工程职业技术学院、江西工业贸易职业技术学院、江西建设职业技术学院、江西泰豪动漫职业学院、江西冶金职业技术学院、九江职业技术学院8个行业组织、企业和高职院校入选。江西省共有12家单位成为全国现代学徒制试点。

【推进教学诊断与改进工作】 为探索和积累中职诊改工作经验做法,形成可推广、可借鉴的工作案例,带动全省中职诊改工作整体达到全国中职诊改工作的质量水平及推进水平。6月28日,省教育厅下发通知,确定江西省医药学校等34所学校为第一批江西省中职教学诊断与改进试点学校。举办中职学校教学工作诊断与改进专题培训会议,邀请省外专家指导,进一步提高全省中职学校对诊改基本理念、基本理论的认识与了解,交流学校诊改方案制定经验。推进职业院校教学诊改工作,进一步提高学校质量意识,健全质量保证机制。

【规范中职学校管理】 继续坚持从严审查核定招生资格,统一向社会发布2017年具备招生资格的学校名单。实行规范招生承诺活动,统筹做好高中阶段学校招生工作。在全省范围开展以“实习管理规范活动”为主题的专项治理。针对校企合作办学过程中出现的一些合作目的不端正、收费不合理等问题,下发《关于进一步规范职业院校校企合作办学行为的通知》,加强过程监管,规范收费管理,纠正违规行为。对全省中职学校学籍系统进行梳理,发现已停办、无机构代码、无在校生、连续3年停止招生的中职学校167所,问题学籍数据10万余条,组织地市对四类学校和问题学籍进行清理。对远程教育教学指导中心进行清理。

【组织开展系列竞赛活动】 组织省级职业院校技能大赛、信息化教学大赛、中职学校文明风采大赛,推荐优秀选手参加国赛。全国技能大赛中,江西省电子信息工程学校获奖数量在全国中职学校排第15名;信息化教学国赛中,省教育厅获“最佳进步奖”;省文明风采组委会被评为复赛组委会组织贡献奖。首次承办全国职业院校技能大赛高职组英语口语赛项,进一步提升江西职业教育在全国的影响力。

【印发《关于加强职业院校工匠精神培育的实施意见(试行)》】 12月18日,省教育厅印发《关于加强职业院校工匠精神培育的实施意见(试行)》,提出工匠精神培育融入课程计划、职业院校“技术技能名师”培育计划、“百校千企”校企合作推进计划、职业教育校园文化育人计划、现代学徒制工匠精神实岗培育计划5个方面的任务,旨在推进江西省职业教育供给侧结构性改革,进一步提高技术技能人才培养质量。

【出台《关于加快推进社区教育发展的实施意见》】 12月18日,出台《关于加快推进社区教育发展的实施意见》。该实施意见明确,每年建设省级社区教育示范区或实验区10个。到2020年,社区教育示范区和实验区达到50%以上,建设全国社区教育示范区6个、全国社区教育实验区20个,全省开展社区教育的县(市、区)实现全覆盖。建立健全政府投入、社会捐赠、学习者合理分担等多种渠道筹措经费的投入机制,不断拓宽经费来源渠道。

(省教育厅)

【推进技工教育改革】 推进中职产教融合发展工程建设规划,“十三五”期间共有42个中职产教融合发展工程建设规划项目,有6所技工学校纳入规划。加大资金投入,分配40所技工院校现代职业教育质量提升计划资金5850万元,增长14.7%。规范质量提升计划专项资金使用,严格资金管理。开展"我能出彩"技校主题活动，加强全省技工教育内涵建设。全省评出出彩论文38篇，出彩教学改革4项，出彩资助学校4所，出彩专业4个。

【加强高技能人才培训基地建设】依托技师学院、高级技校、大型企业，建设高技能人才培训基地。支持国家级、省级高技能人才培训基地建设，分别给予项目资金500万元和300万元。全年新增国家级高技能人才培训基地3家、省级高技能人才培训基地3家。至年底，全省建成国家级高技能人才培训基地18家，省级高技能培训基地68家。

【加强技能大师工作室建设】立足江西省对接中国制造2025产业发展需要，以"技兴赣鄱"专项行动为依托，以技工院校和大型企业为平台，大力推进技能大师工作室建设，形成国家级、省级、设区市和行业(企业)级大师工作室体系。全年新增技能大师工作室60家，其中国家级5家、省级20家。至年底，全省已建设国家级技能大师工作室25家，省级技能大师工作室103家，设区市级125家、行业(企业)近250家。

【推进技工院校发展】组织开展中职教育资源整合和技工院校办学质量评估，摸清全省技工院校办学底数。全省拥有技工院校85所，其中技师学院14所、高级技工学校17所、普通技工学校54所；全年完成招生5.23万人，比2016年度增加3.8%；毕业生人数3.35万人，就业率稳定在98%以上；为社会培养各类技能人才11.42万人。全省技工院校教职工1.01万人，师生比保持在1:13左右。

(袁伟华)

高等教育

【概　况】2017年，全省高等教育围绕年度工作目标，进一步深化高校创新创业教育改革，高等教育内涵式发展取得新突破。全省有高等学校108所，其中普通高等学校100所(含独立学院13所)、成人高等学校8所。各类高等教育在学人数总规模140.77万人。全省18～22周岁人口约335.41万人，高等教育毛入学率42%，比2016年提高2.5个百分点。

【创新创业教育】组织参加第三届中国"互联网+"大学生创新创业大赛，江西省高校代表队获1金、8银、21铜，获奖总数并列全国第一。江西科技师范大学《蚊所未吻青蒿驱蚊产品》获创意组金奖，省教育厅获优秀组织奖。江西理工大学、江西财经大学2所高校入选2017年度50所全国创新创业典型经验高校。华东交通大学、江西中医药大学、景德镇陶瓷大学3所高校入选全国第二批深化创新创业教育改革示范高校。培育大学生创新创业项目，组织高校申报的630个项目全部通过2017年国家级大学生创新创业训练计划立项项目。

【本科专业综合评价】继续开展自2015年启动的本科专业综合评价工作，成立25个专业(类)教指委，遴选87个专业(共386个专业布点)参评，召开本科专业综合评价工作研讨会。至2017年年底，全省有34所高校停办或停招208个专业点。12月4日，《中国教育报》头版头条以《一场静悄悄的质量觉醒——江西创新高校本科专业综合评价工作纪实》为题，对江西省专业综合评价工作进行报道。

【精品课程建设】组织开展国家级和省级精品在线开放课程推荐评审和立项评审，4门课程入选国家级精品在线开放课程，125门课程通过省级立项。组织指导高校开展虚拟仿真实验教学项目建设，做好国家级示范性虚拟仿真实验教学项目的推荐申报。组织开展高校马克思主义理论研究和建设工程重点教材任课教师培训，全省51所高校共371名教师参加培训。

【高校合作共建项目】南昌航空大学与中国航空发动机集团签订战略合作协议，共建全国第一家航空发动机学院。中国人民大学与江西财经大学合作共建现代金融研究院。江西农业大学与北京大学中国农村发展研究院进行实质性合作共建洽谈。南昌大学与浙江大学合作洽谈VR项目。南昌工程学院与金溪县政府签约，合作建设江西省金溪樟树种质资源保护与良种繁育基地暨南昌工程学院金溪教学科研基地。南昌航空大学军工文化教育基地被确定为第一批江西省军民融合产业基地，南昌大学、东华理工大学、江西理工大学被确定为第一批江西省军民融合单位。更新和补充江西省校企合作信息服务平台内容和信息，推动高校为企业提供科技服务。

【高校学生管理】根据教育部新修订的《普通高等学校学生管理规定》，

8月28日，中国航空发动机集团与南昌航空大学战略合作协议签订暨共建航空发动机学院揭牌仪式在南昌举行

省教育厅供

6月17日，召开全省普通高校学生管理制度修订工作会议，邀请专家进行政策解读，部署全省高校学生管理制度修订工作，排出具体时间表，制定修订路线图，确保高校在秋季新学期完成学生管理规定的修订工作并颁布实施。完成成人新生学籍注册5.22万人，成人毕业生学历注册7.32万人，普通毕业生学历注册29.54万人。

【高校师资队伍建设】　全省高校新增“国家杰青”1人；入选“千人计划”（青年项目）2人，“百千万人才工程”9人，“万人计划”9人，教学名师2人，创新人才推进计划中青年科技创新领军人才2人。全省高校（含附属医院）有26人入选江西省主要学科学术和技术带头人培养计划，入选人数创历史新高；88人入选2017年度江西省杰出青年人才资助计划，占全省总数84.6%。

【启动普通高等学校校际学分认定和转换试点工作】　12月12日，印发《江西省普通高等学校校际学分认定和转换试点工作方案》，明确试点指导思想和基本原则，确定试点期限、试点范围、试点学校、实施内容、实施保障。召开高校学分制改革试点工作推进会议，省教育厅副厅长汪立夏出席会议并作工作部署。开发江西省高校学分互认信息管理平台。

【举办江西省高校首届“十佳大学生创新创业标兵”评选活动】　3—10月，省委教育工委、省教育厅举办江西省高校首届“十佳大学生创新创业标兵”评选活动。在经过高校和片区推荐、专家评审、网上公示、微信投票等环节，庞涛等10人被评为“大学生创新创业标兵”，姚智德等10人获“大学生创新创业标兵”提名奖。南昌大学彭迪云等10人被授予“江西省大学生创新创业优秀导师”称号。评选出江西省国家级大学生创新创业示范基地、南昌大学大学生创新创业园、江西财经大学江财众创空间、江西理工大学大学生创新创业园、江西师范大学“瑶湖众创”大学生创新创业基地、景德镇陶瓷大学大学生创新创业基地、华东交通大学科技园、宜春学院大学生创新创业孵化基地、江西外语外贸职业学院悦创空间大学生创业孵化基地、江西中医药大学大学生创新创业园10个基地为“江西省大学生创新创业示范基地”。

（省教育厅）

师资教育管理

【概　况】　2017年，以师德师风建设为重点，推进教师编制管理改革，完善教师资格制，全面推行义务教育学校校长教师交流轮岗。会同省人社厅继续组织中小学教师招聘统一考试，招聘到岗中小学教师1.53万人，其中中央“特岗计划”教师6121人。加大定向培养乡村教师力度，招收定向师范生5501人，比2016年增加289人，允许单列男性招生计划，全部实行全科培养。招收免费师范生327人。争取“国培计划”资金1.07亿元、“省培计划”资金3200万元，共培训中小学幼儿园教师14.7万人次。

【树立一批师德典型】　配合教育部和中央电视台做好全国最美教师推选工作，九江市何市镇知青希望小学教师慎魁元入选2017年度全国十大“最美教师”。组织全省第四届中小学“师德标兵”评选，评出师德标兵20人，师德先进个人60人。推选出13个优秀工作案例在全省发布，推进全省师德师风建设学有榜样。组织师德师风示范校评估验收，评选出78所第二批中小学师德师风示范学校，并对62所首批中小学师德师风示范校进行复评。

【规范教师从教行为】　推动各地建立健全师德建设长效机制，完善师德考核办法，将师德考核结果与中小学教师资格定期注册挂钩。加大对师德违规行为查处力度，全年收到教师违规有偿补课和体罚学生等举报39起，对23名教师作出相应处理。

【加强教师培训】　对各地及高校实施中小学教师“国培计划”相关情况进行专项督查调研，总结“国培计划”的成就和经验，发现培训实施中存在的问题，提出完善“国培计划”的对策建议，进一步推进教师培训改革，提高教师培训实效。实施“国培计划”“中小学教师信息技术应用能力提升工程”。全年争取中央资金1.07亿元，培训中小学幼儿园教师12万余人次。组织“省培计划”，投入资金3200万元，培训中小学幼儿园教师2.7万人。实施“万名乡村音体美教师专项培训”，提高全省乡村教师特别是小学音乐、体育、美术紧缺学科教师教育质量和水平。组织全省50名中小学优秀教师赴北京市各中小学跟岗研修1个月，带动中小学骨干教师专业成长。

【免费师范毕业生就业管理】　2月12日，省教育厅、省财政厅、省人社厅、省编办联合制定印发《江西省省属师范大学免费师范毕业生就业管理办法》，规定每年11月底前，组织免费师范毕业生进行考试考核和选岗，为每一名免费师范毕业生安排任教学校，签订就业协议，确保有编有岗；每年3月底前，省教育厅会同有关省属师范大学做好毕业生就业派遣，各地教育、财政、人社、编制等部门负责做好人事、编制等接转工作。全年招收免费师范生327人，安置江西师范大学2014级免费师范毕业生306人。配合教育部直属师范大学做好170名2017级免费师范生协议签订工作，做好2017届242名免费师范生就业工作。

【边远农村小学支教志愿服务】　6月28日，制定下发《关于招募180名高校音体美专业大学生赴边远农村小学开展支教志愿服务试点的通知》。立足省内师范类院校在校学生，实行“公开招募、自愿报名、组织选拔、集中派遣”方式，从师范类院校音体美专业大学生中选派志愿者到省内留守儿童比例高的边远农村小学从事为期1个学期（半年）的支教志愿服务。9月1日，江西省高校音体美专业大学生赴边远农村小学支教志愿服务岗前培训班在江西师范大学开班。6日，举行“江西省高校音体美专业大学生赴边远农村小学支教志愿服务”出征仪式。全年从9所师范院校选拔180名志愿者赴30个贫困县的60所边远农村小学支教。同时，落实“三区”人才支持计划教师专项计划。从9个设区市70余个县的城区学校选派优秀教师3544人次到农村地区支教。在萍乡市莲花县和赣州市宁都县、安远县、上犹县新增支教点233个，招募志愿者500人。

【教师资格制度管理】 全面实行中小学教师资格考试，全年认定中小学教师资格5.99万人，同意备案和认定高校教师资格2303人。组织全省11个设区市和107个县级教师资格认定机构的135人、102所高等学校的168人参加教师资格认定业务指导培训。完成全国中小学教师资格考试面试组考任务，参与考生近6万人次。推进中小学教师资格定期注册改革试点。在赣州市、鹰潭市试点的基础上，将九江市、抚州市纳入全省进一步扩大中小学教师资格定期注册制度试点工作范围，逐步建立教师更新和退出机制。按照注册工作流程，完成准备阶段、网上报名环节，共有6.85万名公办普通中小学、幼儿园在编在岗教师进行首次注册。

【深化义务教育学校校长教师交流轮岗改革】 推动各地创新模式、强化保障，推进校长教师交流轮岗改革。全年全省交流轮岗校长教师1.71万人，其中校长1620人。为优化教育资源配置，打破教师交流轮岗的管理体制障碍，探索"县管校聘"改革，靖安县获批教育部义务教育教师队伍"县（区）管校聘"管理体制第二批改革示范区，成为全省首个入选的县。

（省教育厅）

民办教育

【概　况】 2017年，全省各级各类民办学校1.11万所；在校生197.94万人，占全省在校生总数19.19%。其中，民办普通高校31所（本科6所、专科12所、独立学院13所），普通本专科在校生27.81万人，占全省26.52%；民办中等职业学校113所，在校生6.61万人，占全省19.20%；民办普通高中146所，在校生15.96万人，占全省16.51%；民办初中171所，在校生17.28万人，占全省9.05%；民办小学57所，在校生14.82万人，占全省3.50%；民办幼儿园1.06万所，在园幼儿115.45万人，占全省71.73%；民办特殊教育学校1所，在校生150人，占全省0.49%。

【民办学校分类管理改革】 省委、省政府成立江西省民办学校分类管理改革工作领导小组，由省委副书记姚增科牵头，副省长李利为组长，省委副秘书长李绪先、省政府副秘书长刘晓艺、省委教育工委书记黄小华、省教育厅厅长叶仁荪为副组长，省人大教科文卫委等24个省直有关部门为成员单位。通过培训和座谈等方式，组织各相关单位学习新修订的《民办教育促进法》、国务院《关于鼓励社会力量兴办教育促进民办教育健康发展的若干意见》、教育部与相关部门联合印发的《民办学校分类登记实施细则》和《营利性民办学校监督管理实施细则》等文件；设计《江西省民办学校分类管理改革调查问卷》，面向全省各级各类民办学校开展网上问卷调查；主动与其他省、市进行对接，组织专家和省直有关部门负责人开展省内外调研，形成11份调研报告，为做好相关工作奠定基础。

【改善民办教育办学条件】 按照省发改委、省教育厅、省财政厅《关于实施第二期学前教育三年行动计划的意见》，省财政下达全省幼儿园奖补资金10亿元，其中6515万元用于2066所民办幼儿园改善办园条件。9月，省财政厅、省教育厅下达2017年民办教育发展专项资金8000万元，资助16所民办普通高校、134所民办中等职业学校和140所民办普通高中改善办学条件、开展教师培训。按照《江西省民办教育发展专项资金管理暂行办法》，明确规定专项资金开支范围为民办高校重点学科建设、专业实验实训基地和图书馆设施设备购置、省级立项教科项目和高校转型发展等，民办中等职业学校和民办普通中小学添置教学实验仪器设备和图书资料等，不得用于基本建设和人员经费等支出。

【民办教育年度检查】 重新修订《江西省民办高校年检指标体系（试行）》有关指标，8月1日，印发《江西省民办高校年检指标体系（修订稿）》。按照《关于对全省民办非学历高等教育机构及省管民办中专2016年依法办学情况进行年度检查的通知》和《关于对全省民办高校2016年依法办学情况进行年度检查的通知》，分别于10月和11月组织专家对全省16所民办高等教育机构、2所民办中专和18所民办高校开展2016年度年检工作。

【强化民办高校招生广告备案管理】 5月4日，省教育厅制定出台《江西省民办高校招生广告备案管理办法（试行）》，明确民办高校招生广告内容必须包含审批机关批准的学校全称、学校性质、办学地址和办学条件、办学层次和办学形式、招生对象、培养目标、招生专业，收费项目、标准和退学退费办法，学生入学学籍（考籍）和毕（结）业证书种类，奖学金、贫困生学费减免及其资助办法；不得出现使用党和国家领导人、国家机关和工作人员的名义和形象，高职（专科）层次民办学校不得以任何形式做本科招生宣传，不得使用"专升本""直通车"以及"3+1""2+2""1+4"等不准确、不规范的数字模糊术语，不得向未填报学校志愿、未上线考生承诺办理统招录取，不得虚拟或拼接的校园景观，不得虚假荣誉称号，不得出现考试通过率指标或使用高校就业指导部门未认定的就业率等指标，不得出现办学许可证未核定的校名、办学地点、办学类型、办学层次及办学分支机构招生信息，以及其他违反国家法律法规或有关政策规定的内容、图片。备案民办高校18所、民办高等教育机构1所。

【出台《江西省民办高校聘任校长、副校长备案管理办法（试行）》】 7月4日，出台《江西省民办高校聘任校长、副校长备案管理办法（试行）》。该办法明确规定民办高校校长任职资格。原则上在职国家公职人员不得担任民办高校校长、副校长，如需担任，应当按照干部管理权限，经组织部门批准，并不得领取报酬；民办高校校长、副校长原则上需是专职，如拟任校长、副校长尚未办理退休手续，应当经原单位人事部门批准。民办高校校长、副校长被聘任后两周内报省教育厅备案；民办高校校长聘任后提前离任或聘任到期，学校应办理报告手续报省教育厅备案。省教育厅对民办高校校长的聘任、任职情况实行监督，定期或不定期进行检查，如发现备案情况与实际情况有出入或不按任职资格聘任校长的，将责令予以纠正，情节严重的将予以通报。

（省教育厅）

国际合作与交流

10—11月，省委教育工委、省教育厅举办江西省第五届外国留学生汉语大赛。图为决赛现场

张安然摄

【概　况】　2017年，贯彻落实年初工作部署，对接国家和省教育发展战略，推动教育对外开放，在搭建国际合作平台、推动全省教育参与"一带一路"建设、促进学生国际交流等方面取得新进展。全省教育系统因公出国（境）访问、学术交流161批次，556人次；中外合作办学项目121个；受理国（境）外学历认证1025人；来华留学生6000余人；国家公派留学面上项目录取83人，国家公派留学地方合作项目录取88人，其他国家公派出国留学项目录取36人，中西部大学校长海外研修计划11人；开设海外孔子学院12所，孔子学堂6个。

【参与"一带一路"建设】　争取国家汉办支持，继续加强相关高校与外方的孔子学院建设。做好赴海外汉语教师（志愿者）派出工作，共派出志愿者83人。加强区域国别研究，强化"一带一路"建设学理支撑。推动成立4个区域国别研究中心，对有关国家政治制度、自然资源、人口构成、宗教信仰、地缘关系等进行研究，为政府及相关企业决策提供参考。

【中外合作办学项目】　新增3个中外合作办学项目，分别是九江职业技术学院与加拿大瀑布应用艺术与技术学院合作举办汽车检测与维修技术专业专科教育项目，江西科技学院与英国德比大学合作举办服装与服饰设计专业及环境艺术设计专业专科教育项目。全省中外合作办学项目达121个。

【促进学生留学提质增效】　发挥全省高校海外孔子学院（孔子课堂）、友好院校、省政府外国留学生奖学金、留学生汉语大赛等方面的宣传作用，推动来华留学招生规模的发展；落实来华留学教学评估机制，提升来华留学教学质量和教育水平。公布2016年度江西省政府外国留学生奖学金获奖名单，共有222名在赣留学生获2016年度江西省政府外国留学生奖学金。其中，A类（硕士研究生及以上）奖学金学生27人，B类（本科生）奖学金学生143人，C类（进修生）奖学金学生52人。

【公布江西省本科高校教育国际化水平排行榜】　5月，省教育厅委托江西师范大学高等教育研究中心对江西省2016年本科高校教育国际化水平进行评估，出台完善《江西省教育国际化评价指标体系》，其内容包括国际化保障、师生国际化、国际学术交流、教学国际化、科研国际化5个一级指标，17个二级指标，80个监测点。江西师范大学高等教育研究中心在对相关数据进行统计分析、综合评分的基础上，公布2016年江西省本科高校教育国际化总体水平、各单项得分和排序情况。江西财经大学、南昌大学、江西师范大学、江西中医药大学、华东交通大学、景德镇陶瓷大学、东华理工大学、南昌航空大学、赣南师范大学、江西理工大学分列全省本科高校教育国际化总体水平前10位。

【开展2017年江西省高校国际学术论文写作与发表技巧培训】　5月31日至6月4日，江西教育国际交流协会与英国总领事馆文化教育处合作，在南昌航空大学开展2017年江西省高校国际学术论文写作与发表技巧培训（人文社科类），聘请剑桥大学研究员主讲。培训对象为需在英语学术报纸或国际期刊上发表学术文章的博士研究生、学者、讲师、副教授、教授等学术人员。培训内容包括介绍国际文献发表的关键因素；通过参与者的有效描述，介绍学术研究方法的合理性；结合定量方法与定性方法展示和描述相关数据；介绍总结与评论论点的技巧与方法；阐述如何用最佳实践方法理解和评估文献。

【举办江西省第五届外国留学生汉语大赛】　10—11月，由省委教育工委、省教育厅举办江西省第五届外国留学生汉语大赛。大赛以"中国梦·赣鄱情"为主题，弘扬江西"三色"（红色、绿色、古色）文化，激发外国留学生"学好汉语、热爱中国、情系江西"的热情。大赛分校赛、复赛、决赛三个阶段，共有30多个国家的50余名在赣留学生报名参赛。经过角逐，江西财经大学蒙古留学生赛汗、江西中医药大学马来西亚留学生彭颖欣获一等奖。江西中医药大学、江西财经大学、南昌大学获最佳组织奖。

（省教育厅）

本栏编辑　詹跃华

科 学 技 术

综 述

2017年，江西省科技工作以创新驱动“5511”工程提质增效为主线，以加大全社会研发投入为重点，突出重点领域的创新突破，增加科技创新有效供给。

创新驱动“5511”工程。在重大科技专项上，遴选出江西省重大科技研发专项11个；新组建科技协同创新体16家，其中采用借款扶持方式10家、贷款贴息方式6家。在平台载体建设上，新增国家级科技企业孵化器6个、国家级众创空间32个、国家级创新型产业集群试点2个、国家级“星创天地”20个。新组建省重点实验室和工程技术研究中心67家，其中公益类21项，企业类46项。在人才队伍建设上，新增国家级创新人才29人，其中千人计划人才10人、国家杰出青年基金获得者1人、中青年科技创新领军人才2人、科技创新创业人才4人、重点领域创新团队2个、国家百千万人才10人。评定2017年省主要学科学术和技术带头人资助计划人选35人、省杰出青年人才资助计划人选104人、省优势科技创新团队18个。在高新技术企业培育上，认定高新技术企业1049家，增长47%。

重点领域创新升级。支持航空及先进装备制造、新材料、新能源、新一代信息技术等领域省级科技项目120项；争取国家科技项目12项，经费6718万元。开展全省高新区提质增效综合评价工作，7个国家级高新区有6个实现进位。新增省级高新区5个，总数达12个，比2016年增长70%。全省高新技术产业增加值占规模以上工业增加值32%，提高1.9个百分点。支持绿色食品、优质和特色农林产品生物育种及绿色生产技术研发等项目103项。创制育种新材料37份，研发新产品（品种）50个、新装备6套、新工艺42项，制定标准30项，获授权专利97件。获国家立项支持课题（或研究任务）20项，经费7223万元。支持省级各类科技项目181项；争取国家项目（课题）16项，争取国家专项经费8878.6万元。组织编制《江西省（大气、水、土壤）污染防治先进适用技术产品指导目录》，遴选出大气污染防治技术8项、水污染防治技术14项和土壤污染防治技术11项。认定节能减排科技创新示范企业48家。全年获国家自然科学基金项目840项，争取直接经费3.15亿元，分别增长8.5%和10.5%。

科技成果转化应用。印发《江西省促进科技成果转化行动方案（2017—2020年）》，举办4场全省性大型科技成果在线对接会，征集项目成果1.10万项，企业技术需求755项，实现技术对接1648次，达成意向328项次。全省科技成果登记7个批次640项。进一步完善“网上常设技术市场”服务功能，汇集省内外科技成果和专利技术2.13万项，技术需求639项，技术专家3.30万人，服务企业4423次，实现对接数2406次。全年全省技术合同成交2404项，总金额96.19亿元，分别增长21.1%和21.7%。

科技创新创业服务。全省11个专家帮扶顾问团共派出专家338人，帮扶企业351家，解决技术难题407个。全年选派1288名科技人员，组成255个科技特派团，继续对接全省92个县（市）农业产业开展技术服务、科技成果转化和科技培训。新认定省级科技企业孵化器24个、省级众创空间37个、省级大学科技园7个。主办第六届中国创新创业大赛（江西赛区）暨第二届“洪城之星”创新创业大赛，共有7家企业获“国家行业总决赛优秀企业”称号。联合8家单位主办第二届江西省公共安全创新创业大赛，共征集参赛项目158个，部分获奖项目已与投资机构签约或达成成果转化意向。

科技开放合作。强化与中国科学院、中国农业大学等科技合作，签署《江西省人民政府中国科学院全面战略合作协议》《江西省科技厅中国农业大学科研院科技合作协议》，引进共建中科院海西研究院赣州稀金产业研发中心、抚州生态大数据创新应用研究院、江西中科科技创新发展研究院、浙江大学宜春技术转移中心。举办赣州中国稀金谷科技成果对接会、第一届洪都科技产业发展论坛、萍乡环保产业创新发展论坛、2017年新余市院士（专家）科技与产业对接会等活动。推进赣京科技合作，签署《江西省人民政府北京市人民政府进一步深化赣京合作框架协议》；召开赣京合作交流对接会，加强两地在科技政策、条件平台、高端人才、科技服务和区域科技创新合作交流与互动。主办首届世界赣商大会科技与创新论坛、第十五届“泛珠三角”区域科技合作联席会和港澳台企业家科技交流座谈会，促进区域科技合作和交流。参加中非第十四届科技联委会；举办发展中国家培训班；组团参加2017中国－阿拉伯国家技术转移与创新合作大会，江西中医药大学与埃及苏伊士运河大学就共建中医诊疗项目签署协议，金达莱公司的污水处理装置参加展览，并受到毛里塔尼亚总理等国外嘉宾的关注；组团参加“首届中俄创新对话”，江西瑞思博化工有限公司在中俄中小微型企业项目推介会上作“‘一带一路’之轨道交通高端清洗服务”专题推介。

（省科技厅）

科技发展计划

【概　况】 2017 年，安排省级科技专项资金 6.06 亿元，项目 1283 项。中央引导地方科技发展专项资金 4600 万元，用于滚动支持地方科技发展。其中，科研基础条件和能力建设资金 700 万元，用于 6 个省属科研院所的科研仪器设备购置和科研基础设施维修改造；专业性技术创新平台资金 615 万元，用于 8 个专业技术创新平台建设；科技创新创业服务机构资金 410 万元，用于 21 个科技创业服务机构建设；科技创新项目示范资金 2875 万元，用于 22 项科技创新项目示范。

【安排基础研究计划项目】 基础研究计划（省自然科学基金计划）按数理、信息、化学化工与环境、生命、医药卫生、材料工程、管理科学 7 个学科进行资助。共安排基础研究计划项目 700 项，经费 7010 万元。

【安排科技重大专项计划项目】 安排科技重大专项计划项目 27 项，经费 1.93 亿元。其中，安排组建战略性新兴产业协同创新体 16 个，经费 1.60 亿元，主要是微晶阳极铜材生产工艺及成套装备、系列高端特种电磁线、高导热人工石墨、石墨烯材料、JH－1 型无人直升机及“天眼工程”无人机、非金属材料金属涂层技术及金属沉积技术等研发及产业化协同创新体的组建；安排重大研发专项项目 11 项，经费 3300 万元，主要是具有肝修复功能的多肽类药物、硅衬底紫外 LED 外延及芯片、智能轻型无人直升机系统产品、耐高温热塑性树脂基碳纤维复合材料、南酸枣优质品种选育和现代化加工、锂云母提取电池级碳酸锂、起重机械高效新型驱动装置、高速列车制动摩擦材料、动力锂电池及系统集成控制、废旧锂离子电池金属全回收、血浆冷沉淀中凝血因子类产品的关键技术及产业化研究。

【安排重点研发计划项目】 安排重点研发计划项目 402 项，经费 1.10 亿元。重点围绕全省战略性新兴产业，在新材料、新能源、新一代信息技术、航空产业与先进装备制造、锂电与电动汽车、文化暨创意、水稻种质创新、特色果树生态安全栽培和提质增效、优良地方畜禽遗传资源发掘、蔬菜高效生产关键技术、特色经济作物综合利用关键技术、江西特色水产养殖、矿产资源开采及冶炼废渣回收技术、污染防控技术研究及装备、精准医学、临床前沿医疗技术与器械、中医“治未病”技术、防灾减灾技术及安全防控系统等领域的关键技术研发与示范给予重点支持。

【安排技术创新引导类计划项目】 安排技术创新引导类计划项目 154 项，经费 6620 万元。主要通过技术示范、科技成果转化、发明专利产业化示范方式和研发投入后补助进行支持。

【安排基地和人才计划项目】 安排基地和人才计划项目经费 1.49 亿元。支持二维功能材料及器件、轻质高强结构材料、超低能耗建筑、聚变能与信息控制、预防医学、药物靶点与新药筛选、菌物资源保护与利用、轨道交通关键材料等实验室和工程技术研究中心建设。在材料工程、信息技术、化学化工、环境与生态、农业与生物、医药卫生、企业技术创新等领域，支持学科学术和技术带头人、杰出青年人才的培养和优势创新团队建设。“三区”人才计划主要是支持全省国贫县、原中央苏区县等县（市）在文化人才培养和科技特派员方面给予支持。支持全省高新技术产业开发区提质增效，通过考核对表现优秀的高新区进行奖励。

（省科技厅）

高新技术及产业

【概　况】 2017 年，全省高新技术产业企业 2722 家，占全省规模以上工业企业 23.2%；比 2016 年增加 427 家，增长 18.6%。高新技术产业增加值增长 11.1%，提高 0.3 个百分点；占规模以上工业 30.9%，提高 0.8 个百分点。高新技术产业主营业务收入 10318.6 亿元，增长 12%；利润总额 764.3 亿元，增长 12.1%；出口交货值 1026.3 亿元，增长 17.4%。固定资产投资 3264 亿元，增长 22.7%，高于工业投资 8.1 个百分点。高新技术产业新开工项目 1667 个，建成投产项目 1848 个，分别比 2016 年增加 190 个和 262 个。

【特色产业基地】 全省有国家级高新产业化基地 22 个，11 个设区市实现全覆盖，数量居全国前列。同时，拥有国家火炬计划特色产业基地 5 个、国家级软件园 1 个、国家级文化和科技融合示范基地 1 个，省级高新技术产业化基地 12 个。基地内建立研发机构 1000 多个、公共技术服务平台 200 多个、人才培养机构 100 个、规模以上企业 2000 多家；拥有国内 500 强企业近 50 家、高新技术企业 1000 多家、国家级创新型企业 50 多家、省级创新型企业 200 家、年销售收入过 5000 万元企业 1600 多家。基地工业总产值 16000 亿元，工业增加值 4000 亿元。固定资产投资 3000 多亿元。销售收入 17000 亿元，利润 800 多亿元，利税 1600 亿元。基地内有科技人员 18 万余人，企业研发经费投入 400 多亿元，获专利 4 万余件。

【大学科技园】 新增省级大学科技园 7 家。全省有国家级大学科技园 3 家，省级大学科技园 10 家。13 家大学科技园场地总面积 73 万平方米，其中孵化场地面积 20 万平方米；拥有创业导师 400 多人；孵化基金 7000 多万元。大学科技园建有研发机构 169 个、创业公共服务机构 131 个、产业化支撑服务平台 58 个；组织开展创新创业活动 385 场次、创新创业教育培训

197场次。科技活动经费支出1.3亿元,其中研究与试验发展(R&D)经费支出8000万元;获专利282件,其中发明专利71件;产出成果307个;88个成果获各类奖项;成果转化近400个。在孵企业700家,总收入10亿元,实现净利润1.4亿元,上缴税费5000多万元。

【科技企业孵化器】 获批国家级科技企业孵化器3家,增长18.75%;新认定省级科技企业孵化器24家,增长126.32%。全省有国家级科技企业孵化器19家,省级科技企业孵化器40家。全省科技企业孵化器总面积170万平方米,其中供在孵企业使用面积121万平方米。科技企业孵化器实现总收入11亿元,增长57.1%。全年在孵企业研究与试验发展(R&D)经费支出4.3亿元,增长43.3%;知识产权申请2000多件,增长33.33%;知识产权授权1000多件,其中发明专利100件。在孵企业拥有知识产权3000多件,增长50%。

【众创空间】 新增国家备案众创空间32家,增长190%;新增省级众创空间37家。全省有国家备案众创空间43家,省级众创空间82家。全省125家众创空间总面积151万平方米,其中常驻团队和企业使用面积90万平方米;为创业者提供工位数5万余个,增长85%;总收入200万元,盈利120万元。125家众创空间累计服务创业团队1.3万个、初创企业9000家;全年为2400多个团队和企业提供技术支撑服务,开展国际合作交流活动78场次,创业教育培训4000余场次,举办创新创业活动5000余场次。累计帮助1300多个团队及企业获投融资280余万元。共有常驻创业团队4600余个、常驻初创企业3200余家,其中上市挂牌企业35家、新注册企业2600家;常驻创业团队和企业吸纳就业6万人,其中吸纳应届毕业大学生就业2万余人;常驻企业和团队拥有知识产权7000余件,其中发明专利780件。

(省科技厅)

农业科技

【概　况】 2017年,围绕提升农业科技创新能力、完善农业科技服务体系、加快科技成果转化等重点任务,组织实施农业科技计划项目,开展科技特派员富民强县工程、农业科技园区建设、科技扶贫等工作。全年支持绿色食品、优质和特色农林产品生物育种及绿色生产技术研发等项目103项,经费2994万元;共验收项目99项,研发创新材料13份、新产品37个、新装备6个、产品工艺流程30个,制定各类标准30个,获授权专利77件。制订《省级农业科技园认定管理办法》,组织专家对2001—2010年批准建设的28个省级农业科技园建设情况进行评估,对不达标5个园区取消省级农业科技园资格。新获批国家级"星创天地"20家,全省获批国家级"星创天地"41家。"星创天地"聚集创业导师309人,累计培训创业人才8599人,培育职业农民2000余人,孵化企业200余家,培育农村新型经营主体80个。

【科技扶贫工作】 推进科技扶贫与农业科技计划、科技特派员、农业科技园区"三个结合",促进科技扶贫"三个转变"(由救助扶贫向开发扶贫、输血扶贫向造血扶贫、封闭扶贫向开放扶贫转变),形成技术服务、技术难题发现、难题攻关、成果转化和技术培训"五位一体"的科技扶贫模式。全省24个国定贫困县、集中连片特困地区县共获省、市、县三级科技项目774项,经费4626万元;中央引导地方科技发展专项资金科技扶贫项目立项8项,经费2400万元。

【实施科技特派团富民强县工程】 从143个高校、科研院所选派1288名科技人员(含省外专家19人),按照水稻、水果、畜禽、蔬菜、茶叶、水产、油茶、林业、中草药和食用菌等优势特色产业组成科技特派团255个,挂点服务92个县(市、区),累计为4.57万人提供技术服务,对接企业和农村合作社2795家,指导农业种养大户3556户,推广先进农业生产技术556项,成果转化45项,引进品种62个,获专利38个,发现农业产业发展技术瓶颈248个,立项支持农村科技项目101项,开展农业产业生产技术、企业财务管理和知识产权培训241期,培训4.89万人次。

(省科技厅)

社会发展科技

【概　况】 2017年,支持省级科技计划项目181项,投入科技经费5870万元,平均支持强度32.43万元/项,比2016年提高243.18%;争取国家项目(课题)19项,获国家专项经费支持1.12亿元,增长267%;获批国家康复辅助器具产业综合创新试点1个,成为全国首批12个试点地区之一;制定出台《江西省临床医学研究中心管理办法》,纳入国家临床医学研究中心核心网络成员单位的省内医疗机构2家,纳入国家临床医学研究中心协同研究网络的省内医疗机构56家;出台《江西省科技厅关于科技创新助推国家生态文明试验区(江西)建设的若干意见》,并获科技部社发司领导批示在全国社发科技网推广宣传;新认定江西省节能减排科技创新示范企业48家,复核认定62家;遴选出大气污染防治技术8项、水污染防治技术14项和土壤污染防治技术11项,编制发布《江西省(大气、水、土壤)污染防治先进适用技术产品指导目录》。

【节能减排科技示范工程】 省科技厅联合省发改委、省工信委、省环保厅等单位开展江西省节能减排科技创新示范企业认定和复核工作。全年新认定节能减排科技创新示范企业48家,并对2013年和2014年认定的71家示范企业进行复核,其中复核合格62家、不合格8家、申请延期复核1家。至2017年年底,累计认定节能减排科技创新示范企业282家,其中企业复核认定不合格12家;累计投入专项经费1620万元。

【江西省生态文明科技示范基地建设】 贯彻落实《中共江西省委、江西省人民政府关于深入落实〈国家生态文明示范区(江西)实施方案〉的意见》提出的任务和要求,统筹推进生态文明建设、创新驱动发展战略和乡村振兴战略,发挥社会发展领域科技的示范导向和支撑作用,促进农村和社区生态文明建设。在做好跟踪问效、指导创建,推进33个生态文明科技示范基地建设的同时,18个新增申报生态文明科技示范基地进入实质评审阶段。

【举办第二届江西省公共安全创新创业大赛】 6—12月,省科技厅、省发改委、省工信委、省人社厅、省教育厅、省安监局、省食药监局、团省委、省科协联合举办第二届江西省公共安全创新创业大赛。大赛以“公共安全保障民生,创新创业点燃梦想”为主题,共收到全国各地参赛项目158个,涵盖公共安全领域的新理念、新技术、新材料、新经济、新能源等方面。经过网络评选和现场讲演,评选出特等奖1个、一等奖2个、二等奖4个、三等奖6个、优胜奖12个。

(省科技厅)

高校科研与成果转化

【概　况】 2017年,全省高校从事科技活动人员2.81万人,其中科学家与工程师2.76万人,占总数98.5%。获科技经费21.14亿元,其中R&D经费14.62亿元。承担各级各类科技项目1.10万项,投入项目经费14.00亿元。其中,企、事业委托科技项目2520项,项目经费4.91亿元。获省部级以上科学技术奖励65项,其中一等奖9项、二等奖27项、三等奖29项。申请专利6338项,其中发明专利1919项、实用新型专利3868项、外观设计专利551项;获知识产权授权3786项,其中发明专利763项、实用新型专利2632项、外观设计专利391项、其他知识产权218项。

【科技成果】 全省高校有19项国家级项目通过验收,其中“973”计划2项、“863”计划项目3项、国家科技支撑计划8项。签订技术转让合同72项,合同金额2226.5万元,实际收入1886万元。发表学术论文1.63万篇,其中国外学术刊物发表3997篇、SCIE收录3515篇、EI收录1714篇、ISTP收录831篇。出版科技著作96部,大专院校教科书237部。

【高校基础研究】 江西农业大学突破国家自然科学基金重大项目,由黄路生主持的“中国地方猪种成肌与肌内沉脂的遗传机制解析”项目获资助经费1784万元。南昌大学和东华理工大学获批2017年度国家重点研发计划重大科学仪器设备开发重点专项项目。华东交通大学获批国家杰出青年科学基金项目和国家自然科学基金重点项目各1项。全省高校获2017年国家自然科学基金项目798项,资助经费超3亿元,分别比2016年增长7.7%和9.5%。

【高校创新平台】 全省高校新增江西省重点实验室15个。东华理工大学质谱科学与仪器学科创新引智基地入选高等学校学科创新引智计划(简称“111”计划),这是江西省高校首次入选该计划。依托江西理工大学等单位建设的国家离子型稀土资源高效开发利用工程技术研究中心和赣南师范大学建设的国家脐橙工程技术研究中心,通过科技部验收。新增“轨道交通基础设施运维安全保障技术”“农产品生物高效转化技术”2个2017年度国家地方联合工程研究中心。全省高校(含附属医院)新增省重点实验室15个,新增省工程(技术)研究中心7个。此外,新增华东交通大学科技园等7个省级大学科技园。

(省教育厅)

科技合作与交流

【概　况】 2017年,编制、申报省科技厅因公临时出国(境)计划,派出团组11批次,共28人次执行科技交流与培训任务。其中,交流团组5批次,出国(境)19人次;参加科技部国际联委会会议团1批次,出国(境)2人次;参加科技部及省委组织部学习培训团2批次,出国(境)2人次;学术科研交流团1批次,出国(境)2人次;其他团组2批次,3人次。

【区域科技合作交流】 6月2日,江西财经大学港澳台校友会组织20多名港澳台企业家在南昌进行座谈交流,省科技厅国际合作处、社会发展处和江西省科技担保公司负责人参加座谈。8—9日,省科技厅厅长洪三国带队,代表江西省参加第二十届中国北京国际科技产业博览会,参观科技成果展。9月6日—9日,省科技厅党组书记郭学勤带队,组织部分设区市及相关单位参加在宁夏举行的2017中国－阿拉伯国家技术转移与创新合作大会。9月13日,省科技厅、省科学院及南昌市、高安市等部分市、县科技局,江西瑞龙药业有限公司及江西瑞彩科技股份有限公司等企业代表参加在广西召开的第五届中国－东盟技术转移与创新合作大会,与东盟国家相关机构、企业进行交流对接。

【省院科技合作交流】 1月22日,省政府与中国科学院在北京签署新一轮省院全面战略合作协议,并就省院合作工作进行座谈。3月3日,省科技厅与中国中医药科学院就建立科技合作交流机制、中国中医药科学院在江西省建立中国中医药科学院江西分院、中国中医药科学院科研成果在江西转移转化和支持江西中医药人才团队建设等方面进行交流,达成初步共识。5月6日,在赣县区举办赣州·中国稀金谷科技成果对接会。会上,中科院海西研究院与赣州稀土集团有限公司、中科院沈阳金属所与江西省钨与稀土质检中心、中科院长春应化所与赣州飞腾轻合金有限公司分别签署合作协议,中科院宁波材料所与定南县签署派送科技特派员协议。9月30日,中国科学院地理科学与资源研究所与省科技厅、吉安市政府就中国科学院地理科学与资源研究所在江西设立分所,以及如何利用中国科学院地理资源所在生态经济协调发展、环境规划与治理、流域综合开发、遥感、GIS以及无人机应用等领域的综合优势,进行交流探讨。

【省校科技合作交流】 4月20日,省科技厅厅长洪三国带队赴北京大学调研，与北京大学副校长王杰等就双方合作事宜进行商谈。21日，省科技厅与中国农业大学科研院在北京签署科技合作协议，并就科技合作进行交流。5月11日，洪三国带队赴上海交通大学，与上海交通大学副校长吴旦、张安胜等就双方科技合作事宜进行座谈，双方同意在航空、新能源汽车、新材料、智能装备、生物医药、生态农业等领域加强科技合作，并就下一步开展科技合作进行交流。

【鹅掌楸与香樟种质资源及其创新利用国际培训班在南昌举行】 7月25日至8月4日，由科技部主办、省科技厅协调、省科学院承办的鹅掌楸与香樟种质资源及其创新利用国际培训班在南昌举行。培训班以鹅掌楸和樟树的种质资源及良种选育、繁育与造林技术、加工利用以及相关的分子生物学研究为主要内容，对越南、泰国、巴基斯坦、孟加拉国、斯里兰卡、尼泊尔、尼日利亚7个发展中国家的14名科技人员进行技术培训，为江西鹅掌楸与香樟研究技术走出国门、与"一带一路"国家开展相关合作搭建沟通桥梁。

【举行首届世界赣商大会科技与创新论坛】 11月28日，由省政府主办，省科技厅等单位承办的首届世界赣商大会科技与创新论坛在南昌举行。论坛以"创新驱动、协同发展"为主题，从多个方面对科技发展的方向、科技创新的模式、科技服务的平台、健康中国的路径等进行研讨。论坛上，加拿大工程院院士陈掌星，北京大学国家发展研究院学术委员会主席、中国卫生经济研究中心主任、长江学者刘国恩，北京协同创新研究院院长、北京大学创新研究院院长王荟祥，清华控股公司副总裁李中祥作演讲。意大利、南非、日本、澳洲、英国、越南、老挝、柬埔寨、泰国等国家的中国商会及企业代表，全国各地赣商代表，北京大学、中国科学院等重点高校、科研院所专家，省直有关厅局领导及省科研院所、高校、国家高新区，地市科技局代表600余人参加论坛。

【第十五届"泛珠三角"区域科技合作联席会在南昌举行】 11月23日，第十五届"泛珠三角"区域科技合作联席会在南昌举行。省科技厅党组书记郭学勤会见参会代表，厅长洪三国到会并讲话。广东、福建、江西、湖南、四川、贵州、云南、海南、广西9省、区和香港、澳门特别行政区代表共40多人参会。各省区代表围绕"构建区域协同创新体系，探索区域共享管理模式"的主题，对"泛珠三角"区域科技合作提出建议。会议期间，举行科技评审评估系统共享机制研讨会，各省区代表还赴景德镇考察江西省国家级国际科技合作基地、陶瓷创新创业基地和科技型企业。

【举办第一届洪都科技产业发展论坛】 9月30日，省科技厅与南昌市政府、中国科学院苏州纳米技术与纳米仿生研究所在南昌举办第一届洪都科技产业发展论坛——纳米碳材料与新能源技术研讨会，邀请石墨烯、碳纳米管、锂硫电池等领域专家，把脉纳米碳材料及新能源技术现状，深度解析技术创新趋势。中国科学院院士、发展中国家科学院院士、北京石墨烯研究院院长刘忠范，中国科学院化学研究所研究员、中国科学院院士李玉良等在论坛上作报告，论坛中还有10个项目签约落户南昌小蓝经济开发区，项目涵盖新材料、新能源等高科技领域。国内高校、科研院所、企业、科技管理部门400余名代表出席论坛。

（省科技厅）

科技成果与奖励

【概　况】 2017年，全省登记科技成果638项，比2016年减少163项，下降20.35%。其中，省直单位登记成果268项，占成果总数42.01%；设区市登记成果370项，占成果总数57.99%。全省登记的科技成果以应用技术成果为主，有577项，占成果总数90.44%；基础理论成果59项，占成果总数9.25%；软科学成果2项，占成果总数0.31%。登记成果中验收项目225项，占成果总数35.27%；鉴定项目189项，占成果总数29.62%；机构评价项目133项，占成果总数20.85%；结题、评审、评估、行业准入等其他评价方式项目91项，占成果总数14.26%。

【应用技术成果水平】 全省登记应用技术成果577项。其中，达到国际领先水平22项，占应用技术成果总数3.81%；达到国际先进水平66项，占应用技术成果总数11.44%；达到国内领先和国内先进水平337项，占应用技术成果总数58.41%；达到国内一般水平27项，占应用技术成果总数4.68%。未评价成果125项，占应用技术成果总数21.66%。国内先进水平以上项目占应用技术成果总数73.66%以上。

【应用技术成果专利与标准】 全省登记成果中获专利授权931件。其中，独立科研机构52件，占授权总数5.58%；大专院校109件，占授权总数11.71%；企业743件，占授权总数79.81%；医疗机构8件，占授权总数0.86%；其他19件，占授权总数2.04%。在登记成果中，制订标准16件，其中国际标准1件、国家标准6件、行业标准2件、地方标准5件、企业标准2件。

【应用技术成果经费投入】 全省登记成果经费投入1387.80亿元。其中，国家投入91.32亿元，占投入总额6.58%，上升6.27个百分点；部门投入0.17亿元，占投入总额0.01%，下降28.76个百分点；地方投入21.29亿元，占投入总额1.53%，上升1.25个百分点；基金投入40.28亿元，占投入总额2.90%；自有资金投入1226.32亿元，占投入总额88.36%；银行贷款5.59亿元，占投入总额0.40%；其他经费投入2.83亿元，占投入总额0.20%。

（省科技厅）

知识产权

【概　况】 2017年，全省申请专利7.06万件，增长25.2%；授权3.30万件。发明专利申请累计1.15万件，增长57.6%；发明专利授权2238件，增长16.9%；万人发明专利拥有量1.96

件，增加0.44件。申报专利管理高级专业技术资格3人、中级专业技术资格34人，经过专家评审，通过22人（高级专业技术资格2人、中级专业技术资格20人）。

【专利管理】 全省新增专利代理机构9家，总数34家，实现各设区市专利代理机构全覆盖。向国家知识产权局争取九江经济技术开发区等4个国家知识产权质押融资试点单位，批准九江市等4个省级知识产权质押融资试点单位，全省质押融资金额7.99亿元，增长142%，增幅居全国第一。省知识产权局与中国平安财产保险股份有限公司江西分公司签订战略合作协议，共同推动知识产权融资保险工作，全省知识产权金融工作形成“政府+银行+保险”的新格局。组织推荐申报中国专利奖，经过专家初评，遴选出13个项目申报第19届中国专利奖，其中江西一元再生资源有限公司等4家企业项目获第19届中国专利优秀奖。全年资助专利项目2859项，全省专利电子申请率96.89%，专利代理机构电子申请率100%。

【专利保护】 8月，抚州市整合市、县两级专利行政执法力量，成立市专利行政执法监察支队。全省专利行政执法案件775件，增长33.6%。在全省多个设区市设立知识产权维权援助分中心或工作站，统一设立12330知识产权维权援助与举报投诉公益服务热线，集中受理全省范围内知识产权维权援助咨询与举报投诉等。全年接听电话、接待咨询300余人次，受理并移交知识产权举报投诉案件近100件。中国（南昌）知识产权保护中心获国家知识产权局批复，正在筹建。参与江西省公共信用信息平台建设，将假冒专利行为行政处罚等信息纳入信息平台，加大对知识产权侵权假冒失信行为的惩戒力度，提高知识产权保护社会信用水平。利用“3·15”“4·26”知识产权宣传周等时间节点，开展知识产权信用体系建设宣传活动。

【开展知识产权培训】 开展多种形式培训，提高知识产权意识。各设区市、县（市、区）及国家、省级培训基地全年开展知识产权培训153班次，参训人员1.90万人次，培训项目总数、培训规模创历年新高；组织有关人员参加国家知识产权局举办的各类业务培训，参训人员90多人次。

【知识产权改革试点工作】 省知识产权局共争取国家试点工作7项。南昌市获批国家重点产业知识产权运营服务试点城市，赣州市、抚州市被确定为国家知识产权试点城市。东乡区、安义县、临川区为国家知识产权强县工程示范县，实现知识产权强县工程示范县零的突破。南昌县、都昌县、上饶县、万年县、广丰区、南丰县、金溪县、赣县区、信丰县、渝水区10个县（区）被国家知识产权局列为国家知识产权强县工程试点县，数量位居全国第一。江西省获批全国首批专利代理行业改革试点省份，南昌代办处获批全国代办试点业务推广单位。全年新增代理机构13家，实现各设区市专利代理机构全覆盖。

（省科技厅）

技术市场

【概　况】 2017年，全省技术市场登记各类技术合同2404项，增长21.1%；成交额96.19亿元，增长21.7%。全省技术市场合同交易呈现4个主要特点：“四技”（技术开发、技术转让、技术咨询、技术服务）合同量质齐增长，全年技术开发类合同1172项，成交额41.37亿元；以技术产权转让和专利许可形式交易的合同1011项，成交额46.11亿元，增长136.4%；技术咨询、技术服务类合同登记1021项，成交额38.84亿元，增长53.1%。科技成果转移转化加速，全年企业法人签订技术输出合同1596项，成交额74.97亿元，占全省技术合同成交额77.9%；企业法人签订吸纳技术合同1786项，成交额70.99亿元，占全省技术合同成交额73.8%。推动重点领域技术对接，江西省技术合同交易涉及20个国民经济行业和10个重点技术领域，其中先进制造领域技术合同成交额20.43亿元，占所有技术领域技术合同成交额21.2%；电子信息领域技术合同成交额17.47亿元；城市建设与社会发展、新材料及其应用、新能源与高效节能、生物医药和医疗器械、现代交通、现代农业等领域的技术合同成交额均超5亿元。成果转化活力持续释放，全年高等院校、科研院所等科研单位技术输出成交额12.27亿元，签订技术输出合同686项，占全省技术合同28.5%。

【“江西省网上常设技术市场”建设】 坚持以需求为导向，应用现代化信息技术手段，逐步建成集“展示、交易、共享、服务、交流”为一体的“江西省网上常设技术市场”服务平台，主要功能包括技术成果和技术需求在线发布与展示、专家咨询、技术展会、成果评价、在线洽谈与签约等，促进网上网下技术交易协同发展。至年底，“江西省网上常设技术市场”服务平台已汇集省内外科技成果和专利技术2.13万项，技术需求639项，技术专家3.30万人，服务企业4423次，实现对接数2406次。

【举办大型科技成果在线对接会】 省科技厅会同有关设区市先后举办赣东北（景德镇）科技成果在线对接会、江西（上饶）科技成果在线对接会、江西（抚州）科技成果在线对接会、江西（萍乡）新材料产业科技成果在线对接会。对接会共征集符合展会要求的项目成果1.10万项，征集企业技术需求755项，实现技术对接1648次，达成意向328次。

【组团参加第19届中国国际高新技术成果交易会】 11月16日—21日，第19届中国国际高新技术成果交易会在深圳举行。江西代表团由副省长谢茹带队，率省直有关单位、各设区市及赣江新区等单位领导参会，并组织一批紧贴市场需求、产业融合显著、具有自主知识产权的关键技术及核心产品参与展示及投资洽谈。交易会上，江西推介优秀创新成果196项，现场展示产品及实物70余件，涵盖新一代信息技术、航空制造技术、新能源技术、新材料技术等领域。

【召开2017年度全省科技成果与技术市场工作会】 5月16日，省科技厅在南昌召开2017年度全省科技成果与技术市场工作会。会议总结2016年度全省科技成果管理与技术市场建设的工作成效及经验举措，研究部署2017年度工作思路及重点任务。同时，开展科技成果登记、科技奖励申报推荐、技术合同认定等方面的政策及业务知识培训。具备省科技奖推荐资格的有关单位负责人，各设区市科技局的分管领导及科室负责人，赣江新区、国家级高新区管委会和省直管县的科技部门负责人，国家级技术转移示范机构、中国创新驿站江西站等单位负责人共80余人参加会议。

（省科技厅）

9月6日，中国流动科技馆第二轮全国巡展江西省启动仪式在修水举行

杜春发供

科学技术普及

【推进科普信息化】 做好全国科普信息化建设应用试点工作，创新科普供给内容、方式和途径。推进“科普中国·百城千校万村行动”。全年定制135台科普云终端，累计达219台，分布于全省各地人群密集地方，向全社会提供“科普中国”信息资讯，点击量超过100万人次。打造“科普江西”品牌，“科普江西”微信公众号坚持每个工作日发布4条推文，通过答题抢红包、开展“寻找身边最美科技工作者”微信随手拍、“迎十九大”科普有奖竞答、迎新年江西省公民科学素质网络（微信）知识竞赛等活动，推动“科普江西”进领导手机、进校园、进农村、进社区，总关注量从2016年4000余人升至26.6万人。江西手机报APP“科普”频道总点击量3240万次，彩信版“微科普”栏目每天面向1000万用户发送科普信息，年发送量超过36亿人次。南昌市科协在南昌电视台资讯频道联合推出“科普V视”栏目；上饶市科协科普屏媒布点达65个；抚州市科协举办全市科普信息化培训班；景德镇市科协利用“科普瓷都”微信创新科普方式，促进科普与旅游发展结合。

【科技馆建设】 省科技馆新馆土建工程主体建筑基本完成。赣州科技馆划归市科协管理并实行免费开放，吉安、萍乡、宜春科技馆进入布展阶段，鹰潭、抚州科技馆土建工程有序推进，景德镇科技馆、上饶科技馆新馆列入市重点建设项目。九江建成首个专业科技馆“核地质科普馆”。联合省财政厅推动省科技馆和上饶、赣州科技馆纳入2017年度全国科技馆免费开放试点单位，共争取科技馆免费开放资金1130万元。流动科技馆在瑞金市、上饶县等18个县（市、区）完成巡展，参观人数90余万人次。加强农村中学科技馆建设，建成开馆23所。

【农业科技培训】 全省农函大围绕服务主导产业发展，开展农业主导产业升级培训；围绕服务特色产业技术推广，开展农业特色产业科技培训；围绕服务农村科技人才，开展农村新型人才素质提升培训；围绕服务实训基地建设，开展产业扶贫基地实训。全年开展各类农业科技培训348期，实施培训项目106个，培训农民学员2.32万人次。

【开展系列主题科普活动】 3月，组织开展“2017年科普之春暨学雷锋科普志愿者服务月活动”，参加活动的专家、学者1239人，科普志愿者1.25万人。社区、农村、学校开展科普活动分别为431场、431场和260场，直接参加活动的社区居民11.73万人，农村人员11.18万人，学生9.36万人，解决实际问题1612件。8月，全省开展“科学，让生活更美好——江西省百场科普报告进社区”活动，举办科普报告会126场，参与群众2万余人。9月，在全省范围内集中开展以“创新驱动发展科学破除愚昧”为主题的全国科普日活动，有6000余名科普工作者、3万多名科普志愿者参加活动。活动期间，举办科普报告会600余场、科普知识展览1000余场次、培训班900余期，发放科普资料100余万份，播放科普录像500余场，展出科普展板4000余块，参与群众50余万人次。

【组织参加青少年科技教育活动】 2—4月，组织5万余名青少年参加第32届全省青少年科技创新大赛。江西有8个青少年创新项目入围第32届全国青少年科技创新大赛，获二等奖1项、三等奖7项。4—10月，组织8万余名中小学生参加“我爱绿色生活”——2017年江西省青少年科学调查体验活动。7月，组织11个设区市150名优秀高中学生分别参加清华大学、上海交通大学等14所高校的2017年全国青少年高校科学营活动。7月17日—22日，组织11支代表队参加第17届中国青少年机器人竞赛，参赛项目为历届最多。全年组织6万余名学生参加五学科（数学、物理、化学、生物、信息学）奥林匹克竞赛，数学获1金、8银、2铜，物理获1金、1银、6铜，化学获1金、11银、1铜，生物获1金、6银，信息学获2银、3铜。

（杜春发）

本栏编辑 詹跃华

社会科学

综述

2017年，全省社科界坚持以习近平新时代中国特色社会主义思想为指导，落实中央和省委一系列重大决策部署，围绕中心、服务大局，推动全省哲学社会科学事业进一步繁荣发展。

理论创新工作。国家社科基金项目立项实现新突破，全省获国家社科基金重大项目5项；获国家社科基金年度项目111项，立项数在全国排名第14位，获项目经费2515万元；获中华学术外译项目1项、国家社科基金后期资助项目4项。省级项目六大平台建设取得新成效，评审立项全省经济社会发展重大招标课题8项、中国特色社会主义专项委托课题17项、江西省经济社会历史文化专项课题27项、年度省级社科规划项目307项、“青马工程”资助项目108项、青年博士基金项目45项。

社科普及立法。11月30日，《江西省社会科学普及条例》提请省人大常委会第36次会议审议通过。《江西省社会科学普及条例》对社会科学普及的目标和定义、性质与原则、社会科学普及的主要内容和形式、政府及有关部门的职责、社会责任、保障激励、法律责任及相关处罚措施等作出规定。

智库建设工作。配合省委宣传部起草《关于加快推进江西新型智库建设的实施方案》，并以省委办公厅、省政府办公厅名义印发。抓好江西省新型智库的建章立制与信息建设工作，筹备组建江西省新型智库理事会，起草《江西省新型智库理事会章程》《江西省重点新型智库建设管理办法》等文件。建设江西省社会科学信息中心和社会科学专家库信息管理系统、规划项目申报评审系统、优秀成果奖评选系统、社会组织管理系统、规划项目管理系统五大系统，提升社科工作信息化管理水平。江西省情研究中心、江西省科学院科技战略研究所等6家智库机构入选中国智库索引（CTTI）来源智库，全省中国智库索引（CTTI）来源智库达14家。

决策咨询和省情研究。省社科院、省委党校和各高校发挥自身优势，加强应用对策研究，加快研究成果转化，一批调研报告获党和国家领导人肯定性批示。全省社科界主办的《内部论坛》《专报》《江西发展参考》《江西发展研究》《调查与研究》等一大批决策咨询内刊，围绕省委、省政府中心工作，组织广大社科工作者开展应用对策研究，获省领导肯定性批示200余篇（次）。

组织联络和学会工作。加强对市、县（市、区）、高校、企业社联的组织联络和工作指导，组织召开2017年全省设区市社联主席工作会议，组织市、县（市、区）社联干部赴延安举办全省社联系统中青年干部党性修养培训班，深入多个市、县（市、区）社联进行调研指导，多渠道了解市、县两级社联工作情况，征求相关工作意见与建议。研究制定并印发《关于加强省社联业务主管社会组织管理，促进社会组织健康有序发展的意见》，加强对省属社科类学会的规范管理。

学科建设和学术阵地建设。哲学社会科学学科体系建设取得重大进展，南昌大学哲学、马克思主义理论、中国语言文学、新闻传播学，江西师范大学教育学、中国史、管理科学与工程，江西农业大学农林经济管理，江西财经大学法学、马克思主义理论，景德镇陶瓷大学科学技术史11个学科列入一级学科博士学位授权点公示名单。《江西社会科学》《当代财经》《江西财经大学学报》《心理学探新》《江西师范大学学报》（哲学社会科学版）等中文社会科学引文（CSSCI）来源期刊办刊水平不断提升，《苏区研究》《红色文化学刊》等新办刊物影响力不断扩大。各高校和省直科研单位举办中国秦汉史研究会第十五届年会暨海昏历史文化国际学术研讨会、全国汉语方言学会第十九届年会暨国际学术研讨会等国际性会议10余次；纪念南昌起义、秋收起义和井冈山革命根据地创建90周年学术研讨会，第一届全国原苏区振兴高峰论坛等全国性学术会议50余次；邀请省内外专家学者举办学术报告会上千场次。

（省社联）

学术活动

【召开全省社科理论界专家座谈会】 3月14日，全省社科理论界专家座谈会在南昌召开，专题研讨“创新引领、绿色崛起、担当实干、兴赣富民”工作方针。省委常委、省委宣传部部长赵力平出席座谈会并讲话。座谈会上，梅黎明、梁勇、吴永明、杨超、陈小林、黄细嘉、李秀香、刘小强8名专家结合各自实际作了发言。

11月28日,首届世界赣商大会赣鄱文化论坛在南昌举行

省社联供

【举行首届世界赣商大会赣鄱文化论坛】　11月28日,由省政府主办,省文化厅、省商务厅、省新闻出版广电局、省外侨办、省社联、省社科院、省工商联、江西日报社、江西广播电视台共同承办的首届世界赣商大会赣鄱文化论坛在南昌举行。省人大常委会党组副书记、副主任朱虹致辞并作主旨演讲。近200名海内外嘉宾参加论坛。论坛围绕发展赣鄱文化产业、扩大文化招商的目标,以"情系江西,共谋发展"为主题,通过"文化名家演讲""瓷乐表演""非遗展示"等活动,进一步展示赣鄱文化与"一带一路"国家交流合作的风采,加强海内外赣商和华人华侨对赣鄱文化的了解,提升赣鄱文化的国际影响力和品牌传播力。

【召开中国秦汉史研究会第十五届年会】　10月16日,由中国秦汉史研究会主办,江西师范大学、南昌汉代海昏侯国遗址管理局承办的中国秦汉史研究会第十五届年会暨海昏历史文化国际学术研讨会在南昌举行。海内外200余名秦汉史研究专家学者参加会议。研讨会上,江西师范大学历史文化与旅游学院教授黄今言、中国人民大学国学院教授王子今、台湾清华大学中国文学系教授林聪舜、江西省文物考古研究院研究员杨军、东南大学建筑学院张彤分别作了主旨发言。研讨会分5个小组,分别围绕海昏历史文化研究、秦汉政治和军事诸问题研究、秦汉经济社会和民生诸问题、秦汉的学术思想与文化研究、秦汉考古及出土文献研究等议题进行讨论和交流。

【举办2017年江西社科普及宣传活动周】　10月30日至11月5日,省委宣传部、省社联举办2017年江西社科普及宣传活动周,采取省、市、县三级联动、同步启动的方式进行。活动周期间,全省各级党委宣传部门、社联、学会和高等院校、社科普及基地,以及新闻媒体、军队、乡镇、企业、社区等300多家单位参与活动,共安排学术报告、形势宣讲、展板宣传、现场咨询、知识讲座、媒体访谈和培训研讨等系列社科普及和学术交流活动423场。同时,发放图书、资料数十万份。

【举行"纪念八一南昌起义、秋收起义、井冈山革命根据地创建90周年"学术活动】　4月21日—23日,由中共中央党史研究室第一研究部、省社联、上饶师范学院主办的"纪念八一南昌起义、秋收起义和井冈山革命根据地创建90周年"学术研讨会在上饶师范学院举行。北京、江苏、湖北、江西等11省(市)的专家学者以及新华社、《江西日报》等新闻媒体代表共80余人参加。会议收到论文50余篇。中国人民解放军南京政治学院科研部《军事历史研究》编辑部主编、教授宗成康,湖北省社会科学院原党组书记、研究员曾成贵等7名专家学者在会上作主题发言,就党史、苏区史相关热点议题展开论述。在分组讨论会上,与会专家学者围绕"八一"南昌起义、秋收起义和井冈山革命根据地研究,方志敏与赣东北苏区研究,苏区史研究的学术回顾、史料整理与新方法论等议题展开讨论。

7月22日,省社科院、中国社科院当代中国研究所、省委党史研究室在南昌举行"纪念八一南昌起义、秋收起义、井冈山革命根据地创建90周年"学术座谈会,以"弘扬革命精神、传承红色基因"为主题,研讨"八一"南昌起义、秋收起义和井冈山革命根据地创建的历史过程、历史经验与现实意义。中国军事科学院少将、研究员齐德学,国防大学战略教研部少将、教授蔡仁照,中国社科院当代中国研究所副所长、研究员张星星,中共中央党史研究室第一研究部原副主任、研究员李蓉,省委党史研究室宣教处处长刘津,省社科院研究员余伯流等13名专家学者作中心发言。省内外研究人员及《光明日报》、人民网、《江西日报》等媒体记者80余人参会。

【举办法治江西建设理论研讨暨《法治江西建设的重点及实现路径》新书发布会】　3月16日,省社科院举办法治江西建设理论研讨暨《法治江西建设的重点及实现路径》新书发布会,省内相关单位专家学者40余人出席会议。与会专家围绕法治江西建设进展、江西地方立法、司法改革背景下检察监督与司法审判、法治政府建设、加快江西营商法治环境建设等问题开展讨论,并发布《法治江西建设的重点及实现路径》著作的出版及主要观点。

【第三届马克思主义进基层讲习系列活动在上饶举行】　3月27日—28日,省社科院、上饶市委、中国社科院社会学研究所在上饶举行第三届马克思主义进基层讲习系列活动。27日,中国社科院社会学研究所党委书记、中国廉政研究中心副理事长兼秘书长孙壮志在上饶市会议中心作题为《基于马克思主义学说的反腐败理论与实践——贯彻七次全会精神,深入推进党风廉政建设》的辅导报告。同时,中国社科院社会政策研究中心秘书长、副研究员房莉杰,中国社科院数量经济与技术经济研究所经济系统研究室主任、研究员娄峰,中国社科院人口与劳动经济研究所副研究员杨舸,中国社科院国情调研与大数据研究中心副秘书长、副研究员田丰，中国社科院社会学研究所《社会学研究》编辑部主任、副研究员杨典，中国社科院私营企业主群体研究中心秘书长、副研究员吕鹏，分别在上饶市广丰区、玉山县、横峰县、弋阳县、铅山县和德兴市作辅导报告。

【召开“反贫困战略与区域实践”中俄学者学术座谈会】 5月16日，省社科院召开“反贫困战略与区域实践”中俄学者学术座谈会。座谈会聚焦贫困问题，交流中俄两国推进反贫困战略取得的成绩、积累的经验和面临的挑战。俄罗斯科学院区域社会经济发展研究所副所长康斯坦丁·古林和研究人员耶夫基尼·马兹罗夫、耶夫基尼·卢金，省社科院副院长孔凡斌、社会调查事务所所长易外庚、产业经济研究所青年学者张宜红，分别作题为《现代俄罗斯的不平等与贫困》《科学技术发展与缩减收入差距、降低贫困水平》《区域社会经济发展分化的缓解路径》《中国扶贫政策与精准脱贫：历程、成效与新目标》《罗霄山片区扶贫进展与脱贫路径》《从精准扶贫看贫困成因特点与路径选择》的学术报告。

【举行《2016年江西文情报告》发布会暨青年作家座谈会】 8月6日，省社科院文学研究所和凤凰网江西频道在南昌举行《2016年江西文情报告》发布会暨青年作家座谈会。省社科院院长梁勇、省文联主席叶青、凤凰网江西频道总编辑毛宁及江西作家、评论家、出版人员、媒体人员共60余人出席会议。《2016年江西文情报告》发布“2016年江西文学榜”。在青年作家座谈会上，省社科院文学研究所原所长吴海、省民间文艺家协会主席李晓君、省作协驻会副主席江子等，就江西文学的发展现状、江西文学创作与评论的互动、如何办好《年度江西文情报告》等话题进行探讨。

8月6日，《2016年江西文情报告》发布会暨青年作家座谈会在南昌举行

省社科院供

【召开“传承八一基因、永续红色血脉”专题研讨会】 8月17日，省社科院与南昌市委召开“传承八一基因、永续红色血脉——学习贯彻习近平总书记在庆祝中国人民解放军建军90周年大会上的重要讲话精神”研讨会。国防大学少将汤奋出席会议并讲话。省社科院党组书记姜玮，国防大学军队党史党建研究中心主任秦利，南昌市委常委、市委宣传部部长龙和南，南昌警备区政委王宗军出席。会上，省内专家学者30余人围绕“南昌起义的历史定位”“八一精神的科学内涵”等方面进行研讨。

【召开全省理论界学习贯彻中共十九大精神座谈会】 11月15日，省委宣传部、省中国特色社会主义理论体系研究中心、省社科院在南昌召开全省理论界学习贯彻中共十九大精神座谈会。省委常委、省委宣传部部长赵力平出席会议并讲话。省社科院院长梁勇、省社科院研究员余品华、南昌航空大学党委书记郭杰忠、中国社科院马克思主义研究院国外马克思主义研究部主任冯颜利、贵州省社科院院长吴大华、省社联党组书记吴永明、中国人民解放军陆军步兵学院教授陈阵、南昌大学教授胡伯项、省委党校研究员黄世贤先后作了发言。省内外社科专家学者70余人参会。

（省社联　省社科院）

高校社科研究

【概　况】 2017年，全省高校有人文社会科学活动人员22043人，其中高级职称7263人、中级职称9982人、初级职称4798人；投入人文社会科学研究与发展经费24.14亿元；全省高校承担人文社会科学研究课题1.24万项，出版人文社会科学著作680部，发表论文8111篇，其中在国际学术刊物发表241篇，提交有关部门135篇；举办国际学术会议34次，参加会议550人次，提交论文459篇；举办国内学术会议247次，参加会议2974人次，提交论文1895篇；与国际合作研究课题19项，与国内合作研究课题135项。申请国家专利924项，授权879项。

【高校人文社会科学重点研究基地建设】 9月，南昌大学获批全国红色旅游创新发展研究基地。井冈山大学黄惠运的“井冈山时期知识分子群体研究”，南昌大学况学文的“绿色金融创新促进中部地区绿色经济转型发展研究”，南昌大学徐兵的“城乡协调发展下中部地区农村经济系统重构研究”获教育部高校人文社会科学重点研究基地招标项目立项。

【江西教育与经济社会发展智库建设】 该智库以服务江西教育与经济社会发展战略为宗旨，适时发布研究成果。全年编印《研究与参考》13期，其中6期获省领导批示，为省委、省政府决策提供参考。3月8日，《中国教育报》整版刊登江西教育与经济社会发展智库专家学习贯彻中共中央总书记习近平在全国高校思想政治工作会议重要讲话精神专题研讨成果。

【举办2017年度全省哲学社会科学教学科研骨干研修班】 省委教育工委、省教育厅会同省委宣传部、省委组织部、省委党校、省财政厅举办2017年度全省哲学社会科学教学科研骨干研修班，学习习近平新时代中国特色社会主义思想，学习贯彻省第十四次党代会精神以及“创新引领、绿色崛起、担当实干、兴赣富民”工作方针，正确认识、把握江西省情省策。研修班以听取专题报告、现场教学、学员论坛、分组研讨、集中交流、在线学习、研读经典原著和文件、学员座谈会、社会考察为基本形式。全年举办4期，每期21天，参加研修315人。

【召开江西高校思想政治工作创新研究中心、江西百家高校智库联盟成立大会暨专题研讨会】 3月27日，省委教育工委、省教育厅在南昌召开江西高校思想政治工作创新研究中心、江西百家高校智库联盟成立大会暨专题研讨会，省委副书记姚增科出席会议并讲话，省委常委、省委宣传部部长赵力平和副省长李利出席会议。大会审议通过江西百家高校智库联盟章程，邀请中国教育科学研究院副院长、党委副书记陈子季作专题报告，并就推进高校智库建设开展研讨交流。

（省教育厅）

社科成果与奖励

【江西省获2017年度国家社科基金重大招标项目5项】 江西省获2017年度国家社科基金重大招标项目5项，资助经费360万元，为历年来获批国家社科基金重大招标项目数最多的一次。立项课题分别是南昌大学教授吴永明主持的“中央苏区民间史料收集、整理与研究”、南昌大学教授张芳霖主持的“近代长江中游地区（湘鄂赣）商会档案资料整理与研究”、南昌大学教授李军主持的“汉语等韵学著作集成、数据库建设及系列专题研究”、江西财经大学教授罗良清主持的“贫困退出考核评估的统计测度研究”、赣南师范大学教授邱小云主持的“中国红色文化百年发展史研究”。

5月3日，2017年江西省经济社会发展重大招标课题评审会在南昌召开

省社联供

【一大批应用对策研究成果获肯定批示】 省社联围绕省委、省政府中心工作和全省经济社会发展大局开展调查研究，推出《振兴“中华道都”的思考与建议》《集聚发展新动能的华丽转身——南康家具产业转型升级调查》《加快江西航空小镇的规划与建设》《借鉴国内外航空城建设经验加快南昌航空工业城建设》《抢抓窄带物联网的发展先机》等研究报告，取得巨大反响，所提政策建议进入决策转化实施。同时，组织全省专家学者开展应用对策研究，并在《内部论坛》刊载一大批研究成果，获省领导肯定性批示42人次，其中省委书记、省长共批示10人次。

【召开2017年江西省经济社会发展重大招标课题评审会】 5月3日，2017年江西省经济社会发展重大招标课题评审会在南昌召开。省委宣传部副部长朱民安主持会议并讲话，省社联主席吴永明对招标课题有关情况作简要介绍。2017年江西省经济社会发展重大招标课题共设立8个选题，省内外共有36个课题组参与竞标。评审专家审阅课题申请书，并在坚持“公平公正、实事求是、好中选优”评审原则的基础上，投票选出8个中标课题组。中标课题组负责人分别是：“‘创新引领、绿色崛起、担当实干、兴赣富民’工作方针的科学内涵与内在逻辑研究”为省委政策研究室副主任黄光明，“深入推进创新引领的政策优化研究”为东华理工大学博士林涛，“绿色崛起的时代价值与科学实践研究”为江西财经大学教授谢花林，“‘担当实干’落地生根的长效机制研究”为南昌大学教授曾明，“新时期实现兴赣富民战略的关键环节研究”为江西财经大学教授王乔，“创建长江经济带承接产业转移示范区的政策支持研究”为省社科院研究员麻智辉，“河长制在流域生态治理中的实践探索与经验总结研究”为江西师范大学教授张艳国，“江西红色文化滋养社会主义核心价值观研究”为省委党校教授曾志刚。每项中标课题资助经费10万元。

【组织开展江西省第十七次社会科学优秀成果奖评选活动】 5—9月，省社联组织开展江西省第十七次社会科学优秀成果奖评选活动。评选活动坚持科学、民主、公平、公正评选原则，经过学科组初评和复评、网上公示等环节，共评选出江西省第十七次社会科学优秀成果奖获奖项目287项，其中一等奖23项、二等奖113项、三等奖151项。

（省社联）

本栏编辑 詹跃华

文化艺术

综述

2017年，全省文化部门致力谋新篇、强机制、抓落实、提效能，建设文化强省。

艺术创作成果。采茶戏《永远的歌谣》入选中宣部第十四届“五个一工程奖”；赣剧《邯郸记》入选2017年度国家舞台艺术精品工程；一批剧目入选中国京剧艺术节、全国戏曲会演等国家级展演展示平台；23个项目获国家艺术基金立项资助；2部剧目入选文化部戏曲剧本扶持工程（全国仅10部）；4部剧目入选文化部戏曲剧本孵化计划。举办全省第二届优秀青年戏曲演员大赛。举办汤显祖国际戏曲交流月活动。举办纪念“3个90周年”北京优秀剧目展演周、“红色记忆”——优秀美术作品展等展演活动；扎实开展全省优秀剧目集中展演、“我们的中国梦——文化进万家”等送戏下乡和公益展演活动，完成下乡演出8400余场。

公共文化服务体系建设。全面落实《公共文化服务保障法》和基本公共文化服务保障标准。完成第三批创建国家公共文化服务体系示范区（项目）中期督查等专项督查考核工作。省文化中心主体结构完成封顶，围绕打造国内一流文化场馆启动陈展设计。全省建成使用一大批图书馆、文化馆、博物馆、美术馆、艺术中心等市、县公共文化设施，建成基层综合性文化服务中心7000余个，占全省任务的三分之一。“书香赣鄱”全民阅读、“赣图大讲堂及展览”、全民艺术普及等公共服务项目深入人心，推出海昏侯国考古成果、“八一军旗红”“东方戏圣汤显祖”等一批精品陈展。“百姓大舞台”等群众文化品牌活动形成全省联动的普惠格局。推进互联网+现代公共文化服务，整合资源建设“江西文化云”，实施全省贫困地区公共数字文化服务提档升级。推进县级图书馆、文化馆总分馆制以及公共文化机构法人治理结构改革试点。实施戏曲进校园工程，赣州市联合多部门印发赣南采茶戏进校园实施方案，抚州市全面启动“戏曲进校园”工作。

文化产业发展。景德镇陶溪川文创街区成功创建第一批国家级文化产业示范园区（全国仅10个），15个文化产业项目得到中央文化产业资金扶持。江西文化演艺发展集团正式挂牌成立，省文创产品研发中心成立。将每年1000万元的省政府动漫奖资金调整用于数字文化创意项目扶持，4家文化文物单位纳入国家文创产品开发试点，确定40家省级文创产品开发试点单位。文化产业“金杜鹃奖”评选为50家文化企业提供5亿元授信，建立完善文化产业公共服务平台、文化创意设计大赛等各类“双创”服务平台，举办第二届江西文化娱乐休闲产业博览会、2017艺术江西国际博览会。推动南昌市、新余市列入国家首批文化消费试点城市，推进互联网上网服务行业、文化娱乐场所转型升级，制定《关于进一步深化文化市场综合执法改革的实施意见》，文化市场环境进一步提升。

文化遗产保护。省文物保护研究中心项目选址基本敲定。争取国家文物保护工程项目资金位居全国前列，一大批文物得到有效保护利用和及时维修。3处大遗址列入第三批国家考古遗址公园名单，数量居全国前列。传统古村落保护走在全国前列，有国家级传统村落175个、省级传统村落248个，金溪县列入国家“拯救老屋行动”整县推进项目。赣南等原中央苏区革命遗址保护利用成为全国革命文物保护利用样板工程，全省普查登记红色标语6300余条，制定长征文化线路文物保护推进计划，申请国家保护资金近2亿元。铅山县境内武夷山列入世界文化与自然遗产地，景德镇御窑厂遗址列入世界文化遗产预备名单。完成第一次全国可移动文物普查，举办可移动文物普查成果展。文物调查发掘、省保单位评审、文物安全执法等工作扎实推进。督办一批文物“法人违法”案件。公布第五批省级非遗名录，公布省级传统工艺项目150项，16项列入首批国家级传统工艺振兴目录。国家级客家文化（赣南）生态保护实验区总体规划正式实施，全省普查古籍总藏量近9万部。

对外文化交流。省部合作共建葡萄牙里斯本海外中国（江西）文化中心落地。完成江西艺术团赴美国3个州的访问演出，这是全省第一次赴美国主流剧场巡演，在当地华人华侨、留学生和美国主流社会引起强烈反响，芝加哥总领事馆发贺电给予高度评价，省领导先后作出批示给予肯定。完成非遗项目、瓷乐表演赴巴黎开展文化交流，这是全省非遗项目和瓷乐表演首次在欧洲文化中心展示，向当地民众展示江西文化魅力。策应省委、省政府对外开放部署，组织文艺、非遗项目赴哈萨克斯世博会及外交部江西全球推介活动展演，展示江西文化底蕴。（宋来源）

文 学

【概 况】 2017年,江西省作家协会坚持以人民为中心的创作导向,引导作家立足江西、面向时代,深入生活、扎根人民,履行团结引导、联络协调、服务管理、自律维权职能,繁荣江西文学创作。

组织文学活动。1月,省作协面向全省作家征集"春节里的中国"主题文学作品。3月,在全省开展主题为"古韵赣鄱 红色摇篮"2017江西谷雨诗会活动。4月,与吉安市文联等多部门在永丰县举办"欧公故里 红色胜地"诗歌朗诵音乐会、2016江西年度诗人奖颁奖、《锐力·文学江西》文丛诗歌作品研讨会、主题采风活动、诗歌座谈会等5项活动,全省各地的诗人、作家代表和当地群众400余人参加活动。5月,在井冈山举办"行程万里 不忘初心"纪念井冈山革命根据地创建90周年散文笔会。江苏、浙江、四川、湖南、广东、河南、上海、江西等7省1市近40名知名散文作家及当地作家参加了活动。6月,在北京中国作协举行江西长篇小说重点扶持工程作品首发式暨研讨会。7月,在都昌举办徐观潮长篇历史小说《名将陶侃》研讨会,在大余县举办第四届全国革命历史题材文学创作研讨会,与江西日报社等单位联合举办"锦绣江西·梦想中国"主题征文活动,承办中国作协"2017年迎接党的十九大暨纪念建军90周年主题采访红一团江西段"采风活动。20多位省内及全国各地的著名作家和作协领导,参加采风活动。10月,与江西林恩茶业有限公司在梅岭联合主办一盏秋色·第五届江西林恩谷雨茶诗会。12月,在鄱阳县举办程晖瓦屑坝历史题材长篇小说《赶散》改稿会,在北京鲁迅文学院举办南昌市文学艺术院王芸、杨帆、宋小词3名女作家作品研讨会。

实施文学扶持工程。5月,江西长篇小说重点扶持工程选评的10部长篇小说出版发行。年内完成江西省文艺创作与扶持工程项目的出版。其中"赣鄱情 家国梦"长篇小说丛书9部。增加"锐力·文学江西"文丛扶持作品2部,增加"江西文学精品丛书"第三辑扶持作品1部。完成中国作协2017年定点深入生活扶持项目、重点作品扶持项目、少数民族重点作品扶持项目的申报。樊健军、刘伟林、陈然、白勺、刘景明5名作家的定点深入生活选题入选中国作协定点深入生活扶持项目,入选数量蝉联全国第一。与江西日报副刊部合作开办"锐力·文学江西"栏目,不定期推出对江西文学新人作品的评论文章。

文学创作取得新成果。陈世旭、阿袁、宋小词、樊健军、陈蔚文、白勺、杨帆等小说作品在《北京文学》《上海文学》《钟山》《十月》等报刊发表,并被《小说选刊》《小说月报》《北京文学·中篇小说月报》转载;傅菲、范晓波、彭学军、陈蔚文、洪忠佩、朱强、简心、茨平、蔡瑛等散文作品在《人民文学》《天涯》《北京文学》《散文》《上海文学》《青年文学》等报刊发表并被《散文海外版》《散文选刊》转载;三子、渭波、叶小青、林珊、吴素贞、邓诗鸿、圻子、殷红、傅菲等人的诗作在《诗刊》《中国诗歌》《星星诗刊》等报刊发表。出版方面,宋小词小说集《直立行走》、樊健军小说集《空房子》、陈然长篇小说《隐隐作痛》、姜钦峰长篇小说《看不见的嫌疑人》,刘华《田野》、傅菲《故物永生》、徐观潮《烈焰瓷都》、武向春《第四等爱情》《与岁月劈面相逢》、王芸《此生》、安然《浮世的恩典》等散文集出版,程维《妖娆罪》、漆宇勤《向阳光微笑》、熊亮《秦俑》等诗集出版,李伯勇《南方土地的精灵》、李贤平《江西文学观察笔记》等文学评论集出版。彭学军小说《浮桥边的汤木》获第十届全国优秀儿童文学奖,连续第三次获得全国优秀儿童文学奖;阿袁长篇小说《师母》获《小说月报》第十七届"百花文学奖";宋小词中篇小说《直立行走》获《当代》2016年文学拉力赛中篇小说总冠军,2016"《收获》文学排行榜",中国小说学会2016年度中篇小说排行榜。江子、陈蔚文获第二届林语堂散文奖;林珊组诗《叶落如雨》获第二届"诗探索·中国诗歌发现奖";文非小说集《周鱼的池塘》入选"21世纪文学之星丛书"2017年卷;网络作家纯情犀利哥《诸天至尊》入选2017年中国网络小说排行榜半年榜;陈南辉报告文学《国家名片》获2017江西省"五个一工程奖"。

【在赣中国作协会员深入学习贯彻习近平总书记文艺工作座谈会重要讲话培训研讨班在南昌举行】 3月10日—14日,由中国作协主办,江西省文联、江西省作协承办的在赣中国作协会员深入学习贯彻中共中央总书记习近平文艺工作座谈会重要讲话培训研讨班在南昌举行。在赣的中国作协会员110余人参加了培训研讨。会员们认真学习了中共中央总书记习近平在文艺工作座谈会和中国文联十大、中国作协九大开幕式上的重要讲话以及《习近平谈治国理政》。

培训研讨期间,中国作协副主席白庚胜作了题为《增强文化自信,繁荣文艺事业》的专题讲座,评论家朱向前围绕学习习近平文艺工作座谈会重要讲话精神,阐述他对习近平希望文艺创作从"高原"走向"高峰"的学习体会。江西省文联主席叶青作了题为《不忘初心,再攀高峰——学习习近平总书记关于文艺工作系列重要讲话精神》的辅导报告。学员还分成4个小组进行讨论和交流。通过培训研讨,学员进一步深化对文学艺术在中华民族伟大复兴中重要作用的认识。

【举办江西长篇小说重点扶持工程作品首发式暨研讨会】 6月13日,由中国作家出版集团、作家出版社、江西省作协联合主办的江西长篇小说重点扶持工程作品首发式暨研讨会在北京中国作协举行。中国作协副主席何建明,江西省文联主席叶青等领导和业内专家及入选作品作家参会。入选扶持工程的作品共10部,分别是宋清海的《白骏马》,温燕霞的《珠玑巷》,阿袁的《上耶》,丁伯刚的《斜岭路三号》,王芸的《对花》,樊健军的《诛金记》,杨帆的《锦绣》,刘建华的《立春秋》,白勺的《姑妈的沧海》,贺贞喜的《鸳鸯茶》。10部作品选取江西历史和现实中的各个片段,既有想象瑰丽的历史题材作品,也有严肃可歌的英雄人物传奇;既有对"文化大革命"、下岗潮等重大事件的关注与反思,也有对普通人感情纠葛中映射的人性阴影与光辉的挖掘与提炼,表现江西作家对历史与现实、社会与人性的思考,展示江西作家的整体风貌。

（石兰芳）

社会文化

【概　况】 2017年，全省公共文化服务体系、政策保障进一步完善，公共文化建设取得新成效。

制定印发《江西省文化厅贯彻〈中华人民共和国公共文化服务保障法〉工作方案》《关于加强全省农村文化建设的实施方案》等文件方案，并通过全国公共文化巡讲等方式学习贯彻落实《中华人民共和国公共文化服务保障法》。

举办系列公共文化活动。4—7月，举办纪念中国人民解放军建军90周年“最美军嫂歌曲大赛”、4—5月，开展2017年“群星奖”优秀作品和“百姓大舞台”优秀节目全省巡演活动。巡演队伍先后赴新余市、南昌市、九江市、萍乡市、上饶市、赣州市、吉安市等地，历时9天，行程超3000千米，取得良好演出效果。

开展全省县级公共图书馆、文化馆总分馆制试点。根据《省文化厅关于做好全省县级图书馆总分馆制建设试点工作的通知》要求，分别在南昌市青山湖区等26家县级图书馆和南昌市东湖区等15家县级文化馆试点推进县级公共图书馆、文化馆总分馆制建设。8月，制定《全省县级文化馆总分馆制建设实施方案》，自2017年9月至2018年9月在南昌市东湖区文化馆等15家单位开展县级文化馆总分馆制试点。

推进基层综合性文化服务中心建设。6月，转发《赣州市推进基层综合性文化服务中心建设实施方案》，要求全省各地结合实际，制定当地实施方案并加快推进中心建设。全省累计建成符合标准的基层综合性文化服务中心1.2万个，其中1552个乡镇（街道）全覆盖；村（社区）综合性文化服务中心近1.1万个。

做好国家公共文化服务体系示范区（项目）创建。6月，实地对景德镇市“中华陶瓷文献数字服务”和抚州市黎川县“油画惠民”项目等第三批国家公共文化服务体系示范项目开展中期督导；九江市、景德镇市、抚州市创建第三批国家公共文化服务体系示范区和示范项目通过国家中期督导。11月，经省政府同意，推荐萍乡市申报创建第四批国家公共文化服务体系示范区，推荐景德镇市“群众歌咏月”、安福县“激情泸潇、最美樟乡”2项目申报第四批国家公共文化服务体系示范项目。

【学习贯彻《中华人民共和国公共文化服务保障法》】 3月，印发《江西省文化厅贯彻〈中华人民共和国公共文化服务保障法〉工作方案》。4月，在井冈山举办2017年全国公共文化巡讲暨江西省学习贯彻《公共文化服务保障法》培训班，邀请国家公共文化服务体系建设专家委员会副主任杨永恒，委员李宏、吴理财、祝孔强，北京文化艺术活动中心研究员李蓁等国内公共文化领域的专家授课，各设区市文广新局分管副局长、社文科科长，各市、县（市、区）文化（群艺）馆长共130余人参加培训。8月，通过省政府网站“在线访谈”栏目对保障法进行专题解读。11月，邀请国家公共文化服务体系建设专家委员会副主任、教授、博士生导师蒯大申作专题讲座，解析保障法的出台背景、意义和保障措施手段等。

【印发《关于进一步加强全省农村文化建设的实施方案》】 11月，省文化厅印发《关于进一步加强全省农村文化建设的实施方案》，方案明确提出，到2020年江西省农村地区公共文化服务能力和水平有明显改善，群众基本文化权益得到有效保障，乡风文明水平明显提高。方案提出农村文化服务设施网络基本完善、农村文化服务效能显著提升、农村文化管理体制和运行机制建设取得突破、人民群众获得感不断提升的四大总体目标。从加快完善农村公共文化设施网络、全面推进农村基本公共文化服务均衡发展、有效增强农村公共文化发展活力、不断加强农村公共文化人才队伍建设、提升农村公共文化服务效能5个方面开展重点工作。

【举办纪念中国人民解放军建军九十周年“最美军嫂歌曲大赛”】 4月，为纪念中国人民解放军建军90周年，弘扬“八一”精神，传承红色基因，展现军嫂在新时期的精神风貌，省委宣传部、省文化厅启动纪念中国人民解放军建军90周年“最美军嫂歌曲大赛”。全省各地、各单位的300多名军嫂报名参赛。比赛分为老中青3个组别，经过为期2个多月的初赛、培训、复赛，7月26日，在南昌进行决赛。选手们共带来30个精彩演唱节目。参加决赛的53名军嫂选手（含5个组合）主要由全省各设区市、省直管县群众艺术馆选送，在复赛中每组名列十佳的军嫂歌手。年纪最大的军嫂70岁，最年轻的军嫂25岁。大赛共评出优秀组织奖6个，老中青各组别最佳军嫂歌手各10人，并授予“最美声音奖”“最美故事奖”“最美形象奖”“最美歌手奖”等奖项。

（涂安宁）

非物质文化遗产

【概　况】 2017年，全省公布第五批省级非物质文化遗产代表性项目名录72项；组织专家完成2016年度江西省10名国家级传承人抢救性记录工作的检查验收，提出完善意见和建议。中央财政补助每位国家级传承人记录工作经费40万元。截至2017年年底，完成15名国家级传承人抢救性记录拍摄工作，进入后期制作阶段；实施中国传承人群研修研习培训计划，举办非遗工作者、传承人队伍培训和对外文化交流；完成中央2406万元与省级600万元非遗保护专项资金拨付；加强对非遗展示馆设施建设督导。对国家发改委支持婺源1030万元、兴国960万元、南丰640万元、安远960万元用于非遗展示馆设施建设的资金使用情况进行督导，2017年，4县共完成总投资量的80%。完善工作制度和机制，印发《江西省人民政府办公厅关于完善江西省非物质文化遗产保护工作部门联席会议制度的通知》，联席会议成员单位由原来的7个增加到16个，新增省工信委、省商务厅、省卫计委、省新闻出版广电局、省体育局、省质监局、省农业厅、省知识产权局、省文联9个单位。出台《江西省“十三五”时期非物质文化遗产保护发展工作方案》《江西省传统工艺振兴计划》，推进非物质文化遗产保护开发和传统工艺振兴工作。开展非物质文化遗产展示并组织参与省外有关活动，向省内外推介江西非物质文化遗产。

【开展非遗工作者与传承人培训】 经文化部、教育部批准，中央财政投入180万元专项资金，从8月开始至12月，景德镇陶瓷大学先后举办4期中国传承人群研修研习培训。非物质文化遗产传承人群研修培训是景德镇市非遗保护中心通过省文化厅向文化部争取的国家层面非遗培训平台。景德镇陶瓷大学是全省唯一入围的培训院校。来自全国陶瓷产区160人参加培训，都是从事手工制瓷技艺相关非遗项目并具有3年以上从业经验的从业人员。研培围绕国家级非遗保护项目“手工制瓷技艺”，含青花艺术、陶瓷造型艺术、陶瓷装饰和陶瓷成型等4个方向，课程内容有美术理论基础、创作实践、观摩交流、创作展示，包含非物质文化遗产理论与政策、中外陶瓷文化比较研究、中国现代陶艺30年、中国民间装饰演变、民俗图案与流行设计等。

8月，为提升非遗工作者、传承人队伍素质，分别在萍乡、九江两地举办非遗工作者与传承人培训。内容涉及传统音乐、舞蹈、戏剧、民俗、传统技艺等，120余名非遗工作者、80余名省级以上代表性传承人参加培训。培训全面系统梳理了新时期下非遗的保护发展现状、政策理论研究成果和具体措施路径等理论知识，加强全省各地非遗工作者之间的相互沟通交流，分享各地非遗保护工作优秀经验。

【印发《江西省“十三五”时期非物质文化遗产保护发展工作方案》】 8月28日，省文化厅印发《江西省“十三五”时期非物质文化遗产保护发展工作方案》。方案明确到2020年，全省非物质文化遗产名录保护体系和传承机制日趋完善，展示活动品牌受到广泛关注，新型智库建设成果明显，法治能力大幅提升，符合江西实际、具有时代特征、江西特点和地域特色的非物质文化遗产传承发展体系基本形成的总体目标。提出非物质文化遗产政策法规建设工程、非物质文化遗产代表性项目名录保护工程、非物质文化遗产项目代表性传承人保护传承工程等10项工程任务，通过加强组织领导、落实经费投入、建立督查奖惩机制、发挥专家作用、加大宣传力度等5方面工作，做好保障措施。

【出台江西省传统工艺振兴计划】 10月28日，省政府办公厅印发《江西省人民政府办公厅关于转发省文化厅等部门〈江西省传统工艺振兴计划〉的通知》。该计划坚持“保护为主、抢救第一、合理利用、传承发展”的工作方针，旨在立足赣鄱优秀传统文化、培育赣鄱工匠和知名品牌促进优秀传统文化传承弘扬，推进非物质文化遗产传统工艺在社会发展中不断焕发新的生命力。该计划指出，到2020年，全省传统工艺传承和再创造能力、行业管理水平和市场竞争力、从业者收入以及对城乡就业的促进作用得到明显提升。提出建立传统工艺振兴目录等10项工作重点。该计划强调加强统筹协调、落实支持政策、加强金融服务、鼓励社会参与等4项保障措施。

【组织参与大型展示活动】 6月10日—11日，在南昌举办以“庐陵承脉华韵吉安”为主题的吉安专场非遗展示展演专场活动和《傩汉》摄影作品展。活动安排有吉安非遗节目展演、庐陵文化生态保护实验区大型非遗图片展览、非遗传承人技艺展示、非遗相关作品展示、非遗图片展览、非遗多媒体展播等众多展演展示活动。9月22日，在九江市举办为期一周的非遗摄影剪纸精品展，展出200余幅全省非物质文化遗产摄影大赛精品佳作和国家级非物质文化遗产代表性项目瑞昌剪纸的代表作。10月14日—15日，在南昌举办非物质文化遗产上饶专场展览展示展演活动，活动通过非遗传承人技艺展示、非遗图片展、非遗节目展、民歌传唱、曲艺演奏等方式展现赣东北地区的文化特色，展示上饶非物质文化遗产。

组织省内优秀非遗项目和传承人先后参加第六届成都国际非遗节、第九届中国(浙江)非遗博览会、第二届长江流域非遗大展、在黄山举办的第三届中国非遗传统技艺大展、在长沙举办的第三届湘赣鄂皖四省非遗联展，以及在福建泉州举办的海上丝绸之路非遗展等国内多个大型展示活动，展示江西非遗特色，传播江西传统文化。

(吴先华)

图书馆

【概　况】 2017年，全省有公共图书馆112家，其中省级1家，市级11家，县(市、区)级100家。全省公共图书馆从业人员1550人，其中高级职称120人，中级职称400人。全省读者持借阅证总量超142万个，全年总流通人次达1400万，年书刊文献外借1200万册次。省公共图书馆馆舍总建筑面积42万平方米，阅览坐席共3.52万个，电脑7379台，均创历史新高。11月27日，总投资约10亿元、建筑面积9.5万平方米的省图书馆新馆完成建筑主体封顶。学习宣传《公共文化服务保障法》《公共图书馆法》，提高全省公共图书馆从业者服务能力，全省各级图书馆等相关单位全年举办相关培训班24次，参训人员超2100人次，并在馆区、官网、微信等平台对法规进行全面解读，向社会公众进行广泛宣传。各级公共图书馆以2017年评估定级为契机，开展馆舍新建和维修改造，实施各项文化惠民工程，取得良好社会效益。

【完成全国第六次公共图书馆评估定级】 1月5日，文化部下发《关于开展第六次全国县级以上公共图书馆评估定级工作的通知》，对全国省级、副省级、地市级、县级公共图书馆和县级以上少年儿童图书馆进行评估定级。除2家图书馆因馆舍新建未参评外，全省有109个图书馆参评，参评率达98.1%。为完成此次评估定级，省文化厅成立以分管厅长任组长的全省图书馆评估定级领导小组负责全省评估定级工作，各设区市文广新局成立评估定级工作机构，负责组织全市图书馆评估定级工作。7月17日，省文化厅下发《江西省第六次县级以上公共图书馆评估定级工作方案》，有序推进工作开展。此次评估定级首次启用

“全国公共图书馆评估定级管理服务平台”，采取线上数据审核、实地评估和第三方测评相结合的方式进行，突出评估的导向性、前瞻性和先进性，形成“保障条件、业务建设、服务效能”三位一体的评估体系。经过初评、复评、终评三道环节，全省向文化部推荐一级馆35个、二级馆37个、三级馆33个、不上等级馆6个。

【开展首批县级图书馆总分馆建设试点】 1月，根据《江西省县级公共图书馆总分馆制建设方案》及相关要求，从全省筛选26家县（市、区）级图书馆开展首批总分馆制建设试点工作。2月，各试点县（市、区）建立图书馆总分馆制建设工作责任制，成立以县级领导为组长的工作领导小组，负责对所需的人财物进行保障，履行主体责任。截至年底，已建成并开通运行分馆176家，基本构建起以市图书馆为中心馆、县（区）图书馆为总馆、街道与乡镇图书馆为分馆、社区与农家书屋为基层馆的四级总分馆服务体系。

【推进智慧型数字图书馆建设】 截至2017年年底，全省90%的设区市图书馆及部分县级图书馆建成RFID智能图书管理系统。RFID智能图书馆管理方案集数字化、人性化、智能化于一体，采用RFID电子标签技术实现数据自动采集，结合数据库及软件管理系统实现图书馆自助借还、图书盘点、图书上架、图书检索、图书防盗、借阅证管理、图书证发放、馆藏信息统计等功能。部分市级图书馆建设24小时智慧图书馆，开展图书“大篷车”服务模式，打造流动图书馆，推出微博、微信、微视频、移动客户端平台，形成新媒体矩阵，扩大图书馆宣传平台，实现现代化图书馆转型升级。5月16日至18日，举办“第一期江西省数字图书馆推广工程暨文化共享工程培训班”，全省各设区市、县（区）图书馆共120余名分管馆长、业务骨干参加培训。邀请7名数字图书馆推广工程和文化共享工程方面的技术专家授课。通过培训，学员对数字图书馆推广工程、文化共享工程和公共电子阅览室建设等现代图书馆发展方向和专业技术加深了认识，对数字图书馆推广工程和文化共享工程的实施提供了工作思路。

【提升阅读品牌活动】 全省开展“读好书”活动，省图书馆赣图大讲堂、“兰兰姐姐故事会”等传统品牌不断被赋予新内容；景德镇图书馆“珠江讲堂”围绕瓷器、瓷业、瓷都等特色打造陶瓷文化主题；安远县图书馆创新开展“文化＋电商”工作，打造集图书下载借阅、商品网上交易、电商知识培训、快递收发等功能于一体的服务站点；景德镇乐平市图书馆推出“亲子阅读”“亲子种植园”等一系列活动；南昌市青山湖区图书馆启动“寻找朗读者 青图邀您来朗读”线上阅读活动，打造全市首家面向市民开放的“朗读室”。

（温凌云　雷梦婷）

博物馆

【概　况】 2017年，全省在省级文化行政管理部门登记备案且功能比较完善的博物馆149家，其中文化（文物）系统管理的109家，行业博物馆11家，非国有博物馆29家。安源路矿工人运动纪念馆被评为国家一级博物馆。全省有国家一级博物馆5家，二级博物馆4家，三级博物馆22家。19家文博单位列入“江西省文化创意产品开发试点单位名单”；江西省博物馆、瑞金中央革命根据地纪念馆列入“2017年度全国文化文物单位文化创意产品开发扶持入选单位名单”。全年推出陈列展览600余个，重点围绕“5·18国际博物馆日”暨“中国文化遗产日”做好展览。免费接待国内外观众3170万人次。组织先进推荐与表彰工作，2家单位和2人获全国先进称号，32家单位和144人获省级表彰，1人获“全国十佳讲解员”称号，3人获“全国优秀讲解员”称号。举办全省博物馆讲解培训班，全省近160人参训。

【出台《关于进一步加强文物工作的实施意见》】 7月3日，江西省人民政府印发《江西省人民政府关于进一步加强文物工作的实施意见》。该实施意见从明确工作目标、明确职能责任、加大文物保护力度、拓展文物合理利用、筑牢文物安全底线、落实保障措施等6个方面提出要求。该实施意见突出江西“历史文物大省，革命文物强省”特色，着重强调加强革命文物工作。从革命文物保护工作机制、革命旧址保护修复、安全防范调控设施、馆藏革命文物保护与展示、红色文物理论研究、社会宣教活动以及与红色旅游深度融合、完善经费保障机制等方面作出规划部署。

【“东方戏圣汤显祖”陈展项目获第十四届全国博物馆十大陈列展览优胜奖】 5月18日，由国家文物局指导、中国博物馆学会和中国文物报社共同主办的第十四届“全国博物馆十大陈列展览精品评选活动”终评出炉，抚州市汤显祖纪念馆推介的“东方戏圣汤显祖”陈展项目获优胜奖，是江西省参评唯一入选项目。陈展筹备历时3个月，4月20日，通过推介会初评。展厅陈展面积1978平方米，整个展线420米，共3层楼，5个单元；以“人生如戏、戏如人生”为主线，通过500余件文物和20多类辅助展品，全景式呈现东方戏圣汤显祖曲折的宦海生涯与不朽的戏剧成就。陈展整体呈现时注意意、趣、神、色的融通，投入引进360度环幕投影互动体验台柱、大数据互动拼接屏、移动式景观等高科技术，以亲民的方式创作出群众喜闻乐见的展示形式。

【江西省第一次全国可移动文物普查成果展】 5月18日，由省文化厅主办、省博物馆承办的“典录珍宝 金色赣鄱——江西省第一次全国可移动文物普查成果展”开展，展期3个月。

从2012年到2016年，全省成立各级各类普查机构400余个，总投入普查人员2600余人，投入资金3100余万元，对全省48094家各级各类国有单位进行深入调查，全面摸清全省可移动文物遗产家底。截至2016年10月31日，全省登录国有可移动文物收藏单位398家，登录文物327511件/套（共641550件）。

展览是对全省第一次全国可移动文物普查工作的总结，让公众了解普查工程，共享普查成果。展览以图版与展品相结合的方式，通过识珍录宝、众志成城和利在千秋3个部分，全面回顾普查历程。其中“众志成城”的

“市县风采”版块，对全省 11 个设区市的普查情况进行分别展示。

（肖士维）

文物保护与考古发掘

【概　况】　2017 年，全省争取国家文物保护资金 5.72 亿元，其中国家重点文物保护专项资金 3.59 亿元，国家文物保护性设施建设资金 1.73 亿元，陈展提升资金 4100 万元。共配合 31 项大型基本建设做好文物调查评估工作。截至年底，江西省有全国重点保护单位 128 处，省级文物保护单位 266 处，市县级文物保护单位 3000 余处，待批省级文物保护单位 684 处，国家级历史文化名村（镇）33 个，中国传统村落 175 个，省级历史文化名村（镇）83 个，省级传统村落 248 个。

文化遗产与文物遗址保护工作取得新进展。景德镇御窑厂遗址进入《中国世界文化遗产预备名单》，武夷山（江西铅山）列入世界文化与自然遗产地，“万里茶道”正联合申请进入《中国世界文化遗产预备名单》。全面普查“万里茶道”文物，补充提交河口镇明清古街等 9 处申遗点信息，完成申遗文本编制，向国家文物局申请列入世界文化遗产预备名单。金溪县成为中国文物保护基金会“拯救老屋行动”整县推进项目实施地之一。吉安市青原区“富田村诚敬堂维修工程”被评为全国十大文物保护利用工程之一。宁都革命文物保护利用项目获中国文物保护基金会“第九届薪火相传——文物活化利用十大优秀项目奖”。江西省文物保护研究中心建设选址敲定。

【推进大遗址保护】　吉州窑遗址、吴城遗址、紫金城址与铁河古墓群等 3 处大遗址列入国家文物局第三批国家考古遗址公园名单。南昌汉代海昏侯国遗址博物馆建设扎实推进，《南昌汉代海昏侯国国家考古遗址公园规划》编制完成，争取到墓园 2 号墓考古发掘和考古现场文物保护等经费 2456 万元。《紫金城城址与铁河古墓群保护规划》获国家文物局批复同意。景德镇中华陶瓷文化遗址保护展示工程有序开展，争取到御窑厂遗址数字化展示利用工程资金 552 万元、高岭瓷土矿遗址本体保护及环境整治资金 252 万元，御窑厂国家考古遗址公园建设通过国家文物局专家实地评估。商周文化遗址保护展示工程有亮点，争取到吴城遗址本体保护展示、环境整治、考古发掘资金 1765 万元；瑞昌铜岭铜矿遗址考古发掘、本体保护资金 132 万元；筑卫城遗址国字山墓葬考古发掘项目获国家文物局批准；吴城遗址博物馆和瑞昌铜岭铜矿遗址博物馆基本建成。

【开展古村落文物保护】　抚州市金溪县成为中国文物保护基金会“拯救老屋行动”整县推进项目全国两个实施地之一，获古村落建筑文物修缮资助 4000 万元。省住建厅、省文化厅联合下发《关于切实加强历史文化名城及历史文化街区保护工作的意见》，开展省级历史文化名城、首批省级传统村落和第三批省级历史文化街区的申报认定工作。8 月 8 日，省住建厅会同省文化厅召开新闻通报会，向社会公布江西省首批 248 个省级传统村落名单。对申报省级历史文化名城和第三批省级历史文化街区的城市、街区实地考察，申报推荐第五批中国传统村落。赴福建省开展国家历史文化名城和中国历史文化名镇名村交叉检查，迎接广西检查组对江西的评估检查。指导金溪县、婺源县和青原区等地做好“江西古村落群”申遗前期基础性工作，组织编制单位和专家组进行实地考察。

【推进革命文物保护】　重点推进赣南等原中央苏区革命遗址保护利用工程实施。2 月，国家文物局下发《国家文物事业发展“十三五”规划》，提出推广赣南等原中央苏区革命旧址整体保护经验，作为全国革命文物保护利用样板和示范工程进行推介。做好红色标语普查和保护利用试点工作，截至 2017 年年底，全省普查登记红色标语 6369 条。安排 400 万元用于 8 个试点单位的红色标语普查和保护利用试点工作，下发《江西省红色标语保护利用试点工作方案》等文件，将红色标语普查纳入月报制度，开展专项督查。加强对红色标语的统计和研究，形成一批红色标语普查和研究成果，其中《红旗漫卷烽火路——见证历史的抚州红军标语》由江西教育出版社出版。10 月，在抚州、赣州、吉安分别召开红色标语保护利用工作座谈会，总结出乐安县的普查模式、宁都县的利用模式、于都县抢救性保护模式，探索出省博物馆通过加注方法加固墙体以保存红色标语的方法，形成普查、保护、利用的新经验。

编制全省革命文物保护经费需求规划，共有革命文物保护维修项目 952 个，申请资金 24.2 亿元。组织填报《长征文物基本情况调查表》，制定《江西省长征文化线路保护推进计划》，“抗日先遣队北上”“红六军团西征”和“中央红军长征”3 条长征文化线路共涉及文物 119 处，申请资金约 2 亿元。

【加强文保工程项目实施考核】　印发《关于各地文保工程项目实施进度和月报制度执行情况的通报》《关于开展文物保护工程项目交叉检查工作的通知》《关于做好文物安全大排查和文保工程项目交叉检查工作的通知》《关于切实加强文保工程有关工作的通知》等文件，将文保工程实施纳入月报范围，纳入对设区市、省直管县（市）目标管理考评体系，及时通报各地文保工程进度和月报制度执行情况，推进文物保护工程项目实施，形成文保工程项目实施、质量、资金的长效监管机制。2 月至 6 月，组织 11 个检查组对全省 323 个文物安全和文保工程项目的实施进度、质量、招投标、专项资金管理等进行交叉检查。9 月至 10 月，在项目数量较多的赣州市、吉安市、抚州市、上饶市分别召开推进文保工程实施进度片区会。片区所在设区市文物行政部门汇报本当地文保工程项目基本情况，重点介绍项目实施进度情况。进度缓慢的要逐个说明原因，明确责任人、完工时间等内容，并于 10 月底前上报省文化厅。省文化厅将对各地上报的计划进行核准，对重点地方、重点项目重点跟踪督办。

（蔡宇）

文化交流

【概 况】 2017年,省文化厅参与、策应"一带一路"建设,精心组织文化交流合作项目,加强人文交流,推动全省文化"走出去"。全年出国(境)团组10个,人数79人;引进项目3个,人数34人。

【组成江西省艺术团首次赴美国访问演出】 应中国驻芝加哥总领事馆邀请,2月3日—14日,由省文化厅、省外事侨办主办,省歌舞剧院有限责任公司和江西省杂技团有限责任公司组成的江西省艺术团赴美国巡演。这是江西艺术团首次赴美国巡演。艺术团分别在美国密苏里州圣路易斯市、明尼苏达州明尼阿波利斯市和科罗拉多州丹佛市进行"欢乐春节 美丽江西""祖国陪你过年"慰问演出。8场演出共有5000余名华侨华人、留学生和美国朋友观看,20余名美国联邦和州参议员、众议员及当地议长、州长、郡长、市长等政要出席或发来贺信。演出节目融入江西陶瓷文化、亲情文化、杂技文化、农耕文化和山水文化,通过与当地侨领密切配合,克服语言障碍和旅途劳顿,奉献一台集歌舞、杂技、器乐为一体的有江西文化特色的综艺节目。此次江西艺术团美国巡演开启江西赴美演出的大门;展示江西文化独特的魅力;以艺术的形式讲述中国故事、传播中国声音、展现中国的发展变化,增强文化自信;为江西文化走出去进行有益的探索。中国驻芝加哥总领馆来电评价:"江西艺术团克服时间紧任务重等挑战,以出色的表演获得所到之处华侨华人、留学生和美国主流社会的热烈欢迎和广泛好评。"

【江西省非遗项目首次在巴黎展示】

6月11日—17日,江西省非物质文化遗产展示项目首次赴法国巴黎中国文化中心开展文化交流,项目包括非遗摄影展、非遗现场技艺展示、非遗讲座等。赴法参展的约60件非遗摄影作品是从1600余幅佳作中精选而出,内容涵盖了瑞昌剪纸、铅山连四纸、傩文化资源、客家经典山歌等最具江西特色的文化元素。中国高级工艺美术师陈文武的玉山罗纹砚制作技艺,南昌瓷板画项目省级传承人邹武的瓷板画创作过程,展示江西的传统文化。

【法国巴黎中国文化中心派人到赣参访】 8月11日—14日,法国巴黎中国文化中心选派5名学员到赣开展为期4天的参访。学员一行到南昌参观了省博物馆、八一起义纪念馆、新四军军部旧址,以及八大山人纪念馆。随后,一行人前往景德镇,参观了景德镇中国陶瓷博物馆、古窑陶瓷民俗博物馆以及陶溪川陶瓷文化创意园等地。通过参访,5名学员对中国古代文明和陶瓷文化、茶文化以及中国近代历史有了更深了解,11月24日—29日,法国巴黎中国文化中心选派5名摄影家到赣开展"法国摄影家看江西"活动。5名摄影家分别到南昌城区、新建区、湾里区、进贤县、安义县等地进行摄影创作并与江西画报社摄影人员进行了座谈交流。通过人文交流,5名摄影家对江西的经济发展和文化底蕴表示惊叹,并初步达成与江西画报社建立长期交流机制的意向。

【2017青年汉学家研修计划学员到赣考察】 9月23日—27日,由文化部和中国社科院主办的2017年青年汉学家研修计划(北京班)学员到赣开展文化交流与考察。青年汉学家研修计划旨在鼓励和支持海外青年汉学家、中国学研究人员和智库学者加强对中国国情的认识和了解,增强他们对中国思想文化和中国核心价值观的理解和认同,在全球范围内培养一批关注和研究中国发展、传播中华文化的青年中国学研究者和智库型专家。此次活动共有来自英国、澳大利亚等23个国家的24名研修计划学员参加,分别赴景德镇、上饶开展文化交流活动。在景德镇,学员参观中国陶瓷博物馆、名坊园非遗基地、古窑民俗博览区以及陶溪川文化创意街区,同部分陶瓷专家就陶瓷发展历史和陶瓷文化故事进行探讨和交流,体验制瓷工艺。9月25日,学员到婺源参观汪口村、篁岭,考察水墨上河、朱子艺苑项目,欣赏婺源艺术团的傩文化表演。

【葡萄牙里斯本中国文化中心项目】

2017年,经省文化厅向文化部沟通与争取,里斯本中国文化中心项目落地。里斯本中国文化中心是中国政府在葡萄牙设立的官方非营利文化机构,在文化部、中国驻葡萄牙使馆的领导和江西省政府的参与下开展工作,旨在展示江西文化和中华文化独特魅力,提高中国文化软实力;是国家级展示平台以及开展对葡萄牙文化外交工作的重要平台,也是江西省提高对外开放水平、加快文化走出去以及加强江西经贸、旅游、中医药与欧盟及葡语国家联系的桥头堡和新渠道。

(李福军)

文化市场

【概 况】 2017年,全省文化市场经营主体总量9992家。其中,上网服务场所5649家,主营收入2亿元;娱乐场所3532家,主营收入5.5亿元;互联网文化经营单位107家;各类演出经营单位554家,演出场次9325场,参演人数4万余人,观看人数321余万人次,演出收入1.67亿元;备案的艺术品经营单位150家。

全年审批互联网上网服务场所396家,网络文化42家,娱乐场所332家,演出单位95家,艺术品单位86家,涉外演出270场,办结数量为1221个。开展"文化市场安全生产执法年"活动,加强对文化市场及经营场所的监管力度。

促进文化市场消费升级。5月,印发《关于推动我省文化娱乐行业转型升级实施意见的通知》,明确相关工作内容和措施,启动文化娱乐行业转型升级。向文化部报送《江西省歌舞娱乐转型升级示范场所及游戏游艺转型升级示范场所》名单,涉及南昌市、赣州市、鹰潭市共11家场所。

【出台《关于进一步深化文化市场综合执法改革的实施意见》】 11月30日,省委办公厅、省政府办公厅印发《关于进一步深化文化市场综合执法改革的实施意见》,该意见是深化全省文化市场综合执法改革,促进文化市场持续健康发展的纲领性文件,为全省文化市场管理和综合执法工作做好顶层设计。意见提出完善综合执法管理体制、明确综合执法适用范围、明确综合执法机构体制、加强综合执法规范化建设、健全综合执法制度机制、推进综合执法信息化建设、完善文化市场信用体系、建立健全综合执法运行机制8个方面的任务，并明确到2018年上半年，全省基本完成文化市场综合执法改革任务。

【发挥行业协会作用】 10月1日至3日，省娱乐协会举办第二届江西文化休闲娱乐产业博览会。此届博览会以"品质生活"为主题，展会面积超2万平方米，参展企业72家，参观人数10万余人，举办活动20多场，会展订单金额超百万元。12月28日，委托省艺术协会于在南昌举办 艺术江西国际博览会，展会为期5天，参展商涵盖50多个国家，展品超万件，艺博会合计参观人数近9万人次，现场成交额2000万元，达成合作意向超8000万元。

【改善文化市场经营秩序】 2017年，省文化市场稽查总队在全省范围内开展"文化市场安全生产执法年"活动，大力查处各类安全生产违法行为，强化对文化市场的安全监管。全省各地文化市场执法机构开展多次集中执法活动，对文化市场经营单位安全生产实施检查、督查和执法，检查执法覆盖面100%。重点针对中小学校周边、城乡结合部等区域，加强对网吧、游艺娱乐、歌舞娱乐、营业性演出等行业的检查执法。全省已有5个设区市完成"监控指挥中心"建设任务，共4000余家网吧，30余万终端安装了监控平台。全省各级执法队伍共出动人员13.2万余人次，检查各类文化经营单位4.5万余次，责令整改32家，立案205件，办结286件，罚款137.58万元，共有6起案件被文化部评为"全国文化市场重大案件"。

（胡梦蝶）

文化产业

【概　况】 2017年，全省文化产业以打造成全省支柱性产业为目标，统筹各方面力量和资源支持文化产业发展。全省1301家规模以上文化产业企业实现营业收入1761.50亿元，增长8.0%。

争取中央和地方政策资金扶持。全省共有15个项目入选中央财政文化产业发展专项资金重大项目，获扶持资金2140万元。大力发展数字文化产业，印发《江西省数字文化创意设计项目扶持实施办法》，组织开展2017年度江西省数字文化创意设计项目扶持计划，对全省66个数字文化创意设计类项目进行1000万元扶持激励。

实施国家级和省级文化产业示范基地（园区）品质提升工程。开展省级文化产业示范基地、商业旅游文化融合发展示范区等评选活动，引导企业向规模化、集约化发展。景德镇陶溪川文创街区已列入国家级文化产业示范园区创建资格名单；南昌市豫章1号文化科技园等20家文化企业列为第八批江西省文化产业示范基地；南昌市绳金塔商圈等5家商旅文融合发展区认定为首批"江西省商业旅游文化融合发展示范区"。

推动文化创意产品开发试点。省博物馆、南昌八一起义纪念馆、瑞金中央革命根据地纪念馆和江西美术馆纳入国家文创产品开发试点范围。4月7日，省政府办公厅印发《江西省人民政府办公厅转发省文化厅等部门关于推动文化文物单位文化创意产品开发实施意见的通知》。指导设立省级文创产品开发中心。省图书馆、井冈山革命根据地纪念馆、南昌市群众艺术馆等40家文化文物单位参与文创产品开发试点工作，省级文创产品开发试点工作全面铺开。

国家文化消费试点工作有新突破。南昌市投入财政资金1040万元，举办引导城乡居民扩大文化消费试点工作并开通"南昌文化惠"公众号。2月，新余市被文化部列入第一批第二次试点名单，投入财政资金520万元，建立"文化消费+"机制，通过文化消费+旅游，打造已有的"中国七夕节""中国七仙女传说之乡"等文化品牌。

【举办首届江西省文化产业"金杜鹃奖"评选活动】 1月至5月，江西省文化企业协会举办首届"金杜鹃奖"评选活动。参评对象为在江西省范围内，主营业务属于国家统计局《文化及相关产业分类（2012）》范围，并且业务收入占总收入60%以上的文化企业，以及主营业务属于此范围的文化项目、省级以上文化产业示范（园区）基地。

通过项目路演、网上投票、专家会审，评选分影响力文化企业、成长性文化企业、特色文化企业、具有投资价值文化项目、优秀文化产业示范基地5大项，每项各评出10家，共50家文化企业（项目）获奖。中国银行江西省分行为获奖文化企业提供5亿元的授信支持，并授信全省文化企业200亿元的总额。

【举办赣商大会赣鄱文化论坛】 11月28日，由省人民政府主办，省文化厅联合省商务厅等多家单位共同承办的首届世界赣商大会赣鄱文化论坛。省人大常委会副主任朱虹致辞并作主旨演讲。省文化厅厅长池红主持论坛。清华大学教授熊澄宇、江西师范大学教授方志远作专题演讲。近200名海内外嘉宾参加论坛。论坛围绕发展赣鄱文化产业、扩大文化招商的目标，以"情系江西，共谋发展"为主题，通过文化名家演讲、瓷乐表演、非遗展示等一系列活动，进一步展示赣鄱文化与"一带一路"国家交流合作风采，加强海内外赣商和华人华侨对赣鄱文化的了解与认同，提升赣鄱文化的国际影响力和品牌传播力。

（罗怡奇）

本栏编辑　张志勇

档案与地方志

档案工作

【概　况】　截至年底，全省共有7个设区市档案馆、61个县（市、区）档案馆建成并投入使用，5个县级档案馆竣工，5个市、县级档案馆开工。数字档案馆建设、电子文件归档与管理、民生档案“一站式”查档服务、档案大数据工程等工作纳入江西省“十三五”信息化发展规划、电子政务发展规划和大数据发展行动计划。国家对全省4个县级综合档案馆项目下达投资计划2479万元，省财政下拨2000万元专项资金，用于25个县级档案馆馆藏档案数字化和江西档案云中心建设。省档案局完成12个县级档案馆新馆建筑设计方案审查，专项督查了9个县级档案馆建设工作。

【档案工作服务能力建设】　省档案局、省扶贫移民办联合印发《江西省精准扶贫档案管理实施办法》《江西省精准扶贫档案整理细则》和《江西省精准扶贫档案工作指导意见》，打造一批精准扶贫档案工作试点县、试点乡镇、试点村。新余市档案局积极推动“保家行动”专项档案工作，完成水库退养“一库一档”工作。继续推进全省重点建设项目档案工作，完成75个省重点建设项目档案管理登记，对20多个省重点建设项目档案工作进行实地指导。南昌市档案局完成南昌轨道交通2号线一期工程首通段及南延线项目档案专项验收。在江西档案信息网向社会公开9.2万余条档案文件目录，接待查档者2049人次，提供档案资料3.1万余卷（件）次，解决查档者工龄、学术研究等问题608个。在全省统一开展以“岁月记忆 社会缩影——我的家庭档案”为主题的家庭档案展览，弘扬传承优良家史家风家训，吸引近十万人参观，社会反响热烈。为纪念“建军90周年”，省档案局在江西档案信息网上举办《彪炳史册的伟大壮举——纪念“八一”南昌起义90周年历史图片展》。完成2009年版《南昌解放》的修订，新增近10万字、14张图片。抚州市档案局启动《江西抚州境内红军第四、五次“反围剿”》专题纪录片拍摄工作。

【档案治理能力建设】　档案法治建设逐步加强。省档案局清理改革开放以来以省政府、省政府办公厅名义发布的有关档案工作的文件5件，并清理了2000年以来省档案局为主实施的江西省地方性法规和省政府规章、规范性文件。上饶市档案局明确了17项档案执法检查内容，并制定《上饶市档案局档案行政执法监督检查工作细则》。鹰潭市档案局编制鹰潭市档案行政许可标准化标准汇编，制定“最多跑一次”改革工作贯彻实施意见。依法治档力度加大。省档案局首次使用“江西省行政执法监督平台”，对40家省直单位档案工作开展“双随机一公开”现场执法检查。档案法制宣传教育形式多样。全省档案部门继续实施“七五”普法工作，利用多种形式，深入开展档案法治宣传活动，提高全社会的档案意识。

【档案基础业务建设】　档案资源建设稳步开展。省档案馆接收省直单位移交的到期档案9360卷、2.9万件和26家省直单位报送的已公开现行文件2000余份、资料500余册。征集了家庭档案6000余份、重要出版物50册、特色档案和名人档案62件。九江市档案局开展九江方言建档工作，建立方言档案基础数据库。景德镇市档案局征集了民国时期手工业制瓷口述档案、实物和陶瓷专著。档案查阅利用更加便捷。省档案馆和南昌市民生档案“一站式”档案服务试点工作推进，南昌市总计46个新增32个便民服务中心接入民生档案远程利用平台，汇集知青、婚姻登记等档案目录数据100万余条。档案工作规范化有序推进。省档案局举办新修订地方标准《归档文件整理规范》宣贯会，完成15家省直单位《文件材料归档范围和档案保管期限规定》重新修订后的审核工作。全省新增358家机关、企事业单位档案工作规范化管理达到省三级以上水平。档案安全管理措施更加有效。省档案局把每月28日确定为“档案安全日”，定期或不定期组织开展档案安全检查。南昌、新余、萍乡、吉安、抚州、赣州、景德镇等地档案部门组织开展了档案安全检查、培训和应急演练等，加强档案安全管理。

【档案信息化建设】　全省区域性数字档案馆建设有新发展。省档案局编制的《江西档案云中心初步设计方案》通过专家评审，组织各级综合档案馆开展存量目录数据和纸质档案数字副本上传与备份工作，区域平台共存储、备份市、县两级综合档案馆目录数据1900余万条、纸质档案数字副本207万余件。数字档案资源得到充实。省档案馆完成第五期49个全宗、近1.2万卷纸质档案数字化项目终验，以创建国家级数字档案馆为目标，编制了省馆馆藏纸质档案数字化规划。开展政府公开信息电子数据采集；拍摄记录省级重大活动30次，形成照片电子档案800余张，录像电子档案948件、409 GB，收集保存声像文字材料100余件；接收8家立档单位移交的27695件文书电子档案、458张照片电子档案；抢救性采集3位赣剧传承人口述历史照片电子档案3卷30件、录像电子档案3卷12件381分钟。档案信息化标准建设有新成果。省档案局承担起草的全国档案行业标准《录音录像类电子档案元数据方案》，已经由国家档案局正式发布。

【档案宣传工作】 借助新闻媒体强势宣传。省档案局多次组织新闻媒体对全省档案工作重点、亮点进行采访报道，特别是梅桂馨热心公益事业的先进事迹、全省家庭档案展分别被20余家媒体报道后，社会反映较好。德兴市馆征集到侵华日军私人从军影集档案被中央电视台新闻频道报道后，受到社会广泛关注。利用新媒体宣传走在全国前列。省档案局开通“江西档案”微信公众号，用档案讲述江西故事，粉丝量、阅读量和点赞量不断攀升。据统计，“江西档案”在全国333个档案微信公众号排名第十、省级第二。

【档案干部队伍建设】 省档案局建立全省档案专家库，向全省从事档案工作30年的档案干部颁发荣誉证书。各级档案部门继续加强档案教育培训工作，进一步提高档案干部的业务素质。省档案局委托南昌大学举办各类档案业务培训班10期，共培训学员1206人。

【联合开展南昌轨道交通2号线首通段项目档案验收工作】 5月22日，省档案局联合南昌市档案局到南昌市轨道交通2号线一期工程（首通段）供电系统及疏散平台工程项目部检查项目档案工作。指导组一行仔细检查了项目档案案卷及检索工具编制质量，认为该项目部档案意识较强，项目档案工作责任落实较好，项目档案质量符合标准。同时，指导组要求项目部着力加强项目档案后期资料的收集与纸质档案数字化工作，为项目运营和后期维保工作提供优质档案服务。7月6日至7日，由省档案局、南昌市档案局、南昌市发改委、南昌市国资委、南昌市建委组成项目档案验收组，对南昌轨道交通2号线一期工程（首通段）及南延线工程竣工档案开展验收。验收组听取了项目建设单位、土建施工单位代表、机电施工单位代表、监理单位代表的档案工作情况介绍和项目档案预验收情况汇报，现场抽查了项目前期文件材料、南延一标、风水电1标、风水电监理、土建三标项目档案收集归档、分类组卷、整理编目、竣工图编制等情况。验收组经过综合评议，认为项目档案较完整、准确、系统，项目各类文件材料收集较齐全完整，项目档案整理质量较高，各种签章手续较完备，项目声像档案整理较规范，档案装具整齐统一，项目档案进行了数字化加工，实行了纸质版与电子版双套制归档。验收组一致同意南昌轨道交通2号线一期工程（首通段）及南延线工程竣工档案通过验收。

【设立“档案安全日”】 5月，省档案局设立“档案安全日”，时间为每月28日（如遇节假日和双休日，顺延至第1个工作日）。“档案安全日”活动主要内容有，在活动当天对档案馆进行全面细致地检查，及时发现安全隐患并整改到位；对局馆机关用电、涉密文件、易燃物品进行全面检查，发现问题及时整改；举办档案安全知识培训、讲座，开展档案安全应急演练，强化干部职工的安全意识。

【“江西档案”微信公众号开通】 6月，“江西档案”微信公众号开通。该公众号以省档案馆馆藏档案为依托，发布江西档案工作最新动态，传播江西档案文化，服务公众查阅利用。“江西档案”已开设“新闻速递”“档案解密”“老照片”“档案服务”等栏目，公众可通过公众号了解珍贵历史档案及档案背后的故事，查阅利用上网公开档案目录、已公开现行文件目录，以及预约查阅省档案馆馆藏档案资料、捐赠档案资料。

【出台精准扶贫档案管理实施办法】 6月，省档案局、省扶贫办出台《江西省精准扶贫档案管理实施办法》，并配套出台《江西省精准扶贫档案整理细则》。办法共21条和2个附件，对精准扶贫档案工作的组织管理、收集整理、归档范围、保管期限、验收移交、开发利用和经费保障等进行了明确规定，保证精准扶贫档案真实、完整、系统和安全。办法要求各级扶贫部门、乡（镇）必须加强对精准扶贫档案工作的组织领导，将其与精准扶贫工作同步部署、同步实施、同步检查、同步验收，统筹解决精准扶贫档案工作所需经费。

【省档案局举办江西珍贵家庭档案展览】 6月7日，“6·9”国际档案日宣传活动暨全省珍贵家庭档案展览在省行政中心开展，活动由省档案局和省档案学会联合举办，旨在推进“两学一做”学习教育常态化制度化，传承优良家风家史家训，将党员学习教育向8小时之外延伸，

从2月份开始，省档案局在全省开展珍贵家庭档案的征集活动，在各地档案部门和群众的支持下，征集到70余户家庭的6000余件珍贵档案。这次展览，从中遴选出部分档案展出。展览主题为“岁月记忆 社会缩影——我的家庭档案”，宣传口号是“记载家庭历史，传承良好家风，让我们共同关注家庭档案建设”。展览共设41块展板，按家庭分类展示11个家庭的珍贵档案，既有相濡以沫六十载的毛云卿、陈惠琴夫妇，又有感动中国的乡村教师支月英、人民法官周厚德等。此外，还按专题分类展示了家史家风、成长足迹、工作成果、真情回味、亲友情谊、医疗健康、珍贵印记、契约票证和收藏等9个专栏。展览吸引省行政中心众多工作人员驻足观看，省内近20家报刊、网络媒体进行采访报道。

在“6·9”国际档案日宣传活动期间，展览还在省档案馆、南昌市部分社区和设区市展出。

【规范综合档案馆档案查阅场所建设】

10月10日，省档案局制定下发《江西省综合档案馆档案查阅场所建设规范（试行）》。2013年，江西省实施“百县新馆”工程以来，全省档案馆库面积大幅增加，基础设施条件明显改善，但部分已建成新馆的档案馆存在重保

管、轻服务的现象，特别是对档案查阅场所建设重视不够，对档案查阅场所相关标准规范理解不透彻、把握不准确、落实不够到位，没有将档案查阅场所建设作为展示档案部门对外服务的一个重要窗口加以规划和建设，导致档案查阅场所不同程度地存在面积不达标、布局不合理、设施设备档次低、环境不舒适、利用者体验差、与档案馆整体环境不协调等问题，严重影响和制约档案部门社会形象和公共服务能力的提升。为规范全省、市、县两级综合档案馆档案查阅场所建设，提高档案部门公共服务能力，提升档案部门社会形象，经充分调研，依据《档案馆建筑设计规范》《档案馆建设标准》，省档案局结合全省实际制定，局出台了该规范，规范明确了档案查阅场所建设的总体要求，对档案阅览室的设置、面积和座位数要求、功能分区、设施设备配置等作出了详细的规定。

（姚伦）

地方志工作

【概　况】　2017年，全省各级地方志机构贯彻落实国务院地方志工作"一纳入、八到位"要求，依法治志，创新工作方法，两全目标稳步推进。第二轮市、县(市、区)志编纂进入收尾阶段，11个设区市中已有9个完成第二轮志书出版发行。《江西省志》102部分志中已有24部完成初审、15部完成复审，省政府召开第三次调度会，进一步推动省志编纂工作。为推动全省年鉴事业发展，起草《江西贯彻落实〈全国年鉴事业发展规划(2016—2020)实施意见的通知〉》，组织全省第二届年鉴质量评比工作。《江西年鉴(2017)》11月初出版发行；已有7个设区市的市级年鉴、15个县(市、区)的县级年鉴实现一年一鉴、公开出版。颁布《江西省地方志事业发展规划纲要(2016—2020年)》并组织实施，省地方志办首次联合省政府法制办对全省地方志工作开展联合督查，取得显著成效，推进地方志事业发展转型升级。

【首次开展地方志工作联合督查】　根据国务院《地方志工作条例》和《江西省实施〈地方志工作条例〉办法》，经省政府同意，7—9月，省地方志办联合省政府法制办对全省11个设区市19个县(市、区)地方志工作开展联合督查，督查的主要内容为：学习贯彻习近平总书记等中央领导有关地方志工作的重要讲话和重要批示精神，学习宣传贯彻《地方志工作条例》《全国地方志事业发展规划纲要(2015—2020年)》以及《江西省实施〈地方志工作条例〉办法》《江西省地方志事业发展规划纲要(2016—2020年)》等情况；"一纳入、八到位"的落实情况；"两全目标"进展情况；方志馆(地情资料库)建设情况；地方志工作宣传与信息化工作；地情资源开发与旧志整理情况；地方志理论研究情况；地方志机构围绕党委、政府中心工作开展地情服务等资政情况；地方志机构性质、编制、人员、干部使用、经费保障等情况等。重点督查了市、县(市、区)两级"两全目标"完成情况。

督查通过听取被督查单位的工作情况汇报、发言表态，翻阅书面材料、志书、年鉴等成果，查看方志馆、地情资料库、网站的建设情况等多种方式全面了解被督查市、县地方志工作情况。督查发现，全省依法治志有序开展，"两全目标"稳步推进，开发利用逐步深入，机构、队伍和地方志工作环境正在转好，方志馆建设在市一级基本落实或提上重要议事日程。全省地方志工作已经由"一本书主义"转变为以修志编鉴为主、多业并举的良好态势，转型升级稳步推进。但是，市、县两级地方志工作也存在较多问题，主要体现在：少数地方依法治志重视不够，缺乏政府规划监督；体制机制上下不顺，机构改革性质难定。一是自上而下，机构没理顺。二是级别普遍低；少数地方编制被占用突出，修志机构有名无实；个别地方经费严重紧缺，工作开展捉襟见肘；人员流动发展困难，干部队伍士气低落。三是部门弱化，干部晋升困难。为督促问题解决，省地方志办将督查结果面向全省进行通报。

【二轮志书编纂】　第二轮市、县(市、区)志编纂进入收尾阶段。11个设区市已有9个完成第二轮志书编纂出版任务，《赣州市志》已通过"中国志书精品工程"评审，即将出版。《景德镇市志》已于9月完成初审，正在修改。全省100个县(市、区)已有96部完成编纂出版任务。《铅山县志》完成初审，正在修改；《乐安县志》下限延至2016年，正在加紧编纂中；《德安县志》完成复审；《贵溪市志》完成终审，正在修改。第二轮省志102部分志中，完成初审的24部，其中15部完成了复审；完成初审稿修改，准备复审的5部；完成初稿编纂，准备初审的22部；基本完成资料长编和初稿的17部；基本完成初稿，未完成资料长编的5部。为推动省志编纂进度，省政府于12月7日召开了《江西省志》编纂工作第三次调度会，副省长李利出席并讲话，省政府副秘书长刘晓艺主持会议，省地方志办党组书记、主任梅宏在会上通报省志编纂工作进展情况，省志承编、参编所有厅、局、委、办等单位分管领导和编纂室负责人共200余人参会。副省长李利在会上宣布，2018年6月，将召集排名最后的15个单位一把手集中开会，查找原因，研究措施。

【市县年鉴编辑出版】　市级综合年鉴方面，南昌市、九江市、鹰潭市、赣州市、吉安市、抚州市、宜春市7个设区市已经实现一年一鉴，公开出版；景德镇市、萍乡市、新余市、上饶市已实现一年一鉴，内部出版。县级年鉴方面，南昌县等15个县(市、区)实现一年一鉴，公开出版；瑞昌市等50个县(市、区)为一年一鉴，内部出版；金溪县等18县(市、区)为多年一鉴、内部出版；上饶县年内已启动编纂工作；湖口县等14个县(市、区)尚未开展年鉴工作。南昌、赣州、吉安各县(市、区)已实现一年一鉴全覆盖。

【方志馆建设】　江西省方志馆年内新增上架图书4967册，接待读者433人，接待参观者383人，其中包括两批党校学员及赣籍空降兵南昌联谊会的退伍军人，接待和配合湖北卫视《人口迁徙》专题片摄制组到馆查询资料和拍摄。加大开门办馆力度，在万载县康乐镇十字布村和株潭镇亭下村创建江西省方志馆地情文化普及基地。宜春所辖各县(市、区)均已建立方志馆(室)，其中樟树市方志馆1200平方米，财政每年拨付10万元维护费；

上饶市方志馆对所藏书籍全部重新分类整理登记并纳入市图书馆检索系统，加快推进志书走向社会的步伐；景德镇市方志馆获批景德镇市科普教育基地称号；南昌市史志办已向市政府提出《关于筹建南昌市方志馆的可行性报告》立项申请。在全国首届方志馆讲解员大赛中，江西省地方志办公室获优秀组织奖，省方志馆讲解员刘璐获全国“十佳讲解员”称号。

8月至9月，省政府法制办、省地方志办对全省市、县两级地方志工作首次进行联合督查，图为铜鼓县汇报地方志工作情况

省地方志办供

【信息化建设】　“方志江西”微信公众号影响力进一步扩大，保持每个工作日推送2—3篇文章，全年共发布文章610篇，累计点击量达60万次，点赞8万次，核心读者在2000人以上。“宜春史志”“九江史志”“新余史志”“萍乡史志”“史志抚州”微信公众号先后开通运营，萍乡市还建立官方微博。中国赣网完成栏目调整并更名为江西省地方志编纂委员会办公室官网，瑞昌市方志网开通。在2017年全国地方志系统信息化工作会议上，江西省地方志办获通报表扬，徐佳佳获“全国首届十佳通讯员”称号。由于成绩突出，徐佳佳还获得“江西十大新媒体优秀个人”称号。

【旧志整理】　南昌市拟定明万历《新修南昌府志》、清乾隆《南昌府志》、清同治《南昌府志》3部旧志整理方案，并提交市政府审批。九江市完成明嘉靖《九江府志》点校工作，交付印刷，重印清乾隆《德化县志》，对清道光《都昌县志》等进行点校；萍乡市《昭萍志略》印刷出版。赣州市点校清康熙《赣县志》、清同治《瑞金县志》、民国《瑞金县志稿》、清乾隆《会昌县志》等并印刷出版，重印出版清康熙《南康县志》。抚州市开始对明正德《抚州府志》《建昌府志》、清同治《东乡县志》《乐安县志》、清光绪《东乡县乡土志》、清道光《崇仁县志》进行点校。

【方志理论研究】　年内，省地方志办学会会员在省级以上期刊发表方志研究论文33篇。学会常务副会长周慧的论文《赣人与南海主权》入选参加南海主权与地方志论坛，撰写论文《从文学艺术家对方志的运用看方志文化的影响力》，入选参加“继承中华传统，弘扬方志文化”论坛，并在大会上作交流发言。在中指办举办的第七届中国地方志学术年会中，学会6名会员的论文入选参会，是入选论文最多的省份之一；学会常务理事詹跃华作为评审专家获邀参加全国地方志优秀成果（年鉴类）评审。省地方志学会于12月举办2017年全省方志理论研讨会，挑选40篇文章入选参会，全面展示了2017年全省地方志工作的研究成果。赣州召开全市地方志理论研讨会，为全省地方志理论研讨会推荐理论文章24篇。在第二次全国地方志科研工作会议上，江西省地方志办由于地方志科研工作表现突出，被中指办通报表扬。

【地情资料开发利用】　《江西方志文化丛书》一套10本已完成公开招标，交付出版。《江西地名由来》初稿完成。制定《〈江西抗日战争志〉项目实施方案》和《〈江西抗日战争志〉编写规范（试行）》。新余市的《文游新余》正式出版发行，启动其姊妹篇《新余工业史话》编纂工作。赣州市的《赣南客家》《名人与赣南》《印象于都》丛书等已出版；《赣州简史》初稿编纂完成。抚州市完成《黎川人物》书稿。上饶市的《大美上饶》完成初稿编纂。吉安市《吉安登科考》由中华书局出版发行。宜春市出版《革命遗址通览》《话说铜鼓》《铜鼓赋》《上善若水高义天下（画册）》等书。

【村镇志和专志编纂】　列入“中国名镇名村志工程”的吉安市青原区《富田镇志》已送审，宁都县《小布镇志》已经完成篇目设计，《东龙村志》已召开评审会。九江市的《九江市冶金煤炭志》《永修县政协志》《武宁县甫田乡志》《袁如岗湾村志》《长潭村志》《敖厦村志》《马当镇志》《胜利村志》等出版发行。新余市的《仙女湖志》编纂工作启动，《新余烟草志（1991—2010）》进入审稿阶段。赣州市年内出版《赣州监狱志》《龙南县森林公安志》《信丰县公安志（1987—2013）》《兴国鼎龙乡志》《于都医保志》《会昌县教育志》《赣县金融志》《赣县组织志》《石城统计志》《石城民俗日志》《赣县乡土志》等。宜春市村级志书编纂深入拓展，出版《宏岗社区志》《台上村志》《坪上村志》等。

（朱岳）

本栏编辑　张志勇

新闻出版　广播电影电视

公共服务

【概　况】　2017 年,全省农村电影公益放映 29.1 万场,全省 1.6 万多个农家书屋新增图书约 135 万多册,全省 710 个贫困村综合文化服务中心配套启动应急广播系统建设,全省设立县、乡两级直播卫星户户通维修网点 1082 个,南昌地铁 1 号线 24 个站点投放 30 台电子图书机和 4 台自动售书机。

【广播电视基础设施建设】　统筹有线、无线、卫星 3 种覆盖方式,推动数字广播电视户户通建设。有线电视继续向乡村延伸发展,全省有线电视用户达到 753.64 万户,增长 3.75%,全省有线电视总入户率达到 60.61%;加快全省无线广播电视发射台的基础设施改造和数字化建设,一批发射台通过机房、天馈系统、供电、供水、道路、围墙等基础设施建设,进一步改善基本工作条件;一批发射台试行数字播出,向公众提供 12 套以上的数字电视节目,提高广播电视公益覆盖和安全播出保障能力,全省广播、电视人口综合覆盖率分别为 98.04%、98.83%。全省 24 个贫困县(市)广播电视台的采编播设备进行更新改造,制作播出能力得到提升,部分实现高清播出和新媒体播出。

【推动全民阅读活动】　发布《江西省推进全民阅读行动计划(2017—2020 年)》,围绕建设富裕美丽幸福江西,策划组织"书香赣鄱"系列重点活动,举办新闻发布会、专家论坛、滕王阁诵读、南昌地铁阅读、书香湘鄂赣等活动,协调中央级出版社到赣开展以"深入生活、扎根人民"为主题的阅读推广活动,与省残联开展阅读文化周活动,与省妇联开展"书香飘万家"亲子阅读活动,推出一批书香村镇、书香社区、书香家庭等书香系列典型,带动全省各地各部门开展各具特色的阅读活动,在全省乃至全国产生较大影响。

【服务典型】　在中宣部表彰的第七届全国服务农民服务基层文化建设先进集体中,萍乡市湘东区文化广电新闻出版和旅游局、吉安市吉水县电影发行放映公司、赣州市赣县区农村电影放映管理中心、新余市渝水区罗坊镇罗家村委罗家村农家书屋榜上有名。吉安市青原区富滩镇农村电影放映员陈小青获中央文明办授予的"敬业奉献"类中国好人称号。在国家新闻出版广电总局全面建设农家书屋 10 周年先进集体和先进个人评选中,赣州市、新余市文广新局评为"农家书屋全面建设 10 周年先进集体",甘世雄、张玉华、龙昀晖等 3 人被评为"农家书屋全面建设十周年先进个人",南昌市青山湖区京东镇塘南村等 15 个单位被评为"全国示范农家书屋",胡立根等 15 人评为"全国优秀农家书屋管理员"。

(江巍)

改革与产业发展

【概　况】　2017 年,全省新闻出版广电系统产业发展保持良好势头,行业主营业务收入 1539 亿元,增长 16%。全省影院总票房 11.26 亿元,增长 21%;观影人数 3816 万人次,增长 23%。15 个项目入选国家新闻出版广电总局项目库,17 个项目共获中央专项资金补助 3352 万元。在第十三届深圳文博会上签约项目 33 个、签约总金额 130.27 亿元,其中入驻江西国家数字出版基地项目 19 个,签约金额 60.7 亿元;全省新闻出版广电产业相关项目 14 个,签约金额 69.57 亿元。省新闻出版广电局和省内两个基地(江西国家数字出版基地、赣州吉安国家印刷包装产业基地)分别获 2016 年度新闻出版产业基地(园区)工作优秀单位和优秀基地(园区)。赣州国家印刷包装产业基地作为基地代表在国家新闻出版广电总局 2017 年基地园区工作交流会暨优秀产业示范项目推广会上作交流发言。

推进"放管服"改革工作。省新闻出版广电局全年精简权力 54 项,精简率 29%,第一批 88 项政务服务事项可通过全程网办、上门服务、邮递办理等措施办理,企业和群众办事实现"一次不跑",占全省的 50.8%。推行"双随机一公开",建立"一单两库一细则",加强事中事后监管,制定随机抽查工作计划,实现监管全面铺开、事项全项进入、执法全程监管、结果全部公开,有效杜绝管理真空。出台供给侧结构性改革指导性意见,江西报业传媒集团、江西广电传媒集团成功挂牌组建。

【印发《2017—2020 年江西省新闻出版广播影视业供给侧结构性改革的指导性意见》】　6 月 29 日,《2017—2020 年江西省新闻出版广播影视业供给侧结构性改革的指导性意见》印发。该意见结合江西实际，根据江西省新闻出版广播影视业"十三五"规划目标任务，提出具体举措。意见共分3个部分，即深入推进新闻出版广播影视业供给侧结构性改革的指导思想、目标任务、保障措施。意见明确提出通过指导各地各单位推进供给侧结构性改革，实现从粗放低效供给向精准高效供给、从单一产品供给向融合产品供给、从资源分散开发向整体开发"三个转变"的主要目标，并提出大力整治供给市场、大力提高供给质量、大力激发供给主体活力三大重点任务。在保障措施方面，意见通过"四个强化"（强化政策保障、强化人才保障、强化监管保障、强化协调保障）确保各项目标任务的实现。

（陈强）

报纸期刊

【概　况】　2017年，全省有报纸69种。报纸年度总印数9.1亿份，年度总印张数150.3万千印张，年度定价总金额9.11亿元；全省有期刊165种。期刊年度总印数7384.9万册，年度总印张数22.5万千印张，年度定价总金额3.6亿元。

【开展主题宣传】　全年把宣传贯彻中共十九大作为全年重点工作。大会召开前，开展"砥砺奋进的五年"重大主题宣传，精心组织全省重大成就展示；大会召开期间，全方位多角度创新性开展宣传报道，江西日报社集全社资源，调全社力量，组织中共十九大宣传报道，其中《十九大报告学习词典》阅读数突破千万；大会结束后，各报刊开辟专栏专题专版，全面系统开展会议精神和习近平新时代中国特色社会主义思想宣传阐释。

【打造精品报刊】　在第二十七届中国新闻奖评选中，《江西日报》的副刊作品《巡视组长——追记李泉新》获一等奖。江西日报社连续九届十次获中国新闻奖一等奖。在国家新闻出版广电总局开展的"2017年度全国少年儿童喜爱的百种优秀报刊"推荐活动中，江西省推荐的《小猕猴智力画刊》《小猕猕学习画刊》《小星星》《大灰狼画报》《小学生之友》《知识窗》6种期刊入选全国少年儿童喜爱的百种优秀报刊名单，入选数量名列全国第二。《江西日报》《农村百事通》被国家新闻出版广电总局评为第三届全国百强报纸和百强科技期刊。农村百事通杂志社获第四届中国出版政府奖先进单位奖。《企业经济》入选2017中国国际影响力优秀学术期刊名单。

【新闻报刊监管】　全年完成238种报刊2016年度核验工作，对2种报刊予以年检缓验。加强新闻记者证年度核验工作，注销一批新闻记者证。加强新闻单位驻地方机构管理，举办《新闻单位驻地方机构管理办法（试行）》培训，省、市级新闻单位负责人共117人参加培训，中国城乡金融报江西记者站、中国国门时报江西记者站等11家报刊记者站注销登记，巩固新闻单位驻地方机构清理整顿工作成果。落实国家新闻出版广电总局《关于规范报刊单位及其所办新媒体采编管理的通知》精神，组织开展自查自纠；加强报刊广告管理，对严重违法的报刊予以批评，年检缓验，限期整改；开展第二批学术期刊认定及清理工作，对存在问题的学术期刊限期整改。开展连续性内部资料性出版物专题整治，共停办、注销59种连续性内部资料的准印证。举办连续性内部资料编印单位负责人法规培训班，170多人参加培训。

【采编队伍管理】　编印《新闻采编人员警示教育案例100例》，在新闻采编人员中开展"以案说法"警示教育活动，教育引导全省新闻单位和新闻从业人员依法从业。组织全省新闻采编人员资格培训考试，共有308人参加培训，215人通过资格培训考试。推动新闻单位与采编人员全员签订《保密承诺书》和《职务行为信息保密协议》。做好新闻记者证的审核、发放和管理，2017全省持有新闻记者证人数近6000人。

【推进报刊融合发展】　召开报刊媒体融合发展项目暨融合发展经验交流会，对报刊单位项目申报工作作专题辅导，30多家重点报刊单位负责人参加会议。江西日报社等5家报刊单位在会上交流推进融合发展和项目申报、建设的经验和做法。全省报刊单位共有4个项目入选国家新闻出版广电总局2017年改革发展项目库，江西日报社和井冈山报社分别有一个项目获国家新闻出版广电总局奖励资金55万元。江西日报"中央厨房"建设一期工程基本完成，并在抚州、新余、九江、宜春等地开通20个融媒体"中央厨房"站点，"赣鄱云"智慧平台成功研发。江西日报社实现新媒体营业收入和净利润双增长。《知识窗》《家庭百事通》《农村百事通》《小学教学研究》《微型小说选刊》5种期刊数字阅读影响力进入全国百强。其中4种期刊（《知识窗》《家庭百事通》《农村百事通》《小学教学研究》）进入2017数字阅读影响力全国100强，列全国第2位。3种期刊（《微型小说选刊》《知识窗》《家庭百事通》）进入2017数字阅读影响力期刊海外100强，比2016年增加1种，列全国第3位。

【推进"赣鄱云"融媒体智慧平台项目建设】　5月，"赣鄱云"获国家版权局颁发的互联网软件著作权，2017年底入选由国家新闻出版广电总局新闻报刊司开展的第二届全国报刊媒体融合创新100佳优秀案例；在国家互联网信息办公室、人民日报社举办的2017全球移动互联网（GMIC）青岛峰会暨中国传媒融合发展年会上获中国传媒"中央厨房"年度最具价值品牌。9月，江西日报社与新疆克州党委宣传部签署合作协议共建"克州云"，"赣鄱云"正式输出省外。截至2017年年底，该平台已在抚州市、新余市、九江市、宜春市等地开通20个融媒体"中央厨房"站点，实现直播场次累计500多场，生产现象级新闻产品300多个，完成融媒体中心建设20个、独立原生客户端4个、客户端分端63个、彩信分版79个，各平台总用户数超1400万户，成为推进全省媒体融合的主力军。江西日报社已成立一支训练有素的媒体融合培训专家，为各合作站点人员培训提供有力保障。2017年，"赣鄱云"二期工程建设正在全面推进，"赣鄱云"总部物理空间已于10月开工建设。

（严全胜）

图书与数字出版

【概　况】　2017年,全省7家图书出版社共申报选题10044个。全年出版图书、音像电子出版物11378种,其中新出图书、音像电子出版物5299种,重印6079种。全年共有88种出版物获得91项国家级奖励和入选各类国家重点规划、基金及推荐目录。数字出版总产值达到166.5亿元,出版电子期刊75种,数字报2.55万余期,手机图书6500余种,手机报26种。全年共向国家新闻出版广电总局申请《宝石风暴》《寻龙探宝》《土豪德州》《连环夺宝》等手机游戏的网络游戏出版物号40余个,获批复27个。

【8种图书新增入选国家重点出版物出版规划】　《中国吉祥文化丛书》《常用养生古法选编》《中华书韵》《盱江医学研究丛书(第一辑)》《国家展览——中国国家博物馆百年展览研究》《中国书法书体发展史》《跨越1949——战后中国大陆、台湾、香港文学转型研究》《"二十一世纪儿童文学新潮"丛书》8种图书新增入选"十三五"国家重点图书、音像、电子出版物出版规划增补项目,全省被列入"十三五"国家重点出版物出版规划的项目增至38项,其中图书32项(古籍出版规划1项),音像电子6项。

【主题出版物出版】　围绕迎接中共十九大、建军90周年、香港回归20周年等重大主题,出版《人民军队从这里走来》《井冈山精神代代传》《八一精神代代传》等一大批优秀主题出版物50余种。精选确定《一百个孩子的中国梦》《跨越时空的井冈山精神》《中国有力量》《怎样做一名好县委书记》《方志敏》《风流江西》等20种图书作为迎接党的十九大重点献礼图书,其中《中国共产党怎样解决发展问题》《中国共产党治国理政之道——坚持依法治国与以德治国相结合学习读本》2个选题列入国家新闻出版广电总局90种迎接党的十九大精品出版选题。

【出版物推优评选】　《一百个孩子的中国梦》《浮桥边的汤木》获第十届全国优秀儿童文学奖,《夏天》(瑞典文)入选"经典中国国际出版工程"资助项目,《海上陶瓷之路》(阿拉伯文)入选"丝路书香工程"重点翻译资助项目,《列王的纷争》入选"中国原创游戏精品出版工程",《建军大业——纪念中国人民解放军建军90周年献礼系列漫画丛书》入选"原动力"中国原创动漫出版扶持计划项目,《夏天》入选"向全国青少年推荐百种优秀出版物";《一百个孩子的中国梦(彩绘本)》入选"大众喜爱的50种图书";《大国军魂》入选中国30本好书;《传承》入选第二届中华优秀出版文化普及图书,《红色故事汇》《列王的纷争》《一百个孩子的中国梦》《石渠宝笈(精选配图版)》4种出版物获第四届中国出版政府奖,《一百个孩子的中国梦》获中宣部第十四届精神文明"五个一工程"奖。

【开展出版专项检查整治行动】　开展"质量管理2017"专项行动。对2016年1月以来出版的辞书、社科和文艺类出版物开展专项检查行动。抽查辞书、社科和文艺类出版物33种,全部合格。抽查2017春季教辅类出版物59种,其中2种不合格,合格率97%。对检查中发现的问题要求出版社限期整改,对不合格出版物在30日内全部收回,改正重印后方可继续发行。开展"三审三校"专项检查。对出版社"三审三校"制度落实情况开展专项检查,逐一随机抽查不少于10种2016年以来出版的图书书稿档案,对检查过程中发现的问题现场反馈、限期整改。开展内部资料性出版物专项整治。对一次性内部资料性出版物进行全面梳理清查,共清查一次性内部资料性出版物314个,其中民族宗教类74个。经查,所有申请审批材料填报清晰,合乎规范,审批流程正当、合法,没有出现重大导向问题和重大违规现象。开展整治"问题地图"专项行动。第一时间动员部署、联动排查,推进排查整治"问题地图"专项行动。共查出"问题地图"14幅,对于在专项行动中发现的问题,责成出版社认真整改,及时纠错。开展互联网有害信息清查工作。对登载(传播)有害网络出版物的网站进行查处,并对10余种违禁网络出版物进行删除。有效遏制有害信息的进一步传播蔓延,将影响控制在最小的范围。对14家互联网出版单位的网络出版内容主要采取日常巡查和不定期抽查的方式加以监管,形成有效的监管机制。

【中国儿童阅读推广云平台项目结项】　中国儿童阅读推广云平台项目是二十一世纪出版社为主动适应因智能手机、平板电脑普及导致儿童阅读方式、内容、行为发生重要改变从而可能带来出版业产业的变革,完成从阅读产品供应商向阅读服务供应商的转型升级而创立。该项目于2014年12月24日获国家文化产业发展专项扶持资金1200万元,2015年12月1日正式上线,2016年9月软件开发工作全部完成,2017年12月29日完成结项。二十一世纪中国儿童阅读推广云平台是集阅读、互动于一体的儿童阅读推广活动组织平台、少年儿童阅读公共服务平台。项目由儿童阅读推广云平台主网站、儿童阅读推广论坛、幼儿园亲子阅读公益活动、儿童分级阅读指导方案的规划与建设、二十一世纪童书网络商城、儿童网络图书馆六大部分构成。

(刘颖群)

版　权

【概　况】　2017年,全省加强版权执法监管。全年立案查处各类版权案件123起,数量位居全国前列。江西有18家单位和45名个人在国家版权局查处侵权盗版案件表彰中获奖,排名全国前三,省版权局版权管理处获得有功单位一等奖,为全省首次。

推进软件正版化工作。加强政策支持力度,出台《江西省推进企事业单位使用正版软件工作规划(2017—2020年)》和《江西省推进使用正版软件工作督查考评办法(试行)》。建立健全政府机关正版化工作自查、督查和考评工作机制。全省7个联合督查组督查了20个省直单位、11个设区市及其66个市直单位,检查计算机965台,并在全省下发督查通报,推广经验,责令整改。启动政府机关所属事业单位使用正版软件工作,推进国有企业正版软件工作。全年全省举办企业软件正版化培训班16次,参训企业102家,共培训1168人次。

推进版权示范和贸易。全省新增2家全国版权示范单位、6家省级版权示范单位。3家版权企业被中国版权协会授予“2017年中国版权最具影响力企业”称号。组织全省出版单位携千余种精品图书参展第24届北京国际图书博览会,达成版权贸易合同100多种。

推进作品登记。作品登记数量突破1万件大关,达到10325件,增长68.7%。《我和老伴甘祖昌》《龚全珍日记选》等一批喜迎十九大、纪念“三个九十年”的主题出版物,《丝游记》《东方的藏宝箱》等剧本、《清华国学四导师》瓷板画系列、文祥“十二生肖”生活用瓷系列等一批面向市场、雅俗共赏的作品以及《隐形天子霍光》《让世界听见江西》等一批“讲好江西故事”的作品都进行版权登记。

优化版权社会宣传。抓住关键群体,省版权局联合团省委,组织策划以“每月开展一次集中宣讲、发放一批宣传品、办理一批作品登记、发展一批志愿者、设立一批版权服务工作站”为主要内容的“全省高校版权知识巡回宣讲”活动,全年先后走进7所高校,发展大学生版权服务志愿者510人,现场聆听版权宣讲的高校师生近万人。突出重点人群,继续唱响“江西版权保护宣讲会”品牌,先后在海昏侯遗址博物馆、江西日报社、省文联等开展宣讲活动。巩固重点渠道,“版权宣传进影院”平台连续滚动播放“版权保护公益宣传片”171150次、总时长达1426小时。

【开展“剑网2017”专项行动】 8月4日,省版权局、省互联网信息办公室、省通信管理局、省公安厅联合下发《关于开展“剑网2017”专项行动的通知》,决定8月至11月在全省联合开展打击网络侵权盗版“剑网2017”专项行动。“剑网2017”专项行动聚焦新闻出版影视行业的网络版权保护、电子商务平台和移动互联网应用程序(APP)领域的版权整治,严厉打击各类网站、移动客户端、“自媒体”传播侵权盗版作品行为,集中整治电子商务平台、APP商店版权秩序,巩固网络文学、网络音乐、网络云存储空间、网络广告联盟版权治理成果,强化互联网企业的主体责任,维护网络版权秩序。专项行动共查办网络侵权盗版案件38起,比2016年增长137.5%。1起案件由国家版权局、全国扫黄办、公安部等3部门联合挂牌督办,1起案件被列入国家版权局“剑网2017”专项行动典型案例。

(钟娜)

印刷复制

【概　况】 2017年,全省有印刷复制企业1796家(不含复印打字店),其中出版物印刷企业138家,包装装潢印刷企业566家,其他印刷品印刷企业1071家,专项排版制版企业15家,数字印刷企业3家,复制企业3家;营业收入478.58亿元,其中出版物印刷57.13亿元,包装装潢印刷230.69亿元,排版制版装订专项印刷3.42亿元,专营数字印刷及打印复印2526万元,其他印刷品印刷187.09亿元;从业人数约8.53万人。江西新华报业印务有限公司、江西印刷股份有限公司被国家新闻出版广电总局评为“推进绿色印刷标兵企业”。

“放管服”改革成效明显,省级层面印刷复制行政许可事项从9大项10小项精减到5大项6小项,精减率达40%。印刷复制行政许可事项全部在5个工作日内办结,比法定的60个工作日和承诺的14个工作日大大提前。印刷复制所有行政事项向行政相对人承诺提供并实施“一次不跑”政务服务。

【江西新华印刷集团有限公司】 江西新华印刷集团有限公司2017年经营收入6.62亿元,净资产6.74亿元。AAA级信用企业,国家印刷示范企业,中国印刷企业100强第53名。数字印刷项目获55万元国家文化发展专项资金支持。承印的《青灯童趣》(江西人民出版社出版),获第四届中国出版政府奖印刷复制提名奖、中华印制大奖银奖。获国家新闻出版广电总局“2017年秋季‘三科’教材出版印制发行工作先进集体”和江西省服务业发展领导小组办公室“省级服务业龙头企业”称号。

(谢年鑫)

出版物发行

【概　况】 2017年,全省有出版物发行网点5695个,其中邮政报刊发行网点2658个,新华书店发行网点289家,全省出版物发行企业2748家(批发企业275家,零售企业2473家)。全省出版物发行企业年销售收入180.59亿元,从业人员37892人。其中,出版物批发企业275家,年销售收入161.32亿元,从业人员27763人;出版物零售企业2473家,年销售收入19.27亿元,从业人员10129人。

按照国家新闻出版广电总局要求,在确保教材质量的前提下,完成中小学教材发行任务;开展全省新华书店社会效益考核评价工作,提升新华书店社会效益首位意识;继续扶持实体书店。在出台省内有关实体书店扶持政策的同时,继续争取并落实中央财政对实体书店的扶持政策。全年全省有5家实体书店获250万元的中央文化产业发展专项资金扶持;组织参加第27届全国图书交易博览会,取得良好经济效益和社会效益。

【出台《江西省关于支持实体书店发展的实施意见》】 7月31日,省委宣传部、省新闻出版广电局等12部门联合印发《江西省关于支持实体书店发展的实施意见》。意见明确到2020年,建立起以南昌为中心,以赣州、九江为副中心,以上饶、宜春为区域性中心,其他中小城市相配套、乡镇网点为延伸、贯通城乡的实体书店建设体系,完善全省图书市场的功能和网络。其中,60%的设区市级城市新华书店完成升级改造,实现高校校园实体书店全覆盖,邮政和农家书屋的渠道作用和平台功能得到充分发挥,民营社区书店、街道书店、乡镇书店、便民书店、专业书店和特色书店更加便民;实体书店智能化建设更加完善,形成一批“智慧书城”。到2020年,80%以上的实体书店实现网络化、信息化和标准化管理，融入人脸识别、POS端微信和支付宝支付、客流统计系统、客户积分系统等技术和服务。全省基本形成覆盖城乡、功能完善、形式多样、各具特色的实体书店发展新格局。

意见提出十项政策措施，从加大财政资金扶持，落实规划土地政策、税收优惠政策，加大金融扶持、市场监管力度，强化全民阅读引导，支持校园书店建设，深化行政审批制度改革等方面给予实体书店政策帮扶，引导实体书店转型升级、跨界融合、创新发展。

【开展新华书店社会效益考核评价工作】 为贯彻落实中央、国务院《关于推动国有文化企业把社会效益放在首位、实现社会效益和经济效益相统一的指导意见》，根据国家新闻出版广电总局《关于印发〈新华书店社会效益考核评价办法〉的通知》要求，在省新华书店自评的基础上，5月中旬，省局成立由出版物发行管理处、公共服务处、出版管理处组成的考核组，在全省范围内对新华书店社会效益情况进行考核。考核从制度建设、发行导向、社会责任、传播影响4个方面8个二级指标32项三级指标开展，通过深入基层、走访调查、听取报告等方式，经过对有关材料的核实、分析，确定省新华书店社会效益评价等级为优秀。

【完成中小学教材发行任务】 在春秋两季开学之初，下发《关于做好2017年春、秋季中小学教材发行工作的通知》，同时通过开展全省范围内的督导检查，及时下发整改通知以及当面约谈等方式，严把发行和质量关，确保课前到书、人手一册。尤其是在2017年秋季，克服时间紧、任务重等困难，就质量问题约谈省内外相关出版社13家，保质保量完成全省国家统编道德与法治、语文、历史教材（简称“三科教材”）的出版发行任务，有4家单位和6名个人被国家新闻出版广电总局表彰为秋季国家统编“三科教材”出版发行工作先进集体和先进个人。2017年全省学生人数700万人，增长2万人，增幅0.29%；教材发行册数10143.53万册，增长531.02万册，增幅5.5%；教材发行码洋84015.27万元，增长3743.3万元，增幅4.7%。

【组团参加第27届全国图书交易博览会】 5月31日至6月3日，由国家新闻出版广电总局、河北省人民政府联合主办的第27届全国图书交易博览会在河北省廊坊市举办。江西省8家出版单位、19家期刊社及江西新华印刷集团共28家单位参展。江西省展位21个，展出2000余种各类出版物。其中图书1320余种，音像制品400余种及各类期刊，并集中展示红色图书和精品图书59种。进入江西省展台的参观人员3万余人次，销售码洋近10万元，订货码洋4220万元，增长3.94%。展会期间，江西省参展单位还组织了形式多样的展销推介活动，另外还挑选6万余元码洋赣版精品图书捐赠给廊坊市、唐山市的图书馆。

（雷志刚　何琼）

出版物市场监管

【概　况】 2017年，全省出版物市场监管及“扫黄打非”工作以迎接、宣传、贯彻中共十九大会议为首要任务，各级新闻出版广电局、文化市场综合执法等部门，对出版物市场开展5个波次集中整治行动，对出版物销售网点进行拉网式排查，建立市场集中整治管理台账，各级管理部门与2052家出版物销售企业签订《企业经营安全承诺书》。省“扫黄打非”办联合成员单位先后5次对各地集中整治情况进行督导检查，特别是在中共十九大召开前期，连续3个月不间断地对省内重点市县开展明察暗访，及时通报各地情况，对全国督导组通报中反映的问题整改情况“反复查、回头看”，形成高压态势。通过集中整治，全年收缴各类违法出版物25万余件，删除各类有害信息6万余条，查办“扫黄打非”案件175起。有效打击政治性有害出版物出版及信息渗透，遏制淫秽色情信息传播。

【开展2017年度专项整治行动】 2017年，省“扫黄打非”办联合相关成员单位组织开展2017年度“清源”“护苗”“净网”“秋风”“固边”5项专项检查，严查互联网企业、印刷复制企业、物流寄递企业、出版物经营场所、校园周边文化场所等市场主体中存在的违法违规行为。

在“清源”行动中，盯紧重点人员，省国安对全国“扫黄打非”办督办的2名与境外书商勾结，购买大量有害出版物的重点人员进行管控，并及时处置南昌县“8·5”重大案件。盯紧重点环节，加强全省160余家印刷复制企业、2052家出版物批发零销企业、1897家邮政营业所、1694家邮政快递企业的日常监管，强化企业主体责任。盯紧重点部位，南昌海关通过加强开箱查验比例，查缴有害出版物6000多册。

在“护苗”行动中，打防结合，联合公安、工商等行政管理部门开展校园周边文化市场专项整治，取缔无证经营游商、书报音像摊点138个，收缴盗版教辅读物5万余册，收缴非法音像制品7000余张，净化中小学校校园周边文化环境。联合省教委、省关工委、省文明办、省公安厅等10部门，推出“三个100”活动，即向全省中小学生推荐100种赣版优秀少儿出版物、在全省100个县（市、区）的新华书店设立优秀少儿出版物专柜、在全省100所中小学校开展公益讲座。

在“净网”行动中，严厉打击淫秽色情信息传播，共查处通过微信群、云盘传播淫秽信息牟利案5起，查处关闭“江西论坛”“88必发娱乐官网”“邪恶帝国”“荟萃综合网”等传播淫秽色情、校园暴力违法违规网站1800个及“抚州城记”“新余猎头”等微信公众账号90余个。

在“秋风”行动中，紧盯重点线索，重点打击假冒学术期刊、新闻“三假”、侵权盗版。在全国“扫黄打非”办的指导下，省“扫黄打非”办和省公安厅密切配合，查处侵权盗版教材教辅案件10起，对5家发布虚假信息的报刊进行约谈整改，查处网络侵权盗版案件23起，注销335名有不良记录的新闻采编人员的采编证，查获九江“110”一起网络假冒学术期刊诈骗案和新余“6·15”侵犯著作权案。

在“固边”行动中，集中整治制售传播非法宗教出版物和邪教反动宣传品，加大对出版物经营单位的日常巡查和突击检查，对各类反动出版活动反复清查,露头就打。联合公安、网信、海关、通管、邮管等部门通过市场清查、突击检查、线索排查、举报核查等方式,全年检扣非法宗教出版物11423余件。

(彭碧良)

电影电视剧

【概　况】　2017年,全省有数字影院303家,影厅1534个,座位190432个;比2016年年底新增影院18家,新增影厅177个,新增座位22683个。全省电影总票房11.26亿元,增长21.2%;观影达3816万人次,增长22.8%。全年票房超1000万元的影院有31家,完成票房11亿元的年度目标。全年省新闻出版广电局争取各类影院补助资金4251万元,其中国家电影事业发展专项资金管委会下拨补助资金3352万元、省级配套资金补助599万元和省文化产业发展专项资金补助300万元。电影《建军大业》获"五个一工程"特别奖,电影《老阿姨》获"五个一工程"优秀作品奖。

规范电影市场秩序。按照《中华人民共和国电影产业促进法》要求,部署开展规范电影市场秩序的相关工作,重点整治电影票房收入造假等违法行为,组织全省影院负责人集体学习《中华人民共和国电影产业促进法》,提升影院守法意识。

加强影院生产安全。各设区市、县(市、区)均已建立影院安全生产工作检查制度。对辖区内所有影院加强日常安全生产检查,增强影院经营管理人员的安全生产意识、消除安全隐患,维护好观众的人身安全和财产安全。

扶持电影电视剧创作生产。根据《江西省国家电影事业发展专项资金扶持电影创作生产实施细则(试行)》文件规定,全省影视制作机构积极申报江西省国家电影事业发展专项资金扶持电影创作生产资助(奖励)项目。省新闻出版广电局完成项目申报、经设区市和县(市、区)文广新局审核推荐、专家评审、省局审议、网上公示等程序,决定对《八子参军》等10个电影剧本项目给予资助,对《建军大业》等2个电影项目给予奖励。继续实施"江西省电影精品孵化计划",扶持影视创作生产,全省影视创作数量大幅度提高。全年通过52个电影项目(增长116%)和8个电视剧项目的备案申请,审查13部电影(增长85%)、2部国产电视剧和3部引进境外剧,其中6部电影、1部国产电视剧和3部引进境外剧获得发行许可。

【严厉打击电影票房收入造假等违法行为】　3月1日,国家《电影产业促进法》实施后,省新闻出版广电局立即按照有关要求,采取一系列措施规范电影市场秩序。开展百日专项整治行动。从3月16日至6月23日,对全省电影市场开展为期百日的专项整治行动,重点整治不规范使用票务系统、虚报瞒报票房收入等违法行为;按照国家新闻出版广电总局要求,对存在违法经营行为的38家影院进行处罚。提出停业整顿、限期补缴专资款和片款、取消电影专资补助、处以20万元罚款、全省通报警示等处理措施,对电影违法行为形成高压态势,全面营造影院依法经营的市场秩序;召开全省电影市场整治工作推进会。组织全省影院负责人参会,通报违法影院查处整改情况,并组织集体学习《中华人民共和国电影产业促进法》,帮助影院提高认识、加强自律;由省新闻出版广电稽查总队等部门组成联合工作组,赴11个设区市督导检查违法影院查处整改情况、电影市场整治情况及《中华人民共和国电影产业促进法》贯彻落实情况;完成"双随机、一公开"行政检查工作,赴3个设区市的6家影视单位进行行政监督检查。

(郑华臻)

广播电视宣传

【概　况】　2017年,省新闻出版广电局组织全省各级广电媒体做好社会主义核心价值观、中共中央总书记习近平系列重要讲话精神、"中国梦"、江西经济社会发展等主题以及重大节日、重要活动、重点工作的宣传报道,推出一批有影响的直播、宣传专栏、新闻报道、评论。

加强宣传管理。转发传达中宣部、国家新闻出版广电总局和省委宣传部下发的一系列有关宣传管理的要求和提示,并要求广电媒体单位认真组织学习。编发《宣传通报》,编发53期《收听收看简报》,对突出问题相关单位负责人、节目制作单位负责人、宣传管理部门负责人进行警示谈话,部署开展"净化声屏荧屏,抵制低俗之风"专项行动,有效遏制宣传工作中的违纪违规现象,确保宣传导向不出偏差。

打造宣传精品。在国家新闻出版广电总局"百人百部中国梦短纪录片扶持计划"评审中,省局推荐报送的电视纪录片《从市长到农夫》《金兰》《鹤姑娘》连续3年获奖。在国家新闻出版广电总局2017年度第一季度优秀国产纪录片评选中,纪录片《从市长到农夫》《八大山人》获奖。在国家新闻出版广电总局公布的关于推荐2017年第二季度优秀国产电视动画片中,由省局推荐、瑞金市红动力文化旅游发展有限公司制作的《红游记》入选。省局推荐的江西阿里巴巴影视艺术发展有限公司的纪录片《亚欧"一带一路"中国文化万里行》入选国家新闻出版广电总局丝绸之路影视桥工程项目。

推进创新创优。在第十四届中宣部精神文明建设"五个一工程"评选中,江西广播电视台制作的广播剧《反腐第一枪》获优秀作品奖。在中国新闻奖评选中,江西省4个广电作品获三等奖。在国家新闻出版广电总局公布的迎接中共十九大优秀少儿节目表彰名单中,省局推荐报送的《少年演说家》《快乐成长》《神奇列车》等3个节目入选,获奖节目数量列全国第一。

严格动画片审批。严格依法行政,加强国产电视动画片的审批管理。全年全省电视动画片制作机构申报备案5部,公示通过5部;共审查电视动画片3部,颁发《国产电视动画片发行许可证》2个。

【举办"建设富裕美丽幸福江西"全省广播电视台新闻故事联播展播活动】　3月起,省新闻出版广电局组织开展以"建设富裕美丽幸福江西"为主题的全省广播电视台新闻故事联播展播活动。活动聚焦“两个一百年”奋斗目标和中华民族伟大复兴的中国梦，旨在讲好江西故事，弘扬江西精神，传播江西声音。活动由全省联播、集中展播、评优总结3部分组成。从3月起至10月底，全省各级广播电视媒体在主要新闻节目栏目中开辟专栏，开展“建设富裕美丽幸福江西”全省广播电视台新闻故事联播活动。从4月起，江西网络广播电视台开辟“建设富裕美丽幸福江西”专题，展播各媒体单位推荐的优秀新闻故事。11月，省局组织评审，对参加展播的作品进行评选，并对优秀作品进行通报。活动得到全省各级广电行政管理部门和广播电视播出机构的响应。全省各级广电行政管理部门和广播电视播出机构认真梳理选题，制定选题方案，做好联播展播活动。

【开展“净化声屏环境、抵制低俗之风”专项行动】　2017年，省新闻出版广电局在全省组织开展“净化声屏环境、抵制低俗之风”专项行动，确保广播电视的正确舆论导向，加强广播电视宣传舆论阵地管理，规范广播电视传播秩序。专项行动采取播出机构自查与广电行政部门检查相结合的方式进行，重点对各类广播电视宣传中存在的8种现象进行清理和整改。4月起，全省各级广播电视行政部门和播出机构组织开展自查工作。6月起，省局组织对全省开展专项行动的情况进行检查督导。活动对促进全省广播电视播出机构把握正确导向、遵守宣传纪律发挥了积极的作用。

【举办“八一军旗红”全省广播电视播音员主持人朗诵大赛活动】　为庆祝中国人民解放军建军90周年，迎接中共十九大召开，展示江西广播电视播音员主持人队伍的专业水平和形象风采，7月31日，“八一军旗红”全省广播电视播音员主持人朗诵大赛颁奖典礼在南昌举行，共有40件优秀作品获得表彰，其中《不朽的军魂》等6件作品获一等奖、《从八一走过》等14件作品获二等奖、《与妻书》等20件作品获三等奖。颁奖典礼上，获奖作品代表进行现场表演。7月下旬至8月上旬期间，获奖作品还在广播、电视和网络上进行了集中展播。大赛由省新闻出版广电局指导，省广播电视协会主办，省广电协会播音和主持人专业委员会承办，江西网络广播电视台、江西广播电视台交通广播、旅游广播、公共频道、移动电视频道和江西广播电视报协办。

【组织开展“名播名记走基层”活动】　6月19日—21日，省新闻出版广电局和省广播电视台组织广播、电视、报刊、网络等媒体的优秀记者编辑和播音员、主持人，到赣州开展“名播名记走基层”活动，该活动已连续举办5年。活动成员先后到赣州经开区新能源汽车科技城、赣州港、大余丫山乡村旅游小镇、瑞金叶坪乡田坞现代农业产业园、瑞金叶坪乡黄沙村华屋小组等地，以及南康家有儿女家具有限公司、于都赢家时装总部经济产业园、瑞金壬田镇凤岗村廖奶奶咸蛋合作社等企业参观采访。活动聚焦《国务院关于支持赣南等原中央苏区振兴发展的若干意见》实施5年来的变化，重点报道该意见出台实施5年来赣州在脱贫攻坚、重大平台建设、产业发展等方面取得的重大成效，深入挖掘赣州振兴发展、攻坚前行中的新闻素材。活动中，江西广播电视台获全国“金话筒”称号的优秀播音员主持人、记者、编辑等还围绕“走转改”主题，与基层广播电视台的播音、采编制作人员一起进行业务培训和经验交流。

（万里波　胡小玲）

广播电视科技

【概　况】　2017年，全省有线广播电视用户753.64万户，入户率60.23%，其中城市有线广播电视用户465.56万户，农村有线广播电视用户288.08万户。继续推进有线电视数字化整体转换，数字电视用户646.02万户，增加43.07万户，数字电视入户率51.63%，全省有线电视数字化整转率94.97%。全省高清互动机顶盒约35.19万台，网内传输的高清频道数量增加到59套，数字电视节目频道达到194套。全省有线电视双向覆盖用户665.55万户，其中CMTS覆盖用户30万户，BOC覆盖用户140万户，LAN覆盖用户5万户。推进三网融合，江西广电网络宽带用户已超过16万户。

全力保障安全播出。全省新闻出版广电部门全力以赴，按照属地管理、分级管理和“谁主管谁负责，谁主办谁负责”的原则，严格落实安全保障的相关责任，顺利完成中共十九大安全保障任务。元旦、春节、全国两会、金砖国家领导人会晤等重要保障期实现全省安全播出“优质零秒”，其中江西广播电视节目全年安全播出总时长359896.4小时，包括电视播控80191.5小时，地面电视发射44036.4小时，省网络中心机房前端有线传输90896小时，广播播控64682小时，地面广播发射71330.5小时，卫星传输8760小时。

开展违规发射广播电视频率整治。通过专项整治和“双随机”检查工作，加大对违规行为的整治力度，切实维护无线电秩序。共关停违规频率3个（安义100.9兆赫、南昌87.9兆赫、90.6兆赫），完成整改7个。加大对“黑广播”的打击力度。发挥广播电视媒体的优势，加大对打击“黑广播”宣传力度，营造强大的社会舆论声势，震慑违法犯罪活动。主动与无线电管理、公安等部门沟通联系、互通有无、加强合作，共同打击治理“黑广播”。全年全省广电系统联合工信部门共定位“黑广播”27起，查处16起，收缴设备16台，有效维护频率使用秩序和航空安全。

【出版融合发展重点实验室挂牌成立】　9月28日，国家新闻出版广电总局出版融合发展（中文传媒）重点实验室在红谷滩中文传媒大厦举行揭牌仪式。中文传媒以江西出版集团收购的全球第三大物联网科技公司美国意联技术为依托，就物联网技术与传统出版发行产业的融合方面进行有效探索。在对“编、印、发”全产业链进行大量调研并得到阶段性有效论证后，联合南昌航空航天大学，向原国家新闻出版广电总局申报出版融合发展重点实验室，经业内权威专家组初评、复评、终评和实地考察，最终获批，成为国内20家出版融合发展重点实验室之一。该实验室围绕图书仓储、图书卖场、行业标准、大数据云平台、文化物联网的打造以及基于云计算的数字资产管理技术和协同编纂系统等重点展开研发工作,为传统出版和新兴出版融合发展提供智力支撑、技术保障和示范经验。

【科技合作与交流】 组织全省各级新闻出版广电部门参加第25届北京国际广播电影电视展览会(BIRTV2017)、第25届中国国家广播电视信息网络展览会(CCBN2017)、第23届上海电视节白玉兰国际广播影视技术论坛、华东电视技术交流年会等多个活动。选派有关技术骨干参加国家新闻出版广电总局举办的各类广播影视高新技术培训班,组织全省各级新闻出版广电系统参加2017年"新闻科技学术论文集征文活动"、新闻科技"优秀论文"征集评选活动,参评2017年"王选新闻科学技术奖(人才奖)"。通过多种方式进一步提升全系统技术人员业务素质,加强对广电科技前沿工作的了解掌握。

(乐可鑫)

播出制作机构管理

【概　况】 截至2017年年底,全省建设广播电视播出机构101座,其中广播电视台89座(省级1座,设区市级6座,县级82座),广播电台5座,电视台5座,教育电视台2座。全省广播电视播出机构共开办节目154套,其中广播节目114套,电视节目40套(含付费电视频道2套,移动数字电视频道1套)。有广播电视节目制作经营机构180家。

【整治违规播出及传输行为】 针对上饶广播电视台、九江人民广播电台、省广播电视台风尚购物频道以及省网、南昌市网存在的违规问题,按照国家新闻出版广电总局部署进行整治;开展为期70天的播出机构和传输机构违规问题专项整治行动,逐一清理违规问题;开展为期50天的全省广播电视虚假违法广告专项整治行动,将医疗药品、食品、保健食品、美容品等事关人民群众利益的广告作为整治重点,同时进行非法集资广告资讯信息排查清理工作。全年下发整改通知书76份,停播违规广告62件,行政约谈8次。

【公益广告制作播出】 全省各级广播电视播出机构共制作广播电视公益广告1106条,广播电视公益广告播出总时长943852分钟。制作质量和数量双提升,江西广播电视台报送的1件广播公益广告作品《开车不用手机》,江西广播电视台、江西高安市广播电视台2个播出机构共获国家新闻出版广电总局2016—2017年度广播电视公益广告扶持资金26万元。江西广播电视台报送的2件电视公益广告作品《匠者初心》《良心标尺》获中国广协颁发的第24届中国国际广告节中国公益广告黄河奖优秀奖。

【互联网视听节目管理】 规范网络视听直播服务管理。会同省网信办,对全省涉及开展互联网直播业务的江西网络广播电视台等网站进行检查。开展专项监测及查处工作,依法处理10家涉嫌传播低俗色情等内容的违规网站;维护辖区内互联网电视、三网融合业务秩序。对央视"未来公司"涉嫌违规从事互联网视听节目服务及江西移动涉嫌违规从事电视节目集成业务进行调查处理。纠正赣州、抚州、宜春市广播电视台违规将节目提供给电信、移动通信运营商的行为;督促网站继续完善并严格执行总编辑责任制、先审后播制、节目三审制和安全播出应急制度,组织全省持证机构开展优秀网络视听作品征集推选工作,签订《江西网络视听节目服务单位坚持正确舆论导向共筑清朗网络环境承诺书》。

【境外电视管理】 3月,组织召开整治成员单位联络员会议,与省网信办、防范和处理邪教问题办公室等10个成员单位联合下发通知,全面部署打击非法卫星地面接收设施和境外电视网络接收设备整治行动;开展《接收卫星传送的境外电视节目许可证》《卫星地面接收设施安装服务许可证》有效期延续工作,同时对全省境外电视节目接收情况进行全面清查;强化中共十九大期间境外电视管理。主动与省防范和处理邪教问题办公室沟通联系,全面搜集、梳理、排查利用卫星地面接收设施接收、传播非法有害卫星电视节目的线索。部署各地防范反宣节目通过卫星落地传播;推进基层治理。坚持每季度依据全省各设区市上报的境外电视管理工作书面材料,进行点评通报。分别于年中和年底,两次联合省工商局、省质监局、省工信委组成督查考评组,对全省所有设区市整治情况进行实地检查,并考核评分。通过以上措施,全省取缔非法销售点637个,收缴非法接收设施1764套,强制拆除非法接收设施1031套,自行拆除非法接收设施825套。江西省在全国非法卫星电视接收设施整治工作考评中取得满分,并获国家新闻出版广电总局卫星地面接收设施执法工作资助奖励1.5万元。

【播出机构调整】 经省新闻出版广电局审核上报,3月7日,国家新闻出版广电总局批复同意鹰潭市人民广播电台、鹰潭市电视台合并设立鹰潭市广播电视台;7月7日,国家新闻出版广电总局批复同意金溪县广播电视台广播节目增加无线传输方式;7月21日,国家新闻出版广电总局批复同意婺源县广播电视台广播节目增加无线传输方式;7月26日,国家新闻出版广电总局批复同意新建县广播电视台更名为新建区广播电视台。10月9日,省局批复新余市文化广电新闻出版局,同意设立渝水区广播电视站。经2017年度广播电视节目制作经营机构业绩审核,全省需参加年审的广播电视节目制作经营机构有180家,经审核定为"合格"等级的有161家,定为"不合格"等级的有7家,主动注销的有12家。

(谭燕凌　丁了)

本栏编辑　张志勇

卫　生

综　述

2017年，全省医疗卫生机构数37791个，其中医院669所（包括综合医院427所、中医院104所、中西医结合医院11所、专科医院125所、护理院2所），基层医疗卫生机构36311个，公共卫生机构744个，其他卫生机构67个。总床位数23.35万张，每千人口床位数5.05张。全省卫生技术人员23.57万人。其中，执业（助理）医师数83649人，每千人口1.81人；注册护士数104127人，每千人口2.25人。669所医院中，三级医院66所（三级甲等47所、三级乙等6所、未评等次13所），二级医院228所（二级甲等168所、二级乙等30所、未评等次30所），一级医院118所（一级甲等22所、一级乙等7所、一级丙等1所、未评等次88所），其他257所。

公立医院综合改革取得成效。综合改革实现全覆盖，是全国3个推进综合性医疗服务价格改革的省份之一。分级诊疗试点全面推进，组建医联体，开展医共体试点，全省县域内就诊率不断提升。公立医院主要运行指标取得“七降一升”的阶段性成效，其中医疗收入增幅、总诊疗人次、出院人数、门诊次均费用、人均住院费用、药占比（不含中药饮片）、百元医疗收入的卫生材料消耗同比下降43.2%、4.17%、1.89%、2.46%、0.79%、19.36%、17.7%，医疗服务收入占比同比上升31.8%。门诊次均费用、平均住院费用相当于全国平均水平的92.6%、90.85%。2017年，全省居民个人卫生支出占总费用的比例下降到27.5%左右，低于全国平均水平，为历史最低。“五环联动补齐基层短板”入选2017年度全国十大医改新举措。全省公立医院效果评价排名全国第八位，进入第一方阵。新余、芦溪两地公立医院改革入选国务院“2016年全面深化改革真抓实干、成效明显”的表扬激励名单。新余市、于都县分别入选国家公立医院综合改革示范市、县。中央深改组《改革情况交流》专题刊发江西省改革经验。

出台《关于推进健康扶贫再提升工程的实施意见》。提出25条具体措施，将25种重大疾病纳入重点救治范围，比国家要求增加18个病种，是全国覆盖范围最全、救治病种最广、救治人数最多的省份，累计救治91.5万例（含专项救治4.5万例）。全省为289万贫困人口提供家庭医生签约服务，免费健康体检255.3万人。25个贫困县农村妇女“两癌”检查惠及30万人。组织近500名京、沪、粤赣籍名医回乡、赴疆开展公益活动，惠及全省及阿克陶县群众2万余人次。2017年，全省贫困人口住院费用自付比例为6.79%，因病致贫家庭总户数由2016年的18.2万户减少到12.55万户，减少5.65万户，减幅31.04%。

推进中医强省。开展省局共建和国家中医药综合改革试验区建设，与抚州市签署《共同推进中医药发展合作框架协议》，支持宜春市开展中医药特色健康城市试点、上饶市开展中医药健康旅游模式创新、南昌市开展中医社会办医试点。上饶市成功入选首批15个国家中医药健康旅游示范区创建名单，省中医院等3家医院入选国家中医药传承创新工程项目库。成功组建江西省中医医疗集团和江西省中西医结合医院。1人获国医大师、3人获全国名中医。评选出首届10名江西省国医名师。启动实施基层中医药服务能力提升工程“十三五”行动计划，乡镇卫生院和社区卫生服务中心建有中医馆数量增加到779家。江西热敏灸医院新院正式启用，新增热敏灸康复联盟成员单位14家。开展中药资源普查、大宗品种标准化、中药配方颗粒临床研究，支持江中集团开展食疗产品临床研究。

改革计生管理模式。推行“互联网+”计划生育服务改革、“三证合一”综合服务管理改革和“两检同做”优生优育全程服务改革。加强人口监测和政策实施效果评估，开展涵盖9000户家庭的生育状况调查。加快完善全面两孩政策配套措施，推进母婴设施建设。大力推进免费婚前医学检查，全省婚检率约63.3%，比2016年提高16个百分点。加快计划生育利益导向政策落实，出台《江西省城镇居民独生子女父母奖励办法》，建立独生子女死亡的特殊家庭发放一次性抚慰金制度，稳定失独家庭。启动开展计划生育特殊家庭护理保险试点。流动人口基本公共卫生计生服务均等化全面推进。

提升服务能力。省属5所新区医院建设项目全部完成主体工程封顶，省直医院新增院士工作站2个。实施提升县级公立医院综合能力三年行动计划，支持603个县级医院临床重点专科建设，安排39所城市三级医院与148所县级医院开展对口支援，组织132所二级以上医院对口支援297个乡镇卫生院，25个贫困县实现远程医疗全覆盖。全省新建标准化村卫生计生服务室3286个,覆盖率由2016年的50%提高到75%。完成面向村卫生计生服务室的订单定向医学生培养招生2300人。加快发展社会办医,全省社会办医疗卫生机构2.21万所,床位总数达1.96万张。先后赴沪粤两地召开赣籍卫生人才与家乡发展恳谈会,创新柔性引进人才机制。在全国率先研发医疗纠纷调处管理系统,实现二级以上医疗机构医疗责任保险全覆盖。医疗纠纷处理"江西模式"入选中宣部等4部门联合主办的"砥砺奋进的五年"大型成就展。

保障公共卫生安全。成功处置H7N9人禽流感、手足口病等16起突发传染病疫情,及时有效防控南昌市区赣江河滩的"螺情"事件。推进血吸虫病防治,全省完成查病44.4万人次,化疗4.8万人次,救治晚血病人2789例,贵溪市、上高县、上犹县、泰和县、万安县和武宁县6个县市达到血吸虫病消除标准。召开全省爱国卫生运动65周年暨创建国家卫生城市现场推进会,9个县城(镇)获国家卫生县城、国家卫生镇。大力推行家庭医生签约服务,全人群签约服务率达到36.44%,重点人群签约服务率达69.97%。全省建立城乡居民电子档案3813万份,电子建档率83.5%。加强防汛抗洪卫生应急和救灾防病,全省共派出649支2275人的医疗防疫队,诊疗受灾群众和抢险救援人员3.6万余人次。成功组建江西省首支国家紧急医学救援队,调派省级医疗专家7批次28人,参与多起突发事件紧急医学救援。

(马晓平)

医疗改革

【概　况】 2017年,省、市、县成立由党委或政府主要负责人担任组长的深化医改工作领导小组,全面建立有利于"三医联动"的组织领导体系。省委深改组召开第十六次全体会议,专门听取全省深化医改工作汇报,省人大常委会专题听取和审议全省深化医改工作报告。医改工作顺利实施并取得实效,先后印发《江西省综合医改试点方案(2017—2020年)》《关于印发江西省全面推开公立医院综合改革工作实施方案的通知》,9月9日零时,全省所有公立医院全部取消药品加成,彻底终结持续60多年的"以药补医"历史,江西省公立医院综合改革实现全覆盖。调整医疗服务价格,出台《省直公立医院综合改革医疗服务价格调整实施方案》,调整1279项医疗服务项目价格,其中上调1168项,下调111项,调整的医疗服务项目按规定纳入医保报销。建立财政兜底保障机制,省财政对省直医疗机构取消药品加成部分按10%比例予以补助,对产生政策性亏损的单体医疗机构按取消药品加成金额的5%为上限安排补助,低于5%的据实补助;补助后仍有亏损的全额补助事业单位,由省财政予以足额补助。推进基本医疗保险支付方式改革,省政府办公厅印发《关于进一步深化基本医疗保险支付方式改革的实施意见》,全面推行以按病种付费为主的多元复合式医保支付方式改革,在试点城市全面实施不少于100个病种的付费方式改革,在9家三级定点医院开展25种日间手术按病种付费试点,缓解群众在大医院住院难、看病贵等问题。

【构建分级诊疗框架】 构建"基层首诊、双向转诊、急慢分治、上下联动"的分级诊疗新格局,提高基层医疗服务能力。推行家庭医生签约服务。家庭医生签约覆盖率36.44%,其中重点人群、贫困人群签约服务覆盖率分别达69.97%、91.15%,更多的城乡居民拥有了家庭医生,全省县域内就诊率由2016年的83%提高到87%。建成一批医疗联合体。省、市、县分别编制区域医联体建设规划,同步完善医保、价格、财政等配套政策,所有的三级医院全部参与医联体建设,促进优质医疗卫生资源的合理配置和有效利用全省共组建医联体374个。继续实施全面提升县级公立医院综合能力三年行动计划,选送400名县级医院骨干医师到全国知名医院进修,选派36名县级公立医院院长到国(境)外研修,支持建设603个县级临床重点专科,全面提升县级公立医院综合能力。全面加强基层卫生计生服务体系建设,基层医疗卫生机构建设达标率从33%提高到79.64%。全省居民个人卫生支出占总费用的比例下降到27.5%左右,低于全国平均水平,为历史最低水平。

【巩固全民医疗保障网】 以基本医保为主体,多层次、宽领域、覆盖城乡、相互衔接的医疗保障网更加健全。2017年,全省职工医保参保558.7万人、城乡居民医保参保4203.69万人,筹资标准提高到人均540元,其中各级财政补助人均450元。全面实现医保经办机构与定点医疗机构、定点药店实时联网结算,省内各设区市之间异地就医实现直接结算,12个统筹区域均接入国家异地就医结算平台,所有在线备案人员跨省异地就医住院费用均实现直接结算。

【规范药品供应保障体系】 启动实施新一轮药品集中招标采购,全省"双信封"药品招标采购价格降幅达到23.6%。实行以政府为主导、以省为单位的高值医用耗材网上集中采购,先行对骨科、心血管介入诊疗类等高值医用耗材实行挂网限价采购,中标价格降幅达34.10%。全面推行药品采购"两票制"。省卫生计生委联合省发改委、食药监局等多部门下发《关于印发江西省公立医疗机构药品采购"两票制"实施方案(实行)的通知》,2017年先行在城市公立医院综合改革试点城市推行"两票制",减少药品流通领域中间环节,使中间环节加价透明化,打击"过票洗钱",降低药品虚高价格。加强药品供应保障,启动全省第二轮药品再注册工作,首批推动13家药企的25个重点品种质量和疗效一致性评价。加大药品监管力度,对全省1.1万余家药品零售企业全部实施分级管理,严格落实药品购销不良记录和责任约谈制度。加强短缺药品、低价药品和儿童用药的供应保障,建立常态化短缺药品储备制度。

【"五环联动补齐基层短板"入选2017年度全国十大医改新举措】 12月,2017年度全国"推进医改、服务百姓健康"十大新举措揭晓,江西五环联动补齐基层短板入选,江西省是全国唯一连续9年获此殊荣的省份。

全国新一轮医改全面铺开以来,江西始终着眼县域综合改革,从基本入手，从基层改起，通过“五环联动”发力供给侧和需求侧，着力破解县域医疗卫生服务供给不平衡、不充分的问题，全省县域内就诊率、基层医疗卫生机构达标率分别提高到 86.56%、79.64%。“五环联动”即强化规划引领环，优化资源配置。编制实施推进“健康江西”建设规划纲要、“十三五”卫生与健康规划、深化医改规划、医疗服务体系规划和区域医联体建设规划，强化规划的战略引领和刚性约束，完善医联体资源共享、利益分配、用药保障和三重考核机制，构建以人为本的一体化医疗卫生服务体系；强化能力建设环，升级发展要素。2012 年以来，全省各级财政累计投入 259.09 亿元，重点加强基层医疗卫生服务体系建设；实施“全面提升县级公立医院综合服务能力三年行动计划（2016—2018 年）”，省县学科共建、“农村医学订单定向培养项目”、产权公有村卫生室建设、稳步提高乡村医生待遇、优化村级卫生队伍；强化机制创新环，激发生机活力。突出运行机制这一“主轴线”，建立科学补偿机制和医疗服务价格动态调整机制；突出医务人员这一“主力军”，创新公立医院岗位管理，优化基层人才评价机制，落实“两个允许”分配导向，建立符合医疗卫生行业特点的人事分配制度；强化信息支撑环，提高运行效率。运用互联网思维和技术，推进互联互通和资源共享，放大优质医疗资源服务范围，构建健康医疗大数据，探索“全生命周期健康管理”的有效模式，整体提升医疗服务体系运行效率和精细化管理水平；强化民生保障环节，释放改革红利。实行针对性、差异化、防治结合、长效管理的健康扶贫策略；完善制度设计、药品全流程改革、考核督查等政策工具，实现综合控费“靶向治疗”，切实减轻广大群众看病就医负担，全省县级公立医院和乡镇卫生院均次费用和增幅均低于全国平均水平。

（蓝希梅）

医政工作

【概　况】　出台《关于调整完善重大疾病免费救治政策的通知》《江西省贫困患者县域内“先诊疗、后付费”服务工作方案》《关于加强扶贫病床设置管理工作的通知》《关于贯彻落实〈疾病应急救助工作指导规范（试行）〉的实施意见》等政策文件，调整完善免费救治经费筹措、定额救治标准、贫困等特殊人群救治等政策措施。开展“光明·微笑”工程等 8 种重大疾病免费救治，救治患者 19.1 万例。开展 15 种重大疾病专项救治工作，救治患者 13.9 万例。受理疾病应急救助基金申报 1140 人、837 万余元。

【医疗要素管理】　贯彻落实“放管服”改革，将医学影像诊断中心、血液透析中心、医学检验实验室设置审批委托设区市、省直管县卫生计生委和赣江新区社会事务局负责。取消医疗机构设置审批环节资信证明和执业登记环节的验资证明等申请材料要求。将养老机构内设医疗机构由审批制改为备案制，取消数量限制。组织全省医师资格考试，19263 人参加实践技能考试，14497 人参加综合笔试。印发《关于做好医师执业注册管理工作的通知》，全面实行医师区域注册，全省已办理多机构备案医师数 775 人。制定并实施《江西省医疗机构、医师、护士电子化注册工作实施方案》。全年共办理全省护士首次注册 1 万余人，省直医疗卫生单位延续注册 2 千余人。组织撰写《江西省 2016 年度医疗质量控制报告》，开展呼吸内科、神经内科、产科、口腔等 4 个专业省级质量控制中心的招标设置工作。

【医务管理】　完成药品集中采购的“双信封”招标工作。280 个公开招标采购目录，共计 944 个产品中标和限价挂网，中标价格平均降幅达 23.62%。全省 12 个联合体全部完成药品集中议价工作，并已执行议价结果。监控重点药品，开展麻醉药品和精神药品专项整顿行动。开展全省血液安全技术核查工作。全年全省采集血液 37.08 万人次，采血总量 64.01 万单位。印发《关于进一步规范全省医疗卫生机构医疗废物管理工作的通知》并开展专项督查。印发《江西省医用耗材专项整治活动实施方案》，全面开展医用耗材专项整治活动。出台《江西省实施〈全国护理事业发展规划（2016—2020 年）〉办法》，组织编写了《护理质量管理实践评价》和《临床常见疾病护理常规》，做好全省 1904 人的 30 年护龄双证人员确认颁证工作。

【医疗行风建设】　印发《关于进一步加强卫生计生行风建设，开展纠正医药购销和医疗服务中不正之风专项工作的通知》，对南昌 12 家省直属医院进行明察暗访，对检查情况和发现的问题全省通报。完成第五届卫生计生行风社会监督员换届工作，新聘任及续聘委卫生计生行风社会监督员 51 名。制定《江西省大型医院巡查工作方案》，省、市按照分级负责的原则完成全省 54 家三级公立医院中 52 家医院的现场巡查，省本级分 5 个现场巡查工作组，对 13 家省直医院开展集中现场巡查。九江市、萍乡市组织县（市、区）卫计委负责完成了辖区内其他二级公立医院的巡查。省、市巡查办向医院反馈问题共 1773 条，其中省直医院 259 条，并对整改情况开展“回头看”工作。

【江西医疗纠纷处理工作入选“砥砺奋进的五年”大型成就展】　9 月 26 日，中宣部、国家发改委、中央军委政治工作部、中共北京市委联合主办的“砥砺奋进的五年”大型成就展在北京展览馆举行，江西省推荐的江西医疗纠纷处理工作的图片入展。

2014 年以来，全省积极运用法治思维和法治方式，坚持立法先行、依法治理，在全国率先出台医疗纠纷预防与处理的省级地方性法规，并以《江西省医疗纠纷预防与处理条例》贯彻实施为契机，加强医疗纠纷预防，加大纠纷调处力度，积极推行医疗风险管理，加大打击涉医违法犯罪力度，有效维护医患双方合法权益和医疗机构正常诊疗秩序，提升医务人员的执业信心和安全感。全省医疗纠纷处理实现了“五个转变”，即由院内调解转到院外调解，由部门主持调解转到中立第三方调解，由单一行政手段调解转到多种综合手段调解，由“以钱了事”转到依法办事、由重视事后处理转到注重源头预防。特别是《江西省医疗纠纷预防与处理条例》实施 3 年来，全省医疗纠纷依法调解、理性维权的氛围逐渐形成，医疗执业环境也逐渐由乱到治、由治到安，全省医疗纠纷下降42%、扰乱医疗秩序事件下降93%、信访总量下降84%，全省未发生一起恶性医疗纠纷案件。

【完成“改善群众就医体验”三年行动】 11月27日，省政府新闻办召开江西省“改善群众就医体验”三年行动新闻发布会，会上公布由国家卫生计生委组织的第三方评估结果，江西省医疗机构总得分率（89.8%）高于全国平均得分率（87.8%）。

2014年10月，江西省在全国率先开展“改善群众就医体验”主题活动。2015年“行动计划”启动后，全省每年组织开展医疗服务满意度调查和“行动计划”实施效果评估，明确要解决的主要问题和年度重点目标，并在下年初全省医疗管理工作会议上进行专题动员部署。此外，全省于2015年、2016年分别将“行动计划”列入全省卫生计生工作8件为民办实事和5件为民做好事之一，引导医疗机构积极提升服务能力，为改善医疗服务品质奠定基础。

“改善群众就医体验”三年行动推动了“健康江西”建设和全省卫生计生事业改革，在全国医院第三方满意度调查中，江西省医院门诊满意度排名位列全国第4；入选“进一步改善医疗服务百佳案例”8个，为全国最多的省份。

（王卓）

基层与妇幼卫生

【概　况】 2017年，全省基层卫生服务体系进一步完善。各级财政投入4.14亿元，新建公有产权村卫生计生服务室3498个，实现覆盖75%行政村目标；建立城乡居民电子档案3752.7万份，电子建档率82.2%。为老年人、儿童、孕产妇、高血压、糖尿病、重性精神疾病和结核病患者等1050万人次提供了健康服务与管理；推进新版《国家基本公共卫生服务规范（第三版）》学习，共培训师资800余人；开展乡镇卫生院职工周转房建设，在60个县（市、区）共88所乡镇卫生院建设周转房1000套，安排二级以上医院对口支援21个国贫县126所乡镇卫生院；推进乡村医生队伍建设，落实省级乡村医生各项补助，24057名乡村医生获养老生活补贴，1492名订单定向乡村医生入校培养；开展乡镇卫生院就医环境整治活动，建设全国群众满意的乡镇卫生院和优质服务示范社区卫生服务中心，2017年度全省219所乡镇卫生院获“全国群众满意的乡镇卫生院”称号，4所乡镇卫生院获“全国百佳乡镇卫生院”称号，17所社区卫生服务中心获“全国优质服务示范社区卫生服务中心”称号，5所社区卫生服务中心获“全国百强社区卫生服务中心”称号；夯实妇幼保健基础，落实生育全程健康服务，全省全年住院分娩活产数60.67万人，孕产妇死亡率为8.06/10万、婴儿死亡率为5.6‰。深入推进妇幼保健和计划生育资源整合，市、县、乡三级妇幼保健计划生育服务机构整合率分别为100.0%、97.0%和85.5%。

【实施出生缺陷防治三级预防体系】 加强一级预防，8月14日，省政府办公厅印发《江西省人民政府办公厅关于在全省开展免费婚前医学检查工作的指导意见》，在全省开展免费婚检，全省婚检率达到63.32%，比2016年提高16个百分点。；累计为42万人进行了免费孕前优生优育健康检查，检查覆盖率92%；为全省40.3万城乡计划怀孕和孕早期的妇女免费增补叶酸。完善二级预防，新审批2家产前诊断机构，产前筛查覆盖率和产前诊断质量不断提升，在地中海贫血高发的赣州5个县实施地中海贫血防控试点项目，为1.64万对夫妻提供免费地中海贫血筛查，为461对夫妻提供基因检测，为37对夫妻做产前诊断。巩固三级预防，加强新生儿疾病筛查，2017年全省遗传代谢性疾病筛查率接近90%，听力筛查率超过80%。

【生育服务能力建设】 规范产前诊断和人类辅助生殖技术二项行政许可。开展第二批省级儿童早期发展示范基地创建工作，遴选出7家省级儿童早期发展示范基地。确定9家医院为治疗性食品定点销售医疗机构，解决PKU特殊食品入院销售难题。在全省范围内开展母子健康手册免费使用，合计发放《母子健康手册》181011本，使用163764本，使用率90.4%。推进计划生育技术服务管理，落实避孕节育措施，为符合政策生育的育龄妇女解除现有长效节育措施，发放各类避孕药具23.7万人次。加强失独家庭再生育服务工作，失独家庭再生育技术服务总人数2170，其中196对失独夫妇成功实现再生育。

【实施妇幼重大公共卫生服务项目】 6月14日，江西启动贫困县农村妇女“两癌”检查项目，省财政将连续3年，每年安排4000万元专项经费，对25个贫困县、30万农村妇女实施“两癌”（乳腺癌、宫颈癌）检查，实现全省贫困县农村妇女“两癌”免费检查全覆盖。全省共筛查出宫颈癌前病变1429例、宫颈癌171例，乳腺良性疾病18909例、不典型增生58例、乳腺癌123例。继续实施贫困地区儿童营养改善项目，发放营养包86418盒。开展预防艾滋病、梅毒和乙肝母婴传播项目筛查，共筛查58.8万人，发现艾滋病感染孕产妇100人，梅毒感染孕产妇906人，乙肝感染孕产妇63229人，均免费进行预防母婴传播干预。省卫生计生委、省发改委等部门联合印发《关于加快推进母婴设施建设的实施意见》，明确到2020年年底所有应配置母婴设施的公共场所和用人单位基本建成标准化的母婴设施。

（龚明亮　周涛）

疾病预防控制

【概　况】 2017年，全省法定传染病报告发病率为468.88/10万，甲类传染病无发病、死亡病例报告；乙类传染病报告发病率为232.42/10万，发病数居前5位的病种分别为病毒性肝炎、肺结核、梅毒、淋病、细菌性和阿米巴性痢疾，占97.39%；丙类传染病报告发病率为236.47/10万，发病数居前5位的病种依次为手足口病、其他感染性腹泻病、流行性感冒、流行性腮腺炎和急性出血性结膜炎，占99.92%。2017年继续实施全省疾控科研发展规划和人才培养规划，公共卫生课题立项56

项,新建省级领先学科1个,完成艾滋病防治省、市领先学科共建验收。江西省食源性疾病诊断溯源重点实验室获得省科技厅立项通过。

【重大疾病防控】 截至年底,江西省存活的艾滋病病毒感染者和病人11428人,疫情维持低流行态势,居全国第16位。全省设立194个艾滋病监测哨点,新建25个艾滋病筛查实验室和111个艾滋病检测点,全年检测508.7万人次。继续开展美沙酮维持治疗、针具交换、宣传教育、心理支持、安全套发放、咨询检测、健康体检、转介治疗等服务,全年暗娼、吸毒者和男男性行为者月均干预覆盖率分别为90.6%、52.0%和70.6%。至年底,全省符合治疗标准的感染者和病人接受抗病毒治疗比例为88.3%。全省贫困艾滋病患者免费救治工作进展顺利,免费救治2196名贫困艾滋病患者,随访管理11349名艾滋病患者。全省各级结核病防治机构和定点医院相互合作、密切配合,加强肺结核患者发现、治疗和管理工作,取得明显成效,共发现活动性肺结核患者3.15万人,对涂阳肺结核患者密切接触者筛查率达99.79%,肺结核患者成功治疗率96.96%,病人发现和治愈均达到国家要求。

【免疫接种】 全省保持常规免疫高水平接种率,针对疾病的发生和流行有效控制疫苗。全年共接种一类疫苗1370.4万剂次,适龄儿童接种率达90%以上,下发《江西省第一类疫苗调剂管理规定(试行)》,保障第一类疫苗供应、调剂。完成为期3年的预防接种门诊星级门诊创建工作,建成五星级门诊87家、四星级门诊207家、三星级门诊1484家,星级预防接种门诊比例达到90%以上,达到既定目标。加强疫苗针对疾病监测与控制工作,开展Ⅱ型脊髓灰质炎疫苗相关病毒登记清册工作,继续维持无脊灰状态,采取有效措施控制麻疹等疫苗可预防疾病,麻疹疫情降至历史最低点。开展AFP、麻疹、AEFI、乙肝监测,以及麻疹等疫苗相关疾病健康人群抗体水平监测工作,监测系统运转评估指标达到国家监测方案要求。

【急性重点传染病防控】 科学规范做好重点传染病和新发传染病的调查处置和预防控制工作,充分利用重点传染病监测信息,为疾病预测、预警和疾病控制服务。成功处置诺如病毒、手足口病、出血热、布鲁氏菌病、流感等45起突发传染病疫情,尤其是快速锁定并处置江西省首起本地感染登革热疫情和罕见的成人A组轮状病毒暴发疫情,暴发疫情调查率100%,事件原因查明率100%,及时有效遏制疫情扩大和蔓延。出血热疫苗接种工作取得成效,与2016年相比全省出血热疫情报告发病率下降16.02%。传染病监测体系完善优化,全省226个传染病监测点监测完成率100%。启动国家致病菌识别网建设,南昌市、宜春市、上饶市通过国家致病菌识别网建设验收。救灾防病工作及时深入,针对景德镇市、上饶市、九江市、南昌市等地灾情,及时派出省级救灾防病专家队伍6批次39人次,并调拨应急消杀物资和诊断试剂56万多元,首次派出省级大型机械化消杀设备前往婺源、修水支援外环境消杀,确保大灾之后无大疫。

【慢性非传染性疾病防控】 在全省100个县区启动第二阶段全民健康生活方式行动,宣传"三减三健"核心知识,并开始基线调查。开展国家级和省级慢性病综合防控示范区创建工作,东湖区通过国家慢性病综合防控示范区复审;南昌市青云谱区、湾里区,新余市渝水区,上饶市横峰县和赣州市于都县成功创建国家慢性病综合防控示范区;赣州瑞金市成功创建省级慢性病综合防控示范区。开展2016—2017年度心血管病高危人群早期筛查与综合干预项目,6个项目点完成初筛对象筛查1.2万余人,完成率100%;完成高危人群筛查3000余人,完成率100%;短期随访人数完成2900余人,完成率96.7%;长期随访人数完成1.6万余人,完成率约90%。开展脑卒中高危人群筛查与干预项目,完成4.8万目标人群筛查,并对发现的高危人群进行干预和随访。开展上消化道和大肠癌早诊早治项目,完成上消化道早诊早治项目诊断性筛查任务数2000人;完成大肠癌早诊早治项目诊断性筛查任务数1000人,实现目标人群早诊率100%,治疗率100%。提升20个国家级死因监测县(区)和12个国家级肿瘤登记县(区)死因监测和肿瘤登记工作质量。国家卫生计生委在江西省安义县、都昌县等4县继续开展中国儿童与乳母营养健康监测,为政府制定0~17岁儿童青少年和乳母营养与健康相关政策提供基础信息。

【麻风病防治】 印发《江西省消除麻风病危害行动计划(2017—2020年)》,落实消除麻风病危害规划目标。加强中央补助项目的实施,强化目标管理机制,对重点县区实施麻风病防治策略与措施的"精准帮扶"。

德兴市为贫困家庭进行慢性病筛查

省卫生计生委供

在全省皮防机构中开展医防联合体建设，南昌市、赣州市、上饶市等牵头成立“江西省皮肤病专科联盟”。创新麻风病健康素养促进模式，利用微信公共平台、微视频等新媒体，开展麻风病防治知识宣传。截至年底，全省累计发现麻风患者18516例，累计治愈病人14517例，累计治愈率为78.42%，治愈存活者约3391人。年内全省麻风病新增病例29例，全省仍有现症病人144例，有6个县区患病率大于0.1/万。

【环境卫生监测】 城市水质监测覆盖全省所有市政集中供水，设置1053个监测点，其中出厂水监测点170个，末梢水监测点604个，二次供水监测点279个，全年累计检测出厂水238份，末梢水和二次供水2106份，对全省所有城镇用水进行了监测。在南昌市青云谱区、青山湖区2个城市点和上饶市婺源县一个农村点开展空气污染（雾霾）对健康影响的监测，完成雾霾特征污染物监测和成分分析、环保和气象数据收集、小学生健康影响调查、人群出行模式调查等工作。在上饶市开展公共场所健康危害因素监测，对宾馆（酒店）、游泳场（馆）、沐浴场所、理发（美容）店、候车室5类共计45家重点公共场所按季度开展健康危害因素监测。

【职业病防控】 全省重点职业病监测和职业健康风险评估项目工作全面铺开，项目工作地市级开展率100%，区县覆盖率100%。全年报告职业病468例，其中尘肺病395例，尘肺病累积现患病人1.98万例；报告农药中毒999例；报告进行职业健康检查企业数329家，体检人数约4.35万人。完成放射作业人员个人剂量测量每个周期5000余人份，完成建设项目职业病危害放射防护A类评价15家，B类评价100家；核医学单位放射防护检测20家，X线机、CT机、医用电子加速器、头部伽马刀、SPECT等仪器设备性能及场所防护检测1220台。

【精神卫生防治】 出台《关于印发〈全省精神卫生工作规划（2016—2020年）〉重点任务分工方案的通知》《转发关于加强心理健康服务的指导意见的通知》文件，全省累计登记并录入国家严重精神障碍信息系统210235人，报告患病率4.39‰；在册患者管理率91.57%，规范管理率为64.24%，服药率78.90%，规律服药率27.52%。

【举办国家致病菌识别网建设项目启动会暨实验室检测技术实践操作培训班】 8月1日—4日，国家致病菌识别网建设项目启动会暨实验室检测技术实践操作培训班在南昌举办。培训班旨在促进全省尽快加入国家致病菌识别网，建立并完善适合江西省省情的细菌性传染病监测模式，推进细菌性传染病防控体系的发展以及监测预警新技术的应用，提高全省细菌性传染病监测及防控技术水平。省卫计委副主任万筱明等领导参会并与国家专家探讨交流国家致病菌识别网建设相关事宜。培训会议由省疾控中心应急传防所所长刘晓青主持，邀请中国疾控中心传染病预防控制所副所长阚飙研究员、Pulse net China网络实验室主任崔志刚副研究员、周海健博士做专题讲座。培训班介绍了国家致病菌识别网的建设与意义、新发突发传染病的应对以及国家致病菌识别网的发展、致病菌分子分型和基因组分型技术、江西省区域Pulse Net China网络实验室入网程序、脉冲场凝胶电泳（PFGE）技术等理论知识，同时“手把手”地传授脉冲场凝胶电泳分子分型检测技能。通过该次理论与实践相结合的培训教程，学员们不仅提高了理论水平，开阔眼界，而且在实践操作方面上了一个台阶，加深认识了国家致病菌识别网的重要性和意义，明确了工作职责和任务，提升了检测技能，为尽快建立江西区域实验室监测网络地市级网络实验室，推进加入国家致病菌识别网夯实了理论和实践的基础。

（徐鹏）

卫生应急与监督

【概　况】 H7N9应急防控。2017年，全省共发现H7N9流感确诊病例38例（其中死亡14例，治愈24例），波及9个设区市27个县（市、区）。省卫生计生委启动应对H7N9联防联控工作机制，农业、林业、工商、商务、食药监等部门密切配合，落实源头控制，市场管理、疫情监测、风险评估、病例救治、宣传教育等防控措施。省人社厅、省财政厅联合出台文件，将已购买城乡居民医保的H7N9流感患者的治疗费用纳入医保报销、应急救助及大病保险范围，通过多种渠道基本解决患者救治费用问题。医疗卫生机构全力做好重症患者救治，全省H7N9流感患者治愈率高于全国平均水平。

汛期救灾卫生应急。6月，江西省接连遭遇多轮强降雨袭击，长江九江段及鄱阳湖水位暴涨，6月24日，省卫生计生委紧急印发《加强洪涝灾害救灾防病工作的紧急通知》，收拢全省各级医疗卫生应急队伍人员、清点物资，做好防汛救灾卫生应急工作的各项准备。各地各单位立即进入应急状态，落实24小时应急值守和信息日报告制度。九江、上饶、景德镇、宜春等地灾情发生后，卫生计生部门迅速派出卫生应急队伍，开展卫生应急处置工作。同时，调派专家赴防汛受灾严重地区帮助指导当地防汛救灾防病工作，并紧急下拨消毒消杀药品器械、治疗药品。全省共调度设置100余个临时医疗点，派出近700支2000余人的医疗队，保障人民群众和抢险救援人员身体健康和生命安全。

突发公共事件紧急医学救援。省卫生计生委指挥协调相关单位和部门，调派11批次96人次省级医疗专家，先后参与“1·24”三美化工有限公司化学气体泄漏事故、“2·25”海航白金汇酒店火灾事故、“5·15”重特大交通事故、樟吉高速大客车侧翻事故，以及“9·5”幼儿园疑似食物中毒、“10·13”食物中毒等多起突发事件紧急医学救援工作，共救治伤员150余人，做好500强企业高峰论坛等3次重大会议活动医疗保障工作，最大限度保障群众生命健康，维护社会稳定。

卫生计生监督执法。加大查办案件力度，在全省范围内组织各级监督执法机构开展跨区域、跨部门、多层级联合执法，建立案件查处定期通报机制，强化日常监督。全年共查处各类卫生工计生案件9376件，罚没款2075万元，查案数量和罚没款金额分别同比2016年上升60%和66%。

【卫生计生监督】 举办全省卫生计生执法案例评查培训班，培训一线监督执法人员200余人。全面推广卫生计生监督移动执法终端和协管信息系统，在南昌、赣州、上饶等地进行全过程监督执法记录试点。推动县级监督机构执法装备标准化建设；开展“双随机一公开”抽查，完成国家下达双随机检查单位5978户，任务完成率88.74%，完结率98.43%；推进执法监督体制改革，重点督导市、县监督执法机构的名称、内设机构、人员编制等改革到位情况，将县、乡两级监督执法改革纳入计划生育先进县评选“一票否决”。截至年底，省本级、11个设区市、100个县区监督机构全部改革到位，1413个乡镇卫生计生办挂牌成立；完善卫生计生行政许可，重点加强放射卫生等可能损害生态环境的行政审批与监督检查，组织培训省级放射卫生工作人员4期共1120余人，完成省职业病防治研究院等3家放射卫生技术服务机构评审。将全省消毒产品生产企业卫生许可审批权限下放至各设区市卫生计生行政部门，并专门下发《消毒产品生产企业卫生许可审批下放承接实施方案》。印发《江西省生活饮用水集中式供水单位卫生许可规程》等文件，进一步规范全省饮用水集中供水单位的卫生许可和监督执法行为。

【举办全省卫生应急技能竞赛】 9月2日—4日，由省卫生计生委与省总工会联合组织的江西省卫生应急技能竞赛在南昌举行，经过县（区）级预赛、市级复赛层层选拔，11支设区市代表队与13家省直医疗卫生单位代表队共计176名选手参加比赛。该次竞赛主题为“技能竞赛历练精兵，卫生应急护航健康”，旨在以赛促学、以赛促练，推动全省卫生应急工作者立足本职、钻研业务、岗位练兵、提升能力。竞赛分为应急技能竞赛和主题演讲比赛两个部分。技能竞赛设置了突发急性传染病防控、突发中毒事件处置、突发事件紧急医疗救援等3个项目。每个项目分盲样考核、综合笔试、技能操作、桌面推演和知识竞答等竞技环节。省、市、县（区）疾控中心主要参加突发急性传染病防控、突发中毒事件处置两项目的竞赛。

经过比拼，南昌市代表队获得综合团体一等奖。赣州市代表队的邹于生、省疾控中心代表队的周珺、省职防院代表队的赖云、南昌大学二附院代表队的何显炬分别夺得各单项个人总成绩第一名。赖云、周珺2名成绩特别优秀者，获江西省“五一劳动奖章”。南昌市疾病预防控制中心获“江西省工人先锋号”称号。

【组建国家紧急医学救援队（江西）】 10月30日，国家紧急医学救援队（江西）组建，国家紧急医学救援队（江西）由省人民医院承建，省人民医院副院长霍亚南任队长，队员70名，分为管理组（4名）、内科医师组（7名）、外科医师组（20名）、护理组（10名）、医技保障组（6名）、药学组（2名）、医院感染组（5名）、后勤保障组（16名），所选调队员来自全省医疗机构，临床经验丰富、技术过硬、素质优良。

救援队相当于1所移动医院，承担国家和省内突发事件紧急医学救援、大型活动保障及巡回诊疗、应急技能培训和实战演练平台和国防卫生动员等任务，提升全省及周边地区重特大突发事件卫生应急现场处置水平，提高现场抢救成功率，降低死亡率和残疾率。

【开展专项监督执法行动】 开展春季校园卫生专项监督检查，全省共检查各类学校15389所。组织开展全省打击非法医疗美容专项行动，全省集中整治阶段共对910家医疗机构和2641家非医疗机构进行监督排查，查办案件81件，罚款48.44万元，没收违法所得近35.15万元，没收药品器械73台件，责令暂停执业活动4家，移送工商药监部门1件，移送公安司法部门2件，追究刑事责任1人。根据国家卫计委等12部委统一部署，从6月份起，联合省综治办等12部门，在全省开展查处违法违规应用人类辅助生殖技术专项行动，全省共检查技术准入机构18家，非技术准入机构1435家，查处非法进行性别鉴定7件，没收违法所得0.98万元，罚款8万元；发现违法违规发布相关广告23起，查处5起，罚款7.75万元。全省尚未发现有违法违规开展人类辅助生殖技术的医疗机构，未发现有非法开展人类辅助生殖技术、非法采供精、非法采供卵以及“代孕”活动等违法行为。

【出台《江西省卫生应急体系建设与发展规划（2017—2020年）》】 9月22日，省卫生计生委印发《江西省卫生应急体系建设与发展规划（2017—2020年）》。规划明确全省将逐步实现省、市、县三级卫生应急决策指挥系统和120系统的互联互通，实现突发

10月30日，国家紧急医学救援队（江西）成立

省卫生计生委供

事件伤员第一时间得到救治，第一时间进行专家会诊，第一时间反馈信息和指挥决策。此外，还将大力推动水陆空立体医疗救援体系建设。推动水上紧急医学救援中心建设，加强水上紧急医学救援队伍和设备条件等专业化建设，有效落实伤员医疗转运与救治等医学救援措施。推动航空紧急医学救援中心建设，逐步开展航空医疗转运与救治专业队伍和装备设施建设。探索在全省建立水、陆、空立体救援网络。

该规划提出，至2018年，设区市卫生应急队伍装备合格率达100%。至2020年，县级卫生应急队伍装备合格率达100%。到2020年年底，100%设区市、县（市、区）要完成卫生应急规范化建设，全省基本形成卫生应急1小时快速响应圈，卫生应急现场规范处置率达100%。（王玮　刘思海）

中医药工作

【概　况】　2017年，全省中医医院门、急诊人次1288.3万人次，增长6.3%；出院病人数达95.03万人，增长2.2%；开放病床28922张，减少1.5%；病床使用率90.4%，减少4.4%；业务收入89.58亿元，增长7.3%；人均业务收入27.4万元，增长7.0%；中药收入为20.61亿元，减少2.0%；中药收入占药品收入比为20.61%，减少11.9%。中医药人员5780人，增长17.7%。

【中医药综合改革】　完善中医药管理体制机制，省编办批准省卫生计生委增设中医药服务处，增加人员编制5人；上饶市、抚州市相继成立中医药管理机构。8月，省卫生计生委与抚州市签订《共同推进中医药发展框架协议》，支持抚州市中医药改革发展；打造中医药双创新平台。创建江西省智慧健康创客研究院，打造企业服务、产学研协同创新、人才培养等中医药全产业链的创新创业平台，是全国首家由政府发起、企业主导的智慧健康创客平台；整合优化中医医疗资源。省卫生计生委组建江西省中医医疗集团，以医疗、教学、科研为纽带，通过专科联盟、人才培养、科研协作、院内制剂共享等多途径提升中医医疗服务能力。组建成立江西省中西医结合医院，推进热敏灸康复联盟建设，确定40家热敏灸康复联盟单位；推进中医食疗法规试点。协调医疗机构支持江中集团等企业开展猴姑米稀、掌叶覆盆子、芡实等食疗产品临床研究，按照药品临床试验的模式，利用第三方评价食疗产品的效果，探索建立中医食疗产品评价体系。

【中医药服务能力】　实施基层中医药服务能力提升工程“十三五”行动计划。完成基层医疗卫生机构中医馆建设项目754个，占全省基层医疗卫生机构的50%以上。加强县级中医医院建设，横峰县等县中医院完成独立设置，并投入运营。推进基层中医药工作先进单位创建，完成对兴国县等5个基层中医药工作先进单位复审和奉新县等6个县（市、区）全国基层中医药工作先进单位创建的国家评审工作；加强中医重点专科建设。完成33个国家中医重点专科评估验收。开展2017年省级中医重点专科申报遴选工作，确定江西中医药大学附属医院康复科等12个省级临床重点专科和南昌县中医院咳嗽科等51个基层特色专科建设单位，瑞昌市人民医院肝病科等7个省级临床重点专科培育单位；规范中医药行业监管。完成14所三级中医院巡查工作，开展中医药监督师资培训和中医执法监督典型案例交流，做好中医药监督知识与能力培训，培训人数达300余人，

【中医药继承创新】　争取项目支持。江西中医药大学附属医院、九江市中医院和南昌市洪都中医院纳入国家中医药传承创新工程重点中医医院建设备选项目库；上饶市入选国家中医药健康旅游示范区创建单位；南昌市开展社会办中医全国试点工作；改革中医药教学。江西中医药大学与教育部教育发展研究中心、江中集团共建国家中医药教育国际化协同创新平台，合作建立国家中医药教育国际化（南昌）试验区，推进“中医药文化+教育国际化”，构建中医药教育、中药产业、健康服务业国际化平台。江西中医药大学探索中医师承住院医师规范化培训改革；开展中医药标准化建设。1月27日，国家中药标准化项目启动仪式在樟树市举行。全省16个中药饮片和大宗品种开展标准化工作，占全国项目总数的10%；创新中医药管理与政策研究模式。举办4期中医药管理和健康政策高级研修班。由政府各部门、中医药企业、卫生行政部门、高校、科研院所及中医医疗机构选派骨干人才参加政策研修。研修班学员参与政府各部门的政策草拟、项目制定、调研论证等工作，将部门资源、专家资源、企业资源融入中医药发展政策。

【中医药人才培养】　开展中医药人才评价褒奖。省卫生计生委会同省委人才办、省人社厅组织实施省国医名师评选，评选出许鸿照等10位首届江西省国医名师。伍炳彩获评第三届国医大师，皮持衡、范崔生、张小萍获评首届全国名中医；开展中医住院医师规范化培训。全省新增国家中医住院医师规范化培训基地3家，中医住院医师规范化培训新招收学员246人，其中中医全科医生50人，中医住院医师196人。完成全省中医住院医师规范化培训人员的信息采集，全省共有在培人员2000余人；开展中医药高层次人才培养。推进全省全国老中医药专家学术经验继承、全国名老中医药专家传承工作室项目建设，强化全省15名全国中医护理骨干人才培训项目的管理工作。全省经考试选拔共确定11名全国中医（临床、基础）优秀研修项目培养对象。

【中医药文化传播】　启动江西省中医中药中国行。印发《江西省中医中药中国行——中医药健康文化推进行动实施方案（2016—2020年）的通知》。11月24日，“中医中药中国行——中医药健康文化推进行动”江西站启动仪式在南昌举行，举办学习贯彻《中华人民共和国中医药法》培训班，对《中华人民共和国中医药法》配套政策进行解读。推进中医药健康扶贫工作。实施“健康扶贫进苏（贫困）区”大型公益活动和“情系百姓·大爱有‘疆’”赣籍名医赴新疆义诊志愿服务活动，组织200余名北上广赣籍专家和省内名中医开展健康扶贫与志愿援疆，2次活动免费诊疗1.2万

11 月 24 日，“中医中药中国行——中医药健康文化推进行动”江西站启动仪式在南昌举行

省卫生计生委供

余人次，开展健康讲座 16 场，爱心企业捐助药品和相关物资 260 万余元，义诊行程超过 5 万余千米。推进中医药文化进校园。加强向青少年宣传普及中医药健康文化，开办江西省首批中医药文化教育实验班。江西中医药大学为南昌市湾里一中、湾里三小编写了《小学生学中医药》《初中生学中医药》。推进中医药国际合作。完成 2016 年度国际合作专项《中国—葡萄牙中医药海外中心》项目的验收工作，江西中医药大学和省中医院积极申报国际合作专项，省卫生计生委向国家中医药管理局推荐了《中加中药产品开发国际合作基地建设》等 4 个项目。

【中国－葡萄牙中医药海外中心项目验收】　9 月 25 日上午，受国家中医药管理局委托，省中医药管理局副局长刘希伟一行 9 人，对江西中医药大学 2016 年度中医药国际合作专项项目——中国－葡萄牙中医药中心项目进行验收，省中医药大学副校长简晖、附属医院领导及相关科室负责人参加验收会。根据中医药国际合作专项相关管理办法的要求，专家组通过听取汇报、实地考察，认真审查结题报告等相关资料，经过专家质询、讨论，该项目通过验收。

江西中医药大学参加国家“一带一路”建设，于 2016 年联合葡萄牙传统医学院和葡萄牙仁和堂责任有限公司设立中国—葡萄牙中医药中心。该中心作为国家中医药管理局遴选的第二批中医药国际合作专项中的中医药海外中心，负责人由省中医药大学校长陈明人担任，采取政府、大学和葡萄牙当地中医药医疗机构优势资源整合出资的形式，以中医药葡语教材编撰、中医药人才本土化为载体，借助葡萄牙在欧洲针灸立法的桥头堡有利地理位置，打造具有一定影响力的葡语系国家中医药教育、人才培养本土平台，为中医药服务贸易在葡语系的畅行提供技术保障，为弘扬中医药文化、提高世界对中医药的认知度夯实基础。省中医药大学此项目基础上，还建设了江西中医药大学热敏灸葡萄牙分院，服务葡萄牙人民健康，取得了良好的效果。同时，通过学术交流和专题培训较为系统地培养一批本土的针灸特别是热敏灸人才，借助他们对葡萄牙人民和文化的了解，推进葡萄牙针灸特别是热敏灸人才本土化，成为实现中医针灸在海外持续推广的最有效途径。

（郑林华）

计划生育

【概　况】　2017 年，江西省强化计划生育工作制度保障、组织保障、法制保障、经费保障，稳妥实施全面两孩政策。省财政投入 3 亿多元用于计划生育工作开展。调整完善省本级人口计划生育工作领导小组，各市、县（市、区）相应成立人口计划生育工作领导小组，明确由各级政府主要领导任组长，加强对计划生育工作的领导。坚持计划生育一票否决制度。全省各级组织在单位在评先、招考聘用、选拔任用等方面，都要征询当地卫生计生部门的计划生育审核意见，对计划生育工作落后的县（乡、村）进行约谈。规范特殊情形再生育审批，新增 3 种特批情形，全年为 353 对夫妻办理再生育审批。实施全面两孩政策效果显现，全省二孩出生量首次超过一半，二孩及符合政策生育的多孩合计占比达 54.24%，比 2016 年提升 4.31 个百分点，出生人口性别比连续 10 年下降。

【创新计划生育服务管理模式】　推行“互联网＋计划生育服务管理”新模式，通过江西省计划生育服务系统，并开通微信公众号和工作人员手机 APP，全面开展网上生育登记和再生育审批。2017 年，育龄群众在网上办理生育登记 47.28 万例，满意度 99.3%。在免费孕前优生健康检查基础上，推广基层整合婚检、孕检和生育登记工作经验，实行“三中心合一”的服务模式，逐步在全省实现免费婚检和孕检“两检同做”、婚姻登记和生育登记“两证同登”，不断提高婚检率和孕检率。

【提升出生监测水平】　省卫生计生委、省发改委等部门联合印发《关于加强出生人口信息管理工作的实施方案》，省卫生计生委研发了出生人口信息管理系统，加快与国家、省直各部门和卫生计生系统的信息共享、互联互通。全年向国家推送出生信息 108.54 万条，生育登记信息 57.49 万多条。通过开展住院分娩信息比对核查，采取系统比对、定向发放和精准核查的方式，对 66.42 万条出生个案信息进行审核修正。完成国家卫生计生委有关开展生育状况抽样调查任务，对全省 105 个县（市、区，含开发区）、220 个乡镇（街道）和 450 个村委会（社区）进行入户调查。

【加强基层计划生育基础建设】　推进妇幼保健和计划生育资源整合，各乡镇（街道）普遍设立卫生计生办，并按全员人口比例配齐专职工作人员，市、县、乡三级妇幼保健计划生育服务机构整合率分别为 100.0%、97.0% 和 85.5%。完善基层计划生育业务工作规范，印发《江西省基层计划生育业务工作手册（2017版）》，明确乡村两级机构设置，理顺职责，细化任务，推动基层工作高效运行；实施基层计划生育服务能力提升工程，研发启用"江西省计划生育业务培训系统"，组织3.1万名计划生育工作人员进行网络培训和综合业务考试。

【独生子女利导政策落实】 落实城镇居民独生子女父母奖励政策，江西省出台《江西省城镇居民独生子女父母奖励办法》，自2016年1月1日起，对符合奖励条件的城镇独生子女父母，给予每人每月100元奖励金直至其亡故，从开始领取到亡故时不足5000元的补足5000元。省卫生计生委、省财政厅联合印发《关于对全省独生子女死亡的计划生育特殊家庭发放一次性抚慰金的实施意见》，对独生子女死亡后未再生育且未收养子女的失独家庭父母，在女方年满49周岁后，给予每人一次性5000元抚慰金。省政府办公厅印发《关于做好江西省老年人权益保障和照顾服务工作的实施意见》明确在独生子女的60周岁以上父母患病住院治疗期间，用人单位应批准给予每年累计不超过10天的护理照料时间，护理照料期间工资福利等基本待遇不变。

【提升流动人口计生服务管理水平】 2017年，全省流动人口规模764万人，其中跨省流出669万人。为做好流动人口服务管理工作，全省提高流动人口信息化应用水平，全省网络化协作信息反馈及时率97.75%，电子婚育证明查验符合率78.8%；全面推进流动人口基本公共卫生计生服务均等化，均等化服务内容增至7项，在全省创建50个服务示范单位，建立流动人口健康档案29万份；开展双向协作，赣粤两省流动人口信息实现互联互通和数据共享，驻粤流动人口卫生计生联络站积极为258万赣籍在粤流动人口牵线搭桥，各地依托赣籍在外商会和企业建立流动人口计生协会等844个，促进流动人口跨地区服务接续。

【鼓励按政策生育】 将鼓励按政策生育纳入《江西省人口发展规划（2016—2030年）》等系列政策文件，统筹推进完善其他配套政策。省政府修订公布《江西省女职工劳动保护特别规定》，明确落实计划生育奖励假、生育津贴和生育保险等相关政策，提出女职工在98天产假期满后，经本人申请，用人单位批准，可以请假至婴儿满一周岁等保障条款。

【生育服务能力建设】 规范产前诊断和人类辅助生殖技术二项行政许可。开展第二批省级儿童早期发展示范基地创建工作，遴选出7家省级儿童早期发展示范基地。确定9家医院为治疗性食品定点销售医疗机构，解决PKU特殊食品入院销售难题。在全省范围内开展母子健康手册免费使用，合计发放《母子健康手册》181011本，使用163764本，使用率90.4%。推进计划生育技术服务管理，落实避孕节育措施，为符合政策生育的育龄妇女解除现有长效节育措施，发放各类避孕药具23.7万人次。加强失独家庭再生育服务工作，失独家庭再生育技术服务总人数2170，其中196对失独夫妇成功实现再生育。

（廖建锋）

爱国卫生运动

【概　况】 2017年，全省加快推进创建国家卫生城镇工作，确保到2020年完成和超额完成创建任务目标，省卫生计生委按照《国务院关于进一步加强新时期爱国卫生工作的意见》和省委、省政府领导指示精神，协助省政府办公厅印发《江西省创建国家卫生城镇工作实施方案（2018—2020年）》，明确创建工作目标、任务、完成时间节点和工作要求，实现创建卫生城镇由政府自愿申报向政府必须申报转变，用体制机制保证创卫工作的顺利推进。2017年，全省9个县城（镇）成功创建国家卫生城镇，其中南昌县、崇义县、峡江县获得国家卫生县城称号，南昌市湾里区太平镇、龙南县关西镇、宁都县小布镇、宜春市明月山温汤镇、靖安县宝峰镇、贵溪市塘湾镇获得国家卫生镇称号。宜春市、井冈山市获得2个国家卫生城市称号，德安县、吉安县、玉山县3个国家卫生县城通过了国家复审并重新获得命名。共青城市和余江县分别获得江西省卫生城市和江西省卫生县城称号。

【开展卫生创建和城乡环境整洁双考核】 印发《关于开展卫生创建和城乡环境卫生整洁行动督查考核评比工作的通知》，组织专家对九江、景德镇、萍乡、新余、鹰潭、赣州、上饶、抚州8个设区市及所辖县（市、区）、乡（镇）进行考核，并通报考核结果，加强城乡环境卫生长效管理。

实施中央补助地方农村饮用水水质卫生监测和农村环境卫生监测项目。农村水质监测项目覆盖11个设区市、75个项目县（市、区）、4050个监测点，分丰水期和枯水期进行水厂到农户的水质检测；农村环境卫生监测项目覆盖11个设区市、28个项目县（市、区）、560个监测点。下达省级农村改厕项目经费400万元，用于支持贫困地区农村、国家级和省级卫生县城（乡镇）及国家血防综合防治区农村建造三格式无害化户厕。

【召开全省爱国卫生运动65周年暨创建国家卫生城市现场推进会】 8月21日—22日，全省爱国卫生运动65周年暨创建国家卫生城市现场推进会在景德镇市召开，副省长、省爱卫会主任谢茹出席会议并讲话，省政府副秘书长陈敏主持会议，省卫生计生委主任丁晓群作工作报告。各设区市爱卫会、卫生计生委相关负责人，省爱卫会成员单位相关负责人，省卫生计生委有关处室、省疾控中心、省健康教育与促进中心主要负责人近100人参加会议。会议现场观摩景德镇市爱国卫生工作，全面总结全省65年来爱国卫生运动取得的成绩，传达爱国卫生65周年暨全国爱国卫生工作座谈会、全国卫生城镇和健康城市工作经验交流会精神，南昌市、宜春市和峡江县做创建国家卫生城市经验交流，分析形势并部署下一步爱国卫生工作。

（邹平凡）

本栏编辑　张志勇

体　育

综　述

2017年，全省群众体育、竞技体育、体育产业、体育文化同向发力，统筹前行，融合发展，体育工作长优势，补短板，取得显著成绩。

大力投入群众体育，开展群众体育活动。全年群众体育设施建设统筹各类资金1.24亿元，建设农民体育工程450个，乡镇农民体育健身工程11个，社区健身中心5个，运动休闲特色小镇设施3个，专项体育设施2个，公园配建体育设施项目1个，省"民生工程"17个。群众体育赛事活动做到"周周有活动，月月有赛事"。特别是第十三届全运会群众比赛项目江西选拔赛项目达16项，参赛群众2680人，434人参加全国预决赛。国民体质监测和健身指导人数达1.5万人次，举办全国全省社会体育指导员培训班13期，培训社会体育指导员1044人。新成立省级单项体育协会3家，省级单项体育协会总数达到63家。新成立全民健身基地3个，全民健身基地总数达到13个。新成立体育俱乐部1家，体育俱乐部总数达到29个。省足球协会成功换届，与体育行政部门正式脱钩。体育社会组织积极开展"体育惠民·100"系列活动200多场次，参加人数达到100万人次。

提升竞技体育成绩，完善训练培训体系。2017年，全省运动员在国际国内竞技体育比赛上共获得金牌77枚、银牌81枚、铜牌59枚。在第十三届全国运动会上，江西代表团全体运动员取得9金、17银、10铜的好成绩，并荣获"体育道德风尚奖"，获得运动成绩和精神文明的双丰收。2017年，注册青少年运动员达7442人，注册教练员达1306人。举办18项全省青少年锦标赛。继续抓好"十强县"和"三十精品县"建设，"800优苗"和"100精英教练员"工程保持良好态势。百县足球、篮球、田径运动会、青少年"未来之星"阳光体育大会等活动有序开展。新创建10所省级青少年体育俱乐部。"小、巧、水"战略支撑体系逐步建立。在重点项目上，试点统筹训练、医疗、科研、后勤和心理健康等各方面资源，建设复合型训练团队。江西省青少年训练数据库开始建立。打开大门办体育，与江西省嘉宏体育产业发展有限公司共建江西省乒乓球后备人才训练基地，与江西瑞昌和氏体育发展有限公司共建江西省青年羽毛球队。"省队校建"模式不断拓展，与省应用技术职业学院共建省攀岩队，与华东交通大学共建省武术套路队，与新余学院共建女子足球队，撬动社会力量，培养体育后备人才。

落实体育产业政策，推进体育品牌建设。结合全省实际，制定《江西省体育产业"十三五"发展规划》，出台《江西省体育产业基地管理办法》，开展江西省体育产业基地申报和创建，并建立体育产业机构名录库。体育"一县一品"稳步推进。"体育+"融合发展不断推进，仙女湖同道赛车产业园、定南足球训练基地等一县一品项目持续发展。庐山西海体育旅游精品景区入选全国体育旅游十佳精品景区，瑞金红区运动休闲旅游线路入选全国体育旅游十佳精品线路，环鄱阳湖国际自行车大赛品牌价值不断提升，并被授予"国家体育旅游精品赛事"。江报集团"美丽中国江西样板"秀美乡村马拉松系列项目被列为国家年度文化产业发展资金重大项目。江西凯菲特健身体育投资管理有限公司和九江白鹿奥体健身有限公司被评为省级现代服务业龙头企业。江西网球公开赛、玉山中式台球世锦赛及玉山斯诺克世界公开赛等国际国内品牌赛事日益成熟，逐步形成自主办赛和盈利能力。南昌国际马拉松赛、九江全民竞跑赛、景德镇城市围棋联赛、萍乡芦溪皇山越野赛、新余环仙女湖山地自行车邀请赛、鹰潭"中华道都"太极拳"五进"活动、赣州"全民健身月市民健身大联动"、上饶的"大美上饶"万人徒步赛、吉安的亚洲跳伞锦标赛暨中国跳伞公开赛、抚州"健康抚州动起来"等地方品牌赛事活动不断涌现，品牌示范效应得到彰显。

加强体育精神文化建设，引导体育事业健康发展。按照融合发展的思路，省体育局与江西科技师范大学合作，共建江西省体育产业与文化研究中心，并以此为平台广泛吸纳省内外人才，建立智库，为体育产业与文化发展提供人才支撑。召开运动员文化教育工作座谈会，强化对各地体教结合工作的督导。加强省体育局运动员文化活动中心建设，举办系列文化活动，丰富运动员业余生活，提高了运动员的综合素质。重视精神文明建设，与省文明办携手举办系列活动，展示了江西体育人砥砺奋进的足迹。11月，省体育局（机关）获得全国文明单位称号。

（王伟）

群众体育

【概　况】　2017年，江西群众体育工作按照《江西省全民健身实施计划（2016—2020年）》要求，促进全民健身活动品牌化、常态化，着力建设群众体育“六边”工程。备战参战第十三届全国运动会群众体育项目比赛，取得金牌2枚、银牌7枚、铜牌2枚的好成绩，全省85家单位被国家体育总局评为2013—2016年度全国群众体育先进单位，65人被评为群众体育先进个人。开展国民体质监测，普及科学健身知识。举办科学健身、保健养生和营养学讲座13场，发放科学健身资料2400余份。对全省62个县（市、区）的157个全民健身工程点进行抽查，进一步规范全民健身工程点的管理。开展体育场馆免费低收费开放补助工作，全省47个大型体育场馆、179个中小型体育场馆共获补助资金4846万元。

【开展一系列全民健身活动】　2017年，全省各级单位、各体育社会组织有组织、有计划地开展一系列全民健身赛事群众体育赛事活动，群众参与面广。举办全国“龙腾狮跃闹元宵”大联动、全国“全民健身日”重点示范暨江西农耕健身系列活动、全国农耕健身大赛、江西“天使”健身大联赛、银行系统健身大联赛等群众体育活动。改革省足球协会，协会不设行政级别，按照社团法人机制独立运行，拥有充分自主权，进一步发挥体育社会组织的积极性和能动性。省乒乓球协会、省羽毛球协会、省体育舞蹈协会等协会发挥组织、管理、服务作用，举办赛事活动，满足相关项目社会爱好者的竞赛要求。省围棋协会积极推动围棋运动，举办业余围棋联赛、段位赛等系列赛事，成立江西省棋院和江西省职业围棋队，促进职业围棋和业余围棋融合发展。继续开展“运动同一片蓝天”全民健身志愿服务活动，向服务学校赠送篮球、足球、羽毛球、乒乓球、跳绳、毽子等体育器材。

【首次组队参加全运会群众体育项目比赛】　2017年，为将全运会与《全民健身条例》更加紧密地联系在一起，国家体育总局对全运会赛事进行改革，首次在全运会比赛中设置19个群众体育比赛项目，非专业运动员可以参赛。省体育局作出系列安排部署，于3月30日至5月2日率先在全国举办选拔赛，2680名群众选手参加了16个项目选拔。办赛模式被称为“江西模式”。经过一个多月的层层选拔，江西将选拔出的320名群众选手进行集中训练，加上3项未举行选拔的运动员，江西共有434人参加全运会群众项目的预赛，有51名群众体育选手获得决赛资格。8月，在天津举行的第十三届全运会群众体育项目决赛中，江西省在攀岩、健身气功、围棋、轮滑、柔力球等项目上取得较好成绩，共夺得金牌2枚、银牌7枚、铜牌2枚、第四名2个、第六名3个、第七名1个、第八名6个，全国排名第16位，获得比赛成绩和精神文明双丰收。

【首次举办江西省百县农耕健身大赛】　10月15日—19日，由省体育局、省农业厅、省旅游发展委员会、省红十字会共同主办，江西省农民体育协会、宜春市体育局、宜春市农业局、宜春市旅游发展委员会、宜春市红十字会和宜春市体育总会承办的2017年江西省百县农耕健身大赛在宜春市举行。农耕健身大赛属全国体育旅游精品赛事之一，以“演绎民间体育，展示乡土风情，突出运动趣味，开展全民健身”为宗旨，促进全省体育“一县一品”工作加快发展，既具有农耕特色，又符合竞技要求，集生活性、健身性和娱乐性为一体。比赛设有车水抗旱、荷塘采莲、晒场收谷、户外狩猎、同心锯木、鱼塘抓鱼共6个项目。全省各县（市、区）近800名运动员参加比赛。最终樟树市、湖口县、南昌经开区、奉新县、宜丰县、余江县、广昌县、南昌东湖区代表队获得一等奖。

【举办全省群众性体育冰雪活动】　1月15日至2月15日。按照党中央、国务院关于办好2022年冬奥会和冬残奥会的总体要求，为推广普及冬季运动、增强人民体质、提高健康水平，省体育局、省体育总会在铜鼓县七星岭举办主题为“欢乐冰雪，健康江西，生态铜鼓”的全省群众性体育冰雪活动。

活动分为3阶段进行。第一阶段（宣传、发动、培训）。在铜鼓七星岭滑雪场举办冰雪项目社会体育指导员培训班。来自宜春市部分冰雪爱好者、铜鼓七星岭滑雪场教练员和部分工作人员参加了培训。培训内容有冰雪运动技能、社会体育指导员理论等课程。第二阶段（启动）：邀请省、市、县有关领导和嘉宾、全省各设区市体育局分管群体和群体科负责人、宜春市各县（市、区）体育局的代表、参加冰雪项目社会体育指导员培训的全体人员、冰雪运动爱好者等近300人参加启动仪式和体验冰雪运动。七星岭滑雪场员工和部分冰雪运动爱好者还作了冰雪运动展示。第三阶段（体

10月15日，首届江西省百县农耕健身赛在宜春开幕，图为鱼塘抓鱼项目比赛现场

省体育局供

验）：各地开展冰雪运动体验。体验活动采取开设主会场得形式，主会场设在铜鼓县七星岭滑雪场，各地设分会场联动进行。

（伍小玲）

竞技体育

【概 况】 2017年，江西坚持并深化“小、巧、水”的竞技体育发展原则，围绕备战第十三届全运会总体目标，统一思想，明确工作任务，落实工作责任，扎实推进备战决战第十三届全运会工作，竞技体育水平稳步提升。青少年体育以全面推行“十三五”青少年工作规划为重点，以构建全省青少年公共服务体系、青少年后备人才培养体系为目标，创新体制机制，全省青少年体育工作得到进一步发展。顺应体育改革形势，提出“统筹规划、协调发展、各具特色”的江西体育发展思路和目标，“打开围墙办体育”，引入社会资本和力量强健江西体育的肌肉，努力实现竞技体育、群众体育、体育产业的协调融合发展，以赛事为杠杆撬动江西体育事业发展，

2017年，江西运动员在国际国内竞技体育比赛上共获得金牌77枚、银牌81枚、铜牌59枚、第四名52个、第五名63个、第六名51个、第七名47个、第八名71个。其中，参加国际比赛获得18金、8银、5铜，参加全国比赛获得59金、73银、54铜。在第十三届全国运动会上，江西代表团全体运动员取得历史好成绩。全年对7所国家高水平体育后备人才学校开展省级检查。组织运动员参加全国体育传统项目学校联赛、青少年体育俱乐部比赛、冰雪冬令营、户外营地展示大会、阳光体育节等活动。“小、巧、水”战略支撑体系得到完善。深化与高等院校合作，探索“省队校建”模式，与华东交通大学、江西省嘉宏体育产业发展有限公司等社会力量合办运动队，联合培养后备人才取得良好成效。

【参加第十三届全国运动会】 8月27日至9月8日，第十三届全国运动会在天津市举行。江西派出354名运动员（其中男运动员186名，女运动员168名）参加17个大项、173个小项的预赛，共有199名运动员（含田径和游泳青少年37名）参加15个大项、144个小项的天津全运会决赛。江西选手在决赛中共有89名运动员，在13个大项65个小项上，获得7枚金牌（皮划艇项目3枚、田径项目3枚、跆拳道项目1枚）、10枚银牌、8枚铜牌、10个第四名、13个第五名、6个第六名、9个第七名、8个第八名（含青少年项目获得的2枚金牌、1枚铜牌、2个第四名、2个第六名、1个第八名，不含群众项目），总分获得611分（含青少年项目获得的73分，不含群众项目）的优异成绩，获奖牌数占决赛人数12.6%，获前八名数占决赛人数35.7%，比预赛获牌和录取名次的比例大幅增加，综合成绩位居全国中游。与上届全运会相比，江西涌现出一批小将。该届全运会竞技体育取得的7枚金牌，有6枚是由新人夺得。18岁的谭雪琴，首次参加全运会，便摘下金牌，在皮划艇、武术散打、男子射箭、女子100米仰泳、武术套路南拳等多个项目上，江西运动员创造出全运会最好成绩，实现了项目突破。游泳、射击等项目成绩也开始回升。

【加强反兴奋剂工作】 省体育局高度重视反兴奋剂工作，将反兴奋剂工作列入省体育局党风廉政建设工作的重要内容，局党组明确提出“宁可不要金牌，也不能出一例兴奋剂事件”。省体育局从组织上保障反兴奋剂工作的强力推行，成立了省体育局备战第十三届全国运动会反兴奋剂工作领导小组，各项目运动管理中心也相应成立领导小组。从宣传教育上普及反兴奋剂相关知识，组织相关人员分别到各项目队进行反兴奋剂宣传讲座，印制图片和宣传册分发到每一名参加全运会的人员。反兴奋剂工作措施力度不减，对各直属训练单位负责行踪信息、退役、用药豁免的工作人员进行培训；及时将每年度《禁用清单》下发各训练单位；在营养补剂使用上，严格执行统一管理、统一采购、统一使用的原则，任何单位和个人不得私自购买和服用；严把运动员食物采购关，杜绝“三无食品”进入食堂，肉食品采取定点检测、定点采购。

【举办“三个百县运动会”】 2017年，全省青少年体育工作着重抓基础大项田径，抓足球、篮球，抓业余训练“一县一品”，创建业余训练“十强县”和“30精品县”，加大县级输送运动员奖励力度，为全部恢复县级体校打下坚实基础，加强全省县级青少年业余训练，着力打造全省县级青少年体育品牌赛事，成功举办百县青少年田径、篮球、足球运动会。

9月15日—20日，第三届百县青少年“五人制”足球运动会在九江市举行，参加比赛的县（市、区）代表队共101个，参赛人数1016人（其中运动员801人）。2017年是江西省百县青少年“五人制”足球运动会开展的第三年，也是举办此项赛事以来参赛人数最多的一年，还新开设了足球嘉年华趣味体验活动。经过318场角逐，南昌市东湖区代表队获得冠军，成为该项赛事举办以来的“三冠王”。上饶市婺源县、南昌市青云谱区、南昌市红谷滩新区、赣州市信丰县、九江市浔阳区、南昌市南昌县、景德镇市珠山区代表队分获第二至第八名。

11月25日至12月3日，第三届百县青少年“三人制”篮球运动会在宜丰县举行，参加比赛的县（市、区）代表队共167个（98个男子队，69个女子队），参赛人数1065人（其中运动员799），采用2015年国际篮联三人篮球赛规则。该届篮球运动会首次进行现场直播，网络观众突破50万，网上收获200多万人的关注，同时还在网上开展最具人气球队投票活动。经过464场角逐，宜春高安市代表队和南昌东湖区代表队分别夺得男、女团队冠军。

11月19日—22日，第十一届百县田径运动会在樟树市举行，参赛队伍100个，参赛人数1153人（其中运动员871人），参赛队伍、参赛人数维持高水平。运动会参赛队员年龄限制在12至15岁，分为12～13岁组和14—15岁组，分别进行男女竞走、100米栏、跳高、跳远、铅球，铁饼等项目的争夺。经过角逐，产生团体总分一等奖8个、二等奖8个，三等奖16个。吉安市泰和县代表队获团体总分第一名，南康区、吉水县分获团体总分二、三名。

该3项比赛均为全省覆盖面最广、参赛单位最多、规模最大和人数最

多的单项比赛，推动了全省县级青少年田径、足球、篮球运动的发展和运动员选材工作。

【举办全省第三届青少年“未来之星”阳光体育大会】 7月1日—7月4日，江西省第三届青少年“未来之星”阳光体育大会在丰城市举行。该次大会是全国青少年“未来之星”阳光体育大会的分会场，也是全省举办档次和规模最大的一次青少年活动。大会由省体育局、省教育厅和共青团江西省委主办，丰城市人民政府承办，全省11个设区市和6个省直管县共17支代表队、336名学生运动员参与。大会设置青少年喜爱的五人制足球、三对三篮球、跳绳、踢毽、拔河、校园定向跑6个竞赛项目。丰城籍奥运冠军杨文军在启动仪式上向全省青少年发出倡议，北京奥运会赛艇冠军金紫薇等体育明星参加仪式并与青少年进行现场互动。

【举办首届江西省“新星计划”跨界跨项青少年锦标赛】 12月22日—24日，由省体育局主办，省体育局各运动项目管理中心、省体校、南昌市体校承办的2017年江西省首届“新星计划”跨界跨项青少年锦标赛在南昌举行，目的在于加强全省青少年体育后备人才的培养，扩大全省各项目运动员的选材面，11个设区市的589名运动员、90名教练员参加比赛。本次比赛共设16个大项、男女共31个小项，每个小项由2～3个高度关联选材小项组成，由各项目运动管理中心管理人员、教练员负责统一测试，提供了教练员和被选材运动员的面对面接触的机会。

·资 料·

2017年江西运动员参加国际比赛获奖情况

姓名	项目	成绩	名次	比赛名称	比赛时间	比赛地点
周俐君	女子跆拳道团体		1	世界跆拳道大奖赛总决赛暨世界杯赛	12月6日	科特迪瓦
门　欢	女子200米单人划艇		1	U18女子划艇世界杯	6月7日至8日	匈牙利.塞格德
门　欢 李　琪	女子500米双人划艇		1	女子划艇世界杯	6月7日至8日	匈牙利.塞格德
门　欢	女子500米单人划艇		2	U18女子划艇世界杯	6月7日至8日	匈牙利.塞格德
门　欢 李　琪	女子200米双人划艇		2	女子划艇世界杯	6月7日至8日	匈牙利.塞格德
门　欢	女子500米单人划艇		4	皮划艇世界杯第二站	6月2日至4日	塞尔维亚.贝尔格莱德
门　欢 李　琪	女子500米双人划艇		8	皮划艇世界杯第二站	6月2日至4日	塞尔维亚.贝尔格莱德
门　欢 李　琪	女子500米双人划艇		1	U18世界青年皮划艇锦标赛	8月	罗马尼亚
黄　婷	女子举重63公斤级	挺举134公斤	1	世界女子青年举重锦标赛	6月16日至23日	日本东京
黄　婷	女子举重63公斤级	总成绩239公斤	1	世界女子青年举重锦标赛	6月16日至23日	日本东京
李诗沣	男子羽毛球团体		1	世界青年羽毛球锦标赛	10月9日至14日	印度尼西亚
黄　婷	女子举重63公斤级	抓举105公斤	2	世界女子青年举重锦标赛	6月16日至23日	日本东京
胡彩玲	女子拳击57公斤级		3	世界女子青年拳击锦标赛	11月16日至28日	印度
杨佳丽	女子1000米四人皮艇		1	亚洲皮划艇锦标赛	10月15日至18日	上海

续表

姓名	项目	成绩	名次	比赛名称	比赛时间	比赛地点
杨佳丽	女子500米双人皮艇		1	亚洲皮划艇锦标赛	10月15日至18日	上海
门　欢	女子200米单人划艇		1	亚洲皮划艇锦标赛青年组	10月15日至18日	上海
门　欢	女子500米双人划艇		1	亚洲皮划艇锦标赛青年组	10月15日至18日	上海
秦　佳	女子200米双人皮艇		3	亚洲皮划艇锦标赛青年组	10月15日至18日	上海
李　琪	女子500米四人划艇		3	亚洲皮划艇锦标赛	10月15日至18日	上海
许哲怡	女子200米双人划艇		4	亚洲皮划艇锦标赛	10月15日至18日	上海
谭雪琴	女子跆拳道46公斤级		1	韩国跆拳道公开赛	7月	韩国
谭雪琴	女子跆拳道46公斤级		1	乌兹别克斯坦跆拳道总统杯	8月13日	乌兹别克斯坦
谭雪琴	女子跆拳道46公斤级		1	亚洲室内武道大会	9月20日	土库曼斯坦
周俐君	女子跆拳道57公斤级		1	卢森堡跆拳道公开赛	6月10日	卢森堡
陈念祖	女子羽毛球单打		1	马来西亚青少年羽毛球挑战赛	9月5日至10日	马来西亚
高　春	男子长拳、刀术、棍术全能		1	金砖国家运动会武术比赛	6月17日至21日	广州
谭雪琴	女子跆拳道49公斤级		2	中国跆拳道公开赛	11月17日至19日	陕西西安
周俐君	女子跆拳道57公斤级		2	亚洲室内武道大会	9月20日	土库曼斯坦
周俐君	女子跆拳道57公斤级		2	乌兹别克斯坦跆拳道总统杯	8月13日	乌兹别克斯坦
赵俊鹏	男子羽毛球单打		2	国际羽毛球挑战赛	1月10日至15日	海南陵水
李诗沣	男子羽毛球单打		2	韩国羽毛球青年赛	11月13日至19日	韩国
谭雪琴	女子跆拳道49公斤级		3	美国跆拳道公开赛	2月	美国
张艺曼	女子羽毛球单打		3	澳门羽毛球公开赛	11月7日至12日	澳门
郑妩双/外省	女子网球双打		4	国际网球巡回赛	5月1日至6日	泰国
张艺曼	女子羽毛球单打		5	国际羽毛球挑战赛	1月10日至15日	海南陵水
张艺曼	女子羽毛球单打		5	中国羽毛球大师赛	4月18日至23日	江苏常州
吉淑婷	女子羽毛球单打		5	中国羽毛球公开赛	11月13日至19日	福州
郑妩双	女子网球单打		8	国际网球巡回赛	4月24日至29日	泰国

续表

姓名	项目	成绩	名次	比赛名称	比赛时间	比赛地点
郑妧双/外省	女子网球双打		8	国际网球巡回赛	4月24日至29日	泰国
郑妧双	女子网球单打		8	国际网球巡回赛	10月2日至7日	泰国

2017年江西运动员参加第十三届全运会(竞体项目)比赛获奖情况

姓名	项目	成绩	名次	比赛名称	比赛时间	比赛地点	备注
彭建华	男子跑游二项全能	37′28″73	1	十三届全运会田径跑游全能决赛	8月18日	陕西渭南	
颜　云/外省	男女混合跳高团体	总:3.84米	1	十三届全运会田径青少年组决赛	8月19日	陕西渭南	跨省组队(代表江苏)
谭雪琴	女子跆拳道49公斤级		1	十三届全运会跆拳道决赛	9月4日	天津商业大学	
周　鹏/外省	男子200米双人皮艇	32″711	1	十三届全运会皮划艇决赛	9月5日	海河吉兆桥段	跨省组队(代表北京)
徐诗晓 许哲怡	女子500米双人划艇	总积分:12.4	1	十三届全运会皮划艇决赛	9月7日	海河吉兆桥段	
徐诗晓	女子200米单人划艇	总积分:13.8	1	十三届全运会皮划艇决赛	9月7日	海河吉兆桥段	
吴宇昂/外省	男子4×400米接力	3′05″28	1	十三届全运会田径决赛	9月7日	天津市奥林匹克中心	跨省组队(代表上海)
刘　帅	现代五项混合团体接力	总分:2742分	2	十三届全运会现代五项决赛	8月6日	天津工业大学	解放军
胡彩玲	女子拳击54－57公斤级		2	十三届全运会拳击决赛	8月13日	天津市宝坻区	
熊　雄/外省	男子赛艇轻量级双人双桨	6′14″88	2	十三届全运会赛艇决赛	8月30日	海河吉兆桥段	跨省组队(代表湖南)
熊亚瑄	女子25米运动手枪	资:582环 决:32中	2	十三届全运会射击决赛	8月30日	天津团泊体育中心	
杨佳丽/外省	女子500米四人皮艇	1′32″642	2	十三届全运会皮划艇决赛	9月5日	海河吉兆桥段	跨省组队(代表辽宁)
杨佳丽/外省	女子500米双人皮艇	1′42″693	2	十三届全运会皮划艇决赛	9月7日	海河吉兆桥段	跨省组队(代表辽宁)
门　欢/外省	女子500米双人划艇	总积分:9.8	2	十三届全运会皮划艇决赛	9月7日	海河吉兆桥段	跨省组队(代表云南)
周　鹏	男子200米单人皮艇	35″655	2	十三届全运会皮划艇决赛	9月7日	海河吉兆桥段	
万　勇	男子链球	73.02米	2	十三届全运会田径决赛	9月7日	天津市奥林匹克中心	
陈诗韵/外省	女子4×200米自由泳接力	7′56″77	2	十三届全运会游泳决赛	9月4日	天津奥林匹克中心	跨省组队(代表河北)
周玮晔	女子100米	11″93	3	十三届全运会田径青少年组决赛	8月18日	陕西渭南	
胡子杰 岳　琪	男子双人3米跳板	417.93分	3	十三届全运会跳水决赛	8月22日	天津奥林匹克中心	

续表

姓名	项目	成绩	名次	比赛名称	比赛时间	比赛地点	备注
黄志勇	男子举重62公斤级	总成绩：308公斤	3	十三届全运会举重决赛	9月2日	天津市滨海区大港	
吴宇昂	田径男子400米	46″27	3	十三届全运会田径决赛	9月3日	天津市奥林匹克中心	
黎淑金	男子古典式59公斤级		3	十三届全运会国际式摔跤决赛	9月4日	天津职业技术师范大学	
周俐君	女子跆拳道57公斤级		3	十三届全运会跆拳道决赛	9月5日	天津商业大学	
胡逸轩/外省	男子4×100米混合泳接力	3′37″10	3	十三届全运会游泳决赛	9月7日	天津奥林匹克中心	跨省组队（代表山东）
李　晨	女子跆拳道67公斤以上级		3	十三届全运会跆拳道决赛	9月7日	天津商业大学	
陈　涛	男子飞碟双多向	41分	4	十三届全运会射击飞碟决赛	7月25日	河南洛阳宜阳县	协作
万雅欣	女子蝶泳全能	3256分	4	十三届全运会游泳少年13－14岁组决赛	8月11日	山东烟台	
吴　峥/外省	男女混合跳远团体	总:12.64米	4	十三届全运会田径青少年组决赛	8月18日	陕西渭南	跨省组队（代表浙江）
陆师师 印心怡 王　青 王　欣	女子赛艇四人双桨	6′31″48	4	十三届全运会赛艇决赛	8月28日	海河吉兆桥段	
熊亚瑄 梅　阳	10米气手枪混合团体	资:479环 铜牌赛：4比7负	4	十三届全运会射击决赛	9月1日	天津团泊体育中心	
何翀浩 胡逸轩/外省	男子4×100米自由泳接力	3′19″08	4	十三届全运会游泳决赛	9月1日	天津奥林匹克中心游	跨省组队（代表江西）
邓娅兰	女子体操跳马	14.000分	4	十三届全运会体操决赛	9月5日	天津市海河教育园体育中心	
张　杨 晁竟雄 陈　柏 张　驰	男子1000米四人皮艇	3′00″450	4	十三届全运会皮划艇决赛	9月7日	海河吉兆桥段	
郭　昆	男子链球	67.54米	4	十三届全运会田径决赛	9月7日	天津市奥林匹克中心	解放军
赵俊鹏	男子羽毛球单打		4	十三届全运会羽毛球决赛	9月8日	天津市宝坻区	解放军
李　升 袁　松	男子跳水团体	总：2737.44分	5	十三届全运会跳水决赛	8月20日	天津奥林匹克中心	解放军
袁　松	男子跳水10米跳台	491.75分	5	十三届全运会跳水决赛	8月28日	天津奥林匹克中心	解放军
李　蓉	女子举重75公斤级	总成绩：245公斤	5	十三届全运会举重决赛	8月30日	天津滨海新区大港	

续表

姓名	项目	成绩	名次	比赛名称	比赛时间	比赛地点	备注
刘忠鑫	男子武术南拳、南刀、南棍全能	28.959分	5	十三届全运会武术套路决赛	8月30日	天津理工大学	
陈诗韵/外省	女子4×100米自由泳接力	3′41″57	5	十三届全运会游泳决赛	8月31日	天津奥林匹克中心	跨省组队(代表河北)
饶圣雪	女子100米仰泳	1′01″33	5	十三届全运会游泳决赛	9月2日	天津奥林匹克中心	
沈掬阳 侯彦沁 刘振宇	射箭男子团体奥林匹克淘汰赛		5	十三届全运会射箭决赛	9月3日	天津团泊体育中心	协作
万仁贵	男子散打60公斤级		5	十三届全运会武术散打决赛	9月4日	天津农学院	
林慧群	女子500米单人皮艇	1′54″816	5	十三届全运会皮划艇决赛	9月5日	海河吉兆桥段	
宋兆祥	男子跆拳道80公斤级		5	十三届全运会跆拳道决赛	9月5日	天津商业大学	
其乐木格	女子自由式69公斤级		5	十三届全运会国际式摔跤决赛	9月5日	天津职业技术师范大学	
王鹏祥 王　维	男子1000米双人皮艇	3′22″559	5	十三届全运会皮划艇决赛	9月7日	海河吉兆桥段	
饶圣雪/外省	女子4×100米混合泳接力	4′02″79	5	十三届全运会游泳决赛	9月7日	天津奥林匹克中心	跨省组队(代表山东)
乐大羽	男子蛙泳全能	3036分	6	十三届全运会游泳少年14-15岁组决赛	8月11日	山东烟台	
罗　川	女子马拉松个人	2:42′09″	6	十三届全运会马拉松决赛	4月29日	天津武清	解放军
黎艾思	女子链球	55.37米	6	十三届全运会田径青少年组决赛	8月19日	陕西渭南	
袁　松	男子跳水个人全能	919.6分	6	十三届全运会跳水决赛	8.21	天津奥林匹克中心	解放军
敖　辉	女子举重75公斤级	总成绩:244公斤	6	十三届全运会举重决赛	8月30日	天津滨海新区大港	
燕　妮	女子链球	65.06米	6	十三届全运会田径决赛	9月5日	天津市奥林匹克中心	解放军
李　升	男子双人10米跳台	411.3分	7	十三届全运会跳水决赛	8月23日	天津奥林匹克中心	解放军
叶　雯 胡小燕 王俊慧 胡江俐	女子赛艇轻量级四人双桨	6′42″58	7	十三届全运会赛艇决赛	8月28日	海河吉兆桥段	
何云龙	男子体操团体	总:322.733分	7	十三届全运会体操决赛	9月2日	天津市海河教育园体育中心	解放军
李　云 吉淑婷 张艺曼	女子羽毛球团体		7	十三届全运会羽毛球决赛	9月3日	天津市宝坻区	解放军

续表

姓名	项目	成绩	名次	比赛名称	比赛时间	比赛地点	备注
陈玉敏 周　涛 佟玲玲 钟　源 徐江琪 徐丽琴 胡　珍	女子20公里竞走团体	6:22′55	7	十三届全运会田径决赛	9月4日	南开区水上公园	
宋鹏华	男子1000米单人划艇	4′03″868	7	十三届全运会皮划艇决赛	9月5日	海河吉兆桥段	
罗　露 彭艳君/外省	女子500米四人皮艇	1′36″890	7	十三届全运会皮划艇决赛	9月5日	海河吉兆桥段	跨省组队（代表江西）
宋鹏华/外省	男子1000米双人划艇	3′45″999	7	十三届全运会皮划艇决赛	9月7日	海河吉兆桥段	跨省组队（代表安徽）
胡慧倩 兰田玉/外省	女子4×200米自由泳接力	8′31″24	7	十三届全运会游泳决赛	9月4日	天津奥林匹克中心	跨省组队（代表江西）
陈华琳	女子跑跳二项全能	1455分	8	十三届全运会田径跑跳全能决赛	8月19日	陕西渭南	
李金铭 喻书怡	女子跳水双人10米跳台	282.54分	8	十三届全运会跳水决赛	8月22日	天津奥林匹克中心	
胡子杰	男子跳水3米跳板	457.05分	8	十三届全运会跳水决赛	8月25日	天津奥林匹克中心	
钟　月 刘学仁	女子赛艇双人单桨	7′49″53	8	十三届全运会赛艇决赛	8月29日	海河吉兆桥段	
黄嘉艳 李　琰	女子赛艇双人双桨	7′10″50	8	十三届全运会赛艇决赛	8月30日	海河吉兆桥段	
宁　鹏 黄　俊 章赛一 董小敏 杨乐平 胡　韬 廖燕平	男子20公里竞走团体	5:57′55	8	十三届全运会田径决赛	9月4日	南开区水上公园	
何云龙	男子体操鞍马	13.900分	8	十三届全运会体操决赛	9月5日	天津市海河教育园体育中心	解放军
钟嘉未	女子跳远	6.06米	8	十三届全运会田径决赛	9月7日	天津市奥林匹克中心	

2017年江西省运动员参加全国最高水平比赛获奖情况

姓名	项目	成绩	名次	比赛名称	比赛时间	比赛地点	备注
周　鹏	男子200单人皮艇	37″516	1	全国皮划艇锦标赛暨全运会资格赛	3月29日至31日	上海淀山湖	

续表

姓名	项目	成绩	名次	比赛名称	比赛时间	比赛地点	备注
熊亚瑄	女子25米运动手枪	资:589环 决:39中	1	全国射击团体个人锦标赛暨全运会热身赛	7月	天津	
周　鹏/ 外省	男子200米双人皮艇	34″342	2	全国皮划艇锦标赛暨全运会资格赛	3月29日 至31日	上海淀山湖	跨省组队 (代表江西)
杨佳丽/ 外省	女子500米双人皮艇	1′46″537	2	全国皮划艇锦标赛暨全运会资格赛	3月29日 至31日	上海淀山湖	跨省组队 (代表江西)
盛田芳 杨佳丽/ 外省	女子500米四人皮艇	1′41″872	2	全国皮划艇锦标赛暨全运会资格赛	3月29日 至31日	上海淀山湖	跨省组队 (代表辽宁)
门　欢/ 外省	女子500米双人划艇	积分 19分	2	全国皮划艇锦标赛暨全运会资格赛	3月29日 至31日	上海淀山湖	跨省组队 (代表云南)
万　勇	男子链球	70.54米	2	全国田径锦标赛暨全运会预选赛	5月16日 至19日	山东济南	
高　春	男子武术长拳		2	全国武术套路冠军赛	10月17日 至20日	河北保定	
吴　昊/ 外省	男子网球双打		2	全国网球单项锦标赛暨大奖赛总决赛	11月21日 至27日	广东深圳	
杨佳丽/ 外省	女子200米双人皮艇	41″519	3	全国皮划艇锦标赛暨全运会资格赛	3月29日 至31日	上海淀山湖	跨省组队 (代表江西)
胡逸轩	男子100米仰泳	54″51	3	全国游泳冠军赛暨全运会预选赛	4月10日 至17日	山东青岛	
岳　琪 胡子杰	男子跳水双人三米板	393.12分	4	全国跳水冠军赛暨全运会预选赛	5月13日 至19日	湖北武汉	
刘忠鑫	男子武术南棍		4	全国武术套路冠军赛	10月17日 至20日	河北保定	
罗　露 彭艳君/ 外省	女子500米四人皮艇	1′44″104	5	全国皮划艇锦标赛暨全运会资格赛	3月29日 至31日	上海淀山湖	跨省组队 (代表江西)
张　驰	男子1000米单人皮艇	3′48″090	5	全国皮划艇锦标赛暨全运会资格赛	3月29日 至31日	上海淀山湖	
徐诗晓 许哲怡	女子500米双人划艇	积分 16.5分	5	全国皮划艇锦标赛暨全运会资格赛	3月29日 至31日	上海淀山湖	
刘　中	男子拳击56公斤级		5	全国男子拳击锦标赛暨全运会预赛	3月5日 至10日	广东佛山	
夏寻龙	男子拳击60公斤级		5	全国男子拳击锦标赛暨全运会预赛	3月5日 至10日	广东佛山	
周俐君	女子跆拳道57公斤级		5	全国跆拳道锦标赛	3月12日 至16日	山东莱芜	
张心茹	女子跆拳道67公斤级		5	全国跆拳道锦标赛	3月12日 至16日	山东莱芜	
陈闽立	男子跆拳道68公斤级		5	全国跆拳道锦标赛	3月12日 至16日	山东莱芜	

续表

姓名	项目	成绩	名次	比赛名称	比赛时间	比赛地点	备注
黎淑金	古典式摔跤 59 公斤级		5	全国古典式摔跤锦标赛暨全运会预赛	4 月 14 日至 17 日	陕西西安	
熊亚瑄 梅 阳	气手枪混合团体	资:481 环 决 13 中	5	全国射击团体个人锦标赛暨全运会热身赛	7 月	天津	
黄 婷	女子举重 63 公斤级	总成绩 233 公斤	6	全国女子举重锦标赛暨全运会预赛	4 月 8 日至 11 日	广东惠州	
黄志勇	男子举重 62 公斤级	总成绩 305 公斤	6	全国男子举重锦标赛暨全运会预赛	4 月 15 日至 18 日	浙江江山	
彭建华	男子 1000 米	29′59″65	6	全国田径锦标赛暨全运会预选赛	5 月 16 日至 19 日	山东济南	
吴芳芳	女子 400 米栏	59″51	6	全国田径锦标赛暨全运会预选赛	5 月 16 日至 19 日	山东济南	
邓娅兰	女子体操跳马	13.35 分	6	全国体操锦标赛暨全运会预赛	5 月 1 日至 9 日	湖北武汉	
黎 松 王 维 侯广旭 王鹏祥	男子 200 米四人皮艇	35″419	7	全国皮划艇锦标赛暨全运会资格赛	3 月 29 日至 31 日	上海淀山湖	
宋鹏华/外省	男子 1000 米双人划艇	04′17″398	7	全国皮划艇锦标赛暨全运会资格赛	3 月 29 日至 31 日	上海淀山湖	跨省组队（代表安徽）
赵云凯	男子飞碟双多向	138 中	7	全国射击团体个人锦标赛暨全运会热身赛	6 月	河南宜阳	
肖菊秀	女子 100 米栏	13″74	7	全国田径锦标赛暨全运会预选赛	5 月 16 日至 19 日	山东济南	
张 杨	男子 1000 米单人皮艇	4′01″742	8	全国皮划艇锦标赛暨全运会资格赛	3 月 29 日至 31 日	上海淀山湖	
宋鹏华	男子 1000 米单人划艇	4′12″316	8	全国皮划艇锦标赛暨全运会资格赛	3 月 29 日至 31 日	上海淀山湖	
孙永辉	古典式摔跤 59 公斤级		8	全国古典式摔跤锦标赛暨全运会预赛	4 月 14 日至 17 日	陕西西安	
沈慧贞	女子举重 69 公斤级	总成绩 232 公斤	8	全国女子举重锦标赛暨全运会预赛	4 月 8 日至 11 日	广东惠州	
敖 辉	女子举重 75 公斤级	总成绩 242 公斤	8	全国女子举重锦标赛暨全运会预赛	4 月 8 日至 11 日	广东惠州	

2017 年江西省运动员参加全国比赛获奖情况

姓名	项目	成 绩	名次	比赛名称	比赛时间	比赛地点	备注
钟俊杰	男子滑水花样		1	全国滑水锦标赛	11 月 8 日至 14 日	广东湛江	
邓凯峰	男子滑水回旋		1	全国滑水锦标赛	11 月 8 日至 14 日	广东湛江	
黄钰涵 熊洋成	双人滑水技巧		1	全国滑水锦标赛	11 月 8 日至 14 日	广东湛江	

续表

姓名	项目	成 绩	名次	比赛名称	比赛时间	比赛地点	备注
周 鹏	男子200米单人皮艇	36″940	1	全国皮划艇春季冠军赛	3月29日至31日	上海定山湖	
宋鹏华 吴子浩	男子200米双人划艇	39″110	1	全国皮划艇春季冠军赛	3月29日至31日	上海定山湖	
彭艳君 罗 露	女子500米双人皮艇	1′47″960	1	全国皮划艇春季冠军赛	3月29日至31日	上海定山湖	
门 欢	女子200米单人划艇	51″350	1	全国皮划艇春季冠军赛	3月29日至31日	上海定山湖	
门 欢	女子500米单人划艇	2′24″700	1	全国皮划艇春季冠军赛	3月29日至31日	上海定山湖	
门 欢	女子1000米单人划艇	5′01″540	1	全国皮划艇春季冠军赛	3月29日至31日	上海定山湖	
曹政金	男子赛艇轻量级单人双桨	8′11″17	1	全国赛艇春冠军赛	3月22日至26日	江苏镇江	
付 聪	男子10公里单人皮艇	47′12″34	1	全国大学生皮划艇锦标赛	11月4日至5日	浙江丽水	
王 维 黎 松	男子500米双人皮艇	2′3″34	1	全国大学生皮划艇锦标赛	11月4日至5日	浙江丽水	
张 驰	男子500米单人皮艇	2′09″63	1	全国大学生皮划艇锦标赛	11月4日至5日	浙江丽水	
彭艳君 秦 佳	女子500米双人皮艇	2′24″42	1	全国大学生皮划艇锦标赛	11月4日至5日	浙江丽水	
黄嘉艳	女子赛艇测功仪2000米跨项选材组	7′18″6	1	全国赛艇秋季冠军赛	11月6日至12日	天津	
陈诗韵	女子200米自由泳	1′58″86	1	全国春季游泳锦标赛	2月17日至21日	陕西渭南	
陈诗韵	女子400米自由泳	4′13″34	1	全国春季游泳锦标赛	2月17日至21日	陕西渭南	
饶圣雪	女子100米仰泳	1′01″89	1	全国春季游泳锦标赛	2月17日至21日	陕西渭南	
吴宇昂	男子400米	48″60	1	全国室内田径锦标赛(2)	2月23日至24日	江苏	
肖小婷	女子5公里竞走	22′20	1	全国竞走大奖赛暨世锦赛50公里选拔赛	3月4日至5日	安徽黄山	
万 勇	男子链球	70.17米	1	全国田径大奖赛(2)	4月11日至13日	河南	
万 勇	男子链球	72.06米	1	全国田径大奖赛(3)	5月9日至11日	山西太原	
吴宇昂	男子400米	45″83	1	全国田径大奖赛(3)	5月9日至11日	山西太原	
罗 莺	女子七项全能	5305分	1	全国田径大奖赛(3)	5月9日至11日	山西太原	

续表

姓名	项目	成 绩	名次	比赛名称	比赛时间	比赛地点	备注
姚玉枝	女子链球(3 公斤)	55.24 米	1	全国田径投掷群项赛(3)	5 月 12 日至 14 日	江苏如皋	
叶丹丹	女子体操跳马	13.217 分	1	全国体操冠军赛	10 月 29 日至 11 月 6 日	湖南长沙	
方志杰	男子武术南刀		1	全国武术套路冠军赛(传统项目)	9 月 19 日至 22 日	重庆荣昌	
徐彬智 王海旋	男子武术双人武式太极拳		1	全国武术套路锦标赛(太极拳赛区)	11 月 2 日至 5 日	浙江舟山	
叶欣妍	女子立式水上摩托竞速赛		2	全国摩托艇锦标赛	6 月 9 日至 11 日	山东临沂	
罗 丰	男子滑水花样		2	全国滑水锦标赛	11 月 8 日至 14 日	广东湛江	
龚浪波	女子滑水回旋		2	全国滑水锦标赛	11 月 8 日至 14 日	广东湛江	
李佳瑶 陈需观 周永旋	滑水特挑		2	全国滑水锦标赛	11 月 8 日至 14 日	广东湛江	
贾御婷 黄志健	滑水混合双人技巧		2	全国滑水锦标赛	11 月 8 日至 14 日	广东湛江	
邓凯峰	男子刷水全能		2	全国滑水锦标赛	11 月 8 日至 14 日	广东湛江	
宋鹏华 吴子浩	男子 1000 米双人划艇	3′49″990	2	全国皮划艇春季冠军赛	3 月 29 日至 31 日	上海定山湖	
彭艳君 罗 露	女子 200 米双人皮艇	40″750	2	全国皮划艇春季冠军赛	3 月 29 日至 31 日	上海定山湖	
杨佳丽	女子 1000 米单人皮艇	4′15″240	2	全国皮划艇春季冠军赛	3 月 29 日至 31 日	上海定山湖	
杨佳丽	女子 5000 米单人皮艇	23′26″79	2	全国皮划艇春季冠军赛	3 月 29 日至 31 日	上海定山湖	
何诗雅 门 欢	女子 200 米双人划艇	51″730	2	全国皮划艇春季冠军赛	3 月 29 日至 31 日	上海定山湖	
李 琪 门 欢	女子 500 米双人划艇	2′16″670	2	全国皮划艇春季冠军赛	3 月 29 日至 31 日	上海定山湖	
李 琪 门 欢	女子 1000 米双人划艇	4′39″930	2	全国皮划艇春季冠军赛	3 月 29 日至 31 日	上海定山湖	
付 聪	男子 500 米单人皮艇	2′13″39	2	全国大学生皮划艇锦标赛	11 月 4 日至 5 日	浙江丽水	
朱少全 朱绍强	男子 500 米双人皮艇	2′12″44	2	全国大学生皮划艇锦标赛	11 月 4 日至 5 日	浙江丽水	
彭艳君	女子 500 米单人皮艇	2′38″19	2	全国大学生皮划艇锦标赛	11 月 4 日至 5 日	浙江丽水	

续表

姓名	项目	成绩	名次	比赛名称	比赛时间	比赛地点	备注
吴旭东	男子古典式摔跤 80 公斤		2	全国古典式摔跤冠军赛	11 月 7 日至 10 日	海南陵水	
熊亚瑄	女子 25 米手枪	资:582 环 决:37 中	2	全国射击总决赛(步手枪项目)	9 月	江西南昌	
万　勇	男子链球	70.54 米	2	全国田径投掷群项赛(2)	3 月 30 日至 31 日	四川	
龚时贤	男子链球	66.45 米	2	全国田径大奖赛(3)	5 月 9 日至 11 日	山西太原	
徐鑫颖	女子链球	62.28 米	2	全国田径大奖赛(3)	5 月 9 日至 11 日	山西太原	
涂　慧	女子链球(3 公斤)	54.96 米	2	全国田径投掷群项赛(3)	5 月 12 日至 14 日	江苏如皋	
吴忠福	男子链球(6 公斤)	59.49 米	2	全国田径投掷群项赛(3)	5 月 12 日至 14 日	江苏如皋	
李江燕	女子链球	60.00 米	2	全国田径投掷群项赛(3)	5 月 12 日至 14 日	江苏如皋	
廖燕平	男子 10 公里竞走团体	48′19	2	全国竞走冠军赛	5 月 21 日至 22 日	内蒙古	
刘忠鑫	男子武术南拳		2	全国武术套路冠军赛(传统项目)	9 月 19 日至 22 日	重庆荣昌	
王海旋	男子武术武式太极拳		2	全国武术套路锦标赛(太极拳赛区)	11 月 2 日至 5 日	浙江舟山	
高齐慧	女子滑水花样		3	全国滑水锦标赛	11 月 8 日至 14 日	广东湛江	
周永旋	男子滑水赤脚		3	全国滑水锦标赛	11 月 8 日至 14 日	广东湛江	
涂　丽 周杜宇 罗　丰	滑水特挑		3	全国滑水锦标赛	11 月 8 日至 14 日	广东湛江	
龚浪波	女子滑水全能		3	全国滑水锦标赛	11 月 8 日至 14 日	广东湛江	
张　引	女子跆拳道 62 公斤级		3	全国跆拳道锦标赛	3 月 12 日至 16 日	山东莱芜	
李　晨	女子跆拳道 +73 公斤级		3	全国跆拳道锦标赛	3 月 12 日至 16 日	山东莱芜	
欧志勇	男子攀岩速度	6″88	3	全国攀岩锦标赛	6 月 25 日至 28 日	山东泰安	
李　琪	女子 1000 米单人划艇	5′03″750	3	全国皮划艇春季冠军赛	3 月 29 日至 31 日	上海定山湖	
饶圣雪	女子 200 米仰泳	2′14″61	3	全国春季游泳锦标赛	2 月 17 日至 21 日	陕西渭南	
何翀浩	男子 100 米自由泳	50″84	3	全国春季游泳锦标赛	2 月 17 日至 21 日	陕西渭南	

续表

姓名	项目	成 绩	名次	比赛名称	比赛时间	比赛地点	备注
万 勇	男子链球	67.95 米	3	全国田径投掷群项赛(1)	3月26日至27日	四川	
彭建华	男子10000米	29′31″14	3	全国田径大奖赛(1)	4月3日至5日	江苏淮安	
傅燕虹	女子5公里竞走	24′30	3	国际田联竞走挑战赛暨全国竞走大奖赛(2)	4月15日至16日	江苏	
陈华琳	女子100米	11″83	3	全国田径大奖赛(3)	5月9日至11日	山西太原	
谭 建	古典式摔跤66公斤		3	全国古典式摔跤冠军赛	11月7日至10日	海南陵水	
曾志文	男子跆拳道68公斤级		3	全国跆拳道精英赛	12月1日至3日	江苏苏州	
罗 川	女子10000米	34′16.48	3	全国田径大奖赛(3)	5月9日至11日	山西太原	
黎艾思	女子链球(3公斤)	54.32 米	3	全国田径投掷群项赛(3)	5月12日至14日	江苏如皋	
樊 钵	男子链球(6公斤)	59.04 米	3	全国田径投掷群项赛(3)	5月12日至14日	江苏如皋	
黄唯露	女子链球	58.78 米	3	全国田径投掷群项赛(3)	5月12日至14日	江苏如皋	
刘忠鑫	男子武术南棍		3	全国武术套路冠军赛(传统项目)	9月19日至22日	重庆荣昌	
高 春	男子武术通臂拳		3	全国武术套路冠军赛(传统项目)	9月19日至22日	重庆荣昌	
陶文武	男子武术查拳		3	全国武术套路冠军赛(传统项目)	9月19日至22日	重庆荣昌	
陶文武	男子武术单鞭		3	全国武术套路冠军赛(传统项目)	9月19日至22日	重庆荣昌	
高齐慧 熊洋成 邓凯峰	男子滑水特挑		4	全国滑水锦标赛	11月8日至14日	广东湛江	
张 驰	男子1000米单人皮艇	3′52″450	4	全国皮划艇春季冠军赛	3月29日至31日	上海定山湖	
张 杨 晁竞雄	男子1000双人皮艇	3′30″590	4	全国皮划艇春季冠军赛	3月29日至31日	上海定山湖	
杨佳丽	女子500米单人皮艇	1′59″850	4	全国皮划艇春季冠军赛	3月29日至31日	上海定山湖	
秦 佳 罗 露 彭艳君 程灵芝	女子500米四人皮艇	1′45″660	4	全国皮划艇春季冠军赛	3月29日至31日	上海定山湖	
陈 伟	男子赛艇单人双桨	8′08″20	4	全国赛艇春冠军赛	3月22日至26日	江苏镇江	

续表

姓名	项目	成绩	名次	比赛名称	比赛时间	比赛地点	备注
陈伟 饶仁明	男子赛艇双人双桨	7′00″90	4	全国赛艇春冠军赛	3月22日至26日	江苏镇江	
曾媛媛	女子赛艇测功仪2000米跨项选材组	7′52″	4	全国赛艇秋季冠军赛	11月6日至12日	天津	
聂佳浩	男子链球(5公斤)	55.25米	4	全国田径投掷群项赛(3)	5月12日至14日	江苏如皋	
刘江媛	女子链球(3公斤)	54.11米	4	全国田径投掷群项赛(3)	5月12日至14日	江苏如皋	
王海旋	男子武术吴式太极拳		4	全国武术套路冠军赛(传统项目)	9月19日至22日	重庆荣昌	
王海旋	男子武术太极器械		4	全国武术套路冠军赛(传统项目)	9月19日至22日	重庆荣昌	
徐彬智	男子武术武式太极拳		4	全国武术套路冠军赛(传统项目)	9月19日至22日	重庆荣昌	
高云飞	男子武术醉剑		4	全国武术套路冠军赛(传统项目)	9月19日至22日	重庆荣昌	
徐彬智	男子武术武式太极拳		4	全国武术套路锦标赛(太极拳赛区)	11月2日至5日	浙江舟山	
龚浪波	女子滑水花样		5	全国滑水锦标赛	11月8日至14日	广东湛江	
林鹏辉	男子攀岩速度	6″35	5	全国攀岩锦标赛	6月25日至28日	山东泰安	
翟明鑫	男子85公斤级级		5	全国武术散打冠军赛	11月13日至19日	江苏扬州	
陈柏 王维 王鹏祥 黎松	男子1000米四人皮艇	3′.13″190	5	全国皮划艇春季冠军赛	3月29日至31日	上海定山湖	
罗露	女子5000米单人皮艇	24′02″50	5	全国皮划艇春季冠军赛	3月29日至31日	上海定山湖	
熊雄	男子赛艇测功仪2000米轻量级组	6′26″7	5	全国赛艇秋季冠军赛	11月6日至12日	天津	
洪心茹	女子飞碟多向	资:65中 决:20中	5	全国射击总决赛(飞碟)	9月	上海	
彭建华	男子12公里越野	38′48	5	全国越野跑锦标赛	2月16日至17日	贵州	
王丹	女子50公里竞走	4:38′48	5	全国竞走大奖赛暨世锦赛50公里选拔赛	3月4日至5日	安徽黄山	
徐鑫颖	女子链球	62.78米	5	全国田径大奖赛(2)	4月11日至13日	河南	
陈华琳	女子100米	11″95	5	全国田径大奖赛(2)	4月11日至13日	河南	

续表

姓名	项目	成 绩	名次	比赛名称	比赛时间	比赛地点	备注
胡江利	女子赛艇测功仪 2000 米轻量级组	7′27″3	5	全国赛艇秋季冠军赛	11 月 6 日至 12 日	天津	
胡 珍	女子 5 公里竞走	27′33	5	国际田联竞走挑战赛暨全国竞走大奖赛(2)	4 月 15 日至 16 日	江苏	
章志龙	男子体操双杠	14.1 分	5	全国体操冠军赛	10 月 29 日至 11 月 6 日	湖南长沙	
梅江川	男子链球(5 公斤)	55.20 米	5	全国田径投掷群项赛(3)	5 月 12 日至 14 日	江苏如皋	
刘安邦	男子跆拳道 68 公斤级		5	全国跆拳道精英赛	12 月 1 日至 3 日	江苏苏州	
危洪佳	女子跆拳道 49 公斤级		5	全国跆拳道精英赛	12 月 1 日至 3 日	江苏苏州	
袁 松	男子水上摩托立式竞速		6	全国摩托艇锦标赛	6 月 9 日至 11 日	山东临沂	
袁 松	男子水上摩托立式拉力		6	全国摩托艇锦标赛	6 月 9 日至 11 日	山东临沂	
梅 侠	男子水上摩托坐式花样		6	全国摩托艇锦标赛	6 月 9 日至 11 日	山东临沂	
周永旋	男子滑水跳跃		6	全国滑水锦标赛	11 月 8 日至 14 日	广东湛江	
赵云凯 刘 君 陈 涛	男子飞碟双多向团体	397 中	6	全国射击团体个人锦标赛暨全运会热身赛	6 月	河南宜阳	
潘旭华	女子攀岩难度	18 +	6	全国攀岩锦标赛	6 月 25 日至 28 日	山东泰安	
邱海梅	女子攀岩速度	10″98	6	全国攀岩锦标赛	6 月 25 日至 28 日	山东泰安	
侯广旭	男子 5000 米单人皮艇	22′01″31	6	全国皮划艇春季冠军赛	3 月 29 日至 31 日	上海定山湖	
林慧群	女子 500 米单人皮艇	2′02″510	6	全国皮划艇春季冠军赛	3 月 29 日至 31 日	上海定山湖	
王俊慧	女子赛艇测功仪 2000 米轻量级组	7′28″2	6	全国赛艇秋季冠军赛	11 月 6 日至 12 日	天津	
张冬莲	女子飞碟双向	资:72 中 决:15 中	6	全国射击冠军赛(飞碟项目)	5 月	福建莆田	
彭建华	男子 6 公里越野	19′01	6	全国越野跑锦标赛	2 月 16 日至 17 日	贵州	
陈华琳	女子 60 米	7″45	6	全国室内田径锦标赛(2)	2 月 23 日至 24 日	江苏	
罗 莺	女子五项全能	3831 分	6	全国室内田径锦标赛(2)	2 月 23 日至 24 日	江苏	

续表

姓名	项目	成绩	名次	比赛名称	比赛时间	比赛地点	备注
陈华琳	女子 60 米	7″46	6	全国室内田径锦标赛(3)	2 月 27 日至 28 日	江苏	
肖菊秀	女子 60 米栏	8″62	6	全国室内田径锦标赛(3)	2 月 27 日至 28 日	江苏	
邓宇洁	女子 5 公里竞走	27′35	6	国际田联竞走挑战赛暨全国竞走大奖赛(2)	4 月 15 日至 16 日	江苏	
刘　贝	女子链球(3 公斤)	49.21 米	6	全国田径投掷群项赛(3)	5 月 12 日至 14 日	江苏如皋	
胡　珍	女子 10 公里竞走团体	55′14	6	全国竞走冠军赛	5 月 21 日至 22 日	内蒙古	
高云飞 王海旋	男子武术双人吴式太极拳		6	全国武术套路锦标赛(太极拳赛区)	11 月 2 日至 5 日	浙江舟山	
陶　超	男子武术八极拳		6	全国武术套路冠军赛(传统项目)	9 月 19 日至 22 日	重庆荣昌	
高云飞	男子武术 42 式太极拳		6	全国武术套路冠军赛(传统项目)	9 月 19 日至 22 日	重庆荣昌	
李佳瑶	女子滑水花样		7	全国滑水锦标赛	11 月 8 日至 14 日	广东湛江	
张冬莲 林飘飘 万佳雯	女子飞碟双向团体	199 中	7	全国射击团体个人锦标赛暨全运会热身赛	6 月	河南宜阳	
吴子浩	男子 5000 米单人划艇	24′32″11	7	全国皮划艇春季冠军赛	3 月 29 日至 31 日	上海定山湖	
林慧群	女子 200 米单人皮艇	44″080	7	全国皮划艇春季冠军赛	3 月 29 日至 31 日	上海定山湖	
彭艳君	女子 5000 米单人皮艇	24′30″24	7	全国皮划艇春季冠军赛	3 月 29 日至 31 日	上海定山湖	
李　琪	女子 500 米单人划艇	2′31″410	7	全国皮划艇春季冠军赛	3 月 29 日至 31 日	上海定山湖	
兰天露	女子 200 米	25″24	7	全国室内田径锦标赛(1)	2 月 19 日至 20 日	北京	
陈诗韵	女子 100 米自由泳	56″77	7	全国春季游泳锦标赛	2 月 17 日至 21 日	陕西渭南	
徐鑫颖	女子链球	62.13 米	7	全国田径投掷群项赛(1)	3 月 26 日至 27 日	四川	
龚时贤	男子链球	63.55 米	7	全国田径投掷群项赛(2)	3 月 30 日至 31 日	四川	
彭建华	男子 10000 米	30′44.93	7	全国田径大奖赛(3)	5 月 9 日至 11 日	山西太原	
何龙仙	女子撑竿跳高	3.60 米	7	全国田径大奖赛(3)	5 月 9 日至 11 日	山西太原	

续表

姓名	项目	成 绩	名次	比赛名称	比赛时间	比赛地点	备注
吴芳芳 钟文俊 肖菊秀 罗晨心	女子4×100米接力	46″98	7	全国田径大奖赛(3)	5月9日至11日	山西太原	
余 航	女子链球	51.61米	7	全国田径投掷群项赛(3)	5月12日至14日	江苏如皋	
潘旭华	女子攀岩速度		8	全国攀岩锦标赛	6月25日至28日	山东泰安	
赵 江	男子1000米单人划艇	4′28.320	8	全国皮划艇春季冠军赛	3月29日至31日	上海定山湖	
胡江利	女子赛艇测功仪6000米轻量级组	23′49″8	8	全国赛艇秋季冠军赛	11月6日至12日	天津	
胡江利	女子赛艇三项全能(水上16千米+测功仪2千米+测功仪6千米)		8	全国赛艇秋季冠军赛	11月6日至12日	天津	
熊 雄	水上16公里男子轻量级组	1:05′36″83	8	全国赛艇秋季冠军赛	11月6日至12日	天津	
李威宇	男子自由跤57公斤级		8	全国男子自由跤冠军赛	10月28日至31日	山东淄博	
邓 娟	女子自由跤55公斤级		8	全国女子自由跤冠军赛	11月18日至21日	重庆荣昌	
熊亚瑄	女子25米手枪	资:589环 决:9中	8	全国射击冠军赛(手枪项目)	4月	福建莆田	
宋宇宽	男子200米仰泳	2′08″97	8	全国春季游泳锦标赛	2月17日至21日	陕西渭南	
宋宇宽	男子100米仰泳	58″53	8	全国春季游泳锦标赛	2月17日至21日	陕西渭南	
徐新颖	女子链球	61.95米	8	全国田径投掷群项赛(2)	3月30日至31日	四川	
陈华琳 钟文俊 肖菊秀 吴芳芳 罗晨心	女子4×100米接力	46″83	8	全国田径大奖赛(2)	4月11日至13日	河南	
钟文俊	女子100米栏	14″32	8	全国田径大奖赛(3)	5月9日至11日	山西太原	
高云飞	男子武术吴式太极拳		8	全国武术套路锦标赛(太极拳赛区)	11月2日至5日	浙江舟山	
徐彬智	男子武术传统太极器械		8	全国武术套路冠军赛(传统项目)	9月19日至22日	重庆荣昌	

2017年江西运动员参加全国青年比赛获奖情况

姓名	项目	成绩	名次	比赛名称	比赛时间	比赛地点
张 威	男子举重94公斤级	抓举150公斤	1	全国男子举重青年赛	3月15日至19日	浙江海宁
张 威	男子举重94公斤级	挺举190公斤	1	全国男子举重青年赛	3月15日至19日	浙江海宁
张 威	男子举重94公斤级	总成绩340公斤	1	全国男子举重青年赛	3月15日至19日	浙江海宁
谭雪琴	女子跆拳道49公斤级		1	U17－21全国跆拳道比赛	5月24日至26日	辽宁葫芦岛
胡彩玲	女子拳击57公斤级		1	全国青年女子拳击锦标赛	6月4日至9日	江西九江
熊子龙	古典式摔跤50公斤级		1	全国青年古典式摔跤锦标赛	7月22日至25日	江西鹰潭
吴宇昂	男子400米	46″60	1	（U20）全国青年田径锦标赛	6月3日至5日	内蒙古
罗 莺	女子七项全能	5095分	1	（U20）全国青年田径锦标赛	6月3日至5日	内蒙古
方志胜	男子攀岩速度	8″21	1	全国青年攀岩锦标赛	9月22日至24日	河北高碑店
谢贵珍	女子攀岩速度	11″92	1	全国青年攀岩锦标赛	9月22日至24日	河北高碑店
李诗沣	男子羽毛球乙组团体		1	全国青年羽毛球锦标赛	5月8日至18日	安徽铜陵
孙旭柳	女子网球双打		1	ITF国际网球巡回赛	2月27日至3月5日	江苏南京
孙旭柳	女子网球单打		1	ITF国际网球巡回赛	6月20日至25日	云南安宁
孙旭柳	女子网球双打		1	ITF国际网球巡回赛	6月20日至25日	云南安宁
孙旭柳	女子网球双打		1	ITF国际网球巡回赛	6月26日至7月2日	云南安宁
唐 欣	女子举重75公斤级	抓举93公斤	2	全国青年举重锦标赛	3月11日至18日	浙江海宁
唐 欣	女子举重75公斤级	挺举113公斤	2	全国青年举重锦标赛	3月11日至18日	浙江海宁
唐 欣	女子举重75公斤级	总成绩206公斤	2	全国青年举重锦标赛	3月11日至18日	浙江海宁
张 引	女子跆拳道62公斤级		2	U17－21全国跆拳道比赛	5月24日至26日	辽宁葫芦岛
谭 健	古典式摔跤66公斤级		2	全国青年古典式摔跤锦标赛	7月22日至25日	江西鹰潭
肖菊秀	女子100米	12″06	2	（U20）全国青年田径锦标赛	6月3日至5日	内蒙古

续表

姓名	项目	成绩	名次	比赛名称	比赛时间	比赛地点
肖菊秀	女子100米栏	14″17	2	(U20)全国青年田径锦标赛	6月3日至5日	内蒙古
李江燕	女子链球	59.46米	2	(U20)全国青年田径锦标赛	6月3日至5日	内蒙古
李金铭	女子跳水10米跳台	429.9分	2	全国青年跳水冠军赛	3月18日至24日	陕西宝鸡
肖　健	女子攀岩速度	12″52	2	全国青年攀岩锦标赛	9月22日至24日	河北高碑店
马福平	男子攀岩速度	8″5	2	全国青年攀岩锦标赛	9月22日至24日	河北高碑店
李诗洋	男子羽毛球乙组单打		2	全国青年羽毛球锦标赛	5月8日至18日	安徽铜陵
吴　昊	男子网球双打		2	ITF国际网球巡回赛	7月3日至9日	深圳福山
吴　昊	男子网球双打		2	ITF国际网球巡回赛	7月17日至23日	宁夏银川
朱家欢	女子举重69公斤级	挺举116公斤	3	全国青年举重锦标赛	3月11日至18日	浙江海宁
危洪佳	女子跆拳道49公斤级		3	U17－21全国跆拳道比赛	5月24日至26日	辽宁葫芦岛
王　鑫	女子跆拳道49公斤级		3	U17－21全国跆拳道比赛	5月24日至26日	辽宁葫芦岛
徐加浩	古典式摔跤50公斤级		3	全国青年古典式摔跤锦标赛	7月22日至25日	江西鹰潭
黎　磊	古典式摔跤60公斤级		3	全国青年古典式摔跤锦标赛	7月22日至25日	江西鹰潭
李威宇	男子自由55公斤级		3	全国青年男子自由式摔跤锦标赛	7月15日至18日	山东博兴
刘安邦	男子跆拳道68公斤级		3	全国青年跆拳道锦标赛	8月18日至20日	四川成都
周慧莲	女子跆拳道46公斤级		3	全国青年跆拳道锦标赛	8月18日至20日	四川成都
吴忠福	男子链球(6公斤)	62.79米	3	(U20)全国青年田径锦标赛	6月3日至5日	内蒙古
段煜荣	男子攀岩速度	6″66	3	全国青年攀岩锦标赛	9月22日至24日	河北高碑店
陈念祖	女子羽毛球乙组单打		3	全国青年羽毛球锦标赛	5月8日至18日	安徽铜陵
邱海梅	女子攀岩速度	11″09	3	全国青年攀岩锦标赛	9月22日至24日	河北高碑店
杜　丹	女子举重63公斤级	抓举88公斤	4	全国青年举重锦标赛	3月11日至18日	浙江海宁

续表

姓名	项目	成绩	名次	比赛名称	比赛时间	比赛地点
杜　丹	女子举重63公斤级	总成绩196公斤	4	全国青年举重锦标赛	3月11日至18日	浙江海宁
朱家欢	女子举重69公斤级	抓举91公斤	4	全国青年举重锦标赛	3月11日至18日	浙江海宁
朱家欢	女子举重69公斤级	总成绩207公斤	4	全国青年举重锦标赛	3月11日至18日	浙江海宁
樊　钵	男子链球(6公斤)	60.66米	4	(U20)全国青年田径锦标赛	6月3日至5日	内蒙古
黄唯露	女子链球	59.19米	4	(U20)全国青年田径锦标赛	6月3日至5日	内蒙古
喻书怡 李金铭	女子双人10米跳台	292.86分	4	全国青年跳水冠军赛	3月18日至24日	陕西宝鸡
汤　瑶	女子体操平衡木	11.123分	4	全国青年体操锦标赛	6月13日至19日	陕西渭南
邱文君	男子攀岩难度	25	4	全国青年攀岩锦标赛	9月22日至24日	河北高碑店
邱文君	男子攀岩速度	10″67	4	全国青年攀岩锦标赛	9月22日至24日	河北高碑店
谢贵珍	女子攀岩难度	19+	4	全国青年攀岩锦标赛	9月22日至24日	河北高碑店
孙旭柳	女子网球双打		4	ITF国际网球巡回赛	4月24日至29日	云南安宁
孙旭柳	女子网球单打		4	ITF国际网球巡回赛	6月26日至7月2日	云南安宁
孙旭柳	女子网球单打		4	ITF国际网球巡回赛	7月3日至9日	云南安宁
林　梅	女子拳击48公斤级		5	全国青年女子拳击锦标赛	6月4日至9日	江西九江
谢志雄	男子拳击52公斤级		5	全国青年男子拳击锦标赛	6月27日至7月2日	浙江宁海
徐锦锋	古典式摔跤55公斤级		5	全国青年古典式摔跤锦标赛	7月22日至25日	江西鹰潭
徐紫英	女子摔跤55公斤级		5	全国青年女子自由式摔跤锦标赛	7月8日至11日	辽宁绥中
项天诚	男子跆拳道63公斤级		5	全国青年跆拳道锦标赛	8月18日至20日	四川成都
赵语竹	女子跆拳道63公斤级		5	全国青年跆拳道锦标赛	8月18日至20日	四川成都
余　航	男子链球	57.51米	5	(U20)全国青年田径锦标赛	6月3日至5日	内蒙古
汤　瑶	女子体操自由操	11.273分	5	全国青年体操锦标赛	6月13日至19日	陕西渭南

续表

姓名	项目	成绩	名次	比赛名称	比赛时间	比赛地点
汤 瑶	女子体操跳马	10.898 分	5	全国青年体操锦标赛	6 月 13 日至 19 日	陕西渭南
朱陈瑾	女子体操平衡木	12.443 分	5	全国青年体操锦标赛	6 月 13 日至 19 日	陕西渭南
李崎峰	男子攀岩速度	7″76	5	全国青年攀岩锦标赛	9 月 22 日至 24 日	河北高碑店
肖 健	女子攀岩难度	19 +	5	全国青年攀岩锦标赛	9 月 22 日至 24 日	河北高碑店
钟嘉未	女子跳远	5.96 米	6	(U20)全国青年田径锦标赛	6 月 3 日至 5 日	内蒙古
汤 瑶	女子体操个人全能	37.765 分	6	全国青年体操锦标赛	6 月 13 日至 19 日	陕西渭南
汤 瑶	女子体操高低杆	9.503 分	6	全国青年体操锦标赛	6 月 13 日至 19 日	陕西渭南
傅凯鑫	男子体操吊环	12.447 分	6	全国青年体操锦标赛	6 月 13 日至 19 日	陕西渭南
段煜荣	男子攀岩攀石	1T3 4B9	6	全国青年攀岩锦标赛	9 月 22 日至 24 日	河北高碑店
李崎峰	男子体操难度	24 +	6	全国青年攀岩锦标赛	9 月 22 日至 24 日	河北高碑店
杜 丹	女子举重 63 公斤级	挺举 108 公斤	7	全国青年举重锦标赛	3 月 11 日至 18 日	浙江海宁
胡永成	古典式摔跤 60 公斤级		7	全国青年古典式摔跤锦标赛	7 月 22 日至 25 日	江西鹰潭
吴文峰	男子自由 60 公斤级		7	全国青年男子自由式摔跤锦标赛	7 月 15 日至 18 日	山东博兴
庄锦雯	女子铅球	14.16 米	7	(U20)全国青年田径锦标赛	6 月 3 日至 5 日	内蒙古
邱海梅	女子攀岩难度	16 +	7	全国青年攀岩锦标赛	9 月 22 日至 24 日	河北高碑店
肖 健	女子攀岩攀石	4T10 5B10	7	全国青年攀岩锦标赛	9 月 22 日至 24 日	河北高碑店
辛伯洋	古典式摔跤 50 公斤级		8	全国青年古典式摔跤锦标赛	7 月 22 日至 25 日	江西鹰潭
王 磊	男子跳远	7.17 米	8	(U20)全国青年田径锦标赛	6 月 3 日至 5 日	内蒙古
闵安妮	女子铅球	13.96 米	8	(U20)全国青年田径锦标赛	6 月 3 日至 5 日	内蒙古
喻书怡 王凯汇	跳水混合 10 米跳台	249.51 分	8	全国青年跳水冠军赛	3 月 18 日至 24 日	陕西宝鸡
邱海梅	女子攀岩攀石	4T15 5B13	8	全国青年攀岩锦标赛	9 月 22 日至 24 日	河北高碑店

续表

姓名	项目	成绩	名次	比赛名称	比赛时间	比赛地点
谢程斌	男子攀岩难度	16 +	8	全国青年攀岩锦标赛	9月22日至24日	河北高碑店
游　毅	男子攀岩攀石	3T5 5B22	8	全国青年攀岩锦标赛	9月22日至24日	河北高碑店
孙旭柳	女子网球双打		8	ITF国际网球巡回赛	2月13日至19日	江苏南京
孙旭柳	女子网球双打		8	ITF国际网球巡回赛	2月20日至26日	江苏南京
孙旭柳	女子网球双打		8	ITF国际网球巡回赛	5月8日至14日	云南玉溪
孙旭柳	女子网球双打		8	ITF国际网球巡回赛	5月15日至21日	云南曲靖
孙旭柳	女子网球双打		8	ITF国际网球巡回赛	7月10日至16日	内蒙古奈曼
孙旭柳	女子网球双打		8	ITF国际网球巡回赛	9月11日至17日	贵州贵阳
孙旭柳	女子网球单打		8	ITF国际网球巡回赛	11月7日至12日	广东深圳
郑妩双	女子网球单打		8	ITF国际网球巡回赛	7月10日至16日	内蒙古奈曼
郑妩双	女子网球双打		8	ITF国际网球巡回赛	7月10日至16日	内蒙古奈曼
郑妩双	女子网球双打		8	ITF国际网球巡回赛	9月11日至17日	贵州贵阳
郑妩双	女子网球双打		8	ITF国际网球巡回赛	10月24日至28日	广西柳州
吴　昊	男子网球双打		8	ITF国际网球巡回赛	6月26日至7月2日	江苏昆山

（伍小玲）

体育产业

【出台《江西省体育产业“十三五”发展规划》】 2月4日，省体育局印发《江西省体育产业“十三五”发展规划》。该规划从体育产业总体规模、体育产业基本结构和体育产业市场基础三方面分析了全省体育产业发展面临的形势，确定了全省体育产业发展的指导思想、基本原则、总体目标、战略布局、主要任务和保障措施。《规划》决定全省体育产业发展分两步走。第一步从2016—2017年，主要进行组织部署，打造平台，形成格局。初步形成体育产业发展格局雏形。到年底全省体育产业总规模450亿元，增加值接近120亿元，占全省地区生产总值的比重0.52%左右。第二步从2018—2020年，主要是规范市场，壮大规模，形成品牌。到2020年体育产业总规模超过690亿元，体育产业增加值接近180亿元，占全省地区生产总值的比重接近0.58%，从业人员近19万人。重点培育1个国家级体育产业基地，建设若干省级体育产业基地；以体育产业等领域中知名企业和机构为单位，打造8～10个“一县一品”省级体育健身休闲示范单位，打造1～2个国内知名体育用品品牌；以昌九为核心形成富有特色的省级体育用品企业集聚区，打造4～5个具有国际影响的特色品牌赛事，形成以体育健身休闲、竞赛表演、场馆服务、体育制造和体育旅游等重点发展产业为主体，以山、河、湖为依托的体育休闲、户外运动等新兴培育产业为延伸的特色

9月17日，玉山国际台球文化产业项目在玉山县体育中心地址开工建设
省体育局供

鲜明、协调发展的体育产业体系。

在战略布局上，规划提出“一链二区三带”战略。“一链”即构建以环鄱阳湖国际自行车赛事为龙头，覆盖全省11个设区市的体育旅游产业链，“二区”为“昌九”体育竞赛产业区、赣东北体育用品产业区，“三带”即赣东北休闲度假体育旅游带、赣南红色和民俗体育旅游产业带和赣西北山水休闲体育旅游带。到2020年，全省初步建立政府主导、市场参与、社会协同的体育公共服务供给模式。初步建立布局合理、功能完善、门类齐全、运行规范并具有江西特色的体育产业体系。建设一批具有一定规模、充满活力的省级体育产业基地，培育一批体育骨干企业和企业集团，打造一批具有国际影响力和江西特色的体育产品品牌。提升体育服务业特别是体育旅游业的比重，统筹城乡区域体育产业协调发展。体育产业结构日趋合理，体育市场规范有序、繁荣发展，与相关产业融合程度明显提升。

【体育“一县一品”工作】　自2015年省体育局结合省情，提出以体育“一县一品”为抓手，降低准入门槛，吸引社会资本进入体育投资领域，推动全省体育产业和县域经济发展的构想后，到2017年，一批体育“一县一品”项目落地生根，对当地经济社会发展的贡献力持续增强。以健康运动休闲为主题，将旅游与体育融合发展的庐山西海全国体育旅游示范区平稳推进，各项基础设施陆续完善。9月17日，玉山县举办2017斯诺克世界公开赛，丁俊晖、塞尔比、希金斯等国内外著名球星参赛，玉山国际台球文化城建设启动。婺源全省全民健身示范县建设不断深入，婺源全年举办国际马拉松赛等各项活动达100多个，各类参与人数100万人次，创造综合经济效益10亿元。南康区乒乓球训练基地将竞技体育、群众体育、体育产业、体育经济、民生体育和体育教育紧密结合，形成“六位一体”发展模式，实现基地发展的良性循环。瑞昌市重点打造羽毛球项目，大力发展群众性羽毛球运动，加快建设国际羽毛球学院和羽毛球国训基地，7月15日，江西省首家羽毛球甲级俱乐部——瑞昌羽毛球甲级俱乐部正式成立。

【体育彩票销量增幅居全国前列】　2017年，全省体育彩票销售工作呈现良好增长态势。全年彩票销量增幅名列全国前列，共计销售47.04亿元，增加16.43亿元，增长49.79%；销量全国排名第十九位，增量全国排名第五位，增幅全国排名第二位；江西省市场份额达52.57%，继续保持领先优势；筹集公益金11.29亿元。其中，乐透型、竞猜型、即开型三大类游戏销量同比均实现增长。乐透型销售20.29亿元，增加7.36亿元，增长36.27%，增幅居全国第二位；竞猜型销售25.72亿元，增加16.82亿元，增长65.38%，增幅居全国第三位；即开型销售1.03亿元，增加0.07亿元，增长7.24%，增幅居全国第一位。

彩票销售市场基础得到夯实。全年11个设区市销量同比均实现正增长，且均高于全国11.45%的平均增幅；6个设区市增幅超全省平均水平。设区市城区合计销售16.62亿元，占总量的35.33%，81个县市区合计销售30.42亿元，占总量的64.67%，县域发展潜力凸现。通过对接“双创”战略，实施新增网点申请台账管理制度，制订渠道拓展、建设、维护方案，以及出台新增网点帮扶措施等，大力推进渠道开发门店增扩扶持建设，全省有效实体门店数量比2016年增加69个，增长1.81%。

主导产品运营质量得到提升。通过规范营销活动流程、优化活动考核指标、强化营销活动培训等举措，重点培育大乐透、“11选5”和竞彩游戏的市场，三大主导产品的新彩民群体和销量均实现较大幅度增长。大乐透全年累计销售7.24亿元，增加1.6亿元，增长28.39%，高于全国9.14%的平均增幅，增幅列全国第五位；“11选5”全年累计销售11.51亿元，增加3.55亿元，增长44.67%，高于全国6.53%的平均增幅，增幅列全国第三位；竞彩游戏全年累计销售23.63亿元，增加9.79亿元，增长70.73%，高于全国19.86%的平均增幅，增幅列全国第三位。

（王伟）

本栏编辑　张志勇

居民生活

婚姻

【概 况】 2017年,全省586个婚姻登记机关共办理婚姻登记46万余对,补发婚姻证件44万本,免除婚姻登记费用990余万元。

开展婚姻登记机关标准化建设。安排省级福彩公益金100万元,资助南昌市青山湖区、九江市濂溪区、庐山市、瑞昌市、都昌县、赣州市章贡区、宁都县、寻乌县、永新县、抚州市临川区等10个县(市、区)建设国家3A级以上标准婚姻登记机关。

开展婚姻登记工作规范化检查。省民政厅组织5个检查组和1个暗访组,采取"全面自查+重点检查""明查+暗访"的方式,检查县、乡婚姻收养登记机关61个,建立省级检查工作档案61份,推进27个共性问题解决。

升级改造全省婚姻登记信息系统。采取购买服务方式,由北京久其软件股份有限公司承接,在全国率先升级婚姻登记信息管理系统和婚姻登记网上预约系统,完善省部数据交换和全国审查功能,提升系统配置和容量。

补录婚姻登记历史档案数据。5月2日,省民政厅印发《关于做好婚姻和收养登记历史数据补录工作的通知》,部署开展婚姻登记历史档案数据补录。已有55个县(市、区)完成中华人民共和国成立以来档案数据补录,婚姻登记全库数据量达1040万条。与省法院、省司法厅、省人社厅、省公安厅、省发改委、省地税局等部门实现或达成意向信息共享。

批准设立赣州经济技术开发区社会事务管理局婚姻登记处。为理顺婚姻登记关系,方便赣州经济技术开发区居民就近办理婚姻登记,11月27日,经报请省政府同意,批准设立赣州经济技术开发区社会事务管理局婚姻登记处,办理辖区内居民婚姻登记。

开展第24个"国际家庭日"宣传。省民政厅办公室印发《关于开展2017年国际家庭日宣传活动的通知》。各地婚姻、收养登记机关在5月15日,开展政策咨询、婚前教育课堂、集体颁证仪式、婚姻家庭经营讲座等形式多样的活动,倡导低碳文明婚俗新风尚,树立婚姻家庭科学经营新理念。

【举办全省婚姻登记员培训班】 10月16日—20日,全省婚姻登记员培训班在南昌举办。培训班共分2期,全省各设区市民政局婚姻登记管理工作人员,县、乡两级婚姻登记机关初任婚姻登记员和超过2年未参加业务培训的婚姻登记人员参加培训,培训婚姻登记员共400人。培训班邀请全国知名婚姻登记专家、省卫生计生委业务负责人就婚姻登记实务、免费婚检政策进行专题授课;安排了婚姻登记工作规范解读、新婚姻系统实操和结婚颁证仪式演示、婚姻登记员考试等内容。通过培训考试,400名学员取得全省统一印制的婚姻登记员工作证和婚姻登记员培训考核合格证,有助于提升全省婚姻登记依法行政能力和服务水平。

(刘学平)

家庭

【概 况】 2017年,各级妇联组织以"家庭、家教、家风"建设为主线,以《江西省妇联关于深化家庭文明建设工作的意见》为工作指南,创新开展家庭文明建设。在全省开展"家书抵万金"现代家书家信征集活动,共征集到120多封家书。开展江西省家风家教示范基地申报,截至年底,各级妇联申报基地106个,评出家风家教示范基地22个。开展"喜迎十九大,我家这五年、小生活大变迁"图片征集展示活动。收集到各地图片故事150多篇,向公众展示50多篇,网上收到点赞和评论达3000人次。推进"清洁家庭"创建活动,下发《省妇联清洁家庭创建活动通知》,组建"清洁家庭"创建志愿者队伍,利用社区、村"妇女之家"宣传栏、展板等各类宣传载体及向居民、村民发放宣传资料、科普读物等方法,宣传提倡健康的生活方式。开展"梦想启航——中国好家庭好家风巡讲"活动。集中展示中国"最美家庭"的感人故事,发挥榜样的示范带动作用,引领更多家庭树立良好家风。深入推进家庭教育工作。省妇联成立江西省家庭教育讲师团,吸纳了20名长期在各地学校、社区、农村等基层为广大家庭提供教育指导服务、具有丰富家庭教育工作经验的社会工作者,成为落实和推动全省家庭教育指导服务的中坚力量。指导各地妇联制定适合当地家庭教育实际的五年规划,把家庭教育指导服务作为妇联家庭和儿童工作的重要内容进行统筹部署。加大家庭教育立法的步伐，形成《家庭教育促进条例》初稿，纳入2018年立法计划。继续加大“互联网+家庭教育”的工作力度，2017年，江西省网上家长学校共刊发稿件11764条，江西手机报《家庭》栏目刊发稿件21.1万条，建立省、市、县三级微信公众号33个，其中江西家教1个，市级网校5个，县区27个，发布亲子阅读、防范儿童溺水、家庭教育公益讲座等关爱农村留守儿童活动稿件800余篇，累计阅读量超600万人次。以“陪伴的力量”为主题，推出320多场家庭教育进农村宣讲活动，受益家长达万余人。继续开展“书香飘万家”家庭亲子阅读活动。在全省各地设立亲子阅读示范基地25个。对家庭教育优秀论文进行评选，收集家庭教育论文254篇，评出优秀论文100篇。评选表彰江西省“最美家庭”、第一届江西省“文明家庭”“书香家庭”。印发《关于“推动移风易俗 促进乡风文明”行动的实施方案》，面向全省广大农村妇女和家庭开展移风易俗“四个一”活动。举办家庭文明建设暨妇联系统校外教育骨干培训班，提升全省各级妇联组织干部理论业务及服务家风建设和儿童工作水平。

【30户家庭当选全国“最美家庭”】 5月24日，2017年全国“最美家庭”揭晓会在北京人民大会堂召开，江西省30户家庭被评为全国“最美家庭”。分别是：李红家庭、张文玲家庭、敖雪家庭、李玉明家庭、王少颖家庭、邬小清家庭、李加汉家庭、黄兰花家庭、李玲玲家庭、刘镜明家庭、陈茂贵家庭、何秋兰家庭、黄任民家庭、黄华英家庭、张迎福家庭、李家才家庭、邓小英家庭、周玉阳家庭、冯迪生家庭、龚德凌家庭、廖淑慧家庭、刘典福家庭、谢勤英家庭、凌端清家庭、吴家贻家庭、饶朝伟家庭、骆德磷家庭、王师家庭、朱刚家庭、詹鹏家庭。30户受表彰家庭，从孝老爱亲、教子有方、勤劳致富、敬业勤廉、热心公益等多个角度，展现崇德向善的精神风貌，反映全省家庭文明建设成果。

【出台《江西省妇联关于深化家庭文明建设工作的意见》】 8月，《江西省妇联关于深化家庭文明建设工作的意见》出台，围绕“一个指导思想，四大任务、四大举措、四点要求”展开。以“家庭、家教、家风”建设为主线，对创新开展家庭文明建设工作进行全面部署。该意见明确了家庭文明建设的“四大任务”，即弘扬优秀家庭文化，倡扬家庭美德；传承红色革命基因，使红色革命精神在家庭中薪火相传、生生不息；传播科学家教理念，引导家长当好孩子第一任老师，帮助孩子扣好人生的第一粒扣子；树立良好家风家貌，并以好家风支撑起社会的好风气。该意见围绕落实四大任务，提出“四个方面十三项举措”，基本涵盖全省家庭儿童部的重点工作，是全省各级妇联组织开展家庭文明建设，落实改革任务的工作指南。

【举办家庭文明建设暨妇联系统校外教育骨干培训班】 11月28日—29日，省妇联家庭文明建设暨妇联系统校外教育骨干培训班在南昌开班。全国妇联家庭和儿童工作部部长陈晓霞应邀授课，并做《家庭文明建设工作和儿童工作介绍》报告。省财政厅综合处副处长纪育生、行政处副处长陈宏对未成年人校外场所绩效管理办法，彩票公益金财政政策和“以奖代补”竞争性分配政策，省妇女儿童专项资金及民生项目的政策、使用情况、存在问题、解决方案等内容进行分析和讲解。江西理工大学教授秦秀清做了《以科学的家庭教育，促进家庭文明建设》的专题报告。各设区市妇联分管主席、家庭和儿童工作部部长，县（市、区）妇联主席、儿童活动中心主任等共130余人参加培训班。通过培训，有利于各级妇联组织干部了解用好政策，管好善用资金，进一步发挥在家庭和儿童工作中的服务作用，推进家庭文明建设及妇联儿童阵地建设。

【举行全国妇联“梦想起航——中国好家庭好家风巡讲”活动】 11月28日—29日，全国妇联“梦想起航——中国好家庭好家风巡讲”活动在万载县和南昌市举行，全国妇联家庭与儿童工作部部长陈晓霞，省妇联主席王庆，副主席黄海燕、肖晓兰、饶冬梅，副巡视员孙颖，党组成员李景芝等参加。该项活动旨在宣传“最美家庭”的感人故事，发挥榜样的示范带动作用，引领更多的家庭见贤思齐、崇德向善，以每个家庭的好家风滋养整个社会的好风气。巡讲活动现场展现10个“最美家庭”的故事。6个家庭派代表现场演讲，分别是：辽宁省顾伟家庭办报铸家风，读书传祖训；湖北省刘忠兰家庭一把扫帚传家风，五十一载献真情；山东省李瑞红家庭以小家带动大家，引领村民摒弃陋习树立新风；江西省李家才家庭“云端医者”守护村民健康47年；福建省庄桂淦家庭扎根山区43年，托起千名贫困儿童明天；江西省凌端清家庭一家三代义务守护无名烈士墓。省直单位360余人现场聆听这些故事。全省妇联干部和广大群众观看了巡讲直播。

（凌云）

居民收入

【概　况】 2017年，全省城镇居民人均可支配收入31198元，比2016年增加2525元，增长8.8%，增幅比全国平均水平高0.5个百分点，扣除价格因素实际增长6.7%，增幅居全国第4位、中部六省第1位。城镇居民收入首次突破3万元大关。城镇居民收入与全国平均水平的差距进一步缩小。城镇居民人均收入由2016年相当于全国平均水平的85.3%提高为85.7%，缩小0.4个百分点。城镇居民增收渠道拓宽，收入来源多元化。

农村居民人均可支配收入13242元，比2016年增加1104元，增长9.1%，扣除价格因素实际增长7.1%。全省农村居民人均可支配收入增幅居全国第8位、比2016年上升2位，中部六省第1位，连续3年保持中部六省增幅第一。从收入结构情况看，2017年全省农村居民四项收入呈现全面增长的态势，其中工资性收入和转移净收入是拉动可支配收入增长的主动力，对收入增长的贡献率为分别59.3%和23.8%。全省继续保持农民转移就业政策扶持力度，加强岗位资源和劳动力资源对接，农村居民人均工资性收入明显提高，增长13.2%，高于城镇居民4.1个百分点。

城乡居民收入差距持续缩小。全省强农、惠农、富农政策，取得较大成效，改革发展成果惠及更多农村居民，特别是推进“精准扶贫”，有效促进农民增收。2017 年农村居民人均可支配收入增幅高于城镇居民 0.3 个百分点，自 2010 年以来全省农村居民增收已连续八年跑赢城镇居民增收。城乡居民收入差距再度缩小，2017 年，全省城乡居民收入比 2.36，低于 2010 年的 2.62∶1、2015 年的 2.38∶1。

农村居民收入与全国平均水平的差距进一步缩小。农村居民人均收入由 2016 年相当于全国平均水平的 98.2%提高为 98.6%，缩小 0.4 个百分点，绝对差距由 2016 年的 226 元缩小为 190 元。2017 年，全省居民人均可支配收入水平居全国第 15 位，其中农村居民人均可支配收入水平居全国第 11 位。

【城乡居民收入四大因素】 就业和外出务工稳定，机关事业单位工资明显增长。全省经济继续保持稳中有进的良好态势，多项指标增长在全国位居前列。就业形势稳中向好，城镇新增就业人数再创新高；外出务工形势较好，外出务工人员数量保持稳定略增态势，劳务用工价格持续提高。同时，最低工资标准逐年提高，企业工资指导线上调 8%，带动全社会工资水平上升；全省正常工资增长机制进一步完善并发挥效用，各地陆续提高工资和津补贴发放标准，机关事业单位人员收入较快增长。

经营净收入平稳增长，居民非农经营不断拓展。全省农业生产形势总体良好，粮食价格持平略涨，稻谷价格指数为 101.83，农民出售粮食收益比较稳定。棉花、水果、渔业等产品价格保持上涨势头，生猪虽然价格有所回落，但仍能实现盈利，促进农民增收；各地大力推进大众创业，拓宽创业渠道和领域，二三产业经营环境继续改善，居民经营收入稳步提升，全省居民人均二三产业经营净收入增长 12.4%。

租赁收入和产业分红增加，拉动财产净收入稳定增长。房屋租赁市场形势较好，租赁收入稳步增长，居民人均出租机械、专利版权收入增长 45.8%；产业扶贫力度加大，农民人均获得的各类红利收入增长 9.6%；农村土地流转不断加快，农村居民转让承包土地经营权租金净收入增长 37.8%。

精准扶贫和民生投入力度不断加大，居民转移净收入加快增长。全省脱贫攻坚持续推进，产业、就业、健康等扶贫重点工程多管齐下，政府转移支付力度不断加大，贫困户增收脱贫效应持续显现；社会保障工程建设进一步推进，全省低保、医疗、养老标准逐年提升，机关事业、企业退休人员基本养老金持续上调。全省居民人均从政府得到的实物产品和服务收入增长 64.3%，人均离退休、养老金收入增长 14.8%。农村居民人均社会救济和补助收入增长 29.9%，人均获得的直接到户扶贫款增长 13.1%。

（王敏　廖云洲）

·资　料·

2017 年江西城镇居民人均可支配收入构成及贡献率

指标	收入（元）	构成（%）	增幅（%）	增收贡献率（%）
可支配收入	31198	100.0	8.8	100.0
#工资性收入	19795	63.4	9.1	65.7
#经营净收入	2606	8.4	9.3	8.7
#财产净收入	2630	8.4	0.4	0.4
#转移净收入	6167	19.8	11.5	25.1

2017 年江西农村居民人均可支配收入构成及贡献率

指标	收入（元）	构成（%）	增幅（%）	增收贡献率（%）
可支配收入	13242	100.0	9.1	100.0
#工资性收入	5609	42.4	13.2	59.3
#经营净收入	4869	36.8	3.8	16.0
#财产净收入	214	1.6	4.8	0.9
#转移净收入	2550	19.3	11.5	23.8

居民消费

【概　况】　2017年，全省居民人均消费支出14459元，比上年增加1200元，增长9.1%，扣除价格因素，实际增长7.0%，全省居民生活八大项消费支出呈现全面增长态势，其中增幅前三位的分别是居住、医疗保健、教育文化娱乐，分别增长15.0%、14.8%、12.8%。

全省城镇居民人均消费结构优化。全省城镇居民人均消费支出19244元，比上年增加1549元，增长8.8%，扣除价格因素，实际增长6.7%。全省城镇居民人均消费水平稳步提升，结构趋于优化，八大项支出分别是人均食品烟酒消费支出5994元，增长5.8%；人均衣着支出1531元，增长4.0%；人均居住支出4589元，增长17.2%；人均生活用品及服务支出1196元，增长16.3%；人均交通通信支出2157元，下降6.6%；人均教育文化娱乐支出2235元，增长13.8%；人均医疗保健支出1044元，增长17.7%；人均其他用品和服务支出498元，增长10.7%。八大项消费支出呈现“七增一降”态势，增幅前三位的是医疗保健、居住、生活用品及服务，分别增长17.7%、17.2%、16.3%。网络购物消费升温，网购人群不断增加，城镇居民人均通过互联网购买的商品和服务支出增长28.1%。

全省农村居民人均消费全面增长。2017年，全省农村居民人均消费支出9870元，比上年增加742元，增长8.1%，扣除价格因素，实际增长6.1%。农村居民人均消费支出八大项呈全面增长态势，其中人均食品烟酒消费支出3314元，增长2.9%；人均衣着支出502元，增长10.7%；人均居住支出2558元，增长10.3%；人均生活用品及服务支出537元，增长3.4%；人均交通通信支出1067元，增长19.4%；人均教育文化娱乐支出1004元，增长8.9%；人均医疗保健支出718元，增长10.5%；人均其他用品和服务支出169元，增长14.3%。增幅前三位的是交通通信、其他用品及服务、衣着，分别增长19.4%、14.3%、10.7%。

【食品烟酒类消费转型】　2017年，全省居民食品烟酒饮食类消费逐渐由“温饱型消费”向“品质型消费”转变。全省城镇居民恩格尔系数为31.1%，比上年降低1.1个百分点。人均食品烟酒支出5994元，增长5.8%。其中，城镇居民人均肉类、奶类及水产品支出分别增长4.7%、11.8%和12.3%；饮食服务支出增长12.7%。全省农村居民恩格尔系数为34%，比上年降低1个百分点。13类食品支出中，增速排名前4位的分别为薯类消费增长17.2%、水产品消费增长10.6%、糖果糕点类消费增长9.2%、干鲜瓜果类消费增长6.4%，而谷物消费增长较小，增幅仅为2.4%。

【汽车消费成为居民大件消费】　2017年，每百户城镇居民汽车拥有量29.2台；城镇居民人均交通工具用燃料支出414元，增长33.8%；交通工具使用及维修支出286元，增长16.2%。全省农村居民汽车消费增长加速。全省农村居民人均交通类支出712元，增长26.7%。其中，人均购买汽车支出266元，增长51%。家用汽车加速进入农家，江西每百户农村居民汽车拥有量16.5台，逐年攀高。

【消费理念发生转变】　全省居民发展型、享受型消费持续上升，居民更加注重生活品质。2017年，城镇居民人均教育文化娱乐消费2235元，增长13.8%，占消费支出比重11.6%，比上年增加0.5个百分点。其中，文化娱乐支出为946元，增长6.6%。全省农村居民用于教育文化娱乐、医疗保健等发展型消费支出增长相对较快，分别增长8.9%、10.5%。农村居民用于提升生活质量的享受型服务消费支出增长强劲，人均饮食服务支出增长13.0%，团体旅游支出增长10.1%，景点门票支出增长15.1%，体育健身活动支出增长245.1%。

【消费增强三大因素】　宏观经济趋稳，整体物价温和平稳。2017年，全省经济运行呈现“稳中有进、稳中提质、稳中向好”的发展态势，经济总量迈上新的台阶，经济运行“增势趋稳、供需趋衡、质效趋优、环境趋好”。全省居民消费价格总水平（CPI）累计上涨2.0%，与上年涨幅持平。其中，城市上涨2.0%，农村上涨1.9%，物价水平保持总体温和的态势。全省“稳中向好”的宏观经济走势及温和平稳的整体物价促进居民消费水平和能力的提升。

居民收入持续稳定增长增强居民消费能力。全省城镇居民人均可支配收入及农村居民人均可支配收入增长强劲。居民收入的持续稳定增长逐渐传导到消费，居民的消费信心和消费能力增强。

社会保障力度增强为消费解决后顾之忧。江西加大力度实施社保体系建设，统筹城乡、覆盖全民的社会保险制度体系基本形成，五大类八项社会保险制度全面建立，人人享有社会保障的目标基本实现，社会保障力度的增强为居民消费解决后顾之忧。

（王敏　廖云洲）

本栏编辑　张志勇

社 会 保 障

综 述

社会保险扩面征缴稳中有进。推进社会保险扩面征缴，进一步扩大社会保险覆盖范围。截至2017年年底，全省职工基本养老、基本医疗、失业、工伤和生育保险参保人数分别为1005.2万人、4762.4万人、286.3万人、517.1万人、279.3万人，分别完成年计划的110.88%、114.96%、102.23%、103.27%、107.59%；城乡居民基本养老保险参保人数达1870万人。5项社会保险（含机关事业单位养老保险和城乡居民医疗保险）基金征缴总收入1147.55亿元，增长59.77%。全面推进“助保贷款”，全省累计办理助保贷款业务7552人次，发放贷款2.19亿元。全面实施“同舟计划”，全省建筑业在建项目、新开工项目工伤保险参保率达100%。强化社会保险欠费清理收回，清理企业养老保险欠费14亿元。加强改制企业欠费挂账资金清偿，累计偿还挂账资金63亿元。

城乡居民养老保险扩面征缴和待遇发放进展顺利。截至年底，全省城乡居民养老保险参保人数1870.0万人。其中，新农保参保人数为1803.1万人、城居保参保人数为66.9万人，参保率98%，增长1.41%。全省城乡居民缴费人数1230.3万人，城乡居民养老保险基金总收入85.20亿元，基金收支结余35.33亿元。全年共为490.3万待遇领取对象发放养老金49.19亿元。

城乡居民医疗保险财政补助和筹资标准提高。2017年，城镇居民基本医疗保险财政补助标准提高30元，达到每人每年450元，居民个人缴费标准在2016年的基础上提高30元，达到人均180元。

（袁伟华）

保障体制

【概　况】　截至年底，全省机关事业单位养老保险参保人数139.26万人，，完成计划任务的110.83%。全省机关事业单位养老保险参保人员基金收缴、待遇支付、调待支付实现3个100%，改革实施工作走在全国前列。年内，健全机关事业单位养老保险制度政策体系，完善职业年金个人账户记账利率等配套政策。完善企业职工养老保险省级统筹政策，出台职工基本养老保险省级调剂金管理办法；完善企业职工基本养老保险转移接续政策、国有农垦企业职工参保办法，实现全省企业职工养老保险制度的统一和全覆盖。全面实施城乡统一的居民基本医疗保险制度，机构、职能整合移交全部完成，原城镇居民和原新农合数据整合进展顺利，农村居民实际报销比例提高近10个百分点，用药范围扩大1倍。出台进一步深化基本医疗保险支付方式改革实施意见，全面推行总额控制前提下的多元复合式医保支付方式。全面实施“全民参保登记”计划，出台《整合城乡居民基本医疗保险制度推进全民参保登记工作实施方案》，共有5093万人参保记录入库、入户调查完成率99.81%。推进异地就医即时结算，出台异地就医直接结算经办规程等配套文件。全省11个设区市及省本级、286家医疗机构已接入国家异地就医平台。做好长期护

11月5日，省人社厅举办以“社会保险人人享有 参保登记全民参与”为主题的全民参保宣传日活动

省人社厅供

理保险制度首批试点，确定首批4家定点护理服务机构。全面实现铁路、电力、铜业、煤炭四大行业医疗、工伤和生育保险属地化管理。

【机关事业单位养老保险制度改革】 进一步完善配套机关事业单位养老保险政策，建立完善基本养老保险个人账户记账利率办法，公布基本养老保险和职业年金养老保险相关利率；建立和实施了机关事业单位基本养老保险关系和职业年金转移接续制度，确保养老保险关系转移顺畅。截至年底，全省机关事业单位参保人数139.26万人，其中在职人员94.66万人，退休人员44.6万人。江西省机关事业单位养老保险制度改革工作全国排名靠前，得到人社部的充分肯定和表扬。

【健全完善企业职工养老保险制度】 12月22日，经省政府同意，省人社厅、省财政厅、省农垦办、省外侨办、省林业厅联合印发《关于完善国有农垦企业及其职工参加基本养老保险有关问题的通知》，明确国有农垦企业参保政策向企业职工基本养老保险制度“并轨”，实现全省企业职工基本养老保险制度的统一和全覆盖。6月26日，省人社厅、省财政厅印发《关于转发〈人力资源社会保障部 财政部关于印发统一和规范职工养老保险个人账户记账利率办法的通知〉》，进一步完善规范企业职工基本养老保险个人账户记账利率办法。

【城乡居民医疗保险整合到位】 从1月1日开始，全面实施城乡统一的居民基本医疗保险制度，全省在全面实现城乡居民医疗保险覆盖范围、筹资政策、保障待遇、医保目录、定点管理、基金管理、统筹层次、大病保障机制等“八个统一”的基础上，实现统一行政管理和统一经办服务，农村居民实际报销比例提高近10个百分点，用药范围扩大1倍，各项待遇明显提升，新老制度体系实现平稳过渡。

【落实医疗保险精准扶贫政策】 2017年，全省各级财政共资助288.86万名建档立卡贫困人员参加城乡居民基本医疗保险，有贫困人口的96个县（市、区）全部实施了建档立卡贫困户参加城乡居民基本养老保险政府代缴工作，156.09万名符合参保条件的建档立卡贫困户全部参保，参保率100%；其中财政代缴135.23万人，代缴率86.64%；全年财政代缴1.38亿元，累计代缴4.5亿元。基本医疗保险为建档立卡贫困人口报销医药费用216.83万人次，共31.15亿元；大病保险共为建档立卡贫困人口报销医药费用16.07万人次、3.20亿元。取消特困供养人员、最低生活保障对象及其他建档立卡农村贫困人口在一级、二级定点医疗机构住院的起付线。提高建档立卡农村贫困人口门诊特殊慢性病报销比例，将大病保险补偿比例起付线下降50%，补偿比例提高5%。全面实施10类重大疾病免费救治和15种重大疾病定额救治。

【进一步推进基本医疗保险支付方式改革】 10月，省政府办公厅印发《关于进一步深化基本医疗保险支付方式改革的实施意见》，明确当前一个时期全面推行总额控制前提下的以按病种付费为主的多元复合式医保支付方式。

【启动上饶市长期护理保险试点工作】 2017年，江西省启动上饶市长期护理保险试点工作。上饶市人社局先后印发《上饶市长期护理保险基金支付管理办法（试行）》《上饶市长期护理保险制度试点经办规程（试行）》，基本建立长期护理保险制度体系，全市参保人数达到47.5万人，共发放289人次、长期护理待遇145.9万元。

【组织实施全民参保登记计划】 2017年，全省全面实施全民参保登记计划，对各类人员参加社会保险情况进行登记补充完善，建立全面完整准确的社会保险参保基础数据库。全省共投入经费4116万元，累计培训3.4万人次，完成入户调查1509万人，完成参保人员入库数5093万人，完成人社部要求普查人口的106.12%。全民参保登记工作位居全国前列，得到人社部的肯定和推广。

（袁伟华）

权益保障

【概　况】 2017年，全省劳动人事争议调解仲裁机构依法受理劳动人事争议案件18322件，依法调处案件17841件，仲裁结案率96.5%，调解成功率为72%，终局裁决率39.7%，涉案金额达4.6亿元，未引起大面积群体性事件，有效地化解了社会矛盾和纠纷。推进工业园区调解组织和乡镇街道调解平台建设，探索在工业园区建立仲裁委员会、设立派出庭。全省组建乡镇（街道）劳动争议调解组织1541个、组建率100%，南昌市仲裁院在南昌人力资源服务产业园设立派出庭并投入运作；南昌市青山湖区塘山镇等3个劳动争议调解中心被确定全国乡镇（街道）劳动争议调解综合示范工作点。

落实《关于进一步做好为农民工服务工作的实施意见》和《关于全面治理拖欠农民工工资问题的实施意见》，有序推进农民工市民化。推进农民工工资实名制监管信息化，动态监测农民工工资支付全过程。全年全省11个设区市本级、105个县（区）及开发区共1715个新开工建设项目纳入农民工工资实名制监管信息系统，通过专用账户，纳入监管的建设项目未出现一起欠薪闹薪事件。组织开展农民工工资支付、清理整顿人力资源市场秩序专项检查和劳动保障年度书面审查工作。

进一步加强农民工服务调查研究，组织开展农民工返乡创业专题调研，联合江西调查总队发布《2016年江西农村劳动力转移就业和农民工监测报告》，开展第十一次全省农民工工作自查。推进家庭服务业服务质量规范标准体系建设，制定并颁布《养老护理服务质量规范》和《医院陪护服务质量规范》。加强家政服务劳务对接，与上海市、福建省和江苏省签订劳务合作协议，确定鄱阳县、宁都县与南京市，遂川县与上海市，兴国县与福州市劳务对接，促进江西省贫困劳动力转移就业。落实《省人社系统精准扶贫行动计划》，制定脱贫攻坚问题整改方案和整改工作清单，印发人社系统脱贫攻坚百日行动方案，建立省人社系统扶贫工作台账，迎接国家脱贫攻坚督察。

【日常监督执法检查】 组织开展清理整顿人力资源市场秩序、打击强迫劳动使用童工等违法行为、用人单位遵守劳动用工和社会保险法律法规情况和农民工工资支付情况等4项专项检查，全年全省各级劳动监察机构共检查用人单位3.16万户，涉及劳动者96.69万人，依法责令用人单位支付7.82万名劳动者工资等待遇6.28亿元，补签劳动合同4.73万人，督促缴纳社会保险费2268.07万元，责令退赔求职者中介服务费、押金或其他费用118.49万元，全年接受群众举报投诉案件8033件，结案率98%以上。

【健全完善治欠保支制度机制】 10月，省解决企业拖欠工资问题联席会议办公室印发《江西省治欠保支三年行动计划(2017—2020)》，在全面推行农民工实名制信息化监管、完善工资支付监控机制、改革工资支付方式、推进企业工资支付诚信体系建设等方面实现了创新；以省政府办公厅名义印发《保障农民工工资支付工作考核办法》，进一步明确“属地管理、分级负责、谁主管谁负责”原则，将治理拖欠农民工工资工作纳入属地政府考核体系，压实各级政府主体责任。

【推行农民工工资实名制】 在工程建设领域全面推行农民工工资实名制，进一步完善银行代发工资制度，落实工资保证金制度和应急周转金制度。全省11个设区市本级、105个县(市、区)及开发区共1980个新开工建设项目纳入农民工工资实名制监管信息系统，为5.45万名劳动者代发工资1.69亿元，纳入监管的建设项目未出现一起讨薪、闹薪事件。

【推行“两金三制”】 在建设领域和其他易发欠薪行业推行工资保证金制度，普遍推行欠薪应急周转金制度，全面落实工程总承包企业农民工工资支付全面负责制度、劳动保障监察执法与刑事司法联动治理恶意欠薪制度、解决欠薪问题地方政府负总责制度。全省各地已全部建立农民工工资保证金制度，农民工工资保证金结余53.11亿元，各级政府共安排应急周转金1.47亿元。上饶、赣州、新余等设区市根据建设单位和承建单位信用状况实行了农民工工资保证金差异化缴存制度。

【健全劳动保障激励惩戒机制】 制定出台《江西省企业劳动保障守法诚信等级评价实施办法》，联合发改委、市场监管、住房城乡建设、人民银行等部门，建立拖欠工资“黑名单”企业信息交换平台。在省级新闻媒体公布拖欠农民工工资典型案例，对违规用人单位在招投标、融资贷款、市场准入、评优评先等方面依法依规予以限制。全年全省共评选出34家诚信示范单位和640家A级诚信单位；依法向社会公布6件重大劳动保障违法案件，其中浙江丰城建筑劳务股份有限公司拖欠劳动报酬案被人社部作为十大典型案件公布，被新华网、新浪网、搜狐网新闻等媒体转载。

【完善劳动保障监察行政执法与刑事司法衔接机制】 加强与公安、检察院、法院等部门工作联系，畅通信息沟通渠道，推动涉嫌犯罪案件及时进入司法程序，坚决打击拒不支付劳动报酬违法行为。全年全省人社部门共向公安机关移送涉嫌欠薪犯罪案件87件，公安机关立案69件，法院一审审结12件。

(袁伟华)

社会保险

【概　况】 2017年，全面推行“五证合一”登记制度，取消社会保险登记证定期验证和换证制度。推动“互联网+社保”“多险合一”系统在省本级和新余、鹰潭、萍乡、景德镇、九江、宜春等6个设区市上线运行，城乡居民医疗保险信息系统在10个设区市上线运行，医保监控系统在省本级和全省11个设区市上线运行，机关事业单位养老保险、全民参保登记等信息系统加快推进，职业年金信息系统、手机APP建设全面启动。大力简化优化办事流程，精简省本级社保事项“一次不跑”6项、“只跑一次”43项，取消无法律依据的证明和盖章。开展窗口单位作风建设，实行经办人员星级服务评定，建立大厅巡查制度、领导接待日等制度，在全国社保经办机构作风建设座谈会上作经验交流和成果展播。做好统计精算等基础工作，连续17年获得全国社会保险统计一等奖。全省累计制发社保卡3150万张，开通应用项目102项，联通与银行、医院、药店及社区平台的接口，99%的县通过社保卡发放社保待遇，98%的县实现持卡缴费。

【调整退休人员基本养老金】 7月10日，省人社厅、省财政厅出台《关于江西省2017年调整退休人员基本养老金的通知》，决定从2017年1月1日起，增加2016年12月31日前已退休人员基本养老金，实现企业退休人员养老金“十三连调”，保障改善了企业和机关事业单位退休人员生活，惠及全省295万企业和机关事业单位退休人员。企业退休人员月人均基本养老金增加132元，机关事业单位退休人员月人均基本养老金增加181元。退休人员养老金调待工作走在全国前列，得到人社部和省委、省政府的充分肯定和表扬。

【实现跨省和省内异地就医直接结算】 6月，江西省医疗保险所有统筹地区全部接入国家异地就医平台，意味着江西省参保人员只要提前履行备案手续，在外省开通异地就医的医疗机构就医时，可以持社会保障卡直接结算，不用再垫资报销、来回奔波。江西省全面完成备案人员信息上传、医疗机构接入、备案人群全覆盖、预付金收缴拨付、就医地监管责任落实和异地就医标准化等工作，在全国率先组织人员赴外省实测、简化异地就医备案流程和急诊远程备案，得到人社部的充分肯定。截至年底，全省共接入定点医疗机构386家，上传异地就医备案7.73万人。作为就医地，异地就医直接结算145人次，医疗费用总额243万元；作为参保地，异地就医直接结算6021人次，医疗费用总额1.59亿元。

【社保信息系统建设】 “多险合一”信息系统在新余、鹰潭、萍乡、景德镇、九江、宜春等6个设区市和省本级上线运行；完成了跨省异地就医结算系统建设，全省11个设区市和省本级全部接入部平台；整合城乡居民基本医疗保险系统，全省除景德镇市外，其他10设区市上线运行。全年新增发放社会保障卡310万张，累计生产发行3150万张，社保卡应用项目开通102项，开通率达到100%，实现了社会保障卡在公共文化、民政、卫生、扶贫等领域跨部门应用。全年全省"12333"电话咨询总量754万人次，增长45%。

【被征地农民社会保障】 6月30日，省人社厅印发《关于进一步规范被征地农民参加企业职工基本养老保险办法的通知》，全省11个设区市均出台相应配套办法，采用政府担保贷款方法筹集被征地农民社会保障资金。截至年底，全省共有被征地农民227.78万人，纳入社保体系予以保障的182.16万人，参保率79.97%。其中：参加城镇职工基本养老保险148.48万人，占参保人数的81.51%；参加城乡居民基本养老保险26.24万人，占参保人数的14.40%；纳入基本生活保障的有7.45万人，占参保人数的4.09%。全省筹集被征地农民养老保险补贴资金329.01亿元，支付被征地农民养老保险补贴资金134.59亿元。

【加强城乡居民养老保险金融便民服务】 全面推行城乡居民养老保险费金融机构代扣代缴和金融便民服务点工作。截至年底，全省109个县（市、区）及开发区启动代扣代缴工作，代扣代缴人数1150.15万人，代扣代缴试点乡镇（街道）覆盖率99%，试点地区养老保险费代扣代缴率88%，累计代扣代缴金额14.74亿元。重点推行城乡居民养老保险金融便民服务点建设，为农村居民在村里便民店、小超市、卫生所等地办理持卡缴费、待遇领取、变更缴费档次、信息查询等城乡居民养老保险业务提供方便。全省已有96个县（市、区）、16629个行政村启动金融便民服务点试点，共布置POS机16909台。

【中央和省属行业单位社会保险全部纳入地方经办】 2017年，江西省铁路、电力、铜业、煤炭四大行业医疗、工伤和生育保险全部实现属地化管理。至此，江西省中央、省属行业企业社会保险全部纳入地方经办管理。其中，南昌铁路局和国家电网江西省电力公司等3家电力企业16.2万人医疗、工伤、生育保险全部移交省本级经办管理；江西铜业集团和省能源集团11.8万人医疗、工伤和生育保险全部移交所在驻地经办管理。

【优化社保经办服务】 推进"放管服"改革，不断优化社保业务流程，简化经办手续。省本级明确"不要跑"事项6项，"只跑一次"43项。持续加强窗口作风建设，推行综合柜员制，实现参保单位多险种统一申报、一单征收，部分地区开通网上经办、微信缴费和银行代缴代扣等业务，在全国社保经办机构作风建设座谈会上作了经验交流和成果展播。

（袁伟华）

保险基金管理

【概　况】 2017年，省人社厅出台《企业职工基本养老保险省级调剂金管理暂行办法》《企业职工基本养老保险财政补助资金管理暂行办法》《社会保险基金征缴激励专项资金管理暂行办法》等文件，开展各项社保基金专项整治，组织社保基金审计整改。开展城乡居民养老保险经办机构内部控制专项检查和养老保险重复领取、死亡冒领、违规提前退休和一次性补缴等专项核查，共核查确认重复领取1.4万人，死亡冒领3.79万人，追回基金1469.46万元。大力开展稽核工作，追回冒领养老保险费560万元、少缴养老保险费383万元、医疗保险待遇支付违规金额488万元、少缴医疗保险费107万元。全面推进医保智能监控系统建设，省本级和11个设区市全部上线医保智能监控系统。联合省卫计委等11个部门在全省开展医疗保险基金审计发现问题专项整治行动，专项整治成果得到了省领导的批示肯定。

【《江西省查处挪用社保基金行为办法》出台】 为维护社保基金安全完整，防范和查处挪用、骗取社会保险基金行为，12月，省人社厅联合省检察院、省发改委、省财政厅、省审计厅、省卫生计生委、省食品药品监管局、省公安厅等单位联合印发《江西省查处挪用骗取社会保险基金行为办法》。办法界定了挪用、骗取社会保险基金的行为，明确了查处管辖权限、查处方式和相关责任。

【组织医疗保险基金审计发现问题专项整治】 3—9月，省人社厅联合省卫计委、省监察厅、省财政厅、省食品药品监管局、省审计厅、省发改委、省国税局、省地税局、省公安厅、省检察院等11个部门，在全省范围内开展为期半年的医疗保险基金审计发现问题专项整治行动，共取消违规两定机构定点资格25家，取消违规医药服务机构营业资格13家，取消违规医务人员执业资格6人。对违规两定机构罚款2462.49万元，查补税款2098.65万元，专项整治成果得到省领导的批示肯定。

【开展养老保险重点指标专项核查】 6—12月，省人社厅在全省组织开展城镇企业职工和城乡居民基本养老保险重点指标专项核查，重点核查2016年重复领取、死亡冒领、提前退休以及2014—2016年度一次性补缴等重点指标。专项核查由全省基金监督、养老、工伤、失业保险和社保经办机构2880人参与，共追回基金2823.52万元。

【企业年金合同备案管理】 开通江西人社阳光政务网上办事大厅企业年金合同网上行政审批，及时受理新增和变更备案申请，认真审核并予以备案。全年新增南昌轨道交通集团、江西南昌公共交通运输集团有限责任公司企业年金合同备案等4家，新增职工人数1.06万人，新增企业年金基金规模5230万元；变更5家单位年金计划。

（袁伟华）

本栏编辑　邓玉兰

社会救济

社会救助

【概　况】 2017年，争取中央财政困难群众基本生活救助资金增加8962万元；争取中央财政医疗救助资金增加1796万元，比2016年增加1.07亿元。全省城乡低保月保障标准分别为532元和312元，增长10.83%和15.55%；城乡低保月人均补差水平分别为373元和232元，增长16.56%和18.97%；农村特困人员集中分散供养月标准分别为425元和324元，增长18.05%和11.72%。

【完善最低生活保障制度】 全面完成村、乡镇、县三级低保申报制试点，推广“政府制定标准、群众自行申报、县乡审核审批”的低保工作新机制。4月28日，下发《关于进一步加强和改进低保操作管理的通知》，落实“七不保”“四从严”“五步骤”规定。稳步提高低保常补对象比例，达到18.1%；提高整户保障比例及户均保障人口数，达到2.09人。

【特困人员救助供养】 摸清城乡特困供养人员底数，理顺“三无”人员管理体制。开展农村五保供养机构安全隐患摸底排查。推进敬老院抓点示范工作。全面实施特困人员失能护理服务试点，为1000余名失能老人进行护理服务。补助124个农村敬老院升级改造。

【健全医疗救助制度】 进一步规范医疗救助对象认定、制度衔接等关键环节，推动医疗救助资金分配方式改革创新。全面拓宽医疗救助覆盖人群，督促各地从严落实各项救助标准，确保困难群众基本医疗卫生权益得到更好保障。2017年，全省累计医疗救助201.17万人次，增长11.7%。主动引入社会力量参与医疗救助，与中国社会福利基金会、北京天使妈妈基金会合作，累计救助困难群众重大疾病案例110例，到位慈善帮扶资金近550万元。

【规范临时救助制度】 出台《江西省临时救助操作规程》，完善乡镇临时救助备用金制度，强化突发型、急难型临时救助的时效性。全年全省累计临时救助本地户籍对象14.8万人次、非本地户籍对象1145人次，分别增长12%和19%。

【改进社会救助工作机制】 报请省政府办公厅印发《关于进一步加强困难群众基本生活保障有关工作的通知》，加强县级困难群众基本生活保障协调小组机制建设。社会救助信息化建设加快推进，数据录入基本完成；居民家庭财产收入核对系统全面运用，乡镇“一门受理、协同办理”机制、社会救助窗口作用全面提升。推广社会救助“一条龙服务”“一次性跑腿办结”等工作机制。实施村（居）委会社会救助协理员制度，加大主动发现困难群众力度，确保救助及时高效。

【提升基层社会救助服务能力】 召开全省社会救助工作会议；举办全省社会救助业务培训班、失能护理培训班；组织低保操作管理和低保与扶贫衔接政策落实督导检查；开展2017年社会救助绩效考核工作；制定《关于积极推行政府购买服务 加强基层社会救助经办服务能力的实施意见》，启动政府购买社会救助服务的前期工作。

【农村低保兜底保障】 2017年，全省农村低保月305元、年3660元的标准高于同期全国扶贫标准16.48%（按2017年年初公布的全国扶贫标准3140元/年计算）。年内，各地民政部门会同扶贫部门开展2次农村低保对象与建档立卡贫困人口台账信息比对，结合比对情况，深入推进应保尽保、应扶尽扶，全省两类对象重叠率67.85%。各地加强农村低保对象与扶贫建档立卡贫困人口在申请、审核、审批、退出等方面的对接，两类对象信息更加畅通、管理更加协同。各地对农村低保对象中符合特困救助供养条件的，予以应转尽转；落实对建档立卡贫困人口医疗救助倾斜政策；推进“一站式”同步结算，加快农村贫困群众先诊疗后付费改革；临时救助对建档立卡贫困人口中低保对象、五保对象标准上浮5个百分点。

【建立乡镇临时救助备用金制度】 2017年，江西省率先在全国建立乡镇临时救助备用金制度。群众申请突发型、急难型且资金数额较小的临时生活困难救助，可直接在乡镇受理审批，再报县级民政部门备案。

制度出台前，群众申请临时生活困难救助，先向所在乡镇人民政府（街道办事处）提出，经乡镇街道审核后，由县民政局审批交财政，但周期通常较长。为改变这种情况，江西出台《江西省临时救助操作规程》，要求建立临时救助备用金制度，并于2017年全面实施。建立乡镇临时救助备用金制度,对于突发型、急难型救助且资金数额较小的,可直接在乡镇受理审批,报县级民政部门备案。同时,操作规程对"急难型困难家庭"作出定义:遇火灾、爆炸、雷击、交通事故、溺水、人身伤害或其他意外事件,导致基本生活暂时出现严重困难的。全年全省累计临时救助本地户籍对象14.8万人次、非本地户籍对象1145人次,分别增长12%、19%。

(王洋)

救灾减灾

【概　况】 2017年,全省先后遭遇暴雨洪涝、风雹、台风等自然灾害,尤其是6月中下旬出现历史罕见的连续性暴雨天气,给灾区群众生产生活造成较为严重影响。全年自然灾害共造成全省665.5万人受灾,因灾死亡20人(1978年以来历史第二低),紧急转移安置59.4万人,需紧急生活救助41.3万人,农作物受灾44.14万公顷,绝收5.54万公顷,倒塌房屋4162户9811间,严重损坏房屋5140户11188万间,一般损坏房屋35559户62605间,直接经济损失118.2亿元,其中农业损失45.7亿元。省减灾委、省民政厅先后启动省级救灾应急响应4次、争取国家减灾委、民政部启动国家救灾四级应急响应1次,召开灾情会商研判会4次、举办灾害信息员培训班6期、下发紧急通知29个。下拨中央和省级救灾资金6.183亿元,调拨发放救灾大衣14312件、毛巾被4324床、毛毯23364床、棉被49962床、折叠床6501张等物资,全力保障受灾群众基本生活。下达倒房重建专项补助资金4694万元,农村住房保险工作全面铺开,整合农房保险理赔资金866万元,全面完成2347户倒房重建任务。减灾救灾工作被民政部列在各项工作首位点名表扬。省委书记鹿心社、省长刘奇等省领导先后20余次对防汛救灾工作进行批示,给予充分肯定和勉励。

【防灾减灾救灾工作改革创新】 经省民政厅报请省委、省政府批准出台《关于推进防灾减灾救灾体制机制改革的实施意见》,是江西省首个以省委、省政府名义对防灾减灾救灾工作进行专门部署的规范性、纲领性文件,编入进民政部《各地防灾减灾救灾政策文件选编》,根据该实施意见指导上饶市、南昌市、遂川县、乐平市和吉州区等地出台本地实施意见。各设区市、县(市、区)均按要求调整减灾委会员组织机构,工作机制进一步理顺;在全国首创从省级救灾资金预算中安排2700万元专项资金用于综合减灾工作,其中1450万元用于省级救灾物资储备库项目建设、750万元用于省减灾救灾指挥系统二期建设、500万元用于综合减灾示范单位创建。在全国率先探索推进综合减灾示范县、示范乡镇创建工作,共创建全国综合减灾示范社区56个,命名省级综合减灾示范社区96个、示范乡镇8个、示范县2个;首次联合省政府新闻办举行新闻发布会,人民网、凤凰网、省政府网站等34家新闻媒体参加新闻发布会;创建江西减灾微信公众平台,搭建全省防灾减灾救灾交流平台;积极牵头组织"5·12全国减灾日"活动,联合南昌市开展大型防灾减灾科普宣传教育咨询及救援装备展示活动。建立以蓝天救援队、赣南救援队、兴国曙光救援队等为代表的全省94支社会力量、共1.5万余名队员的专业性救援队伍。引导省内外30余支社会力量参与修水等地抗洪抢险工作,参与救灾的社会力量为全省历史最多,社会力量参与救灾工作经验和做法得到民政部肯定并在全国推广。

【防灾减灾救灾基础项目建设】 年内,省级救灾物资储备库迁建工程正式开工建设,项目总建筑面积约1.67万平方米、总投资约1.2亿元。中央预算内支持全省14个县级储备库,争取中央资金2291万元、地方配套资金985万元。完成4个县级库项目申报工作。争取2000万元财政专项资金用于江西省减灾救灾指挥系统建设,项目分两期进行,一期已进入试运行,二期将延伸到市县。投资300万元建设防灾减灾救灾文化展示厅,打造全省防灾减灾救灾政策宣传的新窗口、知识普及的新阵地、成果展示的新载体、统筹指挥的新平台。 (唐小军)

慈善救助

【概　况】 2017年,省慈善总会按照省委省政府关于打赢脱贫攻坚战略部署,围绕"善济江西·脱贫攻坚"慈善扶贫专项工程,以组织实施"五大任务"为重点,加强与各级慈善组织和爱心企业互动交流,多方募集慈善资金,着力推进慈善网络平台建设。省慈善总会联合省信息中心建设"江西省慈善路路通网上平台",网上平台建成后,实现了"一个特色、两个突破、三个突出",一个特色即实现慈善路路通网上平台与信用江西平台对接;两个突破即慈善救助模式和义工管理有突破;三个突出即突出特色宣传、突出在线捐赠、突出慈善公开。全年全省募捐总额4.88亿元,其中慈善药品及物资价值3.92亿元,善款9600万元。慈善救助人次2.37万人次;慈善救助总额4.68亿元,增长81.3%,其中慈善药品援助及物资救助价值3.92亿元,慈善资金救助7630万元。组织慈善义工参与服务4600人次,义务服务时间1.32万小时。联合各市、县慈善会继续开展"慈善情暖万家"活动。元旦、春节期间,走访慰问各地贫困家庭和敬老院老人,发放慰问金50余万元。协助开展灾害救援工作。深入到婺源县等水灾重灾区查看灾情,走访慰问受灾群众,积极呼吁社会各界积极行动,捐款捐物,并下拨30万元救灾捐赠资金用于受灾困难群众生活救助。

慈善救助项目取得新的成绩。省慈善总会实施的12个中华慈善总会"慈善药品援助"项目共争取药物价值和医疗资金近3.5亿元,帮助困难群众13425人次。金圣助学活动资助考取清华、北大、同济等全国知名高等学府的优秀寒门学子50名,发放助学金30万元。"青苗关爱工程——儿童大病慈善救助基金"共救助全省大病贫困患儿380余名,发放救助资金218.34万元。在全国"衣恋阳光助学"项目工作研讨会上,江西"衣恋阳光助学"项目评估排名全国第一。

由省民政厅牵头组织对接30余家全国性慈善组织投身赣南等原中央

苏区和罗霄山片区扶贫攻坚。支持和协助省慈善总会实施“善济江西·脱贫攻坚”慈善扶贫专项工程、筹备江西省慈善性保险公司。指导慈善信托工作,新增备案慈善信托2例。3月17日,省民政厅慈善事业和社会福利处批复同意担任世界宣明会——中国基金有限公司江西代表机构业务主管单位。

【慈善募捐工作创新高】 充分发挥省慈善总会慈善路路通网上平台作用,通过网上平台进行捐赠达598人次,捐赠金额1.9万元。经省慈善总会推动,中国烟草系统通过省烟草专卖局、江西中烟工业公司,向省慈善总会捐赠5000万元;与江西省浙江总商会联络,争取在赣浙商向慈善扶贫专项工程捐款506万元,数目创在赣商会慈善捐赠的最高纪录;对接南昌市高新区,发动辖区内企业募集慈善扶贫专项工程“五大任务”捐款615万元,为开发区企业“抱团捐赠”资金最高的一次;10月17日,促成博能控股集团董事长温显来定向捐赠1000万元,用于开展扶贫工作。开展2017年“慈善一日捐”活动,接收省直各单位捐赠421万余元,创历史新高。

【慈善扶贫专项工程“五大任务”稳步开局】 自2016年6月16日省慈善总会理事会换届后,新一届理事会围绕省委、省政府打赢脱贫攻坚战的决策部署,启动“善济江西脱贫攻坚”慈善扶贫专项工程,针对全省25个贫困县,从慈善教育扶贫、慈善健康扶贫、慈善产业扶贫、慈善志愿扶贫等方面,开展“刨穷根、栽富树、救病难、扶自立、暖床前”五大任务,制定了“五大任务”实施方案、实施流程、项目申报书,以及资金预算安排等,并将手续完备的项目资金及时下拨。2017年,已陆续下拨2批“五大任务”项目资金6198.21万元。截至年底,“刨穷根”资助3470名贫困学生每人每年5100元,共拨付资金1769.7万元;“科瑞集团跃文先生资助贫困学子入学就读”助学活动给全省984名高考贫困学子发放助学金543.6万元。“栽富树”项目在16个县(市、区)投资项目17个,投资总额达3152万元,让1576户贫困家庭成为合作社的“股东”。“救病难”项目资助24名地中海贫血、白血病、再生障碍性贫血患者每人10万元医疗救助资金;“青苗关爱工程”项目救助773名患有重大疾病的贫困家庭儿童287.35万元;慈善药品援助项目共发放援助药品19857人次,药品价值人民币4.93亿元。“暖床前”关爱孤寡、失独、失能老人群体服务人次18.2万人次,服务时间90.2万小时。“扶自立”项目关爱农村留守儿童和困难残疾人,服务人次7.4万余人次,服务时间22.5万余小时。

科瑞集团跃文资助贫困学子入学就读助学金发放仪式

省慈善总会官志平供

【举办江西省首届“赣鄱慈善奖”评选表彰活动】 10月26日,省政府召开全省首届赣鄱慈善奖表彰大会,表彰2014年以来在全省扶老助残、救孤恤幼、灾害救助、扶贫济困、医疗救助、教育救助等公益慈善领域作出突出贡献、获首届“赣鄱慈善奖”的个人、企业(单位)和项目。省政府副省长吴晓军出席会议并讲话,省政府副秘书长宋雷鸣主持会议。省民政厅厅长刘金接、副厅长龚建辉,省人社厅副厅长吴福全出席。各设区市政府分管副市长、民政局局长,省民政厅、省人社厅相关处室负责同志,“赣鄱慈善奖”获奖单位代表和获奖个人,公益慈善组织代表共120余人参加会议。

“赣鄱慈善奖”是2016年6月经全国评比达标表彰工作协调小组报国务院同意后批复设立。该奖项由省政府主办,省民政厅承办,每3年评选一次,表彰名额60个,包括最具爱心慈善楷模10个、最具影响力慈善项目20个、最具爱心捐赠企业(单位)10个、最具爱心捐赠个人10个、优秀慈善工作者10个。此奖项是《中华人民共和国慈善法》颁布后首批经国家批准的慈善奖,也是江西省慈善领域首个由政府设立且级别最高的慈善奖。

(官志平)

本栏编辑 张志勇

基层政权和社区建设

基层民主建设

【概　况】　筹备部署第十届村（居）委会选举工作。3—4月，组成调研组赴吉安、赣州、新余、萍乡等地，开展第十届村（居）委会选举专题调研，设计发放5万余份调查问卷，听取基层干部群众的意见和建议，了解掌握基层实际情况。6月，联合省委组织部赴湖南、湖北两地专题学习考察换届选举工作。结合本届选举新情况，起草并编印《第十届村民委员会选举工作手册》和《第十届社区居民委员会选举工作操作规程》，为全省换届选举工作提供操作参考。7月，举办全省第十届村（居）委会选举工作示范培训班，对全省换届选举业务骨干进行示范培训，规范全省选举操作。12月14日，省委、省政府在南昌召开全省村（社区）“两委”换届选举工作会议，全面部署全省村（社区）“两委”换届选举工作。12月16日，省委办公厅、省政府办公厅印发《关于认真做好全省村（社区）党组织和第十届村（居）民委员会选举工作的通知》，进一步部署开展第十届村（居）委会选举工作。加强乡镇政府服务能力建设。认真贯彻落实中共中央办公厅、国务院办公厅印发的《关于加强乡镇政府服务能力建设的意见》，进一步加强乡镇政府职能转变，提升乡镇政府服务能力和水平，在深入实地调研、广泛听取意见建议基础上，草拟上报《关于加强乡镇政府服务能力建设的实施方案》。

【召开全省村（社区）“两委”换届选举工作会议】　12月14日，省委、省政府在南昌召开全省村（社区）“两委”换届选举工作会议，全面动员部署村（社区）“两委”换届选举工作，省委常委、省委组织部部长赵爱明，省人大常委会副主任谢亦森出席会议并讲话，副省长吴晓军主持会议。省直有关部门负责人，各设区市党委、人大、政府及组织、民政、团委、妇联负责人，省直管县（市）、计划脱贫县（市）组织、民政负责人150余人参加会议。会议对换届工作作出部署，要求各地在开展村（居）民委员会换届选举工作过程中，要发扬基层民主，依法保证人民当家做主，依法选出群众满意班子；要加强执法监督，依法保障选举有序进行；严肃换届纪律，依法查处选举中的违法行为，各级人大要在同级党委的领导下，重点加强对村（居）民委员会换届选举工作的指导和监督。

12月14日，全省村（社区）“两委”换届选举工作会议在南昌召开

省民政厅供

城乡社区治理

【概　况】　贯彻落实中共中央、国务院《关于加强和完善城乡社区治理的意见》，在深入实地调研、广泛听取意见建议基础上，草拟《关于加强和完善城乡社区治理的实施意见》，报省委深改组会议审议。联合省发改委编制印发《江西省城乡社区服务体系建设“十三五”规划》，明确“十三五”时期全省城乡社区服务体系建设的指导思想、基本原则、发展目标及重点工程，建立健全基本公共服务、便民利民服务、志愿互助服务相互衔接的社区服务体系，提升全省城乡社区服务能力和水平。开展推进城市社区依法治理和服务创新活动。省政协社会和法制委员会开展城市社区依法治理和服务创新专题调研，推进城市社区治理。组织指导各地开展全国农村社区建设示范单位创建，经各地申报、设区市审核等环节，向民政部推荐新余市渝水区下保村社区等12个单位申报全国农村社区建设示范单位，经民政部全国社区建设专家委员会实地基础评价、考核、验收、筛选，万安县等6个单

位被命名为全国农村社区建设示范单位。开展"绿色社区·美丽家园"创建活动。下发《关于做好2016—2017年度"绿色社区 美丽家园"创建工作的通知》，打造一批服务完善、管理有序、美丽宜居、幸福和谐城乡社区。经过街道（乡镇）、社区申报、县级民政部门初审、设区市民政局审核推荐，全省共有230个社区进行申报。9月，组织11个验收组对所有申报社区进行实地验收，命名200个省级"绿色社区 美丽家园"示范社区。开展全省农村社区建设试点示范单位创建活动。经各地申报，县、市逐级审核审批，省民政厅初步审定，最终确定76个农村社区为全省2017年农村社区建设试点社区，并对其中70个试点社区命名为全省农村社区建设试点工作示范单位。开展优秀村规民约征集活动，纳入全省农村"推进移风易俗，促进乡风文明"行动，纳入绿色殡葬市、县科学发展考核内容，发挥村规民约在农村基层治理中的引导作用。通过各地挖掘推荐，全省共征集村规民约90余篇，经研究，遴选出南昌市青山湖区湖坊镇进顺村等14个村规民约报送民政部，参加全国优秀村规民约评选。

南昌市红谷滩新区沙井街道理想家园社区就社区居家养老服务工程进行民主协商，解决了居家养老功能性场所的设置问题

省民政厅供

【省政协召开"城市社区依法治理和服务创新"专题协商座谈会】 10月12日，省政协召开"城市社区依法治理和服务创新"专题协商座谈会，省政协常委、委员、专家学者与省法院、省检察院、省综治办、省民政厅、省司法厅、省住建厅等相关部门负责人参会。与会人员围绕城市社区依法治理和服务创新工作议政建言。会后形成《城市社区依法治理和服务创新建议案》报送省委、省政府，省委书记鹿心社作出批示。

城市社区依法治理和服务创新工作是年内省政协年度协商工作计划的专题协商议题。8月上旬，省政协副主席郑小燕率调研组赴宜春、萍乡、南昌实地调研，察看了11个城市社区、1个社区居家养老服务中心，听取省民政厅、省司法厅等6个部门对全省城市社区依法治理和服务创新工作开展情况的介绍；9月中旬，调研组还赴青海、四川等外省学习考察。

【开展"绿色社区 美丽家园"创建活动】 下发《关于做好2016—2017年度"绿色社区 美丽家园"创建工作的通知》，以提升社区居民满意度和幸福感为目标，以问题和需求为导向，以推动社区组织体系规范化、平台建设标准化、办事服务便捷化、协商议事制度化、居民活动常态化、生活环境宜居化"六化"为重点，开展"绿色社区 美丽家园"创建活动。通过开展创建打造一批示范社区，推动城乡社区治理提档升级。经过一年的示范创建，各地夯实城乡社区治理基础、增强治理能力、提高居民参与率、改善城乡社区环境、提升治理水平。全省共有230个社区进行申报。通过街道（乡镇）申报、区（市、县）审核、设区市筛选推荐，9月，省民政厅组织11个验收组对所有申报社区评估验收、10月，经网上公示，南昌市东湖区大院街道办事处二七北路社区等200个社区被命名为省级"绿色社区 美丽家园"示范社区。

【召开全省农村社区建设试点工作现场会】 12月28日，全省农村社区建设试点工作现场会在兴国县召开。民政部基层政权和社区建设司司长陈越良、省民政厅副巡视员李小荣出席并讲话，民政部基层政权和社区建设司农村社区建设处相关负责人到会指导工作，组织、农工、发改、财政、农业等省直相关部门代表，各设区市、省管试点县（市）、2016年全省农村社区建设试点县民政系统相关干部，2016年全省农村社区建设试点社区乡镇（街道）分管干部等150余人参加会议。会上总结了开展农村社区建设探索以来，全省推动农村社区建设工作取得的经验，对进一步做好农村社区建设试点进行了部署。会议组织与会人员实地参观了兴国县文院社区、铭恩社区、塘石社区，了解农村社区的运行方式及管理服务模式，观看兴国县农村社区建设试点工作专题视频片；赣州市、抚州市、万安县等6市县介绍农村社区建设试点工作情况。

【召开移风易俗工作推进会】 8月21日，省农村精神文明建设经验交流暨移风易俗工作推进会在赣州召开。会议学习贯彻中共中央总书记习近平系列重要讲话精神特别是关于美丽乡村建设的重要批示精神，以及全国农村精神文明建设工作经验交流会精神，总结交流经验，部署推进全省农村移风易俗工作。省委常委、赣州市委书记李炳军致辞，省委常委、省委宣传部部长赵力平讲话。省民政厅厅长刘金接部署推动全省婚丧陋习整治工作。会议着力推进全省农村婚丧习俗改革，促进乡风文明建设；规范农村公益性墓地建设，规范办丧治丧行为，规范殡葬用品市场经营行为，破解丧葬陋习整治难题。会议期间，刘金接还到大余县新城镇周屋村、青龙镇元龙畲族村、南安镇崇山公墓、黄龙镇大龙村考察乡风文明建设暨殡葬改革工作。

（吴新传）

本栏编辑　张志勇

社会事务管理

社会组织管理

【概　况】　截至年底，全省各级民政部门登记注册各类社会组织22523家，其中社会团体10735家、民办非企业单位11716家、基金会72家。

【社会组织管理制度改革】　针对社会组织管理体制不健全、支持引导力度不够等问题，根据中央关于改革社会组织管理制度的文件精神，经省委全面深化改革领导小组第十二次全体会议审议通过，出台《关于深化社会组织管理制度改革促进社会组织健康有序发展的实施意见》，同时，推动省直相关单位落实实施意见，联合省委宣传部、省环保厅、省科协等部门出台促进文化、环保、科技领域社会组织健康发展的意见。

【行业协会商会与行政机关脱钩试点】　开展第二批脱钩试点，切断行政机关和行业协会商会之间的利益链条，激发行业协会商会内在活力和发展动力。在总结第一批脱钩试点工作经验的基础上，经省脱钩办审定，确定161家行业协会商会参加第二批脱钩试点工作。同时，在2016年出台配套文件的基础上，配合省委非公经济与社会组织党工委出台《关于全省性行业协会商会与行政机关脱钩后党建工作管理体制调整的实施办法（试行）》，指导行业协会商会党建工作，确保脱钩不脱管，脱钩不脱责。年内，第二批161家全省性行业协会商会与行政机关脱钩工作已基本完成。

【加强社会组织党建】　理顺工作机制，在省委非公经济组织与社会组织党工委的领导下，成立10个行业综合党委，成立省社会组织党委办公室，落实全省性行业协会商会党建工作，省社会组织党委所属28家社会组织实现“全覆盖”。推动社会组织中党的组织和党建工作向有效覆盖转变，开展党建工作示范点创建活动，命名江西省福建总商会党委等11家全省性社会组织党组织为首批党建工作示范点。协助省非公经济与社会组织党工委举办全省社会组织党组织书记党建示范培训班以及召开“不忘初心，牢记使命”主题教育前期调研座谈会。

【组织实施社会组织培育发展项目】　以竞争性方式开展社会组织培育发展项目、社会工作服务项目，打造19个社会组织培育发展中心，为社会组织发展提供种子资金，破解社会组织发展难题。争取2017年中央财政支持社会组织参与社会服务项目，全省立项项目16个，项目资金达663万元，通过督促项目所在地民政部门对项目进行经常性检查和指导，结合省本级对项目抽查，促使项目取得效果，保证资金安全。

【行政审批行政执法】　开展慈善组织认定，完善和开展慈善中国网络平台中江西省慈善组织基本信息和公开募捐方案的公开备案工作，省本级共认定慈善组织27家，9家慈善组织获得公开募捐资格证书。协调省财政厅、省国税局、省地税局落实社会组织税前扣除资格。加大对长期不开展活动的社会组织的行政处罚力度，通过约谈相关负责人、调查了解社会组织情况及网上公示，对21家社会组织给予撤销登记的行政处罚。

【出台《关于深化社会组织管理制度改革 促进社会组织健康有序发展的实施意见》】　5月17日，省委办公厅、省政府办公厅印发《关于深化社会组织管理制度改革 促进社会组织健康有序发展的实施意见》。实施意见贯彻中央关于社会组织管理制度改革的决策部署，结合江西实际，注重发挥社会组织在促进经济发展、繁荣社会事业、创新社会治理等方面的积极作用，同时针对管理体制不健全、支持引导力度不够、社会组织自身建设不足等问题，完善制度设计。实施意见包含总体要求、突出社会组织培育重点、完善社会组织扶持政策、依法做好社会组织登记审查、严格管理和监督、加强社会组织自身建设、加强党对社会组织工作的领导、抓好组织实施等8项主要内容，是有关社会组织管理系列文件里规格最高、分量最重的一份文件。

实施意见初稿自2016年11月开始起草，在广泛吸收采纳征求意见后，2017年3月，根据合法合规性审查意见作了进一步修改完善，4月13日经省委全面深化改革领导小组第十二次全体会议审议并原则通过。

（叶兴）

区域地名管理

【概　况】　2017年，全省完成行政区划调整事项10件，含县级以上行政区划调整1件，乡级行政区划调整6件，设区市部分行政区划调整报备3件。其中,完成撤县设区1件,增设街道办事处6件,增设建制镇1件,部分跨乡镇的村居委会行政区划调整2件。涉及抚州市、九江市、南昌市、上饶市等4个设区市。

截至2017年年底,全省共有设区市11个,县(市、区)100个,其中市辖区25个、县64个、县级市11个;乡级行政区划建制单位1561个,其中街道办事处157个、镇825个、乡579个(含民族乡8个)。

完成地名普查工作。2017年,全省100个县(市、区)全部完成地名普查实施阶段任务,按时上报国务院地名普查办验收,并及时根据国务院地名普查办反馈意见进行了两轮整改。同时,有序开展地名词典编纂等成果转化。

【完成全省行政区划变更事项】 南昌市:在南昌县东新乡区域内析出南昌县八月湖街道办事处,街道办事处驻象南居委会。

西湖区部分行政区划调整,设立西湖区朝农街道办事处,将桃花镇五坊、隆泰苑、向阳、天琴湾东苑、天琴湾西苑、新光、大桥等7个居委会整建制划入,街道办事处驻五坊居委会。

设立青山湖区站东街道办事处、东湖区卫东街道办事处。

九江市:撤销九江县,设立九江市柴桑区,以原九江县的行政区域为柴桑区的行政区域,柴桑区人民政府驻沙河街镇庐山北路168号。

抚州市:东乡区增设金峰街道办事处。金峰街道办事处管辖东铜、东景、东糖、东磷、东化、东门、龙山、凤凰、师水、南门、北门、芙蓉等12个居委会,街道办事处驻凤凰居委会。调整后,辖1个街道办事处、9个镇、4个乡。区人民政府驻地不变。

上饶市:上饶市将下溪街道丰源居委会整建制划归永丰街道,下溪街道官塘居委会毛家居民小组整建制划归永丰街道商城居委会。

设立弋阳县花亭街道办事处,将弋江镇花亭、甘家山、良种场、赣轴等4个居委会和花亭村委会整建制划入,街道办事处驻花亭居委会。

铅山县部分行政区划调整,将鹅湖镇凤来、洋洲等2个村委会整建制划入河口镇管辖。

德兴市部分行政区划调整,在大茅山垦殖场的基础上,设立德兴市大茅山镇,将绕二镇的双溪、黄歇田2个居委会,花桥镇的詹村、李家畈、池口3个居委会,龙头山乡古圳头居委会、南溪村委会整建制划入。镇政府驻南溪村委会。

【完成全省地名普查工作】 2017年,全省地名普查工作完成。及时下拨各设区市、县(市、区)2017年度中央财政补助资金2335万元;统一为各设区市、县(市、区)地名普查办购置、配发地名普查保密软件及设备。召开全省第二次全国地名普查成果转化推进会暨标准地名词典编纂培训班,举办全省地名普查验收培训班,累计培训全省地名普查业务骨干400余人。联合省档案局制定印发《江西省第二次全国地名普查档案验收办法》,下发《关于做好地名普查数据上报工作的通知》《关于进一步完善地名普查数据的通知》等文件,规范普查作业。

开展普查监理。通过公开招标,委托具有甲级资质的第三方监理公司对各地普查成果及其整改情况进行两轮监理及质量评价,出具质量评价报告和监理报告150余份。

组织省级验收。通过招标,委托省社会科学院专家对各地上报的普查成果审核把关,反馈修改意见200余份。同时,组织专家组对11个设区市的21个县(市、区)普查成果进行现场抽查复验。

启动省本级普查成果转化。召开全省第二次全国地名普查推进视频会议,副省长吴晓军,省民政厅党组书记、厅长刘金接全面部署成果转化阶段各项工作任务。启动地名普查与地名文化展播、江西标准地名词典编纂项目,联合省教育电视台启动32集系列地名视频制作拍摄工作。

开展跨界自然地理实体普查。召开全省跨省界自然地理实体核实完善会议,按时完成了跨6条省界1200多条跨省界自然地理实体地名名录核实、两套数据的上报工作。下发《关于报送跨设区市、县界自然地理实体地名普查数据的补充通知》,全省1100多条跨设区市、跨县界自然地理实体普查成果已上报国务院地名普查办验收。

【地名管理工作】 开展地名理论研究。围绕地名文化保护、地名管理开展理论研究,在民政部举办的地名理论征文活动中全省提交论文总数40篇,占全国作品总数的29%,位列全国第二,5篇论文分获二、三等奖,省民政厅获组织奖。开展不规范地名清理整治。以地名普查为契机,重点对普查过程中发现的有地无名的新建道路街巷进行命名,对同一乡镇内重名的自然村名进行标准化处理,全省共清理整改不规范地名500余条。加强地名信息化建设。指导新余市结合地名普查,开展地名地址库建设,已完成覆盖城区40平方千米的第一期项目建设,入库地名地址数据50万余条。南昌市建立了基于网络平台的集信息发布、网上浏览、网上查询、网上办公等多种内容为一体的地名管理系统。加强地名文化建设。指导奉新县、上饶县按照中国地名文化遗产保护促进会的意见修改完善千年古县申报材料,拍摄千年古县视频片。奉新县被认定为"地名文化遗产千年古县"。开展地名文化宣传。组织各地参与国务院地名普查办举办的"最美地名故事"征集活动,江西5部作品获奖,江西省第二次全国地名普查领导小组办公室获得优秀组织奖。

(熊崧麟　聂丽红)

殡葬管理

【概　况】 截至年底,全省共建成火化殡仪馆86个、经营性公墓99个、城乡公益性公墓6000余个。建立全民免费火化制度的县(市、区)84个。全省累计迁移散埋乱葬坟墓8万余穴。其中,鄱阳县结合群众意愿建设安息堂,迁移"田中坟",仅枫树沟自然村就复垦土地5.33余公顷;大余县回收处置棺木16158副,引导群众火化。全省遗体火化率较2016年提高6.4个百分点,达到35%,增幅连续两年超过5%,居全国第二,全省有15个县(市、区)火化率达到100%。清明节期间,全省殡葬服务单位共接待祭扫群众315万人次,疏导车辆34.7万辆次，分别增加7.9%和12%，共有4.2万人次参与保障安全和服务接待工作，倡导鲜花祭扫、社区公祭等低碳文明祭扫方式。

大力推进殡葬制度改革，推行绿色殡葬。出台相关文件，对“绿色殡葬”给予奖励。绿色殡葬工作首次纳入生态文明建设目标评价考核、乡风文明建设等省委、省政府工作考核。省殡葬管理工作联席会议组织各成员单位组成11个考评组，对11个设区市33个县（市、区）年度殡葬工作进行抽查考评。南昌市、赣州市纳入全国首批80个殡葬综合改革试点地区，开展为期2年以殡葬管理服务管办分离和农村散埋乱葬治理为主要内容的改革试点工作。

【出台绿色殡葬奖补办法】 6月26日，省民政厅、省财政厅联合印发《关于做好2017年绿色殡葬奖补激励工作的通知》，加强殡葬设施建设，把巩固提高火化率作为殡葬改革工作的主攻方向，将遗体接运、存放、火化、普通骨灰盒、骨灰寄存和“三沿六区”坟墓迁移及节地生态安葬等纳入奖补范围。要求各市、县全面建立绿色殡葬奖补激励机制，重点对高速公路、铁路两侧影响观瞻的坟墓和“村中坟”“田中坟”进行集中整治。中央预算内投资、中央和省级福彩公益金将对“绿色殡葬建设”先行先试、工作成绩突出的市县给予适当奖补。全年全省共争取各类资金3090万元用于奖补支持殡葬设施建设，其中，中央预算内投资2354万元、部级福彩金236万元、省级福彩金500万元，支持殡仪馆、农村公益性骨灰安葬（放）设施100个。

【出台推动婚丧习俗改革促进乡风文明建设工作方案】 4月19日，省民政厅印发《关于印发推动婚丧习俗改革促进乡风文明建设工作方案的通知》，从加快红白理事会建设、推动村规民约制定、狠刹婚丧喜事大操大办风气、巩固提高火化率、推行公益性节地生态葬法、加大乱埋乱葬治理力度、规范殡葬活动秩序、加强婚丧新风宣传等8个方面推进农村丧葬习俗改革。

方案明确，到2020年全省遗体火化率达到或超过全国平均水平；80%的县市和行政村建有公益性公墓或骨灰安放设施，县市建有殡仪馆，基本满足群众骨灰安葬需求；80%的行政村建有红白理事会等相关组织，100%的村规民约中包含婚丧习俗改革内容；办丧扰民、乱埋乱葬现象得到有效遏制；公益性公墓、经营性公墓节地生态墓区面积或格位占比分别在65%和50%以上；建大墓、豪华墓现象基本消失。从2017年7月至2019年12月，每年开展为期3个月的专项整治活动，重点对违规土葬、乱埋乱葬、办丧扰民、重殓厚葬等丧葬陋习进行查处、督办、通报，推动婚丧习俗改革。

【举办全省殡葬管理人员培训班】 10月30日至11月1日，省民政厅在南昌举办全省殡葬管理人员培训班，会议传达学习了中国共产党的第十九次代表大会和全国殡葬工作座谈会精神，部署开展殡葬改革工作。省民政厅社会事务处、省殡葬协会负责人及相关工作人员，各市、县（市、区）民政局分管殡葬工作负责人，各市社会事务科、殡葬管理处和部分县（市、区）殡葬管理所负责人，共计170余人参加此次培训。

培训期间，民政部社会事务司殡葬管理处副调研员付华和江西省殡葬协会、南昌市民俗博物馆、用友软件公司有关专业人员分别围绕贯彻全国殡葬工作座谈会精神加快推进殡葬改革和殡葬事业健康发展、城乡公益性骨灰安葬设施建设管理案例分析、殡葬文化传承与改革、“数字民政”殡葬信息管理系统运用展开授课。赣州市、吉安市、新余市、都昌县、大余县代表围绕文明绿色殡葬、移风易俗、殡葬执法监管、红白理事会建设等作了典型发言。

【参加第七届全国民政行业职业技能竞赛暨遗体整容师职业技能竞赛】 9月23日—27日，第七届全国民政行业职业技能竞赛暨遗体整容师职业技能竞赛在河北省秦皇岛市举行。全国25个省（自治区、直辖市）殡仪馆等殡仪服务机构的80位选手经过初赛进入到决赛阶段。经过理论知识、操作技能和个人职业能力展示等环节的比拼，江西省萍乡人文公园徐宁、新余市殡仪馆何细苟分别获个人三等奖。

（郑华锋）

社会福利

【概　况】 截至2017年年底，全省60周岁以上老年人654.86万人，占总人口比例14.26%。全省80周岁以上高龄老人80.36万人，占总人口的1.75%，占老年人口的12.27%。全省建成养老院（含福利院、敬老院、光荣院、老年公寓等）1820家，床位16万张。其中，民办养老院298家，床位5.4万张、占比33.7%；内设护理站、医务室、医院等医疗机构的养老院928家，占比51%。城乡居家和社区养老服务站点约5000个。省级统筹2.7亿元资金，资助各类养老服务设施建设改造300余（个）。统筹安排残疾人两项补贴资金4.5亿元，分别为42.8万困难残疾人和32.1万重度残疾人发放生活补贴、护理补贴。省级层面建立经济困难高龄、失能老年人养老服务补贴和护理补贴制度。

【开展养老院服务质量建设专项行动】 4月18日，省民政厅举办全省养老院服务质量建设专项行动动员部署视频会暨专题培训班。学习贯彻中共中央总书记习近平关于养老工作，特别是关于提高养老院服务质量的重要讲话、指示精神，贯彻落实全国养老院服务质量建设专项行动动员部署视频会和省委、省政府关于“全面提升养老院服务质量”的工作要求，全面部署全省养老院服务质量建设专项行动。4月20日，省民政厅、省发改委、省公安厅等13部门印发《江西省养老院服务质量建设专项行动实施方案》，全面部署养老院服务质量建设行动。5月30日，省委办公厅、省政府办公厅印发《关于提升养老院服务质量的意见》。省政府成立以省委常委、常务副省长毛伟明为组长的江西省养老产业发展（全面提升养老院服务质量）工作领导小组，省民政厅成立养老服务体系建设（提升养老院服务质量）领导小组，市、县均成立相应工作机构，统筹调度相关工作。全省1840家养老院进行摸底自查，其中

1761家开展整治，全省54项基础性指标不合格养老院整治率100%，勒令关停33家，整治后合格养老院超过75%，养老院服务质量得到提升。

【社区和居家养老服务改革】 支持南昌、赣州、吉安开展全国居家养老服务改革试点工作。推进社区小型化、嵌入式养老院建设，支持、引导其向居家老年人延伸服务；4月，新余市"颐养之家"实现全市409个行政村全覆盖，并在全国首创"党建＋"农村居家养老模式，发挥基层党组织的引领作用，让农村留守老人老有所养，同时带动解决社会问题；推广家庭医生签约服务，全省65岁以上老年人签约252万人，签约率达61%；推进医养结合，鼓励社区卫生服务中心与居家养老服务站点、社区养老院融合发展，支持养老院提升医疗服务能力，与医疗机构建立合作关系1559家。深化"互联网＋养老＋家政"融合发展，打造智慧养老综合应用平台。南昌市青云谱区与江西慈孝竹居家养老服务公司合作，通过"硬件＋软件＋服务"的智慧养老模式和"一中心联动N个社区服务站"运营模式，实现个人、家庭、社区、站点与健康养老资源的有效对接和优化配置。

【儿童福利与保护工作】 2017年，全省有效落实孤儿保障制度和农村留守儿童关爱保护机制，2.1万余名孤儿纳入保障范围；6万名无人监护农村留守儿童监护措施获得落实；劝返1430名辍学留守儿童返校复学，返校复学比例达98.15%；为24793名无户籍农村留守儿童登记户口，无户籍农村留守儿童登记户口比例达99.51%。争取中央和省本级资金4689万元重点支持20所儿童福利机构建设和12个未成年人保护中心建设，为孤残儿童提供859人次康复服务，全年共完成"明天计划"手术治疗367例，与省编办等5部门联合印发《关于开展孤儿区域性机构养育工作的通知》，启动孤儿区域性机构养育工作，采取"原地出资、异地代养"的模式，将需要机构养育的儿童集中到区域性儿童福利院代养。将儿童福利督导员或儿童权利监察员与农村留守儿童保护专干合并，指导各地在村（居）委会统一设立儿童保护专干。全省共有余江、乐平、万年等17个市、县通过政府购买服务的方式有效开展农村留守儿童关爱保护工作。引入联合国儿童基金会农村留守儿童关爱保护项目在乐平实施、爱佑基金会"爱佑安生——困境儿童救助项目"在于都县、万年县实施，国际计划社会组织"江西省社区儿童关爱保护项目家园"帮扶项目在修水县实施。

（蔡仕祥）

社会工作

【概　况】 联合相关部门出台《关于组织社会力量参与社区服刑人员和刑满释放人员帮教工作的实施意见》《江西省关于支持和发展志愿服务组织的实施意见》，同时，转发《关于加强社会工作专业岗位开发和人才激励保障的意见》《关于在健康城市健康村镇建设中充分发挥青少年事务社会工作专业人才和青年志愿者作用的通知》等文件。

省本级举办社会工作系列培训3期，承办2017年民政部罗霄山片区社会工作专题培训班，组织参加民政部培训5期，各地举办社会工作培训15期，共培训4600余人次。开展全省社会工作优秀案例评选，编印优秀案例集向全省进行宣传。开展社会工作宣传周活动，提升社工认知度和认可度。优化社会工作者职业水平证书登记流程，减少盖章环节，社工登记率提高15%。组织全国社会工作者职业水平考试报名工作，全省已有3491人通过全国社会工作职业水平考试，2人被民政部评为全国社会工作领军人才。

【组织社会工作人才参与脱贫攻坚】 实施社会工作人才"三区"计划、"牵手"计划，确定修水等10个贫困县为"三区"计划受援县，"三区"社工参与贫困地区脱贫攻坚，"扶志"与"扶智"相结合，注重对贫困户自身能力的改变。争取民政部支持在修水县实施全省首个灾后社会工作服务项目，将灾后重建与精准扶贫相结合，增强服务效果。利用中央及省本级福利公益金共125万元，为贫困地区实施社会工作服务项目10个，直接服务对象600人，覆盖人群达到4000余人。在城市社区探索建立以社区为平台、社会组织为载体、社会工作专业人才为支撑的"三社联动"机制，创新基层社会治理。由社会工作者根据社区需求策划实施服务项目，调动社会组织、志愿者等社会力量参与社区事务，为全省8个试点社区提供13个社会工作服务项目，服务人数1000余人。

【举办全省社会工作能力提升班】 为提升社会工作从业人员专业水平，推进全省社会工作发展，6月27日—30日，全省社会工作能力提升班在南昌市举办。全省民政部门社会工作具体负责人及社会工作服务机构负责人共80人参加。此次培训邀请了江西财大、井冈山大学、江西师大等高校专家，以及省内外具有实践经验的社会组织负责人、专家和相关负责人讲授了社会工作机构管理与发展、项目策划与管理、社工机构涉税及财务管理、宏观社会工作、"三社联动"探索与实践、志愿服务发展及信息系统使用等课程，受到培训学员的普遍欢迎。

自2016年起，省民政厅确定8个试点社区，探索以社区为平台、社会组织为载体、社会工作人才队伍为骨干的"三社联动"工作，形成社区、社会组织和专业社工之间的资源共享、良性互动，提升基层社会治理水平，激发社会组织活力，推动社会工作专业人才队伍建设。截至年底，全省取得社会工作者职业水平证书人员已达3141人，社工机构145家。

（何珊）

本栏编辑　张志勇

优 抚 安 置

军人抚恤优待

【概　况】 2017年，全年共下拨抚恤补助资金20.9亿元，持续提高优抚对象抚恤补助标准，平均提标幅度超过10%，在乡老复员军人提标幅度达到40%；下达2017年度各地义务兵家庭优待金发放标准，完成义务兵家庭优待金落实情况督查，发放义务兵家庭优待金4.3亿元；将直接参与铀矿开采军队退役人员纳入参试退役人员评残检查范围，组织参试退役人员、铀矿开采军队退役人员参加评残检查1367人次，累计办理残疾人员残疾等级评定1041人次；持续开展优抚对象数据核查工作，全省核查人数128573人，完成全年任务的223%，优抚对象二代身份证扫描率达到96%，比2016年提高3个百分点；督促做好优抚资金审计问题整改工作，进一步完善优抚资金使用管理机制；规范残疾军人康复器具配置工作，为在乡退伍红军老战士和红军失散人员等“两红”人员免费配置助听器等辅助器具320件，为196名残疾军人配置、更换康复辅助器具599件；推进残疾人员“电子档案”建档工作，督促县级民政部门按照一人一档的要求建立电子档案，电子档案完整率较上年提高39%；在20个县（市、区）开展免费医疗巡诊、送医送药活动；全年组织3万余名优抚对象参加健康体检，安排优抚对象短期休养1400人次；全省各地“八一”期间普遍召开军队退役人员座谈会，对享受抚恤补助的优抚对象进行全员走访慰问。

【开展“两红”人员情况调查摸底】 2月，为民政部和省政府提供决策依据，省民政厅下发《关于开展“两红”人员和在乡老复员军人配偶基本情况调查的通知》，调查对象为在世的在乡退伍红军老战士配偶、红军失散人员配偶和在乡老复员军人配偶（简称“三类对象”）。调查内容为“三类对象”的人数、生活状况、医疗保障情况、住房情况和子女生活等情况。要求各县（市、区）民政局要依靠各乡镇（街道）民政助理员、村（居）委会干部上门上户进行调查，将“三类对象”的情况调查清楚，并逐户登记造册，做好台账，填写好《两红人员和在乡老复员军人配偶基本情况调查登记表》。调查工作从3月开始，4月底结束。全省有“两红”人员和在乡老复员军人配偶10200人，其中在乡退伍红军老战士配偶276人、红军失散人员配偶329人、在乡老复员军人配偶9595人。

【优抚机构建设和管理】 下拨中央财政补助资金2710万元，支持12所光荣院以及省荣军医院等2个休养机构建设；完成全省234所光荣院和优抚医院等优抚服务机构安全检查等相关整改工作，督促各地开展光荣院安全管理和隐患的整改工作，向民政部上报光荣院、优抚医院安全、服务保障等相关工作的检查整改情况；派出工作组分别赴上饶市玉山县、横峰县、铅山县、弋阳县和鹰潭市余江县，就光荣院服务管理及年度安排项目进展情况进行现场督查。

【完善抚恤优待政策】 5月，江西省在全国率先出台《关于进一步做好军队退役人员有关工作的若干意见》，制定多项优待措施。意见要求，各级党委、政府要把做好新形势下军队退役人员工作纳入经济社会发展总体规划，担负主体责任，党委书记为第一责任人。省政府成立由分管民政的副省长负责、省民政厅牵头、相关部门共同参与的联席会议机制。各市、县（市、区）参照建立相关工作机制，推动做好军队退役人员工作，确保涉及军队退役人员的有关问题解决在当地；各级党委、政府对应安置未安置、已分配单位但接收单位未安排上岗的退役士兵，限期安排上岗；对拒绝接收退役士兵的单位，责令立即整改；对原接收单位已不存在或安排确有困难的予以妥善解决，确保2017年6月30日前落实到位；享受抚恤补助的优抚对象在省内公立医院就医时，凭《优抚对象医疗优待证》享受“三免四减半”优惠政策；对领取生活补助的企业退休参战参试（含铀矿开采）退役人员，不再执行“在个人养老金基础上上浮10%，然后每人每月再增加60元”的生活补助政策，调整为每人每月按当年的参战参试退役人员补助标准发放生活补助；提高抗日战争时期参加革命工作、解放战争时期加革命工作和参加了抗美援朝战争、1949年10月1日至1954年10月31日入伍未参加抗美援朝战争的在乡老复员军人补助标准，从每人每月1080元、1020元、1000元分别提高到1380元、1320元、1300元。制定《江西省光荣院管理实施办法》，民政部以参阅件的形式全文转发；印发《江西省人民警察因公牺牲复核规程》，规范人民警察因公牺牲复核工作，是全国唯一一个对因公牺牲人民警察复核工作出台规范性指导规程的省份；印发《关于进一步做好部分军队退役人员等优抚对象有关工作的通知》，创新优抚服务模式，引导和支持社会力量参与到服务优抚对象中。

【提高抚恤金标准】 2017 年，全省提高残疾军人（含伤残人民警察、伤残国家机关工作人员、伤残民兵民工）残疾抚恤金、烈属（含因公牺牲军人遗属、病故军人遗属）定期抚恤金、在乡退伍红军老战士（含红军失散人员）等人员的生活补助标准，所需经费由省财政厅专款下拨。

一级因战残疾军人残疾抚恤金标准为 72850 元/年，一级因公残疾军人残疾抚恤金标准为 70550 元/年，一级因病残疾军人残疾抚恤金标准为 68240 元/年。

在乡老复员军人的生活补助标准，在现行补助标准基础上，每人每月增加 100 元。其中，抗日战争时期参加革命工作的由每人每月 1380 元提高到 1480 元；解放战争时期参加革命工作和参加了抗美援朝战争的由每人每月 1320 元提高到 1420 元；中华人民共和国成立后入伍（即 1949 年 10 月 1 日至 1954 年 10 月 31 日入伍）未参加抗美援朝战争的由每人每月 1300 元提高到 1400 元。对带病回乡退伍军人生活补助标准，每人每月提高 50 元，达到每人每月 615 元。

对在农村和城镇无工作单位且家庭生活困难的参战退役人员和原 8023 部队等参试涉核退役人员（含参与铀矿开采军队退役人员）生活补助标准，每人每月提高 50 元，达到每人每月 665 元。

对居住在农村和城镇无工作单位、18 周岁之前没有享受过定期抚恤金待遇且年满 60 周岁的烈士子女（含中华人民共和国成立前被错杀后被平反人员的子女）生活补助标准，每人每月提高 50 元，达到每人每月 390 元。

【落实老党员补贴】 对从 1954 年 11 月 1 日试行义务兵役制后至《退役士兵安置条例》实施前入伍、年龄在 60 周岁以上（含 60 周岁）、未享受到国家定期抚恤补助的农村籍退役士兵提高老年生活补助标准，每服一年义务兵役每人每月提高 5 元，达到每服一年义务兵役每人每月补助 30 元。

对中华人民共和国成立前加入中国共产党的农村老党员和未享受离退休待遇的城镇老党员调整生活补贴标准，每人每月提高 50 元。补助标准调整为：1937 年 7 月 6 日前入党的，达到每人每月 670 元；1937 年 7 月 7 日至 1945 年 9 月 2 日入党的，达到每人每月 610 元；1945 年 9 月 3 日至 1949 年 9 月 30 日入党的，达到每人每月 530 元。已享受优抚对象抚恤补助的老党员，不执行上述补贴标准，仍按每人每月 50 元标准发给生活补贴。已对老党员实行定额补贴的地方，补贴标准低于上述标准的，按照补差原则发给补贴；补贴标准高于上述标准的，仍按原补贴标准发给补贴。

（唐飞翔）

烈士褒扬

【概　况】 按照《江西省纪念“三个 90 周年”活动总体安排》，配合做好建军 90 周年、井冈山革命根据地建立 90 周年、秋收起义 90 周年相关活动；组织完成清明期间烈属和群众的烈士祭扫服务和接待工作，完成烈士纪念日省本级纪念活动的组织协调工作。9 月 30 日，省领导分两批分别参加在井冈山市和南昌市举行的向烈士敬献花篮仪式；督促指导全省各设区市和 100 个县（市、区）开展烈士纪念日纪念活动。清明和烈士纪念日期间，全省参与烈士纪念活动的人数达 400 万人次。

【烈士纪念设施建设和管理】 完成烈士名誉保护调研并向民政部报送《关于英烈名誉保护有关情况的报告》，完成 5 处申报省级烈士纪念设施保护单位的审核评估工作，下发《关于进一步做好烈士评定（批准）档案管理的通知》，完成省级烈士纪念设施行业服务标准的制定工作；开展长征主题纪念设施、遗址保护利用普查工作，全省有长征主题烈士纪念设施 36 处；协调省财政厅下达 2017 年优抚事业单位中央和省财政补助资金 1731 万元，支持 6 处国家级、32 处省级烈士纪念设施维修改造；加强烈士褒扬信息系统建设，烈士褒扬系统内烈士人数信息位居全国首位。

（唐飞翔）

双拥活动

【概　况】 2017 年，全省下拨年度抚恤补助资金 20.9 亿元，各级安排优待金 4.3 亿多元；接收安置军队离退休干部 62 人，退休职工 4 人，下拨军休安置补助经费 3.31 亿元；安置军转干部 1277 名（其中计划分配军转干部 966 名，自主择业军转干部 311 名），安置随军家属 1644 名（其中安置就业 687 人）；接收退役士兵 17000 余人，其中符合政府安排工作条件退役士兵约 1400 人。制定《关于进一步加强新形势下党管武装工作的意见》，规范党委议军会议、党管武装会、军地联席会议、双拥工作领导小组会等制度。

开展各类双拥活动及宣传。开展“重温我党、我军的辉煌革命历史，重叙军政军民鱼水情深”主题活动，召开各级党政军座谈会、退役军人茶话会，双拥机构、民间拥军团体举办各种文艺晚会、电影晚会等庆祝活动，增强全民参与双拥工作意识；春节期间，省委、省政府刊发刊播致驻赣部队官兵、优抚对象的《慰问信》和《关于做好春节期间拥军优属、拥政爱民工作的通知》；开展《关于庆祝中国人民解放军建军 90 周年深入开展拥军优属拥政爱民工作的通知》《江西省民政厅江西省军区政治工作局关于做好纪念中国人民解放军建军 90 周年深入开展拥军优属拥政爱民工作的通知》学习宣传；利用纪念设施广泛性开展群众性国防教育主题纪念活动，参与人数达 400 万；发放慰问年画 140 万份，“八一”慰问品 7.6 万份；全省主要媒体统一开设专题专栏，采访、报道、总结双拥先进单位和个人事迹，共刊发各类双拥稿件 1200 多篇。

【举办纪念“三个 90 周年”系列活动】 按照江西省纪念“三个 90 周年”活动总体安排要求，7 月 31 日、8 月 2 日在南昌先后召开“八一”建军节座谈会、“纪念‘八一’南昌起义 90 周年大会”，省委书记鹿心社讲话，省长刘奇主持；9月30日，在井冈山市召开“纪念井冈山革命根据地创建90周年大会”，省委书记鹿心社主持并讲话；各级政府、社会团体举办各类“纪念三个90周年”晚会共计500多场，展现军民相融新气象；省委书记鹿心社带领江西慰问团赴东部战区，省领导组成15个组对驻赣基层部队进行走访慰问；拍摄完成电影《建军大业》，制作展播大型文献纪录片《军魂》，编撰出版画册《人民军队从这里走来》，出版发行《井冈山精神代代传》《八一精神研究》《南昌起义》等群众性读物；邀请中央电视台“心连心”艺术团在南昌举办《强军战旗红》慰问演出，举办第五届南昌国际军乐节。

【驻赣部队支持地方建设】 江西省军区协调5省1市9个百强县援建井冈山市9个乡镇的77个项目、9758万元资金及时到位，定点帮扶130个贫困村、结对帮扶2000余户贫困户，“摘帽”脱贫43个贫困村、792户2849人；陆军步兵学院投入30万元，省武警总队投入50万元，省消防部队投入100万元，火箭军投入50万元用于帮扶挂点村脱贫项目建设；驻赣部队帮扶贫困学生共计3000余名；全年在抢险救灾，维护社会稳定，创建平安江西等任务中共出动兵力22万多人次、装备3万多台次。

【军民融合深度发展】 南昌航空城南区装配综合区工装中心基本完工，入驻的航空及配套企业11户，瑶湖机场主体工程全面完成，景德镇直升机研发生产基地加快推进，航空零部件产业园签约配套企业26家，15家企业投产运营，全年营业收入超过700亿元；南昌、景德镇分别获批全国首批26个通航产业综合示范区，武功山旅游区被列为国家通航旅游示范工程；中国航发集团与南昌航空大学共建国内首个航空发动机学院。

（欧阳雪宝）

复员退伍军人安置

【概　况】 2017年，各级安置工作主管部门及时接收年度安排退出现役的士兵和计划集中移交的退役军人，具备移交条件的伤病残退役军人全部得到接收安置，由政府安排工作的退役士兵岗位落实率达到100%，其中安置到机关事业单位的达93%。确保退役士兵安置各项政策有效落实。在全面落实退役士兵就业服务、小额贷款、税费减免等政策的基础上，及时足额向自主就业退役士兵发放一次性经济补助资金，全年共发放自主就业退役士兵一次性经济补助资金2.27亿元。

省民政厅工作人员深入军营宣讲安置政策

省民政厅供

【健全完善安置改革配套政策】 依据国务院、中央军委有关退役士兵安置的法规和文件精神，完善安置配套政策，2月1日，《江西省实施〈退役士兵安置条例〉办法》施行，为退役士兵安置工作开展提供法规保障。5月19日，省政府、省军区印发《关于做好2017年度退役士兵安置工作的通知》，明确各级政府和有关部门的责任、接收时间和方法及工作要求，为完成年度安置任务提供政策保障。8月29日省民政厅联合省编办、省发改委、省人社厅、省国资委共同制定下发《关于下达我省2017年度退役士兵安置计划的通知》，把任务和责任分解落实到市、县、单位和行业系统。7月26日省民政厅、省财政厅、省国税局、省地税局联合转发《财政部 国家税务总局 民政部关于调整完善扶持自主就业退役士兵创业就业有关税收政策的通知》，明确扶持自主就业退役士兵创业就业有关税收政策，促进退役士兵就业创业。

【退役士兵职业教育和技能培训】 退役士兵职业教育和技能培训以就业创业作为教育培训工作的出发点和落脚点，创新工作机制，加强政策宣传，改进培训方式，加大订单式培训比重，着力提高退役士兵的政策知晓率、参训率、合格率，教育培训的数量、质量和效益呈稳步增长态势。各级财政共投入专项资金8000余万元保障退役士兵教育培训工作的顺利开展。全年共组织9300余名退役士兵参加免费教育培训，自主就业退役士兵政策知晓率、自愿参训率均达到100%，参训退役士兵合格率达到96%。

（董光红）

离退休军人安置

【概　况】 2017年，全省军休工作以落实军休干部“两个待遇”为重点，以推进军休服务管理规范化建设为抓手，克服军队改革及新安置政策带来的新情况新问题，完成国家下达的安置任务，共接收军休人员67人，其中军休干部54人，退休士官9人，无军籍职工4人。严格落实军休人员待遇政策。全年下拨军休退役安置补助资金3.48亿元，其中下拨人员经费3.27亿元（含增资和调标经费）、机构经费1536万元、用房经费561万元。“十

10 月 12 日—13 日，江西省第十一届军队离退休人员门球赛在九江市武宁县举办，图为比赛现场

省民政厅方利鹏供

三五”规划军休项目稳步推进。对九江军休一所、上饶军休所、吉安军休所等三个重点项目，积极采取“电话咨询、现场检查和及时督办”的办法实时督导。吉安军休所更新改造项目率先完成，九江军休一所已全面完成财政项目评估及拆迁协议签订，上饶军休所由上饶市国资公司和规划局确定了在中心城区采取重新购置的方案。

【组织开展县级军休经费检查】 7 月下旬至 8 月底，省民政厅对安置在县一级的军休干部 2015—2016 年度生活待遇落实情况进行专项检查。通过对资溪、德安、大余、莲花等 21 个县发放军休干部工资、遗属补助和护理费的检查，带动各设区市连锁反应，实现检查全覆盖。总体上，全省县一级军休干部的调标工资、遗属补助和护理费基本上及时足额发放，生活待遇基本落实，但由于县级军休工作人员业务不熟，导致有的单位出现补发不及时、数额有偏差等问题。为此，于 9 月 22 日省厅下发《关于加强落实安置在各县（区）军休干部“两个待遇”的通知》，有效杜绝“错、漏、迟”等现象的发生。

【加强军休所消防安全规范化建设】 在萍乡市召开全省军休服务管理机构消防安全工作现场会，确定工作标准，下达整改任务，提出整改要求。全省各军休所按萍乡标准对军休老干部活动场所、活动项目、消防安全等方面进行了“换血”式更新改造。萍乡、吉安、鹰潭 3 个军休所消防安全规范化建设率先完成，经验做法得到民政部充分肯定，以《江西：强化消防安全工作推进服务管理规范》为题刊登在民政部网站上向全国推广，并被国务院驻民政部督导组写进汇报材料中。

【组织开展军休工作制度培训】 4 月 20日，江西省军队离休退休干部服务管理工作规程培训班在抚州市举办，63 名军休工作人员参加了培训。通过培训，使大家了解了制度建设的重要性必要性，熟悉了各项业务流程，提高了按政策落实、按章办事、按规矩服务的意识，有力推进《工作规程》在江西省军休服务管理规范化建设中贯彻落实。

【组织开展军休文体活动】 组织开展全省军休干部庆祝建军 90 周年喜迎中共十九大系列活动。收集书法、绘画、摄影作品 119 余幅（件），演讲节目 6 个，朗诵节目 8 个。其中，摄影作品《沸腾的英雄城》和《强军梦 空中礼赞》、演讲节目《敬礼！八一军旗》、朗诵作品《爸妈，我想对您说》均获全国三等奖。12 月，省民政厅对组织本次活动先进个人、单位以及获奖作品进行了通报表彰。首次开展军休干部“走进陶瓷，艺享晚年”活动，以设区市为单位，共组织280 余名军休人员赴景德镇开展陶艺体验，聘请 3 位省级陶艺大师和 6 名手工制作师现场指导，活动深受广大军休干部的欢迎。5 月 16 日—19 日在新余市渝水区罗坊镇敬老院、分宜县福利院组织了第十二届“老区行”义诊活动，为敬老院老人、困难群众、优抚对象和五保户等400 人次免费看病，发放药品 2 万余元。江西网络广播电视台和新余市渝水区广播电视台及时进行了报道，给予了高度评价，收到了良好的社会效益。

（方利鹏）

本栏编辑　张志勇

妇女儿童

妇　女

【概　况】　2017年,江西省妇联紧抓妇女发展和妇女维权两条主线,打造妇女创新创业,破解巾帼家政健康发展,聚焦妇女权益保障,推动全省妇女发展。

打造亮点,积极组织参与全国、省妇女创新创业大赛。省妇联组织130个项目报名参赛,报名数位列全国第二。经初评、复评,2个项目晋升全国前30强。举办江西省妇女创新创业大赛。103个参赛项目涉及内容涵盖现代高端制造业、高科技农业、信息技术、互联网、物联网等领域。省委副书记姚增科全程出席决赛暨颁奖大会并与参赛选手交流。

凸显重点,“巾帼脱贫行动”深入推进。争取全国妇联“贫困母亲两癌救助专项基金”(中央专项彩票公益金)1917万元,救助农村贫困“两癌”患病妇女1917人。推动把“贫困县农村妇女免费两癌检查,实行贫困家庭妇女两癌免费救助全覆盖”的内容纳入省政府民生工程。省财政安排4000万元专项经费用于“两癌”检查,在省级专项彩票公益金中增加1000万元设立贫困妇女“两癌”救助专项基金。全年扶持妇女自主创业2.9万人次,发放贷款30.7亿元。全省开展万名妇女电商创业就业培训,各地举办妇女电商创业就业培训班95场,培训1.63万人次,其中微商城开店人数达6900人,1200多人月收入达到1500元。12月7日至9日,省妇联在浙江省义乌市委党校举办全省农村女经纪人培训班。培训班讲授《来料加工在浙江的实践与发展》《农产品营销》《来料加工接单技巧》《来料加工经纪人微传播应用》等课程,组织参观考察“中国网店第一村”青岩刘,培养农村女经纪人队伍,推动扶智脱贫。

破解难点,引领巾帼家政健康发展。省妇联联合省人社厅出台全省巾帼家庭服务培训工作实施方案,加强培训促就业。11月16日至17日,省妇联联合省人社厅、省商务厅在宜春市举办2017年江西省“振兴杯”家庭服务行业职业技能竞赛决赛。为落实全省精准扶贫攻坚工作部署,掌握全省建档立卡农村贫困劳动力及省内中心城市家庭服务业发展状况,促进中心城市与贫困县劳务对接,联合省人社厅、省商务厅分别就全省25个贫困县和南昌赣州两个“中心城市”开展家政脱贫工作调研。

构筑支点,搭建妇女就业服务平台。联合省人社厅、省总工会开展“春风行动”和巾帼家政服务女性专场招聘会,搭建用工企业和就业妇女之间桥梁。依托“巾帼文明岗”创建活动,在行业妇女中开展技能培训、岗位创优、科技创新等活动,在税务、卫生、金融系统等开展“岗位大练兵、技能大比武”活动,促进妇女岗位成才。江西共获得全国巾帼文明岗59个,全国巾帼建功先进集体16个,获全国巾帼建功标兵称号30人;还评选出省巾帼文明岗100个,省巾帼建功先进集体50个和省巾帼建功标兵150人。

聚集焦点,妇女维权工作上新台阶。省妇联推动省人大内司委牵头开展妇女权益保障工作专项调研,形成《关于我省妇女权益保障工作若干问题的调研报告》,主要涉及反家庭暴力、农村妇女土地权益、女性公平就业、妇女参政议政等重点妇女维权工作。与省法院协同推进江西省家事审判方式和工作机制改革工作,指导各地妇联参与法院家事案件诉前调解、诉中矛盾化解以及判后回访帮扶等。全省共有165名妇联系统干部或由妇联组织推荐的人员担任人民陪审员参与案件的审理。省妇联与省综治办、省高级人民法院、省公安厅、省民政厅、省司法厅联合印发《关于深入推进我省婚姻家庭纠纷预防化解工作的指导意见》。列举工作目标、基本原则以及6个部门的具体职责,就建立经费保障、考核奖惩等工作机制作了明确要求。全省10个设区市成立市级婚姻家庭纠纷人民调解委员会,80个县(市、区)成立县级婚姻家庭人民调解委员会,在部分妇女之家设立调解委员会、婚姻家庭纠纷调解室1.6万多个,成立专兼职调解队伍,调解婚姻家庭矛盾纠纷。抓好各级妇联开展妇女维权普法宣传,全年全省开展“建设法治中国·巾帼在行动”活动的妇女之家数8471个,举办普法讲座2314场、面对面法律咨询2343场、法治文化活动1750场、模拟法庭230场,妇女群众参加活动达179.3万余人次。扎实做好信访工作,增强调处和法律援助水平。全年省妇联接处信访159件,全省妇联系统接处信访件1.7万余件。全省各地妇联认真实施“中国妇女法律援助行动”项目,办结妇女儿童法律援助案件36件,帮助37名受援人挽回经济损失104万余元。省妇联举办2017年度全省妇联系统综治维权普法干部培训班,邀请全国妇联权益部信访处处长郭晔、江西省高级人民法院助理审判员李平、南昌大学教授陈建华、江西警察学院副教授、管理学博士张艺等专业人士授课，加强妇女普法维权队伍建设。江西29个集体、30名个人获全国维护妇女儿童权益先进。

【举行2016年度贫困母亲“两癌”救助专项基金发放仪式】 1月17日，2016年度贫困母亲“两癌”救助专项基金发放仪式在南昌举行，省妇联主席王庆、副主席肖晓兰、饶冬梅、党组成员李景芝和省卫计委、省财政厅、省扶贫办等单位相关负责人参加。省妇联按照每人1万元标准，向全省1687名贫困“两癌”母亲发放救助金。从2011年开始，截至2017年1月，全省发放“两癌”救助金4846.5万元。

【评估《江西省女职工劳动保护特别规定》(修改稿)】 2月24日，省妇联、省妇儿工委办召开《江西省女职工劳动保护特别规定》(修改稿)性别评估会，省法规政策性别平等咨询委员会办公室主任、省妇联副主席黄海燕参会。来自法律、经济、卫星、社会学、女性学等行业10多名专家对《江西省女职工劳动保护特别规定》(修改稿)进行性别平等评估。这是江西省首次聘请性别平等专家对法规进行专项评估。评估会对涉及妇女就业机会、劳工合同、婚育保护、产假规定、法律责任等27条内容逐条进行评估。

【出台《关于深入推进我省婚姻家庭纠纷预防化解工作的指导意见》】 3月，省妇联与省综治办、省高级人民法院、省公安厅、省民政厅、省司法厅联合印发《关于深入推进我省婚姻家庭纠纷预防化解工作的指导意见》，健全婚姻家庭纠纷多元化化解机制。《意见》明确工作目标、基本原则以及6个部门的具体职责，对建立经费保障、考核奖惩等工作机制作出明确要求。全省10个设区市成立市级婚姻家庭纠纷人民调解委员会，80个县(市、区)成立县级婚姻家庭人民调解委员会，在部分妇女之家设立调解委员会、婚姻家庭纠纷调解室1.6万多个，成立专兼职调解队伍，调解婚姻家庭矛盾纠纷。

【召开第四次全省妇女儿童工作会议】 4月27日，第四次全省妇女儿童工作会议在南昌召开。省委副书记、省长刘奇出席讲话。副省长、省妇儿工委主任谢茹作工作报告。省妇儿工委副主任、省妇联主席王庆宣读《关于表彰全省实施妇女儿童发展纲要先进集体和先进个人的决定》。会议传达第六次全国妇女儿童工作会议精神，总结过去5年全省妇女儿童事业发展的成效和经验，研究部署今后一个时期全省妇女儿童工作。会议通报表彰全国先进集体3个、全国先进个人7名、省级先进集体50个、省级先进个人100名。

【落实反拐行动计划县级妇儿工委主任培训班在南昌举行】 5月8日—9日，国务院妇儿工委办在南昌举办落实反拐行动计划县级妇儿工委主任培训班，国务院妇儿工委办、公安部刑侦局和江西省妇儿工委的负责人出席并致辞，来自江西、内蒙古、江苏、安徽、广西、海南、重庆、陕西8个省区市、40个县(市、区、旗)的妇儿工委主任和省级妇儿工委办相关人员参加培训。公安部刑侦局副局长陈士渠、中国政法大学反对人口贩运国际合作与保护中心主任张志伟、宝贝回家志愿者协会负责人张宝艳为与会人员授课，8个县市区旗妇儿工委进行反拐工作交流发言。

【2017年巾帼“双创”投资洽谈会在九江举行】 5月14日，2017年巾帼“双创”投资洽谈会在九江县中华贤母园举行。省妇联主席王庆，九江市人大常委会主任冯静，省妇联副主席肖晓兰，九江市副市长李军等参加。省内外100多名女企业家参加会议。会议签约落户九江巾帼“双创”示范企业8家，总投资额11.3亿元。此次洽谈会是妇联系统贯彻党中央、国务院“大众创业、万众创新”决策部署，进一步深化“创新创业巾帼行动”的一项重要举措。

【举办全省妇女创新创业大赛决赛】 9月8日，以“巾帼创新业、喜迎党的十九大”为主题的全省妇女创新创业大赛决赛在南昌举行。省委副书记姚增科出席并为获奖者颁奖。省委副秘书长李绪先，省妇联主席王庆，南昌市委副书记谢一平，省科技厅党组副书记、省知识产权局局长谢金水，省教育厅巡视员何建洋，省人社厅副厅长刘滇鸣，省妇联副主席肖晓兰，省财政厅副巡视员钟心平，省妇联副巡视员孙颖，省妇联党组成员李景芝等参会。大赛由省妇联主办。此次决赛10名参赛选手以“项目路演+评委点评”形式，展示自己创业项目，最后决出一等奖1名、二等奖2名、三等奖3名和优胜奖4名。大赛于7月启动，全省11个设区市103个参赛项目进行激烈角逐，最终产生晋级决赛10个优秀项目，涉及新农业、社团服务、文化创意、互联网等多个领域。

【召开全省免费婚前医学检查工作推进会】 10月16日，全省免费婚前医学检查工作推进会在上饶召开。副省长、省妇儿工委主任谢茹出席并讲话，省妇儿工委副主任、省妇联主席王庆，省妇儿工委副主任、省政府副秘书长陈敏，省卫计委副主任李晓琼，省民政厅副巡视员李小荣，省妇联党组成员、省妇儿工委办常务副主任李景芝参加。上饶市政府、省卫计委、省民政厅、赣州市政府、南昌市政府在会上从不同角度介绍开展免费婚前医学检查工作做法与成效。与会人员还现场考察弋阳县、玉山县婚登婚检优检中心。

(凌云)

儿　童

【概　况】 2017年，省妇联坚持优化儿童成长环境，开展“六一”系列活动及扶持建设儿童校外活动，认真做好留守儿童关爱服务工作，各项工作取得新成效。

指导各地做好购买留守儿童关爱服务项目。开展“百万家庭亲情一线牵”恒爱行动，发动各地为江西孤残、留守等困境儿童编织捐赠爱心毛衣近1500余件；11月7日，上饶市广丰区开展2017年恒爱行动启动仪式。通过编织爱心毛衣、相互赠送寄语卡片向贫困儿童捐献毛衣。省妇联对农村留守儿童学习生活情况开展调研，了解到多数农村家庭和学校的图书数量不足，质量不高，不能满足农村留守儿童阅读需求，较难形成阅读氛围，开展向留守儿童捐赠图书活动。全省共捐赠图书25万余册，向全省各地农村留守儿童较集中的23个儿童快乐家园寄发。省妇联还争取各方资源，帮扶贫困儿童。争取到“中国儿童少年基金会儿童弱视专项基金”为贫困弱视儿童免费治疗项目，筛查340余名贫困弱视儿童，确定其中86名符合治疗条件的弱视儿童前往北京光彩明天儿童眼科医院接受45天免费治疗，项目为每个弱视儿童免除治疗费5000元，共免费40余万元；争取到“中国儿童少年基金会·肯德基中国小候鸟专项基金”为江西50个“儿童快乐家园”提供读书设备、书籍及参加活动的经费，提供4000余册书籍和50个蓝牙音响设备；争取到高通公司与中国儿童基金会的“无线关爱”计划，在于都县、全南县的3所留守儿童较集中的小学捐建“高通21世纪课堂”，项目资金达625万元，惠及4000余名师生，争取到全国妇联慰问婺源县浙源乡留守儿童2万元经费。争取中央彩票公益金和中国人民解放军捐建儿童快乐家园11个，捐赠物资110万元，进一步促进江西儿童健康快乐成长。开展庆“六一”活动，营造关爱儿童社会氛围。5月10日，省妇联联合省文明办、团省委、省教育厅、省民政厅、省文化厅、省卫计委、省新闻出版广电局转发《全国妇联等8部门关于庆祝2017年“六一”国际儿童节的联合通知》的通知，要求在“六一”期间切实组织开展好主题鲜明、内容丰富、形式多样的庆祝活动，教育引导广大儿童热爱党、热爱祖国，培育和践行社会主义核心价值观。省妇联在南昌县岗上镇中心小学开展“庆六一城乡儿童手拉手 相伴共读 书香润德”主题活动，活动中的图书捐赠、亲子阅读表演、课外艺术课程分享及专业亲子阅读指导师的生动授课，让城乡孩子携手共进，共同在阅读中博学洽闻，培养兴趣爱好、道德情操和远大理想。

推进儿童校外场所建设，优化儿童成长环境。省妇联开展全省儿童活动中心情况统计工作。截至年底，全省儿童活动中心52个，其中省级福利彩票公益金建设的儿童活动中心51个。为科学指导好儿童活动中心建设，督导2年获支持的儿童活动中心建设。对已获财政福利彩票金支持的儿童活动中心的建设情况、建设进度、滞后原因及下步采取的措施等进行详细摸底掌握，针对南昌市新建区、湾里区2个儿童活动中心已超2年仍未动工的状况进行实地调研，并提出整改意见；对九江市濂溪区、景德镇市昌江区等5个未动工的儿童活动中心的具体情况进行督促指导。各地妇联积极申报建设、修缮和改扩建儿童活动中心，2017年度项目建设单位9个。

【开展“情暖童心、助梦飞扬”爱心公益活动】 3月24日，省儿童少年活动中心在南昌市青山湖区高新社区开展“情暖童心、助梦飞扬”爱心公益活动。省妇联副巡视员、省儿少中心主任孙颖参加。活动为社区儿童举行竹板表演公益授课，与城市留守儿童、外来创业人员和社区困难家庭的孩子开展培训课堂。

【驻沪妇工委关爱山区留守儿童】 3月26日，省妇联驻沪妇工委、上海心莲心爱心公益组织、上海勤豆公益雏子助学等联合走进崇义县金坑乡元田小学开展助学活动，为全校23名贫困留守儿童发放价值5300元的爱心物资和500元慰问金。

【开展“学习雷锋好榜样、我来公园做环保”假日实践活动】 3月26日，省儿童少年活动中心在南昌市贤士湖公园开展“学习雷锋好榜样、我来公园做环保”假日实践活动。省妇联副巡视员、省儿少中心主任孙颖参加。活动组织儿童少年开展小志愿者向游客宣传环保知识、清洁卫生活动。

【社区亲子互动体验中心成立】 5月，北京市妇女儿童发展基金会援建的社区亲子互动体验中心在南昌市红谷滩新区怡园路中央城社区服务站成立。社区亲子互动体验中心组织开展亲子游戏、亲子阅读、社区实践等工艺活动，帮助家长从学习体验正确的亲子互动开始，提升陪伴质量，增进亲子关系，提高亲子教育水平。

【举办“庆六一城乡儿童手拉手相伴共读书香润德”主题活动】 5月26日，省妇联主办，省儿童少年活动中心、南昌县冈上镇中心小学共同承办的“庆六一城乡儿童手拉手相伴共读书香润德”主题活动举行。省妇联副主席黄海燕、副巡视员孙颖与800余名师生及家长参加活动。省妇联向冈上镇中心小学赠送3000多册图书和学习用品。城乡儿童共同牵手签名承诺在书香中放飞梦想。

【举行“童心向党爱创未来”庆六一文艺汇演】 5月27日，省妇联春蕾艺术幼儿园举行“童心向党爱创未来”庆六一文艺汇演。省妇联主席王庆，副主席黄海燕、肖晓兰、饶冬梅，副巡视员孙颖，党组成员李景芝与教师及家长一起观看演出。

【举行“2017李涂雅雅励志班”开班典礼暨资助仪式】 9月12日，省妇联举行“2017李涂雅雅励志班”开班典礼暨资助仪式。省政协副主席郑小燕出席，省妇联主席王庆、副主席饶冬梅、副巡视员孙颖参加。省女企业家协会副会长、香港永通发展集团股份有限公司董事长李涂雅雅向励志班贫困女生捐赠助学善款50万元。进入“励志班”学习的100名女生享受在校学习免学费（三年）和享受每年1000～2000元助学支持，学校还免费推荐就业。

【举行第七届“秀美江西”江西省儿童少年民俗体验美术、摄影作品展】 11月12日，第七届“秀美江西”江西省儿童少年民俗体验美术、摄影作品展在南昌举行。省妇联主席王庆、副主席黄海燕、副巡视员孙颖等与儿童一起参观展览。此次展览由江西省美术家协会、省教育协会美术教育专业委员会、省教育协会少年儿童校外教育专业委员会主办，省儿童少年活动中心承办。共展示全省各地2000多幅少年儿童美术作品。作品展现江西儿童了解家乡传统、传承家乡民族文化、助力家乡生态文明建设的美好情。作品涵盖线描、水彩、水粉、彩墨、版画、油画、中国画、陶艺、手工制作等。

（凌云）

本栏编辑　刘清林

老龄事业

综述

截至2017年年底，全省60岁及以上、65岁及以上人口分别为673.43万人、467.29万人，比2016年分别增加18.57万人、16.79万人，占总人口比重分别为14.57%、10.11%，分别比上年提高0.31和0.3个百分点，人口老龄化进程继续加快。

出台老龄事业发展系列政策。以省政府名义印发《江西省老龄事业发展“十三五”规划》，以省政府办公厅名义印发《关于做好我省老年人权益保障和照顾服务工作的实施意见》，以省老龄委（办）名义印发《关于印发〈江西省老龄事业发展评估办法〉（试行）〉的通知》《贯彻实施〈江西省实施中华人民共和国老年人权益保障法办法〉主要任务责任分工意见》《江西省老龄信访工作管理办法（试行）》，转发《全国老龄办关于加强联络协调工作的指导意见》《转发全国老龄办等25部门〈关于推进老年宜居环境建设的指导意见〉的通知》等文件，省老龄办发挥综合协调、联系沟通和议事协商的职能作用，推动省老龄委成员单位出台一系列涉老法规政策，联合有关单位共同出台《关于进一步加强老年法律维权工作的实施意见》，印发《江西省老龄工作委员会2017年工作要点》，为全省老龄事业发展提供工作遵循。

开展老年人意外伤害保险。根据省老龄办、省民政厅、省财政厅、江西保监局联合出台的《关于转发全国老龄办等4部门有关开展老年人意外伤害保险工作指导意见的通知》，将“70周岁以上老年人免费乘坐市内公交车意外伤害保险”，拓展为老年人意外伤害保险。省老龄办加强对老年人意外保险工作的指导和统保对象基本信息登记督查工作，召开省级承保公司座谈会和全省老年人意外伤害保险工作会议，组织开展老年人意外伤害保险工作情况执法检查，并就2017年老年人意外伤害保险执行情况，向省财政、江西保监局提出具体意见建议，签订《2018年度全省老年人意外伤害保险协议》。先后2次对各地老年人意外伤害保险等工作进行了督查检查，确保各地、各承保公司履行工作职责。截至11月底，全省共发生案件6677起，理赔金额1707.2万元，理赔率达93%，较好保障了老年人的合法权益。

保障老年人合法权益。依据《江西省实施〈中华人民共和国老年人权益保障法〉办法》和省政府办公厅批转的《关于进一步加强我省老年人优待工作的意见》，省老龄办督促指导各地出台本地政策，要求各地统筹推动老年优待、高龄津贴发放等工作，确保65周岁以上老年人免费乘坐公交车、免费进入景区景点的优惠政策落实。4月份省老龄委下发《关于开展老年法律维权督查工作的通知》，省老龄办联合省公安厅、省检察院、省高院、省司法厅、省民政厅成立5个督察组，对全省老年法律维权工作进行了督查，并向省老龄委呈送了《关于开展我省老年法律维权工作专项督查的报告》，省老龄委主任、副省长吴晓军对报告作出批示，要求继续做好老年法律维权工作。配合省民政厅在全省组织开展防范非法集资宣传月和涉嫌非法集资专项排查活动，有效保护广大老年群众的切身利益。按照全国老龄办《关于开展老年人优待服务工作绩效评估的通知》，组织省老龄委成员单位和各设区市老龄办报送老年人优待服务政策绩效评估指标表、老年人优待服务政策目录和老年人优待服务的典型案例。配合省发改委、省民政厅共同组织开展《国务院办公厅关于全面放开养老服务市场 提升养老服务质量的若干意见》落实情况督查工作。制定《〈江西省老年人优待证〉印制、发放管理办法（暂行）》，规范老年人优待证印制发放工作，全年印制发放老年人优待证46万多本。全年共收到老年人来信8件，来访3件，来电30件，已全部办结，没有出现老年人不当重复上访、缠访等事件。

提升基层老龄工作能力。按照“设施完善、制度健全、班子得力、经费落实、作用明显”5条标准，抓好老年协会规范化建设，并探索老年协会建设新模式，做到登记备案依法实施管理。总结推广了景德镇、鹰潭两市“协会+中心+站点+巡访”的模式，即将居家养老服务中心交由农村老年协会进行日常管理服务，在远离居家养老服务中心的自然村设立服务站点，对中心（站点）辐射不到的偏远村庄采取巡访方式上门为老年人服务。举办全省基层老龄干部和全省基层老年协会管理人员培训班，提升基层老龄干部和基层老龄协会人员的履职尽责能力。7月底举办有关设区市、县（市、区）老龄办联络员和乡镇督导员及村级调查员参加的培训班，8月1日零时，正式开展入户调查，同时对上门入户调查情况进行了现场督导，完成全国老龄办统一组织的老年人生活状况监测调查工作任务。

拓展老龄工作宣传。省老龄办加大宣传力度，营造敬老爱老社会氛围。组织全省各地在《中国社会报》《中国老年报》《中国社会工作·老龄》《江西日报》等省部级以上刊物媒体上刊稿92篇，编发《江西老龄工作》12期，反映全省老龄工作成绩和老年人的精神面貌。重阳节期间，在南昌市八一广场联合江西省广播电视台开展江西省2017年“九九”重阳庆祝活动，并组织老年法律、老龄政策、老年卫生、老年消费、老年金融、老年保障等内容的咨询服务和老年文艺演出活动。广泛开展“敬老月”活动。全省各地把新修改《中华人民共和国老年人权益保障法》的宣传教育与弘扬中华民族尊老敬老传统美德和庆祝“老年节”活动结合起来，通过印发《中华人民共和国老年人权益保障法》单行本、举办学习班、组织宣讲组、张贴宣传画等多种形式和采取广播、电视、报刊、网络等多种手段，广泛在机关、乡村、社区、学校、企业开展《中华人民共和国老年人权益保障法》宣传教育，增强全社会的老年法律意识和敬老意识。组织开展“敬老文明号”创建活动。按照《江西省“敬老文明号”创建活动实施方案》，组织全省各涉老部门、医疗机构、旅游景点、城市公交等公共服务窗口行业和养老机构开展创建活动。通过明确创建目标、拓展服务内容、制定服务标准、完善服务制度、公开服务承诺，提升基层单位为老服务水平，营造尊老敬老爱老助老的社会氛围。组织开展全国老龄系统先进典型评选宣传。推选1名老龄先进工作者、2名“全国老有所为”典型人物和1个老龄工作先进集体，受到全国老龄委表彰。

（段玉冰）

社会养老服务体系

【概　况】 2017年，全省14个大型养老项目入选财政部PPP项目库，26家公办养老院入选国家第二批公办养老机构改革试点名录。南昌、赣州、新余等地投资1亿元以上的社会福利中心项目和86家大型公办养老院实现“公建民营”。南昌、抚州、赣州被列入全国医养结合试点城市。全省审批设置老年病医院、护理院和康复医院等老年专科医疗机构25家，建成养老、医疗一体机构78家，739家养老机构通过与医疗机构签约、托管、对口支援、合作共建等方式建立合作关系，全省65岁以上老年人签约252万，签约率61%。护理型床位占总床位比重提高5%，达到20%，54%以上的养老院能以不同形式为入住老年人提供医疗卫生服务。

开展社区和居家养老服务改革。推动省级层面建立经济困难高龄、失能老年人养老服务补贴和护理补贴制度。支持南昌、赣州、吉安等地开展全国居家养老服务改革试点工作。

【开展健康养老试点】 省工信委、省民政厅、省卫生计生委组织省内相关企业、单位申报智慧健康养老试点示范，萍乡市都市农庄生态园开发有限公司被列为智慧健康养老应用试点示范企业，宜春市樟树市阁山镇、鹰潭市梅园街道、宜春市上高县南港镇被列为智慧健康养老应用试点示范街道（乡镇），并被国家列入2017年智慧健康养老应用试点示范名单。

开展社区健康养老管理体系建设试点。省商务厅继续在南昌市3个社区开设健康养老服务点，为社区内老年人提供健康监测、家政、助医等服务，建立老年人健康档案大数据平台，同时，鼓励企业有针对性地为老年人提供不同层次、个性化的健康养老定制服务，满足老年人对健康养老的各类需求。

【养老产业发展】 出台《关于进一步做好房地产市场调控工作指导意见》，鼓励房地产企业开发养老住宅、养老公寓等多种类型养老住宅项目；允许未开发房地产用地和已建成非住宅商品房转型利用，用于国家支持的养老产业、体育产业等项目用途的开发建设。养老服务产业基金试点取得实质性进展。养老基金投资萍乡麓林湖养生公馆项目3亿元，其中中央专项资金投资3000万元，投资收益率为年7%。

建立家政养老服务标准。省商务厅指导江西省家庭服务业协会编制出台《养老助餐服务质量规范》《养老护理服务质量规范》《医疗陪护服务质量规范》《保洁服务质量规范》《钟点工服务质量规范》等多项地方标准。省质监局启动养老服务标准化试点工作，部署创建《南昌市信息化养老服务综合标准化试点》2个国家级养老服务标准化试点项目。从规范化、标准化入手，填补行业空白，引导行业规范健康发展。

【加强养老服务要素支撑】 加大资金投入，对全省30个获得中央基建投资资金支持的养老院项目下达资金1.73亿元；统筹安排省级福彩公益金2.16亿元用于养老院建设和质量提升资金，占省级福彩公益金总量比例80%。安排省级财政安排养老服务体系建设专项资金500万元。安排中央彩票公益金4220万元，用于养老院改扩建及提升改造即养老院设施质量建设和改造。安排专项资金180万元，用于全省养老院服务人才素质培训。保障土地供应，全年全省供应养老服务设施用地66.65公顷，其中出让20.23公顷，划拨46.42公顷，同时审查通过了上饶翼天灵山旅游小镇项目（含颐养社区15万平方米）和资溪县狮子山养老基地建设项目12.59公顷等涉老项目用地规模审核。规划人才培养，有6所职业院校开设了养老服务与管理相关专业在校生630余人，江西省民政学校、萍乡市卫校、江西卫生职业学院、江西中医药高等专科学校等4所职业院校入选江西省首批养老护理员培训基地。

【开展养老院服务质量建设专项行动】 2017年，全省贯彻落实中共中央总书记习近平关于“提高养老院服务质量”的重要指示，着力推进养老院服务质量提升，2月15日，省委常委、省政府常务副省长毛伟明主持召开省政府专题会议，明确由省民政厅牵头开展此项工作。4月11日，省民政厅联合省卫生计生委、省公安厅、省发改委、省工信委等13个省直单位出台《江西省养老院服务质量专项行动实施方案》，将提升养老院服务质量工作列为全年民政联合抓点示范工作首要任务。4月18日，省民政厅组织全省民政系统主要负责人以及相关工作人员、养老院院长等2800余人召开动员部署会议并开展专题培训，重点学习大检查大整治工作要求。为全面摸底排查当前养老院存在的突出问题和普遍性问题，省民政厅将养老院服务质量纳入全省基层民政能力建设重点调研内容之一，派出11个工作组，开展为期一个月的蹲点调研工作，并形成蹲点调研专项报告。根据摸底情况，省民政厅制定《养老院服务质量大检查操作手册》，明确大检查的内容和范围、检查流程、时间节点，将检查内容分为基础指标和提升指标，其中基础指标54项为强制性指标，不符合条件的必须限期整改到位。5月30日，省委办公厅、省政府办公厅出台《关于提升养老院服务质量的意见》，成立以常务副省长为组长的全面提升养老院服务质量（养老产业发展）领导小组，将养老服务体系建设（养老院服务质量建设）首次纳入省委省政府对市、县科学发展观综合考评。

经过前期摸底排查，7月25日，省民政厅印发《关于开展全省民政系统综治消防安全生产及提升养老院服务质量等涉老工作大检查的通知》，派出6个工作组对全省11各设区市提升养老院质量建设等工作进行专项督查，形成专项督查报告，并联合省公安消防、卫生计生、食品药品等6部门于9月6日，再次召集全省民政系统主要领导和有关负责人、养老院长3000余人召开部署推进视频会议，通报各地在54项基础性指标达标情况、大检查情况、存在的主要问题，部署下一步工作，并对全省养老院质量建设专项整治有关基础性指标、标准化建设、业务数据等方面提出了明确要求和推进措施。按照民政部养老机构业务管理系统时间节点和数据填报要求，完成养老机构业务数据填报工作，确保了数据误差率控制在5%以内。10月27日，省发改委等12部门共同就开展全面放开养老服务市场、提升养老院服务质量的若干意见落实情况启动督查工作。省公安消防部门印发《关于进一步加强养老院消防安全监督管理和服务工作的通知》，明确取消部分养老院消防验收审批事项以及养老院消防安全管理要求。

经过一年的养老院服务质量专项行动，全省培训养老行政管理人员、养老院负责人、养老护理员6000余人次；全省1761家养老院参与专项行动。54项基础性指标不合格养老院整治率100%，勒令关停33家，整治后合格养老院超过75%。

（王超）

社会养老保障体系

【概　况】 2017年，江西省全面实施机关事业单位养老保险制度改革，建立机关事业单位养老保险关系和职业年金转移接续办法，关系转移接续制度。机关事业单位养老保险制度政策体系基本建立健全、信息系统全面上线，业务经办全面开展。2017年，全省机关事业单位参保人数138.5万人；出台《关于完善国有农垦企业及其职工参加基本养老保险办法有关问题的通知》，完善国有农垦企业职工参保办法，实现全省企业职工养老保险制度统一和全覆盖；印发《关于江西省2017年调整退休人员基本养老金的通知》，从1月1日起，调整全省企业和机关事业单位退休人员基本养老金，略高于全国水平，全省有295万企业和机关事业单位退休人员受益。1月6日出台《关于调整企业离休人员基本养老金的通知》，从2016年7月1日起，提高企业离休人员基本养老金水平。督促各地提高未参保城镇大集体企业退休人员等养老生活补助标准，贯彻落实原省属农垦企业退休科级及科以下干部、部分建场初期老工人和退休工人技师生活补助标准动态调整政策。

上饶市先行先试，在市本级、信州区等6个县区先期启动城镇职工长期护理保险试点工作，制度体系基本建立，覆盖人员逐步扩大，失能人员待遇支付到位，长护险制度总体进展顺利，基金运行平稳，成效初步体现。

加强社会救助和社会福利。省级统筹预算内投资、福彩公益金等2.7亿元，资助各类养老服务设施建设改造300余（处）。推动省级层面建立经济困难高龄、失能老年人养老服务补贴和护理补贴制度。开展“暖床前”慈善助老志愿服务，为孤寡、失独老人开展服务18.2万人次。

【上饶市启动第一批长期护理保险制度试点】 1月1日，上饶市正式启动长期护理保险试点工作。该项业务采取政府购买服务、委托保险公司经办的方式，由具有资质的商业保险公司承办。全市范围内参加城镇职工基本医疗保险的人员均纳入长期护理保险试点范围内。4月，上饶市通过移动短信向40万参保人员宣传政策并对全市养老机构的重度失能人员进行摸底问卷调查，通过医院提供的信息到重度失能人员家里走访了解。全面启动接受失能人员的申请评估，由失能人员家属提交申请表，经办人员初步审核，再委派专家进行实地鉴定是否符合重度失能人员标准，专家填写完整的《上饶市长期护理统一需求评估调查表》，并录入长护审核系统评定等级，公示7天后未受到质疑的将根据等级确定享受人员。经申请鉴定符合条件的重度失能人群可以选择居家自主护理，享受护理津贴或者选择在专业机构护理享受护理服务，还可以由护理机构上门提供护理服务。长期护理险支付标准分为居家自主护理小额补助（对符合条件的居家自主护理小额补助实行按年申报，统一按照每月450元的标准定额给付，按月发放）、居家上门护理（统一按照每人每月900元的标准定额给付，按月结算。护理必需的护理产品租赁费用按每人每月累计最高不超过180元，低于180元的据实支付，按月结算）以及机构护理（对符合长期护理保险规定并与之签订了服务协议的机构护理实行定额支付，按月结算，标准为每人每月1080元）。此举既能减轻失能人员家庭长期护理的事务性负担和经济负担，又提高了医保基金的使用效率。5月，上饶市对长期护理保险承办服务公开招标，8月28日，公示长期护理保险首批待遇享受名单及4家定点服务机构。截至年底，已有5个批次近千人通过鉴定被纳入保障范围，开始享受长期护理险待遇。

（段玉冰）

老年人宜居环境

【概　况】 改善老年人生活条件。

将符合政策的分散供养五保户列为全省村镇养老危房改造工作重点帮扶对象，户均最低补助标准从1.8万元提高至2.2万元，对特别困难的实行政府兜底保障或者安排“交钥匙”工程解决安居问题。2017年年底，完成2773户分散供养五保户危房改造任务。对居住区缘石坡道、轮椅坡道、公共出入口、走道、楼梯、电梯候梯厅及轿厢等设施和部位进行无障碍改造，全省各中心城区均落实65周岁老年人免费乘坐市内公共汽车政策，大部分公交车都配置为低踏板公交车，为老年人提供出行便利。客运站、码头均设置了老年人购票专用窗口、安全保障设施和老年人绿色通道，对老年人购买船票给予免票或减票。全省所有城镇公园，专类公园，4A、5A级景区免费对65岁以上的老年人开放，新建、改造公园内均增设老年人休闲、健身等设施。

【城市养老服务配套设施规划】 在编制城市总体规划时，严格落实人均不少于0.1平方米的标准，分区分级规划设置养老服务设施，凡新建城区和新建居住（小）区，必须按照《城市公共设施规划规范》《城镇老年人设施规划规范》《城市居住区规划设计规范》等标准要求配套建设养老服务设施。

【老年人医疗服务】 发挥城市社区卫生服务机构的作用，推进家庭医生签约服务制度，使老人在家就能享受高品质、连续性且方便快捷的医疗服务。开展65岁以上老年人中医药健康服务，全省接受中医药健康服务的65岁及以上老年人数221万人，全省老年人中医药健康管理率51.89%。实施健康老龄化工程，在公立医院资源丰富的地区，稳妥推进功能重叠、具有可替代性的公立医院改制试点，转型为康复、老年、长期护理、慢病管理等接续性医疗机构。支持老年疾病技术研究及产品研发。在每年科技计划指南中，针对常见多发老年疾病，重点推动开展疾病早期筛查技术、中医特色诊疗技术等研究。2017年，省科技厅在老年性疾病技术研究领域共立项支持6项，经费120万元。

【家庭医生签约服务】 2月7日，省医改办、省卫生计生委、省发改委、省民政厅、省财政厅、省人社厅联合制定下发《江西省推进家庭医生签约服务实施意见》，推进家庭医生签约制度开展，将老年人列为重点签约人群，做好老年人的健康管理和疾病预防工作，解决老年人家门口看病难问题。委托江西电信开发江西省家庭医生签约服务平台，家庭医生通过平台医护端可直接与辖区老年人进行签约，提供的服务内容、老年人检查的结果即时发送给老人子女，签约老年人还可以通过平台居民端进行健康档案查阅、在线问诊，健康咨询等。拟到2020年，签约服务扩大到全人群，形成长期稳定的契约服务关系，基本实现家庭医生签约服务制度的全覆盖。

（王超）

老年人合法权益保障

【概　况】 调解涉老纠纷。全省公安派出所通过民调评警、开展“大走访”活动等形式，对辖区内的孤寡老人开展帮扶和维护老年人合法权益宣传教育活动，定期走访慰问，排查化解以家庭矛盾、邻里纠纷为重点的各类涉老矛盾及纠纷。2017年，全省公安机关共排查化解涉老矛盾纠纷3400余起，调解成功率达96.5%，走访慰问老人2000余次。

提供涉老便利服务。完善老年父母随成年子女落户政策，放宽老年人进城落户政策，为老年人随赡养人迁徙提供条件。户政、交警、出入境等部门针对老年人配好配全老花镜等便利设施，在推行错时服务、延时服务、预约服务的基础上，专门对老年人开展上门服务。2017年，全省公安机关共为老年人提供咨询服务8.7万余人次，救助迷路老人400余人次，办理60岁以上老年人投靠成年子女落户2.2万余人，制作身份证10.5万余人次，送证上门1.3万人次。

【打击涉老违法犯罪】 2017年，全省公安机关以农村突出治安问题专项整治为抓手，对伤害老年人人身安全和侵犯老年人财产安全的违法犯罪行为，坚决依法查处，特别加大了对“两抢一盗”、诈骗、涉及食品药品环境安全环节等侵害老年人利益的民生案件的打击力度，快侦快破，最大限度地保障老年人权益。全年共查破涉老违法犯罪案件1771起，救助和赞助受困老人156人。

【提供涉老法律援助】 全省各地依托老龄委设立法律援助工作站65个，将“12348”法律援助专线升级改造为公共法律服务热线。进一步放宽经济困难审查标准，部分市、县（区）已将涉老经济困难审查标准降低到最低工资标准，并适度放宽免予经济困难审查对象和法律援助事项范围，依法减、缓、免老年当事人的诉讼费用。对符合条件的特殊老年群体，开辟法律援助绿色通道，免予审查其经济困难条件。推行涉老法律援助“一站式”服务，当天申请当天提供法律援助，对经济困难的重度残疾、身患重病和孤寡老年人实行优先受理。全年全省各级法律援助机构及工作站点共接待老年人来信、来访、来电29199人次，占总咨询人数的9.9%；全省共办理各类涉老法律援助案件3668件，占总案件数的10.6%，受援老年人3886人，占受援人总数的10.9%，为老年人挽回损失或取得利益1500多万元。

【开展为老志愿服务活动】 组织开展“敬老文明号”创建活动，按照《江西省“敬老文明号”创建活动实施方案》，组织全省各涉老部门、医疗机构、旅游景点、城市公交等公共服务窗口行业和养老机构开展创建活动。通过明确创建目标、拓展服务内容、制定服务标准、完善服务制度、公开服务承诺，提升基层单位为老服务水平，营造尊老敬老爱老助老的社会氛围。“敬老月”期间，全省各地把新修改《中华人民共和国老年人权益保障法》的宣传教育与弘扬中华民族尊老敬老传统美德活动结合起来，通过印发《中华人民共和国老年人权益保障法》单行本、举办学习班、组织宣讲组、张贴宣传画等多种形式和采取广播、电视、报刊、网络等多种手段，广泛开展《中华人民共和国老年人权益保障法》宣传教育进机关、进乡村、进社区、进学校、进企业、进单位活动。通过大造声势、

江西省"九九"重阳庆祝活动在南昌八一广场举行，图为老年人自娱自乐庆重阳

省老龄办段玉冰供

广造舆论，加大宣传教育力度，使新修改的《中华人民共和国老年人权益保障法》家喻户晓，深入人心，进一步增强了全社会的老年法律意识和敬老意识，民政部门组织开展"暖床前"慈善助老志愿服务，为孤寡、失独老人开展服务18.2万人次。司法部门通过开展"精准法律援助专项行动""关爱老年人"法律援助服务进社区、"九九重阳节，公证献爱心""为老年人免费办理遗嘱公证公益服务月"等活动，为老年人提供法律援助服务。省妇联抓住"三八"节、母亲节、重阳节等节日契机，开展金婚纪念、给百岁老人祝寿、"敬老好儿女"、敬老爱老"十佳文明户"评选等活动，组织以维护老年人权益为重点的普法宣传，宣传《中华人民共和国老年人权益保障法》《中华人民共和国妇女权益保障法》，教育、带动广大群众尊重、赡养和帮助老年群众。团省委以3月学雷锋月和12月志愿服务月为契机将涉老志愿服务作为重点内容进行部署，广泛发动全省各级团组织和广大青年志愿者深入参与为老服务。

（王超）

老年人社会管理

【概　况】 2017年，省老龄办编发《江西老龄工作》12期，组织全省各地在《中国社会报》《中国老年报》《中国社会工作·老龄》《江西日报》等省部级以上刊物媒体上刊稿92篇，反映全省老龄工作成绩和老年人风采。推动全省老年大学改扩建，教学软硬件双提升。组织老年法律、老龄政策、老年卫生、老年消费、老年金融、老年保障等内容的咨询服务和老年文艺演出活动。按照"设施完善、制度健全、班子得力、经费落实、作用明显"5条标准，抓好老年协会规范化建设，并探索老年协会建设新模式，做到登记备案依法实施管理。

【探索老年协会建设模式】 探索"院会合一"模式，将敬老院（幸福院、光荣院）部分空置资源有效利用，使老年协会活动场所和活动设施问题得以解决。探索"会会合一"模式，把老年人体育协会资源共建共享，以解决老年协会经费难、设施弱的问题。探索"站会合一"模式，总结推广景德镇、鹰潭两市"协会+中心+站点+巡访"的模式，城乡社区居家养老服务中心（站）、农村颐养之家建成后，委托给老年协会进行管理，并加挂老年协会牌子，不仅可以发挥基层老年协会的作用，还能促进养老服务资源的管理和可持续发展。

【老年大学建设】 8月，江西老年大学搬迁至原省公安厅大院，改造工作稳步推进，学校面积从1080平方米扩大到3.36万平方米，省老年人活动中心新增7000平方米。5个设区市、16个县（市、区）新建改扩建老年大学、老干部活动中心37所，新增6所"全省老年大学示范校"，5个"全省优秀老干部活动中心"。至年底，全省共有各类老干部活动中心（室）1007个、老年大学1986所。推动电大向开放大学转变，发展老年教育，依托电大试点建成江西老年开放教育学习平台，该平台以现代信息技术为支撑，面向老年人和养老服务从业人员开展培训教育，平台设立有所学、有所乐、有所养、有所为等4个大类资源，包括28个科目、392门视频课程，通过"互联网+"技术，为老年人学习者提供线上线下的学习服务支撑。

（段玉冰）

本栏编辑　张志勇

残疾人事业

残疾人社会保障

【概　况】 2017年，省残联配合省民政厅、省人社厅进一步夯实残疾人社会保障基础，落实最低生活保障、医疗救助、大病救助、康复救助、教育救助等社会救助政策，重点推进困难残疾人专项生活救助措施，做好四类对象（建档立卡贫困户、分散供养五保户、低保户、贫困残疾人家庭）贫困残疾人身份识别工作。实施城乡危房改造时，优先安排经济困难的残疾人家庭。对建档立卡贫困残疾人未参加城乡居民医疗保障的落实相应措施，确保重度残疾人及符合条件缴费困难的残疾人按规定普遍享受有关养老保险费、医疗保险费代缴政策。

开展残疾人托养工作。抓好各级残联政府购买精神、智力、重度肢体和视力残疾人日间照料服务工作落实，完善政府购买残疾人日间照料服务措施，由省级专项彩票公益金列支300万元，扶持全省22个残疾人日间照料服务项目并开展辅助性就业示范机构建设。

【"两项补贴"制度实施】 2017年，为做好全省残疾人"两项补贴"工作，省残联与省民政厅印发《关于开展困难残疾人生活补贴和重度残疾人护理补贴制度全面自查工作》的通知，在全省开展两项补贴督察工作，了解和掌握困难残疾人生活补贴及重度残疾人护理补贴制度存在的问题和不足。全年省级下达两项补贴补助资金2.86亿元，各县区分别按照20%或40%落实配套资金，补贴标准均为每人每月50元，全省受益人数为79.54万人次。两项补贴制度实施以来，新增持证残疾人近13万人，大量减少有意愿但因为没有残疾证而不能获得补贴的残疾人数。

【出台社会救助扶贫政策】 2017年，省残联联合省人社厅、省教育厅、省民政厅、省财政厅、省住建厅、省卫计委印发《关于转发中国残联等七部门〈关于加强残疾人社会救助工作的意见〉的通知》，要求各级残联通力合作把残疾人社会救助工作作为兜底线、救急难、保民生的重点工程来抓。其中，丰城市对符合条件的贫困残疾人申请最低生活保障做到应保就保，建立低保标准与农村居民人均收入挂钩的动态调整机制，对农村低保人员进行提标提补政策。省残联转发中国残联《关于落实低收入残疾人家庭生活用水电气暖等基本生活支出费用优惠和补贴政策的通知》，要求各地推动有关部门落实低收入残疾人家庭生活用水、电、气、暖等基本生活支出费用优惠和补贴政策。11月，省残联向中国残联报送《江西省关于落实低收入残疾人家庭生活用水电暖等基本生活支出费用优惠和补贴政策的落实情况》。

【优先保障城乡残疾人基本住房】 2017年，省残联要求各地配租公共租赁住房优先安排残疾人，并在楼层和户型方面给予照顾。在实施农村危房改造项目方面，优先安排经济困难残疾人家庭。为彻底解决全省残疾人危房改造工程，省残联印发《关于做好"十三五"全省四类对象危房改造台账信息比对的通知》，并把各设区市"四类对象"存量危房改造台账数据分解至全省各地，要求各地认真做好建档立卡贫困户、分散供养五保户、低保户、贫困残疾人家庭四类对象中贫困残疾人身份识别工作，排查未纳入危房改造对象，并及时将残疾人信息录入数据库。经比对核查，全省符合条件的、有改造需求和愿望的贫困残疾人均参加危房改造项目，全省贫困残疾人家庭户数为1.43万户。

【落实贫困残疾人社会医疗保险措施】 2017年，省残联全力资助贫困人口参加社会保险，全额补助建档立卡农村贫困人口等参加城乡居民基本医疗保险，提高贫困人口社会保险待遇。提高建档立卡农村贫困人口门诊特殊慢性病报销比例；提高Ⅰ类、Ⅱ类门诊特殊慢性病年度最高支付限额；将血吸虫病等江西省常见地方病纳入门诊特殊慢性病管理；取消特困供养人员、最低生活保障对象及其他建档立卡农村贫困人口在一级、二级定点医疗机构住院的起付线；1月1日起，对建档立卡农村贫困人口的城乡居民大病保险报销起付线降低50%，报销比例提高5%。减轻重特大疾病贫困人口医疗负担，继续实施十类重大疾病免费救治工作，对建档立卡农村贫困人口患肺癌等15种重大疾病，实行按病种定额救治，在二级和三级定点医疗机构住院治疗，城乡居民医保费用分别按80%和70%比例补偿。减少贫困人口看病就医跑腿垫支。把建档立卡贫困人口大病保险、医疗救助纳入基本医疗保险信息平台建设，实行"一站式"同步结算，加快与全国异地就医结算平台对接，实现国家异地就医联网结算系统与省级异地就医联网结算系统对接,年底实现符合转诊规定异地就医住院费用直接结算,减少贫困人口“跑腿”“垫支”。

【残疾人养老保险优惠政策】 2017年,《江西省城乡居民基本养老保险实施办法》规定对城乡重度残疾人等缴费困难群体,政府为其代缴部分或全部最低标准的养老保险费。省、县(市、区)财政为城乡重度残疾人代缴最低标准的养老保险费每人每年100元,代缴所需资金西部政策延伸县由省、县(市)财政按8:2负担;其他县(市、区)由省、县(市、区)财政按6:4负担。全省各级残联积极为贫困残疾人谋福利,抚州市乐安县在全县范围落实对贫困残疾人参保的优惠政策,低保残疾人、重度残疾人、建档立卡残疾人免交基本医疗保险费150元和养老保险费100元。10月,省残联转发《中国残联办公厅关于进一步做好残疾人参加城乡居民基本养老保险工作的通知》,要求各地落实各项政策。

残疾人康复

【概　况】 2017年,全省残疾人康复工作遵照省残疾人事业“十三五”发展纲要和年度工作要点,贯彻落实《残疾预防和残疾人康复条例》,全面启动残疾人精准康复服务和残疾预防工作,组织实施省政府民生工程康复项目。全年为23.1万名残疾人提供精准康复服务,康复服务率52.05%,辅具适配率40.18%;扎实推进残疾预防工作,健全残疾预防工作机制,形成齐抓共管态势。

【整体推进精准康复服务】 2017年,省残联出台《江西省残疾人精准康复服务行动方案》《江西省残疾人康复服务“十三五”实施方案》《江西省残疾人辅助器具推广和服务“十三五”实施方案》系列方案,在政策上落实经费保障和可操作性,为全面推进精准康复服务提供遵循。开展精准康复服务示范市、县创建工作。省级安排专项资金180万元,全省选取13个康复工作基础较好的市、县作为创建精准康复服务示范点,省残联分期分批到每个示范点进行现场督导,提高示范点实施精准康复的规范化水平,发挥示范作用,探索建立适合江西实际的精准康复服务工作模式。全省精准康复实施一年来,通过动员部署、调研督导、召开推进会和定期督查等方式,提高认识、明晰思路,按照“二清一规”(需求底数清、工作思路清,规范开展精准服务)要求,稳步推进全省精准康复工作。全省精准康复服务工作在全国进度综合排名列居第三,得到中国残联和省委、省政府领导肯定。

【全国残疾预防综合试验区创建工作】 2017年,省康复办加强对全国残疾预防综合试验区创建工作的领导,与省卫计委密切配合,加强督导检查。南昌市东湖区、萍乡市湘东区、赣州市宁都县3个县(区)作为全国残疾预防综合试验区试点单位,通过抓协调联动工作机制建立、抓残疾预防宣传教育、抓残疾报告制度建立等措施,建立残疾评定与精准康复服务无缝对接途径,初步形成由预防到康复服务一体化工作机制。2017年,中国残联到江西对残疾预防综合试验区创建工作进行现场评估与指导,认为江西省创建整体工作位居全国前列,给予较高评价。7月,在举办全国残疾预防综合试验区创建会议上,东湖区作典型发言、宁都县作专题报告。《关于全国残疾预防综合试验区创建试点工作组织实施情况的通报》表明,在全国100个试验区中,萍乡市湘东区和赣州市宁都县率先全面完成2016年度四项重点干预项目工作任务(全国仅3个县(区)完成);南昌市东湖区快速启动建立残疾报告制度,按要求开始报送数据。

【开展精神障碍患者社区康复工作】 2017年,省残联对各设区市、省直管县确立2015—2016年的26个精神障碍患者社区康复点项目执行情况进行评估,并把评估情况进行综合梳理,对存在问题与不足提出限期整改意见。依据评估结果,全年新增20个精神障碍患者社区康复县(市、区)继续开展精神障碍患者社区康复工作,通过构建政府主导、部门配合、社区主动作为的组织架构,整合社区内教育、就业、康复、医疗卫生等资源,各项目县(市、区)开展工疗、娱疗、农疗、心理支持和日间照料、职业技能培训、家庭康复指导及转介转诊服务,引导缓解期精神障碍患者逐步融入社会,形成具有江西特色稳定期精神障碍患者社区康复工作模式,并在民政部、国家卫计委、中国残联联合举办的全国加强精神患者社区康复会议上作典型发言。

【规范残疾人康复工作】 2017年,省残联组织残联系统康复管理人员培训,就有关推进残疾人精准康复工作、解读精准康复新政策、启用新建康复数据录入系统等内容进行专门培训,提高各级残联对新形势下残疾人精准康复、残疾预防、康复机构管理及专项资金使用等工作要求的认识,理清精准康复业务指导和工作管理思路。中国残联康复部主任胡向阳专程到江西调研康复机构监督管理工作,共同研讨残疾人康复机构规范化建设与监管等方面工作。开展专项督导工作,分批分片对项目地区进行实地走访和工作指导,深入基层一线、社区及康复机构,了解残疾人康复工作情况、服务质量和残疾人满意度,督导进度滞后和问题突出地区,强化事前事中监督,确保工作落实到位。成立专项调查组,在全省开展残疾人康复机构自查自纠工作,采取各地残联自查、省残联现场抽查方式,对检查中发现康复档案不规范、项目经费台账不合理、资金使用不当、服务安全隐患等问题进行现场指导,并对检查机构存在的问题进行情况通报,要求限期整改,切实抓好整改工作,确保工作规范化运行。

【提升残疾人康复服务能力】 2017年,省残联以开展实名制培训为基础,聚焦精准康复,形成科学、有效的康复专业人才在岗培训工作机制,提升康复服务能力。争取到中国残联实名制培训项目和省政府民生工程项目,安排康复人才专项培训经费190余万元,开展各类残疾儿童康复专业技术人员培训以及支持13个残疾人精准康复示范点开展精准康复专项培训,邀请中国聋儿康复中心、台北国立教育大学等国内知名康复专家团队进行专业培训和指导,累计培训24期,培训1900余人。全省分31批次派出康复专业技术人员,先后参加中国残联、中康协等单位组织的各类培训班，全省接受各类培训的康复专业人才达100余人次。通过各类培训，全省康复专业技术人员专业素质和康复技能得到提升。探索职业院校与康复机构间人才培养与交流合作模式，建立“双主体”育人模式及“双师型”教师团队，构建理论与实践有机结合教学培养体系，试点工作得到中国残联肯定，并在全国职业院校残疾人康复人才培养改革试点工作研讨会上进行交流发言。

残疾人教育与就业

【概　况】 2017年，省残联配合省教育厅、省人社厅印发《普通高中建档立卡家庭经济困难学生免除学杂费政策对象的认定及学杂费减免工作暂行办法的通知》《江西省残联贫困残疾大学生助学项目实施方案》《江西省“十三五”残疾青壮年文盲扫盲行动实施方案》等文件。落实《国家手语和盲文规范化行动计划2015—2020年》要求，依托江西省聋协建立的手语信息采集点，基本覆盖全省各方言区，有效促进盲人群体之间交流与沟通。

开展残疾人辅助性就业工作。联合省财政厅出台《江西省残疾人辅助性就业机构扶持实施办法》，从省级残保金中列支300万元对开展辅助性就业工作较好的机构进行扶持，全省41个托养服务机构已开展辅助性就业工作，652名重度肢体残疾、智力和精神残疾人就业难题得到解决，对全省7000名城乡残疾人实施免费就业培训，实际完成7589人，超额完成培训任务数。

【推进特殊教育二期提升计划】 2017年，省残联配合省教育厅制定出台《江西省特殊教育二期提升计划（2017—2020年）》，继续做好未入学残疾儿童少年实名制登记统计工作，摸清全省未入学残疾儿童6633人，并将名单提供给教育部门，按照“全覆盖、零拒绝”原则，采取进入特教学校、特教班、随班就读、送教上门4种方式做好就学工作。全年各地扶助残疾儿童少年4655人，义务教育阶段在校残疾学生达到3.07万人，残疾儿童少年义务教育入学率达到93%。

【加大残疾学生助学力度】 2017年，省残联实施彩票公益金助学、交通银行——残疾人青少年助学计划、贫困残疾大学生等助学工作，减轻贫困残疾人家庭经济负担。完成中央彩票公益金学前教育助学项目，全年下达资金150万元，对省内学前教育机构中就读的500名家庭贫困残疾儿童进行资助。与省教育厅共同开展2017年度“交通银行特教园丁奖”评选工作，2名特教教师获“全国交通银行特教园丁奖”。与团省委共同做好残疾大学生“交通银行残疾大学生励志奖”推荐工作。

【加快推进残疾人职业教育发展】 2017年，省残联制定扶贫方案和落实扶持资金，从省本级残疾人就业保障金中按5%比例列支资金，用于扶持全省范围内初中和高中阶段（含中专和技校）开展劳动技能教育以及受残联委托开展1～3个月内的残疾人职业培训工作的特殊教育学校。按照初中阶段在校生每人1000元，高中（中专和技校）阶段在校生每人3000元，特校受残联委托开展的残疾人劳动技能培训，每人每天50元。全年全省资助21所特殊教育学校开展职业技能教育，下拨补助资金74.81万元。

【维护残疾考生高考合法权益】 2017年，全省各级残联多项措施并举，确保残疾考生录取率达到100%。高招录取期间，省残联继续委派特教专干深入高招录取现场，紧盯每一批次考生投档情况，及时掌握残疾考生录取情况。利用互联网平台、咨询电话等做好高招政策宣传、咨询工作，认真解答残疾考生问题，及时帮助残疾考生准确了解国家高考政策、高校招生录取办法、国家助学政策、残联助学金发放办法等重要信息。贯彻落实《残疾人参加普通高等学校招生全国统一考试管理规定（暂行）》相关要求，在高考期间，根据残疾考生实际需求，为40名残疾考生申请合理便利，享受约76项合理便利条件，其中21名听力障碍考生免除外语听力考试。

【开展扫除残疾人青壮年文盲工作】 2017年，全省各级残联依托农村贫困残疾人实用技术培训积极开展残疾人青壮年文盲扫盲行动和文化、生活技能、社会适应能力等方面培养培训，提高残疾人文盲学习文化技能和生产劳动的能力，全年实现残疾人脱盲627人。

【出台促进残疾人就业政策】 2017年，省残联制定出台《关于做好2017年省政府民生工程残疾人就业与培训的通知》《江西省残疾人职业技能提升计划（2017—2020年）实施方案》《江西省残疾人就业促进“十三五”实施方案》《江西省残疾人辅助性就业机构扶持实施办法》《江西省“推进就业助残 助力脱贫攻坚”千企万人就业创业活动方案》《江西省发展手工制作促进贫困残疾妇女脱贫行动实施方案（2017—2020）》，提高残疾人就业创业能力。

【残疾人工作安置比例逐步提高】 2017年，省残联开展按比例就业工作专项调研，全省用人单位14.35万个，按比例安排残疾人就业单位2.83万个，共安排残疾人4.09万人，30人以下小微企业11.41万个，安排残疾人就业2490人，党政机关安排残疾人1716人。全省就业年龄段持证残疾人数63.67万人，按比例就业人数3.74万人，按比例就业占比5.87%。

【组织实施省政府民生工程就业与培训项目】 2017年，省残联联合省财政厅、省人社厅、省新闻出版局印发《关于做好2017年省政府民生工程残疾人就业与培训工作的通知》，为全省7000人城乡残疾人实施免费培训，实际完成7305人，完成率104 %；为3500人残疾人购买公益性岗位，实际完成3594人，完成率102 %；为1.2万人农村残疾人购买农家书屋残疾人管理员岗位，实际完成1.27万人，完成率105%。

【推进就业创业精准扶贫工作】 2017年，省残联联合省扶贫和移民办、省妇联制定出台《江西省发展手工制作促进贫困残疾妇女脱贫行动实施方案（2017—2020）》，组织贫困残疾妇女手工制作培训700余人。全省免费开展农村贫困残疾人实用技术培训1.05万人，提高贫困残疾人就业创业能力。出台《江西省"推进就业助残 助力脱贫攻坚"千企万人就业创业活动方案》，每个县(市、区)动员10家以上爱心企业，安置就业人数不低于100人，全省动员爱心企业1000家以上，帮助扶持农村建档立卡贫困残疾人及城镇就业困难残疾人1万人以上，实现就业创业扶贫增收。拓宽农村贫困残疾人就业创业渠道，全年省残联投入残疾人就业保障金1000余万元，扶持52个省级农村残疾人就业创业示范基地建设，帮助更多贫困残疾人就业创业。

【提升残疾人就业服务能力】 2017年，省残联依托北京师范大学远程培训平台，对省、市、县三级残疾人就业服务机构工作人员开展"全国残疾人就业服务人员业务能力提升培训"，170人就业服务人员业务能力得到提升；依托清华大学远程培训平台对乡镇(街道)、农村(社区)就业指导员开展"全国残疾人就业指导员岗位能力提升培训(中级)"，400人就业指导员岗位能力得到提升。

残疾人文化体育

【概　况】 2017年，省残联认真抓好文化体育建设，积极开展文化体育活动，文化体育工作取得新成绩。

着眼大局，同步推进残疾人公共文化服务体系建设。省残联协调争取各级公共图书馆、文化馆(站)等公共文化体育设施为残疾人提供无障碍服务场地和内容。省、市两级公共图书馆及65%的县级公共图书馆均设立盲人图书室，配备盲文图书及有关阅读设备，能够为盲人提供无障碍信息和阅读服务。

精准施策，抓好文化项目落实。抓好2017年残疾人事业专项彩票公益金残疾人文化项目。组织实施残疾人文化进家庭"五个一"项目(读一本书，看一次电影，游一次园，参观一次展览，参加一次文化活动)、电视台开设"手语栏目"以及扶持残疾人特殊艺术人才培养基地、残疾人文化创意产业基地建设项目。抓好中国残联向赣州市定向扶持100个"残疾人文化进社区"项目工作的督促落实，进一步满足残疾人文化需求，活跃基层残疾人文化生活。

立足基层，推动残疾人文化活动常态化。5月，举办全省残疾人文化周活动，并开展"书香赣鄱 阅读有我"读书活动。全省各地还开展"百家"公益助残、"五个一"文化进残疾人家庭等系列文化助残行动，近30万残疾人走出家门。8月，省残联携南昌市心贴心残疾人艺术团演职人员，赴进贤县下埠乡、驻安义县乔乐乡武警江西省总队第一支队等开展巡演。各地残联组织、残疾人文艺团体还组织送文艺下乡活动。

搭建舞台，组织五大文化展演交流活动。4月11日，省残联、省文化厅联合组织的第八届全省残疾人文艺汇演在南昌举行。省残联参加第九届全国残疾人文艺汇演，获一等奖1个、二等奖2个、三等奖3个和优秀组织奖1个，这是江西省参加全国残疾人文艺汇演首次获得一等奖，也是历届以来成绩最好的一届。省残联还举办首届江西省盲人器乐大赛，选送作品参加"残健融合、共促发展"全国残疾人优秀艺术作品展等活动。11月，组织省内知名残疾人书画家赴香港参加喜迎香港回归20周年书画展。

【参加残奥、聋奥、特奥比赛】 2017年，江西省残疾人运动员在国内外各项比赛中共获38金39银33铜。其中，残奥比赛获17金13银11铜，1人次破世锦赛纪录，4人次破全国纪录。全省残疾人运动员参加省内外特奥滚球、足球、游泳、羽毛球、乒乓球、轮滑比赛，共获21金25银22铜。

【实施"残疾人体育健身计划"】 2017年，江西省三级联创省级自强健身示范点38个。各设区市积极申报创建省级自强健身示范点，省残联命名资助省级示范点30个，中国残联命名资助国家级示范点8个。残疾人体育赛事活动丰富多彩。在宜春市举办全省飞镖、象棋比赛，在吉安市举办全省特奥足球、乒乓球比赛；省残联组队参加全国飞镖、象棋、盲人跳绳、盲人乒乓球、柔力球、轮滑、民间足球争霸赛等赛事。新余市、庐山市、武宁县、定南县、弋阳县、新建区、万载县、修水县等市、县举办当地综合性残疾人运动会，南昌市、赣州市、抚州市、渝水区、赣县等市、县开展残疾人健身周活动、特奥日活动。全省11个设区8所特奥训练基地，组织活动30余场，3500余名特奥运动员参加。残疾人体育健身意识逐步增强，参与者体育活动率全面提高。

【实施"残疾人康复体育关爱家庭计划"】 2017年，江西省11个设区市

6月6日—9日，2017年全国残疾人举重锦标赛在南昌举行

周勉庭摄

72 个县(市、区)为 8000 户不易出户的中重度残疾人提供“三进”康复体育服务,让中重度残疾人享受精细化、个性化居家体育康复服务。组织 5 个各设区市申报全国残疾人康复体育进家庭项目 1200 户,争取资金 60 万元。在四川举行全国康复体育进家庭、自强健身示范点工作交流研讨会上,江西省作经验交流发言,得到中国残联奥体中心领导肯定。

【承办 2017 年全国残疾人举重锦标赛】 6 月 6 日—9 日,中国残联、中国残奥委员会主办,江西省残联、江西省体育局承办的 2017 年全国残疾人举重锦标赛在南昌举行,来自全国各地 19 支代表队 109 名运动员参赛。此次比赛共设置男子和女子组各 10 个级别项目,每个级别 8 人以上(含)录取前六名;不足 8 人,减一录取。河北选手郭玲玲在女子 50 公斤级比赛中,通过第四次加举以 110.5 公斤的成绩打破该项目全国纪录;安徽选手王键以 183.5 公斤的成绩,破男子 54 公斤级全国纪录摘金;江西选手邓雪梅以 135.5 公斤的成绩,破女子 86 公斤以上级全国纪录夺冠;广东选手叶继雄以 234 公斤的成绩,破男子 88 公斤级全国纪录夺得金牌。

残疾人维权

【概　况】 2017 年,省残联认真做好残疾人法治建设和残疾人事业发展研究工作,出台《江西省无障碍环境建设办法》。6 月,省残联向省直 30 个部门和单位征求意见,7 月,进一步修改后形成《江西省无障碍环境建设办法》(送审稿)报省政府。9 月,省残联联合省政府法制办、省住建厅赴鹰潭市、金溪县、南昌市进行立法调研,听取市、县有关部门意见和建议。省法制办、省残联、省住建厅密切配合,先后修改13次,11月底,报省政府审议。12 月 1 日,省政府常务会议审议通过《江西省无障碍环境建设办法》,成为全国第 6 个新制定出台无障碍环境建设规章省份。

开展残疾人法律救助和法律援助服务。抓好市、县(区)残疾人法律救助工作,全省各级法律援助、救助机构为残疾人提供法律救助服务 1200 余人次,涵盖房产纠纷、拆迁、借贷、工伤、身体伤害等各个方面,为残疾人挽回经济损失 600 多万元。对残疾人法律咨询,做到耐心解答,并帮忙分析案情,能在讼前解决的,在诉前解决,能调解的便调解。对于需要通过法律解决的,支持残疾人提起法律诉讼,维护残疾人权益。

大力开展法治建设工作。省残联关注法律、法规、规章和规范性文件中涉及残疾人权益保障相关规定,对有关法规、规章和规范性文件及时提出修改意见 20 余条,从法律源头上维护残疾人各项权益,保障残疾人事业和谐发展。认真执行法律顾问制度,通过网上公开招聘形式,聘请秦风律师事务所为省残联常年法律顾问。制定编印下发《江西省无障碍环境建设“十三五”实施方案》及《残疾人法律法规政策及文件汇编》(第八册),完成规范性文件清理工作。做好法治宣传教育工作,制定《江西省残联 2017 年法治宣传教育工作实施方案》,明确全省残联系统 2017 年法治宣传教育工作 5 项主要任务和 5 条具体措施,并提出工作要求。做好干部职工普法工作,订阅普法读本,组织民法总则网上竞赛活动。

【实施贫困重度残疾人家庭无障碍改造项目】 2017 年,省残联制定《江西省贫困重度残疾人家庭无障碍改造项目实施方案》,明确省、市、县三级残联职责,规定县(市、区)残联对项目实施负主体责任,设区市残联负监督责任,健全责任追究机制。全年江西省改造残疾人家庭无障碍 1316 户,平均每户补助6000元,中央彩票公益金、省财政投入资金 789.6 万元。

【做好残疾人机动轮椅车燃油补贴工作】 5 月,省残联各地把 2018 年拟补贴 2.28 万人信息录入燃油补贴数据库,便于中央财政安排经费预算。6 月,市、县残联联合财政部门进行逐级书面申报,2018 年残疾人机动轮椅车燃油补贴申报资金为 592.09 万元。9 月,下拨 2017 年燃油补贴补充资金,督促各设区市、县(市、区)残联发放残疾人机动轮椅车燃油补贴,各县(市、区)残联密切协调财政部门和有关银行,及时把 260 元补贴款发放到每名补贴对象。2017 年,全省共为 2.24 万辆残疾人机动轮椅车发放燃油补贴资金 581.67 万元。

【做好残疾人信访工作】 2017 年,省残联办理信访事项 1003 人次,其中接访残疾人 149 批 266 人次,来信 20 件,接听处理残疾人来电和理事长手机热线 635 人次,网上信访 53 批次 82 人次。省本级来访、来信、来电的办结率均达到 100%,残疾人的满意度达 95% 以上,受到省信访局和中国残联信访办的肯定。做好重要时期和重点事项信访维稳工作。在 2017 年元旦、春节、“两会”和中共十九大期间,制定信访维稳工作预案,成立工作领导小组,安排领导带班和专人值班,建立预警和处置突发事件快速反应机制。开展对设区市出现残疾人驾驶汽车营运群体、儿麻后遗症患者群体失地、拆迁、就业等重大信访维权事项,发现问题,迅速处理。做好 12385 残疾人服务热线和信访信息化系统建设正常运行工作。针对部分设区市热线建设出现无法接听情况,督促各设区市残联及时处理,确保正常运行。全省 10 个设区市采用这个系统办理信访事项。

(邱雨)

本栏编辑　刘清林

民族宗教事务

综　述

2017年，全省民族宗教工作部门按照年初工作部署，推进全省民族宗教工作，维护全省民族团结发展宗教和谐稳定局面。

推进民族团结进步事业。推动全省民族地区持续健康发展。印发《江西省少数民族事业发展“十三五”规划》及其主要任务分工方案；举办全省民族工作业务培训班；加大对民族乡村一般性财政转移支付力度；支持民族乡申报国家少数民族特色小镇；建立资金监管常态化机制和绩效考核机制；继续推进精准扶贫示范和省直有关部门对口支援民族乡村工作。促进各民族深化交往交流交融。开展城市民族工作专题调研，形成全省少数民族流动人口服务管理工作指导文件；开展少数民族流动人口服务管理体系建设试点，探索城市民族工作“江西经验”，试点“双语双学”活动；出台文件推动全省民族团结进步事业进入法治化轨道；选择17个示范点开展全省民族团结进步创建活动，其中5个单位获评全国民族团结进步创建示范区（单位），10个单位获评全省第一批民族团结进步创建示范单位；开展在赣新疆少数民族群众服务管理情况调研，组织开展“四爱四争”“三爱三反”为主题的发声亮剑以及“民族团结一家亲”和“树立新疆人良好形象”等活动，其中阿卜杜拉吾拉西木先进事迹引起中央和省委领导重视，新闻联播、新华社、《人民日报》《光明日报》等全国20多家新闻媒体宣传报道；排查调处纠纷矛盾，依法做好在赣新疆少数民族群众服务管理工作。

开展宗教事务管理工作。依法管理宗教事务。继续清理行政审批事项，推进“放管服”改革，建立权力清单管理制度，实施“双随机一公开”监管模式；完善宗教工作基础数据，开展宗教活动场所赋码换证、宗教活动场所财务监督管理和宗教教职人员认定备案等专项工作；印发学习宣传工作方案，深入学习宣传新修订的《宗教事务条例》；组织开展宗教政策法规学习月、综治宣传月以及宗教领域普法活动。指导宗教界加强自身建设。选派部分全省性宗教团体副秘书长以上人员到国宗局参加全国宗教工作会议精神研修班、培训班，组织全国、全省宗教工作会议精神宣讲活动；支持宗教界开展宗教思想建设，举办全省基督教神学思想中国化建设培训班，推动神学思想中国化成果上讲台、下基层活动，举办全省基督教界代表人士爱国主义培训班，组织省基督教“两会”班子成员赴内蒙古自治区、圣经学校毕业生赴河南省开展爱国主义教育活动；加强爱国宗教团体建设，开展全省性宗教团体负责人谈心谈话活动，对省基督教“两会”全体常委考核评议，推动全省性宗教团体建立健全各项规章制度；加强对宗教界人才培育培养，举办省佛教协会传授三坛大戒法会、省道教协会2017年内地正一派初授箓和升授箓活动，举办全省基督教第二届教牧人员培训班和全省基督教第三届堂点负责人培训班，开展全省伊斯兰教朝觐相关工作；推动4个宗教院校制定教学大纲，规范教学体系，加强日常管理，加强思想政治理论、形势任务与政策法规教育。维护宗教领域和谐稳定。继续开展以“规范”为主题的“双和谐”创建活动，开展基督教私设聚会点专项治理，强化对天主教地下势力管控，依法制止地下势力非法活动。

推进各项综合性工作。2月28日，全省民族宗教局长会议在南昌召开，传达学习中央和国家有关会议精神，总结部署年度重点工作，设区市、县（市、区）民宗局局长及机关干部职工190余人参加。6月12日，全省民宗系统法治建设暨平安建设工作培训班在南昌举行，设区市、县（市、区）民宗系统法治及综治维稳干部141人参加。8月9日，全省民族宗教工作专题培训班在井冈山举行，对全省从事民宗工作超20年民宗干部进行表彰。8月22日，全省各设区市、省属高校党政分管民族宗教工作领导干部专题研讨班在南昌举行，各设区市、省直管县（市）党委、政府分管领导、统战部部长160人参加。5月26日，省财政厅、省民宗局联合印发《江西省民族宗教专项经费管理办法》。省民宗局增设省宗教院校教育服务中心，增加处级职数6个。

（省民宗局）

民族事务

【发展民族文化体育教育事业】 鼓励和支持各级民族工作部门和研究机构对少数民族文化的挖掘和整理；对畲族“铁书”“样式雷”、瑶族“花棍舞”“盘王节”等文化遗产以及第一次反“围剿”纪念馆、瑞金苏维埃旧址等全国民族团结教育基地进行保护利用;举办 2017 年“南昌工学院杯”全国少数民族传统体育蹴球邀请赛,组织参加国家民委“民体杯”单项比赛;做好中央民族歌舞团“中华民族一家亲”走进原中央苏区慰问演出和全省第三届少数民族文化艺术节工作;开展“二月二”“三月三”民族特色文化活动;继续投入 1000 万元少数民族教育资金,支持少数民族事业发展;做好年度少数民族成分管理工作;建立民宗、文化、广电、方志、档案、图书馆和博物馆等多部门联系协作机制,开展全省少数民族老一辈传承人与院校、学术机构专家学者摸底工作,建立全省民族古籍工作人才库。

【印发《江西省少数民族事业发展“十三五”规划》】 3 月 30 日,省政府办公厅印发《江西省少数民族事业发展“十三五”规划》。该规划由省民宗局会同省发改委编制,是省政府确定的“十三五”时期重点专项规划之一。规划以促进民族地区经济社会发展、城市民族工作和少数民族流动人口服务管理事业共同发展为主题,包括指导思想、基本原则和发展目标、主要任务、重点项目、保障措施 5 个部分。

【召开第三次省民族工作领导小组会议】 10 月 12 日,第三次省民族工作领导小组会议暨在赣新疆少数民族群众服务管理工作联席会议在南昌召开。省委常委、省委统战部部长、省民族工作领导小组组长陈兴超出席会议并讲话,副省长、省民族工作领导小组副组长吴晓军主持会议。会议主要任务是贯彻落实中央和省委、省政府有关文件精神,讨论起草依法治理民族事务的相关文件,研究部署下一阶段的民族工作。省民族工作领导小组成员单位分管领导及相关处室负责人参加会议。

【规范全省少数民族高考考生资格审核工作】 12 月 19 日,省民宗局与省教育厅、省公安厅联合印发《关于进一步规范我省少数民族高考考生确认、统计及报送工作的通知》,对江西省少数民族高考考生资格审核工作进行重新规范,明确除享受加分少数民族高考考生要进行资格审核外,其他不享受加分的少数民族高考考生依据个人身份证采集的民族成分信息进行确认。对加分少数民族高考考生资格审核,实行“两次公示、三级审核、五个节点报送”的审核方法。

【确定第一批全省民族团结进步创建活动示范单位】 12 月 27 日,印发《江西省民族工作领导小组关于确定第一批全省民族团结进步创建活动示范单位的通知》,确定莲塘一中、庐山清真寺、景德镇市清真寺、江西工程学院、袁州区灵泉街道、上饶县铁山乡九狮畲族村、信州区茅家岭街道汪家园畲族社区、峡江县金坪民族乡小学、乐安县金竹畲族乡、省交通职业技术学院 10 个单位为第一批全省民族团结进步创建活动示范单位。

(省民宗局)

宗教事务

【利玛窦与南昌——教会中国化研讨会在南昌召开】 3 月 28 日—30 日,利玛窦与南昌——教会中国化研讨会在南昌召开。研讨会由江西省天主教“一区两会”、复旦大学全球化与宗教研究所、河北信德文化学会主办,旨在通过对利玛窦与南昌的主题研讨,进一步弘扬天主教历史文化,推动天主教中国化进程。省委统战部副部长、省民宗局党组书记、局长曹国庆出席会议并致辞,国内外 100 多名专家学者和天主教界人士进行 8 个场次探讨交流。

【召开首届中国曹洞宗禅学国际研讨会】 7 月 9 日—12 日,首届中国曹洞宗禅学国际研讨会在江西曹山宝积寺召开。研讨会由江西省宗教文化交流协会、省佛教协会主办,以“全球格局中的曹洞禅法:历史、现实与未来”为主题,设 1 个主论坛、3 个分论坛。3 个分论坛以曹洞宗禅学研究,中国禅学思想研究,佛教禅修与实践,曹洞宗禅学思想,曹洞禅法在国际间的传播、交流与发展,曹洞宗禅学实践的特色,曹洞宗在亚太区域佛教中的地位与作用等议题进行研讨。中国、日本、韩国、斯里兰卡等国家的 200 余名高僧大德、专家学者参加。

【召开江西省宗教工作领导小组会议】 10 月 12 日,江西省宗教工作领导小组会议在南昌召开。省委常委、省委统战部部长、省宗教工作领导小组组长陈兴超出席会议并讲话,副省长、省宗教工作领导小组副组长吴晓军主持会议。会议传达学习“全国贯彻落实中央关于宗教工作重大决策部署经验交流会议”精神和新修订的《宗教事务条例》,审议通过全省基督教、天主教有关工作意见。

【设立江西省宗教院校教育服务中心】 10 月 30 日,省编办批复设立江西省宗教院校教育服务中心,为省民宗局所属正处级公益一类事业单位,核定内设机构 3 个、领导职数 1 正 2 副。这是贯彻落实《中央统战部、国家宗教局〈我国宗教院校建设五年规划(2016—2020 年)〉》的重要举措。该中心主要负责指导全省宗教院校加强思想政治教育,帮助实施爱国主义和政策法规教育,组织开展宗教中国化方向研究,加强舆情收集和监测,开展教职人员教育培训等工作。

【部署新修订《宗教事务条例》学习宣传工作】 9 月 11 日,省民宗局印发《省民宗局关于做好新修订的〈宗教事务条例〉学习宣传工作的通知》,对新修订《宗教事务条例》学习宣传工作作出部署,要求各级宗教工作部门和各宗教团体要深刻认识学习宣传新修订《宗教事务条例》的重要意义,将学习宣传新修订《宗教事务条例》作为重点工作,加强组织领导,认真组织实施。

【启动《江西道教通史》编写工作】 11 月 1 日,首次《江西道教通史》编写组会议在省民宗局召开。会议由省民宗局党组书记、局长曹国庆主持,江西师范大学、江西科技师范学院、宜春学院、江西省道教协会等有关单位专家学者参加。《江西道教通史》以弘扬中华传统文化,挖掘江西道教文化资源,服务江西经济社会发展,彰显宗教大省学术地位为研究目的。

(省民宗局)

本栏编辑 詹跃华

精神文明建设

综　述

2017年，坚持培育和践行社会主义核心价值观，扎实推进思想道德建设，深入开展群众性精神文明创建活动，向上向善、诚信互助的社会风尚更加浓厚，社会文明程度明显提升。

“江西好人文化”品牌。开展“我推荐我评议身边好人”活动，有96人荣登“中国好人榜”。每两个月开展一次全省道德模范和身边好人现场交流暨江西好人发布仪式，开展全省道德模范和身边好人事迹图片巡展。制定出台一系列帮扶资助、优待礼遇好人办法。“江西省关爱好人基金”全年帮扶奖励各类典型近50万元；省委宣传部、省文明办设立的“道德模范和身边好人帮扶奖励专项资金”，资助107名生活困难的道德模范和身边好人65.5万元；省文明办联合省体彩中心发起“好人关爱帮扶金”，向140名“江西好人”发放关爱奖励金42万元；省文明办会同省福彩中心为60名生活困难但仍向他人献出爱心伸出援助之手的“身边好人”，发放“福彩帮扶金”18万元。市、县也出台道德模范与身边好人关爱帮扶政策，建立帮扶奖励基(资)金。同时，协调动员全省各机关、企事业单位和社会各界人士开展帮扶关爱好人活动。

开展“好人帮好人”系列爱心公益活动，省文明办、江西广播电视台通过综合新闻频率(FM104.4)直播节目《好人帮好人》线上直播249期，并制作成129期“好人声音日历”在江西新闻广播微信公众号上发布；同时线下开展“好人帮好人——好人励志故事会”活动5场，特别策划2场。

学雷锋志愿服务。制定出台《江西省关于支持和发展志愿服务组织的实施意见》《江西省公共文化设施开展学雷锋志愿服务实施方案》。3月5日和12月5日前后，全省各地举办学雷锋志愿服务活动大型启动仪式，开展形式多样的主题活动。中央电视台《新闻联播》、中宣部《每日要情》等媒体和刊物对江西的做法作了宣传报道。全省开展学雷锋志愿服务活动1.8万场次，印发宣传资料11万余份(册)，参与活动志愿者103万余人，组织捐赠资金、物资1893万余元，221万余人受益。全省注册志愿者443.05万人，占全省人口总数9.8%，注册志愿服务组织3.41万个，在线发起项目13.55万个。

做好2017年宣传推选学雷锋志愿服务“四个100”先进典型工作，评选表彰第二届江西省优秀志愿服务先进典型，沈东京等30名志愿者、萍乡市龚全珍志愿者协会等10个志愿组织、“临终关怀”服务项目等10个志愿项目、南昌县银三角管委会银苑社区等10个社区被授予“第二届江西省优秀志愿服务先进典型”称号。安排200万元，组织对全省50个左右示范引领突出、活动规范有序、社会影响力大的示范性重点志愿服务项目进行扶持。

诚信建设制度化。江西省“法媒银失信被执行人曝光台”的影响力越来越大，4月13日，在中宣部、中央政法委召开的全国贯彻落实《关于进一步把社会主义核心价值观融入法治建设的指导意见》电视电话会议上，江西省委常委、省委宣传部部长赵力平作了典型发言。6月20日，中宣部、最高人民法院在南昌举办全国“推进诚信建设制度化，培育践行核心价值观”现场交流会，推广江西省“法媒银曝光台”经验做法。在2017年江西省“法媒银失信被执行人曝光台”曝光惩戒的3.5万名典型“老赖”中，6545人履行了义务，标的额5.37亿元。省文明办联合有关单位，全年发布4期省级“诚信红黑榜”，100家企业荣登诚信红榜，93名严重失信被执行人和失信企业被列入黑榜。

公益广告宣传。全省形成纵横联动的公益刊播网络，实现公益广告宣传多层级联动、各媒体互动、全媒体覆盖的新格局。至12月底，省级报刊刊发372期、1550个版，其他各级刊发近400期、约1000个版；各级广播、电视播出公益广告片近40万条(次)，超55万分钟。省直主要新闻网站在显要位置发布图片、视频等各类公益广告近千条。省属各类期刊刊播300余条，共400个版面。全省户外公益广告覆盖率平均达60%，建筑围挡公益广告覆盖面平均达56%。

(张元城)

理想信念教育

【开展基层理论宣讲】 各地把理论宣讲融入文明创建活动，发挥脱贫攻坚政策宣讲团、民嘴讲堂、毛秉华工作室等示范作用，开展分众化、对象化、互动化的理论宣讲，深入推动习近平新时代中国特色社会主义思想和中共十九大精神进企业、进农村、进机关、进学校、进社区。5月12日，中宣部

"基层工作加强年"经验交流总结会在深圳召开,南昌青云谱区委书记孙毅在会上作"书香青云"典型发言。11月2日,中宣部在北京举行学习贯彻中共十九大精神研讨班,表彰一批基层理论宣讲先进集体、先进个人、优秀宣讲报告,万年县"民心讲堂"、萍乡市"身边故事"百姓宣讲团、永新县中共党史学会顾问何继明,分别被授予"全国基层理论宣讲先进集体"和"全国基层理论宣讲先进个人"称号。

【开展"我的中国梦"系列主题教育实践活动】 以"我的中国梦"为主题,围绕纪念"八一"南昌起义90周年、井冈山革命根据地建立90周年、秋收起义90周年,突出爱国主义教育内容,抓住重要时间节点,开展系列教育实践活动。组织全省中小学校举办征文演讲、诗歌朗诵、主题班(队)会、团日等活动,赴革命战争纪念地、重大战役发生地、烈士陵园等场所开展献花、宣誓活动,礼敬先烈先辈、培养爱国情感。以中小学校为主体开展"童心向党"歌咏活动,组织未成年人唱响共产党好、社会主义好、改革开放好、伟大祖国好、人民军队好的主旋律。在江西文明网开通《喜迎十九大 向国旗敬礼——传承红色基因 争做红色小传人》网上签名寄语专题页面,共有46万人参与,收到签名寄语近百万条。开展"祭英烈网上签名寄语""红色基因代代传——清明祭英烈井冈在我心""学党史、感党恩、跟党走"等活动,共有900余万人参加,参与人数位居全国前列。

(张元城)

思想道德建设

【推进乡村学校少年宫建设】 启动2017年159个新增项目建设,对2017年度中央和省级项目建设、运行情况进行严格督察考核,确定乡村学校少年宫优秀等次118个、优良等次198个、合格等次474个。全省24个国贫县489个乡镇实现乡村学校少年宫全覆盖,提前实现中央提出的2018年年底覆盖90%的国贫县乡镇的目标要求。按期完成对全省2016年年底建成的790个项目档案资料录入任务。做好江西省"中华武术走进乡村学校少年宫"试点工作,确定80所试点少年宫名单。开展全省乡村学校少年宫学生成果展示活动。

【开展系列少儿文艺活动】 围绕纪念"八一"南昌起义、秋收起义和井冈山革命根据地创建"3个90周年",以"唱响中国梦·争当红色小传人"为主题,组织开展系列少儿文艺活动。6月1日,省委宣传部、省文明办、省委教育工委、省教育厅、江西广播电视台共同举办2017江西省唱响中国梦·庆"六一"少儿文艺汇演。举办原创少儿文艺优秀作品网上视频大赛,吸引77万名中小学生参与投票,网上签名寄语达15万余次,视频播放累计630余万次,130件作品参赛,45件作品分获各类别一、二、三等奖。

【加强青少年心理健康教育】 以"共创美好心灵"为主题,部署开展第五届全省青少年心理导航系列活动。重点推动省、市、县、学校"四级青少年心理健康教育工作体系和阵地建设",全省11个设区市均成立青少年心理健康教育辅导中心,82个县(市、区)成立青少年心理健康教育辅导工作站。举办全省青少年心理健康教育工作方法与技能培训班。编写出版《青少年心理健康教育工作手册》《青少年心理自助成长100问》图书。不定期组织各类青少年心理健康教育辅导志愿者培训、案例研讨与督导、心理沙龙、在线读书,为各类青少年群体提供心理素质拓展训练100余场,为留守儿童组织开展专项心理素质拓展训练营20余次。

【组织开展文明校园评选表彰活动】 7月18日,省文明办、省委教育工委、省教育厅印发《关于组织开展第一届江西省文明校园评选表彰和第一届全国文明校园评选推荐活动的通知》。在自愿申报、逐级推荐、考核复查、征求意见的基础上,评选出江西省文明校园205所。12月19日,省文明委在南昌召开全省文明校园表彰会议,对205所文明校园进行表彰。在第一届全国文明校园评选表彰活动中,江西省有22所学校被评为全国文明校园,占全国表彰总数4.5%。

【开展2017年"江西美德少年"宣传推选活动】 9月1日,省委宣传部、省文明办、江西广播电视台印发《关于组织开展2017年"江西美德少年"宣传推选活动的通知》,启动2017年"江西美德少年"宣传推选活动。经过广泛发动、层层推选、各地推荐、审核评议,在全省129名候选人中推选出"自强少年""诚信少年""孝心少年""友爱少年"四类共22名"江西美德少年"。12月1日,省文明委举办发布仪式,省领导赵力平、李利出席发布活动。各级媒体多渠道、多载体对美德少年先进事迹进行宣传、展示和推广,江西广播电视台每天展播1名美德少年故事。江西文明网"两微一端"收到近2000条网友留言和评议,全网累计阅读量达50余万次。

(张元城)

精神文明创建活动

【推进文明城市常态化创建】 5月,省文明办组织开展文明城市创建督导、模拟测评和实地调研。6月12日,召开全省创建全国文明城市工作座谈会,对文明城市创建督导、模拟测评有关情况进行通报。遴选推荐萍乡市、新余市、景德镇市、九江市、宜春市5个地级城市,宜丰县、玉山县、瑞金市、乐平市、武宁县、芦溪县、大余县、龙南县、井冈山市、新干县10个县级城市为2018—2020年创建周期全国文明城市提名城市。对南昌市进行实地暗访考察和入户问卷调查。恢复上饶县、西湖区、泰和县的江西省文明城市资格。

【推进文明村镇创建】 按照《江西省文明村镇测评体系》要求,加强工作指导和督促检查,推动村镇从具体指标、具体项目抓起。组织开展第五届全国文明村镇推荐评选,江西省有59个村镇获"第五届全国文明村镇"称号,99个村镇经复查合格继续保留全国文明村镇称号。9月26日,省文明委下发《关于进一步深化农村精神文明创建命名一批县级以上文明村的通知》,将20个村命名为文明村。继续抓好第三轮1587个省级文明单位一对一帮建1587个自然村,投入各类资金、物质近20亿元。在全省农村开展"星级文明信用户"创评,对在创建中获"五星"及以上文明信用户,给予贷款优先、利率优惠的信贷支持,信用贷款额度为5万元~20万元,贷款利率优惠10%~30%,最高优惠幅度分别比以往增加10万元、提高20%。

【推动移风易俗工作】 4月,制定出台《江西省农村"推动移风易俗 促进乡风文明"行动方案》,建立江西省农村移风易俗工作联席会议制度。8月21日,召开全省农村精神文明建设经验交流暨移风易俗工作推进会,总结交流经验,部署推进全省农村精神文明建设和移风易俗工作。对全省移风易俗工作进展情况进行专项督导,开展移风易俗集中宣传报道。各地发挥红白理事会作用,推动村规民约执行落实。稳步推进殡葬改革,全省建成农村公益性骨灰安葬(放)设施1000余个,84个县(市、区)实现全民遗体免费火化制度。聚众赌博得到遏制,侦办农村赌博案件3164起,抓获农村涉赌人员2.01万人,刑事处罚1076人,治安处罚1.82万人。组织开展"继承革命传统,弘扬红色家风""兴家风、淳民风、正社风"等主题活动,全省各地乡风文明得到改观和提升。

【开展文明家庭创建活动】 出台《江西省文明委关于深化家庭文明建设的实施意见》《江西省文明家庭评选标准和评选办法》,明确江西省文明家庭评选的指导思想、评选标准,深化全省家庭文明建设,推动形成爱国爱家、相亲相爱、向上向善、共建共享的社会主义家庭文明新风尚。申报设立"江西省文明家庭"表彰项目,评选表彰第一届江西省文明家庭,龚全珍家庭等20户家庭被授予"江西省文明家庭"称号。1月20日,举办第一届江西省文明家庭电视颁奖仪式,省领导赵力平、李利、汤建人、李晓亮等出席颁奖活动。

【开展文明单位创建工作】 加强窗口服务行业创建工作,大幅提升群众对便民惠民服务的满意度和社会认可度。组织参加第五届全国文明单位推荐评选,江西省有69个单位获"第五届全国文明单位"称号,151个单位经复查合格继续保留全国文明单位称号。开发应用省级文明单位创建动态管理系统,对省级以上文明单位进行日常管理和年度复查。省文明办、省公安厅继续组织"文明交通行动计划",开展宣传活动600余场次,发放宣传资料13万份,张贴宣传提示标识3.2万张。省文明办、省交通运输厅继续推进公路"百姓满意服务区"创评,全省高速公路服务区参与覆盖率达98.6%,按照"一区一特色、一路一品牌"的思路,打造庐山西海、三清山、吉安服务区等一批星级服务区和特色品牌。

【推进文化惠民工程】 深化基本公共文化服务标准化均等化建设,省级财政安排5.2亿元,用于公共文化体育设施改造和设备购置、送戏下乡、贫困地区村文化活动室等项目,并继续安排1.2亿元,用于免费看戏、看电影等服务项目。推进贫困地区"百县万村综合文化服务中心"示范工程建设,共帮建710个示范点,省级统筹资金6390万元。推动"精神文明建设+文化",重点推进"精神文明+公共文化服务""精神文明+艺术繁荣""精神文明+文化产业""精神文明+文物保护"。开展全民阅读活动,推出一批全民阅读先进典型,表彰一批"书香村镇""书香社区"。

1月20日,第一届江西省文明家庭电视颁奖仪式在江西电视台演播厅举行。图为第一届江西省文明家庭代表展示奖杯和证书

邓望摄

【开展文明旅游工作】 省文明办、省旅发委开展全省十大最佳诚信旅行社、十大最佳诚信旅游饭店、十大最佳诚信旅游餐饮企业和十佳红色导游员评选活动。在全省景区开展"垃圾不落地景区更美丽"文明旅游主题活动,推动113家4A级以上旅游景区采取"绿色环保银行""烟蒂收集点""烟头换小礼品"等环保举措,推进"文明景区"建设。省文明办、省旅发委联合对龙虎山景区、龟峰景区、灵山景区进行调研检查,并进行通报。制订《江西省旅游经营服务信用信息管理办法(试行)》和《江西省旅游行业行政管理应用信用信息查询办法》,加强对旅游企业和从业人员违法失信行为和游客不文明行为的惩戒力度,开展3次专项旅游市场整治行动,共查处旅行社18家、旅游购物店14家,约谈企业10家、责令整改企业7家,查处非法经营旅行社业务行为2起、从业人员违规行为12起。推进景区"厕所革命",全年全省争取专项资金4400万元,已完工旅游厕所2342座,其中新建完工1623座、改建完工719座。

(张元城)

本栏编辑 詹跃华

市、县(区)

南昌市

【概　况】　位于江西省中部，辖3县6区3开发区和1新区。总面积7402.36平方千米。森林覆盖率23.0%，城市绿化率40.86%。总人口524.66万人，其中城镇人口289.78万人；人口自然增长率7.63‰。2017年，地区生产总值5003.19亿元，增长9.0%。其中，第一产业增加值192.13亿元，增长4.0%；第二产业增加值2666.10亿元，增长8.4%；第三产业增加值2144.96亿元，增长10.2%。财政总收入782.82亿元，增长14.3%；税收占财政总收入88.4%。其中，地方一般公共财政预算收入417.08亿元，增长3.7%；地方一般公共财政预算支出654.28亿元，增长12.2%。规模以上工业增加值增长9.5%。500万元以上固定资产投资增长12.7%。南昌地区内企业(含中央、省属公司)实现进出口总值669.20亿元，增长8.3%。其中，出口值428.27亿元，增长12.7%；进口值240.93亿元，增长1.4%。主要工业产品及产量有光电子器件182.3亿只(片)、水泥762.0万吨、智能手机3363.7万台、汽车44.0万辆。社会消费品零售总额(法人口径)2096.96亿元，增长12.3%。农业总产值321.39亿元，增长4.0%。主要农业产品有棉花0.17万吨、油料12.03万吨。城镇居民人均可支配收入37675元，增长8.8%；农村居民人均可支配收入16364元，增长9.4%。

【南昌市行政审批局挂牌】　12月6日，南昌市行政审批局挂牌成立，这是全省首家设区市级行政审批局。南昌市行政审批局在市行政服务中心管委会的基础上组建，增挂南昌市政务服务中心的牌子。将南昌市发改委、工信委、教育局、司法局、民政局等33个部门的188项行政许可权及相关联的审批事项统一划转至市行政审批局，实行“一枚印章管审批”。南昌市行政审批局成立后，全市从事行政审批工作人员由之前1800余人精简到100余人，减少审批环节，压缩办事时限，提高行政审批效率。

【南昌地铁2号线(首通段)开通试运营】　8月18日12时26分，南昌地铁2号线(首通段)开通试运营。南昌地铁2号线全长31.68千米，设站28座，南起红谷滩生米镇，途径九龙湖新区、红角洲片区、红谷滩中心区、旧城中心区、城东片区，终点至上海路辛家庵站。南昌地铁2号线采取“同步建设、分段开通”的做法，首通段全长19.63千米，设站17座，平均站间距约1200米，有换乘站2座，实现地铁与高铁、地铁之间的快捷换乘。首通段运营采用6节编组的铝合金B型列车，单列车的最大载客量2062人，首末班车时间分别为7时和21时，行车间隔8分钟，乘坐全程4元。

【红谷隧道竣工通车】　7月7日，国内江河中游首座沉管隧道——红谷隧道通车。该隧道位于八一大桥和南昌大桥之间，采用沉管法施工，下穿赣江，东岸主线穿过赣东大堤与沿江中大道相接，匝道往东北方向延伸接入中山西路，往东南方向延伸接入朝阳洲中路，西岸穿过赣江大堤、赣江中大道与红谷滩新区主干道怡园路相接，主线全长2650米，沉管长1329米，共12节管节，双向6车道，共11个出入口。隧道东端建成面积约5万平方米的水下立交系统，由3进4出共7条匝道组成，全长2997米，以“5Y＋3X”形式在地下形成多处互通立交，在水下实现过江隧道与赣江两岸道路网的快速对接。工程于2014年1月18日开工，由南昌市政公用集团筹资代建，中国中铁隧道集团承建，总投资约47亿元。该隧道抗震烈度达7级，限重55吨。

【江西省第四届花卉园艺博览交易会举行】　4月10日至5月10日，由省第四届花卉园艺博览交易会组委会主办、南昌市政府承办的江西省第四届花卉园艺博览交易会在南昌举行。花博会由“一园”“一区”和相关活动3部分组成。“一园”是南昌梅湖景区花博园，“一区”是南昌溪霞国家农业综合开发现代农业园区，也是全省首个“国字号”现代农业园区。会展期间，设计安排15场活动。特别是在省花博会历史上首次开展农产品、园林资材展销活动，直接经济产值超过亿元。花博会开园期间，2个园区入园参观人数170余万人次。

【豫章师范学院成立】　5月12日，经教育部批准，同意在南昌师范高等专科学校的基础上建立豫章师范学院。6月17日，豫章师范学院成立大会暨揭牌仪式在其校内举行。豫章师范学院是一所以培养学前教育、小学教育、特殊教育等基础教育师资为主的师范类本科院校，占地面积66.77

公顷，前身是1908年成立的省立女子师范学堂和1914年成立的省立第一师范学校，办学历史109年。学院为全日制公办、省市共管本科层次普通高校，全日制在校生规模暂定为8000人，首批设置学前教育、小学教育、特殊教育、艺术教育、教育技术学和英语6个本科专业。

【举办第五届南昌国际军乐节】 9月24日，作为“八一”南昌起义暨中国人民解放军建军九十周年系列纪念活动之一的第五届南昌国际军乐节在八一广场开幕。该届军乐节由南昌市政府、中国音协管乐学会共同主办，主题是“军乐八一颂，响亮英雄城”，来自美国、俄罗斯、加拿大、墨西哥、意大利、瑞典、乌克兰、澳大利亚、新西兰、埃及、哈萨克斯坦11支国外军乐团队和中国人民解放军军乐团、海军军乐团、空军军乐团、中国人民武装警察部队军乐团、男声合唱团5支国内军乐团队以及6支本地乐团共2500余人参加。9月25日晚，在滕王阁前广场举行军乐行进晚会；9月26日晚，在红谷滩会议中心、南昌大学、豫章师范学院、江西农业大学4个场所同时举办专场音乐会；9月27日和28日，分别在八一广场、秋水广场、紫金广场、南昌舰和建军雕塑广场举行军乐嘉年华文化惠民演出；9月29日晚，在南昌国体中心体育馆举行闭幕式暨军乐晚会。

【电影《建军大业》公映】 7月28日，由中国电影股份有限公司、博纳影业集团股份有限公司、南昌广播电视台、八一电影制片厂、上海三次元影业有限公司和寰亚电影制作有限公司共同出品的《建军大业》公映。《建军大业》是“建国三部曲”（《建国大业》《建党伟业》《建军大业》）系列的第三部，献礼建军90周年。影片于2016年1月25日启动，由韩三平担任总策划及艺术总监，黄建新监制，刘伟强执导，刘烨、朱亚文、黄志忠、王景春、欧豪、刘昊然、马天宇等主演。该电影主要以1927年南昌起义这一重要历史事件进行展开，描写中国军队伟大的建军篇章，展现人民军队的光辉历程。9月27日，《建军大业》获第十四届精神文明建设“五个一工程”特别奖。

【江铃驭胜·2017南昌国际马拉松举行】 11月12日7时30分，江铃驭胜·2017南昌国际马拉松（以下简称“赣马”）在八一广场开跑，来自埃塞俄比亚、肯尼亚等11个国家和地区的2万名选手参赛。比赛设置全程马拉松、半程马拉松和迷你马拉松3个项目。全程马拉松共5000人参赛，路程42.195千米，起点设置在八一广场，经南昌八一起义纪念馆、方志敏广场等红色地标，经秋水广场、南昌大学，终点南昌国体中心。半程马拉松共7000人参赛，路程21.0975千米，由八一广场出发，经中山路、沿江北大道、八一桥、赣江大道，终点南昌国体中心。迷你马拉松共8000人参赛，路程4千米，由八一广场出发，经中山路、榕门路，终点滕王阁。埃塞俄比亚的贝格纳·查拉·贝克勒以2小时13分48秒的成绩获全程马拉松男子组冠军，埃塞俄比亚的范图·杰夫以2小时36分39秒的成绩获全程马拉松女子组冠军，并分别打破南昌国际马拉松赛会纪录。赣马是由中国田径协会、中央电视台、省体育局和南昌市政府共同主办的A类赛事，是江西省第一个由中央电视台直播的大型城市马拉松赛事，同时入选由中国田径协会和中央电视台联合主办的首届“奔跑中国”系列赛事。

主要领导人 市委书记：殷美根。市人大常委会主任：陈德寿。市长：郭安。市政协主席：周关。

（南昌市史志办）

·南昌县·

【简　况】 位于江西省中部，辖9镇7乡1街道办事处1国家级开发区1省级开发区和银三角管理委员会。总面积1683平方千米，其中城区面积64平方千米。耕地面积7.87万公顷，有林面积2388.8公顷，森林覆盖率13.73%。总人口103.98万人，其中城镇人口31.44万人；人口自然增长率6.2‰。2017年，地区生产总值782.0亿元，增长9.2%。其中，第一产业增加值56.6亿元，增长4.1%；第二产业增加值509.2亿元，增长8.6%；第三产业增加值216.2亿元，增长12.3%。财政总收入116.1亿元，增长10.4%，人均1.12万元；税收占财政总收入84.2%。地方公共财政预算收入63.8亿元，增长7.7%；地方财政支出111.4亿元，增长28.6%。工业总产值333.8亿元，增长9.2%。外贸出口占地区生产总值8.4%。固定资产投资888.7亿元，增长12.5%。实际利用外资5.58亿美元，增长20.2%；实际利用内资208.2亿元，增长20.3%。主要工业产品及产量有汽车7.95万辆、服装4278万件、棉纱9501吨。农业总产值94.9亿元，增长5.8%。粮食总产量101.2万吨。主要农产品有：水稻95.8万吨、蔬菜66.9万吨、油料1.15万吨。城镇居民人均可支配收入33987元，增长9.3%；农村居民人均可支配收入17917元，增长9.5%。城乡居民年末储蓄余额347.9亿元，增长8%。

【南昌县被评为第五届全国文明城市】 11月17日，在全国精神文明建设表彰大会上，南昌县获“全国文明城市”称号，成为江西首个、也是唯一一个县级文明城市。创建工作启动以来，南昌县创新“路长制”管理模式，高位推动职能部门、属地部门靠前管理；市政公用设施建管并进，实现县域公交全覆盖；综合整治城乡环境，将“四线”环境整治与农村清洁工程、“五化”整治、造林绿色、美丽乡村建设4项工作融合；推进“文化惠民”工程，全面整改乡镇文化站，整合“农家书屋”“党员之家”等资源，推进“村级文化大院”建设，推动建设覆盖县、乡、村、组四级的文化网络服务体系。

【“2+8”脱贫攻坚】 2017年，南昌县出台“2+8”脱贫攻坚举措，实现市级以上贫困村、建档立卡贫困户“四个全覆盖”。完成12个贫困村、2650名贫困群众退出的年度脱贫攻坚工作任务，贫困发生率从1.7%下降至0.5%。发动人大代表、政协委员、工商联企业家和爱心人士参与安居扶贫，捐建房屋397栋。筹资2000余万元资助贫困学生，消除贫困学生辍学现象。完善医疗保障制度，减轻贫困群众医疗负担3000余万元，医疗费用个人自付比例6.7%。建立县级扶贫就业基地2个，2432名建档立卡贫困户实现转移就业。建成村级扶贫光伏电站18座和光伏扶贫户站927个。18个贫困村的151个新农村点全部竣工,25户以上自然村公路硬化率100%。

【南昌县行政审批局成立】 4月19日,南昌县行政审批局率先在全省改革试点中挂牌成立。县发改委、县工信委等27个政府部门和事业单位承担的278项行政许可事项和部分审批业务人员划转至行政审批局,实现“一个机构管审批、一枚印章发证照、一个大厅办成事”。县行政审批局为县政府工作部门,加挂“南昌县政务服务中心”牌子,实行“两块牌子、一套人马”的模式,下设一个全额拨款事业单位南昌县公共资源交易中心(南昌县行政审批辅导服务中心),实行实体大厅和网上大厅联动办理的模式,融合“互联网+政务服务”,实现“线上办事为常态,线下办事为例外”。

【八月湖街道办事处成立】 12月28日,南昌市第一个县域街办——八月湖街道办事处挂牌成立。八月湖街道办事处是南昌县正科级派出机关,驻地设在东岳大道928号,辖象南、象北、抚西、力高、景奥、丰源淳和、居住主题公园、平安象湖、幸福时光、海嘉路10个居委会,22个楼盘,总面积10平方千米。

【中国青年创业社区(南昌站)成立】 9月,中国青年创业社区(南昌站)在小蓝创业基地成立。中国青年创业社区(南昌站)是集创业青年、创业企业、创服机构为一体的创业“微城”,是集实战式创业赛事、专业化创业培训、保姆式托管服务、股债联动式金融扶持、精准化创业社区、全效性创业推广、全方位创业征信7大模块的创业服务生态链,是团组织服务青年、助推青年实现创业梦想的重要阵地。

【冈上镇供销电商综合服务中心投入运营】 12月12日,南昌市首个镇级供销电商综合服务中心在冈上镇投入运营。冈上镇供销电商综合服务中心是莲塘镇供销社与冈上镇供销社联合创办的“供销e家+实体店”现代流通服务体系,总投资160余万元,营业面积820平方米,集供销超市、农村电商运营平台、农资配送、冷链物流、技能培训、休闲娱乐等功能于一体,经营商品3000多种,可辐射冈上镇及周边村约6万户农民。中心通过“互联网+供销合作社+农业经营主体+农民”的协作运营模式,还可为农村居民购物、售物等提供一站式服务。

【举办“千里跑赣鄱”江西省秀美乡村马拉松联赛】 12月3日,“千里跑赣鄱”江西省秀美乡村马拉松联赛(南昌县站)在蒋巷镇开赛。赛事分男女半程马拉松、迷你马拉松5公里组等组别,有约1500名跑友参与。比赛线路为蒋巷镇市民广场、国鸿现代农业科技园、江西传媒职业学院、豫章大桥牌楼、北旺大桥桥头、富民路特色街、蒋巷镇市民广场。“千里跑赣鄱”江西省秀美乡村马拉松联赛是中国第一个省级马拉松联赛、江西省首个积分制马拉松,由江西日报社、省体育局、南昌县委、南昌县政府联合主办。赛事最大的亮点是让马拉松体育运动回归大自然,让跑友在风景中奔跑。

主要领导人 县委书记:胡晓海。县长:陈翔。县人大常委会主任:黄芝亮。县政协主席:郑响龙。

(刘汉求)

·进贤县·

【简　况】 位于江西省中部,辖9镇12乡。总面积1971平方千米,其中城区面积37.3平方千米。耕地面积7.59万公顷,有林面积4.98万公顷,森林覆盖率24%,城区绿化率45.26%。总人口84.9万人,其中城镇人口27.96万人;人口自然增长率7.48‰。2017年,地区生产总值340.95亿元,增长8.7%。其中,第一产业增加值57.45亿元,增长4.6%;第二产业增加值170.73亿元,增长7.9%;第三产业增加值112.76亿元,增长12.2%。财政总收入25.9亿元,增长15%;人均3051元;税收占财政总收入80.5%。地方财政收入15.69亿元,增长13.1%;地方财政支出44.27亿元,增长23.9%。工业总产值422.85亿元,增长13.9%。规模以上工业增加值85.38亿元,占地区生产总值25%。外贸出口占地区生产总值2.4%。固定资产投资168.28亿元,增长13.1%。实际利用外商投资1.33亿美元,增长20.1%;省外投资1.33亿美元,增长20.1%。主要工业产品及产值有医疗器械产值102.04亿元、钢架结构产值74.24亿元、食品加工产值64.28亿元、文化用品产值30.34亿元、烟花鞭炮产值33.83亿元。农业总产值93.27亿元,增长4.7%。粮食总产量54.35万吨。主要农产品及产量有稻谷52.66万吨、花生2.81万吨、芝麻4700吨、肉类总产量11.07万吨、水产品总量13.9万吨。城镇居民人均可支配收入3.18万元,增加2547元;农村居民人均纯收入1.68万元,增加1389元。城乡居民年末储蓄余额228.32亿元,增长10.6%。

【开发富硒农业】 3月17日,南昌国资产业集团有限公司、中铁中基农业管理有限公司、江西明湖农业发展有限公司、江西周坊农林开发有限公司、江西赣达牧业有限公司、中城建第五工程局集团有限公司6家富硒农业企业与进贤县集中签约,总投资额达51亿元。进贤县富硒、足硒土壤面积分别为435.26平方千米和1012.2平方千米,各占县域面积的22%和51.8%,含硒土壤资源遍及全县21个乡镇。

【西湖李家获评2016中国美丽乡村百佳范例】 4月9日,2016中国美丽乡村百佳范例揭晓仪式暨农村改革与发展座谈会在北京会议中心举行,进贤县前坊镇西湖李家入选,获“2016中国美丽乡村百佳范例”称号。西湖李家是一座具有600多年历史的古村庄,全村山水相济,田园秀美,民俗浓郁。2006年以来,先后建成陇西堂、古戏台、古门楼、乡心亭、农博馆、楹联墙、农夫草堂等一批旅游景点。

【进贤入选全国首批畜禽粪污资源化利用重点县】 6月14日,农业部、财政部公布全国首批畜禽粪污资源化利用重点县名单,进贤县成为全国51个重点县之一,获国家财政支持3650万元,重点用于改进规模化养殖场养殖工艺和设备,建设畜禽粪污收集、贮存、处理设施和输送管网,建设畜禽粪污集中处理和资源化利用设施等。

【全省首个万亩猕猴桃国际标准园开建】 6月28日，全省首个万亩猕猴桃国际标准园在进贤县梅庄镇开工。项目依托省猕猴桃产业技术体系和中铁中基供应链(集团)有限公司，联合建设江西省猕猴桃工程技术中心、江西省猕猴桃交易中心和江西省猕猴桃小镇。标准园总投资3.5亿元，猕猴桃专利品种“金圆”，配套1万吨冷链物流中心，3年投产。

【进贤县被纳入昌抚合作示范区】 7月，省发改委规划将进贤县域面积1971平方千米纳入昌抚合作示范区(南昌)区域范围。昌抚合作示范区(南昌)区域将构建新型工业、商贸物流等特色板块，以进贤县高新产业园、医疗器械产业基地等为主体，加快江西装备式建筑·新材料产业基地、进贤电子信息·生物医药产业园建设，同时以进贤县城为核心，辐射带动张公、罗溪等周边乡镇，构建15分钟城市经济圈。

【进贤县米酒产业协会成立】 11月10日，进贤县米酒产业协会在南台乡挂牌成立，这是南昌市乃至江西省米酒流通领域成立的第一个行业协会，标志着进贤县米酒产业发展步入制度化、规范化建设。全乡米酒生产企业5家，民间酿酒大户、经营户77户，年生产米酒250吨，产值约800万元。

【军山湖大闸蟹获全国河蟹大赛7项大奖】 11月14日，上海海洋大学第十一届蟹文化节暨2017“王宝和杯”全国河蟹大赛结果揭晓，进贤县军山湖幸福港汉鱼蟹养殖专业合作社选送的361克母蟹获“蟹后”桂冠，江西进贤县鱼蟹开发公司获最佳种质奖，军山湖沿岸的河蟹养殖公司和专业合作社获3个金蟹奖、1个优质蟹奖，进贤县农业局获最佳组织奖。2017年，进贤县河蟹养殖面积2.67万公顷，螃蟹产量2150吨左右，产值3.76亿元，带动4100余户农民参与河蟹产业，户均增收1万元以上。8月，军山湖大闸蟹产品质量追溯系统通过中国农垦经济发展中心验收。

主要领导人 县委书记：钟益民。县人大常委会主任：胡鹏飞。县长：叶修堂。县政协主席：钱和平。

（王方）

·安义县·

【简　况】 位于江西省西北部，辖7镇3乡1垦殖场。总面积665.49平方千米，其中城区面积22.68平方千米(含开发区面积)。耕地面积2.52万公顷，有林面积2.734万公顷，森林覆盖率41.23%，城区绿化率29.22%。总人口30.44万人，其中城镇人口9.59万人；人口自然增长2.2‰。2017年，地区生产总值113.87亿元，增长9.1%。其中，第一产业增加值11.9亿元，增长4.5%；第二产业增加值57.57亿元，增长8.4%；第三产业增加值44.4亿元，增长11.3%。财政总收入13.49亿元，增长10.4%，人均6951.8元，税收占财政总收入36.62%。地方财政收入8.74亿元，下降6.8%；地方财政支出23.09亿元，增长14.8%。工业增加值占地区生产总值43.1%，外贸出口占地区生产总值8.4%。500万以上固定资产投资120.2亿元。实际利用外商投资5957万美元；实际利用内资59.55亿元，增长22.2%。农业总产值20.55亿元，增长4.72%。粮食总产量21.28万吨。城镇居民人均可支配收入29935元，增加2425元；农村居民人均纯收入14602元，增长1206元。城乡居民年末储蓄余额94.39亿元，增加4.2亿元。

【向阳星级智慧农贸市场开张】 2017年年底，向阳星级智慧农贸市场开张营业。2016年11月，安义县结合“美丽南昌·幸福家园”环境综合整治，投资900万元打造向阳星级智慧农贸市场，该工程总建筑面积2993.25平方米。“智慧型”是该农贸市场最大的特色，内置的开放式Wi－Fi实现全覆盖，群众买卖一键搞定。此外，市场内部还专门设置一间质量安全监测站，对市场内出售的农副产品进行检测。

【城市建设管理】 2017年，安义县在城市建设管理方面共投入7.3亿元。把县城市容保洁工作外包给2家专业保洁公司。全面推行“门前三包”责任制，发放“门前三包”通知书2000余份，印发责任牌5000余张。安排专职人员每天进行片区巡查，对“门前三包”责任落实不到位的进行处罚。“精品带动”为城市管理工作增亮点。全年先后对解放路和潦河大市场社区进行精品化改造。

【引进“智慧环卫”系统】 2017年，安义县引进“智慧环卫”系统，实现环卫管理从“每个站点一一查看”到“一块屏幕尽收眼底”的转变。“智慧环卫”系统主要通过综合应用计算机技术、无线网络技术、GIS地理信息技术、视频监控技术等数字技术，建立管理信息平台，实现对县域内环卫作业效果、环卫作业车辆、环卫设施以及对辖区内环境卫生的监控。安义县有130多名环卫工人，负责县城50万平方米的清扫保洁及该县(含11个乡镇)的垃圾清运，平时每天清运垃圾100吨左右。通过“智慧环卫”系统，管理人员站在屏幕面前就可以全面、实时掌握城区的环卫作业情况，实现环卫与现代科技接轨。

【绿能公司与乐安县签约绿能(乐安)生态农业科技产业园合作项目】 11月29日，绿能(乐安)生态农业科技产业园合作项目在乐安县签约，江西省绿能农业发展有限公司(简称绿能公司)投资1.2亿元，在乐安县公溪、龚坊等6个乡镇，流转经营1333.33公顷土地，采取与下庄村相同的模式，带动当地贫困户脱贫致富。2017年，绿能公司在安义县万埠镇下庄村成立水稻专业种植合作社(全村贫困户都进入合作社)，合作社负责流转土地，绿能公司负责种地。年末，绿能公司按照每亩320元的保底标准，与合作社五五分红。依托这种方式，该村19户贫困户户均增收4000元以上。

【2017年安义(上海)高端门窗暨新材料产业招商推介会在上海举行】 10月12日，2017年安义(上海)高端门窗暨新材料产业招商推介会在上海市静安区举行。安义县现场签约22个项目，投资总额76.6亿元，涵盖新材料、高端门窗等行业。

【一批重大项目集中签约、开工】 7月3日，安义县2017年第二批“8＋8”

重大项目集中签约、开工仪式举行。签约重大项目8个、签约总额81亿元,其中陶氏化学水性环保材料项目,由世界500强企业美国陶氏化学与省建材集团公司共同投资兴建,标志世界500强企业落户零的突破。开工重大项目8个、总投资86亿元,分别为东方雨虹年产10万吨防水材料项目、陶氏化学年产5万吨水性环保材料项目、金银河年产3万吨水性聚氨酯和10万立方米气凝胶项目、安盛资源年产2万吨陶瓷纤维保温材料项目、中来豪安年产5GW高效单晶硅片项目、门窗港高档门窗系统制造项目、新恒基汽车产业园项目、安义商城项目,涵盖新材料、新能源、高端门窗等领域。

【安义县获"中国铝材之乡"称号】 3月11日,中国建筑金属结构协会铝门窗幕墙委员会主办、广州市城博展览有限公司承办的,第23届全国铝门窗幕墙新产品博览会在广州举行,安义县39家大型铝型材企业参展,这是安义县首次以县为单位,在全国性铝型材博览会开设江西·安义建材馆。会上,安义县被中国建筑金属结构协会授予"中国铝材之乡"称号。安义县铝型材挤压线数量309条,铝型材产量120万吨,居全国第三位。

主要领导人　县委书记:李松殿。县人大常委会主任:刘万勇。县长:彭开先。县政协主席:黄小平。

(王计)

·东湖区·

【简　况】 位于江西省中部偏北,辖1镇9街道办事处和2管理处。总面积56.95平方千米,园林绿地面积479.93公顷,城区绿化覆盖率29.67%。总人口50.85万人,人口自然增长率5.84‰。2017年,地区生产总值474.98亿元,增长8.7%。其中,第一产业增加值0.64亿元,下降5.9%;第二产业增加值41.33亿元,增长4.5%;第三产业增加值433.01亿元,增长9.2%。财政总收入64.63亿元,增长19.6%;税收占财政总收入16.32%。地方一般公共预算收入13.05亿元,增长5.9%;地方财政一般预算支出23.65亿元,增长18.2%。固定资产投资206.07亿元,增长13.3%。社会消费品零售总额291.1亿元,增长12%。实际利用外资2.64亿美元,增长42.4%;实际利用内资49.81亿元,增长22.1%。外贸企业进出口总额3.92亿美元。农业总产值1.15亿元,下降3.98%。城镇居民人均可支配收入39438元,增长8.2%。

【豫章1号文化科技园发展】 截至年底,豫章1号文化科技园总注册资本超6亿元,落户企业纳税总额近800万元,其中纳税超50万元的企业4家。有118家企业、12家协会入驻(注册)园区,其中注册企业107家,入驻企业36家,入驻协会(商会、平台)6家。

【完成滕王阁景区周边环境综合改造项目】 2017年,东湖区投资约9000万元,对滕王阁周边环境进行综合改造。工程从5月26日启动,8月竣工,改造榕门路道路长1184.1米,宽15~20米,立面改造约6万平方米。对沿街16栋建筑外立面进行仿古改造,面积约5.2万平方米;沥青道路长约670米,摊铺面积约8200平方米;强电管道敷设及下地施工670米,敷设12孔管道长约6500米,工程施工240米;路面标识线约3300米;屋面平改坡马头墙改造约5000平方米;新建骑楼950米;人行道铺装4500平方米;景观围墙总长65米,高4米,共设置6副0.9米高2.4米长的滕王阁文化背景浮雕及装饰木格栅。原有"蜘蛛网"弱电线路进行下地、规整、包裹处理。

【签订招商东湖意库文化创意街区项目】 9月26日,招商局蛇口工业控股股份有限公司、中外运长航实业发展有限公司、南昌市东湖区三方在东湖区签订招商东湖意库项目《战略合作协议》。招商东湖意库文化创意街区项目位于原省外贸储运公司,占地面积约8万平方米,分3期改造。项目定位为城市文创名片,集高端办公、文化创意、国际物流、电子商务、教育培训、文体休闲、时尚街区、建筑空间为一体,提供"办公+产业+空间+投融"全方位创新、创业服务,利用省外贸储运公司建设于20世纪60年代的仓库和铁路专用线("专八线"),重新规划、设计、招商、运营,打造东湖又一文化地标。

【中金国际交易中心项目开工】 6月,南昌中国黄金国际交易中心项目开工。项目由中国黄金集团等实力企业发起筹建,位于东湖区青山南路和永外正街交汇处,总投资约20亿元,规划用地总面积2.49万平方米,总建筑面积约23.3万平方米,其中地上建筑面积约17.7万平方米,地下3层建筑面积约5.6万平方米。整个项目由4栋高层建筑组成,地上1~4层全部为商业综合体,其中高端住宅及精装LOFT公寓约10万平方米,商业建筑面积约3.5万平方米(含黄金交易中心0.8万平方米),五星级酒店约2.8万平方米,另配备有3层地下车库近千余车位。

【全省首个健康养生产业园落户东湖区】 3月13日,中科(熹庐)健康养生产业园签约仪式在东湖区综合服务中心举行,标志着全省首个健康养生产业园落户东湖区。中科(熹庐)健康养生产业园位于江西宾馆院内,总投资3亿元。一期项目以熹庐贵宾楼为主体,建筑面积约1万平方米,入驻全省唯一的中西医名医集团、国际一流的医学影像诊断中心、全省最大的国际消化道内镜检查中心、国际化韩国口腔中心、基因筛查和干细胞抗衰中心以及全国一流的专业体检中心,集健康体检、中医调理、康复理疗、口腔保健、健康管理于一体。二期项目为熹庐日间手术管理中心,建筑面积约5000平方米。

【打造洪州禅文化旅游街区】 2017年,东湖区改造佑民寺周边街区,布局一批以禅文化为主题、以数字创意为支撑的博物馆、佛学院、禅修堂等场馆,以及禅食、禅茶、禅宿、禅乐等业态,形成一条禅文化慢生活数字创意产业休闲带。项目按"文旅+产业"的发展模式,打造"111"产业工程,即1个国际顶级文化IP——以禅宗"平常心"作为立足点,带动1家本地文化上市企业运营——南昌三川田(佑民寺)文化产业集团,建立1个数字创意产业集群。项目分3期建设:一期打造“南昌的佑民寺——百花洲”，投入5亿元资产包(数字创意产业基金)，按照“中式禅儒慢生活”主题，打造数字文化科技产业示范区品牌；二期围绕打造“中国的佑民寺——百花洲”，在2020—2023年投入10亿元；三期围绕打造“世界的佑民寺——百花洲”，在2023—2025年投入20亿元。其中，一期工程于9月启动，并在年底完成。

【苏宁广场项目落户东湖区】 7月14日，苏宁控股集团通过公开拍卖的方式，以24.35亿元的价格获得东湖区省政府大院一号、二号地块，打造第四代苏宁广场。苏宁广场项目总投资60亿元，总建筑面积约57万平方米，其中，计容建筑面积40.91万平方米(含1.94万平方米的住宅回迁及390平方米的商办回迁)，集中商业面积15.55万平方米(含地下2.08万平方米)，办公面积2.46万平方米，酒店面积4.48万平方米，商铺面积7215平方米，住宅面积1.50万平方米。项目规划建设不少于18万平方米的高端商业综合体，不少于3万平方米的AAAAA级写字楼，以及国际知名精品酒店。截至年底，项目已完成概念性设计。

主要领导人 区委书记：刘闯。区人大常委会主任：喻国泰。区长：高辉红。区政协主席：王玮。

(陈耀武)

·西湖区·

【简 况】 位于江西省中部，辖1镇11街道办事处。总面积34.8平方千米。有林面积1143.67公顷，绿化覆盖率39.3%。户籍人口45.2万人，户籍人口城镇化率100%；人口自然增长率4.59‰。2017年，地区生产总值515.81亿元，增长8.5%。其中，第二产业增加值118.24亿元，增长5.6%；第三产业增加值397.57亿元，增长9.3%。财政总收入103.1亿元，增长48.6%。地方财政收入17.4亿元，增长18.1%；地方财政一般预算支出27.6亿元，增长9.5%。规模以上工业企业总产值27.0亿元，增长38.7%。规模以上工业增加值13.5亿元，占地区生产总值2.6%。固定资产投资403.1亿元，增长12.3%。社会消费品零售总额387亿元，增长11.3%。实际利用外资3.2亿美元，增长50.3%；实际利用内资57.2亿元，增长23.9%。城镇居民人均可支配收入38692元，增长8.4%。

【探索“人走编留”选人用人新模式】 2017年开始，西湖区采取公开竞聘的方式，从全区62名报考的社区(村)党员干部中选拔12名街道(镇、处)党群服务中心主任，专职从事党群服务中心工作。该岗位享受街道(镇、处)事业编制工作人员同等待遇，实行聘用合同制，聘用合同1年一签，合同期满聘用关系终止，符合续聘条件的原则上续聘，也可变更、解除劳动合同。对变更、解除劳动合同人员，原享有的权利和待遇等也终止。截至年底，所有人员已到岗工作。

【全省首例“四位一体”的楼宇APP运行】 12月15日，西湖区智慧楼宇APP上线运行。这是全省首例“四位一体”的楼宇APP，具备“四位一体”找楼(地图找楼、索引找楼、特色找楼及定制找楼)，“三级楼长制”事件处理流程，预约看房、企业发布、需求抢单等功能，将“每平米税收”纳入经济统计范围，推动楼宇经济走向精细化管理。

【西湖区苹心志工社“带上光明回家乡”项目入选第六届中国公益慈善项目大赛百强】 8月14日，第六届中国公益慈善项目大赛组委会公布百强项目名单，西湖区苹心志工社“带上光明回家乡”项目入选。“带上光明回家乡”利用农村大学生节假日回家，访贫问苦，并为65岁老人免费配送一副老花镜。项目采取腾讯乐捐众筹、大学生公益招标、微博跟踪反馈等形式推进，每位中标的大学生获得16副老花镜的配送资格。截至年底，已免费发放老花镜9000余副，南昌大学、江西财经大学、华东交通大学等2000余名大学生参与。南昌市西湖区苹心志工社，2015年8月民政注册，民办非企，西湖区志愿服务联合会骨干成员单位。机构以项目化运作为主要手段，应用“互联网+”思维，开展跨界公益合作。

【西湖区市场监管体制改革】 截至年底，西湖区市场和质量监管局，归集行政审批、许可、处罚等事权1000余项，担负对全区2.16万家企业(区局登记注册1.25万家内资、私营企业)，4.26万家个体工商户监管和服务的任务。监管局根据基层实际，自主开发OA系统和VR云平台，用信息化技术智慧监管，提高工作效率和消费者满意度，成为全省市场监管体制改革的样板。

【西湖区少数民族经商人员服务中心挂牌】 9月，西湖区少数民族经商人员服务中心挂牌。该服务中心位于南浦街道，是一个综合性的服务窗口单位，为少数民族经商人员提供就业、医疗、入学、矛盾调处、民事代办等服务。服务中心还组织开展培训、法律咨询、文体等活动，提升少数民族经商人员的归属感。

【西湖区国地税联合办公】 5月，西湖区国地税局整合硬件与软件、线上与线下两类资源，国地税同驻1栋楼，共建1个厅，将“实体、自助、网上”办税“三厅合一”，实现实体办税“一窗通办”、自助办税“一机全能”、网上办税“一指办结”、智能办税“一区体验”。在综合办税服务上实现“一窗受理”“一个标准”“一个团队”“一个机制”等“十个统一”。自联合办税以来，优化25项涉税事项办理流程，减少33个环节；纳税人办税不再重复叫号、多次排队，等候时间由原来的30分钟缩减至5分钟。单次办税时间缩短15分钟以上；纳税人服务现场评价满意率99%以上，投诉率下降90%。

【西湖区承办第十六届江西南昌绳金塔庙会暨首届墨西哥美食文化节】 9月28日至10月7日，第十六届江西南昌绳金塔庙会暨首届墨西哥美食文化节在西湖区绳金塔举行。庙会邀请墨西哥梅里达市市政府代表及文化团队、厨艺团队等50余人参与。其间，共举办10余场各具特色的中外文艺汇演，为庙会带来别开生面的文化体验及地道墨西哥的美食小吃。共接待游客110多万人次，街区相关营业总额3500多万元,带动周边酒店、宾馆、商场、餐饮、旅游消费营业额超亿元。

主要领导人　区委书记:梅茂发。区人大常委会主任:马力。区长:黄小燕。区政协主席:唐于禄。

(肖惠康)

·青云谱区·

【简　况】　位于江西省北部,辖1镇5街道办事处和1省级工业园区。总面积43.2平方千米,其中城区面积43.17平方千米。城区绿化率34.67%。户籍人口26.66万人,其中非农业人口26.66万人;人口自然增长率6.33‰。2017年,地区生产总值375.83亿元,增长9.0%。其中,第二产业增加值231.43亿元,增长8.0%;第三产业增加值144.40元,增长10.7%。三次产业构成比重为0:61.6:38.4。财政总收入45.3亿元,增长12.6%;税收占财政收入94.1%。地方一般公共预算收入9.8亿元,增长9%;地方一般公共预算支出15.9亿元(含上级转移支付和各项补助),增长12.9%。规模以上工业增加值增长9.1%。固定资产投资242.46亿元,增长12.9%。社会消费品零售总额261.70亿元,增长11.9%。实际利用外资2.2亿美元,增长20.2%;利用内资47.29亿元,增长24.03%。出口总额3.98亿美元,下降7.16%。城镇居民人均可支配收入38026元,增长8.1%。

【2017中国南昌(青云谱)青云·墨子论坛在青云谱区举行】　6月25日,以"中国航天,探索宇宙"为主题的2017中国南昌(青云谱)青云·墨子论坛(简称"青云·墨子论坛")在青云谱区举行。论坛由中国科协、中科院主办,青云谱区委、区政府协办,邀请中国科学院院士、"嫦娥之父"欧阳自远,中国工程院院士、战略导弹与运载火箭技术专家龙乐豪,中国航天科技集团公司第五研究院研究员庞之浩,行星科学家、科普作家郑永春4位科学家和学者,通过论坛演讲的形式向全社会展示自己的研究成果、科技经历和实践经验。论坛从中国航天、宇宙探索,到虚拟现实、人工智能,对推动全社会形成讲科学、爱科学、学科学、用科学的氛围产生作用。

【汪大渊雕塑广场对外开放】　7月10日,南昌籍历史名人、航海家汪大渊雕塑广场落成对外开放。雕塑广场位于青云谱区施尧路象湖湿地公园旁,总面积2000余平方米,由汪大渊雕塑与广场地雕、配套绿化等组成。其中,汪大渊雕塑占地面积225平方米,高约12米,基座上刻《岛夷志略》石雕书卷,人物正前方广场上铺设6块浮雕,绘有古时南北半球航海图及指南针演变史。

【"书香青云"社区百科讲坛受邀在中宣部"基层工作加强年"会上做经验交流】　5月12日,中宣部"基层工作加强年"经验交流总结会在深圳召开,青云谱区"书香青云"社区百科讲坛作为全国基层宣传思想工作先进典型受邀参会,区委书记孙毅代表省、市在会上做典型经验介绍。"书香青云"社区百科讲坛是青云谱区面向社区群众开设的一个基层宣讲平台,定期组织党员干部、专业讲师、草根"名嘴"赴社区开展宣讲。活动开展7年来,已在辖区举行1000余场活动,参与群众5万余人次。该百科讲坛在2016年7月已作为全国基层理论宣讲典型案例,受邀在中宣部全国宣传干部学院全国基层宣传思想文化工作创新研讨班上做典型经验介绍,并被评为2016年中宣部"全国基层理论宣讲工作先进集体"。

【三家店街道青年空间获评全国示范性"青年之家"综合服务平台】　12月,共青团中央办公厅发布第二批全国示范性"青年之家"综合服务平台评选结果,全省有3家平台入选,青云谱区三家店街道青年空间是其中之一。该空间位于南昌市青云谱农副产品市场(南苑一路)南端,毗连三家店街道办事处和三家店派出所,建筑面积约800平方米,内设书画展示室、培训室、舞蹈室、图书阅览室、电子阅览室以及社会组织孵化中心等多个功能区域。

【青云谱区成为全省"双委代"工作唯一城区试点地区】　12月15日,青云谱区国税局、青云谱区地税局与邮政青云谱区分公司在昌南工业园智慧物流产业园举行战略合作签约暨委托邮政代开代征网点揭牌仪式,标志青云谱区"双委代"试点工作启动,成为全省"双委代"工作唯一城区试点地区,开启"税企邮"合作新模式。"双委代"指税务部门委托邮政部门代开普通发票及代征税款的一项新型业务,已在全国21个省进行推广,2016年邮政渠道代征税额达70亿元,已具有较为成熟的运行模式。

【京山街道社区卫生服务中心获评全国百强社区卫生服务中心】　11月2日,中国社区卫生协会发布2017年全国百强社区卫生服务中心名单,江西6个社区卫生服务中心入选,青云谱区京山街道社区卫生服务中心是其中之一。南昌市青云谱区京山街道社区卫生服务中心下辖6个社区卫生服务站,业务用房3000多平方米。共设置17个科室、卫技人员48人,康复床位30张。与南昌市第二医院、南昌市第三医院、南昌市洪都中医院等三甲医院建立医联体。是"江西省全科医师社区培训基地""江西中医药大学教育实践基地""青云谱区未成年健康心理辅导站";2011年被评为"南昌市健康教育先进单位""青云谱区先进工作单位""江西省三星级社区卫生服务中心"等。

【慈孝竹智慧健康养老产业项目落户青云谱区】　6月,由江西慈孝竹居家养老有限公司投资的智慧健康养老产业项目落户青云谱。项目采用连锁经营模式,注册资金6000万元,项目总部面积约4000平方米,可同时容纳300名老年人,至年底,已在青云谱区建设13个居家养老服务站点。项目利用物联网、云计算、大数据、智能硬件等新一代信息技术产品,加强可穿戴设备、健康检测设备、智能养老监护设备等健康养老终端设备的运用,把助餐、助浴、助洁、助行、助医等服务结合起来,培育养老服务业新业态、新模式,推动养老服务产业智能化升级,用以满足多样化、个性化的健康养老需求,每年可服务老年人10万人次。

【青云谱区建成全省首个生活垃圾智能分类中心】 1月,青云谱区引进专业从事生活垃圾智能分类的广东中航环卫集团公司,在天沐君湖小区试点,启动"互联网垃圾智能分类"管理系统。试点分类收集、分类运输、分类处理的全程式垃圾分类项目,成为全省首个生活垃圾分类小区,探索建立一套"住户源头分类、智能分类投放、正确投放奖励,餐厨垃圾有机处理、不可回收垃圾转运"的新模式。

主要领导人 区委书记:孙毅。区人大常委会主任:魏根金。区长:吴江辉。区政协主席:胥萍。

(徐亮)

·湾里区·

【简　况】 位于江西省西北部,辖4镇2街道办事处1管理处。总面积247平方千米,其中城区面积23.47平方千米。耕地面积3120公顷,林地面积1.77万公顷,城区绿化率56%,林木绿化率77.02%。户籍人口79227人,其中城区人口38731人;人口自然增长率7.62‰。2017年,地区生产总值64.40亿元,增长9.7%。其中,第一产业增加值2.47亿元,下降7.2%;第二产业增加值26.69亿元,增长7.1%;第三产业增加值35.24亿元,增长13.5%。财政总收入13.3亿元,增长17.2%。地方财政收入6.75亿元,增长8.6%;地方财政支出14.61亿元,增长26.8%。规模以上工业增加值增长10.0%。固定资产投资57.86亿元,增长14.0%。农业总产值4.87亿元,下降5.8%。粮食总产量1.24万吨,下降3%。主要农产品及产量有蔬菜3016吨、下降0.1%,花卉苗木产值1.10亿元、增长3.2%。社会消费品零售总额8.34亿元,增长11.1%。农村居民可支配收入12585元,增长10.4%。

【2017年中国南昌梅岭伶伦音乐节举行】 6月23日—24日,湾里区在新经济产业园举办为期2天的2017年中国南昌梅岭伶伦音乐节。音乐节由湾里区联手阳光媒体集团共同主办,以"从音律源地到音乐圣地"为主题,邀请李健、赵雷和反光镜、扭曲机器、窒息、左右、打扰一下、Mr. Miss、项亚蕻等国内一线原创歌手和摇滚乐队。音乐节现场还设置有观演区、生活娱乐区及创意产品售卖区等多种功能区域,共有近4万乐迷参加,同时音乐节同步在ZAKER、新华网等网络直播,点击量超过300万人次。

【湾里区入选第四批国家慢病综合防控示范区】 12月,国家卫计委公布《2016—2017年度国家慢性病综合防控示范区建设评估和复审结果》,湾里区入选第四批国家慢性病综合防控示范区。自2012年创建国家慢病综合防控示范区以来,湾里区坚持把慢性病综合防控工作作为重大民生工程,纳入政府经济社会发展规划。建设健康社区、健康单位、健康学校、健康食堂、健康餐厅/酒店60家,其中健康社区覆盖率42.31%。投入70余万元建设高品质、高规格的健康主题公园、健康一条街、健康小屋等支持性环境。利用电视、报刊、网站、微博、微信等全方位、多层次宣传慢性病防治知识,面向基层、面向群众在全区开展控烟、全民健康生活方式、高血压、糖尿病等为主的卫生宣传日、义诊咨询、健康知识巡讲等活动。

【城市功能提升改造】 2017年,湾里区推进长春湖水系、磨盘山主题公园、幸福桃园、九龙溪生态休闲公园等23个城市提升改造工程建设。新增自然村通达公路12千米,完成25户以上自然村通达;建成全省首条智慧旅游示范公路,实现旅游公路"智慧信息化"监管,并同步建设长7.4千米、宽约3米的旅游休闲绿道,实现登山者与机动车辆"人车分流",消除旅游安全隐患。打造一条以爱情为主题的精品旅游路线;启动洪崖文化公园建设,形成纵贯城区的亲水"景观带";在城区中心地段完成磨盘山市民体育休闲公园一期建设,传承湾里红色基因。

【铁路沿线环境综合整治】 2017年,湾里区投入7700万元,开展铁路沿线违章拆除工作,共拆除违章建筑41处2.49万平方米,拆除有碍观瞻建筑物5栋6000平方米,拆除猪栏27户6.26万平方米;投入52万元,加强铁路沿线环境卫生保洁,先后清理垃圾死角242处,清运垃圾30余吨,搬运乱堆乱放杂物78吨,清除菜地80处,铲除垃圾广告460条,同时按标准配齐作业人员和环卫设施;投入480余万元,在2处重要节点打造2个总占地面积1.6万平方米的生态小游园;对沿线城区道路及铁路桥墩下实施绿化提升,共补植行道树、桂花树、灌木750余棵,复绿草坪5120平方米,打造出一条5千米生态路。

【全省首条智慧旅游公路全线通车】 11月底,江西省首条智慧旅游公路全线通车。该智慧旅游公路起于湾里区新经济产业园,途经梅岭镇,终于太平镇,全长约15千米,建设总投资近亿元。公路的智慧建设包括增加全程短信服务、可变情报板、交通量调查、视频监控、弯道监测预警、能见度监测、结冰预警、自动融冰除雪等科技设施。在服务游客方面,增建休闲绿道,包括自行车道、游步道、绿道驿站、观景平台、景观廊架与景亭、公厕等公共基础服务设施。

主要领导人 区委书记:于立山。区人大常委会主任:李传强。区长:饶绍清。区政协主席:喻玫。

(张近荣)

·青山湖区·

【简　况】 位于江西省中部,辖4镇4街道办事处1省级工业园区。总面积127.6平方千米。耕地面积1533公顷,绿化面积1314.31公顷,城区绿化率28.06%。总人口44.9万人;人口自然增长率7.85‰。2017年,地区生产总值574.99亿元,增长8.8%。其中,第一产业增加值0.52亿元,下降7.6%;第二产业增加值361.26亿元,增长8.3%;第三产业增加值213.21亿元,增长9.8%。财政总收入完成57.5亿元,增长10.1%;税收占财政总收入96.2%。地方一般公共预算收入15.45亿元,下降4.2%;地方财政支出26.5亿元,增长14.0%。规模以上工业增加值增长9.2%。外贸出口总额44.9亿元,增长1.9%。固定资产投资668.65亿元,增长12.5%。实际利用外资4.43

亿美元,增长21.1%;实际利用内资162.31亿元,增长20.4%。农业总产值9078万元,下降6.36%。粮食总产量0.80万吨,下降4.7%。主要农产品及产量有生猪出栏3万头,下降6.3%;禽蛋总产量75吨,下降40%;水产品总产量1317吨,与上年持平。社会消费品零售总额235.30亿元,增长12.3%。城镇居民人均可支配收入38345元,增长9.0%;农村居民人均可支配收入18704元,增长9.2%。

【"提升二产"战略】 2017年,青山湖区推进南昌电子信息(LED)产业园一期二组团10.3万平方米标准厂房和配套用房建设,引进兆驰光电1000条封装线。落户移动终端聚合物锂电池项目。加快中国(江西)针织服装创意产业园、太酷·云介时尚创意产业园、品牌服饰产业园等平台建设,打造全省首个、全国第11个国家纺织面料馆。引进大嘴猴服饰品牌,探索出著名IP线上全链条运营的途径,为针纺服装企业走品牌运营道路提供一种可借鉴的模式。33.33公顷南昌电子信息(LED)产业园二期项目取得市政府批复。食品医药、冶金建材等传统产业取得新成效,全区建成标准厂房30.2万平方米,新增规模以上工业企业40户,超额完成目标任务。

【支持小微企业发展】 11月,青山湖区制定《青山湖区小微企业创业创新工作专项资金扶持办法》,鼓励符合政策的辖区小微企业开拓创新,全年共下派资金421万元。全年财园信贷通放贷总额9.7亿元,有效缓解中小微企业融资难、融资贵、融资慢的问题。打造8090梦工厂、赣江教育产业园等一批创新创业基地,699文化创意产业园被工信部评为全国小微企业创新创业示范基地。

【人大代表联系群众工作站(室)建设】 10月,青山湖区人大代表联系群众工作站(室)建设打通代表联系群众"最后一公里"。按照"十个一"标准建设、整合、升级各个工作站(室),为代表依法履职和联系群众提供平台。发挥镇、区、市三级人大代表的资源优势和专业特长,对群众的意见和诉求,经由人大途径反映、交办、解决,形成代表为民办实事的机制。共安排代表进站活动621人次,接待群众1381人次,解决问题430个。打造出昌东的"三心工作站",南钢街道家园社区的"微家园"等一批特色亮点突出的站(室)。

【"创业担保贷款+"模式】 2017年,青山湖区通过"E贷福"手机APP业务,将贷款流程由"两来一往"(即符合政策扶持条件申请人先来人社部门提出贷款申请,工作人员上门调查,审核通过后,申请人再去银行贷款),简化为"一来一往"(即符合政策扶持条件的申请人,能提供有效的反担保方式,均可实现"E贷福"手机APP直接申请办理),实现"不进人社门,贷到创业款"。

【青山湖区"政企直通车"服务平台启动】 3月15日,青山湖区"政企直通车"服务平台启动。平台设有政策发布、问题上报、问题查询、处理公示、交流大厅、直播频道6个版块。平台通过网站、微信公众号、点对点对接、座谈会等方式,将企业问题困难分别纳入"快车席""专车席""顺风车席"等,采取分类处理、特快处理、参照处理等方式政企实时互动,实现平台功能一体化、办理一站式、服务一条龙。

【南昌九九颐家康养中心营业】 5月,青山湖区首家以"医养融合"为主题的民办非营利性养老服务机构——中铁建业养老集团·南昌九九颐家康养中心营业。此康养中心位于青山湖区顺外路,占地面积约1.33公顷,建筑面积7130.50平方米,总投资2亿元。设有江西中医药大学第二附属医院康复分院、老年康复中心、老年颐养中心、居家养老服务中心、配套服务区、老年文娱活动中心和总部办公区等八大功能分区及260余张各型养老床位。至年底,共有119名老人入住。

【率先在全省开创履责情况抄告机制】 9月,青山湖区印发《青山湖区从严治党主体责任和监督责任落实情况抄告办法(试行)》,在全省率先开创履责情况抄告机制。该办法明确由区纪委对全区各级党组织及党员干部落实全面从严治党要求的情况,以书面形式报告区委、人大、政府、政协相关领导,由其督促整改,并将整改情况向区委、区纪委反馈。此项制度将下级责任落实情况向上级责任人进行报告,实现责任从上到下压实,建立责任落实的闭环链条。

【率先在全省实施农村集体资产产权制度改革】 9月,青山湖区率先在全省实施农村集体资产产权制度改革,运用"互联网+"平台,引进建立谐农"三资"("三资"指农村集体的资金、资产、资源)管理系统,将"三资"管理全过程纳入网上运营流转。通过平台共发现500余个问题,并由纪委督促整改落实,为"三资"监管再加一把"安全锁",打好预防问责"两张牌",提高村级"三资"管理质效。

【"河湖长制"落地见效】 9月,青山湖区建立三级责任制体系,统筹推进全区三河四湖五渠12条水系"河湖长制"工作落地见效。至年底,全区共关停取缔非法塑料制品加工厂等200余家,搬迁废物塑料70吨,清理水渠边垃圾90吨,打捞漂浮杂物105吨,清理水浮莲9280平方米,清理淤泥18000余立方米。

【罗家镇特色小镇开工建设】 12月20日,总投资2818万元的历史文化特色小镇——罗家镇特色小镇开工。项目主要是对解放东路实施特色打造,对商铺和民居进行屋顶美化、墙面粉刷、统一店牌,还包括对罗家镇60平方千米的环境整治和其他道路的白改黑工作,以及天祥大道的南延工程,以打造新旧建筑融合、老街换新颜的"罗家特色小镇"。

【青山湖区站东街道成立】 12月21日,青山湖区站东街道工作委员会、站东街道办事处成立。站东街道办事处管辖区域东至洪都中大道(解放西路至北京西路段),南至解放西路(京九线至洪都中大道段),西至京九线(北京西路至解放西路段),北至北京西路(洪都中大道至京九线段),区域面积1.6平方千米,常住人口5.9万人。辖区内有13个社区居委会、1个家委会。办公地点为工人新村一路省交通设计院监理所院内。

主要领导人 区委书记:熊运浪。区人大常委会主任:黄志平。区长:王强。区政协主席:邹艾民。

(王琳)

·新建区·

【**简 况**】 位于江西省中部偏北,辖12镇6乡1省级开发区。总面积2193.32平方千米,其中城区发展用地面积42.9平方千米。耕地面积7.73万公顷,林地面积3.84万公顷,林木覆盖率18.68%,城区绿化率41.45%。总人口69.52万人,其中城镇人口19.3万人;人口自然增长率8.67‰。2017年,地区生产总值448.36亿元,增长9.3%。其中,第一产业增加值55.1亿元,增长4.7%;第二产业增加值246.9亿元,增长8.6%;第三产业增加值146.36亿元,增长12.3%。财政总收入64.1亿元,增长43.9%,人均财政总收入9220元。地方公共财政预算收入30.6亿元,增长20.6%;地方公共财政预算支出64.73亿元,增长21.7%。规模以上工业增加值增长9.4%。固定资产投资425.25亿元,增长13.5%。社会消费品零售总额86.66亿元,增长15.5%。利用外资2.84亿美元,增长29%;实际利用内资89.87亿元,增长21.5%。外贸出口1.43亿美元,下降4.9%。主要工业产品及产值有汽车及零部件产品总产值99.58亿元,绿色食品总产值122.62亿元,节能环保产品总产值182.59亿元,印刷包装产品总产值30.76亿元。农业总产值92.87亿元,增长4.7%。粮食总产量61.2万吨。主要农产品及产量有稻谷61.15万吨、油料1.31万吨,水产品9.65万吨。城镇居民人均可支配收入33790元,增长9.2%;农村居民人均可支配收入16365元,增长11.8%。

【**新建区被评为第一批国家农产品质量安全县区**】 6月,农业部公布第一批国家农产品质量安全县(市),新建区入选。该区全面加强农产品质量安全监管工作,农产品生产企业全部列入全区农产品质量安全监管数据库,相关产品纳入省、市农产品质量安全例行监测和区本级农产品质量安全监测范围。完成农产品农药残留定量检测任务700批次;农药残留抽样检测254批次,其中水稻田土壤风险评估抽样5批次。完成蔬菜水果产品农药残留快速检测任务2960批次,肉类产品"瘦肉精"快速检测任务2620批次,全部合格。打击生产、销售假劣种子、5种禁用高毒农药和违禁兽药、饲料添加剂等行为,共立案9起,结案9起,通过农产品执法监管的开展以及案件的查处,从源头上堵住违法违规农资进入市场。

【**新建区被评为中国最具投资潜力特色魅力示范县(区)200强**】 12月31日,爱国华商投资促进机构美中经贸投资总商会(USCGC)、世界品牌组织(WBO)、世界城市世界企业研究会(WWRA)、欧美亚工商界投资开发联盟(EAAIU)、亚投世界基金管理联盟(AIWFU)、全球战略经济发展委员会(GSEDC)等机构向全世界公布联合推选的2017中国最具投资潜力特色魅力示范县200强名单,南昌市新建区入选。新建区地理位置优越、水陆空交通便利,是昌九一体的"黄金段"、南昌西拓的"主战场"。新建区已形成以新型工业化为核心、现代服务业为支撑、现代农业为保障的一核两重产业发展格局,汽车制造、电子科技、商贸物流等新兴产业集群发展。

【**2017南昌市新建区(上海)汽车及智能制造产业推介会在上海举行**】 4月,新建区政府在上海举办2017南昌市新建区(上海)汽车及智能制造产业推介会。共邀请上海市江西商会、协鑫(集团)控股有限公司、上海同捷科技股份有限公司等80多家商会、企业、媒体单位110多人参加,签约重大项目13个(现场签约5个),其中投资额10亿元以上4个,50亿元以上2个,百亿元以上1个,投资总额239亿元。汽车及智能制造产业相关项目比例占全部签约项目的77%。

【**溪霞镇店前村被评为全国村庄规划建设示范村、全国绿色村庄**】 2月和5月,住建部办公厅分别印发《住房城乡建设部办公厅关于公布2016年全国县市域乡村建设规划和村庄规划示范名单的通知》《住房城乡建设部关于公布河北等13个省(自治区、直辖市)第一批绿色村庄名单的通知》,新建区溪霞镇店前村分别入选全国村庄规划建设示范村、全国绿色村庄。2014年以来,新建区对溪霞镇店前村进行全面改造升级,拆除村庄内的猪牛栏、厕所、空心房、危旧房等42间,改良房屋136栋,平整场地1380平方米,栽植绿化树木1380株,并把"江陵世家"牌坊广场、官马古道、"忠孝世家"老宅、乡愁文化墙、朝廷敕命圣旨墙等独具历史特色和文化底蕴的景观融汇其中。经过打造,该村可谓是"望得见青山、看得见绿水、记得住乡愁"。

【**江西科骏AR/VR产业园被认定为国家众创空间**】 2月,科技部印发《科技部关于公布2017年度国家备案众创空间名单的通知》,新建区科骏AR产业众创空间入选国家众创空间。科骏AR产业众创空间是由新建区政府和江西科骏实业有限公司共同打造的集市场+空间+服务为一体的专业型众创空间,该空间吸引入驻创业团队50余家,其中企业有42家。为使入驻企业快速成长,该空间还与新建区政府共同建立1000万元的AR产业基金,解决入驻企业初创资金不足难题,并为创新创业企业提供免费工位、企业管理、政策支持、培训、技术共建等专业型的孵化服务。空间建立1年来,已帮助入驻企业推出"VR游戏魔物城""VR地产应用程序""VR智能消防"等程序。

【**新建二中进入全国学科竞赛500强中学**】 3月,新建区第二中学以1名数学一等奖、4名物理一等奖的成绩入选学科竞赛网发布的《中国学科竞赛500强中学排行榜》,位列277位。该校始终坚持把人的培养作为办教育的出发点和落脚点,妥善处理素质教育与应试教育的关系,加强学生心理健康教育,注重全面培养学生综合素质,使学生在快乐中学习,在健康中成长。

【**新建区人民医院与南大三附医院组成全省首个医联体**】 11月,南昌大学第三附属医院与新建区人民医院医疗联合体揭牌仪式在新建区人民医院门诊大楼举行,标志全省首个"紧密型医联体"医院建立。建立医联体后,南昌大学第三附属医院选派6名专家进驻新建区人民医院,打造覆盖全区的心内科胸痛中心、神经内科脑卒中中心、泌尿外科微创手术中心、眼耳鼻喉诊疗中心、妇产科产后康复中心、急诊急救创伤中心6大诊疗中心。同时建立转诊、会诊的绿色通道,逐步实现基层首诊、分级诊疗、急慢分治、双向转诊的诊疗模式。

【李红家庭获2017年全国"最美家庭"称号】 5月24日,2017年全国"最美家庭"揭晓仪式在北京举行,长埈镇长安社区李红家庭入选全国"最美家庭"。李红与爱人都是监狱民警,在几十年的监狱工作中,他们多次被评为先进工作者、优秀公务员,李红还立三等功一次。李红和儿子都是红十字会志愿者,多年来一直努力帮助贫困老人和孩子。

主要领导人 区委书记:李伟。区人大常委会主任:刘珠。区长:陈吉炜。区政协主席:陈圣栋。

(杜建平 聂丰春)

九 江 市

【概 况】 位于江西省北部,辖3市7县3区1开发区2风景名胜管理局。总面积1.91万平方千米,中心城区建成区面积106平方千米(不含柴桑区)。耕地面积25.47万公顷,有林面积110.13万公顷,森林覆盖率55.2%,城市绿化率50.14%。总人口487.33万人,其中城镇人口262.03万人;人口自然增长率7.44‰。2017年,地区生产总值2413.63亿元,增长9.1%。其中,第一产业增加值192.51亿元,增长4.4%;第二产业增加值1213.25亿元,增长8.4%;第三产业增加值1007.87亿元,增长10.7%。三次产业结构调整为8.0 : 50.2 : 41.8。财政总收入461.29亿元,增长11.1%;人均9491元,增长10.6%;税收占财政总收入80.3%。其中,公共财政预算收入262.54亿元,增长0.8%;财政支出528.27亿元,增长12.8%。规模以上工业增加值增幅9.2%。外贸出口289.1亿元,增长2.3%。固定资产投资2730.96亿元,增长12.5%。实际利用外商投资19.84亿美元,增长10.1%。实际利用省外2000万元以上项目实际进资854.83亿元,增长11.7%。主要工业产品及产量有发电量109.51亿千瓦时,增长6.6%;化学纤维38.69万吨,增长11.1%;纱68.87万吨,增长22.2%;服装4.73亿件,增长12.6%;粗钢601.15万吨,增长11.6%。农业总产值312.76亿元,增长4.5%。粮食总产量173.28万吨,增长0.4%。主要农作物有稻谷145.31万吨,增长1.8%;棉花4.88万吨,增长9.2%;油料21.81万吨,增长0.5%;茶叶0.87万吨,增长7.4%;水果14.08万吨,增长1.8%。城镇居民人均可支配收入32592元,增长8.6%;农村居民人均可支配收入13303元,增长9.4%。城乡居民年末储蓄余额1464.26亿元,增加139.85亿元。

【九江市部分行政区划调整】 8月21日,《江西省人民政府关于调整九江市部分行政区划的通知》下发,同意撤销九江县,设立九江市柴桑区,以原九江县的行政区域为柴桑区的行政区域,柴桑区政府驻沙河街镇庐山北路168号,原九江县政府所在地。9月8日,九江市柴桑区揭牌。

【设立鄱阳湖生态科技城】 4月20日,省政府批复同意设立九江市鄱阳湖生态科技城管委会。6月22日,鄱阳湖生态科技城党工委、管委会揭牌。鄱阳湖生态科技城位于九江城东,总规划面积158.53平方千米,其中起步区面积10.9平方千米。形象定位为鄱湖新城、科创蓝湾;战略定位为打造国家自主创新示范区、江西绿色发展样板区、九江新兴产业先导区。主要培育"3+2"产业体系,"三大主导产业"即新一代信息技术产业、生命健康技术产业和先进智造技术产业;"两个特色拓展产业"即科技金融产业和文化旅游产业。

【庐山索道建成运营】 7月27日,庐山索道运营启动仪式在庐山索道下站房外广场举行。7月28日,庐山索道对外售票,接待游客。庐山索道项目是省、市重点工程,由九江市国资公司与庐山国资公司按6 : 4比例出资建设,总投资6.1亿元,2014年10月动工,建筑内容包括索道驱动站、迂回站、缆车车库、站前广场及巴士停靠站、候车大厅、商业区、后勤办公场所等。庐山索道选用世界上最先进的双线承载单线牵引循环脱挂30人吊箱索道(简称3S索道),是中国、也是亚洲第一条3S索道。索道线路全长2864米,高差873米,设计单个吊箱可乘坐30人,全线设计支架4个,支架最大单跨1567米,设计运行速度7秒/米,设计运量4000人/小时,游客上山最快只需7分钟。索道上站房位于庐山牯岭镇慧远路,下站房位于联结八里湖新区的庐山云雾茶场。

【九江开通高铁专线】 7月1日和7月2日,九江—广州南—深圳北和九江—上海虹桥—常州北2条客运专线开通。2条线路每天各对开1趟,并视客源需求适时增加车次密度。这2条线路的开通,标志着九江提前4年开通高铁,有利于加强九江与"长三角""珠三角"的沟通和联系,加快九江与沿途城市的人流、物流、信息流的沟通与融合。

【武九客运专线全线开通运营】 9月21日,武九(武汉—九江)客运专线开通运营。武九客运专线起于武汉站,经湖北省鄂州市、黄石市、阳新县及江西省瑞昌市,终于九江站。线路全长224千米,设计时速250千米/小时。2013年10月,武九客专江西段初步设计获中国铁路总公司批复,新建瑞昌至九江铁路全部位于江西境内,该线与湖北境内新建的黄石大冶北站至阳新铁路及在建的武汉至黄石城际一起,共同组成武九客专。其中,瑞昌至九江铁路正线全长45.8千米,投资70.48亿元,由中国铁路总公司与江西省共同出资建设。沿途设瑞昌西站、柴桑站、庐山站、九江站4座车站,其中瑞昌西站和柴桑站为新建,庐山站为改(扩)建,九江站维持既有。2013年12月29日,武九客专(江西段)项目建设启动。

【九景衢铁路建成通车】 12月28

日,九景衢(九江—景德镇—衢州)铁路开通运营。九景衢铁路自京九铁路枢纽九江站引出,经江西省湖口、都昌、鄱阳、景德镇、婺源、德兴和浙江省开化、常山,到达沪昆铁路衢州站,为双线电气化铁路,设15个车站,其中新建8个、利用既有站7个。总里程333.306千米,其中江西湖口至浙江常山段新建双线271千米;利用既有铜九铁路的江西湖口至九江段、衢常铁路(衢州至常山段)扩能改造,增建二线72千米。设计时速200千米/小时,总投资259.2亿元,为国铁Ⅰ级双线电气化快速铁路。建设工期3年6个月。

【承办央企入赣投资合作洽谈会】　2月24日,央企入赣投资合作洽谈会在九江市举行。洽谈会由省政府主办,省国资委、省商务厅、九江市政府承办。会上,江西省与国家电网、中国大唐、中节能、中交建、中国医药和中国邮政储蓄银行6家央企签订战略合作协议,投资项目113个,总投资额2340.49亿元。其中,九江市与央企签约投资项目34个,总投资额849.2亿元。央企入赣项目主要集中战略性新兴产业领域,涉及新一代信息技术、先进轨道交通装备、物联网、航空装备、节能环保、商贸物流、旅游文化等多个行业。

【举办首届长江经济带·九江新工业新动能投资洽谈会】　5月26日,长江经济带·九江新工业新动能投资洽谈会在九江召开。有驻华使节、部委领导、沿江城市代表,省直部门和省内地市代表,企业代表、客商,国内外商协会,学者专家等800余人参加。签约项目和纳入大会成果统计项目共109个,总投资额1371.1亿元。其中,现场签约51个项目,总金额782.5亿元。从产业类别看,工业类项目71个,总投资1079.5亿元,包括新兴产业项目48个、总投资538亿元;现代服务业类项目27个,总投资215.6亿元;旅游类项目11个,总投资76亿元。

【九江石化、巨石集团九江公司获评全国首批绿色工厂】　9月1日,工信部发布《关于发布2017年第一批绿色制造示范名单的通知》,九江石化、巨石集团九江公司入选国家首批绿色制造示范工厂。九江石化从源头严格管控,在生产过程中还对污染物浓度排放实施分级控制,并每月开展环境因素识别及风险评估工作,排查环保隐患。在投入使用的5套油气回收及异味治理设施达标排放的基础上,通过废水废液废渣系统密闭性改造、罐型和装卸方式改进等措施,控制工艺废气排放、储罐和装卸过程挥发损失、废水废液废渣系统逸散等环节及非正常工况排污。同时,借助“智能工厂”建设成果,建立环境信息实时数据库和关系数据库,及时感知污染物及相关生产信息的变化,每年节约危废处理费用近千万元。巨石集团九江有限公司通过产品优化升级、技术研发创新、生产智能化改造等举措,实现玻纤生产方式的优化升级和智能制造,促进产量质量双提升、成本费用下降、生产经营效益增长。

【九江市首个海外(德国)招才引智工作站授牌】　4月24日,九江市首个海外招才引智工作站(驻德)签约授牌。至年底,已完成《中国九江市驻德国亚琛市海外招才引智工作站管理制度》并组建为九江服务德国人才库。人才库涵盖50名德国亚琛市高层次人才,其中教授8人、博士14人、企业创始人4人、科研院所首席专家5人。

【九江入选中国外贸百强城市】　7月,在海关总署公布的2016年中国外贸百强城市名单中,九江市入选,排名第77位,这也是九江市连续7届入选。2016年,九江市通过组织企业参加国内外重大展会、加强对加工贸易转移企业的承接引进、引导企业调整贸易方式,探索跨境电商领域、增强对外贸企业的跟踪服务等各种方式为外贸发展拓宽渠道。全年进出口总值52.87亿美元,其中出口总值43.25亿美元,列全省第二。年内全市出口市场194个国家和地区,实现历史最高水平。

【九江市获“中华诗词之市”称号】　4月22日,“中华诗词之市”授牌仪式在九江市文化艺术中心举行,九江市被授予“中华诗词之市”称号。九江市于2013年4月启动创建“中华诗词之市”活动。至2017年,全市13个县(市、区)设立诗词联组织,100多个乡镇设立分会,有中华诗词学会会员210人、中华楹联学会会员35人、省诗词学会会员321人、省楹联学会会员68人。

【九江获评“2017最美中国·国际知名旅游度假城市”】　9月17日,由新华网主办的2017旅游“新格局、新业态、新品质”暨第五届旅游业融合与创新论坛在海南陵水举行,九江以“大山大水大美九江”的品牌魅力,获评2017最美中国·国际知名旅游度假城市。九江市出台《关于深化改革创新加快旅游发展的决定》,修订完善《九江市乡村旅游创建实施办法》,构建“环庐山、大庐山、泛庐山”和庐山西海旅游经济圈,沿长江和鄱阳湖旅游经济带,打造“两圈两带”大旅游格局,推进旅游发展全域化、旅游产品全季化、旅游产业全业化,品牌创建工作成效明显,旅游收益逐年提高。2017年,全市接待旅游总人数1.62亿人次,增长33.9%。旅游总收入1486.59亿元,增长31.6%。其中,外汇收入1.75亿美元,增长13.8%。

【庐山西海被评为全国十佳体育旅游精品景区】　9月23日,2017中国体育文化博览会、中国体育旅游博览会在内蒙古包头召开,庐山西海风景区被评为全国十佳体育旅游精品景区,这也是庐山西海连续2年获此荣誉。2017年,庐山西海以健康运动休闲为主题,围绕“空中看西海、水上玩西海、水下探西海、陆上竞西海、户外运动休闲”的立体开发布局,打造全国体育旅游示范区,创建国家5A级景区。景区一南一北运动中心框架基本成型,开展了庐山西海垂钓大赛、西海龙舟节、冬泳联赛、环庐山西海篮球友谊赛等一批精品赛事。全年庐山西海风景区接待游客1022.6万人次,增长15.6%,其中,接待游湖上岛游客62.7万人次,增长24.7%。实现旅游总收入81.1亿元,增长15.6%。

主要领导人　市委书记:杨伟东。市人大常委会主任:冯静。市长:林彬杨。市政协主席:杨小华。

（黄开福　杨磊）

·修水县·

【简　况】 位于江西省西北部，辖19镇17乡。总面积4504平方千米，中心城区面积近25平方千米。耕地面积3.79万公顷，有林面积33.92万公顷，森林覆盖率73.46%，城市绿化率43.46%。总人口88万人，其中非农业人口11.5万人；人口自然增长率7.63‰。2017年，地区生产总值168.16亿元，增长9.0%。其中，第一产业增加值22.10亿元，增长4.5%；第二产业增加值81.04亿元，增长8.6%；第三产业增加值65.02亿元，增长11.0%。财政总收入23.89亿元，增长9.6%，人均2714元；税收占财政收入86.1%。地方预算收入15.68亿元，下降7.9%；一般公共预算支出51.38亿元，增长率8.6%。工业总产值342.69亿元，增长15.6%。规模以上工业增加值66亿元，增长9.3%，占地区生产总值39.25%。外贸出口1.11亿美元，占地区生产总值0.66%。固定资产投资209.24亿元，增长13.1%。实际利用外资1.06亿美元，增长9.5%；市外投资108亿元。主要工业产品及产量有蚕丝800.1吨，增长17.9%；钨精矿3457.4吨，下降13.6%；大米5.40万吨，增长15.8%。农业总产值34.76亿元，增长5.2%。粮食总产量26.33万吨。主要农产品及产量有稻谷22.74万吨、红薯1.33万吨、油菜籽1.32万吨、蔬菜（含菜用瓜）8.76万吨、生猪存栏32.2万头。城镇居民人均可支配收入26266元，增长8.7%；农村居民人均纯收入9415元，增长11.2%。城乡居民年末储蓄余额127.29亿元，增长12.1%。

【脱贫攻坚】 全年投入扶贫资金9.73亿元，整合财政涉农扶贫资金6.68亿元。制定出台《关于进一步压实脱贫攻坚责任的实施办法》，实现扶贫责任落实体系全覆盖。设立乡镇扶贫工作站37个、村级扶贫工作室362个，全面开展结对帮扶工作，实施十大扶贫工程。开展扶贫领域监督执纪问责，先后处置问题线索203条，查处问题82起123人，通报36起52人，处分37人，约谈诫勉86人。扩大产业奖补范围，新增奖补产业10类，总量达21类，发放产业补助3814万元，覆盖面100%；新建光伏发电站121个，实现贫困村光伏扶贫全覆盖。建立扶贫车间和合作社245个，解决就业2214人；开展就业培训，介绍或安排公益性岗位，帮助4649名贫困人口实现就业。全年贫困患者门诊和住院报销65433人次，报销资金1.11亿元，报销比例95.82%。全县47个贫困村退出，5038户20641人脱贫，建设易地搬迁安置点82个，搬迁建档立卡贫困户1557户5798人，危房改造4231户。

【江西大唐国际修水太阳山风电项目开工】 7月18日，总投资5.6亿元的江西大唐国际修水太阳山风电项目开工，共布置32台机组，呈东西走向，采用明阳MY2.0－2000/121机型，轮毂高度90米，单机容量2兆瓦，总容量64兆瓦，年发电量约1.3亿千瓦时。

【"健康中国行"医院管理学术沙龙在修水县举行】 7月21日，由中国医药教育协会主办、修水县第一人民医院协办、拜耳医药保健公司承办的"健康中国行"医院管理学术沙龙在修水县举行。共有省人民医院、浙江大学医学院附属邵逸夫医院、西安交通大学医学院第一附属医院、成都市新都区人民医院等相关专家学者100多人参加。沙龙主要探讨如何落实健康中国建设政策和分级诊疗政策，提升基层医院医疗管理水平。同时，就医疗质量与安全管理、慢性病管理、医联体建设的探索、分级诊疗、信息化建设等热点话题对医务人员进行授课。

【获评国家电子商务进农村综合示范县】 8月，经商务部、财政部、国务院扶贫办审定，修水县被评为国家电子商务进农村综合示范县。2017年，中央财政安排1500万元专项资金，重点扶持修水建立电商公共服务中心，完善农村物流配送、村级电商服务站点、产品溯源建设和农村电子商务培训等体系，推动修水农村电子商务发展和产品网络销售。修水县积极探索农村电子商务产业发展，吸引外出人员返乡创业投资，打造出修水电商产业园、三品电商、奥博雅服饰等知名电商品牌。截至年底，全县共有电商企业70家，新建农村e邮县级服务中心、农村e邮服务站112个、农村电子商务服务点280个、乡村驿站18个，电子商务交易总额突破20亿元。

【修水县被授予"中华诗词之乡"称号】 2月，修水县被中华诗词学会授予"中华诗词之乡"称号。修水县实施文化强县战略，把打造"中华诗词之乡"作为提升文化软实力的有效载体，开展诗词进农村、进社区、进学校、进企业、进机关、进景区等活动，形成"以诗为乐、以诗育人、以诗善德"的诗词艺术氛围。截至年底，共有山谷、溪流、九岭风、古艾、三人行等地方诗社，修水籍中华诗词学会会员30余人。

【举办纪念秋收起义90周年系列活动】 9月9日—10日，纪念秋收起义90周年系列活动在修水县城举行，共有有关单位和部门的领导、党史军史专家、军方代表、学者、秋收起义亲历者后人、老红军后代及各级新闻媒体记者出席。活动主要包括开展秋收起义修水纪念馆提升复馆揭幕仪式、参观秋收起义有关革命遗址遗迹、大型革命题材现代京剧《秋风起》首场演出、"秋收起义在修水"座谈会等。为配合秋收起义90周年纪念活动，修水在4月举办"军旗飘扬谷雨诗歌会"，5月举办"双井之春"音乐会红歌大赛，6月举办"秋收起义红色记忆"图片流动展览，7月举办"红色基因代代传"摄影大赛，8月举行重走秋收起义路（修水段）运动及"老少牵手薪火相传"书画作品展，9月举办"天赋奇石·大美修水"红石奇石文化展。

【修水县发生特大暴雨洪涝灾害】 6月23日至7月1日，修水县遭遇2次历史罕见的强降雨，36个乡镇普降大暴雨，全县受灾人口29.66万人，因灾死亡3人、失踪2人（杭口镇3名抗洪抢险干部1人死亡、2人失踪），因灾倒塌房屋1416户3586间，严重损坏房屋776户2317间。主要粮食作物和经济作物大面积受灾，全县水毁农田653.33公顷，农作物受灾面积2.32万公顷，成灾面积1.27万公顷，绝收面积9646.67公顷。直接经济损失20.1亿元。灾后，各级领导和群众参与抗洪抢险,开展自救,恢复生产。

【抗洪英雄匡美建、邓旭、程扶摇】 6月24日凌晨,修水县杭口镇党委书记匡美建带领邓旭、冷春生、郭礼华、程扶摇、唐文5名干部在抗洪抢险中遭遇洪水袭击,匡美建、邓旭、程扶摇3人牺牲。7月,匡美建、邓旭、程扶摇入选“中国好人榜”。7月25日,省委授予、追授匡美建、邓旭、程扶摇为“全省优秀共产党员”。9月13日,程扶摇被国务院授予“2017年全国脱贫攻坚奖贡献奖”。

主要领导人 县委书记:孙朝辉。县人大常委会主任:胡荣军。县长:张林。县政协主席:贺观群。

(车明星)

·武宁县·

【简　况】 位于江西省西北部,辖8镇11乡1街道办事处1工业园。总面积3504.6平方千米,其中城区建成区面积18.6平方千米。耕地面积2.31万公顷,林地面积27.42万公顷,森林覆盖率74.06%,城区绿化率45.12%。总人口40.7万人,其中非农业人口10.55万人;人口自然增长率8.21‰。2017年,地区生产总值122.21亿元,增长8.8%。其中,第一产业增加值18.81亿元,增长4.5%;第二产业增加值58.15亿元,增长9.5%;第三产业增加值45.25亿元,增长9.7%。财政总收入18.78亿元,增长8%;税收占财政总收入85.9%。地方公共财政预算收入14.0亿元,下降1%;公共财政支出31.8亿元,增长4.5%。规模以上工业主营业务收入320亿元,增长12.5%。规模以上工业增加值80亿元,增长9.2%。外贸出口2.06亿美元。固定资产投资176.2亿元,增长14.1%。实际利用外商投资1.04亿美元,增长9.3%;实际利用内资110亿元,增长19.5%。主要工业产品及产量有发电量3.54亿千瓦时,原煤7.79万吨,服装1823.1万件。农业总产值26.9亿元,增长11.3%。粮食总产量15.36万吨。主要农产品及产量有棉花223吨、油料1.52万吨、水产品4.16万吨、肉类2.1万吨。社会消费品零售总额45.44亿元,增长12.4%。城镇居民人均可支配收入30302元,增长8.8%;农村居民人均可支配收入14147元,增长9.7%。城乡居民年末储蓄存款94.4亿元,增长12.9%。

【入选全国森林旅游示范县】 11月13日,国家林业局公布2017年全国森林旅游示范市县名单,武宁县入选。自开展全国森林旅游示范县创建工作以来,武宁县严格划定生态保护红线,组建“生态智库”,推行“生态环境管护员”制度;实施“增绿、用绿、护绿”三大工程,全县建立林果、林药、林禽、林花、茶叶等特色林业产业示范基地96个,总面积1.98万公顷。全县以观光、休闲、采摘为主题的休闲农业和乡村旅游点32家。全年旅游购票58.7万人次,增长60.2%。

【2017第九届全国网络媒体江西游活动在武宁启动】 6月12日,“传承红色基因 助推全域旅游”——2017第九届全国网络媒体江西游活动在西海燕旅游码头启动,共有60多家网络媒体、近百名记者参加。“全国网络媒体江西游”由省旅游发展委员会、江西日报社主办,武宁县委、县政府以及中国江西网承办。活动利用网络媒体的传播优势,全方位展现江西旅游资源和旅游发展成果。活动期间,来自全国各地的网媒记者先后游览西海湾、花源谷、罗坪长水等风景区,参观规划馆、武安锦城项目,欣赏独具武宁特色的舞龙、舞狮、花灯、威风锣鼓等民俗表演。

【率先在全省实施“林长制”】 4月1日,武宁县委、县政府出台《武宁县“林长制”工作实施方案》,在全省率先探索建立“林长制”。设立由县委书记、县长担任县级“总林长”“副总林长”,县四套班子成员担任县级“林长”,乡镇党委书记、乡镇长和村支部书记、村委会主任分别担任乡村两级正副“林长”的县乡村三级“林长”组织体系。全县442名“林长”实现对全县林地的分级管理全覆盖,并组建800人的生态管护员队伍,形成政府主导、部门联动、全民参与的森林资源保护管理新机制。武宁县通过“禁伐二十年,呵护原生态”和“林长制”的实施,林地面积由27万公顷提高到27.42万公顷,森林覆盖率由72.1%提高到74.06%,森林蓄积量由1460万立方米提高到1647万立方米,实现生态效益、经济效益和社会效益共赢。

【举办2017“鳌鱼广场杯”山水武宁美食节】 10月27日至11月1日,由武宁县政府主办的2017“鳌鱼广场杯”山水武宁美食节在鳌鱼商业广场举行。美食节以“游山水武宁,品原乡味道”为主题,设置中外美食、旅游文创、音乐狂欢3个区域的活动。美食节共接待游客9万余人次。在闭幕式上,分别为吉祥物设计、最美导游大赛、旅游商品大赛、武宁十大特色美食、厨神大赛、组织工作等获奖单位和个人颁奖。人民网、凤凰网、中国江西网以及江西广播电视台等多家主流媒体对活动进行报道。

主要领导人 县委书记:杜少华。县人大常委会主任:余育民。县长:李广松。县政协主席:朱必香。

(郑双虎)

·瑞昌市·

【简　况】 位于江西省北部,辖8镇8乡2街道办事处3场。总面积1419平方千米,其中城区面积27平方千米。耕地面积2.38万公顷,有林面积9.1万公顷,森林覆盖率60.9%,城区绿化率44.09%。总人口46.15万人,其中城镇人口21.98万人;人口自然增长率7.6‰。2017年,地区生产总值189.59亿元,增长9.4%。其中,第一产业产增加值17.71亿元,增长4.3%;第二产业增加值124.72亿元,增长9.7%;第三产业增加值47.16亿元,增长10.3%。财政总收入30.02亿元,增长17.2%,人均财政收入6985元,税收占财政总收入80.0%。地方财政收入21.38亿元,增长4.3%;财政支出38.5亿元,增长10.5%。规模以上工业总产值555.93亿元,增长18.7%;规模以上工业增加值110.8亿元,增长9.6%。固定资产投资306.8亿元。实际利用外商投资2.4亿美元。外贸出口3.12亿元。主要工业产品及产量有纱15.71万吨、服装196.1万件、水泥

853万吨、机制纸及纸板37.8万吨、铸铁件2.53万吨。农业总产值29.11亿元,增长4.4%。粮食总产量10.06万吨。主要农产品及产量有稻谷7.47万吨、棉花3301吨、油菜籽2.23万吨、蔬菜12.35万吨、肉类总量2.44万吨。城镇居民人均可支配收入30630元,增加2441元;农村居民人均可支配收入14468元,增加1231元。年末住户存款余额116.52亿元,增长7.9%。

【中国林产品公司与华中国际木业有限公司签署投资合作协议】 2月21日,中国林业集团中国林产品公司在瑞昌与华中国际木业有限公司签署股权收购投资合作协议,在华中国际木业产业园基础上,增加投资50亿元,打造年产值过百亿元的木材木制品家具产业基地。中国林产品公司是中国林业集团公司的全资子公司,下辖全资及控股企业30多家。项目分2期实施,一期投资30亿元,主要用于新公司产业园建设,打造建成中部地区木材木制品国际贸易、仓储物流、生产加工、产品研发、金融服务、电子商务、产品展示销售中心。二期投资20亿元,主要用于扩大生产规模及总部经济建设。

【市综治办获“全国青少年维权岗”称号】 2月,瑞昌市综治办被共青团中央、中央综治办授予“全国青少年维权岗”称号,全省仅2家综治办获此荣誉。瑞昌市综治办坚持以养成教育为核心,创建“家庭、学校、社会‘三位一体’,组织、制度、基地‘三管齐下’,市、乡、村‘三级联动’”工作模式,建立法制宣传教育、关爱帮扶、闲散青少年管理、心理辅导等工作队伍,维护青少年合法权益,预防和减少青少年违法犯罪。对农村留守儿童在学校专门设立网上视频亲情聊天室;对服刑人员子女学生实行“一帮一”关爱帮扶;对“失学、失业、失管”青少年,分类签订帮教跟踪管理责任书,督促学校抓好学生“三理”教育;对有不良行为青少年学生,落实“五长同治”“爱心接力”等措施。建设爱国主义教育基地、革命传统教育基地、法制教育基地、自护教育基地,促使全市青少年违法犯罪呈现持续下降趋势。

【市政府与华为技术有限公司签署智慧城市战略合作协议】 6月28日,瑞昌市政府与华为技术有限公司签署智慧城市战略合作协议,瑞昌市成为全省首个与华为共同打造“智慧城市”的城市,并成为全国第二个与华为公司建立合作关系的县级城市。根据《战略合作协议》,华为公司为瑞昌市提供智慧城市解决方案、网络及安全设备、技术咨询服务、现场技术支持,以及新一代信息通信技术的融合应用等服务,加速云产业在瑞昌布局,共同探索智能制造+大数据产业,为瑞昌市发展提供智慧支持。

【2017年全国少年甲组羽毛球赛在瑞昌举行】 9月16日—21日,2017年威克多杯全国少年甲组羽毛球赛在瑞昌市体育公园举行。比赛由中国羽毛球协会、国家体育总局乒乓球羽毛球运动管理中心主办,瑞昌市政府、省体育局球类管理中心、省羽毛球协会承办。共有北京、辽宁、上海、江苏等12个省(自治区、直辖市)代表队近百名运动员参赛。最终,安徽代表队获14岁组男子团体赛冠军,江苏代表队获15岁组男子团体赛冠军和15岁组女子团体赛冠军。东莞队的程星/周柯组合获15岁组混合双打冠军,四川队的陈鲁、江苏队的刘德伟分获15岁组女单、男单冠军,北京队的王子萌、东莞队的徐子硕分获14岁组女单、男单冠军。

【公安部批准鲁信为烈士并授予献身国防金质纪念章】 11月3日,公安部政治部批复,在交通事故抢险救援行动中牺牲的瑞昌市消防大队消防战士鲁信为烈士,并授予献身国防金质纪念章。鲁信,男,汉族,贵州安顺镇宁布依族苗族自治县人。1996年12月出生,2015年9月应征入伍,下士警衔。入伍以来,参与大小警情处置200余次,救助被困群众58人,疏散群众300余人,挽救财产损失1080余万元。在“10·31”瑞昌檀山凹交通事故险救援行动中,鲁信在营救被困者时,不幸被吊起的大货车砸中,抢救无效,11月1日凌晨牺牲。

【瑞昌山药入选2017年度全国名特优新农产品目录(蔬菜类)】 12月,由瑞昌市绿源山药产业开发中心生产的瑞昌山药,入选2017年度全国名特优新农产品目录(蔬菜类)。瑞昌市绿源山药产业开发中心成立于2003年,建有山药生产基地1000公顷,2017年生产山药1.8万吨,总产值1.51亿元,实现利润713万元。

【何海花获评中国棉纺行业“传承大工匠”】 2017年,中国棉纺行业协会在会员企业内组织开展棉纺织行业“传承大工匠”推荐命名活动。瑞昌市鸿达纺织有限公司车间主任、总教练何海花获评中国棉纺行业“传承大工匠”,成为全省唯一获此荣誉者。何海花在瑞昌纺织行业一线工作33年,解决纺织生产中许多技术难题。针对生产中细纱断头率高问题,何海花探索研究出空调与加湿器配合运用方法,使生产车间的温度和湿度更加稳定,比单纯使用空调明显降低细纱断头率,减少5‰原料的浪费,提高生产效率。何海花先后于2010年被评为全国劳动模范,2013年获中国纺织工业联合会颁发的“全国纺织思想文化建设突出贡献奖”。

主要领导人 市委书记:郭小云。市人大常委会主任:郭少雄。市长:江训开。市政协主席:周洪文。

(冯国成)

·都昌县·

【简　况】 位于江西省北部,辖12镇12乡。总面积2669.53平方千米,其中城区面积13平方千米。耕地面积5.0万公顷,林地面积6.65万公顷,林木绿化率33.25%。总人口81.58万人,其中非农业人口66.32万人;人口自然增长率8.71‰。2017年,地区生产总值131.60亿元,增长8.6%。其中,第一产业增加值29.20亿元,增长4.8%;第二产业增加值57.79亿元,增长8.9%;第三产业增加值44.61亿元,增长10.4%。财政总收入14.87亿元,增长1.1%,人均1823元;税收占财政总收入77.2%。地方财政收入10.8亿元,下降8%;地方财政支出43.58亿元,增长21.9%。规模以上工业总产值208.7亿元,增长16.8%。外贸出口2.13亿美元。固定资产投资112.6亿元,实际利用外商投资1.03亿美元。农业总产值46.05亿元,增长4.8%。粮食总产量43.67亿吨,增长1.6%。主要农产品及产量有生猪出栏23.02万头,家禽出笼208.5万只,水产品总量9.54万吨。城镇居民人均可支配收入24531元,增长8.3%;农民人均纯收入7843元,增长11%。

【中国(九江)首届一乡一品网络博览会都昌论坛在都昌举行】 1月6日,中国(九江)首届一乡一品网络博览会都昌论坛在都昌县万宜集团电商产业园举行,包括21省(自治区、直辖市)电商大V及专家学者在内的200余人参会。论坛主题为《农村电商精准扶贫可持续发展》。会议认为,精准扶贫单靠政府力量难以解决,需要吸引全社会的力量,更多的企业及企业家参与其中。都昌可以结合实际,鼓励、支持面向农村、农业、农民的电子商务应用平台建设,让电商在农村落地生根。

【第三次全国农作物种质资源普查与收集行动2017年江西实地考察工作座谈会在都昌县召开】 11月16日,第三次全国农作物种质资源普查与收集行动2017年江西实地考察工作座谈会在都昌县召开。中国工程院副院长、中国农业科学院院士、"行动"首席科学家刘旭,省农业厅副厅长刘光华,县长钟有林,市农业局局长李青等出席座谈会。会议强调,省农业厅要通过该次行动,做到开发利用并重,为农业的结构性调整、扶贫攻坚、社会经济发展奠定坚实基础。省农科院要在强化对东南地区种质资源谱建设的同时,加强种质库建设,逐步形成江西省及周边地区种质资源保护利用研究中心。都昌县要强化"地方品种""野生品种"的调查与收集,确保农作物种质资源收集工作顺利推进。

【陶宇佳等刷新田径接力赛亚洲纪录】 4月23日,第三届世界田径接力赛在巴哈马首都拿骚举行,女子4×200米接力赛预赛中,由陶宇佳、周艳兵、田雯、韦永丽组成的中国队第二组出场,最终以1分33秒99刷新亚洲田径接力赛纪录,名列小组第三晋级。决赛中,女队四棒依次是陶宇佳、梁小静、田雯、袁琦琦,最终以1分37秒60的成绩名列第八。陶宇佳,女,1987年2月16日出生,江西都昌人,中国女子田径运动员。

【上海九旬退休教师在都昌捐建希望小学】 11月10日,年近九旬的上海退休女教师伍丽天探望都昌县苏山乡伍鸣希望小学师生。伍丽天一生无儿无女,把全部的精力都贡献给教育事业。她变卖地处上海市中心的唯一房产,筹集50万元善款,通过上海市希望工程办公室和江西省青少年发展基金会,在都昌县苏山乡新建一所伍鸣希望小学。并在该校设立"伍鸣"助学和湖里区教育局奖学基金,每年资助家庭困难、品学兼优的孩子。

【都昌小伙千岛湖连救4人】 12月19日,都昌籍阿里云工程师吴华剑和同事刘新停、许冈兢在千岛湖连救4人,感动杭州。19日12点30分,刘新停一行在环千岛湖路上,看到对向车道1辆小皮卡撞到面前小红车的车尾。小红车被撞后失去控制,越过道路冲下山坡。见此,刘新停赶紧跳入水中游向轿车边。当时红车车窗是开着的,车里的人正在往外爬。随后,在吴华剑、许冈兢的竭力相助下,救上4名乘客,其中还有1名孕妇。

【都昌学子詹廷参与的南昌大学USPC参赛团队获第十二届中国研究生电子设计竞赛一等奖】 8月19日,"华为"杯第十二届中国研究生电子设计竞赛总决赛在广东惠州市会展中心举行。大赛由教育部学位与研究生教育发展中心、全国工程专业学位研究生教育指导委员会和中国电子学会共同主办,共有全国八大赛区2055支队伍参赛。都昌县合河乡的詹廷参与的南昌大学USPC参赛团队的研究项目——基于水下的单光子音视频通信系统,获全国一等奖。该系统是一种适用于远距离弱链路水下音视频道无线单光子传输系统。詹廷,1993年出生于都昌县和合乡黎明村委新詹环自然村,大三获全国大学生数学竞赛三等奖,华中赛区一等奖。

【省就业扶贫"百日行动"家政服务对接签约仪式在都昌县举行】 11月23日,由省人社厅主办,南昌市人社局、九江市人社局、都昌县政府承办的江西省精准扶贫"百日行动"家政服务劳务对接签约活动在都昌县举行签约仪式。都昌县人社局、修水县人社局、九江市家政服务协会、九江市家政服务企业与南昌市人社局及对口单位签订家政服务劳务对接合作协议,有利于引导农村建档立卡贫困劳动力到家政服务领域就业实现精准脱贫。

【实施120个扶贫项目】 2017年,都昌县在扶贫开发工作中,探索出以党建带扶贫、以扶贫促党建的新模式。共有6个省直帮扶单位、45个市直帮扶单位、95个县直单位,对都昌县定点扶贫工作进行研究部署,下派"第一书记"。年内,各级帮扶部门累计投入帮扶资金523.6万元,为110个贫困村实施街道硬化、水利、技术培训等项目近120个。

【九景衢铁路都昌站举行通车仪式】 12月28日,九景衢铁路都昌站通车,结束都昌没有铁路的历史。九景衢铁路都昌段总长25.14千米,途经蔡岭、中馆、鸣山3个乡镇、16个村委会。都昌站位于蔡岭镇宝山村,与景湖公路平行,距蔡岭镇3千米,距县城39千米。都昌站整体建筑为线侧下式站房,主体一层,局部两层,高度18.75米。站房两侧部分主体采用钢筋混凝土框架结构设计,建筑面积5990平方米。

主要领导人 县委书记:肖立新。县人大常委会主任:石和平。县长:钟有林。县政协主席:李建华。

(程芬)

·湖口县·

【简 况】 位于江西省北部,辖6镇6乡2场。总面积673.66平方千米,其中城区面积13.6平方千米。耕地面积21815.86公顷,森林覆盖率24.8%,城区绿化率49.2%。总人口29.86万人,其中城区人口9.02万人;人口自然增长率7.31‰。2017年,地区生产总值140.72亿元,增长

9.0%。其中,第一产业增加值14.41亿元,增长4.5%;第二产业增加值96.98亿元,增长8.8%;第三产业增加值29.33亿元,增长12.0%。财政总收入30.38亿元,增长22.9%。人均财政收入10173元,增长26.6%;税收占财政收入90.9%。地方财政收入16.56亿元,下降0.2%;财政支出27.83亿元,增长12%。工业增加值87.99亿元,增长8.7%。外贸出口3.01亿美元,占地区生产总值13.9%。固定资产投资261.97亿元,增长13.5%。实际利用外资1.52亿美元,增长10.3%。主要工业产品及产量有钢材563.09万吨,增长7.0%;化学纤维13.34万吨,增长23.6%;水泥41.12万吨,下降9.8%;硫酸26.21万吨,增长9.9%。农业总产值23.11亿元,增长6.05%。粮食总产量10.8万吨,下降2.6%。主要农产品及产量有棉花8132吨,增长68.4%;油料2.48万吨,下降6%;蔬菜瓜果7.29万吨,增长11.6%;水产品4.57万吨,增长4.8%。城镇居民人均可支配收入31900元,增加2626元,增长9.0%;农村居民人均可支配收入14619元,增加1256元,增长9.4%。年末居民存款余额151.6亿元,增长12.0%。

【九江(湖口)精细化高新技术产业化基地晋升国家级】 1月20日,湖口县高新技术产业园精细化工高新技术产业化基地,被科技部确定为12个国家高新技术产业化基地之一。该基地以县高新技术产业园为依托,立足区位优势和产业基础,形成精细化工特色产业体系,有精细化工企业42家。产业类别为有机硅烷偶联剂、锂离子电池电解液材料、油脂化工、塑料助剂、复合氧化锆粉体材料、差别化纤维、医药中间体7大类,其中有机硅烷偶联剂、锂离子电池电解液材料、差别纤维等企业属国内同行业的龙头企业。基地内精细化工类科技型企业科研投入年均增长30%,拥有产、学、研合作项目10个,高新技术企业8家,占全县高新企业总数80%,拥有院士工作站2家,博士后工作站1个,承担国家创新基金项目5个,省级创新平台1个,国家重点新产品2个,省级重点新产品30个,自主创新产品4个,省级知名品牌2个。

【湖口中学举行"卫龙奖学金"捐赠仪式】 2月26日,湖口中学"卫龙奖学金"捐赠仪式在该校图书馆举行,县委副书记、县长鲍成庚,九江富达实业公司董事长邵卫龙出席捐赠仪式。"卫龙奖学金"由九江富达实业公司设立,金额500万元,是湖口中学设立金额最多的基金项目,该基金主要用于奖励优秀贫困学生和有突出贡献的教师。

【湖口县城乡总体规划暨"多规合一"(2015—2030)规划通过评审】 6月20日,由南昌大学原常务副校长、教授李嗣悬为组长的专家组在湖口县组织召开《湖口县城乡总体规划暨"多规合一"(2015—2030)》规划成果专家评审会。通过评审,专家组原则通过该规划。县委、县政府推进经济社会发展规划、城乡规划、土地利用规划、生态保护规划的"多规合一"试点工作,使之形成全县一本规划、一张蓝图,县域规划自成体系,优化全县城乡布局。

【湖口成为全国首个保护江豚"协助巡护"示范点】 6月13日,由全国50余个渔业行政主管部门、高校和科研院所、自然保护区、社会公益组织,以及部分致力于江豚保护的企业组成的"长江江豚拯救联盟"在湖北省武汉市成立。会上,确定包括江西省湖口县鄱阳湖渔政局在内的4家单位,成为开展该工作的示范单位。湖口县位于鄱阳湖与长江交汇处的水域,是江豚在江湖之间洄游迁移的重要通道。6月15日,农业部、省渔政局等相关部门在湖口县举行"长江江豚拯救行动计划协助巡护"启动暨首航仪式,为湖口县10名渔民和濂溪区4名渔民颁发"协助巡护"聘书,在聘任期间,他们将协助渔政和环保志愿者开展江豚保护工作。年内,协巡队共巡航309次,行程10078.2千米,割网13975米,割网兜234个,普及教育31人次;配合渔政局大型清网行动4次,协助打击电网捕捞2次,协巡队抓获电捕鱼3起,印发江豚宣传单、宣传册600余份。

【湖口科技创新中心成立】 7月26日,由湖口县委、县政府主办的科技创新中心(以下简称科创中心)揭牌仪式在县高新技术产业园区举行。科创中心位于县高新技术产业园区中的海山科技园,规划占地面积6.67公顷,总投资10亿元,总建筑面积15万平方米,通过政企共建、产学研一体融合的方式,成为集科技创新公共服务平台、科技型企业孵化器、科技成果转化平台、知识产权孵化平台于一体的综合性创新中心。年内,已建成的科创大楼建筑面积1.2万平方米,入驻中科院新材料协同创新中心、南京大学环保创新中心、天赐新材料研究院3家科研机构和科技孵化器,在孵企业14家。

【湖口均桥籍学生张管义获全国中学生生物奥林匹克竞赛金奖】 8月20日,由全国29个省(自治区、直辖市)代表队共240人参加的第26届全国中学生生物奥林匹克竞赛在郑州市外国语学校结束。经过理论和实验比赛,产生72块金牌、72块银牌、94块铜牌。江西省代表队江西科技学院附中高二学生、湖口均桥籍张管义获大赛金奖,并入选国家集训队,同时获免试保送清华大学资格,保送至清华大学生物科学专业。

【《湖口县志(1989—2011)》出版发行】 5月3日,《湖口县志(1989—2011)》发行会召开。该部志书由方志出版社出版,全书分36篇、180章、720节和2个附录,共193万字,彩图257幅。发送各乡(镇)政府,南北港、武垦场,县政府各部门、县直及驻县等单位。

主要领导人 县委书记:李小平。县人大常委会主任:阮洋。县长:鲍成庚。县政协主席:杨小林。

(沈文初)

·彭泽县·

【简　况】 位于江西省北部,辖10镇3乡1区3场1厂1所。总面积1544平方千米,其中城区面积(含矶山工业园区)20平方千米。耕地面积3.31万公倾,有林面积7.8万公顷,森林覆盖率53.2%，城区绿化率40%。总人口38.06万人，其中非农业人口11.48万人；人口自然增长率8.37‰。2017年，地区生产总值125.11亿元，增长9.7%。其中，第一产业增加值22.33亿元，增长4.7%；第二产业增加值68.54亿元，增长9.7%；第三产业增加值34.24亿元，增长13.2%。财政收入22亿元，增长10%；人均5780.3元，税收占财政总收入的比重为84.5%。地方财政收入15.3亿元，地方财政支出20.5亿元，增长率13.3%。工业总产值347.59亿元，增长17.53%。规模以上工业增加值增长10%以上。固定资产投资176.7亿元，增长14.3%。实际利用外资1.38亿美元。外贸出口2.51亿美元。农业总产值37.47亿元，粮食总产量11.04万吨。主要农产品及产量有皮棉1.05万吨、油料3.77万吨、水产品6.00万吨、生猪出栏19.4万头、家禽出笼95.6万只。城镇居民人均可支配收入29673元，增长8.6%；农村居民人均可支配收入14133元，增长9.5%。城乡居民年末储蓄存款余额143.68亿元，增长13.64%。

【脱贫攻坚】 2017年，彭泽县选派第一书记154人，参与帮扶干部4766人，整合资金1.77亿元，实施产业项目324个，建成50千瓦光伏电站10座，新建易地扶贫搬迁安置点12个，安置贫困户325户，建成扶贫车间15个，建立健康扶贫第五道保障线。截至年底，904户2758人实现脱贫。

【彭泽县被评为全国渔业健康养殖示范县】 11月2日，彭泽县通过农业部国家级稻渔综合养殖示范区验收，被评为全国渔业健康养殖示范县。2017年，彭泽县按照“一鱼、一虾、一蟹”产业发展规划，建设以彭泽鲫、河蟹、小龙虾为主导产业的现代农业示范园。按照“政府主导，企业主体，市场运作，农民自愿”的原则，以“三权分置，反租倒包”的运作模式，将智慧农业与现代水产养殖技术、种植技术融入一体，实行稻虾（蟹）共作模式，实现“一水两用、一田双收”，稻虾（蟹）养殖面积1666.67公顷，产值3.31亿元。

【彭泽启用园区智慧环保监控平台】

11月，投资超1亿元全省首个园区智慧环保监控平台在彭泽县矶山工业园区上线启用。该平台采用10套系统实时监控园区的废水、废气、废渣等污染源，并为环境监察部门提供真实有效的监测数据。通过园区智慧环保监控平台对感知数据进行一体化智能应用，建立起全过程、全覆盖、全方位的环保数据监测平台，改变靠肉眼看、鼻子闻的状况。约束企业的违法、违规排污行为，为污染减排和总量控制提供数据支撑和决策支持。

【开展“双帮双促”活动】 年内，彭泽县开展“双帮双促”（帮企业降成本、促企业做大做强；帮项目解难题，促项目投产见效）活动。搭建企业服务110专线和政企茶叙会2大平台，采取“一个企业（项目）、一名责任领导、一名特派员、一个帮扶目标、一套帮扶方案”办法，从项目引进开始，始终由一个责任部门全程服务，实行部门帮扶服务终身制。选派45名帮扶特派员，每季度召开项目推进会和政企茶叙会，研究解决项目建设问题103个，从等服务到主动上门找问题，从解决眼前问题到随时发现、解决问题，做到帮到实处，促出成效。

【开展清河行动】 年内，彭泽县在全县范围内开展清河行动，156家小（2）型以上水库基本退养，限期关闭拆除禁养区内的畜禽养殖场17家。建设镇、村生活垃圾收集转运设施，建立由县、乡城管环卫部门具体负责的城乡一体化运行机制和工作体系，完善村庄保洁制度和保洁队伍，使90%以上村庄生活垃圾得到有效处理。拆除非法码头20个，启动“一江三带”规划，沿江取水口、排污口全面规范。打击无证采砂、非法采砂行为，清障除污。整顿利用河滩地建设装运场地、堆放商品砂石料、堆放妨碍泄洪的废弃料。

【城乡环境】 年内，彭泽县完成龙兴路景观长廊、沿江景观提升、双峰隧道南北出口综合整治以及秀水河、县一中等5个生态小游园建设。新增城市绿地面积3.2万平方米，城镇化率提高1个百分点。探索建立“大城管”机制，推行多部门联合执法、集中整治等集中管理行动，动员群众参与城市建设和管理。实施农村清洁工程，重点整治“垃圾乱倒、房棚乱建、车辆乱行、杂物乱堆、广告乱挂、坟墓乱葬”等六大问题。完成177个新农村点建设任务，累计改水2479户，改厕3007个，拆除“三房”12.8万平方米。围绕公路沿线和集镇“十无”目标，集中治理“六乱”，拆除、改造违规搭建彩钢瓦19.8万平方米，路障、广告牌、垃圾池全面清理。实行农村生活垃圾城乡一体化处理，建成黄岭、黄花等15座垃圾中转站，垃圾回收率、无害化处理率达95%以上，通过省级农村清洁工程验收。

【雷峰山茶原则通过地理标志产品保护技术审查】 12月22日，国家质检总局在北京举行地理标志产品保护技术审查会，对全国7个产品申报地理标志产品进行审查，彭泽县雷峰山茶名列其中。技术审查专家组，分别对雷峰山茶的名称、范围、历史渊源、产品质量特性及自然、人文因素的关联性等方面进行审查、问询和讨论，认为产品名称及使用比较规范；产品质量特色较鲜明；质量特色与产地及人文关联性较强；产品及名称在省内具有一定知名度；受保护的产品形态合理性强。对质量技术要求提出修改建议。原则同意雷峰山茶通过地理标志保护技术审查。

【矿山复垦复绿】 年内，彭泽县依法关停采石矿山企业4家，拆除无矿山加工机组13家，淘汰10蒸吨以下燃煤锅炉45座，拆除关停粘土砖厂20家。同时，投入247万元对3座废弃矿山进行治理和生态环境复绿，环境复绿面积3.34万平方米。

主要领导人 县委书记：宁小球。县人大常委会主任：查秋玲。县长：邵九思。县政协主席：张国安。

（高异）

·永修县·

【简　况】 位于江西省西北部，辖11镇4乡2垦殖场2企业集团。总面积2047（含划归共青城部分）平方千米，其中城区面积16平方千米。耕地面积3.3万公顷，有林面积7.66万公顷，森林覆盖率33.6%，城区绿化率41.4%。总人口39.77万人，其中非农业人口14.77万人；人口自然增长率8.97‰。2017年，地区生产总值159.27亿元，增长率9.3%。其中，第一产业增加值21.84亿元，增长4.4%；第二产业增加值97.58亿元，增长9.4%；第三产业增加值39.85亿元，增长11.2%。财政总收入24.01亿元，增长11.9%，人均6031元。地方财政收入16.33亿元，下降4.3%；地方财政支出38.58亿元，增长17%。工业总产值528.61亿元，增长6.1%。规模以上工业总产值511.86亿元。外贸出口2.8亿元。固定资产投资276.2亿元。实际利用外商投资1.37亿美元；省外投资121.48亿元。主要工业产品及产量有有机硅单体38.11万吨、机制纸8.17万吨、烧碱4.8万吨。农业总产值35.67亿元，增长10%。粮食总产量26万吨。主要农产品及产量有棉花0.22万吨、油菜籽1.56万吨、水果6.7万吨。城镇居民人均可支配收入31031元，增加2444元；农村居民人均可支配收入15127元，增加1313元。城乡居民年末储蓄余额162.06亿元，增长68.7%。

【永修县被评为国家农产品质量安全县】 7月，在2017年全国"双安双创"成果展上，永修县被评为国家农产品质量安全县。2017年，永修县加强农业投入品的监管，落实农产品自检制度，年抽检农产品样品数量8600多个，从源头上保障农产品质量安全。开展蔬菜水果茶叶标准园、畜禽养殖标准化示范场、水产标准化健康养殖示范场建设，对农产品实行标准化生产。投入300万元，建设"农产品质量安全检测站"项目，全县19个乡镇均配备农产品质量安全协管员，建立乡镇村农产品质量安全监管网络；已通过无公害农产品认证企业30多家。

【全域旅游产业发展】 2017年，全域旅游带动永修旅游业迅猛发展。全年接待游客750万余人次，创旅游社会总收入60余亿元，同比均增长15%以上。开通县域过境短信推介业务，推送永修旅游短信20余万条，创建永修旅游旗舰馆，实现网页总浏览量5000余万人次，旅游产品订单量50余万次。此外，注资1.2亿元，成立永修农旅投资开发有限公司，设立1000万元的文化旅游产业基金，推动旅游资源优化整合。启动易家河特色旅游小镇规划，打造精品旅游项目。打造柘林、云山、吴城旅游"金三角"，拥有云居山国际禅修院、黄荆生态休闲旅游度假城、桃花溪运动探险乐园等亿元以上项目10多个。

【探索资本运营新模式】 年内，永修成立工投、财投等6家平台公司，组建工投基金、倒贷基金，启动城投发债，为双创提供金融支持。依托现有优势，组建有机硅产业联盟，成立青年创业联盟、院士工作站、研究生工作站、有机硅创新研究院，改造完成创业园、星火电商产业园，引进孵化器运营商、科技研发机构入驻园区。携手思科建设赣江新区思科产学研创新孵化中心，拉动思科生态圈合作伙伴落户，带动产业集群发展。采用PPP模式，建立总投资2.5亿元、占地12.27公顷、建筑面积近10万平方米的有机硅产业孵化基地。全年发放创业贷款2.63亿元，直接扶持720人创业，带动2880人就业；拥有国家级企业技术中心1家，省级工程（企业）3家，省级民营科技示范园、博士后创新实践基地各1家；专利申请135件，专利授权量105件。

【乡村示范区建设】 2017年，永修县加快美丽乡村示范区和全面小康示范区建设。永武高速梅棠出口至三溪桥杨垅中心村、九合桥头至涂埠南洲中心村沿线的"美丽乡村示范区"，永武高速连接线至柘林易家河村沿线"小康示范区"建设初具雏形。永修155个新农村建设点累计完成改水7274户、改厕6829户、改路159.61千米。甄选186名"第一书记"驻村任职，投入5000余万元，推进"十大扶贫工程"，以产业扶贫为着力点，依托一批潜力大、前景好的产业项目，对贫困户进行"造血式"扶贫。

【重大项目建设】 2017年，永修县出台《永修县关于降成本优环境深入推进新工业十年行动的若干意见》，围绕用地、财税、金融等方面制定招商引资优惠政策45条。围绕"3+1"产业发展方向，引进投资40亿元的新能源汽车及装备生产制造项目；与江西蓝星星火有机硅公司开展政企合作招商，引进广东以恒、深圳美宝等12个有机硅下游产品项目。启动对接南昌临空经济区的马口环保产业园建设，规划对接共青城的恒丰工业新区。江恩无痕针织设备及成衣项目、绿色金融大厦、江西（赣江新区）环保产业园项目落户。成立县工业投资公司，发起永修县工业创业投资基金。截至12月底，全县新签约项目116个，合同总金额400多亿元。

【现代农业产业发展】 永修县推动传统产业转型升级，重点发展优质粮食、特种水产、特色水果、绿色蔬菜、良种畜禽等产业，培育壮大农业产业集群，增强现代农业竞争力。至年底，全县完成粮食播种面积1.03万公顷，生猪出栏5.62万头，家禽出笼70.25万只，蔬菜面积3333.33公顷，茶园面积1133.33公顷，4446.67公顷高标准良田建设全面铺开，占全市总面积的1/4。新建5座乡镇标准机械化育秧工厂，全县水稻机插面积3333.33公顷，机插率超过15%。引进2000万元以上农业项目7个，投资总额51.2亿元；农民专业合作社706家、家庭农场494家，省级农业龙头企业12家、市级25家。

【政策扶持小微企业】 2017年，永修县出台鼓励创业创新企业孵化扶持政策。对小微企业进行奖励补贴，对被新认定为国家级、省级、市级企业科技孵化器的企业，分别给予50万元、10万元、3万元的一次性奖励。按照工业用地性质及价格标准，对企业优先安排孵化器用地指标。对新认定、新升级的市级及以上的公共服务示范平台，按投资额的10%给予补助。对年服务小微企业数量超过30户，提供服务种类10种以上的服务平台，给予20万元奖励。

主要领导人 县委书记：应炯。县人大常委会主任：张品娥。县长：郑绍。县政协主席：杨泽旗。

（陈汉铭）

·德安县·

【简　况】　位于江西省北部，辖5镇8乡2场。总面积863平方千米，其中城区面积15.6平方千米。耕地面积1.15万公顷，有林面积3.99万公顷，森林覆盖率61.97%，城区绿化率43.52%。总人口17.39万人，其中非农业人口6.33万人；人口自然增长率8.81‰。2017年，地区生产总值112.03亿元，增长9.1%。其中，第一产业增加值7.76亿元，增长4.5%；第二产业增加值73.94亿元，增长9.0%；第三产业增加值30.33亿元，增长10.5%。财政总收入18.3亿元，增长10.9%，人均1.04万元；税收占财政总收入84.3%。地方财政收入12.05亿元，减少7.2%；地方财政支出23.24亿元，增长4.1%。工业总产值478.17亿元，增长16.6%。规模以上工业增加值增长9.0%。出口总值2.08亿美元。社会固定资产投资额133.33亿元，增长13.8%。实际利用外商投资1.33亿美元。主要工业产品及产量有轮胎32.7万条、纱16.2万吨、水泥45.9万吨、服装3017.1万件。农业总产值12.33亿元，增长6.9%。粮食总产量5.97万吨。主要农产品及产量有油料6877吨、棉花2542吨、生猪出栏8.79万头、水产品产量7488吨、水果产量7762吨。城镇居民人均可支配收入31532元，增加2542元；农村居民人均可支配收入15167元，增长9.5%。城乡居民年末储蓄余额96.75亿元，比年初增长15.5%。

【扶贫光伏太阳能电站并网发电】　3月14日，邹桥乡石门村光伏太阳能扶贫电站举行竣工并网发电仪式。电站总装机容量50千瓦，是德安县首批建成的4个省级贫困村光伏扶贫电站之一，是全市90个同类项目点中首个并网发电的电站。该扶贫电站的并网，每年可产生效益5万元，持续25年。

【德安首家企业挂牌上市】　6月15日，德安县工业园区企业南方锅炉股份有限公司在北京上市。证券简称南方锅炉，证券代码871482。该企业前身为国营南方工业锅炉厂，2014年由深圳辉安达集团收购公司的国有股权。公司持有B级工业锅炉制造许可证，有新型锅壳式蒸汽锅炉用内置式汽水分离器、新型卧式燃气锅炉烟箱门盖密封装置、新型燃谷壳锅炉的烟管防磨结构等8项实用新型专利。主营业务为各类节能环保型工业锅炉及其配套产品的研发、设计、生产、安装及销售。

【德安警方侦破特大电信诈骗案】　6月29日，德安警方侦破1起特大电信诈骗案，抓获作案者12人。2016年10月20日，德安警方接到报警，称在“有缘”网上交友时，被骗10多万元。受案后，办案民警发现被骗的钱分4次通过2个第三方支付公司POS机消费。通过研判发现该种作案手段俗称“花篮托”诈骗。经过摸排，确定广东省惠州市博罗县犯罪嫌疑人黄某明、曾某康等人。该诈骗团伙成员在“有缘网”“世纪佳缘”“同城夜约会”等婚恋交友网站注册扮演成功人士寻找离异或者感情受挫的中年女性聊天，时机成熟后以新店开张为由让被害人送花篮实施诈骗，涉案价值300多万元。

【“1+N”党风廉洁文化建设】　2017年，德安县深入挖掘义门陈家规家训中的廉洁文化因子，持续推动全面从严治党在基层落地生根。2015年8月以来，德安县纪委挖掘义门陈家规家风文化廉洁元素，探索出“1+N”的党风廉洁文化建设宣教模式，即以义门陈这个品牌为中心，打造N个精品廉洁示范点。并与县委组织部、县妇联等单位联合开展“好家风好家训”演讲比赛等系列活动。全县15个乡镇场也把传统家风家规家训融入廉洁教育之中。同时，利用多种媒体手段引导全县广大党员领导干部从自身做起，从家庭做起，在全县范围内营造建设好家风的新风气。

主要领导人　县委书记：熊晋喜。县人大常委会主任：袁有福。县长：周三连。县政协主席：江昌英。

（郭任初）

·共青城市·

【简　况】　位于江西省北部，辖3乡2镇和1街道办事处。总面积287.19平方千米。耕地面积8550.49公顷，林地面积5065.45公顷，森林覆盖率19.89%，城区绿化率47.6%。总人口15.5万人，其中非农业人口10.78万人；人口自然增长率6.92‰。2017年，地区生产总值115.63亿元，增长9.2%。其中，第一产业增加值5.21亿元，增长4.4%；第二产业增加值75.74亿元，增长8.0%；第三产业增加值34.68亿元，增长12.7%。财政总收入20.18亿元，增长23.35%；人均1.53万元；税收占财政总收入86.80%。地方公共财政预算收入11.42亿元，下降4.3%；公共财政支出20.30亿元，增长2.5%。工业总产值426.12亿元，增长7.4%。规模以上工业增加值83.77亿元，增长8.6%。外贸出口3.2亿美元，下降23.8%。固定资产投资203.01亿元，增长13.6%。实际利用外商投资1.58亿美元；实际利用内资121.63亿元。主要工业产品及产量有服装5451万件（套）、棉纱3.1万吨、鞋165万双、啤酒14.7万千升、手机2589.6万部、商品混凝土125.7万立方米。农业总产值8.55亿元，增长14.0%。粮食总产量4.95万吨。主要农产品及产量有棉花330吨、油料2936吨、水产品3.35亿吨、肉类7926吨。社会消费品零售总额26.67亿元，增长12.0%。城镇居民人均可支配收入32277元，增长8.6%；农村居民人均可支配收入15139万元，增长9.4%。城乡居民年末储蓄存款75.05亿元，增长3.0%。

【第三届中国青年企业家发展峰会举行】　6月19日，由中国青年企业家协会、共青团江西省委和九江市政府主办，共青城市政府承办的第三届中国青年企业家（共青城）发展峰会在共青城市举行。峰会以“创新融合，助力振兴”为主题，共有全国各地的300余名青年企业家参会。峰会期间，还举办“担当责任、创新驱动”“创新引领未来”“合作创造未来”等分论坛。峰会上，共青城市分别与北京、上海、深圳签订青年创业园战略合作协议，并与平湖卫浴产业园、国际健康城、天域航空、红色文化展示馆、亚华电子二期等10个项目签订投资协议，签约金额77.2亿元,项目涵盖电子信息、现代服务业等领域。

【第三届中国青年APP大赛举行】 9月26日,由共青团中央、江西省政府联合主办的第三届中国青年APP大赛(第四届"创青春"中国青年创新创业大赛APP专项赛)总决赛在共青城市举行,共有6个顶级优秀作品参赛。山东省张峰的"家家用"项目获大赛创意类项目总冠军。大赛于6月启动,全国有5962个项目报名参赛,涵盖教育、科技、体育、医疗健康、绿色农业、生活服务等多个领域。经评审,40个项目入围全国40强。最终,6个项目进入总决赛。大赛设立190万元现金奖励,2000多万元创业基金入股奖励,这种"赛事+孵化"模式帮助近万名青年创客创业,成为在全国颇具影响力的创业展示平台。决赛期间,还举办青创大讲堂、优秀项目投融资对接会等,为创业者搭建交流平台。

【第五届共青城财富管理·私募基金创新论坛举行】 11月18日,第五届共青城财富管理·私募基金创新论坛在共青城举行。论坛以"聚焦绿色金融·助推双创发展"为主题,中国投资协会会长杨庆蔚及全国300多名学者、私募基金行业、上市公司、券商、期货公司、产业界代表参加。论坛还举行以私募资本助推双创发展为话题的圆桌讨论。2011年,共青城市政府与中航集团共同发起成立共青城私募基金创新园。创新园实行政府引导、市场化运作的管理模式,2017年,入园基金数量突破2500支,基金规模突破1670亿元,综合税收贡献超过10亿元,入园基金数量、管理资金规模及综合税收贡献,均超过前6年总和。

【市行政审批局成立】 10月9日,共青城市行政审批局组建成立。共青城市是全省第二批相对集中行政许可权改革试点单位。审批局位于共安南大道与发展大道交汇处,总建筑面积1.6万平方米,除原行政服务中心的办理事项外,还进驻国税、地税、民政、城管、金融办、信息办等多家单位,以及公安的户籍、车管、消防等多个业务,进驻的行政许可事项192个,便民服务事项162个,集审批服务、资源交易、社会管理、数据集成于一体,为群众提供"一站式、一条龙"服务,开启服务市民"一枚印章管审批"新模式。

【绿色发展】 2017年,共青城市被列为国家低碳城市试点。年内,高标准建成甘露公园并开园。落实三级"河长制",将生态文明建设纳入目标管理考评,开展自然资源资产离任审计试点,生态文明建设制度进一步健全。完成小八子养鸭厂的拆除,完成江西康泰环保公司固废处理中心关闭和危险废物运离。开工建设占地200多公顷的富华公园一期、环南湖12千米的滨水绿道、沿鄱阳湖16.25千米的堤顶绿道等生态工程。高标准完成90千米生态廊道建设。开展"三净一控一提升"专项行动,畜禽禁养区49户规模养殖场全部关闭。投入2.7亿元,完善污水处理设施,南湖新城污水处理厂主体封顶,乡镇10个分散式污水处理站全部建成,城区生活污水处理厂排放达到一级A标准。12月1日零时起共青城市城区全面禁止燃放烟花爆竹。

【民生工程建设】 年内,投入3.5亿元资金完善交通设施,开通共青城至南昌城际公交,新增20辆新能源公交车,投放"电斑马"共享电动车。投入3.17亿元改善基础教育,共青小学、中科院幼儿园共青城教育实验园投入使用,南湖新城和高新区九年一贯制学校基本建成,一次性招聘教师285人,解决"大班额"问题。投入1.18亿元改善基层医疗设施,9月,南湖新城门诊部、泽泉卫生院新门诊大楼投入使用。全年累计投入资金近6亿元,实施苏家垱乡、泽泉乡的道路改造、水利建设、环境整治、电网提升。

主要领导人 市委书记:王丰鹏。市人大常委会主任:黄惠华。市长:卢宝云。市政协主席:况泉水。

(汪官金)

·庐山市·

【简　况】 位于江西省北部,辖10乡(镇)1场1管理处。总面积913平方千米。耕地面积1.14万公顷,有林面积3.14万公顷,森林覆盖率46%,城区覆盖率41.76%,绿地率38.19%。总人口27.67万人,其中非农业人口12.29万人;人口自然增长率11.2‰。2017年,地区生产总值118.68亿元,增长8.9%。其中,第一产业增加值8.52亿元,增长4.3%;第二产业增加值35.20亿元,增长8.9%;第三产业增加值74.96亿元,增长9.4%。财政总收入20.28亿元,增长8.7%。地方财政收入13.06亿元,增长10.1%;地方财政支出23.83亿元,增长13.6%。规模以上工业总产值221.1亿元,增长14.5%。固定资产投资95.1亿元,增长13%。实际利用外商投资、省外投资1.05亿美元。主要工业产品及产量有建材、文体用品、汽车配件、纺织服装等,年产值为127.53亿元。粮食总产量6.27万吨。主要农产品及产量有油菜总产值7800吨,蔬菜总产量3.03万吨,肉类产品1万吨,蛋类0.28万吨,水产品产量1.4万吨。社会消费品零售总额27.9亿元,增长13.3%。城镇居民人均可支配收入30171元,增长8.4%;农村居民可支配收入14196元,增长9.3%。城乡居民年末储蓄余额59.17亿元,增长17.64%。

【旅游产业】 总投资6.1亿元的亚洲第一条3S索道——庐山交通索道项目投入运营;整合资金1.2亿元,完成33.4千米环庐山公路沿线环境整治和绿化提升;协办全省旅游产业发展大会。《大庐山旅游发展规划》通过专家评审,编制《庐山醉石—简寂观景区详细规划》。核心景区实现旅游交通大换乘。庐山南门基础设施改造升级、南北山公路改造、女儿城环境综合整治提升、小天池至隧道口精致化提升、智慧庐山等工程全面完成;石刻博物馆建成开放。引进北京禾中集团庐山桃花源养老疗养中心、北京中复康醉石汤泉酒店等6个合作项目,签约资金18亿元。海会山水忆恋农庄、光阳生态园被评为3A乡村旅游示范点。统一宣传营销,启动庐、景、婺3地营销合作,风光片《庐山天下悠》在中央、省级媒体展播。

【新型工业】 环保石材产业园120.9万平方米厂房建成,入园石材加工企业全面投产。东林雨露、康庐建材等项目试生产。斯特玛测试仪、思特达科技等9个项目开工建设。思麦博、乐胜运动器材等文体用品产业主营业务收入达41亿元。金盛汽配、荣腾汽配、众鑫机械等汽车零配件产业主营业务收入达10亿元。红星羽绒电商创业园148家入园企业建成投产,年产值达52亿元。

【乡村建设】 年内,实施牯岭艺术小镇、海会云雾小镇、温泉健康小镇、横塘电商小镇等特色小镇建设,海会镇入选全国第二批特色小镇,横塘镇获评第七批全国"一村一品"示范镇,均为九江市唯一入选的乡镇。投入5160万元,建设172个新农村村点。海会、星子、蛟塘、温泉污水处理厂建成试运营。白鹿、星子、华林、蛟塘等集镇完成沿街整治。开展农民建房"百日大清查"行动,拆除违建122栋1.26万平方米。推进农村垃圾治理,清除村庄卫生死角、干道沿线、河港沿岸垃圾。

【生态建设】 完成207平方千米生态保护红线、8840公顷永久基本农田、23.1平方千米城市开发边界和畜禽养殖"三区"划定。投入1300万元,完成256处水毁工程修复、沙湖山万亩圩堤填塘压浸工程。启动鄱阳湖长江江豚保护、鄱阳湖水质水量监测站建设。组建采砂统一管理综合执法队,查扣非法作业船30余艘,刑拘17人。开展湖区非法码头专项整治,取缔非法码头11座。平毁非法圩堤2座。启动西牯岭矿山开发。加强森林和湿地保护,查处涉林违法案件78起,拆除自然保护区违建项目1个。

【精准扶贫】 开展脱贫攻坚"百日行动",实施十大脱贫攻坚工程,投入扶贫资金3.52亿元,全年减贫324户1310人,贫困发生率下降到1.3%以下。对8个贫困村实施136个新农村建设,水、电、路、信息化等基础设施得到改善。探索建立9个扶贫"健康灶"服务点。建成15座50千瓦光伏扶贫电站。建设扶贫车间5个。开发就业扶贫专岗192个,1083名贫困人口实现就业。为2079名建档立卡贫困学生发放补助398.45万元。为12574名贫困人口代缴基本医疗保费、购买重大疾病商业保险。为4039名贫困人口发放兜底保障资金1079.97万元。

【庐山市河湖管护体制机制改革创新试点县通过水利部验收】 12月,庐山市河湖管护体制机制改革创新试点县通过水利部验收。2014年12月,原星子县被水利部确定为全国第一批河湖管护体制机制改革创新试点县。经过3年的试点探索,庐山市建立"政府主导、科学考核、部门联动、联防联治"的河湖管护机制;构建"立体巡查、实时监控"的河湖管护网络;形成"全民参与、群防群治"的河湖管护格局,提升庐山市河湖及周边流域绿色生态环境,实现生态、发展双提升、两促进。

【医保结算改革在全省率先实现一站式结算】 2017年,庐山市在全省率先实现医保结算一站式服务。1月1日,庐山市全面实行城乡居民医保新政策。8月7日,上线运行"江西省城乡居民医疗保险信息系统",在全省率先完成城乡居民医保制度整合工作,实现人员管理全覆盖、"统分"模式全覆盖、保障政策全覆盖和"一卡通"就医、"一体化"经办、"一站式"结算的城乡居民医保"八统一"。9月,全面启动跨省异地就医直接结算工作。11月3日,首列跨省异地就医直接结算在山东青岛大学附属医院办理,实现"信息多跑路,群众少跑腿"目标,解决"群众垫付资金压力大"问题。

主要领导人 市委书记:杨健。市人大常委会主任:雷高兴。市长:严盛平。市政协主席:查代藩。

（吴倩）

·柴桑区·

【简　况】 位于江西省北部,辖7镇5乡3场1经济技术开发区。总面积916.84平方千米,其中城区面积16.50平方千米。耕地面积1.67万公顷,有林面积2.83公顷,森林覆盖率25.20%。总人口33.38万人,其中非农业人口10.07万人。2017年,地区生产总值125.54亿元,增长9.1%,人均41664万元。其中,第一产业增加值17.32亿元,增长4.3%;第二产业增加值66.22亿元,增长9.4%;第三产业增加值42.0亿元,增长10.5%。财政总收入18.56亿元,增长12%。其中,地方财政一般预算收入13.55亿元,下降4.9%。税收收入15.04亿元,增长21.4%。财政总支出25.53亿元,下降6.4%。规模以上工业总产值288.93亿元,增长16.4%。规模以上工业增加值增长9.7%。社会固定资产投资159.41亿元,增长13.8%。实际利用外资1.33亿美元,增长11.7%。外贸出口2.21亿美元。农业总产值28.12亿元。粮食总产量9.44万吨。主要农产品及产量有棉花5752吨、油料1.81万吨。社会消费品零售总额30.90亿元,增长12.6%。城镇居民人均可支配收入30993元,增长8.5%;农村人均可支配收入14351元,增长9.4%。城乡居民储蓄存款余额80.52亿元,增长8.2%。

【举办巾帼"双创"投资洽谈会】 5月14日,由中共九江县委、九江县人民政府、九江市妇联主办,九江县委宣传部、县商务局、县妇联、中华贤母园负责承办的2017中华贤母园巾帼"双创"投资洽谈会在中华贤母园举行,九江市、县有关领导和省及市妇联组织相关负责人及省内外100多名女企业家参加,洽谈会现场签约项目金额11.3亿元。

【九江市柴桑区举行揭牌仪式】 9月8日,九江市柴桑区揭牌仪式举行。九江县是江西最早建县的18个古县之一,汉高祖六年(公元前201年)置柴桑县,至今已有2200多年历史。2017年8月24日,国务院批复同意撤销九江县,设立九江市柴桑区,九江县更名为柴桑区,以原九江县的行政区域为柴桑区行政区域,柴桑区人民政府驻沙河街镇庐山北路168号。

【签约项目资金52亿元】 9月11日,深圳市博亿能科技锂离子动力电池项目和上海柴桑汽车零配件模具制造项目签约仪式在中华贤母园主题馆举行。这是撤县设区后的首批签约项目,深圳市博亿能科技锂离子动力电池项目,总投资50亿元,占地面积

20.87公顷;上海柴桑汽车零配件模具制造项目,总投资2亿元,占地面积3.07公顷。

【礼涞稻香虾在央视7套农业频道播出】 9月25日22点8分,央视7套农业频道《科技创新给农业一双翅膀》播出九江礼涞农业虾稻共作基地礼涞稻香虾有关新闻。礼涞稻香虾是九江市柴桑区省级农业产业化龙头企业九江礼涞农业集团打造的品牌产品。位于柴桑区新合涌塘国家农业综合开发“两类”综合创新试点项目——九江礼涞新合虾稻共作示范基地,已形成集科研示范、良种选育、苗种养殖、健康养殖、有机稻种植、虾稻系列产品销售、饲料及生物有机肥加工、品牌产品文化打造、餐饮服务、冷链物流配送、精深加工、技术信息、电子商务于一体的完整产业链条。全产业链对接通过可视监控系统,生产画面可24小时直播。

【华林模具钢产业园项目开工】 9月28日,华林模具钢产业园项目开工。华林模具钢产业园项目位于柴桑区赤湖工业园,占地面积66.67公顷,投资50亿元,建设周期4年。项目设计模具钢年产量可达10万吨,精准加工下游模具15万套。

【城门青年空间被团中央命名为全国示范青年之家】 12月7日,团中央发文命名全国99家“青年之家”综合服务平台,柴桑区城门青年空间入选。城门青年空间是团区委联合城门乡打造的青少年活动阵地,占地面积约300平方米,自2016年10月运营以来,突出青少年思想引领、青年创新创业、青少年心理辅导、公益志愿服务,先后开展30余场活动,全方位助力青少年成长成才。

【旅游产业发展】 全年接待游客609万人次,实现旅游总收入35.4亿元,分别比上年增长14.1%和16.9%。区庐山站至庐山索道旅游专线开通运营,涌泉乡戴山村入选省级第一批传统古村落,仙客来灵芝园景区被评为全省工业旅游示范区,礼涞电商产业园通过国家3A级旅游景区验收。

主要领导人 县(区)委书记:骆效农。县(区)人大常委会主任:李照培。县(区)长:赵和平。县(区)政协主席:袁汝明。

(张树华 陈新)

·浔阳区·

【简 况】 位于江西省北部,辖5街道办事处。总面积26平方千米,城区绿化率63%。总人口31万人。2017年,地区生产总值383.85亿元,增长8.7%。其中,第一产业增加值0.33亿元;第二产业增加值64.55亿元,增长4.3%;第三产业增加值318.97亿元,增长10.3%。财政总收入36.08亿元,增长11.6%;税收占财政总收入87.3%。地方财政收入10.13亿元,增长1.1%;地方财政支出13.64亿元,增长4.2%。规模以上工业总产值41.09亿元,减少9.3%。规模以上工业增加值15.32亿元,占地区生产总值3.99%。固定资产投资9.84亿元,增长12.9%。引进区外资金71亿元,实际利用外资9600万美元。外贸出口2.35亿美元。主要工业产品及产量有多色印刷品82.57万对开色令、塑料制品4248.01吨、铁合金890.35吨、商品混凝土23.41万立方米、绝缘制品1302吨。社会消费品零售总额191.22亿元,增长11.4%。城镇居民人均可支配收入36240元,增长8.1%;农村居民人均可支配收入19073元,增长8.7%。

【福建万协云商牛BUY共享平台落户浔阳上线运营】 3月19日,福建万协云商牛BUY服务平台在浔阳区792创意园举行上线仪式。各相关单位负责人及全区100家实体店经营者参加活动。福建万协云商服务股份有限公司是一家“互联网+消费平台”运营公司,牛BUY服务平台以实现“线上线下共赢”为目的,为经营商家量身定制“整体流量解决方案”,打造“万商互联,全民共享”的新商业生态。牛BUY平台落户浔阳,有助于浔阳区实现“互联网+”转型升级。

【钒宇新材料股份有限公司在“新三板”上市】 3月27日,九江市钒宇新材料股份有限公司在“新三版”上市,股票代码871340。该公司主要经营矿产品销售、氮化钒生产、加工、销售。2014年产品销售收入1.22亿元、利润总额125万元;2015年产品销售收入1.02亿元,利润总额264万元;2016年产品销售收入7978万元,利润总额591万元;2017年产品销售收入1.29亿元,利润总额631万元。

【举行2017年水生生物增殖放流活动】 6月15日,浔阳区在长江浔阳区段37号闸口举行2017年水生生物增殖放流活动,共向长江投放3厘米以上青鱼、鲢鱼、鳙鱼及草鱼夏花经济鱼种1140万尾。此次增殖放流是贯彻落实国务院颁布《中国水生生物资源养护行动纲要》精神的重要举措,也是浔阳区贯彻落实“河长制”,保护长江“一江清水”的具体实践。

【民革九江市浔阳区总支部成立大会举行】 11月27日,民革九江市浔阳区总支部成立大会举行。大会选举产生民革浔阳区总支部第一届领导班子,程侯锋当选民革浔阳区总支部主委;通过民革浔阳区总支部第一次大会决议。

【北京浔阳企业商会在京成立】 12月17日,北京浔阳企业商会在北京湖南大厦召开成立大会。会议审议并通过《北京浔阳企业商会章程》《北京浔阳企业商会会费管理办法》《北京浔阳企业商会选举办法》,选举产生商会班子成员。北京江西企业商会常务副会长、北京金利来源投资集团有限公司董事长周子涵当选会长。

主要领导人 区委书记:宋细妹。区人大常委会主任:王向东。区长:徐昭国。区政协主席:范初芳。

(郑伟)

·濂溪区·

【简 况】 位于江西省北部,辖5镇2乡2街道办事处。总面积380平方千米,其中城区面积42平方千米。耕地面积0.37万公顷,有林面积0.93万公顷,森林覆盖率35.8%,城区绿化率47.6%。总人口22.02万人,其中非农业人口14.14万人;人口自然增长率8.75‰。2017年,地区生产总值255.76亿元,增长9.0%。其中,第一产业增加值5.13亿元,增长4.1%;第二产业增加值136.46亿元,增长8.7%;第三产业增加值114.17亿元,增长9.6%。财政总收入30.26亿元,增长7.0%。人均1.37万元,税收占财政总收入88.3%。地方财政收入12.6亿元,下降4.5%,地方财政支出20.5亿元,增长5.94%。工业增加值103.11亿元,增长7.6%。规模以上工业主营业务收入515亿元,增长9%。外贸出口2.8亿美元。固定资产投资275.4亿元,实际利用外资1.6亿美元。主要工业产品及产量有玻璃纤维纱29.99万吨、精制食用植物油147.64万吨、乳制品4.64万吨、水泥167.63万吨、化学纤维4.21万吨,农业总产值8.58亿元,增长3.1%。粮食总产量2.36万吨。主要农产品及产量有稻谷2.01万吨,小麦475吨,玉米576吨,豆类310吨,薯类2095吨。社会消费品零售总额30亿元,增长12.5%。城镇居民人均可支配收入35097元,增加2651元;农村居民人均可支配收入16794元,增加1387元。

【九江市"三社联动"首个试点项目落户濂溪区】 3月17日,九江市"三社联动"试点项目启动仪式暨社会组织主题日宣传活动在十里街道新路岭社区举行,100余人参加启动仪式。该次落户的试点项目由市社会工作协会、启航社工服务中心和众爱社工服务中心共同承接运营,获中央和省级福彩公益金资助,涉及社区矫正、敬老爱老和社会组织培育3个方面的内容,年内全面启动。

【赛得利100万吨差别化纤维素纤维项目签约】 4月11日,濂溪区政府与赛得利集团签署投资协议,在濂溪区建设100万吨差别化纤维素纤维项目。金鹰集团旗下的赛得利集团是中国纤维素纤维行业龙头企业,此次签约的项目选址城东港区化纤工业基地,于当年10月开工建设。项目分4期建设,每期25万吨,总投资120亿元。这是赛得利布局九江的第二个投资超百亿元项目。

【濂溪区第一届老年人健身体育运动会举行】 6月23日,濂溪区第一届老年人健身体育运动会在区一中武韵馆开幕。运动会为期4个月,共有来自各乡镇街道、区直及驻区72个单位168支代表队参赛,项目有门球、气排球、钓鱼、棋类、桥牌、地掷球、太极拳、乒乓球、健身球、柔力球10个大项11个小项,运动员、裁判员共1600余人。

【鄱阳湖生态科技城10个重大项目集中开工】 9月29日,鄱阳湖生态科技城首批总投资超过30亿元的10个重大项目集中开工。包括分别是:科创中心,占地面积约6公顷,建筑面积约10万平方米,总投资7亿元;工业综合体,占地面积约8公顷,建筑面积约10万平方米,总投资约5亿元,集研发、中试、生产、办公为一体;芳兰湖湿地公园,占地面积约3.2平方千米,总投资约9.3亿元;濂溪大道地下综合管廊工程,全长约4.6千米,采用双舱管廊断面设计,总投资约3.5亿元以及芳兰大道南段、琴湖大道延伸线、环湖北路、环湖南路、濂溪大道东段道路拓宽及整体提升工程、芳兰湖水利设施工程等。

【周敦颐诞辰1000周年纪念大会暨濂溪公园开园仪式在濂溪区举行】 12月1日,九江市委、市政府在濂溪区举行周敦颐诞辰1000周年纪念大会暨濂溪公园开园仪式。周敦颐是中国理学开山祖,其理学思想在中国哲学史上起了承前启后的作用。周敦颐诞辰1000周年纪念活动持续到12月2日,其间还举办周敦颐理学思想研究学术报告会、大型历史话剧《濂溪先生》首演和周敦颐诞辰1000周年传统祭祀等系列活动。

主要领导人 区委书记:柯尊玉。区人大常委会主任:王正发。区长:容长贵。区政协主席:张金水。

(杨小岛)

景德镇市

【概　况】 位于江西省东北部,辖1市1县2区。总面积5256平方千米。耕地面积7.35万公顷,林地面积36.47万公顷,森林覆盖率66.66%,城区绿化覆盖率45.56%。总人口166.49万人,其中城镇人口109.80万人;人口自然增长率8.13‰。2017年,地区生产总值878.25亿元,同比增长8.8%。其中,第一产业增加值53.60亿元,增长4.2%;第二产业增加值438.42亿元,增长8.0%;第三产业增加值386.23亿元,增长10.3%。财政总收入123.21亿元,增长6.4%;税收占财政总收入73.9%。公共财政预算收入86.70亿元,下降2.3%;财政支出192.13亿元,增长10.5%。规模以上工业增加值增长8.9%。外贸出口55.07亿元,增长29.3%。固定资产投资889.33亿元,增长13.5%。实际利用外商投资2.05亿美元,增长9.0%。主要工业产品及产量有瓷质砖826.59万平方米,增长6.1%;印刷专用设备368.80吨,下降20.3%;汽车10.12万辆,下降8.5%;气体压缩机4437万台,增长7.8%;家用电冰箱69.03万台,增长24.1%。农业总产值92.59亿元,增长4.3%。粮食总产量66.19万吨,增长2.3%。主要农产品及产量有粮食产量66.19万吨,增长2.3%;棉花产量1744吨,增长5.4%;油料产量3.82万吨,增长2.2%;茶叶产量9174吨,增长19.0%。城镇居民人均可支配收入3.43万元,增长9.1%;农村居民人均可支配收入1.51万元,增长8.8%。城乡居民年末储蓄余额629.61亿元,增长10.1%。

【景德镇市入选全国"城市双修"试点城市】 2017年,景德镇市被住建部列为国家第二批19个"城市双修"试点城市之一,是江西省唯一试点城市。3月,试点工作正式启动,为期2年。

【景德镇御窑博物馆获"2017未来建筑奖"】 3月15日,"2017年度The Architectural Review未来建筑奖"在法国戛纳揭晓,景德镇御窑博物馆获"最佳文化建筑"(the Winner of the Cultural Regeneration category)。御窑博物馆是景德镇文化的"一号工程",2016年10月11日正式动工,建筑面积约1.04万平方米,其中地下部分建筑面积约7800平方米,地上建筑面积约2600平方米,地下室局部两层,地上部分为8个双曲面拱体结构,部分建筑半掩于地下。

【AC313完成国产大型直升机雨天试飞】 3月24日,中国第一款自主研制的大型民用直升机AC313在景德镇吕蒙机场完成大雨试飞适航验证科目。试飞结果表明,大雨天气条件下,AC313型直升机能安全飞行,直升机各系统和设备工作正常,飞行员视界清楚,满足适航规章要求。AC313首开国产大型直升机自然条件下大雨试飞先河,填补国产大型直升机雨中试飞空白,标志着AC313型直升机具备在复杂气象条件下飞行能力。

【陶溪川文创街区成为全省首批"商业旅游文化融合发展示范区"】 6月,经省商务厅、省文化厅、省旅发委组织专家评审,景德镇市陶溪川文创街区被认定为全省首批"省商业旅游文化融合发展示范区"。陶溪川文创街区是以原国营宇宙瓷厂13.13公顷土地和厂房为核心启动区改建。经过打造,已成为国际范、强体验、混合业态、跨界经营的现代服务业集聚区。涵盖商业贸易、酒店餐饮、文化创意、艺术交流、会展博览、文化旅游、休闲娱乐等功能业态。通过"商旅文"联动,以陶瓷文化为基底,以商业运营为支撑,发挥旅游接待功能,突出休闲服务特色,为保留千年陶瓷文脉、推动传统产业转型发展起到示范作用。

【景德镇市获"国家森林城市"称号】

10月10日,在河北省承德市召开的2017森林城市建设座谈会上,景德镇市被国家林业局授予"国家森林城市"称号。2013年起,景德镇市启动创建国家森林城市工作。5年来,全市新建和提升改造各类城市生态公园15个,街心花园和市民休憩园20余处,绿化建设面积893.76公顷;完成城市主干道绿化提升改造景观林带建设20余条,绿化建设面积121.73公顷。

【创新"籼改粳"高产高效种植模式】

10月31日,景德镇"籼改粳"高产高效栽培技术大面积示范推广项目通过市科技局组织的现场测产验收。该项目由市农技推广站在浮梁县鹅湖镇乔溪村、京山村实施,双季晚粳"甬优1538"平均亩产干谷712.6千克,比同期种植的杂交双季晚籼稻亩产增收100千克以上。验收专家认为,粳稻在景德镇作一季中稻、二晚栽培,增产增收效果显著,具备广阔的推广应用前景。市、县两级农技推广部门从2011年开始引进、试验、示范种植粳稻。经过6年发展,市"籼改粳"高产高效栽培技术大面积示范从最初的几十亩发展到现在3333.33公顷,并在适宜品种筛选、关键技术集成、高产样板示范等方面取得重大突破,创新了"早籼稻+晚粳稻""一季中粳+秋冬种作物"高产高效种植模式,总结出"短、早、保、增、严、迟"高产技术要点,3333.33公顷粳稻亩均增产100多千克,仅此一项水稻增产高达500万千克。

【景德镇陶瓷工业遗产博物馆获2017年度亚太地区文化遗产保护创新奖】

11月,联合国教科文组织2017年度亚太地区文化遗产保护奖颁布,景德镇陶瓷工业遗产博物馆获2017年度亚太地区文化遗产保护创新奖。景德镇陶瓷工业遗产博物馆将20世纪80年代宇宙瓷厂厂房改造为博物馆及综合设施,通过历史文献搜集整理,以场景再现、珍贵实物、图文影像资料等形式,对现代陶瓷工业的工具、设备、窑炉、工艺流程、产品,391名陶瓷工人口述史、6.9万名瓷工"身份档案"进行集中展示。按照手工作坊—私营—私私联营—公私联营—国营瓷厂—改制转型的历史脉络,展示1909年至2010年,景德镇陶瓷工业经历的辉煌荣耀和沧桑变革,是全国首家具有影响力和示范作用的陶瓷工业遗产(物质和非物质文化)专题博物馆。

主要领导人 市委书记:钟志生。市人大常委会主任:汪立耕。市长:梅亦。市政协主席:黄康明。

(鲍文芳)

·乐平市·

【简　况】 位于江西省东北部,辖15镇1乡2街道办事处1农科园和1大型水库管理局。总面积1980平方千米,其中城区面积26平方千米。耕地面积6.1万公顷,有林面积6.56万公顷,森林覆盖率50.75%。总人口94.08万人,人口自然增长率8.98‰。2017年,地区生产总值306.67亿元,增长9%。其中,第一产业增加值34.45亿元,增长4.1%;第二产业增加值156.95亿元,增长8.1%;第三产业增加值115.27亿元,增长12%。财政总收入40.3亿元,增长7%。规模以上工业增加值115.11亿元,增长9%。固定资产投资420亿元,增长13.5%。外贸出口20亿美元,增长26.3%。农业总产值53.55亿元,增长4.29%。粮食总产量43.16万吨。城镇居民、农村居民人均可支配收入分别增长9.2%和8.8%。

【中国乐平古戏台文化特色小镇规划交付评审】 4月11日,中国乐平古戏台文化特色小镇规划评审会在乐平市举行。乐平市领导徐辉、张汉坤、王晨、方静等出席会议。会议听取中乐古建公司负责人汇报中国乐平古戏台文化特色小镇在产业布局、规划实施、发展定位、重点项目、创新举措等方面基本情况。市规划、建设、发改、交通、国土等部门从专业视角点评特色小镇策划方案,并对进一步优化和完善方案提出意见和建议。中国乐平古戏台文化特色小镇项目是一个集古戏台建筑展示、古建筑材料构件交易、传统手工艺研究与开发、戏剧文化主题式度假酒店、古建筑设计研究、传统手工艺学院、博物馆、美术馆等内容为一体的综合文旅项目。项目位于洎阳街道以北的后港镇境内,计划用地面积333.33公顷,拟投资总额50亿元,建设工期5年。

【打造浒崦古戏台文化旅游项目】 6月5日,为有效保护和合理利用国家级重点文物——浒崦古戏台,乐平投资1亿元,拆除附近69栋房屋,腾出更多空间,让古戏台重现风采。浒崦名分堂戏台建于清代同治十一年(1872年),为晴台、雨台、厢楼、祠堂四面环合的一组建筑。其设计巧妙、结构别致、雕塑精工、布局繁华,在江南地区堪称一绝。2000年,该戏台列入江西省文物保护单位,2013年入选全国重点文物保护单位。2014年,乐平古戏台营造技艺列入第四批国家级非物质文化遗产代表项目名录。

【首批纯电动新公交车运抵乐平】 9月15日，乐平长运公共交通有限公司从安徽安凯汽车有限公司订购80辆纯电动公交车。当日8辆先行运抵乐平，截至9月19日已到40辆。新到公交车为纯电动力，相比原有柴油公交车，大大降低尾气排放等污染问题。每辆新车含驾驶位在内共有18个座位，并特意设置爱心专座。新车设置自动播报器和LED电子显示屏，报站和线路、站点显示实现自动实时播报、显示。

【举行人体器官捐献集体登记和宣誓活动】 10月29日，2017年乐平市人体器官捐献志愿登记宣传季暨人体器官捐献集体登记和宣誓活动在南河公司举行。副市长方静致辞，副市长韩伟主持，市政协副主席方华出席活动。此次活动由乐平市红十字会联合市卫计委主办，以“生命之约，大爱传递”为主题，旨在宣传“珍爱生命，崇尚奉献”人体器官捐献理念以及人体器官捐献志愿登记途径和方式。

【乐平市工商联成为全国“五好”县级工商联】 12月8日，全国工商联办公厅发布《关于确认2017年全国“五好”县级工商联的通知》，乐平市工商联被确定为全国“五好”县级工商联。市工商联领导班子主动作为，勤廉干事。截至12月，会员总数855人，商会36家，其中，行业商会7家，乡镇商会19家。新发展团体会员3家，个人会员100个。多次赴浙江、广东等地走访看望乐平籍企业家，就外埠商会规范化建设、非公党建工作等调研指导，新发展外埠商会2家，指导成立3家行业商会。建立“乐商议政”建言平台，畅通企业与党委、政府协商建言渠道，帮助企业解决实际困难。组织4批79人次会员赴南昌、景德镇等地参加企业培训。举办2017乐商讲坛“卓越领导力修炼”专场讲座，106名非公企业人士参加学习。在2017年6·25特大洪灾期间，工商联广泛发动企业人士捐款16万余元，慰问受灾严重的401户困难群众，走访3家乡镇敬老院。2017年，会员企业参与扶贫助学、赈灾等公益慈善活动累计捐款200余万元。

主要领导人 市委书记：俞小平。市人大常委会主任：万玉华。市长：徐辉。市政协主席：傅金林。

（彭建光）

·浮梁县·

【简　况】 位于江西省东北部，辖10镇7乡。总面积2851平方千米。耕地面积1.81万公顷，有林面积315万公顷，森林覆盖率81.04%。总人口31.63万人，人口自然增长率8.68‰。2017年，地区生产总值115.2亿元，同比增长9.0%。其中，第一产业增加值14.1亿元，增长4.2%；第二产业增加值63.5亿元，增长8.3%；第三产业增加值37.6亿元，增长12.6%。财政总收入14.61亿元，增长10.1%，其中税收收入占财政总收入88.8%。固定资产投资85.68亿元，增长13.5%。农业总产值25.7亿元，粮食种植面积2.89万公顷，其中有机稻种植面积666.67公顷。茶园总面积1.04万公顷，茶叶生产总量8493吨，增长20.7%。城镇居民人均可支配收入2.79万元，增长9.2%；农村居民人均可支配收入1.51万元，增长8.7%。

【中科院地下明灯计划启动】 6月21日，中国科学院院士陈颙带领南京大学、清华大学、中国科技大学、中国地震局地球物理研究所等单位专家组成的科研团队，在浮梁县寿安镇朱溪矿区开展“地下明灯计划”实验。江西省地震局局长王建荣、副局长陈家兴陪同。浮梁县委书记罗建国、副县长郑伟秀看望科研队。“地下明灯计划”最早是由中科院院士、原中国地震局副局长陈颙提出设立的，后批准为中科院地学部咨询项目。该项目旨在研究建立人工激发地震波发射台、探查大陆地下高精度结构，力争实现“天上有北斗，地下有明灯”。

【昌江百里风光带房屋土地征收开始预签约】 5月，县政府成立昌江百里风光带项目部，负责集体土地上房屋征收与补偿工作。6月6日形成征收与补偿安置方案，其间，召开被征收代表方案听证会、评估机构推选会，保障被征收人的知情权和参与权。7月7日，昌江百里风光带房屋土地征收开始预签约，当天有40多户被征收户正式签约。

【央视7套特别节目《镇·守》在瑶里开机】 8月31日，中央电视台第7频道农业频道摄制的特别节目《镇·守》在国家4A级景区瑶里古镇举行开机仪式。中国农业电影电视中心总编辑傅雪柳，中国美丽乡村研究中心主任魏玉栋，中国城市科学规划设计研究院院长方明，中国农业电影电视中心特别节目中心主任杨巍，中国农业电影电视中心《聚焦三农》主编、《镇·守》项目组负责人杨蕊，省委农工部副部长龙宇闻出席开机仪式。市委常委、市委秘书长、市委宣传部部长吴隽宣布开机。市委副秘书长、市委农工部部长胡友林，县委副书记程新宇，县委常委、高岭瑶里风景名胜区管委会主任盛璟晶，县委常委、县委宣传部部长董军发，市、县有关部门负责人和新闻媒体、部分游客参加开机活动。《镇·守》是一档情感类旅游节目，以青年创业、中年尽孝、返乡寻根、外出务工、知青往事等不同角色定位，通过感受小镇农村人的善良淳朴及小镇田园风貌来寻求内心平静与情感回归。

【浮梁县获“2017年度全国十大魅力茶乡”称号】 9月16日，浮梁县被授予“2017年度全国十大魅力茶乡”称号，成为全省唯一获此殊荣的茶乡县。2017年，浮梁茶跻身全国公用品牌30强，列江西省重点推介的“四绿一红”品牌第2位。

【首次获全国综治最高奖项“长安杯”称号】 9月19日，全国社会治安综合治理表彰大会在人民大会堂召开，浮梁县第三次被中央综治委授予“全国平安建设先进县（市、区）”称号，首次获全国综治最高奖项“长安杯”称号。浮梁县健全多元化解矛盾纠纷工作机制，首创推广“群众说事”制度，开展“法律明白人”培养工程，强化综治平安宣传，有效化解各类矛盾纠纷，促进社会和谐。

【发现一处古币窑藏遗址】 10月13日,浮梁县浮梁镇查村一户居民旧房改造,打地基时挖到许多古钱币,引起村民聚集"挖宝",接到报告后,县文物保护管理所人员赶赴现场进行勘查,制定出文物发掘与安全保护方案,并安排安全保卫人员在现场日夜值守,确保文物安全,防止文物流失。从出土的古钱币考证,初步确定古币年代距今700~1200年左右,是唐朝和宋朝的。此次发掘是浮梁县古钱币考古的重大发现,出土的古币数量高达4吨,已存放在县博物馆内。

【义务教育均衡发展工作接受国家级全面检验和整体评估】 12月6日,国家县域义务教育均衡发展督导评估组组长周谷平到浮梁县,就浮梁推进义务教育均衡发展工作情况进行督导评估。省委教育工委委员、省教育考试院党委书记刘润保,省教育督导评估专家、省教育技术装备站主任傅小军,市教育局局长冯国平陪同督导。督导评估组到浮梁新平中学、寿安中心小学等8所学校、王港金山等2所教学点和县特殊教育学校,采取听汇报、召开座谈会、查阅文件资料等形式,对浮梁义务教育均衡发展工作进行全面督导和评估。

主要领导人 县委书记:罗建国。县人大常委会主任:张永进。县长:邱晨阳。县政协主席:金秋来。

(金寿进)

·昌江区·

【简　况】 位于江西省东北部,辖2镇2乡2街道办事处。总面积318平方千米。耕地面积3733.33公顷,有林面积1.70公顷,森林覆盖率54.77%。总人口16.38万人,人口自然增长率5.49‰。2017年,地区生产总值230.8亿元,同比增长8.6%。其中,第一产业增加值4.3亿元,增长4.2%;第二产业增加值145.6亿元,增长8.2%;第三产业增加值80.9亿元,增长9.2%。财政总收入12亿元,增长7.8%。规模以上工业增加值86.48亿元,增长9%。外贸出口11.5亿元,增长26.2%。固定资产投资255亿元,增长13.4%。农业总产值9.88亿元,增长4.23%。粮食总产量3.55万吨。城镇居民人均可支配收入3.55万元,增长9%;农村居民人均可支配收入1.57万元,增长8.9%。

【邓希平获"中国好人榜"敬业奉献类好人奖】 4月5日,中央文明办发布3月"中国好人榜",昌江区陶瓷颜色釉研制专家邓希平获敬业奉献类好人奖。邓希平是景德镇唯一高温色釉国家级代表性传承人,唯一高温色釉国家级专家,唯一高温色釉国际金牌得主,中国陶瓷艺术、设计、教育终身成就奖获得者。

【"传承荷塘精神、建设魅力昌江,'两学一做'昌江在行动"系列活动举行】 7月29日,"传承荷塘精神、建设魅力昌江,'两学一做'昌江在行动"系列活动开幕式在市群众文化活动中心举行,市人大常委会主任汪立耕、市政协主席黄康明出席,省农业厅副厅长、省农垦办主任唐安来讲话,市委常委、市委秘书长、市委宣传部部长吴隽致辞。罗璇、朱仕木等区领导出席,1000多名观众参加活动。

【官庄农贸市场开业】 9月30日,景德镇市重点民生工程——官庄农贸市场正式开业。该市场占地面积1.97平方千米,总建筑面积8.10平方千米,市场主体共四层,其中一、二层用于农贸市场,农贸市场总面积4.11平方千米,建设总投入约2700万元。设有摊位175个、店铺42间,共设27种经营行类,是景德镇市第一座标准化农贸市场,示范性星级农贸市场。

【"双创""双修"设计论坛暨"设计的力量、城市的蜕变"设计展开幕】 10月18日,2017景德镇(昌江)"双创""双修"设计论坛暨"设计的力量、城市的蜕变"设计展在景德镇中国陶瓷博物馆开幕。市领导刘锋、董立新、黄金龙、闫浩、徐耀纯等,景德镇陶瓷大学党委副书记、校长宁钢,中国传媒大学博士生导师叶建新,全国工商联设计委员会主席彭政,区领导罗璇、朱仕木、李恩清、陈华清等,奥运冠军吴静钰,著名陶艺家李文跃等国内外嘉宾出席论坛开幕式。开幕后,设计论坛开讲,宁钢、弗朗西斯科、方李莉、王中、曾辉、李见深、曹源龙、丁伟等8名国内外嘉宾围绕"双创""双修"设计理念作演讲,内容涉及陶瓷设计、工业设计、民宿设计、建筑设计、室内设计、时尚生活设计等。景德镇被确立为第二批"城市双修"城市,是国家生态文明试验区。

【张五常收藏艺术陈列展在昌江区展出】 10月19日,"激荡八十年·张五常收藏艺术陈列展"在昌江区锦绣昌南工诚逸品艺术馆开幕。张五常是著名经济学家,也是一位收藏大家。此次展览展出张五常收藏中国从唐代至近现代书画作品100多件。其中,有古代的吴道子、秦观、韩幹、王铎、赵孟頫、董源、唐寅、徐渭以及近现代的吴昌硕、张大千、齐白石、林风眠、黄宾虹、傅抱石、吴冠中等名家作品。

【"国家中药现代化工程技术研究中心中药饮片分中心"揭牌】 10月30日,昌江区现代中药特聘专家暨江西美琳康大中药技术研究中心博士曹晖引进签约仪式在昌江区举行。市领导唐良、熊皓、张景根、李雪海、李琪、向华,市人社局、市行政服务中心、市卫计委、市科技局、市市场和质量监督管理局、市陶瓷工业发展局等部门负责人,昌江区领导罗璇、朱仕木、吴艳、程步才、汪立胜、陈莉等出席活动。唐良、熊皓、张景根、罗璇、曹晖为"国家中药现代化工程技术研究中心中药饮片分中心"揭牌。

【昌(阊)江流域县(区)人大水环境与水资源保护工作联席会议举行】 11月2日—3日,昌(阊)江流域县(区)人大水环境与水资源保护工作第十二次联席会议在昌江区举行。市人大常委会副主任史晓莲出席会议并讲话。景德镇市人大环资委,安徽省黄山市祁门县,景德镇市浮梁县、昌江区、珠山区等县(区)人大常委会领导和有关部门负责人出席会议。史晓莲指出,保护、建设好美丽昌(阊)江,既是景德镇市和祁门县两地人民群众的切身福祉,更是两地共同的责任。

【昌江区通过国家义务教育均衡发展评估认定】 12月5日,昌江区迎接国家义务教育均衡发展评估认定汇报会在区报告厅举行,国家督导评估组对昌江区义务教育均衡发展进行督导评估。以国家督学、浙江大学发展委员会副主席、浙江大学中国西部发展研究院院长周谷平为组长的评估组通过听汇报、召开座谈会、查阅文件资料、现场视察学校等形式,对昌江区义务教育均衡发展工作进行全面督导和评估。在这次国家督导评估中,昌江区以全省第六的成绩通过国家评估认定。

主要领导人 区委书记:罗璇。区人大常委会主任:李恩清。区长:朱仕木。区政协主席:陈华清。

(洪东亮)

·珠山区·

【简　况】 位于江西省东北部,辖1镇9街道办事处。总面积111平方千米,其中城区面积37.2平方千米。耕地面积372公顷,有林面积1282公顷,森林覆盖率21.28%。总人口33.63万人,人口自然增长率6.02‰。2017年,地区生产总值225.53亿元,同比增长8.7%。其中,第一产业增加值0.72亿元,增长2.2%;第二产业增加值72.35亿元,增长7.0%;第三产业增加值152.46,增长9.8%。财政总收入15.72亿元,增长8.03%,税收占财政总收入90.26%;公共财政预算收入9.85亿元,下降11.89%;地方财政支出20.20亿元,增长7.96%。工业总产值66.98亿元,下降18.33%。规模以上工业增加值增长7.8%。固定资产投资128.67亿元,增长13.8%;引进内资50.87亿元,实际利用外资2002万美元;外贸出口2563万美元。主要工业产品汽车及汽车零配件产值53.15亿元,下降0.6%;混凝土产值1.93亿元,增长53.53%。城镇居民人均可支配收入3.61万元,增长2950元。

【珠山区法院获"全国优秀法院"称号】 1月14日,最高人民法院召开全国高级法院院长会议,在会上表彰先进集体和先进个人。景德镇市珠山区法院被最高人民法院授予"全国优秀法院"称号。珠山区法院2016年共受理各类案件2187件,审结1946件,结案率为89%,为辖区经济社会发展创造法治环境。先后获评全国法院文化建设示范单位、全国法院立案信访窗口建设先进集体、全省优秀法院、省级"无执行积案"先进法院、省级"青少年维权岗"先进单位、入选江西省优秀基层党组织100案例。

【珠山区驻上海招商办公室成立】 4月11日,景德镇市珠山区驻上海招商办公室正式成立。江西省驻沪办经济协作处处长张光桥、珠山区委书记林卫春、景德镇市政府驻上海联络处主任何明旺出席揭牌仪式。珠山区副区长李冬香主持揭牌仪式。珠山区发改委、区商务局等有关部门负责人,以及上海江西商会和上海企业家代表参加揭牌仪式。在仪式上,何明旺、李冬香还分别代表景德镇市政府驻上海联络处和珠山区驻上海招商办公室签署相关合作协议。珠山区驻上海招商办公室的成立,是珠山区响应景德镇市委、市政府"打造一座与世界对话的城市"精神,为建设富裕美丽幸福现代化江西景德镇样板贡献珠山力量的直接举措。

【洛客设计谷项目落户景德镇】 5月,珠山区与洛客设计谷项目签约仪式在三宝蓬完成。该项目总投资5亿元,双方以建设、运营"洛客设计谷"为基础,共同打造以设计为核心竞争力的产业IP——"景德镇设计",建设以创新产品为核心的互联网社会化众创平台,创立陶瓷设计全产业链孵化基地。

【举办景德镇市珠山区(武汉)现代服务业恳谈会】 6月16日,中共珠山区委、珠山区人民政府主办,珠山区商务局承办的景德镇市珠山区(武汉)现代服务业恳谈会在武汉市经开区举行。恳谈会上,珠山区签约10家企业,总投资约9亿元,合作项目涵盖现代物流、建筑安装劳务服务、管理咨询、电子信息等现代服务行业。

【珠山区与美国陶斯市和墨西哥哈利斯科市政府签署《友好城市协议》】 8月20日—27日,珠山区委书记林卫春率团赴美国陶斯市和墨西哥哈利斯科市进行友好访问,区委副书记陈隗楠及有关部门负责人参加。8月22日,在陶斯市市政厅,珠山区代表团与陶斯市政府签署《友好城市协议》,双方还对青少年夏令营合作、陶瓷艺术家交流、互设展馆等方面事项达成一致意见。8月25日,在墨西哥哈利斯科市,珠山区代表团与哈利斯科市政府签署《友好城市协议》。珠山区委书记林卫春与哈利斯科市市长乔斯·路易斯·莱尔马·默卡多(Jose Luis Lerma Mercado)参加签约仪式并进行友好交流。

主要领导人 区委书记:林卫春。区人大常委会主任:张文帮。区长:罗文军。区政协主席:邵继纲。

(洪靓)

萍乡市

【概　况】 位于江西省西部,辖3县2区。总面积3831.01平方千米,森林覆盖率67.24%。总人口192.50万人,人口自然增长率7.5‰。2017年,地区生产总值1070.50亿元,同比增长8.9%。其中,第一产业增加值57.46亿元,增长4.0%;第二产业增加值538.63亿元,增长8.1%;第三产业增加值474.41亿元,增长10.8%。财政总收入146.16亿元,增长7.8%,税收占财政总收入的比重为75.4%;公共财政预算收入102.73亿元,下降2.6%;公共财政预算支出223.48亿元,增长11.7%。工业增加值474.09亿元,增长8.4%,占地区生产总值的比重为44.3%。固定资产投资1311.90亿元,增长12.8%。实际利用外商投资3.67亿美元,增长11.1%。主要工业产品及产量有原煤229.94万吨,工业陶瓷636.14万吨,水泥646.95万吨,钢材551.34万吨,烟花鞭炮2430.39万箱。农林牧渔业增加值58.24亿元,增长4.1%。主要农产品及产量有谷物49.86万吨,油料4.17万吨,蔬菜63.68万吨,瓜果6.44万吨,肉类总产量14.97万吨。城镇居民人均可支配收入3.31万元,增加2490元;农村居民人均可支配收入1.65万元,增加1324元。住户存款余额556.17亿元,增长8.3%。

【实施“八个全覆盖”民生工程】 2017年,萍乡市实施“八个全覆盖”民生工程,实现城区小街小巷“白改黑”全覆盖,共改造小街小巷466条,改造面积128.8万平方米,比原计划翻一番;公办普通高中阶段教育免学费全覆盖,全市各级财政投入2370万元,为14所公办普通高中学生免学费,春季学期受益2.9万人次,秋季学期受益3万人次;新增办理公交车老年卡人数11万人,全市65岁以上老年人免费乘坐公交车实现全覆盖;投入6500万元,城乡居民免费参加大病保险实现全覆盖,受益人数162万余人;完成25户以上自然村通水泥路932.7千米,实现自然村通水泥路全覆盖;全市乡级卫生院改造提升49个,达标率为100%,村级计生卫生服务室完成建设592个,达标率为100%,乡、村卫生机构改造提升实现全覆盖;市中心城区供水管网改造三期工程完成100%,五陂下水厂提质改造工程完成100%,城镇居民安全饮水实现全覆盖;开展14项城区河道综合治理专项整治行动,清河行动工作完成量100%,实现全覆盖。全年萍乡市民生支出154亿元,占全市财政总支出的七成,其中“八个全覆盖”投入24.74亿元,为民生工作提供财政保障。

【安源路矿工人运动纪念馆荣获国家一级博物馆】 1月19日,经全国博物馆定级评估评审委员会综合评审、实地复核和向社会公示,安源路矿工人运动纪念馆荣获国家一级博物馆,这是江西省第五家国家一级博物馆。此次评审安源路矿工人运动纪念馆是江西省唯一入选单位,也是唯一一家国家一级博物馆,基本反映该馆在综合管理、社会服务、藏品管理、科学研究和陈列展览等方面的工作均走在全省前列。安源路矿工人运动纪念馆创办于1956年,1968年兴建陈列馆,1969年开放,1984年8月改现名,拥有馆藏文物5000余件,其中国家一级文物53件,一级藏品约200件。

【第三届赣西经济转型加快发展区域合作会议在萍乡召开】 4月10日,第三届赣西经济转型加快发展区域合作会议在萍乡市召开,省委、省政府领导和省直有关部门负责人、萍乡、新余、宜春三市主要领导和市直有关部门负责人参加会议,以“深化赣西区域融合发展,打造内陆开放合作示范区”为主题,研究三市如何在基础设施互联互通、产业发展协同互补、公共服务共建共享等方面深化交流与合作。会议签订《第三届赣西经济转型加快发展区域合作会议共同推进重点事项备忘录》,围绕发展规划、生态文明、基础设施、公共服务四大领域推进9个重点事项。会议还发布《赣西经济转型加快发展区域合作共识》。

【电影《老阿姨》获北京大学生电影节组委会大奖】 5月26日,第二十四届北京大学生电影节举行闭幕式暨颁奖典礼。长影集团与中共莲花县委宣传部等单位联合制作的电影《老阿姨》获组委会大奖。影片根据开国将军甘祖昌和妻子龚全珍为改变家乡面貌而无私奉献一生的真实事迹改编而成,由著名表演艺术家李雪健、著名演员陶慧敏主演。电影《老阿姨》从多部报名参赛的国产电影中脱颖而出,入选国产电影主竞赛单元。李雪健获最佳男演员奖提名。电影节期间,《老阿姨》举办多场展映。

【海绵城市建设论坛在萍乡举行】 7月8日,2017江西省海绵城市建设论坛在萍乡市举行。中国工程院院士、流域水循环模拟与调控国家重点实验室主任王浩,中国铁建大桥工程局有限公司董事长、党委书记吴建顺,省住建厅副厅长吴昌平,市领导李江河、叶华林出席论坛。市委副书记、市长李江河在论坛开幕式上致辞。论坛以“创新海绵城市、绿色循环发展”为主题。围绕海绵城市建设低影响开发理念的科研成果和实践经验展开研讨。与会专家、学者和业界代表实地视察萍乡市部分建成、在建海绵城市建设项目,认为萍乡海绵城市建设走出一条由“试点”到“示范”、由“萍乡经验”到“萍乡模式”的新路子。2015年4月,萍乡市成为全国首批16个海绵城市建设试点城市之一,已完工项目121个,完工面积达26.51平方千米,城市水生态系统得到重塑,玉湖、萍水湖等重点项目开始发挥作用,城区主次干道和小街小巷海绵化改造全面推行,“城市病”治理取得初步成效。2016年9月以来,试点区内84个积水点未出现内涝预警,“逢雨必涝、内陆看海”顽疾得到改善,正逐步实现“小雨不积水、大雨不内涝、水体不黑臭、热岛有缓解”目标。2016年度全国第一批海绵城市建设绩效考评中再次名列第一。

【举行纪念秋收起义90周年烈士公祭仪式】 9月7日,萍乡市举行纪念秋收起义90周年烈士公祭仪式。萍乡市四套班子领导,萍乡军分区领导,市法、检两长,萍乡学院党政主要负责人;各县区党政主要负责人、烈士后代老战士、市直机关单位干部、驻萍部队官兵、学校师生、群众代表、志愿者等共1000余人参加公祭。市委书记李小豹宣读祭文,市委副书记、市长李江河主持仪式。少先队员面对烈士纪念碑,献唱《我们是共产主义接班人》。全体公祭人员向烈士纪念碑脱帽行鞠躬礼。武警官兵依次抬起9个花篮,摆放到纪念碑前。在深情的《献花曲》中,市领导和社会各界人士绕行瞻仰烈士纪念碑并献上鲜花。全体公祭人员还参观了湘赣边界秋收起义历史巡回展览。

【首届世界萍商大会暨“一带一路”产业合作发展论坛举行】 11月27日,首届世界萍商大会暨“一带一路”产业合作发展论坛在萍乡市举行。美国、法国、俄罗斯等17个国家和地区的企业家、萍商代表及著名高校、科研院所的专家学者、全国各地企业家、萍乡异地商会、外埠萍乡商会负责人、萍商等500余名嘉宾出席会议。与会领导和嘉宾观看《萍乡市城市形象宣传片》和《萍乡市招商推介片》,嘉宾代表分别作了发言,并举行项目签约仪式,现场签订项目20个。此次大会共签约项目65个,签约总金额296.03亿元。首届世界萍商大会暨“一带一路”产业合作发展论坛由中共萍乡市委、萍乡市人民政府主办,以“缘聚萍乡、共赢未来”为主题,以乡情、亲情、友情为桥梁,着力凝聚各方力量,为全球萍商和在萍学习生活工作过、关心支持萍乡发展的各界人士搭建探亲访友、投资合作、考察交流的联系沟通平台。

【安源煤矿被评为第一批国家工业遗产】 12月20日，工业和信息化部公布第一批10个国家工业遗产名单，萍乡安源煤矿被评为国家工业遗产，核心物项包括总平巷、盛公祠（萍矿总局旧址）、安源公务总汇（谈判大楼）、株萍铁路萍安段、萍乡煤矿工程全图、萍乡煤矿机土各矿周围界限图等。工业遗产是工业文化的重要载体，记录中国工业发展不同阶段的重要信息，见证国家和工业发展的历史进程，具有重要的历史价值、科技价值、社会文化价值和艺术价值。2017年，安源景区入选国家工业遗产旅游基地，为江西省唯一获评单位。

主要领导人 市委书记：李小豹。市人大常委会主任：周敏。市长：李江河。市政协主席：吴运波。

（彭坚）

·安源区·

【简　况】 位于江西省西部，辖4镇6街道办事处和1管理委员会（乡级）。总面积198.78平方千米，其中城区面积31.17平方千米。耕地面积3430.24公顷，有林面积9907.3公顷，森林覆盖率46.57%，城区绿化率35.4%。总人口47.32万人，人口自然增长率7.31‰。2017年，地区生产总值287.29亿元，同比增长8.9%。其中，第一产业增加值3.56亿元，增长2.0%；第二产业增加值120.62亿元，增长7.2%；第三产业增加值163.11亿元，增长10.6%。财政总收入42.85亿元，增长6.3%，税收占比77.7%；公共财政预算收入28.6亿元，增长5.1%；规模以上工业增加值增长8.5%。固定资产投资368.86亿元，增长13.2%；实际利用外商投资6092万美元，增长14.99%；农林牧渔业产值5.87亿元，增长2%；农业产值1.94亿元，增长4.66%。城镇居民人均可支配收入增长8.32%，农村居民人均可支配收入增长8.46%。社会消费品零售总额153.78亿元，增长12.2%。

【《马小乐之玩具也疯狂》获第31届中国电影金鸡奖"最佳美术片"提名奖】 8月16日，第26届中国金鸡百花电影节暨第31届中国电影金鸡奖新闻发布会在北京举行。中国影协副主席明振江在发布会上公布第31届中国电影金鸡奖评委会提名名单，安源凯天动漫有限公司制作的《马小乐之玩具也疯狂》获第31届中国电影金鸡奖最佳美术片提名奖，成为江西省唯一入选提名作品，也是江西省首次获得中国电影金鸡奖最佳美术片提名奖。

【安源凯天动漫获"全国版权示范单位"称号】 2017年，国家版权总局授予一批具有鲜明特色和典型带动作用版权示范单位、示范单位（软件正版化）、示范园区（基地）。安源区江西凯天动漫有限公司被授予"全国版权示范单位"称号。江西凯天动漫有限责任公司制作基地位于安源区，系全国重点动漫企业，是首批通过文化部、财政部、国家税务总局联合认定100家动漫企业之一，也是江西省文化产业示范基地、中影数字动画制作基地、上海炫动卡通动漫创作基地。公司已成为国内重要动画电影作品创作基地，每年动画片生产能力达到8000分钟，占全国每年动画电影总产量1/4。

【中国供销·萍乡农产品物流园项目签约】 3月31日，中国供销·萍乡农产品物流园项目签约仪式在安源区会议中心举行。中国供销农产品批发市场控股有限公司总经理张生，市委副书记、市长李江河分别在仪式上致辞，市委常委、安源区委书记黄万林主持签约仪式，副市长肖双燕出席。仪式上，肖双燕代表市人民政府与中国农批签订中国供销·萍乡农产品物流园合作框架协议。安源区人民政府与中国农批签订中国供销·萍乡农产品物流园项目投资协议。中国供销·萍乡农产品物流园项目落户于安源生态新城。项目总投资20亿元以上，规划占地33.33公顷，主要由批发市场区、零售市场区、农特市场区等六大部分组成，其中一期20公顷，二期13.33公顷，总建筑面积预35万平方米～40万平方米。项目建成运营后预计年交易额达300亿元，容纳各类企业和商户2000余家，直接带动就业人员5000余人，吸纳就业达5万人以上。

【海西经济区招商推介会在福州举行】 4月26日，安源区海西经济区招商推介会在福州举行。市委常委、区委书记黄万林出席推介会并致辞。区人大常委会主任肖锋，副区长龙泉、叶茜萍，各相关部门、各乡镇街负责人参加会议。来自各行业、各领域150余名企业家参加推介会。会议组织与会人员观看《聚缘天下》安源专题宣传片，副区长龙泉介绍安源区四大主导产业发展情况和项目引进方向以及在建重点项目情况，萍乡市福建商会会长郑钧，三一集团副总经理、湖南三一筑工有限公司总经理曹锦明，昊涛服饰董事长张仕均，厦门萍乡商会常务副会长、秘书长蒋峰，福建榕晨科技有限公司董事长陈榕，思锦航空装备有限公司董事长黄鸿翔，爱克莱特科技股份有限公司董事长谢明武，东科新能源有限公司总经理汤文龙结合自身实际和企业在安源发展状况进行发言。会议签订高分子可塑性新材料产业园项目、爱克莱特光电产业园项目、LED灯具照明及控制系统生产项目、航空设备制造项目等9个项目合作协议，投资总额24.15亿元。

【安源区法院建立家事案件"温馨审判"新模式】 2017年，安源区设立全省首家多元化纠纷解决中心，特邀39名调解员和调解法官共同对家事案件进行诉前调解。试行《家事案件审理指南》，保障家事审判有据可依，出台举证通知书、权利义务告知书、财产申报表、诉讼风险评估表"二书二表"。引入一批专职调查员、调解员和心理咨询师，多层次助力家事审判工作。

【举办泛珠三角区招商推介会暨电子信息产业对接会】 12月15日，安源区泛珠三角区招商推介会暨电子信息产业对接会在珠海举办。市委常委、区委书记黄万林出席推介会并讲话。市商务局党委委员、副局长易建军，区委常委、区委统战部部长李凤颖，副区长龙泉及相关单位和镇街委主要负责人参加会议。珠海航空城发展集团有限公司、珠海田仓农业发展有限公司、金网国际教育集团、北京德恒（珠海）律师事务所、深圳市拓普威节能建设有限公司等各地商会、企业代表共

176人参加。李凤颖主持推介会。会议组织与会嘉宾观看宣传片，龙泉介绍安源区产业发展情况，珠海市江西商会常务副会长兼秘书长、珠海市民营企业商会党委书记、金网国际教育集团董事长施隆光，深圳市维泽科技有限公司董事长黄伟峰，珠海市萍乡商会会长、北京德恒(珠海)律师事务所高级合伙人郑智兴等企业家代表进行发言交流。会上，安源区与珠海市联振五金科技有限公司、琛嘉电子、河北科莱达建材有限公司等9个涉及金融、商贸、科技、文化创意等领域企业进行签约，投资总额44.3亿元。

主要领导人 区委书记：黄万林。区人大常委会主任：肖锋。区长：康峰。区政协主席：陈建荣。

(周圆圆 陈钧智)

·湘东区·

【简 况】 位于江西省西部，辖8镇2乡1街道办事处。总面积858.75平方千米，其中城区面积13.1平方千米。耕地面积1.32万公顷，森林面积6.22万公顷，森林覆盖率69.84%，城区绿化率38.5%。总人口37.07万人，其中城镇人口24.32万人；人口自然增长率7.43‰。2017年，地区生产总值205.50亿元，同比增长8.9%。其中，第一产业增加值13.62亿元，增长4.0%；第二产业增加值104.85亿元，增长8.1%；第三产业增加值87.03亿元，增长11.8%。财政总收入19.67亿元，增长4.7%，人均5317元，税收占财政总收入的比重70.5%。规模以上工业增加值71.90亿元，占地区生产总值的比重为35.0%。固定资产投资264.69亿元，增长12.5%。主要工业产品及产量有工业陶瓷282.16万吨，水泥71.87万吨。农业总产值22.13亿元，增长5.4%。粮食总产量11.05万吨。主要农产品及产量有稻谷9.89万吨，生猪出栏43.09万头，油菜籽8146吨。城镇居民人均可支配收入3.33万元，增长7.9%；农村居民人均可支配收入1.69万元，增长8.7%。城乡居民年末储蓄余额81.20亿元，增长11.1%。社会消费品零售总额54.48亿元，增长12.4%。

【湘东麻山生态新区人居环境建设PPP项目签约仪式举行】 1月24日，湘东麻山生态新区人居环境建设PPP项目签约仪式举行。萍乡市委副书记、市长李江河，市委常委、市政府常务副市长陈云出席，中国政企合作投资基金股份有限公司董事长周成跃出席并讲话，中国政企合作投资基金管理有限责任公司投资总监范永芳、高级经理田晖、经理张道源出席签约仪式。江西省财政厅、萍乡市财政局和湘东区委、区政府部分班子成员和区政府有关部门主要负责人参加签约仪式。签约仪式上，湘东区委书记杨志介绍湘东区麻山生态新区人居环境建设PPP项目有关情况。签约仪式达成项目投资3亿元，合作期限29年，成为江西省首个获得中国PPP基金支持项目。

【“麓林湖博鳌亚洲湾颐养服务中心”落户湘东】 2月25日，首个候鸟式旅居养老项目——“麓林湖博鳌亚洲湾颐养服务中心”新闻发布会在萍乡举行。萍乡市都市农庄生态园开发有限公司董事长梁竞文在发布会现场作“新起点、新模式”主题发言，全面介绍公司养老产业发展布局和方向。海南博鳌亚洲湾项目董事长王冬介绍该项目情况。双方签订“麓林湖博鳌亚洲湾养老项目”候鸟式旅居养老基地购买合同。麓林湖养生公馆属非盈利性养老机构(民办非企业单位)，是江西省规模最大、配套设施最全生态养老机构。项目位于湘东区麻山镇三山村婆婆岩319国道边，用地面积33.33公顷，总建筑面积13.34万平方米，包括居家自理型养老公寓、养护院、康复医院、综合配套大楼等，涵盖独立生活区、协助生活区、专业护理区、老年痴呆照顾区和安宁关怀区等功能区。项目总投资约11亿元，可提供3600张养老及康复护理床位，满足长者全生命周期养老需求。

【江西江能神雾萍乡煤电油多联产项目落户湘东】 3月2日，湘东区、江西省赣浙能源有限公司、北京神雾环境能源科技集团股份有限公司在北京签订合作框架协议，标志着江西江能神雾萍乡煤电油多联产项目落户湘东。项目在萍乡矿业集团的湘东巨源煤矿建设，占地46.67公顷，总投资62.5亿元，被列入国家“十三五”能源规划。项目规划建设容量为2×660MW超超临界湿冷机组参数汽轮发电机组，配套建设2×100万吨/年低阶煤快速热解装置，通过对煤炭提取热解燃气和焦油，将洁净煤炭用于发电，实现煤炭高效分质分级梯级利用，产生洁净工业燃气可供给湘东产业园陶瓷企业，促进产业环保升级并降低生产成本。

主要领导人 区委书记：杨志。区人大常委会主任：王志才。区长：杨博。区政协主席：彭建达。

(彭国强 郭磊)

·芦溪县·

【简 况】 位于江西省西部，辖5镇4乡。总面积960平方千米，其中城区面积15平方千米。耕地面积1.63万公顷，有林面积6.89万公顷，森林覆盖率71.26%，城区绿化率35%。总人口29.87万人，其中农业人口24万人；人口自然增长率7.76‰。2017年，地区生产总值146.64亿元，同比增长9.7%。其中，第一产业增加值15.59亿元，增长4.15%；第二产业增加值72.09亿元，增长8.9%；第三产业增加值58.96亿元，增长12.6%。财政总收入15.1亿元，增长7.3%，人均5053元，税收占财政总收入76.1%。地方财政收入10.7亿元，增长0.72%；地方财政支出28.1亿元，增长11.2%。外贸出口占地区生产总值5.77%。固定资产投资182.0亿元，增长13.0%；实际利用外商投资5771万美元，增长2.43%；全年引进省外2000万元以上项目资金85.86亿元，增长10.76%。主要工业产品及产量有电瓷135.2万吨。农业总产值26.18亿元，增长4.6%。粮食总产量13.52万吨。主要农产品及产量有蔬菜及食用菌13.28万吨，西瓜1.03万吨。城镇居民人均可支配收入3.05万元，增长8.22%；农村居民人均可支配收入1.68万元，增长8.35%。城乡居民年末储蓄余额54.7亿元，增长20.2%。

【学前教育】 芦溪县自2016年被教

育部确定为国家学前教育改革发展实验区以来，芦溪县大胆创新学前教育体制机制改革，制定《芦溪县学前教育发展规划（2010—2020）》，组织学前教育管理者、骨干教师先后赴上海、深圳、武汉等地学习培训，邀请知名幼教专家、组织县科学保教团队全覆盖入园对教师进行综合技能培训。累计投入260万元，培训8000余人次，人均受训机会超10次。先后实施一期、二期3年行动计划，探索出学前教育快速发展之路。全县新改扩建公办幼儿园88所，全县公办幼儿园占比66%，高于全省23.9%、全国36%的平均水平。2017年5月24日，在浙江省安吉县召开的全国第三期学前教育行动计划部署会上，芦溪县委副书记、县长刘占纯代表芦溪县委、县政府作《坚决落实政府责任，探索农村学前教育普及普惠之路》的典型经验交流发言，为唯一县级单位作典型发言。

【中国建材产业园在芦溪开园】 5月6日，中国建材产业园在芦溪县工业园开园，成为中国建材集团在地方投资首个产业园，全省第四个央企投资建设产业园。园区总规划面积366.66公顷，其中一期用地面积233.33公顷，二期用地面积133.33公顷。入园企业8家，已投产5家，分别是中材电瓷电气、中材风电叶片、南方水泥、瑞泰科技、中材电力瓷芯复合绝缘子，投资总额20亿元，年产值30亿元，税收超3.5亿元，解决就业1600人。正在建设3家，分别是总投资5亿元的圆柱头悬式线路瓷生产线项目、总投资1.5亿元年产1万吨轨道接触网用轻质高强超防污绝缘子成套设备生产线建设项目、瑞泰科技废旧电瓷回收综合利用项目。

主要领导人 县委书记：杨劲松。县人大常委会主任：胡世燕。县长：刘占纯。县政协主席：夏坤勇。

（彭刚）

·上栗县·

【简　况】 位于江西省西部，辖6镇4乡。总面积725平方千米。耕地面积1.54万公顷，林地面积4.29万公顷，森林覆盖率60.3%，城区绿化覆盖率36.9%。总人口51.9万人，其中乡村人口42.06万人；人口自然增长率9.01‰。2017年，地区生产总值193.43亿元，同比增长8.5%。其中，第一产业增加值13.67亿元，增长5.0%；第二产业增加值100.55亿元，增长8.1%；第三产业增加值79.21亿元，增长10.0%。财政总收入21.88亿元，增长6.3%；规模以上工业产值198.35亿元，下降0.5%。固定资产投资250.49亿元，增长12.5%；全年引进省外2000万元以上项目资金85.66亿元，增长10.79%。主要工业产品有规模以上花炮年销售额98.2亿元，建材年销售额37.9亿元，装备制造业年销售额32.3亿元。农业总产值21.21亿元，增长0.45%。城镇居民人均可支配收入3.09万元，增长8.14%；农村居民人均可支配收入1.64万元，增长8.71%。城乡居民年末储蓄余额109.2亿元，增长8.77%。

【旅游工作】 3月29日，国务院第九批国家级风景名胜区名单公布，杨岐山风景名胜区获国家级风景名胜区，成为萍乡市第二个国家级风景名胜区。杨岐山风景名胜区综合开发项目纳入国家专项建设基金项目，总投资12.15亿元，涉及子项目17个。杨岐山景区休闲文化旅游集聚区被评为江西省第六批现代服务业集聚区，杨岐山风景名胜区获得省级地质公园建设资格；杨岐山风景名胜区为江西省首批低碳旅游示范景区。8月，在杨岐普通寺挂牌成立中国社会科学院世界宗教研究所杨岐宗教学研究基地。杨岐山风景名胜区全年接待游客增长27.3%，旅游综合收入增长32.1%。

【教育事业】 2017年，上栗县获全国群众体育工作先进县称号、获批全国义务教育发展基本均衡县，栗江小学校务会获全国巾帼文明岗；上栗镇中心小学被评为全国示范学校；县教育局关工委被教育部关工委授予先进单位称号；上栗中学叶玉玲同学获全市高考文科状元；“曹灿杯”全国朗诵大赛，栗江小学获国家级金奖。栗江小学教师王婷参加中国语言现代化学会、语言文字报社和《语文建设》杂志联合举办的真语文五周年之语文教师中华优秀传统文化素养大赛，获华南赛区讲古代优秀传统文化故事比赛小学组一等奖。

【上栗县首创全省“党建CEO”工程】

2017年，上栗县结合党代表任期制试点工作，创新推进“党建CEO”工程，统一选派264名市县乡党代表出任非公有制经济组织和社会组织“党建CEO”，担任“第一书记”或党建工作指导员，“党建CEO”以两年为一个工作周期。2016年以来，“党建CEO”深入686家非公有制企业、98家社会组织、15个乡镇街区个体工商户以及专业商业市场党支部，指导和帮助“两新”组织开展党建工作。“党建CEO”深入企业后，帮助塑造企业文化、开拓市场、破解融资难题等。

【全省老年体协（地市）主席门球赛在上栗县举行】 4月19日，江西省2017年设区市老年体协主席门球赛在上栗县举行。省老年人体育协会主席张逢雨宣布开幕，萍乡市政府副市长黄强致辞，全省各地市老年人体育协会主席以及上栗县有关领导等出席开幕式。赛事由省老年体协主办，市老年体协承办、上栗县老年体协协办，全省各设区市13支代表队180余人参加。此次门球比赛，为期3天，从13支队伍中，选出前8名进行奖励。

【全国首家烟花爆竹产业供应链服务平台在上栗县试运营】 2017年，全国首家烟花爆竹产业供应链服务平台在上栗县试运营。该平台由上栗县政府出资打造，由上栗县供销联社监管，交由上栗县鼎栗投资管理有限公司运营，是集融资、行政许可中介服务、流向服务、仓储物流服务、供应链管理、运营、信息化支持、市场营销、财务咨询、企业培训等一体供应链服务平台。平台设立花炮产业发展基金，利用社有资本、财政资金、社会资本等多方力量，一期基金规模3亿元，未来超30亿元，2019年全部投放，根据投放运营情况引入后续多元化资金。截至2017年年底，入驻该平台交易烟花爆竹有证企业185家，原材料供应链企业42家，其中引火线生产企业37家。

主要领导人 县委书记：肖妮娜。县人大常委会主任：兰先湖。县长：利军。县政协主席:关翠屏。

(李存华　聂逢夷)

·莲花县·

【简　况】　位于江西省西部,辖5镇8乡1垦殖场。总面积1072平方千米,其中城区面积6.94平方千米。耕地面积1.33万公顷,山地面积8.04万公顷,森林面积7.9万公顷,森林覆盖率72.14%,城区绿化率39.95%。总人口27.9万人,其中非农业人口8.4万人;人口自然增长率7.54‰。2017年,地区生产总值62.85亿元,同比增长8.6%。其中,第一产业增加值9.77亿元,增长4.3%;第二产业增加值24.34亿元,增长8.1%;第三产业增加值28.74亿元,增长10.7%。财政总收入8.76亿元,增长7.5%,其中税收占比75.1%;地方财政收入6.19亿元,地方财政支出22.84亿元。工业增加值22.84亿元,增长8.2%,占地区生产总值36.3%。固定资产投资69.1亿元,增长12.4%。农业总产值15.75亿元,增长7.5%。粮食总产量19.3万吨,增长0.9%。城镇居民人均可支配收入2.32万元,增长8%;农村居民人均可支配收入9591元,增长12.6%。社会消费品零售总额24.7亿元,增长11.9%。

【脱贫攻坚】　2017年,莲花县实现脱贫3643户1.44万人,退出贫困村40个,贫困发生率下降至2.69%。大力推进"2345"产业扶贫,养殖家禽家畜207万只(头),栽植果树60余万株、油茶473.33公顷,建设光伏电站覆盖贫困户5900余户。出台健康扶贫"五道保障线""先诊疗、后付费""一站式"结算模式等便民惠民政策,贫困户医疗费用报销比例高达95%以上。打造136个"扶贫车间",带动贫困户家门口就业1240人,安排贫困人口公益性岗位667人。全县61个重点贫困村基础设施得到全面提升,25户以上自然村通水泥路、广播电视户户通、安全饮水合格率均达100%。

【实施乡村振兴战略】　2017年,莲花县结合生态文明先行示范县建设,整合资金8.6亿元,实施"蓝天"工程、"碧水"工程、造绿工程、清洁工程、美丽家园等十大工程,对乡村环境进行全面提升,打造以坊楼镇沿背村,六市乡海潭村、黄桥村,良坊镇田心村,路口镇庙背村等一批美丽示范村,并获全省美丽乡村建设考评第一名,被评为"全省生态文明示范县""江西生态文明建设十大领跑县",列入国家生态文明试验区(江西)生态扶贫试验区4个县区之一。现代农业发展成效明显,农业产业化经营组织1238个,通过"三品一标"认证农产品39个。重点打造吉内得实业、胜龙牛业、神豚农业、闵丰农业等一批在省内有影响力的现代农业项目。

【工业产业集群初步形成】　2017年,莲花县签约落地红海力空压机、维特空压机等13个空压机产业上下游项目,并启动建设占地53.33公顷空压机产业园;先后引进莲宝实业、丝路科技、侨锋实业(富海兴电子)等投资10亿元以上重大电子信息产业项目,全部投产运营。通过引进一批投资规模大、支撑带动强、市场前景好的项目,全县初步形成空压机和电子信息两大产业集群。

【甘祖昌干部学院建设】　为传承红色基因,加强党员干部革命理想信念教育和党性教育,莲花县自2016年10月开始,在开国将军甘祖昌家乡——莲花县沿背村筹建甘祖昌干部学院。学院结合当地特色,整合形成独具特色的"123"学习教育内容,即1套红色培训课程、2个现场体验套餐、3条红色教学线路,首创"课堂在田野、吃住在农家、人人是教员"的培训模式,并与新疆军区合作共建,建立军代表驻院研发、讲授党课制度,不断做大做强"红色沿背"教育培训品牌,被业内专家称为"一所没有围墙的干部学院"。2017年,学院共接待全国各地298批次1.34万名学员,成为"两学一做"学习教育基地。

【电视剧《初心》在莲花县开机】　电视剧《初心》由中央电视台、中国人民解放军八一电影制片厂等联合出品,莲花县联合摄制。该剧由雷献和编剧,宋业明执导,著名演员吴京安、丁柳元等领衔主演,全剧共32集,以莲花籍开国少将甘祖昌和其夫人、全国道德模范龚全珍先进事迹为原型创作,讲述甘祖昌夫妇不忘让乡亲过上好日子的初心,带领乡亲们艰苦奋斗、改变家乡落后面貌的感人故事。2016年,该剧开始筹拍;2017年8月,该剧在莲花县举行开机仪式,由20余名主创人员、200余名剧组工作人员和2500余名群众演员(大部分为莲花当地群众)共同参与制作,并先后在莲花县、萍乡市等地取景拍摄;9月,该剧在莲花县杀青。

【萍莲高速公路开工建设】　12月28日,萍莲高速公路正式开工建设。萍莲高速公路是江西省高速公路网规划中的一条地方加密高速公路,起点位于萍乡经开区上柳源,与建成的萍洪高速顺接,终点位于莲花县升坊镇,与泉南高速相接,途经萍乡经开区、安源区、湘东区、莲花县4个县区9个乡镇,路线全长约76.1千米,采用双向4车道高速公路标准,路基宽25.5米,设有互通立交4座,大桥31座1.74万米,隧道15座9170米。项目总投资93.3亿元,建设工期为36个月。

主要领导人　县委书记:刘乡。县人大常委会主任:刘绍华。县长:张运来。县政协主席:刘海林。

(李文)

新余市

【概　况】　位于江西省中部偏西,辖1县1区1高新技术产业开发区和仙女湖风景名胜区。总面积3178平方千米。林地面积17.41万公顷,森林面积15.69万公顷,森林覆盖率51.24%。总人口118.07万人,其中城镇人口82.66万人;人口自然增长率7.94‰。2017年,地区生产总值1108.51亿元,同比增长8.5%。其中,第一产业增加值66.28亿元,增长4.4%;第二产业增加值558.58亿元,增长8.3%;第三产业增加值483.65亿元,增长9.3%。三次产业结构调整为6.0:50.4:43.6。财政总收入144.18亿元,增长5.1%。财政总收入占地区生产总值比重13.0%,下降0.3个百分点。税收收入108.05亿元,增长7.7%,占财政总收入74.9%,提高1.7个百分点。一般公共预算收入92.6亿元,下降3.3%。一般公共预算支出161.97亿元,增长5.7%。外贸进出口总额182.35亿元,增长46.7%。500万元以上项目完成固定资产投资1035.04亿元,增长12.3%。实际利用外资4.35亿美元,增长9.1%。实际利用省外2000万元以上项目资金472.42亿元,增长11.2%。工业增加值476.87亿元,增长8.7%,占地区生产总值比重43.0%,下降2.2个百分点。规模以上工业增加值增长8.5%。主要工业产品及产量有钢900.53万吨,增长3.9%;多晶硅1.09万吨,增长11.3%;锂电池4490.11万只,增长145.6%;灯具及照明装置6361.57万套,增长9.5%;液晶显示屏1.94亿片,增长18.1%。粮食总产量62.00万吨,增长1.1%。主要农产品及产量有油料2.05万吨,增长6.0%;水果12.78万吨,增长6.0%;蔬菜20.52万吨,增长1.9%;肉类9.31万吨,增长4.5%。城镇居民人均可支配收入3.48万元,增长8.1%;农村居民人均可支配收入1.65万元,增长9.1%。年末城乡居民储蓄存款余额481.34亿元,增长7.6%。

【新钢经济效益】 新钢公司按照“提质增效、节能减排、绿色发展、相关多元”工作思路,深化改革创新,聚焦提质增效,大力推进绿色制造,抓住国家去产能政策利好,布局推进非钢产业发展。2017年实现营业收入520亿元,增长66.7%,实现利税53亿元,增长近2.6倍,其中利润39亿元,增长近10倍,经济效益创公司建厂以来最高水平。在1—11月中国钢铁协会93家大中型钢铁企业排名中,新钢公司位列第15位。在所有生产线都有利润的情况下,新钢公司通过优化金属流向、强化产销衔接、开展劳动竞赛等系列举措,确保各生产线满负荷生产,做大生产总量,全年钢产量890万吨,创公司历史最高水平。新钢公司获“国家高新技术企业”称号,新钢公司参与完成的“热轧板带钢新一代控轧控冷技术”获国家科技进步二等奖。

【新余国科科技股份有限公司】 11月10日,江西新余国科科技股份有限公司在创业板挂牌上市,首次公开发行股票,成为江西省国资系统第一家创业板上市公司,同时也是全国火工品行业、人影行业第一家上市公司。新余国科成立于2008年5月,主营军用火工品、人工影响天气装备及人影燃爆器材的研发、生产及销售,在军用火工品及军民融合类产品的研发、生产方面取得重要成绩,保持着稳健发展的态势。公司成立以来研发多个新产品,为等军工领域提供配套,成为国内主要的军用火工品重点企业;运用军用火工品技术开发一系列人工影响天气产品,引领行业的技术进步,成为国内骨干型人工影响天气作业装备企业。

【举办2017中国(新余)七夕节系列活动】 2017年是七夕纳入传统文化节日的第一年。作为“中国七夕节”发祥地、“中国七仙女传说之乡”,为传承和弘扬中华优秀传统文化,中共新余市委、新余市人民政府主办了七夕节系列活动。七夕节系列活动历时5个多月,从3月20日开始,到8月28日七夕节结束。活动共七项主题,包括爱在仙女湖影像大赛、诗意仙女湖爱情诗词大会、“寻常百姓、旷世奇缘”最美爱情故事大会、为爱奔跑微马活动、首届七夕姻缘民俗文化旅游节、中国七夕文化高峰论坛等。整个活动融合了古典气质与浪漫元素,游客在仙女湖畔,携手品尝新余美食,并肩同游湖光山色。活动弘扬了七夕优秀传统文化,展现了新余山水之美、城市之美,树立了新余城市品牌形象。

【创建“共产党员示范市”】 创建“共产党员示范市”是新余市传承红色基因、推进“两学一做”学习教育常态化制度化、加强基层党的建设的重大部署。8月10日,中共新余市委制定印发《关于创建“共产党员示范市”的实施方案》。创建“共产党员示范市”主要包括创建党员示范岗(户)、党员示范团队(科室、窗口)、回归社区党员示范志愿队、党员示范车间(班组)、党员示范单位、党员示范村、党员示范社区、党员示范乡镇(街道、办事处)、党员示范行业等9大示范行动。创建活动启动后,新余市牢牢把握目标任务,全面贯彻“五化”要求,以“民得实惠,党得民心”为目标,对强化党员意识、发挥党员作用、树立党员形象等方面进行全面总结提升,把创建工作不断推向深入。立足工作实际,坚持5个结合抓创建。以突出问题作为示范创建的切入点,把示范创建工作与做好本职工作、促进经济社会发展、维护社会和谐稳定、落实和保障好民生、严肃党的组织生活结合起来,做到两手抓、两促进。乡、村两级党组织深入推进“党建+颐养之家”“党建+商会”“党建+脱贫攻坚”“党建+乡、村两级重点工作”等工作,以示范创建推进“党建惠民”。在全市农村建成颐养之家608个,“入家”老人7712人。落实“先锋创绩”,搭建平台载体抓创建。在机关事业单位,要求党员模范履行岗位职责,带头提升执行力,落实党员到社区报到、直接联系服务群众制度,开展“在职党员回归社区行动”。在农村,结合农村经济发展、农村环境综合整治等乡、村两级重点工作,通过设岗定责等发挥党员作用。在窗口单位和服务行业,重点落实党员挂牌上岗、亮明身份制度,评选“共产党员示范窗口”。坚持上下联动,形成合力抓创建。在市级层面,建立由市委组织部等30个单位参与的创建“共产党员示范市”联席会议制度。各地各单位相继成立相应机构,并将创建“共产党员示范市”工作与当地或单位的绩效考核、评先评优有机衔接,形成创建“共产党员示范市”强大工作合力。

【开展“保家行动”】 2017年,新余市在全市范围内开展以水环境专项整治为主要内容的“保家行动”,集中实施畜禽养殖、水库退养、工业污染专项整治,全面推进水环境综合治理。畜禽养殖方面,全市禁养区6343家畜禽养殖场全部关停或搬迁,其中6220家完成复土、复绿;可、限养区关停、拆除或改造养殖场857家,完成总任务的92.7%,其中仙女湖区实现全区禁养;引导规模养殖企业、当地养殖大户通过租赁、入股等形式联合中小养殖户投资兴建养殖小区,集中培训可(限)养区养殖从业人员1000余人次;下拨再就业引导资金近3亿元,组织召开

“畜禽养殖退养户专场招聘会”10余场,帮助近千人再就业,引导退养户就业。水库退养方面,5月中旬提前完成333座水库、2293座山塘的承包养殖退养工作任务,并建立水库山塘水质档案,全面禁止水库、山塘投饵、投肥(投粪)养殖,禁止水库、山塘围栏围网养殖,对所有水库山塘水质开展水质监测工作,进入长效化监管阶段。工业污染方面,对全市1033家工矿企业的废水排放情况进行全面排查,53家排放不达标的企业责令限期整改;投入资金3780万元进行官网改造、新建和清淤监测,实现全市工业园区污水管网全覆盖,工业园区工业污水收集率100%;依法取缔关停“十小”企业96家,出动监督检查人员1500余人次,下达《责令整改通知书》268份,立案查处41起,查封扣押9起,实施行政罚款31起;全市工矿企业投入整改资金1334.3万元,完成一批水污染治理设施重点项目建设,并引进第三方监理公司不断提高在线监控的有效性和时效性,实时了解全市重点污染源废水排放情况。

【绿起公园建成并对外开放】 10月1日,绿起公园(新建北湖公园至仰天岗纪念碑广场城市绿轴工程)完工,正式向市民开放。该公园于2016年6月开工,规划用地4.07公顷,以块状绿地为主体,以道路广场为框架,形成生态良好、景观优美、布局合理、设施齐全、方便群众、维护便利、特色鲜明、内涵丰富的城市景观。公园北靠仰天岗纪念碑广场,在仰天岗大道下设有地下人行通道,南面紧挨北湖公园,从北到南呈向下的缓坡,引用自然水体,依次设置有动静态水景,并沿水岸布置大小、形态不一的景观雕塑,呈现丰富多样的水系景观。公园内由南向北贯穿有2.5米宽的自行车道,穿过生态群落和疏林草坪,方便市民的骑行运动,营造舒适的空间氛围。公园由北向南、由静到动的空间格局,使公园成为市民使用的绿色开放空间。此外,在重要景观节点处设计入口广场,配以形式多变的水景及层次丰富的软质景观,控制视线与城市绿地景观融为一体,形成整体性比较强的城市绿轴。

【新余市入选公立医院综合改革国家级示范城市】 8月28日,新余市入选公立医院综合改革国家示范城市,成为首批15个国家示范城市之一,是江西唯一一个公立医院综合改革首批国家级示范城市。新余市自2014年列入全国第二批公立医院综合改革试点城市以后,按照“公平可及、群众受益”和“五个同步”总体要求,出台“1+99”个配套文件,推进公立医院综合改革。破除“以药补医”,落实基本建设等9项投入政策,建立公立医院债务及财政保障医保基金“托底”机制,取消加成,调整医疗服务价格,实行药品带量采购和耗材阳光采购,重建公立医院运行机制。2015年,新余市财政对市直公立医院总投入6729万元,其中债务贴息2383万元,与改革前相比新增财政投入4565万元;从2016年起,新余市财政每年预算安排500万元,应对职工医保基金可能出现的透支风险。缓解“供需矛盾”,强基层,用杠杆,调功能,解决“接得住”“愿意去”“转得下”问题,推进分级诊疗试点工作。坚持“放管结合”,理顺管理体制,完善监督机制,把握管理重点,搭建现代医院管理体制。培育“核心能力”,加快学科人才建设,推进信息化建设,筑牢人才信息支撑。通过改革,2015年、2016年仅取消药品加成,为群众节约药品费用6397万元;医务人员的技术和劳动在收入上得到体现,2016年市属公立医院医务人员年均收入12.8万元,与改革前相比增长40%;2016年全市医疗纠纷发生数比2016年下降17.6%,调处成功率99.07%,患者满意率100%;2016年全市区域医疗费用增幅6.3%,低于全省、全国水平,各项控费指标均达到目标要求。

【新余袁隆平院士工作站揭牌】 9月4日,位于渝水区珠珊镇的江西加州农业科技发展有限公司袁隆平院士工作站举行揭牌仪式,“杂交水稻之父”、中国工程院院士袁隆平出席。该院士工作站以培育超级水稻为中心,致力于开展第五期超级稻培育计划,力争每公顷产量达到17吨,即每亩生产粮食1000千克以上。

【实施“渝郎回乡”工程】 新余市实施“渝郎回乡”工程,鼓励在外“渝郎”携带优强产业、优质资源、优秀人才、优良技术回乡创业,吸引“渝郎”情感回家、人才回乡、信息回传、资金回流、股份回投、项目回迁、公益回报,助推新余快速发展。“渝郎”是对在外新余人的昵称。针对在外“渝郎”数量多、分布广、流动快的特点,新余市建立有效沟通机制。以外埠新余商会为依托,形成统战系统与“渝郎”对口联系机制,创建“渝郎回乡”微信群、外埠新余商会微信群、外地新余同乡微信群等67个,人数最多的群达400多人,与在外“渝郎”实现24小时线上线下无障碍交流。明确市促进非公经济发展领导小组为“渝郎回乡”工程的领导机构,市、县(区)委统战部门和政府商务部门、市、县(区)工商联等部门联动,为“渝郎”提供专业、专人、专项保障服务。根据经济社会发展需要、重点产业和支柱产业情况,建立“渝郎高层次人才库”,为新余发展提供人才保障。共感召55名优秀“渝郎”回乡发展,创办企业21家。出台实施“渝郎回乡”工程方案,建设400万平方米渝商创业园区和光电产业园、电镀产业园、热处理中心等12个公共服务平台,满足回乡渝郎创业需求。召开“渝郎回乡”创业大会,邀请970多名在外“渝郎”回到家乡,参观考察全市各县区发展情况,签约项目总额10亿余元。许多“渝郎”回乡后积极参与家乡“千名企业家帮千户贫困户”精准扶贫行列。1000多名企业家、20余家“渝郎”企业与全市17个贫困村1002户贫困户结对,发展11个扶贫产业,成立15个专业合作社,解决150多名贫困人口就业,并建设2个扶贫慈善平台,解决扶贫资金300多万元,对426名贫困农民进行培训。

主要领导人 市委书记:蒋斌。市人大常委会主任:胡高平。市长:董晓健。市政协主席:卢伟平。

(邹澄洪　谢坤)

·分宜县·

【简　况】 位于江西省中部,辖7镇3乡1街道办事处。总面积1391.76平方千米,其中城区建成区面积13.8平方千米。林地面积6.97万公顷,森林覆盖率64.3%，城区绿化率40.53%。总人口31.65万人，其中非农业人口17.54万人；人口自然增长率7.64‰。2017年，地区生产总值246.88亿元，同比增长8.6%。其中，第一产业增加值22.26亿元，增长4.5%；第二产业增加值105.84亿元，增长8.2%；第三产业增加值118.78亿元，增长10.1%。地方财政收入26.14亿元，增长5.3%。税收占财政收入比重60%。地方财政支出39.29亿元，增长4.6%。工业增加值88.42亿元，增长8.7%，占地区生产总值35.8%。规模以上工业增加值46.55亿元，增长8.7%，占地区生产总值18.86%。外贸出口14.75亿美元，增长32.3%。500万以上固定资产投资214.09亿元，增长12.1%。实际利用外资合同金额0.99亿美元。主要工业产品及产量有原煤54万吨，水泥240万吨，驱动桥5400台，发电量17.3亿千瓦时，苎麻布1266万米。粮食总产量16.06万吨，增长1%。主要农产品及产量有西瓜3.6万吨，蔬菜5.4万吨，猪肉2.22万吨，禽蛋7575吨，水产品1.7万吨。城镇居民人均可支配收入2.96万元，增加2243元；农村居民人均纯收入1.62万元，增加1335元。年末金融机构各项存款余额153.26亿元，比年初增加18.96亿元。

【江西雅保锂业公司授牌成立】 1月，江西雅保锂业公司授牌成立，这是分宜县第一家全外资企业。2015年年底，美国雅保公司对江西江锂新材料科技有限公司进行并购重组。2016年8月18日，雅保公司全球副总裁David·Klanecky和江西江锂新材料科技有限公司董事长邓智林代表双方正式签约。2016年12月，双方在美国夏洛特签订4万吨电池级氢氧化锂扩产项目投资合作备忘录，江西江锂新材料科技有限公司正式变更为美国雅保全资子公司——江西雅保锂业公司。

【水库山塘承包养殖退出】 分宜县有小(2)型以上水库和山塘824座，长期以来水库水面实行租赁承包，已对外承包493座，承包率60%。受经济利益驱动，承包者实施投饵养殖，每年向水库山塘投放大量的猪粪、无机肥，导致水质严重污染，极大威胁人民群众生产生活安全。为切实维护人民群众自身利益，保护水环境和水质安全，确保水质达标，3月，分宜县政府决定在全县范围内禁止水库、山塘投饵养殖；禁止水库、山塘围栏围网养殖，实行人放天养；不得再将水库、山塘等公共水域渔业养殖权对外承包，已经租赁的限期收回；明确要求到2017年年底所有水库山塘全部退出承包养殖，水库山塘水质达到《地表水环境质量标准》(GB 3838－2002)Ⅲ类水质标准。为在短时间内顺利完成水库山塘承包养殖退出任务，分宜县成立专项整治领导小组，县、乡(镇)、村三级联动，高位强力推进工作，通过落实专职人员，细化明确责任，干部分库分塘包干负责，落实奖补资金等一系列措施，9月底全面完成山塘水库承包养殖退出任务，比原定时间提前3个月。

【江西恩达麻世纪科技股份有限公司荣获"第二届中国麻纺织行业十大影响力品牌"】 4月18日，中国麻纺织行业协会七届四次理事(扩大)会及第二届中国麻纺织十大影响力品牌授牌仪式在江苏张家港举行，会上授予江西恩达麻世纪科技股份有限公司等10家企业为"第二届中国麻纺织行业十大影响力品牌"，这是江西唯一一家获此殊荣的企业。

江西恩达麻世纪科技股份有限公司位于"中国夏布之乡"——江西分宜，是一家集苎麻纱、苎麻夏布、夏布印染和夏布床上用品的生产、经营和销售于一体的大型中外合作企业，其前身为新余市新达麻业有限公司，产品出口韩国、日本、美国等国家，结束中国夏布出口坯布的历史，产品产量、销量以及质量在国内外市场处于领先地位。公司经过十余年的发展，分别在分宜县双林镇工贸小区内建成了国内首条夏布印染生产线，在分宜县东兴工业园建成一条年产60万匹植物染料夏布印染生产线，2003年在厂区内新建成一条年产100万套夏布床上用品生产线。通过引进购买武汉大学生命科学院的专利技术并结合公司生产实践，研发出国家专利的脱胶设备技术。2005年获科技部颁发的"国家星火外向型企业"称号；2008年，被国家农业部等八部委评为"国家级农业产业化重点龙头企业"；2009年，成为2010年上海世博会特许生厂商；2011年荣膺中国驰名商标。

主要领导人 县委书记：李逸翔。县人大常委会主任：袁传胜。县长：胡军。县政协主席：朱运书。

（杨诚）

·渝水区·

【简　况】 位于江西省中部偏西，辖6镇5乡6街道办事处。总面积1273平方千米。总人口70.67万人；人口自然增长率9.9‰。2017年，地区生产总值273.40亿元，同比增长8.5%。其中，第一产业增加值31.97亿元，增长4.4%；第二产业增加值114.58亿元，增长8.2%；第三产业增加值126.86亿元，增长10.4%。财政总收入36.5亿元，增长8%。其中，税收收入32.9亿元，占财政总收入比重90.1%。固定资产投资311亿元，增长12%。规模以上工业增加值60.75亿元，增长8.1%。外贸出口总额13.6亿元，增长24.8%。实际利用外资1.21亿美元，增长18.5%。实际引进内资152.04亿元，增长11%。社会消费品零销总额166.3亿元，增长12.7%。粮食总产量33.1万吨。主要农产品及产量有油料1.07万吨、蔬菜29.8万吨、水产品2万吨、蜜橘13.6万吨。城镇居民可支配收入3.59万元，增长8%；农村居民人均可支配收入1.7万元，增长9%。

【全省首条带钢EPS生产线开工建设】 1月，全省首条、全国第三条带钢EPS生产线在渝水区袁河经济开发区开工建设。EPS中文译名是板材绿色表面清洁技术，是一种新型的板材表面清洁方法，可对带钢企业所有冷轧带钢集中清洗。该项目由新余市久隆带钢有限公司投资建设，总投资2亿元，规划用地10.67公顷，总建筑面积11万平方米，项目一次性规划一次性建成，项目建成投产后，具备年处理60万吨带钢的能力，可实现年销售收入24亿元以上，年利税3600万元。

【开展乡镇红绿灯建设】 2017年，

针对乡镇十字路口和紧邻国道、省道的农村路口缺少相应红绿灯,加上农民群众交通安全意识淡薄,导致交通事故频发现象,渝水区有针对性地开展乡镇红绿灯建设工作,先后投入资金900万元,在11个乡镇、2个工业园区建设23个道路交通路口红绿灯系统,初步实现全区乡镇和工业园区红绿灯全覆盖。为做好这一民生工程,渝水区与新余市交警共同协作,先对全区各乡镇主要路口的交通情况进行实地勘查调研,并征求道路交通管理参与者及当地群众的意见,按照"统一规划、统一技术标准、统一招投标"原则,科学合理布点建设红绿灯。在建设过程中,发挥各部门的职能作用,建立红绿灯安全管理责任制,督促供电、通信等单位做好线路管网改建升级,财政、审计、监察等部门做好资金筹措、审核、拨付及工程招投标验收等工作,同时从工程预算、招投标等环节加强监督管理,确保资金专款专用,推进工程建设。乡镇红绿灯建设投入使用后,渝水区交通秩序明显好转,交通事故下降50%,道路畅通率提升70%以上。

【举办首届新余蜜橘采摘文化节】 10月27日—29日,2017年首届新余蜜橘采摘文化节在渝水区姚圩镇七里山举行,市内外3000余名游客参与其中。渝水区新余蜜橘种植面积6600多公顷,投产面积4400多公顷,已形成七里山、罗坊、蒙山3个万亩新余蜜橘基地。此次采摘文化节,除蜜橘采摘外,还开展了文艺演出、橘王评比、"橘美人"形象大使海选、新余特色美食展、山地自行车比赛、山地马拉松比赛、亲子文化节、九九重阳送橘子等十大主题活动。活动吸引中新社、《农民日报》《江西日报》、江西省广播电视台、新浪网、凤凰网、中国江西网等10余家中央和省级媒体记者宣传报道文化节,形成新余蜜橘品牌效应。

【蒋国珍纪念馆落成】 9月22日,蒋国珍纪念馆揭幕仪式在蒋国珍小学举行。蒋国珍纪念馆于9月筹建,由深受蒋国珍助学精神影响的深圳赣森实业有限公司董事长胡三根无偿捐赠100余万元建设而成。纪念馆通过情景还原,展出蒋国珍故居、旧物、生活用品,获得全国、全省、全市的奖章,以及学生写给教师蒋国珍的书信等方式,展示全国道德模范提名奖获得者、全国优秀共产党员蒋国珍平淡、艰苦而光荣的一生。蒋国珍是新余道德的标杆,新余精神的旗帜,他一生了无牵挂,但心中装的是学生,倾其所有40万元,资助2万多名学生。

主要领导人　区委书记:何慕良。区人大常委会主任:李克华。区长:李虹。区政协主席:王钦国。

(龚招生)

鹰潭市

【概　况】 位于江西省东北部,辖1市1县1区及市龙虎山风景名胜区、鹰潭高新技术产业开发区、市信江新区。总面积3560平方千米,其中市区建成区面积39.4平方千米,城镇化率59.08%。耕地面积9.22万公顷,林地面积19.92万公顷,森林覆盖率58.23%。总人口116.75万人,其中市区人口22.13万人;人口自然增长率7.57‰。2017年,地区生产总值800.80亿元,同比增长8.6%。其中,第一产业增加值52.00亿元,增长4.3%;第二产业增加值454.14亿元,增长8.6%;第三产业增加值294.66亿元,增长9.5%。规模以上工业总产值2218.04亿元。财政总收入127.7亿元,增长9.3%。公共预算收入75.25亿元,下降7.8%。规模以上工业总产值2218.04亿元,增加值391.98亿元,增长9%。主要工业产品及产量有电解铜113.81万吨、铜材242.7万吨、发电92.74亿度、磷肥15.41万吨、节能灯7.29亿只。固定资产投资678.51亿元,增长12.3%。社会消费品零售总额217.73亿元,增长11.9%。农林牧渔业总产值85.06亿元。粮食总产量74.74万吨。主要农产品及产量有油料3.08万吨、水产品5.39万吨、肉类12.61万吨。城镇居民人均可支配收入3.17万元,增长8.9%。农村居民人均可支配收入1.47万元,增长8.9%。住户存款余额401.09亿元,增长10.5%。

【率先启动窄带物联网试点城市建设】 1月5日,鹰潭市人民政府、中国移动通信集团江西有限公司、华为技术有限公司在南昌举行《鹰潭窄带物联网(NB-IoT)试点城市全面合作框架协议》签约仪式。鹰潭市在全国率先启动窄带物联网试点城市建设。此次三方合作充分发挥中国移动、华为公司在窄带物联网和信息产业方面的技术优势、研究成果以及鹰潭营造的良好"互联网+"发展环境,合力建成一张覆盖鹰潭全域的窄带物联网业务网、建设一个有窄带物联网特色的智慧创业园区、打造一个有鹰潭特色的智慧制造产业示范基地和树立一批全国领先有鹰潭特色的智慧标杆应用。通过窄带物联网试点城市建设,鹰潭市以三川智慧等物联网应用企业为龙头,带动传统制造企业向智能制造转型;利用窄带物联网的全域覆盖优势,吸引物联网产业链上的企业在鹰潭落地;与江浙一带传感器、智能芯片等领域物联网制造发达的城市形成优势互补,构建物联网产业城市集群;结合试点建设有鹰潭特色的"新型智慧城市"促进信息惠民;全面推动鹰潭制造业、旅游业、物流业、农业等产业融合升级,并以此为基础向其他产业进行延伸和辐射,向省内外周边地区进行辐射,促进产业链融合和产业升级,为全省物联网产业发展探索新机制、新思路和新方法,提升全省工业和信息化融合的示范影响力以及信息产业自主创新能力,推动信息产业跨越式发展。

【鹰潭市生活垃圾焚烧发电项目正式投产】 3月6日,鹰潭市生活垃圾焚烧发电项目投产仪式举行。鹰潭市生活垃圾焚烧发电项目是市委、市政府重点BOT项目工程,由盛运环保集团股份有限公司建设,项目总投资约3.58亿元。其中,一期投资为1.87亿元,一期工程焚烧采用1台400t/d台机械炉排炉,1套16 MW凝汽式汽轮发电机组。项目投产后,每年可处理鹰潭市辖区(鹰潭市城区、贵溪市区、余江县城、龙虎山景区、鹰潭高新区、信江新区)的生活垃圾18.6万吨,发电上网3600万千瓦时;二期投资约1.72亿元,新增1台400 t/d台机械炉排炉,1套16 MW凝汽式汽轮发电机组和垃圾储运工房及配套辅助系统，二期工程日处理生活垃圾500吨，年处理能力18.25万吨，焚烧处理13.33万吨。项目最终处理规模达到日处理生活垃圾约1000吨，年处理能力36.5万吨。

【鹰潭市被授予“中国微诗城”称号】 4月19日，由中国诗歌万里行组委会、市委宣传部、龙虎山风景名胜区管委会主办，市文联、市广播电视台、市微诗协会、龙虎山旅游文化发展（集团）有限公司承办的中国诗歌万里行走进鹰潭·龙虎山暨鹰潭“中国微诗城”授牌仪式在龙虎山景区道源山庄举行。同时，中国唯美微诗词原创联盟也落户鹰潭。鹰潭市是全国唯一获“中国微诗城”荣誉称号的城市。“中国诗歌万里行”是由全国诗歌报刊联合主办的一项系列诗歌文化活动，是中国最具影响力的诗歌活动品牌，鹰潭是中国诗歌万里行走进江西省的第一站。自2015年以来，鹰潭市“乡土诗人”点燃了微诗创作的引线，“信江韵微诗群”“信江韵微诗社”相继建立，全国第一个经民政部门批准的微诗协会——鹰潭市微诗协会正式成立。信江韵微诗社起着牵头的作用，并在此次会场上举行中国第一部微诗佳作专集——《信江微诗韵》的首发式。

【第八届环鄱阳湖国际自行车大赛第五赛段比赛在龙虎山举行】 9月16日，第八届“邮储银行杯”环鄱阳湖国际自行车大赛第五赛段的比赛在龙虎山进行。省政府办公厅副主任杜章彪，大赛组委会常务副主任、省体育局局长晏驹腾，市长于秀明，省体育局副局长林军等出席大赛龙虎山站开幕式并为比赛鸣笛发令。副市长蔡江主持开幕式。中国、美国、荷兰、法国、意大利、英国、西班牙、德国、瑞士、澳大利亚等31个国家和地区的21支职业车队111名运动员从龙虎山接待中心出发，沿新游客线路经九曲洲—上清大桥—龚资线—排衙石大道至龙虎山散客接待中心绕行5圈，全程131.6千米。经过角逐，最终，澳大利亚选手马修·诺维奇夺得冠军，荷兰选手斯文·斯丹弗诺斯、哥伦比亚选手丹尼尔·伯纳分获第二、三名；猴城乐园车队夺得团体第一名；中国台北选手彭源堂5站比赛中均获最佳大中华运动员（粉红冠军衫）；选手乔·库伯夺得冲刺王（橙冠军衫）；尼克德谬斯获个人总成绩冠军（蓝冠军衫）；珍巴真士获爬坡王（圆点冠军衫）。

【2017中国铜加工产业年度大会在鹰潭举行】 9月27日，由中国有色金属加工工业协会、鹰潭市人民政府、江西理工大学联合主办的2017中国铜加工产业年度大会暨中国（鹰潭）铜产业高峰论坛开幕。中国有色金属工业协会会长陈全训出席并讲话，市长于秀明致辞。中国有色金属工业协会党委副书记范顺科主持开幕式。中国工程院院士黄崇祺、谢建新，工信部原材料司副司长余薇，省工信委副主任刘煜，江西理工大学党委书记罗嗣海，国际铜加工协会总裁 Mark · Loveitt（马克·拉维特），市委常委、统战部长徐云，市政府秘书长俞奇等出席开幕式。全国铜加工行业500余人参会。2017中国铜加工产业年度大会暨中国（鹰潭）铜产业高峰论坛主题为“创新·应用”，主要探讨中国铜产业结构调整和转型升级方向，强化行业各创新主体协同合作。大会包括中国铜加工产业技术创新交流大会、中国涉铜高校材料学院与研究院院长论坛、企业与高校研究院对接会和参观鹰潭市铜企业等4部分内容。大会有利于加强行业管理，开展智能制造试点示范，争取政策支持，深化国际交流合作，推动铜产业发展。

【鹰潭市与中航昌飞（集团）公司签订通用航空业务战略合作协议】 8月4日，鹰潭市人民政府与中航昌河飞机工业（集团）有限责任公司举行通用航空业务战略合作协议签约仪式。市委书记曹淑敏，市长于秀明，中航昌飞（集团）有限责任公司董事长、党委书记周新民等领导出席仪式。副市长吴文戈，中航昌飞（集团）有限责任公司党委委员、副总经理许伟在仪式上代表地企双方进行签约。市政府秘书长俞奇主持签约仪式。

协议签署后，双方将进一步整合优势资源，促进地方政府与企业互利共进、双赢发展，全面构建江西省和鹰潭市直升机通航运营体系，在鹰潭市建设直升机运营基地，开展低空旅游、应急救援、城市消防、森林防火、电力巡线、公安巡逻、航拍、通航运输等现代服务，进一步促进江西省内通航“市市通”、鹰潭市内“市县通”、“县镇（乡）通”目标达成。

主要领导人 市委书记：陈兴超（任至1月）、曹淑敏（1月任）。市人大常委会主任：郭清。市长：曹淑敏（任至7月）、于秀明（7月任）。市政协主席：戴春英。

（杨保平）

·贵溪市·

【简　况】 位于江西省东北部，辖12镇6乡3街道办事处7林场（垦殖场、园艺场）。总面积2492.79平方千米，其中中心城区建成区面积30.54平方千米。耕地面积3.74万公顷，林地面积14.12万公顷，森林覆盖率64.42%，城区绿化率37.21%。总人口64.27万人，其中市区人口11万人；人口自然增长率下降4.3‰。2017年，地区生产总值415.48亿元，同比增长8.8%。其中，第一产业增加值22.34亿元，增长4.3%；第二产业增加值268.50亿元，增长8.6%；第三产业增加124.64亿元，增长10.07%。财政总收入57.09亿元，增长21.5%，人均7373元；税收收入26.34亿元，占财政总收入的90.02%，增长7.2%；地方财政收入32.04亿元，下降6.15%；地方财政支出45.25亿元，下降3.6%。规模以上工业企业总产值1283.90亿元，增长24.20%。规模以上工业增加值增长9.2%。固定资产投资428.8亿元，增长13.5%。利用省外2000万元以上项目资金120亿元，增长10%。主要工业产品及产量有精炼铜113.80万吨、铜材114.80万吨、农药0.97万吨、化肥13.10万吨、电光源节能灯1.15万只、水泥147.70万吨。农业总产值36.58亿元，增长5%。粮食总产量38万吨。主要农产品及产量有稻谷36.6万吨、蔬菜17.3万吨、水果3.1万吨、油料0.8万吨、肉类总产3.1万吨。城镇居民人均可支配收入3.18万元，增长8.8%；农村居民人均可支配收入1.47万元，增长8.6%。

城乡居民年末储蓄余额147.67亿元，增长10.06%。

【江西东天光电有限公司落户经开区】 8月9日，贵溪经济开发区与韩国大英株式会社合作签约仪式在经开区管委会举行，由韩国大英株式会社投资创办的江西东天光电有限公司落户经开区，是落户贵溪市的首家中外合资企业。韩国大英株式会社是一家具有多年平板显示配件、组件生产经验的企业，主要生产LED平板显示用玻璃面板、LED衬底、仪器仪表、自动化设备等产品，主要的终端用户包括LG、Smart等韩国上市企业。该项目总投资1300万美元，注册资金300万美元，公司第一期兴办年产50万平方米平板显示器面板玻璃生产线项目，达产达标后年总产值约1.6亿元。

【签约贵溪市工业废弃物项目】 9月29日，贵溪市与中国光大绿色环保有限公司就贵溪市工业废弃物项目签约。中国光大绿色环保有限公司贵溪市工业废弃物项目，是中国光大绿色环保有限公司在江西省投资建设的第二个环保项目。项目拟选址贵溪市硫磷化工基地北侧地块，占地面积约13公顷，总投资约3.81亿元，规划工业废弃物综合处置规模为4万吨/年，投产后产值1.2亿元。项目主要采用国际先进的危废、固废处置技术，解决贵溪市工业危险废物安全处置的问题，同时为贵溪市相关工业园区提供环境治理整体解决方案。

【贵溪蝉联全国中小城市“双百强”】 10月，由中国城市经济学会中小城市经济发展委员会、中小城市发展战略研究院、中国社科院城市发展与环境研究所等单位联合开展的2017“中国中小城市科学发展指数研究”成果发布，贵溪市再次蝉联全国综合实力百强县(市)、全国投资潜力百强县(市)，排名分别为第82位和第46位，与2016年相比分别前移5位和1位。

【余信贵大道(贵溪段)开工建设】 11月11日，余信贵大道(贵溪段)建设项目开工。该大道(贵溪段)东起贵溪大道，经倪家村与冶金大道平交，沿化工大道至水泉村，跨皖赣线铁路，经柏里大道，跨信江河至滨江镇黄坑与江南2个村委会，西接滨江镇仰潭毛家，全长13.3千米，道路红线宽度60米，主路双向6车道，设计时速80千米/时。项目跨越信江及其支流各1处，跨皖赣线1处，架设桥梁3座，跨信江河特大桥桥长1452米，主线跨度为440米，跨皖赣线铁路桥桥长590米。工程项目总投资15.9亿元，建设工期为30个月。

【铜线灯产业园揭牌开园】 11月18日，贵溪铜线灯产业园揭牌开园仪式在贵溪经开区创新创业产业园举行。该园聚集13家抱团发展LED铜线灯生产及配套企业，其中终端成品企业5家，主要生产芯片、灯珠、封装、贴片、单面线路板、漆包线、铜线灯、电源纽扣电池、小组件光伏板、LED配套变压器及注塑等。项目综合投资21.5亿元，共租赁标准厂房8.1万平方米，年销售额达30亿元，上缴利税6000万元，新增就业岗位1000余个。

【象山书院建院830周年高端论坛举行】 12月2日，由中国书院学会，中共贵溪市委、贵溪市人民政府共同举办的心学之源暨象山书院建院830周年高端论坛在鹰潭举行，全国各地近百名专家学者参加。此次论坛以纪念贵溪象山书院建院830周年为主题，开设专家主旨演讲、文化参观指导、电视专题采访、国学专题报告等议程，宣传象山心学文化历史，深入研究象山书院心学文化思想及其现实价值，弘扬中华优秀传统文化，扩大书院思想文化交流合作，促进象山心学文化的传承与发展。

【贵溪市中医院新院区落成启用】 12月16日，贵溪市中医院新院区落成启用。新院区位于鹰雄大道贵溪大桥东延伸段以南、四中路以北，2013年开工建设，总投资1.48亿元，占地面积3.8公顷，总建筑面积5万平方米，停车位230个，床位数500张。医院大楼开设内科(心血管内科、消化内科、呼吸内科、神脑病科、内分泌科、肾内科)，外科(烧伤科、神经外科、普外科、泌外、骨科)，妇产科，儿科，疼痛科，康复科，口腔科，皮肤科，耳鼻喉科，眼科，麻醉科等临床科室，是一所集医疗、教学、科研、预防保健、康复于一体的现代化、智能化、综合性二级甲等中医院。

主要领导人 市委书记：梅峰。市人大常委会主任：祝晓勤。市长：周谷昌。市政协主席：李中华。

(裴爱兰)

·余江县·

【简　况】 位于江西省东北部，辖7镇4乡。总面积932.84平方千米，其中城区面积20.96平方千米。耕地面积3.45万公顷，林地面积3.39万公顷。总人口39.77万人，其中非农业人口8.51万人。2017年，地区生产总值134.63亿元，同比增长8.7%，其中，第一产业增加值27.68亿元，增长4.4%；第二产业增加值70.93亿元，增长9.9%；第三产业增加值36.02亿元，增长10.8%。财政总收入19.33亿元，增长7.1%，税收占财政收入83.4%。公共财政预算收入12.78亿元，下降0.6%。外贸出口1.12亿美元。固定资产投资119.22亿元，增长13.5%。社会消费品零售总额45.2亿元，增长13%。规模以上工业总产值295.5亿元，下降2.4%。规模以上工业增加值61.1亿元，增加9.1%。主要工业产品及产量有铜材39.3万吨、服装1555.6万件、眼镜成镜3119万副。农业总产值17.44亿元，增长9.08%。粮食总产量30.53万吨。城镇居民人均可支配收入2.95万元，增长9.4%；农村居民人均可支配收入1.52万元，增长9%。

【农村宅基地制度改革试点工作】 截至4月底，全县退出宅基地24160宗218公顷，其中有偿退出4576宗53公顷，无偿退出19584宗165公顷；收回村庄规划内其他建设用地57.13公顷；退出宅基地复垦38.27公顷；村集体收取有偿使用费5040户690万元；流转宅基地56宗1.37公顷；新建农房择位竞价49宗0.51公顷；彻底消除试点村的空心化现象，释放大部分村庄10年至15年的农民建房用地，保护耕地资源，为村庄建设发展腾出空间，村庄人居环境、卫生环境明显改善。在改革的制度设计和实际操作过程中，以中央和国土资源部的顶层设计框架为指导，结合实际情况和群众意愿，在县级层面制定《余江县农村村民建房管理暂行办法》《余江县城乡核心区内农民住房保障实施办法》《余江县农村宅基地有偿使用、流转和退出暂行办法》等13项宅基地管理制度和《关于开展美丽乡村综合改革示范建设实施方案》《全面推进"六化同步"打造美丽乡村余江样板实施方案》等10项配套制度。乡镇制定《村民事务理事会宅基地管理工作考核评比办法》等11项运行制度；村组制定了《宅基地有偿使用、退出、流转办法》等9项实施办法，初步构建了县、乡、村宅基地制度体系。

【神农氏稻鳖共生基地获全国首届稻渔综合种养模式创新大赛金奖】 11月24日—27日，由中国稻田综合种养产业技术创新战略联盟主办、上海海洋大学承办的首届全国稻渔综合种养模式创新大赛和优质渔米评介活动在上海海洋大学举行。全国20个省的88家稻渔综合种养企业、近百个稻米品种参与了评比和展出。经过预赛、决赛两轮角逐，江西神龙氏（余江）稻鳖共生基地获2017全国首届稻渔综合种养模式创新大赛金奖。江西神农氏生态农业开发有限公司成立于2014年，以稻鳖共生循环农业为发展重点，引进已发展23年之久且享有多项专利成果的浙江清溪鳖稻共生（甲鱼和大米的循环农业）产业，并以此为基础打造自己的品牌——鱼米农夫，建成高标准稻鳖共生田池80多公顷。公司主要开发鱼米农夫牌香米和乌（花）鳖两大类产品。鱼米农夫香米是与嘉兴农科院联合育种而成，拥有自主知识产权，属感光性强的非转基因品种；采用鳖稻共生模式生长，利用鳖的活动帮水稻除草、施肥；利用鳖来吃虫、驱虫；生长全程不打任何农药；水稻4月开始育秧，5月插秧，十月下旬开始收割，生长周期210天，比一般水稻晚30天左右，品质优良，营养价值高。鱼米农夫乌（花）鳖是从成千上万只野生鳖中经过严格筛选后培育出来的，乌（花）鳖养殖在与自然环境相一致的露天池塘内，采用鱼鳖、虾鳖混养，鳖稻轮作的生态养殖模式，采用鲜活饵料及深海鱼粉制成的优质食料，野性十足，安全健康无激素，口感鲜嫩，营养丰富，肉质可与野生甲鱼媲美。

【百盈光电智慧路灯通过泰尔实验室论证】 10月14日，江西百盈高新技术股份有限公司自主研发的NB－IoT智慧路灯通过中国泰尔实验室的功能及性能检测，具体检测项目包括基本业务与功能测试、网络互通性测试以及NB－IoT协议、NB－IoT射频、NB－IoT RRM、NB－IoT卡接口等所涵盖的34个应测项，成为国内首家通过中国泰尔实验室认证的NB－IoT智慧路灯，即通过中国泰尔实验室通信质量认证。江西百盈高新技术股份有限公司成立于2011年9月7日，经营范围包括逆变器、太阳能控制器、光伏发电系统、半导体、光电产品、电器、五金、化工产品（化学危险品除外）LED光源、汽配产品生产、销售及对外贸易经营。2017年开始，公司与华为合作，研发基于NB－IoT通信技术智慧路灯产品，4月，公司基于NB－IoT的智慧路灯通过试点建设，并在余江县工业园区完成试验工程。6月，公司签订150盏路灯改造项目，实现江西省首个基于智慧路灯的商用物联网改造项目。智慧路灯可有效实现照明节能，按需照明，依靠装在自己身上的传感器，通过判断周围环境调整灯光大小。

【全国首个NB－IoT智慧农业项目建成】 4月29日，余江县邓家埠水稻原种场与江西联通公司合作建设的物联网信息化项目完成调试上线，成为全国首个应用窄带物联网（NB－IoT）智慧农业的项目。2016年9月开始，邓家埠水稻原种场开始与联通公司、农信通公司合作，进行农业物联网的建设。邓家埠水稻原种场基本建成的系统包括农业物联网综合服务平台、气象监测系统、水稻区域试验数据采集系统、温室大棚监测系统、农业生产管理系统。通过该技术，农民可以把农业生产的相关环节与互联网连接起来，进行信息交换和通讯，实现智能化识别、定位、跟踪、监控和管理；可以大量、实时、精确地采集温度、湿度、光照、土壤酸碱度等环境信息，并将数据进行汇集分析，为农业生产提供科学有效的参考，农民还可直接对设施农业内通风控温、水肥一体化等设备进行智能化控制。

主要领导人 县委书记：路文革。县人大常委会主任：谭建新。县长：苏建军。县政协主席：金建华。

（胡明娥）

·月湖区·

【简　况】 位于江西省东北部，辖1镇5街道办事处。总面积90.5平方千米，耕地面积2391公顷，有林面积2250公顷，森林覆盖率21.8%，城区绿化率38.2%。总人口17.97万人，其中非农业人口14.17万人；人口自然增长率8.13‰。2017年，地区生产总值130.00亿元，同比增长8.5%。其中，第一产业增加值1.95亿元，增长2.5%；第二产业增加值22.70亿元，增长7.6%；第三产业增加值105.35亿元；增长8.6%。财政总收入13.01亿元，增长10.4%，人均68元，税收占财政总收入的比重91.8%；地方财政收入7.54亿元，下降12.1%；地方财政支出11.11亿元，下降8.6%；规模以上工业增加值4.67亿元，占地区生产总值的比重3.59%。外贸出口占生产总值的比重5.35%。固定资产投资65.8亿元，增长14%，实际利用外资1981美元，增长10%；实际引进省外资金25.7亿元，增长10.9%。农业总产值2.8亿元，增长2.8%。粮食总产量1.62万吨。主要农产品及产量有生猪出栏3.88万头，水产2350吨、稻谷1.52万吨、蔬菜1.49万吨。农村居民人均可支配收入1.58万元，增长8.8%；城镇居民人均可支配收入3.51万元，增长8.8%，城乡居民年末储蓄余额159.66亿元，增长13.21%。

【推进鹰潭市现代物流园建设】 3月，鹰潭市现代物流园从市现代物流业委员会整体剥离，划入月湖区政府管理。区委、区政府围绕"一个平台，五个中心"建设，即物流综合服务平台、生产资料交易集散中心、公铁联通中心、仓储中转中心、电商快递中心、冷链配送中心，以提高地区产业竞争力为目标，推进园区建设。截至2017

年底，园区共投入5亿元用于征地拆迁和基础设施建设，完成征地304.8公顷，拆迁面积约11万平方米，出让项目用地122.33公顷。园区内已聚集5A级物流企业林安集团，中国民企500强胜华集团，江西盐业集团，江西广甸集团等一批行业龙头企业。鹰潭市现代物流园被评为"全国优秀物流园区"和"全国第二批示范物流园"。

【高桥村农家书屋获评全国示范农家书屋】 12月13日，国家新闻出版广电总局公布农家书屋全面建设10周年先进集体和先进个人名单，月湖区高桥村农家书屋获评全国示范农家书屋。区委、区政府加大投入，采取学用相结合的方式，在高桥社区选取3处地方作为农家书屋示范点。社区办公室地点设一书屋，方便办事居民阅读；居民文化活动中心设一书屋，方便6个自然村的居民阅读；居家养老服务中心设一书屋，方便老年人阅读。书屋面积共300平方米，图书3600余册、报刊35种、光盘100余张，并设置电脑、电视、播放、投影仪等设备。针对不同人群工作、学习的特点，农家书屋开放时间灵活设置。对老弱残疾人群全天开放，对在校生在双休日及节假日开放。书屋定期播放电子音像制品，不定期开展趣味知识竞赛，读书征文、书迷竞猜等活动，满足居民科技文化需求，营造"好读书"的社会氛围。

【举办中华黄蜡石"神鹰"奖精品展暨第二届月湖黄蜡石文化旅游节】 11月26日至12月2日，由鹰潭市黄蜡石协会主办的中华黄蜡石"神鹰"奖精品展暨第二届月湖黄蜡石文化旅游节在月湖新城铜锣湾黄蜡石市场广场举行。文化旅游节现场设置展棚160多个，设精品石展览区和奇石玉器文玩展销区二大展区约400个展位，吸引了江西、浙江、广东、广西、湖南、安徽、河南、新疆等多个省(自治区、直辖市)的知名藏家、石商参观参展。此次参展参评的作品共有386件，展出精品观赏石作品约800件，经过专家细选，最终评选出金奖作品10件，银奖作品20件，铜奖作品40件。

主要领导人 区委书记：刘军生。区人大常委会主任：朱淑英。区长：李志兵。区政协主席：曾文锋。

（雷荷莲）

赣州市

【概　况】 位于江西省南部，辖3区1市14县。总面积3.94万平方千米，其中市中心城区建成区面积158平方千米。耕地面积43.74万公顷，有林面积291.53万公顷，森林覆盖率76.23%。总人口974.25万人，其中非农业人口276.92万人。2017年，地区生产总值2524.01亿元，同比增长9.5%。其中，第一产业增加值345.22亿元，增长4.8%；第二产业增加值1066.65亿元，增长8.5%；第三产业增加值1112.14亿元，增长12.3%。三次产业结构调整至13.7∶42.2∶44.1。财政总收入408.32亿元，增长11.5%。其中，公共财政预算收入245.36亿元，增长0.9%。财政总收入占地区生产总值比重16.2%，下降0.4%。税收收入329.88亿元，增长14.5%。公共财政预算支出776.44亿元，增长14.7%。工业增加值897.48亿元，增长8.9%，规模以上工业增加值增长9.1%。货物进出口总额47.35亿美元，增长15.0%。固定资产投资2510.48亿元，增长13.8%。实际利用外资16.67亿美元，增长10.0%。实际利用省外项目资金754.86亿元，增长11.5%。主要工业产品及产量有原煤4.41万吨、家具2566.32万件、发电量76.51亿千瓦时、水泥1906.85万吨、10种有色金属2.27万吨。农林牧渔业投资额64.30亿元，增长28.5%。粮食总产量291.03万吨。主要农产品及产量有蔬菜及食用菌328.93万吨、水果158.10万吨、肉类72.81万吨、水产品32.72万吨。农村居民人均可支配收入9717元，增长11.3%。城镇居民人均可支配收入2.96万元，增长9.2%。

【优化产业结构】 紧扣"主攻工业，三年翻番"目标，突出重大项目带动引领作用，全年新增规模以上工业企业435户，总数达1721户，均列全省第一。146个亿元以上"两城两谷一带"项目全部开工，新能源汽车科技城落户7个整车及配套项目，南方新能源汽车工程研究中心等配套平台建设加快推进；现代家居城建成全省首个家具设计中心，新增规模以上家具企业144家，产值突破1300亿元；中国稀金谷入驻"国字号"创新平台4个，引进23个钨和稀土新材料及应用项目，中国稀金(赣州)新材料研究院挂牌成立；青峰药谷签约落地重大项目16个，创新天然药物与中药注射剂企业国家重点实验室正式启用；赣粤电子信息产业带新引进重大项目68个，总投资586.34亿元，首位产业聚力发展，全市形成19个首位产业集群，拥有上犹玻纤、于都服装服饰等省级优势特色产业集群10个。园区投入力度加大，新开工标准厂房815万平方米，建成658万平方米，园区承载能力得到增强。

【重点领域改革】 全面落实"三去一降一补"任务，提前完成省里下达的"十三五"钢铁去产能任务，超额完成煤炭去产能年度任务。精准深入推进降成本、优环境专项行动，为企业减负104.18亿元。投融资体制改革扎实推进，实行投资项目审批核准"前期辅导""容缺后补""联合评审"机制，推广PPP模式，民间资本得到激活。开展统筹整合财政涉农扶贫资金试点，推进扶贫资金绩效评价。推进国地税电子税务局建设。金融改革成效明显，全面落实帮扶企业融资"四项制度"，发放倒贷周转金181.39亿元。区域性金融中心建设快速推进，全市银行、证券、期货、保险等各类金融机构达170家。"放、管、服"改革取得突破，创新实施"互联网+政务服务""'一窗式'改革""中介服务超市"等政务服务新模式，第一批186项事项实现"最多一次办结"。商事制度改革深入推进，"多证合一、一照一码"登记制度改革实现24证合一，"双随机一公开"监管水平明显提升。相对集中行政许可权改革试点获省政府批复实施。国资国企改革稳步推进，经营性国有资产脱钩移交和统一监管工作基本完成。完成农村土地承包经营权、集体土地所有权确权登记颁证，全面推进房地一体的农村宅基地和集体建设用地使用权确权登记发证工作。

会昌农民住房财产权抵押贷款和赣县、信丰农村承包土地经营权贷款累计发放4.7亿元,农村集体资产股份权能改革增点扩面,石城被列为全国农村集体产权制度改革试点县。推进集体林业综合改革示范实验区建设。完成城乡户口"一元化"改登工作。供销社综合改革走在全省前列。

【赣州市获"全国文明城市"称号】 11月14日,中央文明网发布第五届全国文明城市名单和复查确认继续保留荣誉称号的往届全国文明城市名单,赣州市2017年获得95分,在全国排第五位,列入第五届全国文明城市榜单。自2015年进入新一轮全国文明城市创建以来,全市上下以强化问题为导向,坚持以人为本,激发民智民力,突出共建共享,取得显著成效。创建工作以价值引领为根本点,持续扬起文明新风,让社会主义核心价值观扮靓文明城市;以为民惠民为出发点,坚持人民城市为人民,不断提升群众的幸福指数;以城乡环境为切入点,持续提升城市品质;以常态长效为关键点,持续注入创建动能,着力建立健全长效机制,不断巩固文明创建成果。4月6日,在全国创建文明城市工作经验交流会上,赣州作为江西唯一、全国32个设区市之一进行书面经验交流。

【赣州港获批全省首个国家"一带一路"多式联运示范工程】 11月,赣州港获批全省首个国家"一带一路"多式联运示范工程,成为盐田港、厦门港、广州港的内陆腹地港。赣州港于2014年10月开工建设,是江西省第一个陆路口岸、全国首个进境木材内陆直通口岸,发展势头迅猛,成为赣南老区深度融入"一带一路"建设的强大引擎,凸显赣州市作为"沿海的腹地、内地的前沿"的区位优势,先后获批全国内陆第8个永久对外开放铁路口岸、全国内陆首个国检监管试验区。赣州港已开通16条内贸和铁海联运班列线路、14条中欧(亚)线路直通中亚五国和欧洲经济腹地,连通北京、深圳、厦门、成都等国内12个重要城市,实现家具、木材、煤炭和电子信息产品的多品种运营,成为全省吞吐量最大和全国铁海联运外贸集装箱吞吐量最大的内陆港和全省对接"一带一路"的示范样板。在赣州港的带动影响下,2017年赣州全市进出口总值为320.9亿元,其中出口268.9亿元,增长20.1%;实现19.4万贫困人口脱贫、258个贫困村达标退出。

【《永远的歌谣》获第十四届精神文明建设"五个一工程"奖】 9月,赣南采茶戏《永远的歌谣》获第十四届精神文明建设"五个一工程"(2014—2017)优秀作品奖。赣南采茶戏《永远的歌谣》由赣南采茶歌舞剧院创排,著名戏剧导演张曼君执导,以一首传唱80多年,曾经在土地革命时期产生过重大作用和影响的著名歌曲《苏区干部好作风》贯穿全剧,讲述苏区时期村长李龙槐为代表的干部处处为民着想、替民办实事的故事。全剧通过有表现力的人物关系,感人的戏剧情节,诠释《苏区干部好作风》这首红色经典歌谣的思想内涵。浓浓乡土风情的采茶调,歌颂一个全身心浸润着乡情、乡恋、乡思、乡愁,有血有肉,胸怀大爱,充满人格魅力的苏区村干部。该剧自2014年年初首演后,多次聘请专家学者,企业、机关和社区的代表,广泛征求各方面的意见,进行修改加工。2015年5月,在广州中国戏剧"梅花奖"评选中,主演杨俊荣获"梅花奖"。2016年7月,在国家艺术基金的支持下,剧组听取各方建议、意见,对剧本、音乐、人物关系、舞台呈现等各方面进行打磨提升,使剧目精益求精。2016年10月,在赣州市再次公演,得到专家学者和广大观众的好评,被誉为"革命精神的艺术颂歌"。

主要领导人 市委书记:李炳军。市人大常委会主任:陈晓春。市长:曾文明。市政协主席:刘建平。

(徐文菁)

·章贡区·

【简　况】 位于江西省南部,辖5镇4街道办事处。总面积375.52平方千米。耕地面积0.35万公顷,有林面积2.12万公顷,森林覆盖率60.82%。总人口50.33万人,其中城镇人口46.30万人;人口自然增长率6.81‰。2017年,地区生产总值387.66亿元,同比增长10.2%。其中,第一产业增加值4.96亿元,增长3.2%;第二产业增加值130.39亿元,增长7.0%;第三产业增加值252.31亿元,增长12.2%。财政总收入40.5亿元,增长15.1%,税收占财政总收入的比重85%;公共财政预算收入21.67亿元,下降0.7%;公共财政预算支出40.02亿元,增长6.2%。500万元以上固定资产投资414.15亿元,增长14.1%。实际利用外资1.3亿美元,增长10%。出口总额5.79亿美元,增长11.9%。工业总产值379.23亿元,增长22.2%。规模以上工业增加值增长9.5%。主要工业产品及产量有单一稀土金属602.56万千克、机制纸及纸板22.01万吨、印制电路板102.81万平方米、中成药1323.21吨、发电机组(发电设备)18.11万千瓦。农业总产值8.17亿元,增长0.6%。粮食总产量2.77万吨。主要农产品及产量有油料617吨、水果1793吨、肉类3217吨、水产品1898吨。社会消费品零售总额285.54亿元,增长13.1%。城镇居民人均可支配收入3.49万元,增长9.3%。农村居民人均可支配收入1.43万元,增长11.3%。金融机构各项存款余额2038.65亿元,增长21.34%;各项贷款余额1675.37亿元,增长25.23%。

【火燃村入选全国"一村一品"示范村镇】 7月18日,农业部公布第七批全国"一村一品"示范村镇名单,章贡区沙石镇火燃村("茹蔬城"牌食用菌)入选。食用菌种植产业是火燃村颇具当地特色的产业,已经办起十几家蘑菇种植企业。"茹蔬城"牌商标由沙石镇火燃村江西赣州兴万家现代农业发展有限公司注册,公司是一家集食用菌生产、加工、销售及农产品贸易为一体的农业产业化龙头企业。主要开发、生产新型高品质的食用菌产品。公司食用菌项目辐射带动周边农户加入到食用菌种植行业,并通过实用技术培训让更多的农民掌握食用菌栽培技术,形成由公司统一收购、合作社协调运作,加工、销售服务配套完善的销售模式。

【承办第十七届全国大学生游泳锦标赛】 11月17日—23日,由中国大学生体育协会主办、赣州市章贡区政府承办的第十七届全国大学生游泳锦标赛在章贡区章江游泳馆举行。此次大赛有清华大学、北京大学等83个代表队共900多人参赛,其中运动员700多人,领队、教练员、医生及工作人员200余人。大赛共角逐出38个项目的114枚金牌,打破纪录13项。泳坛首个全运会、亚运会、世界杯、世锦赛、奥运会冠军大满贯选手叶诗文代表清华大学出战,在女子乙组50米仰泳决赛中以28秒72的成绩夺得桂冠。

【科睿特获"2017年度国家中小企业公共服务示范平台"称号】 10月9日,工信部公布2017年度国家中小企业公共服务示范平台名单,章贡区企业赣州科睿特软件股份有限公司入选。科睿特软件股份有限公司是大数据、云计算及云服务平台的服务供应商,专注于智慧城市(含智慧社区、智慧旅游、智慧政务、智慧园区、智慧城管、智能工业、智慧教育等领域)信息化软件服务平台开发、销售、运营与服务,同时提供软硬件集成及实施等服务,是云计算中心及软件产业园的建设和运营机构,获得多项成果。公司拥有多家全资或控股子公司,在国内设立多个研发及运营服务中心。

【区劳动就业服务局创业贷款担保中心被授予"巾帼文明岗"称号】 4月22日,全国妇联在北京召开全国城乡妇女岗位建功先进集体(个人)表彰大会,章贡区劳动就业服务局创业贷款担保中心被授予"巾帼文明岗"称号。章贡区劳动就业局创业贷款担保中心积极扶持妇女创业就业工作,充分利用各种媒体、各类招聘会、"双创"平台等渠道宣传就业创业政策,开展各类创业贷款推介活动,引导鼓励妇女自主创业。创业贷款呈现出从扶持妇女个体创业致富,扩大到帮助贫困妇女就业、拉动地方主导产业发展、促进社会和谐稳定的综合效应。2014年以来,创业贷款担保中心共扶持599名妇女创业,发放创业贷款6741万元,带动妇女就业2787人。

【全国首条CP11打火机自动化生产线投产】 年内,章贡区引进的全国首条CP11打火机自动化生产线正式投入生产。该生产线由赣州市永康塑料制品有限公司投资2700万元从西班牙引进,为全国首条自动化生产线,该自动化生产线只需2人巡视设备,即可完成之前105名左右操作工的工作量,既助力企业扩大生产、增加产量,又降低安全风险,提升生产区域环境质量。

【文清路小学夺得全国健身操大赛双料冠军】 9月27日,2017年第六届全国全民健身操舞大赛总决赛在山东青岛落下帷幕,代表江西参赛的赣州市文清路小学队伍在《全民健身操等级规定动作》轻器械健身操2级项目夺得特等奖第一名;有氧健身操(全国规定套路)校园健身操夺得特等奖第一名;有氧健身操(自选动作)自由舞蹈夺得一等奖,实现江西省小学组在该项赛事冠军"零"的突破。

主要领导人 区委书记:刘文华(任至11月)、胡雪梅(11月任)。区人大常委会主任:刘铭忠。区长:连天浪。区政协主席:廖小波

(连明)

·赣县区·

【简　况】 位于江西省南部,辖12镇7乡。总面积2993.09平方千米。耕地2.15万公顷,林地面积23.29万公顷,新增公园绿地面积29.7公顷,达386.02公顷,绿化率35.06%。总人口65.45万人,其中农村人口52.35万人。2017年,地区生产总值167.71亿元,增长9.2%。其中,第一产业增加值23.22亿元,增长4.9%;第二产业增加值94.89亿元,增长9%;第三产业增加值49.60多少亿元,增长11.7%。财政总收入22.04亿元,增长4%,人均3932元;税收占财政总收入的比重69.4%。地方财政总收入15.34亿元,下降9.5%;地方财政支出45.20亿元,增长10.4%。一般公共预算收入15.34亿元,增长9.45%。社会消费品零售总额36.91亿元,增长12.8%。规模以上工业增加值增长9.5%。固定资产投资总额187.28亿元,增长13.5%。实际利用外资1.09亿美元,增长10.0%。出口总额2.85亿美元,增长3.3%。工业总产值328.81亿元,增长5.5%。主要工业产品及产量有水泥100.12万吨、饲料43.81万吨、10种有色金属6522吨、商品混凝土22.80万立方米,自来水1870万立方米。农业总产值37.27亿元,增长4.9%。粮食总产量19.22万吨。主要农产品及产量有蔬菜13.53万吨、烤烟738吨、花生4060吨、油菜籽2270吨。城镇、农村居民人均可支配收入分别为2.67万元和9542元,分别增长9.45%和11.1%。

【赣州诚正稀土新材料股份有限公司院士工作站授牌仪式举行】 5月11日,赣州诚正稀土新材料股份有限公司院士工作站授牌仪式在赣县区举行。中国工程院院士、沈阳工业大学特种电机研究所所长、国家稀土永磁电机工程技术研究中心主任唐任远,赣州市领导张圣泽、高世文,赣县区委书记胡晓平,区委副书记、副区长张景霖,区领导廖新宇、孙权,院士专家团队教授李岩、教授苗长顺等出席授牌仪式。诚正稀土借助院士工作站这一创新平台,在重大项目开发、高层人才培育、科技合作交流等方面得到智力和技术支持,推动稀土产业健康发展。

【"中国稀金谷"总体建设规划专家论证会在赣县区召开】 7月11日,"中国稀金谷"总体建设规划专家论证会在赣县区召开。中国工程院院士周克崧、李卫,原国家稀土办主任、工信部原材料司巡视员贾银松,江西理工大学校长杨斌,江西财经大学江西经济发展研究院院长吴志军等国内稀土稀有金属领域专家应邀出席,赣州市副市长胡聚文主持会议,省工信委副主任刘煜,赣县区委副书记、区长张景霖等出席会议。与会专家听取"中国稀金谷"总体建设规划编制情况和"中国稀金谷"建设情况汇报,审阅规划文本,并结合国际国内产业发展趋势和赣州稀土稀有金属产业发展现状,对"中国稀金谷"总体建设方案建言献策。刘煜就如何进一步修改完善规划做了重要讲话。胡聚文要求规划编制团队要吸收专家组的意见和建议,尽快完善文本。

【中国稀金(赣州)新材料研究院等3个科研平台成立】 8月19日,中国

稀金(赣州)新材料研究院、中国科学院海西研究院赣州稀金产业技术研发中心、质谱科学与仪器国际联合研究中心赣州分中心3个科研平台在赣州高新区正式挂牌成立,赣州中国“稀金谷”建设迈入新阶段。赣州市委副书记王林云,市领导高世文、蓝赟,赣县区委书记胡晓平,区委副书记、区长张景霖,区委副书记罗红梅,区领导陈火生、汤荣福等出席相关活动。中国稀金(赣州)新材料研究院等3个科研平台正式挂牌,是赣州市推进实施“主攻工业、三年翻番”行动计划的一件大事,对推动赣州稀土稀有金属产业“政产学研用”协同创新,促进全市工业提速增效、转型升级,具有重要意义。

【优化行政服务平台】 赣县区深入推进“放管服”改革,紧扣“三集中、三到位”原则,以优平台为基点、提效率为目标、抓队伍为主线,实施人性化、信息化、标准化、规范化服务,全力打造全市乃至全省审批环境最优、审批时间最短、审批效率最高的行政服务平台。1月,新行政服务中心启用,至年底共受理行政审批事项1553件,平均办结时限缩短2.6个工作日;受理并联审批事项10件,缩短审批时限60个工作日;办理便民服务事项2.4万余件,现场群众评价满意率99.7%。

【赣县区3所乡镇卫生院获“全国群众满意的乡镇卫生院”称号】 12月,国家卫计委办公厅公布全国3370所“2015—2016年度群众满意的乡镇卫生院”名单,赣县区江口镇中心卫生院、王母渡镇中心卫生院、五云镇卫生院入榜。在2015—2016年全国群众满意的乡镇卫生院遴选过程中,通过严格的乡镇卫生院自评申报、区卫计委评审推荐和市级复审、省级复核、国家抽检等程序,3家乡镇卫生院通过国家评审。

主要领导人 区委书记:胡晓平。区人大常委会主任:刘吉龙。区长:张景霖。区政协主席:罗宗祺。

(朱祥福)

·南康区·

【简 况】 位于江西省南部,辖6镇12乡2街道办事处。总面积1722.35平方千米,其中城区面积34.8平方千米。耕地面积3.23万公顷,有林面积9.29万公顷,森林覆盖率62.46%,城区绿化率42.23%。总人口76.61万人,其中非农业人口52.20人;人口自然增长率8.08‰。2017年,地区生产总值214.27亿元,同比增长9.6%。其中,第一产业增加值25.06亿元,增长4.5%;第二产业增加值109.79亿元,增长8.9%;第三产业增加值79.42亿元,增长12.2%。财政总收入29.33亿元,增长13.6%;公共财政预算收入19.24亿元,增长2.2%;地方财政支出58.79亿元,增长22.2%。工业总产值981亿元,增长16.5%。规模以上工业增加值77.61亿元,增长9.3%。固定资产投资196.7亿元,增长14.6%。主要工业产品及产量有家具749.5亿元、矿产品146.6亿元、服装33.7亿元、电子31.7亿元。外贸出口2.10亿美元。实际利用外商投资1.70亿美元、省外投资51.89亿元。农业总产值39.02亿元,下降3.4%。粮食总产量21.05万吨。主要农产品及产量有生猪出栏75.79万头、油料作物1.39万吨、蔬菜25.27万吨、瓜果1.14万吨、茶叶21吨。社会消费品零售总额47.3亿元,增长12.2%。城镇居民人均可支配收入2.80万元,增长9.0%。农村居民人均可支配收入1.02万元,增长10.9%。金融机构存款余额461亿元,增长18.76%;贷款余额337亿元,增长21.95%。

【“广州港内陆港—赣州”正式揭牌】 9月26日,“广州港内陆港—赣州”揭牌仪式在赣州港举行,赣州港正式成为广州港的内陆港。广州市口岸办主任刘曦,广州港务局副巡视员李全占,赣州市副市长、区委书记徐兵,市口岸办主任华晓斌出席仪式并共同为“广州港内陆港—赣州”揭牌。赣州港正式成为广州港的内陆港,是落实双方签订的《广州港与赣州港战略合作框架协议》的具体体现。两港之间的合作,有利于发挥广州港的资源优势,吸引其他相关航运、物流、金融企业入驻赣州港,把赣州港打造成为承接广东电子信息科技产业及其他产业转移的主平台、首选地,做强“赣粤”临港产业园,推动两地产业互联互通、协同发展。

【南康区被命名为“中国实木家居之都”】 5月25日,国家林业局调研组暨行业区域特色命名专家组到南康区调研并开展家具行业特色区域命名评审工作。通过调研和评审,南康区被专家组命名为“中国实木家居之都”。南康家具产业起步于20世纪90年代初,历经20多年的培育发展,已发展成为集加工制造、销售流通、专业配套、家具基地等为一体的产业集群,2016年,南康家具产业集群产值首次突破千亿元,达1020亿元。2017年,产业集群继续保持高速增长态势,家具产业集群总产值1300亿元,增长27.4%,成为全国最大的实木家具生产基地、国家新型工业化产业示范基地,是全国第三批产业集群区域品牌示范区、国家级家具产品质量提升示范区。2009年起连续9年被中国家具协会评为“全国优秀家具产业集群”。

【南康区获“全国群众体育先进单位”称号】 8月,南康区被国家体育总局授予“2013—2016年度全国群众体育先进单位”称号。南康群众体育活动氛围浓厚。乒乓球、冬泳、自行车、羽毛球、篮球、广场舞、老年气排球、健身气功、象棋等运动项目深受群众喜爱。尤其是乒乓球运动具有广泛的群众基础,全区参与乒乓球运动人口超过3万人,成为南康的特色项目。体育社会组织不断壮大。2017年新成立微马协会、象棋协会、徒步运动协会,全区已有22个单项体育协会。竞赛表演业发展迅速。2014年以来,举办国家级高水平体育赛事5次,省级体育赛事8次。其中,较大规模的体育赛事有2014年江西省运会羽毛球比赛、2015年洲际四国女子篮球挑战赛、2017年全国乒乓球锦标赛(U13)和2017中国围棋甲级联赛(南康专场)等,免费发放门票,受益群众超过12万人次。2017年11月,举办南康区第一届运动会,这是撤市设区以来规模最大、水平最高的综合性、群众性体育盛会。新建南康区体育公园,实行免费开放。该项目占地14.33公顷,总投资约2.3亿元。项目分两期进行建设,一期工程投资0.8亿元,包括1座3000座体育馆和景观工程,于2013年7月开工建设,2014年10月完工。二期工程投资1.5亿元,包括1个6000座体育场、1个1500座游泳馆、1个训练馆、1个800停车位地下停车场、1个室外运动场等设施。二期工程于2016年12月开工建设。

主要领导人　区委书记:徐兵。区人大常委会主任:彭秀生。区长:何善锦。区政协主席:严国雄。

(倪贵清)

·信丰县·

【简　况】　位于江西省南部,辖13镇3乡1工业园区管委会。总面积2866.04平方千米。耕地面积4.36万公顷,森林覆盖率71.3%。总人口77.54万人。2017年,地区生产总值188.29亿元,同比增长9.9%。其中,第一产业增加值31.54亿元,增长5.1%;第二产业增加值75.11亿元,增长7.4%;第三产业增加值81.64亿元,增长14.3%。财政总收入18.33亿元,增长11.9%。公共财政收入11.81亿元,增长3.3%。500万元以上固定资产投资182.36亿元,增长12.5%。实际利用外资1.08亿美元,增长10.1%。出口总额2.31亿美元,增长94.5%。社会消费品零售总额49.1亿元,增长10.5%。规模以上工业增加值增长8.8%。主要工业产品及产量有服装484.40万件、水泥299.9万吨、饮料酒(白酒)4.1万千升、饲料134.8万吨。农业总产值50.83亿元,增长11.3%。粮食总产量27.03万吨。主要农产品及产量有烤烟2538吨、脐橙10.59万吨、蔬菜55.91万吨、生猪出栏79.24万头。农村居民人均可支配收入1.19万元,增长10.24%;城镇居民可支配收入2.81万元,增长9.32%。金融机构存款余额285.03亿元,增长15%;贷款余额170.03亿元,增长19.4%。

【信丰县获批国家级出口食品农产品(脐橙)质量安全示范区】　9月18日,国家质检总局公布2017年国家级出口食品农产品质量安全示范区名单,信丰县国家级出口食品农产品(脐橙)质量安全示范区作为新申报示范区获批。信丰是"中国脐橙之乡""国家第一批现代农业脐橙产业园创建县"。信丰县脐橙种植面积逾1.33万公顷,果农达2.1万户,直接从事果业生产管理经营的人员有4.1万人,带动5.2万人从事与脐橙相关的产业。推进脐橙标准果园建设,与农夫山泉签订投资6.6亿元建设中国赣南脐橙产业园。推进以脐橙产业转型发展为重点的现代农业,探索建立脐橙经营管理新模式,引导果农统一组建果业合作社,实现统一技术培训、统一实施水肥一体化管理、统一进行病虫害防治,从根本上提高脐橙品质,加速脐橙产业转型发展。

【县群星合唱团获第十四届中国合唱节银奖】　11月3日,在浙江省宁波市举行的第十四届中国合唱节上,代表江西省赴赛的信丰县群星合唱团演唱的《橄榄树》《龙的传人》获银奖。信丰县群星合唱团是县文化馆的馆办队伍,成立于2010年11月23日。是江西省合唱协会(信丰)合唱示范基地示范团队。2015年9月合唱团参加江西省"百姓大舞台"合唱艺术节获一等奖,在全省合唱界享有一定声誉。

【《玉带桥》获第八届全国小戏小品曲艺大展银奖】　11月19日—24日,"中华颂长丰杯"第八届全国小戏小品曲艺大展在安徽省合肥市长丰县举行,信丰采茶小戏《玉带桥》获"优秀剧目"银奖。《玉带桥》由信丰县演艺公司耗时两年打磨,先后15次对剧本进行修改,于2017年10月完成,讲述1934年秋,第五次反"围剿"斗争失利后中央红军星夜渡于都河,开始战略大转移,追随红军父兄的于都姑娘只身流落到信丰虎山玉带桥时发生的一段催人泪下的故事。

【金盆山省级自然保护区发现4种珍稀动物】　1月,信丰县金盆山省级自然保护区于1月设立。保护区设立后,为有效保护珍稀野生动物,在区内共设立16部野生动物红外相机监测点。科研人员利用16个监测点对保护区内鬣羚、白鹇、豹猫、猛禽等国家重点保护动物种群进行全面监测调查,记录种群、数量、活动地点等信息,并做好归档管理。此次监测调查新发现红脚隼、黄嘴角鸮、黄腹鼬、绿翅金鸠4种珍稀动物。其中,红脚隼、黄嘴角鸮被列入国家Ⅱ级重点保护动物,黄腹鼬被列入《世界自然保护联盟》(IUCN)2008年濒危物种红色名录。

主要领导人　县委书记:刘勇。县人大常委会主任:邹长东。县长:黄蕙。县政协主席:何文庆。

(罗才胜)

·大余县·

【简　况】　位于江西省西南部,辖8镇3乡。总面积1343.67平方千米。耕地面积1.3公顷,森林覆盖率73.3%。总人口31.12万人,其中城镇人口14.9万人,增长4.7%;人口自然增长率7.1‰。2017年,地区生产总值112.88亿元,同比增长9%。其中,第一产业增加值13.33亿元,增长5.6%;第二产业增加值54.68亿元,增长7.7%;第三产业增加值44.87亿元,增长11.7%。三次产业结构调整为11.8∶48.4∶39.8。财政总收入12.41亿元,增长12.6%;财政支出25.46亿元,增长6.5%。固定资产投资122.89亿元,增长0.13%。实际利用外资1.1亿美元,增长10%。进出口总额0.49亿美元,增长9.97%。农林牧渔总产值21.12亿元,增长5.1%。粮食总产量9.2万吨,增长0.5%。社会消费品零售额30.76亿元,增长11.2%。金融机构存款余额110.38亿元,增长12.6%;贷款余额77.36亿元,增长21%。城镇居民人均可支配收入2.61万元,增长9%;农村居民人均可支配收入1.07万元,增长10.3%。

【纪念南方红军三年游击战争胜利暨新四军组建80周年理论研讨会在大余县召开】　9月26日—27日,由中共中央党史研究室第一研究部、中国人民解放军军事科学院军队政治工作研究院、中共江西省委党史研究室、中共赣州市委共同主办,以"坚定执着跟党走 依靠群众求胜利"为主题的纪念南方红军三年游击战争胜利暨新四军组建80周年理论研讨会在大余召开。省委常委、赣州市委书记李炳军,军事科学院副院长曲爱国出席并致辞。市委常委、市委宣传部部长胡雪梅主持研讨会,大余县委书记曹爱珍在研讨会开幕式上致辞。研讨会上,陈毅之子陈小鲁代表革命元勋后代发言,军史专家、中国人民革命军事博物馆研究员姜廷玉作报告。项英之女项苏云、粟裕之女粟慧宁、张云逸之孙张晓龙等革命元勋后代代表,党史军史有关专家学者,中国新四军研究会和有关省市新四军研究会代表,入选论文作者代表等参加研讨会。其间,还召开学术交流会,并收到中国人民解放军首席军史专家刘庭华,国防大学教授、博士董志铭,中共中央党史研究室李蓉,等等60多名专家学者的50多篇入会论文。与会人员还参加梅岭三章纪念馆开馆暨"中国梦铁军魂"书画展活动,参观南方红军三年游击战争纪念馆建设现场,观看专场文艺演出。

【梅岭三章纪念馆开馆】 9月,梅岭三章纪念馆开馆。该馆位于大余县南安镇建设村,于2016年7月开始建设,原为南方红军三年游击战争期间中共中央分局、中央政府办事处所在地,是赣粤边游击区的中心区域。1936年,作为江西革命根据地主要领导人之一的陈毅在梅山斋坑被围时,写下气壮山河的绝笔诗《梅岭三章》。大余人民为保护珍贵的革命旧址和文物,建馆加以纪念。梅岭三章纪念馆是梅山红色旅游区内的景点之一。纪念馆主体建筑面积2900多平方米,陈展面积1300多平方米。馆内设有陈毅元帅诗词专题展厅、中国梦铁军魂书画展厅、多功能影像厅等。其中,陈毅元帅诗词专题展厅由序厅、"创业艰难百战多""大庾岭上暮天低""弥天烽火举红旗""团结抗日下山来"5个部分组成,并以雕像、大型场景、图片、书籍等各类文物陈列。真实再现游击战争的光辉历史,弘扬坚定信念、百折不挠、艰苦奋斗的革命精神。梅岭三章纪念馆2017年共吸纳游客5万余人,成为广大人民群众接受红色教育、传承红色文化的重要教育基地。

【牡丹亭文化园竣工】 12月,牡丹亭文化园竣工。牡丹亭文化园位于大余县城东南部,是为传承和弘扬明代大戏曲家汤显祖浪漫主义杰作《牡丹亭》而建,2016年3月开工建设。项目总投资1.04亿元。牡丹亭文化园北临章江河,东连东山岭,与魁星塔交相辉映,成为大余城市地标。牡丹亭文化园占地面积约8.13公顷,建筑面积约1.3万平方米,主要建筑包括南安府衙、牡丹亭后花园十景、展览馆、婚庆堂、剧院、道源书院等。牡丹亭文化园立足于"一亭一梦世间情,一剧一城文化魂"的定位,还原文学作品中的十景。园内还设置以爱情文化为主题的广场,广场中央安放着东方爱神杜丽娘雕像。广场左侧新建有婚庆堂、展览馆、剧院等建筑。牡丹亭文化园既是展现牡丹亭文化的平台,也是广大市民陶冶情操、休闲娱乐、旅游观光的好去处。

【丫山钨业碳酸锂项目竣工投产】 12月30日,丫山钨业年产6万吨碳酸锂项目竣工投产。该项目是大余县500亿级有色金属新材料产业集群项目之一,由广州天赐高新材料股份有限公司和江西云锂股份有限公司合资兴建。项目位于大余县新华工业园,占地面积8.2公顷,总投资18.2亿元,主要建设碳酸锂生产线及配套设施,新建工业4.0智能仓储中心,智能中控室、产品展示中心、浸出、沉锂车间等13栋车间,总建筑面积5万平方米,购置MVR高效蒸发系统、高压辊磨机等大型生产设备共248台(套)。采取锂辉石用天然气焙烧,再经过酸化、浸出、分离后产生碳酸锂的技术,项目一期达产达标后可年产碳酸锂3万吨。

主要领导人 县委书记:曹爱珍。县人大常委会主任:李细妹。县长:钟旭辉。县政协主席:邓金健。

(李君安 刘艺冰)

·上犹县·

【简 况】 位于江西省西南部,辖6镇8乡。总面积1543.87平方千米。耕地面积8666.7公顷,森林面积1.2万公顷,森林覆盖率81.4%。总人口32.43万人,其中农业人口27.59万人;人口自然增长率5‰。2017年,地区生产总值65.50亿元,同比增长9.1%。规模以上工业增加值增长9.2%。固定资产投资60.43亿元,增长13.3%。社会消费品零售总额18.38亿元,增长13.3%。财政总收入9.52亿元,增长14%。实际利用外资7505万美元,增长10.07%。进出口总额1.58亿美元、出口总额1.21亿元,分别增长48.2%和66.22%。城镇居民人均可支配收入、农村居民人均可支配收入分别为2.23万元、0.85万元。

【园村生态清洁小流域被命名为"国家水土保持生态文明工程"】 3月13日,水利部公布2016年度国家水土保持生态文明工程名单,上犹县园村生态清洁小流域入选,成为全省第一个国家水土保持生态文明清洁小流域建设工程。园村小流域作为生态清洁小流域建设试点,自2013年开工至2014年竣工,共计综合治理水土流失面积9.29平方千米,水土流失综合治理率达到95%,其中水土保持林175公顷,经果林167公顷,封禁治理627.4公顷,谷坊4座,拦沙坎6座,田间道路4.41千米,沟渠67.24千米,护岸护坡3.75千米,山塘1座,沉沙池47口,蓄水池17口,土方23.6万立方米,石方0.94万立方米,投工4.98万工日,总投资465.29万元,其中中央资金325.7万元,地方资金97.71万元,群众投入41.87万元。在有效治理区域内水土流失、加快生态修复的基础上,针对园村小流域既有乡村旅游资源,又有生态茶叶产业等特点,把农村河道整治、生活污水处理、村容村貌改善、水源污染防治和水土保持文化宣传等纳入生态清洁小流域建设的重要内容。突出"三治同步"(治山、治水、治污)和"五水共建"("治山保水""疏河理水""产业护水""生态净水""宣传爱水"),实现"产业发展、功能完善、村容整洁、环境优美"的目标。生态清洁小流域建设不仅从根本上提升区域内的生态颜值,还助推了茶叶、油茶、珍贵苗木种植等现代农业及乡村旅游业的发展,群众收入得到提高,区域内开始呈现出蓝天白云、青山绿水、小桥流水、人与自然的和谐相处的景象。小流域内的园村村获"江西省水生态文明村""江西省省级生态农业旅游示范点"等称号。

【第八届环鄱阳湖国际自行车大赛终点站比赛在上犹开赛】 9月23日，2017第八届“邮储银行杯”环鄱阳湖国际自行车大赛终点站比赛在上犹开赛。此次赛事分为职业组和业余组，参赛选手们从上犹县文体中心出发，围绕县城赛道绕骑8圈，骑行至陡水湖风景区绕骑4圈，再返回文体中心终点。赛程共计125.4千米。中国、美国、澳大利亚、意大利等31个国家和地区的20支自行车队近200名国际顶尖骑手，以及400余名业余选手参加。经过角逐，美国康宝莱车队的车手塞缪尔·杜雷获环鄱赛上犹终点赛段冠军。业余组中，江西选手胡紫云获公路组第一名，吴兴栋获男子精英组第一名；浙江选手金招伟获男子壮年组第一名，廖彬彬获山地女子组第一名。

【上犹县获联合国妇女署项目】 6月21日，县委副书记、副县长余有根率县教育局有关人员在北京出席2017社会性别与慈善发展国际论坛。论坛上，联合国妇女署国别项目主任汤竹丽(Julia Broussard)与知名演员、联合国妇女署国别亲善大使佟大为共同为上犹县颁发《联合国中国社会性别研究与倡导基金受资机构证书》。

上犹县县教育局于4月向联合国妇女署递交“在江西省中小学教育系统中推行社会性别主流化教育的制度化”项目申报书，经过两轮严格评审，上犹县提交的项目在全国149个项目中脱颖而出，以第2名的成绩被联合国妇女署评审通过，被列为第八批项目招标中选项目。该项目将在上犹县建立可持续的面向中小学的社会性别主流化教育制度，并作为性别平等教育的制度化试点，推广、推动各级学校向中小学生开展全面具体的社会性别主流化教育，改变学生固有的社会性别概念。

主要领导人 县委书记：赖晓岚。县人大常委会主任：蓝青。县长：余业伟。县政协主席：钟恢森。

（谢东才）

·崇义县·

【简　况】 位于江西省西南部，辖6镇10乡。总面积2206.27平方千米。总人口21.6万人，其中城镇人口4.6万；人口自然增长率9.65‰。耕地面积1.1万公顷，林地面积17.9万公顷，森林覆盖率88.3%。2017年，地区生产总值81.44亿元，同比增长9.3%。其中，第一产业增加值11.03亿元，增长4.6%；第二产业增加值38.91亿元，增长8.4%；第三产业增加值31.50亿元，增长13.4%。财政总收入11.98亿元，增长12%。公共财政预算收入8.02亿元，下降4.0%。固定资产投资51.73亿元，增长14%。社会消费品零售总额16.94亿元，增长10.6%。规模以上工业总产值57.42亿元。主要工业主品及产量有钨精矿9511吨、原煤1.34万吨、竹胶合板3.13万立方米、南酸枣糕4230吨、仲钨酸铵9684吨。农业总产值16.11亿元，增长4.5%。粮食总产量4.24万吨。主要农产品及产量有蔬菜及食用菌3.75万吨、油料作物1479吨、脐橙3.96万吨、茶叶873吨、猪肉5969吨。城镇居民人均可支配收入2.50万元，增长8.9%；农村居民人均可支配收入9390元，增长10.3%。

【崇义客家梯田进入全球重要农业文化遗产保护名录】 11月23日，联合国粮农组织全球重要农业文化遗产(GIAHS)专家会议在意大利罗马召开，江西崇义客家梯田入选全球重要农业文化遗产保护名录。崇义客家梯田遗产地位于崇义县罗霄山脉与诸广山脉之间的上堡乡、思顺乡和丰州乡，涉及26个行政村，梯田总面积2600多公顷，其中上堡乡面积最多，达2000多公顷。梯田最高海拔1260米，最低海拔280米，垂直落差近千米，最高达62个梯层。崇义客家梯田在南宋时代就已存在，盛建于明末，完工于清初，距今已有800多年历史，是中国梯田奇观之“秀丽天梯”，2012年被上海大世界基尼斯认证为“最大的客家梯田”；2013年12月、2014年5月分别被农业部认定为“中国美丽田园”和“中国重要农业文化遗产”。

【崇义县被评为“国家卫生县城”】 7月14日，全国爱国卫生运动委员会公布《全国爱卫会关于命名2014—2016周期国家卫生县城(乡镇)的决定》。崇义县入选“国家卫生县城(乡镇)”。2013年9月启动创建国家卫生县城以来，县委、县政府高位推动，掀起互为促进的创建高潮。通过创卫，广大市民观念上发生根本转变，讲文明、讲卫生、讲秩序已成为广大市民自觉行动，市民的文明卫生意识显著提升。环境卫生得到显著改观，街面卫生清洁，交通秩序井然，食品卫生明显提升，垃圾广告治理到位，市容环境全面优化。县城道路硬化水平大幅提高，县城建成区所有大街小巷实现100%硬化，城市道路更为通畅；各项市政基础设施建设加快，环卫实施更加完善，城市配套功能大大增强。通过近4年的创卫工作，县城建成区稳步拓展，县城“美化、绿化、亮化”三大工程成效显著，呈现出“生态宜居小城”的新形象。

【客家梯田水利风景区晋升为国家级水利风景区】 9月8日，水利部公布第十七批国家级水利风景区名单，崇义县客家梯田水利风景区入选。客家梯田水利风景区位于崇义县上堡乡，属于灌区型水利风景区，依托上堡乡农田水利灌区、赤水仙水库、仙龙潭水库而建。景区面积97.4平方千米，其中水域面积1.65平方千米，风景区集中了梯田景观、茶梯田景观、森林景观、河流景观、冰川遗迹地质地貌景观、气候天象等多种自然景观，其中梯田景观最具特色，是全国最大的客家梯田景观。

【颁发首张食品小作坊登记证】 6月28日，县市场和质量监督管理局为麦稻坊酒厂颁发崇义县首张《食品小作坊登记证》，小作坊、小餐饮、小食杂店、小摊贩(简称“四小”)开始走上法制规范化轨道，长期困扰市场监管的食品“四小”业主可以申领“身份证”，解决食品“四小”经营户无证无照经营，又难以取缔的状况，加大对“四小”经营户的管理力度，营造崇义健康有序的食品安全环境。

主要领导人 县委书记：许斌。县人大常委会主任：郭兰。县长：邱凌。县政协主席：陈金发。

（黄流香）

·安远县·

【简　况】　位于江西省南部,辖8镇10乡。总面积2374.59平方千米,其中城区面积10.37平方千米。耕地面积1.08万公顷,森林面积20.05万公顷,森林覆盖率84.25%,城区绿化率41.1%。总人口40.43万人,其中农业人口31.61万人。2017年,地区生产总值66.78亿元,同比增长9.1%。其中,第一产业增加值17.52亿元,第二产业增加值14.88亿元,第三产业增加值34.38亿元。财政总收入8.09亿元,增长11.9%。其中,公共财政收入5. 25亿元,增长2.4%。500万元以上项目固定资产投资41.72亿元,增长14.2%。规模以上工业增加值增长8.6%。主要工业产品及产量有稀土312.7吨,产值3.4亿元;塑料薄膜1902吨,产值0.32亿元。主要农产品及产量有水果20.4万吨,产值8.97亿元;烟叶193.33公顷,产值1.1亿元。社会消费品零售总额20.07亿元,增长10.8%。农村居民人均可支配收入9227元,增长10.2%;城镇居民人均可支配收入2.31万元,增长8.7%。各项存款余额128.46亿元,增长21%;贷款余额为80.61亿元,增长31.2%;存贷比为62.8%。

【安远县获评全国"四好农村路"示范县】　8月24日,在山东省临沂市召开的全国"四好农村路"养护现场会上,交通运输部表彰全国首批53个"四好农村路"示范县,安远县名列其中。

安远大力实施交通先行战略,把农村公路建设纳入各级政府年度目标考核内容,健全专业监管和群众监管"两个体系",完成县级交通工程质量监督站建设,形成"政府监管、工程监理、企业自检"三级质量保障体系,并严格执行农村公路建设"七公开"制度,确保工程质量。2013年以来,交通建设总投入140多亿元。尤其是采取以政府投资为主、多渠道筹资为辅、社会资金参与的模式,共筹集资金11.5亿元,用于"四好农村路"建设。全县构建寻全、宁定高速组成的"十字形"高速网,新增国道167.8千米,改造提升出境公路8条,新建和改造国、省、县、乡、村道1275千米。

【承办2017年赣南脐橙网络博览会暨农特产品展销会】　11月20日,2017年赣南脐橙网络博览会暨农特产品展销会在安远县赣南脐橙交易中心启动。此次活动由赣州市政府主办,安远县承办,以"世界橙乡·客家赣州"为主题,相继举办天猫、聚划算、京东商城等多渠道网上销售赣南脐橙活动,赣南脐橙线上销售展示及线下30个主要城市展销推介品鉴活动,"脐橙采摘季,欢乐赣州行"2017年赣南脐橙采摘旅游季活动,赣南客家(安远)美食展示,通过线上线下互动,推介农特产品、传播美食文化、宣传赣州旅游,将"世界橙乡·客家赣州"全方位、广角度推向世界,推动赣南苏区振兴发展。

【安远三鲜粉入选首届"中国地域十大名小吃"】　12月7日,首届"中国地域十大名小吃"在福建省沙县举行,安远三鲜粉入选首届"中国地域十大名小吃"名单。安远三鲜粉是赣南著名特色小吃,历史悠久、风味独特且绿色营养,是赣南客家人餐饮主流之一,2010年被评为江西省"最具特色有名小吃"。为更好地推进安远小吃品牌有序发展,县委、县政府专门成立小吃办,管理规范安远小吃,还制定实施奖励补助、贴息贷款扶持、支持企业创立自主品牌等一系列扶持政策。并依托一年一度的"安远美食旅游文化节",在部分城市召开小吃推介会,宣传推介安远小吃。同时,按照"一乡一城"的思路,引导各乡镇创业者抱团进驻一个城市,共同经营"安远三鲜粉"。全县重点扶持1000家小吃店进驻42个县市,着力培育一批安远小吃餐饮连锁企业,推动安远小吃向企业化、品牌化、规范化发展。

主要领导人　县委书记:严水石。县人大常委会主任:曹志坚。县长:肖斐杰。县政协主席:刘惠宗

（叶春泉）

·龙南县·

【简　况】　位于江西省最南端,辖9镇5乡2管委会1林场。总面积1641平方千米。耕地面积1.24万公顷。城镇化率达50.47%,提高1.63个百分点。总人口33.70万人;人口自然增长率10.16‰。2017年,地区生产总值153.23亿元,同比增长9.2%。其中,第一产业增加值13.36亿元,增长4.4%;第二产业增加值83.27亿元,增长8.8%;第三产业增加值56.60亿元,增长11.1%。三次产业结构由9.4:54.6:36.0调整为8.7:54.4:36.9。财政总收入19.2亿元,增长14.6%;其中一般公共预算收入13.4亿元,增长7.2%。固定资产投资总额172.7亿元,增长15.1%。规模以上工业增加值增长9.0%,工业主营业务收入268.48亿元,增长16.2%。实现进出口总值7.75亿美元,增长17.42%。农业总产值21.17亿元,增长4.34%。粮食总产量6.49万吨,下降0.77%。主要农产品及产量有油料2814吨,增长0.57%;蔬菜24.12万吨,下降3.3%;油茶籽2385吨,板栗765吨。城乡居民可支配收入分别为2.76万元、1.07万元,分别增长9.8%和12.1%。金融机构存款余额162.2亿元、贷款余额116.6亿元,分别增长18.8%、27.6%。

【推进民生工程建设】　2017年,民生类支出26.3亿元,占公共预算支出的83.7%。其中,投入扶贫领域2.2亿元。全面落实教育扶贫政策,发放各类助学金1206万元,惠及贫困学生1.34万人次。实施易地扶贫搬迁2280人,建成农村保障房500套。2280名贫困群众、3个省级贫困村脱贫摘帽。实施43个校建项目,第二公立幼儿园、龙师附小龙陂分校建成开学,龙南二中、三中改扩建工程完成。县文化馆、图书馆新馆落成并免费向市民开放。实施"智慧龙南"建设,首批公共区域免费Wi-Fi热点开通。实施全民参保登记,实现社会保障全覆盖。投入24亿元,实施高铁新区核心区、程屋片区棚改征迁,征收房屋3358户76.8万平方米,征地340多公顷。开展城乡环境综合整治"攻坚月"行动,拆除农村"空心房"110.9万平方米,关停拆除禁养区养猪场311家,拆除乱搭乱建铁皮棚9.8万平方米。推进移风易俗,完成坟墓搬迁1614穴,建设农村公益性公墓23座。

投入4664万元开展农村生活垃圾专项治理,建成13座压缩式垃圾中转站。投入9000万元,关停玉石仙岩区域23家石材开采、加工企业,县城周边粉尘污染问题得到有效解决。全面停止稀土开采,治理废弃稀土矿山216公顷。

【小武当风景名胜区入选国家级风景名胜区】 3月29日,国务院公布第九批国家级风景名胜区名单,龙南县小武当风景名胜区入选。小武当风景名胜区位于赣粤两省交界处龙南县武当镇,西侧有105国道横贯全境,距广州290千米,距深圳340千米,属于典型的丹霞地貌。该风景区总规划面积29平方千米,主峰海拔864米,以丹霞峰丛、峰林地貌景观为特色,99座丹霞奇峰平地突兀,沿105国道连绵约5千米,景点集中分布,组合丰富。2016年以来,龙南县实施"全域旅游"工程,谋划全县旅游产业发展,小武当山风景区休闲旅游迅猛发展,景区创4A开发建设项目正在加紧建设,已成为赣、粤、湘、闽等地区的休闲旅游热点,年接待游客近20万人次。

【举办龙南客家围屋高峰论坛暨招商推介会】 12月8日,中国(龙南)客家围屋高峰论坛暨招商推介会在县文化艺术中心歌剧院召开。美国、英国、加拿大、马来西亚、荷兰、南非、泰国、苏里南等10个国家和地区的全球客家社团领袖、三省六市客家联谊会、海内外著名客家人士、各地客商以及全国各地的商(协)会、知名企业负责人代表参加会议。在招商推介会上,龙南县对县域投资环境、招商政策、重点项目等进行推介,现场签约项目11个,签约资金160.2亿元。

主要领导人 县委书记:缪兰英。县人大常委会主任:曾明健。县长:邱建军 。县政协主席:王慧君。

（徐柏胜）

·全南县·

【简　况】 位于江西省南部,辖6镇3乡2公司1林场。总面积1535平方千米,其中城区面积8.80平方千米。耕地面积1.06万公顷,林地面积12.57万公顷,森林覆盖率82.87%。总人口19.73万人。2017年,地区生产总值67.09亿元,同比增长8.2%。其中,第一产业增加值9.63亿元,增长4.3%;第二产业增加值33.84亿元,增长8.1%;第三产业增加值23.62亿元,增长10.0%。三次产业结构比由15.2∶50.2∶34.6调整为14.4∶50.4∶35.2。财政总收入9.55亿元,增长6%。公共财政预算收入6.45亿元,下降5.3%;公共财政预算支出24.09亿元,增长23.0%。规模以上工业总产值86.44亿元,规模以上工业增加值增长8.6%。500万元以上固定资产投资45.69亿元,增长12.6%。外贸出口1.43亿美元,增长7.1%。实际利用内资38.91亿元,增长10.8%;实际利用外资7234万美元,增长10%。社会消费品零售总额18.25亿元,增长11.4%。城镇居民人均可支配收入2.47万元,增长8.83%;农村居民人均可支配收入7802元,增长14.10%。城镇居民年末储蓄存款50.52亿元;贷款余额48.44亿元。

【生态文明建设】 成功创建省级生态县,被授予"江西省森林城市",获评第三批"省级生态文明示范县"。南迳镇马古塘村、中寨乡黄泥水村获评赣州市"生态秀美乡村"。秋湖废弃矿稀土治理、畜禽养殖污染整治、山水村田湖草生态保护修复试点、"清河"行动等工作取得成效。新增1个省级生态乡镇,总数达到7个,比例达77.8%。新增3个省级生态村,市级以上生态村总数达80个,比例达93%。森林覆盖率82.87%,居全省前列。全县地表水环境质量达标率100%(去除输入性超标断面影响),集中式饮用水源水质达标率100%,空气质量优良率94.4%。

【全南县获评全国地质灾害防治高标准"十有县"】 12月15日,全南县被国土资源部评为全国地质灾害防治高标准"十有县"。全南县属中亚热带多雨区,雨量充沛,年平均降水量1653.5毫米,根据1/5万地质灾害调查和各乡(镇、场、公司)巡查排查,查明各类地质灾害隐患点共209处,其中,滑坡隐患188处、崩塌隐患18处、地面塌陷隐患3处,威胁居民3294人。按照"有制度、有机构、有经费、有监测、有预警、有评估、有避让、有宣传、有演练、有效果"10项建设要求,全南县建立健全地质灾害应急调查、排查、巡查、核查、值班值守、预警预报、信息报告、应急会商、应急处置、宣传培训、演练、项目和资金管理等制度,编制《江西省全南县地质灾害防治规划(2010—2020年)》,成立地质灾害防治工作领导小组和突发地质灾害应急指挥部,建立县、乡镇、村(社区)三级地质灾害防治责任体系,地质灾害防治职能延伸到村、组,全县在册地质灾害隐患点均纳入群测群防体系,形成防灾有方案、救灾有预案、责任有落实的地质灾害防治体系,实现"五到位"(地质灾害防治评估工作到位、隐患点巡查到位、防灾预案到位、防灾知识宣传到位和灾情险情处置人员到位)。投入资金40万元,建设监测预警体系、购置防灾装备,举办群测群防、应急演练培训和地质灾害防治宣传。开展地质灾害气象预警预报,建立矿管、气象、水文等部门联合会商制度,及时发布预警预报信息。全年发送预警信息8条,编印法规宣传册1000余册,印发各种宣传资料5500余份,发放避险明白卡600余份,埋设标识牌209块,扶贫搬迁安置转移地质灾害频发区、深山区、水库库区群众1000余户,城厢镇明山路居民区山体滑坡地质灾害治理工程、街心花园小区崩塌治理工程、街心花园小区C栋西侧边坡治理项目工程和县委家属楼后山滑坡隐患治理工程等4个项目通过竣工验收。

【南迳镇入选全国第二批特色小镇】 7月27日,住建部公布全国第二批特色小镇名单,全南县南迳镇以芳香主题入选。南迳镇面积210.9平方千米,是国家生态乡镇、江西省百强中心镇、赣州市示范镇,总人口2.2万人。在产业发展中,南迳镇立足资源优势,厚植生态优势,培育打造芳香产业集群,挖掘开发芳香文化新业态。全镇有芳香产业基地3333.33公顷,建成芳香药材厚朴基地2000公顷,桂花基地666.67公顷,梅花基地333.33公顷,兰花、菊花、百合、荷花等花卉种植面积66.67公顷;拥有珍贵梅花品种

100多个，桂花品种70多个，大力培育研发新兴品种，“虔南贵妃”“紫嫣公主”登录国际新品种名录；加速三产融合，充分利用氡温泉，培育种植蝴蝶兰花；将温泉与芳香产业有机融合，发展芳香温泉，打造芳香观光、芳香体验、芳香温泉等新兴产业；整合中滩风光、现代农业示范园区生态旅游资源，打造农旅综合体，获批省级特色小镇。

【全南网库灵芝交易平台成立】 3月14日，全南网库灵芝交易平台成立，4月28日，平台在全南创新创业电商园邮乐购上线运营。全南网库灵芝交易平台是一家以中国网库集团大数据为支撑，集在线采购 、分销、批发、订制为一体的单品交易平台，全国所有灵芝网上销售和结算统一在全南平台进行，是全国灵芝单品上下游的聚集中心。截至2017年年底，网上入驻企业已有1300多家，累积线上线下交易额2500余万元，平台流量增长到20多万。同时，带动全县林下野生灵芝种植面积扩大到533.33公顷，产值1.9亿元。

主要领导人 县委书记：余钟华。县人大常委会主任：曹东春。县长：温扬汉。县政协主席：马石旺。

（江裕来）

·定南县·

【简　况】 位于江西省最南端，辖7镇。总面积1321.13平方千米。耕地面积76.10公顷，有林面积10.55万公顷，森林覆盖率80.9%。总人口22.19万人，其中城镇人口5.64万人。2017年，地区生产总值77.47亿元，同比增长9.6%。其中，第一产业增加值10.32亿元，增长4.3%；第二产业增加值34.91亿元，增长7.8%；第三产业增加值32.24亿元，增长13.4%。规模以上工业增加值增长8.5%。500万元以上项目固定资产投资70.98亿元，增长13.2%。财政总收入11.44亿元，增长3.0%。社会消费品零售总额17.13亿元，增长11.8%。实际利用外资8006万美元，增长10.0%。外贸出口6010万美元，增长6.7%。规模以上工业总产值82.24亿元，增长24.6%。主要工业产品及产量有中成药395.21吨、涂料1709吨、单一稀土金属46.58万吨、钨砂966.73吨。农业总产值18.07亿元，增长4.3%。粮食总产量5.98万吨。主要农产品及产量有水果2.28万吨、茶叶178吨蔬菜及食用菌7.67万吨。城镇居民人均可支配收入2.67万元，增长8.8%；农村居民人均可支配收入8806元，增长14.1%。城乡居民年末储蓄余额48.07亿元。

【黄砂口村“美丽乡村”项目建成开放】 黄砂口村位于定南县老城镇东北部，紧邻赣粤高速老城出口和赣深高铁定南站。全村总面积16.09平方千米，人口1637人。村庄为传统自然客家古村落，文风昌盛、人才济济，进士人数占定南的三分之一。2017年年初，黄砂口美丽乡村建设采取规划设计、采购、施工一体化的EPC模式，结合村庄山水田园特色及传统村落文化，邀请赣南师范大学美丽乡村特色小镇规划设计团队对黄砂口进行高标准编制规划。以“一溪三轴连四区，多点汇文湖”的布局，打造融合古村落与现代气息、古城文化与现代旅游，集“改善环境、培植产业、丰富文化、记住乡愁”为一体的定南美丽乡村。“一溪”指贯穿黄砂口的一条小溪，“三轴”指黄砂口的三条道路，“四区”指蓝莓产业观光旅游区、乡村体验区、果蔬采摘区、休闲区（文昌公园）。“多点汇文湖”多点指魁星阁、文友居（民宿）、村史馆等景观点，“文湖”指文昌湖。7月，黄砂口村入选赣州市第一批特色小镇创建名单。年底，黄砂口美丽乡村建设一期工程基本完工，文昌公园、文昌湖、村史馆、民宿、游客服务中心广场等主要景点建成开放，展现黄砂口村的风俗人情与精神风貌，吸引大批周边县市及粤港地区的乡村旅游爱好者。

【举办2017生态定南万人徒步活动】 11月12日，“2017生态定南万人徒步活动”在县行政中心广场启动。活动由县政府指导，县旅游局、县教体局主办，磨房网承办，内容包括脐橙文化展览、脐橙游戏大赛、现场采摘脐橙、特色食品体验、户外电影节和脐橙徒步大会等，其中徒步线路长35千米，起点为县行政中心广场，途经神仙寺—焦坑水库—太公村—金鸡村华鹏脐橙园—富田村—东岭村半山脐橙园，终点为县文体中心。活动吸引全国各地近万名徒步爱好者和外国友人参加。

【定南人杨登辉夺得第44届世界技能大赛控铣项目冠军】 10月14日—19日，第44届世界技能大赛在阿联酋阿布扎比举行，在广东机械技师学院就读的定南籍学生杨登辉在控铣项目比赛中，夺得金牌。

2014年，杨登辉中职毕业后，报读广东省机械技师学院2014级世赛班。从训练到参加广东省赛，再到国家赛，短短3个月时间，杨登辉就在北京市工业技师学院的决赛中获得第一名。2015年下半年，杨登辉开始世赛的训练。2016年9月在北京市工业技师学院举行的第44届世界技能大赛数控车、数控铣项目全国选拔赛上，他以全国第2名的成绩入选国家集训队。2016年11月至2017年9月在北京市工业技师学院参加集训，并以第1名的成绩通过11进6、6进2、2进1系列选拔，最终被确定为第44届世界技能大赛数控铣项目参赛选手。

【赣深高铁（定南段）开工建设】 11月9日，由中铁三局承建的赣州至深圳客运专线（简称赣深客专）定南段开工建设。赣深高铁江西境内全长133.9千米，新设信丰西、龙南东、定南西3个车站。赣深高铁定南段全长12.60千米，路基2.63千米，隧道6座1.75千米，桥梁13座8.21千米，新建定南西站。赣深客专建成通车后，定南至南昌所需时间由7个多小时缩短至4小时以内，定南至深圳所需时间由4个多小时缩短至2小时以内。

主要领导人 县委书记：赖正文。县人大常委会主任：曾小良。县长：吴建平。县政协主席：袁建。

（赖春梅）

·兴国县·

【简　况】 位于江西省中南部，辖6镇19乡1经济开发区。总面积3215平方千米，其中城区面积26.89平方千米。耕地面积4.2万公顷，有林面积 24.75 万公顷,森林覆盖率 75.33%。总人口 84.7 万人,其中城镇人口 42.18 万人;人口自然增长率 10.61‰。2017 年,地区生产总值 158.42 亿元,同比增长 9.1%。其中,第一产业增加值 30.53 亿元,增长 4.8%;第二产业增加值 76.24 亿元,增长 8.0%;第三产业增加值 51.65 亿元,增长 13.7%;三产业结构调整为 19.3:48.1:32.6。财政总支出 44.53 亿元,增长 10%;财政总收入 17.01 亿元,增长 15.5%;税收占财政总收入比重 87.9%。公共财政预算收入 7.83 亿元,增长 9.5%;500 万元以上固定资产投资 131.79 亿元,增长 14.3%。实际利用外资 9468 万美元,引进资金 21.55 亿元。规模以上工业增加值增长 8.6%。社会消费品零售总额 43.34 亿元,增长 12.6%。金融机构贷款余额 149.4 亿元,净增 23.72 亿元,存贷比 61.91%。城镇居民人均可支配收入 2.59 万元,增长 8.3%;农村居民人均可支配收入 9820 元,增长 11.6%。

【兴国县公安局获“全国优秀公安局”称号】 5 月 19 日,全国公安系统英雄模范立功集体表彰大会在北京召开,兴国县公安局被公安部授予“全国优秀公安局”称号。兴国县公安局始终把政治建警放在首位,利用红色资源,教育和引导公安民警继承红色传统文化,发扬苏区干部优良作风,关心群众,在户政、出入境、车辆管理上为群众提供贴心服务;围绕全国公安机关实战化训练的要求,抓好特色队伍建设,高标准建设公安民警培训中心;围绕打击犯罪主业,抓住“盗抢骗”等影响群众安全感的突出问题,组织开展“打四黑除四害”“清网”“雄风”“平安一号”和打击“黄赌毒”“盗抢骗”等系列专项行动,先后侦破“兴国县‘2012·2·21’病死猪”部督案件、“2016·1·20”均村乡抢劫杀人案、谢某城等人跨省盗窃五羊本田摩托车系列案、百万现金被盗案等一批有重大社会影响的案件,有效震慑违法犯罪分子,维护社会治安,曾获评全省优秀公安局,全省 210 工程建设成绩突出集体,全省、全国执法示范单位,全国维护妇女儿童权益先进集体,

【兴国县被评为“2017 中国果业扶贫突出贡献奖”】 11 月,在“2017 第三届中国果业品牌大会全国果业扶贫大会暨中国(长沙)优质果品博览会”上,兴国县被评为“2017 中国果业扶贫突出贡献奖”。兴国县把脐橙产业扶贫作为产业全覆盖重要产业来抓,以赣南脐橙产业发展为抓手,充分开发龙头企业、农民合作社、家庭农场等新型经济组织和产业致富能手的辐射带动作用,采取贫困对象自主开发,土地、资金入股,劳务就业等形式,稳定增加贫困户收入,实现脐橙产业发展和脱贫致富的双赢局面。通过“大户带小户、基地带贫困户”等形式,鼓励贫困户以劳动务工、土地入股、资金入股等方式参与赣南脐橙产业发展,按务工输出和股金分红获得收益,解决农村劳动力就业,提高贫困户经济收入。兴国县已有 1000 多户建档立卡贫困户参与果业产业发展,人均增收 3000 元以上。

【兴国至赣县高速公路正式通车】 1 月 4 日,兴国至赣县高速公路(简称兴赣高速)正式通车,结束兴国至赣州无高速公路的历史。兴赣高速项目沿线途经兴国县鼎龙乡、长冈乡、江背镇、埠头乡、社富乡、杰村乡、龙口镇、赣县三溪乡、南塘镇、吉埠镇、江口镇、茅店镇 12 个乡(镇),全长约 72 千米,总投资 60.75 亿元。项目于 2014 年 11 月开工,采用双向四车道标准建设,路基宽 28 米,全线设置互通立交 6 处,设兴国、兴国南、南塘、江口 4 个收费站,兴国、赣县 2 对服务区。该项目建成通车,将兴国至赣州的车程缩短 1 小时,同时对于缓解沿线的交通压力,拉动沿线的经济社会发展具有重要作用。

主要领导人 县委书记:赖晓军。县人大常委会主任:陈文俊。县长:陈黎。县政协主席:魏国寿。

(李文)

·宁都县·

【简　况】 位于江西省南部,辖 12 镇 12 乡。总面积 4053.16 平方千米,其中县城建成区面积 23.2 平方千米。总人口 86.6 万人,其中城镇人口 37.34 万人。2017 年,地区生产总值 163.23 亿元,同比增长 9.8%。其中,第一产业增加值 33.31 亿元,增长 5.0%;第二产业增加值 66.32 亿元,增长 8.7%;第三产业增加值 63.60 亿元,增长 13.5%。三大产业结构比 20.4:40.6:39.0。规模以上工业增加值 31.84 亿元,增长 9.8%。500 万元以上固定资产投资 90.93 亿元,增长 14.5%。社会消费品零售总额 41.19 亿元,增长 13.0%。财政总收入 120.33 亿元,增长 15.4%。引进外资 7060 万美元,增长 10.01%。外贸进出口 3924 万美元,增长 12.1%。城镇居民人均可支配收入 2.27 万元,增长 9.2%;农村居民人均可支配收入 0.96 万元,增长 11.0%。金融机构存款余额 301.12 亿元,增长 15.8%;贷款余额 159.05 亿元,增长 24.5%。

【全国农田水利设施产权制度改革和创新运行管护机制试点通过验收】 11 月 27 日至 30 日,省、市两级水利、财政、发展改革等部门代表和有关专家组成的验收组对宁都县农田水利设施产权制度改革和创新运行管护机制国家试点开展省级验收。专家考核组查看宁都县的农田水利设施产权制度改革和创新运行管护机制试点现场;听取宁都县试点改革工作情况汇报;查阅试点改革相关资料。最后验收组进行认真讨论,并形成一致意见:宁都县对照试点建设实施方案批复的改革内容,已全部完成,目标已经实现,同意通过验收。

【推进脱贫攻坚】 2017 年,宁都县围绕脱贫摘帽攻坚目标,全面压实责任,紧扣“两不愁、三保障”,大力实施“十大扶贫工程”,发放产业扶贫信贷通贷款 10.38 亿元,基本实现产业扶贫全覆盖;开工建设 58 个移民集中安置点,完成易地搬迁 2043 人;实施 2000 多个贫困村整村推进项目,建成 210 个村卫生计生室,实现“四道医疗保障线”政策贫困人口全覆盖,对 3.34 万名贫困家庭学生落实教育扶贫政策。全年减少贫困人口 1.1 万人,退出贫困村 7 个。

【中央苏区反“围剿”战争纪念馆被列为全国爱国主义教育示范基地】 4

月1日，宁都县中央苏区反“围剿”战争纪念馆被中宣部命名为全国爱国主义教育示范基地。宁都县中央苏区反“围剿”战争纪念馆占地面积16公顷，建筑面积5855平方米，馆内陈列展览面积3450平方米，展线长860米，是全国唯一反映中央苏区五次反“围剿”战争的军事纪念馆。

【兴泉铁路开工建设】 8月20日，向莆铁路公司兴泉铁路宁都指挥部揭牌，兴泉铁路开工建设。兴泉铁路为国家一级铁路，在宁都境内全长61.2千米，途经赖村镇、青塘镇、竹笮乡、长胜镇、固厚乡、固村镇，设车站6个，宁都结束没有铁路的历史。

【宁都技工学校落成开学】 9月10日，国家级高技能人才培训基地——宁都技工学校新校区落成开学，这是人社部对口帮扶宁都的又一重要成果。宁都技工学校规划占地面积22.1公顷，总投资7亿元，可容纳学生5000多人，开设7个学制教育专业和10个短期就业技能培训专业。该校落成开学，使宁都丰富的劳动力优势加速转化成人力资源优势，为宁都脱贫攻坚、主攻工业注入强劲活力。

【“翠田香米”被评为首批“中国好粮油”产品】 10月16日，国家粮食局公布2017年第一批“中国好粮油”企业产品名录。宁都县江西丰泽米业有限公司生产的“翠田香米”名列其中。宁都县大力实行工农链接，延伸产业链条，畅通粮食“出口”，设立专项产业化资金扶持粮食加工业，围绕水稻、甜玉米优势品种，培育增强了光阳谷物、丰泽米业等一大批加工龙头企业，带动粮食品种化生产和规模化基地建设，形成粮食加工企业一体化产业集群。其中，江西丰泽米业有限公司“翠田”牌大米已通过ISO 9001、ISO 18000质量国际体系认证，曾获江西省“放心粮油”和中国“放心米”、中国绿色食品及江西省著名商标等多项称号。

【张翠华入选“中国好人榜”】 12月2日，张翠华获孝老爱亲类“中国好人”称号，系宁都获得此殊荣的第一人。张翠华是宁都县小布镇大土楼村村民，从小失去母爱，中年丈夫出车祸身亡，不少村民劝张翠华趁年轻改嫁。张翠华面对聋哑的公公和年迈的婆婆，没有一走了之，而是将两位老人视为自己的父母，悉心照顾，并且把赡养公婆作为改嫁的唯一条件。张翠华的事迹感动大家，被大家称为“最美孝媳”。

主要领导人 县委书记：王四华。县人大常委会主任：余路晓。县长：刘定辉。县政协主席：黄海印。

（刘红彦　曾爱明）

· 于都县 ·

【简　况】 位于江西省南部。辖9镇14乡。总面积2892.32平方千米，其中城区面积27.89平方千米。总人口111.34万人，其中城市人口24.12万人；人口自然增长率9.78‰。2017年，地区生产总值211.15亿元，同比增长9.7％。其中，第一产业增加值28.05亿元，增长4.6％；第二产业增加值102.01亿元，增长8.5％；第三产业增加值81.09亿元，增长13.2％。财政总收入19.30亿元，增长14.2％；公共财政预算收入13.00亿元。工业总产值310.34亿元，增长20.6％；规模以上工业增加值增长8.8％。外贸进出口总额1.54亿美元，增长13.4％。出口总额1.37亿美元，增长14.1％。500万元以上固定资产投资194.77亿元，增长15.4％。实际利用外资1.04万美元，增长10.0％。主要工业产品及产量有铜精矿1860吨、钨精矿6662.52吨、乳制品9590.16吨、纸制品1.89万吨、水泥205.71万吨。农业总产值43.16亿元，增长4.7％。粮食总产量25.89万吨，增长0.25％。主要农产品及产量有稻谷24.61万吨、花生1.25万吨、油菜籽2487吨、蔬菜21.11万吨、瓜果8326吨。社会消费品零售总额55.27亿元，增长12.4％。城镇居民人均可支配收入2.65万元，增长9.3％；农村居民人均可支配收入9793元，增长11.3％。金融机构存款余额327.53亿元，比年初增长19.38％；贷款余额175.53亿元，比年初增长24.71％。

【加快改革创新】 出台《关于推进瑞（金）兴（国）于（都）经济振兴试验区建设的若干政策的意见》，承接市级经济社会管理权限293项。获得对口支援单位在政策、资金、项目、人才培养等方面的大力支持，争取并实施改革试点示范事项22项，其中国家级8项、省级12项、市级2项。持续加大简政放权力度。取消、调整、暂停实施行政审批事项138项，取消合并、减少办理环节公共服务事项150项，整体压缩办理时限均达40％以上。启动“最多一次办结”改革。行政服务中心大厅“一窗式”受理政务服务事项14.5万件，办结率100％。5月，于都正式启用手机APP网上审批（移动审批）系统。9月，第一批行政审批中介服务超市正式入驻县行政服务中心。有序推进乡镇政府权责清单制度建设，2358项公共服务事项接受社会公开监督。公立医院综合改革扎实推进，实现医保、医药、医疗“三医联动”。进一步理顺医院管理体制，通过取消药品加成、实施药品联合限价采购、动态调整医疗服务价格破除以药补医，改革医院人事薪酬制度，调动医务人员积极性。组建医疗服务共同体，推进分级诊疗。商事制度改革进一步激发创新创业活力，新增个体工商户3468户、私营企业990户。自然资源资产负债表编制试点工作启动实施。农业农村综合改革深入推进，农村土地承包信息管理平台建成运行，房地一体确权登记颁证、供销合作社综合改革、农村集体资产股份权能改革、农村宅基地管理试点等改革加快推进。

【“2017四国男篮精英赛”在于都县开赛】 7月21日—23日，“2017年四国男篮精英赛”在于都县开赛。经过比拼，澳大利亚阿得雷德36人俱乐部队、美国SMAA明生队、中国CBA江苏肯帝亚队、立陶宛BC维尔纽斯珍珠俱乐部队分别获得第一、第二、第三和第四名。“2017四国男篮精英赛”是世界一流的国际A级赛事，也是于都县首次承办的大型国际赛事。此次比赛，对于提升于都城市知名度、塑造城市新形象，以及开展全民健身运动和“全国健康促进县”创建工作等，都具有推动作用。

【于都梾木油获批国家地理标志保护产品】 11月25日,国家质检总局发布2017年第98号公告,正式批准于都梾木油为国家地理标志保护产品,自当日起实施保护。光皮梾木又称“光皮树”,为山茱萸科,梾木属落叶乔木,高可达40米;树皮灰色至青灰色,果肉和种仁均含有油脂。梾木油是以光皮树果为原料,经压榨等工艺而制成的油脂,油中富含月桂酸、肉豆蔻酸等,适宜人体吸收,是于都县特有的传统食用油,有200多年的历史。于都县在20世纪70年代开展了光皮树的人工栽培,80年代曾将其作为食用油料林规模化栽培,具备丰富的光皮树栽培技术和经验。2007年,于都县被国家确定为发展“林油一体化”——光皮树原料林示范基地建设重点县后,光皮树产业成为于都县重点发展产业项目,得到大力扶持,并以打造“高端食用油之乡”的品牌发展战略为目标,积极申报地理标志保护,将光皮树产业作为地方经济发展的重点之一。地理标志获批后,可提升于都梾木油品牌价值以及知名度,增加产品附加值,促进于都梾木油产业的发展,助力于都脱贫攻坚。

主要领导人 县委书记:蓝捷。县人大常委会主任:黄小龙。县长:陈阳山。县政协主席:肖惜才。

(丁良跃)

·瑞金市·

【简 况】 位于江西省东南部,辖10乡7镇。总面积2441平方千米,其中城市建成区面积29.3平方千米。耕地面积2.86万公顷,有林面积18.71万公顷,森林覆盖率75.6%,城市绿化率41.75%。总人口70.42万人,其中非农业人口16.89万人;人口自然增长率8.74‰。2017年,地区生产总值149.16亿元,同比增长9.3%。其中,第一产业增加值22.81亿元,增长4.4%;第二产业增加值51.23亿元,增长8.9%;第三产业增加值75.12亿元,增长11%。财政收入20.56亿元,增长17.4%;人均财政收入3236元,税收占财政收入85.9%;财政支出50.02亿元,增长15.5%。外贸出口3.13亿美元,增长18.2%。固定资产投资总额90.09亿元,增长12.4%。实际利用外资1424亿美元,增长10%;省外投资50.2亿元,增长47.4%。工业总产值200亿元,增长57.5%。主要工业产品及产量有烤鳗4064吨、九华痔疮栓2020万粒、发制品53.9万条(套)、电力电缆66395千米、水泥346万吨。农业总产值37亿元,增长4.3%。粮食总产量20万吨。主要农产品及产量有水稻18.63万吨、脐橙90万吨、烟叶2316吨、白莲4144吨、蔬菜14万吨。城镇居民人均可支配收入2.76万元,增加9.1%;农村居民人均可支配收入1.03万元,增长11.8%。城乡居民年储蓄余额169.7亿元,增长16.6%。

【瑞兴于交通走廊瑞金快速干道获批建设】 11月,瑞兴于交通走廊瑞金快速干线获批建设。瑞金快速干道(含瑞金机构连接线)的起点位于叶坪乡禾仓村与G206线相交(K1872+420处),终点在黄柏乡上段村,与G309线相交(K404+630处),与瑞金北互通高速出入连接线相接,全长11.05千米,公路等级为一级,设计速度80千米每小时,路基宽60米,路面线构造类型采用混凝土路面。

瑞兴于快速走廊项目总投资约58.2亿元,跨越瑞金、兴国、宁都、于都四县(市),全长157.7千米,起点为瑞金市云石山乡梅岗村,途经瑞金市叶坪乡、瑞金机场、黄柏乡,宁都对坊乡、瑞林镇,于都县银坑镇、宽田乡、车溪乡、岭背镇,兴国县社富乡、杰村乡、埠头乡,兴国高铁西站。

【田坞村被评为全国“一村一品”产业示范村】 7月18日,农业部公布第七批全国“一村一品”示范村镇名单,瑞金市叶坪乡田坞村(京瑞民兴辣椒)入选。田坞村位于瑞金市叶坪乡西部,总面积3.32平方千米,其中耕地138.7公顷。全村有17个村民小组,761户,人口3365人。田坞村以蔬菜种植为主导产业,种植蔬菜118.67公顷,是瑞金市无公害蔬菜基地的主产地,也是农业部认定的无公害农产品产地。2016年,全村蔬菜收入1510万元,占全村总经济收入的93%;从事蔬菜种植产业农户646户,占农户总数85%;成立15个合作社,加入合作社农户646户,入社农户100%;引进九丰农业科技有限公司,投资建设瑞金叶坪田坞(九丰)现代高效农业园区项目。

“京瑞民兴”商标由田坞村“蔬菜大王”——瑞金市民兴种养专业合作社杨建兵于2011年4月注册,“京瑞民兴”牌辣椒是一种螺丝椒,属于耐寒耐湿品种。2014年10月,杨建兵从广州引进瑞金种植。引进后,由广州农科院,赣州市及瑞金市科技特派团共同负责协助产品种植技术指导。2016年该产品被省农业厅认定为无公害产品。截至2017年8月,杨建兵已经种植4.67公顷,吸纳60余名当地农民就业。该产品亩产达2500~3500千克,比普通辣椒亩产高1000千克,市场价约为3~5元/500克,比普通辣椒高1元左右。

【瑞金、长汀实现电网互联】 9月,跨越江西、福建两省的瑞金10千伏象黄线与长汀10千伏古瑞线的供电线路合环送电成功,闽赣两省实现交界地区配电网首次互联转供送电。2015年,福建与江西两地的电力部门签署《关于闽赣配电网互联工程建设备忘录》,研究制定出配电网互联转供方案,组织技术人员多次到现场勘查,选择最佳线路。2017年9月,长汀供电公司与瑞金供电公司现场签订并网调度协议和购售电协议,该条线路正式启用联络。瑞金市的10千伏象黄线与长汀古瑞线线路总长19千米,其中象黄线全长15千米,在原有的线路基础上进行改造,总投资165万元;长汀古瑞线4千米,为新架设线路,投资110万元,该项目2016年开工建设,2017年1月竣工。闽赣两省通过配电互联互供,起到互为备用、事故支援作用,大幅提高两省相邻县配网供电的可靠性。

【印度共产党考察团在瑞金考察】 5月20日—21日,由喀拉拉邦委会委员、团长苏家塔·贝比率领的印度共产党(马克思主义)考察团一行,到瑞金市考察新农村建设、精准扶贫工作。中联部一局副处长王正,省外侨办国际交流处副处长曾广福,赣州市外侨办副调研员方志华陪同,瑞金市市委书记许锐会见,瑞金市副市长宋平荣,等等一同参加活动。

考察团考察期间，瑞金市委农工部和市扶贫办负责人分别就新农村建设和精准扶贫工作情况向苏家塔·贝比一行作了介绍，双方围绕项目资金管理、精准扶贫模式、乡风文明建设、合作社发展、医疗保障体系及如何缩小城乡贫富差距等方面进行交流、讨论。考察团一行还前往叶坪乡黄沙村华屋小组和田坞村进行考察，参观叶坪、红井、二苏大旧居旧址。

【全国产业扶贫现场观摩会在瑞金召开】 5月17日，由农业部、国务院扶贫办主办，江西省农业厅、江西省扶贫和移民办、中共赣州市委、赣州市人民政府承办，中共瑞金市委、瑞金市人民政府、赣州市农粮局、赣州市果业局、赣州市扶贫和移民办协办的全国产业扶贫(江西赣州)现场观摩会在瑞金召开。农业部、国务院扶贫办、民政部等国家部委的有关负责人，江西省、湖南省、海南省农业厅和扶贫办相关负责同志，以及江西省、湖南省、海南省49个贫困县的负责人共137人参加会议。会上，副省长吴晓军介绍了江西产业扶贫工作的总体情况，农业部副部长陈晓华、国务院扶贫办副主任洪天云就产业扶贫工作的方法及意义等作讲话。江西赣州、陕西延安、甘肃定西相关负责人分别介绍赣南脐橙、洛川苹果、定西马铃薯特色优质产业带动脱贫范例，湖南省安化县、海南省琼中县和瑞金市的主要负责人作交流发言。会议期间，与会人员参观江西省产业扶贫展，观摩瑞金市黄柏乡坳背岗万亩脐橙基地、壬田镇廖奶奶咸鸭蛋合作社、叶坪乡大胜村脐橙产业扶贫基地、叶坪乡田坞片区蔬菜产业园等产业扶贫现场。

主要领导人 市委书记：许锐。市人大常委会主任：李学通。市长：赖联春。市政协主席：彭强。

（杨溢）

·会昌县·

【简　况】 位于江西省东南部，辖6镇13乡。总面积2709.91平方千米，其中城区面积14.2平方千米。耕地面积2.18万公顷，林地面积20.5万公顷，森林覆盖率80.86%，城区绿地覆盖率43.1%。总人口52.68万人，其中农村人口41.82万人；人口自然增长率8.92‰。2017年，地区生产总值104.18亿元，同比增长9.7%。其中，第一产业增加值19.34亿元，增长5.1%；第二产业增加值41.04亿元，增长9.3%；第三产业增加值43.80亿元，增长12.2%。财政总收入13.16亿元，增长8.6%，人均财政收入2882元；税收8.77亿元，税收占财政总收入66.6%。一般公共预算收入9.29亿元，增长4.2%。财政总支出33.61亿元，增长14.6%。规模以上工业总产值138.75亿元，增长2.5%。规模以上工业增加值增长9.8%。农业生产总值30.09亿元，增长11.0%。粮食总产量17.06万吨，增长1.0 %。主要农产品及产量有烟叶3552.63吨、脐橙、橘柚17.46万吨、生猪38.15万头、家禽566.11万只、水产品1.76万吨。外贸出口8355万美元。实际利用外资6337万美元。500万元以上固定资产投资61.25亿元，增长15.8%。城镇居民人均可支配收入2.52万元，增长9.14%；农村居民人均可支配收入9612元，增长10.3%。储蓄存款余额103.35亿元，增长12.64%。

【京东会昌馆获“青年电商创业孵化中心”称号】 2017年，京东会昌馆被共青团中央授予第一批“青年电商创业孵化中心”称号。为引导广大农村青年运用电子商务创业就业，该县于2016年11月与京东集团签订战略合作协议和电商进农村精准扶贫协议，在电商产业扶贫、用工扶贫、创业扶贫、金融扶贫等领域进行合作。同年，在京东开设会昌馆。会昌依靠京东大平台优势，将大米、橘柚、会昌米粉、酱干、酸枣糕等20多个当地农特产品上架京东超市直接销售，2017年销售额130多万元。同时，京东集团还在会昌分别设立了京东物流、京东帮家电，解决贫困劳动力、退伍军人就业，为推动会昌县电商产品销售和电商扶贫发挥作用。

【《好一朵山茶花》获中国田汉戏剧奖】 会昌县采茶歌舞剧院采茶戏《好一朵山茶花》获2017年第31届中国田汉戏剧奖作品创作三等奖，江西仅2个作品获奖。该奖由中国文联主办，每2年举办1次，属国家级奖项。《好一朵山茶花》是红色革命历史题材采茶戏，故事取材于老区会昌有名的天门嶂战斗，根据当地老百姓为救护受伤红军干部而不惜牺牲生命的真实事件创作而成，反映会昌老区人民为革命作出的贡献。2016年，《好一朵山茶花》采茶戏获江西省首届汤显祖戏剧奖演出二等奖，中华颂全国小戏调演金奖并赴京展演。

【教育均衡发展通过国家验收】 12月8日，会昌县教育均衡发展通过国务院批准验收。该县将义务教育均衡发展纳入“十三五”规划，不断加大资金投入，2014—2016年，县财政分别投入5.74亿元、5.79亿元和6.66亿元，落实小学600元、初中800元、特殊教育6000元的生均公用经费标准，严格执行不足100人的农村小学及教学点按100人核拨公用经费。新、改(扩)建校舍面积18.4万平方米，总投资3.27亿元。其中新建学校8所，改(扩)建学校229所。出台《进一步做好进城务工人员随迁子女接受义务教育工作意见》等文件，依法确保适龄儿童就近入学。实行县域内优质普通高中招生指标分配制度，优质普通高中招生名额的70%均衡分配到县域内初中且比例逐年提高。制定《会昌县特殊教育提升(2014—2016年)实施方案》，全县“三类”残疾儿童入学率99.94%。加大对贫困生的补助力度，先后资助义务教育阶段学生4.1万人次，对11549名建档立卡贫困生实施精准帮扶，实现贫困生全覆盖。对贫困家庭子女实行寄宿生资助，按每生每年800元标准发放贫困助学金。

【汉仙岩旅游区晋升为国家级风景名胜区】 年内，会昌汉仙岩旅游区经国务院批准，晋升为国家级风景名胜区。汉仙岩风景名胜区位于会昌县筠门岭镇，地处闽粤赣三省交界处，距县城50千米，206国道和济广高速擦境而过。汉仙岩景区资源独特，集自然景源与人文景源于一体。其中，地质景观赤壁丹崖、天生奇绝，人文景观古寨崖刻、源远流长，山水景观碧水仙石、江河蜿蜒，植物景观古树参天、苍木劲枝。景区内景点众多，其中汉仙湖是国家水利风景区，由湘水积流而成，沿途有8千米“十里画廊”，极具长江三峡之雄观，漓江山水之佳景；盘古山位于汉仙湖水路中段，山顶的宋代眉林寺远近闻名；羊角古堡是保存完整、规模宏大的明代军民共戎的乡村军事城堡，是反映赣南客家与少数民族共居发展、文化交融的古村，全国罕见。

【会昌山国家森林公园通过评审】 11月，会昌山国家森林公园全票通过国家专家评审。会昌山森林公园由会昌山、洞头、清溪3个独立片区组成。规划面积3423.87公顷，森林面积3073.38公顷，森林覆盖率89.8%。其中，会昌山片区规划面积830.34公顷，洞头片区规划面积2149.15公顷，清溪片区规划面积444.38公顷。会昌山片区紧邻会昌县城，林木葱郁，是一代伟人毛泽东登高远眺、写下《清平乐·会昌》传世佳作，留下“踏边青山人未老，风景这边独好”的千古绝句之处，人文景观荟萃，历史遗迹众多，并有师公岩为代表的丹霞地貌景观，是历代文人骚客吟咏的沃土，人们休闲健身的好去处。洞头片区是畲族自治乡，传承着畲族的生态保护理念，公园大量的原生植被得以保存，形成分布集中、数量庞大、物种丰富、树龄古老的古树群。清溪片区保存有常绿阔叶林景观300公顷，其中宋屋场18公顷树径粗大的钩栗林，是公园古树群分布最集中的区域。

【石磊氟材料有限公司被定为高新技术企业】 12月，江西石磊氟材料有限公司被科技部认定为高新技术企业。公司系会昌县石磊集团旗下子公司，占地面积8.84万平方米，总投资1.5亿元，员工135人。为提升市场竞争新优势，公司聘请博士石世昆担任首席科学家，在北京设立含氟新材料研究院，研发投入数千万元，涵盖锂电新能源、氟化稀土、高端光学材料、汽车轻量化等领域10余种含氟新材料的研发，并取得丰硕成果，申请的“六氟钛酸锂的合成方法及用途”等5项发明专利，均获国家知识产权局授权。其中，六氟钛酸锂产品的研究、开发、生产，工艺技术处世界前沿，产品高端，需求强劲，产销态势旺盛，公司成为全球数家掌握六氟钛酸锂生产工艺企业之一。

【王必盛当选全国道德模范】 11月，会昌县总工会退休干部王必盛当选第六届全国道德模范，受到中央文明委表彰。王必盛现年77岁，其妻1996年、1997年2次突发脑溢血，导致半身瘫痪，生活完全不能自理。为了不影响儿女工作，他担负起照顾妻子日常生活的责任。他坚持每天用热毛巾为妻子擦拭后背，避免长期卧床造成背部溃烂；从网上自学推拿按摩，坚持每天为其妻按摩活动身体，防止手脚肌肉变形萎缩。从妻子患病开始坚持每天记录病情，便于医生诊治，对症下药，至今保存厚厚的自制病历8本。随着年龄增长，儿女担心父亲吃不消，争着出钱请人照顾老母亲，他不同意：“别人照顾我不放心！”儿女只好顺着他。王必盛曾获选“最美会昌人”“江西好人”“中国好人”和赣州市第五届道德模范。

主要领导人 县委书记：蔡小卫。县人大常委会主任：郭贤富。县长：余学明。县政协主席：刘为民。

（曾礼国）

·寻乌县·

【简　况】 位于江西省南部，辖7镇8乡。总面积2351.55平方千米，其中城区建成面积10.77平方千米。耕地面积2.32万公顷，有林面积14.63万公顷，森林覆盖率81.63%、绿化覆盖率41.59%。总人口33.06万人，其中非农业人口6.67万人；人口自然增长率4.48‰。2017年，地区生产总值70.81亿元，增长9.3%。其中，第一产业增加值21.21亿元，增长5.2%；第二产业增加值21.29亿元，增长9.2%；第三产业增加值28.31亿元，增长12.1%。财政总收入8亿元，增长16.6%；税收收入7.64亿元，税收占财政总收入95.5%。地方财政收入4.89亿元，增长1.2%。地方财政支出26.1亿元，增长8.7%。外贸出口5339万美元，占地区生产总值比重4.9%。全年实际引进外资2430万美元，增加221万美元，增长10.01%。固定资产投资48.96亿元。规模以上工业总产值57.38亿元，增长18.1%。主要工业产品及产量有水泥31.57万吨、发电量2.09亿千瓦小时。农林牧渔业总产值36.85亿元，增长5.1%。粮食总产量12.06万吨。主要农产品及产量有柑橘8.46万吨、脐橙23.86万吨、生猪出栏23.1万头、禽蛋产量1.45万吨、蔬菜类及食用菌4.75万吨。城镇居民人均可支配收入2.41万元，增长9%元；农村居民人均可支配收入9424元，增长11.6%。城乡居民年末储蓄余额64.40亿元，增长19.5%。

【太湖水库项目入选全国第二批PPP典型案例】 5月24日，国家发改委选定全国第二批PPP项目典型案例，寻乌太湖水库PPP项目入选，为江西省唯一入选案例。寻乌太湖水库PPP项目总投资7.56亿元，主要解决寻乌县县城及部分乡（镇）、村供水问题，实现乡（镇）供水一体化。项目由寻乌县政府授权寻乌县太湖水库投资开发有限责任公司（简称“太湖公司”）作为PPP项目实施主体。太湖公司通过政府采购方式选定咨询公司，确定项目的合作方式、投资范围，编制PPP项目实施方案。2015年9月，寻乌县与中标社会资本方江西水投集团签订投资协议，由政府方——太湖公司和社会资本方——江西水投集团共同出资成立PPP项目公司——江西赣寻水利投资开发有限公司，负责项目的建设及运营，政府方与社会资本方占股比例为3:7。太湖水库PPP项目采用BOT模式，回报机制为授予特许经营权和使用者付费加政府补贴。

【央视“心连心”艺术团到寻乌慰问演出】 为庆祝中国人民解放军建军90周年，7月6日，以“强军战旗红”为主题的中央电视台“心连心”艺术团分会场演出在寻乌调查纪念馆举行。市委宣传部调研员杨运武、市文广新局副局长周丽萍，县领导杨永飞、吴祖平、李德伟、黄志高，驻寻武警消防官兵，社会各界代表近1000人观看演出。该次慰问演出由央视主持人张泽群、张蕾主持，歌唱家郁钧剑、刘和刚、张英席、钟丽燕、汤子星、曹芙嘉、王莉、汤非等参与演出，节目有合唱、歌舞、独唱等。

【2017 年李宁全国青年女子篮球联赛(寻乌赛区)在寻乌举行】 9 月 11 日,由国家体育总局篮球运动管理中心、中国篮球协会主办,江西省篮球协会、寻乌县人民政府承办的 2017 年李宁全国青年女子篮球联赛(江西寻乌赛区)在寻乌举行。广东、广西、湖北、山西和黑龙江 5 支省级青年女子篮球队参加。该次比赛历时 5 天,经过角逐,湖北队、广东队、广西队分获前 3 名。

【寻乌获"国家级出口食品农产品质量安全示范区"称号】 9 月 18 日,国家质量监督检验检疫总局发布"2017 年新增国家级出口食品农产品质量安全示范区"名单,寻乌县入选,产品品种为蜜橘、脐橙。2016 年,寻乌县正式启动出口蜜橘、脐橙质量安全示范区建设,建立"产区政府负责、企业严把质量、检验检疫监管、相关部门齐抓、协会合作社共建"五大机制,构建起保障、标准化、投入品监管、质量安全检测、可追溯、有害病虫害监测、企业诚信等七大体系。经过全县上下共同努力,县市场和质量监督管理局与果业等有关部门紧密配合,寻乌县成功创建国家级出口蜜橘脐橙质量安全示范区。

【寻乌县境内发生 3.0 级地震】 11 月 6 日 14 时 22 分,寻乌县境内(北纬 24.80,东经 115.62)发生 3.0 级地震,震源深度 6 千米,距离县城 17 千米。寻乌县城周边及晨光、留车、南桥等乡镇有明显震感,没有人员伤亡和房屋倒塌报告。地震发生后,县防震减灾局立即启动应急预案,及时报送震情信息,迅速与省、市地震台网进行震情确认和会商。第一时间派出工作队赶赴现场,了解灾情,核实统计震区人员伤亡和财产损失,并做好震区群众的思想稳定工作。

【袁鹏获中国首个世界赛法斗锦标赛冠军】 12 月 16 日,2017 赛法斗世界锦标赛决赛在杭州举行。在男子 56 公斤级决赛中,寻乌籍选手袁鹏在开局不利的情况下,战胜法国赛法斗精英赛冠军古塞夫·亚尼斯获得冠军,这是中国男子选手首次夺得世界赛法斗锦标赛冠军。

袁鹏,1994 年生,北京体育大学学生,擅长拳法,速度及反应快,曾获得 2013 全国男子散打锦标赛 52 公斤级第 3 名,2015 世界赛法斗锦标赛 56 公斤级亚军,2016 全国男子散打冠军赛 52 公斤级冠军,2017 第二届全国体育院校功夫全能技大奖赛赛法斗攻霸级 56 公斤级冠军。

主要领导人 县委书记:柯岩松。县人大常委会主任:黄志高。县长:杨永飞。县政协主席:刘琼招。

(钟玉华)

· 石城县 ·

【简　况】 位于江西省东南部,辖 5 镇 5 乡。总面积 1581.53 平方千米,其中城区面积 10 平方千米。耕地面积 2.26 万公顷,有林面积 1.15 万公顷,森林覆盖率 75.68%。总人口 32.27 万人,其中非农业人口 6.79 万人。2017 年,地区生产总值 52.85 亿元,增长 10%。其中,第一产业增加值 13.67 亿元,增长 4.8%;第二产业增加值 15.45 亿元,增长 9.0%;第三产业增加值 23.73 亿元,增长 14.2%。财政收入 7.91 亿元,增幅 16.3%,人均 2762 元。税收占财政收入 85.1%。公共财政收入 4.92 亿元,下降 1.2%;地方财政支出 21.51 亿元,增长 10.7%。规模以上工业增加值增长 9.6%。外贸出口 3582 万美元,增长 8.1%。500 万元以上固定资产投资 35.96 亿元,增长 17.2%。实际利用外资 2602 万美元,农业总产值 22.21 亿元,增长 4.78%。粮食总产量 11.72 万吨。主要农产品及产量有花生 2919 吨、烟叶 3793 吨、白莲 5130 吨。城镇居民人均可支配收入 2.30 万元,增长 14.0%;农村居民人均纯收入 8435 元,增长 14.6%。金融系统存款余额 118.6 亿元,增长 10.9%。

【琴江廊桥建成通车】 12 月 31 日,位于石城县城区核心地段的琴江廊桥建成通车。廊桥长约 151 米,宽约 72 米,分车行道和廊房两部分。车行道宽 28 米,其中车行道路宽 22 米,含双向四车道和两条非机动车道,两侧人行道分别宽 3 米;廊房位于车行道两侧,总占地面积约 6644 平方米,总建筑面积约 1.25 万平方米,含公共通道、观景平台、商铺等。廊桥在原琴江大桥原址扩建,是一座集交通、特色商业、旅游景观、历史人文于一体的文化廊桥,是县城"一河两岸"景观带上的新地标。

【石城县被授予"全国老年气排球之乡"称号】 11 月 30 日,中国老年人体协发布《关于命名第三批全国老年气排球之乡的通知》,公布第三批"全国老年气排球之乡"名单,石城县入选。石城县于 1999 年开展老年气排球运动,已举办 2001 年全市老年人气排球比赛,2006、2016 年两届全省老年气排球比赛,并且多次代表全省参加全国老年气排球比赛,取得较好成绩。2017 年,全县有 1000 多人参加老年气排球运动,建有气排球场馆 65 个,气排球已成为石城县老年人喜爱的一项运动。

【签约建设中国白莲产业集群电子商务基地项目】 5 月 12 日,石城县人民政府与国内最大的单品电子商务平台、上市企业——中国网库集团签约建设中国白莲产业集群电子商务基地项目。该项目总投资约 2 亿元,主要建设白莲产业聚集平台,开展产业交易及订单交易,目标在 3 年内实现年交易额达 10 亿元以上。

【全国县市级城市首家一脉阳光医学影像所落户石城县】 7 月 18 日,全国县、市级城市首家正式投入运营的独立第三方医学影像机构——一脉阳光医学影像所落户石城县。石城县一脉阳光医学影像所占地 1000 平方米,配备高端软硬件设施,权威专家团队以及人性化就诊环境,全力为基层医生提供靠谱辅助与权威建议,为石城患者提供专业影像检查诊断与舒适体验。石城县患者在县人民医院门诊大厅挂号付费,即可在距医院百米之内的一脉阳光影像中心进行影像检查。通过一脉医学影像集团自主研发的"一脉云"平台,可链接复旦大学专科排行榜所有排名前 10 的科室及全国 300 余名专家。同时,可以和县内其他医疗机构、各乡镇卫生院共享优质影像设备资源和影像医生资源，实现石城县老百姓“小病不出乡、大病不出县”的目标。

主要领导人 县委书记：鲍峰庭。县人大常委会主任：刘晓波。县长：尹忠。县政协主席：黄运群。

（吴洁琼）

宜春市

【概　况】 位于江西省西北部，辖3市6县1区，总面积1.87万平方千米。总人口555.37万人，人口自然增长率7.63‰。2017年，地区生产总值2021.86亿元，同比增长9.0%。其中，第一产业增加值288.76亿元，增长4.3%；第二产业增加值922.75亿元，增长8.7%；第三产业增加值810.35亿元，增长11.3%。财政总收入354.26亿元，增长10.4%；税收收入295.08亿元，增长10.5%，占财政总收入83.3%。规模以上工业增加值增长9.2%。外贸出口194.32亿元，增长12.2%。500万元以上固定资产投资2060.4亿元，增长13.1%。实际利用外资7.72亿美元，增长9.05%。农业总产值476.3亿元，增长4.08%。粮食总产量428.95万吨，下降0.01%。主要农产品产量有棉花1.23万吨，下降0.61%；油料作物22.49万吨，增长1.33%；水产品38.69万吨，增长2.5%。社会消费品零售总额667.50亿元，增长12.0%。城镇居民人均可支配收入2.98万元，增长8.8%；农村居民人均可支配收入1.37万元，增长8.7%。金融机构各项储蓄存款余额2879.0亿元，增长18.45%；各项贷款余额1912.4亿元，增长22.11%。

【建设赣西区域性中心城市】 8月16日，中共宜春市委四届三次全体（扩大）会议在宜春召开。会议的主要任务是深入学习贯彻中共中央总书记习近平系列重要讲话精神和治国理政新理念新思想新战略，特别是习近平“7·26”重要讲话精神，认真落实省委十四届三次全体（扩大）会议精神，听取市第四届党代会以来市委常委会工作报告，研究部署深入推进生态文明试验区建设。市委书记颜赣辉代表市委常委会作工作报告，从7个方面总结市第四届党代会以来市委常委会的重点工作和突出成效。会议提出要把宜春打造成赣西区域性中心城市、把中心城区打造成“三个中心、一个基地”（赣西地区的文体教育中心、休闲旅游度假商贸中心、医疗健康养生中心，新材料、新能源、电子信息、医药器械等先进制造业基地）、把县域经济打造成特色板块。实施“产业兴市、工业强市”战略，把发展壮大产业、做强工业摆在头等位置，奋力实现“四年翻一番、决战八千亿”目标。实施园区提升工程，大力推进产城融合，将市经开区和丰城、樟树、上高、奉新工业园区打造成千亿园区；将锂电新能源、医药器械、机电、建材等产业培育成千亿产业。

【江西·宜春（北京）绿色有机产品展示推介会在北京举行】 4月25日，由宜春市政府和省农业厅、省商务厅主办的江西·宜春（北京）绿色有机产品展示推介会在北京举行。推介会以“生态宜春、绿色产品”为主题，突出宣传推介宜春绿色、有机、富硒农产品，推动宜春绿色有机产品与大型商超、批发市场、农产品流通企业、电子商务平台建立稳定的购销关系，提高产品在北京及周边地区的市场占有率和品牌影响力。推介会上，引起北京各大商超、批发市场、电商平台关注，现场签订战略合作框架协议1个，达成投资合作协议26个，金额49.8亿元；签约农产品营销合作项目11个，金额2.2亿元；签约农业投资项目4个，金额8亿元。

【首届中医药与大健康宜春高峰论坛在宜春举行】 6月12日，由宜春市政府和中国工程院医药卫生学部主办的首届中医药与大健康宜春高峰论坛在宜春文化艺术中心举行，论坛以“承传统医药、扬中华国粹、强民众体魄、树宜春品牌”为主题。中国工程院副院长、院士樊代明，中国工程院院士、国医大师、天津中医药大学第一附属医院名誉院长石学敏，中国工程院院士、天津药物研究院药理学专家刘昌孝，中国工程院院士、中国中医科学院常务副院长黄璐琦，北京中医药大学教授、国医大师、全国名老中医王琦，江西中医药大学教授、国医大师、全国名老中医伍炳彩，中国中医科学院中药所中药安全性评价中心主任、首席研究员叶祖出席论坛并作主题报告。省政协副主席刘晓庄，市委书记邓保生、市委副书记谢来发、市人大常委会主任张鉴武、市政协主席陈荣等出席论坛。全国中医药领域的20余名院士、国医大师、著名老中医、中医药专家参加论坛。

【四方井水利枢纽工程开工建设】 5月31日，宜春市四方井水利枢纽工程建设动员大会在袁州区召开，标志四方井水利枢纽工程开工建设。四方井水利枢纽工程是国家规划“十二五”和“十三五”期间分步建设的172项重大水利工程项目之一，项目总投资16.10亿元，其中中央补助资金8.07亿元，工程总工期32个月。四方井水利枢纽工程由枢纽工程和供水工程两部分组成，包括主坝、副坝、溢洪道、引水隧洞、放空（导流）隧洞及发电厂房等，是一座以防洪、供水为主，兼顾发电等综合效益的大（2）型水库。水库控制流域面积173平方千米，总库容1.19亿立方米，兴利库容9317万立方米，防洪库容1656万立方米，正常蓄水位152米，设计洪水位153.93米，校核洪水位154.42米，死水位125米。

【首届“同心·党外监督员”队伍成立】 8月3日，宜春市召开首届“同心·党外监督员”队伍成立大会，宣布68名“同心·党外监督员”名单，并按照界别分为10个小组。“同心·党外监督员”是指民主党派成员、无党派人士受聘于宜春市纪委、市委组织部、市委统战部，并以个人身份参与党风廉政建设和反腐败工作的兼职监督人员。“同心·党外监督员”以“同心·学习大讲台”为平台，开展一次专题培训；实施一次专项检查活动；开展一次专题调研，并在全市党风廉政建设和反腐败工作情况通报会上提交调研报告；协助制定宜春市《关于加强民主党派民主监督的实施意见》。

【举行第十一届月亮文化旅游节】 9月25日—30日，第十一届月亮文化旅游节在宜春举行。此届文化旅游节以"宜春山水美 明月天下情"为活动主题，活动内容分为月亮文化节开幕式、明月山杯围棋精英赛、世界温泉健康养生峰会、第二届"美丽宜春"全国名家书画明月山精品展、旅游美食嘉年华、秋季汽车展销会、旅游商品展销会、杨青古琴音乐会、兰芬从艺40周年采茶戏专场晚会、明月山全球华人"中秋拜月"创上海大世界吉尼斯纪录、中秋拜月·火龙追月暨焰火晚会11项活动。

【2017年第六届全国农耕健身大赛在宜春举行】 10月26日—27日，由省体育局、省农业厅、省教育厅、省旅发委、省红十字会和宜春市政府联合主办的2017年第六届全国农耕健身大赛在宜春举行。农耕健身大赛秉承"演绎民间体育，展示乡土风情，突出运动趣味，拓展全民健身"宗旨，首次设立国际组，邀请"一带一路"沿线国家组队参赛。国际组有中国、巴基斯坦、坦桑尼亚、俄罗斯、韩国、津巴布韦等12个国家的13支代表队参赛；省市组有19个省、自治区、直辖市和计划单列市的25支代表队参赛。两组运动员、教练员共267人。此次大赛国际组设有车水抗旱、晒场收谷、户外狩猎、同心锯木、荷塘采莲、鱼塘抓鱼6个项目。省市组除荷塘采莲改为五人龙舟外，其余5个项目与国际组相同。国际组团体和单项分别录取前6名；省市组团体和单项分别录取前8名。中国队、巴基斯坦二队、韩国队、也门队、赞比亚队、尼日利亚队获国际组比赛前6名；江西队、福建队、宁夏队、北京一队、贵州队、山西队、浙江一队、安徽队获省市组前8名。

【第三届江西(宜春)锂电新能源产业合作推进会在宜春举行】 11月17日，由宜春市政府和省工信委主办的第三届江西(宜春)锂电新能源产业合作推进会暨中国(宜春)锂电新能源产业国际高峰论坛在宜春举行。会议分锂电产业合作推进会、国际高峰论坛和规划评审会3个环节。在锂电产业合作推进会上，签约项目17个，总金额81.1亿元；在国际高峰论坛上，与会专家分别结合各自的研究领域及在锂电新能源产业方面取得的研究成果与现场嘉宾进行探讨；在宜春锂电新能源产业发展规划初步评审会上，听取以中国科学院院士、清华大学材料学院教授南策文为组长，由北京理工大学电动车辆国家工程实验室副主任林程、中科院物理所研究员黄学杰等9名国内知名专家组成的评审组的意见和建议。

主要领导人 市委书记：邓保生(任至7月)、颜赣辉(7月任)。市人大常委会主任：张鉴武。市长：张小平。市政协主席：陈荣。

（林峰　袁宁）

·袁州区·

【简　况】 位于江西省西北部，辖19镇3乡10街道办事处。总面积2532.36平方千米，其中建成区面积72平方千米。耕地面积5.50万公顷，森林覆盖率62.7%，城区绿化率44.57%。总人口115.20万人，其中非农业人口60.51万人；人口自然增长率7.49‰。2017年，地区生产总值285.09亿元，同比增长9.5%。其中，第一产业增加值35.32亿元，增长5.6%；第二产业增加值105.38亿元，增长8.8%；第三产业增加值144.39亿元，增长11.1%。财政总收入31.64亿元，增长10.5%。地方财政收入18.64亿元，增长3.6%；地方财政支出54.02亿元，增长18.3%。社会固定资产投资266.38亿元，实际利用外资6750万美元。主要工业产品及产量有中成药2.14万吨，增长14.2%；水泥11.52万吨，减少8.5%；锂离子电池3.57亿只，减少12.6%。农业总产值55.75亿元，增长8.17%。粮食总产量47.43万吨，减少0.14%。主要农产品产量有谷物43.99万吨，减少0.16%；油1.87万吨，增长1.96%；油脂9044.71吨，增长10.92%；肉类9.59万吨，增长0.13%；水产品4.45万吨，增长3.20%。城镇居民人均可支配收入3.32万元，增加2577元；农村居民人均可支配收入1.23万元，增加1099元。年末城乡居民储蓄余额324.69亿元，增长13.02%。

【创业担保贷款工作】 袁州区继续推动创业担保贷款工作，全力发放，狠抓回收，促进创业，以创业带动就业。在政策宣传方面。针对群众的创业愿望，通过各种途径宣传有关创业贷款的政策，使创业者和准备创业的人员了解创业贷款相关政策，提高政策知晓率。在创业贷款发放方面。全年发放创业贷款1.90亿元，完成年目标任务的126.67%。其中，个人贷款1.30亿元，直接带动就业2000人；小企业贷款6000万元。在逾期回收方面。加强创业担保贷款逾期回收工作，采取上门催收、代扣反担保人工资、组成人员专门催缴、反担保人单位垫付、司法诉讼等措施，创业担保贷款回收率达99.9%。

【中心城区棚户区改造】 5月19日，袁州区正式启动中心城区棚户区改造，组建袁州区"房票"结算中心，在全省率先推出"房票"安置模式，采取货币补偿和"房票"安置相结合，并将征收改造区域最好的地块用于回迁安置，精心布局绿地、住宅小区和休闲、商贸综合设施，方便群众生活。全年完成签约1.58万套，通过鼓励使用"房票"结算1863套，使用房票购房2026套。

【高铁和环城西路沿线环境综合整治】 4月，全区启动对高铁和环城西路沿线环境综合整治工作，并进行沿途景观改造靓化。至年底，在高铁沿线拆除违法建筑244起，面积12.80万平方米；拆除违法广告499起，面积5818平方米；拆除违法钢架棚、铁皮棚755起，面积11.69万平方米；遮挡坟墓1.07万穴；清除垃圾4246.1吨。在环城西路沿线拆除违法建房47起，面积2.87万平方米；拆除违法铁皮棚、钢架棚269起，面积5.34万平方米；拆除违法广告牌187起，面积2114平方米；平改坡179户，面积2.95万平方米；房相立面改造270户，面积11.44万平方米；整顿清理违规企业49起；裸露土地复绿面积3091平方米；人行道改造面积2000平方米；清理垃圾死角102处，共333.9吨；清除"牛皮癣"427处；整治占道经营、乱堆物料、乱挂乱吊80余起。

【推进"清河行动"专项整治】 4

月，推进“清河行动”专项整治，突出“治污、治乱、治脏、治砂”，重点整治河流水库存在的乱占乱建、乱围乱堵、乱采乱挖等问题，清除违法乱建阻碍行洪的路桥，整治违法使用岸线岸滩修建砂场、堆场、汽车坡道，打击偷排、不达标排放违法行为。全区关停禁养区养猪场218家，拆除栏舍或厂房约12万平方米；关停砂石加工厂14家，完成袁河西村段7个关停砂场的清场工作。加强袁河流域袁州辖区8个监测断面实时监测，确保断面水质达标率100%；推进企业污染源在线监控平台建设，建立区级水污染在线监测平台，全区36家重点涉水企业实现实时监控。

【推行“互联网＋司法便民”新模式】 袁州区法院以司法为民、公正司法为主线，推行“互联网＋司法便民”新模式。1月，区法院建立“集中宣传、分类指导、提前沟通、精准对接”工作模式，开通网上预约立案服务，全年网上预约立案871件，受理860件，立案成功率98.74%。6月，在全省首次使用宜春市司法辅助平台，实现评估、鉴定、拍卖等相关业务辅助工作全流程网上办理，运用该平台办理鉴定、评估案件88件，缩短了办案周期。推进审判流程、执行信息、裁判文书、庭审活动四大公开平台建设，当事人可通过12368诉讼服务电话、江西法院审判综合服务平台以及立案大厅的电子触摸屏自助查询机查询案件相关信息，全年上网公开裁判文书1.24万份，上网率达100%，完成网络直播案件464件，推送执行短信3097条，公布失信被执行人名单1982人次。开展网络司法拍卖工作，区法院进驻淘宝网司法拍卖，全年进行网上拍卖109件，成交88件，成交金额7252.63万元，溢价率20.47%，为当事人节省佣金297.36万元。

主要领导人 区委书记：鲁旭东。区人大常委会主任：谢密蜂。区长：李晓楚。区政协主席：孙智红。

（宴忠平）

·樟树市·

【简　况】 位于江西省中部，辖10镇4乡5街道办事处。总面积1290.99平方千米，其中市区面积26.1平方千米。耕地面积6.06万公顷，有林面积2.54万公顷，森林覆盖率29.82%，城区绿化率41.77%。总人口60.98万人，其中城镇人口19.6万人；人口自然增长率7.69‰。2017年，地区生产总值375.57亿元，同比增长8.6%。其中，第一产业增加值39.47亿元，增长5.0%；第二产业增加值189.63亿元，增长8.9%；第三产业增加值146.47亿元，增长9.2%。财政总收入55.34亿元，增长6.1%；税收收入45.8亿元，占财政总收入82.8%；地方财政收入9.54亿元，增长3.9%；地方财政支出54.8亿元，增长2.9%。规模以上工业总产值653.2亿元，增长15.6%。外贸出口1.68亿美元，占地区生产总值2.82%。固定资产投资322.91亿元，实际利用外资8718万美元。主要工业产品产量有白酒3.04万千升、原盐16.73万吨、中成药4637吨、电动葫芦2330台、单双梁起重机2084台。农业总产值28.75亿元，增长6%。粮食总产量59.11万吨。主要农产品有油料5.61万吨、中药材7222吨。城镇居民人均可支配收入3.22万元，增加2603元；农村居民人均可支配收入1.57万元，增加1259元。年末城乡居民储蓄余额218.65亿元，增长4.6%。

【金属家具产业被列入第四批产业集群区域品牌建设试点】 11月30日，樟树市金属家具产业被工信部列入第四批产业集群区域品牌建设试点。樟树市金属家具制造业经过资产重组，得到迅速发展，成为全国金属家具产业基地，被评为中国家具行业优秀产业集群，有4家企业参与国家手动、电动密集架国家标准制定。全市有金属家具企业56家，其中规模以上企业27家；拥有中国名牌产品1个、中国驰名商标5件；拥有自营出口权企业5家，从业人员2万余人。

【“农业两区”被列为全国农村创业创新园区（基地）】 7月，“农业两区”被农业部列为全国农村创业创新园区（基地）。樟树市农村综合改革试验区和现代农业科技示范园区（简称“农业两区”）于2013年在阁山镇高标准启动建设。“农业两区”规划占地面积1000多公顷，整合投资3.5亿元，系统建设供水、供电、路网、绿化景观等基础工程，建成高标准农田350公顷，兴建1万平方米智能温控大棚、1000平方米培训中心及全国唯一的中药材标本和实物展示药用植物馆。“农业两区”突出“绿色、休闲、体验”主题，兼顾休闲旅游，发展休闲观光农业。已有20多家产业化龙头企业入驻，总投资30多亿元，形成集生产、加工、营销、科研、培训、观光为一体的现代农业产业体系。

【启动政务服务“一次办好”便民行动】 4月，樟树市在全省率先启动政务服务“一次办好”便民行动，将市本级行政许可、行政确认、行政给付、行政征收以及年检、备案、其他审批权等依申请类权力事项，以及行政机关、企事业单位依申请办理的公共服务事项全部纳入“一次办好”便民行动范围，重点包括商事登记、企业投资项目审批、不动产交易登记、公积金管理、政府非税收入征缴、社会保障6大类领域。制定下发《关于开展政务服务“一次办好”便民行动的工作方案》，推行“一次办好”便民服务，实现对简单的政务服务事项，服务对象在窗口即来即办；对较复杂的政务服务事项，服务对象一次在窗口交齐材料，由窗口实行内部流转，并做到办结时限较法定时限缩减三分之二，办件结果由快递公司送达办事群众。

【第48届全国药材药品交易会在樟树举行】 10月16日—18日，由省政府、中国中药协会主办，省食品药品监督管理局、宜春市政府、樟树市政府承办的樟树第48届全国药材药品交易会在樟树举行。交易会以“发展樟树中医药，振兴中国药都，弘扬中华医药，促进人类健康”为目标，突出“创新·传承·合作·共赢”主题，在会议期间安排经济贸易、学术交流、行业培训、文化宣传、金融与投资、运动健康6大板块，包括专业交易会展、中国（樟树）中医药峰会、2017中国中医药大健康产业企业发展论坛等17项活动，设立国际特装展位93个，标准展位802个，参会参展医药厂商1800多家，参展品种2万余种，开幕式当天成交金额超50亿元。

【江西省第24届摄影艺术展在樟树举行】 12月24日，“中国药都杯”江西省第24届摄影艺术展在樟树举行。此届艺术展共收到2460多人投稿作品2.54万幅（组），投稿量和关注度为历届摄影展之最。评选出社会生活类、自然风光类、艺术创意类、商业人像类、多媒体类5类入选作品500幅（组），其中金奖12幅、银奖20幅，铜奖40幅、优秀奖140幅。

【吴城遗址公园被列入第三批国家考古遗址公园立项名单】 12月2日，国家文物局公布第三批国家考古遗址公园名单和立项名单，吴城遗址公园被列入立项名单。吴城遗址位于樟树市吴城乡，总面积4平方千米，遗址中心是一座61.3万平方米的商代中晚期都邑古城，是长江以南首次发现的大规模商代人类居住遗址。遗址内有城墙、陶窑、墓葬、水井、宗教祭祀场所等，为相当完整的都邑结构。2012年列入国家“十二五”抢救性文物保护规划，获国家级科普宣传保护性开发立项；2016年入选国家大遗址“十三五”专项规划。依托其现行的历史遗迹，结合修复的吴城风貌，成为一个半封闭的公园景区。

【四特酒有限责任公司被评为“最具品牌影响”金奖】 9月18日—21日，在厦门举行第一届中华老字号国际投资博览会，樟树市四特酒有限责任公司被评为“最具品牌影响”金奖。四特酒有限责任公司是一家集科研、生产、销售于一体的全国知名大型酿酒企业，始终坚持以诚信坚守品质，严格把关产品生产、销售系统，产品畅销全国各地，被誉为“江西第一名酒”，被评为“中国酒类十大最具竞争力品牌”，在全国白酒品牌榜中位列前8名。

【阁山镇被评为全国文明村镇】 12月，阁山镇被中央文明委评为全国文明村镇。樟树市阁山镇以美丽乡村建设为重要载体，加强农村环境综合治理，改善生态环境，着力培养新型农民，建设文明乡风。先后投入3亿多元用于改善学校、医院、环境卫生等公共服务设施，并通过开展形式各样的文化活动，让“讲文明、树新风”共识深入人心，提升人民生活水平和文明素质。

主要领导人 市委书记：刘安安。市人大常委会主任：傅亚红。市长：董晓明。市政协主席：谌厚有。

（陈云芽　曾磊）

·丰城市·

【简　况】 位于江西省中部，辖20镇7乡5街道办事处。总面积2845平方千米，其中城区面积49.8平方千米。耕地面积8.85万公顷。总人口150.2万人，其中非农业人口48.3万人；人口自然增长率7.89‰。2017年，地区生产总值483.75亿元，同比增长9.3%。其中，第一产业增加值69.28亿元，增长4.8%；第二产业增加值240.08亿元，增长9.1%；第三产业增加值174.39亿元，增长11.5%。财政总收入70亿元，增长8.9%；税收占财政总收入78.2%。一般公共预算收入49.72亿元，增长2.8%。地方财政支出91.86亿元，增长12.7%。工业总产值875.47亿元，增长24.9%。规模以上工业增长9%。固定资产投资395.09亿元，实际利用外资9000万美元。主要工业产品产量有原煤247.21万吨、火力发电量127.15亿千瓦时。社会消费品零售总额119.37亿元，增长11.8%。城镇居民人均可支配收入3.18万元，增长9.2%；农村居民人均可支配收入1.56万元，增长8.8%。年末城乡居民储蓄余额347.87亿元，增长9.8%。

【项目引进】 全年引进项目61个，投资总额319.2亿元，其中投资50亿元以上项目3个、10亿元以上项目7个、1亿元以上项目39个。格林美、捷和电机、东鹏陶瓷、唯美陶瓷等8个项目追加投资104.3亿元。总部经济引进企业数和纳税额分别增长459.1%、178.6%。南昌理工学院投资10亿元，新建丰城第一所全日制本科院校——航空航天学院和航空培训学校；深圳科陆公司投资70亿元，新建丰城历史上投资规模第一的民营企业项目——三元软包锂电池项目。

【民生工程】 全年民生支出68.53亿元，占公共财政预算支出74.6%。驾驶员考试中心及检测站建成使用，市美术馆开馆。开发一期限价房5000余套，配租保障性住房2291套。开工建设城区学校10所，引进投资3亿元的昌黎实验学校和外国语学校。深化医药卫生体制改革，启动医共体建设和医保支付方式改革。推进扶贫工程，重新核定建档立卡贫困户8484户2.85万人，建立土地股份合作社、农民专业合作社、劳务用工协会组织1603个，产业扶贫信贷通发入债款8900余万元，带动贫困户3200户。

【乡村建设】 投资4000多万元，启动全市农村村庄建设规划编制。按照“七改三网”（改路、改水、改厕、改房、改沟、改塘、改环境，电网、广电网络、电信网络）工程要求，建设新农村示范点698个，其中启动建设首批亮点村34个。建设农田水利工程150处，启动“枫彩四季”“爱情花卉小镇”“乡村全程马拉松”等项目16个。绘制全市畜禽养殖“三区”地理标识图。关停畜禽养殖场362家，依法拆除155家。推行生态环保养殖模式，建设生态养殖小区30个。推进农村宅基地“一户一宅”管理，选择小港镇沙埂村等44个自然村先行试点，全市拆除退出宅基地2600余宗，面积28万平方米。

【水铁联运物流基地项目落户丰城】 11月3日，水铁联运物流基地项目签约落户丰城。丰城市建设水铁联运物流基地估算总投资20亿元，建设规模为5000～8000吨级散货泊位10个，综合泊位10个。项目分两期建设，项目一期包括鹏家洲煤炭专用码头（位于泉港镇境内，一期/散货4个泊位）和同田综合码头（一期/散杂集4个泊位）；项目二期包括鹏家洲煤炭专用码头（二期）和同田综合码头（二期/水铁联运、整车滚装）等。

主要领导人 市委书记：胡江萍。市人大常委会主任：邹小平。市长：江伟斌。市政协主席：熊建清。

（袁晓英）

·靖安县·

【简　况】 位于江西省西北部，辖5镇6乡。总面积1377.49平方千米，其中城区面积8.1平方千米。耕地面积1.17万公顷,林地面积11.65万公顷,森林覆盖率84.1%,城区绿化率43.46%。总人口15.26万人,其中非农业人口5.15万人;人口自然增长率7.21‰。2017年,地区生产总值44.97亿元,同比增长8.8%。其中,第一产业增加值7.96亿元,增长5.4%;第二产业增加值19.02亿元,增长8.5%;第三产业增加值17.99亿元,增长10.8%。财政总收入9.27亿元,增长7%。其中,税收收入7.3亿元,占财政总收入78.7%。工业总产值97.2亿元,增长13.6%。规模以上工业增加值增长9.8%。固定资产投资59.83亿元,增长17.4%。实际利用省外资金36.43亿元,增长9.9%;利用外资2778万美元,增长10.3%。外贸出口1.31亿美元,增长6.7%。主要工业产品产量有铸钢件3.71万吨、铜材1.65万吨、电光源13.32亿只、锂离子电池870万只。农业总产值14.33亿元,增长6.07%。粮食总产量9.4万吨。主要农产品产量有水稻8.5万吨、棉花0.08万吨、柑橘4.35万吨、茶叶378吨、油菜籽0.59万吨。社会消费品零售总额8.67亿元,增长11.8%。城镇居民人均可支配收入2.77万元,增加2214元;农民人均纯收入1.31万元,增加1098元。年末城乡居民储蓄余额46.95亿元,增长8.6%。

【靖安县被授予"国家生态文明建设示范市县"称号】　9月21日,全国生态文明建设现场推进会在浙江安吉召开,靖安县被授予"国家生态文明建设示范市县"称号,同时被评为第一批"绿水青山就是金山银山"实践创新基地。靖安县注重生态保护,建成环保在线监控平台和县城环境空气自动监测站,城区环境空气质量优良率、地表水水质达标率均排全省前列。全力推进国家森林可持续经营试点工作,推行"树保姆"管护模式,新造林395.67公顷、封山育林680公顷、森林抚育466.67公顷。注重机制创新,在全省率先实施河湖管护"认领制"和城乡垃圾一体化处理工程,入选全国首批农村生活垃圾分类和资源化利用示范县。建立全省首个"生态云"平台,搭建集生态环境监控、地质灾害监测等功能为一体的大数据系统。严格综合整治,落实中央环保督察反馈意见,拆除禁养区畜禽养殖场16家、面积1.65万平方米,整改企业2家。

【靖安"河长制"被列为2017年最成功的改革案例之一】　12月,靖安"河长制"被中国改革网列为2017年最成功的改革案例之一。靖安县自2015年1月获批全国首批河湖管护体制机制创新试点县以来,把河道当街道管理,把库区当景区保护,率先启动"河长制"改革实践。全县69条支流全部制定"一河一策",建立"互联网+河长"易信晒河的网络监督模式,"河长制"经验在全国推广。

【"互联网+森林公安"林区新型防控模式获中国智慧林业最佳实践50强】　12月,县森林公安局打造的"互联网+森林公安"林区新型防控模式获评中国智慧林业最佳实践50强。该局着力打造智慧警务,建立以指挥中心为依托,以"守护森林"县、乡、村三级微信群为信息支撑,以红外相机、无人机、警务通等警用装备运用为科技强警手段,借力互联网+资源优势,提升队伍打击各类涉林违法犯罪的效率和精准打击能力,进一步强化林区新型防控体系建设。全年通过"互联网+森林公安"林区新型防控模式,侦破森林刑事案件45起,抓获犯罪嫌疑人41人;查处各类林业行政案件164起,处罚180余人次,查扣非法运输木材车辆46辆。全县林业行政案件发案率下降33.8%,非法运输木材车辆下降42.5%。

主要领导人　县委书记:田辉。县人大常委会主任:陈基先。县长:严旭辉。县政协主席:贾秋林。

(蔡会如　黄烈花　赖丰芳)

·奉新县·

【简　况】　位于江西省西北部,辖10镇3乡3场1街道办事处1管委会。总面积1642.81平方千米,其中城区面积16.76平方千米。耕地面积3.94万公顷,有林面积10.79万公顷,森林覆盖率64.48%。总人口33.58万人,其中城镇人口11.49万人;人口自然增长率8.27‰。2017年,地区生产总值141.05亿元,同比增长9.4%。其中,第一产业增加值20.60亿元,增长4.9%;第二产业增加值63.75亿元,增长9.2%;第三产业增加值56.70亿元,增长11.7%。财政总收入23.8亿元,增长8%;人均7087.55元,税收收入20.11亿元,占财政总收入84.5%。一般公共财政预算收入16.31亿元,增长1.3%;一般公共财政预算支出31.74亿元,增长8.1%。工业总产值579.28亿元,增长8.4%;规模以上工业增加值131.9亿元,增长9%。外贸出口总额1.49亿美元,增长10.4%。实际利用外资8119万美元,增长8.2%;引进省外资金67.61亿元,增长10%。500万元以上固定资产投资182.02亿元,增长12.8%。农业总产值32.81亿元,增长4.89%。粮食总产量32.76万吨。主要农产品及产量有稻谷30.93万吨、生猪出栏14.93万头、水产品2.09万吨、猕猴桃3.29万吨。社会消费品零售总额45.07亿元,增长12.2%。城镇居民人均可支配收入3.00万元,增长8.8%;农村居民人均可支配收入1.54万元,增长8.5%。年末城乡居民储蓄余额142.26亿元,增长20.1%。

【推进扶贫工作】　组织千名干部进村入户帮扶,大力推进"十大扶贫工程"。在产业扶贫上,出台产业奖补政策措施,发放产业扶贫贷款1.5亿元;推行公司+基地+农户、大户带农户等模式,因地制宜发展产业,增加贫困户收入。在健康扶贫上,构筑城乡居民医保、大病保险、重大疾病补充保险、大病救助和大病扶助五道医疗保障防线,缓解因病致贫返贫,贫困户住院自付比例降至9.5%。在安居扶贫上,县财政投入1585万元,对1056户建档立卡贫困户危旧房进行应改尽改。全年减贫716户1760人。

【城乡环境整治】　启动新一轮县城棚户区集中连片改造,将D类危房、城中村、改制僵尸企业一并纳入改造计划范围,房屋征收5196户,面积46万平方米。集中开展城区整治无牌无证、无照经营、乱停乱放、违法违规载客经营车辆工作,取缔城区厢式电

(机)动三(四)轮车1118辆，增加公交线路2条、公交车21辆，实现城区公交全覆盖。围绕“三区四线”(建成区、规划区、风景区，国道沿线、省道沿线、高速沿线、城市干道沿线)，开展城乡环境综合整治，依法拆除各类违法建设1.58万平方米，蓝铁皮棚8.9万平方米。

【实施创新驱动战略】 金环颜料获批博士后创新实践基地，飞宇竹业申报江西省重大专项科技协同创新体，同和药业关键技术研究与应用项目获省科学技术进步二等奖，赣锋锂业制备技术及产业化应用项目获省科学技术进步三等奖，金属锂真空蒸馏提纯方法获省专利奖。新增高新技术企业4家，达24家；新增与高等院校、科研院所开展“产学研”合作企业5家，达30家；授权专利170件。

【奉新县获“全国生态魅力名县”称号】 4月21日，2018美丽中国——生态城市与美丽乡村经验交流会在北京召开，会上发布2018美丽中国——生态城市与美丽乡村获奖名单，奉新县获“全国生态魅力名县”称号。奉新县开展“净空、净水、净土”行动，进一步提升生态环境质量。中心城区空气自动监测站建成并投入运行，实现24小时智能监控，空气环境质量达到国家二级标准以上。投资3亿元建成亿利洁能集中供热项目，淘汰10吨以下燃煤锅炉31台。县级重点污染源监控平台建成并投入使用，重点污染源排放企业实现在线监控。推进河道采砂、水库退养和畜禽养殖污染治理，依法取缔51个非法采砂点，依法关闭禁养区内22家生猪养殖场。新增省级生态乡镇2个，省级以上生态乡镇实现全覆盖。

【同和药业在深圳证券交易所创业板上市】 3月31日，江西同和药业股份有限公司(简称同和药业)在深圳证券交易所创业板上市，证券代码300636，公开发行股票2000万股，发行价格14.47元/股，募集资金2.89亿元。同和药业于2004年4月落户奉新工业园区，主要从事原料药、液晶化合物及中间体的生产，产品出口到全球30多个国家和地区，出口率在95%以上。

主要领导人 县委书记：甘贤武。县人大常委会主任：邹俊明。县长：李国兴。县政协主席：胡健。

(熊正秋)

·高安市·

【简　况】 位于江西省西北部，辖19镇2乡2街道办事处1垦殖场。总面积2439.33平方千米，其中城区面积33.12平方千米。耕地面积10.34万公顷，林地面积9.17万公顷，森林覆盖率37.98%，城区绿地率21.95%。总人口87.44万人，其中城镇人口30.37万人；人口自然增长率8.53‰。2017年，地区生产总值235.92亿元，同比增长8.7%。其中，第一产业增加值41.83亿元，增长1.3%；第二产业增加值102.13亿元，增长9.3%；第三产业增加值91.96亿元，增长12.1%。财政总收入40.14亿元，增长10.3%。工业总产值632.5亿元，增长13.4%。500万元以上项目固定资产投资266亿元，增长14.9 %。实际利用外资8166万美元，利用省外资金68.32亿元。外贸出口1.54亿美元。主要工业产品产量有瓷砖12.71亿平方米、水泥427.29万吨、食品添加剂1.47万吨、发光二极管3.50亿只、锂离子电池3296.31万只。农业总产值73.19亿元，粮食总产量75万吨。主要农产品产量有稻谷70.62万吨、棉花0.9万吨、油料5.84万吨、生猪出栏123.39万头、肉牛出栏12.09万头。城镇居民人均可支配收入3.06万元，增长8.5%；农村居民人均可支配收入1.51万元，增长8.2%。金融机构新增存款78.66亿元，新增贷款52.11亿元。

【高安市被授予“中国物流汽运之都”称号】 12月21日，在第七届中国城市物流发展年会开幕式上，高安市被中国交通运输协会授予“中国物流汽运之都”称号。20世纪90年代，高安市汽车运输产业异军突起，带动物流产业迅猛发展，2013年被列为省现代服务业集聚区，2016年被列为省级物流产业示范区。至2017年，全市汽运物流产业初具规模，拥有汽运物流公司2000余家，其中大型公铁联运物流企业1家、交通运输部甩挂运输试点企业1家、省级服务业龙头企业5家。拥有国家4A级物流企业29家，占全省4A级以上物流企业的三分之一。全市营运货(挂)车保有量5.20万辆，增长69.6%；运力75.92万吨，增长84.7%。运力规模、运力总量位居全国县级市首位。

【高安建陶产业跻身全国第二大产区】 2017年，高安建陶产业跻身全国第二大产区。高安建陶产业把打造区域品牌、提高科技研发能力、优化产业结构作为转型升级发展之路，通过加大陶瓷品牌创建扶持和奖励力度、举办“泛高安”陶瓷采购节以及参加海外展览等方式，提高品牌建设能力和对外影响力。全年建陶产业实现产值402.03亿元，陶瓷总产能突破8.5亿平方米。拥有中国驰名商标14件，江西省著名商标47件。同时，依托国检中心、建筑卫生陶瓷工程技术研究中心及省级技术研发中心，不断加大陶瓷产业科研体系建设，推进产学研工程，产区拥有科技研发人员1000余人，拥有陶瓷产业及相关配套产业专利150多件。

【高安市被批准为“中国好粮油”行动示范县(市)】 12月，高安市被国家粮食局批准为“中国好粮油”行动示范县(市)。高安是全国首批50个商品粮基地县之一，连续10年被评为全国粮食生产先进县(市)。全市粮食种植面积和总产量长期居全省县(市、区)第一；油菜、油茶林种植面积和产量均居全省前列。境内土壤肥沃，富硒土壤面积568.91平方千米，约占全省总资源的13.5%，位居29个富硒县(市、区)首位。有注册农民合作社868家，其中国家级示范社5家、省级示范社16家；家庭农场516家，其中省级示范家庭农场7家；农业龙头企业40家，其中国家级龙头企业1家、省级龙头企业14家；种粮大户1106家，流转土地面积1.50万公顷。有粮油加工企业52家，日生产能力4790吨。先后推出大观楼腐竹、维尔宝食品、金特莱大米、谷晶食用油、富硒大米等名优特农产品。其中，大观楼腐竹、高安大米被评为国家地理标志产品,“大观楼”牌腐竹、“维宝”牌粉末油脂、“金特莱”牌大米商标获中国驰名商标,“高玉”大米、“谷晶”食用油、“金穗丰”糖、“绣香谷”谷物粉、“瑞前”大米5个商标获江西省著名商标。

【全省首家新型农村党员干部学院成立】 10月24日,由高安市委组织部、市委党校和省农科院高安基地共同创办的全省首家新型农村党员干部学院在高安挂牌成立。该学院通过“部、校、基地”三家合作的方式,立足于培养高素质复合型农业农村人才、有效转化利用农业科研成果、推动现代农业产业发展壮大、助推村级集体经济发展和新农村建设,采取“课堂+基地”的办学模式,打造技能培训、信息交流、成果转化、技术指导、产品营销“五位一体”的开放式平台。

【“高安好人团”在云南腾冲勇救落水游客】 11月21日,高安人刘永忠、况卫兵、李军、潘文利、汪险峰、何剑华、金早秀、梁毛里、伍三忠一行9人在云南腾冲热海景区旅游,突遇1名男游客掉入滚烫河水中。刘永忠、况卫兵见此险情,不顾个人安危,冲下十几米的陡坡,下水救人。其他7人则在岸上通过拨打120、寻找救援工具、递纸巾等协助救援。11月22日,刘永忠、况卫兵等9人救人义举被游客手机拍摄并转发到网上。新华社、江西电视台和《信息日报》《江南都市报》等媒体对“高安好人团”进行采访。刘永忠、况卫兵先后获江西和中国“见义勇为”好人称号。

主要领导人　市委书记:袁和庚。市人大常委会主任:黄雪刚。市长:潘劲松。市政协主席:丁杏花。

(易集明　孙晓东)

·上高县·

【简　况】 位于江西省西北部,辖9镇5乡1场1街道办事处。总面积1350平方千米。有林面积7.06万公顷,森林覆盖率46.82%。总人口38.23万人,其中城镇人口15.80万人;人口自然增长率8.79‰。2017年,地区生产总值162.54亿元,同比增长9.3%。其中,第一产业增加值25.52亿元,增长5.2%;第二产业增加值73.14亿元,增长9.5%;第三产业增加值63.88亿元,增长11.0%。财政总收入27.36亿元,增长8.6%;税收占财政总收入88.9%。一般公共预算收入16.05亿元,增长2.5%;一般公共预算支出31.59亿元,增长9.3%。规模以上工业总产值587.48亿元,增长15.5%。外贸出口4.18亿美元。固定资产投资232.28亿元,实际利用外商投资9261万美元,利用省外资金68.5亿元。主要工业产品产量有水泥161.91万吨、饮料酒1207.64千升、服装853.76万件。农林牧渔业总产值49.98亿元,增长4.7%。粮食总产量34.26万吨。主要农产品产量有油料1.75万吨、生猪出栏87.02万头、牛存栏4.21万头。城镇居民人均可支配收入3.01万元,增加2507元;农村居民人均可支配收入1.61万元,增加1235元。年末城乡居民存款余额133.38亿元,增长8.8%。

【脱贫攻坚】 上高县开展“千名干部进万家,助推脱贫攻坚大会战”“决战决胜百日行动”等活动,精准识别贫困人口4031户1.05万人,整合涉农扶贫专项资金1.4亿元,实施干部驻村帮扶、职业教育培训、扶贫小额信贷、易地扶贫搬迁、电商扶贫、旅游扶贫、光伏扶贫、构树扶贫、致富带头人创业培训、龙头企业带动10大扶贫工程,发展扶贫项目53个,产业扶贫实现全覆盖;健康扶贫实行先诊疗后付费,实现“一站式”结算,报销和减免费用2798万元,贫困户自付医药费用比例不超过10%;发放教育扶贫补助737.3万元,实现贫困学生资助一个不少、一个不漏。上高义仓成为全省首个中国扶贫网精准扶贫线下示范点,脱贫2058人,蒙山镇潢里村、田心镇南江村、镇渡乡江东村3个贫困村实现如期退出。

【上高县综治委被授予“2013—2016年度全国社会治安综合治理先进集体”称号】 9月19日—20日,全国社会治安综合治理表彰大会在北京召开,上高县综治委被人社部、中央综治委授予“2013—2016年度全国社会治安综合治理先进集体”称号。上高县在城区建立网络化管理AB岗机制,干部下网络为群众解难事。组织开展讲故事比赛、趣味运动会、红歌会等熟人网络创建活动。同时在农村绘制网络亲民地图,将每个农户的基本情况标注到亲民地图上,录入手机“干群通”,干部下村对农户实行精准服务。规范建立“五统一”(统一设计、规划、标识、管理、职能)的乡镇综治中心,“和谐平安866”平台统一受理群众来信来访来电,便民服务大厅集中受理群众办事诉求。并向基层延伸,在村综治中心设立和谐平安理事会、“五老调解室”,第一时间化解矛盾纠纷。针对农村基层点多面广,传统的“天网”工程难以有效覆盖和延伸到每一个角落的状况,采取公共区域监控探头由政府出资免费安装,企业、村民住宅、商铺监控探头由个人自愿出资安装的方式,用“微监控”工程构建起社会治安立体化防控体系。“微监控”已在全县189个村(居)推广,安装探头3178个,基本实现村村有监控,各主要道路、沿街商铺全覆盖。

【上高县抗日会战遗址列入全国红色旅游经典景区】 2月,国家发改委、中宣部、财政部、国家旅游局等14个部门联合印发《全国红色旅游经典景区名录》,公布300处全国红色旅游经典景区,其中上高县抗日会战遗址名列其中。1941年,上高会战在中国共产党的组织推动下,中国军队顽强作战,广大民众踊跃支前,以劣势装备抗击日本侵略军优势装备,打死打伤日军1.5万余人,是国共合作、推动抗日民族统一战线的典范,具有重大纪念意义。上高县境内保存了包括镜山核心战场遗址、中日双方指挥部旧址在内的12处旧址,纪念设施1处,馆藏文物2200余件。1991年,县委、县政府在遗址上重修上高会战抗日阵亡将士陵园,成为江西省爱国主义教育基地。

【电影《我的上高》获第16届电影“百合奖”最佳故事片和最佳编剧奖】 12月31日,在由中央电视台电影频道主办的第16届电影“百合奖”颁奖典礼上,电影《我的上高》获最佳故事片和最佳编剧奖。该片由上高县与北京御景江山影视公司联合摄制,以全国十大抗日会战之一的上高会战为背景，以会战期间中共地下组织领导带领和发动上高人民支援前线为线索，塑造了同仇敌忾、保家卫国的抗日英雄形象。该片于3月8日晚20时15分在中央电视台电影频道首映，主要演员由田小洁、耿黎明、易勇明担纲，编剧方天民，导演钱泠泠。

【喻根华荣登“中国好人榜”】 8月31日，中央文明办发布8月“中国好人榜”，上高县镇渡乡74岁老人喻根华荣登“孝老爱亲”类中国好人。1961年，喻根华与家住上高县镇渡乡江东村下狮桥的罗建中结为夫妇。1972年，当她得知丈夫与婆婆黄凤娇是养子、养母关系后，仍留在婆婆身边。1983年，公公瘫痪，喻根华照顾公公两年多直至离世。2010年，丈夫溺水身亡。婆婆在自家门槛边摔倒导致半身瘫痪，生活不能自理。她挑起家庭重担，每天重复着洗衣、做饭、干活、照顾百岁婆婆的生活起居，相守无怨言。她被村民誉为“百年难见的好儿媳”。

主要领导人 县委书记：龚法生。县人大常委会主任：况国高。县长：胡海洋。县政协主席：晏晓勤。

（晏紫春）

·宜丰县·

【简 况】 位于江西省西北部，辖8镇4乡2林场2垦殖场。总面积1935平方千米，其中城区面积8.5平方千米。耕地面积2.85万公顷，林地面积13.97万公顷，森林覆盖率71.9%，城区绿化率38.51%。总人口29.99万人，其中城镇人口11.1万人；人口自然增长率8.22‰。2017年，地区生产总值115.65亿元，增长8.6%。其中，第一产业增加值23.39亿元，增长4.3%；第二产业增加值50.42亿元，增长8.7%；第三产业增加值41.84亿元，增长10.5%。财政总收入20亿元，增长14.6%；税收占财政总收入80.3%。财政总支出26.77亿元，增长10.8%。规模以上工业增长9.3%。500万元以上固定资产投资119.38亿元，增长17.6%。实际利用外资6439万美元，利用省外投资38亿元。规模以上工业主要产品产量有复合地板36万平方米、人造板8.56万立方米、瓷质砖4586万平方米、铅酸蓄电池2.35万千伏安时。农业总产值40亿元，增长3.4%。粮食总产量28.48万吨。主要农产品产量有水产品2.1万吨、肉类3.8万吨、生猪出栏42万头、禽蛋产量1.90万吨。城镇居民人均可支配收入2.97万元，增长8.5%；农村居民人均纯收入1.42万元，增长8.3%。年末城乡居民储蓄余额105.41亿元，增长10.6%。

【工业园区】 投入资金3710万元，修建道路、污水管网等基础设施，完成污水主管网延伸工程4.2千米，开工建设支管网6.1千米；投入资金1500万元，平整项目土地66.67公顷，完成土方89万立方米。园区企业投入环保整治资金5000多万元，12家陶瓷企业全面完成窑尾脱硫、酚水处理设施、雨污分流建设。全年园区主营业务收入340亿元，增长17.7%；工业增加值73亿元，增长11.4%；利润28.5亿元，增长30.2%。工业固定资产投资53.87亿元，增长3.8%。工业用电量10.83亿千瓦时，增长12.93%；用水量982.4万吨，下降10.67%。上缴税收5.66亿元，增长15.47%。拥有纳税超亿元企业1家，超千万元企业9家。

【官山国家级自然保护区被命名为全国林业科普基地】 5月，经中国林学会认定，江西官山国家级自然保护区被命名为全国林业科普基地。该自然保护区利用区内种类科普资源，开展科普宣传教育工作，向公众普及自然生态科学知识和野生动植物保护知识，促进公众对自然保护、生态文明和环境保护的理解与参与，进一步提高公众的自然科学知识与保护意识。建成生态标本馆1个，总面积600平方米，馆藏野生动物标本3000余份，植物标本6000余份。挂设野生动物生态宣传画200余张。在保护区管理局和保护站建设多个科普宣传栏，定期更新宣传内容。组织人员走进社区、学校和街道，每年开展“爱鸟周”和“野生动物保护活动宣传月”等宣传活动。印发各类宣传材料累计10万份，印制各类科普读物1万余册，并通过挂设宣传横幅、摆设标本展示柜台、举办科普讲座等活动，让科普知识深入人心。同时，利用保护区内生物资源、生态环境和地形地貌，开展中小学生“夏令营”“冬令营”等活动，引导青少年近距离体验大自然，倡导绿色生态理念，培育他们探索大自然的兴趣。

【陈永光荣登“中国好人榜”】 3月3日，中央文明办发布2月“中国好人榜”，宜丰县新昌镇大桥村村民陈永光入选“见义勇为”类中国好人。2016年2月9日，陈永光带着妻子和女儿前往新昌镇樟陂村丈母娘家拜年，突然听到有人呼喊“着火了”。他当即冲了出去，发现不远处村民的一栋土木结构老宅燃起大火。他找来梯子，第一个冲上屋顶，徒手掀开瓦片防止火势进一步蔓延。在村民帮助下，眼看火势将得到控制，不料房梁断裂，导致他从3米多高的房顶掉入大火中。当村民把他救出时，他已全身乌黑，脸上血迹斑斑，右手严重骨折，全身多处擦伤。

主要领导人 县委书记：张俊。县人大常委会主任：刘毅力。县长：徐彩云（任至5月）、解蓥（8月任）。县政协主席：舒彬。

（纪睿）

·铜鼓县·

【简 况】 位于江西省西北部，辖6镇3乡4林场。总面积1551.94平方千米，其中城区面积6.02平方千米。耕地面积8868.39公顷，林地面积13.83万公顷，森林覆盖率87.42%。总人口13.86万人，其中非农业人口3.72万人；人口自然增长率8.83‰。2017年，地区生产总值44.40亿元，增长8.7%。其中，第一产业增加值7.18亿元，增长4.3%；第二产业增加值18.18亿元，增长8.4%；第三产业增加值19.04亿元，增长10.5%。财政总收入9.72亿元，增长7%；税收占财政总收入77%。地方财政收入6.85亿元；地方财政支出16.74亿元，增长20%。规模以上工业总产值41.06亿元，增长11.94%。外贸出口占地区生产总值比重7.49%。500万元以上固定资产投资32.35亿元，增长13.1%。实际利用外资2602万美元,利用省外投资15.2亿元。主要工业产品有医药、化工、竹木建材、计算机外围设备、纺织。农业总产值12.4亿元,增长4.74%。粮食总产量4.67万吨,增长1.01%。主要农产品产量有茶叶3033吨、红薯1193吨、大豆1128吨、西瓜2032吨、山羊出栏4245只。城镇居民人均可支配收入2.39万元,增长8.6%;农村居民人均纯收入9257元,增长9%。城乡居民年末储蓄余额53.4亿元,增长32.4%。

【工业园区】 铜鼓县工业园区规划总面积约8平方千米,开发面积约5平方千米,区内"六通一平"及主干道两旁绿化亮化工程已完成,形成由生态经济园和城东工业园组成的"一区两园"发展格局。入驻企业45家,其中规模以上企业22家。园区内有英联普美欣、华裕家禽、尚朋电子、虹大电力、国盛竹业等19家企业竣工投产,污水处理厂投入运行。全年完成主营业务收入31.06亿元,增长9.01%;工业增加值8.12亿元,增长9.2%;税收总额1.09亿元,增长11.63%。12月,铜鼓工业园区经省政府批准,列为省级产业园区。

【开展百里生态文明示范带建设工作】 11月,县委、县政府制定《铜鼓县百里生态文明示范带建设实施方案》,成立百里生态文明示范带创建工作指挥部和六个专项工作组,召开百里生态文明示范带创建工作启动项目调度会。百里生态文明示范带建设工作包括茶山森林康养小镇、大塅镇水生态文明特色小镇一期工程、大塅镇浒村村秀美乡村、三都镇东浒村秀美乡村、G220带溪至大塅沿线风光带、水毁修复工程6大项目。至年底,大塅镇浒村村秀美乡村示范点完成村内公厕、漫画展示馆、祠堂农家书屋、村级卫生所、电商服务站、古祠堂大道、生态广场建设,以及村部办公大楼改造、房屋立面改造、新街房屋改造等;三都镇东浒村秀美乡村示范点基本完成房屋立面改造;茶山景区完成公路路基土石方、林场场部房屋立面改造和公房清理;大塅生态小镇完成G220谭坊路口至天柱峰景区的通道打点、放线工作。

【举办纪念秋收起义90周年系列活动】 5月2日至9月11日,铜鼓县先后举办纪念秋收起义90周年暨"五四"运动98周年青年红色运动会,"六月六·晒红节"、鼓文化论坛、赣西北客家美食节和乡土文化人才座谈会等旅游推介活动,首届鼓文化旅游节开幕式暨鼓舞大赛,纪念秋收起义90周年"赣籍开国将军百战图"大型创作展,红色革命历史主题"电影周",秋收起义铜鼓纪念馆复馆和秋收起义纪念地揭牌仪式,"送欢乐下基层"纪念秋收起义90周年慰问演出等系列活动。通过系列活动,缅怀老一辈无产阶级革命家和革命先烈的丰功伟绩,突出秋收起义以及铜鼓在中国革命史上的重要地位,激励全县人民弘扬秋收起义精神,推动铜鼓经济社会赶超发展。

【铜鼓县现代有机农业示范园被列为全国农村创业创新园】 6月,铜鼓县现代有机农业示范园被农业部列为全国农村创业创新园。示范园围绕中药材、有机水稻、蔬菜、茶叶等特色产业,以"绿色、有机"为基本内涵,建成水稻示范面积100余公顷,建设高标准有机白茶示范园,核心区连片133.33公顷,有机中药材种植面积533.33公顷。引进集药用、观赏、食用为一体的药材生产企业,江西鑫隆农业发展有限公司入驻园区。

主要领导人 县委书记:罗光荣。县人大常委会主任:李鸣。县长:黄为民。县政协主席:赖国梁。

(刘书琴　王敏涛)

·万载县·

【简　况】 位于江西省西北部,辖9镇7乡1街道办事处。总面积1719.63平方千米,其中城区面积16.1平方千米。耕地面积3.29万公顷,有林面积11.36万公顷,森林覆盖率67.27%,城区绿化率30.7%。总人口57.4万人,其中非农业人口17.67万人;人口自然增长率8.6‰。2017年,地区生产总值137.85亿元,同比增长9.0%。其中,第一产业增加值18.21亿元,增长2.8%;第二产业增加值69.97亿元,增长9.0%;第三产业增加值49.67亿元,增长11.7%。财政总收入25.63亿元,增长6.3%。财政支出33.53亿元,增长3.4%。工业总产值362.1亿元,增长13.7%。规模以上工业增加值77.47亿元,增长9.5%。500万元以上固定资产投资160.16亿元,增长13.7%。实际利用外资6408万美元,增长8.6%。外贸出口占地区生产总值8.9%。主要工业产品有花炮、有机食品、新型建材、机械电子、橡胶化工。农业总产值32亿元。粮食总产量32.99万吨。主要农产品有稻谷、毛豆、百合、花生。社会消费品零售总额41.64亿元,增长12%。城镇居民人均可支配收入2.63万元,增加2245元;农村居民人均可支配收入1.11万元,增长939元。年末城乡居民储蓄余额119.6亿元,增长12.5%。

【全国首个烟花爆竹实操培训和考试基地建成】 1月,全国首个烟花爆竹实操培训和考试基地建成并投入使用。该基地由万载县满天星职业技术学校投资1000多万元建设,占地面积5000多平方米,共设3个计算机多媒体实训教室,78个实操室。基地培训和考试的主要项目有烟花爆竹安全技术实际操作、高低压电工作业、高空作业、熔化焊接与热切割作业安全技术。基地构建从专家指导、理论授课到实操训练的三级塔型教育模式,既聘请国家、省级知名专家进行专业授课,又聘请省安科中心的专家和一批长期从事花炮生产、电工电焊、登高作业的一线师傅,对学员进行实际操作指导。凡参加培训的学员,经过理论与实际操作考试合格者,颁发全国通用的相关安全合格证书和特殊工种操作证。

【万载县首家本土企业挂牌上市】 4月17日,江西锦源生物科技股份有限公司新三板挂牌上市敲钟仪式在北京举行,标志万载县首家本土企业挂牌上市。江西锦源生物科技股份有限公司是以玉米为主要原材料,采用现代生物工程技术生产酒精,并循环利用酒精以及酒精生产过程中的副产品制造柠檬酸酯类增塑剂、二氧化碳、玉米胚芽油及高蛋白饲料的生物质综合利用企业。公司于3月30日起在全国中小企业股份转让系统(新三板)挂牌公开转让，证券简称锦源生物，证券代码871184，总股本8500.00万股，主办券商为兴业证券。

【举办中国万载第二届国际百合旅游文化节】 5月23日至6月10日，中国万载第二届国际百合旅游文化节在万载举行。旅游文化节由省旅游协会、万载县华康旅游开发有限公司共同主办，以“百年好合、幸福万载”为主题，采用“政府引导、市场运作、企业承办、社会参与”的模式，坚持“百合、爱情、幸福、万载”的结合，打造以“爱情文化”为核心竞争力的万载旅游品牌。旅游文化节内容包括“百合迎宾”——开幕式迎宾晚会、“百年好合”——集体中式婚礼活动、“百年之约”——中央电视台《乡约》栏目走进万载、“百花齐放”——摄影大赛、“百吃不厌”——旅游文化美食厨艺大赛、“百里挑一”——旅游商品展销会、“百年大业”——创评“中国百合产业示范区”和“中国百合文化之乡”“百年经典”——万载县县歌征集大赛、“百合盛开”——百合花赏花活动9项活动。

【“安全帽式空气过滤器”项目获国家专利】 6月，“安全帽式空气过滤器”项目获国家专利。该产品由万载县电子商务产业园研发，具有3个优点：一是能自助增氧，产品中使用的自助增氧器已获国家发明专利，解决了传统自吸式口罩呼吸困难的难题，提高佩戴口罩的舒适度；二是吸入到肺部的空气全部经过活性碳过滤，在面罩上将进风与排气分开，使得呼出的废气不会被再次吸入；三是产品可更换过滤层，并可长期使用，使用周期长。

【万载县首个院士工作站挂牌成立】 9月20日，万载县举行恒晖航天农业院士工作站揭牌暨航天育种示范基地奠基仪式，标志万载县首个院士工作站挂牌成立。该院士工作站由中国工程院院士朵英贤和国家航天育种成果转化中心、江西恒晖大农业科技有限公司合作共建，旨在解决企业发展和新产品研发中遇到的技术难题，为企业发展提供智力支持和技术保障。

【万载县获评中国最美乡村旅游目的地】 12月17日，由中国互联网新闻中心主办，中国网承办的2017(第三届)中国美丽乡村建设发展论坛在北京举行，论坛评选出一批中国美丽乡村建设示范地区(市、县、镇、村)、中国最美乡村旅游目的地、中国绿水青山生态强县和中国宜居乡村典范县，万载县获评中国最美乡村旅游目的地。万载县地处“吴头楚尾”，绿色生态良好，森林覆盖率67.27%，境内有3A级旅游景区4个，包括两个省级自然保护区，保存了万亩原始森林。

主要领导人 县委书记：胡全顺。县人大常委会主任：张清华。县长：邓湧川。县政协主席：龙社庚。

(徐小明)

上饶市

【概　况】 位于江西省东北部，辖1市9县2区。总面积2.3万平方千米。耕地面积45.9万公顷，林地面积138.19万公顷，森林覆盖率61.9%。总人口678.34万人，人口自然增长率7.73‰。2017年，地区生产总值2055.4亿元，同比增长8.8%。其中，第一产业增加值246.6亿元，增长4.1%；第二产业增加值976.0亿元，增长8.4%；第三产业增加值832.8亿元，增长10.8%。财政总收入318.7亿元，增长5.5%；税收收入占财政总收入76.6%。一般公共预算支出550.4亿元，增长11.1%。规模以上工业增加值增长9.1%。500万元以上项目固定资产投资2004.2亿元，增长11.9%。引进省外2000万元以上项目资金657.3亿元，增长14%。实际利用外资11.4亿美元，增长9.8%。外贸出口总值314.8亿元，增长24.7%。主要工业产品产量有铜材24.9万吨、滚动轴承9.8亿套、光学仪器1052.1万台、水泥1695.9万吨、汽车6.4万辆。农林牧渔业总产值391.6亿元，增长4.1%。粮食总产量351.8万吨。社会消费品零售总额812.3亿元，增长12.7%。城镇居民人均可支配收入3.19万元，增长9.3%；农村居民人均可支配收入1.22万元，增长9.6%。金融机构存款余额3211亿元，增长18.2%；贷款余额2204亿元，增长26.5%。

【晶科能源双倍增计划项目落户上饶】 2月13日，晶科能源双倍增计划项目签约仪式在上饶市会议中心举行，标志该项目落户上饶。晶科双倍增项目总投资150亿元，占地面积133.33公顷，达产达标后年销售收入不低于460亿元，年实缴税收超11亿元，是全市工业投资最大的单体项目。

【龟峰景区晋升为国家5A级景区】 2月26日，国家旅游局召开新闻发布会，宣布龟峰等20家景区晋升为国家5A级旅游景区。龟峰自2014年启动创建5A级景区以来，上饶市领导深入景区督查指导。弋阳县坚持一套班子统揽5A创建，先后成立创建工作领导小组和工作指挥部，定期召开县委常委办公会、县长办公会、创建领导小组调度会，专题研究部署调度创建工作；坚持一个规划引领5A创建，制定《龟峰创5A提升规划》，对创建任务中的8大项216小项进行分解，逐一细化，分步实施；坚持一批项目支撑5A创建，累计筹措建设资金10亿元，实施大小项目50个，先后进行龟峰栈道、游客中心建设等；坚持一支队伍服务5A创建，按照“精细化、人性化、标准化、规范化”的目标，要求各职能部门明确领导和人员对接，成立多支专业服务队伍。

【上饶幼儿师范高等专科学校挂牌开学】 2月，融合上饶师范、万年师范学校资源的上饶幼儿师范高等专科学校经省政府批准成立；5月，在国家教育部备案；9月21日，举行揭牌仪式，正式开学。上饶幼儿师范高等专科学校由上饶市政府主管，首批开设学前教育、早期教育、小学教育、英语教育4个专业。

【上饶市百亿文旅产业投资基金设立】 3月27日，上饶市百亿文旅产业投资基金签约暨信江旅游股份有限公司揭牌仪式在市会议中心举行，标志上饶市百亿文旅产业投资基金设立。这是江西省第一支市场化的旅游文化产业投资基金，由市政府与棕榈生态城镇发展股份有限公司共同设立,首期规模100亿元。基金设立后,立足上饶全域旅游发展规划,发挥棕榈股份在产业投资运营、文旅IP、内容整合等方面的优势,通过"政府支持、基金主导、产融结合、投贷结合"等模式,以直接股权投资、重组并购投资等方式,投向具有较高成长潜力的旅游项目,挖掘整合上饶旅游文化资源,培育新业态,促进上饶旅游产业转型升级。

【2017·上饶文化创意产业博览会在广丰举行】 4月27日至5月2日,由上饶市政府、中华文化促进会主办的2017·上饶文化创意产业博览会在广丰举行。展馆面积约2万平方米,设有特色文化展示区、文化综合展示区、电商体验区、书法美术精品展示区、文化创意展示区、美丽广丰特色馆、大学生创意展示区和赏石文化艺术展示区等多个区块,参展机构700余家,参展品种1万余种,现场交易和协议订单总额超过3600万元。其间,还举行上饶市文化产业签约仪式,签约项目33个,总金额157.9亿元。

【上饶三清山机场开通运营】 5月28日,上饶三清山机场开通运营。上饶三清山机场位于上饶县尊桥乡、皂头镇和上饶市信州区的茅家岭交界处,项目总投资6.62亿元,为4C级民用支线机场。2012年7月,上饶三清山机场建设动员会在尊桥乡举行,会后举行了奠基仪式。2015年12月,机场主体工程基本完成。2016年12月5日,完成试飞任务。2017年3月6日—9日,由民航华东地区管理局组成的行业验收委员会对机场工程进行全面验收,验收合格。

【开展"汉腾汽车·全民诵读《可爱的中国》"大型旅游宣传推广活动】 9月25日至10月20日,开展"汉腾汽车·全民诵读《可爱的中国》"大型旅游宣传推广活动,以上饶市为重点,通过在重点旅游景区和城市地标设置诵读亭、组织大中小学诵读、邀请社会各界人士参与诵读、线上线下互动诵读的方式,将诵读经典活动覆盖省内外,以唤醒和提升人民群众爱家乡爱祖国的家国情怀。此次活动由上饶市委、市政府与省旅发委、江西广播电视台联合主办,汉腾汽车有限公司独家冠名。

【《上饶市城市管理条例》颁布】 11月7日,《上饶市城市管理条例》经上饶市第四届人民代表大会常务委员会第7次会议通过;11月30日,经江西省第十二届人民代表大会常务委员会第36次会议批准,正式颁布。该条例是上饶市获得地方立法权之后出台的第一部实体法规,分为总则、城市管理职责、城市管理规定、城市管理行政执法、法律责任、附则6章,为城市管理提供法治保障。

【长安跨越新能源汽车项目落户上饶】 12月15日,长安跨越新能源汽车项目正式签约落户上饶。该项目由重庆长安跨越公司投资建设,投资总额120亿元,占地面积73.33公顷,达产达标后可实现年产30万辆新能源乘用车、7.5万辆专用车,每年可实现销售收入不低于540亿元,税收不低于16亿元。

【侦破"8·8"特大网络贩枪案】 8月,万年警方破获"8·8"特大网络贩枪案,打掉遍布全国30个省、市的网络贩枪犯罪团伙12个,捣毁非法制造窝点13个,抓获犯罪嫌疑人172人,收缴大批枪支、子弹、零部件及制造枪弹的原料和工具。2016年,万年县公安局抽调精干警力成立"8·8"专案组,展开全面侦查,并将案情上报。公安部将该案提级为公安部督办案件,并在万年县设立公安部"8·8"专案指挥部。

主要领导人 市委书记:马承祖。市人大常委会主任:汪东进。市长:颜赣辉(任至6月)、谢来发(12月任)。市政协主席:程建平。

(陈俐)

·信州区·

【简　况】 位于江西省东北部,辖4镇5街道办事处。总面积339平方千米。其中城区面积49.76平方千米。有林面积933.33公顷,森林覆盖率40.44%。总人口43.36万人,其中城镇人口31.00万人;人口自然增长率6.71‰。2017年,地区生产总值243.7亿元,同比增长9.2%。其中,第一产业增加值9.5亿元,增长4.3%;第二产业增加值55.9亿元,增长10.1%;第三产业增加值178.3亿元,增长9.1%。财政总收入23.9亿元,增长9.1%;税收占财政总收入85.0%。公共财政预算收入14.8亿元,下降8.2%;公共财政预算支出27.7亿元,增长4.3%。规模以上工业总产值119.2亿元。外贸出口3.53亿美元。固定资产投资180.2亿元,增长13.8%。实际利用外资8800万美元,增长9.03%。利用省外投资47.6亿元,增长13.09%。主要工业产品产量有布1525.1万米、铜材1.8万吨。农业总产值11.9亿元,增长4.10%。粮食总产量4.95万吨。主要农产品产量有谷物4.42万吨、肉类6673吨、蔬菜9.14万吨、油料4160吨。城镇居民人均可支配收入3.45万元,增加2893元;农村居民人均可支配收入1.60万元,增加1604元。年末城乡居民储蓄余额99.98亿元。

【棚户区改造】 信州区贯彻"为市服务、借市发展、实现共赢"的工作理念。区、镇(街道)、村干部站在征迁最前沿,坚持一把尺子量到底、一个方案管到底、一个政策宣传到底,坚持拆官拆民一个样、拆富拆贫一个样、拆先拆后一个样,全程公开、全面阳光、全心服务。全年服务市级重点项目77个,共推进实施棚改项目43个,完成26个项目征迁工作,累计完成征地477.25公顷,拆迁320.76万平方米,提前1年完成棚改目标。6月8日,全省棚户区改造工作现场推进会在信州区召开,副省长、省公安厅厅长郑为文率参会人员考察信州区棚改工作。

【秀美乡村示范点建设】 全年投入秀美乡村建设资金3.9亿元,推进115个秀美乡村点建设,培育了塔水村、老坞村、向阳村、灵溪村、溪边村等秀美乡村示范点,直接受益农户8488户3.48万人。茅家岭街道塔水村开展"三拆一改一建",创建"六好"秀美乡村,形成"风光秀美、村容整洁、基建完善、和谐宜居"的精品示范点;秦峰镇老坞村开展标准建设,形成"村内四季花朵飘香、房前屋后有景不断”的乡村新面貌;沙溪镇向阳村以生态型和乡村旅游产业型为定位,贯彻“乡村振兴”战略精神,彰显古镇文化底蕴,依托信江河畔江南渔村的悠久历史,打造特色风情渔村。

【信州区城市管理和行政执法局成立】 6月28日,信州区城市管理和行政执法局成立。从7月1日起,上饶市中心城区城市管理由市城管局移交信州区管理。信州区承接具体管理的事权,主要包括环境卫生、市容市貌管理、市政设施、园林绿化、违法建筑管控、城市供水、燃气管理、城管执法8大类19项城市管理工作。

【上饶城东文化旅游综合体项目开工】 11月27日,上饶城东文化旅游综合体项目开工。该项目位于高铁新区核心区,占地面积233.33公顷,总投资300亿元,主要分为游客集散中心、文体休闲中心、会议会展中心和商业集散中心4个部分,建设周期5年。

【信州区首部电影在沙溪宋宅开拍】 为弘扬“爱国、敬业、诚信、友善”社会主义核心价值观,策应建设“大美上饶”,全力打造“文化信州”,11月1日,由上饶市政协、信州区委、区政府、江西南国影视联合摄制,北京君正文化传媒有限公司承制的电影《幸福山歌》在沙溪宋宅开拍。该电影由作家程建平、史俊担任编剧,以上饶名歌代表性传承人姚金娜为创作原型,经过艺术的再创造,讲述赣东北著名的民歌妈妈姚冬妹民国时期在红军宣传队唱红歌,一路唱到国家级舞台的坎坷经历,集中展现主人公一辈子为党歌唱并获得幸福生活的故事。影片拍摄周期20多天,全部在信州区取景拍摄,集中展现信州秀美风光、厚重人文历史和多彩的艺术魅力。著名电影演员陶玉玲饰演老年姚冬妹,电影拍摄完成后在央视电影频道播放。

主要领导人 区委书记:王其中。区人大常委会主任:徐志勇。区长:胡心田。区政协主席:程茹。

(李霞)

·广丰区·

【简　况】 位于江西省东北部,辖15镇3乡5街道办事处。总面积1377.79平方千米,其中城区面积28平方千米。耕地面积2.94万公顷,林地面积8.48万公顷,森林覆盖率56.43%,林木绿化率60.9%。总人口97.46万人,人口自然增长率8.28‰。2017年,地区生产总值376.70亿元,同比增长9.6%。其中,第一产业增加值22.42亿元,增长3.9%;第二产业增加值204.40亿元,增长8.1%;第三产业增加值149.88亿元,增长12.6%。财政总收入46.64亿元,增长7.1%;税收收入37.11亿元,增长14.7%,占财政收入80%。规模以上工业增加值增长9.4%。固定资产投资总额275.7亿元,增长14.5%。社会消费品零售总额73.36亿元,增长13.2%。外贸出口3.2亿美元,增长17.9%。农业总产值35.44亿元,增长4.07%。粮食总产量20.45万吨。主要农产品产量有:马家柚种植面积1万公顷,产量1万吨;天桂梨种植面积0.2万公顷,产量0.22万吨;茶叶种植面积0.25万公顷,产量127吨。城镇居民人均可支配收入3.39万元,增长9.4%;农民人均可支配收入1.51万元,增长10%。年末金融机构存款余额250.52亿元,增长12.1%;贷款余额166.99亿元,增长11.8%。

【贞白中学交付使用】 8月26日,广丰区贞白中学交付使用。贞白中学位于城北新区,于2016年8月2日开工建设,占地面积20公顷,校舍建筑面积10万平方米。按花园式校园设计,建有教学楼、实验楼、体育馆、食堂、宿舍楼、田径场、游泳馆、篮球场。项目总投资3亿元,建设规模为100个教学班,可容纳5000多名学生。

【上浦高速公路上饶段纳入省高速公路网】 11月5日,省政府批准将江西上饶至福建浦城高速公路上饶段纳入全省高速公路网。上浦高速上饶段建设里程约54千米,其中广丰区境内约35千米。按高速公路标准设计,双向四车道,路基宽度26米,设计速度100千米/小时,主线收费站设在广丰区,广丰区境内设服务互通2个,服务区1个。

【陈德柱获第六届全国道德模范提名奖】 11月,陈德柱获第六届全国道德模范提名奖。以他的事迹为原型拍摄的微电影《良心债》,获评2016年度首届中国潍坊金风筝国际微电影大赛十佳作品。他因帮助村民担保借款而背负30万元债务。欠债还钱,天经地义。日复一日、年复一年,他坚持20多年拾荒还债,被誉为“诚信老人”。他身体力行铸就诚信的感人事迹引起反响,并入围2015年12月中国好人榜“诚实守信”候选人,曾获2015年第四期“江西好人”称号。

【广丰蝉联“全国双百强”区县】 12月,“全国中小城市综合实力百强区”和“全国中小城市投资潜力百强区”榜单公布,广丰区蝉联“全国中小城市综合实力百强区第81位”“全国中小城市投资潜力百强区第18位”,成为江西省唯一一个跻身“全国双百强”的区县。广丰区贯彻落实发展新理念,快速推进电子信息产业园、芦洋产业园、高新技术产业园三大平台建设,重点发展电子信息、先进机械制造、石墨烯“电、机、石”三大产业群,助推“高精尖”企业群聚发展。加快现代农业布局,发展观光农业、休闲农业、智慧农业,推进农业产业化,持续做好“果茶蔬”三大主导产业。建成各类农产品生产基地0.43万公顷,实现出口创汇1亿美元,带动12.5万户增收。同时,深化“放管服”改革,精简行政审批事项232项,取消和调整非行政许可审批事项84项,推行“多证合一”“一照一码”登记制度,推进降成本优环境专项行动。1—11月,为企业减负3.8亿余元。实施创新驱动战略,成立科技服务中心,开展联企服务,实现工业企业挂点服务全覆盖。1—10月,全区民间投资总量162.73亿元,增长19.38%;主营业务累计收入583.97亿元,增长13.3%。

主要领导人 区委书记:谭赣明。区人大常委会主任:皮晓瑶。区长:郑华森。区政协主席:方有水。

(周冠辉)

·上饶县·

【简　况】 位于江西省东北部,辖

10乡11镇3街道办事处。总面积2240平方千米,其中城区面积20平方千米。耕地面积2.4万公顷,林地面积15.19万公顷,城区绿化率42.23%。总人口84.8万人,人口自然增长率8.49‰。2017年,地区生产总值224.68亿元,增长8.4%。其中,第一产业增加值18.85亿元,增长4.1%;第二产业增加值171.76亿元,增长8.4%;第三产业增加值34.07亿元,增长10.5%。财政总收入23.56亿元,增长0.5%;财政总支出59.9亿元。规模以上工业总产值103.6亿元,增长6.4%。固定资产投资103.85亿元,增长10.7%。社会消费品零售总额57亿元,增长12.4%。主要工业产品有电解铜、铜杆、铜线、电线、电缆。农业总产值27.4亿元,增长9.2%。主要农产品产量有稻谷15万吨、茶叶524吨、园林水果10.2万吨、生猪出栏7.7万头。城镇居民人均可支配收入2.61万元,增长9.0%;农村居民人均可支配收入9520元,增长11.6%。年末金融机构储蓄余额302.75亿元,增长18.1%;贷款余额233.91亿元,增长15.4%。

【项目建设】 坚持项目推进四级例会制和微信调度制,推行一线工作法,实行"挂图作战",倒逼项目建设。主动服务市级以上重点项目18个,上饶大道北段、天佑大道西段、老320国道升级改造实现通车,上饶铁路西货站、上饶国际综合物流园、上饶动车组存车场、三江导托渠等重点项目用地施工得到保障。加快推进县级重点项目119个,总投资356.97亿元,其中开工76个、建成20个,开工率63.87%。狠抓项目储备包装,2个项目列入全省重点建设项目,8个项目列入全省大中型项目库统一调度。

【乡村建设】 抓好规划编制,高起点、高标准完成19个乡镇总规修编和268个中心村村庄规划编制。抓好农民建房管理,严格落实"五到场一公示"制度,农民建房秩序进一步规范。抓好示范点打造,建设新农村示范点371个。抓好宅基地改革,29个试点自然村拆除空心房、危旧房197栋,退出宅基地面积1.7万平方米。抓好通道沿线整治,投入资金2.3亿元,重点实施"两铁六道"沿线环境整治提升工程,完成房屋立面"徽改"1.1万栋。

【深化改革】 推进行政体制改革,整合组建城市管理和行政执法局,完成国企薪酬制度改革,推进撤县设区工作。推进"放管服"改革,逐步推行"最多跑一次""一次不跑"改革,"一窗式"服务超市基本成型;"双随机一公开"监管制度不断完善。推进供给侧结构性改革,关停煤矿5家,去产能20万吨;落实"降成本、优环境"政策措施。开展"二十四证合一"注册登记制度改革,新增登记注册企业1489户、个体工商户3656家。

【捷成梦都影视文化小镇项目落户上饶县】 11月27日,捷成梦都影视文化小镇战略合作框架协议签约活动在上饶县举行,标志着捷成梦都影视文化小镇项目落户上饶县。该项目位于上饶县城南新区,由深圳捷成梦之都影视传媒有限公司建设运营,总投资166亿元,占地面积263.67公顷,建筑面积242万平方米,分3期共5年建成。建成后,形成影视拍摄景区、影视产业园区、影视旅游生活区三大功能区。

【十里槠溪国际生态旅游度假区项目开工】 11月27日,十里槠溪国际生态旅游度假区项目开工。该项目位于上饶县槠溪河沿岸,河道全长27.5千米,北至清水乡前汪村,南至槠溪河与信江河汇合处。项目投资主体为上市公司棕榈生态城镇发展股份有限公司,占地面积386.67公顷,其中建设用地200公顷,总投资110亿元。项目规划为生态宜居新城、田园生活体验和野奢度假主题三大组团,主要包括时光小镇、主题公园、养生养老、高尚生活区等项目。

主要领导人 县委书记:熊孙魁。县人大常委会主任:潘玉斌。县长:何党生。县政协主席:童晓闻。

(刘佳侣)

·玉山县·

【简　况】 位于江西省东北部,辖11镇5乡。总面积1728平方千米。耕地面积1.88万公顷,林地面积11.47万公顷,森林覆盖率67.3%,城区绿化率43.42%。总人口64.34万人,其中非农业人口20.13万人;人口自然增长率7.4‰。2017年,地区生产总值172.55亿元,同比增长9.4%。其中,第一产业增加值16.72亿元,增长4.1%;第二产业增加值89.80亿元,增长9.1%;第三产业增加值66.03亿元,增长11.3%。财政总收入23.46亿元,增长6%;税收占财政总收入76.5%。地方财政支出39.37亿元,增长9%。规模以上工业增加值95.5亿元,增长9.6%。固定资产投资150.67亿元,增长13.8%。外贸出口3.39亿美元,增长23.91%。实际利用外资7800万美元,增长9.35%。主要工业产品产量有水泥666万吨、轴承2.3亿套。农业总产值17.48亿元,增长4.19%。粮食总产量20.57万吨。主要农产品产量有蔬菜及食用菌4.7万吨、水产品3.36万吨、油料1.46万吨、茶叶657吨。社会消费品零售总额68.25亿元,增长13.4%。城镇居民人均可支配收入2.91万元,增长9.53%;农村居民人均可支配收入1.40万元,增长9.83%。金融机构存款余额244.7亿元,增长20%;贷款余额182亿元,增长27.9%。

【第三届中式台球世界锦标赛在玉山举行】 3月6日—16日,中国·上饶·玉山2017CBSA"亚琦集团"杯中式台球世界锦标赛暨第三届中式台球世界锦标赛在玉山举行,来自40个国家和地区的400名选手参赛。第三届中式台球世界锦标赛由国家体育总局小球运动管理中心、中国台球协会、江西省体育局、上饶市政府主办,玉山县政府、北京星牌伟业体育发展有限公司承办,分为外围赛(3月6日—11日)、开幕式开杆仪式(3月12日)、正赛(3月13日—16日)。经过11天角逐,杨帆、楚秉杰、杰森·肖分别获男子组冠军、亚军、季军;付小芳、于金鹏、陈思明分别获女子组冠军、亚军、季军。

【玉山县获"全国首届'百县百品'农产品上行十佳县"称号】 3月25日,由中国电子商务协会指导、中国电商服务联盟主办的全国首届“百县百品”产业峰会在杭州举行，玉山县获“全国首届‘百县百品’农产品上行十佳县”称号。玉山县成为第二批国家农产品质量安全创建试点县，全县农产品以生态、绿色、有机、安全等优势在网上走红，形成姜宅红糖、玉山红芽芋、临湖大蒜、怀玉山高山马铃薯、樟村粉丝等多个农产品上行品牌，产品畅销国内外。

【三清山白茶获2017年中国(南昌)国际茶业博览会特金奖】 6月，在2017年中国(南昌)国际茶业博览会暨第四届庐山问茶会上，江西三山实业有限公司选送的三清山白茶获2017年中国(南昌)国际茶业博览会特金奖。三清山白茶属于白化绿茶，生长于道教圣地、国家5A风景区三清山附近，外形独特，形如凤羽，色如玉霜，汤色鹅黄，清澈明亮。它富含茶氨酸，具有典型的高氨低酚特点，营养丰富，为茶中珍品。

【2017斯诺克世界公开赛在玉山举行】 9月18日—24日，中国·上饶·玉山“三清山”杯2017斯诺克世界公开赛在玉山举行。该赛由中国台球协会、世界职业斯诺克协会、江西省体育局、上饶市政府主办，上饶市体育局、玉山县政府、北京星牌伟业体育发展有限公司承办，三清山管委会协办。比赛采用单败淘汰制，共有72名选手参加。经过7天角逐，中国选手丁俊晖获冠军，英国选手凯伦·威尔逊获亚军。

主要领导人 县委书记：胡剑飞。县人大常委会主任：张常青。县长：徐树斌。县政协主席：朱明善。

（占裕田）

·横峰县·

【简　况】 位于江西省东北部，辖2镇6乡2街道办事处1垦殖场。总面积655.24平方千米，其中县城建成区面积16.2平方千米，城区绿化率48.54%。耕地面积0.91万公顷，林地面积4.46万公顷，森林覆盖率63.6%。总人口22.57万人，其中非农业人口5.13万人。2017年，地区生产总值67.6亿元，增长7.9%。其中，第一产业增加值5.4亿元，增长4%；第二产业增加值40.3亿元，增长8%；第三产业增加值21.9亿元，增长8.7%。财政收入10.98亿元，增长6.1%；税收占财政收入比重88.6%。规模以上工业增加值增长9%。固定资产投资73.57亿元，增长13.4%。外贸出口首次突破2亿美元，增长88.3%。社会消费品零售总额27.78亿元，增长9.7%。农业增加值8.1亿元，增长4.5%。城镇居民人均可支配收入2.39万元，增长10%；农村居民人均可支配收入9493元，增长12.7%。

【脱贫工作】 实行县四套班子成员挂点帮扶，2200余名公职人员结对帮扶，63名第一书记和216名驻村工作队员脱岗扶贫。召开群众评议会953场，清退不符合条件的对象2782户9402人，重新识别补录贫困户1284户4158人。成立县扶贫开发公司和乡镇农业公司，新建桃、柚、中药材等特色扶贫产业基地466.67公顷，建成2.66万千瓦分布式地面光伏发电站、“一户一站”屋顶光伏1110户；贫困户实现产业对接全覆盖，发放产业受益金1100万元；新增公益性岗位1956个，设立扶贫车间和示范点79个，其中国家级示范基地1个，脱贫对象年均收入超过国家标准。全年减贫4380户1.39万人，贫困发生率降至0.83%。

【现代农业】 7月7日，横峰县政府与中国医学科学院药用植物研究所签订战略合作协议，助推葛和中药材产业发展，药植园组培能力达4亿株。组建江西绿色生态葛研究中心，“横峰葛”作为农产品区域公用品牌登上江西卫视，葛的开发纳入国家中药材大品种重点研发计划和全省中草药产业发展工程。推进特色农业规模化发展，新增葛及中药材333.33公顷、各类果树333.33公顷、各类蔬菜333.33公顷，油茶、毛竹低改0.11万公顷。新培育省、市农业龙头企业3家、合作社96个，认证“三品一标”（无公害农产品、绿色食品、有机农产品和农产品地理标志）4个。

【举行2017年重点建设项目集中开(竣)工活动】 11月28日，横峰县2017年重点建设项目集中开(竣)工活动在九甲产业园举行，上饶市委常委、副市长任友群出席活动并宣布项目开(竣)工。此次集中开(竣)工活动共有项目46个，总投资48.65亿元。其中，晶科电力总部、中旺电解铜、上饶康美园食品等开工项目17个，总投资17.25亿元；飞南电解铜、凯怡贵金属、小微创业园、兴安大道风貌改造等竣工项目29个，总投资31.4亿元。各乡(镇、街道、场、办)党政负责人和分管负责人，县委各部门、县直各单位主要负责人，经开区及九甲产业园全体干部职工，开竣工项目企业负责人和施工人员、群众代表共660余人参加活动。

【横峰县被授予“国家电子商务进农村示范县”称号】 8月21日，横峰县被商务部、财政部、国务院扶贫办授予“国家电子商务进农村示范县”称号，获专项资金2000万元。横峰县加快发展电子商务，电商众创园入驻企业突破100家，触电上网农特产品达20余种，电商交易额突破25亿元。

【首届五国拳王争霸赛在横峰举行】 12月23日，首届五国拳王争霸赛在横峰葛佬产业园举行，中国、泰国、美国、俄罗斯、尼日利亚五国16名职业选手参赛。此次争霸赛由横峰县旅发委主办，县武术协会、县青少年武术俱乐部承办，分为58公斤(1组)、60公斤(1组)、65公斤(4组)、68公斤(1组)、75公斤(1组)5个级别8个组别。经过角逐，中国选手吴江杰、王振飞、黄聪、魏厚义、郑文波、余杰、刘连峰、张忠卫获各组比赛冠军。

主要领导人 县委书记：饶清华。县人大常委会主任：李必良。县长：潘琍。县政协主席：杨学园。

（张文丰）

·弋阳县·

【简　况】 位于江西省东北部，辖10镇5乡1垦殖场1街道办事处。总面积1592.5平方千米，其中县城建成区面积16.5平方千米。耕地面积2.2

万公顷,有林面积9.75万公顷,森林覆盖率59.27%,城区绿化率46.5%。总人口42.46万人,其中非农业人口10.07万人;人口自然增长率12‰。2017年,地区生产总值102.26亿元,同比增长8.7%。其中,第一产业增加值19.79亿元,增长4.1%;第二产业增加值44.39亿元,增长8.7%;第三产业增加值38.08亿元,增长10.6%。财政总收入15.03亿元,增长6%;税收收入占财政总收入75.5%。一般预算收入11.49亿元,下降3.7%。财政总支出38.3亿元,下降61.2%。固定资产投资108.7亿元,增长12.1%。实际利用外资6100万美元,利用省外2000万元以上项目资金41.3亿元。主要工业产品有铜金属、铜材、水泥、中成药、机制纸。农业总产值30.94亿元,增长4.1%。粮食总产量22.15万吨。主要农产品有水稻、蔬菜、油菜、花生、甘蔗。社会消费品零售总额47.7亿元,增长12.2%。城镇居民人均可支配收入2.91万元,增长9.3%;农民人均纯收入1.26万元,增长9.5%。金融机构存款余额159.2亿元,增长11.8%;贷款余额89.56亿元,增长39.86%。

【就业扶贫工作】 依托乡镇(村居)基层服务平台,及时将县内外企业招聘信息发布到基层群众手中,让贫困群众在第一时间掌握就业岗位信息并自主择业。组织企业下贫困村招聘,对贫困村贫困人口展开精准就业扶贫。将“精准扶贫技能培训班”开设到各乡镇贫困村,聘请专业教师对所有具有培训愿望的贫困人员进行农牧畜业生产养殖方面以及经营管理方面的知识培训,为精准扶贫、精准脱贫提供技术支持和帮助。创建就业扶贫车间,不论是村镇个体工商户还是小微企业,只要其吸纳不少于5名农村贫困劳动力就业,并与其签订6个月及以上劳动合同、累计工作时间不少于6个月且工资待遇不低于最低工资标准,则按每吸纳1名农村贫困劳动力,在其就业年度内给予就业扶贫车间1000元的一次性补贴。全年开展贫困村专场招聘会6场,1000余名贫困人员进场参加招聘,转移贫困村贫困人员就业118人。组织162名贫困人员开展精准扶贫技能培训,创建就业扶贫车间10家,吸纳89名建档立卡贫困人员就业。

【落实清费减负政策】 弋阳县开展全面清理规范涉企收费政策落实工作,根据财政部《关于清理规范一批行政事业性收费有关政策的通知》和《关于取消、调整部分政府性基金有关政策的通知》要求,自4月1日起,取消和停征涉企行政事业性收费5项(环境监测服务费、白蚁防治费、房屋转让手续费,停征卫生检测费、计量收费),取消和调整政府性基金2项(取消新型墙体材料专项基金、调整残疾人就业保障金征收政策)。针对所涉及的收费项目,已全部停止相关收费,全年涉企收费比2016年减少征收1862万元。

【举办2017年第二次工业项目集中开(竣)工活动】 7月28日,弋阳县举办2017年第二次工业项目集中开(竣)工活动,上饶市人大常委会主任汪东进出席活动并下达开工令。此次集中开(竣)工项目共有11个。其中,开工项目6个,总投资4.20亿元,项目达产达标后,可实现年销售收入4.75亿元,年纳税5350万元;竣工项目5个,总投资3.66亿元,项目达产达标后,年销售收入3.96亿元,年纳税4400万元。

【长篇历史小说《方志敏》出版】 2月,长篇历史小说《方志敏》由江西人民出版社出版。全书共104章、60万字,由上海作家陈抚生与弋阳县多年从事地方史志编研和方志敏等人物研究的陈家鹦合作完成。该书以恢弘的历史画卷,全景式描绘以方志敏为核心人物的集体群像。作者通过深挖素材,以生动的情节诠释“赣东北的同志也有很好的创造,他们同样是模范工作者”“他们是革命战争的良好组织者和领导者,他们又是群众生活的良好的组织者和领导者”,再现以方志敏为核心的一代英豪的辉煌业绩。

主要领导人 县委书记:谢柏清。县人大常委会主任:宣功成。县长:陈敏。县政协主席:陈康。

(杜育和)

·德兴市·

【简　况】 位于江西省东北部,辖5镇6乡3街道办事处。总面积2101平方千米,其中城区面积10.6平方千米。耕地面积1.79万公顷,林地面积14.49万公顷,森林覆盖率76.2%。总人口33.68万人,其中乡村人口16.44万人;人口自然增长率2.66‰。2017年,地区生产总值144.11亿元(不含德兴铜矿主业),同比增长8.1%。其中,第一产业增加值17.48亿元,增长4%;第二产业增加值58.92亿元,增长7.5%;第三产业增加值67.71亿元,增长9.3%。财政总收入36.02亿元,增长5%。规模以上工业增加值38.6亿元,增长8.8%。规模以上固定资产投资167亿元,增长12.1%。社会消费品零售总额55.6亿元,增长13.1%。农业总产值11.79亿元。粮食总产量11.03万吨。城镇居民人均可支配收入3.15万元,增长9.4%;农村居民人均可支配收入1.42万元,增长10.1%。金融机构各项存款172.36亿元,贷款114.79亿元,存贷比66.6%。

【五四大道全线贯通】 12月,五四大道全线贯通,缓解了德昌高速德兴南出口进入城区的交通压力。五四大道工程于8月开工建设,起于德昌高速德兴南出口,终于南门新区红山,沿洎水河南面靠山布设,全长4.26千米,道路红线宽40米,设计标准为城市主干道,设计行车速度40千米/小时,项目总投资概算3.66亿元,其中工程费用2.93亿元。

【全国群众登山健身大会开幕式在德兴举行】 4月15日,全国群众登山健身大会开幕式暨德兴“大茅山杯”群众登山邀请赛在德兴市大茅山风景名胜区举行。此次大会由国家体育总局登山运动管理中心、中国登山协会、江西省体育局主办,江西省体育竞赛管理中心、上饶市体育局、德兴市政府承办,以“全民健身促健康,同心共筑中国梦”为主题,各省、自治区、直辖市,江西省各设区市、各行业体协60多支代表队以及德兴市登山爱好者共5000余人参加。大会分为健身组和竞技组，健身组需完成4千米健步行，竞技组需完成13千米登山比赛，南昌市体育局代表队获竞技组团体第一名。

【随锐科技智能机器人江西生产基地（德兴）正式投产】 12月20日，随锐科技智能机器人江西生产基地（德兴）正式投产，第一台机器人“豆豆”下线。该项目于9月落户德兴市新经济创业产业园区，总投资2.85亿元，项目达产达标可年产720～1500台智能机器人，年产值达7亿元以上，年利税5000万元以上，为上饶市首个落户的智能机器人项目，对江西智能制造业起到推进作用。

【壮大集体经济示范园开工建设】 9月，壮大集体经济示范园（南门农贸市场）项目开工建设。壮大集体经济示范园位于南门新区，总投资1.3亿元，占地面积2公顷，建筑面积3.6万平方米，包括地下停车场、普通菜市场、净菜市场、小作坊、检疫检测所、商铺、美食街及管理房等，建设周期1年。

【首届健康中国·养生德兴“国医日”文化活动启动仪式在德兴举行】 3月17日，首届健康中国·养生德兴“国医日”文化活动启动仪式在德兴举行。上饶市委常委、市委统战部部长陈洪生，江西中医药大学副校长杨明，省卫计委中医处副处长刘希伟，中国医学科学院药用植物研究所、药用植物园副主任李标等应邀出席。德兴市委书记刘瑞英，市长郭峰等出席仪式。仪式上，德兴市政府与中国医学科学院等单位签订合作框架协议。原北京医疗队部分队员，德兴市各乡（镇、街道）、单位部门负责人，部分医院及中医药企业代表共800余人参加仪式。

主要领导人 市委书记：刘瑞英。市人大常委会主任：张跃平。市长：郭峰。市政协主席：刘德奖。

（吴英红　翁本有）

·婺源县·

【简　况】 位于江西省东北部，辖10镇6乡1街道办事处。总面积2967.78平方千米。耕地面积2.15万公顷，林地面积24.57万公顷，森林覆盖率82.64%。总人口37.48万人，人口自然增长率10.5‰。2017年，地区生产总值100.78亿元，同比增长8%。其中，第一产业9.34亿元，增长4.1%；第二产业34.69亿元，增长7.8%；第三产业56.75亿元，增长9.0%。财政总收入14.51亿元，增长6%。其中，一般预算收入9.98亿元，下降5.5%。地方财政支出27.57亿元，增长10.6%。规模以上工业增加值增长8.4%。实际利用外资5300万美元，增长10%。主要工业产品产量有精制茶3.32万吨、人造板21.19万立方米、中成药477吨。农林牧渔业总产值14.7亿元，增长4.3%。粮食总产量10.29万吨。主要农产品产量有茶叶1.7万吨、水果1174吨、生猪存栏9.62万头、生猪出栏14.99万头、肉类1.52万吨。社会消费品零售总额55.07亿元，增长12.7%。农村居民人均可支配收入1.18万元，增长9.74%。金融机构存款余额163.41亿元，比年初增长18.44%；贷款余额97.03亿元，增长26.82%。

【全国首个县级旅游诚信退赔中心揭牌】 10月2日，婺源县旅游诚信退赔中心揭牌，这是全国首个县级旅游诚信退赔中心。婺源县旅游诚信退赔中心归属县旅游市场联合执法调度中心管理，专职负责涉婺进店购物团队地接旅行社备案审查、团队报审、进店核查工作，县财政设立旅游诚信退赔基金50万元，向游客承诺30天内无条件无理由退货。

【举办2017年第一次工业项目集中开（竣）工活动】 4月11日，婺源县举办2017年第一次工业项目集中开（竣）工活动，上饶市市长颜赣辉出席活动并宣布项目开（竣）工。此次集中开（竣）工活动共有32个项目，总投资64.51亿元。其中，开工项目23个，总投资60.57亿元，涉及智能制造、绿色食品、中医药加工、电力设备等产业；竣工项目9个，总投资3.9亿元，涉及电商生产基地、纺织服装、绿色食品加工等。各乡（镇、街道）党政主要负责人和分管工业负责人，县委各部门、县直各单位主要负责人，县工信委、县工业园区、县商务局班子成员，开（竣）工项目单位负责人及施工单位代表参加活动。

【“中国体育彩票杯”第二届婺源国际马拉松赛在婺源举行】 11月26日，由省体育局、婺源县政府共同举办的“中国体育彩票杯”第二届婺源国际马拉松赛在婺源举行，共有1.91万名运动员参加，其中外籍运动员20名，国内报名参赛人员基本覆盖全国各省。经过角逐，4名肯尼亚选手包揽男女组全程、半程马拉松赛第一名。

【中心城区棚改（一期）项目启动】 5月7日，县委、县政府成立41个工作组，从各乡（镇、街道、园区）、县直各单位抽调160多名干部脱岗参与，对原县汽运公司、县林业局和株树林路3个片区及环城北路原县政府48家宿舍进行棚改。至年底，完成房屋征迁1512户，征迁房屋面积14万平方米。

【应对“6·24”特大洪灾】 6月23日8时至24日8时，婺源境内发生超历史最高水位3.45米的特大洪水，造成公路塌方939处、里程331千米，桥梁损毁76座；损毁通信杆路400余处、420千米，损毁基站18个，县内广电网络全部中断；损毁供电线路62千米、变压器29台，停电526个台区、6.6万户；农作物受灾面积1.07万公顷，受灾人口29.85万人，紧急转移人口8.9万人，直接经济损失37.9亿元。县委及时成立“6·24”特大洪灾抗险救灾领导小组，分设9个工作小组，下发《关于在全县范围内迅速开展抗洪救灾工作的紧急通知》等文件，派出150余支工作队，200多名挂点贫困村第一书记、全体党员干部和10余万名社会各界人士，投身抗洪抢险第一线；抽调公安干警、武警官兵2000余人，蓝天救援队200余人，志愿者1万余人，出动冲锋舟、橡皮艇600余次，解救被困人员3000余人。在最短时间内恢复水、电、路、通信，并开展灾后重建工作。

主要领导人 县委书记：吴曙。县人大常委会主任：汪培欣。县长：吴云飞。县政协主席：汪春萍。

（方华军）

·铅山县·

【简　况】 位于江西省东北部，辖7镇10乡1青溪服务中心。总面积2177.66平方千米，其中城区面积16.8平方千米。耕地面积2.3万公顷，林地面积16.58万公顷，森林覆盖率75.85％，城区绿化率33.81％。总人口47.94万人，其中非农业人口26.36万人；人口自然增长率7.51‰。2017年，地区生产总值121.32亿元，同比增长9.0％。其中，第一产业增加值16.15亿元，增长4.0％；第二产业增加值57.03亿元，增长9.3％；第三产业增加值48.14亿元，增长10.7％。财政总收入19.78亿元，增长5.0％；税收占财政总收入比重68.3％。地方财政收入14.9亿元；地方财政支出34.15亿元，增长16.93％。工业总产值203亿元，增长9.3％。外贸出口占地区生产总值比重12.86％。固定资产投资150.42亿元，增长12％。实际利用外资6222万美元。主要工业产品产量有电解铜5.2万吨、阳极铜4.9万吨、水电1.08亿度、无水氢氟酸5.29万吨、铝锭活塞300万套。农业总产值25.28亿元，增长4.15％。粮食总产量16.89万吨。主要农产品产量有蔬菜18.07万吨、油料0.33万吨、生猪存栏11.74万头、生猪出栏15.24万头。城镇居民人均可支配收入2.46万元，增长9.2％；农村居民人均可支配收入1.20万元，增长9.5％。城乡居民储蓄余额157.91亿元，增长21.98％。

【铅山武夷山列入世界文化与自然遗产地】 7月10日，武夷山边界调整项目在第41届联合国教科文组织世界遗产委员会会议上审议通过，江西铅山武夷山列入世界文化与自然遗产地。该地域位于铅山县武夷山脉北部，面积107.25平方千米(缓冲区面积67.47平方千米)，是江西省武夷山国家级自然保护区的核心部分。其中，黄岗山为武夷山脉最高峰，海拔2160.8米，号称“华东屋脊”“武夷支柱”，被誉为“珍稀植物王国，奇禽异兽天堂”以及“生物模式标本产地”。此次武夷山遗产地边界调整，可增加珍稀特有种群数量，加强遗产地自然价值的完整性和对遗产地的保护。

【永铜社区被评为全国“扫黄打非”进基层示范点】 11月15日，永铜社区被评为全国“扫黄打非”进基层示范点。该社区把“扫黄打非”进基层工作与平安社区创建、文明社区创建等结合起来，推进网格化管理，营造和谐稳定的社会环境。先后制定《“扫黄打非”办公室工作制度》《义务监督员工作内容》《网格长工作职责》《网格员工作职责》《网格工作流程图》。通过一系列规章制度的建立和完善，发挥制度管人管事的作用。

【铅山籍运动员徐诗晓在全运会上获两金】 8月27日至9月8日，第十三届全运会在天津举行，江西队铅山籍选手徐诗晓分别获得皮划艇静水项目女子200米单人划艇、女子500米双人划艇项目冠军。徐诗晓在铅山永平小学读书时，由铅山县体育局选送，进入余干县国家水上训练基地训练，成为一名划艇和皮艇运动员。

【铅山县公安局环境和资源犯罪侦查大队成立】 2月13日，铅山县公安局资源和环境犯罪侦查大队成立。新成立的资源和环境犯罪侦查大队，负责全县破坏土地资源、矿产资源及污染环境类刑事案件的立案、调查、处理；协助有关部门对破坏土地资源、矿产资源及污染环境类行政案件的查处；会同有关部门进行相关法律宣传，预防和减少违法犯罪活动。

【盛叶莹、王夷卫荣登“中国好人榜”】

3月3日，铅山籍女军人盛叶莹荣登2月份“中国好人榜”。2015年9月22日，她将一落水男孩救上岸，并进行紧急救护，使男孩脱离生命危险。自2014年路遇老人晕倒，及时把老人送往医院，她省吃俭用3年，资助困难老人4.5万元。

5月4日，铅山县供电公司紫溪山区供电所员工王夷卫荣登4月份“中国好人榜”。她27年攀爬电杆4000余次，架设高低压线路150多千米，换装电表及表箱2000多只，用坏摩托车5辆，穿破解放鞋百余双，走访了上万用电客户。她坚守供电一线，守护大山深处光明，被称为“武夷山下女汉子”。

主要领导人 县委书记：周金明。县人大常委会主任：陈晓琴。县长：危岩。县政协主席：陈武洲。

(郑冬香)

·万年县·

【简　况】 位于江西省东北部，辖6镇6乡2管委会(神农源管委会和高新区管委会)。总面积1140.76平方千米。耕地面积2.16万公顷，林地面积7万公顷，森林覆盖率64.1％，城区绿化率49.4％。总人口43.46万人，其中农业人口32.89万人；人口自然增长率7.3‰。2017年，地区生产总值139.59亿元，同比增长8.9％。其中，第一产业增加值14.94亿元，增长4.2％；第二产业增加值80.35亿元，增长9.0％；第三产业增加值44.30亿元，增长10.2％。财政总收入18.78亿元，增长6％。规模以上工业增加值69.68亿元，增长9.2％。实际利用外资7307万美元，增长9.1％。外贸出口2.74亿美元，增长1.5％。农业总产值23.43亿元，增长4.3％。粮食总产量23.31万吨，下降0.002％。主要农产品及生产基地：优质贡米基地面积2.67万公顷、珍珠养殖面积2466.67公顷、马家柚种植面积1066.67公顷、虾蟹养殖面积1466.67公顷，生猪出栏80万头。城镇居民人均可支配收入2.93万元，增长9.2％；农民人均可支配收入1.25万元，增长9.5％。金融机构存款余额169.61亿元；贷款余额108.75亿元，增长24.3％。

【县域金融综合改革】 万年县以服务实体经济为目标，深入推进县域金融综合改革，建立三个平台、实现三个转变：建立“博金贷”金融平台，使企业转贷从“息高借难”向“简易安全”转变。通过这一平台，共为41家企业办理转贷业务65笔，筹集转贷资金3.15亿元，为企业节约融资成本600余万元，资金回收率100％。建立产业引导基金平台，使财政扶持从“补贴带动”向“基金撬动”转变。为10家企业发放11笔产业基金，总额达5亿元，有效破解企业的融资难题，助推全县产业发展。建立“普惠金融”平台，使金融服务从“大水漫灌”向“私人定制”转变。在县域内选择100家企业进行扶持，每家企业支持100万元。帮助企业融资5000余万元。万年县金融创新做法被新华社《江西领导专供》刊载。

【实施城市棚户区（城中村）改造项目】 县委、县政府下发《万年县2017城市棚户区改造项目实施工作方案》《万年县2017年度城市棚户区改造国有土地上房屋征收和补偿安置方案》和《万年县2017年度城市棚户区改造集体土地上房屋征收与补偿安置方案》，启动城市棚户区（城中村）改造项目，确定棚改范围为城东、城北、西南、东南四大片区。1月22日，召开全县棚户区改造工作推进会，加快棚改工作进度。至年底，投入资金11.33亿元，完成棚改签约2638户，征收面积31.76万平方米。同时，坚持最大让利于民，推动棚改“空地变公地”，建成停车场、小绿地1.5万平方米，让利于民3亿多元。

【万年县“天下第一陶博物馆”开馆】 8月18日，万年县“天下第一陶博物馆”开馆。博物馆位于县城万盛大道旁、世界稻作文化公园边、凯旋半岛斜对面，于2015年5月开工，累计投资2000多万元，建筑面积4076平方米，馆藏文物723件/套，常设“天工开物”“陶融天地”“吉泥耀彩”“汉唐雄风”“瓷夺珠光”5个基本陈列。整个博物馆功能区域分为动区和静区，一层为动区，承载展览、多功能活动、放映演讲、文创产品销售和公共服务等功能；二层为静区，承担了博物馆库房和文物修缮、会议论坛和文创手工作坊的要求。

【江西华拓教育科技有限公司落户万年】 3月22日，万年县政府与江西华拓教育科技有限公司签订落户协议。该项目投资1亿元，主要为中国通讯、金融企业提供业务流程外包，帮助中国金融企业实现内部资源整合，优化客户体验，提升运营管理及创新能力，增强自身核心竞争力。项目运营后，可解决2000名以上大中专毕业生就业。

主要领导人 县委书记：潘表光。县人大常委会主任：侯如文。县长：吴树俭。县政协主席：乐志华。（朱国爱）

·余干县·

【简　况】 位于江西省东北部，辖9镇11乡3垦殖场2林场1水产场1良种场。总面积2331平方千米，其中县城建成区面积20平方千米。耕地面积7.93万公顷，林地面积4.92万公顷，森林覆盖率21.9%，城区绿化率40%。总人口107.79万人，其中非农业人口31.34万人；人口自然增长率7.35‰。2017年，地区生产总值145.9亿元，同比增长8.6%。其中，第一产业增加值38.9亿元，增长4.1%；第二产业增加值55.5亿元，增长9.7%；第三产业增加值51.5亿元，增长11.1%。财政总收入16.7亿元，增长10.1%；税收占财政总收入81.6%。工业总产值205.4亿元，增长18.7%。外贸出口1.29亿美元。固定资产投资161.42亿元，实际利用外资6747万美元。主要工业产品产量有电65.35亿千瓦时、铜金属1.49万吨、大米6.39万吨、铅酸蓄电池165.90万千伏安时、纸制品2.28万吨。农业总产值62.57亿元，增长4.19%。粮食总产量86.76万吨。主要农产品产量有油料作物2.32万吨、蔬菜19.26万吨、肉类3.8万吨、水产品15.87万吨。城镇居民人均可支配收入2.32万元，增长9.29%；农村居民人均可支配收入9472元，增长10.44%。年末城乡居民储蓄存款余额205.27亿元，增长11.8%。

【美丽乡村建设】 余干县采取“三管齐下”，推进美丽乡村建设。一是管好沿线。“拆、改、清、建”6条主要沿线通道共150多千米，拆除砖瓦窑116座，实施增减挂钩土地200公顷，增收约7亿元。拆除1.3万平米沿线违章建筑和437座超高墓、超大墓、豪华墓；投入3.2亿元，按徽派风格改造房屋2.32万栋375万平方米。二是管好村庄。狠抓农民建房管理，探索城乡环卫一体化模式，投入4.2亿元，建成秀美乡村示范点50个，创评3A乡村旅游点4个。三是管好宅基地。按照“一户一宅、有偿使用、无偿退出”原则，启动宅改试点工作，共拆除一户多宅房屋1872栋，无偿退出土地34.72公顷。

【“余干芡实”通过农业部农产品地理标志专家评审】 11月28日，由余干县申报的“余干芡实”通过农业部农产品地理标志专家评审。此次评审会，全国有76个农产品参加评审，其中江西省4个。与会专家通过对“余干芡实”地域范围、品质特色、质量技术标准等重点审核、质询，最终评议认为，“‘余干芡实’种植历史悠久，技术成熟规范，芡实产品质量特色鲜明，既是高档药材，又是美味食材，具有较高的地域特色”，确定对“余干芡实”地理标志农产品保护予以支持。

【信江八字嘴航电枢纽项目在余干开工】 12月29日，信江八字嘴航电枢纽项目在余干开工。该项目主体工程位于余干县，建设工期为54个月，总投资43.86亿元，征地面积2696公顷，正常蓄水位18米，通航建筑物建设标准为内河III级，船闸有效尺度180×23×3.5米（长×宽×门槛水深），渠化航道51千米，电站总装机容量1.26万千瓦。

【江西平安汽摩配产业园项目落户余干】 10月18日，县政府与江西平安汽摩配产业园有限公司举行签约仪式，标志江西平安汽摩配产业园项目落户余干。该项目由浙江光安标准件有限公司兴建，一期占地面积约42公顷，实行统一规划，统一设计，统一施工，统一运营。建成后，可入驻产业园企业20家，年产值30亿元，年纳税2000万元，解决就业5000人。

【县信访局被授予“全国信访系统先进集体”称号】 7月，县信访局被人力资源和社会保障部及国家信访局授予“全国信访系统先进集体”称号。县信访局秉持为民服务理念，通过做大领导接访、做强源头化解、做牢积案化解、做实推动化解，推动问题解决；建立并推行乡镇信访办、综治办、司法所“三合一”的新型矛盾纠纷排查调处工作机制，在树亮点、创特色中求突破。在工作实践中探索基层信访工作新思路、新举措，形成县级信访工作新常态,使信访形势持续平稳,信访总量全面下降。

主要领导人　县委书记:胡伟。县人大常委会主任:谭学显。县长:黄胜富。县政协主席:王晓燕。

(孙健　李爱清)

·鄱阳县·

【简　况】　位于江西省东北部,辖14镇15乡1街道办事处。总面积4214.68平方千米。耕地面积11.88万公顷,山林面积15.6万公顷,森林覆盖率34.1%。总人口157.15万人,人口出生率13.26‰。2017年,地区生产总值208.8亿元,增长8.2%。其中,第一产业增加值57.1亿元,增长4%;第二产业增加值94.4亿元,增长9.2%;第三产业增加值57.3亿元,增长11.3%。固定资产投资182.8亿元,增长13.1%。财政总收入18.02亿元,增长7.1%。其中,一般公共预算收入12.23亿元,下降8.2%。规模以上工业增加值增长8.7%。社会消费品零售总额81.3亿元,增长13%。外贸出口1.75亿美元,增长40.5%。农业总产值57.1亿元,增长4%。粮食总产量113.5万吨;水产品产量17.5万吨,居全省首位。年末金融机构各项存款余额405亿元,增长27.3%;各项贷款余额161亿元,增长37.7%。城镇居民人均可支配收入2.24万元,增长9.5%;农村居民人均可支配收入9540元,增长11.3%。

【鄱阳首批16辆纯电动公交车投入使用】　1月1日,鄱阳首批16辆纯电动公交车投入使用。纯电动公交车以车载电源为动力,选配合适的车载蓄电池或电缆供电设备提供电能驱动行驶,其噪音小,行驶稳定性高,并且实现零排放。此次投入使用的纯电动公交车,成为鄱阳打造绿色幸福家园的“环保使者”。

【“救病难、暖床前”扶贫工程启动仪式在鄱阳举行】　1月12日,省慈善总会在鄱阳举行“救病难、暖床前”扶贫工程启动仪式。省人大常委会副主任、省慈善总会会长洪礼和出席并讲话,省民政厅厅长、省慈善总会常务副会长刘金接,省慈善总会常务副会长徐毅等出席仪式。全省首批项目实施的6个设市区慈善会负责人,25个贫困县民政局分管领导、慈善办负责人、慈善服务志愿者代表共180余人参加仪式。启动仪式上,爱心捐赠企业江铜集团向省慈善总会捐赠500万元老年康复多功能床和器具,二十一世纪出版社向省慈善总会捐赠500万码洋图书。省慈善总会副会长蔡社宝、陈尚云分别就“救病难、暖床前”工作进行部署,并对项目实施提出具体要求。

【鄱阳县卫生计生综合监督执法局成立】　1月16日,鄱阳县卫生计生综合监督执法局挂牌成立。该局由原县卫生监督所和县计生执法队合并而成,主要负责监督检查卫生计生法律法规的落实情况,依法开展公共场所卫生、饮用水卫生、学校卫生、医疗卫生、职业卫生、放射卫生、传染病防治、计划生育和中医服务等综合监督行政执法工作,查处违法行为。

【全省首个鄱阳湖江豚保护协会在鄱阳成立】　10月22日,全省首个鄱阳湖江豚保护协会在鄱阳成立。省渔政管理局副局长罗来平、中国民主促进会江西省委代表彭江雁,长江生态基金会代表钱正义、中国科学院水生生物研究所博士郝玉江,县领导周宗盘等出席成立大会。鄱阳县、余干县、都昌县渔政局负责人和省直部门及鄱阳湖周边地区爱心会员共100多人参加会议。会议选举产生第一届理事会会长、名誉会长、执行会长、副会长、秘书长和理事。协会以“推动鄱阳湖江豚保护事业的发展,为保护、拯救江豚等濒危、珍稀动物作出贡献”为宗旨。

【九景衢铁路鄱阳站通车运营】　12月28日,九景衢铁路鄱阳站通车运营,结束鄱阳县不通铁路的历史。鄱阳站位于鄱阳县田畈街镇,为二级标准火车站,隶属南昌铁路局。车站规划2台5线,所在线路为九景衢铁路。九景衢铁路全长334千米,其中鄱阳县境内长53千米,为设计时速200千米的客货共线铁路。

主要领导人　县委书记:张祯祥。县人大常委会主任:陈振华。县长:胡斌。县政协主席:占梦来。

(薛文)

吉安市

【概　况】　位于江西中西部,辖1市10县2区。总面积2.53万平方千米,其中城区面积294平方千米。耕地面积44.45万公顷,有林面积175.3万公顷,森林覆盖率67.4%,城区绿地率41.3%。总人口536.32万人,其中城镇人口224.01万人;人口自然增长率2‰。2017年,地区生产总值1633.48亿元,同比增长9%。其中,第一产业增加值242.95亿元,增长4.8%;第二产业增加值727.19亿元,增长8.6%;第三产业增加值663.34亿元,增长11.3%。财政总收入251.34亿元,增长9.7%;人均5098元;税收占财政总收入的比重为79%。地方财政收入156.54亿元,下降0.3%;地方财政支出435.11亿元,增长13.6%。规模以上工业总产值3293.90亿元,增长14.9%。规模以上工业增加值69.99亿元,占地区生产总值比重44.52%。固定资产投资1937.71亿元。外贸出口46.86亿美元,增长10.9%,占地区生产总值比重2.87%。实际利用外商投资10.70亿美元,省外投资656.89亿元。主要工业产品及产量有水泥542.59万吨、铁矿石原矿143.24万吨、液晶显示屏6.48亿片。农业总产值410.19亿元,增长4.7%。粮食总产量423.65万吨。主要农产品及产量有肉类54.46万吨、油料18.53万吨、水果57.37万吨。城镇居民人均可支配收入3.19万元,增长9.0%;农民人均纯收入1.25万元,增长10.2%。城乡居民年末储蓄余额1596.06亿元,增长10.2%。

【吉安获批国家低碳试点城市】　1月7日,根据《国家发展改革委关于开展第三批国家低碳城市试点工作的通知》,吉安市在全国52个城市中脱颖而出,成为45个低碳试点城市之一。吉安市在经济发展转型上,坚持把发展低碳经济与经济结构调整、发展方式转变结合起来,逐渐形成“电子信息+绿色食品+特色产业”绿色产业发展格局。电子信息首位度产业占据全省近“半壁江山”,跻身国家新型工业化产业示范基地,拥有相关产品生产及配套企业近400家,规模以上企业166家,实现主营业务收入突破600亿元,红板电子和合力泰科技跻身全国电子信息百强企业行列。绿色低碳农业不断壮大,井冈蜜柚、高产油茶、绿色蔬菜、花卉苗木、珍贵楠木和有机茶叶等六大富民产业种植面积38.6万公顷,其中井冈蜜柚总面积突破2万公顷,栽培面积居全省第一。井冈蜜柚认证为国家地理标志产品,狗牯脑茶列入全省“四绿一红”茶叶品牌整合之首,全市累计获得“三品一标”农产品268个。全市在发展低碳经济的同时,还注重节能减排和循环经济发展,重点在钢铁、电力、煤炭、化工、建材等重点高耗能行业实施“节能改造计划”。“十二五”期间,井冈山经开区入选国家级园区循环化改造示范试点,全市万元GDP能耗0.367吨标准煤/万元,比“十一五”下降17.1%,超额完成省下达的目标任务,降耗成效位居全国各设区市前10位。根据实施方案,全市将探索农村低碳社区及碳中和示范工程建设,创新“红色低碳旅游+绿色美丽乡村”低碳发展模式,促进生态与经济协调发展,实现绿、富、美的有机统一。

【吉安市在全国第十三届文博会上获1金2银5铜】 5月16日,吉安市在第十三届中国(深圳)国际文化产业博览交易会上获1金2银5铜,获奖数量占全省三分之一,是全省获奖最多的地市。获奖作品分别是:刘晓玉陶艺《一叶一禅》获中国工艺美术文化创意奖金奖;刘江涛陶艺《一帆风顺》,纪京侠、廖华云、谢喜根根雕《万里庐陵一江风》两件作品获银奖;彭许平剪纸《家乡风韵》,聂国雄菊花石雕《开拓牛》,段敏瑞陶艺《剔花牡丹跳刀纹樽》《釉下彩绘文房6件套》,王占峰、张立早、曹锟《青原青原》等五件作品获铜奖。

【吉安实现医保全国异地就医直接结算】 8月4日,吉安市依托省、部级异地就医结算平台,加紧政策制定和系统开发,在较短时间内实现医保全国异地就医直接结算。医保全国异地就医直接结算开通后,异地安置退休人员、异地长期居住人员、常驻异地工作和符合转诊转院条件的人员,可持社会保障卡在异地就医时享受和在吉安一样便利的刷卡结算,不用在异地全额支付医疗费再回吉安报销,减轻就医者的垫付压力。结算执行“就医地目录,参保地标准”,即异地就医人员一方面执行就医地医保的支付范围和有关规定。办理跨省异地就医备案和信息变更手续分两类情况:第一类,符合跨省异地就医条件的参保人在外省定点医疗机构就医前,需到参保地医疗保险经办机构办理备案登记。参保地经办机构将跨省就医人员信息上报到国家异地就医平台,形成全国异地就医备案人员库,供就医地医保经办机构和定点医疗机构获取异地就医参保人员信息。本地信息系统生成《江西省跨省异地就医登记备案表》,一联留存,一联交予申请人。第二类,已完成异地就医备案的人员,若异地居住地、定点医疗机构、联系电话等信息发生变更,或转诊转院人员在异地医疗期间如需再次转院或入院,可直接向参保地医保经办机构申请变更。参保地经办机构应及时审核确认,并通过本地医保信息系统实时上传异地就医备案变更信息。

【吉安市获“全国社会治安综合治理优秀市”称号】 9月19日,在北京举行的全国社会治安综合治理表彰大会上,吉安市被表彰为“全国社会治安综合治理优秀市”称号,这是全国10个新增被表彰设区市中江西省唯一的一个。吉安市积极探索新形势下符合老区特色的社会治安综合治理新路子,落实综治责任,健全综治机制,完善防控体系,调处工作有效,严打成效显著。特别是吉安探索建立的群防群治工作机制、平安示范建设、基层社会治理等经验在全国、全省具有一定影响。吉安市连续11年公众安全感保持全省前列,连续7年获评全省综治工作先进市,连续5届获全省“平安杯”。

【吉安市获第五届“全国文明城市”称号】 11月14日,中国文明网公布《第五届全国文明城市名单》,吉安市获“第五届全国文明城市”称号。在文明创建进程中,吉安市创建办所有抽调人员集中办公,做到机构不撤、人员不散;责任不消减,考核不软弱;督查不间断,监督不松懈,确保创城工作常态化有序开展。在创城攻坚战中,吉安市四套班子成员“领兵作战”,各地各单位“一把手”一律上阵,深入开展公共环境、交通秩序、公共设施和服务等“七个专项整治”和志愿服务、文明餐桌、诚信建设、文明旅游等“六个专项行动”,引入第三方机构对市中心城区和11个县(市)文明城市创建工作进行测评,9个督察组不间断进行督察,形成上下联动“一盘棋”,指挥部统一领导、创城办统筹协调、各部门齐抓共管、广大群众广泛参与的工作格局。吉安市让传统媒体与新媒体齐上,新闻宣传与社会宣传并进,正面激励与负面监督互动,全方位、立体式地开展提高市民知晓率的宣传。媒体“啄木鸟”曝光台,曝光城区陋习。同时,该市运用互联网和手机APP等媒体,在临街窗口单位、商铺、出租车、公交车等电子显示屏上刊播社会主义核心价值观、“讲文明、树新风”系列公益广告,增设公益广告牌,设立精神文明建设宣传栏,推进社会主义核心价值观内涵要义深入人心。宣传全国、全省道德模范,一批群体性的爱心品牌诞生。开展重点区域环境专项整治,拆除中心城区违章搭建2300平方米,清理乱堆放的杂物156吨、卫生死角93处,清除垃圾广告5740条。开展“三小一市场”专项整治,检查小餐饮店5100余家,发现未持符合许可条件的食品经营户546户,下达整改通知书741份。推进“信用吉安”建设步伐。吉安两级法院加强失信名单推送,制作失信被执行人名单并通过多渠道进行传播,营造“守信者处处受益、失信者寸步难行”的社会信用环境;团市委组织以“文明青年行、共创文明城”为主题的系列志愿服务活动,组织各地各单位青年志愿者开展志愿服务活动,全力打造干净、文明的城市环境,提高城市规划建设管理水平,改善城市环境。

【《吉安城市市容和环境卫生管理条例》出台】 11月30日,《吉安市城市市容和环境卫生管理条例》获省十二届人大常委会第三十六次会议批准。这是吉安市获得地方立法权后制定的首部实体性地方性法规。该条例设总则、市容和环境卫生责任区制度、市容管理环境卫生制度、法律责任和附则,共6章57条。设定市容和环境卫生责任区制度,推进执法重心下移,实行属地管理,明确县(市、区)政府、市容和环境卫生主管部门等有关部门的责任分工,细化乡镇人民政府和街道办事处的工作职责,增加村(居)委会的工作职责。条例还对上位法相关规范作出具体化、补充性规定,对影响市容和环境卫生的禁止性行为均做明确规定。尤其是对市容和环境卫生突出问题,明确处罚的上下限额。条例按照教育和处罚相结合原则,对情节轻微的以教育为主,绝大多数罚则规定要先"责令改正""责令限期改正",对"拒不改正"或者"逾期未改正"的再进行处罚。这部法规的出台对于吉安市市容和环境卫生管理方面具有里程碑意义。

主要领导人　市委书记:胡世忠。市人大常委会主任:刘连根。市长:王少玄。市政协主席:龙波舟。

(丁声)

·吉州区·

【简　况】　位于江西省中部,辖4镇6街道办事处。总面积425平方千米,其中城区面积43.55平方千米。耕地面积1.45万公顷,林地面积1.4万公顷,森林覆盖率32.2%,城区绿化率41.3%。总人口36.5万人;人口自然增长率5.3‰。2017年,地区生产总值163.6亿元,同比增长9.2%。其中,第一产业增加值9.8亿元,增长3.8%;第二产业增加值63.1亿元,增长7.3%;第三产业增加值90.7亿元,增长11.2%。财政总收入15.8亿元,增长11%;税收收入12.77亿元,增长9.6%。地方财政收入9.7亿元,增长1.2%;地方财政支出24.9亿元,增长33.6%。主要工业产品及产量有水泥16万吨、白酒1.4万千升、金属切削机床117台、电力电缆0.03万千米。农业总产值16.2亿元,增长3.75%。主要农产品及产量有稻谷9.9万吨、蔬菜9.2万吨、瓜果6635吨,肉类1.2万吨。城镇居民人均可支配收入3.43万元,增长9.2%;农村居民人均可支配收入1.52万元,增长10.2%。金融机构各项存款余额688亿元,增长8.5%;各项贷款余额502亿元,增长17.3%。

【启动城市"微循环"建设】　2017年年初,吉州区启动城市"微循环"建设,主要建设任务是打通城市交通"梗阻",完善城市交通体系。建设时间3年,投资1.8亿元。"微循环"工程主要打通福兴路、五里路、五里小学北路、星港澳园路、状元桥路、江子头路、云章阁路、凤山大道、真卿路、碧园路、欣园路11条中心城区"断头路",建设道路长约6.4千米。区本级项目安排7个征收工作组25人参与房屋征收。同时,提高项目宣传力度,发动群众参与项目建设,减少推进阻力。福兴路、五里路、五里小学北路、星港澳园路、状元桥路完成调查摸底、规划设计、方案设计和规划报审工作;其他路段正进入施工图设计、立项报批、财政评审和招标挂网等程序。至2017年年底,欣园路正反挖部分路基完工;江子头路一期完成所有路基工程及雨(污)水管埋设;云章阁路、碧园路开工建设;凤山大道拆迁工作稳步推进,其余道路正陆续开工改造。

【行政审批局挂牌成立】　5月27日,吉州区行政审批局在区便民服务中心挂牌成立。区行政审批局、区行政服务中心管委会实行两块牌子一套人马,内设5个股室,划转23个部门194项行政许可事项,事项涉及市场经济、投资建设、涉农事务、社会事务四大审批领域,基本涵盖区本级行政许可权,做到相对集中实效化。区行政审批局挂牌成立,让群众办事"只进一个门,只找一个人,只盖一个章",精简审批环节,缩短审批时限,节约办事成本。

【全国重点媒体聚焦吉州采风行】　9月19日,"走进人文社、探访吉州发展"全国重点媒体聚焦吉州采风行新闻发布会召开。区委书记朱谋俊出席发布会并致词,新华网江西分公司负责人林艳兴致词。吉州区以"人文社区、温馨家园"创建为主题,推进基层社会治理创新。该区先后获全国社会工作标准化服务示范区、全国社会组织建设创新示范区、中国社区治理十大创新成果、全国和谐社区建设示范城等称号。全区以优质均衡发展为目标,在新面貌、新服务、新风尚、新机制"四新"建设基础上,推进"四化"建设,构建起以"居民自治、智慧社区、社区服务、物业管理"四个升级为重点联动服务体系。做到社区环境人文化、社区管理科学化、社区服务温馨化、社区自治规范化。20日,重点媒体采风团一行,深入该区古南镇街道火头门社区、永叔街道上田侯路社区胡家大院、文山街道思源社区、吉州区行政审批局、北门街道北门社区、樟山镇东陂新农村建设点、长塘镇"毛泽东在吉州"主题教育馆、兴桥泉塘村产业扶贫点、钓源古村、吉州区现代农业科技示范园实地采访。

【举办2017人文社区高峰论坛】　11月8日—10日,吉州区与新华网联合举办以"共建共治共享"为主题的2017吉州人文社区高峰论坛。中央和省、市、区有关领导、嘉宾及中央、省、市媒体500余人参加。8日,召开人文社区高峰论坛新闻发布会,《人民日报》、新华社、中央电视台、《江西日报》《井冈山报》等中央、省、市近30家主流媒体出席发布会。9日上午,人文社区高峰论坛举行开幕式。主论坛会上,吉州区区委书记朱谋俊围绕人文社区创建产生的背景、探索历程、未来谋划三方面,作主题为《坚持共建共治共享 促进全面优质均衡 建设新时代人文社区满足人民美好生活需要》演讲;中国物业管理商学院、首席讲师雷林和民政部东北大学城乡社区建设研究院院长张雷,分别作主题为《开启社区建设新征程》《建设人文社区,实现吉州人民对幸福生活的美好希望》演讲。9日下午,与会嘉宾在古南镇街道太平桥社区、行政审批局、北门街道北门社区3个分论坛,围绕社区养老探索、社区服务改革、社区文化创新等主题进行研究探讨。10日,各级媒体记者到古南镇街道火头门社区、永叔街道青石街社区、文山街道思源社区、习溪桥街道正丙角社区、北门街道北门社区现场采访,挖掘人文社区建设中特色、亮点。

主要领导人 区委书记:朱谋俊。区人大常委会主任:刘大水。区长:黄国栋。区政协主席:汤耀明。

(雷嘉庆)

·青原区·

【简 况】 位于江西省中部,辖6镇1乡2街道办事处,其中滨江街道办事处由吉安市庐陵新区代管。总面积914.62平方千米。城区面积拓展1.5平方千米,城镇化率达52.3%。森林面积5.99万公顷,森林覆盖率64.6%。总人口22.57万人,其中非农业人口13.84万人;人口自然增长率8.98‰。2017年,地区生产总值102.88亿元,同比增长8.8%。其中,第一产业增加值9.35亿元,增长4.7%;第二产业增加值59.09亿元,增长8.3 %;第三产业增加值34.44亿元,增长10.0%。财政总收入9.29亿元,增长8.02%。财政支出16.1亿元,增长13.7%。社会消费品零售总额27.2亿元,增长12.2%。出口2.3亿美元,增长20%。引进内资35.88亿元,增长11.15%。实际利用外资6085万美元,增长8.81%。工业总产值233.40亿元,增长11.3%。规模以上工业总产值195.33亿元,增长9.8%。规模以上工业增加值51.20亿元,增长8.8%。利用省外资金35.73亿元,增长10.69%。出口2.24亿美元,增长16.6%。主要工业产品及产量有火电发电量93.7亿度、水泥104.4万吨、机制纸4.37万吨、砖1.39亿块。农林牧渔业总产值14.74亿元。其中,农业6.32亿元,下降5.8%;林业3.16亿元,增长5.2%;畜牧业2.52亿元,下降14.5%;渔业2.74亿元。粮食总产量13.19万吨。主要农产品及产量有稻谷12.98万吨,减少1.9%;油料2655吨,增长4.2%;蔬菜9.6万吨,增长3.5%;肉类1.01万吨,增长3.5%。城镇居民人均可支配收入3.43万元,增长9.1%。农村居民人均可支配收入1.24万元,增长9.3%。

【举办纪念东固革命根据地创建90周年理论研讨会】 10月13日,青原区委、区政府,吉安市委党史办在青原区联合举办纪念东固革命根据地创建90周年理论研讨会。省内外有关高校及单位特邀领导和专家学者、论文作者及青原区籍将军亲属等40余人参会。会议对"东固革命根据地与红色基因传承"等问题进行理论研讨和论证,共收到专家学者撰写的理论文章7篇,征集到论文35篇。这些理论文章从不同角度,不同层面,论证东固革命根据地的伟大创举和重要的历史意义;挖掘东固革命根据地存在7年多时间这一过程中的许多重要史实;讨论在第一、二、三次反"围剿"中毛泽东关于"诱敌深入"重大战略思想,并为此提供翔实可靠的理论和史实依据;展示青原区红色革命遗存,助推青原区旅游经济发展。研讨会期间,特邀专家学者、部分青原区籍将军亲属、论文作者等40余人赴东固革命根据地进行实地参观考察。

【杨慧芝被评为CCTV2017年度法治人物】 12月,CCTV2017年度法治人物颁奖礼在北京落下帷幕,全国模范人民调解员、青原区新圩镇新圩社区居委会主任兼人民调解委员会主任杨慧芝榜上有名。CCTV2017年度法治人物评选活动由司法部、全国普法办、中央电视台主办。

杨慧芝,女,1956年12月生,中共党员。1992年担任人民调解员以来调解处理上千起矛盾纠纷,辖区矛盾纠纷调解成功率达99%,其中不乏老大难纠纷、"民转刑"案件,被誉为小镇里的"金牌调解员"、正能量铸就的"最美调解员"。先后获"江西省优秀人民调解员""江西省十大法治人物""江西省十大拥警模范""江西省先进工作者""全国司法行政系统劳动模范""全国模范人民调解员""全国三八红旗手"等称号。2013年,再次获"全国模范人民调解员"称号,并当选为第十二届全国人大代表。2015年,当选为中华全国人民调解员协会第四届理事会常务理事,是江西省唯一当选的基层人民调解员。

【加快现代农业科技示范园建设】 至2017年,青原区现代农业科技示范园共投入资金4亿元,流转土地1300多公顷,建设标准大棚20万平方米、连栋大棚4万多平方米、安装喷灌设施133.34公顷,建设冷库及仓库2000多平方米。其中,现代农业科技展示馆建成并投入使用,以此为平台,不断推广智慧农业。2017年,在园区兴建自行车骑行绿道,让田园道路景观化。按照园区统一规划部署,合理布局有机蔬菜、油菜花、火龙果、水蜜桃等经济作物和水果,让园区多彩化;从上到下延伸产业链条。深耕农产品加工,让农产品走出去,已培育出"东固山"牌井冈蜜柚、井冈绿宝茶油、金丰火龙果等名特优产品,在富滩镇烟棚下村兴建民宿点,发展民宿经济,成立农旅种养专业合作社,带动全区农户2000户以上,帮助百余户贫困户发展富民产业。

主要领导人 区委书记:李军。区人大常委会主任:肖萌。区长:邹卫梅。区政协主席:郭小健。

(王平发)

·井冈山市·

【简 况】 位于江西省西南部,辖6镇12乡1街道办事处。总面积1288.11平方千米,其中城区面积8.9平方千米。耕地面积8420公顷,林地面积158.72万公顷,森林覆盖率86%,城区绿化率49.32%。总人口17.03万人,其中城区人口4.09万人;人口自然增长率4.26‰。2017年,地区生产总值70.81亿元,同比增长9.6%。其中,第一产业增加值7.27亿元,增长4.92%。第二产业增加值19.88亿元,增长6.3%;第三产业增加值43.66亿元,增长12%。财政总收入8.30亿元,增长12.3%;人均4872元,税收占财政总收入80.00%,同比下降5.92个百分点。地方财政收入5.32亿元,增长5.4%;地方财政支出20.3亿元,增长8.7%。外贸出口占地区生产总值1.45%。固定资产投资82.39亿元,增长13.3%。实际利用外商投资660万美元,省外投资35.54亿元。工业总产值28.42亿元,增长11.32%。主要工业产品及产量有塑料制品1.50万吨、水泥10.02万吨、光缆17.68万芯千米、水力发电量6759万千瓦时。农业总产值11.62亿元,增长4.75%。粮食总产量8.14万吨。主要农产品及产量有油料2631吨、水果8445吨、生猪出栏9.61万头。城镇居民人均可支配收入3.18万元,增长8.8%;农村居民人均可支配收入9556元,增长11.4%。城乡居民储蓄余额59.16亿亿元,增长12.12%。

【井冈山在全国率先脱贫退出】 2月26日,经国务院扶贫开发领导小组评估和省政府批准,井冈山正式宣布脱贫退出。井冈山市脱贫退出,是2016年国务院扶贫办委托第三方评估机构,经过各项数据评估后,由国家层面作出的脱贫退出的认定,位列全国率先脱贫退出的贫困县行列。井冈山市将脱贫攻坚作为头号政治任务,突出精准为先,把握产业、安居、保障、基础设施四大关键,实现家家有致富产业、个个有资产性收益、人人有兜底保障、户户有安居住房、村村面貌有提升。截至2016年年底,井冈山市贫困发生率降至1.6%。2017年,井冈山市整合各类扶贫资金4.6亿元,全力推动脱贫攻坚巩固提升。大力发展"231"富民产业,新增茶叶近670公顷、毛竹低改1400多公顷、果业1330多公顷,全面铺开光伏扶贫,贫困户人均收入提升到5500元以上,贫困村村级集体经济达5万元以上。建立健全党建引领全覆盖、产业增收全覆盖、返困不返贫保障全覆盖、进退动态管理全覆盖四大长效机制,全面提升贫困户住房、教育、医疗、养老等保障水平。贫困发生率由2016年年底的1.6%降至0.42%。井冈山脱贫退出被列为2017年国内十大新闻之一,并被评为2017年中国改革年度十大典型案例,吸引全国26个省、市、区510多批次党政代表团到井冈山学习考察,为贫困地区脱贫摘帽提供了一份可供借鉴经验参考。

【中国文联文艺志愿服务团到井冈山慰问演出】 9月12日,由中国文联、省委宣传部、中国文艺志愿者协会主办,中国文联文艺志愿服务中心、省文联、吉安市委、吉安市政府、井冈山管理局、井冈山市委市政府承办,中国文学艺术发展专项基金支持的"星火照千秋"——中国文联文艺志愿服务团"送欢乐下基层"走进井冈山开展慰问演出和书画、舞蹈、摄影辅导培训交流活动。中国文联副主席李前光,副省长李利,中国文艺志愿者协会主席、中国曲协主席姜昆,各承办单位相关负责人,以及来自全国各地的艺术家和当地群众代表、井冈山大学师生7000余人参加相关活动。慰问演出由央视主持人张泽群、卫晨霞和江西卫视主持人王镇、张暖祎联袂主持。演出由序幕、上篇"精神永存"、下篇"筑梦未来"、尾声4部分组成。活动期间,李前光、姜昆和艺术家前往井冈山革命烈士陵园敬献花篮,参观井冈山革命博物馆;部分艺术家还到黄洋界、八角楼等红色革命教育基地进行参观学习;舞蹈家黄豆豆及摄影家宋刚明分别开展舞蹈、摄影培训;姜昆、毛国典、甘长霖、汪天行、邵志军等艺术家与当地书画爱好者进行交流辅导。

【井冈皇菊获全国第十八届绿色食品博览会金奖】 8月18日—21日,在内蒙古包头市举办的第十八届中国绿色食品博览会上,井冈山市"井之绿"牌井冈皇菊获金奖。井冈皇菊是当地的特色产品,种植在海拔800~1500米群山环绕、无污染的环境当中。井冈山空气富含负氧离子,泉水干净纯洁,富含有益矿物质,秋季昼夜温差大,成熟期比平原菊花长1个月左右,优越的生态环境使得井冈皇菊比一般地区的皇菊花形更加圆润饱满,营养更加丰富。2005年,井冈山市茅坪乡人黄准繁创办井冈山市井之绿特产有限公司,采用"公司+基地+农户"的生产经营模式,逐渐改变单一的土特产销售模式,进入到农副产品、花卉种植和初加工行业。2009年,注册"井之绿"品牌和商标。2014年,该品牌获江西省著名商标。

主要领导人 市委书记:刘洪。市人大常委会主任:姚九华。市长:焦学军。市政协主席:张伟。

(黄斌)

·吉安县·

【简　况】 位于江西省中部,辖13镇6乡。总面积2122平方千米,其中城区面积15平方千米。耕地面积3.77万公顷,有林面积12.14万公顷,森林覆盖率63.50%。总人口50.68万人,其中城镇人口19.98万人;人口自然增长率8.14‰。2017年,地区生产总值180.17亿元,同比增长9.1%。其中,第一产业增加值29.33亿元,增长5%;第二产业增加值95.22亿元,增长9.1%;第三产业增加值55.62亿元,增长11.5%。财政总收入25.63亿元,增长0.9%。其中,税收收入18.69亿元,增长2.7%,占财政总收入比重72.9%。公共财政预算收入18.52亿元,下降6.5%;公共财政预算支出43.48亿元,增长14.7%。规模以上工业总产值403.07亿元,增长10.7%。500万元以上固定资产投资203.23亿元,增长14.2%。实际利用外资11635万美元,增长10.05%;实际利用省外资金55.39亿元,增长12.13%。进出口总额6.48亿美元。主要工业产品及产量有啤酒72645.56千升、软饮料21.35万吨、饲料3.25万吨、煤炭7.53万吨、铁精粉16.95万吨。农业总产值50.21亿元,增长4.7%。粮食总产量46.28万吨。主要农产品及产量有水产品2.13万吨、油料1.25万吨、肉类11.48万吨。城镇居民人均可支配收入3万元,增长9%;农村居民人均可支配收入1.03万元,增长10.8%。

【吉安县入选全国第一批畜牧业绿色发展示范县】 6月14日,农业部公布全国第一批55个畜牧业绿色发展示范县,吉安县入选。吉安县是国家级贫困县,在绿色畜牧业发展进程中,以畜禽养殖助力精准扶贫,促进贫困户增收脱贫。该县着力"温氏集团+贫困户"精准对接,发挥龙头企业的示范带动作用,依靠养殖龙头企业——温氏禽畜有限公司向养殖户推广"智能化养鸡",通过自动喂料、集中育雏、机械清粪等现代设备及鸡粪生物处理发酵床养殖技术,提高单个养户管理能力和规模效益;发展合作养鸡户1200余户,平均户年出笼肉鸡1.5万只以上,年纯收入4万元以上,带领200多家贫困户脱贫致富。在推进养殖业发展的同时,吉安县还重点开展禁养区内水库边和确需关闭养殖场的关停工作,落实畜禽养殖分区整治,关闭规模养殖场19家,维护全县生态环境。

【吉安县重新授牌命名国家卫生县城】 7月14日,全国爱国卫生运动委员会发布2016年国家卫生城市(区)和国家卫生县城(乡镇)复审结果的通报,吉安县重新确认为国家卫生县城,是此次重新确认的江西省唯一一个国家卫生县城。2014年至2016年,吉安县致力于国家卫生县城的巩固和发展,在提高城市品位、改善人居环境、提升群众健康水平上下功夫。出台《关于建立国家卫生县城长效管理机制的实施意见》和《吉安县人民政府关于加强新时期爱国卫生工作的实施意见》等长效管理文件,将创卫办与爱卫办合署办公,把国卫巩固工作纳入各部门、各单位年度综合考评,落实长效管理机制,解决影响群众健康的突出问题,不断加强城镇社会卫生综合治理,巩固提升国家卫生县城创建成果。

【吉安县脱贫摘帽退出贫困县】 11月1日,国务院扶贫办召开新闻发布会,公布全国第二批26个贫困县脱贫摘帽,吉安县名列其中。经过国务院扶贫开发领导小组组织的第三方严格评估,吉安县综合贫困发生率由2014年初的12.6%降至1.71%,低于2%的贫困县退出标准;贫困人口由2014年的14453户48660人,减少到1833户4103人。全县86个"十三五"贫困村退出83个;群众认可度为98.61%,高于90%的要求。10月27日,省政府下发《江西省人民政府关于同意吉安县脱贫退出的批复》,同意吉安县脱贫退出。吉安县成为全国贫困退出机制建立后,全省第二个脱贫摘帽的贫困县。

【第18届亚洲跳伞锦标赛暨中国跳伞公开赛在桐坪举行】 11月19日,为期9天的第18届亚洲跳伞锦标赛暨中国跳伞公开赛在吉安县桐坪举行。该赛由亚大跳伞联合会主办,中国航空运动协会、省体育局和吉安市人民政府共同承办。大赛主题是"多彩吉安·伞耀亚洲"。中国、韩国、澳大利亚、马来西亚、卡塔尔、阿联酋等29个国家和地区的近300名运动员、教练和会议代表参加。比赛项目包括定点跳伞、特技跳伞、造型跳伞、踩伞造型跳伞4个大项10个小项,共产生10枚金牌。这是江西有史以来举行的级别最高的国际跳伞比赛,也是江西打造通用航空产业"江西样板"的重要活动。

【吉州窑入选国家考古遗址公园】 12月2日,国家文物局在浙江慈溪召开国家考古遗址公园现场会,公布第三批国家考古遗址公园名单,吉州窑考古遗址公园入选。吉州窑国家考古遗址公园是一处古代窑厂与村镇聚落交错的古窑遗址,占地面积约3平方千米,现存废窑堆积24处,是世界上保存最完整且最集中的古窑遗址之一,为全国重点文物保护单位,是中国保存最完好、规模最大且最集中的古窑址群。吉州窑所烧瓷器种类繁多,釉色齐全,纹饰精美,具有景德镇窑、磁州窑、耀州窑、建窑和定窑等窑系的特点,也是元至明清著名官窑景德镇烧瓷技艺的重要源头之一,在中国陶瓷史上占有重要地位,对研究中国陶瓷制造工艺、陶瓷业发展史、瓷城永和镇的历史乃至区域社会经济发展史都具有重大价值。吉安县自2011年开始创建国家考古遗址公园,累计投入建设资金5亿多元。公园遗址展示区(包括龙窑遗址、作坊遗址、窑包、本觉寺塔、清都观、讲经台、陶苑、陶冶坊、舒翁轩、环秀轩等)、古街古村落展示区(包括鸳鸯街、桥头古村、窑岭曾家古村、桐木桥古村)和陶瓷文化展示区(包括吉州窑博物馆、文化广场、戏台等)、商贸区(宋街)四大主题区域组成,正式对外开放,是江西省仅有的2处国家考古遗址公园之一。

【吉安县获全国食品工业强县】 12月26日,吉安县获中国食品工业协会授予的全国食品工业强县称号。食品工业是吉安县的传统主导产业之一,以江燕公司、奕方农业科技公司、娃哈哈公司为代表的饮料、乳制品生产,以小毛台红高粱酒业、固江酒厂、吉强实业公司为代表的酒类生产,以锅丰米业、永祥米业、金牛园食品、固江糯米粉为代表的大米、糯米粉加工,以井冈山食品、金麦隆良品为代表的果蔬糕(糕点)生产,以正邦畜禽、温氏禽畜为代表的畜禽生产和加工等食品工业企业89个(其中规模以上企业16个),从业人数达10182人,增长9.1%,占全县工业企业从业人数的14.2%。2017年,全县食品工业实现总产值173.1亿元,增长21%,占全县工业总产值的32.5%;销售收入174.2亿元,增长18.1%,占全县工业销售收入的32.3%;上缴税金1.5亿元,比增长16.1%,占全县工业税金的15.3%;利润总额12.9亿元,增长23.1%,占全县工业利润总额的23.8%;出口创汇额6034万美元,占全国工业出口创汇额的15.2%。江西燕京啤酒有限公司成功摘取全省首批工业化与信息化"两化融合"示范企业,吉安锅丰米业有限公司"锅丰商标"被国家工商局认定为中国驰名商标。

主要领导人 县委书记:李克坚。县人大常委会主任:张迪俊。县长:解芳云。县政协主席:郭钰山。

(彭莉)

·新干县·

【简　况】 位于江西省中部,辖7镇6乡1街道办事处2国有农林场。总面积1248平方千米,其中城区面积25.54平方千米。耕地面积2.89万公顷,林地面积7.3万公顷,森林覆盖率60.05%,城区绿化率45.22%。总人口35.34万人,其中城镇人口16.10万人;人口自然增长率2.6‰。2017年,地区生产总值129.80亿元,同比增长9.3%。其中,第一产业增加值20.78亿元,增长5.0%;第二产业增加值65.99亿元,增长9.3%;第三产业增加值43.03亿元,增长11.8%。财政总收入16.18亿元,增长11.3%;人均4578.6元,税收占财政总收入的比重85%。地方财政收入9.68亿元,下降5.1%;地方财政支出26.17亿元。规模以上工业总产值238.26亿元,增长9.8%。规模以上工业增加值49.16亿元,占地区生产总值37.9%。外贸出口3.3亿元,占地区生产总值2.5%。固定资产投资152.03亿元,增长14.6%。实际利用外商投资7857万美元,增长10.0%;利用省外投资50.47亿元,增长12.16%。主要工业产品及产量有食用盐15.38万吨、非食用盐71.79万吨、水泥37.69万吨、大米56.1万吨、铜材3.95万吨、箱包3500万只。农业总产值35.55亿元,增长4.66%。

粮食总产量38万吨。主要农产品及产量有蔬菜瓜类24.4万吨、柑橘27.25万吨、生猪出栏84.1万吨、油菜籽1.37万吨、水产品2.32万吨。社会消费品零售总额39.11亿元、增长12.7%。城镇居民人均可支配收入2.96万元,增加2542元;农村居民人均纯收入1.41万元,增长1260元。城乡居民年末储蓄余额125.58亿元,增长8.0%。金融机构贷款127.63亿元,增长30.3%;年末存贷比67.1%。

【民生事业稳步发展】 全年投入民生资金21.7亿元,占全县一般公共财政预算支出81.1%。新增各类保障性住房、棚户区改造安置房150套。完成扶贫移民搬迁134人。新增乡镇卫生院业务用房1.6万平方米,村级卫生计生服务室达到60所。新增发放创业担保贷款8925万元,直接扶持个人创业638人。发放社会救助资金7121万元,救助2.8万人次。建成化工厂小区公租房,为798户低收入家庭解决住房需求。全面启动全民参保登记工作,筹资5亿元,将42个失地村8487名被征地农民纳入基本养老保障。整合扶贫资金2.6亿元,全面推进"十大扶贫工程",105户270名贫困人口达到脱贫退出标准,三湖蒋家贫困村脱贫摘帽。

【箱包皮具产业列为全国第四批产业集群区域品牌建设试点】 11月30日,工业和信息化部公布《第四批产业集群区域品牌建设试点工作组织实施单位和产业集群名单》,新干县箱包皮具产业入列。箱包皮具产业是新干县工业主导产业之一。为有助于箱包行业抱团发展,培育打造"新干箱包"产业集群区域品牌价值,新干县建立政府推动、企业主体、多方联动、行业组织为纽带的质量工作推进机制,先后举办四届中国·新干(国际)箱包皮具节,并鼓励企业赴外参展。同时,先后出台《新干箱包皮具产业集群区域品牌建设试点工作实施方案》以及8个子方案,成立专家团队编制《新干箱包产业品牌及发展十年规划》,推进开展区域品牌建设工作,落实品牌奖励政策,建立健全品牌保护机制,加强对知名品牌产品质量的监督检查,加大对仿冒、伪造知名品牌等行为的打击和惩处力度,并筹建全省唯一的箱包标准化检测中心——江西省箱包皮具质量监督检验中心,为全县箱包整体质量水平提升打下基础。2017年,新干县箱包皮具产业实现工业增加值13.9亿元、主营业务收入49.6亿元,分别增长26.3%、27.7%。全县共有箱包皮具生产企业355家,年产箱包能力达3000万只以上。年产值超49亿元,安排就业人数1.3万人,95%的配件都能自我配套,形成体系。全县箱包皮具企业共获各项专利126项,箱包皮具经营商品的注册商标总数达到721件,其中获中国十大旅行箱包品牌1个,省著名商标8个,省级名牌6个。

【新干县获全国综治最高奖项"长安杯"】 9月19日,新干县获评2013—2016年度"全国平安建设先进县",这是继获2005—2008年度和2009—2012年度"全国平安建设先进县"后,第三次获此荣誉,并因此获全国综治最高奖项"长安杯"。新干县从强化综治工作机制、队伍、经费保障,重点抓好打击违法犯罪、开展专项整治、完善防控体系工作,打牢综治工作基层基础,发挥党建、法治、文化引领等4方面入手,打造平安建设"新干样板"。2006年以来,新干县公众安全感测评持续排位全省前列,先后获首届"全国社会治安综合治理先进集体""全国法治县创建活动先进单位""全国法治宣传教育先进县"称号,2012年获省综治委"平安杯",获"2008—2012年全省社会管理综合治理先进集体"称号,2012—2016年连续五年被评为全省信访工作"三无县",沂江乡、桃溪板埠村、金川湄湘社区还分别被评为"全国无邪教创建示范乡、村、社区"。

主要领导人 县委书记:包静。县人大常委会主任:陈春延。县长:曾亮。县政协主席:曾春保。

(朱林源)

·永丰县·

【简　况】 位于江西省中部,辖8镇13乡3场。总面积2695平方千米,其中县城建成区面积17.43平方千米。耕地面积4.48万公顷,林地面积18.91万公顷,森林覆盖率70.89%,城区绿地率39.8%。总人口48.95万人,其中城镇人口23.28万人,城镇化率45.3%;人口自然增长率8.02‰。2017年,地区生产总值154.90亿元,同比增长9.5%。其中,第一产业增加值23.90亿元,下降7.7%;第二产业增加值750亿元,增长9.3%,第三产业增加值56.00亿元,增长11.7%。财政总收入17.96亿元,增长11.0%;人均3669.05元。财政总收入占地区生产总值比重11.59%,税收占财政总收入比重81.2%。工业总产值253.7亿元,增长9%。规模以上工业增加值49.7亿元,增长9.7%。社会消费品零售总额40亿元,增长12.4%。全社会固定资产投资231亿元,增长12.0%。实际利用省外资金39.9亿元,增长12.2%;实际利用外资8198万美元,增长10.0%。外贸出口额4.14亿美元,增长7.9%;外贸出口占地区生产总值比重2.7%。主要工业产品及产量有中成药429吨,增长3.9%;水泥61.97万吨,增长10.0%;机制纸2.91万吨,增长2.5%。农业总产值40.7亿元,下降7.9%。粮食总产量37.79万吨,增长0.1%。主要农产品及产量有蔬菜30.59万吨,增长5.4%;肉类总产量2.92万吨,增长8.1%;水产品1.76万吨,增长1.5%。城镇居民人均可支配收入2.87万元,增长8.8%。农村居民人均可支配收入1.47万元,增长10.3%。城乡居民年末储蓄余额119.6亿元,增长13.1%。

【江西九峰纳米钙有限公司在全国"新三板"挂牌上市】 9月5日,五峰材料(江西九峰纳米钙有限公司)在全国中小企业股份转让系统挂牌上市,股票代码为871883,成为永丰县碳酸钙产业首家上市公司。江西九峰纳米钙有限公司是深圳五峰新材料有限公司全资子公司,九峰公司总投资1.4亿元,主营纳米碳酸钙的研发、生产及销售,年产10万吨纳米钙,年销售收入约1亿元。

【推进农业产业标准化体系建设】 永丰县因地制宜,瞅准早辣椒、早辣椒套种果蔗、双孢蘑菇、烟叶、高产油茶、白茶、葡萄和白莲等产业优势，紧扣绿色发展主线，规范健全产业技术和管理标准，将标准化手段贯穿农产品产前、产中、产后的全过程，突出标准对打造品牌、提升竞争力、延长价值链的引领作用，建立起富有永丰特色的农业综合标准体系。在农业标准化体系建设过程中，永丰县制定、修订《永丰旱辣椒生产技术规程》《烟叶生产技术规程》《永丰葡萄种植技术规程》等14项标准化生产技术操作规程，其中《永丰旱辣椒生产技术规程》经审核发布为地方农产品标准，获得江西省标准化科技成果一等奖；推广实施农业各级标准280余项，建成3个国家级示范区、1个省级示范区，农业标准化项目覆盖到一乡一业、一村一品，标准化生产覆盖全县可耕地面积的25%，执行标准覆盖率达95%。

截至2017年年底，永丰县已形成"标准体系带引项目建设，龙头企业带创品牌，产业发展带动致富"的建设模式，旱辣椒、葡萄、白茶等产业标准体系已基本建立，实现农业增效、农民增收和贫困户脱贫。

【加快永丰工业园区建设】 2017年，园区项目建设加快推进。在建亿元以上项目有17个，所有在建项目正按照时间节点有序推进。完成对中兴工业城进行政府买断其地上资产以及土地收储工作。启动第一阶段第一批6家企业退工进城前期评估工作。清理闲置土地。引进苗王生物对兴教服装、千年奇草对晶鑫劳保实行"腾笼换鸟"，引进慈和堂生物科技买断航宇光学。园区基础设施建设趋于完善。新材料产业园区建设提速升级。东城大道和工业大道已全面完工；工业二路已完成路基土方工程，工业一路、产业二路和产业三路都已完成招标程序，可进场施工。供水主管已接入园区主干道；供电主线路，南北走向的10千伏河西Ⅱ线和10千伏杏塘线接入园区。高速路连接线南面排水总管工程已全面完成。中心工业园区路网工程及配套设施加快推进。纬七路、纬六路、漕溪路、纬二路西延、二纵路改造均已完工，道路绿化、美化、亮化建设正逐步完善。启动北区道路及雨污管道改造、四纵路和经五路工程。生物医药产业园建设全面推进。生物医药产业园一期采取BT模式投资7亿元，建成占地17.33公顷、总建筑面积30万平方米的标准厂房，已落户企业24家；生物医药产业园二期由保健品和医疗器械龙头企业海联控股、狼和医疗器械投资5亿元，占地12公顷，总建筑面积15万平方米，已建成10万平方米。生物医药产业园三期规划面积18公顷，总投资7亿元，6家企业均已全部完成主体工程建设。2017年，投资5000万元的工业园污水处理厂（一期）、投资3000万元的污水管网配套全面启动建设，污水处理厂（一期）完成主体工程，已完成园区至污水处理厂污水管网连通。

2017年，园区完成固定资产投资218亿元，累计投入园区建设资金9.6亿元。园区新增规上企业22家，总数131家，其中高新技术企业35家，纳税100万元以上企业43家。园区工业总产值、主营业务都实现税收6.4亿元，增长41.2%。

主要领导人 县委书记：钟义山。县人大常委会主任：傅伟。县长：娄致文。县政协主席：陶保平。

（肖丹）

·峡江县·

【简 况】 位于江西省中部，辖6镇5乡。总面积1297.75平方千米，其中城区面积6.85平方千米。耕地面积2.33万公顷，有林面积7.21万公顷，森林覆盖率65.5%，城区绿化率35.67%。总人口18.97万人，其中城区人口7.10万人；人口自然增长率4.7‰。2017年，地区生产总值72.98亿元，同比增长9%。其中，第一产业增加值12.94亿元，增长4.9%；第二产业增加值35.05亿元，增长9.1%；第三产业增加值24.99亿元，增长11.3%。财政总收入11.48亿元，增长11%；人均6050.19元，税收占财政总收入86.41%。公共财政预算收入6.65亿元，下降3.8%；财政总支出20.77亿元，增长25.6%。工业总产值180.73亿元，增长7.4%。规模以上工业增加值增长9.2%，占地区生产总值31.58%。外贸出口占地区生产总值的17.5%。固定资产投资增长12.9%。实际利用外资3558万美元，引进省外5000万元以上项目资金35.01亿元。农业总产值21.61亿元，增长4.7%。粮食总产量25.07万吨。主要农产品及产量有烟叶1833公顷、杨梅1000公顷、蔬菜7320公顷、水产品总量1.72万吨。城镇居民人均可支配收入2.55万元，增长9%；农村居民人均可支配收入1.15万元，增长10.3%。城乡居民年末储蓄余额59.68亿元，增长8.54%。城镇新增就业2507人，新增转移农村劳动力4820人。城乡居民养老保险参保率98%，城乡居民基本医疗保险参保率100%，社会保险基金征缴总量2.56亿元。新增棚户区改造安置房屋564套。全年减贫1550人。

【峡江水利枢纽工程通过竣工验收】 12月24日，峡江水利枢纽工程通过省水利厅组织的竣工验收，工程正式全面运行。峡江水利枢纽工程是国务院确定的172项节水供水重大水利工程之一，也是鄱阳湖生态经济区建设的重点水利工程之一。工程总库容11.87亿立方米，控制流域面积约6.27万平方千米，是赣江干流上一座以防洪、发电为主、航运为主，兼具灌溉、养殖等效益的控制性大（1）型水利枢纽工程。工程批复静态总投资93.39亿元，是江西省历史上投资最大的水利项目。施工总工期72个月。工程于2009年9月奠基，2013年7月第一台机组具备发电条件，2015年8月主体工程完工。峡江水利枢纽工程与泉港分蓄洪区配合使用，可使下游南昌市防洪标准由100年一遇提高到200年一遇，赣东大堤的防洪标准由50年一遇提高到100年一遇；多年平均发电量11.42亿千瓦时；改善上游航道65千米；为下游2.2万公顷农田提供灌溉水源。

【峡江县获评全国卫生县城】 7月14日，全国爱国卫生运动委员会公布《全国爱卫会关于命名2014—2016周期国家卫生县城（乡镇）的决定》，峡江县入选。2012年7月，峡江县开始创建国家卫生城市，成立以县委书记任总指挥的创建卫生县城指挥部，将创建卫生城市工作列入县委、县政府主要议事日程，按照县城区域和工作职能划分为8大片区和7个专业工作组,县四套班子领导分别主抓一个创卫片区、一个专业工作组和一个重大工程项目。出台创建国家卫生县城实施方案,下达创建目标任务分解表,并与县有关职能部门签订创卫责任书,推动各部门既各司其职,又密切配合。全县累计投入资金20亿元,完成城区玉华路、玉笥路、元阳路等11条主要街道"白改黑"和人行道改造提升,完善城市基础设施;打造樱花、桂花、梧桐等特色景观街,形成"一街一景、四季常青、三季有花、四季常青"的城市道路景观。开展环境专项整治,全面治"脏",清除卫生死角,规范流动摊点,清理条幅广告、垃圾广告、废旧招牌6万余处;依法治"违",重拳治"乱",治理占道经营、乱停乱放、乱搭乱建等行为,拆除各类铁皮棚6.2万平方米,违章搭建2万余平方米,拆除防盗网6000平方米。

【玉峡湖国家湿地公园获批开展试点】 2017年,经国家林业局批复,同意玉峡湖开展国家湿地公园试点。玉峡湖湿地公园东西宽约8.9千米,南北长约9.9千米,规划面积1821公顷,范围包括峡江水利枢纽工程库区和河流周边地带、赣江峡江段部分、赣江吉水段部分、黄金江沙坊段,以及巴邱蒋沙,罗田沙坊、江口、新江,福民方家5个行政村。其中,湿地面积1174.6公顷,湿地率64.5%。该湿地公园分为保育区、恢复重建区、宣教展示区、合理利用区、管理服务区5个功能区,建设期限2017—2021年,分两期实施,主要建设湿地保护工程、湿地恢复工作、科普宣教工程、科研监测工程、合理利用工程、公园管理服务区、基础设施建设工程、湿地环境保护与安全工程、社区共管共建工程等九大工程。

主要领导人 县委书记:刘志斌。县人大常委会主任:王振军。县长:郑军平。县政协主席:胡新明。

(陈宇)

·吉水县·

【简　况】 位于江西省中部,辖15镇3乡。总面积2509.73平方千米,其中县城建成区面积18平方千米。耕地面积5.33万公顷,有林面积16.2万公顷,森林覆盖率65.5%,城区绿化率43.3%。总人口56.57万人,其中城镇人口24.5万人;人口自然增长率7.52‰。2017年,地区生产总值149.1亿元,同比增长9.7%。其中,第一产业增加值26.6亿元,增长5%;第二产业增加值66.3亿元,增长9.6%;第三产业增加值56.2亿元,增长12.1%。三产业结构调整为20:42.5:37.5。财政总收入16.2亿元,增长11%;人均财政收入3052元;税收占财政总收入比重83%。地方财政支出35.1亿元,增长10.6%。规模以上工业增加值41.8亿元,增长9.3%。固定资产投资171.2亿元,增长13.9%。社会消费品零售总额48.5亿元,增长13.3%。外贸出口4.2亿美元,增长0.1%。实际利用外资9130万美元,省外投资5000万以上项目资金41.82亿元。主要工业产品及产量有原煤19.2万吨、水泥78.7万吨、布6354.4万米、大米101.79万吨、电子元件6633万只。农业总产值45.4亿元,粮食总产量64.7万吨。主要农产品及产量有稻谷55.7万吨、水果2.41万吨、豆类0.85万吨。城镇居民人均可支配收入2.69万元,增加2200元;农村居民人均可支配收入1.52万元,增加1354元。年末居民储蓄存款余额132.6亿元,增长10.5%。

【举办杨万里诞辰890周年系列主题纪念活动】 10月27日—30日,吉水县举办以"诚斋气节万里风"为主题的杨万里诞辰890周年系列主题纪念活动。系列主题活动共有11项子活动,分别是拍摄电视人文纪录片《千秋文节杨万里》、拍摄杨万里电影故事片《大宋一一七零》、举办杨万里国际学术研讨会并出版学术研讨作品集、举办"杨万里诗歌"全国性大赛并出版作品集、开展"万里诗歌万里行"全民阅读接力活动暨中小学生朗诵大赛、举办"吉水福地 诚斋诚哉"全国书法名家邀请展暨全国书法美术摄影作品展、举办杨氏宗亲经贸洽谈会、举行杨万里公园开园仪式暨杨万里大型雕像落成祭拜活动、举办杨万里诞辰890周年纪念大会暨文艺演出活动、出版杨万里系列文化书籍、组织开展"井冈蜜柚节"活动。省委常委、省委宣传部部长赵力平,省政协副主席姚亚平、刘晓庄,吉安市委书记胡世忠,市长王少玄,市人大常委会主任刘连根,市政协主席龙波舟等参加活动。《人民日报》、央视电影频道、《江西日报》、江西卫视、江西广播电台、《中国文艺报》、人民网、央广网、《经济日报》等100多家主流媒体报道了纪念活动。

【吉安进士文化园开工奠基】 5月,吉安进士文化园(先贤文化园)开工奠基。该项目位于县城南部、赣江与恩江交汇处,占地面积26.67公顷,建设采用设计、施工、采购总承包(EPC模式),投资概算为5.86亿元。建设内容分为主体建筑和园林景观两部分。主体建筑全部采用仿古建筑模式,按50年一遇及以上的防洪标准进行设计,主要包含有:进士博物馆,总面积1万余平方米,内设进士科举历程、江西科举进士等8间展厅;藏书楼,面积4000余平方米,用于展示中国古代藏书文化,收藏和展示吉水地方文化著作;状元阁,园内制高点,用于介绍中国、吉安以及吉水的状元,高层设观景台,室内可进行品状元茶等娱乐活动;状元门,用于展示吉水的6位状元生平事迹,以及《状元图考》中的科举梦例和奇闻逸事;文庙,即孔庙,为祭祀孔子的场所。园林景观包括进士广场、名人雕像、景观绿化亮化等。其中,进士广场雕塑以魁星(即文曲星,为古代文人的神祇)为主题,取名"大魁天下"。基座上层为状元励志故事浮雕,表现吉安地区历史上的17位状元。基座下层为进士题名碑,上刻吉安地区近3000名进士名录。

【吉湖湿地公园获批国家湿地公园试点】 12月27日,吉湖湿地公园通过省林业厅和国家林业局专家评审,成为国家级湿地公园试点。吉湖国家湿地公园以赣江干流及恩江部分河段为主体,北起吉水赣江大桥,东至井头大桥,西南至低坪村,总面积1293公顷,划为湿地保育区、恢复重建区、宣教展示区、合理利用区和管理服务区5个功能区。公园拟建区域内共有维管束植物300种,隶属于106科241属。其中,国家Ⅱ级保护植物2种,即野大豆、中华结缕草;有野生动物175种,隶属于26目71科,其中鸟类有14目

42科107种。鸟类资源中,有国家Ⅱ级保护动物4种,即鸢、燕隼、红隼和白鹇,江西省级重点保护野生动物25种,列入《有益的或有重要经济、科学研究价值的陆生野生鸟类》有63种,占区域内鸟类总数的58.88%。2014年,该县就开始了吉湖国家湿地公园的创建工作,并多次召开会议进行研讨。2014年4月成立吉水吉湖国家湿地公园申报与建设领导小组;同年6月,以县政府的名义向省林业厅提交《关于申报拟设立江西吉水吉湖国家湿地公园的请示》。2016年6月通过省级评审。2017年7月通过国家级专家实地考察。

主要领导人 县委书记:袁守旺。县人大常委会主任:刘龙林。县长:陈克龙。县政协主席:王克齐。

(黄昕)

·泰和县·

【简　况】 位于江西省中部偏南。辖16镇6乡2垦殖场。总面积2660.15平方千米,其中县城区建成面积19.65平方千米。耕地面积5.84万公顷,林地面积16.09万公顷。森林覆盖率61.19%,城区绿地率38%。总人口60.0万人,其中城镇人口20.28万人;人口自然增长率0.33‰。2017年,地区生产总值161.80亿元,同比增长9.5%。其中,第一产业增加值30.30亿元,增长3.1%;第二产业增加值78.60亿元,增长9.3%;第三产业增加值52.90亿元,增长13.1%。三次产业结构为18.7:48.6:32.7。财政总收入20.89亿元,增长8.18%;地方财政收入12.85亿元,下降6.9%。税收收入占财政总收入比重为78.1%,增长3%。公共预算完成37亿元,增长11.99%。固定资产投资162.9亿元,增长13.8%。实际利用内资54.38亿元,增长12.22%;实际利用外资9274万美元,增长10.01%。外贸出口4.59亿美元,增长51%。农业总产值50.14亿元,增长4.61%。粮食总产量56.33万吨。主要农产品及产量有笼家禽851.46万只、生猪52.24万头、肉牛14.81万头。社会消费品零售总额46.95亿元,增长13%。金融机构存款256.63亿元,增长7.6%;贷款余额131.33亿元,增长22.4%。城镇居民人均可支配收入2.67万元,增长8.9%;农村居民人均可支配收入1.37万元,增长9.0%。城乡居民年末储蓄余额256.63亿元,增加24.49亿元,增长10.55%。城乡居民年末贷款余额131.77亿元,增加24.51亿元,增长22.85%。

【推进江西泰和工业园区建设】 2017年,江西泰和县工业园区加快完善"一区多园"(工业园区,电子科技产业园、机械产业园、食品产业园、智能终端产业园)格局。投入资金2.5亿元,先后完成西桥路、梅岭路、傲农路等路网和杨溪水渠续建、污水处理厂及配套管网等工程,新征土地23.67公顷,拆迁房屋8579.16平方米,盘活闲置土地20余公顷。园区企业服务中心、人力资源市场、金融服务站及展示平台(智慧平台)4个平台建成投入使用。开展园区环境专项整治,清除违章建筑50余栋共6000余平方米。全年引进胜宝莱光电、蓝沛新材料、和信化研等企业31个,签约资金160.9亿元。中科泰盛、鸿宇科技、诚宇光电、麦乐泰科技等19个重点项目开工。国辉光电、嘉禾药业、索源科技等12个项目竣工投产。合力泰院士工作站正式组建并获省级批准。泰和工业园区新增高新技术企业6家,达11家;省级以上工业企业研发机构1家,省级以上新产品新增8个,新产品企业3家;驰名商标1个,江西省名牌商标1个,著名商标16个。截至年底,园区已建成"七通一平"面积800公顷,共落户企业280余家(其中上市企业、"新三板"挂牌企业各1家),主营业务收入268亿元,工业增加值增长8.3%,电子信息产业主营业务收入突破140亿元。园区企业就业人员3.95万人。

【开展"网络市场监管与服务示范区"创建工作】 8月30日,国家工商总局正式批复省工商局,同意泰和县开展"网络市场监管与服务示范区"创建工作,泰和县成为全国第一个也是唯一一个县级示范区创建点。10月12日,"网络市场监管与服务示范区"创建工作正式启动。泰和县监管与服务并重,对219户辖区涉网市场主体全部建立网络市场监管服务档案;严厉打击网络传销、网络售假、虚假宣传、虚假促销、刷单炒信等重点领域违法行为;组织市场监管、公安等相关部门开展培训,完善配套执法设备,提升监管能力;建立网络市场监管联席会议制度,定期对重点难点问题进行集中讨论;安排300万元资金支持电商产业发展,通过阿里巴巴集团和京东集团两大平台开展泰和本土特产线上推广活动。

主要领导人 县委书记:胡小勇。县人大常委会主任:詹学锋。县长:邓永翔。县政协主席:万建中。

(刘捷)

·万安县·

【简　况】 位于江西省中南部,辖9镇7乡1垦殖场。总面积2051平方千米,其中城区面积12平方千米。耕地面积2.57万公顷,有林面积12.44万公顷,森林覆盖率69.5%,城区绿化率47.3%。总人口31.81万人,其中非农业人口12.86万人;人口自然增长率9.85‰。2017年,地区生产总值75.77亿元,同比增长9%。其中,第一产业增加值14.62亿元,增长5%;第二产业增加值34.39亿元,增长9%;第三产业增加值26.76亿元,增长11.3%。财政总收入11.69亿元,增长12.1%,人均3783元;税收占财政总收入76.5%。地方财政收入7.49亿元,同比持平;地方财政支出28.23亿元,增长13.8%。外贸出口占地区生产总值24.5%。固定资产投资完成84.23亿元,增长12.9%。实际利用外商投资35.7亿元。工业增加值26.52亿元,占地区生产总值35%。主要工业产品及产量有发电11.63亿千瓦时、啤酒22.38亿千升、水泥10.67亿吨、工业锅炉160量/吨。农林牧渔业总产值24.54亿元,增长15.5%。粮食总产量28.29万吨。主要农产品及产量有生猪出栏24.06万头、肉牛出栏2.23万头、水产2.69万吨。城镇居民人均可支配收入2.47万元,增长9.2%;农村居民人均可支配收入9530元,增长12.3%。城乡居民年末储蓄余额88.39亿元,增长13.4%。

【推进精准脱贫】 2017年,万安县围绕脱贫摘帽目标,抓关键指标,举全县之力,推进脱贫攻坚。全年动员2111名干部、236个单位、71家非公企业参与结对帮扶,累计筹集社会帮扶资金2828万元,社会扶贫网爱心人士注册2.94万人;强化巡查督导工作机制,坚持常态化巡查和暗访抽查相结合,进一步压实各级脱贫攻坚工作责任。落实脱贫举措,整合各类资金13.93亿元,推动各项扶贫政策全面落实。产业扶贫实现全覆盖,全年投入产业扶贫资金1.45亿元,培育专业合作社135个,吸纳贫困户4339户;建立产业基地82个,新增特色种植业1867公顷,带动贫困户1.14万户;建成光伏扶贫电站规模1.76万千瓦,实现所有行政村全覆盖、所有贫困户全受益;建设电商扶贫站点61个,实现所有贫困村全覆盖;建设6个集中安置点、4个爱心公寓,落实易地扶贫搬迁对象171户529人;完成村庄整治点676个,贫困村25户以上自然村新农村建设实现全覆盖;实施交通扶贫项目814个,全县25户以上自然村通村道路全部硬化,新增通村组道路里程753千米,桥梁29座;实施农村安全饮水工程59个,受益贫困群众1.3万人;贫困村文化活动室、卫生室、卫星电视"户户通"实现全覆盖。保障底线全面兜牢,农村低保与扶贫开发"两项制度"有效衔接,未脱贫贫困户户数重叠率达96.3%,人数重叠率达77.9%,发放兜底保障资金3965万元;采取财政代缴参保资金,实现所有贫困户人人享有基本医保、大病商业补充保险,同时,增设"第五道保障线",贫困患者住院报账比例达90%以上,共补偿贫困患者住院8848人次,补偿金额4133万元;构建从幼教到大学的全程资助体系,资助贫困学生1.9万人,资助金额1429万元。金融扶贫彰显活力,发放扶贫小额贷款2.61亿元,惠及贫困户3803户。全年减贫5630人,贫困发生率降至0.99%,16个贫困村退出。

【万安县入选2017年电子商务进农村综合示范县】 8月,商务部、财政部、国务院扶贫办公布2017年电子商务进农村综合示范县名单,万安县入选。2017年,万安县电子商务发展迅速,相继出台《万安县促进电子商务产业发展优惠办法》和《万安县推进阿里巴巴农村电子商务工作方案》《万安县电商信贷通贷款暂行管理办法》等一系列政策措施,电子商务入库企业23家,结合脱贫攻坚,在全县范围内已建立99个电商脱贫站,全年完成交易额25亿元,电子商务孵化园纳入国家众创空间备案。

【建立"三个三"基层民政服务机制】 2017年,万安县民政工作在救助、养老、社区服务三方面探索创立"三个三"服务新机制。社会救助方面,在村级建立"便民代办制",通过政府购买服务方式,从村民说事员中为全县每个村(居)选聘民政专干,由民政专干利用登门说事的时机宣传各类救助政策,免费为困难群众代办救助事项;在乡镇建立"一门受理、协同办理"救助机制,统一设立救助申请受理窗口,悬挂社会救助受理牌和工作流程图,制定社会救助申请分办、转办流程,明确专人负责,规范办理时限,及时受理、转办申请事项;在县级建立"医院一站式结算"绿色通道,每年县财政投入100万元建立"因病致贫救助基金",对城乡低保、低保边缘户贫困家庭因患大病住院后,经医保、商业保障、城乡医疗救助后进行再救助。养老服务方面,试行农村敬老院社会化养老模式;通过筹措资金在城郊新建一栋占地2公顷多的福利服务中心;在农村敬老院,探索建立机构化养老模式,实行人财物垂直管理。社区建设方面,依托社区服务中心、社区服务站、村级组织活动场所和乡镇幸福院等平台,打造"社区+X"(X为健身、医疗、康复等服务)的多功能社区;打造乡土文化型社区,将乡土文化与社区建设相结合;打造乡风文明型社区,以培育和践行社会主义核心价值观为根本,倡导乡风文明,引导发挥社区功能和作用,丰富农村居民生活,激发社区居民"参与感"。

主要领导人 县委书记:李伟平。县人大常委会主任:胡影秋。县长:刘军芳。县政协主席:郭白云。

(敖淑红)

·遂川县·

【简　况】 位于江西省西南部,辖12镇11乡2国有林场。总面积3144.17平方千米,其中建城区面积18.2平方千米。耕地面积2.98万公顷,有林面积25.57万公顷,森林覆盖率79.64%,城区绿化率18%。总人口61.82万人,其中城镇人口20.42万人;人口自然增长率9.58‰。2017年,地区生产总值128.63亿元,同比增长9.0%。其中,第一产业增加值18.00亿元,增长4.8%;第二产业增加值61.47亿元,增长8.5%;第三产业增加值49.16亿元,增长11.2%。三次产业结构为14.0∶47.8∶38.2。财政总收入14.52亿元,增长9.1%;税收收入11.20亿元,占财政总收入77.1%。一般公共预算收入10.08亿元,下降2.0%。一般公共预算支出39.86亿元,增长19.7%。规模以上工业企业总产值242.0亿元,增长16.6%;规模以上工业增加值增长9.4%。外贸出口2.18亿美元,增长0.2%。固定资产投资增长13.2%。实际利用外资4672万美元,增长10.03%。主要工业产品及产量有发电量1.64亿千瓦、家具144.86万件、服装323.93万件、精制茶680.04吨、第一稀土金属180.2万千克。农业总产值2962亿元,增长4.7%。粮食总产量27.03万吨。主要农产品及产量有油料产量8693吨、茶叶产量4552吨、水果产量6.10万吨、生猪出栏24.61万头、大豆6266吨。城镇居民人均可支配收入25562元,增加2111元;农村居民人均可支配收入9506元,增长936元。金融机构年末存款余额186.53亿元,比年初增长24.8%。

【遂川县获评"中国最美梯田之乡"】 4月20日,在遂川县大汾镇举行的第三届全国融媒体看江西"中国十大美丽梯田之乡"新闻发布会上,遂川县高山梯田综合总分得分第一,获评"中国最美梯田之乡"。遂川依托独特的红色历史、古色人文、绿色生态资源,着力推进"全国全域旅游示范县"创建工作和高山梯田群落建设。高山梯田2014年被腾讯、环球等网友评选为"全球十大最美梯田",2017年央视

《新闻直播间》直播梯田的春耕美景，遂川高山梯田的知晓度和美誉度不断提升。遂川高山梯田以左安桃源梯田、大汾米岭梯田、珠田珠溪梯田等群落为示范点，梯田美景、生态茶园、客家风俗成为乡村旅游的引爆点和提升群众收入的新业态。

【南风面自然保护区晋升国家级】 7月4日，国务院办公厅公布全国17处新晋国家级自然保护区，遂川县南风面自然保护区名列其中。南风面国家级自然保护区，位于罗霄山脉南段的万洋山南段与诸广山北段的赣西南边陲遂川县境内西部，北连井冈山市，西毗湖南省炎陵市，南与湖南省桂东县接壤。保护区南北长29.08千米，东西宽18.54千米。南风面国家级自然保护区的设立，与湖南八面山、湖南桃源洞、江西井冈山、江西齐云山4个国家级自然保护区一起，形成罗霄山脉完整的保护区域。南风面自然保护区始建于2002年，为遂川县县级自然保护区。2010年11月9日，经江西省人民政府批准晋升为省级自然保护区。2014年，启动国家级自然保护区的申报工作。

【遂川"狗牯脑"茶列入中欧互认产品公示清单】 6月3日，遂川"狗牯脑"茶入选"中欧100+100"地理标志产品互认产品公示清单。遂川县作为"狗牯脑"茶原产地、中国茶叶之乡，也是国家级贫困县，每年投入3000万元建立"狗牯脑茶产业发展基金"，建立一条龙扶持的财政奖补机制，打造狗牯脑电商城、树立产业标准、营造茶文化氛围等系列措施，做大做强茶产业。遂川县有茶园面积1.47万公顷，年产量5600吨，年产值15亿元。"狗牯脑"茶先后获1915年美国旧金山巴拿马太平洋国际博览会金奖、2010年上海世博会金奖、2015年米兰世博会金奖，是"中华老字号""中国驰名商标""最具品牌发展力品牌""江西省'四绿一红'茶品牌战略之首"。遂川"狗牯脑"茶列入公示清单，有助于提升"狗牯脑"茶在国际市场上的影响力和竞争力，销售到欧盟各成员国时，在欧盟市场上享受法律保护，为"狗牯脑"茶出口欧盟市场奠定基础。

主要领导人 县委书记：张智萍。县人大常委会主任：陈道萍。县长：肖凌秋。县政协主席：刘路生。

（张春艳）

·安福县·

【简　况】 位于江西省中西部，辖7镇12乡。总面积2795.81平方千米，其中城区面积14.9平方千米。耕地面积4.56万公顷，森林覆盖率67.1%，城区绿化率41%。总人口41.98万人，其中非农业人口14.07万人；人口自然增长率9.27‰。2017年，地区生产总值148.90亿元，同比增长9%。其中，第一产业增加值23.10亿元，增长4.6%；第二产业增加值75.70亿元，增长9.4%；第三产业增加值50.10亿元，增长10.9%。财政总收入18.27亿元，增长8%，人均4351.8元；税收收入13.72亿元，占财政总收入75.1%，增长1%。公共财政预算收入13.07亿元；地方财政支出32.48亿元。工业总产值267亿元，增长19.7%。规模以上工业增加值47.7亿元，增长9.2%。外贸出口3.48亿美元，增长2.4%。固定资产投资158.97亿元，增长14%。实际利用外资6863万美元、内资43.31亿元。主要工业产品及产量有煤4.34万吨、铁精矿76.1万吨、水泥熟料103.5万吨、水泥106.6万吨、液压元件57.4万件、供电量4.58亿千瓦时。农业总产值37.4亿元，增长4.6%。粮食总产量38.36万吨。主要农产品及产量有稻谷36.25万吨、蔬菜14.70万吨、肉类4.68万吨、油料2.32万吨、水果2.00万吨。城镇居民人均可支配收入2.69万元，增长9.3%；农村居民人均纯收入1.33万元，增长9.6%。社会消费品零售总额46.7亿元，增长13%。各金融机构年末存款余额169.51亿元，增长17.3%；年末贷款余额82.51亿元，增长27.0%。

【安福县率先取得井冈蜜柚GAP认证】 12月28日，安福县横龙镇益民金兰柚种植专业合作社和赣鑫果业专业合作社获得中国质量认证中心颁发的《良好农业规范认证证书》（GAP认证），安福县率先获得井冈蜜柚出口资格。井冈蜜柚分桃溪蜜柚、金沙蜜柚、泰和沙田蜜柚、金兰蜜柚4个系列。安福产的金兰蜜柚，皮薄、汁多、口感甜、回味微苦，风味独特，其他地方产的和其他甜柚品种难以代替，难以冒充。2017年年初，县果业局根据吉安市委办、市政府办印发的《关于推进井冈蜜柚出口工作的意见》的通知，制作《农事操作记录本》《安全用药准则》，并推广《出口质量安全示范区建设标准》，向省、市出入境检验检疫局申请井冈蜜柚出口。经过专家对县出口基地、出口包装厂现场考核，最终认证横龙镇益民金兰柚种植专业合作社、赣鑫果业专业合作社获得出口资格。

【承办第八届环鄱阳湖国际自行车大赛羊狮慕站比赛】 9月22日，第八届环鄱阳湖国际自行车大赛安福羊狮慕站比赛在安福举行。该站比赛起点设在安福广场，赛程121.3千米。参赛选手经公园路、站前大道、泸水河大道、望塔路、沿江北路、武功山大道，绕县城8圈；后途经横龙镇、严田镇、泰山镇，终点设在羊狮慕景区。中国、美国、荷兰、法国、意大利、英国、西班牙、德国、瑞士、澳大利亚等国家的20支职业车队145名职业运动员参赛。

经过3个多小时的比赛，卓比奥斯·维尔切斯车队获赛段团体第一名，该车队的哥伦比亚车手乔治·阿瓦拉多获赛段个人第一名，圣乔治洲际队的摩根·史密斯、马修·诺维奇分获二、三名。

【安福武功山国家森林公园发现大面积"野荔枝"】 12月22日，安福县林业工作人员在县武功山国家森林公园进行生态公益林验收时，在公园九龙山景区海拔高800～1000米的山场发现大面积"野荔枝"。这些"野荔枝"零星分布在防火线两侧绿树丛中，约有30多公顷，其中最大的树高5米，胸径20厘米，冠幅24平方米。该树不仅果实可以采食，且具有清热解毒，收敛止血功效，还是一种稀有的庭园观赏植物。大面积发现"野荔枝"在江西省实属罕见，它不仅可为优化培育观赏植物提供种质资源，还为科学研究植物系统演化提供实物资料。

主要领导人 县委书记：贺利华。县人大常委会主任：杨红大。县长：王玮。县政协主席:吴杰。

(刘武文)

·永新县·

【简　况】　位于江西省西部,辖10镇13乡2场(七溪林场、综合垦殖场)。总面积2195平方千米,其中县城建成面积14.28平方千米。耕地面积3.28万公顷,森林面积12.7万公顷,森林覆盖率67.76%,城区绿化率35.6%。总人口52.88万人,其中城镇人口25.67万人;人口自然增长率7.91‰。2017年,地区生产总值103.7亿元,同比增长9.2%。其中,第一产业18.3亿元,增长4.6%;第二产45.9亿元,增长8.7%;第三产业39.5亿元,增长10.9%。财政总收入11.4亿元,增长12.1%。地方财政收入7.0亿元,下降5.2%;地方财政支出32.15亿元,增长12.1%。工业总产值84.0亿元,下降4.77%。外贸出口2.1亿美元,增长0.5%。固定资产投资126.46亿元,增长12%。实际利用外商投资3801万美元,增长8.82%;省外投资37.29亿元,增长11.05%。主要工业产品及产量有轻革1616.61万平方米、化学药品原药46吨、蚕丝188吨。农业总产值18.3亿元,增长4.6%。粮食总产量30.64万吨。主要农产品及产量有稻谷29.95万吨、红薯3940吨、油菜籽2.49万吨、蔬菜12.24万吨。城镇居民年人均可支配收入2.29万元,增长9.0%;农村居民年人均纯收入9453元,增长12.1%。城乡居民年末储蓄存款余额132.89亿元,增长11.6%。

【永新县两处革命旧址入选全国红色旅游经典景区】　1月,由国家发改委与国家旅游局等14家部委联合印发的《关于印发全国红色旅游经典景区名录的通知》,公布300处全国红色旅游经典景区,永新县两处景区位列其中,分别是三湾改编旧址(含枫树坪旧址、毛泽东同志旧居、士兵委员会旧址、工农革命军第一军第一师第一团团部旧址)和湘赣革命根据地中心旧址(含中共湘赣省委旧址、中国工农红军湘赣省军区总指挥部旧址、牛田湘赣省委苏维埃政府旧址等革命遗址)。该名录是在地方申报基础上,经过严格审批,遴选出具有典型教育意义的革命事件发生地、纪念地。

【永新县被列为国家电子商务进农村综合示范县】　7月,永新县列入国家电子商务进农村综合示范县,争取到中央财政专项资金1500万元。依据大力发展电子商务及电商助力脱贫攻坚工作精神,永新县出台《永新县电商扶贫工程脱贫攻坚实施方案》,明确发展电商及电商助力脱贫攻坚的指导思想、发展目标、主要任务、建设内容、重点措施,促进电商精准扶贫脱贫攻坚工作;确定由捷壹商务、云中云网络、三湾稻田和邮政永新分公司共同承建电商脱贫站点建设任务。2017年,永新县已建立村级电商脱贫站点121个,其中贫困村107个(三湾村建设2个),非贫困村14个,实现贫困村电商脱贫站点建设全覆盖。县贫困村电商脱贫站点实现农特产品线上交易额975万元,销售贫困村合作社(贫困户)产品金额约455万元,间接带动贫困户就业2530人,贫困群众人均增收768元。

【三湾改编干部学院成立】　9月29日,永新县举行三湾改编干部学院成立揭牌仪式,县委书记肖兵为三湾改编干部学院揭牌并讲话。县委副书记尹嵘峰主持揭牌仪式。县领导尹毅斌、曾志华、陈志军、尹拓、郭栌、彭辉、卢愉、曾志珍等出席揭牌仪式。三湾改编干部学院的成立,标志着永新县加强干部教育主渠道、主阵地建设取得新进展,掀开永新县干部教育培训事业新篇章。新成立的三湾改编干部学院设在永新县委党校,旨在通过红色教育,让广大党员干部更好地接受革命传统教育和理想信念教育。

【举办纪念三湾改编90周年系列活动】　为纪念三湾改编90周年,弘扬井冈山精神和三湾改编精神,2017年,永新县委、县政府举办三湾改编90周年系列活动。开展"弘扬井冈山精神·践行三个走在前列"主题教育活动,结合弘扬跨越时空的井冈山精神走在前列行动,在全县开展"弘扬井冈山精神·讲好永新红色故事"演讲比赛,"千名学生现场书写红色故事"书法比赛和青少年讲红色故事电视大赛活动。把弘扬井冈山精神与纪念三湾改编90周年结合起来,开展10项活动,特别是举办纪念三湾改编90周年暨喜迎中共十九大歌咏比赛,全民参与,干群同台,首次在户外举办、首次通过网络现场直播,观看人数突破20万人次。开展"纪念三湾改编90周年"征文活动,征集省内外优秀论文15篇。举办"纪念三湾改编90周年"上海书画精品展,邀请全国知名书法家和本土书法家撰写、创作书画作品,并在上海刘海粟美术馆进行展览。

主要领导人　县委书记:肖兵。县人大常委会主任:尹毅斌。县长:孙劲涛。县政协主席:曾志华。

(朱婵)

抚州市

【概　况】　位于江西省东部,辖9县2区1东临新区1国家高新技术产业开发区。总面积1.88万平方千米,其中城区面积95.85平方千米,城镇化率48.22%。耕地面积24.53万公顷,有林面积132.40万公顷,森林覆盖率65.6%,城市绿地率42.16%,绿化覆盖率45.97%。总人口403.10万人,其中城镇人口194.38万人,人口自然增长率7.80‰。2017年,地区生产总值1354.57亿元,同比增长8.7%。其中,第一产业增加值216.35亿元,增长4.5%;第二产业增加值594.59亿元,增长8.4%;第三产业增加值543.63亿元,增长10.9%。财政总收入183.64亿元,增长7.0%;其中税收收入151.90亿元,增长4.2%;公共财政预算收入120.19亿元,下降2.1%;公共财政预算支出355亿元,增长13.6%。工业增加值471.95亿元,增长9.0%,占地区生产总值的比重34.8%。规模以上工业增加值增长9.5%。固定资产投资1401.41亿元,增长12.0%。实际利用外商投资3.53亿美元,增长9.1%。进出口总值133.56亿元,增长9.8%。主要工业产品及产量有化纤长丝机织物1.34亿米,农用氮、磷、钾化学肥料3252.70万千克,塑料制品1.94亿千克,瓷用砖199.02万平方米,人造板

41.98万立方米，家具336.48万件。农业总产值350.80亿元，增长4.5%。粮食总产量30.67亿千克。主要农产品及产量有油料6020万千克，蔬菜15.18亿千克，水果17.83亿千克，茶叶260万千克，肉类总产量3.51亿千克，水产品2亿千克。城镇居民人均可支配收入2.95万元，增长8.3%；农村居民人均可支配收入1.36万元，增长9.0%。

【江西首个区域性医学检验中心落户抚州】 4月13日，抚州市第一人民医院与美康生物科技股份有限公司共建区域医学检验中心签约仪式在抚州市举行。副市长徐国义出席签约仪式并讲话。市第一人民医院和美康生物科技股份有限公司以“资源共享、优势互补、提升质量”为原则，依托市第一人民医院检验科、病理科，成立抚州美康盛德医学检验实验室，同时建立抚州区域性检验检查中心，这是江西省首个区域性医学检验中心。美康生物科技股份有限公司作为专业医学检验集约化系统供应商，拥有丰富运营检验、体检、病理共建合作经营的专业企业，在专业化、标准化、信息化建设及先进医学诊断技术方面能提供更大优势。区域性医学检验中心建成后，检验项目可达到1500项左右。此次双方合作共同打造抚州区域性检验检查中心，中心业务面向全市所有医疗单位开放，有效降低患者就诊费用。

【举办生命健康科学国际高峰论坛】 4月20日，生命健康科学国际高峰论坛在抚州举行。抚州市委书记肖毅，中国科学院院士陈霖，中国工程院院士、复旦大学教授陈芬儿出席；市委副书记、市长张鸿星致辞。美国得克萨斯大学休斯敦医学院教授、大内科主任麦克弗森，得克萨斯大学休斯敦医学院教授科尔格曼等9名医学高级学者访问团应邀出席。出席论坛还有国内外生命健康领域专家学者、卫生与健康行业的企业部门负责人等300余人。论坛会上，美方团队和国内专家与嘉宾进行学术讲座，介绍国际、国内本专业领域最新发展动态；江西中医药高等专科学校、南昌大学抚州医学院、抚州市第一人民医院、抚州市妇幼保健院分别与美方代表签订协作意向书。

【抚州代表团受邀参加莎士比亚纪念活动】 4月22日，英国斯特拉福德举行盛大游行活动，纪念文学巨匠莎士比亚诞辰453周年。抚州市代表团应邀参加纪念活动，临川一中6名学生代表中国加入被誉为“莎士比亚中学”爱德华六世国王学校巡游仪仗队，两国学生携手行进在游行队伍前列。中国驻英国大使馆公使衔文化参赞项晓炜应邀出席纪念活动。这是抚州代表团第二次受邀参加莎士比亚纪念活动。活动期间，斯特拉福德皇家莎士比亚剧院上演莎翁经典戏剧《凯撒大帝》，伦敦莎士比亚环球剧院上演莎翁悲剧《罗密欧与朱丽叶》以及喜剧《第十二夜》等剧目，威斯敏斯特大教堂举行纪念仪式和莎士比亚十四行诗演奏会。来自英国斯特拉福德和中国江西抚州代表在莎士比亚故居花园为一尊莎士比亚和汤显祖青铜塑像举行揭幕仪式，另一尊同样塑像安放在抚州市汤显祖纪念馆，两名同时代文学巨匠跨越时空在英国“相遇”。

【抚州徐乐秋摘获国际速录大赛银牌】 7月22日—27日，第51届国际速联大会暨国际速录大赛在德国柏林举行。中国速录代表团33人，其中参加国际速录大赛中国选手19人。参赛选手分别参加文函摘编、实时听打速录、极速听打速录、看打、排版5项比赛。比赛按年龄分为青年组（17～20岁）、成年组（21岁以上）和少年组（16岁以下）。创新学校16岁学生徐乐秋参加少年组赛事，该组仅有徐乐秋1名中国选手参赛。经过激烈角逐，徐乐秋最终摘得少年组速记项目银牌、实时记录项目银牌。这是继2015年第50届匈牙利布达佩斯国际速录大赛抚州女孩吴美玉（时年17岁）取得1银1铜后，抚州市选手在国际速录大赛上再创佳绩。

【汤显祖戏剧节暨国际戏剧交流月活动在抚州举行】 9月24日至10月底，省政府、中国人民对外友好协会和中国戏剧家协会联合主办汤显祖戏剧节暨国际戏剧交流月活动在汤显祖故里——江西抚州市举行。全国政协副主席王正伟出席开幕式并讲话。

活动期间，开展文艺表演，民间剧团地方戏曲大展演、抚州非遗文化大展演、汤显祖诗词吟诵比赛、社区戏曲广场舞比赛、经典剧目演出、国际戏剧交流演出活动、第二届文化传承和创新国际论坛、2017“三翁”（汤显祖、莎士比亚、塞万提斯）戏剧文化研讨会等16项主题活动。由黄梅戏、评剧、川剧专业演员和抚州职业技术学院100多名学生组成的中国戏曲联唱《戏剧精粹在抚州》方队，以及来自欧洲、非洲、拉丁美洲多个国家的演员和抚州高校3000多名演员组成的莎士比亚方队《哈姆雷特》选段方队、踢踏舞《大河之舞》选段方队、临川四梦《牡丹亭》选段方队等12个巡游表演方队沿市区赣东大道、临川大道、玉茗大道精彩上演，吸引10万名市民现场驻足观看。表演方队独具特色，以不同艺术形式演绎抚州的历史文化底蕴和异域风情。

【全国象棋业余棋王赛江西赛区总决赛在抚州举行】 10月1日—3日，2017中国体育彩票全国象棋业余棋王赛江西赛区总决赛在抚州市举行。活动由江西省社会体育指导中心、省象棋协会和抚州市体育局共同主办，100余名象棋爱好者展开对决。总决赛跨越不同年龄层，分公开组、老年组、少年组、儿童组、幼儿组5个组别。参赛选手经过3天11轮比赛，决赛各组别获前2名的选手，参加10月份在江苏省江阴市举行的全国象棋业余棋王赛全国总决赛。九江市棋手徐猛获公开老年混合组棋王称号，吉安市棋院棋手王涵章获少年组棋王称号，景德镇市棋院小选手杨向良获儿童组棋王称号。江西总决赛奖金设置高，并特邀2名马来西亚选手以及北京、上海等地选手参赛。

【抚州市设立东临新区】 11月16日，江西省机构编制委员会办公室关于设立抚州市东临新区管理委员会的批复，同意设立抚州市东临新区管理委员会，为抚州市人民政府正处级派出机构。12月28日，抚州市委常委会议审议了《关于成立中国共产党抚州市东临新区工作委员会的请示》等事项。东临新区位于抚州市（城区）东部，辖临川区所属的湖南乡、七里岗

乡、七里岗垦殖场、太阳镇和东乡区所属的岗上积镇、红亮垦殖场6个乡镇场,以及灵谷峰景区。全区总面积226平方千米,总人口13万人,行政中心设在七里岗乡。

主要领导人 市委书记:肖毅。市人大常委会主任:魏建锋。市长:张鸿星。市政协主席:黄晓波。

(饶国旺)

·临川区·

【简　况】 位于江西省东部,辖17镇9乡2垦殖场和5街道办事处。总面积2126平方千米,其中城区面积约85.3平方千米。耕地面积6.1万公顷,有林面积8.68万公顷,森林覆盖率44.28%,城区绿化率45.81%。总人口112.26万人,其中城镇人口61.14万人;人口自然增长率7.54‰。2017年,地区生产总值419.8亿元,同比增长8.7%。其中,第一产业增加值49.7亿元,增长4.4 %;第二产业增加值203.7亿元,增长8%;第三产业增加值166.4亿元,增长11.3%。财政总收入22.6亿元,增长3.8%,税收占财政总收入的比重85.4%;地方财政收入15.6亿元,下降9.1%。固定资产投资210.2亿元,增长13.8%;实际利用外资4700万美元,增长74.1%。工业总产值133.8亿元,增长9.0%。规模以上工业增加值54.1亿元,增长9.1%。主要工业产品及产量有水泥113.1万吨、精炼铜4.36万吨、人造板24.84万立方米、临川贡酒398吨、化学农药3490.3吨、饲料21.56万吨。农业总产值76.68亿元,增长4.1%。主要农产品及产量有粮食产量67.11万吨、西瓜29.44万吨、生猪出栏44.5万头、家禽出笼613.15万只、水产品3.0万吨。城镇居民人均可支配收入3.61万元,增长8.8%;农村居民人均纯收入1.65万元,增长9.1%。

【脱贫攻坚】 2017年,临川区先后出台15个专项扶贫行动实施方案,产业、健康、教育、金融等扶贫工程有序推进。截至2017年年底,完成贫困人口2807人预脱贫,湖南乡灵谷峰村、展坪乡茶山村、大岗镇株山村、太阳镇延桥村4个贫困村退出贫困。持续开展精准识别、精准退出"回头看",对全区建档立卡贫困对象重新审核筛查。开展光伏产业扶贫扩面工程,累计筹措资金1.87亿元,实现对贫困户全覆盖。

【城乡面貌改善】 2017年,临川区完成城市重点项目建设12个,正在建设32个;完成"一河两岸"、文昌里改造征迁工作;开展园区环境保护突出问题专项整治,建立全区污染源在线监控中心;开展水库水质专项整治,清理关停砂场107家;开展中心城区建筑工地及道路扬尘、工业废气、机动车尾气、餐饮油烟等专项行动4次;开展"五车"整治和货运车辆超限超载专项治理;以创建国家卫生城市为抓手,清理取缔占道经营7200余起;劝阻违规燃放120起,立案查处违规燃放24起,罚款处罚21起,共1.05万元,行政拘留3人;在农村环境综合治理中,拆临拆违面积513万平方米;研究制定临川区农民建房联审联批制度,助推新农村村点建设529个。通过整治,城乡整体形象显著改观。

【开展"双返双创"活动】 2017年,临川区开展才子返乡创新、抚商返乡创业活动,大批在外临川籍各类人才和工商企业界人士返乡创新创业。全区新开个体工商户5303户,增长5%;新开业私营企业1472户,增长16%。深入实施创新驱动发展战略,入选国家知识产权强县工程示范县(区),全区专利申请量1608件,名列全省第4位;专利授权量1081件,名列全省第2位。新增高新技术企业6家,达12家。

【临川八一希望小学揭牌】 5月23日,临川八一希望小学举行揭牌仪式。市委书记肖毅和贺龙元帅之女贺晓明出席并揭牌,市委副书记、市长张鸿星致辞。"八一"南昌起义军总指挥贺龙和叶挺、朱德、陈毅、陈赓等一批将帅后代参加。市区相关领导和近20家新闻媒体记者与八一希望小学全体师生共1800余人出席仪式。该校有教学班28个、学生1557人,占地面积3.9万余平方米。

【临川区获2017年度全国"平安农机"示范县(区)称号】 2017年,临川区农机总动力60.29万千瓦,同比增加8%;机耕面积8.17万公顷,机耕水平98%;机收面积9.59万公顷,机收水平92%以上;机插(播)面积2.5万公顷,机插(播)水平30%;水稻耕种综合机械化水平75%以上。拖拉机、联合收割机上牌率、检验率和驾驶人持证率均86%以上。临川区未发生道路外农机重大伤亡事故及未发生农机安全生产严重的违法、违规案件。临川区被农业部评为2017年度全国"平安农机"示范县(区)。

【区供销合作社获"全国供销合作社系统先进集体"称号】 2017年,临川区供销社全力推进供销合作社综合改革,加强农合联组建,积极开展基层社优化整合和推动惠农服务体系建设,并以"党建+社建"带动合作经济发展,在为农服务、助农增收上取得明显实效。全系统领办农民专业合作社81家,建成标准化基层社8个、省级农民专业示范社10个、省级规范化农村综合服务社11个,带动农户1.29万多户;建有庄稼医院37个、农副产品交易市场6个,建有乡镇电商服务站16个,建成村级电商服务站122个,初步建成区、乡、村三级电商综合服务体系。临川区供销合作社获2017年度"全国供销合作社系统先进集体"称号。

主要领导人 区委书记:胡领高。区人大常委会主任:吴茂发。区长:董东明。区政协主席:江瑞庆。

(魏会华　肖玲芬　黄川)

·南城县·

【简　况】 位于江西省东部,辖10镇2乡。总面积1713平方千米,其中城区建成面积16.8平方千米。耕地面积2.19万公顷,有林面积9.34万公顷,森林覆盖率62.5%,城区绿化覆盖率53.2%。总人口34.02万人,其中城镇人口11.35万人;人口自然增长率7.45‰。2017年,地区生产总值129.65亿元,同比增长8.5%。其中,第一产业增加值19.42亿元,增长4.2%;第二产业增加值54.07亿元,增长8.2%；第三产业增加值56.16亿元，增长10.4%。财政总收入15.27亿元，增长3.3%；税收收入12.45亿元，增长2.7%，占财政总收入的比重81.5%。地方财政收入9.67亿元，下降7.9%；地方财政支出24.85亿元，增长4.2%。工业总产值245亿元，增长12.9%。工业增加值62.5亿元，增长9.2%。其中，规模以上工业增加值37.1亿元，增长9.1%，占地区生产总值的比重30.4%。固定资产投资166.05亿元，增长9.9%。实际利用外资4188万美元，增长13.1%；出口总额14.16亿元，增长16.8%。主要工业产品及产量有水泥76.7万吨、各类砖3.69亿块、饮料酒21.5万吨、服装1479万件(套)。农业总产值31.03亿元，增长4.3%。粮食总产量28.25万吨。主要农产品及产量有水产品4.54万吨、水果11.01万吨、柑橘10.82万吨、稻谷26.35万吨、家禽435.41万只、禽蛋2万吨、生猪(出栏)23.91万头。城镇居民人均可支配收入3.13万元，增长8.7%；农村居民人均可支配收入1.54万元，增长9.2%。城乡居民年末储蓄余额87.06亿元，增长10.26%。

【“一村一品”产业扶贫】 2017年，南城县按照“选准一项优势主导产业、组织一个农民专业合作社、落实一套帮扶机制”产业扶贫模式，围绕产业化经营理念，发展“一村一品”，做大产业规模，助推贫困户脱贫致富。龙湖镇王坪村有种植板栗历史，全村发展优质板栗种植面积80公顷，带动20多户贫困户户均增收2.8万元，从贫困村变成小康村。全县10个“十三五”省级贫困村全部有“当家”产业，其中德溪、田中、昆塘3个村重点发展蜜橘；东港、水口、太坪、五角口4村重点发展林业；尧坊、庄上2个村重点发展乡村旅游；城上村重点发展校具加工。实施产业扶贫，做好市场对接文章，全县成立蜜橘购销协会、蛋鸡养殖协会、竹制品加工协会等20多家专业农村合作经济组织。2016年，解决种养贫困户场地问题10件，协调贷款30多次260多万元，提供购销信息100余条，建立专业“淘宝村”40个。全县贫困家庭六成以上收入来自“一村一品”特色农业产业。

【校具产业发展】 2017年，南城县推进“党建+产业”发展模式，即商会党支部在支持“献策不决策，服务不增负”的前提下，发挥组织保证、协调服务、宣传动员作用。全县校具产业商会建立党总支，下辖6个支部，每个支部负责若干个企业，并辐射周边相关产业企业，同时把企业党建与精准扶贫挂钩，帮扶和带动贫困群众发展致富，把扶持发展校具加工企业作为加快工业发展、壮大县域经济一项重要举措，鼓励和扶持校具加工企业发展。该县还邀请省质监局专家和省工商局专家开展“服务校具企业，促进产品质量提升”知识讲座及举办校具企业合同监管培训班，依托县校具产业商会驻株良镇新街便利条件，兴建一个以专业校具加工为主的市场，市场集交易、交流、展示于一体，是全市唯一配套齐全的专业校具加工销售市场，填补全省无大型校具加工销售市场空白。全县校具加工及配套企业150余家，全年实现营业收入44亿元，增长16.7%；利税4.05亿元，增长18.8%。

【南城大健康产业】 2017年，南城县以优越自然生态环境和独特人文环境为支撑，全面布局大健康产业，做大做强中医药产业，加速医药、养生、旅游业态深度融合发展。将中医药产业发展作为战略性新兴产业，设立5000万元发展基金，建设66.67公顷中医药产业园，建设3000平方米区域性农产品检验检测中心，投入3000多万元引导园区医药企业与江西中医药大学等高校和科研机构合作，逐步建立现代化、标准化模式发展。南城县中药材电子商务大宗交易中心、中药材专业市场、中药材种子种苗市场、食品保健品市场全面启动建设，中医药产业成为县域经济中最具活力“因子”。江西省“十三五”规划明确将南城县列为重点打造健康文化养生基地。南城县倾力做好全域健康养生文化旅游策划，实施“大健康+”产业发展战略，引导中医药产业与文化旅游、大健康产业融合联动发展，以建成“国家级中药特色文化综合体验基地”“中药文化旅游新阵地”为目标，建设“建昌帮中药博物馆”，打造城市文化旅游新亮点。该县还结合农村环境综合整治、秀美乡村建设，在铁路公路沿线集中连片种植万亩泽泻、半夏、山药等中药材，发展生态观光、休闲采摘生态游，让健康贴上生态标签，把养生搬进大自然。同时，不断挖掘“麻姑长寿”文化、“建昌帮”中药文化、盱江医学文化，推进麻姑山风景名胜区开发建设，构建生态体验、度假养生平台。

【麻姑山景区引资开发】 6月3日，南城县政府与中国交通建设股份有限公司签订战略合作框架协议，双方将共同合作对麻姑山景区进行整体开发，这是南城县引进的最大综合旅游项目。此次合作协议签订，为打造南城全域旅游形象、塑造新品牌带来“加速度”。根据协议，中国交通建设股份有限公司注资50亿元与南城县政府共同完成建设麻姑山核心景区策划规划，并在3年内完成所有重点项目开发，实现景区2018年试营运，2019年正式营运，2020年创建国家5A级景区。

【实施“建昌帮”中药重振计划】 2017年，南城县把中药产业作为战略性新兴产业，围绕打造“十亿企业、百亿产业”的中药产业发展目标，从全链式发展、高科技引领等方面，大力实施“建昌帮”中药重振计划。南城县按照全产业链发展目标，出台《南城县中医药产业发展实施意见》，设立5000万元发展基金，从中药材种植、加工、线上线下市场交易、人才引进等方面予以扶持，并规划建设66.67公顷中医药产业园，重点推进“一大中心、三大市场、五大基地”建设。“一大中心”，即依托南京同仁堂绿金在线平台，建设中药材电子商务大宗交易中心；“三大市场”，即建设40万平方米的中药材专业市场，5万平方米的中药材种子种苗市场，5万平方米的食品保健品市场；“五大基地”，即中药材种植基地，中药材进出口基地，中药饮片生产基地，中药提取及中成药制造基地，食品保健品生产基地。该县发挥中医药企业在科技创新中主体作用，鼓励企业对接高等院校、科研机构，深入开展产学研合作。加大对中药人才的引进力度，对具有本科以上学历、中级技术职称、先进管理经验优秀人才予以重点引进，为中药产业振兴发展提供可靠人才保证和智力支持。全县已与江西中医药大学对接洽谈,并在成立“建昌帮”药业研究室,建设“建昌帮”药业博物馆,“建昌帮”药业申报国家级非物质文化遗产等方面达成合作意向。

【纪念音韵学家陈彭年逝世1000周年】 11月25日—26日,南城县召开纪念陈彭年逝世1000周年学术研讨会。复旦大学、厦门大学和江西部分高校、科研院所的专家学者,以及陈彭年后人代表等参加。会议围绕陈彭年在中国文学界及音韵学界的成就、地位、贡献、影响等一系列问题展开研讨。陈彭年(961—1017),字永年,南城县人。北宋著名文学家、音韵学家,有《江南别录》《文僖集》《韵铨》《唐纪》《志异》等200余部著作。特别是陈彭年主持重修、成书于宋大中祥符年间的《大宋重修广韵》(简称《广韵》),是中国研究上古和近代语音的重要资料,既可作为按韵查检的同音字典,又可作为诗赋用韵的工具书,是汉语音韵学中极为重要的一部著作。

主要领导人 县委书记:王小林。县人大常委会主任:陈胜堂。县长:汪华辉。县政协主席:过初良。

(熊春玲 吴云华 邓迅)

·黎川县·

【简 况】 位于江西省中部偏东,辖7镇8乡1企业集团和1垦殖场。总面积1728.56平方千米。耕地面积1.59万公顷,林地面积13.2万公顷,森林覆盖率68.65%。总人口23.68万人,其中城镇人口12.1万人;人口自然增长率7.08‰。2017年,地区生产总值74.2亿元,同比增长9.2%。其中,第一产业增加值11.7亿元,增长4.5%;第二产业增加值33.0亿元,增长8.4%;第三产业增加值29.5亿元,增长12.4%。财政总收入10.8亿元,增长3.4 %,税收占财政总收入的比重为82.7 %;地方财政收入7.5亿元,下降4%;地方财政支出23.22亿元,增长14.4 %。规模以上工业增加值增长8.8%。固定资产投资累计完成投资额增长10.7%。主要工业产品及产量有日用瓷5.41亿件、服装208万件。农业总产值19.97亿元,增长2.4%。粮食总产量16.93万吨。主要农产品及产量有烟叶种植面积1260公顷,水产养殖3.88万公顷,生猪出栏10.31万头,生猪存栏6.09万头,家禽出笼665万只,家禽存笼195万只。农村居民人均可支配收入1.28万元,增加1037元。城乡居民年末储蓄余额61.2亿元,增长15.1%。

【油画产业】 2017年,黎川县采取校企合作形式培养油画人才,把黎川县职业中专作为油画人才教育培养基地,并与抚州职业技术学院合作培训油画学员。8月,黎川县组织画师参加韩国首尔“黎川油画精品展”和“黎川旅游推介会”,开启黎川文化产业开放发展新机遇,为国际合作奠定新的平台和友好关系。10月20日,油画办联合县残联、画师举办第一批26人残疾人油画培训班。黎川县还争取中国美术学院、人民大学、江西师大、西安美院、抚州技术职业学院等专业院校支持,开展县校合作,采取公派方式分批选派优秀画师到国内知名艺术高校中国美院进行3个月学习深造,文化部给予每个学员免学费6000元扶持,截至2017年年底,完成三批75名画师赴中国美术学院培训。10月31日和11月1日,中央第3频道综艺频道《文化十分》栏目专题播出“黎川油画产业文化扶贫”,提升黎川油画品牌形象。全年有近40家油画公司、近400名画师队伍入驻黎川。

【入选第三批徐霞客游线标志地】 5月18日,中华文化促进会、人民政协报社人民政协网、中国地质学会徐霞客研究分会、宁海县人民政府联合组织的“徐霞客游线标志地寻找行动”2017年度现场终审会在浙江宁海举行。会上,黎川县向评审团陈述推动徐霞客游线遗产保护和开发利用、弘扬徐霞客精神和发展徐霞客文化等方面工作情况。全国政协教科文卫体委员会办公室原巡视员、推动徐霞客游线遗产保护与申遗研究、弘扬徐霞客精神顾问团委员张文珊作为现场考察代表,肯定黎川县在弘扬徐霞客精神和徐霞客游线保护开发等方面所作的努力和贡献及县连源、县城老街、竹山、福山、会仙峰等徐霞客游线遗产标志点价值,并向评审团进行推荐。经过现场考察、评审团成员合议,黎川县连源、县城老街、竹山、福山、会仙峰成为第三批徐霞客游线遗产标志地,并获发起单位联合颁发“徐霞客游线标志地”证书。

【举办张恨水(黎川)国际文学周】 8月17日—19日,张恨水(黎川)国际文学周活动在黎川举办。活动邀请中国当代文学研究会理事方维保,安徽省张恨水研究会副会长谢家顺,中国张恨水学会副会长汤哲声,中国世界华文文学学会理事燕世超,国家一级演员、电视剧《金粉世家》国务总理金铨的饰演者寇振海,《金粉世家》执导李大为,以色列翻译家 Yaacov Levi(李雅各),张恨水女儿张政、女婿韩立景,外甥女史南平等众多国内外学者、导演明星及张恨水后人参加。活动围绕“张恨水文学影响和影视戏剧创作”核心主题,组织张恨水旧居揭牌仪式、张恨水国际文学研讨会、网络文学沙龙;举行新版《金粉世家》启动仪式;开展民艺周展示活动;参观洲湖船屋及红军故居等地,并对张恨水旧居、洲湖船屋等黎川重点文化资源进行深度考察和项目指导,助推黎川文化旅游产业发展。活动吸引中央电视台(CCTV1、CCTV3、CCTV13)、中央人民广播电台、新华社、《江西日报》、江西电视台等20余家中央、省媒体进行现场活动报道,新浪、腾讯、凤凰、今日头条等网络媒体对新闻通稿进行二次传播。

【县工商联获2017年全国“五好”县级工商联】 12月,全国工商联办公厅发布《关于确认2017年全国“五好”县级工商联的通知》,黎川县工商联获2017年全国“五好”县级工商联称号。黎川县工商联坚持以“领导班子好、会员发展好、商会建设好、作用发挥好、工作保障好”的“五好”创建工作格局,有效促进非公有制经济健康发展和非公有制经济人士健康成长,大力加强工商联服务品牌建设及基层商会组织建设,扎实推进服务黎川发展、服务会员企业和服务重点工作。以思想政治工作为引领,提升工商联的号召力,以组织建设为根本,提升工商联的组织力,以联字为纽带,提升工商联的协调力,以服务会员为手段,提升工商联的吸引力,以调研参政为渠道，提升工商联的凝聚力。在建设“生态黎川、文化黎川、智慧黎川、幸福黎川”等方面，各项工作取得明显成效。

主要领导人 县委书记：聂仕雄。县人大常委会主任：顾波。县长：江志坚。县政协主席：徐小明。

（过帅光）

·南丰县·

【简　况】 位于江西省东部，辖7镇5乡1场。总面积1920平方千米，其中城区建成面积14.5平方千米。耕地面积1.82万公顷，林地面积9.56万公顷，森林覆盖率77.58%，城区绿化率43.4%。总人口31.63万人，人口自然增长率9.08‰。2017年，地区生产总值127.1亿元，同比增长8.4%。其中，第一产业增加值34.2亿元，增长4.8%；第二产业增加值36.5亿元，增长7.8%；第三产业增加值56.4亿元，增长11.3%。工业增加值30.99亿元，增长8.1%。财政总收入12.4亿元，增长3.6%，人均3920元，税收占财政总收入的比重84.5%；地方财政收入8.1亿元，下降9.1%；财政支出26.13亿元，增长19.7%。规模以上工业增加值增长8.5%。外贸出口1.54亿美元，占地区生产总值7.58%。固定资产投资99亿元，增长11%。实际利用外商投资3380万美元。主要工业产品及产量有中成药197.3吨、锂离子电池4105万只、啤酒7.78万千升、饮料24.41万吨、铝材9921吨。农业总产值56.47亿元，增长4.8%。粮食总产量22.4万吨。主要农产品及产量有南丰蜜橘139.9万吨、稻谷19.9万吨、蔬菜20.6万吨、西瓜4.9万吨、生猪（出栏）6.7万头。城镇居民人均可支配收入2.99万元，增加2191元；农民人均纯收入2.01万元，增加1611元。城乡居民年末储蓄余额69.2亿元，增长14.6%。

【南丰白舍窑文物精品展暨学术研讨会启动】 5月18日，由南丰县人民政府、抚州市文广新局主办，抚州市博物馆、南丰县文广新局协办的“白舍凝玉”南丰白舍窑文物精品展暨学术研讨会在抚州市博物馆启动。东方古陶瓷研究会副会长律海明、中国收藏家协会副会长丁仰振，中国检验检疫学会副会长马军，中国文物学会副会长王炳新，景德镇宋元青白瓷理事会会长王尚宾，景德镇市政府顾问、景德镇陶瓷大学客座教授王志刚等40多名专家学者、省、市、县领导及相关部门负责人出席活动。研讨会上，专家学者观看《南丰千年文化——凝玉古瓷》纪录片后，对白舍窑历史地位、文化及价值进行广泛阐述，并围绕白舍窑的研究和传承深入探讨。此次精品展为期4个月，共有190多件藏品在抚州市博物馆三、四楼展出，其中省考古研究院文物标本69件，南丰县博物馆馆藏17件，民间收藏86件，重燃白舍窑创新作品23件。

【南丰《傩·缘》获休斯敦国际电影节雷米奖金奖】 6月，在第50届休斯敦国际电影节上，由南丰县三溪乡石邮村傩班、北京舞蹈学院青年舞团联合主演的非物质文化遗产研创作品《傩·缘》，获电影节雷米奖表演艺术类金奖。《傩·缘》舞蹈纪录片创作始于2013年，从素有中国最古老的活化石之称的石邮“乡傩”切入，跟踪创作历时3年，记录由石邮村傩班、北京舞蹈学院师生以“傩”为题材的系列舞剧研创过程，以编导与演员的创作与表演经历来阐述中国古老文化内涵。

【首个介入导管室在南丰开设运行】 8月1日，全市县级医院首个介入导管室启动仪式在南丰县人民医院举行，北京、上海、南昌及周边县区的专家、医疗工作者共150多人参加。启动仪式上，北京陆军总院、北京安贞医院专家分别对中国成年血脂异常防治指南、2016年中国PCI指南进行详细解读，并举行专题讲座。北京、上海医院专家还坐诊县人民医院，现场为5名患者进行冠脉造影手术，对发现回旋支阻塞90%以上的患者再进行支架植入术，并为2名患者安装心脏起搏器。该院拥有先进大型DSA机1台，现代化综合手术室1间，介入医生5名，常住省内知名专家1名，并不定期邀请北京、上海知名专家来院指导和手术。

【第十三届江西南丰蜜橘文化旅游节在南丰举行】 11月12日—18日，第十三届江西南丰蜜橘文化旅游节在南丰举行。由抚州市人民政府、省农业厅、省旅发委、省商务厅主办，南丰县人民政府承办。副省长吴晓军宣布开幕。活动以“相约生态橘都·共享甜美生活”为主题，共邀请500余名相关领域专家学者，知名企业人士及40余家新闻媒体100余人和国内大中城市蜜橘经销商，以及干部群众代表等5000余人参加。活动期间，开展民间艺术踩街、江西优质果品暨全国农副产品（名优产品）展销、橘园游宣传及招商周、赣闽百家知名旅行社南丰采风及景区推介、中国柑橘学会2017年学术年会、江西省第三届休闲农业乡土美食推介等6大类15项活动。

【2017江西省第三届休闲农业乡土美食推介活动在南丰举行】 11月18日，2017省第三届休闲农业乡土美食推介活动在南丰举行。活动由省农业厅、抚州市政府主办，省农村社会事业发展局、南丰县政府、抚州市农业局承办。活动以“品千年橘都饮食文化、展赣鄱大地乡土美食”为主题，弘扬江西省美食文化。活动期间，举行乡土美食大擂台和休闲食品评选以及乡土特色产品展销，全省11个设区市30家休闲农庄、60家农家食品企业参赛，80多家企业150多个产品参展。各参赛选手亮出拿手菜，展示农家菜和多种风味休闲食品。经过专家评委严格考评，评选出“十大江西特色农家菜”“十大江西创意农家菜”“十大江西风味休闲食品”“十大江西大众喜爱农家食品”“最佳组织奖”等奖项。其中南丰县“江西华夏五千年酒业的蜜橘酒”获“十大江西大众喜爱农家食品”奖；洗马桥农庄的“富甲天下——养生甲鱼”获“十大江西创意农家菜”奖。

【南丰蜜橘中欧冷链班列（抚州—莫斯科）首发仪式举行】 12月20日，南丰蜜橘中欧冷链班列（抚州—莫斯科）首发仪式在抚州北站举行。抚州市委书记肖毅出席并宣布发车；市委副书记、市长张鸿星致辞；江西出入境检验检疫局局长温珍才、省商务厅副厅长陶莉萍以及中国铁路南昌局集团有限公司南昌车务段、中铁特货南昌分公司等有关部门负责人出席。副市长肖承贵主持仪式。南丰县委书记吴自胜，县委副书记、县长乐启文等160余人参加仪式。首发式现场向此次出口企业颁发出口单证。该趟中欧班列共载有南丰梦龙公司总重205吨、货值20多万美元的南丰蜜橘，从抚州北站发车，至满洲里出境，经俄罗斯伊尔库茨克、新西伯利亚、叶卡捷琳堡，最后抵莫斯科。历时20余天，总里程1万余千米。这是南丰蜜橘首次通过铁路口岸出口欧洲市场。

主要领导人 县委书记：吴自胜。县人大常委会主任：段云来。县长：乐启文。县政协主席：邓军。

（李燕青）

·崇仁县·

【简　况】 位于江西省中部偏东，辖7镇8乡。总面积1520平方千米。耕地面积2.60万公顷，有林面积8.39万公顷，森林覆盖率61.21%，城区绿化率35.0%。总人口38.65万人，其中城镇人口15.58万人；人口自然增长率9.11‰。2017年，地区生产总值118.01亿元，增长9.0%。其中，第一产业增加值26.52亿元，增长4.7%；第二产业增加值48.41亿元，增长9.2%；第三产业增加值43.08亿元，增长12.8%。财政总收入11.27亿元，增长4.3%，占地区生产总值的比重为9.5%。其中，税收占财政总收入80.0%；财政支出28.41亿元，增长15.3%。规模以上工业增加值增长9.6%。外贸出口2.1亿美元，增长10.5%。固定资产投资154.51亿元，增长11.6%。实际利用外商投资4200万美元。主要工业产品及产量有互感器5.98万台，变压器1098.9万千伏安，服装840.5万件，铜材0.98万吨，电动手提式工具54.74万台(均为规模以上工业企业的产量)。农业总产值41.95亿元，增长6.68%。粮食总产量31.5万吨。主要农产品及产量有麻鸡饲养7500万只，棉花957吨，油料1.82万吨，蔬菜16.03万吨，烟叶1492吨。城镇居民人均可支配收入2.69万元，增长9.0%；农民人均可支配收入1.62万元，增长8.7%。城乡居民年末储蓄余额129.03亿元，增长15.9%。

【崇仁县第一个党组织——古塘支部修缮启动】 3月，崇仁县委、县政府正式启动古塘支部旧址修缮工程。项目总投资4000余万元，分3期建设。整个旧址修缮有筑梦广场、党性教育基地、古塘支部陈列馆、黄凤池旧居、初心园等。筑梦广场，面积约2000平方米，广场中伫立“崇仁之光”党旗雕塑，总长10米，主体高2.7米，象征古塘支部成立时间。党性教育基地，展示中国共产党的历史、江西红色基因、崇仁党组织建设历史等。古塘支部陈列馆、黄凤池旧居，展示内容主要分为前言、点燃革命火种、在中国共产党领导下、革命英烈简介、结语五大板块，另外，还展示革命时期崇仁县党组织示意图、黄凤池以教书为掩护开展革命活动的教室、黄凤池卧室等。初心园，是黄凤池开展革命活动的另一个场所。分室外和室内两部分，室外部分还原枣园，园里陈列原来生产、生活的一些工具；室内，以塑像和还原场景布置，展示黄凤池和其革命战友一起开会以及黄凤池沉思的场景。

【崇仁麻鸡成为国家级农产品地理标志示范样板】 10月，第三届全国国家级农产品地理标志示范样板名单公布，崇仁麻鸡被农业部农产品质量安全中心授予国家级农产品地理标志示范样板，是全国8家、江西省唯一一家。全年出栏麻鸡7900万只，实现产值19.8亿元；有规模以上麻鸡加工企业6家，农民专业合作社18家，其中省级产业化龙头企业3家，国家级农业示范专业合作社1家，拥有年加工转化麻鸡2000万只生产能力，开发系列产品有6大系列20多个品种；有省级著名商标产品3个，省级名牌产品2个，中国名牌农产品1个，绿色食品2个，无公害农产品5个。崇仁麻鸡先后被核定为“国家地理标志保护产品”和“农产品地理标志保护产品”，崇仁麻鸡产地证明商标在国家工商总局注册。

【2017江西·崇仁第三届麻鸡美食文化旅游节举行】 9—11月，2017江西·崇仁第三届麻鸡美食文化旅游节在崇仁举行。活动由中国烹饪协会、崇仁县麻鸡产业优化升级工作领导小组、崇仁县旅游发展委员会主办。这届活动是按照政府主导、市场运作、社会参与等方式，深度挖掘崇仁麻鸡美食文化内涵，把旅游文化与麻鸡美食深度融合，让国内外游客领略崇仁特色风情、品尝麻鸡美食，进一步唱响崇仁麻鸡品牌，展示崇仁新形象。活动内容包括“崇仁麻鸡遇上天下名厨”文化论坛及展演、崇仁麻鸡美食参加汤显祖国际戏剧节(美食文化节)、《崇仁麻鸡天下知》创意菜谱征集及书刊编撰、江西省外经龙头企业崇仁行、“江西·崇仁第三届麻鸡美食文化旅游节”书画展、崇仁麻鸡文化创意产品发布会暨《崇仁麻鸡天下知》书刊首发式等。

【江西国际商会变电设备分会成立大会在崇仁举行】 12月6日，江西国际商会变电设备分会成立大会在崇仁举行。江西国际经济技术合作公司总经理、江西国际商会会长徐国建，江西省促贸会秘书长任国晶，县委常委、县委统战部部长刘弘，县政协副主席、县工商联主席黄瑛，县工业园区党工委书记冯振然，县工业园区管委会主任、财政局局长章沧桑，江西省变电设备行业协会秘书长、县企业联合会、企业家协会会长许文科等出席大会。县委副书记、县长周国华致辞。会上，为分会会长、会员单位授牌，新当选的分会会长张爱民发言。

主要领导人 县委书记：程新飞。县人大常委会主任：龙雪荣。县长：周国华。县政协主席：高自辉。

（杨文才）

·乐安县·

【简　况】 位于江西省中部，辖9镇7乡(含1农林垦殖场)。总面积2412.59平方千米。耕地面积3.63万公顷，林地面积18.39万公顷，森林覆盖率70.35%。总人口39.07万人，其中乡村人口24.43万人；人口自然增长率为1.17‰。2017年，地区生产总值63.91亿元，同比增长8.8%。其中，第一产业增加值11.48亿元，增长4.3%；第二产业增加值22.52亿元，增长7.6%；第三产业增加值29.91亿元，增长11.5%。财政总收入7.52亿元，增长7.0%；财政支出27.05万元，增长17.4%。公共预算财政收入4.92亿元，下降6.5%。规模以上工业企业实现产值13.98亿元。固定资产投资51.38亿元，增长11.7%；农业总产值18.58亿元，增长4.62%。主要农产品及产量有粮食33.46万吨、油料1920吨、烟叶4594吨、茶叶50吨、家禽出笼205.75万只、肉类总产量1.11万吨、水产品9100吨。城镇居民人均可支配收入2.24万元，增长8.2%；农村居民人均可支配收入8794元，增长11.34%。

【汤俊获“全国农村青年致富带头人”称号】 2月8日，共青团中央、农业部共同表彰第十届“全国农村致富带头人标兵”和“全国农村青年致富带头人”，乐安县汤俊获“全国农村青年致富带头人”称号。汤俊，1987年出生，是乐安县丰信生物科技有限公司经理。公司总投资1.3亿元，占地面积6.67公顷，有员工35人，其中拥有各类专业和技术职称人员10人，主要生产新一代高性能蛋白饲料原料。通过引进先进科学和自动化生产设备，用蚕蛹等为原料，采用科学配方，经生物发酵处理，生产高品质蛹肽蛋白产品，是全国唯一用蛹肽蛋白研制生产的畜牧水产养殖生物营养添加剂，填补国内空白。

【“千古第一村——流坑图片展”在北京开展】 2月18日，乐安县委、县政府主办“千古第一村——流坑图片展”在北京民族文化宫正式开展。国家民委文化宣传司副司长李志伟，中国人民对外友好协会文化交流部副主任季伟，江西省驻京办副主任高延平，以及《人民日报》、新华社、《光明日报》《经济日报》、中央人民广播电台、中央电视台、《中国青年报》、中新社、《江西日报》等30多家媒体记者出席开幕式。市委常委、市委宣传部部长傅云出席开幕式并宣布图片展开幕，县委书记彭银贵出席开幕式并致辞。县委常委、县委宣传部部长陈勇主持开幕式。中国社科院旅游中心研究员伍飞，国家民委文化宣传司综合处处长陈献光，市委宣传部常务副部长夏俊，市文广新局局长谭玉英，县委常委、县委统战部部长吴瑞云，县委常委、副县长孙箫韵，县委常委、县纪委书记肖国辉，县人大常委会副主任许良贵，县政协副主席陈显明、杨欣平等出席开幕式并参观图片展。此次流坑古村图片进京展，从环境布局、建筑风采、匾联书迹、人文盛况、民俗活动等5个方面，共选取180余张图片，全面展现流坑古村环境之胜、古建之韵、文化之厚、人文之盛、风情之醇、乡愁之浓，为京城各界全面了解流坑古村、了解乐安、了解乐安文化提供一个平台。

【全球首部展示“大傩祭礼”文化的电影《大傩·董春女》在乐安拍摄】 6月2日，中共乐安县委宣传部、北京唐亚影业有限责任公司、乐安县文旅发展投资有限公司联合出品，全球首部展示中国古代失传千年“大傩祭礼”文化的文艺电影《大傩·董春女》在乐安县流坑古村开机拍摄。乐安县委副书记、县长吴宜文，县委副书记江少辉，县人大常委会主任张乐明，县政协主席李以庚等出席。仪式由县委常委、县委宣传部部长陈勇主持。影片总制片人冯坤携该片导演、编剧，美国蒂伯龙国际电影节最佳导演姬诚，当代最具先锋和创新精神电影摄影师刘勇宏，金鸡奖最佳美术关杰，董春女饰演者李金铭，董春女妈妈饰演者方晓莉等主要演员出席开机仪式。电影《大傩·董春女》改编自黄更昌创作的历史小说《残垣夜雨》，以大傩祭礼在流坑村如何延续、传承为背景，讲述的是民国时期乐安奇女子——董春女的凄美传奇故事。

【“养心谷·金竹飞瀑号”列车冠名首发暨乐安县“金竹瀑布景区”开园仪式举行】 6月18日，乐安县人民政府、南昌铁路局文化广告传媒有限公司与江苏永达传媒集团共同举办“养心谷·金竹飞瀑号”列车冠名首发暨乐安县“金竹瀑布景区”开园仪式在南昌西站举行。抚州市人民政府、南昌铁路局、乐安县四套班子有关领导，江苏永达传媒集团和媒体嘉宾，与现场近万名旅客出席仪式。“养心谷·金竹飞瀑号”高铁首发列车为南昌西至常州北G1386次列车，途径杭州上海，是全国首列以景区冠名的高铁列车。“金竹瀑布景区”位于乐安县金竹乡畲族乡，占地面积60余平方千米，由江苏永达传媒集团投资5亿元建设，建成并对外开放原始森林探秘、峡谷漂流、飞瀑谷、毛泽东旧居、畲族风俗村等旅游项目，养心禅院、生态酒店、森林氧吧等健康养生项目正在加紧建设。项目全部建成后，年接待游客超过200万人次，可解决近千名畲族群众就业，并带动当地交通、住宿、休闲、饮食、特产等产业开发。

【乐美电商股份有限公司在新三板挂牌】 6月20日，落户乐安县的乐美电商股份有限公司在全国中小企业股份转让系统挂牌。乐美电商成立于2012年，注册资本5000万元，为乐安县首家“新三板”挂牌企业。公司主要产品和服务为信息化服务平台、电子商务平台服务、商品销售。乐美电商主营业务是基于自主运营的信息化服务平台，提供平台交易、商品包装推广、商品销售等农村电子商务平台综合服务。该公司是一家完全自主研发、涵盖线上和线下服务的农村电商品牌。

【乐安籍陈晔光当选中国科学院院士】 11月28日，中国科学院公布2017年新当选中国科学院院士名单，清华大学教授、博士生导师、乐安籍陈晔光当选。陈晔光是中华人民共和国成立以来乐安县第一位中国科学院院士。陈晔光出生在乐安县谷岗乡，1986年获硕士学位，研究生物和动物学，后到美国留学。2001年，回国任清华大学生物系院教授，并从零开始创建清华大学生物系分子细胞实验室，专注于细胞信号转导方面研究。

【举办2017“美好乡村 青游赣鄱——乐行乐安”活动】 12月1日—2日，共青团江西省委、中国农业发展银行江西省分行、抚州市旅发委、江西省旅游协会、中共乐安县委、乐安县人民政府联合主办的2017“美好乡村青游赣鄱——乐行乐安”活动在乐安县举行，全省各地60名青年、30名大学生乐队及乐安青年观众100多人参加活动。此次活动以“美好乡村 青游赣鄱——乐行乐安”为主题，以有“中国第一古樟林”之称的乐安县牛田古樟林和“千古第一村”之称的乐安县流坑古村为载体,通过举办篝火晚会、景区定向挑战赛,将时尚青年与大美乐安、旅游潮玩与音乐狂欢、古文化建筑与激情青春相碰撞,向全国各地青年群体推出千年古村多样玩法新理念,提高乐安知名度和文化影响力。

主要领导人 县委书记:彭银贵。县人大常委会主任:张乐明。县长:吴宜文。县政协主席:李以庚。

(袁加勤)

·宜黄县·

【简　况】 位于江西省中部偏东,辖8镇4乡1工业园区和2垦殖场。总面积1944.2平方千米。耕地面积1.96万公顷,森林覆盖率76.45%,城区绿化率41.91%。总人口23.67万人,人口自然增长率7.39‰。2017年,地区生产总值70.89亿元,同比增长9.1%。其中,第一产业增加值10.24亿元,增长4.3%;第二产业增加值34.51亿元,增长8.8%;第三产业增加值26.14亿元,增长11.8%。财政总收入10亿元,增长9.71%;税收占财政总收入的比重81.58%;公共财政预算收入7.02亿元,增长1.28%;财政支出19.93亿元,增长4.84%。工业总产值增长14.05%,规模以上工业增加值增长9.5%。固定资产投资82.09亿元,增长11.98%。实际利用外商投资3302万美元。主要工业产品及产量有棉纱0.33万吨、有色金属0.27万吨、机制纸及纸板7.95万吨、化学药品原药0.26万吨、塑料0.9万吨。农业总产值15.67亿元,增长0.38%。粮食总产量17.73万吨。主要农产品及产量有稻谷15.16万吨、油料1892吨、烟叶1958吨、蔬菜8.29万吨、水果5291吨。城镇居民可支配收入2.49万元,增长8.3%;农村居民可支配收入1.29万元,增长9%。城乡居民年末储蓄余额54.2亿元,增长18.7%。

【生态环境治理】 宜黄县针对生态环境保护领域涉及职能部门多、职责交叉重叠,导致衔接不紧、相互推诿等问题,组建生态综合执法大队,创新设立生态110、生态检察室、生态法庭和生态纪检室,为生态执法提供司法保障。组织开展清河行动、河道采砂治理、水源保护、农业面源污染治理、野生动植物资源保护、秸秆综合利用、滨河生态修复等活动,确保生态执法和生态保护规范有序。全年制止破坏生态环境行为148起,行政处罚70人,查处案件66起,其中刑事案件6起。

【宜黄锅底山环壕聚落遗址考古】 2017年,经国家文物局批准,江西省文物考古研究院与抚州市文物博物管理所、宜黄县文物管理所联合组队,对宜黄县棠阴镇解放村大坪上自然村东约150米处新石器时代晚期锅底山环壕聚落遗址展开考古调查、勘探与发掘工作。考古发现,该遗址由台地、城墙、壕沟及外壕堤4个部分组成,遗址分布面积约4.2万余平方米。此次发掘的区域位于台地的西北角、北壕沟和西壕堤,发掘面积360平方米。通过发掘发现,该遗址文化堆积较厚,分为4层,约有2米。发掘清理遗迹主要有墙基、柱洞、灰坑等,出土遗物主要为石器及陶器。石器分锛、斧、镞等,陶器有罐、鼎(足)、豆、鬶、盉等。陶质分印纹硬陶与夹砂陶,印纹硬陶主要为灰色、红色,纹饰较为丰富,常见有方格纹、菱格纹、席纹、绳纹、交错绳纹、雷纹、篮纹等。夹砂陶的陶色有浅灰色、浅黄色、红色,均为素面。考古人员还发现锅底山环壕遗址周边分布有太坪村、屋沿山、炮沿山、塔前山、杨家山、菜籽山、下寮山、辽家山、朱单界9处同时期山冈坡地遗址,说明该区域已形成以锅底山遗址为中心的新石器时代晚期到商周时期聚落群。这些遗址、遗迹和遗物发掘和出土,证明早在新石器时代晚期,宜黄就有人类在此繁衍生息、生产生活,并创造和延续文明。此次考古推动江西及南方片区先秦时期考古发掘及研究工作进一步深入,为建立抚河流域先秦文化编年序列奠定基础,为理清樊城堆文化发展脉络及下限问题提供珍贵实物资料。

【发现“国宝级”野生动物白颈长尾雉】 2017年,宜黄县发现国家一级保护野生动物白颈长尾雉。白颈长尾雉是中国特产鸟类,已列入国家重点保护野生动物名录,属国家一级保护鸟类。白颈长尾雉分布于中国长江以南的江西、安徽南部、浙江西部、福建北部、湖南、贵州东部及广东北部山林,沿海地区在海拔200～500米,内陆为海拔1000～1500米。

主要领导人 县委书记:姚飞翔。县人大常委会主任:罗建顺。县长:叶峰。县政协主席:谢光明。

(余同贵　罗来福)

·金溪县·

【简　况】 位于江西省东部,辖8镇5乡。总面积1358平方千米。有林面积6.61万公顷,森林覆盖率57.2%。总人口30.44万人,其中城镇人口12.11万人;人口自然增长率8.4‰。2017年,地区生产总值88.27亿元,同比增长8.7%。其中,第一产业增加值14.31亿元,增长4.6%;第二产业增加值34.72亿元,增长8.3%;第三产业增加值39.24亿元,增长10.9%。财政总收入10.74亿元,增长3.4%;地方财政收入7.57亿元,下降5.4%。工业增加值27亿元,增长10%。规模以上工业企业增加值67.6亿元,增长6.5%。固定资产投资101.85亿元,增长11.9%。实际利用外资4100万美元。粮食总产量36万吨。主要农产品及产量有蔬菜及食用菌12.5吨、西瓜3.2万吨、梨3.5万吨、柑橘6.1万吨、生猪出栏18.6万头。城镇居民人均可支配收入2.79万元,增长7.8%;农村居民人均可支配收入1.37万元,增长8.6%。

【香料香精产业】 2017年,金溪县加大扶持力度,设立产业引导基金3亿元,为多家企业发放信贷资金;与上海爱普香料有限公司、昆山亚香等全国香料香精行业领先企业、龙头企业签约;香谷小镇入选全省第一批特色小镇,城西高新区香料香精产业园基础设施建设快速推进;全县香料香精产业企业52家,主营业务收入突破百亿元大关;已与4所大专院校、科研机构达成产学研合作协议,启动与南昌工程学院建设“江西省金溪樟树种质资源保护与良种繁育基地”。

【入围2017年“拯救老屋行动”整县推进项目】 9月,金溪县入围由财政部、国家文物局资助开展，中国文物保护基金会全程管理的2017年“拯救老屋行动”整县推进项目(全国仅2个县)，在两年实施期内获4000万元资助。金溪县历史悠久，文化底蕴深厚，文化遗产丰富。全县境内格局保存完整、历史风貌保存较好、地方特色鲜明的具有类似历史文化名村文化价值的传统村落共有150多个，有21个全国传统古村落，位居全省第一；省住建厅7月公布的第一批省级传统村落名单，金溪县31个村庄入选。

【实施“三香”工程】 2017年，金溪县大力实施“三香”工程。作响古香文化。该县先后实施陆象山文化博览园、雕版印刷博物馆等30多个文化旅游开发项目；举办“数字遗产中国行·金溪站”“外媒看金溪”“全国百家融媒体走进金溪”等系列大型文化活动，促进文化旅游向深层次发展；竹桥古村创评为4A级景点，并入选《2017全国优选旅游项目名录》，后龚古村和下李古村先后创评为3A级景点。做优清香生态。该县按照“景城一体、产城融合”的思路，把全县当作一个大景区打造，在城区、园区、农村的规划、建设、管理3个层面植入生态理念。做大芳香产业。该县坚持将香料香精产业作为重点百亿元产业培育，强化“香十条”系列扶持政策的落实，香料香精产业已初步形成香料原料林种植、芳香产品开发、香文化体验游等产业链，香料香精产品除销往全国各地外，还远销欧美和“一带一路”沿线国家或地区。

【金溪入选“2017中国候鸟旅居小城”名单】 12月3日，2017全国候鸟旅居小城共建大会暨第四届国际候鸟(粤港澳大湾区)健康旅居产业论坛在深圳举行，金溪县入选“2017中国候鸟旅居小城”名单。金溪县通过创建“中国候鸟旅居小城”，精准对接实施乡村振兴战略、建设美丽中国、推进绿色发展等新政策，探索“绿水青山”转化为“金山银山”的具体路径，全力推进“观光旅游”转型升级为“健康旅居”新业态，通过“旅游变旅居”全面提升金溪县旅游的含金量。

【2家企业获批国家知识产权优势企业】 12月12日，国家知识产权局公布2017年度国家知识产权示范企业和优势企业名单，金溪县江西国化实业有限公司、江西盛伟科技股份有限公司被确定为国家知识产权优势企业，实现国家知识产权优势企业培育工作零的突破。金溪县大力开展知识产权入园强企“十百千万”工程，着力培育知识产权优势示范企业，共培育国家级知识产权优势企业2家，省级知识产权优势企业2家，市级知识产权示范企业2家，市级知识产权优势企业3家。通过知识产权优势示范企业培育工作，县内企业知识产权意识普遍得到强化，知识产权综合能力进一步提升。3月，金溪县还入选国家知识产权强县工程试点县。

【陆坊村确立全省首批家风家教示范基地】 12月18日，江西省首批家风家教示范基地名单出炉，金溪县陆坊乡陆坊村被省妇联确立为家风家教示范基地，成为全省被命名22个单位之一。陆坊乡陆坊村人文历史悠久，自然风景优美，是南宋时期著名教育家、思想家陆九渊故乡。陆氏治家具有“鼓磬聚合，为歌寓警”、奉行“家国同构”理念等特点。陆氏后裔在此繁衍生息，耕读传家，秉承着先祖家规家训，知行合一，清清白白做事，堂堂正正做人。

主要领导人 县委书记：王成兵。县人大常委会主任：王树标。县长：高连珠。县政协主席：刘文波。

(李山冕　曾铭)

·资溪县·

【简　况】 位于江西省东部，辖5镇2乡5场。总面积1251平方千米，其中城区建成面积15平方千米，耕地面积6300公顷，有林面积10.19万公顷，森林覆盖率87.3%。总人口11.61万人，人口自然增长率6.79‰。2017年，地区生产总值38.54亿元，同比增长8.2%。其中，第一产业增加值4.44亿元，增长4.2%；第二产业增加值16.10亿元，增长6.9%；第三产业增加值18.00亿元，增长10.5%。财政总收入5.17亿元，增长3.40%。其中，税收收入占财政总收入87%；公共财政预算收入3.09亿元；财政总支出11.55亿元，增长11.17%。工业总产值12.04亿元，增长7.80%。规模以上工业企业增加值3.58亿元，增长8.3%，占地区生产总值的比重9.5%。固定资产投资23.71亿元，增长11.40%。实际利用外商投资2405万美元。主要工业产品有竹地板、细木工艺板、鞋帽、电子等。农业总产值6.87亿元，增长4.15%。粮食总产量3.50万吨。主要农产品及产量有烟叶699吨、白茶73吨、水果424吨、西瓜1620吨，生猪出栏3.59万头、家禽出栏12.6万只。城镇居民人均可支配收入2.39万元，增长8.00%；农村居民人均可支配收入1.26万元，增长8.90%。城乡居民年末储蓄余额37.42亿元，增长8.62%。

【资溪大觉山荣膺国家5A级景区】 2月25日，国家旅游局公示通过国家5A级景区评审名单，资溪县大觉山景区获评国家5A级景区。大觉山景区是抚州首个国家5A级景区，也是全国唯一民营企业5A景区。2013年启动创建以来，严格按照5A级景区评定标准，联合企业相继斥资5亿元，强力推进景区软硬件建设。邀请全国权威设计单位系统编制《创5A级旅游景区改造提升规划》《大觉山智慧旅游建设方案》等各类规划，绘制创建“作战图”“任务书”“时间表”，实施基础设施、智慧旅游建设、公共服务等提升工程，聘请5A专家团队先后10余次全程指导创5A工作，进一步增强景区参评“筹码”。2015年11月，景区通过旅游景观质量评定，2016年12月通过国家旅游局多次暗访检查。大觉山景区内外游览环境和服务质量日趋完善和合理，游客接待中心、购物中心配有自动取票机、触摸屏、轮椅、婴儿车等必需物品；手机信号、无线Wi-Fi实现景区全覆盖，电子商务旅游、网络订票、虚拟游览等功能“触手可及”；23座旅游星级公厕、100余个特色垃圾箱、759块(座)景点指示牌及温馨提示牌、3600个停车位。

【新月畲族村获评第二批中国少数民族特色村寨】 3月3日，国家民委发布《关于命名第二批中国少数民族特色村寨的通知》，资溪县乌石镇新月畲族村获评第二批中国少数民族特色村寨。新月畲族民俗村位于资溪县城以南20千米山凹中，于1995年经省委、省政府批准成立，是江西省为数不多的少数民族居住地之一，民族特色浓厚，民风淳朴，畲族服饰、歌舞、美食、宗教文化和独特竞技表演独树一帜，先后6次被国务院和省政府授予“全国民族团结进步集体”“民族团结进步模范村”等称号，为江西省4A级乡村旅游点、资溪县十大重点景区。该村大力发展苗木产业，是有名的“育苗专业村”。该村始终注重民俗文化传承，畲族婚俗、葬礼、祭祀、武术、传统体育竞技项目、畲族特色饮食、畲族古籍等保存较好。村民之间能用流利畲语交流。资溪县根据新月村民族文化的特点，引导畲乡发展民俗乡村旅游，开发畲族农家乐项目，推出“女儿红”“千层糕”“三鲜粽”“艾叶粿”等具有畲族特色的美食。

【资溪获全国综治最高奖“长安杯”】 9月19日，全国社会治安综合治理表彰大会在北京举行，资溪县获评“2013—2016年度全国平安建设先进县”，捧回全国社会治安综合治理最高奖“长安杯”。资溪县坚持把社会治安综合治理放在突出位置来抓，围绕平安县、乡、村(居)和平安家庭、平安学校、平安景区、平安医院、平安市场等16类创建主体，把平安创建工作延伸到每个街巷村庄，每户家庭。加快“雪亮工程”建设，县城区安装322个高清监控探头，乡镇设置70个“全球眼”电子监控点，金融网点156个监控探头向街面延伸，景区安装监控68个，出入县境主要通道安装4套电子抓拍监控系统，全部联网运行，实现城乡治安监控一体化。深入推进综治中心、综治信息化、网格化管理三项建设，乡(镇、场)和村(居)综治中心实现全覆盖。坚持整体防控与专项打击相结合，深入开展打黑除恶、“三反一禁”、打击“两抢一盗”等系列专项整治活动，提高人民群众的安全感和满意度。2013年以来，该县共立各类刑事案件1369起，破1165起，破案率85.10%，八类主要刑事案件六类未发生；受理治安案件3038起，查处3038起，查处率100%。

【举行首届“资溪味道”旅游美食大赛】 9月19日，首届“资溪味道”旅游美食大赛在资溪县乌石镇新月畲族村举行。副县长张明春为美食节致辞，并宣布美食大赛开始。全县12个乡镇(场)及各景区、星级酒店共17支代表队参加比赛。参赛代表队分3组进行烹饪大赛，各参赛队共作出近100道色、香、味俱全的资溪美味。此届美食节邀请中国烹饪大师、餐饮企业国家级评委、高级技师钟玉敏，中国烹饪大师、餐饮企业国家级评委、高级技师万群昌，江西省烹饪大师、高级烹饪师吴志平，县烹饪协会会长许芦茂担任专家评委，评选出“资溪旅游十大特色小吃”“资溪旅游十大特色菜肴”“资溪味道”旅游美食节“最佳组织奖”3个奖项。

【资溪获首批“国家生态文明建设示范县”称号】 9月21日，环保部在浙江省安吉县举办全国生态文明建设现场推进会，资溪县获首批“国家生态文明建设示范市县”称号。2002年以来，资溪县大力实施“生态立县、旅游强县、绿色发展”战略，划定生态红线，开展环境整治，提升监管水平，实施封山育林、彩色森林、农村清洁等工程，严把绿色环保关口，开展生态责任审计，构建绿色产业体系。坚持在保护中发展、在发展中保护，一以贯之推动绿色发展，生态文明建设不断取得新成效。全县森林覆盖率87.3%，境内空气中负氧离子含量平均值达每立方厘米3万个单位，最高值达每立方厘米36万个单位，生态环境综合指数居中部6省585个县市第一位、全国第七位，空气环境质量优良天数比率、断面水质达标率均居全省前列，生态环境综合指数(EI)89.82，生态环境质量保持全省前列。境内建成马头山国家级自然保护区、清凉山国家级森林公园，先后获“国家级生态示范区”“全国绿色模范县”“全国绿色小康县”等称号，2015年被命名为首批“江西省生态文明先行示范县”，2016年被纳入国家重点生态功能区，全县7个乡镇全部为省级生态乡镇，其中6个为国家级生态乡镇。

【2017大觉山国际半程马拉松大赛在资溪举行】 12月10日，2017大觉山国际半程马拉松大赛在资溪举行，来自德国、意大利、柬埔寨、尼泊尔等国内外近3000名选手参加比赛。比赛设有半程马拉松(21.0975公里)和迷你马拉松(5公里、10公里)3个比赛项目。赛事起终点设置在国家5A级景区大觉山广场，途经泰伯公园、台湾风情园等地标性区域。资溪县近2000名志愿者参与赛包领取、赛道指引、安全保障以及赛道补给等各方面赛事服务。山东马正通、湖北于津伟和王康茂分别获男子前三名，江西谭琳琳和广西韦玉兰及江西敖美玲分别获女子前三名。

主要领导人 县委书记：吴建华。县人大常委会主任：王锋。县长：黄智迅。县政协主席：万鸣。

(帅建忠　谢金凤)

·广昌县·

【简　况】 位于江西省东部。辖6镇5乡1场，总面积1603平方千米，其中城区建成面积9平方千米。耕地面积1.99万公顷，有林面积12.18万公顷，森林覆盖率68.07%，城区绿化率46.6%。总人口25.12万人，其中城镇人口10.98万人；人口自然增长率7.97‰。2017年，地区生产总值66.01亿元，同比增长8.6%。其中，第一产业增加值11.24亿元，增长4.0%；第二产业增加值27.62亿元，增长8.4%；第三产业增加值27.15亿元，增长11.0%。财政总收入8.71亿元，增长3.37%，税收占财政总收入的比重86.82%；公共财政预算收入5.22亿元，下降12.3%；公共财政支出24.77亿元，增长25.94%。规模以上工业企业增加值增长9.3%。固定资产投资63.58亿元，增长11.4%。实际利用外商投资3312万美元。主要工业产品及产量有鞋类729.5万件、食品精加工1.44万吨、荷叶茶879.7吨、机械产品325.8万件、锂电池563.5万件。农业总产值18.25亿元，增长4.1%。粮食总产量10.96万吨。主要农产品及产量有通芯白莲0.64万吨、烟叶5.16万担、生猪出栏5.86万头。城镇居民人均可支配收入2.44万元，增长8.2%；农村居民人均可支配收入9364元，增长

12.76%。城乡居民年末储蓄余额63.5亿元,增长15.33%。

【2017中国·广昌“白莲产业高峰论坛”在广昌举行】 7月12日,抚州市人民政府、江西省农业厅主办,中共广昌县委、广昌县人民政府承办的2017中国·广昌“白莲产业高峰论坛”在广昌县体育中心举行。国家首席兽医师张仲秋、中国工程院院士钟山、副省长吴晓军出席并讲话;省政府副秘书长宋雷鸣,省农业厅党委书记陈日武,省委统战部副部长高鹰群,市委副书记、市长张鸿星致辞;市委常委、副市长罗国良,市人大常委会副主任、县委书记许爱军,县委副书记、县长欧阳巧文,县委副书记、副县长李凯,县委副书记张文贵,县人大常委会主任李广文,县政协主席揭秉华等及国内200名专家、学者、知名企业人士参加。论坛交流主题是“科技兴莲·绿色发展”。论坛期间,武汉市蔬菜科学研究所研究员、国家水生蔬菜行业科研首席专家柯卫东,中国航天科技集团航天育种研究中心研究员钦天均,福建农林大学副校长、博导郑宝东等做报告;专家学者深入广昌县驿前姚西莲花景区、县莲花科技博览园、白莲深加工企业调研考察广昌县白莲产业发展情况,并围绕“科技兴莲·绿色发展”主题开展交流研讨。

【央视《本草中国》《品味》栏目组走进广昌县取景拍摄】 7月18日,中央电视台科教频道(CCTV-9)《本草中国》栏目组、发现之旅频道(CCTV—发现之旅)《品味》栏目组走进广昌县。7月19日至23日,2个摄制组分别至“中国莲花第一村”姚西村、驿前莲花古镇、赤水镇大禾村“莲神庙”、莲花科技博览园、莲深加工企业,拍摄种莲、采莲、剥莲、加工、通芯、烘干和制作莲美食、生产莲子饮料的全过程,用镜头揭示白莲的药用机理和代代相传的生产加工制作技艺,记录广昌独特的民风莲俗和优美的自然生态环境。《本草中国》摄制组拍摄的是大型纪录片《本草中国》第二季第三集的主要内容,时长约40分钟,节目制作完成后于11月相继在中央电视台科教频道(CCTV-9)和江苏卫视播出。《品味》栏目,以“品美食烟火、道人间有味”为主题,紧扣“留得住绿水青山、系得住乡愁”的情感思路,按照情节化叙述手法和散文诗的内容形式,展现地方美食特色、人文习俗、风光美景、情感生活。

【驿前镇被授予“全国特色小镇”称号】 8月22日,住建部印发《住房城乡建设部关于公布第二批全国特色小镇名单的通知》,广昌县驿前镇被授予“全国特色小镇”称号。驿前古镇保存有较完整的古建筑群,2014年被授予“国家级历史文化名镇”称号,现存明清古建筑56幢。其中,“石屋里”为全国重点文物保护单位。

【《浴血广昌》电影开机】 9月22日,《浴血广昌》在抚州举行“将士出征”开拍新闻发布会,标志这部战争史诗片的拍摄正式启动。该片由中国人民解放军八一电影制片厂、抚州市文化旅游投资发展有限责任公司、广昌县文化旅游投资发展有限公司联合出品;由八一电影制片厂编剧刘英学担当制片人,著名导演高峰执导,实力派演员祝希娟、冯恩鹤、何达、郑昊、张永达、卢秋宏、周翔、高子翔、韩伟、牟林、杨俊生等人主演。影片总长度约90分钟,场景在横店、广昌两地进行拍摄,整个拍摄、制作周期260天。影片以全新的视角和电影语言,讲述第二次国内革命战争时期发生在中央苏区北大门——广昌的浴血奋战故事,再现1934年红军第五次反“围剿”时广昌保卫战、高虎脑战役的场景和广昌人民对党、对红军的支持、热爱,讴歌革命先辈不畏艰苦、不怕牺牲、敢于胜利的革命精神和豪迈气概,是红色基因和苏区精神的时代传承。

【广昌县白莲科学研究所院士工作站揭牌】 11月28日,广昌县白莲科学研究所院士工作站举行揭牌仪式,标志该县首个院士工作站正式成立。中国农科院蔬菜花卉研究所院士方智远,中国农科院蔬菜花卉研究员杨丽梅、王勇,中国航天科技集团育种研究中心研究员钦天钧,市人大常委会副主任、县委书记许爱军,市委组织部常务副部长温勤,市科协主席雷东水,县委常委、县委组织部部长杨青、副县长吴冬秀出席揭牌仪式。会议由杨青主持。方智远、许爱军、温勤、雷东水共同为广昌县白莲科学研究所院士工作站揭牌。揭牌仪式后,方智远与专家一起参加广昌县莲科所院士工作站工作座谈会,对白莲在育种、栽培、土肥、植保和防控等方面进行讨论,并对白莲科学研究下步工作进行安排部署。

【抚河源湿地公园获批国家湿地公园试点】 12月27日,国家林业局下发《国家林业局关于同意河北蔚县壶流河等64处湿地开展国家湿地公园试点工作的通知》,广昌县抚河源湿地公园获批国家湿地公园试点。抚河发源于广昌县驿前镇血木岭,海拔998.48米。规划的广昌抚河源湿地公园,以抚河源流为纽带,由河流湿地、人工湿地组成,总面积1050.45公顷,其中湿地面积652.66公顷,湿地率62.13%。公园内湾、汊、岛、林镶嵌交错,湿地生态系统丰富多样,既有丰富的野生动植物资源,又有壮丽的湿地景观和万亩莲花景观,建成后除发挥特有的生态功能外,还能成为广昌县城市生态旅游建设的一个节点和提高公众生态保护意识的教育基地。

【广昌县农产品电子商务运营中心启动】 12月28日,以农业科技信息进村入户和农产品网上推广销售为主的益农信息社电子商务平台开通运营,标志着广昌县农产品电子商务运营中心正式启动。同时,广昌县新型职业农民培训班(电子商务第一期)开班,参训人员为各乡(镇)益农信息社相关负责人和部分贫困户,培训内容为农产品电子商务、互联网时代农村电商发展机遇等。该中心主要为农民提供政策、技术、信息服务和农产品品牌建设、网上推广销售等特色服务,在县内各乡(镇)、村建有53家益农信息社服务站点,为提升农业产业效益、助农增收、扶贫攻坚和拓宽农产品销售渠道发挥作用。

主要领导人 县委书记:许爱军。县人大常委会主任:李广文。县长:欧阳巧文。县政协主席:揭秉华。

(谢衔生)

·东乡区·

【简　况】 位于江西省东部,辖9镇

4乡3垦殖场1林场。总面积1270平方千米，其中城区面积20.6平方千米。耕地面积2.94万公顷，有林面积5.04万公顷，森林覆盖率46.1%，城区绿化率30.4%。总人口48.15万人，其中城镇人口27.39万人；人口自然增长率7.18‰。2017年，地区生产总值158.02亿元，同比增长8.9%。其中，第一产业增加值23.10亿元，增长4.6%；第二产业增加值78.81亿元，增长8.9%；第三产业增加值56.11亿元，增长11.2%。财政总收入23.44亿元，增长3.50%；人均4.87万元，税收占财政总收入48.07%；地方财政收入15.82亿元，下降1.91%；地方财政支出39.85亿元，增长12.30%。工业总产值221亿元，增长24.39%；规模以上工业增加值60亿元，增长9.5%。外贸出口总额1.69亿元，占地区生产总值1.07%。固定资产投资232.23亿元，增长12.5%。实际利用外商投资0.4亿美元。主要工业产品有医药、妇婴卫生用品、农业机械、汽车零配件、大米等。农业总产值38.58亿元，下降4.06%。粮食总产量35.11万吨。主要农产品及产量有稻谷34.10万吨、生猪出栏116.51万头、生猪存栏73.73万头。城镇居民人均可支配收入3.22万元，增长8.5%；农村居民人均纯收入1.59万元，增长9.3%。城乡居民年末储蓄余额124.13亿元，增长10.69%。

【电商产业】 2017年，东乡区积极应对经济转型升级，大力发展电子商务。从政策引导、资金扶持、基础设施建设、人才培养等方面，为电商企业营造良好发展环境，推动电子商务产业园建设。重点培育壮大电商经营主体，全力打造电商公共服务中心，为全区电商企业和个人提供人才培训、办证办照、经营贷款、美工摄影等服务。全年电子商务交易额23.78亿元，增长60%；举办电子商务免费培训班12期，培训500余人。

【举行撤县设区授印揭牌仪式】 3月6日，东乡撤县设区授印揭牌仪式在东乡行政中心区千人会议场举行。市领导肖毅、张鸿星、魏建锋、黄晓波等出席授印揭牌仪式；省民政厅副厅长龚建辉宣读《江西省人民政府关于调整抚州市部分行政区划的通知》。市委书记肖毅，市委副书记、市长张鸿星，市人大常委会主任魏建锋，市政协主任黄晓波，市委常委、市纪委书记刘海滨分别为中国共产党抚州市东乡区委员会、抚州市东乡区人民代表大会常务委员会、抚州市东乡区人民政府、中国人民政治协商会议抚州市东乡区委员会、中国共产党抚州市东乡区纪律检查委员会授印、揭牌。东乡县更名为东乡区，成为抚州市第2个建制区。

【东乡区入选国家知识产权强县工程示范县(区)】 3月22日，抚州市东乡区入选国家知识产权强县工程示范县(区)，这是江西省首个和唯一一个入选的县(区)。2013年9月，东乡入选国家知识产权强县工程试点县以来，财政每年安排3.36亿元工业发展基金支持企业科技创新，设立科技进步奖，将知识产权(科技)工作纳入政府年度考核指标和政府工作安排，经费和奖励资金纳入财政预算。深入实施知识产权战略，逐步完善知识产权工作体系，制定知识产权奖励政策，不断加大知识产权工作推进力度，知识产权工作取得长足发展。2017年全区专利申请量755件，增长33%；授权量545件，增长165%；知识产权质押贷款额达到1000万元，涉及专利10件；实施省级知识产权项目1项，获扶持资金20万元。

【设立“农村党员关爱基金”】 3月，东乡区试点推行“农村党员关爱工程”，筹措320万元，正式设立“农村党员关爱基金”，用于帮助农村困难党员、困难群众解决生产生活上面临的困难和问题。下发《关于印发〈东乡区农村党员关爱基金管理办法〉的通知》，利用东乡电视台、微信平台、手机短信等媒体，加大对“农村党员关爱基金”政策宣传。每年区财政安排专项经费300万元、区委组织部统筹安排党费20万元，共320万元注入“农村党员关爱基金”账户。并通过地方筹措、社会捐赠等方式拓宽资金筹措渠道，稳固“农村党员关爱基金”后续保障。“农村党员关爱基金”激发党员对党组织的荣誉感和归宿感，凝聚基层党组织战斗力，是东乡区坚固基层党建阵地的一项探索。

【投放5000辆共享单车】 10月，在东乡城区主要街道、广场、车站、学校等人流量多的地方投放5000辆共享单车，共50个站点，分5个区域，安排7名工作人员负责网络化管理。市民可通过下载哈罗APP，支付宝扫码等方式享受骑行。作为江西省唯一入选国家首批APEC低碳示范城镇的县区，共享单车投放是东乡绿色交通发展的重要补充手段。

【东乡区第三中学获“第一届全国文明校园”称号】 11月17日，在全国精神文明建设表彰大会上，东乡区第三中学获“第一届全国文明校园”称号。东乡区第三中学是一所九年一贯制义务教育学校。学校占地面积7.33公顷，建筑面积4.58万平方米；有教职工210人，学生4500多人。该校在留守儿童管理、分级习惯教育、素质教育和课堂教学改革等工作中，取得优异成绩。2014年，“校中建家”的留守儿童管理模式被抚州市教育局以文件形式向全市推广，2016年写入江西省政府公报，省教育厅发文向全省各教育管理部门和各学校进行推广。2017年，“分级习惯教育课题”被列为江西省重点培优课题。

主要领导人 区委书记：李茂荣。区人大常委会主任：姚英华。区长：曾春。区政协主席：杨卫国。

（陈思东）

本栏编辑　刘清林

人　物

省级领导机构成员名录

中共江西省委

鹿心社　书记
刘　奇　副书记
姚增科　副书记
李炳军　常委
孙新阳　常委
赵爱明　（女）常委
毛伟明　常委
尹建业　（白族）常委
殷美根　常委
陈兴超　常委
刘　捷　常委、秘书长
赵力平　常委
杨笑祥　常委（12月任）

江西省人大常委会

强　卫　主任（任至1月）
鹿心社　党组书记、主任（1月任）
洪礼和　党组副书记、副主任（任至1月）
史文清　（蒙古族）党组成员、副主任
周　萌　党组副书记、副主任（1月任）
朱　虹　党组副书记、副主任（1月任）
魏小琴　（女）党组成员、副主任（任至1月）
谢亦森　党组成员、副主任
马志武　（回族）副主任
龚建华　党组成员、副主任（1月任）
冯桃莲　（女）党组成员、副主任
魏　民　党组成员、秘书长

江西省人民政府

刘　奇　党组书记、省长
毛伟明　党组副书记、副省长
谢　茹　（女）副省长
李贻煌　党组成员、副省长（2018年1月17日，因涉嫌严重违纪接受组织调查；4月26日，经中央纪委常委会会议研究并报中共中央批准，给予其开除党籍，开除公职处分。）
尹建业　（白族）党组成员、副省长（任至3月）
郑为文　党组成员、副省长
殷美根　党组成员、副省长（任至3月）
李　利　党组成员、副省长
吴晓军　党组成员、副省长（3月任）
张　勇　党组成员、秘书长
潘东军　党组成员

政协江西省委员会

黄跃金　党组书记、主席
姚亚平　党组副书记、副主席
蔡晓明　党组副书记、副主席（1月任）
钟利贵　党组副书记、副主席（任至1月）
李华栋　副主席
汤建人　副主席
刘晓庄　副主席
郑小燕　（女）副主席
胡幼桃　党组成员、副主席
孙菊生　副主席
陈俊卿　党组成员、副主席（1月任）
肖为群　党组成员、秘书长

省直单位、中央驻赣单位、省属高校领导干部名录

省纪委（省监察厅）

孙新阳　书记
刘卫平　省纪委常务副书记
潘东军　省纪委副书记、省监察厅厅长、省预防腐败局局长（兼）
陈小平　省纪委副书记（任至3月）
肖德福　省纪委副书记
肖　良　省纪委常委（12月任）
汪　爽　省纪委常委、秘书长（任至12月）
何建洋　省监察厅副厅长、省预防腐败局副局长（兼）（任至8月）
何　刚　省纪委常委、省监察厅副厅长
魏晓奎　省纪委常委（12月任）
饶利萍　（女）省纪委常委
郑光泉　省纪委常委
庄国良　省纪委常委
裴忠彪　省预防腐败局专职副局长
鲍小慧　正厅级纪检员、监察专员
罗　进　副秘书长、办公厅（省预防腐败局办公室）主任
郑志军　组织部部长
施新华　宣传部部长
徐华平　副厅级室主任（5月任）
潘叶锋　副厅级室主任（11月任）
王爱东　党风政风监督室主任（5月任）
蓝丽红　信访室主任（11月任）

吕朝明　案件监督管理室主任
单庆娇　（女）副厅级纪检员（11月任）
程新生　案件审理室主任
张　明　纪检监察干部监督室主任（任至9月）
舒平贵　纪检监察干部监督室主任（9月任）
曾亦冰　第一纪检监察室主任
史国珍　（女）第二纪检监察室主任
姚军章　第三纪检监察室主任
周重和　第四纪检监察室主任
彭　报　第五纪检监察室主任（9月任）
陶　亮　第六纪检监察室主任
刘永华　第七纪检监察室主任（任至5月）
胡文南　（女）离退休干部室主任
刘玉椿　机关党委专职副书记
黄以华　副厅级纪检员、监察专员（任至1月）

省委办公厅

徐延彬　省委副秘书长、办公厅主任
沈谦芳　省委副秘书长
犹　瑾　（土家族）省委副秘书长、省委办公厅督查专员（5月兼）
李绪先　省委副秘书长
李　能　省委副秘书长
张　锋　副主任
黄之猛　副主任、省委滨江招待所所长（兼）
吕　伟　省纪委驻省委办公厅纪检组组长
利继忠　副主任（6月任）
巫雄军　巡视员、厅直机关党委书记（任至11月）
费先志　省委机要局局长（任至12月），巡视员、厅直属机关党委书记（12月任）
邬裕彬　省委总值班室主任（任至12月）
席　宏　法规室主任
徐建文　副巡视员
汤俊峰　督查专员
王　俊　省国家保密局局长
金建明　副巡视员
李先进　副巡视员
郑明胜　副巡视员（6月任）

省信访局

刘义砀　局长
孙解生　副局长（任至8月）、正厅级信访督查专员（8月任）
徐　力　副局长
罗　强　副局长
张　明　副局长（8月任）
江　勤　副局长
姚学明　副巡视员
聂明慧　副巡视员

省委组织部

赵爱明　（女）部长
徐南凯　常务副部长
龚绍林　副部长
刘三秋　（女）副部长
周训国　副部长兼省委非公有制经济组织与社会组织工作委员会书记
肖洪波　副部长
宋　斌　省纪委驻省委组织部纪检组组长
徐　忠　副部长
屈　泉　部务委员
邹绍辉　部务委员
王家龙　省委非公有制经济组织与社会组织工作委员会专职副书记
汤乐毅　省委党建工作领导小组办公室专职副主任
陈长根　副巡视员（任至2月）
陈　峰　副巡视员（任至8月）

省委老干部局

肖洪波　局长
王海燕　（女）副局长
陈渊平　副局长

省关工委

康京华　专职副主任（5月任）

省委宣传部

赵力平　部长
郭建晖　常务副部长、省互联网信息办公室主任
杨六华　副部长
朱民安　副部长（任至12月）
张天清　省精神文明建设指导委员会办公室主任
李晓浩　省纪委驻省委宣传部纪检组组长（任至8月）
王成饶　省国有文化资产监督管理领导小组办公室主任（11月任）
罗勇兵　副部长、省委对外宣传办公室（省政府新闻办公室）主任
黎隆武　副部长
周森昆　省互联网信息办公室专职副主任
刘元敏　副巡视员（任至2月）
雷　健　副巡视员

省委统战部

陈兴超　部长
刘金炎　常务副部长（任至1月）
张　勇　副部长（任至1月）、常务副部长（1月任）
曹国庆　副部长（1月任）
李青华　（女）副部长
胡志平　副部长（任至5月）
高鹰群　副部长
廖元柱　省纪委驻省委统战部纪检组组长
王晓鸣　巡视员（1月任，任至8月）
万　坚　副巡视员（任至2月）
朱　璟　省促进非公有制经济发展领导小组办公室专职副主任

省委政法委

尹建业　（白族）书记
林　强　常务副书记
刘　烁　副书记、省综治办主任（5月任）、省维稳办主任（任至5月）
万小根　省维稳办主任（5月任）
涂建生　省防范和处理邪教问题办公室主任（8月任）
马青林　巡视员（6月任）、省纪委驻省委政法委纪检组组长（任至6月）
罗亦斌　省纪委驻省委政法委纪检组组长（11月任）
沈亚男　省维稳办专职副主任
毛保国　省委政法委秘书长
梁启有　省防范和处理邪教问题办公

室专职副主任
张鹤翔 省综治办副主任(6月任),省法学会专职副会长(任至6月)
吴 鹏 省委政法委政治部主任
刘朝阳 省法学会专职副会长(8月任)
李 煌 省610办主任(任至5月)
蔡文龙 省综治办副主任(任至6月)
余水根 副巡视员(任至10月)
樊国花 (女)副巡视员(任至12月)

省委农工部

毛祖逊 部长
倪美堂 副部长
赖金生 副部长
龙宇闻 副部长
刘 伟 副巡视员(任至1月)、副部长(1月任)
陈江林 巡视员
邓敏军 副巡视员(6月任,任至8月)
康方伯 副巡视员(6月任)

省委政研室(改革办)

沈谦芳 政研室主任、省委改革办副主任
陈 强 省委改革办专职副主任
何建辉 巡视员(任至2月)
黄光明 副主任
利继忠 副主任(任至7月)
林毓敏 副巡视员(任至11月)

省委省政府台办

欧阳泉华 主任(任至1月)
邓保生 主任(6月任)
徐建星 副主任
何 晞 副主任
陈幸福 副巡视员(任至2月)
林挺华 副巡视员(任至11月)

省编办

傅世平 主任
廖 涛 (女)副主任
王云标 副主任
胡庆华 副巡视员
王大杰 副巡视员

省直机关工委

彭世东 书记
李跃进 (女)副书记
雷 音 副书记
孔德然 委员、组织部部长
刘大胜 委员、宣传部部长
方端增 委员、纪工委书记
喻子显 委员
陈圣泉 副巡视员
王知民 副巡视员(6月任)
袁 林 副厅级纪检员(12月任)

省委巡视办

彭光华 巡视办主任(任至8月)
王仁辉 巡视办主任(8月任)
肖平学 巡视办副主任
王晓庆 第一巡视组组长
尹 健 第一巡视组副组长
沈冬阳 第一巡视组副厅级巡视专员
胡晋茂 省纪委副厅级纪检监察员(任至6月)
黄赛荣 第二巡视组正厅级巡视专员(11月任)
汪永华 第二巡视组副组长
涂志柏 第三巡视组组长
晏苏节 第三巡视组正厅级巡视专员(任至6月)
熊桂生 第三巡视组副组长
卢作全 第四巡视组组长
毛 敏 第四巡视组正厅级巡视专员
吴小瑜 (女)第四巡视组副组长
孙正森 第五巡视组组长(任至11月)
虞小京 (女)第五巡视组副组长
王旭景 第五巡视组副厅级巡视专员
郭 家 第六巡视组组长
曾崇新 第六巡视组副组长
吴宜文 第六巡视组副厅级巡视专员
邹国荣 第七巡视组组长
徐志华 第七巡视组正厅级巡视专员(任至11月)
宋江涌 第七巡视组副组长
胡伟荣 第八巡视组组长
茆荣权 第八巡视组副组长

党史研究室

俞银先 主任(11月任)
卢大有 副主任
彭 勃 (女)副主任
史爱国 副巡视员(任至5月)

省委党校(行政学院)

舒仁庆 常务副校(院)长(任至1月)
曾志刚 常务副校(院)长(1月任)
杨 超 副校(院)长
罗志坚 副校(院)长
黄样兴 副校(院)长
廖清成 副校(院)长
杨解生 副校(院)长
黄世贤 副巡视员(任至5月)
黄 勇 副巡视员
王 毅 副巡视员
潘锦屏 副巡视员(6月任)

省人大常委会办公厅

张振球 省人大常委会副秘书长、办公厅主任
王曼萍 (女)省人大常委会副秘书长
郭玉元 副主任
巫欣春 副主任
肖澄辉 副巡视员(任至9月)

省人大内司委

胡 宪 主任委员(任至9月)
刘和平 副主任委员
段景来 副主任委员
赵锦成 副主任委员(任至5月)
陈友锦 副主任委员

省人大财经委

谢碧联 主任委员
王建农 副主任委员
李保民 副主任委员(1月任)
伍再谦 副主任委员(任至11月)
高小琼 副主任委员(任至1月)
张贻奏 副主任委员
蔡社宝 副主任委员(1月任)
周山印 副主任委员、预算工委主任
邓 勤 (女)副主任委员(1月任)

省人大教科文卫委

朱 希 主任委员(1月任)
沈建华 副主任委员

傅克刚 副主任委员(1月任)
李水弟 副主任委员(任至5月)
潘玉兰 (女)副主任委员(1月任)
傅小健 (女)副主任委员
舒仁庆 副主任委员(1月任)
公艳萍 (女)副主任委员(1月任)

省人大农委

陈永华 (女)主任委员(1月任)、副主任委员(任至1月)
刘永思 副主任委员
王晓春 副主任委员
李友鸿 副主任委员
罗小茶 (女)副主任委员
王贤春 副巡视员(任至8月)
杨新华 副巡视员

省人大环资委

陈尚云 主任委员
李春燕 (女)副主任委员
虞国庆 副主任委员
甘筱青 副主任委员
屠永发 副主任委员
雷晓燕 副主任委员
陈松远 副主任委员(1月任)
杨泽民 副主任委员
柳 铭 副巡视员

省人大法制委

刘小华 (女)主任委员
张玉印 副主任委员
李 锐 副主任委员
肖仟根 副主任委员(任至1月)
李舰海 副主任委员(1月任)
韩 军 副主任委员(1月任)
叶敏健 副主任委员

省人大常委会法工委

韩 军 主任
周 雍 副主任
刘永亮 副主任
杨润华 副主任

省人大常委会选任联工委

龚绍林 主任
李元生 副主任
公艳萍 (女)副主任(任至3月)

谭筱刚 副主任(3月任)

省人大常委会外侨民宗工委

聂道宏 主任

省人大常委会预算工委

周山印 主任
李 雪 副主任
梁 力 副主任

省政协办公厅

杨春燕 (女)省政协副秘书长、主任(任至9月)
杨木生 省政协副秘书长、主任(9月任)
徐良平 省政协副秘书长(任至7月)
杨木生 副主任(任至9月)
周寥寥 副主任(任至7月)
孙卫国 副主任(3月任)
钟清滨 副主任(9月任)

省政协提案委员会

杨 斌 主任(专职,任至9月)
张桃生 副主任
陈智祥 副主任(任至9月)
张国轩 副主任
张康平 副主任(专职)
马岩波 副主任
王殿军 副主任

省政协经济委员会

肖四如 主任
朱力群 副主任
王 斌 副主任
谢 斌 副主任
邝小平 副主任
朱来友 副主任(1月任)
汪忆新 副主任(1月任)
尹小明 副主任(专职)

省政协人口资源环境委员会

朱荣辉 主任
熊 毅 副主任
李晓琼 (女)副主任
熊根泉 副主任

樊 欣 副主任(专职)
徐 毅 副主任
刘定明 副主任(1月任)

省政协教科文卫体委员会

龚林儿 主任(任至9月)
杨春燕 (女)主任(9月任)
张玉清 副主任
史蓉蓉 (女)副主任
刘 鹰 副主任
郜海镭 副主任(任至1月)
王 萍 (女)副主任
招则庆 副主任(专职,3月任)

省政协社会和法制委员会

张 莉 (女)主任
徐效钢 副主任(任至1月)
胡淑珠 (女)副主任
李 智 副主任
张传发 副主任
辜 清 副主任(专职,任至9月)
傅卓成 副主任(1月任)

省政协民族和宗教委员会

舒国华 主任
方 娅 (女)副主任
李冬妮 (女)副主任
甘良淼 副主任
张 勇 副主任
释纯一 副主任
孙晓山 副主任
陈淦彬 副主任(专职)

省政协港澳台侨和外事委员会

冷芬俊 主任(任至7月)
辜 清 主任(9月任)
周 锦 (女)副主任
徐景坤 副主任
张知明 副主任
刘金炎 副主任(1月任)

省政协文史和学习委员会

曾 粮 主任
陈绵水 副主任(任至11月)
沈谦芳 副主任
祝黄河 副主任

苏明宗 副主任
黄菊花 （女）副主任
姚 电 副主任
杨兰根 副主任
傅兆良 副主任（专职）

省法院

葛晓燕 （女）党组书记、院长
郭 兵 党组副书记、常务副院长
夏克勤 党组副书记（12月任）、副院长
胡淑珠 （女）副院长
朱 浔 党组成员、副院长
勒世标 党组成员、政治部主任
柯 军 党组成员、副院长
赵九重 党组成员、执行局局长
胡国庆 党组成员、纪检组组长
陈仁生 审判委员会专职委员（12月任）
楼建群 审判委员会专职委员
杨国安 审判委员会专职委员
何大新 副巡视员
刘洪芳 副巡视员、基建办主任（任至8月）

省检察院

刘铁流 党组书记、检察长
李 智 党组副书记、副检察长
罗晓泉 党组副书记、副检察长
张国轩 副检察长
邱 利 党组成员、副检察长
魏运亭 巡视员（任至11月）
徐胜平 党组成员、副检察长
张勇玲 （女）党组成员、政治部主任
黄永茂 党组成员、反贪局局长
刘永华 党组成员、省纪委驻省检察院纪检组组长
胡火箭 党组成员、检委会专职委员
孙祜昌 检委会、专职委员
冯祖强 检委会、专职委员
谢 健 巡视员
黄 杰 副厅级干部（任至3月）
刘恩祥 副巡视员（任至2月）
吴智勇 副巡视员（任至2月）
姜玉娟 （女）副巡视员
谭显厚 副巡视员
胡务勤 副巡视员（6月任）
刘莉芬 副巡视员（6月任）

省政府办公厅

张 勇 办公厅党组书记、主任
翟 明 省政府副秘书长、省机关事务管理局局长
陈石俊 省政府副秘书长，办公厅党组成员、省政府研究室主任
宋迪维 省政府副秘书长、办公厅党组成员（2月任）
涂琼理 省政府副秘书长、办公厅党组成员
宋雷鸣 省政府副秘书长、办公厅党组成员
刘晓艺 （女）省政府副秘书长、办公厅党组成员
吴龙强 省政府副秘书长、办公厅党组成员
王亚联 省政府副秘书长、办公厅党组成员
陈 敏 省政府副秘书长、办公厅党组成员
江枝英 （女）省政府副秘书长、省政府驻京办主任
徐小平 办公厅党组成员、省纪委驻省政府办公厅纪检组组长
杜章彪 办公厅党组成员、副主任
樊雅强 办公厅党组成员、副主任
熊科平 办公厅党组成员、副主任
徐松柏 办公厅党组成员、副主任
廖裕良 办公厅党组成员、省政府应急办专职副主任（任至9月）、省政务服务办主任（9月任）
杨 俊 办公厅党组成员、省政府应急办专职副主任（9月任）
罗时跃 副巡视员
章小刚 副巡视员
胡德明 副巡视员
邹平安 副巡视员（任至5月）
叶澄平 副巡视员（任至11月）
朱 进 副巡视员（1月任）
彭 峰 省政府研究室副主任
王平俭 省政府研究室副主任（11月任）

省发改委

吴晓军 党组书记、主任、省鄱阳湖生态经济区建设办公室（省赣南等原中央苏区振兴发展工作办公室）主任（任至11月）
张和平 党组书记、主任、省鄱阳湖生态经济区建设办公室（省赣南等原中央苏区振兴发展工作办公室）主任（11月任）
周光华 党组成员、副主任（5月任），省鄱阳湖生态经济区建设办公室（省赣南等原中央苏区振兴发展工作办公室）常务副主任
宋迪维 党组成员、副主任（任至2月）
熊 毅 副主任
郑沐春 党组成员、省能源局局长
王前虎 党组成员、副主任
郭新宇 党组成员、副主任（5月任）
刘 兵 党组成员、省生态文明建设领导小组办公室专职 副主任（11月任）
李志刚 党组成员、副主任
邝先华 党组成员、省纪委驻省发改委纪检组组长
李庆红 党组成员、省政府投资项目评审中心主任
成 华 副巡视员
宋志德 副巡视员（任至5月）
王 威 副巡视员（7月任）
熊爱民 （女）副巡视员（8月任，任至11月）
赖南京 省鄱阳湖生态经济区建设办公室副主任
严佛元 省第九批援疆工作前方指挥部党委书记、总指挥
邹 洪 省赣南等原中央苏区振兴发展工作办公室副主任（任至2月）
薛 强 省赣南等原中央苏区振兴发展工作办公室副主任
温俊杰 省赣南等原中央苏区振兴发展工作办公室副主任（9月任）
赵鹏高 省赣南等原中央苏区振兴发展工作办公室副主任（国家发改委资源节约和环境保护司副巡视员，挂职）
皮仄郑 省赣南等原中央苏区振兴发展工作办公室副主任（中央组织部干部三局副巡视员、一处处长，挂职）
戴星照 省山江湖开发治理委员会办公室主任（任至11月）
金俊平 省信息中心主任

省财政厅

胡　强　党组书记、厅长
潘昌坤　党组成员、副厅长
王　斌　副厅长
朱　斌　党组成员、副厅长
胡彦斌　党组成员、省纪委驻省财政厅纪检组组长
张耀霞　（女）党组成员、副厅长
何　桑　（女）江西省农业综合开发办公室主任（9月任），江西财经职业学院党委书记（任至8月）
钟心平　副巡视员
刘维平　副巡视员
林火平　江西财经职业学院院长（任至11月），江西财经职业学院党委书记（11月任）

省人社厅

刘三秋　（女）党组书记、厅长
刘滇鸣　党组成员（任至12月）、副厅长
姚睿钦　党组成员、省纪委驻省人社厅纪检组组长
吴福全　党组成员、副厅长
庄文玥　（女）党组成员、副厅长（任至11月）
王书红　党组成员、副厅长
刘克琦　党组成员（5月任）、副厅长（6月任）
吴国平　省社会保险管理中心党委书记
刘伟旗　省公务员局局长（6月任）
黄小刚　副巡视员（1月任）
刘克平　副巡视员（7月任）
肖　文　副巡视员（7月任，任至11月）
侯仲华　党组成员、副厅长、省社会保险管理中心主任（任至2月）
何仁缘　副巡视员（任至8月）
刘万平　副巡视员（任至1月）

省审计厅

辜华荣　党组书记、厅长
刘　达　（女）党组成员、副厅长
邹水成　党组成员、副厅长
徐　鸿　党组成员、省纪委驻省审计厅纪检组组长
胡志勇　党组成员、副厅长
刘斌良　党组成员、总审计师
黄正宇　党组成员、副厅长（1月任）
胡雅萍　省经济责任审计工作办公室专职副主任（6月任）
刘正宇　副巡视员（1月任，任至11月）
夏　青　（女）副巡视员（1月任，任至10月）

省民政厅

刘金接　党组书记、厅长
欧阳海泉　党组成员（正厅级，12月任）
刘英城　党组成员、省纪委驻省民政厅纪检组组长（任至8月）
刘立松　党组成员、副厅长
龚建辉　党组成员、副厅长
罗良意　党组成员
樊　胜　党组成员（1月任）、副厅长（3月任）
向　东　党组成员、省纪委驻省民政厅纪检组组长（11月任）
李小荣　副巡视员（任至9月）
王　晔　副巡视员（7月任）

省老龄办

刘金接　主任
罗良意　专职副主任

省统计局

万庆胜　党组书记、局长
韩志生　党组成员、副局长
曹青云　党组成员、副局长
彭勇平　（女）党组成员、副局长
曾永生　党组成员（8月任）、总统计师（9月任）
金　绮　（女）副巡视员
张家玉　（女）副巡视员

国家统计局江西调查总队

方正亚　党组书记、总队长
刘文峰　党组副书记、副总队长
符史武　巡视员（任至3月）
梁　冰　党组成员、副总队长
周献华　党组成员、副总队长
赵兰香　党组成员、纪检组组长
陈悟朝　党组成员、副总队长（1月任）
赖建军　副巡视员

省政府法制办公室

谢茂林　党组书记、主任
凌　云　党组成员、副主任
邱荣飞　党组成员、副主任
龚河兴　党组成员、副主任
刘晨华　副巡视员

省档案局

方维华　（女）党组书记、局长
方华清　党组成员、副局长
谭向文　党组成员、副局长
谭荣鹏　党组成员、副局长（5月任）

省国税局

胡立升　党组书记、局长（任至3月）
胡立文　党组书记、局长（3月任）
黄中根　党组成员、副局长
李德平　党组成员、副局长
胥敏锋　党组成员、副局长
王　勇　党组成员、纪检组组长（任至4月）
陈国英　党组成员、副局长
姚慧玲　（女）党组成员、纪检组组长（5月任）、总经济师（任至5月）
张建平　党组成员、总会计师
刘英怀　党组成员、总经济师（5月任）
张　成　副巡视员
刘纯福　副巡视员
夏文川　副巡视员

省地税局

张和平　党组书记、局长（任至12月）
胡　平　党组成员、副局长（任至8月），巡视员（8月任，任至11月）
尹玉光　党组成员、省纪委驻省地税局纪检组组长
赖新生　党组成员、总经济师（任至4月）
王显和　党组成员、副局长
黄正逊　党组成员、副局长

温亚涌　党组成员、副局长(11 月任)

刘金保　副巡视员(任至 10 月)

徐志刚　副巡视员(任至 6 月)

乐跃进　副巡视员(1 月任)

省国资委

陈德勤　党委书记、主任

李晓刚　党委委员、副主任

王金林　党委委员、省纪委驻省国资委纪检组组长

郑高清　党委委员、副主任

文翠萍　(女)党委委员、副主任

郑德才　省出资监管企业监事会主席(任至 5 月),党委委员、副主任(5 月任)

沙甲先　党委委员、副主任(任至 1 月),巡视员(1 月任)

张爱国　副巡视员

张思益　副巡视员(任至 8 月)

淦　勇　副巡视员

郑尚胜　副巡视员(7 月任)

王成饶　省出资监管企业监事会主席(任至 11 月)

龚建平　省出资监管企业监事会主席

谢　敏　省出资监管企业监事会主席

钟宇晖　省出资监管企业监事会主席

谢　言　省出资监管企业监事会主席

项　文　(女)省出资监管企业监事会主席

张　明　省出资监管企业监事会主席(11 月任)

张秋宾　省纪委驻省国资委纪检组副厅级纪检员

省工信委

杨贵平　党组书记(1 月任)、主任(3 月任)

王亦斌　党组成员、副主任

钱　昀　(女)党组成员、副主任(5 月任)

刘　煜　党组成员、副主任

江明成　党组成员、副主任

辛清华　党组成员、副主任(5 月任)、总工程师(任至 5 月)

郭国君　党组成员、纪检组组长(11 月任)

章志峰　党组成员、纪检组组长(任至 11 月),纪检组副厅级纪检员(11 月任)

马　勇　副巡视员

王江南　副巡视员(1 月任)

省交通运输厅

朱　希　党委书记(任至 1 月)、厅长(任至 3 月)

王爱和　党委书记(1 月任)、厅长(3 月任)

胡钊芳　党委委员、总工程师

陈　兵　党委委员、省纪委驻省交通运输厅纪检组组长

梁必康　党委委员、副厅长

谢德强　党委委员、副厅长

王昭春　党委委员、副厅长

杜继涛　党委委员、副厅长

严　允　党委委员(8 月任)、副厅长(9 月任)

王圣义　副巡视员(任至 11 月)

吴铭汉　副巡视员

蔡建新　副巡视员(1 月任)

省住房和城乡建设厅

陈　平　党组书记、厅长

吴昌平　党组成员、副厅长

曾绍平　党组成员、副厅长

章雪儿　党组成员、总工程师

周晓朗　党组成员、省纪委驻省住建厅纪检组组长

李道鹏　副厅长

高　浪　巡视员

王　融　副巡视员

省环保厅

邓兴明　党组书记(任至 1 月)、厅长(任至 3 月)

陈小平　党组书记(1 月任)、厅长(3 月任)

罗小璋　党组成员、副厅长

罗伟华　(女)党组成员、省纪委驻省环保厅纪检组组长

石　晶　(女)党组成员、副厅长

曹永琳　党组成员、总工程师(任至 2 月)、副厅长(2 月任)

龙　刚　党组成员、总工程师(9 月任)

冀常和　副巡视员(任至 8 月)

方红亚　副巡视员(7 月任)

邹成俊　副巡视员(7 月任)

省质量技术监督局

王福平　党组书记、局长

蔡　玮　党组成员、副局长

张正新　党组成员、副局长

张龙飞　党组成员、副局长

黄富华　党组成员、副局长

马　灵　党组成员

吴生龙　副巡视员(任至 2 月)

欧阳勇　副巡视员(1 月任)

刘学辉　副巡视员(7 月任)

省安全生产监督管理局

龙卿吉　党组书记、局长,省煤矿安全生产监督管理局局长

汪少舟　党组成员、副局长

周　平　党组成员、副局长

彭建华　党组成员、纪检组长

余　钢　党组成员、副局长

张贤义　党组成员、副局长

杨庆华　副巡视员(1 月任)

程应田　巡视员(任至 2 月)

丁志明　副巡视员(任至 2 月)

江西煤矿安全监察局

赵苏启　党组书记、局长

郑江萍　党组成员、副局长

马成荣　党组成员、纪检组组长

杨市龙　党组成员、副局长

余德华　副巡视员

省国防科工办

杨贵平　党组书记、主任(任至 1 月)

郭志军　党组成员、副主任(2 月任)

郑正春　党组成员、副主任

瞿小华　党组成员、副主任

肖建国　巡视员

刘　星　巡视员(任至 9 月)

沈　辉　副巡视员

省人防办

彭光华　党组书记、主任(9 月任)

林显君　党组成员、副主任(主持工作至 9 月)

钟　斌　党组成员、副主任

黄国安　副巡视员(9 月任)

省烟草专卖局

周恩海 党组书记、局长,中国烟草总公司江西分公司总经理(2月任)
徐素珍 (女)党组成员、副总经理
胡义强 党组成员、副局长
章建华 党组成员、纪检组组长
李 民 党组成员、副总经理
陈建辉 总会计师(任至2月)、巡视员(2月任,任至8月)
熊也农 副巡视员

省邮政管理局

杜继涛 党组书记、局长
周慧锋 党组成员、副局长

省通信管理局

黄建新 党组书记、局长
胡素仁 党组成员、纪检组组长、副局长
高 伟 党组成员、省专用通信局局长

省机场集团公司

万 林 党委副书记、总经理
周敏生 党委书记
李运昌 党委委员、副总经理
欧阳智 党委委员、副总经理
黄肇春 党委委员、副总经理
张 微 党委委员、副总经理
华民涛 党委副书记、纪委书记、工会主席
周 军 党委委员、副总经理

中国铁路南昌局集团有限公司

卢文星 党委书记(任至10月)
王 培 党委书记、董事长(10月任)
马叶江 党委副书记、副董事长、总经理
万 军 党委副书记、副董事长
高 松 党委副书记、纪委书记、董事
钟生贵 党委委员、董事、副总经理
戴平峰 党委委员、工会主席、职工董事
任朝阳 党委委员、董事、副总经理
彭 磊 党委委员、董事、副总经理
刘明亮 党委委员、董事、副总经理
陈寿卿 党委委员、党工委书记
黄少雄 党委委员、董事、副总经理
杨 斌 党委委员、董事、副总经理
詹志文 党委委员、董事、总工程师
郭建波 党委委员、董事、总会计师

省煤田地质局

黄登龙 党委书记、局长
周锦中 党委委员、副局长
夏会泳 党委委员、副局长
祝 强 党委委员、副局长
张明锋 党委委员、中煤集团董事长

省地矿局

苗 壮 党委书记、局长
余忠珍 党委委员、副局长
何龙清 党委委员、副局长
陶学明 党委委员、省纪委驻省地矿局纪检组组长
洪文忠 党委委员、副局长
陶小驹 党委委员、副局长(5月任)
肖 中 副巡视员(任至9月)
罗卫江 副巡视员
刘建强 副巡视员(7月任)

省核工业地质局

黄江明 党组书记、局长
潘克森 党组成员、省纪委驻省核工业地质局纪检组组长
朱永刚 党组成员、副局长
江天红 党组成员、副局长
韦星林 总工程师
程祖杰 副巡视员

江西有色地质勘查局

何观生 党委委员、局长
邝颂华 党委书记
朱小茅 党委委员、副局长
魏 斌 党委委员、副局长
黄中敏 党委委员、副局长

省商务厅

王水平 党组书记、厅长
刘翠兰 (女)党组成员、副厅长,中国国际贸易促进委员会江西省分会会长
梁小康 党组成员、副厅长
李文尧 巡视员(任至10月)
陶莉萍 (女)党组成员、副厅长
杨远林 党组成员、省纪委驻省商务厅纪检组组长
朱元发 党组成员、副厅长
方向军 党组成员、副厅长(1月任)
杨筱红 (女)副巡视员
熊光辉 副巡视员(1月任)
孔 华 江西外语外贸职业学院党委书记
黄明忠 江西外语外贸职业学院院长(6月任)
邓 宇 中国国际贸易促进委员会江西省分会副会长
赵向阳 中国国际贸易促进委员会江西省分会副会长

省供销合作社

喻晓社 党组书记、主任
欧阳太来 党组成员、副主任
卢 忠 党组成员、副主任
杨晓琴 (女)党组成员、副主任
汪 波 监事会主任(6月任)
赵恒伯 江西旅游商贸职业学院党委书记
吴小平 江西旅游商贸职业学院党委副书记、院长(9月任)
江际华 江西省供销合作社副巡视员(任至11月)
黄晓岗 副巡视员(1月任)

省工商局

吴治云 党组书记、局长
沈庆中 党组成员、副局长
刘邦琰 党组成员、纪检组组长
谭文英 (女)副局长
刘建华 党组成员、副局长
梁卫光 党组成员、副局长(2月任)
袁建军 副巡视员

省旅发委

丁晓群 党组书记、主任(任至1月)
欧阳泉华 党组书记、主任(1月任)
余晓明 (女)党组成员、副主任
陈晓平 党组成员、副主任
丁新权 党组成员、副主任
屈乾娜 (女)巡视员(任至6月)

徐信国 副巡视员

省外侨办

赵　慧 （女）党组书记、主任
吴健民 巡视员（任至11月）
黄加文 党组成员、副主任
李雨强 党组成员、副主任
胡志扬 党组成员、副主任
汪　敏 副巡视员（任至11月）

南昌海关

肖　军 党组书记、关长（任至8月）
辛建民 党组副书记、政治部主任
赵月淦 党组成员，缉私局局长、局党组书记，督察长
周维颖 党组成员、副关长
李　宇 党组成员、副关长
褚碧波 党组成员、纪检组组长
朱　宏 党组成员、副关长（12月任）
李文君 缉私局政委
赵　光 党组成员、副关长（任至9月）

江西出入境检验检疫局

温珍才 党组书记、局长
宋　军 党组成员、副局长（11月任）
张国清 党组成员、副局长
谢　斌 党组成员、纪检组组长（4月任）
陈　宇 党组成员、纪检组组长（任至4月）
易克钦 党组成员、副局长（任至9月）
刘海葆 党组成员、副局长（任至9月）
桂家祥 副巡视员
贾鸿宾 副巡视员（2月任，任至5月）
廖振伟 副巡视员（4月任，任至9月）

省政府驻外办事处

江枝英 （女）省政府驻北京办事处党组书记、主任
吴文凯 省政府驻北京办事处党组成员、副主任
高延平 省政府驻北京办事处党组成员、副主任
熊炎飞 省政府驻北京办事处党组成员
王敦范 省政府驻上海办事处党组书记、主任
张雪萍 （女）省政府驻上海办事处党组成员、副主任
王坚真 （女）省政府驻上海办事处党组成员、副主任
刘友龙 省政府驻广东（深圳）办事处党组书记、主任
柳　林 省政府驻广东（深圳）办事处党组成员、副主任
胡汉羽 省政府驻广东（深圳）办事处党组成员、副主任

人民银行南昌中心支行

张智富 党委书记、行长兼国家外汇管理局江西省分局局长
郭云喜 党委委员、副行长兼国家外汇管理局江西省分局副局长
吴豪声 党委委员、副行长
陈　锋 党委委员、副行长
宋剑锋 党委委员、纪委书记
叶建华 党委委员、工会主任（5月任）
鲁红亮 副巡视员（7月任）

江西银监局

李　虎 党委书记、局长
柯愈华 党委委员、副局长（任至5月）
郭汉强 党委委员、纪委书记
曾　晖 （女）党委委员、副局长
卫功琦 党委委员、副局长
李青川 党委委员、副局长（2月任）
李　洪 副巡视员

江西证监局

何庆文 党委书记、局长
周　军 党委委员、副局长
匡晓凤 （女）党委委员、副局长
张　松 党委委员、纪委书记

江西保监局

陈　静 （女）党委书记、局长
余祖典 党委委员、副巡视员、副局长
程健荣 党委委员、副巡视员、副局长
叶慧霖 党委委员、纪委书记、副局长

省农业厅

陈日武 党委书记
胡汉平 厅长
严　卫 党委委员、省纪委驻省农业厅纪检组组长
唐安来 党委委员、副厅长
程关怀 党委委员、副厅长（任至7月）、巡视员（7月任，任至11月）
万国根 党委委员、副厅长
刘光华 党委委员、副厅长
刘建堂 党委委员、总经济师（任至11月）、副厅长（11月任）
吴国昌 党委委员、省畜牧兽医局局长
邓贤贵 党委委员、副厅长
马岩波 巡视员（8月任，任至11月）
张跃远 副巡视员
万秋根 副巡视员
官少飞 副巡视员

省农垦事业管理办

唐安来 党组书记、主任
陈志宏 党组成员、副主任
胡位淮 党组成员、副主任

省林业厅

阎钢军 党组书记、厅长
魏运华 巡视员
詹春森 巡视员（任至4月）
黄小春 党组成员
罗　勤 党组成员、副厅长
邱水文 党组成员、副厅长
胡跃进 党组成员、副厅长
赵　国 党组成员、驻厅纪检组长
辛卫平 党组成员（11月任）
严　成 总工程师（2月任）
钟　明 副巡视员（任至2月）
王　琅 副巡视员（7月任）

省水利厅

罗小云 党委书记、厅长，省鄱建办党委书记
杨丕龙 党委委员、副厅长，省鄱建办主任、党委委员
朱来友 党委委员、副厅长（任至2月），省鄱建办主任、党委委

员(任至2月)

廖瑞钊 党委委员、副厅长
张文捷 党委委员、总工程师
吴信根 党委委员、省纪委驻省水利厅纪检组组长
吴义泉 党委委员、副厅长
蔡 勇 党委委员、副厅长(5月任)
王 纯 党委委员、副厅长
姚毅臣 省“河长制”办公室专职副主任(2月任)
徐卫明 党委委员、副厅长,省防汛抗旱总指挥部办公室主任(11月任)
祝水贵 副巡视员
纪伟涛 省鄱建办副主任、党委委员
刘 超 省鄱建办副主任、党委委员
罗传彬 省鄱建办副主任、党委委员
袁国荣 副巡视员(7月任)
黎文杰 副巡视员(11月任)

省国土资源厅

刘定明 党组书记(任至1月)、厅长(任至3月)
邓兴明 党组书记(1月任)、厅长(3月任)
邓又林 巡视员(1月任)
侯克常 党组成员、副厅长(任至11月)
李来木 党组成员、省纪委驻省国土资源厅纪检组组长
许建平 党组成员、副厅长
梁春祥 党组成员、总规划师
李国清 江西应用技术职业学院院长
赵建宁 副巡视员(任至11月)
彭 伟 副巡视员
蔡建平 省国土资源执法监察总队总队长
罗光华 副巡视员
陈庐生 江西应用技术职业学院党委书记(1月任)

省测绘地理信息局

陈祥云 党委副书记、局长
匡 猛 党委书记(任至9月)
敖颠根 党委委员、副局长
袁仁亮 党委委员、副局长
龙 象 党委委员、纪委书记
焦三梓 党委委员、副局长
李增学 党委委员、副局长
陈挺芳 (女)党委委员
甘田红 (女)总工程师

省粮食局

黄 河 党组书记、局长
罗 洪 党组成员、副局长
刘福元 党组成员、副局长
廖小平 党组成员、总工程师
杜晓林 副巡视员(任至11月)
徐国华 副巡视员(任至11月)

省扶贫和移民办

章康华 党组书记、主任(任至2月)
史文斌 党组书记、主任(2月任)
涂俊伟 党组成员、副主任
刘英诚 省纪委驻省民政厅纪检组组长
饶振华 党组成员、副主任
胡跃明 党组成员、副主任

省地震局

王建荣 党组书记、局长(任至12月)
柴劲松 党组成员、副局长
熊 斌 党组成员、副局长(任至10月)、纪检组组长
陈家兴 党组成员、副局长
张福平 巡视员(任至1月)

省气象局

薛根元 党组书记、局长
詹丰兴 党组成员、副局长
吴万友 党组成员、副局长
谢梦莉 (女)党组成员、纪检组组长
汪金福 党组成员、副局长
朱胜瑞 副巡视员(任至6月)
汪洋清 副巡视员

省科技厅

郭学勤 党组书记
洪三国 厅 长
谢金水 副书记、省知识产权局局长
赵金城 党组成员、副厅长
刘 青 党组成员、副厅长
邓季芳 党组成员、纪检组长
熊绍员 党组成员、副厅长
傅道言 副巡视员
贺志胜 副巡视员

省委教育工委、省教育厅

黄小华 (女)工委书记
叶仁荪 工委副书记、厅长
喻晓社 副书记、副厅长(任至1月)
肖志华 工委委员、副厅长(任至11月)、工委副书记(11月任)
郭奕珊 工委委员、副厅长(任至1月)、省教育厅巡视(1月任,任至5月)
刘菊娇 (女)副厅长(8月任)
杨慧文 工委委员、副厅长
刘润保 工委委员、省教育考试院党委书记(任至12月)
汤赛南 工委委员、省教育厅总督学(任至2月)
杜志刚 工委委员、省纪委驻省教育厅纪检组组长
王江华 工委委员、副厅长(8月任)
曹伴好 工委委员、省教育厅总督学(8月任)
周金堂 巡视员(任至1月)
何建洋 巡视员(8月任)
刘雪平 (女)省教育考试院院长
王晓阳 副巡视员(1月任,任至8月)
叶宝凌 副巡视员(1月任)

省体育局

晏驹腾 党组书记、局长
李小平 党组成员、副局长
林 军 党组成员、副局长
王 勇 党组成员、副局长
陈建国 副巡员(任至6月)
黄卫民 副巡员

省卫生计生委

丁晓群 党组书记、主任(1月任)
赖厚明 巡视员
李晓琼 (女)党组成员、副主任
万筱明 (女)副主任
程关华 党组成员、副主任
曾传美 党组成员、副主任兼省食品药品监督管理局副局长
罗聪明 (女)党组成员、省纪委驻省卫生计生委纪检组组长
朱烈滨 党组成员、副主任
方 晓 (女)副巡视员(任至2月)
余少良 副巡视员(任至12月)

汤卫平　副厅级监察专员(任至12月)
钟玉祥　副巡视员(任至2月)
汪伟华　副巡视员
熊继杰　副巡视员(任至8月)
刘慧玲　(女)省计划生育协会专职副会长(任至11月)

省食品药品监督管理局

曹　麒　党组书记(1月任)
上官新晨　局长(2月任)
姜　红　(女)党组成员、省纪委驻省食品药品监督管理局纪检组正厅级纪检员
肖一华　党组成员、副局长
曾传美　副局长(兼)
梁义敏　党组成员、副局长
吴　维　党组成员、副局长
黄冬生　党组成员、省纪委驻局省食品药品监督管理纪检组组长(11月任)
付新华　副巡视员(任至11月)
黄富强　副巡视员

省文化厅

池　红　党组书记、厅长
徐琳琳　巡视员
宗玉明　(女)党组成员、省纪委驻省文化厅纪检组组长
任永新　党组成员、副厅长
郎道先　党组成员、副厅长
黄小蓉　(女)党组成员、副厅长(5月任)
夏守国　省纪委驻省文化厅纪检组副厅级纪检员(任至4月)
谌洪敏　副巡视员
丁　跃　副巡视员

省新闻出版广电局(省版权局)

杨六华　党组书记、局长
杨玲玲　党组成员,江西广播电视台党委书记、台长(任至1月)
王朝新　党组成员、副局长
刘玉东　巡视员
刘　平　巡视员(任至6月)
白文松　党组成员、副局长
周世敏　党组成员、副局长
李　薇　(女)党组成员、省纪委驻省新闻出版广电局纪检组组长
兰丽华　党组成员、省版权局专职副局长
韩兴文　党组成员(5月任)、总工程师(6月任)
郑德明　副巡视员(任至6月)
阮小扣　副巡视员(任至6月)

省民族宗教事务局

张　勇　党组书记、局长(任至1月)
曹国庆　党组书记、局长(2月任)
王希贤　党组成员、副局长
马哲海　党组成员、副局长(6月任)
杨晓伟　党组成员、副局长(11月任)
肖争鸣　巡视员(任至8月)
左旭生　副巡视员(7月任)

省地方志办

梅　宏　党组书记、主任
周　慧　党组成员、副主任
杨志华　党组成员、副主任

省社科院

姜　玮　党组书记(1月任,任至8月)
梁　勇　党组副书记、院长
毛智勇　党组成员、副院长
龚建文　(女)党组成员、副院长
孔凡斌　党组成员、副院长

省公安厅

郑为文　党委书记、厅长、督察长
王国强　党委副书记、常务副厅长(正厅级)
罗永银　党委副书记、副厅长(任至11月)
叶国兵　党委委员,江西警察学院党委书记
涂建生　党委委员、副厅长(8月任)
陈光明　党委委员、副厅长(9月任)
张冬庆　党委委员、副厅长(2月任)
万秀奇　党委委员,南昌市公安局党委书记、局长,督察长(8月任)
张　强　党委委员、政治部主任(8月任)
胡满松　党委委员、副厅长
龚惠民　党委委员、省纪委驻省公安厅纪检组组长、第一副督察长
华小明　省公安厅指挥中心主任(任至11月)
杨　军　副巡视员
孙　勇　副巡视员
刘日华　副巡视员
龙　毅　副巡视员(7月任)
肖子振　副巡视员、出入境管理总队(出入境管理局、国际合作局)总队长(局长)(7月任)
王跃辉　巡视员(2月任,任至7月)
李　煌　党委委员、副厅长(任至10月)
王少刚　副巡视员(任至11月)

省司法厅

沙闻麟　党组书记、厅长,省监狱管理局第一政委
江　涛　党组成员、副厅长
邓奕强　党组成员、副厅长
刘品韬　党组成员、副厅长
陈德群　党组成员、省纪委驻省司法厅纪检组组长(任至1月)
胡兴平　党组成员、省纪委驻省司法厅纪检组组长(5月任)
胡水明　党组成员、政治部主任(5月任)
简明龙　巡视员(任至4月)
叶　青　副巡视员
魏　伟　副巡视员
罗　冈　省监狱管理局党委副书记、局长
阎循店　省监狱管理局党委副书记、政委
于少晗　省戒毒管理局党委书记、局长
吴　强　省戒毒管理局党委书记、政委(1月任)

省总工会

谢亦森　主席
饶剑明　党组书记、常务副主席(1月任)
林玉华　(女)巡视员(1月任)
陈文明　党组成员、副主席
吴海平　党组成员、副主席
吴福才　党组成员、副主席
吴　峰　党组成员、纪检组组长

吴丽云 （女）党组成员、经审会主任
曲　清 副巡视员、省总干部学校党委书记（任至11月）
龚荣才 副巡视员（任至6月）
袁长星 副巡视员（6月任）
汤御奎 副巡视员（12月任）

团省委

马　健 党组书记、书记（12月任）
孙　鑫 党组成员、副书记
廖良生 党组成员、副书记
伍复康 党组成员、副书记

省妇联

王　庆 （女）党组书记、主席
黄海燕 （女）党组成员、副主席
肖晓兰 （女）党组成员、副主席
饶冬梅 （女）党组成员、副主席
朱　彦 （女）党组成员（11月任）、副主席（挂职，12月任）
李景芝 （女）党组成员、省妇儿工委办常务副主任（5月任）
孙　颖 （女）副巡视员

省文联

郑　翔 党组书记（1月任）
叶　青 党组成员、主席
鄢平原 党组成员、副主席
张　越 党组成员、副主席
龙　红 副主席

省社联

吴永明 党组书记、主席
刘弋涛 党组成员、副主席
杨宇军 党组成员、副主席（6月任）
汤水清 党组成员、副主席（8月任）
熊　建 副巡视员（任至9月）
王　芃 （女）副巡视员（12月任）

省科协

罗　莹 党组书记、常务副主席
卢天锡 主席
彭玲华 （女）党组成员、副主席
梁纯平 党组成员、副主席
孙卫民 党组成员、副主席

省侨联

马志武 主席
张知明 （女）党组书记
许晓燕 （女）党组成员
王　强 党组成员、专职副主席
罗丽都 （女）专职副主席（2月任）
郑兆国 副主席（兼职）
辛洪波 副主席（兼职）
于集华 副主席（兼职）
李江山 副主席（兼职）
梁安琪 （女）副主席（兼职）
万志新 副主席（兼职）

省台联

曾鲁台 会长（任至11月）
徐友洪 会长（12月任）

省残联

陈卫华 党组书记（任至1月）、理事长（任至4月）
何剑锋 党组书记（1月任）、理事长（4月任）
邹晓辉 （女）党组成员、副理事长
肖久刚 党组成员、副理事长（任至8月）
田颖汉 党组成员、副理事长（2月任）
李志刚 副巡视员（任至8月）

省红十字会

周海涛 党组书记、常务副会长
袁才华 党组成员、专职副会长
戴　莹 党组成员、专职副会长

民革江西省委会

马志武 （回族）主委
胡汉平 副主委
陈春平 （女）副主委（专职）
徐景坤 副主委
李家祥 副主委
熊　皓 副主委、民革景德镇市委会主委、景德镇市人民政府副市长
傅　春 （女）副主委（6月任）

民盟江西省委会

刘晓庄 主委
何建洋 副主委（兼职）
黄菊花 （女）副主委（兼职）
陈文华 （女）副主委（兼职，6月任）
刘新农 副主委（专职，6月任）
张国新 副主委（兼职，6月任）
罗慧芬 （女）副主委（兼职，任至6月）
任江南 副主委（专职，任至6月）
王东林 副主委（兼职，任至6月）
胡淑玉 （女）副巡视员（12月任）

民建江西省委会

孙菊生 主委
胡淑珠 （女）副主委
杨文龙 副主委
左继生 副主委
赵　波 （女）副主委（专职）
刘木华 副主委（6月任）
沈　翔 副巡视员、秘书长（任至6月）

民进江西省委会

汤建人 主委
梅国平 副主委
姚燕平 （女）副主委（任至6月）
卢天锡 副主委
张国轩 副主委
欧阳剑雄 副主委（专职）
刘菊娇 （女）副主委（6月任）
崔传鹏 副主委（6月任）
陈洪萍 （女）副巡视员、秘书长

农工党江西省委会

郑小燕 主委（任至6月）
史　可 主委（6月任）
罗胜联 副主委
余少良 副主委
龙国英 （女）副主委
林　凯 副主委（专职）
刘季春 副主委

九三学社江西省委会

李华栋 主委、全国政协常委
洪三国 副主委

李广振　副主委
张玉清　副主委、全国政协委员
辛洪波　副主委
肖礼庆　副主委(专职)
张　伟　副主委(6月任)
田　荣　副巡视员、秘书长

省工商业联合会

雷元江　主席
李青华　(女)党组书记、常务副主席
洪跃平　党组成员、副主席
刘星平　党组成员、副主席
刘　斌　党组成员、副主席(6月任)
周华爱　(女)副主席(6月任)
于也明　巡视员(任至8月)

南昌大学

胡永新　党委书记
周创兵　党委副书记、校长
徐求真　党委副书记(任至11月)
黄恩华　党委副书记(12月任)
谢明勇　党委委员(任至3月)、副校长(任至4月)
黄　云　党委委员(任至5月)、党委常委(5月任)、纪委书记
朱友林　副校长
江风益　党委委员(任至5月)、党委常委(5月任)、副校长
辛洪波　副校长
李葆明　党委委员(任至5月)、党委常委(5月任)、副校长
邓晓华　党委委员(任至5月)、党委常委(5月任)、副校长
朱小理　党委委员(1月任,任至5月)、党委常委(5月任)、副校长(2月任)
李　鸣　党委常委(5月任,任至7月)
李培生　校长助理(任至3月)
黄细嘉　党委委员(5月任)
舒　明　党委常委(5月任)

江西师范大学

田延光　党委书记
梅国平　校长
刘光华　党委副书记
张艳国　党委委员、副校长
涂宗财　党委委员、副校长
姚弋霞　(女)党委委员、副校长
项国雄　副校长
贾俊芳　党委委员、副校长(2月任)
丁　晖　党委委员、副校长(2月任)
刘　俊　党委委员、副校长(2月任)
陈运平　党委委员、副校长(2月任)

江西农业大学

曹国庆　党委书记(任至1月)
黄路生　党委副书记、校长(任至2月)、党委书记(1月任)
赵小敏　党委委员、副校长(任至4月)、党委副书记(1月任)、校长(4月任)
胡春晓　(女)党委副书记
贺浩华　党委委员、副校长
许斌华　党委委员、副校长
白　浔　党委委员、纪委书记(任至5月)
黄英金　党委委员、副校长
邱晓辉　党委委员、副校长(1月任)
曾志将　党委委员、副校长(1月任)
林小凡　党委委员(1月任)、副校长(2月任)
刘木华　副校长(6月任)

江西财经大学

廖进球　党委书记(任至5月)
王　乔　党委书记(5月任)
卢福财　党委副书记、校长(5月任)
蒋金法　党委委员、副校长(任至7月)、党委副书记(7月任)
刘小丽　(女)党委委员、副校长
杨建林　党委委员、纪委书记
邓　辉　副校长
王小平　党委委员、副校长
阙善栋　党委委员、副校长
欧阳康　党委委员、副校长(1月任)
袁　雄　党委委员、副校长(7月任)

华东交通大学

万　明　党委书记
罗玉峰　党委副书记、校长
汪立夏　党委副书记(任至11月)
高海生　党委委员、副校长(任至2月)
张玉清　副校长
张　坚　党委委员、副校长
史焕平　党委委员、副校长(任至2月)
刘海文　党委委员、副校长(任至9月)
陈梦成　党委委员、副校长
朱卫国　党委委员、纪委书记
范　勇　党委委员、副校长
黄稚龙　党委委员、校长助理(任至1月),党委委员、副、校长(1月任)
陈　进　党委委员、校长助理

东华理工大学

徐跃进　党委书记
柳和生　党委副书记、校长
刘紫春　党委副书记
孙占学　党委常委、副校长
刘晓东　党委常委、副校长(任至2月)
汤　彬　副校长
郭福生　党委常委、副校长
陈晓勇　副校长
聂逢君　党委常委、副校长
李德平　党委常委、副校长
万继锋　党委常委、纪委书记
陈焕文　副校长(2月任)

江西理工大学

罗嗣海　党委书记
杨　斌　党委副书记、校长
张建中　党委副书记(任至3月)
钟健生　副校长
温和瑞　党委委员、副校长
邱廷省　党委委员、副校长
伍自强　党委委员、副校长
何舜平　党委委员、副校长
李国金　党委委员、副校长
刘祖文　党委委员、副校长
龙立福　党委委员、纪委书记(1月任)
徐盛明　党委委员、副校长(挂职)
龚姚腾　党委委员、党委组织部部长
徐忠麟　党委委员(12月任)、党委(校长)办公室主任(任至9月)、党委宣传部部长(9月任)
何维达　校长助理(挂职)
帅词俊　校长助理(挂职,11月任)

南昌航空大学

傅克刚　党委书记(任至1月)

郭杰忠 党委书记（1月任）
罗胜联 校长
黄士安 党委副书记
周世健 党委委员、副校长
黎 明 党委委员、副校长
唐星华 党委委员、副校长
何兴道 党委委员、副校长
刘卫东 党委委员、副校长
聂 威 党委委员、副校长
杨晓光 党委委员、副校长
熊震宇 党委委员（1月任）、副校长（3月任）
顾有平 党委委员、纪委书记（5月任）

井冈山大学

彭涉晗 党委书记
曾建平 党委副书记、校长
肖长春 党委副书记
左继生 副校长
桂国庆 党委常委（11月因违纪撤职）、副校长（12月因违纪撤职）
龙 进 党委常委、副校长
吕玉华 党委常委、副校长
史胜平 党委常委、纪委书记
陈小林 党委常委、副校长
黄俭根 党委常委、副校长
肖宜安 党委常委、副校长

江西科技师范大学

李红勇 党委书记
左和平 校长
池泽新 党委副书记（任至5月）
魏新华 党委委员、纪委书记（任至3月）
朱爱莹 （女）副校长（任至1月）
胡业华 党委委员、副校长
蒲守智 党委委员、副校长
朱 笃 党委委员、副校长
徐景坤 副校长
李玉保 党委委员、副校长
邓 弘 党委委员、副校长（1月任）
刘建飞 党委委员、副校长（1月任）

景德镇陶瓷大学

郭杰忠 党委书记（任至1月）
江伟辉 党委书记（8月任）
宁 钢 党委副书记（8月任）、校长（9月任）
胡林荣 党委副书记
叶观荣 党委委员、纪委书记
吴本荣 党委委员、副书记
占启安 党委委员、副校长
李良智 党委委员、副校长（1月任）
王海波 党委委员（1月任）、副校长（2月任）
冯 浩 党委委员（6月任）、副校长（7月任）

江西中医药大学

刘红宁 党委书记（任至8月）
陈明人 党委副书记、校长
左铮云 党委副书记
朱卫丰 （女）党委委员、副校长
杨 明 党委委员、副校长
刘 青 党委委员、纪委书记（任至8月）
陈 勃 副校长（2月任）
简 晖 党委委员、副校长
章德林 党委委员、副校长
彭映梅 （女）党委委员、副校长
杜建强 副校长（1月任）

赣南医学院

李恭进 党委书记（6月任）
陈 新 党委副书记
刘 潜 党委副书记（1月任）、院长（4月任）
王柏群 副院长
刘 民 党委委员、副院长
陈 亮 党委委员、副院长
张裕生 党委委员、纪委书记（任至11月）
黄瑞忠 党委委员、副院长（3月任）
叶军明 党委委员、副院长（3月任）
肖树辉 党委委员、纪委书记（11月任）
黄林邦 党委书记5月，因涉嫌严重违纪接受组织审查；8月，经省纪委、省监察厅研究并报省委、省政府批准，给予黄林邦开除党籍和公职处分

赣南师范大学

孙弘安 党委书记
范小林 党委副书记、校长
胡龙华 党委副书记
曾泽鑫 党委委员、副校长
胡 海 党委委员、副校长
陈 勃 副校长（任至1月）
陈春生 副校长（任至2月）
邱小云 党委委员、副校长
吴剑波 党委委员、副校长
幸跃凌 党委委员、纪委书记
吴 磊 党委委员（1月任）、副校长（3月任）
罗序中 党委委员（1月任）、副校长（3月任）
郭新春 党委委员（1月任）、副校长（3月任）

南昌工程学院

徐兰宾 党委书记
金志农 党委副书记、院长
张立青 党委副书记
梁 钢 （女）党委委员、纪委书记
吴泽俊 党委委员、副院长
汪胜前 党委委员、副院长
李 明 党委委员、副院长
樊后保 党委委员、副院长
汪荣有 党委委员、副院长
胡 敏 党委委员、副院长

江西广播电视大学

易小明 党委书记
朱爱莹 （女）党委副书记、校长（1月任）
黄平槐 党委副书记
钟志贤 副校长
王水平 党委委员、纪委书记
陈江鸿 党委委员、副校长（2月任）

南昌师范学院

王金平 党委书记
徐求真 党委副书记、院长（11月任）
席芳宽 党委副书记（1月任）
徐晓泉 副院长
谢晓国 党委委员、副校长
周毛春 党委委员、副校长
胡小萍 党委委员、副校长（1月任）
殷 剑 党委委员（11月任）、副校长（11月任）
林加奇 党委副书记（任至5月）、校长（任至5月）
邬小辉 党委委员（任至10月）、纪委书记（任至10月）

九江学院

郑　翔　党委书记(任至2月)
赵　伟　党委书记(5月任)
刘晓东　党委副书记(1月任)、院长(2月任)
魏立平　党委副书记(1月任)、纪委书记(任至1月)
纪岗昌　副院长
王万山　党委委员、副院长
陶春元　副院长(任至4月)
陈春生　副院长(2月任)
杨耀防　党委委员、副院长
夏启国　党委委员、副院长
查振华　党委委员(1月任)、副院长(3月任)

新余学院

刘　冬　党委书记
史　可　院长
刘晓燕　(女)党委副书记
宁世春　党委委员、副院长
胡　涌　党委委员、副院长
陈裕先　党委委员、副院长
简少华　党委委员、纪委书记(任至11月)
李　敏　党委委员、副院长
龚丽春　(女)党委委员、副院长

宜春学院

肖华茵　党委书记
李雪南　党委副书记、院长
胡国瑞　党委副书记
彭外生　党委委员、纪委书记(任至11月)
梅光泉　副院长
曾晓春　党委委员、副院长
李明斌　党委委员、副院长
蒋　钰　(女)党委委员、副院长
余新卫　(女)党委委员、副院长
罗　政　党委委员、副院长
邱家明　党委委员、副院长

上饶师范学院

朱寅健　党委书记
詹世友　党委副书记、院长
刘国云　党委副书记
饶爱京　副院长
吴亦丰　副院长
王德荣　党委委员、纪委书记
赖明谷　党委委员、副院长
郑大贵　党委委员、副院长
李培生　党委委员、副院长
卢　超　党委委员、副院长
郑宗仁　党委委员
杨发建　党委委员

萍乡学院

陈金印　党委书记
史焕平　党委副书记、院长
蔡宝琦　党委副书记
郭　伟　党委委员、副院长
邱建丁　党委委员、副院长
潘运华　党委委员、纪委书记
刘卫林　党委委员、副院长
田常红　(女)党委委员(5月任)
陈永秀　(女)党委委员(10月任)、党委组织部部长
陈永国　党委委员(10月任)、党委宣传部(统战部)部长

景德镇学院

蔡付斌　党委书记
陈雨前　党委副书记、校长
钱鸣华　(女)党委委员、纪委书记(任至8月)
舒超英　党委副书记
吴　丁　党委委员、副校长
郑富年　党委委员、副校长
郑昕芾　党委委员、副校长
朱贺江　党委委员(9月任)
方文龙　党委委员(9月任)

全国五一劳动奖章获得者

刘伟平　江西省南昌县人,1974年12月生,大学本科学历,中共党员,江西三实建筑劳务有限公司安全生产管理员。他担任公司安全生产管理员期间,工作积极,乐观开朗,爱岗敬业,关心同事,热爱集体。工作当中总是冲在第一线,以身作则,率先垂范。排查安全隐患毫不松懈,成功总结安全生产“六牢记”工作法,实现安全生产事故零发生。生活当中,他艰苦朴素,乐于奉献。长期帮扶贫困学子和孤寡老人共计100余人,帮扶资金10万余元。先后被评为“南昌县身边好人”“南昌县道德模范”“市优秀共产党员”“江西省劳动模范”等荣誉称号。

周　鹏　江西省九江市人,1981年8月生,高中学历,九江市保安服务有限公司派驻北京银行九江分行保安队长。他高中毕业后,就开始从事保安事业,10多年来,忠于职守,任劳任怨,乐于奉献,在平凡的岗位上,干出了不平凡的业绩。在他多年的保安职业生涯中,有在烈日下站岗时的辛劳,有在救人时的无所畏惧,也有抓贼时的智慧勇气,白加黑,风和雨,尝遍“酸甜苦辣”,但他始终没有放弃保安事业,而是一直在保安岗位上默默奉献,心态平和,微笑服务,从普通保安员到专职队长,一步一个脚印。他曾获得“第四届全国先进保安员”“江西省五一劳动奖章”“九江市劳动模范”和首届“全省最满意保安员”等多项殊荣。2016年10月作为“全国先进保安员”赴京参加第四届全国先进保安服务公司、先进保安员表彰大会,会前受到中共中央政治局委员、中央政法委书记孟建柱会见。

谭　文　湖北省恩施州人,1981年7月生,江西元盛生物科技有限公司工段长。他2005年5月份进入浙江东亚药业有限公司,至2013年2月,一直工作在车间一线,十年如一日,任劳任怨,以厂为家,忍受着“脏、苦、累”,凭借自己刻苦钻研、勇于攀登的求知欲望和脚踏实地、兢兢业业地做事态度,不仅很快熟练掌握本岗位所需的基本技能和业务内容,还以身作则,想方设法调动广大员工,特别是一线员工的劳动积极性。他还运用所学的化工方面知识和亲身实践,积极参与和配合设备检维修工作,为有效把控车间现场的异常状态和生产的高效安全顺利地进行,出谋划策,建言献行,并提出自己的合理化建议,其中多次被相关岗位和部门吸收和采纳,为公司节能、降耗、减污、增效打下良好基础。2010年9月,他积极响应总公司的号召,由三门调往临海的浙江东邦药业有限公司,进行新车间的试产工作。

2014年3月，他再次积极响应总公司的号召，由浙江临海调往江西元盛生物科技有限公司，进行新项目的试产工作。与以往的项目不同，并帮扶新员工完成了传、帮、带的任务，本次项目存在身体过敏等更大的职业危险，在新项目试产过程中，他身体力行，带领新员工们迅速掌握车间的各种操作技能，熟悉车间的工艺流程，使试产工作顺利完成，保质保量完成公司下达的生产任务。

2014年—2016年，他连续3年被公司评为“优秀员工”，并被江西省总工会授予江西省五一劳动奖章、九江市政府授予九江市劳动模范。

陈烙铭　江西省景德镇市人，1968年12月生，大学本科学历，江西省景德镇市雕塑瓷厂工作，国家一级高级技师，江西省工艺美术家，江西省工艺美术师，景德镇非物质文化遗产传承人，中国工艺美术学会会员。他青年时期就进入雕塑瓷厂随父陈培火学艺，擅长瓷雕的设计创作，他创作的《五子登科》《年轮》《幽菊》《骏马》《梦》《我与圣火同行》等多个作品在全国及省内赛事中获奖。2007年在刘远长大师的指导下，成功组织完成韩国陶器千尊大型土偶的再创作制作工程，同年“简论陶瓷艺术当代性”论文发表于《陶瓷研究》。2009年“红色摇篮”大型组雕获江西省景德镇“第五届艺术百花奖”二等奖和中国权威2009年十大艺术陶瓷评选最佳工艺奖，并获“江西省美术馆收藏”；同年作品《花季》《乡土》经评选作为景德镇精品瓷赴台湾“海峡两岸陶瓷精品展”“北京建国六十周年景德镇陶瓷成就成果展”“中国瓷都景德镇首届上海陶瓷成就展”；《梦》陶艺作品获闽龙杯全国陶瓷原创设计电视大奖赛“最佳造型形态奖”，并获16届广州亚运会“海上丝绸之路景德镇千年瓷文化展”金奖。作品《达摩》在2010年全国非物质文化遗产展示会活动中，被国家一级博物馆——天津博物馆收藏。

汤伟珍　女，江西省萍乡市人，1971年1月生，大专学历，中共党员，中国邮政储蓄银行湘东区昌盛支行行长。作为支行的负责人，工作中，她时刻注重言谈举止，树立一线工作人员的良好形象，充分发挥服务职能。对待客户亲如一家、对待员工严格要求、对待工作一丝不苟，以自己的言行举止影响身边的同事，以自己的实际行动感动客户，为树立邮储银行严谨认真的工作作风做好表率。对待客户，她一方面坚持嘴勤、眼勤、手勤、腿勤的原则，把客户的要求看在眼里、听在耳里、急在心里，时刻做好满足客户各方面要求的准备，解决客户的各种需要，为其提供最真诚的服务。另一方面，严格遵循各项业务操作流程，做好大额现金及转账业务的监控和授权工作，保证资金流通安全，出色地完成各项工作和上级分配的各项任务。2016年，她协助当地政府代发征地拆迁款1.5亿元，为企业和商户代发工资7760万元，发展储蓄定期存款1.1亿元，信用卡4856张，发放贷款1.3亿元，销售代理保险6800余万元，营销理财7500余万元，票据贴现8950余万元。自2008年成立银行以来至2016年12月31日止，除小企业贷款外累计发放贷款11230笔，发放金额累计为11.52亿元，其中消费类贷款1006笔1.42亿元，个人商务贷款1980笔5.24亿元，小额贷款6422笔4.41亿元。另外小企业贷款结余为16笔4500万元。自2008年成立银行以来至2016年12月31日止，代发工资4.4亿元金额，户数71.46万户。

程永林　男，汉族，1980年3月生，中共党员，江西公安高专毕业，大学学历，现任江西省贵溪市公安局刑侦大队副大队长。2016年4月25日下午，程永林与同事侦办一起涉枪案，在抓捕过程中，遭遇嫌疑犯同伙开车撞击，危急关头，他奋不顾身推开身旁战友，自己却被撞击飞出十多米远，致使头部、腿部等多处重伤，全口牙齿被当场撞落，仅头部骨折部位就达15处，生命几近垂危。15年从警生涯，他侦办刑事案件近2000起，抓捕犯罪嫌疑人800余名，荣立个人三等功7次，12次被抽调参加省公安厅专案组。他坚持做公益，长期接济贫困学生。获“全国公安系统一级英雄模范”“中国好人”“江西十大法治人物”等称号。2017年，获评第21届“中国青年五四奖章”。

范承保　江西省新余市人，1975年7月生，大学本科学历，中共党员，江西省新余市第一中学年级主任。他1999年大学毕业至今，长期在班主任、年级主任岗位上工作。他关注学生心灵的成长，总是用细腻敏锐的心灵随时捕捉学生的思想动态、心理隐患，帮助学生解决种种的心理问题，以自信快乐的心态健康成长，形成鲜明独特的管理育人理念，作为班主任先后辅导12名学生考取清华北大，多人获全国物理奥赛冠军。2011年高考，所带班级7名学生考取清华北大，4名学生保送清华、北大。学生多人被评为“省三好学生”“省优秀学生干部”“省级优秀学生”。他教学水平精湛，获得过第四届全国高中物理名师大赛全国一等奖、江西省中学物理教学技能竞赛（个人）一等奖、（团体）第二名等多项荣誉。自制教具《远距离无线传输》《金属探测仪》《电磁驱动》获全国一等奖，《电容定义演示仪》《电容器的充放电演示版》获省一等奖并被中央电教馆收录，录像课《探究感应电流产生的条件》获省一等奖，多个课件获省一等奖。撰写的论文多次在《中学物理教学参考》《中学物理》等核心刊物上发表。多篇论文获全国、省一等奖。参与多部教辅材料的编写。多次主持、参与江西省重点课题。先后获评“江西省五一劳动奖章”“江西省特级教师”“全国模范教师”等称号。

朱　宇　女，江西省南康市人，1966年6月生，大学本科学历，江西省宜春中学教师。她躬耕教坛26载，所带班级学生先后有16名考入清华、北大、香港大学。曾获得全国优秀教师、江西省“五一劳动奖章”、首届全省中学优秀语文教师、宜春市名师、宜春市骨干教师、袁州区师德标兵等多项荣誉。她把学生看作孩子，把学校看作家庭。为困难学生提供临时借款近万元，耐心倾听学生的倾诉，关心学生的生活成长，被学生亲切地称为“朱妈妈”。他担任语文学科组长和备课组长，青蓝工程的优秀指导教师，为培养青年教师不遗余力，她指导的一批优秀青年教师已成为学校或市级教学骨干。她主持过4个省级课题，在国家级核心期刊上发表多篇专业论文。《学习新课标，树立语文教育新理念》等20多篇论文获国家一、二等奖。2014年获全国优秀教师，由中共江西省教育工委和江西省教育厅编写的《丹心世范铸师魂》收录她的《学生心中最亲的“朱妈妈”》，宣传她感人的事迹，传递正能量，树立标杆，激发广大教师长期从教积极从教的积极性和创造性。2014年11月参加宜春市政府和宜春市教委主办的“优秀教师先进事迹”巡回演讲团，先后到10个县市做了题为《做学生最亲最美的“朱妈妈”》的演讲，获得一致好评。

邵红花 女，江西省弋阳县人，1981年4月生，大专学历，中国电信股份有限公司弋阳分公司中小幼营业部员工。他从2008年3月进入中国电信股份有限公司弋阳分公司，历任营业员、VIP客户经理、政企客户部经理、中小幼营业部客户经理等职。不管岗位如何变化，她始终在工作中树立客户第一的思想，在工作方法上，始终做到勤走访，与客户多沟通并聆听客户宝贵意见，相信自己有能力为更多客户提供更好更优的服务，主动开拓市场发展业务，业绩一直在公司名列前茅。2013年通过单位团购促销和个人营销累计发展智能机646户，其中明星机达104户，为公司创收200余万元。2014年农信社手机集团网保存及新装发展共计259户，旭日铜矿集手机团网及宽带各保存124户，江西巍华化学新增手机集团网48户，发旺液压有限公司新增集团网20户，江西天施康医药有限公司新增手机集团网20户。2014年校园秋开营销中，主动担当了校园秋开营销的前头兵，签订校园翼校通16所学校合计一万余户的翼校通用户，带动手机集团网600户，为公司带来年收入100余万元。2015年发展上饶银行新增手机集团网58户，带动宽带58户，是上饶电信与上饶银行唯一合作成功的案例。学校翼校通发展22所，带动手机集团网400余户，月收入5万余元。企业银行集团网用户到期280余户已全部保存。2016年弋阳一中翼校通1700户带动教师手机集团网250户成功签约，弋阳二中翼校通2600户带动教师手机集团网198户成功签约，手机集团网保存6所学校，9月秋开学生学习机办理380户。2017年3月手机放号550户，并与弋阳县教育体育局签订腾讯智慧校园合作协议，带动年收入180万元。2016年5月获“全省五一劳动奖章”。

罗焕佣 江西省赣州市人，1974年7月生，江西省赣州市市政工程管理处路灯维修队队长。1993年参加工作，1996年开始从事路灯维修工作，2002年2月至今担任路灯维修队队长。他自从事路灯管护工作以来，一年365天，他几乎没有休息过，越是节假日，他越是忙。在工作环境恶劣、作业工具简陋的情况下，他以身作则，身先士卒。小街巷的路灯出故障是常有的事，但是巷道小，作业车根本进不去，他常常随身带着工具箱，有时借用梯子，有时没带工具发现小故障他直接顺着杆子爬上灯杆去维修。城区哪一盏灯不亮，哪里就有他的身影；哪一寸线被损，他就会出现在那里。城区的每一盏路灯，每一条路灯线路，每一个配电箱，他都如数家珍。因为工作繁忙，女儿生病住院直到出院，他也没空去医院看望女儿。妻子既要去医院照顾小的，还要赶往家里照顾老人，同样也累倒了，他也只是通过电话用言语安抚她，自己仍坚守岗位，默默奉献。

他干一行，爱一行，钻一行，他刻苦钻研《电工无线电技术》《城市道路路灯安装与维修》等有关路灯的业务书籍，每一个技术难点都不放过。市区有部分线路采用地埋的方法，给检修带来一定的难度，要整条线槽挖开查找，费时费力、费钱还误事。他经过反复实践和思考，总结出了“以端点为始点，科学择段排除”的方法，在提高工效的同时，大大降低维修成本。老城区路灯开关控制的线路长，盏数多，负荷大，电器损耗大，他向单位建议，对老城区的路灯开关控制线路进行负荷检测，重新合理配置线路，从简改造多头路灯，从而降低了维修成本，又提高了设施完好率和亮灯率。他不仅自己始终保持着旺盛的战斗力，他还发动、带领队员超常规工作，形成了同甘共苦、负重前行、克难攻坚的良好氛围，应对突击任务，常常每天工作时间14小时以上。在他的努力下，赣州市中心城区路灯设施完好率达到97%，亮灯率达到98%，“亮率”位居全省前列。

黄　群 江西省南昌市人，1971年8月生，中共党员，大学本科学历，江西洪都航空工业股份有限公司工装工具制造厂61车间钳工。作为工装工具制造厂驻航空城工装服务站站长，他全面负责钣金加工厂、数控机加厂等5个单位各类模、夹具和工、刀、量具的急、难故障的技术协调及修理工作。作为分厂的工具钳工专家，他凭着一手过硬的“錾子工夫”“锉刀工夫”，制造过许多大型压铸模、壳体型板、高难度金属铸模及锻造模。凭借精湛的操作能力，他在32岁时就获得江西省职工职业技能大赛第一名，在27年的职业生涯里，先后获得过全国技术能手、江西省五一劳动奖章、江西省首席技师等10余个国家级、省级荣誉。2008年起享受国务院政府特殊津贴。在“技能中国行2016年——走进江西”展示交流活动中，他代表中航工业洪都在现场展示了手工打磨的梅花凸凹套件，其配合公差达到0.01 mm（仅有头发丝直径的1/6），且在任意旋转配合后仍能达到不透水、不透光的精湛工艺，让现场观众赞叹不已，展示了航空制造的匠人品质。

作为享受国务院政府特殊津贴、江西省首席技师及中航工业钳工首席专家等多个国家、省级荣誉的高级技能人才，他深感肩上的责任重大。在工作中，他处处以优秀党员的标准严格要求自己，在分厂多个重点型号的模具攻关和航空城工装服务工作中，攻坚克难，吃苦耐劳，为工装制造能力提升和航空城工装保障作出了积极贡献。在他的带领下，历经8个月的艰苦努力，油断了上百根油石，终于成功突破45度橡胶压模制造的技术难关，总结出一套研磨工艺，使得橡胶压模的表面粗糙度达标，保证了11套45度橡胶压模的合格交付。

刘军林 甘肃省渭源县人，1978年9月生，中共党员，毕业于西安交通大学材料科学与工程专业，获博士学位，南昌大学研究员（二级），博士生导师，国家硅基LED工程技术研究中心常务副主任、教育部发光材料与器件工程中心主任。科技部重点领域创新团队“半导体照明技术创新团队”及江风益劳模创新工作室核心成员、江西省百千万人才工程人选，2016 年科技部中青年科技创新领军人才，享受江西省政府特殊津贴。共发表学术论文 30 余篇；申请发明专利 35 项，已授权 18 项；主持国家重点研发计划、国家自然科学重点基金、国家科技支撑计划等项目 5 项。

2006 年，他加入江风益研究团队，从此便一直奋斗在硅基 LED 技术攻关的路上。他相继在 GaN 基垂直结构 LED 电学可靠性技术、释放硅衬底巨大张应力的薄膜转移技术、有效利用泄漏电子发光提升 LED 内量子效率的技术和 LED 芯片 N(氮)极性面 n 型欧姆接触电极稳定性的技术等方面取得突破，并在高质量大尺寸硅衬底 GaN 基 LED 生长技术和硅基高亮黄光、绿光 LED 等方面斩获了硕果累累。其中，硅衬底高光效 GaN 基蓝光 LED 技术荣获了 2015 年度唯一的国家技术发明一等奖。这项技术从根源上解决了中国 LED 照明行业面临的知识产权问题，产生了显著的经济和社会效益。

陈晓明 江西省峡江县人，1966 年 11 月生，中共党员，江西银行股份有限公司党委书记、董事长，博士学位、高级经济师。他 1988 年大学毕业后一直在银行工作，2012 年年初，他担任南昌银行（江西银行前身）党委书记、董事长。当时南昌银行，仅仅只拥有广州、苏州、萍乡、九江、赣州、上饶、新余、丰城和高安 9 家异地分支机构，总资产 874 亿元，全口径存款 791 亿元。底子薄、规模小。短短 5 年时间，他带领全行干部员工苦干实干、锐意进取，交出了一份靓丽的“成绩单”：截至 2016 年年底，发起设立了省内第一家金融租赁公司、5 家村镇银行；全行资产总额达到 3178.99 亿元，较 2012 年增长 264%；全口径存款余额达到 2246 亿元，较 2012 年增长 184%；在全省人民币各项存款市场份额排名进位至第六名，增速高于全省平均水平一倍以上，并领跑南昌市；机构实现省内设区市全覆盖，营业网点 255 个，并在北京、上海两地拓展了金融市场业务、投行业务等。2016 年，江西银行（原南昌银行）成立一年来总资产突破 3000 亿元，增长超 55%；首例以非常委单位身份，成功承办“百年一遇”的全国城商行年会；全国首家非试点银行发行 80 亿元绿色金融债；首创全国第一款已申请专利的 HCE 技术下银行手机离线支付产品 Ola Pay；创新实施“转续贷”，缓解中小微企业“续贷难”问题，实现较好经济效益和社会效益。在他的带领下，江西银行的市场地位和业内形象显著提升。获得“中华慈善突出贡献单位”、中国银行业协会颁发的“理财机构最佳收益奖”、中国人民银行颁发的“金融科技创新突出贡献奖”“江西省金融机构利率管理工作先进单位”“江西省五一劳动奖状”等多项全国及省部级荣誉。

王清华 江西省乐平市人，1972 年 2 月生，中专学历，乐平市涌山镇同春煤矿采煤区班长。他时刻牢记“安全为天，以人为本”的安全理念，牢牢绷紧安全这根弦，在班前会上讲安全，班中查隐患，班后总结安全，要求大家严格遵守矿里的各项安全管理制度，规范自身安全行为，为班组的安全管理工作树立了标杆。他所带班组主要担任掘进任务，该工作面距离远，运输线长，是煤矿里的老大难问题，他的班组克服各种不利因素的情况下，顺利完成矿里下达的掘进任务，工程质量全部达标，而且未发生一起安全事故。他关心新工人的成长，要求班组中的老工人能够发挥自己的优势，远言传身教，将自己的技能和绝招传授给新工人，在工作中通过发挥每个人的长处，带动了新工人的操作技能水平提高。

在班组日常管理中，他扮演“兵头将尾”的角色，以身作则，并根据班组成员的自身特点细化分工，明确职责，严格按照队上的管理制度对班组成员进行考核，对于干得好的成员，在工资分配上按照规定进行加分奖励，对于违反矿及队上相关制度者，也及时给予处罚和批评。此举有效提高了班组成员的工作积极性，形成了较好的工作工作氛围，确保班组安全生产。

2016 年，他获得矿区个人先进工作者和优秀班组长的称号，班组获得优秀班组的称号。2016 年获江西省五一劳动奖章。

陶晓弟 江西省南昌市人，1962 年 10 月生，中共党员，本科学历，江西前洲实业有限公司监事。2014 年，陶晓弟担任企业监事后，一心想带动全村村民致富。经过认真思考和考察市场，他发现市场对绿色无公害蔬菜的需求量非常大，利润很可观。他决定带动群众发展绿色无公害蔬菜种植。为尽快掌握技术，他多次外出参观学习，向有关专家请教，并查阅了大量绿色生态蔬菜种植和管理方面的资料，熟练地掌握了蔬菜种植、病虫害防治等基本技术，率先开展了绿色无公害蔬菜种植，由于迎合了市场的的需求，产品供不应求，取得可观的经济效益。他主动为群众提供技术、信息服务，并邀请省农科院专家和区农水局技术人开展技术培训，带动其他村民一起种植生态绿色蔬菜。全村绿色无公害蔬菜种植规模越来越大，为进一步拓展蔬菜销售渠道，他向总经理出谋划策，创办了全村第一家蔬菜配送中心，使本村村民生产的蔬菜直接进入百货大楼、洪客隆等大型超市进行销售，村民的收入普遍得到增加。

他为人谦虚，肯学肯干，在他的影响下，先后有 50 多名职员常年在海南、广东、山东、内蒙古等地从事蔬菜营销，家庭年均收入在 10 万元以上。公司的拳头产品“七寸肉丝瓜”规模化种植产业得到了长足发展，并先后引进蔬菜新品种“迷你南瓜”“海南苦瓜”，实行地膜加中棚的种植新技术并加以推广，为前洲村“一村一品”农业产业的发展起到较好的推动作用。公司种植户由原先 150 户增加到 300 户，种植面积由原先的 13 余公顷扩种到 60 余公顷，户均经济增长 8000 元。公司的产值、利润也得到不断递增，2010 年实现产值 220 万元，利润 30 万元；2011 年实现产值 300 万元，利润 45 万元；2012 年实现产值 380 万元，利润 60 万元。

他热心于公益事业，他曾经捐款 1.5 万余元，用于帮助村里开展村级道路硬化建设，并个人捐资新建了交管站候车亭；带头捐资 10 万元，并带动他人踊跃捐资 180 余万元，用于前洲村文化活动中心建设，得到了群众的交口称赞和一致好评。2013 年 10 月被南昌市委、市政府评为“农村特殊专长人才”培养对象；2014 年获得

"江西省五一劳动奖章";2015 年获得"江西省劳动模范"称号。

（省总工会）

中国青年五四奖章获得者

程永林 （主要事迹见全国五一劳动奖章获得者事迹）

米拉迪力 维吾尔族,中共党员,1993 年 12 月生,新疆和田人,江西科技学校 2014 级国贸本 1 班在读学生。他拍的传递民族团结正能量微电影《做梦都想》告诉外界一个真实的新疆;他创立的公司组建了全国首个在校大学生公司团支部;发起的"全国高校新疆文化周"活动全球 20 万名大学生参与;组建的"新丝路创客驼队"帮助 700 多家农户户均年收入增加 5000 元,影响 6000 多名大学生创业。他的事迹被新华社、人民日报等百余家媒体报道,被誉为"行走在丝绸之路上的赣疆青年",受到全国政协原副主席司马义艾买提、团中央第一书记秦宜智、江西省省长刘奇等领导接见和赞扬,被授予"全国向上向善好青年""江西青年五四奖章"等荣誉,参与《中国好青年》《出彩 90 后》等节目录制。2017 年,获评第 21 届"中国青年五四奖章"。

（共青团江西省委）

全国三八红旗手

刘云娟 女,1971 年 3 月生,中共党员,江西省南昌市东湖区彭家桥街道光明社区党委书记、主任。自担任社区主任以来,她狠抓社区各项工作,切实维护妇女儿童的合法权益。在"妇女儿童之家建设""家庭文化建设""维护妇女儿童合法权益"等工作中做了大量的努力。创新实施"三环式"妇联创安工作新机制,初步实现了社区妇联组织网络化、工作区域化、城乡一体化。在全省社区中率先实行社区"大党委制",建立社区党组织"1+3"体系,推行"兼职委员制",加强社区党组织自身建设。在全省率先打造了社区"妇女儿童之家",让周边村和流动人口妇女以及农民工子女享受到社区同等的关爱服务。2016 年 3 月,中共中央总书记习近平考察光明社区时给予肯定。中央组织部、中央综治委、国家安全部、全国妇联及省、市领导多次莅临社区视察工作。社区被评为"全国先进基层党组织"、"全国妇联基层组织建设示范社区"、"全国家庭教育示范社区"、"全省先进基层党组织"、"全省十大和谐社区"等荣誉称号。

胡丽鹏 女,1968 年 11 月生,中共党员,新余市岩宏种养专业合作社理事长。她于 2012 年成立新余市岩宏种养专业合作社,始终坚持以"高起点、高标准、高效益"为原则,秉承以"做良心企业,做良心产品"为宗旨,实现养殖、种植、旅游为一体的新型农业开发。生产的"岩宏"牌鸡蛋获得江西省著名商标、出口许可证、绿色食品认证和有机食品认证证书,产品远销世界各地。合作社被评为省级优秀农业产业化龙头企业、全国五一劳动奖状获得单位、江西省蛋鸡标准化示范场。创办的"岩宏山庄",被评为江西省 4A 级乡村旅游示范点、全省休闲农业示范点。创新"合作社 + 农户"的经营模式,给周边农户们带来高质量的生产技能培训,促进农民增收。与此同时,她积极参加多项爱心捐助和帮扶活动,累积捐款金额 200 多万元。被时代楷模评委会评为第十届爱心中国十大杰出企业家。2015 年获得"江西省劳动模范"称号,2017 年被评为"江西好人"。

杨丽峰 女,1971 年 3 月生,中共党员,贵溪市妇联党组书记、主席。自 2012 年 9 月担任贵溪市妇联主席以来,始终牢记全心全意为妇女儿童服务的宗旨,扎实做好妇联各项工作。围绕发展,服务妇女,做好创业致富的"引路人"。五年来发放妇女小额贷款 1.5 亿余元,为 1680 余名创业妇女提供了资金支持。创建国家级"巾帼文明岗"2 个,省级"巾帼文明岗"6 个。助力脱贫攻坚,通过举办实地培训带动 200 余名村民就业,其中建档立卡贫困户 30 人,有效解决了农村妇女家门口就业问题。普法维权,扶贫帮困,成为妇女儿童的"贴心人"。开展各类法律知识宣传及培训活动,泗沥法庭发出了江西省首张"人身安全保护令"。五年来共有 65 名贫困两癌女性受益;1170 余名贫困母亲得到各种形式救助。曾获"江西省先进工作者""江西省三八红旗手"称号,2011—2015 年连续 5 年被评为"全省实施妇女儿童发展纲要先进个人"。

樊文婕 女,1984 年 5 月生,江西省萍乡市人民检察院公诉处副处长。10 年公诉,20 余万字的学习笔记,数百起案件,20 多项荣誉。在多年的工作中她秉公执法,兢兢业业。曾主办过多起在全省、全市有重大影响的犯罪大要案件,均取得了很好的法律效果和社会效果。每次提审被告人、接待被害人家属、来访群众时,耐心兴致释法说理,保障了当事人的合法权益,也较好地化解了社会矛盾。办案之余,为了更好地保障未成年人的合法权益,预防未成年人犯罪,多次参加开展了法制进校园宣传活动,走进基层小学,向学生和教师开展法制宣传和法制教育。始终坚持学习,注重积累,积极开展深度理论研究。凭借过硬的专业知识,她获得了"全国优秀公诉人"称号,两次被评为"全省十佳公诉人"。

雷海燕 女,1979 年 9 月生,中共党员,铅山县篁碧畲族乡党委书记。在她的带领下,全乡成立了 7 个茶叶种植专业合作社、2 个毛竹产业合作社、1 个野生猕猴桃种植合作社,建立了 4 个党员种植示范基地,带动农户 680 户,可增加每户均纯收入 1200 余元。2016 年乡财政总收入达到 1293.14 万元,农民人均可支配收入达到 10180 元,分别是 2010 年的 4.6 倍和 1.7 倍。全乡共新建了 3 个移民搬迁小区,惠及畲民 200 余户、600 多人,新建住宅近 3 万多平米,也成为秀美乡村样板。在推进全面从严治党中,积极贯彻落实"两个责任",突出问题为导向,深入开展"三问一访"集中整治专项行动,认真落实"三重一大"事项公开制度。先后获得"全国各族青年团结进步优秀奖"及"全国民委系统法制宣传教育先进个人""江西省民族团结进步模范个人”“江西省民族团结进步模范个人”称号。

陈玉珍 女，1976年1月生，中共党员，抚州市国税局直属分局党总支书记、局长。参加税收工作以来，累计撰写文字材料字数以几十万计，多次被评为全省国税系统优秀税收理论调研文章。担任基层单位的领导以来，违反税法的事坚决不做，有损国税形象的事坚决不干；不能说的话坚决不说，不能开的口坚决不开。热爱公益事业，组建学雷锋志愿者服务队，建立学雷锋志愿者信息库。累计为汶川、玉树地震、2008年南方冰灾、唱凯决堤捐助财物1.6万元；先后7次深入挂点社区，结对帮扶18户孤老、残疾、身患重病的典型困难居民，建立台账和档案卡；与困难学生实行“一对一”的长期结对助学计划，设立专项助学金。率领的团队被评为江西省“第三批全省学雷锋活动示范点”，先进事迹被中央人民广播电台新闻与报纸摘要栏目、江西日报等10余家主流媒体宣传报道。

吴园梅 女，1978年1月生，中共党员，技师，南昌铁路局南昌车辆段检修车间电气组工长。自工作以来扎根生产一线，先后从事过客车发电车乘务员、客车空调设备维修、客车电气装置检修等工作，成为该段唯一一名女工长。对25G、25T型客车电器维修、传授技艺方面有独特的专长。工作中遇到“疑难杂症”、技术心得、知识要点积极开展讨论，培养一批业务尖子，创建“吴园梅电气攻关小组”品牌，在“提升素质、确保质量、保障安全、节支降耗”品牌理念指导下，针对段修客车原来无能力维修的高价配件进行技术攻关。实现对安全记录仪、PLC网关等相关部件及车下电源等高价电气配件进行维修技术攻关，努力扩大自检自修范围，深挖节支降耗空间节约成本400余万元。先后荣获“江西省技术能手”“江西省青年岗位能手”“江西省巾帼建功标兵”“江西省五一劳动奖章”“路局十大平凡之星”“江西省劳动模范”等荣誉称号。

涂雅雅 女，1968年12月生，江西永通鞋业有限公司董事长，江西省女企业家协会常务副会长，南昌市政协委员。2003年至今先后在南昌投资近10亿美元创办企业，多次获得“出口创汇先进企业”“出口创汇贡献奖”“纳税先进奖”等荣誉称号。她热爱祖国、热爱党，坚决拥护“一国两制”和香港《基本法》，在“反占中、撑政改”及历次区议会、立法会助选中立场坚定。通过香港、福建、江西以及港区妇联代表联会等平台，壮大爱国爱港力量，维护港澳地区的繁荣稳定。推动赣港台闽经济社会文化的交流合作，带头在赣投资，带头推动赣企在香港上市，为江西引进了华润、万象汇等一批世界500强企业。作为政协委员，积极关注政府工作和社情民意，提交的议案和建议得到了有关部门的重视。热心参与公益事业，始终秉持“关心社会，反馈社会”信念，心系江西贫困地区教育和社会事业发展。累计向社会捐赠超过1亿元，修建40所希望学校，在全国助养370多个孤儿及贫困学生并长期捐献助学金，2017年10月，在“北大教育数据平台”捐资1000万元，支持培育高端人才，开拓国内校园科研事业。

郭璐萍 女，1976年2月生，江西省新余市妇幼保健院副主任医师。她从事妇产科临床一线工作20余年，医德高尚，技术精湛。2014年她主动请缨，加入中国第21批援突尼斯医疗队。在援外工作中表现积极、开拓创新，救治了众多急危急症病人，挽救了无数条生命。2015年，在身患癌症情况下，坚守岗位加班加点救治病人。住院治疗期间，她依然提出要重返国家援非事业，赢得了非洲当地部门高度赞赏，以大无畏牺牲精神和崇高的国际人道主义精神，树立了中国医生光辉国际形象，为中国赢得了荣光。她先后获“江西好人”“江西五四青年奖章”“中国好人”等荣誉。2017年8月，获得全国卫生计生系统“白求恩奖章”。

马小立 女，1972年生，九江市浔阳区白水湖街道九针社区主任。她曾是九江针织内衣总厂一线纺织工人。在内衣总厂工作期间，她苦练技术，做事拼命。2000年，由于工作表现突出，获得全国劳动模范荣誉称号。她还先后获得九江市劳动模范称号、江西省五一劳动奖章、江西省劳动模范、全国五一劳动奖章。2011年，她开始从事社区工作；2014年，当选为九针社区主任。成为社区工作者后，如何帮助企业改制后的下岗人员，成为她经常思考的问题。在“奉献、友爱、互助、进步”的志愿者精神感召下，她加入了九江市爱国拥军促进会、九江市劳模志愿者服务队、浔阳区劳模志愿者服务队、浔阳义工联合会等爱心组织。她参加的公益活动有近千场，累计服务工时近3万小时。她创建了九针社区学雷锋志愿者服务队，开展各项志愿活动近百次，持续开展困难助学、走访慰问等关爱妇女儿童系列活动，获得2016年度“九江市学雷锋志愿者示范社区”称号。她解决了外贸支巷九针25号院的综合整治民生问题和路灯的升级维修，让社区居民彻底告别了“灯下黑”的生活；完成了社区道路路面维修、公厕改造、下水管网的清掏疏通、建筑垃圾死角的清除，解决了多年来困扰社区居民生活的“老大难”问题；建设了400平方米的社区小广场和社区文化活动室，在主要出入口增设5处监控摄像头，为社区的绿化和安保作出了贡献。

（曾利杰　凌云　林涵）

本栏编辑　张志勇

附　录

中共江西省委　江西省人民政府关于深入落实《国家生态文明试验区（江西）实施方案》的意见

2017年9月30日

为认真贯彻习近平总书记系列重要讲话精神和治国理政新理念新思想新战略，全面落实党中央、国务院关于生态文明建设和生态文明体制改革的总体部署，奋力打造美丽中国"江西样板"，现就深入落实《国家生态文明试验区（江西）实施方案》（以下简称《实施方案》）提出如下意见。

一、坚决担负起建设国家生态文明试验区的重大政治责任

生态文明建设是中国特色社会主义事业"五位一体"总体布局的重要内容。要提高政治站位，深化思想认识，强化责任担当，勇于开拓创新，坚决落实好党中央、国务院建设国家生态文明试验区的重大决策部署。

（一）建设国家生态文明试验区，是习近平总书记治国理政新理念新思想新战略的重要要求。党的十八大以来，习近平总书记发表一系列重要讲话，形成了治国理政新理念新思想新战略。习近平总书记关于生态文明建设的一系列重要论述，构成了内涵丰富的中国特色社会主义生态文明建设战略思想，为建设美丽中国、实现中华民族永续发展指明了方向、提供了遵循。建设国家生态文明试验区，是以习近平同志为核心的党中央立足全局、着眼长远作出的科学决策，充分体现了我们党高度的历史自觉和生态自觉。要始终与党中央保持高度一致，牢固树立并切实贯彻绿色发展理念，坚持走生产发展、生活富裕、生态良好的文明发展道路，加快建设富裕美丽幸福江西。

（二）建设国家生态文明试验区，是党中央、国务院赋予江西的重大使命。党中央、国务院将我省确定为首批国家生态文明试验区的三个省份之一，既是对我省生态文明建设成效的充分肯定，也赋予了我省探索生态文明建设新模式的光荣使命。要牢记习近平总书记打造美丽中国"江西样板"的殷切嘱托，举全省之力、集各方之智，深入推进国家生态文明试验区建设，保护好、巩固好、发展好我省绿色生态优势，推动生态文明体制改革走在前列，为全国生态文明建设探索路径、积累经验。

（三）建设国家生态文明试验区，是江西创新发展、绿色崛起的宝贵机遇。绿色生态是江西最大财富、最大优势、最大品牌。建设国家生态文明试验区，有利于释放生态红利，促进产业升级，提升发展质量，把绿水青山转化为金山银山；有利于回应人民关切、增进生态福祉，推动生态文明共建共享，形成人与自然和谐发展新格局。要抓住宝贵的历史机遇，深入落实省委"创新引领、绿色崛起、担当实干、兴赣富民"工作方针，努力走出一条经济发展和生态文明水平提高相辅相成、相得益彰的新路，夺取决胜全面建成小康社会、建设富裕美丽幸福江西的新胜利。

二、牢牢把握建设国家生态文明试验区的目标任务

深入贯彻习近平总书记系列重要讲话精神和治国理政新理念新思想新战略，坚持节约资源和保护环境的基本国策，把生态文明建设放在突出位置，融入经济建设、政治建设、文化建设、社会建设各方面和全过程，着力培育绿色发展新动能，开辟绿色富省、绿色惠民新路径，构建生态文明领域治理体系和治理能力现代化新格局，奋力打造美丽中国"江西样板"。

（一）紧扣战略定位。《实施方案》提出打造山水林田

湖草综合治理样板区、中部地区绿色崛起先行区、生态环境保护管理制度创新区、生态扶贫共享发展示范区。这个战略定位具有很强的针对性、指导性和前瞻性。牢固树立系统思维，统筹山、江、湖等生态要素，科学开展保护、开发和治理。促进生态优势转化，推动绿色发展、循环发展、低碳发展，着力优化产业结构、提升发展质量，探索生态和经济协调发展新路径。充分发挥首创精神，大力推进改革创新，创造更多可复制可推广的生态文明制度经验。积极探索生态扶贫新模式，促进生态文明建设与脱贫攻坚深度融合，让人民群众更好地分享生态红利。

（二）贯彻基本原则

——坚持对标中央。坚决贯彻党中央、国务院关于生态文明建设和生态文明体制改革的总体部署，深入落实习近平总书记对江西工作“新的希望、三个着力、四个坚持”重要要求，把建设国家生态文明试验区的各项任务落到实处。

——坚持绿色发展。把绿色发展作为基本路径，在发展中保护、在保护中发展，大力培育新动能、发展新经济，形成节约资源和保护环境的空间格局、产业结构、生产方式、生活方式，努力实现经济社会发展和生态环境保护协同共进。

——坚持改革创新。深入实施创新引领方针，聚焦重点难点问题，大胆探索、先行先试，不断深化体制机制创新，探索建立具有江西特色、系统完整的生态文明制度体系。

——坚持以人为本。加大环境综合治理力度，切实解决社会关注度高、涉及人民群众切身利益的突出问题，改善和巩固生态质量，建设天蓝、地绿、水净的美好家园，促进生态富民，增强人民群众的获得感。

（三）落实重点任务。《实施方案》提出构建山水林田湖草系统保护与综合治理制度体系、严格的生态环境保护与监管体系、促进绿色产业发展的制度体系、环境治理和生态保护市场体系、绿色共治共享制度体系、全过程的生态文明绩效考核和责任追究制度体系等6大体系，明确建立健全自然资源资产产权制度等24项重点任务。这些任务要求，涉及生态文明建设的各个领域，是我省建设国家生态文明试验区的主要目标和基本框架。要加强组织领导，合理分工安排，分解年度任务，细化实施举措，明确每项任务的目标成果、进度安排、保障措施，逐项推进落实，确保取得实效。

（四）实现发展目标。有步骤、分阶段推进国家生态文明试验区建设，实现“一年开好局、两年有变化、四年见成效”。

——一年开好局。到2017年底，贯彻《实施方案》全面启动，各项任务分解落实到位，推进机制健全完善，领导和组织协调机构建立，配套政策和相关专项落实方案制定出台，全省上下形成落实《实施方案》的共识和合力，国家生态文明试验区建设扎实起步开局。

——两年有变化。到2018年年底，国家生态文明试验区建设取得较大进展，在流域生态保护补偿、河湖保护与生态修复、绿色产业发展、生态扶贫、自然资源资产产权等重点领域形成一批可复制可推广的改革成果。

——四年见成效。到2020年年底，《实施方案》确定的任务全面完成，初步形成具有江西特色、系统完整的生态文明制度体系，推进生态文明领域治理体系和治理能力现代化走在全国前列，打造美丽中国“江西样板”取得重大进展。

三、认真落实建设国家生态文明试验区的重大举措

建设国家生态文明试验区是一项系统工程。要把行政力量、市场机制和法治手段统筹结合起来，发扬改革创新精神，着力解决突出问题，努力构建长效机制，确保《实施方案》重点任务落地见效。

（一）提升治理能力。按照以人为本、防治结合、标本兼治、综合施策的原则，建立以保障人体健康为核心、以改善环境质量为目标、以防控环境风险为基础的环境管理体系，加快解决大气、水、土壤污染等突出环境问题。实施“净空”行动。突出污染源头治理，抓住燃煤电厂超低排放改造、机动车尾气治理、工地扬尘治理、秸秆资源化利用等关键环节，形成重点区域联防联控的治理格局，逐步消减大气污染物排放总量。实施“净水”行动。深入实施“河长制”，逐步推进流域综合管理体制改革，构建流域水环境保护协作机制，加大对“五河一湖”及东江源头、国家级自然保护区、重要湿地等重点生态功能区的生态保护与修复力度，加强对小流域水土流失的治理，全面消除Ⅴ类及劣Ⅴ类水体，确保水环境质量稳步提高。实施“净土”行动。加强对工业废弃物、危险废弃物的处置，加大对重金属污染重点区域的治理和修复力度，加快建设绿色矿山，控制并减少农业面源污染，推进生活垃圾强制分类，逐步改善城乡人居环境。加强生态环境大数据平台建设，逐步完善监测体系和预警机制，及时评估和掌握生态环境状况。

（二）巩固生态优势。树立底线思维，设定并严守资源消耗上限、环境质量底线、生态保护红线，将各类开发活动限制在资源环境承载能力内。建立统一的自然资源确权登记系统，探索建立归属清晰、权责明确、监管有效的自然资源资产管理体制。细化落实主体功能区空间布局，加快推进全省多规合一，加强自然生态空间用途管制，严守耕地保护红线。实施水土流失综合防治、森林质量提升、湿地保护、流域生态补偿等绿色生态工程，推动山水林田湖草生态系统的整体保护、系统修复和综合治理，加强生物多样性保护优先区域监管。持续开展生态创建活动，积极创建生态文明示范县（市、区）、生态文明示范基地、生态工业园区、绿色社区，推出一批生态示范创建典型，厚植全省绿色生态优势。

（三）发展绿色产业。按照减量化、再利用、资源化的

原则,加快建立循环型工业、农业、服务业体系,提高全社会资源产出率。深化农业供给侧结构性改革,推进六大现代农业工程建设,打造生态原产地品牌,提升农产品附加值。以科技创新为引领,加快发展战略性新兴产业,推动航空、新型光电、新材料、新能源汽车、智能装备等绿色制造业快速成长。推进传统产业绿色化、智能化改造,提高资源综合循环利用水平。发挥生态旅游资源优势,大力发展全域旅游,做大做优做强生态旅游产业。发挥中医药资源优势,加快发展以中医药为重点的大健康产业。发展工业设计、现代物流、现代金融、文化创意等现代服务业,发展大数据及云计算、物联网、电子商务等智慧经济,提高绿色低碳技术和节能环保产业发展水平。充分利用民间工艺,大力发展绿色创意产品,打造一批创意文化产业基地。加大绿色技术研发投入,支持生态文明领域工程技术类研究中心、实验室和实验基地建设,开展重点技术攻关,建立健全中介服务机构,加快成熟适用技术的示范推广。淘汰落后产能,逐步提高淘汰标准。

(四)发挥市场作用。妥善处理好政府与市场关系,加快推进"放管服"改革,营造良好市场环境。扎实推进绿色金融改革创新试验区建设,构建绿色金融体系,丰富绿色金融产品和服务,助推绿色产业发展。创新生态文明建设投融资机制,在扩大政府投入的同时,积极引入社会资本,加快培育环境治理和生态保护市场主体。推行政府购买服务、环境污染第三方治理、合同能源管理和合同节水管理等新模式,加快推进污水垃圾处理设施运营管理单位向独立核算、自主经营的企业转变。深入推进市场化改革,完善自然资源资产价格形成机制,统筹推进排污权、碳排放权、水权、用能权等市场交易机制建设,促进各类环境资源有序流动、高效配置。进一步理顺垃圾处置、污水处理等价格机制,更好保障环境基础设施建设运营。探索多种形式的生态补偿机制,引导生态受益地区与保护地区之间、流域上游与下游之间,通过资金补助、产业转移、人才培训、共建园区等方式实施补偿。

(五)深化制度创新。鼓励先行先试,努力在山水林田湖草系统保护治理、生态环境保护监管、绿色产业发展、绿色共治共享、生态文明绩效考核与责任追究等方面,创造一批可复制可推广的改革成果。加强生态文明制度建设的顶层设计,解决生态文明领域职能交叉、权责不明等突出问题,推动建立统一监管、统筹协调的管理体制。坚持"废、改、立、释"相结合,优化整合具有替代性的制度,梳理打通具有互补性的制度,协调统一具有冲突性的制度,切实增强生态文明制度的针对性、操作性和系统性,努力形成制度衔接配套、部门职责清晰、工作协调互动的良好格局。

(六)促进绿色惠民。加大对源头地区、贫困地区生态补偿,引导贫困地区发展林下经济、绿色农产品精深加工、生态旅游等,着力解决农村环境整治、农业面源污染等突出问题,推进生态文明建设与脱贫攻坚共同进步。大力推进绿色城镇化,保护自然景观,发展绿色建筑,提高绿化面积,扩大创建园林城市的覆盖面。促进有条件的城市近郊风景名胜区逐步免费向公众开放,建设一批开放型绿色生态教育基地。加强"整洁美丽、和谐宜居"新农村建设,抓好村庄整治、环境美化、乡风文明等建设,让人民群众共享生态福祉。挖掘优秀传统生态文化思想和资源,创作一批文艺作品,创建一批教育基地,满足人民群众的生态文化需求。将生态文化培育作为文明城市、文明村镇和文明单位(社区)创建的重要内容,广泛动员全民参与生态文明建设,营造全社会共建共享生态文明的浓厚氛围。

(七)完善政策配套。进一步完善环境和经济问题综合决策机制。完善以政府为主体的公共政策,建立与经济发展水平相适应、相协调的生态文明建设公共财政投入增长机制。整合现有投资渠道,逐步扩大省级投资用于生态文明建设的比例。完善以企业为主体的市场政策,落实企业生态环保责任,制定符合市场要求的绿色产业准入、绿色产业激励、绿色金融服务、自然资源资产价格形成等政策。完善以公众为主体的社会政策,强化社会各方面在生态文明建设中的责任义务,扩大环境信息公开,保障人民群众依法有序行使环境监督权,形成生态文明建设人人参与、人人共享的良好局面。

(八)提供法治保障。做好生态文明建设地方立法工作。启动环保机构监测监察执法垂直管理改革,建立健全省级环境保护督察制度,健全跨区域环境联合执法协助机制。加大环境执法力度,对各类环境违法违规行为实行"零容忍",对违反环保法律法规的,依法严惩重罚;对造成生态环境损害的,以损害程度等因素依法确定赔偿额度;对造成严重后果的,依法依规追究刑事责任。健全环境资源行政执法与司法的衔接机制,推动生态环境和资源保护领域的公益诉讼。支持资源环境监管机构独立开展行政执法。加强环境保护基层执法队伍、环境应急处置救援队伍建设。加大生态文明建设的法治宣传力度。

四、着力凝聚建设国家生态文明试验区的强大合力

全省各地各部门要认真贯彻落实党中央、国务院和省委、省政府的决策部署,切实增强责任感、使命感、紧迫感,加强组织领导,狠抓工作落实,形成统筹推进国家生态文明试验区建设的整体合力。

(一)抓好统筹协调。省生态文明建设领导小组负责国家生态文明试验区建设的总体部署、统筹协调、整体推进和督促落实。成立江西省国家生态文明试验区建设办公室,具体负责《实施方案》的组织实施。各级党委、政府对本地生态文明建设和体制改革负总责,集中力量抓好各项任务的贯彻落实。加强军地互动,形成军民融合、协调发展的生态文明建设协作机制。省有关部门要结合工作职责,

推进国家生态文明试验区建设各项任务。市县要主动作为，发挥首创精神，大胆探索实践。各地各有关部门要树立一盘棋思想，密切配合、通力合作，形成纵向到底、横向到边、各负其责、统筹推进的生动局面。

（二）压实领导责任。各级党委、政府主要负责同志要按照习近平总书记“四个亲自”要求，重要改革亲自部署、重大方案亲自把关、关键环节亲自协调、落实情况亲自督察，始终靠前指挥、狠抓落实，确保国家生态文明试验区建设各项任务落地见效。牵头单位主要负责同志要加强组织协调，配合单位主要负责同志要主动担责，合力抓好各项改革落实。各地各有关部门要结合实际，抓紧出台实施规划，细化工作方案，明确责任主体、目标任务、工作进度和保障措施，推动各项政策措施落准落细落实。

（三）扩大社会参与。充分发挥各类媒体作用，加强政策解读和宣传引导，大力宣传党中央、国务院和省委、省政府的决策部署，宣传建设国家生态文明试验区的重要意义、战略定位、目标要求、重大举措以及进展成效，宣传各地各部门的成功经验和有效做法。将国家生态文明试验区建设内容纳入各级党校、行政学院、干部学院教学计划。探索建立生态文明智库，鼓励和支持科研院所、高等院校开展相关课题研究和学术交流。完善公众参与制度，发挥民间组织和志愿者的积极作用，鼓励各行业制定绿色行为规范，在全社会形成良好的绿色生活方式。

（四）强化督查落实。开展阶段性目标考核和年度工作考核，将考核结果纳入绩效考核范围，作为综合评价各级领导班子和领导干部的依据。健全完善评估机制，定期对国家生态文明试验区建设情况开展自评估，探索第三方机构独立评估。对生态文明建设和生态文明体制改革成绩突出的地方、单位和个人，按有关规定给予表彰奖励；对工作不作为、慢作为、乱作为、失职渎职，推动生态文明建设和生态文明体制改革不力的，进行严肃批评，视情追责问责。

各地各部门贯彻落实情况及时向省委、省政府报告。

江西省人民政府
关于加快推进“放管服”改革工作的意见

2017 年 8 月 23 日

各市、县（区）人民政府，省政府各部门：

为认真贯彻落实国务院深化简政放权放管结合优化服务改革电视电话会议精神和《国务院办公厅关于印发全国深化简政放权放管结合优化服务改革电视电话会议重点任务分工方案的通知》（国办发〔2017〕57 号）以及全省深化简政放权放管结合优化服务改革电视电话会议精神，进一步将“放管服”改革向纵深推进，结合我省实际，就加快推进我省“放管服”改革工作，提出如下意见。

一、指导思想

认真贯彻落实党中央、国务院关于深化简政放权放管结合优化服务改革的决策部署，坚持目标导向、创新导向、发展导向和问题导向，把“放管服”改革作为转职能、提效能、激活力、促发展的重要抓手，为促进就业创业降门槛、为各类市场主体减负担、为激发有效投资拓空间、为公平营商创条件、为群众办事生活增便利，真正做到审批更简、监管更强、服务更优，进一步优化营商环境，不断激发市场活力和社会创造力，推动全省经济社会持续健康发展。

二、重点任务

（一）持续深化简政放权

1. 进一步精简行政权力。按照“应减必减、该放就放”的要求，全面梳理行政权力事项，围绕企业和群众反映强烈的问题，2017 年内再取消或下放一批制约企业生产、投资经营活动和群众办事不便的行政权力事项，逐步实现省内设定行政许可事项“零审批”。精准实施协同放权，清理或合并管理目的相同或类似的行政权力事项。对取消下放的行政审批事项持续开展跟踪评估，加强指导培训，确保基层接得住、用得好。加强清单标准化管理，研究制定全省各类清单统一标准。规范和完善省、市、县三级政府部门权力清单和责任清单，2017 年内发布乡镇政府权力清单和责任清单，实现省、市、县、乡权责清单“全覆盖”。积极推进与“放管服”改革要求不一致的政府规章和规范性文件的修订和清理工作。〔省编办、省政府法制办牵头，省有关部门和各市、县（区）政府按职责分工负责〕

2. 推进政府职能转变。强化政府部门的市场监管和公共服务职能，建立与职能相协调的经费保障和编制动态管理机制。对行政权力取消下放后职能式微的单位，要把主要精力转变到加强事中事后监管上来。〔省编办、省财政厅牵头，省有关部门和各市、县（区）政府按职责分工负责〕

3. 扩大相对集中行政许可权改革试点范围。在南昌县、瑞金市、吉州区、资溪县开展相对集中行政许可权改革试点的基础上，将试点范围扩大到南昌市、宜春市、赣州市、赣江新区、共青城市、永修县，实行“一枚印章管审批”。

（省编办、试点地政府按职责分工负责）

4. 规范行政审批中介服务。继续清理省、市、县三级政府行政审批中介服务事项。加强中介服务"限时、限质、限费"管理，促进中介服务规范化。坚决整治"红顶中介"，防止"死灰复燃"。放宽中介服务机构准入条件，除法律、法规及国务院明确规定的资质资格许可外，其他各类中介服务机构资质资格审批和执业限制、进入条件一律取消，实行"零门槛、零障碍"入驻。推动各设区市全面设立"中介超市"，探索设立跨行政区域的统一中介市场。严格规范中介服务收费，严禁垄断、联合抬价等行为，引导中介服务机构有序竞争，推动中介服务健康发展。鼓励有条件的政府部门购买中介服务，省级部门及所属事业单位对企业投资项目审批中介服务"不再收费"。〔省编办、省政府办公厅、省发改委牵头，省有关部门和各市、县（区）政府按职责分工负责〕

5. 优化投资审批方式。全面推广运用全省网上审批系统和投资项目在线审批监管平台，加快推进与全省各级政府部门的联通对接和信息共享。加快建设企业投资项目备案管理系统，切实简化备案手续，实现告知性、全程在线备案。除需转报（申报）国家批准或法律法规规定必须由省级审批的事项外，进一步取消省级对企业投资项目相关行政审批事项，不能取消的下放至市、县（区）审批，逐步实现省级部门对国家鼓励类、允许类企业投资项目"不再审批"，省级部门对企业投资项目"不再审图"。按照并联办理、联合评审的要求，探索建立多评合一、统一评审的新模式。取消投资项目报建阶段技术审查类的相关审批，探索实行先建后验的管理模式。在赣江新区和赣南等原中央苏区试点企业投资项目承诺制，探索创新以政策性条件引导、企业信用承诺、监管有效约束为核心的管理模式。探索试点投资项目审批首问负责制，明确首家受理单位，实行"一站式"受理、"全流程"服务，一家负责到底。〔省发改委、省住房城乡建设厅、省编办牵头，省有关部门和各市、县（区）政府按职责分工负责〕

6. 降低市场准入门槛。创新准入方式，畅通"大数据"等新技术、新产业、新业态、新模式的高效快捷准入渠道。进一步放宽医疗、养老、教育、文化、体育等社会领域准入门槛。大力推广政府和社会资本合作模式，引导社会资本进入基础设施、医药、教育等重点领域。对接国家进一步放宽外资准入限制有关政策，借鉴自由贸易试验区试点经验，落实外商投资实行备案管理的开放、便利措施，将外商投资设立及变更备案下放至市、县（区）商务主管部门。〔省发改委、省商务厅牵头，省有关部门和各市、县（区）政府按职责分工负责〕

7. 推进工商登记便利化。落实国务院削减的工商登记前置审批事项。对工商登记前后涉及的信息采集、记载公示和管理备查类的各种涉企证照事项，能整合的尽量整合、能简化的尽量简化。2017 年 9 月底前全面实行"多证合一、一照一码"。推动商标注册便利化改革，依托江西工商企业网上注册服务平台，加快推进工商登记全程电子化。2017 年内全面实施企业简易注销登记，缩短企业注销时限。〔省工商局牵头，省有关部门和各市、县（区）政府按职责分工负责〕

8. 开展"证照分离"改革试点。在赣江新区、赣州市、新余市等地开展"证照分离"改革试点，除涉及国家安全、公共安全、生态安全和公众健康等重大公共利益之外，把能分离的许可类的"证"都分离出去，分别予以取消或改为备案、告知承诺等管理方式，实现取消一批、备案一批、告知承诺一批，让企业在办理营业执照后能尽快开业经营，切实解决"准入不准营"等问题。（省编办、省工商局、省政府法制办牵头，省有关部门和赣州市政府、新余市政府、赣江新区管委会按职责分工负责）

9. 精简生产许可和认证。落实国务院取消或下放的工业产品生产许可事项，简化审批程序，积极做好管理目录调整。清理、整合、规范现有认证事项和收费，有效解决认证事项多、耗时长、费用高等问题，促进认证结果的互认通用。（省质量技术监督局、省编办牵头，省有关部门按职责分工负责）

10. 加强涉企收费管理。加强全省政府性基金、行政事业性收费目录清单的动态管理，2017 年内公布全省涉企经营服务性收费清单，确保清单之外无政府定价收费。进一步清理规范行政事业性收费和政府性基金，取消政府提供普遍公共服务和体现一般性管理职能的收费，财政供养事业单位的收费要全面纳入预算管理。取消和放开一批经营服务性收费，加强涉企经营服务性收费监管，多措并举降低企业用能、用地、用网、物流、融资等各方面成本。实现省级部门及所属事业单位对强制性检验检测、涉企培训考试"不再收费"。有序推进第二批行业协会商会与行政机关脱钩工作，重点规范行业协会商会涉企收费行为，严禁以各种方式强制企业或个人入会、摊派会费、派捐索捐、强拉赞助等。加强对涉企收费的审计、督查力度，对各类乱收费行为要抓典型，公开曝光、严厉惩处。〔省财政厅、省发改委、省民政厅、省审计厅牵头，省有关部门和各市、县（区）政府按职责分工负责〕

（二）切实增强监管能力

11. 建立"宽进严管"监管体系。综合部门和业务监管部门要严格落实"谁审批谁监管、谁主管谁监管"的要求，把更多力量放到市场、放到监管一线，对违法违规、影响恶劣的市场主体要坚决依法追究责任。（省有关部门按职责分工负责）

12. 深入推进"双随机、一公开"监管。建立随机抽查事项清单动态管理制度，进一步健全随机抽查系统，完善相关细则，确保监管公平公正、不留死角。充分发挥"双随机、一公开”行政执法监督平台作用，实现省、市、县三级“双随机、一公开”监管全域推开、事项全项进入、执法全程监管、结果全部公开，确保实现全省“双随机、一公开”监管随机抽查事项全覆盖。〔省政府法制办、省政府办公厅牵头，省有关部门和各市、县(区)政府按职责分工负责〕

13. 推进综合执法体制改革试点。重点推进市、县两级综合执法体制改革，在宜春市、鹰潭市等地开展综合行政执法体制改革试点工作。加大执法机构整合力度，强化执法合力，探索实行相对集中行政执法权，逐步实现“多帽合一”，解决多头执法、重复执法问题。强化省级执法监督职能，促进省级重心从执法向执法监督转变，省级层面原则上不保留行政执法机构。积极探索乡镇综合执法体制改革。深入推进城市管理、环境保护等领域的综合执法体制改革，推动执法重心下移。探索跨部门、跨区域执法，严格规范公正文明执法。创新执法资格证件改革，有效解决执法人员执法资格、范围受限等问题。〔省编办、省政府法制办牵头，省环保厅、省住房城乡建设厅等有关部门和各市、县(区)政府按职责分工负责〕

14. 探索建立“网格化”管理。借鉴兄弟省区市的经验做法，积极探索“网格化”管理方式，利用“网格化”管理、“组团式”服务机制，把城乡按照一定的标准划分成为单元网格，通过“网格员”对网格实行精细化管理，采取信息化手段将问题传递给相关部门的综合服务平台，确保及时高效处置。〔省有关部门和各市、县(区)政府按职责分工负责〕

15. 有效实施分类监管。积极探索对新技术、新产业、新业态、新模式的包容审慎监管，对于有发展前景的，量身定制适当的监管模式。对潜在风险大、社会风险高的领域，以及社会信用等级低、隐患较多的行业和企业，切实加大监管力度，消除风险隐患。〔省有关部门和各市、县(区)政府按职责分工负责〕

16. 强化监管结果运用。大力推行“互联网+监管”，积极运用国家企业信用信息公示系统(江西)、省公共信用信息平台，加快建立市场主体诚信档案、行业黑名单、巨额惩罚性赔偿等制度，推动违法线索互联、监管信息互通、处理结果互认，强化信用约束，减少监管成本，让违法经营者付出高昂代价。完善跨地域、跨部门、跨行业守信联合激励和失信联合惩戒机制，让守法经营者一路畅行、违法经营者寸步难行。(省发改委、省工商局牵头，省地税局、省国税局、省质量技术监督局、省食品药品监管局等有关部门按职责分工负责)

(三)大力提升服务水平

17. 开展“减证便民”行动。在完成行政许可事项证明材料清理的基础上，对其他行政权力和公共服务事项涉及的各类证明和盖章环节进行全面清理，依法规范办事要素材料。凡没有法律法规依据的一律取消，能通过个人现有证照来证明的一律取消，能采取申请人书面承诺方式解决的一律取消，能通过网络核验的一律取消，最大限度减少办件材料。对必要的证明，有关部门和单位要加强互认共享，减少不必要的重复举证，并纳入清单实行动态管理、向社会公开。坚持问需于民，不断推出公共服务事项，进一步方便基层群众办事创业。〔省编办、省政府法制办牵头，省有关部门和各市、县(区)政府按职责分工负责〕

18. 推进政务服务事项标准化。强化省、市、县三级公共服务事项清单动态管理，2017年内公布全省乡镇政府政务服务事项清单。制定全省统一的政务服务事项标准，完善政务服务办事指南，编制政务服务事项目录，推行政务服务事项编码管理。推进政务服务标准化建设，按照全省统一标准规范，分阶段、有步骤地制定政务服务事项标准，2017年内基本完成省本级行政许可标准化建设。2018年全面开展市县两级行政许可标准化建设，实现相同行政层级的行政许可事项名称、流程相统一、数量大体相同，以标准化促进行政许可规范化。推动政务服务平台向基层一线延伸拓展，优化乡镇(街道)便民服务中心功能，力争2017年内实现有条件的行政村(社区)便民服务点全覆盖，切实提高政务服务的均等化、普惠化水平。〔省政府办公厅、省编办、省质量技术监督局牵头，省有关部门和各市、县(区)政府按职责分工负责〕

19. 创新政务服务方式。开展政务服务事项下放乡镇(街道)试点工作，推动直接面对基层群众、办件量大的社保、就业、民政等服务事项下沉到乡镇(街道)、村(社区)办理。推广建设工程项目审批辅导保障中心、企业服务综合受理中心、“绿色通道”“代办制”“陪办制”等特色做法，以及预约服务、延时服务、上门服务等便民服务方式。〔省有关部门和各市、县(区)政府按职责分工负责〕

20. 加快推进“互联网+政务服务”。完善江西政务服务网服务功能，推进建设全省统一实名身份认证系统、电子证照系统和网上支付平台，加快政务服务网在移动客户端、自助终端的推广应用，逐步实现“不见面审批”。按照“应上尽上、全程在线”的要求，积极推进全省政务服务事项在江西政务服务网上办理，提高网上办理程度和强度，省直有关部门自有业务系统2017年内完成与江西政务服务网的全面深度对接，实现互联互通。推动政务信息资源共享。加快建设完善全省统一数据共享交换平台，推动各部门、各层级数据信息互联互通、充分共享；加快建立公共信息资源统一开放平台，构建开放数据汇聚、存储、安全的数据管理机制以及面向社会公众开放数据查询和获取的服务管理机制。强化江西政务服务网的运维管理和考核，不断提升网络功能和服务便利度，真正实现“建成一张网，办成所有事”。(省政府办公厅、省发改委牵头，省有关部门按职责分工负责)

21. 推动政务服务事项集中办理。按照“三集中、三到位”工作要求，将部门行政审批职能向一个处室集中，承担审批职能的处室向行政服务中心集中，行政审批事项向电子政务平台集中，做到审批事项进驻中心到位、授权到位、电子监察到位。不断提升实体政务大厅服务功能，推进实体政务大厅向网上延伸，整合业务系统，统筹服务资源，统一服务标准，提升线上线下一体化政务服务能力。探索开展政务服务“一窗式”受理、“一站式”办理、上门办理、预约办理、全省通办、委托代办等服务，真正使“群众跑腿”向“数据跑路”转变，打通服务群众的“最后一公里”。〔省政府办公厅牵头，省有关部门和各市、县（区）政府按职责分工负责〕

22. 推动公用事业提质增效。大力提升与群众生活密切相关的公用事业服务质量和效率，强化对供水、供电、供气等公用事业单位及银行等服务机构的监管，引入社会评价机制，促进其提高服务水平，对群众反映强烈的要及时督促解决。加快推进公用事业领域改革，打破不合理垄断，鼓励社会资本进入，以竞争推动服务质量提升。〔省发改委牵头，省有关部门和各市、县（区）政府按职责分工负责〕

23. 建设全省统一政务服务热线。整合全省非紧急报警类政务服务热线资源，全面打造“江西 12345”全省统一政务服务热线平台，集中接受社会各界咨询、求助、意见、建议和投诉，切实解决各类政务服务热线“号难记、话难通、诉难求、事难办”等问题。（省政府办公厅牵头，省有关部门按职责分工负责）

三、工作要求

（一）加强组织领导

各地、各部门要不断增强责任感、紧迫感和主动性，切实把“放管服”改革作为“一把手”工程，主要负责同志要成为“放管服”改革的设计者、协调者、推动者。各级推进职能转变协调小组办公室要发挥牵头抓总的职能，着力抓好“放管服”改革的统筹谋划和督促协调工作。各有关单位要努力克服“迷权恋权”“重审批轻监管”等思想，做到自主规权、自觉监管、主动服务，形成齐抓共管“放管服”改革的良好局面，真正实现利企、便民、促“双创”。

（二）强化督促落实

各地、各部门要通过建机构、定制度、强管理，强化政务服务工作协调管理，加大经费保障力度，加强一线政务服务窗口人才队伍建设。各地、各部门要对照任务，抓紧制定工作方案，逐项细化责任分工，认真制定时间表，确保各项改革任务落地生效。加大督查力度，创新督查方式，提高督查的科学性，强化督查结果运用。对工作积极、成效显著的予以表扬和激励，对落实不力的予以通报和约谈，对失职渎职的严肃追责，确保“放管服”改革各项任务落到实处、取得实效。

（三）开展社会评价

开展第三方评估，建立完善企业和群众评判“放管服”改革成效的机制，探索构建以企业申请开办时限、投资项目审批提速程度、产品质量优劣、群众办事方便与否作为重要衡量标准的评价体系。对“放管服”改革中的热点、难点问题开展科研立项，提升改革举措的科学性和可操作性。积极借鉴兄弟省区市的好经验、好做法，及时研究解决工作推进中遇到的新情况、新问题。建立与新闻媒体沟通协作机制，加强对“放管服”改革政策措施的宣传力度，形成全社会关心、理解、支持、配合改革的良好氛围。

江西省人民政府关于精准深入推进降低企业成本优化发展环境的补充意见

2017 年 11 月 9 日

各市、县（区）人民政府，省政府各部门：

为贯彻落实党的十九大精神，深化供给侧结构性改革，把发展经济的着力点放在实体经济上，精准深入开展降低企业成本优化发展环境专项行动，结合国家新政策、发展新要求、企业新诉求，特制定本补充意见。

一、进一步降低企业税费负担

1. 全面落实营改增试点政策。帮助纳税人用足各项过渡安排和优惠政策，确保所有行业税负只减不增。自2017 年 7 月 1 日起，原适用 13% 增值税税率的货物税率降为 11%。营改增试点期间，纳税人购进用于生产销售或委托加工 17% 税率货物的农产品维持原扣除力度不变。进一步扩大农产品增值税进项税额核定扣除试点行业范围，统一部分行业或企业农产品扣除标准。（责任单位：省财政厅、省国税局、省地税局）

2. 落实小微企业所得税优惠政策。自 2017 年 1 月 1 日至 2019 年 12 月 31 日，将享受小微企业所得税优惠的年应纳税所得额上限由30万元提高至50万元，对年应纳税所得额低于50万元(含50万元)的小微企业，其所得减按50%计入应纳税所得额，按20%的税率缴纳企业所得税。(责任单位:省国税局、省地税局)

3. 提高科技型中小企业研发费用税前加计扣除比例。自2017年1月1日至2019年12月31日，将科技型中小企业开发新技术、新产品、新工艺实际发生的研发费用在企业所得税税前加计扣除比例，由50%提高至75%。科技型中小企业开展研发活动中实际发生的研发费用，未形成无形资产计入当期损益的，在按规定据实扣除的基础上，再按照实际发生额的75%在税前加计扣除；形成无形资产的，在上述期间按照无形资产成本的175%在税前摊销。(责任单位:省国税局、省地税局、省科技厅)

4. 将部分到期税收优惠政策延长至2019年年底。对物流企业自有的大宗商品仓储设施用地减半计征城镇土地使用税；对高校毕业生、登记失业人员、退役士兵等重点群体创业就业，按规定扣减增值税、城市维护建设税、教育费附加、地方教育附加和个人(企业)所得税等。对金融机构农户小额贷款利息收入免征增值税。(责任单位:省国税局、省地税局)

5. 增加企业公益性捐赠从应纳税所得额中扣除的年限。企业发生的公益性捐赠支出，在年度利润总额12%以内的部分，准予在计算应纳税所得额时扣除；超过年度利润总额12%的部分，准予结转以后3年内在计算应纳税所得额时扣除。(责任单位:省国税局、省地税局)

6. 调减部分企业印花税核定征收计税金额比例。自2017年7月1日起，将实行印花税核定征收方式的工业企业的购销金额、商业企业的购销金额、货物运输企业的货物运输收入、仓储保管企业的仓储保管收入、加工承揽企业的加工或承揽收入的印花税核定征收计税金额比例分别由现行的70%、40%、100%、100%、100%下调至50%、20%、80%、80%、80%。(责任单位:省地税局)

7. 加大资源税减税力度。自2017年7月1日至2019年6月30日，对鼓励利用的低品位矿提取的矿产品，资源税减征50%；对鼓励利用的尾矿提取的矿产品，资源税减征50%；对鼓励利用废石、废渣、废水、废气提取的矿产品，免征资源税。(责任单位:省地税局)

8. 扩大残疾人就业保障金免征范围。自2017年4月1日起，由自工商注册登记之日起3年内，在职职工总数20人(含)以下小微企业，调整为在职职工总数30人(含)以下的企业。调整免征范围后，工商注册登记未满3年、在职职工总数30人(含)以下的企业，可在剩余时期内按规定免征残疾人就业保障金。对超比例安排残疾人就业企业给予奖励，具体比例由省残联商省财政厅确定。(责任单位:省财政厅、省残联、省地税局)

9. 减轻企业专利缴费负担。自2017年起至“十三五”期末，对有效期6年以上的发明专利，第7～9年每年补助所缴年费的30%；对有效期9年以上的发明专利，第10～15年每年补助所缴年费的50%。所需资金从省级科技专项资金中统筹安排。(责任单位:省科技厅、省财政厅)

10. 减免企业探矿权占用费。将探矿权使用费改为探矿权占用费，2017—2018年免收地方分成的探矿权占用费。(责任单位:省国土资源厅)

11. 规范涉企行政事业性收费和政府性基金。自2017年6月1日起，省级设立的涉企行政事业性收费全部取消。取消城市公用事业附加和新型墙体材料专项基金。(责任单位:省财政厅、省发改委、省住房城乡建设厅、省工信委、省环保厅)

12. 取消和降低涉企经营服务性收费。取消地震安全性评价费、新建建筑物防雷装置检测费。降低产权交易服务费、土地使用权交易服务费、矿业权交易服务费收费标准，按照现行标准的90%收取。清理与行政审批、行政监管相关的省级部门信息平台收费。(责任单位:省发改委、省国土资源厅、省地震局、省气象局)

二、进一步降低制度性交易成本

13. 进一步提高行政服务效能。取消没有法律法规依据、非按法定程序设定的涉企证照事项，实现相同信息一次采集、一档管理。全面推广全省投资项目在线审批监管平台，不断提高审批效率和服务质量，建成运行企业投资项目备案系统，实现告知性、全程在线备案。(责任单位:省工商局、省发改委)

14. 强化中介服务监管。全面推行“中介超市”服务模式，加强对垄断中介机构的价格监管，建立健全中介信用评价机制，鼓励建立中介服务网上竞价平台。(责任单位:省政务服务办、省发改委、省财政厅)

15. 鼓励推广建设工程领域“多测合一”。对投资项目建设工程审批涉及的土地测绘、规划测绘等服务实行“多测合一”，统一测绘、共享成果。引导和督促中介机构对建设项目的规划及地籍测绘、权属调查服务收费标准、桩基检测服务收费标准和环保在线监测服务收费标准在现行基础上下降20%。(责任单位:省住房城乡建设厅、省国土资源厅、省发改委、省测绘地理信息局、省环保厅)

16. 进一步清理和规范涉企保证金。严格执行国务院部门涉企保证金目录清单，除依法依规设立的投标保证金、履约保证金、工程质量保证金、农民工工资保证金等4类保证金外，其他保证金一律取消，有效减轻企业负担。(责任单位:省住房城乡建设厅、省财政厅)

17. 减少消防审批和备案抽查条件。进一步简化消防审批和备案受理程序，将审批时限由20个工作日缩减为15个工作日。在申报消防验收时，对具有防火性能要求的建筑构件、建筑材料、装修材料，可以提供有明确标示防火性能的产品质量检验合格证明(出厂检验合格证明或法定

检验机构检验合格证明）。（责任单位：省公安厅、省消防总队）

三、进一步降低企业物流成本

18. 开展高速公路差异化收费试点。通过优化高速公路交通流量分配的方式，开展差异化收费试点，进一步降低企业物流成本。（责任单位：省交通运输厅、省发改委）

19. 支持多式联运物流基础设施项目建设。采取政府和社会资本合作（PPP）模式规划建设一批多式联运物流基础设施项目，向全社会公开推介一批 PPP 多式联运项目，项目落地后优先列入省重点工程加以调度推进，并给予一定的前期费用支持。（责任单位：省发改委）

20. 对引进大型物流企业投资进行奖励。自 2018 年 1 月 1 日起，对每引进 1 家全国物流 50 强、5A 级物流企业在我省投资，或省内 5A 级物流企业新建项目投资 5 亿元以上，用地面积 300 亩以上（仓储面积 4 万平方米）的物流基础设施，给予 500 万元奖励。对每引进 1 家省外 4A 级物流企业在我省投资，或省内 4A 级物流企业新建项目投资 2 亿元以上，用地面积 150 亩以上（仓储面积 3 万平方米）的物流基础设施，给予 400 万元奖励。（责任单位：省商务厅、省财政厅、省发改委）

21. 创新原产地签证备案政策。在信用管理和产品风险分析基础上，简化申请人备案手续，实施原产地签证无纸化、一体化，实现原产地证书“通报通签”。（责任单位：江西出入境检验检疫局）

22. 创新进出口产品检验检疫监管模式。对符合条件的维修企业的进境旧机电产品，实行免于海外装运前检验、简化评估程序、以抽批监督管理代替批批检验的优惠制度，推广保税展示交易货物分线监督管理制度。（责任单位：江西出入境检验检疫局、南昌海关、省商务厅、省工信委）

四、进一步降低企业融资成本

23. 落实支持企业融资续贷政策。鼓励商业银行优化企业融资续贷政策，对企业融资到期需要续贷的，按无还本续贷政策办理，无还本续贷情形不单独作为下调贷款风险分类的因素。规范发展中小微企业转贷基金，以政府资金为主导的转贷基金使用费率原则上控制在同期银行贷款基准利率上浮 50% 以内，推动商业银行配合转贷基金开展相关业务，简化操作流程，缩短“过桥”时间，降低企业“过桥成本”。（责任单位：省政府金融办、江西银监局、人行南昌中心支行）

24. 规范金融机构服务收费项目。督促商业银行严格落实中国银监会“七不准”“四公开”和小微企业金融服务“两禁两限”要求，严禁在发放贷款时附加不合理的贷款条件，变相提高利率、加重企业负担。清理金融机构服务收费项目及价格，列出收费目录清单，并向社会公布。严肃查处贷款中间环节违规收费行为。（责任单位：江西银监局、省政府金融办、省发改委、人行南昌中心支行）

25. 减轻企业抵押贷款费用负担。企业办理抵押贷款过程中，其抵押物需要依法进行抵押登记的，抵押登记部门不得对企业强制实施服务及收费，不得强迫企业到指定机构接受服务及收费。评估机构由贷款银行按照公正、公开、透明的原则择优选用，抵押登记费由贷款银行按规定向抵押登记机关缴纳，贷款银行不得将抵押登记费转嫁给企业。抵押登记期满，企业继续利用同一抵押物申请抵押贷款续期的，抵押登记部门不得再收取抵押登记费。（责任单位：江西银监局、省政府金融办、省发改委、人行南昌中心支行）

五、进一步降低企业用能成本

26. 降低大工业企业用电成本。在 2016 年基础上，推动大工业用电各电压等级电度电价每千瓦时再降低 3.94 分（优待类大工业用电价格降低 3.31 分）。（责任单位：省发改委、国网江西省电力公司）

27. 提高供电企业服务水平。进一步简化供电企业用电报装流程，压缩报装时限。供电企业对高压用户的中间检查环节时间压缩至 3 个工作日。对具备电力承装（修、试）资质的企业所承接的电力建设项目，经验收合格的，供电企业均应无歧视接入电网并及时送电。（责任单位：省能源局、国网江西省电力公司）

28. 进一步降低企业用气成本。自 2017 年 9 月 1 日起，非居民用气基准门站价格每千立方米降低 100 元，调整后的非居民用气基准门站价格为 1860 元/千立方米（含增值税）。完善天然气省内短途管道运输价格与城镇燃气配气价格管理办法。（责任单位：省发改委、省投资集团公司）

六、进一步降低企业用工成本

29. 减轻小微企业工会经费负担。自 2017 年 7 月 1 日至 2019 年 12 月 31 日，对按规定免征增值税的小微企业，其工会经费上缴后，由上级工会实行全额返还。（责任单位：省总工会、省国税局、省地税局）

30. 落实参保职工享受技能提升补贴政策。鼓励企业开展职工技能提升培训，对依法参加失业保险且累计缴纳失业保险费 36 个月（含 36 个月）以上的企业职工，自 2017 年 1 月 1 日起取得初级（五级）、中级（四级）、高级（三级）职业资格证书或者职业技能等级证书的，分别给予 1000 元、1500 元、2000 元技能提升补贴。（责任单位：省人社厅、省财政厅）

本栏编辑　詹跃华

统 计 资 料

国民经济和社会发展主要指标与发展速度

指　标	2016	2017
人口(万人)		
年末总人口	4592.26	4622.06
男性人口	2356.02	2370.61
女性人口	2236.24	2251.45
城镇人口	2438.49	2523.64
乡村人口	2153.77	2098.42
就业(万人)		
年末社会就业人数	2637.6	2645.6
职工人数	431.8	427.5
年末城镇登记失业人数	31.33	32.33
地区生产总值(亿元)	18388.59	20006.31
第一产业	1794.12	1835.26
第二产业	8829.54	9627.98
第三产业	7764.93	8543.07
人均生产总值(元)	40159	43424
固定资产投资(亿元)		
全社会固定资产投资总额	19694.21	22085.34
房地产开发投资	1770.94	2013.98
新增固定资产	10888.11	12358.13
财政(亿元)		
财政总收入	3143.02	3447.72
一般公共预算收入	2151.47	2247.06
一般公共预算支出	4617.40	5111.47
能源生产与消费(万吨标准煤)		
能源生产总量	2000.89	1525.19

注:1. 地区生产总值、农业总产值、工业增加值的发展速度均按可比价格计算。

2. 职工人数含劳务派遣人员。

3. 固定资产投资项目统计起点为计划投资500万元及以上。

4. 城乡居民调查指标统一为可支配收入指标。

续表1

指　标	2016年	2017
能源消费总量	8747.18	8995.34
价格指数(上年=100)		
居民消费价格指数	102.0	102.0
商品零售价格指数	100.6	101.0
工业生产者出厂价格指数	98.6	107.9
工业生产者购进价格指数	97.7	107.2
固定资产投资价格指数	100.0	106.1
人民生活		
城镇非私营单位职工平均工资(元)	57470	63069
城镇居民人均可支配收入(元)	28673.28	31198.06
农村居民人均可支配收入(元)	12137.72	13241.82
人民币住户存款年末余额(亿元)	13980.95	15580.33
城镇居民人均建筑面积(平方米)	42.40	42.50
农村居民人均建筑面积(平方米)	54.20	54.90
城市建设、环境保护		
人工煤气供气量(万立方米)	19362	17972
液化石油气供气量(吨)	242942	218325
道路长度(千米)	8977	10289
排水管道长度(千米)	13326	14134
公共车辆(汽、电车)运营数(辆)	10813	12718
绿化覆盖面积(公顷)	61259	69027
一般工业固体废物综合利用量(万吨)	4909.48	4593.78
一般工业固体废物综合利用率(%)	38.69	37.15
农业		
农业总产值(亿元)	3019.90	3069.00
主要农产品产量		
粮食(万吨)	2234.4	2221.7
棉花(万吨)	7.33	7.77
油料折油(万吨)	43.35	46.11
油料(万吨)	115.33	117.32
黄红麻(万吨)	0.06	0.02
烟叶(万吨)	6.41	5.57
茶叶(吨)	57528	61399
蚕茧(吨)	6256	6274
甘蔗(万吨)	65.75	65.51
水果(万吨)	405.37	455.23
肉类总产量(万吨)	323.25	326.05

注:1. 工业产品产量为规模以上产量。

2. 公路通车里程包括村道。

续表2

指　标	2016年	2017
水产品(万吨)	241.76	250.55
生猪年末存栏(万头)	1631.30	1621.34
生猪当年出栏(万头)	3130.31	3180.46
工业		
主要工业产品产量		
化学纤维(万吨)	45.82	46.33
布(混合数)(万米)	134572	127379
机制纸及纸板(万吨)	200.34	211.04
卷烟(万箱)	129.22	131.65
原煤产量(万吨)	1556.80	938.92
原油加工量(万吨)	725.01	698.72
发电量(亿千瓦时)	1085.40	1157.83
粗钢(万吨)	2241.53	2412.69
钢材(万吨)	2584.99	2524.44
水泥(万吨)	9513.03	8934.13
汽车(万辆)	53.74	61.02
照相机(万架)	126.76	130.98
化学肥料(折合100%)(万吨)	148.18	22.66
化学农药(原药)(吨)	55743	35399
规模以上工业企业主要指标(亿元)		
工业增加值	7803.55	–
资产总计	21432.66	22909.29
主营业务收入	35518.65	35585.11
建筑业(资级企业)		
建筑业企业人数(万人)	152.64	160.89
建筑业总产值(亿元)	5183.00	6172.70
施工房屋面积(万平方米)	28446.16	30726.83
竣工房屋面积(万平方米)	14835.79	15042.24
交通运输业		
铁路营业里程(千米)	3909	4137
公路通车里程(千米)	161909	162285
货物周转量(亿吨千米)	3897.55	4217.07
铁路(亿吨千米)	514.78	532.24
公路(亿吨千米)	3147.50	3432.95
水运(亿吨千米)	235.28	251.87
旅客周转量(亿人千米)	970.64	1000.29
铁路(亿人千米)	687.99	722.66
公路(亿人千米)	282.31	277.29

续表3

指　标	2016年	2017
水运(亿人千米)	0.34	0.34
邮电通信业		
邮电业务总量(亿元)	486.82	790.75
函件(万件)	3244	2997
移动电话用户(万户)	3140.7	3449.2
固定电话用户(万户)	517.50	477.0
城市	337.4	317.4
农村	180.1	159.6
计算机互联网用户(万户)	822.5	997.1
内外贸易和旅游		
社会消费品零售总额(亿元)	6634.63	7448.09
海关进出口总额(万美元)	4002841	4433898
出口额	2979840	3248827
进口额	1023001	1185072
外商直接投资合同金额(万美元)	748776	1012521
外商直接投资实际使用金额(万美元)	1044056	1146373
旅游总收入(亿元)	4993.29	6453.09
涉外旅游人数(人次)	1648342	1889316
涉外旅游收汇(万美元)	58454	62992
金融业(亿元)		
金融机构人民币存款余额	28893.11	32324.91
金融机构人民币贷款余额	21721.77	25712.56
教育、文化、卫生		
高等学校在校学生数(人)	1038951	1048289
中等专业学校在校学生数(人)	219960	203941
普通中学在校学生数(万人)	274.57	287.74
小学在校学生数(万人)	422.76	422.90
学龄儿童入学率(%)	99.68	103.75
报纸出版数量(万份)	107365	90694
期刊出版数量(万册)	7291	7385
图书出版数量(万册)	21423	22657
卫生机构数(个)	7879	8057
卫生技术人员(人)	220979	235773
医生	79183	83652
病床数(张)	209085	233513

注:1. 邮电业务总量按2010年不变价格计算。
2. 卫生机构数包括个体机构。
3. 互联网用户口径为宽带用户数。

国民经济主要比例关系

单位:%

指　标	2016 年	2017 年
地区生产总值		
第一产业	9.8	9.2
第二产业	48.0	48.1
工业	39.2	38.9
建筑业	8.8	9.2
第三产业	42.2	42.7
交通运输邮电业	4.3	4.3
批零贸易和住宿餐饮业	9.2	9.4
金融业	5.7	5.5
全省总人口		
城镇人口	51.3	54.6
乡村人口	48.7	45.4
社会就业人员		
第一产业	29.3	28.5
第二产业	32.4	32.7
第三产业	38.3	38.9
农业总产值		
农业	46.2	47.1
林业	10.4	10.6
牧业	25.2	22.6
渔业	14.7	15.9
服务业	3.6	3.8
规模以上工业增加值		
轻工业	38.0	36.5
重工业	62.0	63.5
全社会固定资产投资		
第一产业	2.5	2.6
第二产业	52.4	53.5
第三产业	45.1	43.9
财政支出		
文教科学卫生	31.2	22.2

主要指标每人年平均水平

指　标	2016 年	2017 年
地区生产总值(元)	40159	43424
第一产业	3918	3983
第二产业	19283	20898
第三产业	16958	18543
财政总收入(元)	6820	7483
年末居民储蓄存款余额(元)	30533	33542
主要农产品产量(千克)		
粮食	466.94	482.23
棉花	1.60	1.69
油料折油	9.95	10.01
甘蔗	14.36	14.22
水果	88.53	98.81
肉类总产量	76.79	70.76
牛奶	2.05	
水产品	59.32	54.38
主要工业产品产量		
化学纤维(千克)	10.10	10.06
布(混合数)(米)	29.39	27.65
机制纸及纸板(千克)	43.75	45.81
原煤(千克)	312.76	203.80
原油加工量(千克)	1583.35	1516.60
发电量(千瓦小时)	2015.51	2513.11
粗钢(千克)	489.53	523.68
钢材(千克)	564.54	547.94
水泥(千克)	2067.19	1939.18
化学肥料(千克)	32.36	4.92
化学农药(千克)	1.22	0.77
主要消费品消费量		
农村居民食品消费量(千克)		
粮食	172.04	167.28
植物油	13.92	11.36
猪牛羊肉	18.04	18.71
蛋类	5.73	5.84
水产品	8.30	8.43
城镇居民消费量(千克)		
粮食	118.45	112.43
油脂类	14.04	14.41
肉类	30.08	31.90
禽类	10.48	10.21
蛋类及蛋制品	8.00	8.19
水产品	16.32	17.03

地区生产总值

（本表按当年价格计算）

单位:亿元

年份	地区生产总值	第一产业	第二产业	第三产业	人均地区生产总值
2016	18388.59	1794.12	8829.54	7764.93	40159
2017	20006.31	1835.26	9627.98	8543.07	43424

按城乡分的人口数(年末数)

年份	总人口(人)	按城乡分		以年末总人口为100	
		城镇人口	乡村人口	城镇人口	乡村人口
2016	45922644	24384924	21537720	53.10	46.90
2017	46220636	25236447	20984189	54.60	45.40

劳动力资源

年份	劳动力资源总数(万人)	社会就业人数(万人)	职工人数	劳动力资源总数占人口数的比重(%)	劳动力资源利用率(%)
2016	3606.8	2637.6	431.8	78.5	73.1
2017	3624.2	2645.6	427.5	78.4	73.0

全社会固定资产投资

年份	全社会固定资产投资				发展速度(上年=100)			
	合计(万元)	固定资产投资	房地产开发投资	农村农户投资	合计(%)	固定资产投资	房地产开发投资	农村农户投资
2016	196942104	193786876	17709442	3155228	113.3	114.0	116.5	80.0
2017	220853390	217704331	20139823	3149059	112.1	112.3	113.7	99.8

注:1. 不含跨省中央项目投资。

2. 固定资产投资=计划投资500万元及以上项目固定资产投资+房地产开发投资。

外商直接投资情况

年份	项目数(个)	合同外资金额(万美元)	实际使用外资(万美元)
2016	568	748776	1044056
2017	495	1012521	1146373

能源生产总量及构成

年份	能源生产总量（万吨标准煤）	占能源生产总量的比重（%）			
		原煤	原油	天然气	一次电力
2016	2000.9	55.1		0.1	35.3
2017	1525.2	43.3		0.2	44.0

能源消费总量及构成

年份	能源消费总量（万吨标准煤）	占能源消费总量的比重（%）			
		煤炭	石油	天然气	一次电力
2016	8747.2	65.8	17.1	3.0	8.1
2017	8995.3	64.9	17.5	3.1	7.5

财政收支总额及增长速度

年份	财政总收入（万元）	一般公共预算支出（万元）	收支差额（万元）	比上年增长（%）	
				财政总收入	一般公共预算支出
2016	31430214	46174022	－14743808	4.0	4.6
2017	34477187	51114673	－16637486	9.7	10.7

各种价格指数

（上年＝100）

年份	商品零售价格指数	城市	农村	居民消费价格指数	城市	农村
2016	100.6	100.5	100.8	102.0	102.0	101.9
2017	101.0	101.0	101.0	102.0	102.0	101.9

农、林、牧、渔业总产值和商品产值

（本表按当年价格计算）

年份	农林牧渔业总产值（万元）	农业产值（万元）	林业产值（万元）	牧业产值（万元）	渔业产值（万元）	服务业产值（万元）	农林牧渔业商品产值	农林牧渔业商品率（%）
2016	30198718	14353075	2946136	7705092	4081116	1113299	21845218	72.3
2017	30690051	14892890	2964890	7096764	4530639	1204867	22288929	72.6

2017 年农作物播种面积和产量

类　　别	播种面积（千公顷）	单　产（千克/公顷）	总产量（粮食:万吨　其他:吨）	总产量比上年增长(%)
总计	5596.91			
粮食作物	3786.32	5800	2221.73	-0.6
谷物	3561.07	6026	2145.94	-0.7
稻谷	3504.69	6067	2126.15	-0.7
早稻	1279.21	5606	717.07	-3.9
中稻及一季晚稻	858.65	6573	564.39	2.3
二季晚稻	1366.83	6180	844.69	0.3
小麦	14.51	2137	3.10	1.9
玉米	35.65	4319	15.40	0.8
大(米)麦	0.30	1667	0.05	
豆类合计	123.33	2294	28.29	4.2
大豆	102.11	2468	25.20	3.9
杂豆	21.23	1455	3.09	6.9
薯类(按折粮计算)	101.92	4661	47.50	0.7
油料合计	676.28	1719	1173202	1.7
花生	162.46	2879	467719	2.6
油菜籽	486.35	1383	672628	1.1
芝麻	27.47	1196	32855	2.0
棉花	50.55	1537	77709	5.4
麻类合计	3.67	1573	5765	-8.1
黄红麻	0.03	4758	157	-73.3
苎麻	3.63	1544	5608	-1.3
甘蔗	14.25	45967	655073	-2.1
烟叶合计	25.69	2170	55731	-13.0
烤烟	25.07	2159	54131	-12.7
晒烟	0.61	2623	1600	-24.1
中药材	35.50			
蔬菜类及食用菌	619.30	24061	14900702	4.9
瓜果类	80.93	26554	2148873	1.2
其他作物	304.43			
莲子	22.37	2096	46890	29.5
青饲料	71.75			

注：该表粮食作物均为农产量抽样调查数。

2017年工业产品产量

品 名	2017年	2017年比2016年增长(%)
硫铁矿生产量(折含硫35%)(万吨)	332.71	0.8
钨精矿折含量(万吨)	6.49	17.8
原盐(万吨)	197.17	-1.9
配混合饲料(万吨)	2016.64	13.9
乳制品(万吨)	23.59	7.4
罐头(万吨)	16.53	6.2
软饮料(万吨)	364.47	12.7
白酒(万千升)	16.69	4.2
啤酒(万千升)	130.30	4.3
精制茶(吨)	70063.20	-14.2
卷烟(亿支)	658.27	1.9
纱(万吨)	170.42	14.4
布(万米)	127379.30	-2.0
纯棉布	42272.70	11.9
棉混纺交织布	73499.00	-8.9
纯化纤布	11607.60	4.9
印染布(万米)	8040.30	-12.0
服装(万件)	136993.60	8.4
皮鞋(万双)	33631.00	17.1
人造板(万立方米)	623.93	4.2
机制纸及纸板(万吨)	211.04	8.5
家具(万件)	3760.79	28.8
硫酸(万吨)	272.60	-14.2
烧碱(万吨)	34.77	3.8
电石(折300升/千克)(万吨)	5.68	-19.8
化学肥料(折有效成份100%)(万吨)	22.66	-22.6
氮肥	4.00	-62.0
磷肥	18.66	-0.6
化学农药(吨)	35399.40	-25.3
纯苯(吨)	46112	-42.5
涂料(吨)	81539.20	-6.8
塑料树脂及共聚物(万吨)	24.26	6.6
合成洗涤剂(吨)	8399.00	18.0
化学药品原药(吨)	63936.20	-8.9
中成药(吨)	124528.50	-20.0
化学纤维(万吨)	46.33	10.1
粘胶纤维	38.69	11.8
合成纤维	7.64	1.9
轮胎外胎(万条)	168.64	-12.6
塑料制品(吨)	1056748.2	16.8
水泥(万吨)	8934.13	-0.1
日用玻璃制品(万吨)	4.97	19.1
玻璃保温容品(万个)	1223.40	-8.3

续表

品　名	2017 年	2017 年比 2016 年增长(%)
耐火材料制品(万吨)	26.14	13.3
生铁(万吨)	2143.19	2.9
粗钢(万吨)	2412.69	7.7
钢材(万吨)	2524.44	
中小型型材	7.84	14.3
棒材	77.17	10.3
钢筋	994.08	-2.6
线材	518.68	16.3
厚钢板	170.73	-6.5
中板	176.17	8.5
冷轧窄钢带	19.97	-45.6
电工钢板	100.17	1.3
无缝钢管	6.38	-31.3
焊接钢管	0.15	-69.1
十种有色金属(万吨)	174.22	16.9
精炼铜	141.89	22.4
铁合金(万吨)	3.09	-0.5
工业锅炉(蒸发量吨)	2503.00	13.5
金属切削机床(台)	5470	-1.5
数控机床	1549	0.4
泵(万台)	30.73	20.6
风机(万台)	19.59	10.6
气体压缩机(台)	52718817	10.4
轴承(万套)	98298.00	664.1
矿山设备(吨)	179856.80	-19.8
印刷机(吨)	368.80	-20.3
小型拖拉机(万台)	0.62	-9.8
汽车(万辆)	61.02	13.6
载货汽车	23.71	17.0
民用钢质船舶(万总吨)	4.72	-16.1
发电设备(万千瓦)	28.39	-9.8
交流电动机(万千瓦)	373.06	12.6
变压器(万千伏安)	3424.82	7.0
通信及电子网络用电缆(对千米)	687036.60	-65.3
家用电冰箱(万台)	112.09	14.2
房间空气调节调器(万台)	452.48	55.5
电风扇(万台)	158.80	4.6
电光源(万只)	225184.80	9.8
电话单机(万部)	127.63	7.1
彩色电视机(万台)	30.30	51.1
照相机(万台)	130.98	3.3

建筑业主要经济指标

指　标	2016年	2017年
企业个数(个)	1891	2393
建筑业合同情况(万元)		
签订的合同额	92395410	117100107
上年结转合同额	39906209	48984992
本年新签合同额	52489201	68115115
承包工程完成情况(万元)		
直接从建设单位承揽工程完成的产值	50441606	59816635
自行完成施工产值	49694443	59089334
分包出去工程的产值	747163	727302
从建设单位以外承揽工程完成的产值	2095841	2578793
建筑业总产值(万元)	51829988	61727046
装饰装修产值	2467047	3058566
在外省完成的产值	18531365	22206004
建筑工程产值	45229149	53494224
安装工程产值	3823301	4591239
其他产值	2777538	3641583
竣工产值(万元)	30280426	34290753
房屋建筑施工及竣工面积(万平方米)		
房屋建筑施工面积	28446.16	30726.83
本年新开工面积	14257.12	14824.29
房屋建筑竣工面积	14835.79	15042.24
住宅房屋	9734.00	9821.26
商业及服务用房屋	1150.94	1097.55
商厦房屋(批发和零售用房)	520.94	448.32
宾馆用房屋(住宿用房)	69.07	89.21
餐饮用房屋(餐饮用房)	53.57	32.75
商务会展用房屋	25.68	43.27
其他商业及服务用房屋(居民服务业用房)	481.68	484.00
办公用房屋	801.80	865.71
科研、教育、医疗用房屋	736.02	856.95
科学研究用房屋	53.71	78.38
教育用房屋	553.12	643.75
医疗用房屋(卫生医疗用房)	129.19	134.82
文化、体育、娱乐用房屋	244.23	211.51
厂房及建筑物	1731.93	1749.09
厂房	1121.94	1165.20
仓库	136.39	115.30
其他未列明的房屋建筑物	300.47	324.86

注：建筑业统计范围为具有建筑业资质等级的独立核算建筑业企业。

运输线路长度

单位:千米

指　标	2016 年	2017 年
铁路营业里程	3909	4137
公路通车里程	161909	162285
等级公路	134025	134862
高速公路	5894	5916
一级公路	2618	2917
二级公路	10643	10837
三级公路	12723	13165
等外公路	27883	27422
内河通航里程	5638	5638
等级航道	2349	2349
等外航道	3289	3289

全社会运输周转量

指　标	2016 年	2017 年
货物周转量(万吨千米)	38975513	42170685
铁路	5147759	5322426
公路	31474970	34329546
水运	2352784	2518713
内河	1839798	1950843
沿海	512986	567870
远洋		
旅客周转量(万人千米)	9706448	10002942
铁路	6879899	7226626
公路	2823139	2772918
水运	3410	3398
内河	3410	3398

社会消费品零售总额

单位:万元

年　份	社会消费品零售总额	按行业分				按所在地分		
		批发业	零售业	住宿业	餐饮业	城　镇	城　区	乡村
2016	66346275	9870910	48260448	783248	7431670	54918204	35366168	11428071
2017	74480901	10859854	54646655	916558	8057834	61673143	40282065	12807758

旅游业发展情况

年　份	旅游总收入(亿元)	为全省地区生产总值(%)	为全省地区生产总值中第三产业(%)
2016	4993.29	27.15	64.31
2017	6435.09	32.17	75.33

地区生产总值指数

（本表按可比价格计算）

（上年＝100）

年　份	地区生产总　值	第一产业	第二产业	工　业	建筑业	第三产业	交通运输仓储和邮政业	批发零售和住宿餐饮业	金融业	人均地区生产总值
2016	109.0	104.1	108.5	108.7	107.5	111.1	104.7	106.0	116.5	108.4
2017	108.8	104.4	108.2	108.8	105.5	110.5	106.3	106.5	111.3	108.1

2017年金融机构本外币信贷资金平衡表年末余额

单位:万元

指　标	年末余额	比年初增加	比年初增长(%)
各项存款	325356877	34304615	11.8
境内存款	325198601	34306566	11.8
住户存款	155803297	15138856	10.8
活期存款	65206979	5425670	9.1
定期及其他存款	90596318	9713186	12.0
非金融企业存款	99633289	15001123	17.7
活期存款	59080562	11970374	25.4
定期及其他存款	40552727	3030750	8.1
广义政府存款	61579002	6401396	11.6
财政性存款	12208133	－560282	－4.4
机关团体存款	49370868	6961679	16.4
非银行业金融机构存款	8183013	－2234810	－21.5
境外存款	158276	－1951	－1.2
各项贷款	259004434	40530097	18.6
境内贷款	258457327	40406402	18.5
住户贷款	102418786	19311654	23.2
短期贷款	32029055	3388800	11.8
中长期贷款	70389732	15922854	29.2
非金融机构及机关团体贷款	155986611	21044749	15.6
短期贷款	50137647	3162300	6.7
中长期贷款	96131700	19318200	25.1
票据融资	8442369	－1651126	－16.4
融资租赁	983017	285623	41.0
各项垫款	291878	－70249	－19.4
非银行业金融机构贷款	51929	49999	2590.6
境外贷款	547108	123694	29.2

注:该表统计口径包括中国人民银行、政策性银行、国有独资商业银行、邮政信汇局、其他商业银行、农村合作银行、城市信用社、农村

规模以上工业企业经济指标

指　标	2016 年	2017 年
企业单位数(个)	10106	11734
亏损企业(个)	563	841
资产总计(万元)	214326626	229092933
流动资产合计(万元)	89690889	105346324
负债总计(万元)	103660746	114721288
所有者权益(万元)	110665880	114371646
主营业务收入(万元)	355186535	355851135
销售费用(万元)	6040173	6889145
利润总额(万元)	23994185	24756903
全部从业人员年平均人数(人)	2675341	2634854
总资产贡献率(%)	20.00	18.30
资本保值增值率(%)	114.42	108.04
资产负债率(%)	48.37	50.08
流动资产周转率(次)	4.28	3.81
成本费用利润率(%)	7.31	7.54
全员劳动生产率(元/人)	291684	303326
产品销售率(%)	98.80	99.36

房地产开发与经营主要指标

指　标	2016 年	2017 年
企业个数(个)	2297	2452
房地产开发投资(万元)	17709442	20139823
按登记注册类型分		
内资	17165326	19398248
国有	252653	357369
集体		10000
股份合作	43241	18390
联营		
有限责任公司	10192351	11156992
股份有限公司	647579	797446
私营	5981084	7014441
其他	48418	43610
港澳台商投资	499059	641651
外商投资	45057	96424
按构成分		
建筑工程	12288376	13872536

续表

指　标	2016 年	2017 年
安装工程	2426421	2816905
设备工器具购置	292854	457588
其他费用	2701791	2992794
土地购置费	2007356	2241742
按工程用途分		
住宅	12475828	13917925
别墅、高档公寓	522598	434930

2017 年各类全日制学校基本情况

单位：人

类　别	学校数（所）	在校学生数	招生数	毕业生数	教职工数	专任教师
研究生	16	34530	13477	9132		5256
普通高等学校	100	1048289	312743	295985	80113	56519
普通中专学校	73	203941	61604	67684	6467	4502
普通中学	2615	2877398	1020691	868515	210049	176295
高中	475	966977	334383	301912	86681	55727
初中	2140	1910421	686308	566603	123368	120568
职业高中	206	131714	48455	34732	8454	6403
技工学校	85	134949	52346	33536	10084	7767
小学	7760	4228966	676913	678400	205167	226990
幼儿园	14952	1609422	680354	597919	125150	81868
特殊教育学校	89	30330	5966	4206	1527	1428
工读学校	2	350	210	208	52	47

卫生机构、床位及人员数

年　份	机构数（个）	医院卫生院	床位数（张）	医院卫生院	人员数（人）	卫生技术人员	医生
2016	38266	2349	209085	195277	301698	220979	79183
2017	37791	2259	233513	214206	317816	235773	83652

注：1. 机构数中包括个体机构。

2. 卫生技术人员数据不包括乡村医生和卫生员。

3. 机构合计中包括村卫生室。

本栏编辑　张志勇

索 引

说明：本索引依照国家标准《索引编制规则（总则）》GB/T22466－2008的相关规则进行编制。本索引为主题索引，按主题词首字汉语拼音字母（同音字按声调）顺序排列。主题词后的阿拉伯数字表示该词所在页码，数字后的英文字母a、b、c分别表示该页文字的左、中、右栏。同一主题的内容在文中多处出现的，在其主题词后用不同的页码标明。对特载、大事记、专记、人物、附录、统计资料等类目不作主题索引。

数字和字母

A

B

C

H

J

M

O

P

Q

R

S

X

Y

Z